Vor der Reise
Reisetipps
Land u. Natur
Gesellschaft
Die Menschen
Beijing
Zur Seidenstraße
Xi'an – Lanzhou
Durch Qinghai
Hexi-Korridor, Gobi – Yining
Taklamakan
Karakorum Hwy.
Gesundheit
Anhang

REISE KNOW-HOW im Internet

Aktuelle Reisetipps und Neuigkeiten
Ergänzungen nach Redaktionsschluss
Büchershop und Sonderangebote
Weiterführende Links zu über 100 Ländern

http://www.reise-know-how.de/

Der
REISE KNOW-HOW Verlag
Peter Rump GmbH
ist Mitglied der Verlagsgruppe
REISE KNOW-HOW

Andrea und Oliver Fülling
Chinas Norden – die Seidenstraße

Ein weiter Himmel,
Eine grenzenlose Steppe,
Und der Wind macht die Rinder und Schafe
In den Gräsern sichtbar.

(„Chile Ge“, Hirtenlied von Hulüjin)

Andrea und Oliver Fülling

Chinas Norden – die Seidenstraße

Impressum

Andrea und Oliver Fülling
Chinas Norden – die Seidenstraße

erschienen im
Reise Know-How Verlag Peter Rump GmbH
Osnabrücker Str. 79
33649 Bielefeld

3., komplett aktualisierte Auflage ***2001***

Gestaltung:
Umschlag: Manfred Schömann, Peter Rump (Konzept)
Günther Pawlak (Realisierung)
Inhalt: Kordula Röckenhaus (Realisierung)
Karten, Stadtpläne: Catherine Raisin, der Verlag
Umschlagkarten: Bernhard Spachmüller
Fotos: die Autoren

Lektorat: Rüdiger Müller (Aktualisierung)

Druck: Fuldaer Verlagsagentur

ISBN: 3-89416-847-1

PRINTED IN GERMANY

Dieses Buch ist erhältlich in jeder Buchhandlung der BRD, Österreichs, der Niederlande und der Schweiz. Bitte informieren Sie Ihren Buchhändler über folgende Bezugsadressen:
BRD: Prolit GmbH, Postfach 9, 35461 Fernwald (Annerod) und alle Barsortimente
Schweiz: AVA-buch 2000, Postfach 27, CH-8910 Affoltern
Österreich: Mohr Morawa Buchvertrieb GmbH, Sulzengasse 2, A-1230 Wien
Niederlande: Nilsson & Lamm BV, Postbus 195, NL-1380 AD Weesp

Wer im Buchhandel trotzdem kein Glück hat, bekommt unsere Bücher auch direkt bei:
Rump-Direktversand, Heidekampstr. 18, D-49809 Lingen (Ems)
oder über den ***Büchershop auf unserer Internet-Homepage:***
www.reise-know-how.de.

Vorwort

Wohl kaum eine Reiseroute zieht Reisende so magisch an wie die Seidenstraße, die zu Recht zu einem der beliebtesten Reiseziele im Land der Mitte avancierte. Scheinbar endlose Sandwüsten und Steppen, unzugängliche gewaltige Hochgebirge und einsame Almen, grüne Wälder und weite Seen, grandiose Kulturzeugnisse und Vielfalt der Kulturen, pulsierende Basare und gemächliches Oasenleben sind die Zutaten zu einem unvergleichlichen Stück asiatischen Orients, der durch den Seidenstraßenhandel seinen unverwechselbaren Charakter erhalten hat.

Der ***Name*** Seidenstraße wurde von dem Geographen und Zentralasienforscher *Ferdinand Freiherr von Richthofen* (1833-1905) geprägt und bezeichnet den von Chang'an (Xi'an) im Zentrum Chinas durch den Hexi-Korridor über Dunhuang, Kashgar und Samarkand bis nach Persien verlaufenden ***Handelsweg,*** der seit etwa 105 v.Chr. (mit vielen zeitlichen Unterbrechungen) die drei Hochkulturen Indiens, Persiens und Chinas verband. Von Persien aus zweigten Handelswege nach Indien ab, eine Route, die bevorzugt von chinesischen buddhistischen Mönchen auf ihren Indienreisen benutzt wurde. Weitere Routen führten über Bagdad, Damaskus, Tyros und Antiochien am Mittelmeer, und selbst Ägypten, vor allem Alexandria, profitierte von diesem Ost-West-Handel, der Seide, Gewürze und Porzellan aus China ins römische Reich brachte und Glas, Juwelen und Metallwaren nach China.

Mit dem Austausch von Waren fand auch ein ***Kulturaustausch*** statt, und so fand der Buddhismus sowie später das Christentum, der ⇗Manichäismus und der Islam seinen Weg über die Seidenstraße nach China. Doch nicht nur Inder, Perser und Chinesen sorgten für einen regen kulturellen Austausch, auch eine Vielzahl weiterer Völker wie die ⇗Sogdier, ⇗Tocharer, Türken, Tanguten, Mongolen und selbst die Tibeter steuerten das ihre dazu bei.

Erschlossen wurde die Seidenstraße auf Anweisung des Han-Kaisers *Wu* (141-83 v.Chr.), der mehrere Gesandtschaften zur Erkundung Mittelasiens losschickte. In ihrem Reisegepäck führten die Karawanen u.a. auch ***Seide*** mit, die je nach Bedarf zum Beschenken oder Bestechen verwendet werden sollte. Auf diesem Wege gelangte die Seide schließlich sogar bis ins Römische Reich, und schon bald war dieser wertvolle Stoff zum wichtigsten Handelsartikel geworden, der im unersättlichen Rom mit Gold bezahlt wurde.

Der von Kaiser *Wu* 105 v.Chr. geöffnete Karawanenweg war oft jahrzehnte- oder jahrhundertelang nicht begehbar. Eine ***Blütezeit*** erlebte die Seidenstraße in der Tang-Zeit (618-907). In jener Zeit begab sich z.B. der Mönch ⇗*Xuanzang* auf seine berühmte Indienreise (629-645), die ihn an die Wurzeln des Buddhismus führen sollte. Ihren letzten Höhepunkt erlebte die Handelsroute unter der Herrschaft der Mongolen (1271-1368).

Seit der Ming-Zeit (1368-1644) wurde der Handel mehr und mehr auf den sichereren Seeweg verlegt, und so versank die Seidenstraße allmählich in die Bedeutungslosigkeit. Ins öffentliche Bewusstsein gelangte sie erst wieder gegen Ende des 19. Jh. durch Pioniere wie *Sven Hedin* und *Aurel* ⇗*Stein*. Anfang des 20. Jh. brachen eine Reihe von ***Expeditionen*** unter Leitung so illustrer Forscher wie *Alfred Grünwedel, Albert von* ⇗*Le Coq, Paul Pelliot, Graf Otami* und natürlich *Aurel* ⇗*Stein* nach Westchina auf und nahmen von dort mit, was nicht niet- und nagelfest war. Heute bleibt zu hoffen, dass es China gelingt, dieses kulturelle Erbe trotz des Massentourismus zu erhalten und zu entwickeln, um einen erneuten Ausverkauf zu verhindern.

Die klassische Seidenstraße besticht nicht nur durch ihre großartigen Kulturdenkmäler und Landschaften, sie lebt vor allem auch durch ihre vielen unterschiedlichen Völker, die jedes für sich wichtige Beiträge zur kulturgeschichtlichen Entwicklung der Seidenstraßen beigesteuert haben. Auch war die Seidenstraße kein isoliertes Einzelphänomen, sondern stand und fiel mit der chinesischen Geschichte und ihren herausragenden Persönlichkeiten. Aus diesem Grunde haben wir die Frage der Minderheiten, historische Zusammenhänge und Einzelbiographien besonders berücksichtigt, um ein möglichst facet-tenreiches Bild der Seidenstraßen zu vermitteln. Auch der gesamtchinesische Alltag, der Westchina ja ebenso prägt, wie den Ostteil des Landes findet seinen ihm gebührenden Platz.

China hat nicht nur eine lange Geschichte, es ist auch ein Land der Geschichten. Zu fast allen Bergen, Sehenswürdigkeiten und Ereignissen gibt es eine kleine oder große Geschichte, und wo immer wir so eine ausgraben konnten, haben wir sie auch erzählt. Auf diese Weise ist ein echtes Erzählwerk entstanden, das über zahlreiche Mosaiksteinchen die Seidenstraße in all ihrer Faszination wieder aufleben lässt.

Legende zu den Stadtplänen

- Tourist-Information
- Hotel
- Restaurant
- ★ Sehenswürdigkeit
- Museum
- Tempel
- Kirche
- Moschee
- Post
- Bank
- Apotheke
- Krankenhaus
- Busbahnhof
- U-Bahn
- Tankstelle
- Parkplatz
- Flughafen

Inhalt

Vor der Reise

Praktische Reisetipps von A –Z

Land und Natur

Staat und Gesellschaft

Die Menschen

Beijing

Von Beijing zur Seidenstraße

Die Seidenstraße von Xi'an bis Lanzhou

Die Handelsroute durch Qinghai

Die Handelsroute durch den Hexi-Korridor, die Wüste Gobi und weiter über Yining nach Kasachstan

Rund um die Taklamakan: die Nordroute und die Südroute

Entlang des Karakorum Highway durch Pakistan

Exkurse zwischendurch

Hinweise zum Gebrauch

Aufbau des Buches

Im Kapitel ***Vor der Reise*** erhält man praktische Informationen, die man bei der Reiseplanung berücksichtigen sollte.

Die ***Praktischen Reisetipps*** erläutern alphabetisch geordnet alles Wissenswerte von der Anreise über z.B. Essen und Trinken oder Sicherheit bis hin zu den Verkehrsmitteln und Zollbestimmungen.

Die folgenden drei Kapitel, ***Land und Natur, Staat und Gesellschaft*** sowie ***Die Menschen*** bieten umfassende Hintergrundinformationen, die zum einen für die Seidenstraße im speziellen, zum anderen für China allgemein gelten.

Alle weiteren Kapitel beschreiben die ***Orte und Sehenswürdigkeiten*** von Beijing (Peking) bis zum Anfang der Seidenstraße in Xi'an und dann entlang der Seidenstraße nach Westen bis an die Grenze Chinas zu den zentralasiatischen Staaten. In der Rubrik Weiterreise kennzeichnen ****Sternchen*** die Nummern der Züge, die am jeweiligen Abfahrtsbahnhof eingesetzt werden, also nicht schon gestopft voll ankommen.

Im Anhang befindet sich eine ***Literaturliste,*** ein Glossar, eine Sprachhilfe, ein ***Kartenverzeichnis*** und ein ausführliches ***Register.*** Worte, die im ***Glossar*** erläutert werden, sind mit einem ⇗ Pfeil gekennzeichnet.

Die ***Stadtpläne*** sind vor allem Orientierungshilfen. Man sollte sich stets einen Originalplan mit eingezeichneten Buslinien dazu besorgen.

Zu Sprache und Schreibweise

Für chinesische Bezeichnungen und Namen wird in der Regel die inzwischen international übliche ***Pinyin-Umschrift*** verwendet, die der chinesischen Aussprache sehr viel näher steht; die Hauptstadt Chinas heißt also Beijing und nicht Peking.

Wichtige Orte, Sehenswürdigkeiten, Hotels und Restaurants sind mit einem 中 gekennzeichnet, übrigens das chinesische Zeichen für Chinesisch. Diese Ausdrücke sind dann mit ***Tonalzeichen*** versehen und in der Randspalte in ***chinesische Schriftzeichen*** übersetzt. Damit kann auch der Sprachunkundige sich durch Draufzeigen und Zeichensprache zum Ziel durchfragen.

Wer mehr über die Tonalzeichen, die die Tonhöhe definieren, wissen möchte oder die wichtigsten Worte und Redewendungen sucht, sei auf die ***Sprachhilfe*** im Anhang verwiesen.

In der hinteren Umschlagklappe befinden sich in beiden Schriftsystemen ***die wichtigsten Fragen zum Draufdeuten,*** die zusammen mit den Schriftzeichen im Buch meist zum Ziel führen.

Abkürzungen und Zeichen

CITS	China International Travel Service (Informations- und Reiseagentur)
CTS	China Travel Service (Reiseagentur)
CAAC	Civil Aviation Administration of China (Fluggesellschaften)
*	Hotelkategorien (siehe Praktische Reisetipps, Hotels)
中	Begriffe, die am Rand in chinesischen Zeichen geschrieben sind.
⇗	Begriffe, die im Lexikon behandelt werden.

Vor der Reise

Information

Organisationen

Das ***Fremdenverkehrsamt der VR China*** (zuständig für die Bundesrepublik Deutschland, Österreich und die Schweiz) verschickt auf Wunsch Informationsmaterial. Ilkenhansstr. 6, 60433 Frankfurt a. M., Tel. (069) 520135, 520136, Fax (069) 528490, Telefonische Information: Mo-Fr 9.00-12.00 Uhr.

● ***Hongkong Tourist Association (HKTA),***
Humboldtstraße 94, 60318 Frankfurt/M.,
Tel. (069) 9571290, Fax (069) 5978050.

● ***Macao-Touristeninformation,***
Eifelstr. 14a, 60529 Frankfurt,
Tel. (069) 97467220, Fax (069) 97467100, www.macaotourism.gov.mo,
E-Mail: macao@discover-fra.com

● ***Arbeitsstelle Politik Chinas und Ostasiens,***
Freie Universität Berlin, Fachbereich Politische Wissenschaft,
Harnackstr. 1, 14195 Berlin.
Hier kann man vor allem Zeitschriften über China und Asien einsehen oder Leute treffen, die schon mal in China waren.

● ***Ostasiatisches Seminar,***
Podbielskiallee 42, 14195 Berlin, Tel. (030) 8383598.
Große Bibliothek mit China- und Japanliteratur, viele Studenten, die bereits in China waren und gerne Fragen beantworten.

● ***Arbeitsstelle Politik Chinas und Ostasiens*** in der Rechts- und Wirtschaftswissenschaftlichen Fakultät der Universität des Saarlandes,
Bau 31, 66123 Saarbrücken, Tel. (0681) 3022126.

● ***Deutsche Gesellschaft für Asienkunde,***
Rothenbaumchaussee 32, 20148 Hamburg, Tel. (040) 445891.
Hier kann man sich über aktuelle Entwicklungen in China erkundigen.

● ***Deutsche China Gesellschaft e.V.***, c/o Prof. Dr. Gregor Paul, Klauprechtstr. 41, 76137 Karlsruhe, Tel. (0721) 816802, Fax 9812500.

● ***Ortsverein Berlin der Gesellschaft für Deutsch-Chinesische Freundschaft e.V.,***
Innsbrucker Str. 3, 10825 Berlin, Tel. (030) 8545744.
Bei den beiden Gesellschaften erhält man viel Literatur zu allen Aspekten Chinas. Außerdem finden regelmäßig kulturelle Veranstaltungen statt. Hier bekommt man auch Kontakt zu Chinesen.

● ***Interkulturelle Beratung und Information,***
Universität Essen, Fachbereich 3, Henry-Dunant-Straße 65,
45131 Essen, Tel. (0201) 1834264.
Interkulturelle Fragen, Beratung und Auskunft zu anderen Kulturen.

● ***Gesellschaft zur Förderung freundschaftlicher und kultureller Beziehungen zur VR China,***
Wickenburggasse 4, A 1080 Wien, Tel. (00431) 439793.

Zeitschriften

Die folgenden Zeitschriften sind in wissenschaftlichen Bibliotheken, z.B. in denen der oben genannten Institute, einsehbar:

● ***China aktuell,*** die Monatszeitschrift des Instituts für Asienkunde, Rothenbaumchaussee 32, 20148 Hamburg, Tel. (040) 443001-03, informiert über die allerneuesten Ereignisse in Politik, Wirtschaft und Kultur.

● ***Beijing Rundschau,*** politische und theoretische Wochenzeitschrift. Beiträge zu Politik, Wirtschaft und Kultur, Abdruck von wichtigen Dokumenten.

- ***China Daily,*** englischsprachige Tageszeitung, die in den meisten Großstädten des Landes erhältlich ist und sich redlich darum bemüht, nicht allzusehr zu zeigen, dass sie ein Regierungsblatt ist. Für allgemeine Informationen zu internationalen Ereignissen aber brauchbar.
- ***China im Bild,*** Zweimonatszeitschrift mit Artikeln zu allen Bereichen des heutigen China.
- ***„das neue China",*** Zeitschrift der Gesellschaft für Deutsch-Chinesische Freundschaft.

China im Internet

- ***AmCham (American Chamber of Commerce) Magazine,*** eine hervorragende Quelle für chinabezogene Wirtschaftspublikationen. www.amcha.org.hk.
- ***Beijing Online,*** allgemeine Touristeninformationen über Beijing. www.bol.co.cn.
- ***Business Directory China,*** Informations- und Kontaktbörse für alle möglichen Wirtschaftsbereiche. Außerdem werden die aktuellen Messen in China aufgelistet. www.bdccc.com/
- ***CCPIT,*** die Website des China Council for the Promotion of International Trade mit aktuellen Messe- und Wirtschaftsinformationen und vielen nützlichen Adressen. www.ccpit.org/index.html
- ***China Daguan,*** kompakte Informationen über mehr als 300 Wirtschaftsstandorte und ihre Verbindung zu politischen Organisationen sowie Nähe zu kulturelle Stätten, Medien und Forschungsorganisationen. www.aweto.com/china/
- ***China Economic Review,*** Website des Wirtschaftsmagazins aus Hongkong mit Kontaktinformationen. http://alaincharles.com
- ***China Internet Information Centre,*** das Adressbuch für Internetadressen in China. www.china.org.cn und www.chinanews.org
- ***China Today,*** Informationen über den Immobilienmarkt mit Reise-, Freizeit-, Kontakt- und Wirtschaftsinformationen. www.chinatoday.com/
- ***Chinese Business World,*** Infos für Investoren, Wirtschaftskontakte, Industrieparks und ein Wochenjournal für Expatriates. www.cbw.com
- ***Hongkong Tourist Association,*** touristische Informationen über Hongkong. www.hkta.org/germany
- ***Kompass China,*** hier kann man die sich ständig ändernden Telefon- und Faxnummern abfragen oder verifizieren lassen und sich auf Firmensuche begeben. www.chinatoday.com/inv/kompass
- ***Macao Informationen,*** allgemeine und spezielle Informationen. www.hk.super.net/~ainacio/home.html und http://fbox.vt.edu:10021/org/hkclub/hk.html

Visa und Einreisedokumente

Visa für die VR China

In Europa

Für ***Einzelreisen*** ist erforderlich:

- ein Reisepass, der noch mindestens sechs Monate gültig ist
- ein ausgefülltes Antragsformular, das bei den Botschaften und konsularischen Vertretungen der VR China erhältlich ist
- ein Passbild
- eine Bearbeitungsgebühr von 15,34 € (30 DM, Stand 12/2000)

Man sollte generell darauf achten, auf dem Antrag keine Orte anzugeben, die z.B. bei uns in der Presse gerade Negativschlagzeilen machen. Offensichtlich vermutet man chinesischerseits irgendwelche subversiven Tätigkeiten der Reisenden. Auf keinen Fall sollte Tibet als Reiseziel angegeben werden. In China selbst sind diese Anweisungen meist gar nicht bekannt.

Touristenvisa gelten bis zu drei Monate. Wer nicht genau weiß, wie lange er bleibt, sollte also lieber mehr Tage als voraussichtlich benötigt auf dem Antrag angeben. Das Visum kann in China bei der Ausländerpolizei einmal um einen Monat verlängert werden. Seit 1997 darf man das Visum offiziell nur noch persönlich beantragen, Briefe werden nicht mehr akzeptiert. Man sollte sich auf alle Fälle vor Antragstellung telefonisch beim zuständigen Konsulat erkundigen. Wer nicht persönlich erscheinen kann, wird notfalls einen Visabeschaffungsdienst in Anspruch nehmen müssen.

Wer es eilig hat, kann das Visum auch am selben Tag erhalten, muss dann aber in jedem Falle persönlich erscheinen und 40,90 € (80 DM) bezahlen. Wer es innerhalb von 2 Tagen braucht, zahlt 35,79 € (70 DM), und wer es innherhalb von 7 Tagen benötigt, muss 25,56 € (50 DM) für das Visum berappen.

Für ***Pauschaltouristen*** werden diese Formalitäten meist durch den Reiseveranstalter erledigt. Sie erhalten ein Gruppenvisum, das in der Regel der Reiseleiter mit sich führen wird, und haben mit den Einreiseformalitäten so gut wie nichts zu tun.

Leider ist es so, dass sich die Visabestimmungen permanent und ohne Vorankündigung ändern. Der Hintergrund der Verschärfungen ist wohl auch der, es den Individualreisenden immer mehr zu erschweren, in China umherzureisen. Gruppen bringen angeblich mehr Geld, aber der wahre Grund ist wohl der, dass die Regierung aus politischen Gründen nicht mehr will, dass die

Es ist normal, dass die Großmütter die Kinder erziehen, während die Eltern arbeiten gehen

Einzelreisenden unkontrolliert durchs ganze Land schwärmen. Man sollte sich also in jedem Falle bei den Botschaften nach den jeweils aktuellen Einreisebestimmungen erkundigen. Wer auf alle Fälle über Hongkong einreisen will, kann das China-Visum dort schnell und unbürokratisch beantragen und sich gleich ein Drei-Monatsvisum in den Pass stempeln lassen.

In Hongkong

Für ***Einzelreisen*** ist erforderlich:
- ein Reisepass, der noch mindestens sechs Monate gültig ist
- ein Passfoto

Je schneller das Visum ausgestellt werden soll (innerhalb von ein, zwei oder drei Tagen), desto höher die ***Visagebühr.*** Wer es direkt im Konsulat der VR China beantragt, zahlt 100 HK$. Bei den Reisebüros zahlt man ab 160 HK$, das Visum erhält man dann nach 1,5 Tagen. Der Antrag muss vor 12.00 Uhr abgegeben werden. Man kann auch innerhalb von vier Stunden das Visum bekommen. Dies kostet allerdings 260 HK$. Beim Abholen des Visums die Quittung für die bezahlte Visagebühr nicht vergessen!

Visa werden von den meisten Reisebüros, u.a. CITS und CTS, ausgestellt. Bei einigen Büros kann man gleich Drei- oder Sechs-Monats-Visa mit Mehrfacheinreise beantragen und erspart sich in China u.U. die lästige Verlängerung:

- ***China International Travel Service,***
  6/f, Tower II, South Seas Centre, 75 Mody Rd., Tsimshatsui,
  Tel. 27325888 (gegenüber Chungking Mansion)
- ***China Travel Service (CTS),***
  4/F CTS House, 78-83 Connaught Rd., Central. Tel. 28533533.
  77 Queen's Rd. Central, Tel. 25217163. Alpha House, 1. Etage,
  27-33 Nathan Rd., Tsimshatsui, Tel. 27211331.
- ***Visabüro der VR China,***
  5th fl., Low Block, 26 Harbour Rd., Wanchai, Tel. 28271881. Mo-Fr 9.00-12.30, 14.00-17.00 Uhr, Sa 9.00-12.00 Uhr.

In Macao

- ***China Travel Service Macao***,
  Edificio Xin Hua (1. St.), 35 Rua de Nagasaki, Tel. 700888.

Visa für Hongkong und Macao

Deutsche, Schweizer und Österreicher benötigen bei einem Aufenthalt in Hongkong bis zu 90 Tagen und in Macao bis zu 20 Tagen (Schweizer bis 90 Tage) kein Einreisevisum. Wer länger in Hongkong bleiben möchte, muss zum Immigration Department, Wanchai Office Towers.

Botschaften und Konsulate

In Deutschland

●***Botschaft der VR China,***
Märkisches Ufer 54, 10179 Berlin, Tel. (030) 275880, Fax 27588221. Konsularabteilung: Heinrich-Mann-Str. 9, 13156 Berlin, Tel. (030) 4883 9722/15, Fax 48839731
●***Botschaftsaußenstelle der VR China,***
Kurfürstenallee 12, 53177 Bonn,
Visaabteilung, Tel. (0228) 9559816, Fax 361635.
Mo-Fr. 9.00-12.00 Uhr
●***Generalkonsulate der VR China,***
Elbchaussee 268, 22605 Hamburg, Tel. (040) 826975, Mo-Fr 9.00-12.00 Uhr, Romanstr. 107, 80639 München, Tel. (089) 17301612
●***Königlich Nepalesische Botschaft,***
Im Hag 15, 53179 Bonn, Tel. (0228) 343097
(auch für Österreich und die Schweiz zuständig)
●***Honorarkonsulat des Königreichs Nepal,***
Ehrenbreitsteiner Str. 44, 80993 München, Tel. (089) 14365250/60, Fax 14365190
●***Honorarkonsulat des Königreichs Nepal,***
Mohrenstr. 42, 10117 Berlin, Tel. (030) 2039070, Fax 20390744
●***Botschaft der Islamischen Republik Pakistan,***
Schaperstr. 29, 10777 Berlin, Tel. (030) 212440, Fax 21244210
●***Konsulat der Islamischen Republik Pakistan,***
Wachterbacher Str. 83, 60386 Frankfurt, Tel. (069) 421012-15, Fax 421017
●***Botschaft der Russischen Föderation,***
Unter den Linden 63-65, 10117 Berlin, Tel. (030) 2291110, Fax 2299397; Konsularabteilung: Tel. 2291207, Mo-Fr. 9.00-13.00 Uhr
●***Generalkonsulate der Russischen Föderation***
Am Feenteich 20, 22085 Hamburg, Tel. (040) 2295201, Fax 2297727; Kickerlingsberg 18, 04105 Leipzig, Tel. (0341) 5851876, Fax 5649589; Seidlstr. 28, 80335 München, Tel. (089) 592528, Fax 5503828
●***Botschaft der Republik Usbekistan,***
Deutschherrenstr. 7, 53177 Bonn, Tel (0228) 9535715, Fax 9535799
●***Botschaft der Mongolei,***
Gotlandstr. 12, 10439 Berlin, Tel. (030) 4469320, Fax 4469321
●***Honorarkonsulat der Mongolei,***
Eschersheimer Landstr. 60-62, 60322 Frankfurt, Tel. (069) 15309610, Fax 15309666

In Österreich

●***Botschaft der VR China,***
Metternichgasse 4, 1030 Wien, Tel. (0222) 71314948, Fax 7136816
●***Nepal:*** s. Deutschland
●***Botschaft der Islamischen Republik Pakistan,***
Hofzeile 13, 1190 Wien, Tel. (0222) 3687381, Fax 3687376
●***Botschaft der Russischen Föderation,***
Reisnerstr. 45, 1080 Wien,
Tel. (0222) 721229, Konsularabteilung Tel. 7123233, Fax 7147612
●***Botschaft der Republik Kasachstan,***
Felix-Mottl-Str. 23, 1190 Wien, Tel. (0222) 3679175, Fax 3676174

● ***Botschaft der Republik Kirgistan,***
Naglergasse 25, 1010 Wien, Tel. (0222) 5350378/9, Fax 5350379131
Mongolei: Zuständig für Österreich ist die Botschaft in Budapest

In der Schweiz

● ***Botschaft der VR China,***
Kalcheggweg 10, 3006 Bern, Tel. (031) 33527333, Fax 3514573
Mo., Mi., Fr. 9.00-12.00 Uhr und 15.00-17.30 Uhr
● ***Königlich Nepalesisches Generalkonsulat,***
Bleicherweg 33, 8027 Zürich, Tel. (01) 2014515, Fax 2014435
● ***Botschaft der Islamischen Republik Pakistan,***
Berna Str. 47, 3005 Bern, Tel. (031) 3522992, Fax 30515440
● ***Botschaft der Russischen Föderation,*** Brunnadernrain 37, 3006 Bern, Tel. (031) 3520566, Fax 3525595, Mo, Mi, Fr 9.00-12.00 Uhr
● ***Ständige Vertretung der Mongolischen Republik,***
6 Chemin Mollies, 1293 Bellevue, Tel. (0227) 741974, Fax 7743201

In der VR China

● ***Botschaft der BR Deutschland,***
5 Dongzhimenwai Dajie, Sanlitun, Beijing,
Tel. 65322161 oder 65322165,
Mo-Do. 8.00-17.15 Uhr und Fr. 8.00-13.45 Uhr
● ***Generalkonsulat der BR Deutschland,***
151 Yongfu Lu, Shanghai, Tel. (021) 64336951, Fax (021) 64714448
● ***Generalkonsulat der BR Deutschland,***
1 Shamian Nanjie, Guangzhou, Tel. 81922566, Fax 81922599.
● ***Botschaft der Republik Österreich,***
Jianguomenwai, 5 Xiushui Nanjie, Beijing , Tel. 65322062
● ***Botschaft der Schweiz***, 3 Dongwu Jie, Beijing, Tel. 65322736-8
● ***Botschaft der Niederlande,***
4 Liangmahe Nanlu, Tel. 65321131.
● ***Königlich Nepalesische Botschaft,***
1 Xiliu Jie, Sanlitun, Beijing, Tel. 65321795
● ***Königlich Nepalesisches Generalkonsulat,***
13 Norbulingka Lu, Lhasa, Tibet
● ***Botschaft der Islamischen Republik Pakistan,***
1 Dongzhimenwai Dajie, Sanlitun, Beijing, Tel. 65322504
● ***Botschaft der Russischen Föderation,***
4 Dongzhimen Beizhongjie, Tel. 65322051
● ***Botschaft der Mongolei,***
2 Xiushui Beijie, Jianguomenwai Dajie, Tel. 65321203
● ***Botschaft der Republik Usbekistan,***
2-1-92, Ta Yuan Diplomatic Office Bldg., Tel. 65326854
● ***Botschaft der Republik Kyrgystan,***
2-4-1, Ta Yuan Diplomatic Office Bldg., Tel, 65326458
● ***Botschaft der Republik Kasachstan,***
9 Dongliu Jie, Sanlitun, Tel. 65326182

In Hongkong

● ***Generalkonsulat der BR Deutschland,***
21 F., United Center, Queen's Way 95/HK,
Tel. 25298855, Mo-Fr 9.00-12.00 Uhr
● ***Generalkonsulat der Republik Österreich,***
Room 2001, Wang Kee Bldg., 34 Connaught Rd., Central,
Tel. 25228086
● ***Generalkonsulat der Schweiz,***
Room 3703, Gloucester Tower, The Landmark, Pedder Str. 11, HK,
Tel. 25227147, Mo-Fr 9.00-12.00 Uhr

● ***Visastelle der VR China,***
5 F., Low Block, China Resources Building, Harbour Rd. 26, Wanchai, HK, Tel. 25744163

In Nepal

● ***Botschaft der VR China,***
Baluwatar, Toran Bhawan, Naxal, Kathmandu, Tel. 412589, Mo, Mi, Fr 9.00-11.30 Uhr
● ***Botschaft der BR Deutschland,***
Kantipath, Kathmandu (Nordseite des Yellow Pagoda Hotels), P.O. Box 226, Tel. 2-21763, 2-22902, Mo-Fr 9.00-12.00 Uhr, telefonisch bis 14.00 Uhr, Do. bis 17.00 Uhr
● ***Botschaft der Republik Österreich,***
Kupontole, Kathmandu, Tel. 4-10891
● ***Botschaft der Schweiz,***
Jawalakhel, Kathmandu, Tel. 5-23468
● ***Botschaft der Islamischen Republik Pakistan,***
Rani Pokhri, Kathmandu, Tel. 4-10565
● ***Botschaft der Russischen Föderation,***
Baluwatar, Kathmandu, Tel. 4-12155

In Pakistan

● ***Botschaft der VR China,*** Ramna 4, Diplomatic Enclave, Islamabad, Sa-Do 9.00-13.00 Uhr
● ***Botschaft der BR Deutschland,*** Ramna 5, Diplomatic Enclave, P.O. Box 1027, Islamabad, Tel. (00) 925182 ext. 2151/55
● ***Botschaft der Republik Österreich,*** 13, 1st Street, F 6/3, P.O. Box 1018, Islamabad, Tel. 20137
● ***Botschaft der Schweiz,*** 11, 84th Street, G 6/4, P.O. Box 1073, Islamabad, Tel. 21151-2, 28582

Impfungen

Für die Reise nach ***China*** sind keine Impfungen zwingend vorgeschrieben, außer wenn sich der Reisende innerhalb der letzten 6 Tage in Gelbfieberinfektionsgebieten aufgehalten hat. Bei der Einreise muss man schriftlich versichern, dass man an keiner ansteckenden Krankheit leidet. Ausländer, die in Resident Permit beantragen, müssen in China einen Aids-Test machen.

Vor Reiseantritt sollte man sich in jedem Fall rechtzeitig in einem Tropeninstitut beraten lassen. Auch für ***Hongkong und Macao*** sind keine speziellen Impfungen notwendig. Auch wenn nicht vorgeschrieben, sind jedoch folgende Schutzimpfungen empfehlenswert (siehe auch Gesundheitstipps für Fernreisende):

● ***Tetanus:*** Die Erstimmunisierung erfolgt durch zwei Impfungen im Abstand von vier Wochen, die nach einem Jahr aufgefrischt werden. Danach reicht eine Impfung alle zehn Jahre. Man kann die Tetanus-Impfung am besten mit der Diphterie-Impfung kombinieren, da beide im selben Rhythmus gespritzt werden.
● ***Polio:*** Die Schluckimpfung muss alle zehn Jahre aufgefrischt werden und kann bei den Gesundheitsämtern eingenommen werden.
● ***Typhus/Paratyphus:*** Die Schluckimpfung erfolgt an sechs Tagen. Sie sollte eine Woche vor Reisebeginn abgeschlossen sein, die Wirkung hält

zwei Jahre. Die Polio-Impfung darf erst drei Tage danach durchgeführt werden. Umgekehrt muss man einen Abstand von zwei Wochen einhalten.

● ***Malaria:*** Nach Berichten der Welt-Gesundheitsorganisation (WHO) gehören große Teile Chinas wieder zu Malariagebieten (vor allem in Südchina und im Gebiet des Yangzijiang). Genauere Informationen sollten beim Tropeninstitut eingeholt werden. Wer nur entlang der Seidenstraße reist, braucht keine Malaria-Prophylaxe.

● ***Hepatitis:*** Gegen Hepatitis A gibt es ein aktive Impfung bestehend aus drei Impfungen. Gegen Hepatitis B gibt es ebenfalls eine Impfung, die allerdings sehr teuer ist. Normalerweise braucht man diese Impfung nicht, da der Erreger nur durch Körperflüssigkeiten übertragen werden kann.

● ***Cholera:*** Die WHO rät mittlerweile von einer Choleraimpfung ab, da die Nebenwirkungen in keinem Verhältnis zu der tatsächlichen Gefährdung der Touristen stehen. Außerdem bietet auch eine Impfung keinen hundertprozentigen Schutz.

● ***Tollwut:*** Wer über Tibet einreist, muss damit rechnen, dass die wild umherstreunenden und z.T. bissigen Hunde Tollwut übertragen können. Das Serum sollte sofort nach einem Biß gespritzt werden.

● ***Diphterie:*** Fast vergessen ist diese oft tödlich verlaufende Infektionskrankheit, der früher oft Kinder zum Opfer fielen. Weil immer mehr Erwachsene keinen ausreichenden Impfschutz haben, ist die Diphterie wieder auf dem Vormarsch. Besonders betroffen sind Russland und das östliche Europa. Der Impfschutz sollte alle 10 Jahre erneuert werden und wird meist in Kombination mit der Tetanusimpfung gespritzt.

Speiseeis ist auch im entlegenen Kashgar eine beliebte Nascherei

Reisegepäck

Tasche, Rucksack

Das Gepäck sollte so klein und leicht wie möglich sein, denn Verkehrsmittel wie Stadtbus oder Zug sind fast immer überfüllt. Daher empfanden wir eine kompakte ***Reisetasche,*** die man zur Not auch auf den Schoß nehmen kann, oftmals praktischer als einen Rucksack. Wer lieber mit ***Rucksack*** reist, sollte darauf achten, dass er nicht breiter als der eigene Rücken ist. In jedem Bahnhof und Busbahnhof gibt es eine ***Gepäckaufbewahrung.***

Bekleidung

Für die ***Sommermonate*** empfiehlt sich leichte, strapazierfähige Baumwollkleidung und gutes, aber leichtes Schuhwerk. Die Kleidung sollte täglich gewechselt werden, um Hauterkrankungen im feucht-heißen Klima vorzubeugen. Praktische Kleidung bekommt man zwar auch in China, aber bei größeren Konfektionsgrößen und guten Schuhen wird es problematisch.

Wenn man im ***Winter*** in China reist, kann man in den Kaufhäusern, aber auch auf den meisten Kleidermärkten preiswerte Daunenjacken oder schwere grüne Militärmäntel (sehr warm) kaufen. Sehr empfehlenswert sind lange Unterhosen aus Seide, die es auch in Kaufhäusern gibt.

Zu ***offiziellen Anlässen*** wird formelle Kleidung erwartet. Chinesen sind bisweilen recht erstaunt über die teilweise nachlässige Kleidung von Ausländern, denn im Ausland achten Chinesen sehr auf „ordentliche Kleidung", was im eigenen Land nicht unbedingt der Fall sein muss.

Die meisten Hotels haben eine ***Wäscherei,*** wo man die Kleidung preisgünstig gewaschen bekommt. In den kleineren Hotels gibt es ansonsten die Möglichkeit, die Wäsche in extra dafür vorgesehenen Becken selbst zu waschen.

Nützliche Dinge

Neben den üblichen Dingen, die jeder individuell auf Reisen mitnimmt, empfehlen wir speziell für China noch folgende Sachen:

- ***aufblasbares Kissen*** (erleichtert das Sitzen auf langen Zugfahrten, und in den einfachen Hotels sind die Kopfkissen oft sehr hart)
- ***Ohropax*** (in chinesischen Hotels kann es sehr laut zugehen)
- ***Badelatschen*** wegen der Gemeinschaftsduschen
- ***Vorhängeschlösser***
- ***Adapter*** für die chinesischen Steckdosen (siehe Reisetipps, Elektrizität)
- ***Taschenlampe***
- ***Reisewecker***
- ***Essstäbchen*** und ***Trinkbecher*** (beides kann man gut und billig in China kaufen)
- ***Passbilder,*** wenn man noch nicht alle Visa für die Länder, die man bereisen will, im Pass hat

Reiseapotheke

- Medikamente gegen Magen-Darm-Infektionen und Elektrolyte
- Mittel gegen Erkältungskrankheiten

- eine kleine Erste-Hilfe-Ausstattung
- Schmerz- und Fiebermittel
- Breitbandantibiotikum
- Malariaprophylaxe
- Vitamin-, Kalzium- und Salztabletten (für Wüstenregionen)
- Micropur
- Insektenschutzmittel
- Sonnenschutzcreme
- Kondome, Pille
- Tampons (sind außerhalb der Großstädte manchmal Mangelware)

Versicherungen

Reisekrankenversicherung

Anbieter

Eine Reise-Krankenversicherung ist unbedingt zu empfehlen. Sie kann in jedem ***Reisebüro*** abgeschlossen werden. Der Beitrag richtet sich nach der Versicherungsdauer und dem Geltungsbereich. Preis- und Leistungsvergleiche der verschiedenen Versicherungsgesellschaften lohnen sich; so sind bei einem ***freien Versicherungsmakler*** für eine Reisedauer von bis zu acht Wochen diese Policen bereits für unter 10,23 € (20 DM) zu haben.

Leistungen

Eine gute Krankenversicherung übernimmt die Kosten für ***ärztliche Behandlung, Medikamente*** und gegebenenfalls ***Rücktransport*** ins Heimatland (Achtung: Bei manchen Versicherungsgesellschaften müssen die Patienten im Zielland in stationärer Behandlung gewesen sein - also für mindestens eine Nacht im Krankenhaus aufgenommen worden sein, damit der Rücktransport bezahlt wird.) Ein weiterer wichtiger Punkt ist die ***automatische Verlängerung im Krankheitsfall:*** Falls die Rückreise aus medizinischen Gründen (Krankheit, Unfall) nicht zum vorgesehenen Zeitpunkt möglich ist, sollte die Leistungspflicht noch weiter gelten (z.B. 3 Monate). Dieser Punkt ist besonders wichtig, damit nicht ab dem vorgesehenen Rückreisetag der Patient selbst für die Behandlungskosten aufkommen muss.

Krank in China

In jedem Fall müssen die Kosten im Land erst einmal vom Patienten getragen werden. Um sie nach der Heimreise zurückerstattet zu bekommen, muss man sich daher vom Arzt unbedingt eine ***detaillierte Aufstellung aller Diagnosen, Leistungen und Medikamente*** geben lassen (mit englischer oder deutscher Übersetzung). Abseits der Großstädte bekommt man meistens nur rein chinesische Quittungen. Man läßt sie sich am besten schon in der deutschen Botschaft in Beijing übersetzen und mit einem ***offiziellen Stempel der Übersetzungsstelle*** (wichtig) versehen. Die Versicherungen akzeptieren nur Übersetzungen amtlich zugelassener Dolmetscher.

Reisegepäckversicherung

Jedes Reisebüro bietet Reisegepäckversicherungen an. Der Beitrag richtet sich nach dem Geltungsbereich und der Höhe der Versicherungssumme. Der Versicherungsschutz darf jedoch nicht überbewertet werden, die Vertragsklauseln schließen viele Situationen und Gegenstände, insbesondere Wertsachen, aus. Ein eventueller Schaden muss von der chinesischen Polizei beglaubigt werden. Auch in diesem Fall ist eine ***amtlich beglaubigte Übersetzung des Protokolls*** ins Deutsche unverzichtbar. Im Schadensfall erleichtert eine Liste der einzelnen Gepäckstücke die Rückerstattung. Wertangaben, Nummern von Kameragehäuse, Objektiven etc. nicht vergessen!

Unfall- und Haftpflichtversicherung

Unfall und Haftpflicht sind möglicherweise bereits durch bestehende Versicherungen abgedeckt, allerdings sollte man das genau überprüfen.

Reiserücktrittskosten-Versicherung

Eine solche Versicherung kann extra vereinbart werden; da die Kosten aber relativ hoch sind und die Versicherung nur in ganz speziellen Fällen bezahlt, ist es sinnvoll, sich zuvor genau zu informieren.

Praktische Reisetipps A – Z

An- und Einreise

Direktflüge

Von allen größeren Flughäfen Westeuropas gehen Nonstopflüge nach Beijing und Hongkong. Nonstop nach Shanghai kommt man zur Zeit u.a. mit der Lufthansa und Air China ab Frankfurt, der Air France ab Paris, Austrian Airlines ab Wien und Swiss Air ab Zürich. Von Berlin und München fliegen Air China und China Eastern Airlines nach Beijing. Eine Liste günstiger Angebote befindet sich im Anhang des Buches. Außerdem gibt es Direktflüge von Tokio und Osaka nach Beijing/Shanghai, von Thailand (Bangkok) und Burma (Rangun) nach Kunming (Provinz Yunnan), von Kathmandu (Nepal) nach Lhasa (Tibet) und Shanghai, sowie von allen südostasiatischen Metropolen nach Beijing, Guangzhou, Shanghai und in andere Städte. Nach Ürümqi an der Seidenstraße kann man von Alma Ata, Bishkek, Islamabad, Moskau und Tashkent aus fliegen. In jedem Fall braucht man ein gültiges Entry-Exit-Visum (siehe Kapitel: Vor der Reise).

Anreise via Hongkong/Macao und Guangzhou

Visumvorteile

Immer wieder mal gibt es bei uns Schwierigkeiten, das Visum für die VR China zu bekommen. Zuletzt war das 1995 beim Weltfrauenkongress in Beijing, wo es von Juli bis Oktober fast unmöglich war, ein Einzelvisum für das Land zu bekommen. In so einem Fall bietet sich Hongkong als Einreiseort an, weil die restriktven Regelungen, die bei den chinesischen Botschaften in Europa oft kompromisslos durchgeführt werden, in Hongkong nicht gelten. Wer zahlt, wird hier auch sein Visum bekommen. Der größte Vorteil ist, dass man hier gleich Drei- bzw. Sechsmonats-Visa beantragen kann. Auch sonst ist Hongkong nicht die schlechtste Wahl, zum einen, weil Flugtickets dorthin oft billiger sind, als Flüge nach Beijing, zum anderen bekommt man in Hongkong stets die allerneuesten Informationen zum Reisen in China.

Varianten

Für Leute mit Zeit, gibt es auf dem Weg nach Xi'an viel zu sehen. Wer mit seiner Zeit haushalten muss, sollte allerdings fliegen, da die Anreise mit dem Zug mehrere Tage in Anspruch nimmt.

Von Hongkong kann man per Flugzeug, Schiff, Bahn und Bus in die VR China reisen. Am schnellsten und problemlosesten funktioniert die Anreise nach Xi'an mit dem Flugzeug. Wer mit dem Zug nach China einreisen will, kann von Hongkong aus in komfortablen Zügen direkt nach Guangzhou (Kanton), Zhaoqing, Beijing, Hangzhou und Shanghai fahren. In den drei letztgenannten Zügen gibt es nur Liegewagen. Wer möglichst zügig nach

Xi´an möchte, muss mit dem Beijing-Express bis Zhengzhou fahren und dort in einen Zug nach Xi´an umsteigen.

Von Macao aus ist Guangzhou z. Zt. nur mit Bussen erreichbar.

Von Hongkong aus gibt es darüber hinaus noch bequeme und unbequemere aber billigere Direktverbindungen nach Guilin oder Yangshuo, den Ausgangspunkten für die berühmte Li-Flussfahrt.

Flüge

Direktflüge von Hongkong in die VR China gibt es nach: Beijing, Changsha, Chengdu, Chongqing, Dalian, Fuzhou, Guangzhou, Guilin, Haikou, Hangzhou, Hefei, Kunming, Nanjing, Nanning, Ningbo, Qingdao, Shanghai, Shantou, Shenyang, Tianjin, Wuhan, Xiamen, Xi'an, Zhanjiang und Zhengzhou. Für die direkte Anreise zum alten Ausgangspunkt der Seidenstraße sind die Flugverbindungen nach Xi'an und Zhengzhou interessant. Wer vorhat zu fliegen, sollte sich überlegen, von Shenzhen aus zu fliegen, da Flüge von hier erheblich billiger (bis zu 51 €, 100 DM) sind. Zum Flughafen in Shenzhen (Fu Yong Matou) fahren von Hongkong zahlreiche Expressboote (2 Std., 186 HK$) ab China Ferry Terminal.

Weiterhin hat man zahlreiche ***Anschlussmöglichkeiten*** von Hongkong in alle Teile der Welt zu günstigen Konditionen. Angebote stehen in den englischsprachigen Tageszeitungen „Standard" und „South China Morning Post". Oder man klappert die unzähligen Reisebüros nach aktuellen Sonderpreisen ab.

Die ***Airport-Tax*** beträgt 50 HK$.

Schiffe von Hongkong

Schiffe fahren nach Haikou, Guangzhou, Jiangmen, Sanya, Shantou, Wuzhou, Xiamen, Zhaoqing, Zhongshan und Zhuhai. Interessant ist hier vor allem die Verbindung nach Guangzhou. Wer Guangzhou umgehen möchte, kann mit einem kombinierten Schiffs-/Busticket direkt nach Yangshuo oder Guilin reisen.

- ***Schiffsableger:*** China Ferry Terminal in Kowloon. Nach Macao fahren die meisten Schiffe ab Macao Ferry Pier.
- ***Tickets*** gibt es direkt an den Fahrkartenschaltern der Piere oder in einem Reisebüro.
- ***Preise:*** Auf den Strecken verkehren Schiffe mit unterschiedlichem Standard und damit unterschiedlichen Preisen.
- Welches Schiff wann abfährt, kann man am Hafen erfragen; hier die wichtigsten ***Verbindungen:***
- ***Guangzhou:*** Katamaran (8.15, Uhr, 3 Std.), Tickets (198 HK$) bei CTS.

Wuzhou: (an geraden Tagen, 11 Std.) Hier steigt man in einen Bus nach Guilin oder Yangshuo um. Die Fahrt mit dem Bus von Wuzhou nach Yangshuo dauert weitere 8 und nach Guilin 9 Stunden. Tickets gibt es bei CTS.

Macao: Fähren, Hoovercrafts, Tragflügelboote etc. fahren nahezu 24 Std. am Tag alle paar Minuten. Wer nach Macao will, muss seinen Pass dabeihaben, da man aus Hongkong ausreist.

Schiffe von Macao

Zahllose Fähren fahren in kurzen Abständen nach Hongkong. Die Ausreisesteuer ist im Ticketpreis enthalten.

Züge

Preiswerteste Variante sind die ***Bummelzüge*** vom Grenzort Shenzhen auf chinesischer Seite nach Guangzhou (Zug Nr. K452, K456, K458 usw. bis K480, Fahrzeit 2 Std.). Um dorthin zu gelangen, fährt man mit der S-Bahn vom Bahnhof Hunghom (Kowloon), Chatham Rd. 41, zum Grenzbahnhof Lo Wu auf Hongkonger Territorium. Sie fährt alle fünfzehn Minuten und benötigt für die Fahrt 36 Minuten. In Lo Wu überschreitet man die Grenze mit seinem Gepäck und erledigt die Einreiseformalitäten. Der Hauptbahnhof von Shenzhen befindet sich direkt hinter der Grenze. Man sollte in Hongkong möglichst früh aufbrechen, denn die Abfertigung kann länger dauern, und in Guangzhou können die preiswerten Hotelbetten abends knapp werden.

Ab Hunghom fahren ***Direktzüge*** nach Guangzhou Ostbahnhof (Zug G2, G4, Z12, Z20, Z24 Fahrzeit: 2 Std., Preis 200 HK$).

Billiger fährt man mit ***Expresszügen*** ab Shenzhen. Die meisten Züge fahren bis Ostbahnhof. Von dort kann man mit der U-Bahn ins Zentrum und nach Shamian fahren. (Zug Z46, Z48, usw. bis Z72, Fahrzeit 1 Std.)

Wer schon in Hongkong weiß, dass er mit der ***Transsib*** nach Hause will, kann die Tickets bereits in Hongkong erstehen. Später in Beijing ist es fast aussichtslos. Man bekommt sie u.a. bei:

- ***Phoenix Services,***
  Rm B, 6/F Milton Mansion, 96 Nathan Rd., Tsimshatsui, Kowloon, Tel. 27227378.
- ***Time Travel,***
  16/F Chungking Mansions, Block A, 30 Nathan Rd., Tsimshatsui, Kowloon, Tel. 23666222, Fax 27395413.
- ***Monkey Business (Moonsky Star),***
  4/F, Block E, Flat 6, Chongking Mansions, 30 Nathan Rd., Tsimshatsui, Tel. 27231376, Fax. 27236653.

Busse von Hongkong

Busse fahren vom Busbahnhof in Shenzhen aus nach Foshan (7,5 Std.), Fuzhou (via Xiamen, 25 Std.), Guangzhou (4,5 Std.), Haikou auf der Insel Hainan (24 Std.), Nanchang (31,5 Std.), Shaoguan (16 Std.), Shantou (13 Std.), Zhanjiang (21,5 Std.), Zhaoqing (9 Std.). Von der Ostseite des Bahnhofs in Shenzhen fahren laufend Minibusse in ca. 3 Std. nach Guangzhou.

Ab Hongkong gibt es auch ***Expressbusse*** zum Flughafen und Busbahnhof (2 Std.) in Shenzhen. Dorthin starten morgens Busse von Admiralty (Hongkong Island) und stoppen noch am China Ferry Terminal. (Zwischen 7.30 und 14.00 Uhr sieben Busse. Achtung, Bus 502 um 7.30 Uhr startet nur ab China Ferry Terminal und Bus 526 um 10.15 Uhr startet ab Admiralty und hält nicht am China Ferry Terminal. Fahrpreis 140 HK$ an Wochentagen, 150 HK$ an Wochenenden. Busse fahren auch ab Busterminal Canton Rd. nach Shenzhen. Beim CTS-Büro im Bahnhof kann man Busstickets für CTS-Busse nach Guangzhou (Canton) erstehen. Die Busse fahren vor dem Bahnhof los.

In den überfüllten Reisebussen ist für das große Gepäck nur noch auf dem Dach Platz

Busse von Macao

Chinesische ***Linienbusse*** fahren mehrmals täglich vom Grenzübergang Portas do Cerco zu diversen Zielen in der VR China.

Busse verschiedener Reisegesellschaften u.a. CTS fahren täglich in 3-4 Stunden nach Guangzhou.

Reisebüros

Package-Touren, Flugtickets, Bahntickets etc. bekommt man bei über 1.000 Reisebüros der Stadt. Der Nachteil ist nur, dass viele von ihnen aufs Betrügen programmiert sind und aus angeblichen Diskountpreisen vor allem bei Flügen auf einmal offizielle IATA-Tarife werden. Es empfiehlt sich daher, nur bei den Büros zu buchen, die Mitglied der Federation of Hongkong Travellers or Travel Industry Council of Hongkong sind und das auch zur Straße hin ausweisen. Wer sicher gehen will, kann sich mit seinen Wünschen an folgende Büros wenden:

- ***China Travel Services (HK) Ltd. (CTS),***
  4/F CTS House, 78-83 Connaught Rd. Central.
- ***China International Travel Services (HK) Ltd. (CITS),***
  6/F South Seas Centre II, 75 Mody Rd., Tsimshatsui, Kowloon.
- ***Traveller Services,***
  Room 1012, Silvercord Tower One, 30 Canton Rd. Tsimshatsui.

Weiterreisemöglichkeiten von Guangzhou

Flüge

Mit dem Flugzeug kommt man an alle gewünschten Ziele im ganzen Land. Internationale Flüge gibt es u.a. nach: ***Bangkok, Djakarta, Hongkong, Kuala Lumpur, Manila, Melbourne, Penang, Singapur, Surabaja.***

Züge

Von Guangzhou aus kann man entweder einen Direktzug nach Xi'an (Zug Nr. 84-85, 326-327) nehmen und ist nach den 41 Stunden, die der Zug für die 2.129 km lange Strecke braucht, wahrscheinlich urlaubsreif, oder man setzt sich zunächst in einen Direktzug nach Zhengzhou (Zug Nr. K16, K30, K90, K92), der allerdings auch stolze 18 Stunden unterwegs ist.

Wer Zeit hat, kann unterwegs eine Reihe interessanter Ziele besuchen, angefangen bei ***Shaoguan,*** wo es interessante Höhlen zu besichtigen gibt, über den heiligen Berg ***Hengshan, Changsha,*** einen der Wirkungskreise Mao Zedongs, und das quirlige ***Wuhan*** bis ***Zhengzhou*** und ***Luoyang,*** wo es neben berühmten buddhistischen Grotten noch das Shaolin-Kloster zu sehen gibt.

Das Hauptproblem bei den Bahnfahrten sind die beiden chaotischen ***Guangzhouer Bahnhöfe.*** Hier ist es fast aussichtslos, irgendein gewünschtes Ticket in einer auch nur halbwegs angemessenen Zeit zu erstehen. Besser man wendet sich gleich an eine der Reiseagenturen wie CITS, CTS oder CYTS. Da kostet die Fahrkarte zwar bis zu 50 Yuan mehr, aber man schont seine Nerven und hat mehr Zeit für Besichtigungen.

Busse

Der Busbahnhof liegt an der Huanshi Lu östlich des Hauptbahnhofs. Gleich gegenüber liegt der Busbahnhof für Minibusse, die zwar teurer aber schneller als die großen Busse sind.

In östliche Richtung: ***Haikou*** (20 Std.), ***Zhanjiang*** (13 Std.), ***Zhuhai, Macao, Zhaoqing*** (3 Std.), ***Nanning***, ***Guilin*** (ca. 24 Std.), ***Liuzhou***, ***Wuzhou*** (12 Std.). In westliche Richtung: ***Huizhou, Shantou*** (15 Std.), ***Xiamen*** und ***Fuzhou*** bzw. die auf der Strecke liegenden Orte.

Schiffe

Schiffsverbindungen bestehen zu folgenden Orten:

- ***Hongkong,*** Katamaran (1mal tägl., 3 Std.), Abfahrt am Panyu-Pier, wo auch Ausreiseformalitäten erledigt werden. Nachtfähre

(10 Std.). Verschiedene Kabinenklassen. Buchungen am Pier oder bei CITS.
- ***Hainan/Haikou:*** Einmal am Tag ein Boot vormittags (9.00 Uhr) ab Zhoutouzi-Pier.
- ***Sanya:*** jeden Montag

大沙头

- Ab ⌽ Dashatou-Pier, Yanjiang Donglu, fahren Schiffe nach ***Wuzhou*** (mehrere Schiffe am Tag, das Schiff um 12.30 Uhr hat direkten Anschluss an einen Bus nach Guilin)
- ***Zhaoqing:*** 2mal tägl.

Anreise via Nepal und Tibet

Man muss heutzutage keine Abenteuernatur wie *Sven Hedin* oder *Alexandra David-Neel* mehr sein, wenn man die Seidenstraße mit einer ***Überquerung des Himalaya*** verbinden will. Die einzige Voraussetzung ist eine nicht allzu große Empfindlichkeit gegenüber den doch manchmal sehr einfachen und auch schmutzigen Unterkünften entlang der Strecke. Ansonsten sind die Straßen gut ausgebaut und leicht mit öffentlichen Verkehrsmitteln zu befahren.

Zur Zeit sind Einzelreisen zwar offiziell verboten, aber das scheint nur auf dem Papier zu stehen. Wer sich einer Minigruppe, die aus mindestens drei Personen bestehen muss, anschließt und die ***Einreise über eine Agentur*** bucht, hat keine Probleme. Ist man nur zu zweit, so ist die dritte Person halt krank geworden. Den Agenturen in China und Nepal ist das egal, solange sie ihr Geld an den Touristen verdienen. In Tibet selbst kann man sich dann nahezu frei bewegen.

Wer sich ***von Kathmandu aus*** aufmacht, sollte wenigstens zwei Wochen für die Gesamtstrecke bis Dunhuang oder Xining einplanen. Nur dann reicht die Zeit für ausführliche Besichtigungen.

Visum

Das ***Einreisevisum für Nepal*** erhält man bei einer nepalesischen Botschaft in Europa (Adresse s.o.). Wer ohne Visum einreist, kann es im Flughafen Kathmandu oder am Grenzort Kodari erhalten. Dieses Visum ist allerdings nur 15 Tage gültig und muss im Immigration Office in Kathmandu (Thamel) verlängert werden.

Das ***chinesische Visum*** sollte man sich bereits im Heimatland beschaffen, denn die Visumbeschaffung in Kathmandu ist für Einzelreisende bisher sehr mühsam oder sogar unmöglich gewesen. Wer seine Einreise über ein nepalesisches Reisebüro bucht, bekommt das Visum meist auch problemlos über dieses Büro. Die Bearbeitung dauert mindestens drei Tage.

Wer nach Nepal zurück möchte, muss darauf achten, dass er einen nepalesischen ***Ausreisestempel*** in den Pass gestempelt bekommt, wenn er Nepal verläßt.

Anreise zur Grenze

Mehrere ***Reiseagenturen*** und Fluggesellschaften befinden sich in der Durbar Marg und in Thamel. Viele dieser Reisebüros bieten günstige Tarife für die Überlandfahrt nach Tibet an.

Von Kathmandu aus fahren im Sommer täglich ***Busse und Taxen*** zur Freundschaftsbrücke am Kodari-Pass (150 km). Vom Grenzort Kodari läuft man im Falle von Erdrutschen ca. 11 km in dünner Luft und über steile Hänge nach Zhangmu (Khasa) zum tibetischen Grenzort. Zum Glück bieten in solchen Fällen Träger ihre Dienste an.

In Zhangmu erledigt man die ***Einreiseformalitäten.*** Beim hiesigen CITS muss man meist für 100 US$ ein Permit für die Überlandfahrt nach Lhasa beantragen. In China (außerhalb Tibets) kostet es nur 100 Yuan. Es gibt in Zhangmu eine Filiale der Bank of China, wo man soviel Geld tauschen muss, dass es bis Xigaze oder Lhasa reicht. Die Bank befindet sich am oberen Ende des Ortes, ein schweißtreibender und mühsamer Aufstieg. Die Filiale unten bei den Hotels ist meist geschlossen.

Unterkunft

- ***Zhangmu Hotel*** (teuer und sehr einfach) und ***Gästehäuser*** links und rechts der Hauptstraße kurz hinter dem Grenzposten.
- Außerdem viele, nicht ganz saubere ***LKW-Fahrer-Unterkünfte.***

Weiterreise

Zwischen Zhangmu und Lhasa gibt es zur Zeit nur einen sehr unregelmäßigen ***Busverkehr*** (720 km; 2-3 Tage). Die meisten Individualtouristen schließen sich daher zu Grüppchen zusammen und buchen in Kathmandu die gemeinsame Fahrt nach Lhasa mit Zwischenstopps. Diese Fahrt dauert meist 7 Tage. Jeeps, die aus Lhasa hier eintreffen, können problemlos in Zhangmu gemietet (ab 400 Yuan pro Person) werden. Blockieren Erdrutsche die Straßen (im Juli/August die Regel), muss man zu Fuß und per Anhalter ins gut 40 km entfernte Nyalam und dort versuchen, einen Jeep zu kriegen.

Eine ***LKW-Mitfahrgelegenheit*** kostet ab 150 Y. Die Fahrt ist nach unseren Erfahrungen nicht ganz ungefährlich. Die Fahrer sind oft übermüdet und fahren viel zu schnell für die schlechten Straßenverhältnisse.

Die ***Orte entlang der Strecke*** dürfen ohne besondere Genehmigung besucht werden. Man übernachtet in einfachen Hotels oder LKW-Fahrer-Unterkünften mit beschränkten Waschmöglichkeiten. Eine gute körperliche Konstitution und die entsprechende Ausrüstung sind für diese Fahrt unerläßlich.

Ausrüstung

Nötig sind ausreichend Nahrungsmittel (z.B. Trekker's Muesli aus Kathmandu), warme Kleidung und eventuell eigener Schlafsack, denn die Bettwäsche in den kleinen Hotels scheint so gut wie nie gewechselt zu werden und riecht intensiv nach Yakbutter.

Praktische Informationen für Tibet

Essen und Trinken

Das Essen der Tibeter ist einfach und einseitig. Hauptnahrungsmittel ist ***Tsampa*** (geröstete und gemahlene Gerste) mit Buttertee. Das zu Bällchen geformte Tsampa wird kalt in Tee getunkt oder in einer dünnen Teebrühe gekocht. Die Nomaden tragen immer kleine Beutel mit Tsampa-Mehl bei sich. Mit dem Mehl füttern sie im Notfall auch die wilden Hunde, die sich manchmal in wenig friedvoller Absicht nähern, und können sie so besänftigen.

Momos (fleischgefüllte, sehr sättigende, oft fettige Maultaschen) und ***Tukpa*** (Nudeln mit Fleisch) gibt es in jedem kleinen Restaurant. Außerhalb von Lhasa findet man in den größeren Ansiedlungen und Truckstopps chinesische Restaurants mit überraschend gutem Essen. ***Chang*** ist das tibetische Bier, das aus Gerste gegoren wird.

In Lhasa gibt es auch ***moslemische Garküchen.*** Bei Ausflügen sollte man was zu essen mitnehmen. Restaurants sind dünn gesät.

Fotografieren

Das Fotografieren in Klöstern und Tempeln ist verboten, es sei denn, man zahlt dafür. Die Fotografiererlaubnis erhält man jeweils beim Aufsicht führenden Mönch. Strengstens verboten ist es, sich den tibetischen Beerdigungsritualen zu nähern. Fotografierwütige Touristen, die ohne jeden Anstand mit Teleobjektiven auch noch den letzten Zentimeter der Toten ablichten wollten, haben dafür gesorgt, dass eine feindselige Stimmung entstand. Einige Ausländer wurden dabei durch Steinwürfe verletzt.

An jeder Straßenecke und in jedem Tempel wird man übrigens nach ***Fotos des Dalai Lama*** gefragt (die man allerdings überall kaufen kann). Die gespendeten Bilder werden dann gewinnbringend an Pilger verkauft.

Gesundheit

In Tibet bewegt man sich ausschließlich in Höhen über 3.000 m. Durch den verminderten Druck und Sauerstoffgehalt der Luft, besteht die Gefahr, höhenkrank zu werden. Das gilt auch für Lhasa!

Warnzeichen für ***Höhenkrankheit*** sind: Schlaf- und Appetitlosigkeit, Übelkeit, Kopfschmerzen, Antriebsarmut, Atemnot bei Anstrengung, Schwindel- und Kältegefühle. Alarmzeichen sind: Atemnot auch bei Nichtbewegung, rasselnder Husten, brodelndes Atemgeräusch, bleierne Müdigkeit, schwere Kopfschmerzen, Denkstörungen, allgemeine Teilnahmslosigkeit, graue Hautfarbe, blaue Lippen. Dann besteht unmittelbare Lebensgefahr!

Bereits die ersten Anzeichen einer Höhenkrankheit sind unbedingt ernst zu nehmen und zu behandeln. Die einzige wirkungsvolle Maßnahme bei akuter Höhenkrankheit ist der Abstieg in tiefere Regionen oder künstliche Beatmung mit Sauerstoff. Geräte dafür gibt es aber nur im Lhasa Hotel in Lhasa. Die Sauerstoffbeatmung ist allerdings kein Ersatz für den Abstieg.

Zur Vermeidung der Höhenkrankheit empfiehlt sich die langsamere Anfahrt über Land nach Lhasa. Wer fliegt, aber auch wer mit dem Bus ankommt, sollte mindestens drei Tage kurztreten, sich an die Höhe gewöhnen und seine Aktivitäten langsam steigern.

Aufgrund des wüstenähnlichen Klimas auf dem tibetischen Hochplateau mit extremer Lufttrockenheit und starken Temperaturschwankungen läuft dauernd die Nase, die Haut wird trocken und platzt, und oft plagen einen Schnupfen und Husten, wobei die Kehle zu einem Reibeisen wird. Man sollte daher ausreichend ***Medikamente gegen Erkältung*** (die chinesischen Mittel haben sich dabei ausgezeichnet bewährt), Halsschmerzen usw. und eine Wundsalbe dabeihaben.

Wegen der intensiven Sonneneinstrahlung braucht man ***Sonnenschutzcreme*** mit hohem Lichtschutzfaktor und einen ***Sonnenhut.*** Man hat sich bei einer Radtour sonst blitzschnell einen Sonnenstich oder einen schweren Sonnenbrand zugezogen.

Eine ernst zu nehmende Gefahr stellen auch die vielen ***herumstreunenden Hunde*** dar. Sie können Tollwut übertragen. Sinnvoll ist es, einen festen Stock oder zumindest einen Stein dabeizuhaben. Die Tibeter füttern die Hunde mit Tsampa, wenn sie sich bedroht fühlen.

Klima und Kleidung

Es kann von einer Minute zur anderen sehr kalt werden, wenn die Sonne hinter einer Wolke verschwindet. Selbst im Mai wird man unter Umständen noch von Schneeschauern bei Eiseskälte überrascht, und auf einmal ist der Spuk vorbei, und die Sonne brennt wieder vom Himmel. Man muss deshalb auch im Sommer warme Kleidung dabeihaben.

Fährt man im Winter, Frühjahr oder Herbst, braucht man warme Wollsachen und eine Daunenjacke. Sonnenbrille und Kopfbe-

Heute transportieren die Kamele die Ausrüstung der Touristen

deckung sind in jedem Falle ein Muss. In Chengdu ist es kein Problem, solche Sachen auch kurzfristig zu bekommen, in Golmud, Xining und Lhasa sind oft die gewünschten Größen nicht erhältlich.

Transportmittel

Es gibt sowohl modernere ***Minibusse*** als auch richtige chinesische Klapperkisten. In jedem Fall zahlen Ausländer mindestens den doppelten Fahrpreis, oft allerdings auch das Vierfache. Die Wucherpreise werden von Ausländern bei allen Dingen verlangt. Oft haben wir erlebt, dass Diskutieren völlig zwecklos ist und meist ist man leider in der Situation, dass man die überhöhten Preise zahlen muss, da man sonst nicht weiterkommt. Ein weiteres Ärgernis ist, dass man die Minibusse als Ausländer eigentlich nicht benutzen darf und es immer wieder Fahrer gibt, die einen auch nicht mitnehmen wollen.

Wenn man von einem ***Truck*** mitgenommen wird, ist die Fahrt zwar meist komfortabler, schneller und lustiger, aber für gewöhnlich nehmen die Fahrer den offiziellen Buspreis als Bezahlung. Außerdem wollen die chinesischen Behörden das Trampen unterbinden, indem sie die Fahrer mit hohen Bußgeldern belegen, wenn sie sie erwischen. Da der Gewinn jedoch relativ hoch ist, nehmen viele Fahrer dennoch Tramper mit.

Aber egal wie man fährt, das Verantwortungsgefühl der Fahrer für Passagiere ist gleich Null, und ***Unfälle*** sind an der Tagesordnung.

Trekking

Trekking ist in Tibet zwar nicht offiziell erlaubt, aber auch nicht so richtig verboten. Man muss allerdings gut ausgestattet sein (Zelt, Daunenschlafsack, Isomatte, Kocher, Brennstoff). Auch Nahrungsmittel sollte man genügend dabeihaben. Unterwegs gibt es nichts mehr. Für den Trek zum ***Mount Everest Basecamp*** benötigt man ein Permit, das man in Zhangmu bzw. Lhasa beantragen muss und im Rahmen der Überlandfahrt bisher auch problemlos erhielt.

Unterkünfte

Die Maßstäbe für die ***Sauberkeit*** in den tibetischen Hotels sind sehr niedrig anzusetzen. Außerhalb Lhasas wird die Bettwäsche wohl nur alle paar Jahre gewechselt, aber ohne Garantie, dass die neue dann auch wirklich gewaschen ist. Als Folge davon schläft man stets in einer Wolke aus ranzigem altem Butterfett. Einen Leinenschlafsack oder einen richtigen Schlafsack sollte also jeder mitnehmen, der sich für empfindlich hält.

Weiterreise ab Tibet

Wer es bis Lhasa, der Hauptstadt des Autonomen Gebiets Tibet, geschafft hat, kann zwischen drei interessanten Möglichkeiten wählen, um zur Seidenstraße zu gelangen:

- Man kann mit dem Flugzeug nach Chengdu, der Hauptstadt der Provinz Sichuan, fliegen. Von dort gibt es gute Weiterreisemöglichkeiten mit der Bahn nach Baoji oder Xi'an. Jeden Mittwoch, Freitag und Sonntag gibt es außerdem einen Direktflug nach Xi´an.

- Oder man fährt mit dem Bus nach Golmud in der Provinz Qinghai, von wo aus man mit der Bahn nach Xining und weiter nach Lanzhou reisen kann.
- Oder man fährt nach Golmud und mit einem Bus weiter nach Dunhuang.

Anreise via Russland und Mongolei

Wer über Russland nach China einreisen möchte, sollte sich zuvor über die aktuellen Einreiseformalitäten bei einer russischen Botschaft erkundigen.

Tickets für die ***Transsibirische Eisenbahn*** sollten bis zu drei Monaten im voraus reserviert werden, sonst hat man kaum eine Chance auf einen Platz. Es gibt aber auch einige renommierte Reisebüros, über die man die Tickets auch kurzfristig bekommt.

Zwischenstopp in Ulaan Bataar

Seit der Liberalisierung in der Mongolei ist es möglich, bei der An- und Abreise mit der Transmongolischen bzw. Transsibirischen Eisenbahn einen Zwischenstopp in Ulaan Bataar einzulegen. Man kann auch die Flugverbindungen zwischen Moskau und Ulaan Bataar und Ulaan Bataar und Beijing nutzen. Das Visum sollte rechtzeitig bei der Botschaft der Mongolei beantragt werden.

Informationen

- ***Europäisches Büro von Zhuulchin,***
  Arnold Zweig-Str. 23 R, 13189 Berlin, Tel. (030) 4742484
- ***Deutsche Mongolei-Gesellschaft,***
  Waldfriedenstr. 31, 53639 Königswinter

Anreise via Pakistan

Eine landschaftlich imponierende Variante ist die Reise entlang des alten Handelsweges von China bzw. dem Tarim-Becken nach Pakistan oder umgekehrt.

Pakistanische Seidenstraße

Bis in die dreißiger Jahre des 20. Jahrhunderts führte das obere ***Industal*** in der europäischen Forschung ein Schattendasein. Einzig die Briten hatten bereits 1877 einen Außenposten in Gilgit eingerichtet, um zu verhindern, dass das zaristische Russland sich heimlich Kaschmirs bemächtigte. Als 1931 das ganze Gebiet endlich vermessen war, stellte sich heraus, dass es von Russland aus gar keinen Zugang gab und es entsprechend überhaupt nicht möglich war, Einheiten, geschweige denn eine ganze Armee, über diese Route zu schicken. Bis zur Unabhängigkeit Pakistans und Indiens blieb der britische Posten in Gilgit, der wohl weltabgelegenste des British Empire.

Einer der wenigen Zentralasienforscher, die hier einen bedeutenden Verlauf eines Stranges der Seidenstraße nach Indien vermutet hatten, war ***Aurel* ⇗ *Stein,*** der noch als achtzigjähriger in das obere Industal aufbrach, um der Nachricht über den Fund einer griechischen Inschrift in der Nähe Gilgits nachzuspüren. Mit seinen Entdeckungen buddhistischer Felsdarstellungen konnte er noch an seinem Lebensabend seine alte These untermauern, dass hier einst ein bedeutender Zweig der Seidenstraße verlaufen sein musste. *Stein* starb 1943, ohne dass seine neuen Forschungsergebnisse große Resonanz fanden.

Es war der Bau des Karakorum Highways, der das Interesse an dieser Region neu erwachen ließ und dessen Fertigstellung im Jahre 1978 einige ***deutsche Expeditionen*** unter Führung des Heidelberger Professors *Karl Jettmar* nach Gilgit lockte. Deren Funde waren überwältigend und reichten bis ins fünfte vorchristliche Jahrtausend zurück, womit *Steins* These dahingehend erweitert werden konnte, dass das obere Industal bereits seit 6.000 Jahren als Handels- und Nomadenweg gedient hatte.

Dabei gab es bereits recht genaue ***alte Aufzeichnungen*** über diesen Zweig der Seidenstraße. Der venezianische Kaufmann ⇗ *Marco Polo* reiste angeblich um 1273 durch das seiner Ansicht nach von Königreichen nur so wimmelnde Industal ins von den Mongolen eroberte China, und vor ihm pilgerten so illustre chinesische Mönche wie ⇗ *Fa Xian* (um 403) auf ihrer Suche nach den Ursprüngen des Buddhismus über diese Route nach Indien.

Hauptsächlich *Fa Xians* berühmten Aufzeichnungen ***Bericht über die buddhistischen Länder*** (Chin.: *Foguoji*) ist es zu verdanken, dass überhaupt geographische und historische Daten aus dieser Zeit über das Industal und die Strecke ins Tarim-Becken existieren. Anhand seiner Aufzeichnungen reisten noch viele weitere Mönche über diese Route nach Indien und sorgten bis ins erste Jahrtausend nach Christus für einen regen buddhistischen Religionstransfer. Erst das Vordringen des Islam machte dem ein Ende.

Karakorum Highway

Entlang des gemeinschaftlich von Chinesen und Pakistanis erbauten Karakorum Highways, der sicherlich zu den großen Ingenieurleistungen im Straßenbau zählt, durchquert man das von den gewaltigen Bergpanoramen des ***Himalaya, Karakorum*** und ***Pamir*** gesäumte Industal, reist entlang des Hunza-Flusses durch die ehemaligen, noch bis 1974 autonomen Königreiche Hunza und Nagar und überquert als krönenden Abschluß den über 4700 m hohen Khunjerab Pass, der die Grenze nach China bildet. Neben dem 8125 m hohen „Schicksalsberg der Deutschen" Nanga Parbat wird der Karakorum Highway von zahlreichen Siebentausendern gesäumt. Die bekanntesten sind der Rakaposhi (7788 m), Batura (7785 m) und der Ultar (7388 m).

Zwanzig Jahre brauchte das gigantische sino-pakistanische Gemeinschaftsprojekt bis zu seiner Fertigstellung, und auch heute noch ist die 1284 km lange Straße wegen der vielen Erdrutsche eine einzige ***Dauerbaustelle.*** Bis zu 15.000 Pakistanis und 30.000 Chinesen waren gleichzeitig mit dem Bau beschäftigt. China besorgte die Sprengungen und den Bau der Brücken, die aus diesem Grund alle chinesisch aussehen und mit steinernen Wachlöwen bestückt sind, und Pakistan den Bau der eigentlichen Straße. Dass dieses „Weltwunder" nicht ohne zahlreiche Opfer zustandekam, davon zeugen die vielen Gedenksteine für die ums Leben gekommenen Bauarbeiter.

Einreise nach Pakistan

Westeuropäer brauchen für Pakistan ein ***Visum,*** das man sich bereits bei einer pakistanischen Botschaft in Europa besorgen sollte. Wer von China nach Pakistan möchte, kann das Einreisevisum auch in der Pakistanischen Botschaft in Beijing bekommen (siehe Botschaften und Konsulate). Das Visum berechtigt normalerweise zu einem Aufenthalt von bis zu drei Monaten, und man muss innerhalb von sechs Monaten nach Ausstellung des Visums eingereist sein. Es gibt allerdings auch Konsulate, die nur Einmonats-Visa ausstellen, bei denen man innerhalb von drei Monaten eingereist sein muss. Man sollte das also bei der Antragstellung und bei der Rückgabe des Passes genau prüfen.

Wer sich ***bis zu 30 Tagen*** in Pakistan aufhält, füllt zusätzlich im Flugzeug einfach nur die *Form C, Temporary Certificate of Registration* aus und gibt sie bei der Ausreise wieder ab. Am Grenzübergang in Sust bekommt man dieses Formblatt ebenfalls.

Wer vorhat, ***länger als 30 Tage*** zu bleiben, muss sich beim Foreigner's Registration Office, das es in jeder größeren Stadt gibt, registrieren lassen. Dazu braucht man zwei Passbilder und die oben erwähnte Form C. Man bekommt dann kostenlos ein *Certificate of Registration* und ein *Residential Permit.* Frühestens 3 Tage vor der geplanten Ausreise muss man sich beim Foreigner's Registration Office der Stadt, in der man zuletzt ist, eine Ausreisegenehmigung *(Exit Permit)* besorgen, die man am Flughafen oder Grenzübergang vorzeigen muss.

Dieser ganze ***Papierkram*** ist zwar lästig, aber man sollte sich nicht darauf verlassen, dass es auch ohne klappt. Viele Zöllner sind ausgesprochen gehässig und können sich alle möglichen Zusatzgebühren ausdenken, wenn man die vorgeschriebenen Papiere nicht vorweisen kann.

Visumverlängerungen sind nur in Islamabad möglich. Dazu besorgt man sich zunächst beim ***Ministry of Tourism,*** Jinnah Market, einen Formbrief, auf dem die Verlängerung beantragt wird. Z.T. bekommt man ihn auch bei der eigenen Botschaft. Mit dem Brief geht man zur Visaabteilung des ***Directorate of Immigration and Passports,*** Khayaban-i-Suhrawardy in Aabpara über der Nationalbank. Öffnungszeiten: 8.30-14.00 Uhr. Hier erhält man ein Formblatt, das die Verlängerung bestätigt. Hat man die Verlängerung bekommen, muss man mit den ganzen Papieren zum Foreigner's Registration Office (s.o.).

In Pakistan gelten strenge ***Zollvorschriften.*** Untersagt ist die Einfuhr von Drogen und Alkohol. Touristen dürfen nicht mehr als eine Kamera einführen. Es dürfen nicht mehr als 10.000 pRs (pakistanische Rupies, 49,8 pRs = 1 Euro, 25,5 pRs = 1 DM, Stand Nov. 2000) eingeführt und mehr als 500.000 pRs zurückgetauscht werden. Aber selbst bis zu dieser Summe ist das Zurücktauschen nicht ganz problemlos. Ausländische Währungen dürfen unbegrenzt eingeführt werden.

Geld

Am einfachsten kommt man in Pakistan mit ***Dollar-Travellerschecks*** zurecht. Sie werden von rund einem Dutzend Banken zu einem etwas besseren Kurs als Bargeld getauscht und sind vor allem sicherer.

Kreditkarten werden in den meisten teuren Hotels und in vielen Läden akzeptiert. Wer mit seiner Karte Bargeld abheben will, muss zu einer der westlichen Banken gehen. Meist braucht es einen Tag, bis man sein Geld bekommt. Am einfachsten ist es mit einer Karte von American Express, Citibank oder einer anderen Bank, die in Pakistan Filialen unterhält.

Hotels

Anders als in China, kann man hier noch wirklich billig unterkommen. Angefangen bei Schlafsaalbetten ab 25 pRs über ganz einfache Doppelzimmer ab 40 pRs pro Person und ordentliche Zimmer mit Dusche ab 150 pRs, gibt es natürlich auch Nobelhotels, die Zimmer zwischen 350 bis über 1000 pRs anbieten.

Reisezeit

Der Übergang nach China über den Khunjerab-Pass ist normalerweise vom 1. Mai bis 30. Oktober möglich. Je nach Schneefall kann sich dieser Zeitraum auch verkürzen oder verlängern.

Feiertage

An offiziellen Feiertagen und bei einigen religiösen Feiertagen haben alle Behörden geschlossen.

Außerdem haben alle Behörden, Banken etc. auch am Freitag geschlossen. Das islamische Wochenende beginnt oft schon Donnerstag mittags.

- 1. Mai, ***Tag der Arbeit.***
- 23. Mai, ***Nationalfeiertag*** zur Forderung eines unabhängigen Pakistan im Jahre 1940.
- 1. Juli, ***Bankfeiertag.*** (Behörden haben aber geöffnet.)
- 14. August, ***Unabhängigkeitstag.*** Gründung Pakistans 1947.
- 6. September, ***Gedenktag an den Krieg mit Indien*** 1965.
- 11. September, ***Gedenktag für Mohammed Ali Jinnah,*** den Gründervater Pakistans.
- 9. November, ***Gedenktag für Alama Mohammed Iqbal,*** der 1930 als erster ein unabhängiges moslemisches Pakistan gefordert hatte.
- 25. Dezember, ***Geburtstag von Mohammed Ali Jinnah.***
- 31. Dezember, ***Bankfeiertag.*** (Behörden haben geöffnet.)

Klima, Kleidung

Normalerweise sind die Temperaturen entlang der Strecke sehr hoch. Bei Regen und in den Höhenlagen kann es aber empfindlich kühl werden, auf dem Khunjerab-Pass ist es meist eisig kalt. Auch nachts sinken die Temperaturen oft auf Pulloverniveau.

Wer ***trekken*** will, muss in jedem Fall warme Sachen mitnehmen. Beim Trek zum Nanga Parbat sinken die Temperaturen auch im Hochsommer nachts unter den Gefrierpunkt.

Anreise zur chinesischen Grenze

Bei der Reiseplanung sollte man in jedem Falle berücksichtigen, dass die ***Strecke nach Kashgar*** auf pakistanischer Seite am schönsten ist, ein Durchrauschen nach China also wenig Sinn hat.

Vom zentralen Busbahnhof in Rawalpindi (Pir Wadhai Central Bus Stand, abzweigend von der Shah Allah Ditta Road) fahren Busse nach ***Gilgit,*** dem größten Handelsposten entlang dem Karakorum Highway. Die meisten der Busse fahren durch (16-18 Std.). In Gilgit gibt es mittlerweile Dutzende Hotels, die an der Einfallstraße um Touristen werben. Sie sind alle preiswert und einfach.

Von Gilgit nimmt man einen weiteren Bus nach ***Sust,*** dem offiziellen pakistanischen Grenzposten (8-10 Std.). Das Örtchen besteht fast ausschließlich aus Verkaufsbuden und billigen Hotels entlang der einzigen Straße, die auf Durchreisende warten.

Am Morgen, nach Abwicklung der Zoll- und Passformalitäten, verläßt ein Bus (der kleine Busbahnhof befindet sich gleich neben dem Schlagbaum) Sust in Richtung ***Tashkorgan,*** dem chinesischen Grenzposten (7 Std., 725 pRs.) Dort muss man übernachten und mit einem chinesischen Bus weiterfahren.

Wer es sehr eilig hat, kann die Strecke durchaus in drei Tagen schaffen. Es gibt allerdings oft Erdrutsche, die die Weiterfahrt verhindern. Man sollte also ***wenigstens 7 Tage einplanen,*** um nicht in Zeitdruck zu geraten.

Vom 30.10. bis 30.4. ist der ***Pass*** wegen der Schneefälle geschlossen.

Einreiseformalitäten

- Ein ***Einreisevisum*** für China stellt die chinesische Botschaft in Islamabad aus. Man braucht dazu zwei Passbilder. Normalerweise gilt das Visum für einen Monat und kann in China zweimal einen Monat verlängert werden. Die Bearbeitungszeit dauert 3-4 Tage. Die Visaabteilung (s. Botschaften und Konsulate) ist von 9.00 bis12.00 Uhr geöffnet. An der Grenze ist es nicht möglich, ein China-Visum zu bekommen. In Tashkorgan werden die chinesischen Pass- und Zollformalitäten abgewickelt.

Zusätzliche Ein- und Ausreisemöglichkeiten

Nach Kasachstan

Dank der Bereinigung von Grenzstreitigkeiten mit Kasachstan gibt es seit einiger Zeit die Möglichkeit direkt oder über Panfilov nach Alma Ata in Kasachstan auszureisen.

Von Yining gibt es z.B. vom 1. Mai bis 1. Oktober eine ***Busverbindung*** nach Alma Ata, was insgesamt etwa 40 US$ kostet. Der Direktbus von Ürümqi (zweimal wöchentlich, 24 Std.) nach Alma Ata kostete bislang 60 US$. Das Visum muss man bereits im Pass haben. Probleme kann es in den Wintermonaten geben, weil dann die Busse nicht regelmäßig fahren. Wer vorhat, nach Kasachstan zu fahren, sollte sich vorher unbedingt über die aktuelle Sicherheitslage informieren.

Ein ***internationaler Zug*** fährt von Ürümqi über den Grenzort Alashankou nach Alma Ata. Je nach politischer Lage, kann es aber auch vorkommen, dass die Züge nur bis Alashankou an der chinesischen Grenze fahren, wo man dann umsteigen muss.

Nach Kirgistan

Eine weitere, mögliche Ausreise führt nach ***Bishkek*** in Kirgistan. Die Busse fahren im Sommer drei bis viermal im Monat von Kashgar (36 Std. mit einer Übernachtung) nach Bishkek, wenn sich genügend Fahrgäste gefunden haben. In den übrigen Jahreszeiten fährt der Bus seltener. Man kann aber auch in Kashgar ein Taxi zur Grenze chartern, was sich lohnt, wenn man zwei oder drei Mitreisende findet. Das Visum muss man sich auf alle Fälle schon in Beijing besorgt haben. Beide Strecken sind natürlich auch umgekehrt befahrbar, aber man sollte sich das Visum für China schon zu Hause besorgen. Sowohl in Kasachstan als auch in Kirgistan ist die Visumbeschaffung mit erheblichem bürokratischen Aufwand verbunden.

Ausländerpolizei

公安局外事科

Das Büro für öffentliche Sicherheit und Ordnung (chin.: 中Gōngānjú Wàishìkē, engl.: ***Public Security Bureau,*** in China meist als P.S.B. abgekürzt) hat in den meisten Orten eine Abteilung, die für alle Ausländerangelegenheiten zuständig ist.

Zur ***Visaverlängerung,*** Ausstellung von ***Permits*** für Gebiete, die eine Genehmigung erfordern, in ***Diebstahlsfällen*** etc. muss man sich an diese Stelle wenden. In Gegenden, in die nur selten Ausländer reisen, nehmen Beamte des P.S.B. meist von allein Kontakt auf und verlangen Einsicht in den Pass.

CITS und andere Reisebüros

CITS

国际旅行社

CITS *(China International Travel Service;* chin.: 中*Guójì Lüxíngshè*) ist eines der ***staatlichen chinesischen Reisebüros.*** Früher war es ausschließlich für Touristen aus dem westlichen Ausland zuständig und organisierte dem Reisenden Fahrkarten für alle Verkehrsmittel, Zimmer, Reservierungen, Dolmetscher und Ausflüge.

War der Service gegenüber Einzelreisenden auch früher schon oft eher dürftig, viele der Angestellten sprachen kein Englisch oder hatten schlicht keine Lust, sich für einen einzelnen Touristen in Bewegung zu setzen, so ist es heute nicht sehr viel besser. In den Großstädten beginnen die Reisebüros allerdings langsam, dieses Negativimage abzuschütteln, nicht zuletzt, wegen der immer schärfer werdenden Konkurrenz. In vielen ***abgelegenen Gebieten*** ist man auf den Service von CITS angewiesen, sei es, dass man ein Fahrzeug mit Fahrer mieten muss (z.B. um die Sehenswürdigkeiten in der Umgebung von Dunhuang zu besuchen) oder nur im Rahmen einer organisierten Tour zum Ziel kommt (z.B. bei Steppenausflügen in der Inneren Mongolei). In so einem Fall ist es am besten, sich vor Ort an die CITS-Vertretung zu wenden. In weniger besuchten Gebieten ist man eher freundlich und hilfsbereit. Die Büros in den größeren Städten sind aber meist nur an großen Gruppen interessiert.

In vielen Städten bauen CITS und CTS sogenannte ***Ticket Center*** auf, wo man stressfrei Flug- und Bahntickets erstehen oder Hotels buchen kann. Offensichtlich haben hier die Verantwortlichen erkannt, dass man auch an Einzelreisenden Geld verdienen kann.

Andere Reisebüros

Neben CITS konkurrieren auch andere staatliche Reisebüros mit CITS um die Gunst der Touristen aus aller Welt. Diese Unternehmen haben aber oft nicht die Beziehungen oder die Hausmacht, die CITS hat. Außerdem sind sie meist nur regional vertreten. Die Folge ist, dass vieles, was man über so ein Büro für anderen Regionen bucht, dort dann nicht klappt. ***Für lokale Ausflüge*** kann man die Dienste eines solchen Unternehmens aber meist problemlos in Anspruch nehmen.

中国旅行社

中国青年旅行社

Die wichtigsten Reisebüros sind ***CTS*** (China Travel Service, früher für Hongkong-, Übersee- und Taiwanchinesen zuständig) und ***CYTS*** (China Youth Travel Service). Weitere Anschriften stehen im Adressenteil jeder beschriebenen Stadt.

- ***CITS-Hauptbüro in China,***
Beijing Tourism Building, 28 Jianguomenwai Dajie,
Tel. 65158562, 65150515.
- ***CTS-Hauptbüro in China,***
8 Dongjiaomin Xiang, Beijing, Tel. 65129933, Fax 65129008.
- ***CYTS-Hauptbüro in China,*** 23b Dongjiaomin Xiang, Beijing,
Tel. 65127770, Fax 65138691, 65120571.
- ***Thomas Cook Travel Services China (Beijing China Travel Services),***
Room 807, 8th floor, Beijing Tourism Building, 28 Jianguomenwai Dajie,
Tel. 65158560.
- ***American Express Travel Service,***
Room 2702, China World Tower, China World Trade Center,
1Jianguomenwai Dajie, Tel. 65052228.

Einkäufe

„Bis zum Himmel aufwallend, fordert man das Geld,
auf die Erde zurückkehrend, zahlt man das Geld."
(Chinesisches Sprichwort)

Gibt es irgendwo interessante regionale Produkte, die man erwerben kann, so sind sie jeweils im Serviceteil eines Ortes erwähnt. Wenn man sich nicht im Klaren darüber ist, was man haben möchte, empfiehlt sich stets ein Besuch der örtlichen ***Arts-***

Uigurischer und chinesischer Schnickschnack auf den orientalischen Märkten der Seidenstraße

and-Crafts-Läden, die meist die komplette Palette der regionalen Produkte in ihren Regalen stehen haben. Hier kann man sich zumindest einen Überblick verschaffen. Gibt es spezielle Läden oder Kaufhäuser mit einem breiten Angebot, sind sie ebenfalls im Serviceteil aufgeführt. Eine gute Idee ist auch die Besichtigung von Manufakturen, in denen die Waren noch per Hand hergestellt werden. Diese Manufakturen haben stets auch einen eigenen Laden. Welche Firmen man besuchen kann, erfährt man bei allen örtlichen Reiseorganisationen.

Grundsätzlich kann man immer versuchen zu ***handeln.*** Das geht meist auch dann, wenn die Preise höchst offiziell auf einem Schildchen stehen. Die sind vor allem für Japaner und Amerikaner gedacht, die alles zahlen, was irgendwie offiziell aussieht. Preisabschläge von 20-50 % sind meistens drin. Die Ausnahme sind Kaufhäuser, die alle Festpreise haben. Allerdings hängt die Verhandlungsbereitschaft sehr von der Tagesform der Verkäufer ab. Wollen sie nicht handeln, werden sie es auch nicht tun.

Wenn man etwas gefunden hat, was einem gefällt, sollte man es gleich kaufen. In China bekommt man vieles anderswo einfach nicht mehr, auch wenn man vorher das Gefühl hatte, den gewünschten Gegenstand überall gesehen zu haben. Auf keinen Fall sollte man sich darauf verlassen, dass man die Sachen am Schluss der Reise auch noch in Beijing besorgen kann.

Elektrizität

Die ***Netzspannung*** in China beträgt in der Regel 220 Volt, in Hongkong 200/220 Volt.

In einigen guten Hotels können ***Zwischenstecker*** (Adapter) ausgeliehen werden, sind aber fast immer schon vergeben. In China selbst bekommt man die Adapter so gut wie nicht zu kaufen. Es ist daher besser, einen eigenen von zu Hause mitzubringen, entweder einen Adapter für amerikanische Steckdosen, der in sehr viele chinesische Steckdosen passt, oder noch besser einen Weltreise-Adapter, der dann alle in China vorkommenden Varianten (insgesamt 5) berücksichtigt.

Essen und Trinken

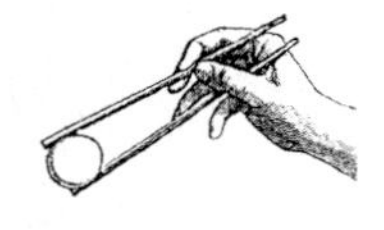

Man mag heftig darüber streiten, welche der nationalen Küchen nun eigentlich die beste ist, aber nur wenige werden in Abrede stellen, dass die chinesische zu den besten zählt. Nebenbei hat sie auch noch eine der ältesten Traditionen, findet man doch schon bei ⇗ *Konfuzius* den Hinweis, dass Fleisch in lange, schmale Streifen geschnitten und mit passenden Saucen zube-

Im Restaurant

reitet werden müsse. Darüber hinaus gab er den Rat, zu einem richtigen Mahl die Reisschale mit poliertem Reis zu füllen, da es sonst erbärmlich wäre.

Für uns war eine Reise in China stets auch ein kulinarischer Genuss, die vielen Geschmackserlebnisse lassen sich kaum auflisten. Was man in China als Reisender so zu sich nimmt, ist zwar nicht überwältigend – das ist bei uns ja auch nicht anders –, aber wer den Mut zum Experiment hat, der wird mehr Höhepunkte als Enttäuschungen erleben. So wird die Chinareise zu einem echten Genuss, der noch nicht einmal sonderlich teuer sein muss.

Ein Rezept zur Herstellung von Joghurt

Bis in die heutige Zeit hinein wird immer wieder steif und fest behauptet, dass die Chinesen keine Milch trinken oder Milchprodukte essen könnten. Wer jedoch im Sommer einmal schwitzend durch die belebten Geschäfts- und Marktstraßen geschlendert ist, der hat sie bestimmt nicht übersehen, die oft in Schmutzigweiß gekleideten Frauen und manchmal Männer, die vor einer Batterie grüner und blauer flacher Plastikkisten sitzen und durch ihre ebenfalls weiße Kochmütze einen Hauch von Offiziellem bekommen. In den Kisten stehen zahllose kleine Glasflaschen mit breiter Öffnung, wie unsere alten Milchflasche und vor den Kisten wird eifrig von Kindern wie Erwachsenen aus Strohhalmen ein köstlicher, erfrischender Joghurt geschlürft. Die Begeisterung für Joghurt ist mittlerweile über ganz China geschwappt und straft die oben beschriebene Behauptung Lügen.

Dabei ist Joghurt in China schon seit Jahrhunderten bekannt, mindestens aber seit dem 6. Jh., denn da findet sich in einer landwirtschaftlichen Abhandlung ein genaues Rezept zur Herstellung von Joghurt *(Lo).* Ein Rezept, das ursprünglich wohl von den Mongolen oder Türken übernommen worden ist:

Die gemolkene Milch kommt in einen Kessel und wird auf kleinem Feuer gekocht. Bei großem Feuer brennt sie an. Ab und zu muss man die Milch mit einer Kelle umrühren, kreuz und quer, aber immer gerade, nicht rund rühren. Wenn man rundherum rührt, geht die Milch leicht zusammen. Auch darf man sie nicht mit dem Mund anblasen, sonst verdirbt sie. Nach vier- bis fünfmaligem Aufkochen höre man auf und gieße die Milch in eine Schale. Dann bewege man sie nicht mehr. Wenn sie etwas abgekühlt ist, schöpfe man die Haut ab und gebe sie in ein anderes Gefäß. Daraus kann man Butter machen.

Nun biege man Holz zu einem Reifen zusammen und spanne damit einen Sack aus Rohseide und lasse die Milch dadurch in eine Tonkanne tropfen, die ganz sauber sein muss. Wenn man den Lo einfüllt, muss er genau lauwarm sein. „Lau" ist etwas wärmer als der menschliche Körper. Das ist richtig. Wenn er zu heiß ist, dann wird der Lo sauer; wenn er zu kalt ist, gelingt er überhaupt nicht.

Beim Durchseihen der Milch braucht man fertigen süßen Lo als Hefe. Im Durchschnitt braucht man für 1 Sheng (0.2 l) fertigen Lo einen halben Löffel Hefe. Man füllt diese in eine Kelle und rührt mit einem Löffel kräftig um, damit sie sich zerteilt. Dann gibt man diese Masse in die gekochte Milch und rührt mit der Kelle kräftig um, damit sie sich verteilt. Dann wickle man die Kanne in Filz oder Rohbaumwolle ein und halte sie lange Zeit warm. Danach decke man sie mit einem einfachen Stück Tuch zu. Am nächsten Morgen ist der Lo fertig.

Wenn man im sechsten und siebten Monat Lo herstellt, ist die Außentemperatur wie die des menschlichen Körpers, dann braucht man den Lo nur an einen kühlen Platz zu stellen und nicht einzuwickeln. Wenn man Lo im Winter fertigt, so muss man ihn wärmer als die menschliche Körpertemperatur halten und heiß einwickeln.

Wer sich auf eine Reise begeben will, braucht ebenfalls nicht auf seinen Joghurt zu verzichten, das Rezept für Trockenjoghurt wird gleich mitgeliefert:

Dazu muss man den Lo kochen und die sich immer wieder bildende Haut abschöpfen, solange, bis alles Fett abgeschöpft ist und sich keine Haut mehr bildet. Dann lässt man die Masse noch ein wenig köcheln und füllt sie in eine Schale und lässt die Masse an der Sonne trocknen. Solange es noch etwas feucht ist, formt man birnenförmige Kugeln und trocknet sie solange, bis sie ganz getrocknet sind. Diese werden Jahre hindurch nicht schlecht; man kann sie auf einer weiten Reise als Suppe oder Brühe benutzen. Dafür schneidet man sie klein, legt sie ins Wasser, brüht sie auf und hat Lo mit dem richtigen vollen Geschmack.

Es heißt, dass die Franzosen alles zumindest einmal um der Erfahrung willen probieren würden, während die Chinesen alles aus Notwendigkeit heraus essen. Tatsache ist allerdings, dass man sich schon relativ viel Mühe geben muss, um solche ***Delikates-***

sen wie Bärentatze, Affenhirn oder Schleim, der aus Vogelnestern extrahiert wird, vorgesetzt zu bekommen. Sie sind für den Normalbürger kaum erschwinglich und entsprechend selten im Angebot.

Ungewohnt für viele Reisende aus unserer sterilen Verpackungs- und Einkaufskultur (wobei steril hier durchaus wörtlich zu verstehen ist), in der man nur ahnen kann, von welchem Tier das erworbene Stück Fleisch stammt, bekommt man in China durchaus ***alle an einem Tier vorhandenen Körperteile*** und Innereien serviert, und zwar so angerichtet, dass man auch sieht, woher das Teil stammt und was es einmal war. Das reicht von kleingehackten Hühnern, die wieder zusammengesetzt und in neugeordneter Pracht serviert werden, über Frösche, deren Köpfe appetitlich am Tellerrand arrangiert und dem Gast nicht vorenthalten werden, bis hin zu sorgfältig plazierten Entenfüßen, deren Schwimmhäute man auslutscht.

Man kann grob fünf ***Hauptrichtungen*** (es gibt auch Unterteilungen in 4 und 8 Richtungen) unterscheiden: Die Guangdong-, Shanghai-, Mongolische (und Shandong-), Sichuan-Hunan- und Beijing-Küche mit ihren jeweiligen regionalen Ausprägungen.

Guangdong-Küche

Sie sollte nicht mit dem verwechselt werden, was bei uns, auf den europäischen Gaumen zugeschnitten, auf den mit roten Troddeln behangenen Tisch gebracht wird. Die Guangdong-Küche ist durch eine ausgesprochene Reichhaltigkeit verschiedener Gerichte, ihre frischen Zutaten und die delikaten Soßen gekennzeichnet. Spezialitäten sind gedämpfter Fisch, Krabbenfleischbällchen, Schildkröten, Schlangen, süß-saures Schweinefleisch, aber auch Hund, Affenhirn, Katze und Gürteltier. Wem das alles zu suspekt ist, der kann auf gebratenen Reis und gebratene Nu-

An den Straßenständen gibt es hervorragende selbstgemachte Nudeln und andere Kleinigkeiten

deln, Frühlingsrollen und Hunderte von Sorten an *Dim Sums* (kleine Teigklöße mit Füllung, nicht zu verwechseln mit chinesischen Maultaschen, den *Jiaozi*) ausweichen.

Shanghai-Küche

Dank seiner Lage gibt es in der Region um Shanghai eine große Auswahl an Süßwasserfischen, die bevorzugt in brauner Soße zubereitet werden. Diese Soße besteht aus einer Kombination von Sojasoße, Wein, Zucker, Knoblauch und Brühe, in der Fleisch, Fisch oder Gemüse relativ lange gekocht werden, bis sie ganz dunkel sind.

Bekannt ist die ***vegetarische Küche,*** die man in China sonst nur schwer findet (fast immer ist irgendwo im Essen Fleisch oder was immer dafür gehalten wird, enthalten). Wer nach Suzhou kommt, sollte ***Mandel-Ente*** probieren. Viel Wert wird auch auf die äußere Präsentation des Essens gelegt. Lecker ist zum Beispiel eine Suppe, die in einem außen durch Schnitzereien verzierten und frisch ausgehöhlten Kürbis serviert wird.

Mongolische (Shandong-) Küche

Hier dominiert der moslemische Einfluss, und wer längere Zeit in der Inneren Mongolei umherreist, muss sich darauf gefasst machen, morgens, mittags und abends Lammfleisch serviert zu bekommen.

In ganz China bekannt ist der mongolische ***Feuertopf.*** In ein bauchiges Gefäß mit einer Art Regenrinne drumherum wird glühende Holzkohle gefüllt, die Rinne mit leicht gewürzter Suppe gefüllt, und sobald die Flüssigkeit kocht, tunkt man wie beim Fondue hauchdünn geschnittenes Lammfleisch und Chinakohl hinein. Am Schluss hat man dann noch eine äußerst schmackhafte Suppe: im Sommer ein schweißtreibendes Vergnügen. Zu diesem Gericht gibt es Tee. Er besteht aus einem kräftigen Sud, der aus einem Teeziegel ausgekocht wird, wobei die Wurzeln der Teepflanze und nicht die Blätter verwendet werden. Angereichert wird das Getränk mit Yak- oder Ziegenmilch und Salz.

Sichuan-Hunan-Küche

Diese Richtung ist für ihre scharfen Speisen bekannt. Doch nicht nur Chili ist angesagt. Die Sichuan-Gerichte zeichnen sich durch eine große Geschmacksvielfalt aus. Bekannt sind z.B. *Mapo Doufu* (Tofu, der in würzig scharfer Fleischbrühe zubereitet wird), gebratener Lotos, Hühnerfleisch mit Orchideenblüten, in Heilkräutern gegarte Ente und Nudelgerichte.

Beijing-Küche

Hier denkt jeder zunächst an die Peking-Ente, aber auch *Baozi* (mit Fleisch oder Gemüse gefüllte Hefeklöße) und *Jiaozi* (ähnlich wie die schwäbischen Maultaschen) sind eine beliebte Spezialität. Empfehlenswert sind außerdem fritierte, mit Teig ummantelte Krabben, gekochter Fisch in roter Soße, Vogelnester, und als Nachspeise geschlagenes Eiweiß, mit geschmolzenem Karamel überzogen und mit Sesam bestreut. Beliebt sind auch gekochte Kartoffeln, die mit Karamel überzogen werden. Man taucht sie kurz ins kalte Wasser, so dass der flüssige Karamel hart wird.

Sonstiges

Und was gibt es sonst noch? Zum Beispiel die uneinheitlichen ***Stile Yunans***, die türkisch-uigurisch geprägte ***Küche Westchinas*** mit gegrillten Fleischspießen und Fladenbrot, aber auch mit selbstgemachten Spaghettis. Des weiteren gibt es die sehr einseitige ***Küche Tibets*** aus allerlei Yak-Produkten, Tsampa und Kartoffeln.

Getränke

Das chinesische Nationalgetränk ist ↗ ***Tee.*** Im Winter wird halbfermentierter schwarzer Tee (z.B. Wulong Tee) und in den heißen Sommermonaten erfrischender grüner Tee getrunken.

Guter grüner Tee kann drei- bis viermal wieder aufgegossen werden. Man trinkt ihn ohne Zucker und Milch. Heißes Wasser für den Tee bekommt man sogar in den Zügen. Einen Becher und Tee sollte man also auf jeder Fahrt griffbereit dabeihaben. Praktisch sind die ***umwickelten Marmeladengläser,*** die fast alle Chinesen auf Reisen dabeihaben. Man verbrennt sich beim Trinken nicht die Finger und kann sie verschließen. Zu kaufen gibt es diese Gläser in den meisten Haushaltswarengeschäften oder den entsprechenden Abteilungen der Kaufhäuser.

青岛啤酒

Bier ist ebenfalls ein beliebtes und verbreitetes Getränk. Jede Provinz braut ihre eigenen Sorten. Die chinesischen Biere sind sehr leicht und alkoholarm. Das berühmteste und beste Bier kommt aus Qingdao *(中Qīngdǎo Píjiǔ)* und wird nach deutschem Reinheitsgebot gebraut. Mittlerweile ist jedoch auch die ausländische Konkurrenz mit Joint-Venture-Betrieben auf den Markt getreten, und Marken wie *Becks, Tuborg* und *San Miguel* gehören bereits zum Standardrepertoire vieler Restaurants. Bestellt man als Ausländer Bier, bekommt man aber fast immer zuerst Qingdao-Bier vorgesetzt. Obwohl Kühlschränke in den meisten Regionen des Landes zur Grundausstattung gehören, selbst Garküchen stöpseln ihren Kühlschrank an irgendwelchen herumhängenden Leitungen an, werden in ihnen keine Getränke gekühlt, sondern verderbliche Nahrungsmittel. Auch der verwöhnte Biertrinker muss sich daher vielerorts an warmes Bier gewöhnen. Weiß man mittags schon, wo man abends ißt, kann man sich die Getränke auch kaltstellen lassen. Übrigens ist China nach den USA der zweitgrößte Bierproduzent der Welt. 1993 betrug die hergestellte Menge 12,25 Mrd. Liter, womit, zumindest rein statistisch, jeder Chinese 10 l Bier im Jahr trinkt.

汽水
葡萄酒

Zur weiteren Auswahl stehen noch zuckersüße, klebrige chinesische ***Limonade*** *(中Qìshuǐ)* und nicht minder süße ***Traubenweine*** *(中Pútáo Jiǔ).* Bekannte Weinsorten kommen aus Qingdao und Yantai in der Provinz Shandong. Hier wird auch der nicht ganz so süße (angeblich trockene) in ganz China erhältliche Weißwein „Great Wall" gekeltert. Recht gut sind die Dragon-Weine.

可口可乐

中***Coca-Cola*** und Co. breiten sich langsam, aber unaufhaltsam überall in China aus.

Chinesen stoßen zu einem guten Essen gerne mit hochprozentigen ***Schnäpsen*** an. Sie sind meist sehr scharf oder schmecken intensiv nach Medizin und sind auf alle Fälle sehr gewöhnungsbedürftig. Irritierend ist, dass das chinesische Wort *Jiu* (=Alkohol) den Schnaps mit einschließt. Wenn man in China Wein (engl.: wine) angeboten bekommt, ist damit immer

Schnaps gemeint. Der bekannteste und edelste ***Schnaps*** ist der aus *Gaoliang* (eine Hirseart) gebrannte 茅台酒 ⊕*Máo Tái Jiŭ* aus der Provinz Guizhou.

Feste und Feiertage

Festtage sind für viele Chinesen fast die einzige Möglichkeit, Verwandtenbesuche zu machen. Alle Verkehrsmittel und Hotels sind daher überfüllt, was man als Einzelreisender einplanen sollte. Bis auf die Nationalfeiertage werden alle Festdaten nach dem Mondkalender ermittelt. Von der Hongkong Tourist Association (siehe Hongkong) kann man sich einen detaillierten ***Festtagekalender*** für die nächsten zwei Jahre schicken lassen. Die meisten Feste werden sowohl in der VR China als auch in Hongkong gefeiert. Es gibt acht offizielle und fünf traditionelle Feiertage:

- ***1. Januar:*** offizieller Neujahrsfeiertag
- ***Januar/Februar*** (12. Vollmond): Chinesisches ***Neujahrsfest*** (*Chun Jie*), wichtigstes Fest in China, Dauer: 2 Wochen. Die ersten drei Tage sind Feiertage.
- ***Februar*** (15. Tag des ersten Mondmonats): ***Laternenfest.*** Es bildet 14 Tage nach Beginn des Neujahrsfestes dessen Abschluss.
- ***8. März:*** Internationaler ***Frauentag***
- ***4./5. April*** (Beginn des 3. Mondmonats): *Qing-Ming-Fest* in ländlichen Gegenden der VR China, Hongkong und Macao. Es findet zu ***Ehren der Toten*** statt. Die Familien besuchen mit Opfergaben die Gräber der Ahnen.
- ***Ende April:*** ⇗ ***Buddhas Geburtstag***
- ***1. Mai:*** Internationaler ***Tag der Arbeit*** (offizieller Feiertag)
- ***4. Mai: Jugendtag;*** der halbe Tag ist frei.
- ***Juni*** (5. Tag des 5. Mondmonats): ***Drachenbootfest*** *(Duanwu Jie)* vorwiegend in Südchina (Hongkong, Guangzhou, Nanning, Xishuang Banna). Das Fest steht in Zusammenhang mit der Landwirtschaft. Die Menschen bitten den Himmel um Regen für die Saat.
- ***1. Juli: Gründungstag der KP China***
- ***1. August: Gründungstag der Volksbefreiungsarmee***
- ***September*** (15. Tag des 8. Monats): ***Mondfest*** (*Zhongqiu Jie*). Es erinnert an die Bedeutung, die diesem Gestirn in alter Zeit beigemessen wurde. Und es gibt Mondkuchen!
- ***Mitte September*** (27. Tag des 8. Monats): ***Geburtstag des*** ⇗ ***Konfuzius*** (besonders in Qufu)
- ***1. Oktober: Nationalfeiertag.*** Am 1.10.1949 proklamierte *Mao* auf dem Tian'anmen die Gründung der VR China. Der erste und zweite Oktober sind Feiertage.
- ***November*** (1. Tag des 10. Monats): ***Ahnenfest*** (*Song Han Yi*). Es ist der Abschluß der jährlichen Ahnenfeste. Die Toten sollen auf den kommenden Winter vorbereitet werden. Deshalb bringt man auch in Hongkong und auf dem Land Lebensmittel und Kleidung an die Gräber.

Der chinesische Mondkalender

Parallel zur Verbesserung der Techniken und Anbaumethoden in der Landwirtschaft, entwickelte sich in China der Mondkalender, an dem sich die Bauern bei der Aussaat und der Ernte orientierten. Erste Kalender sind seit dem 21. Jh. v. Chr. bekannt. Nach der damals herrschenden Dynastie heißen sie bis heute noch Xia-Kalender. Während der Qin-Dynastie (221-206) wurde der Kalender erstmals landesweit vereinheitlicht. Die vier Jahreszeiten wurden in 24 Einheiten untegliedert. Im Jahre 104 v.Chr. führte der Han-Kaiser Wu eine weitere Kalenderreform durch, die bis 1912 offiziell gültig war. Allerdings besteht der Mondkalender, gerade was Feste angeht, bis in die heutige Zeit fort.

Schaltmonate

Beim chinesischen Kalender wird das Jahr folgendermaßen bestimmt. Die kürzeren Monate haben 29 Tage und die längeren 30 Tage. Da die Zeitspanne von Neumond zu Neumond 29,53 Tage braucht, wird alle zwei bis drei Jahre ein Schaltmonat eingefügt. In 19 Jahren muss siebenmal ein Schaltmonat eingefügt werden, so dass es sieben Jahre mit 13 Monaten und 12 Jahre mit 12 Monaten gibt. Am Ende des 19-Jahres-Zyklus wird das Jahr dem Sonnenkalender angepasst.

Solarperioden

Anders als bei Mondkalendern anderer Kulturen wird das chinesische Mondjahr in 24 Abschnitte untergliedert, und zwar in 12 Solarperioden und 12 mittlere Solarperioden, die alle 15 Tage rund ums Jahr auftreten. Jede Jahreszeit ist daher in drei Solarperioden und drei mittlere Solarperioden gegliedert. Alle 24 Perioden haben einen Namen. So heißt die erste Solarperiode Lichun (Frühlingsanfang). Entstanden ist diese Untergliederung nach den 360 Graden des Tierkreises. Sie entsprechen also den Tagen, an denen die Sonne den ersten und fünfzehnten Grad des eines Tierkreiszeichens erreicht. Da nun Solarperiode und mittlere Solarperiode zusammengerechnet länger als die Umlaufzeit des Mondes sind, konnte ein Mondmonat ab und zu nur eine Untergliederung enthalten. Dieser Monat wurde im Zuge der Reform durch Kaiser Wu zum Schaltmonat bestimmt. Im Zuge der Reform wurde auch geregelt, dass das Neujahr am ersten Tag des ersten Monats während des Standes der Sonne im elften Sternbild (Wassermann, bzw. in China Hund). Berechnet wurde der Kalender durch eine spezielle Behörde, die sich für die Jahresregister verantwortlich zeigte und die direkt dem Kaiser unterstand.

Fotografieren

Verbote

Fotografieren ist in China fast uneingeschränkt erlaubt. Ein striktes Verbot herrscht auf Flugplätzen, wobei das mittlerweile auch nicht mehr so eng gesehen wird, bei militärischen Anlagen, im Museum der Terrakotta-Armee in Xi`an, in den buddhistischen Felsgrotten in Dunhuang, Datong und Tianshui sowie in den meisten aktiven Klöstern und Tempeln. Man sollte dieses Verbot einhalten, da sonst der Film konfisziert werden kann. Gegen eine Gebühr kann man aber oft an der Kasse oder bei den Aufsicht führenden Mönchen eine Erlaubnis erstehen, mit der man auch im Inneren der Tempelanlagen Fotos machen darf.

Filme

Dia-Filme sind außerhalb von Beijing, Shanghai und Guangzhou nur selten zu bekommen. ***Colornegativfilme*** kann man überall kaufen, allerdings sind sie etwas teurer als bei uns und werden nicht immer mit der notwendigen Sorgfalt behandelt und gelagert. Chinesische ***Schwarz-Weiß-Filme*** im Kleinbildformat genügen bescheidenen Ansprüchen.

Papierfilme kann man in den großen Hotels oder in Fotoläden zum ***Entwickeln*** abgeben. Morgens abgegeben, sind die Bilder am Abend meist schon fertig. Die Kosten liegen bei 30 bis 40 Pfennig pro Abzug. Man zeigt einfach auf das gewünschte Fotoformat. In der Regel werden nur Hochglanzabzüge gemacht. Immer populärer werden die Sofortentwicklungen innerhalb einer Stunde. Sie kosten zwischen 40 und 50 Pfennig pro Bild. Von Entwicklungen auf der Straße ist abzuraten, weil die Entwicklungstechniken nur für chinesische Filme ausgelegt sind.

Kamera

Reparaturen sind in Kamerageschäften und Kaufhäusern möglich, die ausländische Marken führen. Die fachliche Qualifikation ist gut, nur fehlen oft Ersatzteile für elektronische Kameras. ***Batterien*** (z.B. 6-V-Lithium-Batterien) sind mittlerweile fast überall zu bekommen, wo es Filme gibt und sind erheblich billiger als bei uns.

Fotografen

Wer keine Kamera dabeihat, kann sich von einem der unzähligen Fotografen, die an jeder Sehenswürdigkeit auf Kunden warten, vor dem Objekt knipsen lassen. Man zahlt vorher je nach Ort und abhängig von der Größe des Abzugs zwischen 5 und 10 Yuan oder mehr pro Bild. Als Adresse gibt man dem Fotografen einfach eine Visitenkarte des Hotels. Die Fotos werden dann zugeschickt, was allerdings bis zu einer Woche dauern kann.

Fotokopien
复印

In größeren Orten kann man in den Businesszentren der großen Hotels und in vielen Straßenläden Fotokopien machen lassen.

Geldangelegenheiten

Chinesische Währung

元
角
分
Stückelung

Das chinesische Geld ***Renminbi*** (***RMB,*** *„Volkswährung"*) ist folgendermaßen unterteilt:
1 ***Yuan*** (umgangssprachlich: *Kuai,* entspricht Mark) = 10 Jiao
1 ***Jiao*** (umgangssprachlich: *Mao* = entspr. Groschen) = 10 Fen
1 ***Fen*** (entspricht Pfennig, kleinste Einheit)

Es gibt folgende ***Renminbi-Scheine und -Münzen:***
1-, 2-, 5-, 10-, 50- und 100-Yuan-Scheine;
1-, 2-, und 5-Jiao-Scheine;
1-, 2-, und 5-Fen-Scheine (nur noch sehr selten),
1-Yuan-Münzen;
1-, 2- und 5-Jiao-Münzen;
1-, 2- und 5-Fen-Münzen (nur noch sehr selten)

Tiau-Banknote

Geldtausch

Ausländische Währungen, Reiseschecks und Kreditkarten werden nur in der ***Bank of China*** akzeptiert. In den meisten großen Hotels gibt es eine Filiale dieser Bank.

Häufig wird man angesprochen, ob man Dollars schwarz tauschen möchte. Der Kurs ist geringfügig besser, aber das Risiko, betrogen zu werden, ist ausgesprochen groß.

Der ***Wechselkurs*** der Banken für RMB lag im Nov. 2000 bei: 1 € = 6,9210 Chinesischer Renminbi Yuan (CNY), 1 CNY = 0,1445 €, (1 DM = 3,54 Yuan bzw. 100 Yuan = 28,24 DM.)

Die letzte ***Umtauschquittung*** sollte man unbedingt für den Fall aufheben, dass man seine RMB zurücktauschen möchte. Dies ist nur bei der Ausreise am Flughafen möglich. Wer über Hongkong ausreist, kann restliche RMB ohne großen Verlust bei den dortigen Moneychangern zurücktauschen.

Reiseschecks

Die Bank of China nimmt die Reiseschecks aller großen Banken an. Es kann jedoch kompliziert werden, wenn man Schecks von weniger bekannten Geldinstituten einlösen möchte. Die gebräuchlichsten Reiseschecks in China sind *American Express, Citicorp* und *Thomas Cook Traveller Cheques.*

Kreditkarten

Auch die meisten Kreditkarten werden von der Bank of China akzeptiert. Es dürfen jedoch nicht mehr als 1022,60 € (2.000 DM) pro Monat abgehoben werden. Mit einer Eurocard bekommt man bis zu 3067,80 € (6.000 DM) im Monat. Meistens wird für die Barabhebung 4 % der Summe als Kommission verlangt. In größeren Hotels und guten Restaurants kann man auch mit Kreditkarte bezahlen. Sonst wird sie kaum akzeptiert. Reisebüros und Fluggesellschaften nehmen grundsätzlich 4 % Aufschlag, wenn man mit der Karte zahlt.

Reisekasse

China ist kein Billigreiseland! Zwar glauben das viele, aber wer sich darauf verläßt wird finanziell zwangsläufig stranden. Die hohen Kosten stehen zwar meist in keinem Verhältnis zur gebotenen Leistung, aber in China herrscht zur Zeit purer Manchester Kapitalismus und jeder versucht an jedem soviel Geld wie möglich zu verdienen. Es gilt leider vielerorts als patriotisch, Ausländern besonders viel Geld abzuknöpfen.

Die Reisekosten variieren sehr stark, je nachdem, welche ***Reiseroute*** man wählt. Teuer sind die Küstenprovinzen, deren hoher Entwicklungsstand und Reichtum nicht mehr zu übersehen sind, der industrialisierte Nordosten, d.h. die großen Städte der Mandschurei sowie die meisten Provinzhauptstädte. Wer mit weniger als den unten aufgeführten Summen auskommen will, wird China mit Sicherheit von seiner schlechtesten Seite erleben. Das Reiseerlebnis dürfte dabei gegen Null tendieren, und entsprechend frustriert und böse verlassen viele Rucksackreisende das Land. Man sollte aber einfach bedenken, dass man in China als Einzelreisender und Tourist überhaupt nur des Geldes wegen geduldet wird. Das ist desillusionierend, man sollte sich die Preistreiberei sicher auch nicht überall gefallen lassen, aber man muss letztlich damit leben. Preiswert reisen kann man dagegen in weniger berühmten Orten in Zentralchina, in Westchina und in Südwestchina.

Mindestbedarf

Wer knapp kalkulieren will oder muss, sollte pro Tag 30,68 € (60 DM) einplanen, ***für vier Wochen*** in China mindestens 920,34 € (1.800 DM) inkl. Reserven einplanen. Frei von finanziellem Stress reist derjenige, der etwa 1.022-1.278 € (2.000-2.500 DM) oder mehr pro Monat ausgeben kann. Mit dieser Summe muss man auch rechnen, wenn man plant, in Gebiete zu fahren, die man nur mit Mietwagen erreicht. Dies gilt besonders auch für die Seidenstraße, liegen doch viele interessante Ruinen und Sehenswürdigkeiten in der Wüste. Wer nur begrenzte Zeit hat und die südliche Route der Seidenstraße bereisen will, muss ebenfalls tief in die Tasche greifen, vor allem um die Strecke Dunhuang – Hotan zu bewältigen.

Unterkunft, Essen

Die hohen Preise gelten vor allem für die Hotels. Es ist oft nicht mehr möglich, eine preiswerte ***Unterkunft*** um die 5-11 € (10-20 DM) zu bekommen. Man sollte deshalb ungefähr 15 € (30 DM) pro Übernachtung einkalkulieren. Heikel wird es für Alleinreisende, da man stets für das Doppelzimmer zahlen muss, d.h. bis zu 30,68 €/Tag (60 DM).

Preiswert ***essen*** (je nach Ansprüchen zwischen 2 und 11 € (5 bzw. 20 DM) pro Tag) kann man überall, auch in Beijing und Shanghai. Billig sind auch ***Getränke.*** Bier kostet 3-8 Yuan und Cola 3-7 Yuan. Achtung: Getränke in Dosen sind fast immer teurer als Getränke in Flaschen.

Verkehrsmittel

Wer viele Strecken mit dem ***Bus*** fährt, kommt billiger weg als jemand, der viel ***Zug*** fährt oder gar fliegt. Die ***Flugpreise*** sind fast halbjährlich um jeweils 10 % gestiegen. Wer in den zentralen oder abgelegenen Provinzen reist, touristisch weniger berühmte Ziele aussucht oder viel über Land durch kleinere Orte fährt, kann ebenfalls preiswert reisen. Seit August 97 dürfen endlich keine doppelten Preise mehr für Ausländer berechnet werden, so dass Züge, Flüge und Eintritte nun für Chinesen und für Ausländer identisch sein sollten. Bis sich das in 1,2 Milliarden Köpfen festgesetzt hat, wird man vielerorts sicher dennoch ein vielfaches der regulären Preise zahlen.

Die Empfehlung, sich einen gefälschten ***chinesischen Studentenausweis*** (der internationale wird in China nicht anerkannt) in Hongkong zu besorgen, können wir nicht teilen. Für das Gros der Reisenden ist das Ding ziemlich wertlos seit die Doppelbepreisung weggefallen ist. Wer damit in den Studentenwohnheimen der Universitäten unterkommen will, muss stets damit rechnen, auf seine Chinesischkenntnisse getestet zu werden. Spätetstens da wird einem aufgehen, dass nur die Fälscher in Hongkong an dem Ausweis verdienen.

Die Eintrittspreise für weniger bekannte Sehenswürdigkeiten liegen bei 1-4 Yuan, in Beijing, Xi'an und anderen Touristenzentren muss man z.T. schon 30 Yuan und mehr bezahlen, etwa, wenn man den Kaiserpalast besuchen will. Ein Problem ist, dass die Eintrittspreise an den Kassenhäuschen meist nur in Chinesisch angegeben sind. Je nach Laune wird einem dann das Vielfache abgeknöpft, nach dem Motto, „der blöde Ausländer kann eh kein Chinesisch lesen und zahlt trotzdem“. Am besten prägt man sich die chinesischen Zahlzeichen ein und legt den korrekten Betrag vor. Wird immer noch auf dem überhöhten Betrag bestanden, hilft nur noch hartnäckiges Diskutieren. Wir haben das eine oder andere Mal auf einen Besuch verzichtet und dabei des öfteren die Erfahrung gemacht, dass die Angestellten, ganz verständnislos, dass wir den schönen Tempel nicht sehen wollten, nur noch den regulären Preis verlangt haben.

Ein weiteres Problem ist, dass bei vielen Tempeln mittlerweile jeder einzelne Hof eine eigene Kasse hat. Das hat vor allem in Beijing schon fast inflationäre Ausmaße angenommen. Auf jedenfall wundert man sich, aus wievielen Innenhöfen so eine Anlage bestehen kann. Als Ausländer muss man meist ein teures ***Sam-***

melticket für alle Höfe oder Hallen erstehen, ob man sie nun sehen will oder nicht. Hier hilft nur geduldiges Beharren auf seinen Wünschen oder ein freundlicher Chinese, der einem ein Einzelticket besorgt.

Geschäftszeiten

Ämter

Öffentliche Ämter haben in der Regel Mo-Sa von 8.00 bis 11.30 Uhr und 14.00 bis 17.00 Uhr geöffnet. Teilweise ist Freitag ab 12.00 Uhr geschlossen. Manche Ämter öffnen auch samstags von 8-12.00 Uhr.

Geschäfte

Straßenläden sind täglich von 9.00 bis 20.00 Uhr bzw. oft auch bis 21.00 Uhr geöffnet, ***Kaufhäuser*** sogar manchmal bis 22.00 Uhr. Generell gilt, dass die Geschäfte in Großstädten länger geöffnet haben als beispielsweise in der Provinz.

Restaurants

Restaurants schließen schon zeitig am Abend zwischen 21.00 und spätestens 22.00 Uhr. Viele ***Privatrestaurants*** öffnen aber z.T. bis 24.00 Uhr.

Gesundheit

(siehe auch Notfälle)

Hygiene

Die hygienischen Bedingungen in China sind besser als in vielen anderen asiatischen Ländern. Immer wieder organisiert die Partei Kampagnen zur Verbesserung der Hygiene und Gesundheit. Das chinesische Essen wird außerdem sehr heiß gekocht, und in den Hotels und Zügen gibt es immer abgekochtes heißes Wasser. Trotzdem sollte man einige Vorsichtsmaßnahmen beherzigen:

- Dazu gehört die Mitnahme von eigenen ***Essstäbchen,*** um einer Hepatitisansteckung vorzubeugen. Vielerorts bekommt man mittlerweile Einwegstäbchen, die man in der Mitte an der Nahtstelle in Längsrichtung durchbricht. Diese kann man gefahrlos benutzen.
- ***Schälchen, Gläser*** und ***Suppenlöffel,*** die vom Abwasch ein wenig nass sind, sollte man mit einem Tuch trocken wischen. Oder, was auch viele Chinesen praktizieren, etwas heißen Tee rein, ausspülen und wegkippen.
- Kein Leitungswasser oder unabgekochtes ***Wasser*** trinken. Nicht abgekochtes Wasser kann man mit Wasserentkeimungsmitteln nach einer entsprechenden Einwirkungszeit (1-2 Stunden) keimfrei bekommen.
- ***Obst*** vor dem Verzehr schälen.
- Häufig die ***Hände waschen*** (s.u.)

Toiletten

Ein Kapitel für sich sind die chinesischen Toiletten. Meist handelt es sich um die an und für sich sehr praktischen und prinzipiell ja auch hygienischeren Hockklos. In China bestehen sie entweder aus rechteckigen Löchern mit einer Sickergrube drunter, oder sie sind an eine Wasserspülungsrinne angeschlossen. Die einzelnen Rechtecke sind vielfach nicht mit einer Trennwand versehen. Man hockt sich also in eine Reihe mit all den anderen. Für viele Touristen beginnen spätestens da die Schwierigkeiten. Hauptvorteil: In China gibt es in nahezu jeder Straße ein öffentliches Klo (da viele der alten Häuser keines besitzen), das man am Geruch und an den Männlein-Weiblein Symbolen erkennen kann.

Spucken

Ein echter Volkssport ist das Spucken. Morgens im Schlafsaal wird man bereits von den aus tiefster Kehle kommenden Geräuschen aus dem Schlaf gerissen. Beim Frühstück gehts weiter, und den ganzen Tag über wird gespuckt; auf Fußböden, in Restaurants, Bussen und Zügen, auf die Straße, kurz, überall hin. In vielen Gebäuden hängen große Schilder, auf denen in Chinesisch und Englisch steht, dass das Spucken verboten ist. Merkwürdigerweise ist der Hinweis auf Englisch oft sehr viel augenfälliger. Es hält sich jedoch niemand daran.

Angeblich werden die bösen Geister aus der Kehle vertrieben. Letztlich ist es ein unappetitliches und sehr unhygienisches Ärgernis, das die chinesische Regierung mit einigen Kampagnen versucht hat, auszumerzen. Auf Plakaten wurden Krankheiten und Übertragungswege z.B. durch spielende Kinder dargestellt, von den Parteikomitees wurden Ordnungskräfte abgestellt, die jedem, der beim Spucken erwischt wurde, ein Bußgeld abknöpften: allerdings ohne hörbaren Erfolg, sieht man vielleicht einmal von Beijing ab, wo der lange Arm der Behörden wirksamer ist.

Für den Reisenden bedeuten diese beiden Punkte jedoch, dass er sich möglichst häufig die Hände waschen sollte, werden doch viele Krankheiten durch schmutzige Hände übertragen.

Rauchen

Ein riesiges Problem ist das Rauchen, die die "Volksgesundheit" mittlerweile akut bedroht. Nichtraucher müssen sich in China damit abfinden, dass Chinas Raucher keinerlei Rücksicht auf die Nichtraucher nehmen müssen, und zwar weder in Restaurants, wo die Chinesen selbst beim Essen rauchen, in Zügen, Bussen und überall, wo man sonst rauchen darf.

Medizinische Versorgung

Die medizinische Versorgung ist ***in allen größeren Städten*** ausreichend. Die hygienischen Bedingungen in den Krankeneinrichtungen sind allerdings zum Teil mangelhaft. In einigen großen Krankenhäusern (etwa in Beijing) gibt es extra Abteilungen für

Ausländer. Arzt- und Medikamentenkosten müssen sofort gezahlt werden, sind aber in der Regel sehr niedrig.

Wer als Alleinreisender ***in abgelegenen Gegenden,*** für den Fremdenverkehr nicht erschlossenen oder verbotenen Gebieten Chinas einen Unfall hat, kann nicht mit schneller Hilfe rechnen. Das gilt insbesondere für das illegale Trampen. Gerade auf den entlegenen Strecken Tibets, Qinghais und Xinjiangs gab es in den letzten Jahren einige Todesfälle zu beklagen. An erster Stelle standen dabei schwere Unfälle, aber schon an zweiter Stelle kamen Todesfälle wegen mangelhafter Ausrüstung z.B. durch Erfrieren auf der Ladefläche des LKW. Die Menschen solcher unwirtlichen Regionen haben meist andere Sorgen und werden einen verletzten Reisenden eher ignorieren.

Apotheke

Wer nicht so stark erkrankt ist, dass er einen Arzt braucht, kann auch in einer Apotheke um Rat fragen. Chinesische Naturheilmittel gegen Erkältungskrankheiten *(Ganmao Yao)* sind ausgezeichnet. Apotheker sprechen zwar selten Englisch, aber vieles läßt sich auch mit Gesten erreichen.

Hotels

Eines der am wenigsten erfreulichen Dinge für Einzelreisende in China sind die Unterkünfte. Gibt es in Südostasien überall stilvolle und gemütliche, von Familien geführte Pensionen, sind solche Unterkünfte in China so gut wie unbekannt. Fast immer sind die chinesischen Hotels große unpersönliche Betonklötze oder heruntergekommene, lieblose Bauwerke. Generell handelt es sich um reine Schlafstätten ohne gemütliche Höfe mit Cafés oder beschauliche Ecken, in denen man den Tag verbringen kann.

Leider sind die Hotels zudem relativ teuer, obwohl die allermeisten auch preiswerte Zimmer haben. Ein Ärgernis ist aber, dass viele Hoteliers sich schlichtweg weigern, einem die preiswerten Zimmer zu überlassen, bevor nicht die teuren belegt sind. Einige große und teuer aussehende Hotels haben in einem Seitenflügel preisgünstige Mehrbettzimmer oder Schlafsäle. Nachfragen schadet also nichts.

Kleine, billige Hotels mit geringem Standard sind oft allein Chinesen vorbehalten. Da diese Hotels in der Regel von der Ausländerpolizei keine Genehmigung haben, Ausländer zu beherbergen, ist die Diskussion um ein Zimmer in den meisten Fällen zwecklos. Klappt es dennoch, steht oft schon wenig später die Polizei vor der Tür und verfrachtet einen in ein zugelassenes teures Hotel. Nicht immer bekommt man mehr fürs Geld, wenn man bereit ist, mehr auszugeben. Das gilt vor allem für die Mittelklassehotels. Statt eines saubergefegten Betonfußbodens in einem kleinen Chinesenhotel bekommt man für mehr Geld meist eher muffige und verdreckte Teppichböden.

Service

Die ***Sauberkeit*** schwankt stark von Hotel zu Hotel, wobei der Preis nicht unbedingt ausschlaggebend ist. Im allgemeinen fanden wir die Hotels jedoch recht sauber, wenn es auch nicht überall frische Bettwäsche gab. Auf Nachfrage bekamen wir meistens neue. Die Hotelzimmer müssen bis 12.00 Uhr ***geräumt*** sein. Nicht selten schmeißt einen der Reinigungsdienst schon um 7.00 Uhr aus dem Bett.

Es kann vorkommen, dass man ein eigenes ***Vorhängeschloss*** braucht, um seine Zimmertür abschließen zu können.

Kategorien

Wir haben die Hotels in vier Kategorien unterteilt. Die Entwicklung verläuft in China zur Zeit allerdings in einem so atemberaubenden Tempo, dass viele der Kategorien nach Drucklegung oft schon wieder überholt sind. Das ist zugegeben ein Ärgernis, aber wer längere Zeit in China reist, wird es vielleicht selbst miterleben, dass ein Hotel, das vorher billige Zimmer hatte, einen Monat später plötzlich renoviert wird und seine Preise bereits vervielfacht hat. Wo diese Entwicklung hinführt, weiß eigentlich niemand so recht; es sind Unwägbarkeiten, mit denen man in China sicherlich noch die nächsten Jahre rechnen muss.

Die ***Preisspanne*** innerhalb der einzelnen Kategorien mag etwas groß gewählt erscheinen, aber ein und dasselbe Zimmer kostet im selben Hotel oft 50, 60 oder gar 80 $, ganz nach Verhandlungsgeschick und Saison. Viele der 3 und 4 Sterne-Hotels bekommt man erheblich billiger, wenn man sie von einem anderen Ort aus über ein lokales Reisebüro bucht und bezahlt!

Ist einem Hotel mit zwei bis drei Sternchen ein einzelner Stern (*/***) vorangestellt, gibt es ***Schlafsaalbetten.*** Das heißt nur leider nicht, dass einen die Angestellten in so ein Zimmer lassen. Oft versuchen sie erst, die Doppelzimmer an den Mann oder die Frau zu bringen, und behaupten, dass es keine Mehrbettzimmer gibt.

**** ***Joint Venture Hotel*** oder chinesisches ***Luxushotel*** mit internationalem Standard. Hier gibt es alle erdenklichen Serviceleistungen wie z.B. Wäschedienst, Bankschalter, Post und Fax, Friseur, Kunstgeschäfte und eine Bar, ein Angebot, das man vor allem als Einzelreisender zu schätzen lernt! DZ ab 100 US$ bzw. 800 Yuan.
*** ***Mittelklassehotel***. Neubau oder renovierter Altbau, oft mit Mehrbettzimmern oder Schlafsälen. DZ 50-100 US$ bzw. 400 bis 800 Yuan.
** ***Mittelklassehotel***. Altbau, kann ein wenig schmuddelig sein, Mehrbettzimmer oder Schlafsaal. DZ 25-50 US$ bzw. 200-400 Yuan. Diese Hotels findet man häufig außerhalb der Großstädte.
* ***Chinesen- oder Budgethotel***. Kann schmutzig sein, einfach, oft laut, Mehrbettzimmer oder Schlafsaal. DZ 10-25 US$ bzw. 80-200 Yuan, in Mehrbettzimmern 10-15 US$ pro Bett bzw. 80-120 Yuan; in abgelegenen Regionen auch billiger.

Klima und Reisezeit

Klima

Chinas Klimazonen reichen von sibirischer Kälte bis zu tropischer Hitze, der größte Teil des Landes liegt aber in gemäßigten Zonen.

In ***Nord- und Zentralchina*** ist der Wechsel von trockenen, kalten und staubreichen Wintern und feuchten und warmen Sommern stark ausgeprägt. Niederschläge fallen vorwiegend im Früh- und Spätsommer sowie im Herbst.

In ***Südchina*** gibt es keine ausgeprägten Unterschiede der Jahreszeiten. Die Sommer sind jedoch drückend und schwül. Die Niederschläge sind annähernd gleichmäßig über das ganze Jahr verteilt. Dennoch kann es in den Wintermonaten unangenehm kühl werden, vor allem, weil nicht geheizt wird. Meist halten diese Temperaturen (um die 14 °C) aber nur einige wenige Tage an.

Recht frisch wird es in der Regel ***oberhalb von 1.400 m.*** Auf den Hochplateaus von Qinghai, Gansu, Xinjiang, in Tibet und auf den ⇗Heiligen Bergen kann es nachts ganzjährig empfindlich kalt werden.

Reisezeit

Der Chang Jiang bildet im ***Winter*** die sogenannte Heizungslinie. Nördlich davon wird geheizt, südlich nicht. Aufgrund des Energiemangels sind die Heizphasen auch nur sehr kurz. Öffentliche Gebäude werden überhaupt nicht beheizt, Hotels nur zeitweise. Ohne eine entsprechende Ausrüstung sollte man die Nordostprovinzen, die Innere Mongolei, Tibet und den Nordwesten, also die Seidenstraße, im Winter meiden. Die Temperaturen sinken unter - 20 °C.

Die besten Reisezeiten sind für die Seidenstraße der ***April, Mai, Juni, September*** und ***Oktober.*** Hier kann es zwar zu Sand- und Staubstürmen kommen, aber man hat nicht die extremen Temperaturen der Sommer- und Wintermonate. Wer im April, Mai entlang der Seidenstraße reist, muss allerdings warme Sachen mitnehmen, da es vereinzelt noch recht kalt werden kann, d.h., die Temperaturen können während Schlechtwetterperioden auf 5-10 °C fallen.

Maße und Gewichte

1	chi	=	0,33	m
3	chi	=	1	m
1	li	=	0,5	km
2	li	=	1	km
1	jin	=	0,5	kg
2	jin	=	1	kg
1	mu	=	6,6	a (Ar, 10 x10 m)
15	mu	=	1	ha
1	sheng	=	1	l

Erste Hilfe

Notfälle

Krankheit

In Krankheitsfällen helfen die Krankenhäuser, die Ambulanzen der großen Hotels, die meistens einen englischsprechenden Arzt beschäftigen, und, wenn sonst nichts anderes erreichbar ist, die Straßenambulanzen, die man am roten Kreuz erkennt.

Straßenärzte und -zahnärzte findet man auch auf den Märkten. Sie können die einfachen Krankheiten meist behandeln. Man braucht aber wohl schon einiges an Überwindungskraft, um sich diesen Marktärzten anzuvertrauen, und eine große Zuschauermenge dürfte dem Mutigen ebenfalls gewiss sein.

Notfall-Tipps

Vorbeugemaßnahmen

- Ein ***Impfpass*** und evt. ein ***Gesundheitspass*** mit Blutgruppe, Allergien, benötigten Medikamenten u.ä. sollte mit auf die Reise genommen werden.
- Bei der Hausbank sollte man sich über die ***Korrespondenzbank im Reiseland*** und Möglichkeiten der ***Geldüberweisung*** informieren, außerdem sollte man sich über Notfallhilfen und Sperrmodalitäten des ***Kreditkarteninstituts*** kundig machen.
- Für Postempfang und Kontoverfügung sollten bei der Post bzw. Bank an vertrauenswürdige Personen ***Vollmachten*** ausgestellt werden. Gegebenenfalls sollte man seinem Rechtsanwalt eine Vertretungsvollmacht für Notfälle geben.
- ***Zu Hause*** ist zu klären, wer im Notfall telefonisch erreichbar ist und R-Gespräche übernimmt. Dort sollten auch die eigene Bankverbindung und die Versicherungsadressen hinterlassen werden.
- Auf alle Fälle sollte man sich ***Kopien*** von Pass (inkl. Visumseite), Flugticket, Kredit- und Scheckkarten, Reiseschecks und sonstigen Dokumenten anfertigen, sie wasserdicht verpacken und getrennt von den Originalen aufbewahren. Ein ausreichend hoher ***Sicherheitsgeldbetrag*** sollte getrennt von der Reisekasse aufbewahrt werden.
- Die ***Dokumente*** sollten wassergeschützt am Körper (Brustbeutel, Geldkatze u.ä.) aufbewahrt oder im Hotelsafe gegen ausführliche Quittung hinterlegt werden.
- Sinnvoll ist es, sich einen ***persönlichen Notfall-Pass*** zu erstellen (siehe auch Sprachhilfe) und ihn wasserdicht und sicher am Körper aufzubewahren. Eingetragen werden sollten: eigene persönliche Daten, die eigene Adresse und die von Kontaktperson zu Hause inkl. Tel. und Fax, die eigene Bankverbindung, Notruf-Telefonnummern der Kranken- und/oder Reise-Notfall-Versicherung bzw. der Schutzbrieforganisation, Adresse und Telefonnummer der deutschen Vertretung im Reiseland (siehe im Buch oder Auswärtiges Amt, Tel. 0228/170), Deutschland-Direkt-Nummer für R-Gespräche, Nummern des Passes, des Flugtickets, der Reiseschecks, der Kreditkarten usw.

Im allgemeinen ist die Krankenversorgung für ein Entwicklungsland recht gut (vgl. Gesundheitswesen). Wir haben, soweit uns bekannt, die ***Krankenhäuser*** auf den Stadtplänen markiert und in den Adressenteil der beschriebenen Orte aufgenommen. In Beijing gibt es mittlerweile mehrere gut ausgestattete Kliniken für Ausländer:

Im Krankheitsfall

- Man muss sich vom Arzt eine ***ausführliche Bescheinigung*** über Diagnose und Behandlungsmaßnahmen, einschließlich verordneter Medikamente, sowie eine ***Quittung*** über die bezahlte Behandlung ausstellen lassen. Auch von Apotheken sollte man sich Quittungen ausstellen lassen.
- Bei ***schweren Fällen*** sollte außer dem Notfallservice der Versicherung auch die Botschaft bzw. das Konsulat informiert werden.

Verlust von Dokumenten/Geld

- Von der ***Polizei*** sollte ein ausführliches Protokoll ausgestellt werden.
- Den betroffenen Stellen sollte der ***Verlust zügig gemeldet*** werden, möglichst zusammen mit Nummern bzw. Kopien der verlorenenen Dokumente (Pass: Botschaft bzw. Konsulat, Tickets: Fluggesellschaft, Schecks, Kreditkarten: Bank).
- Botschaften bzw. Konsulate stellen bei Passverlust einen ***Ersatzpass*** aus, nachdem die Identität geklärt ist. Beste Voraussetzung dafür ist eine Fotokopie des Originals. Sonst wird beim Einwohnermeldeamt der Heimatstadt angefragt, was natürlich Zeit kostet.

Geldbeschaffung

- ***Blitzüberweisung*** von der ***Hausbank.*** Dazu sollte man schon vor der Reise die jeweiligen Bedingungen, insbesondere die Korrespondenzbank im Reiseland, klären.
- ***Blitzüberweisung*** durch einen ***Verwandten.*** Spezialisiert auf schnellste Verbindungen ist die *Deutsche Verkehrsbank.*
- Vertreter des ***Kreditkarteninstituts*** zahlen nach Klärung der Identität ein Notfallgeld. Auf eine rasche Ausstellung der Ersatzkarte sollte man nicht in jedem Fall vertrauen.
- ***Reise-Notfall-Versicherungen*** zahlen je nach Vertragsklauseln bis zu 1533,90 € (3.000 DM) Notfalldarlehen, direkt über Vertreter im Reiseland, falls vorhanden.
- Die ***Botschaften bzw. Konsulate*** leihen nur in absoluten Ausnahmefällen Geld, zumeist auch nur in Form von Rückflugticket oder Zugfahrkarte. Allerdings kann in Notfällen eine Information an Verwandte in Deutschland erfolgen, die das benötigte Geld auf ein Konto des Auswärtigen Amtes einzahlen müssen.

- ***Asia Emergency Assistance Center,*** 2-1-1 Tayuan Diplomatic Office Bldg., 14 Liangmahe Nanlu, Chaoyang District, Tel. 64629100 (24 Std.)
- ***Sino-German Policlinic*** (Zhōng Dé Zhěn Suǒ), Landmark Tower, 8 Dong Sanhuanlu, Tel. 65011983, 65016688 ext. 20903. Hier spricht der eine oder andere Arzt deutsch. 24-Stunden-Ambulanz.
- Weitere Krankenhäuser siehe Ortsbeschreibung Beijing.

In den Krankenhäusern größerer oder touristisch stark frequentierter Orte sollte man in der Regel versuchen, einen ***englischsprechenden Arzt*** zu erreichen, was unserer Erfahrung nach selbst in kleineren Orten ganz gut klappt. Zur Not kennt meist ein Angestellter jemanden, der ein wenig englisch spricht und beim Übersetzen hilft.

Diebstahl

Sind einem Wertgegenstände oder sonstige über die Reisegepäckversicherung abgesicherte Gegenstände gestohlen worden, muss man sich an die Ausländerpolizei (engl. *Public Security Bureau*, P.S.B., chin. Gōngānjù Wàishìkè) wenden, um den Diebstahl zu ***Protokoll*** zu geben. In vielen Touristenorten spricht ein Beamter englisch. Ansonsten wird man sich auch hier in der Regel bemühen, jemanden zu finden, der übersetzen kann. Das Protokoll ist allerdings auf chinesisch abgefaßt und muss von einem staatlich anerkannten Dolmetscher z.B. in der Deutschen Botschaft in Beijing ins Deutsche übersetzt werden. Nur dann wird es von der Versicherung anerkannt.

Passverlust

Sollte einmal der Reisepass abhanden kommen, muss man ebenfalls zuerst zur örtlichen Ausländerpolizei, um den Verlust zu melden. Wichtig dabei ist es, dass man vom Pass getrennt aufbewahrte ***Fotokopien des Passes*** und des Visums besitzt. Sinnvoll ist es, auch eine Kopie bei Freunden zu Hause zu deponieren, falls tatsächlich einmal das gesamte Gepäck verschwinden sollte. Mit diesen Kopien kann man sich provisorisch ausweisen. Von der Ausländerpolizei bekommt man eine Verlustbescheinigung (sie ist gleichzeitig ein Ersatzdokument), die man mit zwei Passbildern in der Deutschen Botschaft in Beijing oder im Generalkonsulat in Shanghai oder Guangzhou abgibt. Dort wird umgehend ein Ersatzdokument ausgestellt, das die sofortige Heimreise ermöglicht. Wer einen neuen Pass braucht, der muss einige Tage warten und sollte das neue Visum über die Botschaft gleich mit beantragen. Die Weiterreise ohne Pass ist im günstigsten Fall beschwerlich, da man bei jeder Unterkunft den Pass vorzeigen muss; die Ausreise ohne Pass ist nicht möglich, man muss also tatsächlich nach Beijing, Shanghai oder Guangzhou zurück!

Orientierung

Riesige Städte, riesige Bahnhöfe, Massen von Menschen und unbekannte Schriftzeichen lassen einen am Anfang ziemlich verzweifeln. Doch keine Bange, so schwer ist es gar nicht, sich in China zurechtzufinden. Zunächst sollte man den Respekt vor den Dimensionen ablegen. Sie sind nur so groß, um die Massen aufnehmen zu können. Ganz wichtig ist es, sich Zeit für die Orientierung zu lassen, so wird man am wenigsten übers Ohr gehauen.

Stadtplan

Kommt man an, ist der erste Schritt immer der Erwerb eines chinesischen Stadtplans, auf dem auch die Buslinien eingezeichnet sind. Oft gibt es die Pläne auch schon in englischer Übersetzung. Verkauft werden sie an Kiosken im Bahnhof oder auf dem Bahnhofsvorplatz. Meist werden sie einem gleich nach Verlassen des Bahnhofs schon von fliegenden Händlern unter die Nase gehalten.

Taxifahrt

Vorher sollte man sich bereits im Zug oder Bus überlegt haben, in welches Hotel man will. Auf diese Weise kann man gegenüber Taxifahrern viel selbstbewußter auftreten und wird nicht gleich als hilflos entlarvt. Rikscha- und Taxifahrer erzählen einem auch gerne, dass die gesuchte Buslinie nicht existiert oder fährt. Damit wollen sie einen nur in ihr Taxi bekommen. Einmal im Hotel, hat man dann genügend Muße, herauszufinden, wo genau man sich befindet und wie man weiter vorgehen möchte.

Namen

Auch die Schriftzeichen sind nicht so schlimm. Straßennamen und meist auch die Hotel- und Restaurantnamen werden auch in der latinisierten Pinyin-Umschrift (siehe Hinweise zum Gebrauch) wiedergegeben. Meist direkt unter den Schriftzeichen.

Fremde Hilfe

Und schließlich sind da noch die unzähligen freundlichen Menschen, die ihr Englisch erproben wollen und die Konversation mit ihrer Hilfe belohnen.

Post

Briefe

Luftpostbriefe brauchen ca. 8-10 Tage bis Europa und kosten ab 5,4 Yuan; umgekehrt dauert es zwischen 7 Tagen und zwei Wochen. Es ist sinnvoll, sich in diesem Falle die Adresse in chinesisch aufschreiben zu lassen oder zumindest das Hanyu Pinyin, die latinisierte Umschrift, korrekt zu benutzen. Die Postzustellung ist eigentlich recht zuverlässig und funktioniert selbst aus der tiefsten Provinz erstaunlich reibungslos und schnell. Allerdings sollte man die Briefe dann stets in einem Postamt aufgeben und nicht im Hotel, da dort die Post unter Umständen erst einmal lagert, bis genügend Briefe zusammengekommen sind.

Postlagernde Briefe nimmt jedes Hauptpostamt und jedes Ausländerhotel an. Die Postämter händigen die Briefe meist auf Anfrage und gegen Vorlage des Reisepasses aus. Wir haben es aber auch schon erlebt, dass unsere Briefe an die Fenster-scheiben des Postamts geklebt waren. Das passiert vor allem dort, wo die Postämter mit postlagernden Sendungen nicht soviel zu tun haben. In den Hotels liegen die Briefe in der Regel an der Rezeption aus.

Pakete

Auslandspakete werden in Spezial- und Hauptpostämtern entgegengenommen. Man muss zwei Formulare (auf französisch!) ausfüllen. Paketinhalt und Formulare werden dann dem Zoll im Postamt vorgelegt. In gut ausgestatteten Postämtern kann man Verpackungsmaterial kaufen, ansonsten geht die Rennerei und Sucherei nach Packmaterial los. Wichtig ist, dass das Paket erst nach der Inspektion verpackt werden darf.

Rad fahren

Rad fahren ist prinzipiell kein Problem, solange man sich auf Straßen bewegt, die für den Tourismus zugelassen sind. Bei Langzeitreisenden erfreut sich gerade die Strecke von Rawalpindi über Kashgar, Turfan, Dunhuang, Golmud, Lhasa nach Kathmandu großer Beliebtheit, und so trifft man eigentlich häufig Radler, die einsam oder zu zweit über die Straßen zuckeln. Unser Eindruck nach vielen Gespächen war, dass Fernradler in China eigentlich am wenigsten Probleme hatten, schon weil der ständige Ärger wegen überteuerter Fahrpreise wegfiel. Entlang der Strecke kann man häufig zelten, und von Ärger mit Kontrollen berichteten die wenigsten. So werden Fahrradfahrer auch nicht kontrolliert, wenn sie von Golmud nach Tibet fahren, sie brauchen also auch keine Gebühr für das sonst obligate Permit zu berappen.

Verkehrsdichte

Hauptärgernis für alle Radler sind die oft stark befahrenen Straßen und das permanente, wirklich nervtötende Gehupe der Lkw und Autos, das einen verfolgt, sobald man auf dem Rad sitzt. Wer möglichst viel Spaß beim Radfahren haben will, sollte die

Verpackungssparender Transport des Sonntagsbratens

großen Überlandrouten meiden und sich auf eine begrenzte Region konzentrieren. In diesem Falle kann man fast immer Strecken oder Pisten fahren, die kaum vom motorisierten Verkehr berührt werden. Man sollte seine Etappen allerdings immer so einteilen, dass man abends eine größere Ortschaft erreicht, die fast immer auch über ein Hotel verfügt. Entlang der Seidenstraße kann man meistens auch zelten, so dass man hier wirklich unabhängig ist.

Mit dem Rad in Tibet

Wir sind in allen Regionen Chinas radgefahren und haben nur in Tibet schlechte Erfahrungen gemacht, weil dort in vielen Dörfern Kinder mit Steinen nach einem schmeißen, wenn man keine Bon bons oder was anderes verteilen will.

Radtransport

Will man sein Fahrrad ***im Zug*** mitnehmen, muss man spätestens am Vortag zum Bahnhof und das Rad als Frachtgut aufgeben, was etwa dem Preis des Hardseat-Tickets entspricht (siehe Verkehrsmittel). Man erhält dann einen Gepäckschein, mit dem man das Rad am Zielort abholen kann. Das Problem ist allerdings, dass das Rad nicht mit demselben Zug transportiert wird und meist erst drei Tage später ankommt. Um das zu verhindern, muss man es entsprechend bis zu drei Tage vorher aufgeben.

Bustransporte sind in der Regel ebenfalls unproblematisch. Das Rad kommt oben aufs Dach und kostet selten extra. Ob man einen Aufschlag zahlen muss oder nicht, hängt aber offensichtlich ganz von der Laune der Busfahrer ab.

Radkauf und -klau

Zuletzt noch ein wichtiger Hinweis: ***Fahrradklau*** ist in China ein Volkssport. Man sollte seinen Drahtesel also immer gut sichern oder im Zweifelsfall aufs Zimmer nehmen.

Schwierig ist es auch, Ersatzteile zu bekommen. Man sollte also entsprechendes ***Werkzeug*** und wichtige ***Ersatzteile*** schon von zu Hause mitnehmen. Wer ein chinesisches ***Trekkingrad*** kauft (um die 100 US$), hat in der Regel keine Probleme, außer dass die Qualität meist zu wünschen übrig läßt und das Rad irgendwann auseinanderfällt, wenn man nicht gut Acht gibt.

Weiteres zum Thema siehe auch unter der Rubrik Verkehrsmittel.

Restaurants

In punkto Qualität der Restaurants scheinen die Meinungen weit auseinanderzugehen. Wir haben viele Touristen getroffen, die über schlechtes Essen während ihrer gesamten Reise geklagt haben. Meist stellte sich heraus, dass der Mut zum Experimentieren gefehlt hatte, mit dem Ergebnis, dass morgens, mittags und abends gebratener Reis, gebratene Nudeln oder Nudelsuppe auf den Tisch kamen. Das ist zwar ausgesprochen billig, aber wer in China reist, sollte sich den hundertfältigen Genüssen der chinesischen Küche nicht versagen. Gute Restaurants gibt es in fast jedem Ort, und obendrein ist auch sehr gutes Essen meist ausgesprochen billig.

Speisen bestellen

Viele westliche Reisende neigen dazu, das Essen in der Form „jeder seinen Teller" zu bestellen. So sitzen dann vier oder fünf Leute an einem Tisch, und jeder isst seine Portion Doufu, Bohnen oder gebratenes Fleisch. Anders als in Chinarestaurants in Europa, wo man sich den dortigen Tischsitten angepasst hat, sind die einzelnen Gerichte in China meist nicht als Tellermenü gedacht. Wenn man beispielsweise Fleisch in Sojasoße bestellt, erhält man auch nur Fleisch in Sojasoße. Bestellt man Spinat, wird Spinat pur auf den Tisch kommen.

Man muss sich sein Essen also ***aus verschiedenen Gerichten zusammenstellen.*** Auch Reis muss in der Regel extra bestellt werden. Die chinesische Küche lebt von ihrer Vielfalt, und die lernt man nur kennen, wenn man verschiedene Gerichte bestellt, die man in die Mitte des Tisches stellt und von denen sich alle bedienen. Das lohnt sich selbst dann, wenn man alleine ist. Wer ca. 5,11 € (ca. 10 DM/60 Yuan) pro Tag für Essen einkalkuliert, kann in China bereits in höchsten Schlemmergenüssen schwelgen. Je mehr Leute man zusammenbekommt, desto abwechslungsreicher kann man bestellen, und desto billiger wird die Rechnung für jeden.

Alleine essen gehen

Wenn man allein oder zu zweit essen gehen will, kann es passieren, dass man in den ***privaten Restaurants*** keinen Tisch angeboten bekommt oder wieder hinauskomplimentiert wird, auch wenn das Restaurant noch leer ist. Das hat nichts mit Ausländer-

Kleine landestypische Leckereien findet man auf den Essensmärkten

feindlichkeit zu tun, sondern mit der Erfahrung solcher Restaurants, dass Ausländer oft nur für wenig Geld Gerichte bestellen. Da aber an die großen runden Tische oft 8-12 Personen passen, warten die Besitzer lieber auf Landsleute, die gleich mit der ganzen Familie oder ihren Kollegen kommen und ein Vielfaches an Geld dalassen. Anders als bei uns, gibt es in China eine Kernzeit, zu der die meisten Leute Essen gehen. Es gibt also kein Hintereinander- sondern eher ein Gleichzeitigkommen. Ist ein großer Tisch nur mit zwei Personen besetzt, bedeutet das für das Restaurant an diesem Abend einen Verlust, da sich andere Leute nicht mit dazusetzen werden.

Arten von Restaurants

Mit Bedienung und Karte

Verwirrend scheint am Anfang die Funktionsweise der Restaurants zu sein. Grob geteilt gibt es drei Arten. Da sind zunächst die Lokalitäten mit Bedienung und Speisekarte. Hier hat man am wenigsten Stress und kann (und sollte) nach Lust und Laune auf die unbekannten Schriftzeichen der Karte zeigen. Das geht selten schief. Als Faustregel kann gelten, dass es sich bei besonders teuren Gerichten um irgendwelche Spezialitäten, etwa Seegurke, handelt, die unserem Gaumen selten zusagen. Die Vielfalt der Auswahl erklärt sich aus den zahllosen Kombinationen. So wird z.B. eine Sorte Fleisch mit verschiedenen Soßen oder in verschiedenen Zubereitungsarten angeboten.

Der ***Preis*** pro Gericht liegt in diesen Lokalen zwischen 10 und 20 Yuan. In teuren Restaurants, wie etwa Hotelrestaurants, betragen die Preise 20-60 Yuan pro Gericht. In privaten Restaurants muss man mit ca. 5-20 Yuan pro Gericht rechnen.

Die Restaurants mit Bedienung unterscheiden sich untereinander in den ***Zahlungsmodalitäten.*** Manchmal muss man die Rechnung (Getränke gehen meist extra) vorher bezahlen, manchmal hinterher. Ist man sich über die Ehrbarkeit eines Restaurants nicht ganz sicher (vor allem bei privaten Restaurants), sollte man stets darauf bestehen, vorher zu bezahlen. Gerade in touristisch stark frequentierten Orten bekommt man zuweilen wundersam in die Höhe geschossene Rechnungen präsentiert, weil man ja angeblich die größere Portion bestellt habe usw. Uns ist es passiert, dass Rechnungen schlicht mit der Anzahl der am Essen beteiligten Personen multipliziert worden sind.

Mit angeschriebenen Gerichten

In der zweiten Art Restaurant stehen die Gerichte auf einer Tafel angeschrieben. In einer Box neben der Tafel oder auch weit entfernt (dann wird es schwierig) sitzt ein Kassierer, der die Wünsche notiert und nach Zahlung des Betrags einen Bon ausgibt, den man in der Küche oder bei einem Kellner abgibt. Am günstigsten ist es, wenn man zu zweit ist. Einer versucht, die Aufmerksamkeit des Kassierers zu erlangen und der andere zeigt auf die

Kommunikationshilfe rund ums Essen

ich möchte	*wǒ yaò*	我要	Bitte bringen Sie	*qǐng nǐ gěi*	请你给

die Speisekarte	*caì-dān*	菜单	Eßstäbchen	*kuàizi*	筷子

Essen	*chīfàn*	吃饭	Frühstück	*zǎofàn*	早饭
Mittagessen	*wǔfàn*	午饭	Abendessen	*wǎnfàn*	晚饭

kalte Vorspeisen	*lěng pán*	冷盘	Joghurt	*suān niú-nǎi*	酸牛奶
Ei	*jī-dàn*	鸡蛋	Rührei	*chǎo dàn*	炒蛋

Fleisch	*ròu*	肉	***Fisch***	*yú*	鱼
Rindfleisch	*niú-ròu*	牛肉	Aal	*mán lí*	鳗鲡
Schweinefleisch	*zhū-ròu*	猪肉	Krabbenfleisch	*xiā-rén*	虾仁
Hammelfleisch	*yáng-ròu*	羊肉	Krebs	*páng xīè*	螃蟹
Wild	*yě-wèi*	野味	Suppe	*táng*	汤
Wurst	*xiāng-cháng*	香肠	Nudeln	*mīàn tiáo*	面条
Ente	*yā-zi*	鸭子	Reis	*mǎ fàn*	米饭
Huhn	*jī*	鸡	gedämpfter Hefekloß	*mán tóu*	馒头

gebraten	*jīān chǎo*	煎炒	sauer	*suān*	酸
gebacken	*kǎo*	烤	süß	*tīán*	甜
gedämpft	*zhēng*	蒸	scharf	*là*	辣
gedünstet	*dùn*	炖	nicht scharf	*bú yaò là de*	不要辣的
gegrillt	*shāo kǎo*	烧烤	Sojasoße	*jīàng-yóu*	酱油
gekocht	*zhǔ*	煮	Salz	*yán*	盐
geröstet	*bèi*	焙	Chilliöl	*là-yóu*	辣油
geschmort	*wēi*	煨	Zucker	*báí táng*	白糖
in Sojasoße gekocht	*hóng shāo*	红烧			

Gemüse	*shū-cài*	蔬菜	**Obst**	*shuǐ-guǒ*	水果
vegetar. Gerichte	*sù-cài*	素菜	Ananas	*bō luó*	菠萝
Auberginen	*qié-zí*	茄子	Apfel	*píng-guǒ*	苹果
Bambussprossen	*zhú-sǔn*	竹笋	Banane	*xiāng-jīāo*	香蕉
Bohnen	*dòu-zī*	豆子	Birne	*lí*	梨
Gurke	*huáng-guā*	黄瓜	Lychee	*lì-zhī*	荔枝
Kartoffeln	*tǔ-dòu*	土豆	Pfirsich	*táo-zi*	桃子
Paprikagemüse	*shì-zi jīāo*	柿子椒	Trauben	*pú-táo*	葡萄
Sojabohnenkeime	*dòu-yá caì*	豆芽菜	Wassermelone	*xī-guā*	西瓜
Sojaquark	*dòu-fu*	豆腐			
Spinat	*bō-cài*	菠菜			
Tomate	*fān-qié*	番茄			
Wasserkastanie	*mǎ-tí*	马蹄			

Getränke

Kaffee	*kā-fēi*	咖啡	Brandy	*bái-lán-dì-jiǔ*	白兰地酒
Kokossaft	*yē-zi zhī*	椰子汁	Bier	*pí-jiǔ*	啤酒
Milch	*niú nǎi*	牛奶	Branntwein	*shāo-jiǔ*	烧酒
Mineralwasser	*kuàng-qúan shuǐ*	矿泉水	Wein/Schnaps	*jiǔ*	酒
Orangensaft	*jú-zi zhī* oder *chén zhī*	橘子汁 橙汁	Weißwein	*bái pú-táo jiǔ*	白葡萄酒
Tee	*chá*	茶	Whisky	*wēi shì jì jiǔ*	威士忌酒
grüner Tee	*lü chá*	绿茶	Wasser (heiß, abgekocht)	*kāi shuǐ*	开水
schwarzer Tee	*hóng chá*	红茶			

Zum Wohl!	*gān bēi*	干杯
Es schmeckt.	*hěn hǎo chī*	很好吃
Ich bin satt.	*chī bǎo le*	吃饱了
Wie heißt dieses Gericht?	*zhè zhǒng caì jīāò shénme?*	这种菜叫什么
Ich möchte eine lokale Spezialität probieren.	*wǒ xīǎng cháng-cháng běn dì de míng-caì.* 我想尝尝本地的名菜	
Bitte die Rechnung!	*qǐng jīé zhàng!*	请结帐
Bitte getrennt abrechnen!	*qǐng fēn-kāí laí jīé-zhàng!*	请分开来结帐
Die Rechnung scheint nicht zu stimmen.	*zhè ge zhàng-dān hǎo-xiàng suàn de bú duì* 这个帐单好象算得不对	

gewünschten Gerichte. Hat das Restaurant nur ein oder zwei Spezialitäten im Angebot, z.B. in einem Lokal für *Jiaozi* (chinesische Maultaschen, die es mit verschiedenen Füllungen gibt), kauft man am Eingang einen bunten Schnipsel und hofft, das Richtige zu erwischen. Mit dem Schnipsel holt man sich in der Küche oder an der Essensausgabe sein Essen. Die Gerichte kosten in solcherart Restaurants 2-15 Yuan.

Garküchen

Zu guter Letzt gibt es noch die unzähligen Garküchen. Bestellungen sind hier eigentlich unkompliziert, denn man sieht, was es gibt und kann einfach darauf zeigen. Vor allem die neuen Kaufhäuser haben in ihren obersten Etagen oft eine Garküchenmeile, wo man einfach und unkompliziert aus zahlreichen Gerichten wählen kann. Die Preise pro Gericht beginnen hier schon bei 1 Yuan und überschreiten selten 20 Yuan.

Kombinationen

In jeder größeren Stadt gibt es auch die dreistöckigen Restaurants, die die genannten drei Typen unter einem Dach vereinen. Im obersten Stock ist das Essen teuer, aber oft auch am besten.

Food Center

Eine immer beliebter werdende Variante sind die Food Center oder Food Courts in den neuen Kaufhäusern, die allerorts wie Pilze aus dem Boden schießen. Meist befinden sie sich im obersten Stock. In einem Karree angeordnet, findet man zahllose verschiedene Küchen. Das schöne ist, dass alles, was konsumiert werden kann, in Vitrinen ausgestellt ist und man einfach auf das, was man essen will, zeigt. Hat man alles zusammen, sucht man in der Mitte einen Platz. Bezahlt wird entweder direkt an den Essenständen, oder man besorgt sich an der zentralen Kasse Wertmarken, die man an den Ständen einlöst.

Hotelrestaurants

Als vierte Variante seien noch die Hotelrestaurants genannt. Oft handelt es sich dabei um Spitzenrestaurants. Allerdings bereiten sie für Tourgruppen ein internationales Einheitsessen zu, das den Touristen aus allen westlichen Ländern schmecken soll. Das Essen ist in diesem Falle wenig orginell, und wer mit einer Gruppe reist, ist nicht selten enttäuscht von dem, was er vorgesetzt bekommt. Das gleiche gilt für die Räumlichkeiten, die nicht nur sterile Kälte ausstrahlen, sondern oftmals riesige Säle sind, die mehrere hundert Gäste gleichzeitig bewirten können. In sehr guten Hotelrestaurants bezahlt man ab etwa 20 Yuan pro Gericht. In kleineren Hotels fangen die Preise bei ca. 10 Yuan an. Gerade wenn man zu mehreren reist, sollte man sich nie das nur für Touristen konzipierte geschmacksneutrale Menü andrehen lassen, sondern immer à la carte bestellen. Dann wird man relativ selten enttäuscht.

Ausstattung und Atmosphäre

Anders als in Europa zählt in China nicht die Umgebung, in der man ißt, sondern nur die Qualität des Essens. Am Anfang mag es Überwindung kosten, die nackten, häßlichen Räumlichkeiten zu betreten, aber man wird letztlich mit einer unvergleichlichen Atmosphäre belohnt. Nicht feierlich dezente, sondern laute, fröhliche Stimmung sind vorherrschend. Doch mittlerweile gibt es auch in China eine wachsende Zahl optisch ansprechend eingerichteter Restaurants. Angesprochene Kunden sind zahlungskräftige Chinesen und Touristen. Das Essen ist hier jedoch oft mäßig und teuer.

Ein Hinweis zur Hygiene: Trotz wachsender Verbreitung von Einwegstäbchen sollte man immer ein eigenes Paar ***Essstäbchen*** dabeihaben.

Essenszeiten

Die Essenszeiten liegen in China ziemlich früh. ***Frühstück*** gibt es zwischen 6.30 und 7.30 Uhr. In den besseren Hotels bekommt man auch schon mal bis 8.30 oder 9.00 Uhr das Frühstück. Meistens kann man zwischen chinesischem (Reissuppe mit verschiedenen salzig eingelegten Gemüsesorten) und westlichem Frühstück (Toast, Marmelade, Eier) wählen.

Mittagessen gibt es zwischen 10.30 und 14.00 Uhr, und ***Abendessen*** kann man zwischen 17.00 und 20.00 Uhr einnehmen. Diese Angaben sind natürlich nur Richtwerte. Es gibt auch Restaurants, die den ganzen Tag über Essen anbieten und viele private Lokale öffnen sogar bis Mitternacht.

Kurz vor ***Feierabend*** wird man zwar noch bedient, aber auch unsanft darauf aufmerksam gemacht, dass gleich Schluss ist (Licht ausschalten, Stühle rücken).

Sicherheit

Gewalttätigkeiten

China dürfte zu einem der sichersten Reiseländer überhaupt zählen. In kaum einem anderen Land können sich ***Frauen*** so uneingeschränkt und unbelästigt bewegen wie in China. Ein paar Worte mehr sind hingegen über die allgemeine Sicherheit zu verlieren. Aufgrund der noch vorherrschenden Skrupel und drastischen Strafen bei Gewalttätigkeiten gegen Ausländer ist man als Tourist recht sicher. Aber die ***wachsende Kriminalität*** seit der Öffnung des Landes ist kaum zu übersehen und bedroht nicht nur Chinesen, sondern auch Touristen.

Diebstahl, Betrug

Betrügereien und Taschendiebstähle mehren sich stark. Besondere Vorsicht ist in Bussen, Zügen, auf Bahnhöfen, Märkten und in Schlafsälen geboten. Preise sollten immer vor dem Kauf oder der Dienstleistung festgelegt werden. In Privatrestaurants werden beispielsweise gerne höhere Preise berechnet, als auf der

Speisekarte stehen. Als Regel gilt: je touristischer die Stadt oder das Gebiet, wie z.B. Xian, Guilin, Kunming etc., desto häufiger die Diebstähle und Betrügereien. Im Fall eines Diebstahls siehe Kapitel „Notfälle“.

Verhaltenstipps

Aufgrund dieser Situation sollte man lieber etwas misstrauischer sein und einige Verhaltenshinweise beachten: Wertsachen im Bauchgurt tragen; Geldbeutel nie in die hinteren Hosentaschen stecken; nur kleine Beträge im Portemonnaie haben; Gepäck immer im Auge behalten und Nummernschilder von Taxis und Rikschas aufschreiben.

Banden-, Drogen-, Schwarzmarkt-, Prostitutions- und Betrugskriminalität sind Bestandteile des Alltags geworden, auf die man auch als Tourist an der Peripherie stößt. Gerade als Einzelreisender ist man z.B. schnell versucht, auf der Straße Dollar ***schwarz zu tauschen.*** In den meisten Großstädten handelt es sich aber nicht um Leute, die wirklich tauschen wollen, sondern fast immer um Gangs. Sie zu überlisten, indem man versucht, den ausgehandelten Geldbetrag zu bekommen, endet oft in einer Schlägerei, bei der man nur den kürzeren ziehen kann.

Sprache

Geschichtliches

Chinesisch ist eine der ältesten Sprachen der Welt und wohl die meistgesprochene Sprache überhaupt. Zersplittert in eine Vielzahl von Dialekten, wird Chinesisch nicht nur von rund einer Milliarde Chinesen in China und Taiwan gesprochen, sondern auch von den vielen Millionen Auslands- und Überseechinesen.

Zur Zeit der Mongolenherrschaft in China im 13. Jh. wurde der nördliche Dialekt unter dem Namen *Guanhua* (Mandarin) zur Amts- und Literatensprache des ganzen Reiches, da viele der Dialekte von Chinesen jeweils anderer Regionen nur schwer oder gar nicht verstanden werden.

Seit der Schriftreform des ersten Kaisers von China, *Qin Shi Huangdi,* hatte sich auch die Schriftsprache *(Wenyan)* weiterentwickelt und war mittlerweile von der gesprochenen Sprache soweit entfernt, dass sie nur noch den gebildeten Literaten und Beamten zugänglich war. Seit der Yuan-Zeit entwickelte sich dann die sogenannte umgangssprachlich orientierte Schrift *Baihua,* in der viele der klassischen Novellen oder Theaterstücke geschrieben worden sind.

Am Anfang des 20. Jh. wurden erneut Versuche unternommen, das Mandarin unter dem Namen *Guoyu* (Nationalsprache) in ganz China zu verbreiten, allerdings mit wenig Erfolg. Das klassische Schriftchinesisch wurde erst 1919 aufgegeben und machte nun der *Baihua* Platz, die von allen Chinesen – sofern sie lesen können – unabhängig vom Dialekt verstanden werden kann.

Hochchinesisch

Konsequent verbreitet wurde ein einheitliches Hochchinesisch erst seit 1949. Unter dem Namen ***Putonghua*** (Allgemeinsprache) wurde der nördliche Dialekt, Mandarin, dessen Aussprache auf dem Beijinger Dialekt beruht, über die Schulen, Medien, Theater usw. verbreitet. Wenn heute auch nicht jeder Chinese *Putonghua* spricht, so wird es doch mittlerweile fast überall verstanden. Ist schon die Verbreitung einer einheitlichen chinesischen Hochsprache kein leichtes Unterfangen, so ist die Alphabetisierung der Bevölkerung um so schwieriger. Parallel zum sonstigen Schulpensum lernen chinesische Schulkinder über viele Jahre hinweg drei- bis viertausend Schriftzeichen, die sie nicht nur memorieren, sondern auch reproduzieren müssen. Vor allem auf dem Land, wo viele Kinder die Schule oft frühzeitig verlassen, ist dadurch die Analphabetenrate sehr hoch.

Lateinische Umschrift

Daran konnte auch eine Schriftreform, die sich teilweise in drastischen Vereinfachungen von komplizierten Schriftzeichen auswirkte, nichts ändern. Nach wie vor muss zu jedem Zeichen die entsprechende Bedeutung erlernt werden. Um ein einheitliches Lernen zu gewährleisten, wurde 1958 das lateinische Umschriftsystem ***Hanyu Pinyin Fang'an*** (Schema für ein chinesisches phonetisches Alphabet) eingeführt. Damit sollte gleichzeitig die Verbreitung des Hochchinesischen unterstützt werden. Ersetzen kann es das Schriftzeichensystem nicht, da die chinesische Sprache nur knapp 420 ausspracheverschiedene Silben kennt, wobei jeder Silbe eine Wortbedeutung zukommt. Durch die vier Töne, die das *Putonghua* kennt, erhöht sich die Zahl der akustisch unterscheidbaren Silben auf etwa 1350, d.h., so dass trotz der wachsenden Zahl zweisilbiger Wörter jede Silbe eine ganze Reihe von verschiedenen Bedeutungen enthält, die in der lateinischen Umschrift gar nicht mehr erkennbar sind.

Für eine Chinareise lohnt es sich in jedem Fall, sich etwas näher mit der Sprache und Schrift auseinanderzusetzen. Gerade das Verständnis über den Aufbau der Schriftzeichen erleichtert das Zurechtfinden in China ungemein, und sei es, dass man nur die Ortsnamen am Bahnhofsschalter oder auf Bussen wiedererkennt. Weitere Hilfen bieten die Hinweise zum Gebrauch vorne im Buch, unser Sprachführer im Anhang und der Band Hochchinesisch (Mandarin) Wort für Wort aus der Reihe Kauderwelsch, Peter Rump Verlag, mit Begleitkassette.

Telefon, Fax und Telegramme

In großen Hotels oder Fernmeldeämtern (oft im Verbund mit einem Postamt) ist es möglich, ***Ferngespräche*** zu führen. Vier- und Drei-Sterne-Hotels haben normalerweise ein business cen-

Überall wird Billiard gespielt

ter, von dem aus man telefonieren und faxen kann. Auch E-Mails sind mehr und mehr möglich. ***Telegramme*** können ebenfalls in den meisten großen Hotels und Postämtern aufgegeben werden.

Trinkgeld

Es ist in China nicht üblich, Trinkgelder zu geben, auch wenn Touristen diese Sitte zunehmend verbreiten. Gang und gäbe ist es aber mittlerweile, dass lokale chinesische Reiseleiter kräftige

Trinkgelder am Ende ihrer Dienstleistung verlangen. Man sollte den Ortsführern aber nur dann was geben, wenn man mit ihrer Leistung wirklich zufrieden war. Für den Einzeltouristen dürfte eine solche Situation allerdings eher selten sein.

In einem Land, das wie China noch eine sehr stark vom Staat gelenkte Wirtschaft hat, sind Korruption und Bestechung an der Tagesordnung. Anders als in vielen arabischen Ländern ist diese Form von Bakschisch für den Einzeltouristen in China noch nicht relevant, und man sollte von sich aus keine als Trinkgelder kaschierten Bestechungsversuche unternehmen.

Verkehrsmittel

Die Hauptverkehrsmittel sind Bahnen und Busse. Fast alle Provinzstädte sind an ein ausgedehntes, 50.000 km langes, aber völlig überlastetes ***Schienennetz*** angeschlossen. Die Strecken sind nur teilweise elektrifiziert. In China fahren immer noch die alten Dampflokomotiven mit ihren schönen roten Rädern, die bei uns nur mehr in Museen stehen.

Das ***Straßennetz*** wurde in den letzten Jahren stark ausgebaut. Die Straßen sind allerdings nicht mit europäischen Maßstäben zu messen. Mit Bussen gelangt man aber mehr oder weniger in alle Winkel des Landes.

Für den ***Flugverkehr*** ist die *Civil Aviation Administration of China (CAAC)* zuständig. Die Flugstrecken werden von der staatlichen Fluggesellschaft *Air China (CA)*, von verschiedenen regionalen Gesellschaften (*Yunnan Airlines, China Eastern Airlines, Shanghai Airlines* u.v.a.) sowie der Volksbefreiungsarmee bedient. Die Buchungen erfolgen über die örtlichen CAAC-Büros oder direkt in den Verkaufsstellen der einzelnen Fluggesellschaften.

Entlang der Küste und auf den großen Flüssen gibt es ***Fähr- und Schiffsverbindungen.***

Im Normalfall kann man in China seine ***Tickets*** mehrere Tage im voraus buchen. Bei den Bussen liegt die Frist bei 2-3 Tagen, bei den Bahnen bei 3-5 Tagen. Viele Flüge kann man bereits von Europa aus buchen! Am besten organisiert man seine Weiterreise immer schon am Ankunftstag - sofern man den Tag seiner Weiterreise bereits kennt –, man spart sich dann doch die oft weiten und daher zeitraubenden Wege zu den Bahnhöfen und Busbahnhöfen.

Eisenbahn

Abteilklassen

Es gibt vier verschiedene Abteilklassen:

硬座车

⊕ ***Hardseater*** *(Yìngzuòchē):* preisgünstige 2. Klasse, in der man regelmäßig um die Sitzplätze kämpfen muss. Platzreservierungen gibt es nämlich nur an den Anfangsbahnhöfen des jeweiligen Zuges, und selbst dort ist es oft schwer genug, eine Sitzplatzreservierung zu bekommen. Die Sitzbänke sind nur wenig gepolstert, wie aus dem Namen schon hervorgeht. Für längere Zugfahrten empfehlen wir deshalb ein aufblasbares Sitzkissen.

软座车

ф***Softseater*** *(Ruǎnzuòchē):* Die 1. Klasse ist selten ausgebucht, denn sie ist recht teuer. Dafür sind die Sitze weich gepolstert. Man fährt ruhig und angenehm. Diese Sitzklasse gibt es jedoch nur im Nah- und Mittelstreckenverkehr, d.h. in Zügen, die nur tagsüber fahren.

●In den neuesten Zügen gibt es mittlerweile neben Hard- und Softseat auch noch die ***Business class*** und z.T. sogar richtige Schlafwagenabteile.

硬卧车

ф***Hardsleeper*** *(Yìngwòchē):* Die Schlafwagenabteile der 2. Klasse sind offen. Die einzelnen Kabinen haben 6 Liegen unterschiedlicher Preisklassen. Die oberste Liege ist am billigsten. Es ist meist schwierig, für die Hardsleeper ein Ticket zu bekommen, am Bahnhofsschalter ist es für Ausländer so gut wie ausgeschlossen. Man kann sein Glück im Zug versuchen, indem man nach der Abfahrt zum Schlafwagenschaffner geht, der zwischen Wagen 7 bis 10 an einem speziellen Schalter sitzt.

软卧车

ф***Softsleeper*** *(Ruǎnwòchē):* Die Schlafwagen der 1. Klasse werden vor allem von Tourgruppen, Ausländern, ranghohen Kadern oder Militärs benutzt. Die Tickets sind zwar eine ganze Ecke teurer als die Hardsleepertickets aber dafür einfacher zu bekommen. Die geschlossenen 4-Bettabteile bieten eine Klimaanlage, die gerne zwischendurch mal ausgestellt wird, Tischdeckchen, Teetassen und Thermoskannen.

Preise

Außer nach der Klasse des Abteils richten sich die Ticketpreise nach der Geschwindigkeit und der Ausstattung des Zuges. Je niedriger die Zugnummer, desto schneller der Zug. Es gibt Eil-, Express- und Superexpresszüge, die sich vor allem in der Anzahl der Haltebahnhöfe und im gebotenen Komfort unterscheiden. Superexpresszüge halten nur an wenigen Stationen, Eilzüge an jeder Mülltonne.

Die teureren Komfort-Züge erkennt man an einem der Zugnummer vorangestellten „T oder K". Das T für Tedeng = Firstclass-Zug, das K für Kuaisu = Superexpress. Für diese mit einem Buchstaben gekennzeichneten Züge bekommt man relativ problemlos Tickets, allerdings wird auch immer ein erheblicher Preisaufschlag fällig. Den vielerorts erhobenen Aircondition-Aufschlag von 1-2 Yuan zahlt man allerdings nicht für den Zug, sondern dafür, dass die Schalterbeamten ein klimatisiertes Büro haben!

Zur groben Orientierung führen wir einige Zugpreise (Superexpress, modernste und teuerste Zugvariante) von Beijing zu einigen wichtigen Städten entlang der von uns vorgeschlagenen Route an (in Yuan, Stand Fahrplan 2000). Mit einer jährlichen Steigerung von 15-20 % muss gerechnet werden:

Von Beijing nach	km	Hardsleeper	Softsleeper	Hardseater
Datong	382	160	214	53
Taiyuan	514	206	275	71
Zhengzhou	695	265	345	92
Luoyang	844	318	426	111
Xi'an	1.206	431	580	152
Lanzhou	1.882	601	812	213
Urumqi	3.774	1.011	1.366	361

Fahrplan

Die Züge fahren in China sehr pünktlich ab! Nach einem ***englischsprachigen Zugfahrplan*** sollte man am besten schon in den Hongkonger Buchläden Ausschau halten. Er ist sehr schwer zu bekommen. Manchmal hat man in Guangzhou oder Beijing an den Bahnhofskiosken Glück. Einen ***chinesischen Zugfahrplan*** bekommt man in vielen Buchhandlungen in China. Die bei den jeweiligen Orten unter „Weiterreise" angegebenen Zugnummern gestatten auch dem Sprachunkundigen die Benutzung dieses

Sänfte

Fahrplanes. Im Vorspann des Kursbuches kann man anhand der Zugnummer die Seite mit den Abfahrtszeiten herausfinden. Wer ein wenig im Vergleich von Schriftzeichen geübt ist, wird dann schnell seinen Zielort und die Ankunftszeit finden.

● In Deutschland bekommt man den chinesischen Zugfahrplan bei *China heute,* Städelstraße 19, 60596 Frankfurt.

Fahrkarten

Fahrkarten sollte man immer so früh wie möglich kaufen. Dies ist in der Regel drei Tage, manchmal auch fünf Tage im voraus möglich. ***Platzreservierungen*** sind am Bahnhof, in den Stadtbüros der staatlichen Eisenbahngesellschaft und in einigen Orten für einen Aufschlag von 20-50 Yuan bei CITS und anderen Reisebüros möglich, jedoch immer nur für die Züge, die am jeweiligen Ort eingesetzt werden.

Außerdem ist es in China unmöglich, ***Umsteigekarten*** zu kaufen! Wer umsteigen muss oder will, muss immer aus dem Umsteigebahnhof raus und sich neu an den Fahrkartenschaltern anstellen. Das schließt kurzfristiges Umsteigen fast immer aus. Mit etwas Glück kann man auf dem Bahnsteig das Personal dazu bringen, einem die Tickets hintenrum zu besorgen. Man bekommt die Fahrscheine auch im Zug, aber dennoch sollte man das Bahnhofspersonal über seine Umsteigeabsichten informieren, da Schwarzfahren ein Volkssport ist und scharf verfolgt wird. Wer den Bahnsteigbereich bereits verlassen hat, kommt mit einer Bahnsteigkarte wieder hinein. Besser ist es, den Bahnsteigbereich erst gar nicht zu verlassen. Beim Einsteigen in den Zug, muss man in den Wagen einsteigen, in dem sich der Ticketschalter befindet und warten, bis der zuständige Schaffner kommt!

退票处

Bei ***Widerruf der Reservierung*** vor Abfahrt des Zuges erhält man den Kaufpreis abzüglich der Bearbeitungsgebühr zurück. In jeder Schalterhalle gibt es dafür einen speziellen Schalter *(中 Tuì Piào Chù).* Manchmal muss man dazu einen Antrag, den es selten auf englisch gibt, ausfüllen. In der Regel wird er jedoch vom Personal ohne weitere Nachfragen für Ausländer ausgefüllt.

Ticketkauf

Der Ticketkauf kann in China zur echten Nervensache werden. Kaum jemand spricht englisch, alle Ziele sind auf chinesisch angegeben, die Bahnhöfe sind oft riesengroß und überfüllt. Und entweder steht man am falschen Schalter, es gibt keine Tickets mehr, oder kurz bevor man an der Reihe ist, beginnt die Mittagspause, oder, oder … In jedem Fall muss man wie alle anderen mitdrängeln, um überhaupt zum Schalter zu gelangen.

Leider hat in China in den letzten Jahren in vielen Großstädten die Unsitte zugenommen, dass ***Schwarzhändler*** mit guten Beziehungen zum Bahnpersonal begehrte Tickets gleich kontingentweise aufkaufen, um sie auf dem Schwarzmarkt gewinnbringend zu verkaufen. Den Schwarzmarkt sollte man allerdings nur dann nutzen, wenn alle anderen Möglichkeiten ausgeschöpft worden sind und wenn man weiß, wie die Tickets genau aussehen müssen. Es wird sehr viel betrogen!

Unsere ausführlichen Auflistungen der Weiterreisemöglichkeiten bei den jeweiligen Orten sollen es auch dem Nicht-Sprachkundigen ermöglichen, den Zugfahrplan zu benutzen und sich beim Kauf der Fahrkarten besser zurechtzufinden.

Kennt man sich in den großen Bahnhofsgebäuden oder den Schalterhallen nicht aus, muss man die Zugnummer sowie Anfangs- und Endbahnhof des gewünschten Zuges wissen. In jeder Schalterhalle hängt eine große ***Informationstafel*** mit genau diesen Angaben und zusätzlich den Abfahrtszeiten des Zuges. Anhand der im jeweiligen Stadtkapitel unter der Rubrik „Weiterreise" angegebenen Zugnummern sucht man sich auf der Tafel den günstigsten Zug heraus und versucht sich die Schriftzeichen für den Endbahnhof zu merken (oder abzuschreiben). Eine gute Hilfe stellt ein chinesischer Fahrplan dar (s.o.).

Dann geht man zu dem ***Schalter,*** über dem der Ortsname und vielfach auch die Zugnummer geschrieben steht. Unglücklicherweise gibt es auch noch die Variante, dass die Schalter nach den Abfahrtszeiten sortiert sind. Der einzige Trost ist dann, dass selbst die Chinesen da nicht mehr durchblicken. An jedem Schalter werden für verschiedene Zielorte Tickets verkauft. An manchen Bahnhöfen gibt es für Ausländer extra Schalter, was nicht heißt, dass der Hinweis dazu über dem Schalterhäuschen auf englisch zu lesen wäre. Immer mehr Bahnhöfe installieren eigene Softseater-Ticketschalter in ihren Softseat-Wartesälen. Hier bekommt man Fahrscheine (oft allerdings nur für die 1. Klasse) ohne Warterei und Stress.

Wer die Möglichkeit dazu hat, lässt sich auf einem Zettel in chinesisch Zugnummer, Datum, Ziel, Klasse und Personenzahl aufschreiben. Diesen Zettel schiebt man dann dem Schalterbeamten zu. Als Vordruck kann man unsere Kommunikationshilfe „Ticketkauf" verwenden (siehe Anhang: Sprachhilfe).

Wartesäle

Es gibt Wartesäle der 1. und 2. Klasse. Die 1. Klasse ist mit bequemen Sesseln ausgestattet. Es ist ruhig und nie überfüllt. Die Wartenden dürfen außerdem ohne Gedränge zuerst in den Zug einsteigen. Manchmal trifft man auf nettes Bahnhofspersonal, das Ausländer auch ohne 1.-Klasse-Ticket in diesen Warteraum führt. Das kann von Vorteil sein, wenn man noch keinen Sitzplatz hat. Mehr und mehr Bahnhöfe gehen auch dazu über, Fahrgäste gegen Eintritt in den 1-Klasse-Warteraum zu lassen.

Gepäck-aufbewahrung

Bahnhöfe verfügen über eine Gepäckaufbewahrung. Meist hat sie bis 22.00 Uhr geöffnet. Man bezahlt in der Regel für einen ganzen Tag etwa 1 bis 8 Yuan je nach Bahnhof und bekommt eine Quittung für sein Gepäck, die man bei Abholung abgibt.

Verpflegung im Zug

Jeder Zug hat einen ***Speisewagen,*** der zu bestimmten Zeiten geöffnet und dann auch sehr voll ist. Außerdem gehen ***Kellner*** zu den Essenszeiten durch den Zug und nehmen Bestellungen auf oder verkaufen das Essen direkt. Das Essen wird den Reisenden in Styroporboxen (diese Art Essen wird ***He Fan*** genannt, und ist die Mahlzeit so ziemlich der gesamten arbeitenden Bevölkerung und stark gewöhnungsbedürftig) an den Platz gebracht. Es ist sehr billig, aber nicht gerade eine Delikatesse.

Dann gibt es noch die kleinen ***Snack-Wagen,*** die in regelmäßigen Abständen durch die Abteile geschoben werden, und natürlich die rollenden Proviantwagen auf den Bahnhöfen. Kochendes Wasser für Tee ist in den Kesseln am Ende des Abteils.

Bus

Überlandbusse

Überlandbusse sind in großen Teilen Chinas das einzige Verkehrsmittel und auf langen Strecken oft das billigste. Auch der Fahrkartenkauf ist sehr viel einfacher, denn die Busbahnhöfe sind selten so belebt wie die Bahnhöfe, und man bekommt immer einen Sitzplatz. Busse sind dafür wesentlich langsamer, unbequemer und gefährlicher, denn in China wird nach dem Motto gefahren, „wer bremst, ist feige".

Überlandbusse haben numerierte Plätze, die man am besten einen Tag vor der Abfahrt reserviert. Für den ***Ticketkauf*** ist es ebenfalls sinnvoll, sich Datum, die gewünschte Abfahrtszeit, Zielort und Anzahl der Personen auf chinesisch aufschreiben zu lassen (s.a. Kommunikationshilfe für den Zugticketkauf). Wie auf den Bahnhöfen werden die Abfahrtszeiten auf großen Tafeln angeschrieben, auf denen man die Schriftzeichen des gewünschten Fahrtzieles herausfinden muss.

An einigen Busbahnhöfen werden auch Tickets für ***Tagesausflüge*** zu abseits gelegenen Sehenswürdigkeiten verkauft. Damit fährt man sehr viel billiger, als wenn man eine Tour bei CITS oder einer anderen Agentur bucht. Diese Ausflüge sind immer dann eine gute Alternative zur selbstorganisierten Anreise, wenn es nur wenige öffentliche Verkehrsmittel dorthin gibt oder diese nicht in der Nähe vorbeifahren. Die chinesischen Mitreisenden sorgen dafür, dass man nicht verlorengeht und dass man die Abfahrtszeiten mitbekommt.

Auf einigen Strecken werden auch ***klimatisierte Busse*** eingesetzt, die schneller und mit weniger Zwischenstopps am Ziel ankommen. Wir haben auch die Erfahrung gemacht, dass die Fahrer in diesen Bussen vorsichtiger fahren.

Eine komfortable Variante sind ***Nachtexpress-Busse,*** die wie in den Sleeperabteilen der Züge Liegen haben. Vor allem im Osten des Landes erfreuen sich diese Busse mittlerweile großer Beliebtheit. Entlang der Seidenstraße, so z.B. auf der Strecke Ürümqi – Kashgar, werden ebenfalls Sleeperbusse eingesetzt.

In regelmäßigen Abständen und in jedem Fall mittags werden ***Essenspausen*** eingelegt. Das Essen an diesen Stops ist immer sehr preiswert (2-5 Yuan) und selten gut. Bei mehrtägigen Fahrten hält der Bus abends an Busbahnhöfen, wo es einfache Unterkünfte gibt. Manchmal wird auch direkt ein kleines Gasthaus angefahren. Die Preise für die ***Übernachtung*** sind sehr niedrig und liegen zwischen 7 und 20 Yuan pro Person. Zwischen 6.00 und 7.00 Uhr morgens geht die Fahrt dann weiter. Auch hier wird man als Ausländer nicht vergessen.

Stadtbusse, Minibusse

Stadtbusse sind stets hoffnungslos überfüllt. An den Anfangshaltestellen beginnt ein Wettlauf um die raren Sitzplätze, wenn der Bus kommt. Da lernt man drängeln! Der Fahrpreis richtet sich nach der Entfernung und beträgt nur wenige Jiao. Man sollte deshalb genug Kleingeld bereithalten. Jeweils an den Eingangstüren sitzen die ***Schaffnerinnen,*** die Ausländer zunächst oft ignorieren, weil sie die Verständigungsschwierigkeiten fürchten. Am besten drängelt man sich zu ihnen durch, zeigt auf dem Stadtplan, wo man hin will und lässt die Schaffnerin das Geld aus seinem Stapel Kleingeld ziehen. Meist kostet eine Fahrt zwischen 5 Jiao und 1 Yuan.

In den chinesischen Stadtplänen sind die ***Bushaltestellen*** durch Punkte gekennzeichnet, daneben steht der Name der Haltestelle. Man kann so ganz gut die Zeichen mit denen des Haltestellenschildes vergleichen. Aber auch beim Aussteigen machen einen die Schaffnerinnen oder andere Businsassen meist darauf aufmerksam, wann man am Ziel ist.

In vielen Städten werden die Buslinien zusätzlich von ***Minibussen*** abgefahren, die dieselben Routen nehmen und ab 2 Yuan pro Fahrt kosten. Sie sind meist leerer und sehr viel schneller und an den lauten Rufen der Schaffner zu erkennen, die die Buslinie und das Endziel ausrufen, um Fahrgäste zu werben.

Wie auch bei den Busbahnhöfen gibt es viele Minibusfahrer, die ihre Fahrzeuge für ***Tagestrips*** zu Sehenswürdigkeiten anbieten. Sie fahren los, wenn der Bus voll ist und sind billiger als organisierte Touren.

U-Bahn

In Beijing, Shanghai, Tianjin und in Guangzhou gibt es eine U-Bahn. Eine Fahrt in Beijing kostet 2 Yuan. In Shanghai sind die Preise nach Anzahl der Stationen gestaffelt und kosten 3 oder 4 Yuan. In Guangzhou zahlt man 6 Yuan pro Fahrt. Die Ticketschalter befindet sich meist gegenüber der Treppe zum Bahnsteig. Am Häuschen an der Treppe gibt man den Fahrschein ab. Allerdings beginnt man z.B. in Shanghai mit automatisierten Systemen zu arbeiten.

Schiff

Eine nette Abwechslung bei den Fortbewegungsmöglichkeiten sind Schiffsfahrten. Zwischen den großen Küstenstädten wie Shanghai, Qingdao, Dalian, Fuzhou, Xiamen, Guangzhou, Haikou, Hongkong verkehren regelmäßig Fähren und Linienschiffe. Auch die großen Flüsse werden befahren. Für die Seidenstraße kommt diese Art Fortbewegungsmittel naturgemäß nicht in Frage. Dennoch einige Hinweise:

Die meisten ***Flussfähren*** haben nur eine Klasse. Praktisch sind Fahrten über Nacht. Man bekommt immer eine Pritsche (auch bei Tagesfahrten) zugewiesen, deren Nummer auf dem Fahrschein steht, und kann so eine preiswerte Nacht verbringen. Essen gibt es an Bord. Ein Kellner geht herum und verkauft Essenmarken. Zu den Essenzeiten bekommt man seine Mahlzeit dann zur Pritsche gebracht. In der Regel kann man auch Getränke an einem Bordladen erstehen. Auf den Yangzi-Fähren geht man in extra dafür vorgesehene Kantinen. Das Essen ist meist mäßig, aber genießbar.

Zwischenstopps sind normalerweise nicht möglich. Will man unterwegs aussteigen, sollte man das Ticket nur bis zu diesem Ort und ein weiteres Ticket zur Weiterfahrt vor Ort lösen, ansonsten verfällt der Fahrschein.

Fahren mehrere Fähren pro Tag zu einem Ziel, reicht es, wenn man den ***Fahrschein*** am Tag der Abfahrt kauft. Bei Nachtfahrten, z.B. auf dem ⇗Kaiserkanal, ist es jedoch ratsam, den Fahrschein schon am Vortag zu kaufen. Bei den Seefähren ist es grundsätzlich ratsam, das Ticket im voraus zu buchen. Der Ticketkauf funktioniert genauso wie bei Bussen und Bahnen.

Flugzeug

Die chinesischen Airlines verfügen mittlerweile über eine der modernsten Flugzeugflotten der Welt. Gesellschaften wie die Air China, China Southern und China Eastern Airlines bieten dank Kooperationen mit Lufthansa u.a. Gesellschaften höchsten Sicherheitsstandard.

Tatsache ist allerdings auch, dass zwar viele Fluggesellschaften bereits mit nagelneuen Maschinen des Typs Boeing oder Airbus fliegen, aber oft kein qualifiziertes Flug- und Wartungspersonal haben. Das gilt insbesondere für kleinere Regionalgesellschaften wie z.B. *Xi'an Airlines,* die im harten Konkurrenzkampf mit den großen Gesellschaften in punkto ***Sicherheit*** und Qualität auch schon mal beide Augen zudrücken. Dennoch bietet sich das Flugzeug für innerchinesische Langstrecken an. Wer die Seidenstraße innerhalb Chinas entlangreist, wird nach den strapaziösen Fahrten nicht immer die gleiche Strecke mit der Bahn oder dem Bus zurückfahren wollen.

Flugpreise

Über Preise kann man kaum Angaben machen. Sie werden permanent und bis zu dreimal im Jahr erhöht. Generell gilt auch hier, dass man frühzeitig buchen sollte, da ähnlich wie bei der Bahn noch keine ausreichenden Sitzplatzkapazitäten vorhanden sind. Das geht teilweise auch schon von Deutschland aus. Der Preiskampf auf einigen Strecken führt zwar dazu, dass die Preise sinken, aber das geht in China in jedem Falle auf Kosten der Sicherheit. Der billigste Flug ist in China also fast immer auch der gefährlichste.

Taxi

In den meisten Städten des Landes fahren mittlerweile Tausende von gelben, roten und sonstigen Taxis herum. Man kann sie entweder auf der Straße anhalten, oder, wenn nicht so viele durch die Straßen fahren, an den Hotels, Bahnhöfen oder zentralen Punkten eines Ortes finden. In Großstädten wie Beijing, Shanghai oder Xi'an sind die Fahrer verpflichtet, den Taxameter einzuschalten, und sie tun das meist auch anstandslos. Wenn sie handeln wollen, kommt man meistens schlechter weg. Also besser ein neues Taxi anhalten. Insgesamt haben wir in China aber eher positive Erfahrungen mit dem Taxigewerbe gemacht.

Fahrpreise

Die Fahrpreise sind von Stadt zu Stadt verschieden und hängen auch davon ab, ob das Gefährt ein ***Pkw oder Minibus*** ist. Der Kilometerpreis oder die Grundgebühr steht immer auf einer roten Plakette am hinteren Seitenfenster des Taxis. Man muss zwischen 1 und 2 Yuan pro Kilometer rechnen. Bei Verhandlungen sollte man die Entfernung zum Ziel schätzen oder wissen und die Grundgebühr hinzurechnen. Abhängig vom Taxityp liegt sie bei 5-12 Yuan, in manchen Orten auch höher. Bei längeren Fahrten wird der Preis meist vor der Fahrt ausgehandelt. In diesem Falle erkundigt man sich am besten vorher an der Rezeption nach dem ungefähren Preis. In der Regel muss man mit einer Tagespauschale von 400 Yuan rechnen. Handeln muss man auch, wenn sich der Taxifahrer weigert, den Taxameter einzuschalten oder gar keinen hat. Bei Nachtfahrten und langen Strecken muss man oft das Doppelte zahlen, da das Taxi leer zurückfahren muss. Wer eine einfache längere Fahrt über eine Mautpflichtige Straße fährt, muss dem Fahrer auch die Maut für die Rückfahrt zahlen.

Recht vorteilhaft ist es, sich für ***Ausflüge in die Umgebung*** mit mehreren Leuten ein Taxi zu mieten. Das ist fast immer billiger als die organisierte Tour eines Reisebüros, und man ist viel flexibler. Die Preise für einen Tagesausflug mit dem Taxi, in Beijing z.B. zur Großen Mauer bei Mutianyu, liegen zwischen 400-450 Yuan (VW-Santana) je nach Verhandlungsgeschick. Diese Preise für die Tagesmiete gelten auch für die meisten anderen Städte.

Bei den ***Fahrrad- und Motorradrikschas*** muss der Fahrpreis in jedem Fall ausgehandelt werden. Ein Chinese zahlt ca. 1 Yuan pro Kilometer. Gerade hier versuchen die Fahrer fast immer Nachforderungen zu stellen!

Fahrrad

In Hotels oder bei privaten Verleihern kann man Fahrräder mieten. Als ***Pfand*** wird der Pass oder eine Geldsumme in Höhe des Radwertes verlangt. Die Höhe der Pfandsumme beläuft sich auf 100 bis 200 Yuan, abhängig davon, ob man sich in einer Großstadt mit vielen Fahrraddiebstählen oder einem kleineren Ort befindet.

Man zahlt pro Tag etwa 10 bis 25 Yuan ***Miete*** und muss das Rad noch vor Ladenschluss abgeben. Weniger Probleme gibt es in großen Hotels, wo man den Fahrradschlüssel meist an der Rezeption abgeben kann und dort seinen Pass oder das Geld zurückbekommt.

Das Fahrrad darf nur auf bewachten ***Fahrrad-Parkplätzen*** abgestellt werden. Diese erkennt man an den oftmals vielen hundert schön aneinandergereihten Rädern. Auf alle Fälle wird man gleich von einem Ordner oder einer Ordnerin mit einer roten Armbinde darauf aufmerksam gemacht, ob und wo man sein Rad abstellen muss. Die Kosten liegen bei 1 bis 5 Jiao (siehe auch Rad fahren.)

Jedem Chinesen seinen Drahtesel

Reisetipps

Mitfahrt im LKW

Trampen ist in China so gut wie unbekannt. Dennoch gibt es Strecken, auf denen es wegen des geringen Busverkehrs möglich ist, mit einem LKW mitzufahren. Man zahlt dann das Äquivalent zum Buspreis. Dies ist z.B. auf der Strecke Golmud - Lhasa oder Golmud - Dunhuang möglich.

Es gibt allerdings auch Gegenden, in denen es den Fahrern nicht erlaubt ist, Ausländer mitzunehmen, z.B. auf der Strecke Chengdu - Lhasa und Lhasa - Kashgar. Wird man dabei erwischt, zahlt man empfindliche Strafen, und der LKW-Fahrer verliert darüber hinaus seine Konzession.

Als Faustregel gilt, dass in für Ausländer geschlossenen Gebieten ein Mitfahren in LKWs verboten ist. Welche Gebiete als geschlossen gelten, ist nur im einzelnen zu erfahren und kann sich kurzfristig ändern, die Seidenstraße ist davon jedoch kaum betroffen.

Trampen auf kürzeren Strecken ist durchaus möglich, wenn man die Möglichkeit hat, die Fahrer direkt anzusprechen. Wir sind sogar mit unseren Fahrrädern getrampt. Auf Kurzstrecken braucht man meist nicht zu bezahlen. Diese Möglichkeit empfiehlt sich vor allem dann, wenn man den letzten Bus zurück verpasst hat. Trotzdem muss man vorher abklären, ob der Fahrer Geld will.

Zahlen

In China werden die Zahlen nicht mit beiden Händen angezeigt, sondern nur mit einer Hand. Die Abbildung zeigt, wie man's macht.

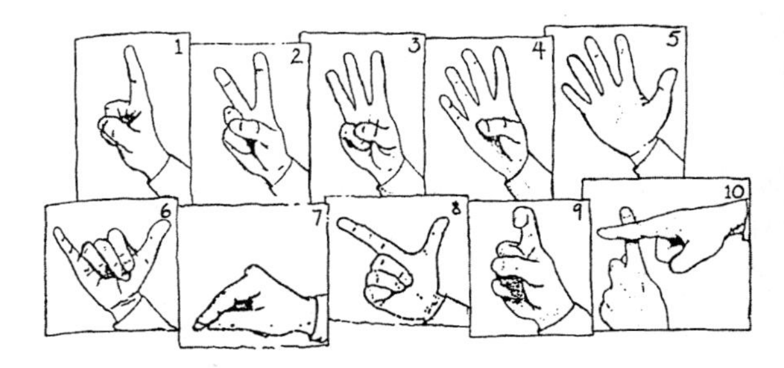

Zeit

Der ***Zeitunterschied*** zwischen China und Mitteleuropa beträgt im Sommer sechs und im Winter sieben Stunden.

Im ganzen Land gilt einheitlich die ***Beijing-Zeit!*** Das hat zur Folge, dass im Westen des Landes, etwa in Kashgar, die Sonne der Ortszeit drei Stunden hinterherläuft und nicht um 12.00 Uhr sondern erst nachmittags um 15.00 Uhr im Süden steht. Es verschiebt sich also der ganze Rhythmus von Tag, Nacht und Dämmerung.

Zollbestimmungen

VR China

Einfuhr

- ***Verboten*** ist die Einfuhr von Sendeanlagen, Waffen, Munition, verseuchten Nahrungsmitteln, Rauschmitteln, Tieren, pornographischer und konterrevolutionärer Literatur (was immer das bedeuten mag, mit gewöhnlicher Reiseliteratur haben wir jedenfalls noch keine Probleme erlebt).
- ***Genussmittel*** dürfen im üblichen Umfang mitgenommen werden: 400 Zigaretten und 2 Flaschen Wein sind zollfrei.

Ausfuhr

- Die Ausfuhr von ***Antiquitäten*** ist ohne das rote Lacksiegel eines offiziellen Antiquitätengeschäfts streng verboten.
- Noten und Münzen der ***Landeswährung*** *Renminbi* (RMB) dürfen bei der Ein- und Ausreise nicht mitgenommen werden. Ein Rücktausch erfolgt am Flughafen jedoch nur bei Vorlage der letzten Umtauschquittung. Kein Problem ist ein Umtausch von RMB in Hongkong. Man braucht hier auch keine Quittung.
- ***Fremdwährungen*** dürfen uneingeschränkt mitgeführt werden.

Hongkong

- Nach Hongkong dürfen ***persönliche Bedarfsgegenstände*** uneingeschränkt ein- und ausgeführt werden.
- ***Verboten ist die Einfuhr*** von Waffen und Gold. Gold darf auch nur mit besonderer Genehmigung ausgeführt werden.
- ***Antiquitäten,*** die älter als 100 Jahre alt sind, dürfen nur bis zu einem Wert von 204,52 € (400 DM) ausgeführt werden.
- ***Devisen*** dürfen uneingeschränkt ein- und ausgeführt werden.

Land
und
Natur

Die Seidenstraße

Die Erforschung der Seidenstraße

Jahrhundertelang zogen Händler, diplomatische Gesandtschaften, Pilger und Missionare aller Religionen, Abenteurer, ganze Völker und Krieger von West nach Ost und umgekehrt, zu Pferd und mit Kamelen, Eseln und Maultieren für die Lasten. Die Waren muSSten durch die schier endlosen zentralasiatischen Steppen, Wüsten, Hochebenen und über die Pässe verschiedener Gebirge, die sich als Barrieren auf dem Weg zum Meer und nach China auftürmten, befördert werden. Wohl niemandem dieser ungezählten Reisenden aber wäre der Gedanke gekommen, auf einer „Institution" namens Seidenstraße zu reisen. Dabei lag dieser Begriff eigentlich in der Luft, denn schon die Inder gaben im 4. oder 3. Jh. v. Chr. jenem geheimnisvollen „Seidenland" *Qin,* aus dem bereits kostbare Seide (Chin.: *Si*) nach Indien gelangt war, den Namen *Cīna.* Und die unersättliche Gier nach dem Luxusgut Seide war es, die den Handelsaustausch über die Seidenstraße in Gang setzte und am Laufen hielt.

Forschungsreisen im 19. Jh.

Erst als Mitte des 19. Jh. die ausgedehnte wissenschaftliche Erforschung Zentralasiens durch westliche Geographen und Geologen einsetzte, wurde die historische Ost-West-Verbindung auf den Begriff gebracht. Der Berliner Zentralasienforscher ***Ferdinand Freiherr von Richthofen*** (1833-1905) prägte ihn im Vorwort seines großen Chinawerkes und sprach 1877 in einem vielbeachteten Vortrag als erster von der „Seidenstraße", ein Terminus, der das ganze Netz von Handelswegen, die China mit den westlichen Ländern verbanden, umfasst, so dass man genauer von den „Seidenstraßen" sprechen müsste. Seitdem konnte sie ihren Siegeszug ins öffentliche Bewusstsein antreten.

Die Erforschung der Seidenstraße hatte allerdings nicht nur wissenschaftliche Gründe. Vor allem Russland, das seine Grenzen weiter und weiter nach Osten schob, wollte wissen, wie es in den neuen russischen Gebieten aussah und schickte einige Expeditionen nach Zentralasien. Die ***Kaiserliche Akademie der Wissenschaften in St. Petersburg*** entwickelte sich im Laufe der Forschungen zu einem wichtigen Zentrum für orientalische Forschung und konnte große Forscher wie den Botaniker und Mediziner *A. Regel,* die Brüder *Grum-Grzhimailo* und *I. Klementz* aufbieten, die zu den Pionieren der Erforschung Zentralasiens gehörten. Auf der anderen Seite wirkten die Engländer nicht ganz uneigennützig an der Erforschung der Gebiete nördlich des Karakorum mit. Mit Unterstützung der Engländer machten sich die Gebrüder *Schlagintweit* Mitte des 19. Jh. an die Erforschung Hochasiens, gefolgt von Leuten wie *George Hayward, John Biddulph, Nev Elias* und *Francis Younghusband,* der durch seine militärische Tibetmission bekannt werden sollte. Das Nebenprodukt der archäologischen und geographischen Forschungen waren genaue Kartenwerke dieser schwer zugänglichen Gebiete.

Der Boom der Forschungsreisen zu Beginn des 20. Jh.

Blieb die Erforschung Zentralasiens bis zum Ende des 19. Jh. eine der Domäne von wenigen Insidern, die nach außen hin wenig beachtet wurden, änderte sich das mit den Forschungsreisen von ***Sven Hedin*** gründlich. Er hatte u.a. bei *von Richthofen* studiert und führte 1895-97 seine erste Forschungsreise in die Wüstenregionen Zentralasiens durch. Dabei erforschte und kartographierte er nicht nur den bislang unbekannten Südrand des Tarim-Beckens, sondern schrieb auch packende Reiseberichte, die schnell zur Lieblingslektüre eines durch zahlreiche Zwänge eingeengten Bürgertums wurden.

Angeregt durch *Sven Hedins* Berichte machte sich schließlich auch der gebürtige Ungar und in britischen Diensten stehende ***Aurel ⇗ Stein*** auf den Weg, um das Tarim-Becken 1900-1901 zu erforschen. Seine auf *Sven Hedins* Arbeiten basierenden kartographischen Angaben waren von so großer Präzision, dass sie selbst durch moderne Satellitenaufnahmen kaum revidiert werden mussten. ⇗ *Steins* Entdeckungen brachten die Erforschung ⇗ Ostturkestans erst richtig ins Rollen. Immer neue Dokumente zur zentralasiatischen Geschichte wurden entdeckt, und es begann ein wahrer Wettlauf von Archäologen, Indologen, Turkologen und sonstigen Zentralasienforschern.

Zu den wichtigsten und erfolgreichsten Forschungsreisen gehörten die vier ***Berliner Ostturkestan-Expeditionen*** zwischen 1902 und 1914, die abwechselnd von *Albert Grünwedel* und *Albert von ⇗ Le Coq* geleitet wurden. Bei den Franzosen setzte *Paul Pelliot* 1906-1909 die Arbeit seiner Landsleute *Grenard* und *Dutreuil de Rhins,* der gut ein Jahrzehnt vorher während seiner Expedition ermordet worden war, fort. Zwischen 1902 und 1912 fanden auch drei erfolgreiche japanische Expeditionen unter der Leitung oder Sponsorenschaft von *Graf Otani* statt, der sich als Vorsteher des buddhistischen Ordens des Reinen Landes vor allem für die buddhistischen Funde an der Seidenstraße interessierte.

Nach dem Ersten Weltkrieg war zwar die Zeit der legendären Forscher vorbei, aber die Seidenstraße wurde weiter erforscht. Einen Namen machten sich in den zwanziger Jahren der Amerikaner *Langdon Warner,* der Chinese *Huang Wenbi* und der Deutsche *Emil Trinkler,* der, finanziert vom heutigen Übersee-Museum in Bremen (damals noch Museum für Natur-, Völker- und Handelskunde), eine Expedition nach ⇗ Turkestan unternahm. Auch *Sven Hedin* reiste und forschte weiterhin in Zentralasien.

Kommunismus und Kulturrevolution

Nach dem Sieg der Kommunisten 1949 machten die neuen Machthaber dem „Expeditionstourismus" ein Ende, der dazu ge-

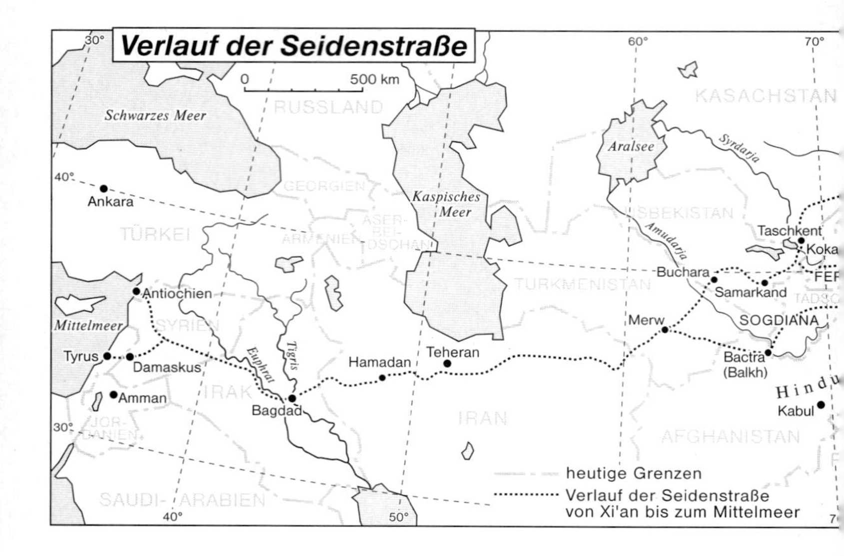

führt hatte, dass tonnenweise Kulturschätze außer Landes gebracht worden waren. Man begann mit der Restaurierung der Kulturdenkmäler, die dann zwar in der ↗ ***Kulturrevolution*** argen Schaden nahmen, aber viel war nicht mehr zu zerstören, da das meiste in ausländischen Museen vor der Barbarei geschützt blieb. In den achtziger und neunziger Jahren wurden erneute Anstrengungen gemacht, die Kulturdenkmäler der Seidenstraße zu schützen, zu erhalten und zu erforschen.

Verlauf der Seidenstraße

Die Forschungsergebnisse der Zentralasienforschung gaben ein sehr detailliertes Bild über Geographie und Funktion der Seidenstraße. Ihre Bedeutung für die kulturelle Entwicklung des Abendlandes wie des Fernen Ostens konnte dank der vielen nun zusammensetzbaren Mosaiksteinchen stückweise entschlüsselt werden. Für die Entwicklung der Weltreligionen bildeten die Funde aus dem Tarim-Becken ebenfalls eine unerschöpfliche Quelle. Aber – über den eindeutigen Verlauf der Seidenstraßen konnte man trotz aller Erfolge nur spekulieren. Die Rekonstruktion der Seidenstraßenverläufe war das Werk mühsamer Schreibtischarbeit.

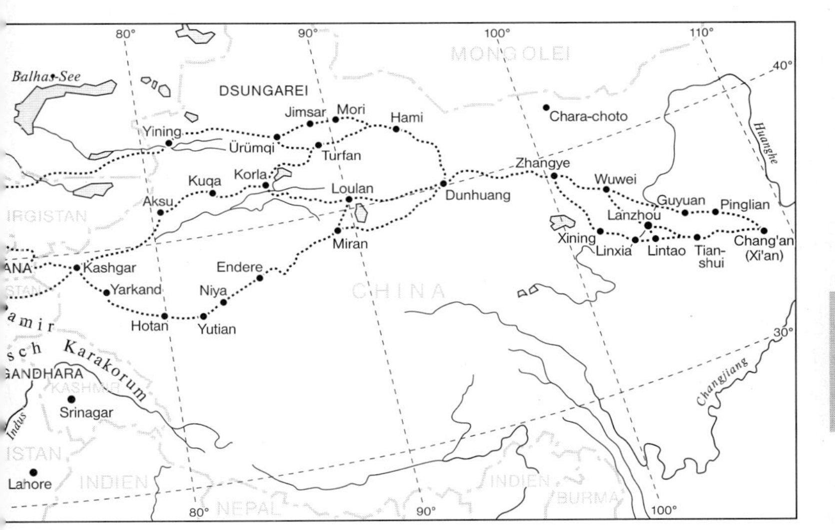

Rekonstruktion in China

China hat bekanntlich nicht nur die Bürokratie erfunden, sondern glücklicherweise auch die Sitte eingeführt, ***Chroniken*** seiner kaiserlichen Dynastien anfertigen zu lassen. Hier waren vor allem die *Shiji* (Historische Aufzeichnungen) des berühmten Hofhistoriographen ⇗ *Sima Qian* aus dem 1. Jh. v. Chr. sowie die Annalen der Früheren und der Späteren Han-Dynastie und nicht zuletzt die Annalen der Tang-Dynastie unerschöpfliche Quellen, die es nun auszuwerten galt.

Rekonstruktion in Europa

Europäischerseits gab es Hinweise auf die Seidenstraße in den Werken des ***Claudius Ptolemäus*** (um 150 n. Chr.), der sich bei seinen Angaben auf das verlorengegangene Werk des Geographen *Marinus von Tyrus,* „Berichtigung der geographischen Tafel" etwa aus dem Jahre 100, stützte und dessen Werk vollendete. *Marinus von Tyrus* hatte sich dabei ganz auf die Angaben eines griechischen Großkaufmanns mit Namen *Maesius Titanius* gestützt, der seinerzeit einen Großteil des Ostasienhandels beherrscht haben muss und für seine Agenten und Kaufleute auf genaue Angaben angewiesen war. Bis zum Beginn einer systematischen Zentralasienforschung seit Mitte des 18. Jh. blieb *Ptolemäus'* „Itinerar über eine Handelsstraße nach dem Lande der

Seren“ (von chin. *Si* = Seide) das grundlegende Werk über die Geographie Zentralasiens.

Synthese und Ergebnisse

Bei der Erforschung der Streckenführung trat nun ein grundlegendes Problem zu Tage: die ***fehlende Übereinstimmung*** chinesischer Begriffe und Angaben mit den im Westen gebräuchlichen Ausdrücken. In mühsamer Puzzlearbeit mussten ethymologische Vergleiche angestellt werden, die Entfernungsangaben, die in den Annalen stets in Li angegeben sind, ausgewertet werden, wobei ein Li je nach Zeitabschnitt der chinesischen Geschichte durchaus unterschiedliche Entfernungen beinhaltete, was wiederum zu Verschiebungen auf der Landkarte führte.

Am Schluss brachte die Synthese aus praktischer und theoretischer Forschung dann doch das gewünschte Ergebnis: der wahrscheinliche Verlauf der alten Seidenstraßen, der von dem Göttinger Geographen ***Albert Herrmann*** 1910 in einem knochentrockenen Werk vorgestellt wurde und weitestgehend seine Gültigkeit behalten hat.

Hauptabschnitte

Allgemein gilt seit der Tang-Zeit die damalige Hauptstadt Chang'an (Xi'an) als ***Ausgangspunkt.*** Von hier führte die Seidenstraße in insgesamt drei Abschnitten bis ans Mittelmeer. Der erste Abschnitt führte von Chang'an über verschiedene Wege nach Kashgar. Der zweite Abschnitt verlief von Kashgar ebenfalls über verschiedene Alternativrouten nach Merw und der dritte Abschnitt von Merw folgte der Handelsstrecke nach Damaskus und weiter zu den Häfen Antiochia und Alexandria.

Von Xi'an nach Dunhuang

Karawanen, die ihren Ausgang in Chang'an nahmen, konnten schon hier zwischen zwei Wegen zunächst nach Zhangye wählen. Entschieden sie sich für den ***südlichen Strang,*** folgten sie der Strecke Tianshui - Lintao - Linxia - Yongjing, wo der Gelbe Fluss überquert werden musste, bis nach Xining und von dort nordwestwärts über den Biandukou-Pass nach Zhangye. In Lintao bot sich als Alternative noch der Weg über Lanzhou und Wuwei Zhangye an.

Ein direkterer Weg führte allerdings von Chang'an über Pingliang, Guyuan und Wuwei nach Zhangye. Die Entscheidung für die eine oder andere Route hing oft mit Sicherheitserwägungen zusammen. Die ***nördliche Flanke*** der Karawanenstraße wurde zwar durch die ⇗ Große Mauer geschützt, aber dennoch kam es häufig zu Übergriffen von Nomadenvölkern, die die Strecken blockierten und die Benutzung der längeren südlichen Strecke erzwangen. Von Zhangye aus zogen die Karawanen nun in Richtung Dunhuang, dem traditionellen Tor zum Westen.

Von Dunhuang nach Kashgar

Während der Han-Zeit gab es hauptsächlich zwei Wege nach Kashgar. Man konnte die Taklamakan auf der südlichen Route am Jadetor vorbei über Loulan, Miran, Niya (Minfeng), Yutian, Hotan und Yarkand umgehen, oder die Karawanenführer entschieden sich für die nördliche Umgehung durch die Orte Loulan, Korla, Kuqa und Aksu. Beide ***Umgehungen der Wüste Taklamakan*** trafen in Kashgar wieder aufeinander. Im vierten Jahrhundert ging Loulan das Wasser aus, und die Stadt wurde aufgegeben. Auch andere Oasen der Südroute litten unter Wassermangel, so dass die südliche Umgehung eine reine Ausweichstrecke wurde, wenn die Hunnen oder andere Nomadenvölker die nördlichen Wege mal wieder blockierten.

Über Hami nach Kashgar, Taschkent und Merw

Mit dem Beginn der Tang-Dynastie wurde schließlich noch eine weitere Möglichkeit für die Reise nach Westen interessant. Statt über das untergegangene Loulan zogen die Karawanen nun entweder über Hami und Turfan ins ferne Kashgar oder noch weiter über Hami - Mori - Jimsar und Yining nach Taschkent, Samarkand und schließlich Merw (dem heutigen Mang in Turkmenistan). Wählten die Karawanenführer den Weg über Kashgar nach Westen, mussten sie zunächst über das Pamirgebirge, dort trennten sich die Wege erneut. Die populärste Route führte durch das ⇗ Ferghana-Tal über Kokand und Samarkand, wo sie sich mit der in der Tang-Zeit neu erschlossenen Nordroute vereinigte, während der andere Weg nach Baktrien in die Stadt Bactra, dem afghanischen Balkh, und von dort weiter nach Merw führte. Bevor die Möglichkeit einer Durchquerung des Karakorum am Indus entlang in Richtung Indien bekannt war, folgten gerade viele chinesische Pilger der Strecke nach Bactra, um von dort nach ⇗ Gandhara abzubiegen.

Kashgar war jedoch nicht nur die Drehscheibe für die Weiterreise nach Westen. Hier hatten auch die Reisen in den Süden oder nach Südwesten durch die unwegsamen Gebirge des Pamir, Hindukush und Karakorum ihren Ausgang. Für den Buddhismus bedeutsam wurde in erster Linie z.B. die Strecke durch den Karakorum nach ⇗ Gandhara, die heute weniger beschwerlich über den Karakorum-Highway befahren werden kann.

Von Merw ans Mittelmeer

Von Merw aus führte die Karawanenstraße nun in ihrem dritten Abschnitt nach Damaskus, Alexandria und Antiochia.

Provinzen und Landschaften der Seidenstraße

Shaanxi

Shaanxi liegt am ***Mittellauf des Huanghe*** im Zentrum der nordchinesischen Lößhochebene. Der Norden der Provinz besteht aus einem Hochland, im Mittelteil liegt die Weihe-Ebene und im Süden das Qinling- und Daba-Bergland.

Lößplateau

Das Hochplateau umfasst den gesamten Norden und bildet den mittleren Teil des Lößplateaus Chinas. Außer dem felsigen und halbfelsigen Bergland ist der Großteil des Plateaus mit einer dicken Lößschicht bedeckt. Durch die lose Konsistenz des Bodens und wegen der Abholzung der Wälder, ist hier der Pflanzenwuchs spärlich und der Boden stark erodiert. Infolge der langjährigen Erosion durch Regen- und Flusswasser ist die ***formenreiche Lößlandschaft*** entstanden. Die Lößerde besteht aus feinen Sandkörnchen, ist reich an Nitrogen, Phosphor und Kalium und daher für den Ackerbau geeignet.

Weihe-Ebene

Die Weihe-Ebene oder auch Guanzhong-Becken wird vom Weihe und seinen Nebenflüssen Jinghe und Beiluo durchzogen. Die Ebene misst von Westen nach Osten 300 km in der Länge und 30-80 km in der Breite. Durch den guten Ackerboden, der sich aus den Löß- und Flussablagerungen zusammensetzt, ist sie seit Jahrtausenden ein bedeutendes ***Agrargebiet.***

Qinling- und Daba-Bergland

Das Bergland von Süd-Shaanxi umfasst das Qinling- und das Daba-Gebirge sowie das Hanshui-Talgebiet zwischen ihnen, weswegen es auch das Qinba-Gebirgsland genannt wird. Das über 2.000 m hohe Qinling-Gebirge bildet die Hauptwasserscheide zwischen den Flussgebieten des Changjiang und des Huanghe und ist damit die wichtigste geographische ***Trennungslinie zwischen dem Norden und dem Süden Chinas.*** Der Hauptgipfel Taibai ist 3.767 m hoch, und das Huashan-Gebirge am östlichen Rand ist eines der „Fünf Heiligen Gebirge" Chinas. Das Daba-Gebirge verläuft an den Randgebieten der Provinzen Shaanxi

Der Ochsenpflug ist in vielen Gegenden die einzige Arbeitserleichterung der Bauern beim Pflügen

und Sichuan und stellt die Trennungslinie zwischen dem Hanzhong- und dem Sichuan-Becken dar. Im Hanshui-Talgebiet liegen die Schluchten und Becken. Das bekannte Hanzhong-Becken ist ein wichtiges Landwirtschaftsgebiet.

Flussnetz

Das Einzugsgebiet des ***Huanghe*** bedeckt etwa zwei Drittel Shaanxi's. Er bildet bei seinem Lauf zahlreiche Schluchten. Seine Nebenflüsse Wuding, Yanhe, Luohe, Jinghe und Weihe durchziehen das Lößplateau und bringen Unmengen von Schlamm und Sand in den Huanghe hinein.

Der ***Weihe*** ist mit 787 km Länge der größte Nebenfluss des Huanghe. Er entspringt in Südgansu und mündet nördlich von Tongguan.

Der ***Hanshui,*** der längste Nebenfluss des Changjiang, entspringt im Südwesten Shaanxis, durchfließt das Qingba-Gebirgsland, strömt ostwärts nach Hubei, wo er in den Changjiang mündet.

Gansu

Gansu liegt am Oberlauf des Gelben Flusses in Nordwestchina. Die Provinz weist eine schmale und längliche Form auf. Sie erstreckt sich dort, wo das Lößplateau der Inneren Mongolei und das Qinghai-Tibet-Plateau aneinanderstoßen und bildet so den langen Hexi-Korridor, den wichtigsten Durchlass nach Westen. Gansu liegt zwischen 1.000 und 3.000 m über dem Meeresspiegel.

Flüsse und Gebirge

Den Ostteil der Provinz, ein gewelltes Plateau, durchfließt der Huanghe und dessen Nebenflüsse Weihe und Taohe, wodurch diese Gegend reich an Wasserkraftreserven ist. Das Liupan-Gebirge trennt die Mittel- und Ostgansu-Lößebene. Die Ostgansu-Lößebene, mit Höhen von 1.200-1.800 m, weist eine dicke Lößschicht und die durch Erosion entstandene charakteristische Formenvielfalt auf. Die Mittelgansu-Lößebene liegt ebenfalls auf 1.200-1.800 Höhenmetern, aber die Lößschicht erreicht hier nur eine Stärke von 40 m. Südlich des Qinling-Gebirges befindet sich das Einzugsgebiet des Bailong-Flusses. Es weist dank des feuchtwarmen Klimas eine üppige Vegetation auf. Das Qilian-Gebirgsland befindet sich an der Grenze zwischen Gansu und Qinghai. Es hat allgemein eine Höhe von mehr als 4.000 m.

Im Nordwesten Gansus liegt das Beishan-Bergland mit einer Höhe von 1500-2500 m. Es bildet die Südwestgrenze zur innermongolischen Hochebene.

Hexi-Korridor

Zwischen dem Qilian-, Longshou- und Heli-Gebirge liegt der Hexi-Korridor, den der Heihe- und der Shule-Fluss durchfließen. Der

Hexi-Korridor besteht wegen seines trockenen Klimas vorwiegend aus Halbwüsten und Wüsten. Aber durch Ansammlung von Schmelzwasser aus dem Qilian-Gebirge gibt es hier eine ganze Reihe von Qasen. Landwirtschaft und Viehzucht sind dort gut entwickelt. Der Hexi-Korridor ist seit je eine natürliche Verkehrsader von Mittelchina nach Xinjiang und Mittelasien.

Qinghai

Die Provinz Qinghai, benannt nach dem Qinghai-See, befindet sich im Südteil von Nordwestchina, im Nordosten des Qinghai-Tibet-Plateaus, am Oberlauf der beiden Flüsse Changjiang und Huanghe.

Topographie

Die Grenze zu Xinjiang und Gansu im Norden- und Nordwesten Qinghais bilden die ***Bergketten des Qilian und Altun.*** Der Westteil des Qilian besteht aus parallel zueinander laufenden Gebirgsketten und Flusstälern. In ca. 4.000 m Höhe wird noch Weidewirtschaft betrieben, während in den Tälern und Hügeln um 3.000 m Anbauflächen liegen. Das Altun-Gebirge ist die Grenze zwischen dem schon in Xinjiang gelegenen Tarim- und dem Qaidam-Beken. Das ***Qaidam-Becken*** mit einer Fläche von ca. 200.000 qkm wird im Norden von den Gebirgszügen des Altun und Qilian und im Süden vom ⇗***Kunlun-Gebirge*** eingeschlossen. Es fällt von Nordwesten (ca. 3.100 m) nach Südosten (2.600 m) ab. Hier liegen viele Salzseen und Sumpfgebiete.

Das Becken des ***Qinghai-Sees*** ist eine weite Ebene, bestehend aus Seeablagerungen, und bietet gute Voraussetzungen für Landwirtschaft und Viehzucht. Die Täler der Flüsse Huanghe und Huangshui im Osten sind mit etwa 2.000 m Höhe die niedrigste Region der Provinz und das wichtigste Ackerbaugebiet. Das ***südliche Hochland*** nimmt mehr als 50 % der Fläche der ganzen Provinz ein. Es schließt die Kunlun-Bergkette mit ihren Ausläufern, den Gebirgen Hoh Xil, Bayan Har und A'nyemaqen, mit ein und liegt über 4.500 m über dem Meeresspiegel. Die Flüsse Changjiang (Yangzi), Huanghe (Gelber Fluss) und Lancang (Mekong) haben hier ihre Quellen.

Flüsse und Seen

In der Provinz fließen Dutzende von ***Flüssen.*** Die wichtigsten ins Meer mündenden Flüsse sind der Huanghe, Tongtian (Oberlauf des Changjiang), Za Qu (Oberlauf des Lancang/Mekong), Huangshui und Datong. Die Gegend besitzt reiche Wasserreserven. Hier liegt auch der Qinghai-Salzsee, Chinas größter Binnensee. Der Gyaring- und der Ngoring-See sind die zwei größten ***Süßwasserseen*** der Provinz.

Autonomes Gebiet Xinjiang

Die Provinz Xinjiang liegt an der nordwestlichen Grenze Chinas, im Inneren Zentralasiens, nimmt ein Sechstel der Gesamtfläche Chinas ein und ist somit flächenmäßig größer als alle anderen Provinzen.

Topographie

Xinjiang besteht hauptsächlich aus zwei Becken, die zwischen drei Bergketten eingebettet liegen. Das ***Tianshan-Gebirgsland*** ist im Durchschnitt 3.000-5.000 m hoch. Es besteht aus mehreren, parallel in westöstlicher Richtung verlaufenden Bergketten, die den mittleren Teil der Provinz durchziehen und Xinjiang in das Junggar- (Dsungar-) und Tarim-Becken teilen. Das ***Junggar-Becken,*** zwischen Tianshan und dem Altay gelegen, besteht in seinem Inneren aus der Gurbantünggüt-Sandwüste. Das ***Tarim-Becken,*** das südlich des Tianshan liegt, nimmt mehr als die Hälfte der Bodenfläche Xinjiangs ein. In der Mitte des Beckens dehnt sich die Sandwüste Taklamakan aus. Sandwüsten machen etwa 22 % der Gesamtfläche Xinjiangs aus. Die Gegend um das Hami- und Turfan-Becken wird als Ost-Xinjiang bezeichnet.

Berge

Das ***Altay-Gebirge*** liegt im Nord- und Nordosten Xinjiangs. Im Süden befindet sich das ***Karakorum-, Kunlun-*** und ***Altun-Gebirge*** sowie das ***Pamir-Plateau.*** Der höchste Gipfel Xinjiangs ist mit 8.611 m der Qogir (K 2) an der Grenze zwischen China und Pakistan. Der tiefste Punkt ist der Aydingkol-See im Turfan-Becken, dessen Wasserspiegel 154,43 m unter dem Meeresspiegel liegt.

Flüsse

Unter den mehr als 20 Flüssen in Xinjiang sind der ***Tarim, Ili, Ertix*** und ***Manas*** die wichtigsten, und der Lop Nur ist Xinjiangs größter See.

Klima

Bejing

In Beijing (Peking) herrscht ein gemäßigtes kontinentales Monsunklima mit sehr heißen regnerischen Sommern, kalten und trockenen Wintern und mit kurzem Frühling und Herbst. Besonders schön sind der Frühling (Mitte April bis Anfang Mai), der meist trocken und windig ist, und der Herbst (Oktober), der sich meist mit strahlend blauem Himmel und nur vereinzelten Regenschauern präsentiert. Januarmittel: - 4,7 °C, Julimittel: 26,1 °C. Die 600-700 mm Jahresniederschlag fallen vor allem im Juli und August.

Henan

In der Provinz Henan mit ihrer Hauptstadt Zhengzhou herrscht ebenfalls ein gemäßigtes Monsunklima. Die Winter sind kalt und

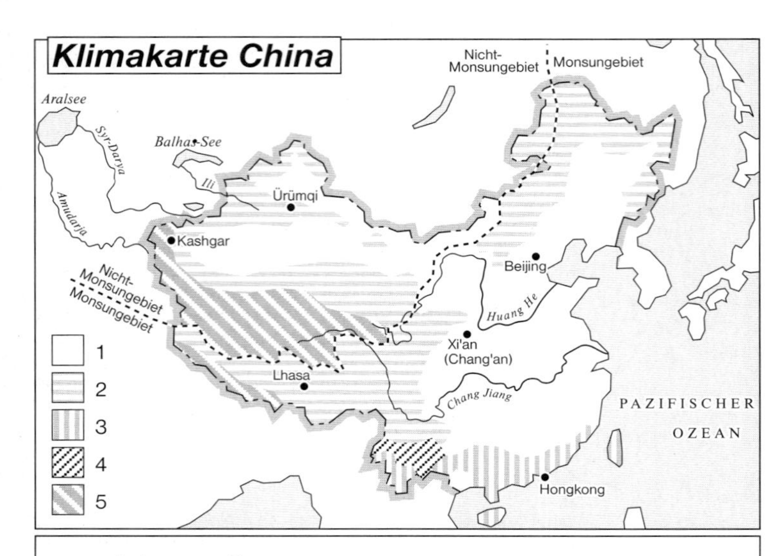

Jahreszeiten

1 Deutlich unterscheidbare Jahreszeiten, kalter Winter, heißer Sommer
2 Langer Winter, direkter Übergang vom Frühling zum Herbst
3 Langer Sommer, kein Winter
4 Ganzjährig Frühling
5 Ganzjährig Winter

trocken, Januartemperaturen - 3 bis + 3 °C, im Frühjahr ist es sehr windig, und der Sommer ist heiß und vor allem im Süden regenreich mit Julitemperaturen von 24-29 °C. Vereinzelt klettert das Thermometer aber auch schon mal auf 40 °C. 50 % aller Niederschläge fallen im Sommer, wobei es oft so stark regnet, dass es zu Flutkatastrophen kommt, die die Provinz regelmäßig heimsuchen.

Shanxi

Shanxi hat ein Kontinentalklima. Im Januar liegen die Temperaturen zwischen - 16 im Norden und - 2 °C im Süden und im Juli bei 19 bis 28 °C. Die niedrigsten Temperaturen wurden bislang am Wutai Shan gemessen, wo die Quecksilbersäule schon mal auf - 44 °C gefallen ist. Die jährliche Niederschlagsmenge liegt zwischen 350 mm im Nordwesten und 700 mm im Südosten, davon fallen 60 % im Sommer.

Shaanxi

Das Qinling-Gebirge bildet eine deutliche Klimascheide zwischen dem Norden und Süden der Provinz Shaanxi. Vorherrschend ist kontinentales Klima, das vom Monsun beeinflusst wird. Entsprechend schwanken die Temperaturen im Januar von - 14 °C im Norden bis 15 °C im Süden und im Juli zwischen 17 und 35 °C. Vor allem im Winter und Frühling herrscht oft Trockenheit mit Sandstürmen.

Gansu

Gansu hat ein gemäßigtes, vom Monsun beeinflusstes Klima. Januartemperaturen zwischen - 14 und + 3 °C, Julitemperaturen zwischen 11 und 27 °C. Im Nordwesten ist es sehr trocken, im Südosten fallen rund 860 mm Niederschlag jährlich, wobei es auch hier vor allem im Sommer regnet.

Qinghai

Kontinentales Klima mit kalten Wintern und kurzen Sommern herrscht in Qinghai. Januarmittel zwischen - 18 und + 7 °C. Julimittel 5-21 °C. Frostfrei sind nur 30-40 Tage im Jahr. Die Niederschlagsmenge ist sehr gering, während die Sonneneinstrahlung sehr stark ist.

Xinjiang

In Xinjiang, der letzten Provinz Chinas auf dem langen Weg nach Westen, herrscht kontinentales Klima mit großen jahreszeitlich bedingten Temperaturschwankungen und geringen Niederschlä-

Durchschnittstemperaturen und Anzahl der Regentage in ausgewählten Orten:

Ort	Jan	Feb	März	Apr	Mai	Jun	Jul	Aug	Sep	Okt	Nov	Dez
Beijing	-4,7	-2,3	4,4	13,2	20,2	24,2	26	24,6	19,5	12,5	4	-2,8
	2,1	3,1	4,5	5,1	6,4	9,7	14,5	14,1	6,9	5	3,6	1,6
Zhengzhou	-0,3	2,1	7,7	14,8	21,1	26,3	27,5	25,9	21	15,1	7,8	1,6
	3,1	4,4	6,3	7,4	7,5	7,3	12,3	10,8	8,8	6,9	6,1	3,1
Datong	-11,8	-7,9	-0,1	8,2	15,4	19,8	21,8	20,1	14,3	7,4	-1,7	-9,1
	2,5	2,8	4,3	5,6	7,2	11,6	15,4	12,7	8,9	5,7	2,6	1,8
Xi'an	-1,3	2,1	8	14	19,2	25,3	26,7	25,4	19,4	13,6	6,5	0,6
	4,4	5,7	6,9	9	9,4	8,2	11,3	9,7	13,1	10,4	7,8	4,3
Lanzhou	-7,3	-2,5	5,3	11,7	16,7	20,5	22,4	21,0	15,9	9,4	1,6	-5,7
	1,8	2,3	3,8	6,6	8,9	9,1	11,4	11,6	10,8	6,7	2,5	1,8
Ürümqi	-10,6	-9,8	-3,8	2,7	8,4	12,9	14,7	13,5	8,6	1,9	-5,5	-8,7
	5,8	5,6	10,6	11,4	13,1	16,2	18,9	13,9	9,2	6,8	7,4	6,5
Xining	-7,7	-4,4	1,6	7,5	12,7	14,8	17	16,2	12,3	6,7	-1,1	-6
	1	1,6	1,8	5,8	9,8	10,3	10,6	12,7	9	6	1,9	2,3

gen. Durchschnittstemperaturen im Januar zwischen - 20 und - 15 °C im Norden, - 10 und + 5 °C im Süden der Provinz. Im Sommer können die Temperaturen bis zu 50 °C (z.B. in Turfan) ansteigen.

Pflanzen- und Tierwelt

Wüsten

Taklamakan

Die Taklamakan ist die größte Sandwüste Zentralasiens. Aufgrund ihres Wassermangels ist sie fast völlig ***vegetationslos.*** Im Tarim-Becken gibt es jedoch auch eine reiche Auenlandschaft mit Pappeln, Ulmen, Sanddorn, Tamarisken und Ölweiden.

Viele ***Vögel*** sind für dieses Gebiet charakteristisch: Wüstenhäher, Saxaulhäher, Wüstensperling, Steinschmätzer, Kurzzehen- und Wüstenlerche. Auch Flughühner, Triel, Trappe und Wüstenläufer sind hier beheimatet. Am Himmel kreisen Adlerbussard, Steppenadler und Steinadler.

In der schmalen ***Wüstenrandzone*** aus Kies, Lehm und teilweise Löß gedeihen Schilfdickichte und Gräser, besonders *Stipasplendens.* Typisch sind die Salzsträucher oder -bäume. Es gibt zwei Arten dieser Wüstenpflanze: den weißen *Saxaul Haloxylon persilum,* einen bis zu 6 m hohen Baum mit weißem Holz und heller Rinde und den schwarzen *Saxaul Holoxylon aphullum* mit dunkler, korriger Rinde und schwarzem Holz, der Salzböden bevorzugt. Dieses Holzgewächs ist scheinbar blattlos. Die Aufgabe der fehlenden Blätter wird von den verdickten Zweigen übernommen, die bei kleiner Oberfläche nur einen relativ geringen Wasserverbrauch haben. Die Cistanche aus der Familie der Sommerwurzgewächse gedeiht gerne in Gesellschaft des Saxauls. Sie speichert große Mengen Wasser und ist deswegen bei vielen Wüstennagern beliebt. Das Wasser entzieht die Cistanche den Wurzeln des Saxauls, auf denen sie schmarotzt.

Gobi

In der Wüste Gobi bedeckt nur eine ***spärliche Vegetation*** den Boden aus grobkörnigem rotem Sand. Hauptsächlich handelt es sich um eine Steppe mit Gräsern wie *Elymus sabulosus* und Stipa-Arten. Stellenweise wächst hier ebenfalls der strauchige Saxaul. Bäume gibt es fast überhaupt nicht, außer einigen Ulmen an den wenigen wasserführenden Standorten.

Huftiere wie Halbesel, Saigaantilopen, Kropfgazellen, Wildschafe, wilde Kamele und Pferde lebten früher in großen Herden in diesem Gebiet. Heute gibt es, wenn überhaupt, nur noch kleine Bestände. Sie wurden teilweise abgeschossen, teilweise machten ihnen die Menschen den Lebensraum und das Wasser streitig.

Kamelherde in der Taklamakan

Raubtiere wie Wolf, Schakale, Wüstenluchs, Streifenhyäne und Korsakfuchs teilen sich die Beute der Wüste. Neben dem großen Wüstenwaran sind noch der kleine Wüstengecko, der bärtige Krötenkopf, die Steppennatter und die sehr giftige Sandboa anzutreffen.

Bergländer

Tianshan

An der Nordseite des Tianshan gibt es ***Gebirgswälder,*** die hauptsächlich aus der Tianshan-Fichte bestehen. Die Südseite ist waldlos. Verschiedene ***Hirscharten*** wie der Altai-Wapiti oder der Altai-Maral, Steinböcke, Wildschafe und Wildschweine sowie der Wundergecko bevölkern diesen Gebirgszug.

Kunlun

In den Niederungen des Kunlunshan haben sich aus den Schmelzwassern und Flüssen des Transhimalaya ***Sümpfe und Seen*** gebildet, in denen zahlreiche Sauergräser der *Carex-Arten* vorkommen.

Qinghai

Das Qinghai-Tibet-Plateau weist Hochgebirgswüstenböden und Gebirgssteppenböden auf. Der größte Teil liegt ***oberhalb der Baumgrenze.*** Die Vegetation ist spärlich und besteht neben Hochsteppengräsern wie *Agropyrum-, Festuca-* und *Elymus-Arten* vielfach aus Moosen, Flechten und kleinen Sträuchern von *Mycrica elegans* sowie Büschen der *Caragana pygmaea.* Auf den Hochsteppen weiden wilde und gezähmte Yaks, Halbesel, Schafe und Antilopen. Neben den ***Huftieren*** gibt es auch ***Raubtiere*** wie Bären, Füchse, Wölfe und Schakale.

Gansu und Shaanxi

In ***Gansu*** bevölkern Blutfasane und der Blaue Ohrfasan die Gebirgszüge in den Bergwäldern.

Die Gebirgsketten ***Shaanxis*** sind mit Wäldern bedeckt. Die niedrigeren Teile sind mit immergrünen Nadelhölzern und die höheren Lagen mit Nadelwäldern aus Kiefern, Tannen und Fichten bewachsen.

Umweltpolitische Anstrengungen

Wem fallen sie nicht auf, die schwarzverhangenen, in Smog gehüllten chinesischen Städte mit ihren zahllosen rauchenden Schloten, Flüsse und Kanäle, deren Schwarz mit dem des Rohöls konkurriert, oder die Landvernichtung, die zur Zeit in den landwirtschaftsintensiven Regionen Ostchinas wertvollstes Ackerland dezimiert. Erschreckend ist dabei, dass ein umweltbewusstes Denken offenbar noch nicht einmal in Ansätzen existent ist. Bei einer Bevölkerung, die sich im Rausch des Aufschwungs befindet, ist das vielleicht verständlich, aber eine offenbar auf beiden Augen blinde politische Führung, die so lange keinen Handlungsbedarf sah und in weiten Kreisen auch nicht sehen will, erweckt, was die Zukunft angeht, nicht gerade viel Vertrauen.

Probleme

Alarmierende Nachrichten über ökologische Schäden führten 1993 zumindest einmal zu einer Bestandsaufnahme der schlimmsten Umweltsünden. Dabei kristallisierten sich vier besonders gravierende Probleme heraus. So an erster Stelle die schon erwähnte ***Luftverschmutzung,*** die durch Kohleverbrennung und Industrie-Emissionen hervorgerufen wird. Sie überschreitet in vielen Städten die international üblichen Grenzwerte z.T. ganz erheblich und ist wohl auch Ursache für den rasanten Anstieg der Lungenkrankheiten. Chinas saurer Regen prasselt seit der erfolgreichen Öffnungs- und Wirtschaftspolitik ungehindert ganz besonders heftig auf Japan, das sich davor wohl kaum schützen kann.

Weniger sichtbar, aber deswegen nicht weniger dramatisch ist besonders in den nord- und nordwestchinesischen Regionen die ***Abnahme der Grundwasservorräte.*** So fand das Ministerium für Wasserwirtschaft heraus, dass über 80 % der Grundwasservorkommen durch übermäßige Ausbeutung gefährdet sind. Im gesamten Norden des Landes kommt es schon jetzt zu akuten Engpässen bei der Wasserversorgung. Auch die Hauptstadt Beijing ist betroffen, in der die Bevölkerung oft nur nachts ihren Wasserbedarf decken kann.

Um nichts geringeres als die Nahrungsmittelversorgung Chinas dreht sich das Problem Nummer drei, die ***Abnahme von Ackerflächen*** durch Umwidmung in Bau- und insbesondere Industrieland, Überdüngung der Böden und durch Bodenerosion.

Als viertes vordringlich zu lösendes Problem entpuppte sich die rasche ***Abholzung der Wälder.*** Geht der Raubbau im selben Maße wie bisher weiter, gibt es in einigen Jahren, so schätzt man, in China keine forstwirtschaftlich nutzbaren Wälder mehr. Stürmisches Wirtschaftswachstum, und eine Ende ist da noch lange nicht in Sicht, sowie unzureichend gebremstes Bevölkerungswachstum, das dem Land bis zum Ende des Jahrtausends weitere 125 Millionen Bewohner bescheren wird, werden den Bedarf an Bauland, Nahrungsmitteln, Energie und Rohstoffen noch ein weiteres Mal dramatisch in die Höhe treiben. In Kombination mit einer kurzatmigen politischen Steuerung sitzt China damit auf einem Pulverfass.

Lösungsversuche

Doch genug der Schwarzmalerei. Als Reaktion auf die Beschlüsse der internationalen Umweltkonferenz in Rio de Jainero 1992 hat die staatliche Umweltschutzbehörde in Zusammenarbeit mit der Staatsratskommission für Wissenschaft und Technik die ***Agenda 21*** herausgegeben, die die umweltpolitische Entwicklungsstrategie für das 21. Jh. umreißt. Hauptziel ist die Verbindung von Wirtschaftswachstum mit dem Umweltschutz. Zur Verwirklichung wurden zunächst zehn ländliche Gebiete ausgewählt, in denen Pilotprojekte für landwirtschaftliche Entwicklung durchgeführt werden. Für Umweltmaßnahmen stellt die Regierung 200 Milliarden Yuan RMB zur Verfügung.

Analog wird an einer Verschärfung der ***Umweltschutzbestimmungen*** und deren Durchsetzung gearbeitet. Oftmals handelt es sich dabei sicher noch um den berüchtigten Tropfen auf den heißen Stein, vor allem in einem Land, das vom Aufbruchfieber gepackt ist, aber es ist ein Anfang, und mittlerweile wird das Problem durchaus ernstgenommen. Ungeachtet der verschärften Aufmerksamkeit, die der Umweltschutz heute genießt, gab es schon früher wichtige ökologische Projekte, die zwar vorrangig der Wirtschaftsentwicklung dienten, heute aber auch aus umweltpolitischen Erwägungen forciert werden. Zwei Probleme und ihre regionale Lösung in Nordwestchina sollen hier vorgestellt werden.

Das Projekt „Große Grüne Mauer"

In den Gebieten, durch die die Seidenstraße verläuft, gibt es in erster Linie das Problem der Verwüstung. Um den Erhalt der Oasen zu gewährleisten, liegt der Schwerpunkt der hiesigen Politik auf der Nutzlandgewinnung.

Naturräumliche Gliederung Xinjiangs

Um sie sinnvoll zu planen, musste erst einmal eine Bestandsaufnahme des vorhandenen Geländes gemacht werden. Das Ergebnis war eine Einteilung Xinjiangs in fünf naturräumliche

Zonen und deren wirtschaftliche Zuordnung. Da gibt es zum einen das ***Hoch- und Mittelgebirge des Tian Shan,*** das sich zwischen 2.000 und 2.500 m forstwirtschaftlich und in höheren Lagen als Sommerweide nutzen lässt. Als relativ uninteressant für eine Nutzung stellten sich die ***Bereiche zwischen 1.000 und 2.000 m*** und die schwach geneigten Pleistozän-Ebenen heraus, die zu trocken und vegetationslos bzw. zu geröllhaltig waren. Genauso uninteressant ist die reine ***Sandwüstenzone*** der Taklamakan. Viel blieb nicht mehr, und das war die aus S***chwemmflächen, Feinsand und Schluff aufgeschüttete Zone,*** auf die sich dann die Entwicklung konzentrierte.

Entwicklungsmaßnahmen

Das eine Problem war nun der ***Bau von Bewässerungskanälen,*** sogenannten ⇗Karez, ein System, mit dem China eine bald zweitausendjährige Erfahrung hat und das daher relativ einfach zu lösen war.

Viel schwieriger gestaltete sich die Aufgabe, den verheerenden Sandstürmen, die mit orkanartiger Geschwindigkeit die Oasen heimsuchen, Herr zu werden. Zur Grundlage des Lösungsansatzes wurde die Erfahrung mit dem „Fünf-Kanal-Forstgürtel" in Turfan, einem ***Aufforstungs- und Bewässerungsprojekt*** im Jahr 1964, das den Bestand der Oase sichern sollte, die oft von verheerenden Orkanen heimgesucht wird. Dazu wurden in den Wüstenboden Löcher gebuddelt, diese mit nährstoffreicher Erde gefüllt und mit Bäumen, meist widerstandsfähigen Pappeln, bepflanzt. Das Ergebnis waren ein 5 km langer Waldschutzgürtel und 133 ha zusätzliches Ackerland.

Das Großprojekt

Im Eifer des neuen Aufbruchs 1979 kam mal wieder der Hang chinesischer Staatsoberhäupter zu Großprojekten durch, der sich zuletzt beim unsinnigen gewaltigen Yangzi-Staudammprojekt zeigte. Eine Große Grüne Mauer musste her, und nach dem Vorbild von Turfan sollte sich, so die Vision, ein ***7.000 km langer Baumgürtel von Nordwest- nach Nordostchina*** erstrecken. Durch insgesamt 11 Provinzen soll er sich eines Tages ziehen und, so das Ziel, am Ende 260 Millionen Hektar Land bedecken. Dieses gewaltige Begrünungsprojekt soll eine Verbesserung des Wasserhaushalts und ein Stillstand der Wanderdünenbewegung aus dem Norden bewirken. Ein weiterer Effekt wäre die Erhaltung von 6,6 Millionen Hektar Acker- und Weideland. Man darf sich allerdings kein einheitliches Gebilde im Stil der Großen Mauer vorstellen, sondern Schwerpunktgebiete, in denen Ackerland- und Weideland-Schutzwälder, Wälder zur Erhaltung von Wasser und Boden (vor allem in den Provinzen Gansu, Shaanxi und Shanxi) und Wälder für die Befestigung von Sand ihren sinnvollen Standort haben.

Schutz für die Oasen

Für Xinjiangs Oasen wurde ein dreistufiges Schutzsystem erarbeitet. Erste Stufe ist ein ***Schutzgürtel um die Oasen herum.*** Er soll zwischen 200 und 500 m breit sein und aus einem Gemisch aus Wüstenpflanzen bestehen. Sinn dieses Gürtels war es, die erste Wucht der Orkane abzufangen.

Dem äußeren Gürtel folgt ein ***Schutzstreifen aus Büschen und Bäumen,*** der die Aufgabe hat, den Wind weiter abzubremsen und den Sandgehalt des Windes zu reduzieren.

Der ***innere Ring*** schließlich sollte aus verschiedenen Arten höherer Bäume bestehen, die den Wind endgültig bremsen und ein geeignetes Mikroklima für die landwirtschaftliche Nutzung schaffen.

Wichtig dabei ist, dass die Bäume nicht zu dicht beieinander gepflanzt werden, sondern in auseinandergezogenen Linien parallel hintereinander gestaffelt sind. So soll verhindert werden, dass die Bäume zuviel Wasser ziehen. Wichtigster Strauch bei diesen Arbeiten ist die ***Mongolische Wicke,*** die einen Meter hoch wird und deren Wurzeln nach acht Jahren einen Verzweigungsumfang von vier Metern erreichen, womit sie besonders stabil verankert sind. Ihre dichte Behaarung ist nicht nur hitze- und trockenresistent, sondern auch idealer „Bremsklotz" für Wind und Sand. Nicht minder wichtig ist die ***Pappel,*** die sogar dann noch wächst, wenn sie fast ganz von Sand bedeckt wird.

Baum-Pflanz-Aktionen

Ob dieses gewaltige Projekt von Erfolg gekrönt sein wird, bleibt abzuwarten. Erste unbestreitbare Erfolge gibt es, und China ist sogar zum Entwicklungshelfer Nummer eins im Export von Wüstenbegrünungsmaßnahmen geworden. Letzte Idee der landesweiten Aufforstungskampagne war es, den März zum Monat des Baumes und das *Qingming-Fest* (5. April), ein Tag, an dem man die Gräber seiner Ahnen pflegt, zu einem ***Baumpflanztag*** zu machen. An diesem Tag pilgern Familien und Betriebe zu ausgewählten Gebieten und müssen dort einen Baum pflanzen. Da die meisten Menschen das anfangs eher als Jux betrachteten, gingen die meisten Bäume kurze Zeit später schon wieder ein. Seit 1993 nun wird kontrolliert, ob die Bäumchen ordnungsgemäß gepflanzt wurden, und wessen Baum eingeht, der muss nach einem Monat einen neuen pflanzen.

Das Salz der Wüste

Die Versalzung der Böden ist ein weiteres großes Problem bei der Nutzlandgewinnung in Xinjiang. Sind die Böden zu porös, sickert die Feuchtigkeit zu schnell ins Grundwasser, das damit überdurchschnittlich ansteigt. Wird das Wasser durch die natürliche Kapillarwirkung der Bodenstruktur auch noch an die Oberfläche gesaugt, verdunstet es besonders schnell. Die Folge ist, dass der Boden versalzt. Dieses Phänomen der ***sekundären Versalzung*** trifft man in Xinjiang recht häufig an. Lag der Grundwasserspiegel früher bei 5-8 m, ist er in den bewässerten Oasen oft auf 1-2 m Tiefe gestiegen, was die Versalzung rapide beschleunigt. Die Hauptanstrengung der Umweltpolitik liegt hierbei auf dem Versuch, das Grundwasser wenigstens auf diesem Pegel stabil zu halten.

Frühere Lösungsversuche

Das Problem der sekundären Versalzung war schon früh in den sechziger Jahren aufgetreten. Überall, wo man gut bebaubares Neuland geschaffen hatte, erschienen, wie durch magische Kraft, schon nach kurzer Zeit die ersten Salzblüten auf der Oberfläche. Schon wenige Tage später war das Neuland unbrauchbar geworden und alle mühevolle Arbeit für die Katz. Man kam schnell auf die Idee, dass das Grundwasser durch die Kapillarwirkung an die Oberfläche gesaugt wurde, verdunstete und nach kürzester Zeit die Oberfläche versalzte. Die Lösung des Problems schien einfach. Die obere versalzte Schicht wurde abgetragen, die gesunde Krume beiseite getragen und ***eine Schicht Stroh*** über die salzführenden Schichten gelegt. Anschließend wurde das gesunde Erdreich wieder darüber verteilt. Der Erfolg war durchschlagend, es wurde kein Salz mehr hochgezogen, nur leider gingen die Pflanzen ein, weil sie die Fermentierungsstoffe des im Boden lagernden Strohs nicht vetrugen.

Ein Scheinerfolg war auch der ***Anbau von Nassreis.*** Durch den häufigen Austausch von Wasser versalzte zwar der Boden eine Weile lang nicht, aber der Grundwasserspiegel stieg um so schneller und führte schließlich doch zur Versalzung.

Senkung des Grundwasserspiegels

Die vielen Misserfolge führten am Ende zu der Erkenntnis, dass einzig die Senkung des Grundwasserspiegels und sein Erhalt auf einem bestimmten Niveau (etwa 3-4 m) erfolgreich sind. Um ein Hochwandern des Grundwassers zu verhindern, mussten Drainagerohre gelegt werden, über die das Wasser wieder tiefergeleitet wurde. In den achtziger Jahren begann man mit ***Großprojekten am Huang He,*** in dessen Einzugsbereich das Problem der Versalzung großer Gebiete ebenfalls akut ist. Mehrere tausend Kilometer Abzugskanäle, Pumpstationen und Brunnen werden hier angelegt, um den ansonsten fruchtbaren Boden wieder urbar zu machen.

Staat und Gesellschaft

Staatssymbole

Staatsflagge

Aussehen

Die chinesische Flagge zeigt auf rotem Untergrund in der linken oberen Ecke vier kleinere gelbe Sterne, die sich im Halbrund um einen großen Stern gruppieren. Jeweils eine Zacke der kleinen Sterne ist auf den Mittelpunkt des großen Sterns ausgerichtet.

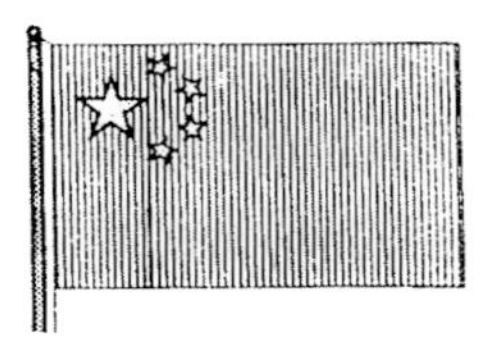

Bedeutung

Der große Stern steht für die KPCh (Kommunistische Partei Chinas), die kleinen Sterne stehen für die vier Klassen des chinesischen Volkes zum Zeitpunkt der Gründung der VR China, nämlich Arbeiter, Bauern, städtisches Kleinbürgertum und nationale Bourgeosie. Zusammen symbolisieren sie die ***Einheit des chinesischen Volkes und der Führung der KPCh.*** Die von den fünf Sternen geformte Ellipse symbolisiert das chinesische Territorium und bringt die geographischen Eigenheiten des Landes zum Ausdruck. Auch die Anordnung der Sterne in der oberen linken Ecke ist nicht zufällig: Sie soll den Eindruck erwecken, als ob hell leuchtende Sterne auf die Erde herabstrahlen. Der ⇗ rote Untergrund symbolisiert die Revolution, das Gelb der Sterne das vom roten Boden ausstrahlende Licht, aber auch die Zugehörigkeit der Chinesen zur gelben „Rasse“.

Geschichte

Der Entwurf der Flagge wurde über eine öffentliche Ausschreibung im Juli 1949 in Auftrag gegeben. Über 3012 Entwürfe wurden eingesandt, von denen 38 in die engere Wahl kamen. Am 27. September fiel die Entscheidung zugunsten des Flaggenentwurfs eines Shanghaier Ökonomen namens *Zeng Liansong*. Nun blieben noch drei Tage, in denen riesige Mengen dieser neuen Fahne produziert werden mussten. Am ***1. Oktober 1949*** schließlich wurde die Flagge erstmals vor dem Tiananmen-Platz gehisst.

Staatswappen

Aussehen

Das Staatswappen zeigt das Tor des Himmlischen Friedens, über dem sich die fünf Sterne der Staatsflagge befinden. Unter dem

Tiananmen befindet sich ein Zahnrad, von dem aus sich Weizenähren um Tiananmen und Sterne legen.

Bedeutung

Zahnrad und Ähren stehen für die Arbeiter und Bauern, die fünf Sterne für die Einheit des gesamten Volkes und der KPCh, und das Tor des Himmlischen Friedens steht für den 4. Mai 1919 (die ⇗Vierte-Mai-Bewegung nahm hier ihren Anfang), der für die Marxisten den eigentlichen Beginn der chinesischen Revolution markiert. Das Tor symbolisiert damit den nationalen Geist Chinas. Die Farben ⇗ Rot und Gold bedeuten Glück und Gedeihen.

Geschichte

Ähnlich wie für die Staatsflagge wurde auch für das Wappen ein Wettbewerb ausgeschrieben. Unter den 1000 Einsendungen fand sich aber kein passender Entwurf, und so wurden an der Qinghua-Universität und an der Zentralen Hochschule für Bildende Künste Kommissionen gebildet, die einen Wappenentwurf erarbeiten sollten. Am ***23. Juni 1950*** entschied man sich schließlich für den Vorschlag von *Gao Zhuang,* einem Professor an der Qinghua-Universität. Seitdem muss das Wappen jeweils in der Mitte über dem Haupteingang aller zentralen und lokalen Organe der Staatsmacht hängen.

Nationalhymne

„Steht auf! Nicht länger Sklaven mehr!
Die Große Mauer neu erbaut
Aus unsrem Fleisch und Blut.
In größter Bedrängnis Chinas Volk.
Der Unterdrückten letzter Schrei ertönt:
Steht auf! Erhebt Euch!
Den feindlichen Kanonen zum Trotz: Vorwärts!
Vorwärts! Voran!"

Geschichte

Am 27. September 1949 wurde das Lied „Marsch der Freiwilligen" zur Nationalhymne erkoren. Es war 1935 als Titelmelodie zu dem Film *Kinder der Unruhen* komponiert worden. Die Handlung des Films spielt in den Kriegsjahren der dreißiger Jahre und handelt von Intellektuellen, die in den Kampf gegen Japan ziehen. Nach dem Anlaufen des Films wurde das Lied so populär, dass es zum Kampflied gegen die japanische Besetzung avancierte. Dabei hatte die ⇗ Guomindang vorher noch versucht, den Film zu stoppen, in dem sie den Dichter und Dramatiker *Tian Han,* der sich für das Konzept des geplanten Films und den Text des Titellieds verantwortlich zeigte, verhaftete. Seine Arbeit wurde aber von dem Dramatiker *Xia Yan,* der das Filmdrehbuch schrieb, und dem Komponisten *Nie Er,* der die Musik komponierte, fertiggestellt. Das Titellied wurde immerhin so bekannt, das auch der afroamerikanische Sänger *Paul Robeson* es in sein Repertoire und auf Schallplatte aufnahm.

Verschiedene Versionen

In den Jahren von 1966 bis 1976 (⇗Kulturrevolution) wurde der „Marsch der Freiwilligen" durch die Hymne „Der Osten ist rot" ersetzt, seit 1982 wird wieder die Urversion von 1949 gespielt.

„Der Osten ist rot, die Sonne steigt auf.
China hat hervorgebracht einen Mao Zedong.
Er plant Glück und Segen für das Volk -
Huhaijo! - Er ist des Volkes großer Rettungsstern!
Der Vorsitzende Mao liebt das Volk,
er ist unser Führer.
Für den Bau des neuen Mittelreichs -
Huhaijo! - lenkt er uns auf dem Marsch voran"
(Strophen 1 und 2 aus "Der Osten ist rot")

Geschichte Chinas im Überblick

Mythologie, Vorgeschichte

Die Drei Erhabenen

- ***Pan Gu:*** Erschafft in 18.000 Jahren die Welt, nachdem er das eiförmige Universum mit einem Beil in Himmel und Erde gespalten hatte.
- ***Fu Xi:*** Erster mythischer Kaiser. Erfinder von Jagd und Schrift. Seine Schwester ***Nü Wa*** erschafft die Menschen.
- ***Shen Nong:*** Der Nachfolger *Fu Xis* erfindet Ackerbau, Pflug und Märkte.

Die fünf Urkaiser

- ***Huang Di*** (Der ⇗Gelbe Kaiser): Angeblich 2674-2575 v. Chr. Nachfolger *Shen Nongs*. Nach einer anderen Version ist er der Nachfolger *Pan Gus*.
- ***Zhuan Xu*** (2490-2413 v. Chr.)
- ***Ku*** (2412-2343 v. Chr.)
- ***Yao*** (2333-2234 v. Chr.)
- ***Shun*** (2233-2184 v. Chr.)

Halblegendäre Epoche

- ***Xia-Dynastie*** (um 2205-1766 v. Chr.) Begründer ist der legendäre *Große Yü*, der die Nachfolge *Shuns* antritt. Begründung der Erbfolge und des dynastischen Elements in der chinesischen Geschichte.

Geschichtliche Epoche

Vorchristliche Zeit

- ***Yang-Shao-Kultur*** (5.-2. Jahrt.v. Chr.): Henan, Shanxi, Shaanxi, Gansu. Buntkeramik, Dörfer, Jäger, Viehzucht, Bauern, Handwerk.
- ***Long-Shan-Kultur*** (4.-2. Jahrt.v. Chr.): Henan, Shandong, Jiangsu, Anhui. Schwarze Keramik, Ackerbau, Viehzucht.
- ***Erlitou-Kultur*** (ab 2. Jahrt.v. Chr.) Frühe Bronzezeit und Beginn der ***Xia-Dynastie*** (2205-1766 v. Chr.)
- ***Shang (Yin)*** (ca. 1766-1122 v. Chr.): Bronzezeit. Frühe Hochkultur, Schrift, Streitwagen, umwallte Städte. Hauptstadt war Yin, daher auch Yin-Dynastie genannt.
- ***Zhou*** (ca. 1122-221 v. Chr.):
  - ***Westliche Zhou*** (1122-771 v. Chr.)
  - ***Östliche Zhou*** (770-221 v. Chr.) 249 v. Chr. Absetzung des letzten Königs der Zhou-Dynastie.

– *Frühlings- und Herbstperiode* (Chunqiu) (722-481 v. Chr.): *Laozi* (um 600 v. Chr.) und ↗ *Konfuzius* (551-479 v. Chr.)

– *Streitende Reiche* (Zhanguo Shidai) (481-221 v. Chr.): Blüte des Feudalismus. Philosophenschulen: *Mo Di* (479-381 v. Chr.) philosophiert über die allgemeine Menschenliebe; *Zhuangzi* (um 370-300 v. Chr.) berühmter daoistischer Philosoph; *Menzius* (Mengzi) (372-289 v. Chr.).

● ***Qin*** (221-206 v. Chr.): Der erste Kaiser von China, *Qin Shi Huangdi*, eint das chinesische Reich zum Einheitsstaat und ernennt sich zum Kaiser (*Huangdi*). Unter ihm wird die Schrift reformiert, werden die Maße vereinheitlicht u.v.m. Beginn des Baus eines Vorläufers der Großen Mauer.

Zeitenwende

● ***Han*** (206 v. Chr.-220 n. Chr.)

– *Westliche Han* (206 v. Chr.-8 n. Chr.): Kaiser *Wu* baut China zu einem Großreich aus. Aufblühen der konfuzianischen Schule.

– *Interregnum des Wang Meng* (9-23 n. Chr.): *Wang Meng* bildet die kurzlebige Dynastie Xin.

– *Östliche Han* (25-220 n. Chr.): Vordringen des Buddhismus. Aufstand der daoistischen Sekte der Gelben Turbane 184 n. Chr.

● ***Drei Reiche*** (220-280): *Cao Cao* (155-220), ein skrupelloser, machtgieriger Feldherr, trägt entscheidend zum Sturz der Han-Dynastie bei und begründet den Staat ***Wei*** (220-265) im Norden Chinas. Im Süden gründet *Liu Bei* (161-223) den Staat ***Shu*** (221-261), und im Südosten entsteht unter *Sun Quan* (182-252) der Staat ***Wu*** (222-280).

● ***Jin*** (265-420)

– *Westliche Jin* (265-316): Für kurze Zeit gelingt die zweite Einigung des Reiches nach der Qin-Dynastie.

– *Östliche Jin* (317-420): Nachdem der Volksstamm der Xiong Nu (Hunnen) im Norden die beiden Städte Chang'an und Luoyang erobert hatte, etablierte sich in Südchina die Östliche Jin-Dynastie.

● ***Sechzehn Reiche*** (304-439): In rascher Folge wechseln und entstehen in Nordchina Staaten der Xiong Nu (Hunnen), Tibeter, Tungusen u.a.

● ***Nord- und Süddynastien*** (420-589): Den Toba gelingt es mit der Dynastie ***Wei*** ab 386, einen stabilen Staat zu gründen und ab 439 den Norden zu beherrschen.

● ***Norddynastien:***

– *Nördliche Wei* (386-534): Aufblühen des Buddhismus als Staatsreligion. Ebenfalls Aufblühen des ↗ Daoismus. Reise des buddhistischen Mönchs *Faxian* nach Indien (399-414).

– *Östliche Wei* (534-550)

– *Westliche Wei* (535-557)

– *Nördliche Qi* (550-577)

– *Nördliche Zhou* (557-581)

● ***Südliche Dynastien***

– *Song* (420-479): Diese Dynastie löst die Östliche Jin ab.

– *Qi* (479-502)

– *Liang* (502-557): Die Verbreitung des Buddhismus macht nun auch im Süden große Fortschritte.

– *Chen* (557-589): Kaiser *Chen* war der einzige chinesische Kaiser, der seinen Nachnamen zum Dynastienamen erkor.

● ***Sui*** (581-618): 589 gelingt den Sui die dritte Reichseinigung. Der ↗ Kaiserkanal wird gebaut, und institutionelle Reformen, wie die staatlichen Beamtenprüfungen, werden durchgeführt.

● ***Tang*** (618-907): Blütezeit der Kunst, Dichtung, ↗ Kalligraphie und Malerei.

– *Zhou* (690-705): Nach dem Tod des Tang-Kaisers *Gao Zong* gründet seine Witwe, die Kaiserin *Wu*, die einzige Frauendynastie in der chinesischen Geschichte. Erst nach ihrem Tod konnte die Tang-Dynastie restauriert werden.

● ***Fünf Dynastien*** (*Wu Dai*) (907-960): Sie wechselten sich im Norden ab. Das Reich wurde zum dritten Mal geteilt.

- ***Spätere Liang*** (907-923)
- ***Spätere Tang*** (923-937)
- ***Spätere Jin*** (937-946)
- ***Spätere Han*** (947-950)
- ***Spätere Zhou*** (951-960)

● ***Zehn Königreiche*** (901-979): Während sich im Norden die Fünf Dynastien ablösten, drängten die einzelnen Königreiche im Süden zu Eigenständigkeit.

1. Jahrtausendwende

● ***Song*** (960-1279): 979 gelingt der Song-Dynastie mit der Einverleibung des Staates der Nördlichen Han die vierte Reichseinigung.

- ***Nördliche Song*** (960-1127)
- ***Südliche Song*** (1127-1279): Blüte des Neokonfuzianismus unter dem Philosophen *Zhu Xi* (1130-1200).

● ***Liao*** (937-1125): Fremddynastie der Kitan, deren erster Herrscher *Apaoki* sich 907 zum Kaiser ernannte und 937 die Dynastie *Liao* ausrief.

● ***Westliche Xia*** (*Xi Xia*) (1032-1227): Tangutische Herrschaft im Nordwesten. Die letzten Grotten von Dunhuang werden fertiggestellt. Förderung des Buddhismus.

● ***Jin*** (1115-1234): Der Dschurdschenfürst *Aguda* proklamiert sich zum Kaiser und unterwirft 1127 endgültig das Reich der Liao und Teile Zentralchinas. Die Song verlieren ihre Hauptstadt Kaifeng.

● ***Yuan*** (1271-1368): *Dschinghis Khan* gründet 1206-1227 das Imperium der Mongolen. 1271 erobert der Mongolenkaiser *Kublai Khan* schließlich das Reich der Südlichen Song und begründet die Yuan-Dynastie.

Neuzeit

● ***Ming*** (1368-1644): *Zhu Yuanzhang* (1328-1398) gründet die letzte nationale Dynastie. Blütezeit der Romanliteratur. Bau der Großen Mauer. Die Ming-Kaiser mit Tempelname (Regierungsdevise, Regierungszeit):

Tai Zu (*Hongwu*, 1368-1398)
Hui Zong (*Jianwen,* 1399-1402)
Tai Zong (*Yongle,* 1403-1424)
Ren Zong (*Hongxi,* 1425)
Xuanzong (*Xuande,* 1426-1435)
Yingzong (*Zhengtong,* 1436-1450)
Daizong (*Jingtai,* 1450-1457)
Yingzong (Tianshun, 1457-1465)
Xianzong (*Chenghua,* 1465-1487)
Xiaozong (*Hongzhi,* 1488-1505)
Wuzong (*Zhengde,* 1506-1521)
Shizong (*Jiajing,* 1522-1566)
Muzong (*Longqing,* 1567-1572)
Shenzong (*Wanli,* 1573-1620)
Guangzong (*Taichang,* 1620)
Xizong (*Tianqi,* 1621-1627)
Sizong (*Chongzhen,* 1627-1644)

● ***Qing*** (1644-1911): Erneute Fremddynastie unter den Mandschuren. Die Qing-Kaiser mit Tempelname (Regierungsdevise, Regierungszeit):

Shizu (*Shunzhi*, 1644-1661)
Shengzu (*Kangxi*, 1662-1722)

Die Macht des „Chinesischen“

Im Laufe seiner langen Geschichte wurden China oder einzelne Teile des Landes immer wieder von Fremdvölkern beherrscht, die in das Reich der Mitte einfielen.

Am erfolgreichsten waren die Mongolen, die dem Land die Yuan-Dynastie (1279-1368) aufzwangen, und die Mandschus, die die langlebige Qing-Dynastie (1644-1911) gründeten. In den Zeiten gesellschaftlichen Umbruchs und der Auflösung des Zentralstaates nutzten aber auch andere Völker die Gunst der Stunde und gründeten eigene Reiche auf chinesischem Territorium. So etwa Tibeter, Hunnen und Tungusen in der Zeit der Sechzehn Reiche (304-439), die Toba, die den Norden Chinas zwischen 386 und 550 im Namen der Wei-Dynastie beherrschten, die Kitan, die mit der Liao-Dynastie von 937-1125 den Nordosten unterwarfen, und nach ihnen noch die Tanguten (Xixia-Dynastie 1032-1227) im Westen Chinas und die Dschurdschen, die ebenfalls einen Großteil Chinas mit ihrer Jin-Dynastie (1115-1234) beherrschten.

Allen ist aber eines gemeinsam: Ihre Herrschaft brach nicht aufgrund von Kriegen zusammen, diese waren nur Begleiterscheinungen, die die sowieso schon maroden Dynastien zum Einsturz brachten, sondern weil sie in einem Maße „sinisiert“ worden waren, dass man die Fremdlinge von chinesischer Seite im Endstadium einer Dynastie schon gar nicht mehr als Fremde wahrnahm. Das Grundmuster dieser Sinisierung ähnelte sich bei fast allen Völkern, die sich zu den Herren Chinas aufschwangen. Ein Problem, das die Kontinuität der Fremdherrschaft auf tönerne Füße stellte, war, dass sie selten eine ethnische, sondern fast immer, wie die Toba oder Mongolen, nur eine politische Einheit bildeten. Das führte häufig zu der Situation, dass nach Erreichen des gemeinsam anvisierten politischen oder kriegerischen Ziels die Einheit auch meist schon ihr Ende fand.

Eine weitere Ursache für die Kurzlebigkeit war die Form der Eroberungen. Die Beutezüge der Nomadenvölker richteten sich fast immer gegen die reichen Kaufmannsgegenden, wo man große Reichtümer erbeuten konnte. Die unterjochten Chinesen wurden als Sklaven betrachtet und unter den Fürsten aufgeteilt. An den Höfen der Herrscher entwickelte sich meist ein prunkvolles Leben. Um allerdings die Bevölkerung und die neue Herrscherschicht zu ernähren, reichten die Ackerflächen der nördlichen Gebiete selten aus. Irgendwann einmal stellte sich also zwangsläufig das Problem, die Agrargebiete Ostchinas zu erobern, die aber dicht besiedelt waren und nicht über eine nomadische Taktik des Reiterüberfalls erobert werden konnten.

An dieser Stelle traten die chinesischen Beamten am Hof der neuen Herrscher auf den Plan. Hatten sie bislang nur einen geringen Einfluss, wurden sie nun für die Verwaltung der neu zu erobernden Gebiete ausersehen. Da sie meist selbst aus dem Osten stammten, lag es den Beamten am Herzen, diese Gebiete möglichst unbeschadet der neuen Macht einzuverleiben, was in der Regel auch klappte. Auch wurden deren Bewohner nicht versklavt, um die Produktionsstrukturen nicht zu zertören. Die Folge aber war eine schleichende Verschiebung der Machtverhältnisse. Auf einmal stand einer kleinen Zahl von Militärbeamten der fremden Dynastie ein großer Teil chinesischer Beamter gegenüber, die sich bereichern und die fremden Überwacher auf einmal von sich abhängig machen konnten, da diese die lokalen Strukturen meist nicht durchschauten. Es begann ein Teufelskreis für die fremden Herrscher. Ihr Reichtum fußte fast ausschließlich auf den Beutezügen gegen die reichen Städte Nordchinas, nun aber verzettelten sie sich in Kriegen auf dem Lande, die außer der Nahrungsmittelversorgung und hoher Kosten nichts weiter einbrachten. Wachsende Unzufriedenheit am Hof und die beginnende Verarmung eines Teils des ehemals führenden Adels der Fremden führte zu internen Putschversuchen und stets zur Ausrottung der Familie und Angehörigen der gescheiterten Putschisten, wodurch sich die Eindringlinge langsam, aber sicher von selbst dezimierten. Chinesen traf dieses Los zwar auch, aber da sie stets Großfamilien hatten, deren Mitglieder man bereits rechtzeitig mit Ämtern versorgt hatte, blieb immer jemand übrig. Während sich so die Zahl der einflussreichen Fremdlinge nach und nach reduzierte und andere verarmten, wuchsen Macht und Einfluss der Chinesen. Bis zu dem Punkt, an dem man die Fremddynastie zu stürzen suchte, war es meist nicht mehr weit, und wie die Geschichte zeigt, verlief die Rückeroberung auch stets erfolgreich.

Shizong (*Yongzheng*, 1723-1735)
Gaozong (*Qianlong*, 1736-1795)
Renzong (*Jiaqing*, 1796-1820)
Xuanzong (*Daoguang*, 1821-1850)
Wenzong (*Xianfeng*, 1851-1861)
Muzong (*Tongzhi*, 1862-1874)
Dezong (*Guangxu*, 1875-1908)
Xuantong (*Pu Yi*, 1909-1911)

- ***Republik*** (1912-1949): Nach seiner Niederlage im Bürgerkrieg gegen die Kommunisten flieht *Chiang Kai-shek* nach Taiwan, wo die Republik China bis heute fortbesteht.
- ***Volksrepublik*** (seit 1949)

Stationen der Geschichte an der Seidenstraße

Zentralasien

Ausdehnung

Zentralasien formt gewissermaßen das ***Herzstück der eurasischen Landmasse.*** Im Norden reicht dieses Steppen- und Wüstengebiet bis an die sibirischen Waldgebiete. Im Süden bilden von Ost nach West die fast unüberwindlichen Gebirgsketten des Nan Shan, Altun, ⇗Kunlun, Karakorum, Hindukush und Paropamis eine natürliche Grenze. Im Osten reichen die Gebiete Zentralasiens bis an die Mandschurei und im Westen bis an den Ural.

Zentralasien als Durchgangsland

In der Geschichte erfüllte diese riesige Landmasse zwei einander entgegengesetzte Funktionen. Dank seiner ungeheuren Ausdehnung, der überwiegenden Trockenheit und dem Fehlen natürlicher Verbindungswege trennte Zentralasien zum einen die Kulturen an seiner Peripherie voneinander, zum anderen aber wurde es trotzdem Durchzugsgebiet und Verbindungsweg zwischen den Kulturen.

Zentralasien bildete dank seiner geographischen Beschaffenheit ein ideales Terrain für erzwungene wie freiwillige ***Völkerwanderungen*** und war prädestiniert dafür, eine Achse für die großen Handelsstraßen zu bilden, unter denen die Seidenstraße die vielleicht bedeutendste war.

Wohl das wichtigste Gebiet, was ***Handel, Gütererzeugung und kulturelle Entwicklung*** anging, war die Region um den Amu-darja und den Syr-darja, zwei in den Aral-See mündende Flüsse, die bei den Griechen Oxus und Jaxartes hießen und zwischen denen die aus Kashgar kommenden Handelsrouten weiter nach Westen verliefen.

Geprägt wurde Zentralasien nicht nur durch blühenden Karawanenhandel, sondern auch durch zahllose ***Kriege.*** Als „Durchzugsland" war es so lange dem Ein- und Ausströmen der unterschiedlichen Völker ausgesetzt, dass es kulturelle und sprachliche Formen von größter Unterschiedlichkeit hervorbrachte. Einige der auf diese Weise entstandenen Völkergruppen, wie die Hunnen und Mongolen, sorgten für weltgeschichtliche Erdbeben.

Ein Charakteristikum all dieser unzähligen ***zentralasiatischen Reiter-Staaten*** war ihre Kurzlebigkeit. Bei den Reiternomaden herrschte nicht die Idee eines zentralen Einheitsstaats vor, wie er von China in seiner langen Geschichte stets von neuem angestrebt wurde, ihre Staatswesen waren vom Gedanken einer föderativen Reichsbildung geprägt, die die Grundlage ihrer Staatswesen bildete.

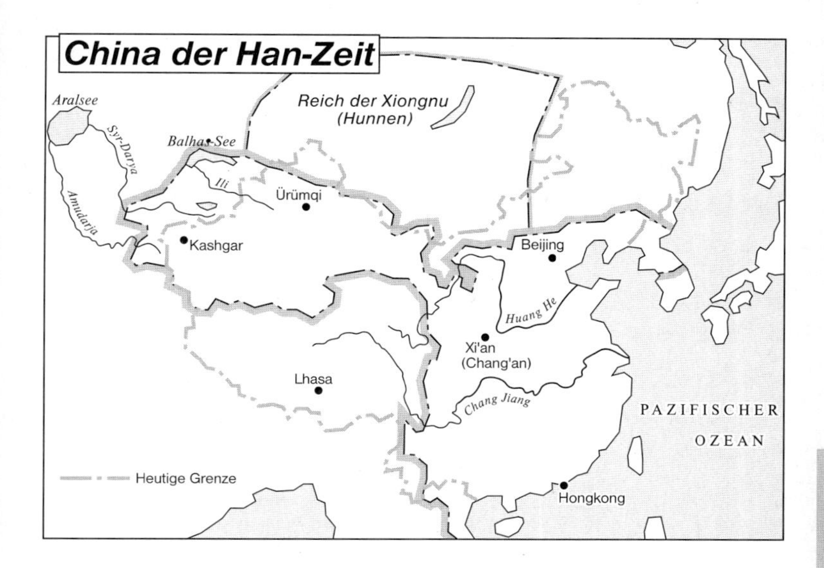

Ein drittes wesentliches Element in der zentralasiatischen Geschichte schließlich wurde die ***Verdrängung und Eingliederung der Nomaden*** durch sesshafte Bauernvölker, die in ihrem Hunger nach Land den Nomaden nach und nach ihre Lebensgrundlage nahmen.

Wanderungsrichtungen

Bewegte sich bis zur Zeitenwende der Völkerstrom vornehmlich von West nach Ost, sollte es sich von da an umgekehrt verhalten. Als China seit der Han-Zeit und später noch einmal in der Tang-Zeit seine großen Expansionsfeldzüge führte, begann ein gewaltiger Ost-West-Strom, der faktisch erst mit der Belagerung Wiens durch die Türken im Jahre 1683 beendet und mit der russischen Expansion nach Osten im 19. Jh. dann erneut umgedreht wurde.

Der folgende geschichtliche Überblick soll sich vornehmlich auf das Gebiet des früheren ⇗Ostturkestan und in etwa heutigen Xinjiang bis etwa zur Provinz Gansu beschränken und die Geschichte der Seidenstraße dabei nicht aus den Augen verlieren.

Die Han-Zeit: Kriegerische Expansion nach Westen und die Geburt der Seidenstraße

Die vorchristliche Geschichte Zentralasiens liegt weitgehend im Dunkeln, erhellt nur durch die vagen Berichte des *Herodot* (ca. 485-425 v. Chr.) und lange nach ihm des *Ptolemäus* (um 140 n. Chr.), die jedoch desto unwahrscheinlicher wurden, je weiter das beschriebene Geschehen im Osten liegt. *Herodots* Aufzeichnungen erwähnen immerhin schon die Issedonen, die als das Nomadenvolk der Wusun aus chinesischen Quellen identifiziert werden konnten. Östlich der Wusun lebten allerdings, glaubt man seinem Bericht, bereits die einäugigen Arimaspen.

Großreiche vor der Zeitenwende

In dieser so wenig dokumentierten Zeit herrschten die persischen ***Achämeniden*** (etwa 6. Jh. v. Chr.), deren Herrschaft von *Kyros I.* (559-530 v. Chr.) begründet worden war und der damit die indogermanischen Skythen in der Region Zentralasien ablöste. Einer der großen Achämeniden-Herrscher war *Darius der Große* (522-486 v. Chr.), unter dessen Herrschaft die Landwirtschaft entwickelt wurde und große Bewässerungsprojekte in Angriff genommen wurden. Doch auch der Handel wurde nicht vernachlässigt, und so unterhielten die Achämeniden vermutlich bereits im 5. vorchristlichen Jahrhundert Beziehungen zu China, waren sie doch bereits im Besitz von chinesischer Seide, die im 4. Jh. v. Chr. sogar von *Aristoteles* beschrieben wurde. Noch unter *Xerxes* (486-465 v. Chr.) waren die zentralasiatischen Reiche offenbar den Persern ergeben.

Nach seiner Regierungszeit versiegen die Berichte jedoch wieder, und erst einem Schüler des *Aristoteles*, ***Alexander dem Großen,*** war es vergönnt, Teile Zentralasiens erneut ins Bewusstsein der Geschichte zu heben und diese Region für die Griechen zu erobern. Die makedonische Präsenz sollte vor allem die kulturelle Entwicklung mit hellenistischen Elementen befruchten, die sich über Taxila im heutigen Pakistan bis nach China ausbreiteten.

Während der letzte Herrscher der Achämeniden *Darius III.* auf der Flucht vor den Truppen *Alexanders* von seinen eigenen Offizieren gemeuchelt wurde, kämpften in China sieben Staaten um die Vorherrschaft und den Zusammenschluss zu einem Zentralstaat. Diese Zeit der „Streitenden Reiche“ beendete ***Fürst Zheng von Qin*** (259-210 v. Chr.), der innerhalb von zehn Jahren die sechs anderen Reiche besiegte und sich den Titel ↗ *Huang Di* (Erhabener Herrscher) gab. Als „Erster Kaiser von China“ *(Qin Shihuang Di)* und Urheber der berühmten Terrakottaarmee ging er in die Geschichte ein.

Parallel zu diesen Ereignissen, die wohl nur mit dem Terminus „Revolution“ zu beschreiben sind und während derer das chinesische Kaiserreich *Zhong Guo* (Reich der Mitte) das Licht der Geschichte erblickte, formierte sich an der Nordgrenze dieses neuen Landes und an den Ostgrenzen der Reiche von *Kyros I.* und später von *Alexander dem Großen* eine weitere große Macht: die ***Hunnen,*** die von nun an für 8 Jahrhunderte die Grenzen unsicher machen sollten. Ähnlich wie bei den Persern mit *Kyros I.* und bei den Griechen mit *Alexander* fand sich bei den Hunnen mit ihrem *Shanyu* (Höchster Anführer) *Mao Dun* (209-174 v. Chr.) eine überragende Herrschergestalt, die das Reich der ↗ ***Xiongnu*** begründete, das 204-43 v. Chr. bestand, bis es in die Stämme, die die heutige Äußere Mongolei besiedelten, und die Stämme, die sich China im Gebiet der heutigen Inneren Mongolei angeschlossen hatten, zerfiel. *Mao Dun* unterwarf die Stämme der Xianbei, Kitan und Tungusen und machte sich damit zum „Kaiser der Steppen“.

Mit seinen überlegenen Heeren fiel er in Gansu ein, wo er eine andere Stammeskonföderation, die ↗ ***Yuezhi,*** die in europäischen Quellen als ↗ Tocharer bekannt sind, vertrieb. Die Yuezhi wurden nach Westen verdrängt, wo sie schließlich in neu erwachsener Stärke das mächtige ↗ ***Kushan-Reich*** gründeten, das den Buddhismus in besonderer Weise förderte und sich als dritte Macht zwischen die Römer und ↗ Parther (eine persische Großmacht, deren Herrscher aus dem persischen Parthien kamen) im Westen und im Osten China schob.

Chinas Vordringen nach Westen

Die Reiterheere der ↗Xiongnu fielen nun unter *Mao Duns* Sohn *Lao Shang* immer häufiger in chinesisches Territorium ein. Zum einen nutzten sie den Weg über das Tal des Fen-Flusses und Datong (Provinz Shanxi) und zum anderen über den Ordosbogen und Shaanxi. Die Chinesen - mittlerweile war die kurzlebige Qin-Dynastie durch die Han-Dynastie (206 v. Chr.-220 n. Chr.), eine der beständigsten Dynastien in Chinas Geschichte, abgelöst worden - reagierten mit einer ***Politik der Beschwichtigung,*** die unter dem Namen *Heqin* (Friede und Freundschaft) bekannt wurde. Sie manifestierte sich in einer Politik der Geschenke, u.a. Alkohol, Reis, Kupfergeld und natürlich Seide, die die ↗Xiongnu bei Laune halten sollten, prunkvollen Empfängen für die Xiongnu-Führer und die Verheiratung chinesischer Prinzessinen mit Führern der Nomadenvölker. Die Schrift gewordenen Klagen der Fürstentöchter über die Leiden in der Fremde bei den „Barbaren" gehören zu den großen Dichtungen Chinas.

Die Politik der Beschwichtigung war allerdings äußerst kostspielig, so dass die enormen Ausgaben den Kaiserhof schließlich zu einem Umdenken und zur Suche nach neuen Lösungen zwangen. Man verfiel auf die später klassisch gewordene und bis in das 20. Jahrhundert populär gebliebene Methode, „einen Barbaren durch einen anderen bekämpfen zu lassen", und gleichzeitig darauf, eine Politik der Expansion zu betreiben. Dazu galt es aber erst einmal, die Barbaren ausfindig zu machen. Der Kaiser entsann sich der Vertreibung der ↗Yuezhi aus Gansu durch die ↗Xiongnu und beschloss, sie als Verbündete zu gewinnen.

Da aber niemand wusste, wo sie abgeblieben waren, wurde eine ***Delegation unter ↗Zhang Qian*** losgesandt, dem wohl berühmtesten chinesischen Reisenden überhaupt. Im Jahre 139 v. Chr., Kaiser *Wu* regierte bereits seit drei Jahren, brachen die Gesandten auf. Nach zahllosen Abenteuern und zehn Jahren Gefangenschaft bei den Nomaden gelang es *Zhang Qian*, Baktrien (*Da Xia,* heute das nördliche Afghanistan) zu erreichen, wo die ↗Yuezhi dabei waren, das mächtige ↗Kushan-Reich zu gründen. Nach einer Abwesenheit von 13 Jahren kehrte *Zhang Qian* im Jahre 126 nach Chang'an (Xi´an) zurück und hatte die Yuezhi faktisch als Vebündete gewonnen. Wenige Jahre später - 119 v. Chr. - brach er zu einer zweiten Reise nach Westen auf, um eine weiteres Nomadenvolk, die Wusun, die südlich des Balhaš-Sees lebten, als Verbündete zu gewinnen.

↗*Zhang Qians* Erkenntnisse über den Westen wurden umgehend umgesetzt, und die Heere *Wu Dis* begannen eine beispiellose Offensive gegen die ↗Xiongnu und in Richtung Westen, die sie bis zum Pamir und in die ↗Dsungarei führten. Im Jahre 56 v. Chr. wurden die Eroberungen schließlich durch die Schaffung des ***Generalprotektorats der Westgebiete*** *(Xiyu Duhu)* abgeschlossen. Hunderttausende von sogenannten Wehrbauern wurden in die westlichen Gebiete umgesiedelt. Dank dieses neugeschaffenen Korridors in den Westen konnte sich nun ein schwunghafter Ost-West-Handel entwickeln, der bis nach Rom führte und die am Weg liegenden Städte oft unermesslich reich machte. Die Karawanen selbst waren oft so riesig, dass man sie eigentlich nur als wandernde Städte bezeichnen konnte. So reiste im Jahre 84 n. Chr. eine Gesandtschaft der ↗Xiongnu mit einer Herde von 100.000 Rindern nach Chang'an, und im Jahr 135 überfielen die Wuhuan einen Konvoi mit 1.000 Karren.

Der ***Handel*** konnte bis zum 2. Jh. ungeahnte Dimensionen annehmen, wurden doch der preistreibende Zwischenhandel und die Zollerhebungen im nunmehr chinesischen Teil Zentralasiens weitgehend ausgeschaltet, was die Gewinne natürlich drastisch erhöhte.

Zhang Qian, Chinas größter Reisende

Der ferne Westen Chinas hatte schon im Altertum einen magischen, aber auch furchterweckenden Klang. Niemand wusste so recht, wie es dort aussah und was einen jenseits der weiten Wüsten- und Steppengebiete erwartete. Es war nur bekannt, dass der ferne Westen auch ein wilder Westen war, der von umherstreifenden Nomadenstämmen beherrscht wurde, die zunehmend auch die Sicherheit Chinas bedrohten. Und das China der Han war zwar mächtig, aber es wusste nicht so recht, wie es auf die Nomadeneinfälle reagieren sollte. Hatte sich das Reich der Mitte bislang selbst genügt, rang sich Kaiser *Wu* nun zu der Einsicht durch, dass man sich auch mit seinen westlichen Nachbarn auseinandersetzen musste, sollte das chinesische Reich Bestand haben. Dazu brauchte er aber erst einmal Informationen über die unbekannten Gebiete im Westen.

Für die heikle Mission wählte er den Chef seiner Palastwache *Zhang Qian* einen kräftigen Mann, mit unbestechlichem Charakter, der das volle Vertrauen seines Kaisers genoss. Mit hundert freiwilligen Begleitern brach der Gesandte im Jahre 139 v. Chr. in Richtung Westen auf, ohne zu wissen, wohin ihn sein Weg letztendlich führen würde und ob je er zurückkehren würde. Zudem musste er das Hoheitsgebiet der Hunnen durchqueren, von dem niemand wusste, wie man es unbeschadet durchqueren sollte. Sein Auftrag hieß, die Yuezhi zu finden, um sie für die Han als Verbündete gegen die Hunnen zu gewinnen. Wie er das anstellte, blieb *Zhang Qian* selbst überlassen.

Im Hexi-Korridor, dem Weideplatz der Hunnen zwischen der Wüste Gobi und dem tibetischen Hochplateau, endete *Zhang Qians* Reise denn auch erst einmal ziemlich abrupt. Seine Gesandtschaft wurde von den Hunnen gefangengenommen und zum *Shanyu* (Höchster Anführer) gebracht, der die gefangenen Chinesen, vielleicht ihrer unerschrockenen Art wegen, vielleicht auch dank des Einflusses seiner chinesischen Frau, nicht umbringen ließ. Streng bewacht durften sie im Lager der Hunnen leben, wo *Zhang Qian* heiratete, Kinder bekam und in zehn Jahren der Gefangenschaft ein hervorragender Kenner der Hunnen wurde. Nicht zuletzt seine intime Kenntnis des Erzfeindes ermöglichte den Han später den endgültigen Sieg über die Hunnen.

Zhang Qian war in all den Jahren der Gefangenschaft nicht nur ein scharfer Beobachter, er vergaß auch seine eigentliche Aufgabe, die Suche nach den Yuezhi, nicht, obwohl er den Hunnen gegenüber allen Grund zur Dankbarkeit haben musste. 133 nämlich versuchten die Chinesen, den Shanyu gefangenzunehmen, was zwar misslang, aber dazu führte, dass das seiner gewachsenen Stärke bewusst gewordene China seinen vertraglichen Verpflichtungen mit den Hunnen, die sie allmählich auch nicht mehr finanzieren konnten, nicht mehr nachkam. Trotz dieser Zwischenfälle und der weiteren Verschlechterung des Klimas zwischen Hunnen und Chinesen wurden *Zhang Qian* und seine Männer in Ruhe gelassen. 128 v. Chr. war es dann soweit; ein Teil der kaiserlichen Gesandtschaft konnte unbemerkt fliehen. Mit seiner geschrumpften Mannschaft gelang es *Zhang Qian* nach Monaten der Reise entlang des Südrandes des Tian Shan und westwärts über den Pamir tatsächlich, das Lager der Yuezhi, das Dayuan-Reich, zu erreichen. Seinen kaiserlichen Diplomatenpass, einen Yakwedel, hatte er sorgfältig aufbewahrt, und so

Zeit des Wandels: Von der Han- zur Tang-Zeit, 3.-6. Jahrhundert

Zentralasien ohne Großmacht

Mit dem Sturz der Han-Dynastie 220, der sich bereits 184 mit dem gewaltigen daoistisch inspirierten Aufstand der Gelben Turbane angekündigt hatte, ging der direkte EinFluss Chinas auf die westlichen Gebiete scheibchenweise verloren. Eine kurze Verschnaufpause brachte die dritte Reichseinigung unter den Westlichen Jin (265-316), aber von nun an eroberten ↗Xiongnu, Mongolen und andere Nomadenstämme die westli-

konnte er sich als kaiserlicher Gesandter ausweisen, der von den Yuezhi mit allen Ehren empfangen wurde. *Zhang Qian* bekam von ihnen allerdings nur unverbindliche Zusagen, aber er wusste jetzt zumindest, dass sie sich nicht gegen China mit den Hunnen verbünden würden.

Auf seinem Rückweg versuchte *Zhang Qian,* den Hexi-Korridor zu umgehen. Über baktrisches Gebiet wollte er Tibet erreichen, musste sich aber letztendlich doch zum Hexi-Korridor durchschlagen, weil es tatsächlich der einzige Weg in den Westen war. Er wurde prompt wieder gefangen genommen und hatte erneut Glück im Unglück, da der alte Shanyu inzwischen gestorben und der Thronfolger im Kampf um die Nachfolge zu den Chinesen übergelaufen war, so dass *Zhang Qian* einmal mehr ungeschoren davonkam. Nach einem Jahr der Gefangenschaft konnte er fliehen und erreichte 126 v. Chr. Chang'an, wo er vor den verblüfften Kaiser trat, der ihn nicht mehr erwartet hatte. Trotz seiner mageren diplomatischen Erfolge wurde der Abenteurer reich belohnt und befördert. Seine Berichte über die westlichen Gebiete wurden zur Grundlage einer neuen Politik der Expansion.

Seine guten Kenntnisse über die Region konnte er weiterhin politisch nutzen. Die Wusun, ein Nomadenvolk in der Dsungarei (dem heutigen Junggar-Becken), wurden nämlich schon seit langem von den Hunnen bedrängt. Ein Hunnenkönig hatte den Vater des späteren Wusun-Königs *Kunmo,* getötet. *Kunmo* selbst wurde auf einer Weide ausgesetzt und angeblich von Greifvögeln mit Fleisch und von Wölfen mit Milch ernährt. Der Hunnenkönig, dem man diese Geschichte erzählte, nahm den kleinen *Kunmo* daraufhin an Kindes statt an, weil er in dem Jungen etwas Besonderes vermutete. *Kunmo* allerdings sann auf Rache, und sobald er erwachsen war, führte er eine große Zahl von Wusun-Kriegern ins Ili-Tal, mit der Absicht, die Herrschaft der Hunnen abzuschütteln und seinen Vater zu rächen. *Zhang Qian*, der diese Zusammenhänge kannte, überredete den Kaiser, ihn auf eine zweite Mission zu schicken, um die Wusun als Verbündete zu gewinnen und zur Rückkehr nach Dunhuang, von wo sie vertrieben worden waren, zu überreden. 119 v. Chr. brach er zu einer zweiten Reise nach Westen auf. Diesmal war der Weg einfacher, da im Jahr 121 der Feldherr *Huo Qubing* (140-117 v. Chr.) den Hexi-Korridor erobert und die Hunnen in zwei Schlachten vertrieben hatte. Die Reise führte ihn zu den Wusun in die Dsungarei und das Pamir-Gebiet. Er konnte sich zunächst aber auch nur der unverbindlichen Loyalitätsbezeugungen der Wusun versichern und bereitete mit dieser Mission, wie das Bündnis mit den Wusun Jahrzehnte später zeigen sollte, den weiteren Weg zum Sieg über die Hunnen vor. Zu seinen Lebzeiten war *Zhang Qian* der Erfolg seiner Bündnisbemühungen versagt geblieben. Als Heerführer gegen die Hunnen scheiterte er, wurde sogar zum Tode verurteilt und wieder begnadigt, aber sein Werk setzten viele andere Gesandte beharrlich fort, und die Erfolge gaben schließlich der von *Zhang Qian* eingeführten Bündnispolitik recht.

Zhang Qians Mission wurde im Nachhinein nicht nur durch militärische Erfolge gekrönt. Er brachte neben umfangreichen Berichten über Geographie, Politik und Kultur auch Nachrichten von mächtigen Reichen jenseits der Yuezhi und deren Bedarf an chinesischen Produkten. Damit stieß er das Tor zum Seidenstraßenhandel weit auf. Von nun an konnte das mächtige Handelspotential, das die für China neuen Länder Persien, Arabien und Rom eröffneten, bewusst genutzt werden. Umgekehrt hatte *Zhang Qian* bereits viele Produkte aus dem Westen nach Hause gebracht, so z.B. Rassepferde, Weinreben und Walnüsse, um nur einige zu nennen.

chen Gebiete und gründeten zahllose, in schneller Folge entstehende und vergehende Königreiche. Da parallel zum ***Untergang des Han-Reiches*** auch das große ⇗Kushan-Reich untergegangen war (etwa 227), etablierten sich diese unzähligen, sich bekriegenden kleinen Königreiche in weiten Teilen Zentralsiens und machten einen effektiven und lohnenden Handel unmöglich.

Die Kushan waren von den ***sassanidischen Persern*** abgelöst worden, die nun über die Gebiete von Baktrien, Sogdiana und ⇗Gandhara herrschten. Aber diese wurden nun ihrerseits von den wiedererstarkten

Gesellschaft

Hunnen (↗Xiongnu) bedroht, die sich auf den Hunnensturm in Richtung Europa vorbereiteten und bereits weite Teile Zentralasiens kontrollierten.

Über Nordchina und die Oasen bis Turfan herrschten die mongolischen Ruanruan, die in Europa als ↗***Awaren*** bekannt werden sollten, während die mongolischen Hephtaliten das vom Amu-darja bis zum Pamir reichende Westturkestan beherrschten.

Neue Mächte

Während die Reiche in Zentralasien und China in schneller Folge kamen und gingen, begannen sich fast unbemerkt neue Kräfte zu vereinigen, die das Bild Chinas und Zentralasiens erneut enorm verändern sollten. 581 kam ein General namens *Yang Jian*, das Oberhaupt der Aristokratie des Wei-Tals und Ost-Gansus, in einem Staatsstreich auf den Thron und erreichte 589 die erneute ***Einigung des chinesischen Reichs,*** das er als Kaiser *Wen* der Sui-Dynastie bis 604 regierte. Sein Thron wurde von dem bauwütigen Kaiser *Yang* (605-618) usurpiert, der den Zusammenhalt des Reichs weiter festigte, was, wie sich herausstellen sollte, auch bitter notwendig war.

Seit etwa 525, dem Untergang der ↗Ruanruan-Dynastie, war nämlich ein für China bisher neues und unbekanntes Volk, die Tujue - die chinesische Bezeichnung für Türk (= Kraft) - aus den Tiefen Zentralasiens, vermutlich des Altay-Gebirges, an Chinas Grenzen aufgetaucht. Die Tujue wurden in den folgenden Jahrhunderten die größte Bedrohung für China und schließlich auch für das Abendland. Am Anfang dieser neu erwachenden ***türkischen Großmacht*** stand *Bumin Kaghan*, der als Anführer eines Vasallenaufstandes die mongolische Oberherrschaft abschüttelte und seine Residenz in Ak Dagh nördlich des heutigen Kuqa errichtete. Sein Großreich wurde nach seinem Tod in das Osttürkische Reich (552-630) und das Westtürkische Reich (552-657) an seine beiden Söhne aufgeteilt und erstreckte sich von der Wüste Gobi im Osten bis zum Amu-darja im Westen, wo arabische Heere die ↗Sassaniden schlugen und den Islam verbreiteten.

Die Tang-Zeit, 7.-9. Jahrhundert
Wiederbelebung und neue Blüte der Seidenstraße

Festigung der chinesischen Macht

Ende des 6. Jh war die zentralasiatische Welt neu geordnet, China geeint und auf dem Weg zu neuer Macht, die sich im 7. Jh. in einer neuen gewaltigen Expansion nach Westen, Norden und Süden entlud.

Die ***Sui-Dynastie*** war der Macht der Türken noch nicht gewachsen und begegnete der neuen Bedrohung mittels eines „Teile und Herrsche“, was wegen der Uneinigkeit der beiden Türkenreiche untereinander auch ganz gut funktionierte.

Die neuen ***Herrscher der Tang,*** ↗*Taizong* und ↗*Gaozong,* beendeten diese passive Politik und gingen, ähnlich wie schon lange vor ihnen *Wu Di*, in die Offensive und stießen zwischen 630 und 645 weit nach Zentralasien vor, wo sie bis zum Balhaš-See, Taschkent, Samarkand und Buchara kamen und das Reich der Westtürken besetzten. Damit war das China der Tang zur beherrschenden Macht Asiens geworden und reichte nun von Korea bis Persien, wo seine Grenzen an die zweite Großmacht jener Zeit, die arabische Welt, stießen.

Blüte der Seidenstraße

Für die Seidenstraße bedeutete dies eine Neuauflage. Da sie nunmehr wieder durch zwei Großreiche und nicht durch zahllose Einzelreiche führ-

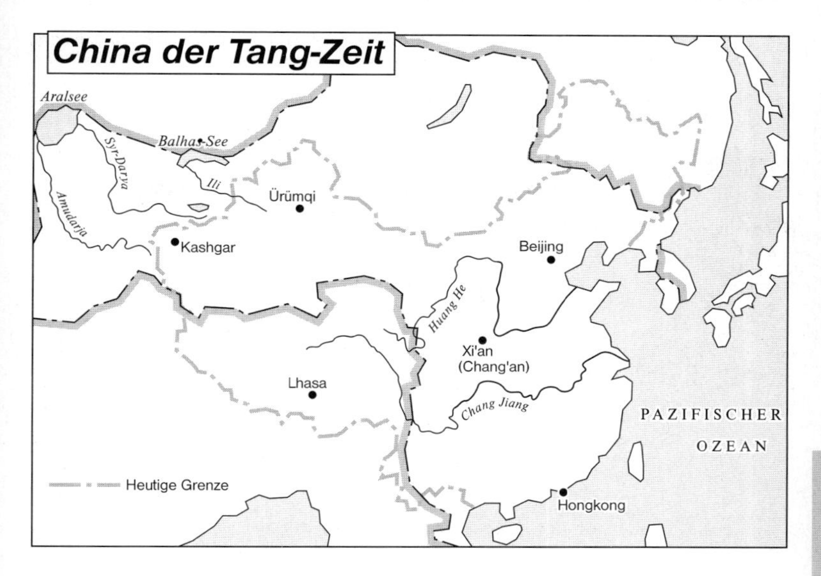

te, kam es zu einem erneuten ***Handels- und Kulturaustausch,*** der beide Kulturen befruchten sollte. Die Seidenstraße wurde von Gesandtschaften, Missionen, Handelskarawanen und Pilgern bevölkert. Chinas Bevölkerung wurde kosmopolitisch und multikulturell, wie man heute sagen würde. Die Hauptstadt Chang'an wurde von Türken, Uiguren, Tibetern, Koreanern, Kashmiris, ⇗Sogdiern, Persern, Arabern, Indern und anderen bevölkert. Indische und persische Kunst befruchteten die chinesische Kunst, man spielte am Kaiserhof Polo und fand arabische Mode und Werte „in". Zusammen mit dem Islam fanden ⇗Nestorianismus, ⇗Manichäismus, ⇗Zoroastrismus (Mazdaismus) und andere Religionen ihren Weg ins Land. Doch der Kulturaustausch fand auch in westliche Richtung statt. So wurde etwa das Papierherstellungsverfahren Mitte des 8. Jh. bis ins arabische Spanien exportiert.

Bedrohungen

In dieser Zeit legten sich aber auch dunkle Schatten über China. 755-763 führte die verheerende ***Militärrevolte*** des Generals ⇗*An Lushan* zur bislang schwersten Erschütterung in der chinesischen Geschichte und veränderte in den folgenden Jahren das Antlitz Chinas vollkommen. Zwar konnte sich die Dynastie noch einmal fangen, aber spätestens 885 war die Macht der Tang gebrochen und 907 schließlich auch nominell beendet.

Der chinesische Einfluss im Westen brach bereits Mitte des 8. Jh. zusammen, was auch die Bedeutung der Seidenstraße wieder auf den Nullpunkt sinken ließ. Die ***Ost-West-Verbindungen versiegten,*** was sich nicht zuletzt auf den Buddhismus auswirkte, der von seinen Wurzeln abgeschnitten wurde und sich danach kaum mehr weiterentwickelte, begünstigt noch durch die großen Buddhistenverfolgungen 845.

In Zentralasien entstanden riesige, z.T. ***kurzlebige Nomadenreiche,*** die China nun erneut bedrohten.

Das Mongolenreich im 13. Jahrhundert

Nach einem Intermezzo der Fünf Dynastien im Norden (907-960) und der Zehn Königreiche im Süden (901-979) fand China unter der Herrschaft der ***Song-Dynastie*** (960-1279) zu neuer Kraft, auch wenn der Einfluss auf Zentralasien ganz verlorengegangen war und erst wieder in der Qing-Dynastie Bedeutung erlangen sollte. Zunächst aber sollte China vollständig besetzt werden.

Erste Vorboten der ***erstarkenden Nomadenvölker*** waren die Eroberungen Nordchinas durch die aus der Mandschurei einfallenden Kitan, die die Liao-Dynastie (937-1125) begründeten, und die Eroberung des Nordwestens durch die Tanguten, Stämme aus dem Nordosten Tibets, die hier die Dynastie Xi Xia (1032-1227) gründeten.

Eroberung Chinas

Temüdschin oder, wie er später heißen sollte, ***Dschinghis Khan*** gelang es, die einzelnen mongolischen Stämme zu vereinigen und 1206 zu einem Bündnis zusammenzuschweißen. Vermutlich von diesem Zeitpunkt an nannten sich diese von ihm vereinten und eroberten Stämme „Mongolen". Nunmehr 50 Jahre alt, begann *Dschinghis Khan* einen der beispiellosesten Eroberungszüge in der Geschichte, in dessen Verlauf sich die Mongolen sogar das chinesische Kaiserreich untertan machten, auch wenn *Dschinghis Khan* selbst diesen Triumph nicht mehr erlebte. Er hatte zu seinen Lebzeiten in weiser Voraussicht die Eroberung Chinas für noch nicht reif gehalten.

Kublai Khan war es vergönnt, China zu erobern und unter dem Dynastienamen Yuan (1279-1368) zu regieren. Damit beherrschten die Mongolen ein Gebiet, das vom Pazifik bis zum Heiligen Römischen Reich reichte.

Mongolische Seidenstraße

Dieses gewaltige Reich führte natürlich zu einer Wiederbelebung der Handelsströme, die, nun ungehindert und von den Mongolen gefördert, die Seidenstraße entlangzogen. Handelsreisende wie ⇗ ***Marco Polo,*** die nun wieder freie Wege bereisen konnten, sahen sich in China einer Welt gegenüber, die ihnen weit voraus war. Handel, Technik, Kunst und Geisteswissenschaften waren so entwickelt, dass die „Europäer" jenseits der Handelsstraßen den gewaltigen Abstand neidvoll anerkennen mussten oder aber negierten und Menschen wie *Marco Polo* zu Lügnern abstempelten.

Dennoch war die ***Pax Mongolica*** eine Realität, die es erlaubte, in relativer Sicherheit von der Krim bis nach Korea zu reisen. Erfindungen und Ideen gelangten neben den Handelsgütern von einem Ende der bekannten Welt zum anderen. Ein neues Zeitalter war angebrochen; venezianische Kaufleute in Peking, mongolische Gesandte in Bordeaux, französische Handwerker im Karakorum, arabische Steuerbeamte in China, die Welt des 13. Jh. war zweifellos kleiner geworden.

Eines der ersten Länder, das die mongolische Oberherrschaft wieder abschüttelte, war China. Unter *Zhu Yuanzhang* konnte das ***China der Ming*** (1368-1644) gegründet werden, aber der Griff nach Zentralasien, wo mittlerweile *Timur Lenk* herrschte, blieb China verwehrt.

Die Seidenstraße verliert ihre Bedeutung

Den Anfang vom Ende des Karawanenhandels auf der Seidenstraße aber brachte ein ganz anderer, ohne es allerdings zu wissen. Durch seine Umsegelung Afrikas im Jahr 1498 und die Entdeckung des ***Seeweges zwi-***

schen Europa und Indien, der bald bis China ausgedehnt werden sollte, verwandelte *Vasco da Gama* Zentralasien, das einst Treffpunkt des Handels und der Zivilisationen Chinas, Indiens, des Mittleren Ostens und Europas gewesen war, in eine wirtschaftlich nahezu bedeutungslose Region, die erst Russland mit einem Überlandhandel mit China zwei Jahrhunderte später erneut entwickeln sollte. Dieser allerdings ging über die Mongolei und Sibirien.

Der ***Rückgang des Karawanenhandels*** und die Verlagerung auf den sichereren Seeweg bedeutete für die Herrscher an der Seidenstraße, deren Haupteinnahmen die Zölle waren, die sie auf die durch ihre Territorien kommenden Waren erhoben, den Verlust ihres Reichtums und damit den Verlust der Macht.

Zentralasien im Banne der Qing-Dynastie, 17.-19. Jahrhundert

Expansion Chinas

In China hatte mittlerweile die Fremddynastie der Mandschus unter dem Dynastienamen Qing 1644 die Ming-Dynastie abgelöst und nach dem Vorbild der Han- und Tang-Dynastien die Einfälle der Nomaden mit der bislang größten Expansionswelle eines chinesischen Reiches überhaupt beantwortet. Eines der wichtigsten Ziele war dabei die erneute Ausdehnung der Grenzen nach Zentralasien, wo es die östliche Hälfte des entstandenen Machtvakuums füllte. Im ersten Jahrhundert seines Bestehens wurde das China der Qing beständig durch die Angriffe westmongolischer Völker bedroht. Besonders gefährlich waren die Überfälle der ⇗ ***Oiraten,*** die

Gesellschaft

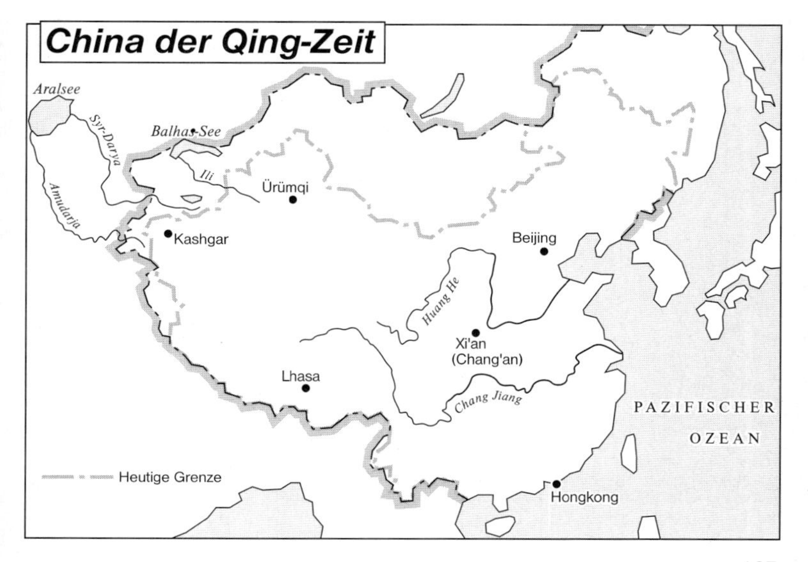

schließlich sogar die Hauptstadt Beijing angriffen. Unter der Leitung des Kangxi-Kaisers konnten sie bei Urga (Ulan Bataar) zunächst geschlagen werden. Der Qianlong-Kaiser bereitete ihren später neu geführten Angriffen schließlich ein grausames Ende.

1755 wurde unter seinem Genaral *Zhao Hui* ein ***„Befriedungs-Feldzug“*** gestartet, in dessen Folge die ↗Dsungarei und 1759 das Tarim-Becken besetzt wurden. Die Oiratische Elite wurde hingemetzelt und eine Zivilverwaltung eingesetzt, die von zwei Gouverneuren geführt wurde. Einer regierte von Ürümqi, das den vielsagenden Namen Dihua (= Gefügigmachung) erhielt, aus über die Dsungarei, und der andere herrschte von Yarkand (heute Shache) aus über das Tarim-Becken.

Expansion Russlands

Den Verlust der Macht im westlichen Zentralasien und das damit entstandene Vakuum wurde auf der anderen Seite sukzessive von Russland ausgefüllt. Das Schicksal ↗Turkestans, das sich seit dem 17. Jh. angekündigt hatte, wurde im Laufe des 19. Jh. besiegelt. Eines nach dem anderen wurden die zentralasiatischen Königreiche annektiert und dem russischen Reich einverleibt. Am 11. Juli 1867 wurde per kaiserliches Dekret die Bildung des ***Generalgouvernements ↗Turkestan*** mit dem Zentrum Taschkent verkündet, das alle Gebiete, die seit 1847 in dieser Region erobert worden waren, umfasste. Erster Generalgouverneur wurde General *K. P. von Kaufmann,* der ein genialer Soldat und Politiker war. Er verstand es, weitere Gebiete zu annektieren und gliederte sie dank seiner klugen Politik ebenfalls ins russische Reich ein. Damit stießen Chinas Grenzen im Westen erneut an ein Großreich, dessen Expansionsgelüste jedoch noch keineswegs gestillt waren.

Expansion der Briten

Die Ausdehnung des russischen Reichs bereitete allerdings nicht nur China Kopfzerbrechen. Parallel zur russischen und chinesischen Expansion hatte sich in Indien und am ***Südrand Zentralasiens*** das Britische Empire ausgebreitet und festgesetzt, das mit dem ↗Opiumkrieg 1840/42 seinen Einflussbereich nun auch auf China ausdehnen wollte. Um ihre Einflusssphären zu wahren und auch auf ↗Ostturkestan auszudehnen, mischten die Briten kräftig im zentralasiatischen Poker, dem „Great Game“, mit.

Macao Mitte des 17. Jh.

Kanghi, Kaiser von China (1622-1722)

Kashgarien

Durch die Angriffe Englands und Russlands sowie seine eigene innere Schwäche, die sich bereits im gewaltigen ⇗Taiping-Aufstand manifestiert hatte, begann China verwundbar zu werden. Damit wurden die antichinesischen Kräfte in den Oasen des Westens mutig, sammelten ihre Kräfte und begannen mit blutigen Aufständen. Ein Kokander Abenteurer namens

Yakub Beg (1820-1877) wusste diese Situation geschickt auszunutzen. 1873 eroberte er das gesamte Gebiet südlich des Tian Shan und rief sich zum Herrscher über Kashgarien aus. Er nahm sofort Beziehungen zu Russland und England auf, wohl auch, um zu verhindern, dass sich einer von beiden seines Reiches bemächtigte. Womit aber wohl keiner gerechnet hatte, war der Kraftakt, mit dem das scheinbar handlungsunfähig gewordene China sich noch einmal aufbäumte, um die verlorenen Gebiete in ⇗ Ostturkestan zurückzuerobern. Die kaiserlichen Armeen wurden vom Generalgouverneur der Provinzen Gansu und Shanxi, *Zuo Zongtang*, befehligt, der am Shanghaier Geldmarkt Anleihen aufnehmen musste, um den Feldzug, der am Kaiserhof heftig umstritten war, zu finanzieren. Bis 1876 hatte *Zuo* den größten Teil der ⇗ Dsungarei zurückerobert. 1877 besiegte er schließlich die Armee *Yakub Begs*, der wenig später unter obskuren Umständen starb. 1878 war Kashgarien vollkommen vernichtet.

Spannungen zwischen den Großmächten

Ein Problem aber blieb. General *Kaufmann* hatte 1871, auf die offensichtliche Schwäche Chinas bauend, große Teile des ***Ili-Gebietes*** annektiert. Um die Weltöffentlichkeit zu beruhigen, hieß es, dass dies nur befristet und zum Schutz Russlands geschehe. Nun hatte sich die Situation gewandelt, und China pochte auf diese Zusage. 1879 wurde eine Delegation unter dem mandschurischen Diplomaten *Chong Hou* nach St. Petersburg geschickt, die den Vertrag von Livadia aushandelte. Dieser Vertrag sah vor, dass China sowohl die Kosten für die Besatzung zu tragen hatte, als auch auf große Teile des Ili-Gebiets verzichtete. *Chong Hou* brachte dieses für China schmachvolle Ergebnis in der Heimat das Todesurteil, das nur dank internationaler Intervention nicht vollstreckt wurde. China erkannte die Vertragsbedingungen dennoch nicht an, und das derart düpierte Russland drohte mit Krieg. Wohl nur dank britischer Intervention kam es zu Neuverhandlungen, die am 24. Februar 1881 durch den Vertrag von St. Petersburg abgeschlossen wurden. Danach bekam China die annektierten Gebiete zurück, musste aber überhöhte Entschädigungen für die Besatzungszeit zahlen.

Angesichts der Schwäche der Qing war der Vertrag dennoch ein schier unbegreiflicher diplomatischer Sieg für China, der mit der formellen ***Gründung der Provinz Xinjiang*** (Neues Territorium) am 11. November 1884 besiegelt wurde.

Die Russen blieben auch nach 1884 höchst aktiv im sogenannten „Great Game“, in dem England und Russland ihre Einflusssphären in ⇗ Turkestan sichern wollten, und konnten sich noch einige bisher unter chinesischer Kontrolle stehende Gebiete im Pamir einverleiben. Von nun an wurde ein ***empfindliches Gleichgewicht zwischen England,*** das in Ürümqi präsent war, ***und Russland,*** das u.a. in Kashgar einen großen Einfluss ausübte, aufrechterhalten. Beide Seiten lauerten auch weiterhin stets auf ihren Vorteil. 1907 wurde in einem Vertrag zwischen beiden Großmächten beschlossen, alle Schritte zu unterlassen, die die Spannungen erhöhen könnten. So überstand die chinesische Herrschaft über ⇗ Ostturkestan die spannungsgeladene Zeit bis zur Revolution 1911 wie durch ein Wunder.

Xinjiang im 20. Jh.

Die Provinz zwischen Russland und China

Nach der Revolution von 1911 und der Gründung der Republik China, erschütterten ***neue Aufstände*** die junge chinesische Provinz, die 1912 ernstlich auseinanderzubrechen drohte. Russland, das einen erheblichen

Chinesische Familie um 1865

Einfluss auf Xinjiang ausübte, verstärkte seine „Schutztruppen" in der Provinz um 1000 Kosaken und stand kurz davor, Xinjiang zu einem zaristischen Protektorat zu machen, ein Schicksal, das bereits der Äußeren Mongolei widerfahren war, die sich 1911 für unabhängig erklärt hatte.

Der Klugheit und dem politischen Geschick des neuen Gouverneurs ***Yang Zengxin,*** der aus der Provinz Yünnan stammte, war es zu verdanken, dass die Einheit Xinjiangs erhalten blieb. Abgesegnet durch den Präsidenten der Republik *Yuan Shikai,* regierte er Xinjiang wie ein autonomes Land und unterhielt auch dann noch Beziehungen zur Sowjetunion, als *Chiang Kai-shek* die Beziehungen 1927 abbrach.

1928 wurde er von seinem Kommissar für ausländische Angelegenheiten *Fan Yao* ermordet. Statt sich allerdings zum neuen Gouverneur aufschwingen zu können, wurde dieser vom Chef der politischen Abteilung *Jin Shuren* verhaftet und hingerichtet. *Jin Shuren* machte sich selbst zum Gouverneur, war aber zu schwach, um sich lange zu halten. 1933 wurde er gestürzt. Seinem Nachfolger ***Sheng Shicai*** (1933-1944) gelang es durch großes Geschick, Xinjiang als Provinz Chinas zu erhalten. Er führte dringend notwendige Reformen durch und lehnte sich in seiner Politik eng an die Hilfe der Sowjetunion an, weswegen er von der Nationalregierung *Chiang Kai-sheks* als Marionette Moskaus verdammt wurde. Dennoch war die Anlehnung an Moskau ein geschickter Zug, der für eine kontinuierliche Entwicklung sorgte.

Bürgerkrieg und Krieg mit Japan

Die chinesische Regierung verzettelte sich nämlich im Bürgerkrieg mit den Kommunisten und dem japanischen Vordringen, das 1937 in eine offiziellen Kriegserklärung mündete. Im Verlauf dieses grausamen Krieges musste sich die Nationalregierung mehr und mehr zurückziehen und verlegte ihren Sitz schließlich nach Chongqing in der Provinz Sichuan, was faktisch einem Exil gleichkam. Erst als Russland 1941 durch den deutschen Vormarsch in arge Bedrängnis geriet und seine ganze Aufmerksamkeit der Westfront widmen musste, trat *Sheng Shicai* mit der in Chongqing residierenden Nationalregierung in Verhandlungen. Infolgedessen wurden ***die Russen aufgefordert, alles Personal und die Schutztruppen aus Xinjiang abzuziehen,*** was bis zum April 1943 auch geschah. Im Januar

1943 trat *Sheng* der ⇗Guomindang bei und ließ, quasi als Zeichen der neuen Loyalität, alle prosowjetischen Funktionäre seiner Regierung, u.a. *Maos* Bruder *Mao Zemin,* hinrichten. Nach dem Sieg der UdSSR bei Stalingrad hatte die Sowjetunion wieder das Selbstvertrauen, um in Zentralasien aktiv zu werden. *Sheng* machte eine erneute politische Kehrtwendung und ließ nun Guomindang-Funktionäre verhaften. Er hatte mittlerweile allerdings jeglichen politischen Rückhalt verloren und nahm 1944 schließlich ein Ministerium bei der Regierung in Chongqing an. 1949 floh er mit nach Taiwan.

Sheng hinterließ nicht nur mehr als 80.000 politische Gefangene, sondern die abgeschwächte Kontrolle ließ die Unzufriedenheit der unterdrückten Minderheiten wieder aufflammen. 1944 brach ein Kasachen-Aufstand im Ili-Gebiet aus, der bald schon von den Uiguren unterstützt wurde. In Gulja, dem heutigen Yining, wurde die ***Republik ⇗Ostturkestan*** ausgerufen, die sich auch für von Ürümqi unabhängig erklärte. Ein wichtiger Anspruch der neuen Regierung war die Vertretung des Rechts auf Selbstbestimmung der nichtchinesischen Bewohner Xinjiangs. Die GMD-Regierung war nicht mehr stark genug, um der neuen Situation militärisch Herr zu werden. Es kam zu Verhandlungen, in deren Folge General *Zhang Zhizhong* an die Spitze einer Koalitionsregierung trat. Es wurden weitreichende Reformversprechungen gemacht. Da *Zhang* nach Auffassung der Rebellen von Gulja die Reformen nicht energisch genug verfolgte, wurde er 1948 durch den Uiguren *Masud Sabri* ersetzt. Seine Ansichten waren den Rebellen aber nicht liberal genug, und schon kurze Zeit später wurde er durch *Burhan Sahidi* ausgetauscht.

Mittlerweile hatte sich der ***Bürgerkrieg zugunsten der Kommunisten*** gewendet, und um die Interessen Xinjiangs weiter in ihrem Sinne zu vertreten, nahmen die Vertreter Guljas sowie *Zhang Zhizhong* im September 1949 an der Politischen Konsultativkonferenz des chinesischen Volkes teil. Vielleicht das erste Mal in seiner Geschichte ging Xinjiang oder ⇗Ostturkestan damit ohne Blutvergießen in die Hände der neuen Machthaber über. Am 17. Dezember 1949 wurde die neue provisorische Volksregierung von Xinjiang unter ihrem Vorsitzenden *Zhang Zhizhong* eingesetzt.

Xinjiang als autonome Provinz

Da das britische Empire sich nunmehr in völliger Auflösung befand und die Russen aus Loyalitätsgründen die Finger von Xinjiang ließen, versuchten sie wenigstens über Verträge den Zugriff auf die Bodenschätze der Provinz zu erhalten. China reagierte auf die gefestigten Strukturen mit der Einrichtung des Autonomen Distrikts der Ili-Kasachen mit seinem Zentrum Gulja (Yining). Am 1. 10. 1955 wurde Xinjiang zur ***Uigurischen Autonomen Provinz Xinjiang,*** eine Konstruktion, die allerdings nur auf dem Papier eine gewisse Mitsprache vorsah.

Aufgrund wachsender Spannungen erfolgte 1960 der ***Bruch mit Moskau.*** Die Konflikte an den westlichen Grenzen schwelten dadurch weiter. 1962 flohen 67.000 Hirten und Bauern samt ihrem Vieh zu ihren kasachischen und uigurischen Stammesverwandten in die Sowjetunion, wo sie allerdings vom Regen in die Traufe kamen. China reagierte mit der Schließung aller Grenzen und der Ausweisung der letzten Konsulatsmitglieder in den Büros Xinjiangs.

Mit der Zündung einer Atombombe in Lop Nur in Xinjiang reihte sich China in den Kreis der Atommächte ein. Es blieb aber bis heute bei Drohgebärden, und es scheint nun keine größere Bedrohung von den nunmehr fast überall ***vertraglich geregelten Grenzverläufen*** auszugehen. So gab China in einem Vertrag mit Pakistan (März 1963) zum Beispiel seinen Anspruch auf Hunza auf, das seit dem 18. Jh. durchgängig von China kontrolliert worden war, und am 26. April 1994 wurde endlich mit Kasachstan, das mit China immerhin 1.700 km Grenze teilt, ein Grenzvertrag geschlossen, der die noch offenen Grenzstreitigkeiten beilegte.

Der Seidenstraße verhalfen diese klärenden Grenzverträge zu einer nicht nur aus touristischer Sicht neuen Blüte. Mit der Fertigstellung der Eisenbahnverbindungen und dank ihrer enormen Rohstoffvorkommen meldet sich die Seidenstraße nun nach Jahrhunderten wirtschaftlicher Abwesenheit erneut zurück.

Staat und Verwaltung

„Die Partei bin ich" – Politische Entscheidungsinstanzen

Deng Xiaoping: „Was sollte unternommen werden, wenn noch einmal Unruhen ausbrechen?"
Jiang Zemin: „Dann wird der Ständige Ausschuss (des Politbüros) kollektiv über Gegenmaßnahmen beraten."
Deng Xiaoping: „Nein! Sie müssen sofort unterdrückt werden! ... Was soll denn unternommen werden, wenn der Ständige Ausschuss kollektiv berät und es dann wieder (– wie 1989 –) zu Meinungsverschiedenheiten kommt? Zunächst muß die Armee eingesetzt werden, und erst dann erfolgt das politische Zeremoniell!"

Dieses 1991 in der Hongkonger Zeitung *Zhengming* abgedruckte Gespräch sagt eigentlich schon alles über den Ablauf wichtiger Entscheidungsprozesse aus.

Exekutive

Formal ist eigentlich folgender Ablauf vorgesehen: Im politischen Alltag bilden das ***Politbüro des Zentralkomitees*** (22 Mitglieder) und sein ***Ständiger Ausschuss*** (7 Mitglieder) das höchste Führungsorgan der Partei und des Landes. Innerhalb des Partei- und Staatsapparates trifft das Politbüro in Vertretung des ZK-Plenums und nach Absprache mit den wichtigsten Veteranen (ca. 16) die politischen Grundsatzentscheidungen und wichtigsten Personalentscheidungen.

Höchstes tagespolitisches Entscheidungsorgan ist der Ständige Ausschuss, dem das ***ZK-Sekretariat*** (7 Mitglieder) untersteht, welches die Entscheidungen des Politbüros und seines Ständigen Ausschusses sowohl vorbereitet als auch ausführt. Dazu leitet das ZK-Sekretariat eine umfangreiche Parteibürokratie, die das ZK-Hauptbüro, die Organisations-, Propaganda- und Einheitsfrontabteilung, die Kommission für Recht und Politik sowie die ZK-Parteischule umfasst.

Das Zentralkomitee

Das ZK hat 193 Mitglieder und 151 Kandidaten. Es ist allerdings nicht so sehr ein Entscheidungsorgan, sondern das zentrale ***Repräsentativorgan*** der wichtigsten Gruppen. Jede Teilbürokratie in Partei, Staat und Armee, jede gewichtige politische Meinungsgruppe und jede Provinz hat einen oder mehrere Vertreter im ZK. Gewählt werden sie alle fünf Jahre auf „Vorschlag" der Parteispitze von etwa 2.000 Delegierten aller Parteiorganisationen. Aus der Mitte des ZK wird wiederum das Politbüro gewählt. Die Macht liegt bei vielleicht 100 Personen, die in den einzelnen Gremien das Wort führen, also in den Händen der Politbüromitglieder, ZK-Sekretäre, der Spitzen der ZK-Bürokratie, der Ersten Provinzsekretäre, der Mitglieder der Zentralen Militärführung und der Angehörigen der Ständigen Konferenz des Staatsrats.

Informelle Macht

Tatsächlich aber gibt es, wie das oben widergegebene Gespräch zeigt, einen sogenannten ***informellen nationalen Führungszirkel*** aus etwa 26-30 Mitgliedern. Zur Zeit setzt er sich vermutlich aus 16 Veteranen, darunter sieben Armeeveteranen, 7 Mitgliedern des Ständigen Ausschusses, darunter 1 Armeegeneral, und 4 aktiven Armeeführern zusammen.

Der informelle Führungszirkel trifft im normalen Politikalltag die eigentlichen wichtigen politischen Entscheidungen, die dann nur noch von den formal zuständigen Gremien offiziell nachvollzogen werden. Mit dem Tod der letzten Veteranen und seit der Ernennung von Zhu Rongji zum neuen Ministerpräsidenten, werden diese informellen Zirkel vermutlich durch sogenannte Ad-hoc-Sitzungen abgelöst werden.

Kommt es allerdings zu ***Krisen,*** wird dieser formelle Bestätigungsprozess, wie die Erfahrung zeigt, nicht eingehalten, da er meist zu lange dauert oder es Widerstände im informellen Zirkel gibt. Nun zeigt sich, wer der eigentliche Machthaber ist. In der Volksrepublik China waren das *Mao Zedong*, *Deng Xiaoping* (von 1978-1997) und stets die Armeeführung, die sich in der ZK-Militärkommission der KPCh und der personell identischen Zentralen Militärkommission der VRCh (7 Mitglieder) formell konstituiert.

Küchenkabinette

Zur Durchsetzung ihrer Politik setzten *Mao* und *Deng* sogenannte ***erweiterte Sitzungen des Politbüros*** an, in denen nur die ihnen genehmen und politisch loyalen Mitglieder saßen. Diese Sitzungen sind verfassungswidrig und auch nach dem geltenden Parteistatut illegal, so dass nach geltendem chinesischem Recht auch deren Beschlüsse gegen die Verfassung verstoßen. Beispiele in der Vergangenheit waren die Volkskommunenbewegung, die ⇗Kulturrevolution, die Zerschlagung des Staatsapparats in der Kulturrevolution, die Einsetzung der Revolutionskomitees ab 1967, die Entmachtung von Staatspräsident *Liu Shaoqi* und schließlich die Verhaftung der ⇗Viererbande und die Ernennung *Hua Guofengs* zum Parteivorsitzenden.

Nach den zehn Jahren der Rückkehr Chinas auf die internationale politische Bühne seit 1979 hegte der Westen die weitverbreitete Hoffnung, dass die Zeit dieser „erweiterten Sitzungen" mit dem Aufbau eines Rechtssystems am Ende der achtziger

Jahre endgültig vorbei sei. Ein folgenschwerer Irrtum, wie der ***4. Juni 1989*** zeigen sollte. Auch hier tagten während der gesamten Zeit der studentischen Protestaktionen lediglich „erweiterte Sitzungen" des Politbüros und Ständigen Ausschusses, die von der Familie des Staatspräsidenten *Yang Shangkun* dominiert wurden - mit dem bekannten Ergebnis. *Yangs* Bruder *Yang Baibing*, höchster Politkommissar der Armee, sein Schwiegersohn *Chi Haotian*, Chef des Generalstabs der VBA und Kommandeur der für das Blutbad verantwortlichen 27. Armee, und sein Sohn, der mit einer von *Dengs* Töchtern verheiratet ist, setzten hier ihre ganz persönliche Politik durch. Es ist diese völlige Unsicherheit über das jeweilige Ergebnis solcher Sitzungen, die die ***zukünftige Politik der VR China*** auch weiterhin in Krisensituationen unberechenbar macht und die z.B. viele Hongkonger mit Sorge auf ihre Zukunft blicken lässt.

Die „Lebensadern"

Um keine Zweifel an ihrer auch für die Zukunft beanspruchten Führungsrolle aufkommen zu lassen, hat die KPCh vier „Lebensadern" definiert, die auf keinen Fall aufgegeben werden dürften: das ***Kadersystem,*** die ***Volksbefreiungsarmee,*** die ***staatlichen Großbetriebe*** und die ***Führungsrolle der Parteikomitees*** gegenüber Regierungsorganen. Solange die KPCh weiterhin so stark in der Armee verankert ist, wird sie das Machtmonopol nur scheibchenweise preisgeben, wie sie es 1989, wenn auch gewaltsam, schon tun musste.

Die zentralen staatlichen Führungsorgane

Der ***Staatsapparat*** gilt neben den Massenorganisationen und dem Militär als wichtigstes Vollzugsinstrument der Partei. Die Machtausübung folgt den Prinzipien der Gewaltenkonzentration und des Demokratischen Zentralismus. Nach der Verfassung von 1982 (die vierte nach 1954, 1975 und 1978) gibt es ***sechs staatliche Verfassungsorgane,*** und zwar den Nationalen Volkskongress, den Staatspräsidenten, den Staatsrat (Zentralregierung), die Zentrale Militärkommission, den Obersten Volksgerichtshof und die Oberste Volksanwaltschaft.

Nationaler Volkskongress

Höchstes Organ der Staatsmacht ist der Nationale Volkskongress, dessen Mitglieder aus den Volkkongressen auf Provinzebene gewählt werden. Der NVK stellt kein Parlament dar. Seine Aufgaben sind die Gesetzgebung und der Staatshaushalt. Für seine Arbeit setzt er 9 Fachausschüsse für Finanzen und Wirtschaft, innere Angelegenheiten und Rechtswesen, Erziehung und Wissenschaft, auswärtige Angelegenheiten, Auslandschinesen, Umweltschutz, für Nationalitätenfragen und für Landwirtschaft und ländliche Gebiete (seit 1998) ein. Der Nationale

Volkskongress braucht faktisch das Vertrauen der Regierung, um arbeiten zu können, es ist auch keine echte Volksvertretung oder ein Forum für oppositionelle Meinungen, sondern einzig ein ***Ausführungsorgan der Führungsspitze.*** Verliert die Regierung das Vertrauen in den Kongress, kommt sie auch wunderbar ohne ihn aus, wie die Jahre 1965-1975 zeigten, in denen der Volkskongress seine Rechte hat „ruhen" lassen.

Staatsrat

Der Staatsrat ist die eigentliche Regierung. Sie wird vom ***Ministerpräsidenten,*** zur Zeit *Zhu Rongji*, dominiert, der eine ungeheure Machtfülle besitzt. Er ist Regierungschef und oberster Planer, Chef der Landwirtschaftsfarmen, höchste Instanz des Wissenschaftsmanagements, oberster Zensor für die Medien, oberste Gerichtsinstanz und oberster Staatsanwalt - eine Machtfülle, die so manchen westlichen Premier schwindelig werden ließe. Entsprechend ist er Mitglied im Ständigen Ausschuss des Politbüros und des „informellen nationalen Führungszirkels".

Ihm unterstehen seit der umfangreichen Reorganisation der Regierung im März 1998 29 ***Ministerien,*** wobei Zhu Rongji weitere drastische Verkleinerungen des Staatsapparats angekündigt hat, um die Regierungsarbeit effizienter zu gestalten.

Kader

Und wer setzt nun die Politik um? Über ***lokale Volkskongresse*** auf Provinz-, Kreis- und schließlich Gemeindeebene wird die Politik an die Basis getragen und dort über die Kader *(Ganbu)* umgesetzt, sei es in Form von Massenbewegungen oder durch die Indoktrination über die Massenorganisationen.

Die Kader sollten eigentlich die Diener des Volkes sein, aber sie sind es, die die Bürokratie ins Stocken bringen können, die viele Privilegien genießen und die die aktuelle Politik sabotieren können. Die zumeist extrem konservativen Kader, die immerhin einen Anteil von 3 % der Bevölkerung ausmachen, gelten mittlerweile als modernes „Mandarinat". Sie sind ***Garanten einer verwaltungsmäßigen Kontinuität,*** aber eben auch extrem fortschrittsfeindlich, da sie im Fortschritt eine Gefährdung ihrer Machposition sehen. Auf lokaler Ebene sind sie mächtig und wissen das auch. Ohne die Kader geht nichts, und das öffnet der Korruption Tür und Tor.

Die Danwei

Die Schnittstelle für die Umsetzung der Politik ist die Einheit (⇗ Danwei). Sie ist die ***unterste Kontrollebene des Parteiapparats*** der KPCh, in der alle Bürger und Bürgerinnen in irgendeiner Form integriert und für die Politik erreichbar sind. Bei den Danweis handelt es sich um Fabriken, Universitäten, Schulen, Nachbarschaften und vor allem natürlich Dorfgemeinschaften.

Aufgaben

In der Zeit ***zwischen 1958 und 1978*** waren die Danweis für fast jeden Aspekt des täglichen Lebens zuständig, sei es für Altersversorgung, Krankenversicherung, Wohnungsvergabe, als Heiratsvermittlung, für Erziehung, für die Erlaubnis, Kinder zu bekommen, bzw. auch dafür, Druck auf schwangere Frauen zur Abtreibung auszuüben, wenn sie ein zweites Kind bekommen (bis zum 7. Monat), – aber auch für die Besorgung von Theater- und Kinokarten. Damit wurde die Bevölkerung zwar einerseits sehr wirkungsvoll betreut, aber auch sehr effektiv bis ins Privatleben hinein von der Partei kontrolliert.

Seit den ***achtziger Jahren*** beginnt sich diese nahtlose Kontrolle langsam zu lockern. Vor allem in den Großstädten reicht der Arm der Partei nicht mehr bis in alle Einzelheiten des Privatlebens.

Ihre wichtige ***sozialpolitische Funktion*** haben die ⇗Danweis allerdings behalten. Zusammen mit der Familie als kleinster Einheit müssen die Danweis die Hauptunterhaltspflichten, z.B. Altersversorgung und Krankenversicherung für Beschäftigte in Produktionsbetrieben, tragen, da der Staatshaushalt diese Kosten nicht übernehmen kann. Die Konsequenzen für jeden, der aus einer Danwei ausgestoßen wird, sind dementsprechend katastrophal, falls die Familie den Unterhalt nicht übernehmen kann.

Ein Problem, vor allem für die Infrastruktur, bilden die rund 100 Millionen ***Wanderarbeiter,*** die ihren Danweis den Rücken gekehrt haben und auf der Suche nach Arbeit durch das Land ziehen.

⇗Danweis sind übrigens keine kommunistische Erfindung. Man findet sie ***in allen Chinatowns*** auf der Welt, wo sich die chinesischen Gemeinden fast immer selbst organisieren und den Behörden nur selten Verwaltungssorgen bereiten.

Gesellschaft

Aktuelle Politik

Vier Modernisierungen

1954 wurde von ***Zhou Enlai*** erstmals ein Programm der sogenannten Vier Modernisierungen aufgestellt, das die Bereiche Industrie, Landwirtschaft, Wissenschaft und Technik umfasste, die es zu entwickeln galt. 1963 und schließlich 1975 erneuerte er seinen Vorschlag, und seither ist das Stichwort von den Vier Modernisierungen Symbol für einen an Wachstumskriterien und materiellen Anreizen orientierten – oder, wie seine Gegner meinen, revisionistischen – neuen Kurs.

Erst nach der Verhaftung der ⇗Viererbande und nachdem sich die Macht-Nachfolge zugunsten ***Deng Xiaopings*** zu klären begann, wurde 1978 das ambitionierte Programm der Vier Modernisierungen zur Grundlage der chinesischen Politik, mit der das Land bis zum Jahr 2000 in eine moderne, industrielle, sozialistische Großmacht verwandelt werden soll. Dieses Modernisierungsprogramm brachte dem Land bisher eine dramatische wirtschaftspolitische Entwicklung, die 1988 ihren ersten großen Einbruch erlebte und 1989 in die nach der ⇗Kulturrevolution größte innenpolitische Krise mündete. Diese Krisen konnten aber überwunden und unterdrückt werden, und seit Beginn der neunziger Jahre nimmt die politische und wirtschaftliche Entwicklung erneut ein Tempo an, das nur schwer zu drosseln sein wird.

Innenpolitik

Vorgaben

„Schneller, besser und effektiver" waren die Vorgaben, die *Deng Xiaoping* im Oktober 1990 bezüglich des wirtschaftlichen Reformtempos und der Veränderungen im politischen Überbau formulierte und mit denen China sich wieder aus der durch das Tian'anmen-Massaker ausgelösten Lethargie befreien sollte. Damit hatte Chinas einst mächtigster Mann auch schon die Merkmale des des damals gerade in Arbeit befindlichen 8. Fünfjahresplans (1991-1995) und des zehnjährigen Wirtschaftsentwicklungsplans (1991-1999) charakterisiert. Höchst parteioffiziell nennt man in China das ***Entwicklungskonzept Dengs*** „die grundlegende Linie der einen zentralen Aufgabe und der zwei grundlegenden Rahmenbedingungen". Auf Hochchinesisch gesprochen, bedeutet das: Wirtschaftsreform ja, politische Reform nie. Konkret versteht die Führung unter dieser Vorgabe die folgenden Punkte, die die gesamte Politik durchziehen:

- Wirtschaftliche Entwicklung als „zentrale Aufgabe" der KPCh
- Reform und Öffnung als wirtschaftspolitische Rahmenbedingungen und Methoden für die wirtschaftliche Entwicklung
- die „Vier Grundprinzipien" als innen- und gesellschaftspolitische Rahmenbedingungen der wirtschaftlichen Entwicklung.

Diese „Grundprinzipien" sind nichts anderes als die Formulierung des ***Machtanspruchs der Partei:***

1. Festhalten an der alleinigen Führung durch die KPCh.
2. Festhalten am sozialistischen Weg.
3. Festhalten an der Diktatur des Proletariats.
4. Festhalten am Marxismus-Leninismus und an den Ideen *Mao Zedongs.*

Im November 1993 trat das Zentralkomitee der KPCh zusammen, um *Deng Xiaopings* Entwicklungskonzept abzusegnen. Das Ergebnis der 3. Plenartagung wurde schließlich im ***„Beschluß des ZK der KPCh über einige Fragen zur Errichtung eines Systems der sozialistischen Marktwirtschaft"*** festgelegt. In über 50 Punkten wurde darin eine programmatische Zielbeschreibung für die zukünftige Entwicklung des Landes gegeben, die sich wie schon der Titel des Papiers selbst in zum Teil abenteuerlicher Wortakrobatik übt. So wurde zunächst festgeschrieben, dass die „Theorie des Genossen *Deng Xiaoping* über den Aufbau des Sozialismus chinesischer Prägung" für die gesamte Dauer der „Anfangsphase des Sozialismus", die bis weit ins 21. Jh. Bestand haben soll (mindestens aber 100 Jahre), Geltung habe.

Auswirkungen

Für die Zukunft hat man sich auch recht heikle Themen vorgenommen. So sollen die Befugnisse der zentralen und der lokalen Wirtschaftsbehörden schärfer abgegrenzt, die Frage der ***Verteilung der Steuern*** zwischen der Zentrale, den Provinzen und Städten neu geregelt werden, indem die lokalen Stellen mehr Autonomie erhalten sollen, und selbst eine Reform des politischen Systems wird angesprochen.

Konkreter waren die Versprechungen, dass alle ***Auslandsstudenten,*** egal, wie sie sich in der Vergangenheit politisch geäußert haben, willkommen seien und dass mehr ***jüngere Kader*** ans Ruder kommen sollen.

Quintessenz der Politik seit den neunziger Jahren ist weiterhin die bekannte Aussage, die Wahrheit in den Tatsachen zu suchen, womit wohl auch für die Zukunft gilt, dass die chinesische Politik eher reagieren als agieren wird. Die zunehmende ***Öffnung und Verbesserung der Wirtschaftslage*** lässt sozialistisches Gedankengut immer uninteressanter werden, womit sich die KPCh aber letztendlich womöglich selbst das Grab gräbt. Deswegen wurde eines der großen Vorhaben der Regierung, nämlich Trennung zwischen Partei und Staat, stillschweigend wieder aufgegeben und im Gegenteil Partei und Staat immer mehr verquickt, mit dem Ergebnis, dass viele Parteiämter mit Verwaltungsämtern in Personalunion ausgeübt werden, um den Einfluss der Partei zu stärken.

Stellung des Militärs

Problematisch ist auch die immer enger werdende Einbindung der VBA (Volksbefreiungsarmee) in die formellen und informellen Führungszirkel (s. Staat und Verwaltung). Mit 40 % Militärs im informellen und wichtigsten Führungskreis sowie 25 % Militärs im ZK ist ihr Anteil so hoch, wie seit Anfang der siebziger Jahre nicht mehr. Dem Militär ist die Rolle als ***Garant der inneren Stabilität*** zugedacht.

Regionale Aufsplitterung

Ein Dorn im Auge der politischen Führung in Beijing ist das wachsende ***Selbstbewusstsein der Provinzen,*** die ihre Interessen immer aggressiver und erfolgreicher gegen die Zentralmacht durchsetzen. Damit gehen der Regierung langsam, aber sicher wichtige hoheitliche Aufgaben verloren, wobei eine Verlagerung der Steuererhebung auf Provinzebene sicher mit die schmerzhafteste ist.

Doch auch die Provinzen untereinander beginnen, sich abzuschotten. Reiche Provinzen wie Guangdong, Fujian oder Jiangsu wollen das Geld in der Provinz halten und schließen sich zu ***regionalen Interessengruppen*** zusammen. Ärmere Provinzen sahen sich gezwungen, ebenfalls zu reagieren, und so schlossen sich beispielsweise Sichuan, Yunnan, Guizhou, Guangxi und Tibet zu einem gemeinsamen Markt Südwestchinas zusammen, um ihre Interessen besser vertreten zu können. Ein ähnliches Ziel verfolgen die nordwestchinesischen Provinzen Gansu, Qinghai, Shaanxi, Ningxia und Xinjiang.

Korruption

Wohl eines der größten innenpolitischen Probleme ist die ausufernde Korruption. Alarmiert hat die selber korrupte Staats- und Parteiführung feststellen müssen, dass die Korruption und Illoyalität der Parteimitglieder auch auf der untersten Ebene dramatisch angewachsen ist. Die Erosion der Parteimacht ist gerade auf dem Lande - oft im Verbund mit Geheimgesellschaften - so weit fortgeschritten, dass die Parteimacht mancherorts gar nicht mehr existiert oder wahrgenommen wird. ***Spektakuläre Hinrichtungen*** korrupter Kader konnten der Macht des Geldes noch keinen Riegel vorschieben und werden es wohl auch in Zukunft nicht tun.

Soziales Gefälle

Werden die einen durch Korruption reich, gehören auf der anderen Seite große Teile der ***städtischen Bevölkerung*** zu den Gewinnern der Reformen. Je höher das Gefälle zwischen armen und reichen Gegenden allerdings wird und je mehr der Reichtum als erstrebenswertes Gut gepriesen wird, desto mehr wird die Unzufriedenheit jener genährt, die keine Möglichkeit haben, an dem neuen Wohlstand zu partizipieren, sei es, dass sie in unterentwickelten Regionen leben oder zu den Verlierern der städtischen Entwicklung gehören.

Seit einigen Jahren kommt es infolge der wachsenden Unzufriedenheit immer wieder in zahlreichen Orten zu ***Protesten*** und ***Ausschreitungen,*** die sämtlich von der Polizei unterdrückt werden konnten.

Kleine Tiger als Vorbild?

Noch ist es sicherlich zu früh, über die tatsächlichen Folgen der Reformpolitik zu spekulieren. Zu dramatisch und schnell verläuft die Entwicklung, die in nur wenigen Jahren die Versäumnisse von Jahrzehnten aufholen will. Ähnlich wie bei den vier kleinen Tigern - deren Sieger-Image durch die Asienkrise allerdings mehr als nur ein paar Kratzer abbekam - könnte sich ein System des ***marktwirtschaftlichen Autoritarismus*** herausbilden, ein Modell, das ja auch *Deng Xiaoping* mit seiner sogenannten Autoritarismus-Theorie anstrebte. Chinas Probleme sind seine Größe und Unübersichtlichkeit sowie eine starke Tendenz zur Aufsplitterung in regionale Machtzentren. Nur wenn das Land die Chancen zu mehr föderativer Mitsprache nutzt, wird es letztlich wohl auf Erfolgskurs bleiben können.

Wirtschaftspolitik

Neben den bereits unter Innenpolitik formulierten zentralen Punkten formulierte *Deng Xiaoping* für die Wirtschaftspolitik Anfang der neunziger Jahre erneut einige ganz allgemeine Grundsätze:

Vorschläge Deng Xiaopings

- Bei der Umsetzung der Reformpolitik sollte mehr Mut und Risikobereitschaft aufgebracht werden.
- Den „Vier kleinen Tigern" (Hongkong, Taiwan, Südkorea und insbesondere Singapur) sollte nachgeeifert werden.
- Die Einführung von Wirtschaftsonderzonen sei wirtschaftspolitisch richtig.
- Es sollten mehr Unternehmen mit Auslandskapital zugelassen werden.
- Markt und Plan sind beides wirtschaftspolitische Mittel und keine Unterscheidungsmerkmale für Sozialismus und Kapitalismus.
- Eine Reihe von kapitalistischen Dingen, wie z.B. Wertpapiere und Aktienbörsen, können auch innerhalb des sozialistischen Systems Anwendung finden.

Damit gab er seinen Kritikern zu verstehen, dass er trotz der Ereignisse 1989 nicht von seiner Politik abrücken würde. Geradezu abenteuerlich sind die Kriterien, mit deren Hilfe sich herausfinden lässt, ob etwas sozialistisch oder kapitalistisch ist:
1. Dient es der Entwicklung der Produktivkräfte der sozialistischen Gesellschaft?
2. Dient es der Erhöhung der nationalen Stärke des sozialistischen Staates?
3. Dient es der Steigerung des Lebensstandards des Volkes?

Diese höchst pragmatische Sicht der Dinge ließ den Atem der orthodoxen Kräfte stocken, und *Mao Zedong* hätte sich vermutlich im Grabe herumgedreht, aber der Erfolg dieser Politik fand ihren Niederschlag in einer boomenden Wirtschaft. Die Konjunktur wäre wohl 1988 und 1993 sogar wegen Überhitzung zusammengebrochen, wenn die Regierung nicht die Notbremse gezogen hätte.

Wirtschaftsprobleme

Vor allem der Finanzsektor geriet jedesmal außer Kontrolle, so dass das ZK im Sommer 1993 fünf zentrale wirtschaftliche Problemfelder benannte, denen besonderes Augenmaß gelten sollte:

- Die Geldmenge sei viel zu hoch und die Geld- und Kreditsituation chaotisch.
- Die Finanzprobleme verschärften sich kontinuierlich.
- Die Wachstumsrate der Industrieproduktion sei deutlich zu hoch, das Angebot von Elektrizität und Erdöl nicht ausreichend, und die Lücke zwischen Angebot und Nachfrage weite sich aus.
- Die Güterpreise stiegen, und die Inflation habe sich verschärft.
- Der Güterpreisanstieg sei für einfache Arbeiter nicht mehr zu verkraften.

Den Worten folgten schnell Taten. Zur Bekämpfung der aktuellen Wirtschaftsprobleme wurde ein ***16-Punkte-Maßnahmenkata-***

log erstellt, der unter anderem ein strikte Kontrolle über das Geldangebot vorsah, die Einführung flexibler Zinssätze in Aussicht stellte, um die Spareinlagen bei den Banken zu erhöhen, eine bessere Devisenverwaltung forderte, eine Preisreform anvisierte u.v.m. Mit Beginn der Umsetzung des 16-Punkte-Programms gelang zunächst eine Stabilisierung der dramatischen Situation.

Weitere schwerwiegende Probleme, die sich durch das schnelle Wachstum ergeben, zeigen sich vor allem in der schlechten und oftmals völlig unzureichenden ***Infrastruktur.*** Schlechte Straßen, unzureichende Transportmöglichkeiten und ein völlig überlastetes Schienennetz kommen mit der Entwicklung nicht mehr mit. Besonders betroffen ist die Landwirtschaft.

Neben den unzureichenden Transportkapazitäten leiden die ***Landbewohner*** unter einer schwachen Einkommensentwicklung. Der Staat kauft eine bestimmte Menge der Produktion zu niedrigen, staatlich festgelegten Preisen auf, verkauft aber die für die Produktion notwendigen Güter wie z.B. die Samen für die Aussaat sehr teuer.

Ein ***Dickicht an Abgaben und Steuern*** schmälert den Gewinn weiter, so dass auch die Verkäufe der Überschüsse auf den Freimärkten die niedrigen Einkommen kaum aufbessern können. So kam es in den vergangenen zwei Jahren zu extrem unterschiedlichen Einkommenssteigerungen zwischen Land (ca. 2 %) und Stadt (ca. 12 %). Sollte sich diese Schere weiter öffnen, ist zu befürchten, dass sich noch mehr Wanderarbeiter als bisher (100 Millionen) in die Städte aufmachen, in der Hoffnung, dort mehr zu verdienen.

Entwicklungsgefälle

Um das Entwicklungsgefälle zwischen den ***Küstenprovinzen und dem Hinterland*** sowie zwischen Stadt und Land auszugleichen, sollen die ärmeren und armen Provinzen kontinuierlich entwickelt werden, und zwar „flussaufwärts" entlang der Ströme Changjiang (Yangzi), Zhujiang (Perlfluss), Huanghe (Gelber Fluss) und anderer Wasserläufe. Als Katalysator für diese Entwicklung, die das Hinterland in einer Art Dominoeffekt erreichen soll, dienen das Yangzi-Delta mit Shanghai und weiteren neun Städten, das Küstengebiet am Delta des Gelben Flusses und am Bohai-Meer mit seinen sieben Industriestädten, die „Goldene Küste" mit den beiden für den Außenhandel wichtigen Provinzen Fujian und Guangdong und zuletzt die mandschurischen Schwerindustriezentren im Bereich der Flüsse Songhua und Liaohe.

Eine weitere Methode, um die Landflucht einzudämmen, liegt in der ***Dezentralisierung der Industrie.*** Das heißt, möglichst viele Industrien sollen auf die Dörfer oder Kleinstädte verlagert werden, um dort Arbeitsplätze und somit eine Zukunftsperspektive zu schaffen. In den entwickelten Küstenprovinzen sieht man den Erfolg überall an den rauchenden Schloten, die selbst auf dem flachen Land ihren Dreck in die Luft schleudern. In diesen ländlichen Regionen findet man bereits viele Familien, die arbeitsteilig vorgehen. Einige sind weiterhin für die Landwirtschaft zuständig, ein oder zwei Familienmitglieder arbeiten in der Fabrik und einer in der Verwaltung. Das Ergebnis sieht man an den großen und großzügig angelegten Häusern, die sich die Landbewohner überall bauen.

Außenhandel

Dynamisch zeigt sich auch der Außenhandel, der lange Jahre hindurch Überschüsse erzielte. Seit 1990 hat sich das Außenhandelsvolumen vedreifacht und 1997 schob sich China auf Rang 10 der größten Welthandelsmächte vor.

Für die Entwicklung der Außenwirtschaft wurden ***sechs Tendenzen*** formuliert, die einen schrittweisen Aufbau vorsehen, d.h. Entwicklung von Süden nach Norden, vom östlichen Küstenland ins westliche Binnenland, verstärkte Zusammenarbeit mit ausländischen Unternehmen, Verlängerung der Kooperationsverträge mit ausländischen Firmen, Verwendung von ausländischem Kapital für den Aufbau von Betrieben und dann für die die Verbesserung der Infrastruktur und ein Hand-in-Hand-Gehen von inländischen Reformen und „Türöffnung".

Wenn auch zäh und langsam, hat die ***deutsche Wirtschaft*** China als wichtigen Markt entdeckt. Bedeutende Projekte deutscher Firmen in China sind beispielsweise das VW-Werk in Shanghai, das Audi-Werk in Changchun, Bau der U-Bahn in Shanghai und Guangzhou, Großaufträge an die Airbus-Industrie, Ausbau der Telefonnetze usw.

Mit dem Blick auf einen GATT-Beitritt werden die ***Reformen im Außenhandel*** zügig vorangetrieben.

Außenpolitik

Vorsichtige Wende

Die weitreichenden innenpolitischen und wirtschaftspolitischen Reformen machen natürlich auch vor der Außenpolitik nicht Halt. Vor allem seit dem Massaker auf dem Tian'anmen-Platz, das China zunächst international isoliert hatte, ging China in die ***außenpolitische Offensive,*** mit bemerkenswertem Erfolg. Stabilität, Entwicklung und Berechenbarkeit sind die Grundpfeiler der neuen Politik. Dazu wurden zum Beispiel eine ganze Reihe „revolutionärer" Zielsetzungen, die die Außenpolitik bis dahin prägten, aufgegeben. Bis auf wenige Ausnahmen in Kambodscha, Vietnam und Laos werden keine Guerillagruppierungen mehr unterstützt, statt dessen heißen die neuen Kriterien Modernisierung, Wiedervereinigung (mit Taiwan) und Grenzsicherung, Autoritätsgewinn gegenüber den Nachbarstaaten.

Die gesamte Außenpolitik wurde unter die bereits in den fünfziger Jahren zusammen mit Indien ausgehandelte Maxime der ***Fünf Prinzipien der friedlichen Koexistenz*** gestellt, die aber bis Ende der siebziger Jahre eher ein Dasein auf dem Papier fristete. Sie umfassen gegenseitige Achtung der Souveränität und territorialen Integrität, gegenseitigen Nichtangriff, gegenseitige Nichteinmischung in die inneren Angelegenheiten, Gleichberechtigung und gegenseitigen Nutzen sowie friedliches Nebeneinanderleben. Die mit den anderen asiatischen Staaten konkretisierten „Fünf Prinzipien" haben - jetzt, wo sie ernstgenommen werden - eine besondere Bindungskraft, ist doch die Zahl ⇗ Fünf sowohl in China als auch im Islam und Hinduismus heilig. Außerdem kamen die konkreten Inhalte ohne die Mitwirkung westlicher „Besserwisser" zustande.

Das Ergebnis war ein kaum für möglich gehaltener Wandel: ***Bilaterale Dauerkonflikte*** wie mit Vietnam, Indien, Indonesien und zuletzt Kasachstan wurden ***ausgeräumt*** und in der UNO wurde „ideologiefrei" mitgearbeitet, als es um den Golfkrieg und die Kambodschafrage ging.

„Rechte und linke Strategien", gegenüber Staaten, denen China jahrelang feindselig gegenüberstand, in deren Rahmen versucht wurde, verfeindete Staaten wie beispielsweise Pakistan und Indien gegeneinander aufzuhetzen, wurden zugunsten ***diplomatischer Beziehungen*** aufgegeben, die China zu mittlerweile über 155 Staaten unterhält. Angesichts des Zusammenbruchs der Ostblockstaaten und schließlich der Sowjetunion gab man sich in Beijing pragmatisch und geschäftsmäßig. Schon 1991 nahm China mit den drei Baltenrepubliken und Russland diplomatische Beziehungen auf. Ambivalent bleiben allerdings die Beziehungen zu den ehemaligen Ostblockstaaten, die von sich aus zunächst noch kein großes Interesse am sozialistischen China zeigen.

China kennt seine Macht und sein Gewicht und wird in den nächsten Jahren weiter daran arbeiten, sein Gesicht, das es 1989 verloren hat, zurückzugewinnen und ein verlässlicher Kandidat für eine ***Sicherheitspartnerschaft Asiens*** zu werden, und es wird mit Sicherheit in die von den beiden Supermächten freigemachten Positionen in Asien einrücken.

Massenmedien

Nachrichtenagenturen

Zwei Nachrichtenagenturen dominieren und steuern den Informationsfluss in China: *Xinhua* (Neues China) und der China News Service.

Xinhua

Ähnlich den Nachrichtenagenturen dpa oder Reuter ist Xinhua der Lieferant von Nachrichten für die chinesischen Zeitungen und Radiostationen. Das Hauptbüro befindet sich in Beijing und wird unterstützt von zahlreichen Nebenbüros in allen Provinzen, beim Militär und im Ausland. In Hongkong fungiert die Xinhua-Agentur auch als inoffizielle Botschaft. Neben der Kontrolle, was an Nachrichten im Inland gebracht werden darf, versucht Xinhua auch, die Berichterstattung der ausländischen Presseagenturen zu steuern.

China News Service

Der China News Service beliefert hauptsächlich die Zeitungen ***für Übersee-Chinesen*** und die Presse in Hongkong und Macau mit Nachrichten und Berichten. Zusätzlich produziert China News Service Dokumentarfilme über das „wahre" China für das Ausland.

Presse

Trotz der streng kontrollierten und zensierten Presse sind die Chinesen ein Volk von Zeitungslesern. Über 2.000 nationale, regionale und städtische Blätter werben um Leser, unter ihnen die wichtigste ***überregionale Zeitung*** *Renmin Ribao* (Volkszeitung), die eine Art Sprachrohr der Regierung ist.

Neben den Zeitungen erscheinen rund 7.596 ***Magazine*** im Wochen- oder Monatsrhythmus. Sie decken alle Bereiche des öffentlichen Lebens ab, angefangen von Kochrezepten, Frauenzeitschriften, Zeitschriften für Hobbybastler bis hin zu wissenschaftlichen Fachzeitschriften.

Politische Ausrichtung

Der Inhalt wird überwacht und der herrschenden Linie unterworfen. Wie diese Linie jeweils aktuell aussieht, kann man in der ***Monatszeitschrift Rote Fahne*** *(Hongqi)* nachlesen, der wichtigsten Publikation für Theorie und Praxis des Marxismus. Im Laufe der Geschichte der VR China hat sich allerdings gezeigt, das bestimmte Medien stets von einzelnen politischen Gruppierungen dominiert wurden, die die Presse in Krisenzeiten versuchten unter Kontrolle zu bekommen, um ein Forum für ihre Agitation zu haben.

Besonders in der Zeit ***vor der ⇗ Kulturrevolution*** entbrannte der Richtungsstreit um die verschiedenen Medien, die wechselseitig von „ultralinken" oder „ultrarechten" Gruppierungen kontrolliert wurden, bevor die Ultralinken das Heft für einige Zeit endgültig in die Hand bekamen. Ein aufmerksames Lesen der Zeitungen zwischen den Zeilen gehört auch heute noch zur Plichtübung eines jeden Kaders, der politisch überleben will.

Gerade für ***Mao*** bildeten die Zeitungen ein Testfeld, auf dem er ausprobierte, ob er sich mit seinen Vorstellungen seinen Gegnern gegenüber bereits durchsetzen konnte oder auf dem er verklausuliert neue Angriffe gegen seine Opponenten startete.

Presse für Minderheiten

Für die nationalen Minderheiten werden mehr als vierzig verschiedene Zeitungen und Zeitschriften aufgelegt, sie sind allerdings auch nur ein verlängertes Sprachrohr der Regierung, und wenn alles stimmt, was in ihnen zu lesen ist, muss es den Minderheiten blendend gehen.

Illegale Presse

Neben all der streng staatlich kontrollierten Presse gibt es noch zahlreiche Veröffentlichungen, die zur sogenannten ***Gelben Literatur*** gezählt werden. Offiziell handelt es sich um pornographische Produkte, tatsächlich fallen aber all jene Schrifterzeugnisse darunter, die der Partei nicht genehm sind. Ihre Zahl geht in die Hunderte, und meist werden sie von Straßenhändlern verkauft, die sich schnell verdrücken können, wenn Gefahr im Verzug ist.

Information und Kritik

Bei aller Kritik an den staatlich reglementierten Zeitungen, Radiosendungen und Fernsehprogrammen muss man allerdings zur Kenntnis nehmen, dass viele Chinesen ausgesprochen gut über ***internationale Ereignisse*** informiert sind. Vielleicht ist die relativ ausführliche Auslandsberichterstattung aber auch nur ein politisches Bonbon, um davon abzulenken, dass von echten innenpolitischen Problemen selten kritisch die Rede ist.

Kritik wird über die Medien vor allem an der ***Kommunalpolitik*** geübt. Hier können sich Leser in Zuschriften relativ unbeschadet über aktuelle Entwicklungen auslassen, ein guter Gradmesser für die politische Führung, herauszfinden, wo die Kommunalpolitik im argen liegt. Wegen der vielen Qualitätsprobleme, die bei chinesischen Produkten durch Pfusch und Schlamperei auftreten, wurde beispielsweise beim chinesischen Fernsehen eine zwanzigköpfige Kommission gebildet, die unangemeldet in Betrieben auftauchen darf, um über dortige Missstände zu berichten und zu filmen. Auslöser war nicht zuletzt der Skandal um billig hergestellte Heizdecken, die bei Benutzung Feuer fingen, da die elementarsten Sicherheitsmaßnahmen aus Kostengründen weggelassen worden waren, so dass eine Reihe von Menschen verbrannten oder schwer verletzt wurden. Die öffentliche Berichterstattung über derartige Missstände gibt dem Normalbürger zumindest das Gefühl, dass seine Sorgen ernstgenommen werden und sich tatsächlich etwas tut und nicht nur geredet wird.

Fremdsprachige Publikationen

In den fremdsprachigen Zeitungen und Zeitschriften steht eigentlich auch nicht mehr als in den chinesischen, aber wenn man lange unterwegs ist, bieten sie doch eine gewisse Grundlage an brauchbaren Informationen. Zeitschriften sind allerdings meist bunte Werbeblätter, in denen Loblieder auf alle Aspekte des chinesischen Lebens gesungen werden. Dennoch bieten sie oft einen ***Einstieg in den Alltag,*** bieten Informationen zu neuen touristischen Zielen oder zu aktuellen Problemen, wobei Kritik hier immer wohldosiert ist.

Wichtige Publikationen sind die englischsprachige Tageszeitung *China Daily,* die sowohl in China als auch in Hongkong und den USA vertrieben wird, die *Business Weekly,* die am Sonntag über das aktuelle Wirtschaftsgeschehen Auskunft gibt, das wöchentlich erscheinende Nachrichtenmagazin *Beijing-Rundschau,* das in verschiedenen Sprachen erscheint, die Monatsmagazine *China Today* und das farbig aufgemachte *China Pictorial.* Weitere Publikationen sind *Women of China, Shanghai Pictorial, China Sports* oder *Chinese Literature.*

In den großen Hotels und manchen Freundschaftsläden bekommt man neben den chinesischen englischsprachigen Zeitungen oft auch die ***ausländischen Nachrichtenmagazine*** *Newsweek, Time, Far Eastern Economic Review, South China Morning Post,* und in Beijing kann man manchmal sogar den *Spiegel* ergattern.

Radio und Fernsehen

Fernsehprogramme

Wer bei uns über die Qualität der öffentlich-rechtlichen Programme jammert, der sollte mal einen Blick ins ***staatliche chinesische Fernsehen*** (CCTV) werfen. Neben den endlosen Litaneien über den Erfolg des sozialistischen Systems kann man an zahllosen Fernsehkursen, z.B. Englisch oder Deutsch für Anfänger, teilnehmen oder sich Fernsehserien reinziehen, bei denen man sich wundert, dass die Schauspieler dabei nicht selbst einschlafen.

Einzige Abwechslung bieten die ***Fernsehprogramme großer Hotels,*** die via Satellit BBC, CNN oder Star TV aus Hongkong empfangen können und oft über den Hauskanal gute Spielfilme senden.

Radio

Nicht viel besser sieht es beim Radio aus. Meist bekommt man auf langen Busfahrten ein komplettes Tagesprogramm aus Musik, Nachrichten und Kabarett in ohrenbetäubender Lautstärke um die Ohren gehauen.

Schwarze Bretter

Information, Erziehung

Schwarze Bretter sind eine gängige Einrichtung, um wichtige Information, etwa zu Kampagnen oder Veranstaltungen, allgemein bekannt zu machen. Es gibt sie speziell für die Nachbarschaftseinheiten (⇗ Danweis), wo aktuelle Kampagnen (Hygiene, Anti-Spuck-, Verkehrserziehungskampagnen u.a.) angekündigt werden, aber auch in Parks, wo man sich über lokale Ereignisse informieren kann, an Straßenkreuzungen, wo der Inhalt meist verkehrserzieherischer Art ist und mit drastischen Fotos von Unfällen untermalt wird, auf öffentlichen Plätzen, wo über die Familienplanung informiert wird usw.

Politische Lenkung

Eine besondere Form der schwarzen Bretter waren die ***politisch gesteuerten Wandzeitungen,*** deren Inhalte sich aber durchaus verselbständigen konnten. Hinter diesen öffentlichen Info-Tafeln steckt die Idee des Schneeballsystems. Einige lesen die Nachrichten, erzählen sie weiter, und die so Beglückten erzählen das Gehörte ebenfalls weiter usf.

Doch nicht nur Information, auch ***Abschreckung*** wird mittels der schwarzen Bretter praktiziert. So werden die Listen der zum Tode Verurteilten mit Namen, Alter, Art der begangenen Verbrechen und Gerichtsurteil ausgehängt. Ein quer über die Liste gezogener roter Haken zeigt die vollzogene Vollstreckung des Urteils an.

Wirtschaft

Die vier Provinzen Shaanxi, Gansu, Qinghai und Xinjiang gehören zu den ärmeren Gegenden Chinas, die deutlich weniger vom wirtschaftlichen Boom profitieren als die Küstenregionen.

Wirtschaftszusammenschluss

Aus diesem Grunde haben sich die Partei- und Regierungschefs der fünf nordwestlichen Provinzen (Shaanxi, Gansu, Ningxia, Qinghai, Xinjiang) zu gemeinsamen Gesprächen über einen Wirtschaftszusammenschluss getroffen. Um im Wettbewerb mit den Küstenprovinzen zukünftig besser Schritt halten zu können, wurden verschiedene Projekte diskutiert, wie die Zusammenarbeit bei der Ausbeutung von Rohstoffen, Ausbau der Infrastruktur, Entwicklung moderner Schlüsselindustrien, Bildung größerer Unternehmensgruppen zur Wettbewerbssteigerung und Abbau regionaler Blockaden sowie gegenseitige Handelsvergünstigungen. Ob die geplante wirtschaftliche Kooperation in den nächsten Jahren Bestand hat, bleibt abzuwarten. Aber die Konferenz zeigt auf alle Fälle die angespannte Wettbewerbslage zwischen den armen Nord-West-Regionen und den boomenden Küstenprovinzen, zumal in allen fünf Provinzen ein ungeheures noch ungenutztes Potential an Naturressourcen brach liegt.

Landwirtschaft

Während viel über den Aufbau der Industrie diskutiert wird und auch schon Gelder in diesen Sektor fließen – ist er doch Hoffnungsträger Nummer eins der künftigen Wirtschaftsentwicklung – ist die Landwirtschaft noch immer ein Stiefkind. Es wurden zwar vergleichsweise hohe Wachstumsraten erzielt, aber die Er-

Trotz des chinesischen Wirtschaftswunders begegnet einem überall noch die Armut

träge kommen nicht den Bauern zugute. Trotzdem steigen die Preise, Kapital ist knapp, und Investitionen und Konsum kommen nur langsam in Gang.

Gegen die niedrigen staatlichen Getreideankaufspreise und die steigenden Abgaben gab es erste ***Bauernproteste.*** Unfaire aber gängige Methode des Staates ist auch die Ausstellung von Schuldscheinen statt einer Bargeldzahlung beim Getreideankauf. Ein weiteres Problem ist die Zunahme von ***willkürlichen Gebühren*** und Abgaben aller Art. Davon werden dann z.B. Prestigeobjekte der Gemeinde- und Kreisverwaltung finanziert.

Kunstraub

Einige Bauern Gansus haben eine lohnenswerte Einnahmequelle entdeckt, um dem finanziellen Dilemma zu begegnen. Als „Hobbyarchäologen" betätigen sie sich nebenbei als Kunsträuber – mit steigender Tendenz, wie die Behörden beklagen, die diesem Trend seit Jahren erfolglos versuchen Einhalt zu gebieten. So wurden in den letzten Jahren über 100 Gräber aufgebrochen und ca. 20.000 qkm historischer Stätten nach Altertümern durchwühlt. Aus den Grottenanlagen von Nan Shi Ku Si und Maijishan wurden 12 Köpfe abgeschlagen und eine 1.500 Jahre alte Statue gestohlen.

Die geraubten Kunstgegenstände werden über einen florierenden ***Schwarzmarkt*** verschoben. Für ein Jadedrachenpaar wurden beispielsweise 20.000 Yuan bezahlt. Wen wundert es da, wenn aus dem Raub von Kunstgütern ein lukrativer Volkssport wird.

Minderheiten

In Xinjiang sind die nationalen Minderheiten die ***Verlierer der Wirtschaftsreformen*** seit 1981. Die nun privatwirtschaftlich geführten Betriebe haben in der Regel immer noch dieselben chinesischen Führungskräfte wie vor der Privatisierung. Sie können jetzt über die Einstellungen und Entlassungen selbst bestimmen. So ist die Industriearbeiterschaft Xinjiangs überwiegend han-chinesisch. Denn in den neu eingerichteten Betrieben werden fast ausschließlich chinesische Zuwanderer oder Chinesen aus den unrentalbel arbeitenden PAK's (s. Exkurs Aufbaukorps Xinjiang) eingestellt.

Im Verwaltungsbezirk Ürümqi sind von 200.000 IndustriearbeiterInnen nur 20.000 Turkestaner. Und selbst im überwiegend uigurischen Kashgar sind in der größten Textilfabrik von 12.000 Beschäftigten nur 800 nicht chinesisch. Folglich ist die ***Arbeitslosigkeit*** unter den Minderheiten recht hoch. Sie erreicht in manchen Gegenden bei den Unter-25-jährigen sogar 75 %.

Wirtschaft Shaanxis

Das durchschnittliche Monatseinkommen betrug 1999 nur 430 Yuan und lag damit gerade einmal auf Rang 27.

Landwirtschaft

Angebaut werden hauptsächlich Weizen, Mais, Knollenfrüchte, Soja und Ölfrüchte wie Rapssamen, Erdnüsse und Sesam. Während bei vielen ***Agrarerzeugnissen*** die Pro-Kopf-Produktion unter dem Landesdurchschnitt liegt, liegt sie bei Obst und Milchproduktion darüber. Der meiste Weizen wird in der Weihe-Ebene angebaut, die wegen ihrer fruchtbaren Löß- und Flussablagerungen seit Jahrhunderten ein bedeutendes Agrargebiet ist. Hier gedeiht auch die wasserintensive Baumwollpflanze. Im Norden der Provinz wird Hanf angebaut.

Die ***Viehwirtschaft*** trägt nur mit einem knappen Viertel zum landwirtschaftlichen Bruttoprodukt bei. Im Norden spielen Schaf- und Ziegenzucht eine gewisse Rolle.

Bodenschätze

Die Provinz verfügt über einige bedeutende Bodenschätze. Im Bezirk Yulin wurden ***Kohlevorkommen*** von guter Qualität entdeckt sowie ***Mineralölvorkommen.*** Im Nordosten des Qinling-

Die traditionellen Kopfbedeckungen werden von Alt und Jung auch im Sommer getragen

Gebirges liegen Chinas größte Molybdänitvorkommen und im Bezirk Hanzhong die drittgrößten Asbestvorräte. Desweiteren gibt es Ton (Tongchuan), Kaltstein (Tongchuan, Xianyang und Yulin), Eisenerz (Ankang, Hanzhong, Tongchuan), Antimon, Silber, Beryllium, Indium, Rhenium, Kadmium, Phosphat und Fluorit (Shangluo).

Industrie

Das industrielle Niveau ist im Vergleich zu anderen Provinzen niedrig. Der Produktionsschwerpunkt liegt bei der ***Schwerindustrie*** und der ***rohstoffverarbeitenden Industrie.*** Weitere wichtige Branchen sind außerdem Textilindustrie, Maschinenbau, Elektronik und Fernmeldeeinrichtungen, Verkehrs- und Transporteinrichtungen, Elektromaschinen- und Gerätebau.

85 % der Produktion ist auf ***Zentralshaanxi*** konzentriert, und davon vereinigt allein Xi'an 43 % auf seinem Stadtgebiet und in der näheren Umgebung.

Wirtschaft Gansus

Das Monatseinkommen in Gansu lag 1999 bei durchschnittlich 520 Yuan und auf Rang 12 im Landesvergleich.

Landwirtschaft

Im fruchtbaren Südosten der Provinz, der von Nebenflüssen des Weihe durchzogen wird, und um Lanzhou konzentriert sich die Landwirtschaft. Auf ca. 50 % der Anbaufläche wird ***Weizen*** geerntet. Außerdem wird Mais, Gaoliang (eine Hirseart), Hirse, Gerste und Hochlandgerste angebaut. Um Lanzhou werden hauptsächlich Weizen, Reis, Baumwolle, Tabak, Gemüse, Obst, Kürbisse und Melonen gepflanzt, während in den östlichen Teilen bis zum Huanghe Terrassenwirtschaft mit Weizen- und Hirseanbau vorherrscht. Der trockene Westen mit seinen Wüstengebieten gestattet nur noch um die Oasen in den Flusstälern eine landwirtschaftliche Nutzung. Hier wird hauptsächlich Reis und Frühjahrsweizen angebaut.

30 % der Provinzfläche sind als Weideland ausgewiesen. Dennoch spielt die ***Viehwirtschaft*** nur eine untergeordnete Rolle mit Ausnahme der Schafszucht mit 8,8 Mio. Tieren und der damit verbundenen Wollproduktion. Maultiere und Kamele werden als Lasttiere in den unwirtlichen Berg- und Wüstenregionen im Westen eingesetzt.

Bodenschätze

Gansu verfügt über eine ganze Reihe von Bodenschätzen. Im Qilian-Gebirge liegen Chinas größte Reserven an Nickel, Platin, Palladium, Iridium, Osmuim und Rhodium. Außerdem gibt es größere Vorkommen von Kupfer, Blei, Zink und Antimon. Steinkohle wird in größeren Mengen um Lanzhou und Shandan abgebaut. Yumen war lange Zeit das wichtigste Mineralölfeld Chinas. Nachdem andere Förderfelder erschlossen wurden sank die Produktion auf 1,1 % der nationalen Förderung. Wasserkraft spielt bei der Stromerzeugung eine wichtige Rolle; ca. die Hälfte der Stromerzeugung wird dadurch sichergestellt.

Industrie

Die wichtigsten Industriezweige sind die ***Schwermetallindustrie*** mit 71 % des Industrieprodukts, die buntmetallverarbeitende Industrie, Wolltextilindustrie und die Nahrungsmittelverarbeitung.

Wichtige ***Industriestandorte*** sind Lanzhou, Jiuquan und Jinchang. Lanzhou ist ein wichtiger Standort der chinesischen Atomwirtschaft, Petrochemie und der Maschinenproduktion für die Erdölindustrie.

Wirtschaft Qinghais

Auf knapp der Hälfte der Gesamtfläche Qinghais ist Weidewirtschaft möglich. Die Wald- und Ackerbauressourcen sind dagegen gering. Dennoch lag das durchschnittliche Monatseinkommen 1999 bei 570 Yuan, womit die Provinz im Landesvergleich auf Platz 9 landet.

Landwirtschaft

Hauptanbauprodukte sind neben Weizen und Hochlandgerste, dem Hauptnahrungsmittel der Tibeter, Erbsen, Saubohnen, Kartoffeln, Rapssamen, Leinsamen und Zuckerrüben. Die ***Feldwirtschaft*** konzentriert sich hauptsächlich im Osten Qinghais südlich und östlich des Qinghai-Sees.

Die ***Viehwirtschaft*** hat eine größere Bedeutung als der Ackerbau. Sie konzentriert sich auf die Autonomen Bezirke Haixi und Yushu und im südöstlichen Guolog. Damit verfügt die Provinz über 22 % der gesamtchinesischen Weideflächen. Rinder, Schafe, Pferde und die Hälfte aller Yaks in China weiden auf diesem Grasland. Qinghai ist ein Hauptproduzent von Milchprodukten, aber auch Schaf- und Ziegenfleisch sowie Schafswolle sind wichtige Produkte.

Bodenschätze

Große Ressourcen an Bodenschätzen wie Mineralöl, Chromit, Blei, Zink, Bor, Lethium und Asbest befinden sich im ***Qaidam-Becken.*** Im ***Qilian-Gebirge*** liegen Chromit- und Nickelvorkommen, im Nordosten gibt es Kohle, Gold, Kupfer, Platin und Quecksilber, im Nordwesten Antimon. Im ***Qarhan-Salzsee*** wurden große Vorräte an Kaliumchlorid nachgewiesen. Durch die Austrocknung großer Teile des Sees gewann auch die Kochsalzgewinnung an Bedeutung.

Industrie

Die industrielle Produktion ist relativ unterentwickelt. Die ***Rohstoffindustrie*** ist der wichtigste Zweig, der in den letzten Jahren auch am stärksten intensiviert wurde. Im Qaidam-Becken wurden Erdöllager entdeckt und ihre Erschließung in den 80er Jahren stark vorangetrieben.

Huatugou ganz im Westen ist durch eine 430 km lange Pipeline mit Golmud verbunden, wo das Erdöl in einer neuen Anlage seit 1991 raffiniert wird. Diese ***Erdölraffinerie*** soll auch für den Bedarf in Tibet produzieren. Zu diesem Zweck wurde eine Pipeline dorthin gelegt.

Außerdem steht im Qaidam-Becken die größte Kalidüngerfabrik Chinas. Seit 1990 gewinnt als neuer Wirtschaftszweig die ***Salzgewinnung*** rasch an Bedeutung. In den traditionellen Salzgebieten Chinas, an den Küsten, wurde der Salinenbetrieb durch Taifune und Überschwemmungen im Laufe der Zeit immer unrentabler.

Ein Drittel des Qinghaier Industrieprodukts wurde durch die ***Leichtindustrie*** erwirtschaftet. Darunter fällt die Herstellung von Lebensmitteln und Textilien. Wichtige Zweige sind auch noch der Maschinenbau, die metallverarbeitende und die Kraftfahrzeugindustrie.

Große und wichtige ***Industriezentren*** sind das schon erwähnte Golmud und Xining. Außerdem wurden bei Xining und Hualong Steinkohlevorkommen erschlossen. Mit der voranschreitenden Ausbeutung der Rohstoffe verstärkt sich auch der Zustrom chinesischer Zuwanderer, so dass in den wirtschaftlichen Entwicklungsgebieten die Han-Bevölkerung bereits stärker vetreten ist als die einheimischen Minderheiten.

Wirtschaft Xinjiangs

Das durchschnittliche Monatseinkommen lag 1999 bei 530 Yuan, womit die Provinz auf Rang 11 kam.

Landwirtschaft

Die Landwirtschaft spielt eine große Rolle in der Wirtschaft Xinjiangs; übertrifft doch das Pro-Kopf-Ergebnis den Landesdurchschnitt um 1/3. Die hohe landwirtschaftliche Produktion geht jedoch sehr zu Lasten der Umwelt. Die mit gewaltigem Aufwand betriebene Urbarmachung von großen Wald- und Weideflächen in den 50er Jahren führte zu weitreichenden Umweltschäden.

Wegen der geringen Niederschlagsmengen muss fast überall künstlich bewässert werden. Bewässerungsanlagen, die durch aufgefangenes Oberflächenwasser aus den Staudämmen gespeist werden, führen zur ***Versalzung der Böden.*** Die alten Bewässerungssysteme der Oasen, wie z.B. das unterirdische Kanalsystem in Turfan, sind wesentlich umweltgerechter. Die schwierigen Bewässerungsbedingungen erlauben auch nur eine Ernte im Jahr.

Hauptanbauprodukte sind Weizen, Mais, Zuckerrüben, Baumwolle (Aksu, Kashi), Obst, insbesondere Melonen (Kashi) und Weintrauben (Turfan). Raps-, Leinsamen- und Sonnenblumenfelder gibt es im Westen und Nordwesten Xinjiangs.

30 % der Fläche Xinjiangs ist Weideland, so dass die ***Viehzucht*** eine wichtige Rolle spielt. Die Tierhaltung ist vor allem im Junggar-Becken und an den Hängen des Tian Shan verbreitet, meist in Form nomadisierender Schafszüchter. Außerdem werden Milchkühe (17 % Anteil in China), Kamele (35 %), Wollschafe (21 %), Esel (10 %), Pferde (9 %), und Ziegen (4,5 %) gehalten.

Bodenschätze

Xinjiang ist eines der rohstoffreichsten Gebiete der Erde. Hier liegen die größten ***Kohle- und Erdölvorkommen*** Chinas. Die bedeutenden Kohlelagerstätten sind im Hami-Turfan-Becken und im Junggar-Becken. Erdöl wurde im Karamay- (Junggar-Becken) und im Tarim-Becken gefunden.

Weitere wichtige Rohstoffe sind Beryllium, Natrium, Salpeter, Kaliglimmer, Porzellanerde und Serpentin. Eisenerzvorkommen wurden bei Hami, Ürümqi und Kucha nachgewiesen, Chromerze im Junggar-Becken, Mangan bei Turfan, Nickel im Altay-Gebirge und Wolfram im Norden und Osten der Provinz. Außerdem gibt es noch große Uranerz-Lagerstätten, Aluminium, Blei, Zink, Gold, Kupfer und Quecksilber.

Industrie

Durch die reichen Bodenschätze sind Bergbaubetriebe, die Schwermetallindustrie und die Erdölgewinnung auch die wichtigsten ***Industriezweige.***

Trotzdem hatte Xinjiangs Industrieproduktion nur 0,8 % Anteil an der Gesamtproduktion Chinas. Deshalb machte die Zentralregierung 1992 2 Mrd. Yuan zur ***Förderung der Region*** locker. Die Finanzmittel sollen für den Bau von rund 40 Projekten einschließlich der Erdöl- und Erdgasexploration, dem Bau von Äthylenfabriken, der Energiegewinnung und dem Ausbau des Eisenbahn- und Straßennetzes verwendet werden. Das unzureichende Verkehrsnetz ist ein wesentlicher Hemmfaktor bei der Ausbeutung der Rohstoffreserven.

Weitere kleine Industriezweige sind die Salzgewinnung, die erdölverarbeitende Industrie und der Maschinenbau. Textil- und Kunsthandwerk sind traditionelle Wirtschaftszweige. Die Textilindustrie ist nach der Erdölproduktion der zweite Entwicklungsschwerpunkt. Huf-, Gold-, Kupfer- und Silberschmiede sind alte, aber immer noch ausgeübte Handwerksberufe, von denen die Basarökonomie lebt. Seit 1980 werden auch die Konsumgüterindustrie sowie private Kleinbetriebe in Handel, Gastronomie, Leichtindustrie, Kunsthandwerk, Reparaturdienste und Wartungswesen stärker gefördert, um die lokale Versorgung zu verbessern.

Die wichtigen ***Wirtschaftszentren*** sind Ürümqi und Karamay (Schwerindustrie), Hami (Kohlezentrum Nordwestchinas) und Shihezi (Lebensmittel und Papierindustrie).

Tourismus

Massentourismus

Wohl kein Land in Asien setzt so konsequent auf den Massentourismus wie China. Vor allem in der ***Hochsaison*** (Juli, August) ist das Land dem Ansturm von außen kaum mehr gewachsen, weil sich dann auch Millionen von Inlandstouristen auf den Weg machen und Infrastruktur und Hotelkapazitäten den Massenansturm nicht mehr bewältigen können. Dazu kommen rund 130 Millionen Wanderarbeiter, die vor allem die Züge hoffnungslos überfüllen. Diese Situation bildet natürlich auch ein ideales Umfeld für die Korruption, und gerade Reisegruppen sind von extremen Trinkgeldforderungen, Ruppigkeit und Preiserhöhungen betroffen.

Da China in den letzten Jahren eine Unzahl neuer ***Luxushotels*** gebaut hat bzw. für Ausländer geöffnete Hotels renovieren ließ, sind etwa in Xi'an wie auch in den meisten anderen Großstädten kaum mehr preiswerte Zimmer zu bekommen.

Entwicklung

1988 wurden 4,4 Millionen ausländische Besucher gezählt, die dem Land rund 2,2 Milliarden US$ an Devisen bescherten. Gegenüber dem Vorjahr betrug die Steigerung fast 20 %.

Den größten ***Einbruch*** erlebte der China-Tourismus am 4. Juni 1989 mit der Niederschlagung der Demokratiebewegung. Die dramatischen Verluste im Tourismusgeschäft beziffern sich auf über 1 Milliarde US$ und zwangen eine Reihe neuer Hotels, ihre Tore wieder zu schließen.

Mittlerweile boomt das Geschäft und China gab für 1996 die Zahl der Besucher aus Übersee mit 51,1 Millionen (einschließlich Hongkonger und Taiwanesen) an. Durch die Asienkrise 1997 fiel diese Zahl 1998 allerdings geringer aus. 1999 reisten über 60 Millionen Besucher ein. Zur weiteren Förderung des Tourismus werden von der nationalen Tourismusbehörde (National Tourism Administration) und der für den Flugverkehr zuständigen Behörde CAACpermanent neue touristische Ziele ausgewiesen. Allein 150 in den letzten drei Jahren.

Preissteigerungen

Zur Zeit wird in allen touristisch relevanten Regionen viel Geld investiert, um sie leichter für den Tourismus zugänglich zu machen. Wird eine Region zur ***Tourismus-Zone*** erklärt, wie die Seidenstraße und verstärkt die südchinesischen Provinzen Sichuan und Yunnan, klettern sofort die Preise in die Höhe, meist noch bevor überhaupt ein Spatenstich erfolgt ist. Touristen sind in China Devisenbringer, und wer sparen oder zumindest nicht so viel ausgeben will, wie die Chinesen es in ihren Plänen festlegen, ist nicht erwünscht. Das bekommt man sowohl als Gruppen- wie auch als Individualreisender leider immer stärker zu spüren, über eine himmelschreiende Preispolitik, die jeden Touristen systematisch schröpft.

Die Menschen

Bevölkerung

„Der entscheidende Faktor, neben der Führung der Partei, ist nämlich das Volk von 600 Millionen. Je mehr Menschen, desto mehr Betrachtungsweisen und Anregungen, desto intensiver auch die Begeisterung und desto größer die Kraft." (Mao Zedong)

Bevölkerungsdichte

1999 hatte China bereits eine ***Gesamtbevölkerung*** von 1,3 Milliarden Menschen, das sind etwa 22 % der Weltbevölkerung, und bei einer Gesamtfläche von rund 9,6 Millionen km² damit eine Bevölkerungsdichte von 137 Einwohnern auf einem Quadratkilometer (zum Vergleich: Deutschland etwa. 230 Ew./km²). Da weite Teile des Landes vor allem im Westen und Tibet unbewohnt oder nur dünn besiedelt sind, ist die reale Bevölkerungsdichte in den Provinzen Ostchinas, wo sich nahezu 90 % der Gesamtbevölkerung konzentrieren, sehr viel höher. Sie liegt z.B. in Shandong bei 581,7 Einwohnern/km² und in Jiangsu bei 692 Einwohnern/km². Im unteren und mittleren Einzugsgebiet des Yangzi Jiang leben bis zu 2.000 Einwohner/km². Anders sieht es in den Nordwestregionen aus, wo die Bevölkerungsdichte von Shaanxi mit 172 Einwohnern/km² über Gansu 54,3 bis Xinjiang mit nur noch 10,5 Menschen pro km² stetig abnimmt.

Geburtenrate

Bei der enormen Menschenmasse wird natürlich jedes Jahr ängstlich auf die Geburtenrate geschielt. Angefangen hatte die junge Volksrepublik mit 1,8 % in den fünfziger Jahren, um mit 2,3 % in den Sechzigern den absoluten Höhepunkt zu erreichen. In den siebziger Jahren wurde die Notbremse gezogen, und der statistische Zuwachs ging auf 1,7 % zurück. In der folgenden Dekade konnte das langsame Greifen der ***Familienplanung*** das Bevölkerungswachstum auf 1,5 % senken. Zur Zeit wird die jährliche

Die Viehmärkte dienen nicht nur dem Handel sondern auch der Kommunikation

Wachstumsrate auf 1,2 % geschätzt, d.h. dass Chinas Bevölkerung im neuen Jahrtausend die 1,5-Milliarden-Grenze deutlich überschreiten wird. Dieses enorme Wachstum ist eine Erblast aus den Zeiten *Mao Zedongs*, dessen Vorstellung, je mehr Hände am Aufbau des Sozialismus mithelfen, desto besser, ein gehöriges Maß an Verantwortung für diese Bevölkerungsexplosion trägt.

Familienpolitik

Um der Bevölkerungsexplosion Herr zu werden, wurde 1979 das Prinzip der ***„Ein-Kind-Familie“*** verkündet. 1982 wurde dieses Gebot zur fundamentalen Staatspolitik erklärt und in der Verfassung verankert. Trotz vor allem in den achtziger Jahren strikter und umstrittener Maßnahmen wie ***Abtreibungen*** bis zum siebenten Monat, ***soziale Nachteile*** (z.B. Verlust diverser Privilegien, wie freie Gesundheitsfürsorge, und finanzielle Einbußen, Bevorzugung von Einzelkindern), ***unentgeltliche Ausgabe von Verhütungsmitteln*** konnte das Bevölkerungswachstum bisher nicht unter 1,2 % gesenkt werden.

Junge Chinesin

Vor allem Zwangssterilisationen und die rigide Abtreibungspolitik führten zu heftigen ***öffentlichen Protesten,*** so dass die Regierung die straffen familienplanerischen Zügel wieder etwas lockern musste. Das System funktioniert, wenn überhaupt, nur in den Städten, wo es sich jedoch durch Ausnahmeregelungen und Korruption ebenfalls umgehen lässt. Auf dem Land können wohlhabende Bauern finanzielle und soziale Nachteile in Kauf nehmen, die städtische Familien ruinieren würden.

Hier existiert insbesondere das Problem, das ***Mädchen unerwünscht*** sind. Mangels einer ausgereiften staatlichen Alterssicherung auf dem Land gelten Söhne immer noch als Garant für einen gesicherten Lebensabend, während die Frauen zu den Familien der Ehemänner ziehen. Die Folge ist, dass weibliche Föten oft abgetrieben oder in einigen Fällen neugeborene Mädchen auch umgebracht oder ausgesetzt werden. Es gibt vielerorts bereits Waisenhäuser für solche ausgesetzten Mädchen. Die chinesische Regierung hat diese Unsitten nicht verschwiegen, sondern versucht mit öffentlichen Apellen und Kampagnen, die Gleichwertigkeit von Jungen und Mädchen zu predigen.

Um dieser kriminellen Haltung Mädchen gegenüber zu begegnen, wurde Mitte der achtziger Jahre auf dem Land außerdem die ursprüngliche Ein-Kind-Politik in eine ***Ein-Sohn-oder-zwei-Kind-Politik*** umgewandelt. Nachdem die Volkszählung 1990 ergeben hatte, dass die Planzahlen um 20 Millionen Menschen über dem erhofften Wert lagen, wurde die Familienplanungspolitik allerdings wieder verschärft.

Zusätzlich kommen nun die Boomjahrgänge 1960 bis 1970 ins heiratsfähige Alter und wollen ebenfalls Kinder haben. Eine der angestrengten Maßnahmen ist die Propagierung einer ***möglichst späten Heirat*** und ein Kinderkriegen erst im Alter von Mitte bis Ende 20.

Ein weiteres Problem ist der ausgesprochen hohe ***Anteil der Unter-20-Jährigen*** (42 %) und der 20-25jährigen (noch einmal 10,2 %) an der Bevölkerung, der eine effektive Senkung der Geburtenrate zu einem fast hoffnungslosen Unterfangen macht. Einige Zahlen machen die Folgen selbst eines nur geringen Bevölkerungswachstums deutlich: Jährlich müssen zur Zeit 15 Millionen Berufsanfänger ins Arbeitsleben integriert werden. Dem steht im neuen Jahrtausend allerdings nun das Problem der Überalterung der Bevölkerung gegenüber. Mit dem Greifen der Ein-Kind-Politik stehen schon in etwa 30 Jahren mehr alte Menschen den jungen gegenüber. Auch China bekommt damit das Problem einer Finanzierung der Renten.

Die Ein-Kind-Politik gilt mit wenigen Ausnahmen (Zhuang und Hui-Nationalität) ***nur für Han-Chinesen,*** die 92 % der Gesamtbevölkerung ausmachen. Mehr und mehr werden allerdings Forderungen laut, die Ein-Kind-Politik auch auf die Minderheiten auszudehnen. Hier wird allerdings verkannt, dass deren Bevölkerung kaum zur Bevölkerungsexplosion beiträgt, auch wenn ihr Anteil an der Gesamtbevölkerung von 1982 bis 1990 deutlich gewachsen ist. Vielmehr handelt es sich um ein eher populistisches Thema, das davon ablenken soll, dass die offizielle Politik in vielen Fällen schlicht und ergreifend versagt.

Minderheiten

China ist, was Wunder bei seiner Ausdehnung, ein ***Vielvölkerstaat*** mit 56 anerkannten ethnischen Gruppen, deren größte mit rd. 92 % die der Han-Chinesen ist. Diese führen ihre Ahnen auf die aus Nordchina stammende Han-Dynastie (206 v. Chr. - 220 n. Ch) zurück.

Nationale Minderheiten

Rund 8 %, d.h. etwa 98 Millionen Menschen, gehören zu den anerkannten sogenannten nationalen Minderheiten, die immerhin mehr als die Hälfte des gesamten Landes besiedeln, vorzugsweise die strategisch und wirtschaftlich wichtigen Grenzgebiete. Als Volksgruppen unterscheiden sie sich nicht nur von den Han, sondern auch untereinander; in ihren Umweltbedingungen (Gebirge, Wüstengebiete, Steppen, Wälder), ihren Wirtschaftsformen (Nomaden mit Viehherden, Sesshafte mit Ackerbau und Jagd), in Sprache und Schrift (teils türkischer, arabischer, indischer etc. Herkunft), in Sitten und Gebräuchen sowie in der Religion (Animismus, Islam, ⇗Lamaismus, Buddhismus, Christentum u.a.). Neben 55 anerkannten Minderheiten kämpfen noch weitere etwa 25 Volksgruppen mit zusammen ca. 900.000 Angehörigen um eine Anerkennung, erfüllen aber die Voraussetzungen des Nationalitätenbegriffs nicht oder noch nicht.

Die junge Uigurin freut sich darüber, dass ein Foto von ihr gemacht wird

Die Minderheitenpolitik der VR China

Verfassungsbestimmungen

Mit Ausrufung der VR China am 1.10.1949 wurde der neue Staat als eine große Völkergemeinschaft proklamiert, in der alle Nationalitäten gleichberechtigt, solidarisch und freundschaftlich nebeneinander leben und zusammenarbeiten. Am 20.9.1954 wurde die erste Verfassung verabschiedet und in Art. 3 damit auch der künftige Kurs der Minderheitenpolitik verbindlich festgelegt. Den Minderheiten wird darin ein Recht auf eigene Sprache, Schrift, Sitten und Gebräuche eingeräumt. In Gebieten, in denen nationale Minderheiten in geschlossenen Gemeinschaften siedeln, kann auf Wunsch regionale Autonomie praktiziert werden. Ferner enthält Art. 3 ein Diskriminierungsverbot.

Der politische Kurs der Regierung gegenüber den Minderheiten hat sich indes seit Bestehen der VR China mehrfach geändert.

Frühphase der VR China

In den Jahren zwischen 1949 und 1957, der „Periode der demokratischen Reformen", wurde die ***Gleichheit zwischen der Han-Nation und den Minderheiten*** betont und anerkannt. Ihnen wurde das Recht auf eine eigene Kultur, d.h. auf die Entwicklung ihrer Sprache und Schrift sowie die Bewahrung ihrer Religion, Sitten und Gebräuche, zugestanden. In eigens dafür geschaffenen Bildungseinrichtungen wurden Kader der nationalen Minderheiten ausgebildet, dort sollte die Analphabetenrate gesenkt werden, und die Sprachen und Schriften der einzelnen Nationalitäten sollten entwickelt werden. „Demokratische" Reformen und die Einführung der Gebietsautonomie sind jedoch die beiden wesentlichen Punkte, die diese Phase kennzeichneten:

Demokratische Reformen

In denjenigen Gebieten, in denen sich die Bevölkerung hauptsächlich aus Han-Chinesen zusammensetzte, wurden die Großgrundbesitzer direkt enteignet, das Land neu verteilt und „die Produktionsmittel in die Hände des Volkes gegeben". Durch die Unterdrückungs- und Assimilationspolitik der Nationalregierung vor 1949 und das dadurch bedingte Misstrauen den Chinesen gegenüber empfahl sich jedoch eine andere Herangehensweise in Bezug auf die politischen und ökonomischen Umstrukturierungen in den Minderheitengebieten. Um die gespannten Beziehungen zu entschärfen und eine neue Vertrauensbasis zu schaffen, sollten ***friedliche Reformen ohne gewaltsame Enteignungen*** durchgeführt werden. D.h. jedes einzelne Volk sollte erst einmal selbst die Notwendigkeit von Reformen erkennen und sie dann zu einem selbstgewählten Zeitpunkt alleine durchführen. Han-Kader sollten dabei natürlich Hilfestellung leisten und durch Diskussionen die Menschen von der Notwendigkeit der Reformen überzeugen.

Es war (und ist) den Minderheitenvölkern jedoch nicht möglich, einen grundsätzlich anderen Weg als den des kommunistisch-sozialistischen Chinas zu gehen oder sich gar aus der Staatengemeinschaft der VR auszugliedern. Man gewährte ihnen lediglich einen gewissen ***Zeitraum der Anpassung*** an den sozialistischen Kurs. Auch die Ausbildung eigener Minderheiten-Kader sollte einen bewusst sinisierenden und revolutionierenden Effekt haben.

Die nationale Gebiets-autonomie

Um überhaupt Ansprüche auf Territorialautonomie zu prüfen und gegebenenfalls erteilen zu können, wurde zunächst eine systematische ***Erfassung und Aufstellung aller Nationalitäten Chinas*** versucht.

Großfamilienausflug zu Verwandten im Nachbardorf

Gebiete, in denen vorherrschend eine Minorität siedelte, wurden zu Verwaltungseinheiten zusammengeschlossen, die durch die eigenen Selbstverwaltungsorgane kontrolliert werden sollten. So gibt es heute fünf ***Autonome Regionen*** (Innere Mongolei, Tibet, Xinjiang, Guangxi, Ningxia), 30 ***Autonome Distrikte*** und 72 ***Autonome Kreise.***

Autonomie heißt, dass den autonomen Organen ein ***Mitspracherecht*** bei der Verwaltung der Finanzen, beim lokalen Aufbau, bei der Erziehungs-, Kultur- und Gesundheitsverwaltung und bei der Aufstellung lokaler Sicherheitstruppen eingeräumt wird.

Politische Beschlüsse und Sonderregelungen müssen vor ihrer Umsetzung jedoch immer erst dem Ständigen Ausschuss des Nationalen Volkskongresses in Beijing zur Prüfung vorgelegt werden. Neue Beschlüsse dürfen überhaupt nur ***im Rahmen der Verfassung und des geltenden Rechts der Volksrepublik*** getroffen werden. Denn, so die Verfassung, die autonomen Einheiten „führen die Gesetze und die Politik des Staates in Übereinstimmung mit den bestehenden Verhältnissen in ihren jeweiligen Gebieten durch".

Vor allem aber die Verteilungs- und Produktionspläne werden von der Zentrale vorgegeben, so dass den Nationalitäten eigentlich ***nur im kulturellen Bereich*** die Sonderregelungen für autonome Gebiete zugute kommen, nicht aber auf wirtschaftlicher oder politischer Ebene. Und diese Sonderrechte gelten natürlich auch nur in den autonomen Regionen. Ein Uigure, der außerhalb der Autonomen Provinz Xinjiang lebt, bekommt nicht die gleichen Rechte zugestanden wie seine Landsleute, die innerhalb ihres autonomen Gebietes leben.

Erste Gleichschaltung

Mitte der 50er Jahre setzte die Vergenossenschaftsbewegung ein, die ganz China mit Ausnahme der Minderheitengebiete erfasste. Doch schon 1956 wurden die Befürworter eines gemäßigten politischen Kurses gegenüber den Minoritäten kritisiert und auch hier ***Volkskommunen*** errichtet.

Spätestens mit dem ***Großen Sprung nach vorn*** (1958-1960) war dann die Periode der demokratischen Reformen beendet, und die innenpolitische Radikalisierung wirkte sich direkt auch auf die Minderheitenpolitik aus, die nun ebenfalls härter und radikaler wurde. Von nun an hieß es, dass die Unterschiede zwischen der Han-Nation und den verschiedenen Ethnien so gut wie abgebaut worden seien, und die Gemeinsamkeiten wurden hervorgehoben. Im Zuge der nun folgenden „Gleichschaltungspolitik" wurden religiöse Zeremonien, Sitten und Gebräuche der Minderheiten für rückständig und dem Fortschritt hinderlich erklärt, Ausnahmeregelungen bei Heiratsgesetzen zurückgenommen und die Benutzung der eigenen Sprache und Schrift verboten.

Doch durch die bald sichtbar gewordenen katastrophalen ökonomischen Folgen der Politik des „Großen Sprungs" wurden die

Zügel ab 1961 wieder gelockert. Für kurze Zeit wurden die ***Sonderrechte der Minoritäten wiederhergestellt*** und betont, dass ihre Besonderheiten berücksichtigt werden müssten und die Verschmelzung mit dem Han-Volk erst in Zukunft realisierbar sei.

Kulturrevolution

Mit dem Einsetzen der ↗Kulturrevolution ab 1965 wurden dann alle ***Sonderrechte radikal aberkannnt.*** Die autonomen Territorien wurden als „unabhängige Königreiche“ verdammt und sogar teilweise wieder aufgelöst, wie im Fall Xishuangbanna. Kader aus den Reihen der nationalen Minderheiten wurden konsequent durch Han-Kader ersetzt, Schulen und Hochschulen der Minoritäten geschlossen und der ***Gebrauch der eigenen Sprache, Schrift und Kultur verboten.*** Über Glaubensinhalte und religiöse Tabus setzte man sich bewusst hinweg, indem etwa muslimische Landarbeiter aus Xinjiang zur Schweinezucht gezwungen wurden. Denn die Nationalitätenpolitik wurde für überholt erklärt, da die Minderheitenvölker sich ohnehin soweit assimiliert hätten, dass es sie gar nicht mehr gäbe.

Wieder Sonderrechte

Ende 1972 bahnte sich wieder ein gesellschaftlicher und politischer Umbruch an. Aber erst nach 1978 knüpfte die Zentralregierung wieder an ihre Minderheitenpolitik der 50er Jahre an. In der neuen ***Verfassung von 1982*** in Art. 4 erhalten alle seither anerkannten Minoritäten ihre Sonderrechte zurück.

Religöse Aktivitäten werden allerdings mit großem Argwohn überwacht. Obwohl die Moscheen und Tempel des Landes wieder geöffnet wurden, seit 1982 islamische Studenten im Ausland studieren dürfen, Pilgerreisen nach Mekka wieder genehmigt werden und religiöse Akademien gegründet wurden, muss sich die Religion bedingungslos den politischen und wirtschaftlichen Bestimmungen unterordnen. Es kann daher nicht von freier Religionsausübung gesprochen werden.

Das einzige wirkliche Sonderrecht, dass sie vor den Han-Chinesen genießen, ist die ***Ausnahme von der Ein-Kind-Politik.***

Obwohl die Minderheiten ihre Kultur wieder pflegen dürfen und ihr Sonderstatus in der Verfassung von 1982 neu verankert wurde, kann man von einer Verschlechterung ihrer politischen Situation und Stellung gegenüber den 50er Jahren sprechen. Die Problematik der ***aktuellen Minderheitenpolitik*** soll am Beispiel Xinjiangs gezeigt werden, da sie sich als „Vielvölkerprovinz“, in der die Minderheiten einen sehr hohen Anteil an der Bevölkerung haben, gut dazu eignet.

Beispiel Xinjiang

In den 80er und 90er Jahren gab es immer wieder ***schwere Unruhen*** in Xinjiang, die von Chinesen jedesmal gewaltsam beendet wurden und teilweise Todesopfer forderten und neue restriktive Unterdrückungsmaßnahmen nach sich zogen. Die Spannungen zwischen Chinesen und Minderheiten nehmen seitdem dabei weiter zu. Während sich die Minderheiten gegen die Benachteiligung und Zerstörung ihrer Lebensweise wehren, versuchen die Chinesen der drohenden Gefahr einer Abspaltung Xinjiangs mit scharfen kontrollierenden Maßnahmen zu begegnen. Diese Gefahr erhielt neue Brisanz durch die Entstehung unabhängiger Staaten in West-Turkestan nach dem Zerfall der UdSSR.

Die ***Reaktionen Beijings*** auf das neu entstandene Kräftegleichgewicht in Zentralasien zeigen feste Entschlossenheit, das Grenzgebiet gegen alle lokalen Widerstände zu halten und durch die Forcierung der wirtschaftlichen Entwicklung stärker als bisher an das chinesische Kernland zu binden sowie entsprechend seiner zentralen Lage zu einem eurasischen Handesplatz auszubauen. So trat *Li Peng* 1994 seine Reise durch die fünf zentralasiatischen Staaten (Kirgistan, Turkmenistan, Usbekistan, Mongolei, Kasachstan) an, um über Geschäftsabkommen, Kredite, wirtschaftliche Zusammenarbeit und neue Grenzverträge zu verhandeln und einer „pantürkischen Vereinigung" zwischen den Turkvölkern der ehemaligen UdSSR und der Provinzen Xinjiang, Qinghai, Gansu und Ningxia vorbeugend zu begegnen.

Autonomieforderungen

Nach schweren Zusammenstößen 1985 in Ürümqi hatten die Turkestaner nämlich bereits folgende Forderungen an die chinesische Regierung gestellt:

- Politische und wirtschaftliche ***Selbstbestimmung.***
- ***Demokratische Wahl*** einheimischer Kader statt der üblichen Ernennung durch die Behörden in Beijing. Nur 10-15 % der Kader in der Provinzverwaltung gehören einer nationalen Minderheit an. Dadurch wird in den Behörden natürlich auch fast nur noch chinesisch gesprochen, obwohl die Minderheitensprachen als gleichberechtigt gelten. Ein Turkestaner muss zwar fließend Chinesisch können, wenn er beruflich weiterkommen möchte, aber ein Chinese noch lange keine Sprache der Minderheiten.
- ***Einstellung der Zuwanderung von Han-Chinesen*** und der Verschickung straffälliger Zwangsarbeiter. Noch sind die Uiguren mit einer Zahl von 8,5 Mio. (1999) bei einer Gesamtbevölkerung von 17,5 Mio. (1999) die stärkste ethnische Gruppe. Aber ihre Mehrheit ist durch immer neue Einwanderungswellen stark bedroht. Zwischen 1953 und 1957 erfolgte die Haupteinwanderung nach Xinjiang. 1957 waren 23,2 % der Bevölkerung Han-Chinesen, 1949 waren es nur 1,8 %, und bis 1988 war ihre Zahl bereits auf 40,4 % angestiegen.
- ***Bessere Ausbildungsmöglichkeiten.*** Die Analphabetenrate lag 1990 nach Aussagen von Nicht-Chinesen bei 30 % für Männer und sogar bei 50 % für Frauen. Nach der chinesischen Statistik liegt die Analphabetenquote in Xinjiang bei 12,7 % und im Landesmittel bei 15,9 %.
- Mehr ***Respekt vor der Religion.***
- ***Einstellung der Atomversuche.*** Seit 1964 wurden in der Lop-Wüste (Lop Nor) bei Loulan Atomwaffentests durchgeführt. Bis 1990 sind ca. 33 Plutoniumbomben und mehrere Wasserstoffbomben gezündet worden. Der radioaktive Fallout über weite Teile Asiens bis Japan konnte nachgewiesen werden. Für die Region ist ein erhöhtes Krebsrisiko nachgewiesen.

Neue Unruhen

Im April 1990 kam es zu den größten Unruhen seit der ⇗Kulturrevolution. Anlass der Ausschreitungen war das Bauverbot einer Moschee im ***autonomen Bezirk der Kirgisen,*** Kizilsu. Nachdem Vermittlungsgespräche gescheitert waren, sollen zunächst zwei chinesische Vermittler umgebracht worden sein. Danach kam es zu weiteren Ausschreitungen und zum Einsatz von chinesischen Truppeneinheiten. Der gesamte Süden Xinjiangs wurde für Ausländer gesperrt und Armeeverstärkung nach Kashgar, Hotan und Aksu eingeflogen. Im Verlauf der Kämpfe soll es 50 Tote gegeben haben. Zuletzt kam es u.a. 1997 in Yining zu schweren Unruhen, in deren Verlauf erneut Forderungen nach einem unabhängigen Ostturkestan laut wurden.

Verbote

Die Folgen der Unruhen waren neue Verbote und Einschränkungen der religiösen Aktivitäten, die bei genauer Auslegung die Religionsausübung nach islamischen Vorschriften unmöglich machen. Die wichtigsten der insgesamt 10 Verbote sind:

- Die Religion darf sich nicht in die Bereiche der Erziehung, Ehegesetze oder Familienplanung einmischen. Eine Gesetzausübung nach der Scharia (Quelle des islamischen Rechts) ist danach unmöglich. Wobei eingeschränkt gesagt werden muss, dass in vielen islamischen Staaten die Scharia auch teilweise durch westeuropäische Gesetze abgewandelt wurde.
- Muslime dürfen weder Gewalt noch Zwang an Nichtgläubigen, die nicht an religiösen Aktivitäten teilnehmen, ausüben. Dies scheint zunächst einmal selbstverständlich. Doch die Auslegung geht dahin, dass jemand, der die Moschee mit Schuhen betritt oder Betende fotografiert, nicht hinauskomplimentiert werden darf.
- Aktivitäten, die die Gesundheit und die Produktivität gefährden, sind zu unterlassen. Damit ist z.B. das Fasten während des Ramadan gemeint.
- Predigten dürfen nur in der Moschee gehalten werden. Da aber nicht jeder Muslim die fünf täglichen Gebete in der Moschee verrichtet, kann sein Gebet außerhalb der Moschee zu einer strafbaren Handlung werden.

Unter der Respektierung der Besonderheiten der nationalen Minderheiten in Bezug auf Kultur, Religion, Sitten und Gebräuche, wie es in der Verfassung so schön heißt, stellen sich die meisten Chinesen eigentlich nur die Gewährung unterhaltsamer folkloristischer Darstellungen vor, für die man den Touristen auch noch Geld abnehmen kann.

Die Minderheiten in Xinjiang, Qinghai, Gansu und Shaanxi

Xinjiang

Xinjiang ist zwar die ***Autonome Region der Uiguren,*** doch im Gegensatz zu Tibet ist die Bevölkerung ethnisch völlig uneinheitlich und das nicht erst seit der 1949 einsetzenden Ansiedlung von Han-Chinesen. Denn in der Provinz leben 16 verschiedene Minderheiten: Uiguren, Han-Chinesen, Kasachen, Kirgisen,

Mongolen, Mandschuren, Usbeken, Tataren, Hui, Dahuren, Xibo, Tadschiken, Tibeter, Dongxiang, Salaren und Russen.

Räumliche Aufteilung

Der Tian Shan bildet eine geographische Grenze zwischen Nord- und Süd-Xinjiang. Gleichzeitig ist er aber auch eine ***kulturelle Grenze*** zwischen dem sibirisch-mongolisch-nomadischen Steppenraum und dem islamisch-urban geprägten Tarim-Becken mit seinen Oasenkulturen. In Nord-Xinjiang, das auch durch eine stärkere Industrialisierung gekennzeichnet ist, bilden heute in den Städten und Kreisen die Han-Chinesen eine Bevölkerungsmehrheit. Aber auch im Yanqi-Becken, Aksu und Korla (Süd-Xinjiang) sind die Chinesen stark vertreten. Ansonsten wird der Süden von Kashgar bis Turfan im wesentlichen noch von der uigurischen Kultur geprägt. Im Norden gibt es in Hami und im Yili-Tal nahe der kasachischen Grenze weitere uigurische Siedlungen. In den gebirgigen Randzonen nördlich und westlich des Tarim-Beckens leben Tadschiken, Kirgisen und Mongolen. Sie unterscheiden sich kulturell stark von den Uiguren und empfinden diese wegen ihrer zahlenmäßigen Überlegenheit teilweise als „zweite Kolonialmacht".

Einzelne Gruppen

Xinjiangs differenzierte Kultur und Gesellschaft wird im großen durch den Gegensatz zwischen kolonisierenden Han-Chinesen und den kolonisierten Minderheiten und im kleinen durch die kulturell verschiedenen zentralasiatischen Völker geprägt. Dabei bestehen beträchtliche Unterschiede im Hinblick auf Lebensform, Denkweise, Religion, Sitten und Gebräuche von nomadisch-halbnomadisch (Kasachen, Kirgisen, Tadschiken, Mongolen) und nicht nomadisch lebenden Völkern.

Am ausgeprägtesten ist der Unterschied wohl zwischen ***Uiguren,*** die vornehmlich den Süden bewohnen, und ***Kasachen,*** die nur in Nord-Xinjiang leben. Obwohl sich beide Völker zum Islam bekennen, haben sie eine unterschiedliche Auffassung über die Rolle der Frau, über Ehe und Scheidung, über Religion und die religiösen Würdenträger, verschiedene Ernährungsgewohnheiten und ein anderes Verhältnis zu Handel und Geldgeschäften.

Engere Beziehungen zwischen Uiguren und ***Kirgisen*** ergeben sich aus der Tatsache, dass zahlreiche Lokalgruppen, z.B. im nördlichen und westlichen Tarim-Becken, aus Vermischungen beider Völker hervorgegangen sind.

Kulturell und sprachlich fühlen sich die Uiguren allerdings am ehesten mit den ***Usbeken*** verwandt. Ihre Haltung gegenüber dem Islam ist ähnlich, beide sind Sunniten, und ihr literarisch-sprachliches Erbe hat die gleichen Ursprünge.

Durch ihre z.T. nomadisch-halbnomadische Lebensweise und ihre ähnliche religiöse Einstellung stehen sich Kirgisen und ***Kasachen*** besonders nah. Ihr islamischer Glaube ist mit naturreligiösen, schamanistischen und buddhistischen Elementen durch-

Ein Who is Who der alten Kulturen Turkestans

Was gäbe mancher Ethnologe, Kulturgeschichtler, Archäologe und an den Kulturen Turkestans interessierter Laie, wenn er ein solches Werk besäße. Liest man nämlich Werke über die Seidenstraße, geschichtliche Abhandlungen über Zentralasien oder China oder Biografien über berühmte Persönlichkeiten dieser Region, stößt man auf ein schier unentwirrbares Gemisch aus Völkern und ebensovielen Staaten. Fängt man den systematischen Vergleich an, stößt man auf Saken, Sogdier, Tocharer, Tungusen, Tanguten, Uiguren, Oiraten oder auf Xiongnu, Yuezhi, Tujue, Huihu, Wusun, Tuoba und endlos viele weitere Namen. Versucht man diese nun verschiedenen Reichen zuzuordnen, beginnt das Durcheinander von neuem. Mal existierte ein eigener Staat, mal nicht, mal scheint es den Staat gegeben zu haben, aber das dazugehörige Volk nicht mehr, und zu guter Letzt schreiben die einen Autoren über die weltgeschichtliche Bedeutung eines Volkes, das bei anderen Autoren noch nicht einmal am Rande erwähnt wird, oder doch?

Will man der Völkervielfalt genauer nachspüren, hilft nur eins, jahrelanges Studium des klassischen Chinesisch und anschließend ein lebensfüllender Blick in die chinesischen Annalen. Die führen allein für die Zeit von 100 v. bis 1200 n. Chr. über 1.000 verschiedene Völker auf, die sie mal sehr ausführlich, mal auch nur in Stichpunkten beschreiben oder gar nur namentlich erwähnen. Sortiert man die für Turkestan nicht relevanten Völker aus, bleiben für die genannte Zeit immer noch stattliche 100 Völker übrig. Das sind ziemlich viele, aber wenigstens wurden sie von den Chronisten z.T. bereits in Obergruppen eingeteilt, sie kannten auch meist ihre geographische Verbreitung und ihre Hauptmerkmale, und so bleibt am Schluss „nur" noch ein relevanter Rest von vier annähernd 70 Volksstämme umfassenden Volksgruppen.

Da sind zunächst die ***tibetischen Völker*** mit etwa 17 Volksgruppen, unter ihnen die *Tanguten,* die am Süd- und Südostrand des turkestanischen Beckens leben. Sie waren Nomaden, wohnten in Steinhäusern und hüteten Schafe, kleine Pferde und Yaks.

Dann gab es die rund 10 Volksgruppen der ***Khotan-Völker,*** unter ihnen die *Shanshan* und *Yutian,* die im eigentlichen turkestanischen Becken siedelten und Pferdezüchter, Nomaden sowie große Musikliebhaber waren (s. Qiuci-Musik). Ein interessantes Charakteristikum dieser an-

drungen, die bis heute in ihrem Denken und Empfinden lebendig geblieben sind.

Im Gegensatz dazu neigen die Usbeken, Tadschiken und Uiguren zu einem eher radikalen Islam. Die ***Tadschiken*** gehören der ismailistisch-schiitischen Glaubensrichtung an.

Die Mongolen und die Hui nehmen zwischen diesen Völkern eine isolierte Sonderstellung ein. Die ***Mongolen*** sind als Lamaisten und Schweinefleischverzehrer ausgegrenzt. Außerdem haben sie in der Vergangenheit Seite an Seite mit den Chinesen gegen die ihnen so fremden Muslime gekämpft und sie unterworfen (z.B. zur Zeit der Mongolenherrschaft im 13./14. Jahrhundert), obwohl die Mongolen ihrerseits von den Chinesen, genau wie die anderen Völker, immer wieder besiegt und unterdrückt wurden.

Obwohl die ***Hui*** Muslime sind, haben sie weitestgehend die chinesische Sprache und Kultur angenommen, sind dadurch den übrigen Minderheiten suspekt und werden wegen ihrer Zwischenposition gemieden. Viele Hui beherrschen außer Chinesisch noch eine zweite Sprache und finden deshalb leicht Arbeit in der Verwaltung und bei der Polizei, was sie als Verräter an der muslimischen Sache nur noch verdächtiger macht. Sie selbst

sonsten wenig bekannten Völker war, dass sie die Sitte der Kopfabplattung bei Jungen praktizierten (s Klosterruine Subashi bei Kuqa). Sie hatten tiefe blaue Augen, starken Bartwuchs, eine hohe Nase und einen mongolischen Einschlag.

Mit ebenfalls etwa 10 Völkern siedelten die von den Chinesen so genannten ***Sai-Völker,*** die *Saken,* in Westturkestan. Sie waren Nomaden, die Pferde und Kamele züchteten und blauäugig, manchmal z.T. sogar blond waren.

Zu guter Letzt gab es noch die große Gemeinschaft der ***Yuezhi-Völker*** mit über 30 Volksgruppen, die sich wiederum in drei große Untergruppen teilen lassen: die vermutlich nomadisierenden *Hephtaliten,* bei uns Weiße Hunnen genannt, mit etwa 4 Völkern, die eigentlichen Yuezhi, weitere acht Nomadenvölker, und die sogdischen Stadtkulturen, die in Westturkestan und den angrenzenden Bergregionen siedelten.

Von außen kamen dann noch die anthropologisch und sprachlich zu den ***türkischen Völkern*** gehörenden *Xiongnu, Tujue, Huihu* und *Uiguren,* die große Teile der Yuezhi nach Westen verdrängten.

Und damit nahm das sprachliche Malheur auch schon seinen eigentlichen Lauf. Die verdrängten Völker wanderten ab, siedelten woanders, passten sich an oder übernahmen eine fremde Kultur und gaben sich neue Namen. Mit den „internationalen“ Feldzügen, die Ost und West meist unfriedlich einander näher brachten, gab es neue Namenskreationen, waren Griechen, Römern und Bewohner anderer Abendländer die Zungenbrecher aus den ihnen fremden Sprachen doch zu schwierig. So wurden aus den *Xiongnu* die *Hunnen,* den *Xixia* die *Tanguten,* den *Tujue* die *Türken,* den *Yuezhi* die *Tocharer, Kushan, Sogdier* und *Asianer,* die anderswo aber wieder als *Wusun* geführt werden, aus den *Wusun* die *Issedonen, Serer* und *Asianer* und aus den *Ruanruan* bzw. *Rouran,* was soviel wie „kriechendes Gewürm“ heißt, die *Awaren* und die *Weißen Hunnen* usw. Bis heute ist noch nicht für alle diese Völker endgültig geklärt, welches Volk sich nun wirklich hinter welchem Namen verbirgt. Um den Durch- und Überblick nicht ganz zu verlieren, hilft es, in Volksgruppen zu denken, und wenn man beispielsweise etwas über die *Yuezhi* liest, hat man es meist auch mit *Tocharern, Kushan, Sogdiern* und später in Ungarn den *Awaren* oder *Weißen Hunnen* zu tun. Sie alle sind in diesem Falle Teil der großen Volksgruppe der *Yuezhi.* Manchmal identisch und manchmal nicht.

halten sich für besonders gläubige Muslime. Sie verfügen über gesonderte islamische Gemeinden und Moscheen und mit Ningxia sogar über eine eigene autonome Provinz.

Qinghai

Qinghai hat eine Gesamtbevölkerung von 5,07 Mio. Menschen. Davon sind 2,8 Mio. Han-Chinesen. Der Rest setzt sich aus den nationalen Minderheiten der Tibeter, Hui, Mongolen, Tu, Salaren und Kasachen zusammen.

Gansu

Die Bevölkerung Gansus besteht schon zu 92 % aus Han-Chinesen (25,4 Mio. Gesamtbevölkerung, davon 20,7 Mio. Han). Die restlichen 8 % bilden Tibeter, Hui, Dongxiang, Mongolen, Salaren, Baoan, Kasachen, Tu, Yugur und Mandschuren.

Shaanxi

Shaanxi kann fast vollständig als han-chinesisch betrachtet werden. Lediglich eine kleine Zahl von Hui (0,5 %) siedelt in dieser Provinz, die etwa 36 Mio. Einwohner zählt.

Die Uiguren

Völker an der Seidenstraße

Die Uiguren gehören zu den ***Turkvölkern.*** Die Urheimat dieser Steppenvölker erstreckt sich vom Balhaš-See über das Altay-Gebirge bis südlich des Baikal-Sees.

Geschichtliche Bedeutung erlangten die Türken erstmals 552 mit der Befreiung aus der Vorherrschaft der mongolischen Rouran und der anschließenden Gründung eines eigenen ***Steppenreiches im Gebiet der heutigen Mongolei.*** Im 8. Jahrhundert eroberte ein bis dahin unbedeutender Stamm, die Uiguren, mit Unterstützung der Tang-Regierung dieses Gebiet und gründete das erste unabhängige uigurische Reich. Als Nomadenvolk verehrten sie die Erdmutter *Umay* als oberste Gottheit sowie Wasser- und Erdgeister. 762 ließ sich der uigurische Herrscher *Bögü Khan* in der damaligen Hauptstadt des chinesischen Reiches (Luoyang) zum ↗Manichäismus bekehren und erhob diesen Glauben danach zur offiziellen Religion seines Steppenreichs. Doch der Manichäismus dürfte nur bei einer dünnen Oberschicht Fuß gefasst haben, während die breite Volksmasse weiter der traditionellen, schamanistischen Religion anhing. Erst mit der Zerstörung des Uigurenreiches 840 durch ein anderes Turkvolk, die Kirgisen, verlor die alte Volksreligion ihre Grundlage.

Die aus ihrem Steppenreich vertriebenen Uiguren wanderten in die ***Oasenstädte des Tarim-Beckens,*** vor allem Turfan, und nach Westgansu ab, was ihre Lebensweise kollosal veränderte. Aus dem umherziehenden Nomadenvolk wurden nun sesshafte Bauern und nicht zuletzt überaus begabte Händler. In der multikulturellen Oase Turfan trafen die Uiguren nicht nur wieder auf den ↗Manichäismus, sondern lernten auch den Buddhismus und den ↗Nestorianismus kennen. Neben dem Manichäismus nahmen die Uiguren nun hauptsächlich den buddhistischen Glauben an und entwickelten ihn zu neuer kultureller Blüte. Darüber hinaus gab es auch noch eine kleine Gemeinde christlicher Nestorianer.

Durch die geschickte Handelstätigkeit der Uiguren entwickelte sich ***Turfan*** schnell zu einem wirtschaftlichen, politischen und kulturellen Zentrum an der Seidenstraße. Auf der Basis ihres neu gewonnenen Einflusses und der damit gewachsenen Macht gründeten die Uiguren 850 das Reich von Khocho (Gaochang, das bis 1209 existierte).

Der nach Gansu ausgewanderte Teil der aus der mongolischen Steppe vertriebenen Uiguren, jetzt als „Gelbe Uiguren" bezeichnet, gündete den ***Staat der Ganzhou-Uiguren.*** Sie übernahmen zuerst den Buddhismus, später die tibeto-mongolische Form des ↗Lamaismus. Als Turfan schon längst islamisiert war, schrieb man hier im 17. und 18. Jahrhundert noch bedeutende buddhistische Texte. Politisch und kulturell erreichten die Gan zhou-Uiguren jedoch nie die Bedeutung Turfans oder Khochos.

1030 eroberten die Tanguten, ein den Tibetern verwandter Volksstamm, Westgansu bis einschließlich Dunhuang, zerstörten den kleinen uigurischen Staat und etablierten stattdessen das Reich der westlichen Xia (⇗ Xixia).

1209 ging auch das Khocho-Reich unter, als sich die Uiguren, um ein Blutvergießen zu vermeiden, freiwillig einer neu erstarkenden Macht im zentralasiatischen Raum, den Mongolen, unterwarfen. Obwohl sie nun ***den Mongolen gegenüber tributpflichtig*** waren, konnten sie sich noch eine relative Selbständigkeit bewahren. Ihre hochentwickelte manichäisch-buddhistische Kultur fand erst durch die islamischen Eroberungen im Tarim-Becken ab dem 14. Jahrhundert ein jähes Ende. Turfan und damit die Uiguren selbst wurden Ende des 14. Jahrhunderts islamisiert.

Goldene und Weiße Horde

Weitere turksprachige Völker der Seidenstraße sind Kirgisen, Kasachen, Usbeken und Tataren. Sie bekennen sich alle zum Islam. Darüber hinaus lässt sich ihre ethnische Zugehörigkeit auf mongolische und mongolisch/türkische Urväter zurückverfolgen.

Nach dem Tode *Dschingis Khans* wurde sein riesiges mongolisches Reich unter seinen Söhnen aufgeteilt, die es natürlich wiederum an ihre Söhne weitergaben. Dadurch entstanden verschiedene mongolische Reiche *(Ulus),* die durch Expansionskriege teilweise mächtige und einflussreiche Staaten in Zentralasien bildeten. Der älteste Sohn *Dschingis Khans, Dschotschi,* erhielt als Erbteil die Gebiete westlich von Irtysch (heute Kasachstan und Westsibirien) und Chwaresm. Im Westen, nördlich vom Kaspischen und Schwarzen Meer, grenzten das bulgarische Khanat an der Wolga, die russischen Fürstentümer und das von verschiedenen türkischen Völkern besiedelte Dascht-i-Kiptschak an den Ulus von *Dschotschi.* Sein zweiter Sohn *Batu* gliederte diese Gebiete zwischen 1237 und 1242 in sein Reich ein und unterwarf die Stämme des Dascht-i-Kiptschak. Anschließend ließ sich *Batu* in Sarai an der Wolga nieder und regierte von dort aus sein riesiges Reich, dass sich nun schnell zu einem unabhängigen Khanat entwickelte. Dieses Khanat bezeichnete man dann als ***Goldene Horde.*** Zwischen 1255 und 1359 vermischten sich die mongolischen Eroberer und ihre türkischen Truppen so stark mit den einheimischen Bewohnern des Dascht-i-Kiptschak, dass sich daraus eine neues Volk, nämlich die ***Tataren,*** entwickelten. Zwischen 1313 und 1357 wurde die Goldene Horde, und damit auch die Tataren, islamisiert.

Der Bruder *Batus, Schaiban,* erhielt von seinem Vater *Dschotschi* das riesige Gebiet zwischen dem Ural und dem oberen Irtysch als Erbteil. Im 14. Jahrhundert grenzte dieser Ulus an das Gebiet der ***Weißen Horde,*** die zwischen dem Sary-su und dem Ala-tau-Gebirge umherzogen. Damaliger Herrscher der Weißen Horde war ein Nachkomme von *Batus* ältstem Bruder *Orda, Toktamisch.*

Toktamisch machte sich 1381 zum unumschränkten Herrscher über die Goldene Horde.

In den Ala-tau-Steppen nomadisierten verschiedene türkisch sprechende Völker mongolischer und türkischer Herkunft, die unter dem Sammelnamen **Usbeken** bezeichnet wurden.

Ein Nachkomme *Schaibans* und oberster Führer des schon oben erwähnten Schaibaniden Ulus (auch als Usbekisches Khanat bezeichnet), *Abu'l Khair Khan,* vereinigte 1428 die Nomadenstämme zwischen dem Ural-Fluss, dem Syr-darja, Moghulistan und dem Tobol. Auf der Höhe seiner Macht versuchte *Abu'l Khair*

Uigurische Volkslieder sind ein lebendiger Teil der Kultur

einen zentralisierten Staat zu schaffen, um seine Autorität zu festigen und dadurch die Macht der anderen Dschingkiskhaniden-Fürsten, die seine Vasallen waren, zu brechen. Sein Plan scheiterte jedoch in einer nomadischen Gesellschaftsordung. *Karai* und *Dschani Bek,* zwei Prinzen aus der *Dschotschi-Linie,* und eine große Anzahl von Clans fielen von *Abu'l Khair* ab und suchten beim *Tschaghatai-Clan* Zuflucht. Die abgefallenen Clans wurden zu den ***Kasachen.***

Die Tataren

Die Tataren, die sich in der VR China niedergelassen haben, leben überwiegend in den Städten Yining, Tachang und Ürümqi in der Provinz Xinjiang. Sie verdienen ihren Lebensunterhalt als ***Händler, Viehzüchter*** oder ***Handwerker.*** Da die Tataren schon früh ein eigenes Kultur- und Erziehungswesen aufgebaut haben, gibt es unter ihnen einen relativ hohen Anteil an ***Intellektuellen.*** Schon 1941 wurde in Yining die erste moderne tatarische Lehranstalt gegründet.

An ***Festtagen*** werden neben Reis, der mit den Fingern gegessen wird, zwei Kuchenspezialitäten gereicht: *Gubaidiai* wird mit Käse, getrockneten Aprikosen und Reis gefüllt, und *Itebeilixi* enthält als Füllung Kürbis, Fleisch und Reis. Dazu werden ein bierähnliches Getränk, *Kerxima,* das aus Honig gegoren wird, und der *Kesaile-Wein* aus wilden Weintrauben getrunken. Ein beliebtes Spiel, das auf tatarischen Festen nicht fehlen darf, ist der Eierwettlauf. Jeder Wettläufer muss einen Löffel mit einem Ei darauf im Mund balancieren. Wer als erster das Ziel erreicht, ohne dass sein Ei heruntergefallen ist, hat gewonnen.

Die Usbeken

Die Usbeken leben ebenfalls wie die Tataren verstreut in den Städten Xinjiangs. Auch sie besitzen keine eigene Gebietsautonomie. Im allgemeinen sind die ***Sitten und Gebräuche*** der Usbeken denen der Uiguren sehr ähnlich. So sind beiden Völkern z.B. der Verzehr von Schweine-, Hund-, Esel- und Maultierfleisch verboten. Gegessen werden darf Hammel-, Rind- und Pferdefleisch.

Zu allen drei Hauptmahlzeiten wird ***Milchtee*** gereicht. Eine usbekische Spezialität, die gerne Gästen gereicht wird, ist ***Naren:*** Gekochtes Fleisch und frische Zwiebeln werden in kleine Stücke geschnitten und mit Yoghurt verrührt und mit Fleischsoße und Paprika abgeschmeckt.

Die Kasachen

Die Kasachen leben überwiegend von der ***Viehzucht*** und führen noch teilweise ein nomadisches Leben. Die Ernährung basiert daher auf überwiegend tierischen Produkten. Im Spätherbst wird das Fleisch für den Winter geschlachtet und geräuchert. Im Sommer, wenn das Vieh fetter ist, gibt es mehr Milchprodukte. Im Frühjahr, Sommer und Herbst werden Jurten bewohnt, für den Winter Lehmhäuser gebaut.

Nach der Hochzeit bezieht das junge Paar eine eigene Jurte. Da es üblich war, bei der Hochzeit der Familie der Braut Geschenke zu überreichen, verheirateten arme Hirtenhaushalte gerne ihre Töchter und Söhne miteinander, so dass keine Geschenke überbracht werden mussten. Haupterbe ist der jüngste Sohn.

Die Kirgisen

Die Kirgisen werden als Diankun bereits in den Annalen der Han erwähnt und dort als rothaarig und blauäugig beschrieben. Man nimmt daher an, dass es sich ursprünglich um ein indogermanisches Volk handelte, das sprachlich und ethnisch turkisiert wurde. 840 zerschlugen die Kirgisen das uigurische Steppenreich in der heutigen Mongolei und gründeten einen eigenen kirgisischen Staat. Im Laufe der Geschichte wanderten Teile der Kirgisen nach Südwesten ins ***Tarim-Becken*** und nach Westturkestan ein.

In Xinjiang wurde der ***Autonome Bezirk Kizilsu*** für die kirgisische Nationalität eingerichtet. Seit der ersten Hälfte des 18. Jahrhunderts bekennen sich die Kirgisen zum Islam. Im Kreis Dorbiljin sind sie jedoch durch mongolische Einflüsse überwiegend Lamaisten.

Hauptsächlich leben die Kirgisen von der ***Viehwirtschaft.*** Handel und Landwirtschaft sind relativ unterentwickelt. Tierische Produkte werden immer noch gegen Gebrauchsgüter des Alltags eingetauscht oder im Haushalt selbst verwendet, wie etwa Schafs- und Rindermägen, die als Speichergefäße für Butter eingesetzt werden. Hauptnahrungsmittel sind Fleisch, Milch, Butter, Yoghurt und Käse.

Die Söhne bleiben auch ***nach der Hochzeit*** im Elternhaus und bekommen dann auch einen Teil des Familienvermögens zugeteilt. Der jüngste Sohn bekommt jedoch den Hauptteil.

Die Tadschiken

Obwohl auch die Tadschiken Muslime sind, unterscheiden sie sich kulturell sehr stark von ihren Glaubensbrüdern. ***Tadschikisch*** ist keine türkische Sprache, sondern gehört zur iranischen Sprachgruppe der indogermanischen Sprachfamilie. Den Ursprung der Tadschiken vermutet man bei alten, ostiranisch sprechenden Stämmen im Osten der Pamir-Hochebene. Der Name *Tadschik* bedeutet der Überlieferung nach „Krone“.

Seit Jahrhunderten leben die Tadschiken überwiegend östlich der Pamir-Hochebene im heutigen ***Autonomen Kreis Tashkorgan*** (Xinjiang).

So wurde ihre traditionelle Kultur auch durch die Naturbedingungen des ***Hochgebirges*** geprägt. Üppige Weiden und eine ausreichende Wasserversorgung boten sowohl für Viehzucht als auch für Ackerbau gute Bedingungen. Im Frühjahr wurde die Hochlandgerste ausgesät, im Frühsommer die Herden auf die Hochweiden getrieben, und im Herbst kehrten die Hirten zur Ernte in ihre Dörfer, wo sie auch den Winter verbrachten, zurück. Die Tadschiken führten also ein ***halb nomadisch, halb sesshaftes***

Leben. Auch heute noch lebt diese Minderheit größtenteils von der Viehzucht und dem Ackerbau. Außerhalb der neu entstandenen Städte auf den Steppen am Fuße der Schneeberge und an den Hochgebirgsseen des Pamir leben die Tadschiken noch nach ihrer traditionellen Kultur.

Die Mongolen

Zu den ***mongolischstämmigen Völkern*** zählen neben den Mongolen selbst auch die Dongxiang der Provinz Gansu (311.000), die zum Teil auch in Xinjiang leben (40.000), die Dauren/Dahuren (121.000) in Xinjiang, die Baoan (12.000) in Gansu und die Mongur/Tu (192.000), die überwiegend in den Provinzen Qinghai und Gansu siedeln. Ihnen gemeinsam ist vor allem die mongolische Sprache/Dialekte.

Die Mongolen lassen sich in zwei übergeordnete Gruppen oder Stämme untergliedern. Als Ostmongolen bezeichnet man die Stammesgruppen der Inneren und Äußeren Mongolei sowie der angrenzenden Gebiete. Die Westmongolen sind hingegen die Mongolen der chinesischen Provinzen Gansu, Qinghai und Xinjiang sowie des westlichen Zipfels der Inneren Mongolei und des mongolischen Altay-Gebirges. Die Westmongolen Xinjiangs werden auch Oiraten genannt. In Xinjiang leben 138.000, in Qinghai 72.000 und in Gansu 71.000 Mongolen. Die ***Hauptsiedlungsgebiete*** der Mongolen in Xinjiang sind der Autonome Bezirk Bayingoleng, der Autonome Bezirk Bortala und ein Gürtel ganz im Norden Xinjiangs, der sich von Tacheng (Qöqek) bis zum Altay-Gebiet zieht. Im Bezirk Bortala ist die mongolische traditionelle Nomadenkultur noch lebendig. Aber im Yanqi-Becken, dem südlichen Teil des Autonomen Bezirks Bayingolin, sind die Han-Chinesen dermaßen stark vertreten, dass sich die Mongolen dort vollständig assimiliert haben. Die Weideflächen sind dort durch Staatsfarmen uigurischer, Hui- und Han-Bauern stark zersiedelt, so dass eine traditionelle Weidewirtschaft nicht mehr möglich ist.

Die Westmongolen bekannten sich erst Anfang des 17. Jahrhunderts zum ⇗Lamaismus. Davor waren sie Schamanisten/Animisten. Elemente davon sind im ***mongolischen Lamaismus*** lebendig geblieben. Jede Familie hat heilige Bäume, die für ausreichend Niederschlag und das Gedeihen der Weiden und Herden sorgen sollen. Diese heiligen Bäume sind trockene Äste, die in die Erde oder einen Steinhaufen gesteckt werden. Wer an solch einem Steinhaufen vorbeikommt, muss ihn umrunden und einige Steine drauflegen. Zur traditionellen Volksreligion gehören auch die Verehrung von Bergen, Gewässern, echten Bäumen und des Himmelsgottes *Tengri.* Der Wetterzauber *Jhada* war weit verbreitet und wurde von Schamanen und ⇗Lamas ausgeübt.

Die ***Familienstruktur*** ist patriarchalisch. Die Familienbande sind sehr eng. Normalerweise bewohnt eine Kernfamilie eine Yurte, aber es können auch andere Personen, z.B. der unverheiratete Bruder, miteinbezogen werden. Wichtig ist, dass man sich die Familie und die Gemeinschaft des Lagers als Einheit vorstellt. Die ***Stellung der Frau*** galt bei den Oiraten als niedrig. Häusliche Angelegenheiten wurden vom Mann entschieden. Die anfallenden häuslichen Arbeiten dagegen waren Frauensache: das Öffnen des Himmelslochs der Yurte am Morgen, Tee- und Essenszubereitung, Melken, Brennholz sammeln, Kinderversorgung und Opferdarbietungen am Hausaltar. Die junge Ehefrau durfte keine Kontakte zu ihrer Familie aufnehmen, solange sie kein Kind hatte. Ganz dorthin zurückkehren konnte sie ohnehin nicht, denn war die Frau dreimal ins Haus der Eltern zurückgelaufen, offizielle Besuche natürlich ausgenommen, war dies ein Scheidungsgrund. Andere Scheidungsgründe waren Kinderlosigkeit oder wenn sich das Paar nicht vertrug. Wollte die Frau eine Scheidung, konnte sie keine Güter mitnehmen, umgekehrt konnte der Mann sich einige Gebrauchsgegenstände aussuchen. Die Kinder blieben jedoch in jedem Fall beim Vater. Die teilweise schon mit 11-12 Jahren geschlossenen Ehen wurden von den Eltern arrangiert. In der Regel war die Ehe monogam, nur sehr reiche Herdenbesitzer konnten sich mehrere Frauen leisten. Nach 1949 sind viele dieser alten Bräuche verschwunden oder wurden verboten.

Bis heute hat sich jedoch der komplizierte Brauch erhalten, dass die ***Namen älterer*** und ***verstorbener Verwandter*** nicht ausgesprochen werden dürfen. Neuverheiratete müssen erst einmal lernen, wessen Name in der Familie nicht ausgesprochen werden darf. Da die Mongolen aber ihre Namen aus der Umgangssprache entnehmen, dürfen sie auch das betreffende Wort im Gespräch nicht mehr benutzen, sondern nur durch Umschreibungen ersetzen. Daraus sind eine Menge Witze entstanden nach dem Schema der Geschichte einer Frau, die eine Nachricht von einem dramatischen Zwischenfall, der sofortige Handlung erfordert, überbringen muss. Unglücklicherweise sind aber die Worte der Nachricht Namen ihrer Verwandten, so dass die Umschreibungen den Sinn der Nachricht völlig entstellen.

Hauptnahrungsmittel der Mongolen dieser Gegend ist Fleisch, das durch Getreide ergänzt wird. Anders als bei den Uiguren und Kasachen ist der Verzehr von Pferdefleisch bei den Mongolen tabu. Als Gemüse werden hauptsächlich Kartoffeln und Kohl verzehrt. Es gibt täglich drei ***Mahlzeiten:*** morgens wird Milchtee, Fladen und Butter gereicht, mittags ist keine feste Mahlzeit eingeplant. Wer hungrig ist, nimmt sich etwas zu essen. Es wird in jedem Haushalt auf Vorrat hergestellt und zu jeder Tageszeit gegessen. Zum Abendessen gibt es Fleisch. Wer einmal Gelegenheit hat, als Gast in einer mongolischen Familie zu sein, wird zunächst mit Milchtee, Trockenkäse, Butter und Gebäck bewirtet. Anschließend wird Schnaps angeboten, eine Geste des Willkommenseins und der Achtung. Dann gibt es getrocknetes Schaffleisch, das mit den Fingern gegessen wird.

Zu den wichtigen mongolischen ***Festen*** zählen das *Nadam-Fest* nach der Herbsternte, zu dem sich ganz Xinjiang in einen Markt verwandelt, und das Frühjahrsfest. Es wird während des ganzen ersten Mondmonats (ca. Februar) gefeiert.

Tu, Dongxiang, Baoan und Dahuren

Die enge Verwandtschaft zwischen den ***Tu*** und den Mongolen wird durch ihre ähnlichen Gebräuche besonders sichtbar. Die Tu bezeichnen sich selber als *Chahan-Mongghol,* was Weißmongolen bedeutet. Sie sind traditionell nomadisierende Viehzüchter und Glaubensanhänger der lamaistischen Gelbmützensekte.

Die ***Dongxiang*** und ***Baoan*** dagegen sind Muslime. Die Dongxiang leben überwiegend von der Landwirtschaft, während die Baoan als Viehzüchter tätig sind. Ein Nebenerwerb, für den die Baoan bekannt sind, ist die Messerherstellung. Die Baoan-Messer sollen sich durch besondere Schneidekraft, Haltbarkeit und Schönheit auszeichnen. Die für die mongolischen Völker an Festtagen typischen Aufführungen von Ringkämpfen und Reiterspielen werden auch bei den Baoan gepflegt. Darüber hinaus erinnern gelegentliche Jagdstreifzüge an eine nomadische Vergangenheit.

Man nimmt an, dass die ***Dahuren*** Nachfahren der Kitan aus der Liao-Dynastie sind. Während der Qing-Dynastie wanderten einige Kitan nach Xinjiang ab und wurden dort in die Armee zur Grenzverteidigung eingezogen. Die Dahuren leben sowohl von Ackerbau und Viehzucht als auch vom Fischfang und der Jagd. Ihre Naturverbundenheit zeigt sich in den Versen und Balladen ihrer in ganz China bekannten Volksliteratur, ihrer Musik und ihrem schamanistischen Glauben. Einige wenige bekennen sich auch zum ⇗ Lamaismus.

Xibe

Die 33.000 Xibe leben nur in der Autonomen Provinz Xinjiang, die meisten von ihnen im ***Autonomen Kreis Chabchal*** der Xibe. Sie sind Nachfahren der historischen Xianbi, die ursprünglich im Nordosten Chinas beheimatet waren. Nachdem die Westmongolen im 18. Jahrhundert den Mandschus unterlagen, wurden mehrere tausend Xibe-Soldaten mit ihren Familien in Nord-Xinjiang zum Wiederaufbau des Landes und zur Grenzsicherung aus Liaoning umgesiedelt.

Die Xibe sprechen ***Xibe-Mandschurisch,*** dass zur mandschu-tungusischen Sprachgruppe der altayischen Sprachfamilie gehört. Heute beherrschen nur noch ca. 20 % der Xibe auch das geschriebene Xibe-Mandschurisch. Die meisten Xibe sprechen außerdem noch Uigurisch, Kasachisch oder Chinesisch, denn der Kreis Chabchal besteht aus einer multiethnischen Bevölkerung.

So wird das Kulturgut der Xibe nachhaltig durch chinesische und uigurische Elemente beeinflusst und verliert nach und nach seinen ursprünglichen Charakter, obwohl die Xibe durch ihre konzentrierte Ansiedlung einem geringeren Assimilationsdruck ausgesetzt sind und sich ***Überreste ihrer traditionellen Lebensweise*** eines nomadischen Jäger- und Fischerlebens erhalten haben. Begünstigt durch die Lebensbedingungen im Ili-Tal leben heute noch einige Xibe von der Fischerei und von gelegentlichen Jagdzügen, während die Frauen Haus und Hof hüten und die Felder bestellen. Die Feldanbaumethoden sind nie sonderlich intensiviert und auf hohe Erträge ausgerichtet worden. Die Hauptnahrungsmittel bestehen aus Fisch und Gemüse, das in umwallten Höfen zum Eigenverbrauch von den Frauen gezogen wird. Denn der Verkauf von Obst und Gemüse ist tabuisiert. Fleisch wird nur wenig gegessen. So spielt auch die Viehhaltung eine geringe Rolle. Rinder und Schafe werden hauptsächlich zur Herstellung von Milchprodukten wie Butter, Käse, Milch und Sahne gehalten. Die Schweinezucht ist Frauensache. Das Fleisch wird auf dem Markt verkauft, um andere Marktprodukte erwerben zu können. Darüber hinaus ist der Handel bei den Xibe nicht üblich. Die Pflugarbeiten auf dem Feld sind Sache der Männer. In rein bäuerlichen Haushalten werden überwiegend Weizen, Mais, Sesam, Zuckerrüben und Melonen angebaut.

Die ***Xibe in den Städten*** haben ein recht hohes Bildungsniveau, so dass viele in hohen Verwaltungsposten sitzen.

Die ***Familienordnung*** ist feudal-patriarchalisch. Das Familienoberhaupt wird durch den ältesten männlichen Familienangehörigen repräsentiert. Solange der Vater lebte, durften die Söhne das Haus nicht verlassen. Mehrgenerationenhaushalte waren daher üblich. Die Stellung der Frau war niedrig. Sie war nicht einmal erbberechtigt, und Seitensprünge in der Ehe konnte sie sich im Gegensatz zu ihrem Mann natürlich auch nicht leisten. Früher wurden die Ehen durch die Eltern arrangiert, heute ist die Liebesheirat normal. Allerdings ist es immer noch üblich, einen Brautpreis zu zahlen und eine Wohnung/Haus zu stellen. Die Familie der Braut muss die Hauseinrichtung als Mitgift zahlen.

Die ***Religion der Xibe*** ist eine Mischung aus ⇗Lamaismus und Schamanismus. Es werden daneben noch mehrere gottähnliche Wesen verehrt, wie der Wurmkönig, der Drachenkönig und ein Erdgeist. Es gibt zwei verschiedene Arten von Schamanen, die unterschiedliche Ränge bekleiden. Der höhere war der Iltu-Schamane. Er war der Mittler zwischen der Geisterwelt und den Menschen und besaß übernatürliche Kräfte. Den Butu-Schamanen wurden geringere Fähigkeiten zugeschrieben. Die Religion hat die Anpassung der Xibe an ihre Umgebung nicht überlebt. Es gibt kaum noch Xibe, die etwas über ihren traditionellen Glauben wissen.

Die Hui

Die Hui sind mit 8,6 Mio (0,76%) eine der größten Minderheiten Chinas. Die Provinz Ningxia wurde als Autonome Region dieser muslimischen Minderheit eingerichtet. Dort lebt jedoch nur ein Sechstel aller Hui. Der Rest ist ***über ganz China verstreut***

(Gansu 1,1 Mio, Qinghai 2,6 Mio, Xinjiang 65.000). Diese Verteilung hat historische Gründe. Viele von ihnen stammen aus Soldatenfamilien, die landesweit stationiert waren und vor allem unter den Turkvölkern Chinas rekrutiert wurden. Andere sind Überreste rebellierender persischer oder mittelasiatischer Heere, die in China Zuflucht gesucht haben. Die Hui aus Xi'an sollen z.B. von arabischen Söldnern abstammen. Wieder andere bezeichnen islamische Kaufleute als ihre Stammesväter. Man erkennt daran, dass es eine einheitliche ethnische Abstammung der Hui nicht gibt. Durch jahrhundertelange Vermischungen mit der chinesischen Bevölkerung sind ihre differenzierten asiatischen Zugehörigkeiten soweit verlorengegangen, dass sie heute ethnisch und kulturell als Han-Chinesen angesehen werden müssen.

Was sie als eigene Nationalität auszeichnet, ist ihre ***Zugehörigkeit zum Islam*** und eine schon frühe Organisation in selbstverwalteten Gemeinden mit einer Moschee als religiösem, kulturellem und administrativem Zentrum. Die Hui werden der henefitischen Rechtsschule der Sunniten zugeordnet. Allerdings wurde ihre Glaubensauffassung durch einzelne, teilweise lokal begrenzte Orden und Sekten starkt beeinflusst, so dass eine eindeutige Klassifizierung als Sunniten nicht mehr möglich ist. So gibt es eine Reihe verschiedener Sekten. Die größte von ihnen ist die „Alte Sekte" *(Qadim).*

Fremd unter Chinesen: ein kleiner China-Knigge

Traum und Wirklichkeit

Die jahrtausendealte Kultur Chinas, seine exotischen Landschaften und lächelnden Menschen, aber auch der Reiz der Andersartigkeit und ein verklärtes westliches Chinabild locken jedes Jahr Tausende von Touristen ins Reich der Mitte.

Ist er dann endlich im Land seiner Ziele oder Träume, verzweifelt mancher Reisende an der eben noch so verlockenden Fremdartigkeit. Plötzlich wird er mit der Schwerfälligkeit der chinesischen Bürokratie, den sich überall drängenden Massen, dem Kampf um Liegewagenplätze, freie Sitze, billige Hotel-zimmer und dem manchmal recht unfreundlichen Dienstleistungspersonal konfrontiert. Statt zum Erlebnis- und Urlaubstrip gerät die Chinareise zum Fiasko.

China ist ein Reiseland, das dem Reisenden viel Geduld, Zeit und Energie abverlangt. Wer aber bereit ist, die chinesischen Wertevorstellungen zu akzeptieren und den chinesischen Alltag so zu erfahren, wie er nun einmal ist, wird viele gastfreundliche, hilfsbereite Menschen treffen. Je besser man vorbereitet ist und je übersichtlicher und eingegrenzter die Reiseroute verläuft – es gibt leider immer noch viele Leute, die China in vier Wochen „machen" wollen, was zwangsläufig zu Stress führt –, desto weniger wird man unangenehme Erfahrungen machen und statt dessen einen unvergesslichen Chinaaufenthalt erleben.

Aus Unkenntnis oder fehlender Sensibilität für die andersartigen Umgangsformen im chinesischen Alltagsleben entstehen Probleme, die vermieden werden könnten. Mangelnde Verständigungsmöglichkeiten erschweren es zusätzlich, sich zurechtzufinden oder herauszufinden, warum mal wieder etwas nicht geht, und verleiten den einen oder anderen Touristen zu Vorurteilen, Wutausbrüchen oder regelrechten Hassgefühlen gegenüber Chinesen.

Gesichtsverlust

Unhöflichkeit

Wie sich Chinesen uns Reisenden gegenüber verhalten, hängt wesentlich von unserem eigenen Auftreten ab. Höflichkeit, Bescheidenheit und Zurückhaltung sind in China noch immer geschätzte Tugenden, auch wenn man nach außen hin vielleicht manchmal einen anderen Eindruck macht, und man erwartet sie auch von Ausländern. Wer bei Auseinandersetzungen ausfallend wird oder gar lauthals seiner Wut freien Lauf lässt, verliert sein Gesicht und erreicht überhaupt nichts mehr, auch wenn er eigentlich im Recht ist. Chinesen können in solch einem Fall eine unglaublich gelassene Verweigerungshaltung an den Tag legen.

Unwissenheit

Chinesen betrachten es auch als Gesichtsverlust, wenn man sie auf ein Unrecht hinweist oder ***auf dem eigenen Recht beharrt.*** In solchen Fällen muss man viel Fingerspitzengefühl zeigen und seinem Gesprächspartner die Möglichkeit eines Ausweges ermöglichen.

Man kann sein Gegenüber auch in große ***Verlegenheit*** bringen, indem man ihn nach Dingen fragt, die er womöglich nicht beantworten kann. Damit zwingt man ihn, seine „Unzulänglichkeit" vor dem anderen preiszugeben. Ein verlegenes Lächeln zeigt an, dass man dann nicht weiter nachhaken sollte. Eine solche Situation ergibt sich häufig, wenn man nach einem Bus, einer Straße oder einer bestimmten Richtung fragt. In so manchem Fall wird man aber auch einfach in eine falsche Richtung geschickt. Es hat aber keinen Sinn, sich darüber aufzuregen, dass man eine falsche Auskunft bekommen hat. Besser, man fragt gleich zwei oder drei verschiedene Personen. Stimmen die Antworten überein, hat man meist die korrekte Antwort.

Freundliches Auftreten

Die Frage des Gesichtsverlusts und auch des Gesichtgebens wird von vielen Ausländern stark unterschätzt. Ein schönes Beispiel dafür haben wir auf einer Busfahrt von Lhasa nach Xigaze in

Tibet erlebt. In Gyangze stiegen zwei Touristenpaare zu. Die ersten beiden zeigten grimmig entschlossen ihre gefälschten chinesischen Studentenausweise vor und fingen gleich eine laute Diskussion mit dem Fahrer an, als dieser auf dem doppelten Touristenpreis beharrte. Es nützte ihnen gar nichts, der Fahrer stellte sie vor die Wahl zu zahlen oder auszusteigen. Hinter den beiden stieg ein Schweizer Pärchen zu, das mit allerfreundlichstem Lächeln genau den gleichen Ausweis vorzeigte und diskussionslos den Chinesenpreis zahlen durfte.

Verantwortung

Rückzug hinter die Norm

Die Chinesen haben in der Vergangenheit oft die Erfahrung gemacht, dass die Übernahme von Verantwortung gefährlich für sie werden kann. Denn unter Umständen verstößt man dabei gegen eine Norm und wird für den begangenen Fehler zur Rechenschaft gezogen. Vielleicht ändert sich auch die politische Linie, und das vorherige Handeln gilt auf einmal als „klassenfeindlich", „bourgeois" oder „ultralinks". Sich hinter Regeln und Gesetzen zu verschanzen und die Verantwortung von sich auf andere abzuwälzen, entspricht auch der ***konfuzianischen Tradition,*** die denjenigen in die Pflicht und Verantwortung nimmt, der sich für einen anderen eingesetzt hat. Aus diesen Gründen kann es beispielsweise bei einem Unfall unter Umständen schwierig werden, Helfer zu finden. Nicht selten verhindert die Scheu, eine Entscheidung zu treffen, dass man einen Liegeplatz, das gewünschte Hotelzimmer, den billigeren Chinesenpreis oder ähnliches bekommt, denn es könnte ja noch eine hochgestellte Persönlichkeit kommen, und wehe dem Schalterbeamten, wenn er kein Ticket mehr hat, oder dem Schaffner, der begründen muss, warum er einem Touristen das billigere Ticket verkauft hat. Um diese Scheu zu überwinden, helfen oft viel Geduld, Freundlichkeit und Beharrlichkeit. Einige Ausländer sind auch mit Wutausbrüchen oder agressivem Verhalten weitergekommen, doch sollte man neben dem oben erwähnten Gesichtsverlust, der einen persönlich vielleicht nicht belastet, bedenken, dass man es für alle weiteren Reisenden sehr viel schwerer macht.

Ein weiteres Problem, das man berücksichtigen sollte, ist, dass den Chinesen das Einklagen persönlicher Rechte meist fremd ist. Ein Chinese reagiert auf die Widrigkeiten chinesischer Bürokratie, Sturheit etc. meist mit einem *mei you banfa.* Nichts zu machen. Seine Ziele versucht man ***im Schutz einer Gruppe*** zu erreichen. Wutausbrüche führen also meist zu noch mehr Ratlosigkeit auf chinesischer Seite. Entsprechend haben wir die Erfahrung gemacht, dass man in schwierigen Fällen oft wirklich weiterkommt, wenn sich mehrere Reisende zusammentun und hartnäckig, aber freundlich auf dem Gewünschten bestehen.

Strikte Arbeitsteilung

Ein Phänomen, auf das man leider allerorts trifft, ist, dass jeder nur seinen ihm zugeteilten Job tut. Einer gibt ***im Hotel*** die Schlüssel aus, ein anderer verkauft die Coca Cola, ein dritter ist für das Telefon verantwortlich, ein vierter dafür, dass Tee auf dem Zimmer steht usw. Hat diese eine Person nun Pause oder ist gar krank, dann wird es kompliziert. Gerade, wenn man dringend telefonieren muss, seine Wertsachen wiederhaben will usw., läuft nichts mehr. Niemand wird einspringen, aus Angst, bei einem eventuellen Fehler zur Verantwortung gezogen zu werden. Hier hilft fast immer nur geduldiges Warten, auch wenn man innerlich kocht. Schimpfen führt erfahrungsgemäß fast nie zum Erfolg,

Kinder lieben süßen Klebereis in Bananenblättern

sondern nur zu einem breiten Grinsen des beschimpften Angestellten, der damit seine Verlegenheit ausdrückt. Wer es eilig hat, sollte gerade das Auschecken stets rechtzeitig machen.

Verständigung

Angst vor der fremden Sprache

Gute Serviceleistungen sind nicht immer selbstverständlich. Immer wieder beklagen sich Reisende über die Unfreundlichkeit und das Desinteresse von Angestellten, Verkäuferinnen und sonstigem ***Dienstleistungspersonal.*** Es kommt vor, dass man in einem Geschäft nicht bedient oder im Restaurant einfach übersehen wird. Hinter der für den Reisenden oft so empfundenen mangelnden Arbeitsmoral steckt in den seltensten Fällen Böswilligkeit oder Unfreundlichkeit. Die meisten Chinesen sprechen keine Fremdsprache, und es ist für sie meist mühsam herauszufinden, was der ausländische Gast will. Auf jeden Fall gibt es im Umgang mit Fremden eine Fülle von Möglichkeiten, Fehler zu machen und sein Gesicht zu verlieren. Infolgedessen fühlt sich niemand für den Ausländer verantwortlich.

Erleichterungen

In einer solchen Situation wirkt es oft schon Wunder, wenn man dem Angestellten signalisieren kann, dass die Kommunikation keine Schwierigkeiten bereiten wird. Ist man der chinesischen Sprache nicht mächtig, haben sich ***Karteikarten mit vorformulierten Fragen*** für alle Alltagssituationen als äußerst nützlich erwiesen. Einen Satz solcher Karten kann man sich mit Hilfe unseres Sprachführers im Anhang zusammenstellen.

Schlechte Erfahrungen

Viele der ***staatlichen Angestellten*** haben sich zudem ihren Job nicht ausgesucht, und vom Staat angestellte Kellner verdienen keinen Yuan mehr, wenn sie sich bemühen und freundlich sind. Außerdem haben viele der im Dienstleistungsbereich Beschäftigten bereits schlechte Erfahrungen mit anmaßenden Ausländern gemacht. Es liegt an uns, den Chinesen zu zeigen, dass dieses Negativbild der Fremden eine Ausnahmeerscheinung ist.

Pausenzeiten

Strenge Regeln

Größten Wert legt jeder Chinese, ob Fremdenführer, Fahrer oder Hotelangestellter, auf die Einhaltung der Essens-, Feierabends- und Schlafenszeiten. Im Restaurant wird auf einmal demonstrativ geputzt oder das Licht ausgemacht, der Fahrkartenschalter schließt in dem Moment, in dem man endlich dran ist usw. Wer das akzeptiert, erspart sich sehr viele Unannehmlichkeiten.

Die ***Vorteile*** der geregelten Ruhezeiten wiegen die Nachteile bei weitem auf. In den Schlafabteilungen herrscht nachts meist wirklich Ruhe, auf Langstreckenfahrten braucht man sich um die Verpflegung keine Sorgen machen usw.

Kleidung

Ordentliche Erscheinung

Chinesen legen viel Wert auf eine ordentliche und saubere Erscheinung. Dies gilt jedenfalls für jeden, der genug Geld hat, um sich gut anzuziehen, sowie für ***Auslandsaufenthalte.*** Denn im Ausland zeigt man sich von seiner „besten Seite“. Wer nachlässig oder unangemessen gekleidet ist, verliert an Ansehen.

Auch allzu ***freizügige Mode*** kommt nicht sonderlich gut an. Männer sollten nicht in Shorts (was nicht für das feuchtheiße Südchina gilt) und nicht mit nacktem Oberkörper herumlaufen, Frauen nicht in ärmellosen Hemden und ohne BH. Chinesische Frauen haben zwar auch teilweise kurze Hosen an, doch tragen sie darunter meist eine Strumpfhose. Gut und praktisch zugleich ist man mit weiten, luftigen Baumwollhosen bekleidet. Wer mit offenen Augen reist, wird schnell herausfinden, wie er sich am zweckmäßigsten kleidet.

Rucksackreisende

Auch im Bereich der Kleidung wird man schnell mit der Frage des Gesichtsverlusts konfrontiert. So neigen vor allem zahlreiche Rucksackreisende dazu, sich ziemlich abgerissen und in den Augen der Chinesen schäbig zu kleiden. Sind solche, sicher bequemen Klamotten vielleicht das Erkennungszeichen der internationalen „Travellerszene“, bringen sie in China aus den obengenannten Gründen oft ***Nachteile*** für den Träger. Zahlreiche Schalterbeamte verkaufen an sie nämlich nicht die heiß begehrten Hardsleepertickets oder andere Fahrscheine, die vielleicht Mangelware sind.

Komplimente

Übertreibungen

Irgendwann einmal wird jeder Reisende in China von neugierigen Menschen angesprochen werden, die einem auch gleich überschwenglich die höchsten Komplimente ob der hervorragenden Englisch- oder Chinesischkenntnisse, der ausgezeichneten Landeskenntnisse - auch wenn man erst einen einzigen Ort besucht hat - machen und gleichzeitig betonen, wie wenig sie selber wissen und kennen. Kaum ein Chinese beherrscht sie nicht, die Über- und Untertreibungen. Schwarz-Weiß-Malerei ist angesagt, graue Zwischentöne gelten als langweilig und fade. Man sollte dieses Spiel mitspielen, denn es ist ein ***Spiel mit Worten,*** das keinesfalls wörtlich zu nehmen ist. In die Höhe gelobt, sollte man seine Kenntnisse auf ein bescheidenes Niveau herabsenken, oder, wenn ein Gastgeber über die Kargheit des servierten Mahles lamentiert, betonen, dass man vor der aufgefahrenen Vielfalt schon fast kapituliert. Ein selbstbewusstes Auftreten bezüglich eigener Fähigkeiten wird als arrogant betrachtet, und man wird in diesem Falle besonders kritisch unter die Lupe genommen.

Gastfreundschaft

Essenseinladung

Gastfreundschaft wird in China sehr groß geschrieben. Auch wenn eine Familie sehr arm ist, wird sie sich ein Bein ausreißen, um die Gäste angemessen zu bewirten. Anders als bei uns, wird man nie nur auf einen Drink eingeladen. Stets wird ein ***großzügiges Essen*** aufgefahren, bei dem dann auch getrunken wird. Selten sitzt man noch nach dem Essen zusammen und plaudert. Sobald der letzte Gang serviert ist, wird die Runde meist vom Gastgeber aufgelöst, und alle gehen nach Hause.

Eine Essenseinladung ist Ausdruck freundschaftlichen Empfindens, entsprechend gilt es als Beleidigung, an einem fremden Ort von dortigen Freunden oder Bekannten nicht eingeladen zu werden. Auch wenn man „nur" durch das Land reist, kann es passieren, dass man von Menschen, die man nur flüchtig kennengelernt hat, eingeladen wird. Der gute Ton gebietet es allerdings, eine Einladung ***zunächst abzulehnen.*** Erst nach ein- oder zweimaliger „Nötigung" sollte man die Einladung schließlich annehmen.

Eigene Einladung

Umgekehrt wird ein Chinese ebenfalls eine Einladung ausschlagen. Man sollte dann ***hartnäckig darauf bestehen.*** Lädt man seine Gäste zum Essen ein, sollte die Bewirtung sehr großzügig sein. Großzügigkeit wird als Beweis persönlicher Wertschätzung verstanden.

Gemeinsames Essen

Trifft man sich mit Freunden zum Essen, wird am Ende ***jeder darauf bestehen zu bezahlen.*** Knauserige Leute können sich damit zwar durchaus durchs Land schnorren. Dennoch wird es registriert, und wer auf Freundschaften Wert legt, sollte sich ebenfalls ab und an mit der Bezahlung durchsetzen. Einzelabrechnungen sind in China grundsätzlich nicht üblich.

Geschenke

Wird man in China zu einer Feierlichkeit eingeladen, bringt man ein kleines ***Gastgeschenk*** mit. Anders als bei uns bringt man aber keine ⇗ Blumen mit, sondern eine Flasche Schnaps, Obst, Süßigkeiten u.ä. In vielen Städten gibt es Geschäfte, die sich auf solche Geschenke spezialisiert haben.

Bei ***Geburtstagen, Hochzeiten*** usw. kann man den Betroffenen auch Geld, das in einen roten Umschlag gesteckt wird, schenken.

Schwieriger wird es, wenn man ***auf geschäftlicher Ebene*** eingeladen wird. Hier muss der materielle Wert, der Nutzen, den die beschenkte Person für einen bringen kann, und die Enge des Kontakts bedacht werden. Eine längere Geschäftsreise kann so zu einer teuren Angelegenheit werden.

Pünktlichkeit

Wird man in ein Restaurant zum Essen eingeladen, sollte man möglichst pünktlich erscheinen. Bei privaten Anlässen nimmt man es mit der Pünktlichkeit nicht so genau. Oft kommen Gäste zu früh und helfen bei den Vorbereitungen mit, genauso oft aber kommt man viel später. Je mehr Leute eingeladen sind, desto unpünktlicher werden die einzelnen Gäste eintrudeln.

Beziehungen

Läuft auf der Reise mal wieder gar nichts, sind Flug- oder Zugtickets auf Wochen ausgebucht, preiswerte Zimmer oder gar eine Visumsverlängerung nicht zu haben, dann ist man auf eine der Grundvoraussetzungen für den reibungslosen Verlauf der Dinge gestoßen: die *Guanxi* (Beziehungen), die einem als Touristen natürlich fehlen.

Aufbau von Freundschaften

Beziehungen haben in China schon seit Urzeiten, gefördert auch durch die konfuzianischen moralischen Werte der Loyalität, einen ***sehr hohen Stellenwert.*** Jeder, der in China studiert oder arbeitet, wird feststellen, dass der Aufbau von Freundschaften immer auch zum persönlichen Nutzen betrieben wird, mit anderen Worten, dass das Interesse am Ausländer schnell nachlässt, wenn er nicht in irgendeiner Form von späterem Nutzen ist.

Gegenseitiger Nutzen

In der chinesischen Mangelgesellschaft (man lasse sich da nicht durch die vollen Läden täuschen), die große Wohnungsnot,

„Fremd unter Langnasen“

Reisen Chinesen ins Ausland, sollen sie sich möglichst korrekt benehmen. Ein Leitfaden der Beijinger Tourismusbehörden für angemessenes Verhalten soll bei dieser schwierigen Aufgabe helfen:

„Bleib dem Vaterland treu, entwickle Deinen patriotischen Geist, bewahre entschlossen die Souveränität und das Wohlergehen der Nation sowie den Respekt für unsere Rasse. Schütze Dich gegen die heimtückischen Versuchungen des korrupten kapitalistischen Denkens. Besuche keine anrüchigen Orte. Schau' Dir keine schmutzigen Bücher, Zeitschriften und Videos an und bringe so etwas auch nicht nach Hause.“

„Zeig' nicht mit Fingern auf Leute. Mach' keinen Krach. Lach' nicht laut. Schrei' nicht und ruf' andere Leute nicht aus größerer Entfernung. Geh' leichtfüßig. Weibliche Genossen sollten beim Sitzen nicht die Beine auseinanderstrecken, Hock' dich nicht hin, wenn Du auf einen Bus oder eine Person wartest. Spuck' nicht in der Öffentlichkeit. Halt' beim Husten die Hand vor den Mund. Wenn Du in der Öffentlichkeit bist, bohre nicht in deinen Zähnen, popele nicht in der Nase, kratze nicht in Deinen Ohren, reibe Dir nicht die Augen und rubbele auch nicht den Schmutz von Deiner Haut. Kratz' Dich nicht, zieh' Dir nicht die Schuhe aus, unterlaß' das Rülpsen, rekele Dich nicht und summ' nicht vor Dich hin. Wenn Du gähnst, halte die Hand vor den Mund.“

Arbeitsplatzunzufriedenheit, Engpässe im Verkehrswesen und Dienstleistungsbereich kennt, sind Guanxi das A und O für den Erfolg eines anvisierten Zieles. Der ***Übergang zur Korruption*** ist da entsprechend fließend. Wer über solche Beziehungen verfügt, honoriert die in Anspruch genommenen Gefälligkeiten selbstverständlich. Meist geschieht das, indem man die betreffende Person zu einem üppigen Essen einlädt.

Dauerhafte Freundschaft

Ist übrigens erst mal eine Freundschaft zustande gekommen, weil beide Seiten einen Vorteil davon haben, hält sie in der Regel auch über die Zeit hinaus, in der man die Vorteile nutzen kann. Und mal ehrlich, so sehr die chinesische Form des Freundschaften-Aufbauens auch kritisiert wird, bei uns läuft es häufig sehr ähnlich ab, auch wenn man es nicht so offen wie in China sagt.

Wer über die Beziehungen nicht verfügt, und das ist bei Touristen meist der Fall, hat in den oben beschriebenen Fällen oft keine Chance, an die gewünschten Tickets, Zimmer oder Verlängerungen zu kommen. Da hilft es dann auch wenig, wenn man sich fürchterlich drüber aufregt.

Chinesischer Alltag

Wohnen

Wenig Wohnraum

Der Wohnalltag für die meisten in den Städten lebenden Chinesen ist von Wohnungsnot oder beengten Wohnverhältnissen und einer tristen, realsozialistischen Wohnumgebung aus zahllosen gesichtslosen, sich immer im gleichen Muster wiederholenden ***Wohnblocks*** geprägt. Wer in den von außen zwar unglaublich schäbig anzuschauenden Wohnblocks der 50er Jahre lebt, kann neben zwei oder drei Zimmern immerhin noch eine Küche und ein Badezimmer sein eigen nennen. Wohnungen der 70er und vor allem 80er Jahre wurden meist nur mit einer Kochnische und einer Toilette ausgestattet. Damit sollte der Wohnraum vergrößert werden.

Die gleiche Funktion haben die fast immer ***verglasten Balkone.*** Meist dienen sie als zusätzliches Abstellzimmer, das den Häusern von außen den Touch von großen Rumpelkammern gibt. Doch jeder Quadratmeter wird gebraucht. Im Durchschnitt stehen ***jedem Stadtbewohner 6-7 m²*** Wohnfläche zur Verfügung. Da unverheiratete Kinder oder jungvermählte Eheleute meist lange auf eine Wohnung warten müssen, leben sie ebenfalls in der Wohnung der Eltern. Mit Vorhängen werden dann neue Zimmer geschaffen. Diese für uns kaum nachvollziehbaren Verhältnisse schaffen natürlich ein gewaltiges Potential an Unzufriedenheit, das die chinesische Regierung mittlerweile auch erkannt hat.

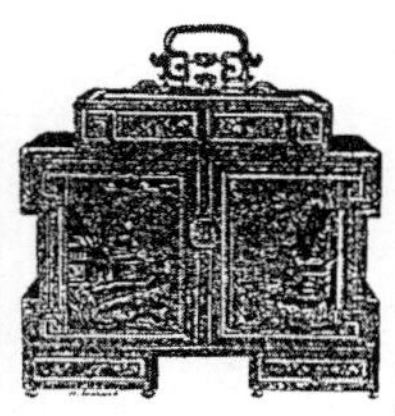

Lackschränkchen

Privater Immobilienmarkt

Das gesamte Wohnungswesen wurde in den 90er Jahren entbürokratisiert und in vielen Städten teilprivatisiert, um eine Flexibilisierung zu erreichen. Allein in Shanghai sind über 1.600 ***Immobilienfirmen*** - oft Joint Ventures - tätig. Landesweit haben die privaten Firmen z.B. 1992 immerhin 190 Millionen m² Wohnraum geschaffen. Das Ergebnis ist in allen Städten Chinas zu sehen: riesige Neubaugebiete, in denen Dutzende von Wohnblocks gleichzeitig errichtet werden.

Der Haken an den freiverkäuflichen Wohnungen ist ihr Preis. Er ist für den Durchschnittschinesen kaum zahlbar und beträgt für eine Zwei-Zimmer-Wohnung zum staatlich geförderten Vorzugspreis ca. 90-130 DM/m², was im Endpreis mindestens drei Jahreseinkommen ausmacht. Auf dem freien Markt erzielen Wohnungen in guten Gegenden schon Quadratmeterpreise von 1.000-2.000 DM. Weil Banken nur selten Kredite über eine solche Summe genehmigen und der Kaufpreis in bar entrichtet werden muss, kann sich bislang nur eine kleine Minderheit eine ***Eigentumswohnung*** leisten.

Ein weiteres wichtiges Element der Wohnungswirtschaft ist der ***Wohnungstausch,*** der seit den achtziger Jahren privat abgewickelt und nunmehr auf großen Tauschmärkten oder Wohnungstauschmessen veranstaltet wird. Dennoch wird die große Masse wohl auch weiterhin noch mit den anvisierten 8 m² auskommen müssen.

Altstädte

Als Tourist wird man meistens durch die attraktiven und belebten Altstädte wandern, in denen das Leben unmittelbar pulsiert. Sie machen viel von dem aus, was man sich unter China vorstellt. Verlässt man die geschäftigen Hauptstraßen, findet man sich stets in einem ***verwinkelten Gewirr von engen Gässchen***

Altstadt von Lhasa

wieder, in denen das Leben, das nach außen hin stets durch hohe Hofmauern abgeschirmt wird, einen völlig friedlichen Gang zu nehmen scheint.

Doch ganz so romantisch sieht es dahinter meist nicht aus. Spätestens in den 60er Jahren wurden die meisten Besitzer großer ***Hofhausanlagen*** enteignet und die einzelnen Räume an Familien vermietet. Die friedliche Intimsphäre der großen Häuser war mit einem Male dahin, und man drängt sich hier auch heute noch auf einer Wohnfläche von nur 5,3 m² pro Person. Es gibt keine Bäder oder Toiletten, man muss stets die öffentlichen, in jeder Straße stehenden Toiletten benutzen, kein fließendes Wasser, keine Heizungen und keine Gasanschlüsse. Da die Mieten extrem billig und nicht kostendeckend waren und sind, sind die meisten Anlagen auch stark verfallen.

Seit dem ***Bauboom,*** der 1990 eingesetzt hat, beginnt sich das Bild schlagartig zu ändern. Von den Stadtplanern werden die Altstädte als Slumgebiete eingestuft und komplett wegsaniert. Überall werden sie flächendeckend abgerissen, auch die so beliebte Shanghaier Chinesenstadt, und neu wieder aufgebaut. Die Entwicklung geht dabei teilweise so schnell, dass die Bewohner oft noch nicht einmal neue Wohnungen zugewiesen bekommen haben und dann buchstäblich auf der Straße stehen. In Beijing kann man fast täglich beobachten, wie die gemütlichen Hutong (Wohngassen) großflächig von der Bildfläche verschwinden.

Soziales

Soziale Absicherung

Wie überall, wo dem Staat das Geld ausgeht, sucht er nach Wegen, die Bevölkerung stärker an den Finanzen zu beteiligen. Bis 1986 war jeder staatlich angestellte Chinese sozial abgesichert, konnte nicht arbeitslos werden, genoss kostenlose medizinische Behandlung und bezog über seine Arbeitsdanwei (⇗ Einheit) sein Ruhegeld. Mit Beginn der Wirtschaftsreformen kamen die ***Drei Eisernen,*** in die jeder Staatsangestellte bequem eingebettet war, ins Kreuzfeuer der Kritik. Die „eiserne Reisschüssel", die immer gefüllt war, der „eiserne Lohn", der nicht nach Leistung gezahlt wurde, und der „eiserne Sessel" der Unkündbarkeit entsprachen auf einmal nicht mehr der nunmehr geforderten wirtschaftlichen Effizienz.

Wandel zum Risiko

Statt der „Drei Eisernen" mussten sich die Arbeitnehmer mit Begriffen vertraut machen, die auch bei uns jedem Beamten einen kalten Schauer über den Rücken jagen: ***Arbeitsvertrag, Sozialversicherung, Entlassung*** und die Möglichkeit der ***Arbeitslosigkeit.*** Als Modell wird der „Vertragsarbeiter" gepriesen, der leistungsbezogen entlohnt wird, Sozialabgaben und Steuern bezahlt. Für die Arbeitnehmer veränderte sich nun vieles. Sie müssen nun Beiträge zur Arbeitslosen-, Alters- und Krankenversicherung abführen, sich an den Kosten der medizinischen Behandlung beteiligen, Schul- und Kindergartengebühren zahlen und Mieten hinnehmen, die bis auf ein kostendeckendes Niveau angehoben werden sollen. Auch die Arbeiter, deren Arbeitsverhältnis noch über die „Drei Eisernen" abgesichert ist, und das gilt eigentlich für alle bis 1986 angestellten Staatsangestellten, können sich nicht mehr sicher fühlen. Bei schweren Verfehlungen können auch sie entlassen werden, an den Sozialabgaben müssen sie sich ebenfalls beteiligen, und sie werden sich daran gewöhnen müssen, dass selbst Staatsbetriebe in Konkurs gehen können.

Konkurse, Entlassungen

Am 3. August 1986 wurde über eine Shenyanger Fabrik ein ***Konkursverfahren*** verhängt, das erste in der Geschichte der Volksrepublik. Es endete mit einer Teilabfindung an die Gläubiger und der Entlassung aller Mitarbeiter. Seit einigen Jahren kommt es regelmäßig zu großen ***Entlassungswellen,*** um die Betriebe abzuspecken und konkurrenzfähig zu machen.

Das Gespenst der Arbeitslosigkeit und des sozialen Abstiegs hängt seitdem trotz effektiver ***Arbeitsvermittlungsstellen*** und Arbeitslosenversicherung wie ein Damoklesschwert über den chinesischen Staatsangestellten.

Beruf

Staatsbetriebe

Der durchschnittliche Berufsalltag unterscheidet sich nicht unbedingt von dem unsrigen. Die Welt ist für den chinesischen Staatsangestellten oder -arbeiter noch in ***geregelter Ordnung,*** beginnt sein Tag doch zwischen 8 oder 9 Uhr, montags blickt er zumeist einer 44-Stunden-Woche entgegen, die in vielen Städten seit dem 1. Mai 1995 einer 40-Stunden- bzw. Fünf-Tage-Woche gewichen ist, und man wird je nach Job mit seinen Kollegen die Zeit totschlagen.

Noch immer gibt es nämlich viele Betriebe, in denen ein Arbeitsplatz doppelt oder dreifach besetzt ist, so dass der einzelne ***hoffnungslos unterbeschäftigt*** und unterfordert ist.

Viele Arbeitnehmer nutzen diese Freiräume sowie ihren freien Tag – einen Sonntag in unserem Sinne gibt es nur für öffentliche Behörden, die Betriebe gewähren den Mitarbeitern einen freien Tag –, um einer ***Nebentätigkeit*** nachzugehen und ihr Gehalt zusätzlich aufzubessern, sei es als Privatlehrer, Handwerker, als Kellner in einem der vielen Restaurants oder als Taxifahrer.

Privatbetriebe

Anders sieht es natürlich in den vielen Privatbetrieben aus, wo der Arbeitsalltag meist sehr viel länger ist – bis zu 90 Stunden in der Woche – und auch ein freier Tag nicht unbedingt eine Selbstverständlichkeit ist, obwohl das neue Arbeitsgesetz, das seit 1.1.1995 in Kraft ist, sowohl Urlaub als auch freien Tag und 44-

Stunden-Woche festschreibt. Meist handelt es sich dabei um ***Familienbetriebe,*** in denen auch die Angestellten wie Familienmitglieder behandelt werden und sich dem Chef wie in einer Familiengemeinschaft unterordnen müssen.

Versammlungen

Allen gemeinsam ist aber der Hang, Versammlungen *(Kaihui)* abzuhalten. Mangels einer klar festgelegten und transparenten betrieblichen Ordnung muss diese stets neu ausgehandelt, abgestimmt und beschworen werden. Das geschieht in den notorischen Konferenzen. Auf ihnen sollen Entscheidungen, die einer allein nicht verantworten möchte, auf möglichst viele Beteiligte delegiert werden. ***Entscheidungsfindung, Konfliktbewältigung*** mit der Wahrung des Gesichts, ***Delegation von Verantwortung*** und der aus den Versammlungen erwachsende situative Führungsstil sind Elemente, die so manchen ausländischen Experten in China verzweifeln lassen, die aber auch Chancen bieten.

Bei vielen Betrieben ist es in Mode gekommen, ***mehrtägige Kaihui außerhalb des Betriebs*** abzuhalten. Meist fährt die Belegschaft dann an einen touristisch interessanten Ort, macht zwei Tage lang Versammlungen und schaut sich drei Tage lang die Sehenswürdigkeiten an.

Anders als bei uns wird zwischen Berufs- und Privatleben nicht so streng getrennt, und ***private Kontakte unter Kollegen*** sind üblich. Man besucht sich, hilft sich gegenseitig und setzt auch nach Feierabend die Beziehung zum Arbeitskollegen fort.

Freizeit

Artikel 49 der chinesischen Verfassung garantiert jedem Chinesen ein Recht auf Erholung. Wie aber sieht die Wirklichkeit aus?

Man gönnt sich gerne mal ein Fußbad

Lernen in der Schule

Eine Umfrage in Beijing ergab ein düsteres Bild. 2,5 Stunden hat der Durchschnitts-Beijinger an Freizeit oder konkreter 3,3 Stunden die Männer und nur 1,8 Stunden die Frauen, die die Doppelbelastung aus Beruf und Haushalt tragen müssen. Entsprechend fade ist der Freizeitalltag, der aus einem langweiligen staatlichen Fernsehabend, Radiohören, Lesen oder Beisammensein mit der Familie besteht. Ebenso mager sind das ***Kulturangebot*** und analog die monatlichen Ausgaben für Kultur (5 % des Einkommens), die sich wiederum meist nur in Zeitungen oder Büchern niederschlagen.

Lernen in der Freizeit

In der sich mit rasender Geschwindigkeit wandelnden Gesellschaft, weg von sozialistischer Konformität und Eintönigkeit hin zu einer spezialisierten, Fachkräfte benötigenden Welt, hat sich die Bedeutung des Lernens in der Freizeit besonders herauskristallisiert. Das Fernsehen bietet ***Sprach- und Fortbildungskurse*** und wetteifert in seinem Angebot mit zahlreichen Privatschulen und Fernuniversitäten.

Das Bildungsfieber ist ausgebrochen, und die Front der Bildungshungrigen erreicht jeden in China Reisenden über die ***Englischlernenden,*** die einen im ganzen Land mit den stets gleichen und frustrierend stereotypen Fragen überschütten. „Woher kommst du?, wie alt bist du?, was arbeitest du?, wohin fährst du?“ usw. sind die Fragen, die in China bald jeder Reisende auswendig herbeten kann, mit der frustrierenden Erkenntnis, dass es offensichtlich unmöglich ist, über die Sprache Englisch tiefer in den chinesischen Alltag eindringen zu können, einfach, weil das Sprachvermögen der meisten Menschen nach diesen Fragen erschöpft ist.

Spaziergänge

Besonders beliebt als Freizeitgestaltung ist der ***Spaziergang im Park.*** Hier ist man zu Tausenden „unter sich“, flaniert, schaut den

Händlern, den Volkstanzgruppen, die in den Parks Walzer und Tango üben, und den Schwertkämpfern zu, rudert, picknickt und macht Erinnerungsfotos.

Wer aufmerksam beobachtet, sieht, dass zur Freizeit auch zahlreiche Hobbys gehören: Alte Männer bringen ihre Vögel in Bambuskäfigen, die sie mit blauen Tüchern verhängen, zum gemeinsamen Schwätzchen; andere tragen grüne, laut zirpende Grillen in winzigen Bambuskäfigen spazieren, an den Betontischen spielen Leute Majiang (Mayong), Weiqi (Go) oder trinken einfach nur Tee, der aus den großen roten oder grünen in Plastik gefassten Thermoskannen stets neu aufgebrüht wird.

Urlaub

Fallen die freien Tage von Familienangehörigen oder Freunden einmal in einem langen Wochenende zusammen, oder bietet sich die Gelegenheit, auch einmal Urlaub zu machen, bricht man gerne mit allen zusammen zu einem ***Ausflug*** oder einer Kurzreise auf.

Staatsangestellte bekommen nach ihrer Hochzeit 10 Tage Ferien, um ihre ***Flitterwochen*** begehen zu können.

Zahlreiche ***Reisebüros*** schleusen riesige Gruppen von Menschen durchs Land, stets erkennbar an ihren Fähnchen, die von der Reiseleitung hochgehalten werden oder an den in Mode gekommenen Megaphonen, die pausenlos eine Erkennungsmelodie spielen, damit niemand den Anschluss an seine Gruppe verliert.

Mode

Westliche Kleidung

Gehen für kulturelle Ausgaben gerade einmal 5 % vom monatlichen Gehalt ab, so schlagen die Ausgaben für Mode bereits mit 25 % zu Buche. Diese Zahl müsste auch dem letzten Maoisten signalisieren, der Mao-Look ist mega-out. Wer es sich leisten kann, läuft in der aktuellsten Mode herum, kauft bei *Bennetton, Lacoste, Pierre Cardin* oder in einem der vielen anderen Modegeschäfte ein, die überall wie Pilze aus dem Boden schießen. Vor allem in Shanghai gibt man sich ganz besonders modebewusst, und in den Läden der Huaihai Lu hat sich das Preisniveau schon dem Westen angeglichen oder liegt sogar darüber. Die Männer sieht man zumeist im Anzug mit Schlips, und als Freizeitlook bevorzugt man wie bei uns Adidas und Nike. Am auffälligsten werden kleine Kinder herausgeputzt. Knallbunt, mit Rüschen, angenähten Plastikperlen und viel Kitsch dürfen sie als bewunderter Mittelpunkt zwischen den Eltern flanieren. Oft sieht man Kinder in Armeeuniformen. Sie sind das, was bei uns einst der Matrosenanzug war.

Traditionelle Kleidung

Zwischen all den modebewusst gekleideten Menschen fallen jedoch besonders die auch weiterhin traditionell gekleideten, meist älteren Menschen auf. Sie laufen in dunkelgrünen, -blauen oder grauen ***Hosenanzügen*** herum.

Andere traditionelle Kleidungsstücke kommen ebenfalls wieder in Mode, so der ***Qipao*** (eine langes, geschlitztes Kleid), das chinesische Kleidungsstück schlechthin, das in China seit 1949 aus der Garderobe verbannt worden war; Stoffschuhe und andere alte Kleidungstraditionen werden von den Modeschöpfern wiederentdeckt und in ihre Kreationen integriert. Chinesische Mannequins und Modeschöpfer sind aus der internationalen Mode schon nicht mehr wegzudenken.

Dennoch zeigt sich gerade bei der Mode der krasse Unterschied zwischen arm und reich. Hier die schick gekleideten Städter und dort die immer noch im ***verwaschenen Mao-Look*** gekleideten Dörfler, wobei der durch seine Geschichte abgewertete Anzug korrekter eigentlich Sun-Yat-sen-Look heißen müsste, da dieser ihn schon vor Mao getragen und populär gemacht hat. Gerade die Landbewohner kommen in den Städten aus dem Staunen oft nicht mehr heraus, kommen sie doch meist aus Gegenden, denen eine solche Entwicklung noch auf Jahre verschlossen bleiben wird und wo der robuste Zweiteiler noch lange als Arbeitskleidung, die im übrigen überaus praktisch ist, seinen Dienst tun muss.

Schönheit

Die zahllosen ***Friseursalons,*** die überall eröffnet werden, zeigen, dass auch die Einheitsfrisur ausgedient hat. Das Ideal der jüngeren Chinesinnen ist eine makellose helle Haut, schwarzes seidiges Haar und strahlende weitgeöffnete Augen.

Auch ***Schmuck*** ist schon seit einiger Zeit nicht mehr verpönt, und seit den 90er Jahren öffnen überall Schmuckläden, in denen man von billigem Plastikschmuck bis hin zu echtem Schmuck alles erstehen kann, was vor gar nicht so langer Zeit noch zu bösen Verfolgungen geführt hätte.

Essen

Stellenwert

Würde man eine Rangfolge der wichtigsten Dinge im Leben eines jeden Chinesen aufstellen, das ***Essen*** würde wohl unangefochten ***auf Platz eins*** kommen.

Morgens früh um fünf sieht man schon all jene, die es aus dem Bett geschafft haben, beim Schlürfen ihrer Reissuppe. Steht die zweite Schicht auf, sind die ersten schon wieder am Essen, sei es eine Schale Reis, frittiertes Gebäck, gebackene Fladen oder was sonst alles so auf der Straße angeboten wird. ***Den ganzen Tag wird überall und ständig gegessen,*** und bereits um 10.30 stört man die ersten Esser bei ihrem Mittagsmahl, sei es in der Bank oder im Kaufhaus. Nachmittags knabbert man Snacks in Form von Soja-Tee-Eiern, gebackenen Teigwaren etc., die überall angeboten werden, und selbst nachts sind die Imbissstände der Essensmärkte stets dicht umlagert.

Gehen Chinesen ***auf Reisen*** oder machen einen Ausflug, so schleppen sie große Vorräte an Fressalien mit, die immer und überall bei Bedarf ergänzt und aufgestockt werden können. Kaum sitzen sie im Bus oder Zug, wird ausgepackt, und man beginnt zu essen und den Drumherumsitzenden etwas anzubieten.

Essen in der Sprache

Der Magen spielt im chinesischen Alltag nicht nur für die Nahrungsaufnahme eine zentrale Rolle, was sich auch im Sprachgebrauch niederschlägt. Wünscht man sich bei uns in der Früh einen Guten Morgen, so fragen die Chinesen „Hast du schon gegessen?“ *(ni chile fan ma?).* Hat ein Chinese Kummer, „ißt er Bitternis“ (chi ku). Wer eiferüchtig ist, „ißt Essig“ *(chi cu),* wer beliebt ist, „bekommt überall etwas zu essen“ *(chi de kai)* und wer gar flirtet, „ißt Tofu“ *(chi doufu).*

Geschäftsessen

Vielen in China arbeitenden Ausländern sind die ständigen ***Arbeitsessen*** mittags und abends ein Greuel. Keine Konferenz, keine Betriebsversammlung und kein Ausflug beginnt, bevor nicht geklärt worden ist, wo man sein Mittagsmahl zu sich nimmt. Erst dann entspannen sich alle, die Arbeit kann beginnen. Vergisst ein ausländischer Gesprächsleiter diese so wichtige Klärung, werden alle chinesischen Teilnehmer unruhig und unaufmerksam der Frage nachhängen, ob und wann man zum Essen gehen wird, wohl wissend, dass diese Frage bei uns nicht so einen hohen Stellenwert genießt und wir da durchaus flexibel sind.

Gegessen wird bei uns, wenn die Zeit es zulässt. In China wird, auch wenn gerade Wichtiges diskutiert wird, alles stehen- und liegengelassen. Schließlich kann man beim Essen in viel gelösterer Stimmung weiterreden. Entsprechend finden viele ***wichtige Gespräche beim Essen*** statt, und so manches Geschäft kommt erst beim Essen in Gang.

Kriminalität

Wohlstandsgefälle

Die wachsende ***Kluft zwischen Arm und Reich*** in China schlägt sich immer mehr auch in den Kriminalstatistiken nieder. Zu viele sind es, die am propagierten Wohlstand nicht teilhaben und auch keine Chance haben, die Vision *Deng Xiaopings* „alle werden reich, einige schneller, die anderen später“, für sich zu verwirklichen. Sie wollen nicht auf ein hoffnungsloses Später warten.

Vor allem die ***Jugendkriminalität,*** bedingt durch Armut, Arbeitslosigkeit, Perspektivlosigkeit und Obdachlosigkeit, die vor allem die rund 100 Millionen Wanderarbeiter treffen, hat ein für China erschreckendes Ausmaß angenommen und einen Schatten auf das unkontrollierte Wirtschaftswachstum geworfen.

Straftaten

Mit 75 % aller Straftaten lagen ***Diebstahldelikte*** und ***Betrügereien*** an der Spitze. Aber seit kurzer Zeit holen Sexualverbrechen, Gewaltverbrechen, Drogenkriminalität und Bandenkriminalität mit beängstigender Geschwindigkeit auf. Längst gehören Bettler wieder zum Straßenbild, wobei viele von ihnen in kriminellen Banden organisiert sind.

Prostitution

Auch die in China so verdammte und verfolgte Prostitution breitet sich unaufhaltsam und höchst öffentlich aus. In den meisten guten Hotels des Landes flanieren die käuflichen Damen völlig ungeniert herum und bieten ihre Dienste an. Vor den Hotels sitzen Zuhälter beim Schwätzchen und schicken nicht selten auch Kinder auf den Strich, ohne dies im geringsten zu verheimlichen. Banden-, Drogen-, Schwarzmarkt-, Prostitutions- und Betrugskriminalität sind Bestandteile des Alltags geworden, auf die man natürlich auch als „reicher" Tourist an der Peripherie stößt.

Bestrafung

Die Strafen sind in der Regel hart, zahlreiche Delikte werden mit der ***Todesstrafe*** geahndet, und die Polizei geht mit echten und vermeintlichen Verbrechern nicht gerade zimperlich um.

Zur ***Abschreckung*** werden zum Tode Verurteilte auf Lastwagen durch die Stadt gefahren, wobei sie Schilder um den Hals tragen, die ihre Verbrechen auflisten. Anschließend werden sie zu einem Fußballfeld gefahren und öffentlich erschossen - Szenen, die zur Abschreckung sogar im Fernsehen übertragen werden.

Verkehr

Keine Schilderung des Alltags wäre vollständig, ohne die ***chronisch schlechten Verkehrsverhältnisse*** zu schildern, denen Millionen von Menschen tagtäglich ausgesetzt sind.

Fahrrad

Für die Masse ist immer noch das Fahrrad ***Haupttransportmittel.*** Personen, Kohle, Stahlträger, Betonplatten, Gemüse, Großeinkäufe, Möbel - es gibt nichts, was in China nicht auf einem Fahrrad Platz hätte.

Die ***Fahrradlieferanten*** sind nicht zu beneiden. Sie stehen auf der untersten Stufe der Verkehrshierarchie, werden von Autos und Lkws gejagt und von Fahrradfahrern und Fußgängern beschimpft, weil sie überall im Wege sind und alles blockieren.

Normale ***Zweiradfahrer*** stehen zwar in der Hierarchie höher, müssen sich aber in den endlosen, langsamen Strom der Masse einreihen, Rücksicht wird von seiten der Autofahrer auf sie nicht genommen. Aus Sicherheitsgründen darf man daher in vielen chinesischen Städten keine Personen auf seinem Fahrradgepäckträger mitnehmen.

Kinder müssen im Kindersitz untergebracht werden. Da größere Kinder da nicht mehr hineinpassen, für den Verkehr aber noch zu jung sind, erst ab 12 Jahren dürfen sie am Verkehr teilnehmen, sieht man oft Kinder auf dem Gepäckträger stehen. Da die Gesetzgebung nur das Sitzen hintendrauf verbietet, blieb diese Gesetzeslücke natürlich nicht unbeachtet.

Chinesischer Verkehr ist ein ***Kampf ums Durchkommen,*** Weiterkommen und wegen der Rücksichtslosigkeit der motorisierten Zeitgenossen auch ums Überleben. Chinesische Straßen sind erfüllt von einem Dauerhupen, das einem vor allem als Radfahrer zu schaffen macht, und man wundert sich, weshalb nicht alle Chinesen mittlerweile gehörgeschädigt sind.

Andere Verkehrsmittel

Andererseits hätten Autos, LKWs und Busse auch keine Chance weiterzukommen, wenn sie den Fahrrädern freie Fahrt ließen. Ein Ausweichen auf andere Verkehrsmittel hat meist wenig Sinn, denn die ***Busse*** sind permanent hoffnungslos überfüllt und stehen stundenlang im Stau.

Miserable Infrastruktur und eine noch miserablere ***Verkehrsdisziplin,*** bei der noch in der fünften Reihe versucht wird zu überholen, so dass sich die Autofahrer an den Ampeln Kühler an Kühler gegenüberstehen, sorgen dafür, dass die sowieso schon begrenzte Freizeit der Chinesen noch einmal drastisch eingeschränkt wird.

Kaum auszudenken, wenn wahr wird, was einer internationalen Konferenz der Autoindustrie im Herbst 1994 vorschwebte, nämlich der großen Masse der Chinesen in den nächsten Jahrzehnten ***ein eigenes Auto*** zu ermöglichen.

Religionen im Überblick

Die großen Ursprungsreligionen

Immer wieder wird im Westen bezüglich der chinesischen Religion die Meinung vetreten, nach der der ***Konfuzianismus,*** entwickelt von ⇗ *Konfuzius,* die Staatsdoktrin der Chinesen, der ***Buddhismus,*** ausgehend von ⇗ *Buddha,* die Erlösungsreligion vom Elend des gegenwärtigen Lebens, der ⇗ ***Daoismus,*** dank des weisen *Laozi,* die Philosophie der Esoteriker und alles zusammen die Religion der einfachen Menschen ist. Vergessen wird dabei aber gerne, dass in China, nicht anders als im Christentum auch, Religion als Antwort auf eine wie immer geartete Begegnung oder Erfahrung mit dem Heiligen, dem Himmel, dem Göttlichen, mit Gott oder wie auch immer verstanden wird. Damit wird auch klar, dass Chinesen nicht, wie gerne behauptet wird, an Konfuzianismus, Daoismus und Buddhismus gleichzeitig glauben, würde das doch bedeuten, dass Chinesen immerhin an drei unterschiedliche Antworten auf den Sinn ihres Daseins und des Laufs der Welt zugleich glauben würden: den impersonalen Himmel der Konfuzianer, an die Dreifaltigkeit der ewigen und allmächtigen Drei Reinen der Daoisten, die die Welt regieren, und an den ewigen Kreislauf von Wiedergeburt und das gottlose Nirvana der Buddhisten.

Entwicklung der Volksreligion

Allerdings waren die Chinesen im allgemeinen der Meinung, dass alle Religionen gut für den Menschen seien, versprachen sie den Gläubigen doch Gutes. Pragmatisch, wie sie waren und sind, nutzten sie in Fällen, in denen Hilfe nötig war, durchaus auch die Hilfe der fremden Götter einer anderen Religion, ohne sich jedoch mit den Zielen dieser Religion zu identifizieren. Zumindest sagte man sich, dass es nicht schaden könnte, sich auch der Macht fremder Götter anzuvertrauen. Dieser ausgesprochene ***Pragmatismus den Religionen gegenüber*** führte zur Entwicklung der Volksreligion und des Volksbuddhismus, die beide nur die nützlichen Elemente verschiedener Religionen aufnahmen und die Lehre stark vereinfachten.

Chinesische Prägung

In der ***chinesischen Antike*** gab es zahlreiche religiöse Elemente, Werte und Rituale, die sich in den später vorherrschenden Religionen des Landes weiterentwickelten, zum Teil parallel oder sich durchdringend, oft aber auch in erbitterter Konkurrenz zueinander.

Andere Riten wie der z. B. ***Ahnenkult*** sind ganz eigenständige Elemente, die, abgesehen vom Christentum und Islam, sowohl ihren Platz im Konfuzianismus, ⇗ Daoismus als auch im Buddhismus fanden.

Der so entstehende Eindruck einer gewissen Homogenität der verschiedenen Religionen hat sicher mit zu der vereinfachenden Sicht, dass es in China letztendlich nur eine Religion gäbe, beigetragen. Es gab ein ***gemeinsames Erbe,*** dass auch den nach China eindringenden Buddhismus prägte und dem sich keine Religion, wollte sie dauerhaft bestehen, entziehen konnte.

Wer gut Chinesisch spricht, kann sich bei einem Wahrsager die Zukunft vorraussagen lassen

Anders als bei uns hatten die chinesischen Religionen ***nicht jenen oft hasserfüllten exlusiven Charakter,*** und insofern kann man zum Beispiel sagen, dass viele Chinesen durchaus Konfuzianer im Handeln, Daoisten im Verhältnis zur Natur und Buddhisten in der Frömmigkeit seien. Dennoch sind alle Religionen eigenständig, mit eigenen Antworten, Riten, Praktiken und Philosophien.

Ahnenkult

Ahnentäfelchen

In der chinesischen Tradition nahm der Ahnenkult einen zentralen Platz ein. Neben einer Reihe von Göttern hatte jede chinesische Familie (bis auf Christen und Muslime) ***anerkannte Beschützer*** in Form ihrer Ahnen, denen Opfer dargebracht wurden. Jeder Ahne wurde durch ein 10-20 cm breites und bis zu 40 cm hohes Holzbrettchen repräsentiert, auf dem Name und Titel, manchmal Geburtsdatum, Todestag und Herkunft vermerkt war.

Die Ahnentäfelchen wurden entsprechend der Familienhierarchie angeordnet und entweder, wie bei reichen Familien, in speziellen ***Ahnentempeln*** untergebracht oder bei armen Familien an der Nordwand des Empfangs- oder Wohnzimmers. Auf jeder Seite standen eine Kerze und ein Räucherstäbchenhalter.

Die ***Ahnengeister*** stellte man sich als gestaltlose Hauchseelen vor, die so lange existierten, wie man ihnen opferte. Dabei nahm man an, dass die Seele desjenigen, dem geopfert wurde, auf dem Täfelchen weilte, sobald man es mit einem Tropfen Halmenblut weihte.

Opferzeremonien

Da die Ahnengeister in das Leben ihrer Nachkommen eingreifen konnten, war die Einhaltung der Opferzeremonie äußerst wichtig und gehörte zu den Riten im Rahmen der Kindespietät. Die Opferzeremonie war ausschließlich männlichen Familienmitgliedern vorbehalten. Sie wurde gewöhnlich ***zweimal im Monat*** zum Neu- und Vollmond, also am ersten und fünfzehnten Tag des Monats, abgehalten. Nachdem sich das Familienoberhaupt vor seinen Ahnen niedergeworfen hatte, wurden die Kerzen und Räucherstäbchen angezündet.

Seine Ehrfurcht vor den Ahnen bezeugte man außerdem zu allen hohen Festen des Jahres, vor Hochzeiten, Geburten und zu den Geburtstagen der letzten drei Ahnen, an denen ihnen ***komplette Mahlzeiten*** dargebracht wurden. Hatte sich der bedachte Ahn gelabt, wobei man dessen Wünsche und Vorlieben beachten musste, und waren die Kerzen abgebrannt, verspeiste die Familie die Reste der Mahlzeit.

Die Ahnenopfer und Zeremonien kann man vor allem ***in Taiwan*** noch in allen Formen sehen, während sich die kommunistische Führung Chinas bemüht hat, diesem Kult den Garaus zu machen.

Christliche Mission

Ironischerweise war es ausgerechnet die Ahnenverehrung, die die christliche Mission in China so erbärmlich scheitern ließ. Nach dem „Fall Luther" und dem „Fall Galilei" schickte sich der Vatikan zu einer seiner schwerwiegendsten Fehlentscheidungen in Glaubens- und Sittendingen an. *Matteo Ricci* und seine Jesuitenmissionare hatten erkannt, dass sie den Chinesen ihren Ahnenkult lassen mussten, um erfolgreich missionieren zu können. Daraufhin brach ein heftiger Ritenstreit zwischen der Jesuitenmission in China und Rom aus, der 1704 in einem folgenschweren Entscheid des Sanctum Officium der Inquisition endete, der lautete, dass die alten Chinesen Götzendiener seien und die neueren Atheisten; das ⇗ *Konfuzius* selbst ein öffentlicher Götzendiener und privat ein Atheist sei und das aus diesem Grunde die chinesischen Riten für Christen verboten seien. Damit war die christliche Mission in China faktisch beendet. Der Erlass wurde erst 1939 von Papst *Pius XII.* korrigiert, ohne Schuldeingeständnis, versteht sich.

Konfuzius

Konfuzianismus

„Der Meister sprach: Wenn man das Volk mit Dekreten lenkt und durch Strafmaßnahmen in Bann hält, so wird es den Strafen zu entgehen suchen und doch keine Scham kennen. Lenkt man es aber mit De - mit Tugend -, so wird es nicht nur Scham kennen, sondern auch Charakter haben"
(Lun Yü, Gespräche des Meisters Kung)

In China haben, wie bereits oben beschrieben, alle religiösen und philosophischen Denkrichtungen eine bestimmte ***Anzahl grundlegender Ideen gemeinsam,*** seien es die Vorstellung vom Dao als Ursprung allen Seins, das Yin-Yang-Prinzip oder die Analogie von Mikrokosmos und Makrokosmos. Der Konfuzianismus machte da keine Ausnahme, und indem er auf ähnlichen Wurzeln beruhte, wurde er im Laufe seiner langen Entwicklung immer wieder vor allem vom ⇗ Daoismus und später auch vom Buddhismus beeinflusst.

Leben des Konfuzius

Konfuzius war zu seinen Lebzeiten (551-479 v. Chr.) ein ziemlich erfolgloser Fürstenberater und anschließend ein nicht allzu erfolgreicher Lehrer, der jedoch, und das war ein Novum, einer ***privaten Lehrtätigkeit*** nachging und damit das Bildungsmonopol des herrschenden Erbadels durchbrach. Er suchte seine Schüler nicht nach Standesgesichtspunkten aus, sondern gab jedem, der bereit war, ihm ein symbolisches Lehrgeld - eine beschränkte Menge getrockneten Fleischs - zu zahlen, Unterricht.

Konfuzius lebte in einer Zeit, die durch den ***Übergang*** von einer magisch gebundenen Religiosität ***zur Rationalität*** gekennzeichnet war. Die die Gesellschaft zusammenhaltenden Werte verloren an Bedeutung, während die einzelnen Lehensstaaten immer mächtiger und unabhängiger vom König (der Zhou-Dynastie) wurden.

Zentrale Ideen

Folgerichtig suchte *Konfuzius* einen Weg, um die verfallende gesellschaftliche Ordnung wiederherzustellen. Seine große Leistung dabei war es, die überkommenen Riten (*Li*) im Sinne einer individualisierten, ***personalisierten Ethik*** umzudeuten und alte Begriffe mit neuen Inhalten zu füllen sowie sittliche Forderungen an seine Umwelt zu stellen. *Konfuzius* und seine Schule boten damit eine ethische und moralische Antwort auf die Frage nach dem Sinn des Lebens und der Ordnung der Gesellschaft an.

Grundvoraussetzung für die Wiederherstellung der gesellschaftlichen Ordnung war die ***Richtigstellung der Namen*** (*Zhengming*). In den Zeiten des Verfalls waren für *Konfuzius* die Herrscher keine Herrscher mehr, die Minister verdienten den Namen Minister nicht mehr usw. Die Namen waren nur noch leere Worthülsen.

Daraus folgerte *Konfuzius*, dass die Ordnung nur durch einen Herrscher, der wirklich Herrscher war, durch Minister, die Minister (im Sinne seiner Vorstellung) waren, die Ordnung wiederhergestellt werden konnte. Das Vorbild war ein ***Edler*** (*Junren*), ein Idealtyp, der sittlich Edle, der nicht unbedingt nur unter dem Erbadel zu finden sein musste. Auch das war ein revolutionärer Ansatz in *Konfuzius'* Lehre.

Waren die Begriffe erst einmal geklärt, der Herrscher also wieder Herrscher, so würde sich das unmittelbar auf die Gesellschaft auswirken, die ⇗ ***Fünf Beziehungen*** Herrscher und Untertan, Vater und Sohn, Mann und Frau, älterer und jüngerer Bruder, Freund und Freund wären damit wieder geordnet und die gesellschaftliche Ordnung wiederhergestellt.

Ordnungskonzept

Die Ordnungsvorstellung war streng hierarchisch und zeichnete bereits die Bedeutung der Großfamilie vor. Das ganze Ordnungskonzept beruhte auf der so wichtigen Tugend des ***Sohnesgehorsams*** (*Xiao*), ein Begriff, der im engeren Sinne die Ehrfurcht bzw. Gehorsamspflicht den Eltern gegenüber beschreibt.

Eine zweite wichtige Tugend in diesem System war die ***Menschlichkeit*** (*Ren*), ein Begriff, der häufig mit „Humanität" übersetzt wird, der bei uns im Deutschen aber ganz anders belegt ist. Vielmehr bezeichnet *„Ren"* die Gemeinschaftsbezogenheit, womit dem Moment des organisch Gewachsenen (im Gegensatz zum zweckhaft „gesellschaftlich" Gewachsenen), dem personalistischen Guanxi- (Bezogenheits-) Denken und der Wiedergabe des Schriftzeichens *Ren,* ein Mensch mit zwei ausgebreiteten Armen, Rechnung getragen wird. Das Ziel war es, eine wirklich menschliche, d.h. mit dem Kosmos übereinstimmende Ordnung zu schaffen.

Der ideale Herrscher

Um eine Gesellschaftsordnung im Sinne *Konfuzius'* zu verwirklichen, braucht es einen Fürsten, der über alle geforderten Attribute, vor allem aber Sohnesgehorsam und Menschlichkeit verfügte. Da aber niemand zu diesem Idealtypus des Edlen geboren war, sollte dieser Weg über die ***Erziehung*** beschritten werden. Klappte das bei einem Herrscher nicht, so sollte er wenigstens über Berater, die diesem Ideal nahekamen, verfügen. Ein solcher idealer Edler identifizierte sich über die ↗ Fünf Beziehungen, und sein Ziel war moralisches Handeln u.a. mit Sohnesgehorsam (*Xiao*) und Menschlichkeit (*Ren*). Da das Ziel allen Tuns die gesellschaftliche Ordnung war, blieb für die Belange und das geistige Wohlergehen des Individuums kaum mehr Raum. Nur ein entsprechend den konfuzianischen Idealen erzogener Fürst konnte somit die Gesellschaftsordnung stabilisieren und in Harmonie bringen.

Die überkommene Vorstellung vom Herrscher als Sohn des Himmels und dessen unmittelbarer Beauftragung mit der Herrschaft durch den Himmel wurde unter *Konfuzius* dahingehend geändert, dass ein Herrscher dieses Mandat nur durch seine ***Tugendhaftigkeit*** verdiente. Nur wenn er im Einklang mit der konfuzianischen Ordnung, d.h. analog der kosmischen Ordnung, stand und wenn seine Herrschaft auf dem verpflichtenden Vorbild der Tugend basierte und nicht auf der Furcht vor Strafe, konnte die ideale Gesellschaftsordnung aufrechterhalten werden.

Der Kaiser diente somit als ***Vermittler zwischen Himmel und Erde,*** da er allein über ein Bewusstsein verfügt, während Himmel und Erde ihrem Dao (Weg), d.h., dem regelmäßigen Wechsel von ↗ Yin und Yang und der ewigen Rotation der fünf Elemente, folgen. Solange der Mensch nicht im Gegensatz zu dieser Bewegung handelt, kann die Welt ihren harmonischen Lauf gehen.

Muslime auf dem Weg zum Gebet

Aufgabe des Kaisers ist es, in diesen Lauf nicht störend einzugreifen und ihn den Menschen zu vermitteln sowie, stellvertretend für die Menschen, dem Himmel als dem Vater und der Erde als der Mutter zu opfern.

Für eine ***gute Regierung*** muss der Kaiser gewisse vom Himmel vorgegebene Regeln beachten: so die ⇗ Fünf Beziehungen, die fünf Riten und die fünf Strafen, die gegen jene angewendet werden, die gegen die fünf Beziehungen und Riten verstoßen.

Handelt der Kaiser gegen das Wohl der Menschen oder gegen den Lauf der Welt, kommt es zu ***Katastrophen.*** Erdbeben, Fluten oder Hungersnöte kündigen den Verlust der Macht an. Das Mandat wird geändert (*Geming,* der heutige Ausdruck für Revolution), und der Kaiser stürzt.

Diese ***funktionale Herrschaftskonzeption*** der Konfuzianer, die eine ganze Reihe daoistischer Elemente enthält, diente in idealer Weise der Herrschaftslegitimation. Da Herrschaft etwas Göttliches, vom Himmel Verliehenes war, waren die Menschen von ihr ausgeschlossen. Verwalter der Macht wurden die Literatenklasse und die „tugendhaften" Minister.

Staatsreligion

Konfuzius' Lehre wurde erst während der Han-Dynastie (206 v. Chr.-220 n. Chr.), nach der Gründung einer Beamtenakademie unter der Regierung von Kaiser *Wu* (141-87 v. Chr.), zur ***Staatsdoktrin.*** Damit war die Grundlage für das spätere Examenssystem und der institutionelle Rahmen für den sich etablierenden Konfuzianismus geschaffen. Der Konfuzianismus verband religiöse (z.B. Ahnenkult und Himmel als höchste Macht), philosophische (indem er die religiös-soziale Tradition der frühen Zhou reflektierte), sozialpolitische (Betonung einer geistig-moralischen Aristokratie) und lebensanschauliche (Bereich des politischen und sozialen Verhaltens) Aspekte.

Mit seiner Institutionalisierung erfuhr der Konfuzianismus immer mehr Veränderungen, und vor allem seit der Entwicklung des ***Neo-Konfuzianismus*** und dessen metaphysischer Begründung der traditionellen Ethik hatte der Konfuzianismus mit der Lehre des *Konfuzius* nur noch soviel gemein wie unser heutiges Christentum mit *Jesus.*

Als ***Legitimationsinstrument der Herrschaft*** blieb er bis zum Ende der Kaiserzeit ein entscheidender Machtfaktor.

Daoismus

„Wenn du das Elixier genommen hast und dein Gesicht und Körper juckt dich, wie wenn die Insekten darüber liefen, deine Hände und Füße schwellen an, wie wenn du die Wassersucht hättest, du kannst den Geruch von Essen nicht ertragen, du wirst schwach in den Gliedern, oder du bekommst heftige Kopf- oder Bauchschmerzen, dann sei nicht beunruhigt oder verwirrt. Alle diese Wirkungen sind lediglich Beweise dafür, daß das Elixier erfolgreich deine verborgene Unordnung vertreibt."
(*Taotsang,* Nr. 874, ch.2, 7a)

Verschiedene Denkströmungen

Der ⇗Daoismus war ***nicht die Erfindung eines Religionsstifters,*** sondern entwickelte sich aus in China schon lange bestehenden Denkströmungen, vor allem aus den Vorstellungen des Dao und des Yin-Yang-Prinzips.

Unterscheiden muss man zwischen zwei Strömungen, dem ***philosophischen*** und dem ***religiösen,*** z.T. institutionalisierten ***Daoismus,*** dem die Kirchen, Sekten, der magische und „Hygiene" treibende Daoismus, die Quacksalber und Eremiten zuzuordnen sind. Es gibt zwischen den beiden Strömungen allerdings keine klare Trennungslinie. Sie beeinflussen sich wechselseitig und haben eine ganze Reihe von Verbindungen zu anderen religiösen und philosophischen Schulen wie Buddhismus und Konfuzianismus.

Laozi

Als Begründer der Lehre vom Dao (*Daojiao*) gilt *Laozi,* der „alte Meister", der um 600 v. Chr. gelebt haben soll, historisch jedoch nicht fassbar ist. Ihm wird auch der Klassiker ⇗*Dao De Jing*, das Buch vom „Weg" und seiner „Tugendkraft" zugeschrieben.

Dao

Die bei unserer Religion so wesentliche Vorstellung eines „Höchsten Wesens" nimmt bei den Chinesen die Vorstellung eines „Höchsten-Seins-Zustandes" ein. Götter haben keine letzte oder höchste Bedeutung. Der Begriff vom ***„Höchsten-Seins–Zustand"*** beruht auf einer tiefen Ehrfurcht vor der Heiligkeit aller Wesen und Dinge und wurde bei den Daoisten Dao genannt, was so viel bedeutet wie Weg, Bahn, Pfad und die nach bestimmten Ordnungsprinzipien verlaufenden Prozesse wie den Lauf der Sterne, den Wechsel der Jahreszeiten, des Tages und der Nacht usw. bezeichnet. Damit ist das Dao die Mutter des Kosmos, der Ursprung allen Seins.

Wichtige Begriffe

Die Abläufe in der Welt werden durch die bipolaren Kräfte ⇗***Yin*** (das Weibliche, Schwache, Dunkle, Passive, Ruhige, Erde, Mond) ***und Yang*** (das Männliche, Starke, Helle, Aktive, Himmel, Sonne) bestimmt.

Aus der Verbindung mit Yin und Yang werden die „Drei Schätze" ***Jing*** (Essenz), ***Qi*** (Lebenskraft) und ***Shen*** (spirituelle Energie) erzeugt, deren Zusammenspiel die ***Zehntausend Dinge*** (der Welt) erschafft.

Laozi brachte diese Kosmologie in seinem 42. Spruch auf eine knappe Formel: *„Aus eins wird zwei, aus zwei wird drei, aus drei werden die Zehntausend Dinge. Die Zehntausend Dinge haben hinter sich das Dunkel (Yin) und streben zum Licht (Yang). Die strömende Kraft gibt ihnen Harmonie."*

Das Yin-Yang-Symbol

Da diese Art von Wechselbeziehung in Harmonie abläuft und Harmonie erzeugt, herrscht in einer Gesellschaft des Dao Ordnung und nicht Unordnung, so dass aktives Handeln unnötig ist.

Je weniger in den natürlichen Lauf der Dinge eingegriffen wird, desto freier können sich die Dinge entfalten. *Laozi* empfiehlt den Herrschenden denn auch konsequenterweise das ***Nicht-Handeln*** (*Wu-Wei*), was nicht faules Nichtstun bedeutet, sondern Handeln in Übereinstimmung mit der momentanen Notwendigkeit. Dieses Handeln muss unverkrampft, nicht auf eigenen Vorteil bedacht und ohne aus reiner Berechnung entstandene Aktivität ablaufen.

Unsterblichkeit

Dieser Kosmologie wohnt nun die Idee inne, dass die Menschen in ihre Begierden und Täuschungen verstrickt sind, aus denen sie nur entkommen können, wenn sie die Übereinstimmung mit den Gesetzen der Natur wiederfinden und damit zur Quelle des Seins, dem Dao, zurückkehren. Von hier war es kein weiter Schritt mehr bis zur Vorstellung von der Erlangung der Unsterblichkeit, ist doch das Dao ewig und unendlich. Das Ziel der Erlangung der Unsterblichkeit wurde zum ***Kern des ⇗ Daoismus,*** der damit, anders als der Konfuzianismus, zu einer Erlösungsreligion wurde.

Bei *Zhuangzi*, dem zweiten berühmten Denker der Daoisten (vermutlich um 370-300 v. Chr.), der historisch aber ebenfalls nicht fassbar ist, wird das Ziel des ewigen Lebens durch die ***Befreiung des Menschen von seiner Individualität*** erreicht.

Das alles war einfacher gesagt als getan und dem Normalbürger zu hoch. Dieser wusste nur, dass er ***mehrere Seelen*** hatte (nämlich drei hun- und sieben po-Seelen), die sich nach seinem Tod trennten. Aber er wusste nicht, was dann mit ihnen geschah, ob sie im Grab weilten, in den dunklen Gängen des Erdgrafen schmorten oder ob sie sich nicht ganz auflösten, weil sich die Seelen in verschiedene Richtungen zerstreuten. Was lag also näher, als die Unsterblichkeit, die der ⇗ Daoismus in Aussicht stellte, zu erlangen und damit all diesen Problemen zu entgehen.

Die Zeit der meisten Menschen war zu knapp, um die komplizierten Rituale zur Erlangung der Unsterblichkeit auszuführen. Das rief schnell allerlei Quacksalber auf den Plan, die alle möglichen Arten von ***Unsterblichkeitsmitteln*** verkauften. Kirchen und Sekten bildeten sich, denn je größer die Gemeinde war, desto wohlhabender wurde sie, und desto aufwendiger konnte man die alchimistischen Experimente zur Suche nach dem Elixier der Unsterblichkeit gestalten. Ewiges Leben erreichte damit wohl niemand, aber diese daoistische Alchimie wurde zu einer unerschöpflichen Quelle der traditionellen chinesischen Medizin.

Fünf Elemente

Große Bedeutung erlangte die Lehre der „Fünf Elemente" (*Wu Xing*) bzw. Fünf Wandlungsphasen. Ihr lag die Erkenntnis zugrunde, dass die Naturabläufe auf einem subtilen Gleichgewichtssystem zwischen verschiedenen Prozessen beruhen, die je nach

Situation unterstützen, hemmen oder blockieren. Die Beherrschung dieser Lehre verlieh die Fähigkeit, die Zukunft vorauszusagen oder den Lauf der Dinge zu beeinflussen.

In dieses System integriert war ein riesiger ***Götterpantheon*** aus 36.000 Göttern mit dem ⇗Jadekaiser an der Spitze. Der hierarchische Aufbau dieses Götterpantheons korrespondierte wiederum mit den einzelnen Bestandteilen des ⇗Daoismus.

Heutige Bedeutung

Im modernen China ist der Daoismus als religiöse Strömung im Gegensatz zu Taiwan weitestgehend verschwunden. Lebendig geblieben ist er im ⇗*Tai Ji Quan* ***(Schattenboxen)*** und der ***Akupunktur,*** die auf daoistischen Elementen fußen.

Buddhismus in China

Ausbreitung in China

So unauffällig sickerte der Buddhismus in China ein, dass schon kurz nach seinem ersten Auftreten niemand mehr so recht wusste, wann diese neue Religion ihren Eingang ins Reich der Mitte gefunden hatte. Eine wichtige Station auf dem Weg in das China der Han-Dynastie (206 v. Chr. - 220 n. Chr.) war die ***Bekehrung der*** ⇗***Kushan*** (chin.: ⇗*Yuezhi*), die zu jener Zeit Baktrien (in etwa das heutige Afghanistan) beherrschten. Kaiser *Wu* (reg. 141-87 v. Chr.) hatte Gesandtschaften über die von ihm eröffnete Seidenstraße nach Baktrien geschickt, und im Gegenzug dürfte der Buddhismus erstmals nach China vorgedrungen sein.

In den chinesischen Quellen wird der Buddhismus erstmals im Jahre 65 n. Chr. erwähnt, als ein seltsamer ***Traum des Kaisers Ming*** von seinem Minister dahingehend gedeutet worden war, dass er ⇗Buddha, den Erleuchteten, gesehen habe. Um mehr über ⇗Buddha zu erfahren, schickte der Kaiser daraufhin eine Gesandtschaft nach Westen, die Bücher mit zweiundvierzig Kapiteln der heiligen buddhistischen Schriften und ein Bild des ⇗*Sakyamuni* zurückbrachten. Für diese Heiligtümer ließ der Kaiser im Jahr 68 n. Chr. das Kloster des Weißen Pferdes in Luoyang errichten.

Anfangs galt der Buddhismus noch als die bei den Barbaren herrschende Variante des ⇗Daoismus. Die ***Missverständnisse*** ergaben sich aus der fehlenden chinesischen Terminologie bei der Übersetzung der buddhistischen Schriften. Eine Reihe von Begriffen wurde dem Daoismus entlehnt, der damit jedoch oft ganz andere Inhalte bezeichnete.

Wirkliche Bedeutung erlangte der Buddhismus zum ersten Mal mit der Gründung der Nördlichen Wei-Dynastie (386-535) durch die turkstämmigen Toba, die den Buddhismus zur ***Staatsreligion*** erhoben.

Unter dem Einfluss eines eifersüchtigen Daoisten kam es allerdings auch zu den ersten ***Buddhistenverfolgungen.***

Buddhas Fußabdrücke mit den Emblemen des Buddhismus

Unter der Herrschaft der Toba wurde seit dem 5. Jh. damit begonnen, die buddhistischen Klassiker durch kompetente zweisprachige Mönche übersetzen zu lassen. Pioniere waren dabei ⇗ *Kumarajiva* (402-413), *Faxian* (der 399-414 nach Indien reiste), *Songyun* (518-521 gereist), *Xuan Zang* (einer der bekanntesten Pilger, der 629-645 nach Indien reiste) und *Yi Jing* (dessen Reise von 671 bis 695 dauerte). Mit den neuen ***Übersetzungen*** bekam der chinesische Buddhismus erstmals echte Eigenständigkeit und trat damit in Konkurrenz zum ⇗ Daoismus.

Frühe Ausprägungen

Das einfache Volk interessierte sich nicht sonderlich für Spitzfindigkeiten in den Übersetzungen. Es bekam mit der neuen Religion und ihrer ***Lehre vom Karma*** und dem ***Kreislauf der Wiedergeburten*** eine Erklärung des Unglücks und die Hilfe, es zu vermeiden.

Für die vom Ahnenkult geprägte Gesellschaft bot diese Religion darüber hinaus die Gelegenheit, durch Übertragung von Verdiensten seinen verstorbenen Eltern zu einer besseren Wiedergeburt zu verhelfen. Aus diesem Grund standen alle in China verbreiteten Schulrichtungen in der Tradition des ⇗ ***Mahayana-Buddhismus,*** der dem von Ahnenkult- und Göttervorstellung verhafteten Denken der Chinesen zugute kam: Konnte man doch durch die Verehrung der barmherzigen ⇗ Bodhisattvas Schwierigkeiten im jetzigen Leben überwinden und eine bessere Wiedergeburt für das nächste Leben anstreben. Auch die Lehre, dass jeder Mensch ⇗ Buddhas Natur besäße, fand regen Widerhall. Als Volksreligion hatte der Glaube allerdings schon bald nur noch wenig mit der reinen buddhistischen Lehre gemein.

Geschichtliche Bedeutung

Seine ***Blütezeit*** sowohl in der Kunst als auch als weltliche Macht erlebte der Buddhismus in der Sui- (581-618) und Tang-Dynastie (618-907). Gefördert vom Kaiserhof, entstanden große Klosteranlagen, die ihren Einfluss durch Landschenkungen immer weiter ausdehnten. Sie brauchten keine Steuern zu zahlen und konnten dadurch erhebliche Reichtümer ansammeln. Tausende von Menschen wurden zu Mönchen, um Kriegs- und Arbeitsdiensten oder auch Steuerzahlungen zu entgehen.

Eine solche Machtfülle und den massiven Abzug von Arbeitskräften konnte der Kaiser schließlich nicht mehr hinnehmen, und 845 kam es zur dritten und größten ***Verfolgung der Buddhisten*** in China, in deren Verlauf 4.600 Tempel, 40.000 Schreine und Heiligtümer, Hunderttausende von Bildwerken zerstört sowie 260.000 Mönche und Nonnen in den Laienstand zurückversetzt wurden. Von diesem schweren Schlag sollte sich der Buddhismus nie wieder erholen. Er blieb zwar weiterhin ausgesprochen beliebt, aber eine ethnisch-religiös beeinflussende oder gar staatstragende Rolle spielte er nicht mehr.

Mit dem Aufstieg des Neo-Konfuzianismus in der Song-Zeit (960-1279) wurde auch die staatliche ***Förderung des Buddhis-***

Bronzefigur eines in Andacht versunkenen Buddhisten

mus eingestellt, der damit keine wesentliche Entwicklung mehr erfuhr. 1930 wurden in China 500.000 Mönche und 200.000 Nonnen gezählt, von denen 10 % in großen öffentlichen Klöstern lebten. Der Rest wohnte in kleinen, oft privaten Tempeln. Viele der Anlagen waren stark verfallen, so dass die Regierung schon 1898-1906 begonnen hatte, solche Klöster zu enteignen und z.B. zu Schulen umzufunktionieren.

Zum ***Schutze des Buddhismus*** und der damit verbundenen Kultur wurde 1929 die Chinesische Buddhistische Gesellschaft gegründet, deren Anhängerzahl in die Millionen ging.

Seit dem Machtantritt der Kommunisten führt diese Religion erneut ein Schattendasein. Wurden zunächst religiöse Aktivitäten innerhalb der Tempel gestattet, so versuchten die Roten Garden in der ⇗ ***Kulturrevolution*** im Zuge der Zerstörung und Abschaffung aller traditionellen Werte auch den Buddhismus zum Erlöschen zu bringen. Vor allem die buddhistischen Kunst- und Kulturdenkmäler endeten auf einem Trümmerhaufen.

In den achtziger Jahren begann man mit der ***Restaurierung vieler Tempel,*** die nun in alter Pracht wiedererstanden. Der Wiederaufbau oder auch Neubau von Tempeln hat mittlerweile eine Dimension erreicht, die laut der Chinesischen Volkszeitung (Renmin Ribao) besorgniserregend ist. So sollen in einer - ungenannten - Provinz 1994 mehr als 48 ungenehmigte große Tempel gebaut worden sein und in einem ebenfalls ungenannten Kreis 121 ungenehmigte mittelgroße Tempel. Neben den als unsinnig angeprangerten Ausgaben, die besser für wichtigere Dinge ausgegeben werden sollten, wurde kritisiert, dass immer mehr Menschen nicht mehr zum Arzt gehen, wenn sie krank sind, sondern in den Tempel zum Medizinbuddha. Bei Dürre würden keine Bewässerungskanäle angelegt, sondern der Jadegott angebetet, und überhaupt tauchten überall Wahrsager auf, die den Leuten das Geld aus der Tasche zögen.

Diese Entwicklung zeigt, dass vielerorts ***die alten Strukturen wieder aufleben*** und mächtige Clans und Geheimgesellschaften auf lokaler Ebene die Autorität der KPCh abgelöst haben bzw. mit ihr zusammenarbeiten. Ob die Regierung dem entgegenwirken kann oder wird, wird sich wohl erst in Zukunft zeigen.

Verschiedene Schulen

Betrachtet man die vielen unterschiedlichen buddhistischen Sekten Chinas (allein acht im modernen China) und den mystisch geprägten Buddhismus der Tibeter und der von ihnen im 12. Jh. und vor allem im 16. Jh. bekehrten Mongolen, so darf man dabei nicht vergessen, dass es grundsätzlich nur einen Buddhismus und nur ein Ziel des Buddhismus, das Überwinden des ewigen Kreislaufs der Wiedergeburten, gibt. Es existieren allerdings verschiedene Wege, das Ziel, das Nirvana, zu erreichen. Ausgeprägt haben sich diese Wege im ⇗ ***Hinayana-Buddhismus*** (dem kleinen Fahrzeug bzw. der ursprünglichen Form des Buddhismus), in dem

Religiöse Versammlung der Dong-Nationalität in einer Moschee

jeder Anhänger die Erleuchtung, die Buddhaschaft und das Nirvana für sich selbst zu erreichen sucht, im ⇗ ***Mahayana-Buddhismus*** (der Lehre vom großen Fahrzeug), in dem die Erlösung von außen durch ⇗ Buddhas und ⇗ Bodhisattvas möglich ist, und im Tantrayana-Buddhismus. Vier der wichtigsten auch heute noch populären Schulrichtungen sollen hier kurz vorgestellt werden.

Chan-Buddhismus

Der von ⇗ *Bodhidharma (Damo)* um 520 begründete Meditationsbuddhismus ist die vielleicht bekannteste buddhistische Sekte, die bei uns unter der ***japanischen Transkription*** ⇗ ***Zen*** bekannt wurde.

In einer Reihe von Chan-Formen, und es gab zahlreiche Untersekten, wird die Möglichkeit einer ***blitzartigen Erleuchtung*** postuliert, die auf eine mehr oder weniger lange Vorbereitungszeit folgt. Diese Schule ist besonders mit dem Namen des Mönches *Hui Neng* (638-713) verbunden, der ganz explizit den spontanen Charakter der Erleuchtung hervorhob.

Hintergrund ist der Glaube, dass die „Letzte Wirklichkeit" - *Sunya* (Leere) bzw. ⇗ Buddha-Natur - nicht in Worten oder Konzepten, sondern ***nur durch Intuition,*** außerhalb bewußter Gedanken, wahrzunehmen ist.

Der Chan-Meister bedient sich dabei eines sogenannten ***Koan,*** das er seinem Schüler als Aufgabe oder Meditationsgrundlage gibt. In der Regel handelt es sich um einen nicht auflösbaren Rätselspruch, einen unverständlichen Dialog oder andere für solche Zwecke geeignete Aussagen. Auch Schläge konnten zu einer unmittelbaren und blitzartigen Erleuchtung (jap.: *Satori*, chin.: *Wu*) führen. Ziel ist es, jeweils von der Unwissenheit weg über das Infragestellen der Dinge zur Erkenntnis ihres So-Seins zu gelangen.

Der Buddhismus des „Reinen Landes“

Anhand der buddhistischen Sekte des „Reinen Landes“ kann man schön verfolgen, wie der Buddhismus zu etwas genuin Chinesischem umgeformt wurde. Angesprochen waren in erste Linie die Volksmassen, die nicht nur nach der endgültigen Erlösung suchten, sondern vor allem eine Erhörung ihrer Gebete um alltägliche Bedürfnisse wünschten.

Das „Reine Land“ (*Jingtu,* bzw. Sanskrit: *Sukhavati*) bezeichnet ein vollendetes ***buddhistisches Paradies diesseits des Nirvana.*** Herrscher über das Paradies sind *Amithaba* und sein Assistent ⇗ *Avalokiteshvara* (Chin.: ⇗ *Guanyin*). Diese ursprünglich männliche Gestalt wurde in China in eine weibliche Gottheit umgewandelt, die man in den entsprechenden Tempeln stets auf der Rückseite der Altäre in der Haupthalle, inmitten einer reich dekorierten, meist kitschigen Landschaft, umgeben von Sagengestalten, sieht.

Über diese ***Geschlechtsumwandlung*** sind diverse Theorien im Umlauf. So sind wohl hauptsächlich tibetische Einflüsse aus dem 10. Jh. maßgeblich, aber es gibt auch eine sehr einleuchtende chinesische Erklärung. Im streng konfuzianischen China war es verheirateten Frauen aus besseren Familien untersagt, sich anderen Männern zu zeigen. Ihnen blieb damit aber auch der Zutritt zu den Tempeln verwehrt. Wie im Buddhismus allgemein üblich, waren die Tempel und Klöster auf Spenden angewiesen, und vor allem verwitwete Frauen stellten ein Potential dar, dessen Finanzkraft nicht unerheblich war. Um es abzuschöpfen, kam irgendwann einmal ein Abt auf die Idee, ⇗ Guanyin zur Göttin zu machen und auf der Altarrückseite der Haupthalle aufzustellen. Damit wurde verhindert, dass die Frauen vor das Angesicht der Männer treten mussten, wenn sie im Tempel beten wollten. Der Erfolg war durchschlagend, und, ganz in weiß gekleidet, wurde die „Göttin der Barmherzigkeit“ schnell zu einem Symbol des Kindersegens für die gesamte Bevölkerung.

Der große Vorteil für den „normalen“ Menschen war die ***Einfachheit dieser Schulrichtung.*** Sie forderte von ihren Gläubigen allein den Glauben an das unendliche Mitleid des ⇗ Buddha, der in Gebeten geäußert werden musste. Als Hilfsmittel diente der Rosenkranz, den man vor den Tempeln überall zu kaufen bekommt und den man abbetete, indem man den Namen Amithaba wiederholte. Damit wurde die Vorstellung des Paradieses verinnerlicht.

Der Maitreya-Kult

Ein anderer Strang des Volksbuddhismus entwickelte sich um die Gestalt des ***Zukunftbuddhas Maitreya.*** Sie war bereits in Indien bekannt gewesen und verkörperte dort bereits vermutlich über persischen Einfluss messianische Elemente.

Ähnlich wie ⇗ *Avalokiteshvara* machte auch *Maitreya* in China eine Metamorphose durch und wandelte sich von einer asketisch dargestellten Gestalt zum ***fetten, liegenden oder sitzenden Mann,*** mit einem entblößten Bauch und stets lachendem Gesicht. Bei sich führt er stets einen Jutesack, manchmal auch eine kleine Flasche, die das Elixier der Todlosigkeit (Nirvana) enthält, und oft wird er von kleinen Kindern umgeben dargestellt, die auf ihm herumklettern.

In der Theorie wartet Maitreya zur Zeit eigentlich noch als ⇗Bodhisattva im sogenannten Tusita-Himmel darauf, in 2.500 Jahren ein leidensfreies Reich auf der Erde zu errichten und die bis dahin verunreinigte Lehre ⇗*Buddhas* wieder in ihren ursprünglichen Zustand zu versetzen.

Im Maitreya-Kult reduziert sich seine Bedeutung auf die Gegenwart. Er symbolisiert ***Glück und Wohlstand,*** zwei grundlegende Werte in China, in dieser Welt.

Ähnlich wie auch ⇗Guanyin hat er die Macht, Kinderwünsche zu erfüllen. Dieses ***Verlangen nach Kindern,*** ein wichtiger Bestandteil des chinesischen Ahnenkults, steht im diametralen Gegensatz zur buddhistischen Forderung nach Verzicht auf jegliches Verlangen. Diese sehr typische chinesische Inbesitznahme der buddhistischen Religion sicherte ihr das Überleben, da sie chinesischen Zielen dienstbar gemacht werden konnte.

Lamaismus

Der ***Tantrayana*** oder auch tantrische Buddhismus entstand um 200 n. Chr. in Bengalen und Assam. Bis zum 8. Jh. hatte er sich voll entwickelt und war in ganz Nordindien verbreitet. Unter *Srongtsan Gampo* (620-649), dem Großkönig eines tibetisch-tangutischen Militärstaates, fand der Tantrayana-Buddhismus schließlich seinen Weg nach Tibet.

Das Tantrayana unterscheidet vier ***Schulrichtungen:***

- ***Mantrayana,*** das die Überzeugung vertritt, das gesprochene Worte in Silben oder Sätzen ohne Sinngehalt *(Mantras)* sowie rituelle Gesten *(Mudra)* als Erlösungsinstrument dienen können;
- ***Vajrayana*** (diamantenes Fahrzeug), das von der Annahme ausgeht, dass die Welt lediglich Vorstellung sei und sich durch die geeignete Manipulation der eigenen Vorstellung Dinge schaffen und aufheben lassen. Wie auch im Mantrayana sind die Anhänger des Vajrayana überzeugt, dass jedes Wesen eine individuelle Natur besitzt, die sich in einer „Keimsilbe" ausdrücken lässt. Wer die Keimsilbe eines transzendenten ⇗Buddha oder ⇗Bodhisattva kennt, hat die Möglichkeit, durch konzentriertes Aussprechen der Keimformel den entsprechenden ⇗Buddha oder ⇗Bodhisattva spirituell sichtbar zu machen. Damit hat sich der Adept (ein in geheime Künste Eingeweihter) nunmehr einen geistigen Führer geschaffen, dessen Unterweisung ein absoluter Wahrheitsgehalt zukommt. In diesem Zustand erkennt der Adept, dass die Welt nur Illusion ist. Er wird dank dieser Erkenntnis über Zeit und Raum erhoben, wodurch er das Absolute subjektiv und erlebnishaft sehen kann, was wiederum Leerheit, *Vajra* (Einsicht des Menschen in seine Leerheit = Buddhanatur) und damit Erlösung bedeutet. Diese Richtung ist die Haupt-Schule des Tantrayana und ***Grundlage des Lamaismus;***
- Die ***Sahayana-Schule*** bezeichnet Mantras, Tantras, Meditation und Konzentration als Selbstbetrug und ist der Auffassung, dass alle Denk-

schulen lediglich Verwirrung schaffen. Diese eher pragmatische Richtung geht davon aus, dass man seinen gewohnten Lebensstil beibehalten kann, sich aber unter Führung eines Gurus von der Versklavung des Denkens lösen kann, das von seiner Natur her als rein, aber durch das *Karma* (Gesetz der Wiedergeburt als Folge von Taten) getrübt angesehen wird. Wer der Versklavung der Welt durch das Denken entrinnt, erkennt, dass *Samsara* (Kreislauf von Vergehen und Entstehen) und Nirvana dasselbe sind und die Trennung vom Denken ausgeht. Wer frei vom Denken ist, dessen Sinnesfähigkeiten sind zur Ruhe gekommen. Damit ist die Erlösung von den Mühen des Daseins verbunden;

- Die vierte Schule nennt sich ***Kalacakrayana*** (Rad der Zeit) und ist ein System der Astrologie, dessen Elemente ins Religiöse erhoben worden sind. In dieser Schule gilt der Mensch als Abbild des Kosmos, und seine physischen und geistigen Funktionen verlaufen parallel zum kosmischen Geschehen. Wer die geheimen inneren Bezüge zwischen Mensch und Kosmos erkennt, wird erlöst. Die geistige Mitte dieses Systems bildet der Urbuddha (das personifizierte Absolute), der oft als Zentrum der ⇗ Mandalas dient. Mandalas sind ihrer Bedeutung nach Grundrisse der spirituellen Welt und gleichzeitig Darstellungen des mahayanischen Heilswegs. Sie dienen als Meditationshilfen und werden in ihrer Darstellung der spirituellen Welt von innen nach außen und als Darstellung des Heilswegs von außen nach innen gelesen.

In Tibet findet man alle vier Schulrichtungen vor, die sich z.T. überschneiden und mit der vor der Einführung des Buddhismus vorherrschenden Bon-Religion vielerlei Verbindungen eingegangen sind. Entstanden ist daraus eine mystische Religion mit Dämonen und Zauberglauben. Unter *Tsongkhapa* (1357-1419) wurde die Mönchsdisziplin reformiert, er setzte das Zölibat durch und gründete die ***Gelbmützensekte Gelugpa,*** „die Sekte der Tugendhaften“, deren Oberhäupter schließlich von dem mongolischen Fürsten *Altan Khan* 1578 den Titel ***Dalai Lama,*** „Großer Ozean“, zugesprochen bekamen. In dieser Zeit wurden die Mongolen endgültig zum Buddhismus bekehrt. Unter dem 5. Dalai Lama wurde im 17. Jh. in Tibet die Theokratie begründet, die mit dem Einmarsch der Volksbefreiungsarmee am 9.9.1951 in Tibet faktisch erlosch und mit der Flucht des Dalai Lama 1959 nach Indien ihr Ende fand.

Volksreligion

„Sollst dein Leid nicht einem klagen,
der dich nicht befreit vom Leid,
sollst dein Leid nur einem sagen,
der dich auch vom Leid befreit“.
(aus *Divyavadana XIX, Jyotiska*)

Vielfältige Mischung

Spricht man in China vom Buddhismus, Daoismus oder Konfuzianismus als Religion, meint man meistens die Volksreligion. Der bunte Götterpantheon einiger buddhistischer Tempel oder ⇗ Bodhisattvas in daoistischen Tempeln hat schon so manchen westlichen Touristen an seinem angelesenen „Expertenwissen" zweifeln lassen.

Die Volksreligion wurde über die Jahrhunderte durch ein ***Nebeneinander verschiedenster religiöser Elemente*** geformt. In ihr findet man antike Götter des chinesischen Altertums, wichtige buddhistische Persönlichkeiten und daoistische Gottheiten ebenso wie allerlei vergöttlichte Helden und konfuzianische Elemente. Da es in China niemals eine oberste Instanz gab, die über die Reinheit der einzelnen Religionen wachte, ging die Entwicklung der Volksreligion in den verschiedenen Regionen auch unterschiedliche Wege. Sie war jedoch in ganz besonderem Maße ein Ausdruck der kulturellen Identität des Volkes und konnte sich daher bis in die moderne Zeit erhalten.

Die Volksreligion hat sich unter Zuhilfenahme aller dieser Religionen zu einer ***eigenständigen Religion*** entwickelt. Zusätzliche Verwirrung stiftet auch, dass selbst buddhistische Bonzen, daoistische Mönche und Priester sowie konfuzianische Beamte nicht selten dem populären Volksglauben anhängen und die Rituale ihrer Religion verwässern.

Konzentration auf das Verständliche

Von den verschiedenen Religionen ist im Volksglauben nur übriggeblieben, was für den Laien verständlich und nachvollziehbar war. Sie wurden ihrer komplizierten Gedankengänge und Riten entkleidet. Was übrigblieb, waren zwar ⇗Buddhas, ⇗Bodhisattvas, himmlische Ehrwürdige, ⇗Unsterbliche, Könige, Kaiser und Götter, aber sie waren alle einer Natur und wurden nur noch dahingehend unterschieden, wieviel Machtfülle sie im einzelnen besaßen. Ihre ***übernatürlichen Fähigkeiten*** werden unter dem Begriff *Lingyan* (Wunder bewirken, in Erfüllung gehen) zusammengefasst, und schon dieser Begriff verdeutlicht, wie pragmatisch die Volksreligion war. Nachdem nur noch die Titel geblieben waren, war es egal, ob man von ⇗Bodhisattvas oder Unsterblichen sprach. Entscheidend war nur noch das Maß ihrer übernatürlichen Kräfte.

Zum ***Gott*** konnte jeder aufsteigen oder ernannt werden, der sich durch bestimmte Leistungen hervorgetan hatte. So konnte jeder zum Gott befördert, aber durchaus auch degradiert werden, seine Funktion verlieren oder sogar sterben. Nur die allerhöchsten Götter wie himmlische Ehrwürdige oder ⇗Buddhas sind diesem Kreislauf enthoben. Sie durften dank ihrer Verdienste vom Unsterblichkeitselixier trinken. Ein ⇗Bodhisattva kann im Rahmen der Volksreligion dem Kreislauf der Wiedergeburt also nur entrinnen, wenn er dieses Elixier bekommt oder von der Königinnenmutter des Westens *(Xiwang Mu)* einen ⇗Pfirsich der Unsterblichkeit essen darf.

Gott sein ist ein wichtiges Amt, und einige Götter delegieren es an ihre Vertreter. Vor allem die wichtigen Götter haben so viele Tempel, Statuen und Bildnisse, dass sie nicht in allen gleichzeitig residieren können. Diese Kraft wird nur den ↗Bodhisattvas zugeschrieben, die sie jedoch nur zu speziellen Anlässen nutzen. Um die unzähligen Tempel und Statuen zu beleben, werden ***Seelen gerechter Menschen*** beauftragt, in Vertretung zu handeln, Opfer anzunehmen und ihrem Auftraggeber regelmäßig Bericht zu erstatten. Wird ein Tempel oder eine Statue von seinem bzw. ihrem Gott verlassen, kann es vorkommen, dass ein böser Geist den Ort usurpiert und heimtückisch die Opfer annimmt. Nur der echte Gott kann den Geist dann vertreiben und bestrafen.

Regionale Unterschiede

Die ***Mischung der religiösen Elemente*** erfolgte in den verschiedenen Regionen unterschiedlich. In Zhejiang beispielsweise überwogen buddhistische Elemente dank wichtiger und großer buddhistischer Tempel. Im Norden überwogen konfuzianische und in Sichuan und Fujian daoistische Elemente. Vorherrschende Wesenszüge lassen sich vor allem aus den lokalen Festen herauslesen. Ebenso unterschiedlich gestaltet sich die Wichtigkeit der Götter, so dass in Meeresnähe naturgemäß Meeresgötter eine Vorrangstellung genießen. Hier ist *Mazu* zu nennen, die Beschützerin der Seeleute, die in ganz China populär wurde.

Islam

Offenbarung Muhammads

Der Ursprung der dritten großen monotheistischen Weltreligion lag in der göttlichen Offenbarung durch den Erzengel Gabriel, die *Muhammad* (um 570-632), der Prophet, ab ungefähr 610 auf dem Berg Hira in der Nähe Mekkas und in weiteren Offenbarungen auch noch in Mekka und in Medina erhielt. Von den Gläubigen verlangte *Muhammad* von Anfang an zwei grundlegende Dinge: ein Glaubensbekenntnis, in dem sich der Muslim zu Allah als dem einzigen und ausschließlichen Gott bekennt, und das dazugehörende Verhalten, das die Gläubigen verpflichtet, sich mit anderen Gläubigen zu einer von *Muhammad* gegründeten und nach den Regeln Allahs geordneten Gemeinde zu vereinigen. Entsprechend bedeutet auch das Wort *Islam,* sich dem Willen Gottes zu ergeben, und der Begriff *Muslim* bezeichnet jemanden, der sich der göttlichen Offenbarung unterstellt.

Fünf Säulen des Islam

Das Leben der muslimischen Gemeinde wird durch die „Fünf Säulen des Islam“ geregelt. Sie sind im Koran, der letzten Botschaft Gottes an die Gläubigen und gewissermaßen der „Stiftungsurkunde“ des Islam, festgelegt.

Erste Säule ist das ***Glaubensbekenntnis*** *(shahada)* des Muslims, das im Kern „es gibt keinen Gott außer Gott, und Muhammad ist sein Prophet“ lautet. Mit ihm bekennt sich jeder Muslim zur ausschließlichen Verehrung Allahs und zur Befolgung seiner Gebote.

Die zweite Säule ist das ***Gebet*** *(salat),* das fünfmal am Tag zu festen Zeiten, an denen der Muezzin zum Gebet ruft, verrichtet werden muss. Die Gebetsrichtung ist dabei stets Mekka, wo das wichtigste Heiligtum, nämlich die von *Abraham* erbaute Kaaba, steht.

Die dritte Säule des Islam ist das ***Fasten*** *(saum).* Es beginnt bei Sonnenaufgang am ersten Tag des Ramadan, dem neunten Monat des islamischen Kalenderjahres, und endet nach Sonnenuntergang am letzten Tag des gleichen Monats. In dieser Zeit darf man erst nach Sonnenuntergang Nahrung zu sich nehmen.

Die vierte Säule ist die ***Armensteuer*** *(zakat).* Sie ist eine jährlich zu entrichtende Steuer, die von der jeweiligen Staatskasse verwaltet wird. Ihre Höhe ist abhängig vom Beruf und jeweiligen Verdienst. Nach islamischem Recht sollen Personen ohne oder mit nur sehr geringem Einkommen und Leute, die durch Unglücksfälle oder Katastrophen ihre Schulden nicht mehr begleichen können, in den Genuss einer Unterstützung kommen.

Die fünfte und letzte Säule ist die ***Pilgerfahrt*** *(hadsch)* zu den heiligsten Stätten des Islam nach Mekka.

Muhammad als Prophet

Für die Religion selbst hat der Koran allerdings noch eine andere äußerst wichtige Funktion. Muhammad ***sah sich nicht als Religionsstifter*** einer neuen Religion für die arabische Welt, sondern als letzter Prophet in der Reihe *Abraham, Moses* und *Jesus.* Sie alle wurden von Gott auf die Erde geschickt, um den Menschen eine Grundlage für den gemeinsamen Glauben und ein gemeinsames Handeln zu liefern. Da die früheren Offenbarungen durch die großen Zeitabstände zwischen den einzelnen Überlieferungen verfälscht worden sind, hat Gott Muhammad geschickt, der die Offenbarungen schriftlich in den Suren fixierte und damit erneute Überlieferungsfehler ausschloss. Dies ist mit einer der Gründe, weshalb sich der Islam als vollkommenste Ordnung und als den anderen Religionen überlegen ansieht. Der bei uns gern benutzte Ausdruck „Mohammedaner“ wird von den Muslimen strikt abgelehnt, was vor dem geschilderten Hintergrund auch völlig verständlich ist. Der Islam ist die Offenbarung Gottes und *Muhammad* nur sein Werkzeug. Seine Person ist zweitrangig.

Arabisch als Sprache des Islam

Die Sprache des Islam ist das Arabische. Es gilt als die Sprache, in der Gott zu Muhammad gesprochen hat und in der sich der Prophet an die Ungläubigen wandte, um sie zu bekehren. Mit der weltweiten Verbreitung des Islam entwickelte sich Arabisch zur Sprache des islamischen Reichs, der ***Sprache der Gottesdienste und des Rechtsverkehrs.***

Arabische ist die ***Sprache des Korans und der Sunna,*** der zweiten Quelle der Erkenntnis, die aus der Niederschrift von Überlieferungen aus dem Leben *Muhammads* durch seine vier „rechtgeleiteten“ Gefährten und Kalifen bestehen. Die Sunna ist eine wichtige Quelle zur Interpretation dessen, was erlaubt und verboten und was dem Muslim als Pflicht auferlegt ist. Auch offizielle Auftritte der islamischen Welt sind auf Hocharabisch gehalten.

Nachfolge Muhammads

Ganz so einheitlich, wie sich der Islam sieht, blieb er im Laufe der Zeit dann doch nicht. Schon kurz nach *Muhammads* überraschendem Tod im Jahre 632 kam es zum ersten Krach. Da er keine eindeutige Nachfolgeregelung getroffen hatte, entbrannte sogleich der ***Streit um die rechtmäßige Nachfolge.*** Sieger war zunächst der ehemalige Gefährte *Abu Bakr,* sein Schwiegervater, der als erster Kalif aus dem Nachfolgestreit hervorging. Er starb aber schon zwei Jahre später, und *Umar ibn al-Khattab,* ebenfalls Schwiegervater und Ratgeber *Muhammads,* wurde zweiter Kalif. Er wurde 644 ermordet, und *Muhammads* Schwiegersohn *Uthman* wurde zum mittlerweile dritten Kalifen in kürzester Zeit gewählt. Auch er wurde ermordet, und endlich wurde *Ali,* Schwiegersohn und Vetter des Propheten, Kalif. Ihm erging es nicht anders als seinen Vorgängern, er wurde 664 ermordet.

Mit *Ali* endete die Reihe der sogenannten ***„rechtgeleiteten" Kalifen,*** die alle enge Vetraute *Muhammads* gewesen waren. Alle weiteren Kalifen waren erst nach der Eroberung Mekkas durch ihn zum Islam bekehrt worden.

Spaltung des Islam

Mit dem Streit um die rechtmäßige Nachfolge zeichnete sich bereits eine Spaltung des Islam ab. Unter den verschiedenen Gemeinden, die diese Spaltung hervorbrachte, bilden die ***Sunniten*** die größte Gruppe. In ihr haben die gemäßigten Rechtsgelehrten *(Ulama)* das entscheidende Wort. Sie vertreten den Standpunkt, dass allein die Erfüllung der religiösen Pflichten, die durch den Koran und die Sunna sowie die regionalen Stammestraditionen vorgegeben sind, über Entwicklung und Zukunft der islamischen Gemeinde entscheiden. Als Garant für den richtigen Weg wird die Interpretation der Schriften durch die Ulama, die damit zur höchsten theologischen Autorität wurden, und die Befolgung der Regeln durch die Gemeinde, angesehen.

Die ***Schiiten*** (*Schia* = Partei) spalteten sich ab, weil sie die Nachfolgeregelung der Kalifen nicht akzeptierten. Sie glauben fest daran, dass *Ali, Muhammads* Vetter, vom Propheten auf Anweisung Allahs zum einzigen Nachfolger bestimmt worden sei. Die Übernahme des Kalifats durch *Abu Bakr* betrachten sie als Verrat und Usurpation der religiösen Macht. Die eigentliche Sünde aber war die Einführung des erblichen Kalifats durch die sunnitischen Umaiyaden, denn nur die Söhne *Alis,* die Aliden, hatten nach Meinung der Schiiten ein Recht auf die Nachfolge.

Allerdings kam es über die Nachfolgefrage unter den Schiiten erneut zu Spaltungen, u.a. in die Zwölfer-Schia, die eine Kette von insgesamt zwölf schiitischen Führern *(Imame)* und leiblichen

Nachfahren *Muhammads* als einzig legitime Führer der islamischen Gemeinde ansieht, in die Zaiditen, Ismailiten und Karmaten bzw. Siebener-Schiiten und andere. Neben dem Koran und der Sunna als primären Rechtsquellen betrachten die Schiiten vor allem auch die Erklärungen und Handlungen der zwölf Imame als Quelle islamischen Rechts. Ein weiterer wesentlicher Unterschied zu den Sunniten ist, dass nur die schiitischen Geistlichen das Amt eines Richters übernehmen dürfen.

Ausbreitung nach China

Der Untergang des persischen ⇗Sassanidenreiches und die Ausbreitung der arabischen Welt bis an die Grenzen des expandierenden Tang-Reiches öffnete auch der ***Missionierung Zentralasiens und Westchinas*** im 7. und 8. Jh. das Tor. Die Missionierung erfolgte im Zuge der kriegerischen Expansion der Araber oft gewaltsam, aber genauso oft auch friedlich. Vor allem arabische Händler, die über die Seidenstraßen gen Osten zogen, bildeten in Chinas Handelsstädten große muslimische Zentren.

Dort, wo sich Herrscher zum Islam bekehrten, herrschte nicht selten ***religiöse Toleranz.*** Alle Ungläubigen mussten nämlich eine Kopfsteuer entrichten, von der die Herrscher ganz gut leben konnten. Wären alle Bewohner eines Königreichs zum Islam übergetreten, wäre diese Steuer ausgeblieben.

Spätestens im 14./15. Jh. begann der ***Islam, im Tarim-Becken*** die beherrschende Religion zu werden und den Buddhismus und ⇗Manichäismus zu verdrängen.

Islam in China heute

Auch heute ist der Islam ***in den westlichen Provinzen*** sehr stark verbreitet, u.a. bei den Uiguren und der nationalen Minderheit der Hui, bei Han-Chinesen, die sich zum Islam bekennen und mit Ningxia sogar eine eigene autonome Provinz haben.

Mit der raschen Entwicklung Ostchinas und der immer schärferen Trennung zwischen reichem Osten und armem Westen, wird der ***Fundamentalismus*** mit seiner Rückbesinnung auf die Tradition und der strikten Ablehnung westlicher Einflüsse als Hauptvernichter der kulturellen muslimischen Identität sicher immer stärker Fuß fassen und auch für China zum Problem werden.

Baukunst

Bauten als Abbild des Universums

Die traditionelle chinesische Stadt, die Palastanlagen, die Tempel, der Wohnbau, selbst das kleinste Haus sollen die Ordnung des Universums abbilden. Dabei dominiert das ***Viereck,*** die vermeintliche Gestalt der Erde, idealtypisch in der Verbotenen Stadt in Beijing verwirklicht.

Sinnbild höchster Vollkommenheit ist freilich der Himmel. Seiner ***runden Form*** entsprechen beispielsweise die Hauptbauten im Himmelstempel von Peking.

Kloster- und Tempelanlagen

Kloster- und Tempelanlagen waren in ihrer Entwicklung in hohem Grade durch ihre jeweiligen lokalen Gegebenheiten und Funktionen geprägt. In ihrer Baugestalt weichen sie in China daher auch erheblich von ihren indischen Vorbildern ab. Entlang der Seidenstraße kann man wunderbar verfolgen, wie die Entwicklung der buddhistischen Tempelarchitektur verlaufen ist, die sich, je weiter sie nach Osten kam, desto mehr den chinesischen Vorgaben für Architektur anpassen musste.

Indische Urform

Die Urform des buddhistischen indischen Klosters ist die ***Grotte oder Hütte,*** in der ein einzelner Mönch, besonders während der Regenzeit, hauste.

Mit dem Anwachsen der Mönchsgemeinden wurden nach und nach gemeinsame Unterkünfte erforderlich, die sich nun um einen kultischen Mittelpunkt, meist einen ⇗ Stupa, gruppierten. Das Ergebnis war ein sogenannter ***Vihara,*** von denen man in Taxila (Pakistan) viele bewundern kann. Das Grundmuster war stets ein runder oder rechteckiger Hof mit einem Stupa in der Mitte, der von mehreren oder allen Seiten von Reihen einfachster Zellen umgeben war. Mit dem Aufkommen des Bilderkults konnten an ihre Stelle auch Nischen oder Kapellen für kleinere Stupas und später für Kultbilder treten.

Ausbreitung nach China

Von Indien über Taxila aus wanderte die Tradition der Grottentempel in einer langen Kette durch den Kontinent, manifestierte sich in den großartigen Anlagen von Kizil bei Kuqa, Bezeklik bei Turfan und den Mogao-Grotten von Dunhuang, um in vielen weiteren Anlagen bis nach Korea und sogar Japan zu gelangen.

Abwandlungen

Mit wachsendem Reichtum und wachsender Wandlung der neuen Religion zum Volksbuddhismus kam das Bedürfnis nach ***allgemein zugänglichen Gebets- oder Glaubensstätten*** auf. Die chinesische Neigung zu grandioser Monumentalität und plastisch-dekorativer Fülle führte schnell zur Konstruktion großartiger Tempelanlagen, die sowohl in der allgemein üblichen Holz-Ständerbauweise (s.u.) als auch in Ziegelbauweise errichtet wurden.

Abweichend vom indischen Vorbild, folgte die Tempelarchitektur dem ***traditionellen Schema von chinesischen Palast- und Grabanlagen,*** die ja ebenfalls heilige Stätten waren und ihrerseits in der Architektur dem seit der Han-Zeit entwickelten Typus des einheimischen Wohngehöfts folgten.

Pforte
vor dem Pekinger
Konfuzius-Tempel

Anfangs spielt die ↗ Pagode in der Architektur der Anlage noch die Hauptrolle, während die ***Buddha-Halle*** auf den zweiten Platz hinter ihr kam. In der weiteren Entwicklung stand sie gleichberechtigt neben der Buddha-Halle, um dann aber mit dem reicher entwickelten Kult in ihrer Bedeutung nahezu verdrängt oder gar aus der Tempelanlage ausgegliedert zu werden. Heute ist die Buddha-Halle *(Daxiong Baodian)* fast immer das Zentrum des Komplexes.

Einzelteile eines Klosters

Buddhistische, daoistische und konfuzianische Tempelanlagen folgen mit wenigen Ausnahmen – beispielsweise der Himmelstempel in Beijing – immer dem gleichen Schema. Stets handelt es sich um eine Ansammlung breit hingelagerter Gebäude von geringer Höhe, die sich an einer ***zentralen Nord-Süd-Achse*** aufreihen. An Berghängen findet man allerdings auch schon mal eine Ost-West-Ausrichtung.

Die Kernbauten sind meist von einem Wandelgang umschlossen, die eine rituelle Umwanderung ermöglichen, während sich die ***Klostergebäude*** – Wohn- und Wirtschaftsgebäude, Meditationshallen usw. – in mehr oder weniger regelmäßiger Form um die Kerngebäude gruppieren.

Man betritt den Tempelkomplex durch ein meist aufwendig gestaltetes ***Tor,*** hinter dem sich bei großen Anlagen links und rechts der Trommel- und Glockenturm befanden.

Über das Mitteltor gelangt man zur ***Halle der vier ↗ Himmelskönige*** oder Weltenwächter, die den Tempel beschützen sollen, gleichzeitig aber Symbole für sanften Wind und ausreichenden Regen sind, die eine reiche Ernte garantieren sollen. In der Mitte sitzen der ↗ Buddha ↗ Maitreya oder eine andere wichtige Kultfigur. Besonders aufwendige Tempel haben in einem Vorraum noch zusätzlich zwei furchterregende Generäle links und rechts als Schutzgottheiten.

Auf der Rückseite des Maitreya-Throns steht ein ***Guanyu*** (General), der ein Schwert in der Hand hält. Zeigt die Spitze nach unten, so handelt es sich um einen reichen Tempel, und jeder Pilger wusste, dass er hier Unterkunft und Verpflegung fand. Hält Guanyu das Schwert waagerecht, war der Tempel arm und konnte keine Pilger aufnehmen.

Die nächste Halle ist die ***Haupthalle*** mit dem Hauptkultbild, meist ⇗ Buddha mit seinen Jüngern oder der ⇗ Buddha der Vergangenheit, Gegenwart und Zukunft, je nach Sekte.

Im weiteren Verlauf folgen dann die ***Predigthalle,*** in der die heiligen Schriften rezitiert werden, und schließlich wieder Wirtschaftsgebäude, die die Anlage im Norden begrenzen.

Farbgebung

Was jedem Tempelbesucher auffallen wird, ist die sehr einheitliche Farbgebung. Die Außenmauern der Umfriedungsmauer und die wichtigen Tempelhallen sind fast immer in großflächigem Rot getüncht. ⇗ ***Rot*** gilt als lebensspendende Farbe und ist das Symbol des Südens und des Sommers, dient aber auch als Abwehr gegen das Böse.

Die Dächer sind oft mit grün glasierten Ziegeln gedeckt. ⇗ ***Grün*** ist ebenfalls eine Farbe des Lebens und das Emblem des Frühlings, aber auch der für China so fundamentalen Harmonie. Rot und Grün zusammen gehören zu den wichtigsten Farbkombinationen in China und stehen in der agrarisch geprägten Gesellschaft für Fruchtbarkeit, gute Ernten etc.

Manchmal sieht man auch mit blauen Ziegeln gedeckte runde Tempelmauern, wobei das ***Blau*** hier den Himmel repräsentiert, während die rechteckigen Mauern meist grüne Ziegel tragen.

Das ⇗ ***Gelb*** war normalerweise dem Kaiser vorbehalten, aber einige vom Kaiser genutzte Tempel haben gelbe Dächer. Gelb entspricht der „Wandlungsphase" Erde und der fünften Himmelsrichtung, der Mitte. Es symbolisiert Ruhm und fortschreitende Entwicklung.

Die Halle

Die chinesische Halle ist eine ***Holzkonstruktion in Ständerbauweise.*** Pfeiler entlang der Längs- und Breitseite, an ihrem oberen Ende durch Querbalken miteinander verbunden, bilden das Gerüst, auf dem das Dach ruht.

Die ***Wände*** bestehen aus Ziegelmauerwerk, lehmverputztem Flechtwerk oder Brettern. Sie haben keine tragende Funktion. Häufig werden sie, vor allem an der Eingangsseite, vollständig durch Türen ersetzt, so dass sich das Gebäude in ganzer Breite öffnen kann, oder in der oberen Hälfte ringsum durchfenstert ist.

Typisch für die meist einzeln stehenden Bauten im Palast- oder Tempelbezirk ist ihre ***axiale Anordnung.*** Sie bilden auf diese

Weise beim Weg durch die Anlage Durchgangsstationen und sind daher auch an den Rückseiten mit Türen ausgestattet. Die Empfangs- und Schauseite der Halle ist immer die vordere Breitseite, die sich möglichst nach Süden wendet. Zuweilen wird sie durch einige schmuckvolle Akzente, z.B. Vorbauten, betont.

Größere Hallen besitzen oft mehrere ***Pfeilerstellungen,*** eine entlang der Außenflächen und eine oder zwei im Inneren. Doch haben sie und die Querbalken, die häufig den ganzen Raum durchziehen, nicht die Kraft, die Last eines zweiten Daches zu tragen.

Zur Han-Zeit (206 v. Chr. - 220 n. Chr.) ersann man eine Methode, die Last über eine größere Fläche zu verteilen: Auf den meist würfelförmigen Pfeilerkopf legte man einen zweiarmigen Balken auf und verankerte ihn fest. Daraus entwickelte sich ein System aufgetürmter, sich wieder und wieder verzweigender Trägerarme, das die Errichtung hoher und mehrstöckiger Hallen erlaubte. Dieses ***Kraggebälk*** ist eines der wesentlichen Merkmale ostasiatischer Bauten. Die Leichtigkeit der gestaffelten Dächer mit ihren schwingenden Flächen, gekurvten Kanten und weiten Überhängen bildet einen Kontrapunkt zu der in sich geschlossenen Form des Baukörpers mit seinen geraden Linien und verleiht dem Ganzen etwas Schwebendes.

Als vohrnehmste Form gilt in China das einfache, klassische ***Walmdach***. Es findet sich bei Bauten obersten Ranges, so etwa in kaiserlichen Palästen und auf Tempelhallen. Der Dachfirst bildet eine gerade Linie oder ist konkav geschwungen. In beiden Fällen können die Enden des Firstbalkens aufwärts gebogen und mit Ornamenten geschmückt sein. Das Recht, sein Dach mit farbigen Ziegeln zu decken, wurde vom Kaiser verliehen. Die Dächer gewöhnlicher Sterblicher waren stahlgrau.

Die Pagode

Die ⇗***Pagode*** verlor zwar nach und nach ihre zentrale Bedeutung als Kultstätte an die große Buddha-Halle, blieb aber weiterhin eine wichtige Komponente chinesischer Tempelanlagen. Sie entwickelte sich in unzähligen regionalen Varianten, wurde aus Holz oder Ziegeln errichtet und hatte oft einen ***polygonalen Grundriss,*** für den die Chinesen eine besondere Vorliebe besaßen. Monumentale Pagoden bestehen entweder ganz aus Mauerwerk, dann besitzen sie nur gesimsartig vorspringende schmale Dachkränze, oder sie haben einen gemauerten Kern, um den sich ein Holzmantel mit Galerien und weiter ausladenden Dächern legt.

Auf der Spitze steht eine hölzerne oder metallene Stange mit mehreren Ringen, die sich nach oben hin verjüngen. Von der Spitze ganz oben bis zu den Ecken des obersten Daches hängen Reihen von ***Glöckchen,*** die weithin das Wort der Lehre verkünden. Auch an den übrigen Ecken der Dächer befinden sich oft Glöckchen mit derselben Funktion.

In ihrem ***Zentrum*** haben die ⇗Pagoden entweder einen massiven, sich bis nach oben durchziehenden Pfeiler, um den herum Treppen hochführen, die ein rituelles Umwandern der Pagode ermöglichen, oder aber einen Schacht, in dessen Mitte eine ⇗Buddhafigur steht, die man über eine Treppe umwandeln kann.

In der Spitze schließlich sind die ***Reliquien*** eingemauert, die den Leib ⇗Buddhas symbolisieren.

Wie man sehen kann, haben die chinesischen Pagoden durchaus ihre Heiligkeit behalten und damit schließlich auch über den buddhistischen Bereich hinaus großen Einfluss gehabt. Vor allem die chinesische ⇗***Geomantik*** (Erdwahrsagung) machte sich die segensreiche Ausstrahlung der Pagoden zunutze, um die geomantischen Verhältnisse eines Ortes oder einer Gegend günstig zu beeinflussen. Aus diesem Grunde sieht man häufig scheinbar planlos in der Landschaft herumstehende Pagoden.

Wahrzeichen des Buddhismus in vollendeter Schönheit

Neue Architektur

Noch bis in die vierziger Jahre des 20. Jahrhunderts war die traditionelle Bauweise und Stadtstruktur allgegenwärtig. ***Nach dem Chinesisch-Japanischen Krieg und dem Bürgerkrieg*** mit seinen Verwüstungen sollte schnell und kompromisslos ein neues China aufgebaut werden. Um architektonische Feinheiten konnte man sich schon aus finanziellen Gründen nicht scheren. Wohnblocks mussten hochgezogen, eine Infrastruktur, die auch Auto- und nicht nur Rikschaverkehr zuließ, geschaffen und die Modernisierung der Städte betrieben werden. Das geschah rücksichtslos, indem alte Stadtmauern, die nun wie in Beijing im Wege waren, abgerissen wurden, alte Tempel, die im sozialistischen China sowieso keine Existenzberechtigung besaßen, verschwanden und Kanalsysteme, die vielen Städten ihr Flair gaben, zugeschüttet wurden. Um die für unsere Augen attraktiven Altstädte gruppierten sich die hässlichen sozialistischen Wohnblocks, die den neuen Fortschritt verhießen.

Die schlimmsten Sünden allerdings geschahen weder in der Nachkriegszeit noch während der Kulturrevolution. Sie geschehen im atemberaubenden Maße seit etwa 5 Jahren. Alles was den Zahn der Zeit überstanden hat, wird kompromisslos der ***wirtschaftlichen Öffnung und Entwicklung*** Chinas geopfert. Die Altstädte sind Spekulationsobjekte geworden und werden nahezu überall komplett wegsaniert. Wo früher gemütliche Wohngassen das Leben prägten, entstehen in atemberaubender Geschwindigkeit hässliche Bürotürme und Geschäftshäuser. Denkmalschutz bedeutet Abriss und Wiederaufbau in Beton. Architektonisch entfernt sich China damit immer mehr von seinem Erbe und gleicht seine Städte dem betonierten asiatischen Einerlei an, so dass schon jetzt die Orte an der Ostküste nicht von Städten in Thailand oder Indien zu unterschieden sind. Am ehesten findet man das alte China noch in den zentralen und westlichen Provinzen, in denen die Entwicklung langsamer voranschreitet und vielleicht die Hoffnung besteht, dass die Sünden der Ostküste nicht wiederholt werden.

Literatur

„Die Sonn verweilt. Am Fensterhaken oben blieb sie hängen,
Indes sich bis zum Rand die Schluchten schon gefüllt mit Nacht,
Und würziger die Kräuterdüfte aus dem Garten drängen,
Der Flößer Kessel dampft, die vor der Sandbank haltgemacht.

Ums Futter zanken sich die Sperlinge. Es brechen Zweige.
Ziellosen Fluges die Insekten durch das Zimmer schwirrn.
Wer hat den Reis vergoren? Ach im Glas die trübe Neige –
Ein Schluck, und die Gedanken sind dahin, die mich verwirrn.“
(*Du Fu* 712-780)

Lyrik

Hätte es zu Beginn des 20. Jahrhunderts keine Wiederentdeckung und Neubewertung der Erzähl- und Romanliteratur in China gegeben, wäre die chinesische Literaturgeschichte wohl eine Geschichte der Dichtkunst geworden. Über tausend Jahre lang war das Gedicht *(Shi),* dessen Ursprung bis auf das „Buch der Lieder" *(Shi Jing)* etwa um 700 v. Chr. zurückgeht, ***das literarische Ausdrucksmittel des chinesischen Beamtentums.*** Die Dichtung spielte in der gesamten Gestaltung des Lebens eine weit größere Rolle als bei uns im Westen. Seit der Tang-Zeit (618-906) war es bei den kaiserlichen Beamtenprüfungen üblich geworden, dass man die Niederschrift von Gedichten zu den wichtigen Proben literarischer Fertigkeit zählte.

Die ***Bedeutung des Gedichts für den Alltag*** ging soweit, dass Eltern, die begabte Töchter zu verheiraten hatten, manchmal sogar die Töchter selbst, den Verlobten danach aussuchten, ob er ein paar schöne Gedichtzeilen geschrieben hatte. In Gefangenschaft konnte man das Herz vieler Herrscher erweichen, wenn man sich in der Kunst des Dichtens verstand.

Lyrik prägt das Weltbild

Die Dichtung hat dem chinesischen Volk ein Weltbild nahegebracht, das mit Hilfe von Sprichwörtern und Spruchbändern tief ins öffentliche Leben eindrang und das aus ***Mitgefühl, überströmender Naturliebe*** und ***künstlerisch betontem Lebensstil*** zusammengesetzt war. Wer mit den Gedichten aufwuchs, lernte *„mit Genuß auf das Geräusch der Regentropfen zu horchen", freute sich „über den Rauch, der aus den Hütten aufstieg und sich mit den Abendwolken vermischte" oder schaute einfach nur „liebevoll auf die Blumen am Wegesrand".* Aus den Gedichten lernten die Menschen ein pantheistisches Einssein mit der Natur: *„Sie erwachen und jubeln mit der Natur", „sie träumen unter der Sommerglut und hören mit dem Zirpen der Zikade, wie die Zeit verfliegt", „sie trauern mit dem fallenden Herbstlaub"* und wenn es Winter wird, lesen sie *„in den Schnee geschriebene"* Gedichte. Wer gute Übersetzungen solcher Gedichte liest, stößt permanent auf diese oft melancholischen, stets gefühlsbetonten Ausdrücke über die Natur und das Leben.

Der chinesische Kunst- und Literatursinn denkt hauptsächlich in Bildern des Gefühls und versteht sich meisterhaft auf die ***Schilderung des Atmosphärischen.*** Nicht umsonst bilden Dichtung und Malerei in China eine Einheit. Zusammenziehen, Andeuten, Verfeinern und Konzentrieren sind die Werkzeuge des Literaten. Die chinesische Poesie ist immer gefällig, niemals besonders lang und selten kraftvoll. Dichtung ist ihrem Wesen nach Denken, das von Empfindung durchtränkt ist, und Chinesen denken von jeher mit dem Gefühl und nur selten mit ordnender Vernunft. So es ist wohl auch kein Zufall, dass man in China den Magen für den Sitz von Bildung und Gelehrsamkeit hält. Sagt man

Qu Yuan

bei uns *„jemand zermartert sich das Gehirn"*, so heißt es in China *„man zermartert die trockenen Därme"* oder auch *„ein Bauch voller Aufsätze"*.

Prosa

Das Gedicht prägte zwar die gebildeten Literatenkreise aber es gab natürlich auch noch die einer breiteren Masse zugängliche und äußerst ***beliebte Roman- und Erzählliteratur.*** Sie war im Gegensatz zu den Gedichten nicht im klassischen Schrift-Chinesisch der Mandarine, sondern in der Hochsprache Baihua geschrieben. Die Autoren waren oft hoch gebildete Mandarine, die dann zuweilen unter einem Pseudonym ihre literarischen Fähigkeiten in der oftmals verpönten Romanliteratur (*Xiaoshuo* = Roman, aber in der ursprünglichen Bedeutung = bedeutungsloses Geschwätz oder Klatsch der Straßen) zeigten.

Oft handelte es sich um ***Abenteuerromane,*** wie das berühmte Werk *„Die Räuber vom Liangshan-Moor"*, um ***Familiensagas*** wie eines der berühmtesten Werke chinesischer Literatur *„Der Traum der roten Kammer"* oder das oft verbotene, weil mit pornographischen Elementen versetzte *„Schlehenblüten in goldener Vase" (Djin Ping Meh),* das Aufstieg und Fall einer Kaufmannsfamilie beschreibt.

Mit dem überall beliebten Roman *„Die Reise in den Westen"* existierte ein berühmter Klassiker der ***phantastischen Literatur,*** eine Gattung, die in China ganz besonders beliebt war.

Doch nicht nur Romane, auch ***Legenden, Sagen*** und ***Erzählungen*** aller Provenienz hatten ihren Platz im Alltag, und so gibt es zu allen Bereichen des Lebens, zu Bergen, Tempeln, Flüssen etc. meist auch eine kleine oder große Geschichte, von denen wir die eine oder andere für diesen Reiseführer zusammengetragen haben und an der entsprechenden Stelle erzählen.

Moderne Literatur

Zu guter Letzt gibt es natürlich noch die ***moderne Prosa,*** die viele ganz hervorragende Werke hevorgebracht hat. *Ba Jins* Meisterwerk *„Die Familie"* gehört ebenso dazu wie *Mao Duns „Shanghai im Zwielicht"* oder *Lao Shes „Rikschakuli"*, alles Bücher, die den Umbruch vom alten zum neuen China eindringlich schildern.

Mit der einsetzenden Liberalisierung 1979 nahm die ***revolutionäre Literatur der Massen,*** die das ansonsten ausgesprochen lesefreudige chinesische Publikum seit 1949 so entsetzlich gelangweilt hatte, endlich ihren Abschied. Es begann eine vorsichtige Verarbeitung der Wunden, die die ⇗ Kulturrevolution geschlagen hatte.

Viel attraktiver für das Massenpublikum, das sich weniger um Vergangenheitsbewältigung als ums Reichwerden kümmerte, wurde die ***Enthüllungsliteratur über Politiker,*** die in Ungnade gefallen waren. Über allem stehen die ***Comics,*** die als „Bildkettenbücher" bereits eine längere Tradition haben, in der Mao-Zeit zu Propagandazwecken benutzt wurden und in China einen sehr viel besseren Ruf genießen als bei uns.

Der Greis, der Gold pflanzte (Uigurische Volkserzählung)

Es war einmal ein tyrannischer König, der von seinen Untertanen soviel Steuern verlangte, daß sie völlig verarmten. Als sich schließlich zehn Familien einen Topf teilen mußten, berief die völlig verelendete Bevölkerung eine Versammlung ein. Einer schlug vor: „Wir sollten dem König von unserem Leid erzählen und ihn in einem Gesuch bitten, uns von d nn hervor und sprach: „Ich glaube nicht, daß das irgendetwas nützt, denn der König kennt unsere Leiden. Ich habe hingegen eine Idee, wie wir den König dazu bringen können, uns die überhöhten Steuern zurückzuzahlen." Nun wollten natürlich alle wissen, was das denn für eine Idee sei. Aber der Greis hüllte sich darüber in Schweigen und antwortete nur: „Bringt mir alles Gold, was ihr noch übrig habt. Damit werde ich dem König Gold entlocken und an euch alle gerecht verteilen." Daraufhin holten die Leute ihr letztes Gold aus den Verstecken und vertrauten es dem alten Mann an. Es waren zwei *Chengzi* (uigurische Gewichtseinheit, ein Chengzi entspricht ca. 10 kg). Der Alte vergrub das Gold im Sand an einem Ort, den der König jeden *Dschuma* (Freitag) passierte, wenn er zur Jagd ging.

An diesem Dschuma saß der Alte im Sand und tat so, als ob er sorgfältig Sand siebe. Der König und sein Gefolge waren über diesen seltsamen Anblick sehr erstaunt.

„Was machst Du da?"

„Oh, Majestät, ich übe meinen Beruf aus und bin über diese Arbeit sehr glücklich!" Daraufhin fragte der König erstaunt: „Was hast Du für einen Beruf?" „Ich pflanze jede Woche Gold an", antwortete der Greis, „und am Dschuma bringe ich die Ernte ein." Der König sah den Alten zweifelnd an, doch dieser siebte unbeirrt weiter und stieß bald auf das Gold. Der König war zutiefst beeindruckt. Da sagte der Alte: „Eure Majestät, ich habe wirklich einen schönen Beruf. Aber leider habe ich nur wenig Gold als Saatgut."

„Aber, aber", beeilte sich der König zu antworten, „ich werde dir das Gold zur Saat geben, wenn wir zusammenarbeiten."

Glücklich über diesen Vorschlag holte der Alte am nächsten Tag ein Chengzi Gold beim König ab und legte am nächsten Dschuma das Chengzi Gold der armen Leute dazu. Damit ging er zum König.

Der König war hocherfreut über das Gold, doch glaubte er dem alten Mann noch immer nicht so recht und stellte ihn noch einmal auf die Probe, im dem er ihm wieder nur ein Chengzi Gold zum Vergraben gab.

Als der Greis am darauffolgenden Dschuma erneut mit dem Gold vor den König trat, war dieser endlich restlos überzeugt und vertraute dem Alten seinen gesamten Goldschatz an.

Der Alte verteilte nun alles Gold an die Armen in seinem Dorf. Und als er am folgenden Dschuma zum König ging, jammerte er: „Oh, Majestät, alles Gold ist vertrocknet!"

Der König schäumte vor Wut und schrie: „Wie kann mein Gold vertrocknen?"

Da antwortete der Alte ganz gelassen: „Eure Majestät, ihr habt mir doch geglaubt, daß Gold im Sand wachsen kann. Warum glaubt Ihr mir dann jetzt nicht, daß Gold im Sand vertrocknen kann? Es war eben Allahs Wille. Kein Getreide kann immer gleich gut wachsen. Warten wir auf die nächste Ernte."

Darauf wußte der König nichts mehr zu erwidern.

Der ***Nobelpreis für Literatur*** ging im Jahr 2000 an den chinesischsprachigen Schriftsteller und Dramatiker *Gao Xingjian.* Der 60-Jährige habe ein „Werk von universaler Gültigkeit, bitterer Einsicht und sprachlichem Sinnreichtum" geschaffen, „das chinesischer Romankunst und Dramatik neue Wege eröffnet hat", hieß es in der Begründung der Schwedischen Akademie.

Malerei

Wandmalereien

Die ***ältesten Wandmalereien*** wurden vor wenigen Jahren in den Korridorteilen des ehemaligen Palastes von *Qinshi Huangdi*, des ersten Kaisers von China (221-210 v. Chr.), bei Xi'an entdeckt. Während die Wandmalereien in den vorwiegend aus Holz erbauten Palästen mit diesen auch wieder verschwanden, haben sich an den Ziegelwänden mancher Grabbauten noch ganze Bilderzyklen erhalten.

Zur ***Zeit der Westlichen Han*** (206 v. Chr. - 8 n. Chr.) wirken die Figuren noch recht statisch, auch wenn sie in Bewegung widergegeben sind. Knappe, sichere Tuschelinien bezeichnen die Umrisse, flächenhaft sind die Farben aufgetragen. Das dargestellte Geschehen gliedert sich in Einzelszenen; Bergkonturen deuten einen Hintergrund an.

Starke Bewegung und der Hang, die reale Welt mit Phantastischem, Unwirklichem zu durchsetzen, kennzeichnet den ***Stil der Östlichen Han-Zeit*** (25-220). Die Figuren sind deutlich aufeinander bezogen, und mit Binnenzeichnungen wird Körperhaftigkeit angedeutet.

Bildrollen

Die typisch chinesische Bildform ist die ***Quer- oder Handrolle,*** die auf die alte chinesische Buchrolle zurückgeht. Die Querrolle kann mehrere Meter lang sein. Sie wird niemals in ganzer Länge entrollt, sondern nur in 70-100 cm breiten Abschnitten betrachtet.

Die ***Hänge- und Wandrolle*** kam erst sehr viel später auf und setzte sich während der Song-Dynastie (960-1279) durch, ohne allerdings das Querrollenbild zu verdrängen.

Die zinnoberroten, viereckigen, ovalen oder runden ***Namenssiegel*** in der archaischen stilisierten Siegelschrift verraten nicht nur, wer das Bild geschaffen hat und wer es besessen hatte, und sei es nur für einen Tag, sondern gelten als integraler Bestandteil der Bildkomposition. Gemalt wurde bis zum 13. Jh. vorwiegend auf Seide, danach mehr und mehr auf Papier.

Landschafts-malerei

Um 490 n. Chr. behandelte *Xie He* im Vorwort seiner Schrift *„Gu Huapinlu"* (Klassifizierender Katalog alter Malerei) die sechs technischen Aspekte der Malerei:

- Schaffung einer lebensnahen Situation und Atmosphäre.
- Strukturbildung durch Pinselführung.
- Darstellung der Form der Dinge, wie sie ist.
- Angemessene Farbgebung.
- Komposition.
- Nachbildung und Kopie.

Die erste Regel fordert nicht, die Natur nachzuzeichnen, sondern ihren ***Geist und Lebensrhythmus*** zu erfassen und darzustellen. Dazu muss der Maler zunächst die äußere Erscheinung der Dinge in sich aufnehmen, sie verarbeiten und durch Versenkung ihr Wesen ergründen, erst dann kann er sie im Bild neu erschaffen. Die zweite Regel entspricht der ***Ästhetik der Kalligraphie*** (siehe dort) und ist aufs engste mit der ersten Regel verknüpft. Die Pinselstriche sind das Gerüst der Malerei bzw. die Knochen der Malerei, wie es in China heißt. Sie geben die ***Gestalt der Dinge*** wider (3. Regel) und verleihen ihnen Maß und Geist.

Unter ***Farbe*** verstehen chinesische Maler zunächst einmal nur die Tusche in ihren Farbwertigkeiten, die vom blassesten Blau bis zum tiefsten Schwarz reichen, dann erst die bunten Farben, die zumeist sehr zurückhaltend verwendet werden.

Die ***Komposition*** wird weitgehend durch die Realität der chinesischen Landschaft bestimmt. Die Künstler arrangierten den gewählten Ausschnitt so, dass er wie zufällig erscheint. Die Sorgfalt, mit der er zusammengestellt worden ist, ist dem Ausschnitt nicht mehr anzumerken. *Guo Xi* (ca. 1020-1087) definierte die möglichen Perspektiven und sprach von „drei Fernen", der hohen, wenn man einen Berg hinaufschaut, der tiefen, die den Blick vom Rand des Gebirges in sein Inneres erlaubt, und der ebenen, die den Blick in die Ferne freigibt. Alle drei Fernen können in einem Bild vereint sein.

Letzter Leitsatz *Xie Hes* ist die Schulung an großen Vorbildern. Einem chinesischen Maler sind Ruhm und Ehre gewiss, wenn es ihm gelingt, im Stil eines großen Malers zu malen. Das ***Verhältnis von Original und Kopie*** ist in China ein ganz anderes als bei uns im Westen.

Philosophischer Hintergrund

In der chinesischen Malerei findet vor allem der ⇗ ***Daoismus*** einen sinnfälligen Ausdruck. Berge, Flüsse, Naturgewalten – hier herrschen kosmische Gesetze, die dem Menschen weitestgehend entzogen sind. Zwergenhaft erscheint er inmitten einer übermächtigen Natur. Jene Gesetze gelten von Anbeginn und werden in Ewigkeit walten. Das Verharren bei den einmal für richtig erkannten Regeln ist nur die folgerichtige Konsequenz. Da der Daoismus Himmel und Erde, Tiere, Gottheiten, Gestirne, Himmelsrichtungen, Elemente und Menschen innerhalb eines komplexen kosmologischen Systems zueinander in Beziehung setzt, sieht auch der Maler in den Erscheinungsformen der Landschaft Beziehungen zur menschlichen Natur. Bäche sind die Blutgefäße eines Berges, die Vegetation seine Haare, Wolken und Nebel sein Ausdruck. Folglich wird ein Berg durch Wasser lebendig, durch Gebüsche und Bäume üppig und reich und durch Wolken anmutig. Der Berg ist das Antlitz eines Flusses, Pavillons am Ufer seine Augen und die Geschäftigkeit der Fischer sein Ausdruck (*Guo Xi*).

Kalligraphie

Entwicklung der Schrift

Die ***ersten nachweisbaren Schriftzeugnisse*** stammen aus der Shang-Dynastie (ca. 1766-1122 v. Chr.). Zur Orakelbefragung wurden von Schamanenpriestern Zeichen, die die Gegenstände piktogrammartig abbildeten, auf Knochen und Schildkrötenpanzer eingeritzt.

Während der Zhou-Dynastie (ca. 1122-221 v. Chr.) entwickelte sich die Schrift weiter. Zeichen wurden zu neuen Wörtern kombiniert. Es entstand die ***große Siegelschrift,*** die sich in der Periode der Streitenden Reiche (481-221 v. Chr.) in jedem Staat zu einem eigenen Stil ausbildete.

Der erste chinesische Kaiser, *Qinshi Huangdi,* veranlasste die Vereinheitlichung der Schrift. Die ***kleine Siegelschrift*** wurde eingeführt. Von ihr leiten sich alle weiteren Schriftstile ab. Heute werden die große und kleine Siegelschrift nur noch zu ornamentalen Zwecken oder für Namenssiegel benutzt. Die kleine Siegelschrift stellt bereits eine Vereinfachung der großen Siegelschrift dar, aber sie war immer noch zu kompliziert, um im sich ausdehnenden Schriftverkehr praktisch eingesetzt werden zu können.

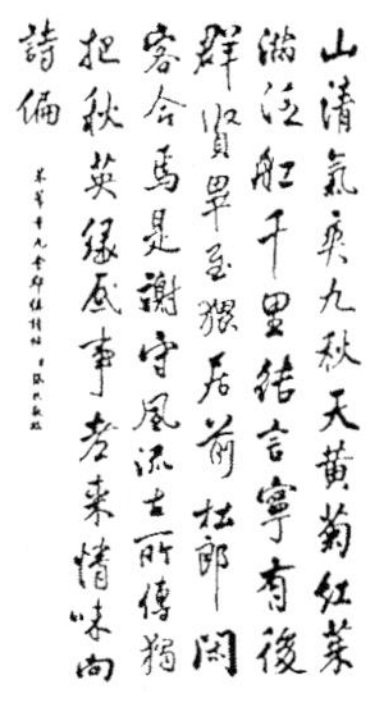

Zhang Zhao,
Kursivschrift

In der Han-Dynastie (206 v. Chr. - 220 n. Chr.) entwarf ein unbekannter Beamter die ***Kanzlei- oder Beamtenschrift.*** Die freie, biegsame Bewegung des Pinsels bildete sich, im Gegensatz zu den geraden Linien der Siegelschrift, aus und erlaubte nun eine größere graphische Entfaltung der Schriftzeichen. Bis ca. 250 n. Chr. wurde sie im öffentlichen Schriftverkehr verwendet, später nur noch für Inschriften.

Noch am Ende der Han-Dynastie wurde die Kanzleischrift durch die ***Konzeptschrift*** ersetzt. Einzelne Striche in den Schriftzeichen wurden zusammengezogen und komplizierte Zeichen vereinfacht.

Mit der Verbreitung von Papier als Schreibgrund entwickelte sich auch die Kalligraphie zu einer eigenen Kunstgattung. Nach dem Zerfall des Han-Reiches in verschiedene Staaten bildete sich die sogenannte ***Normalschrift*** heraus. Sie entwickelte sich im Laufe der Jahrhunderte zur heute bestehenden Schrift.

Um einen flüssigeren Schreibstil zu realisieren, entwickelte der Kalligraph *Wang Xizhi* (ca. 307-365) die ***Kursivschrift.*** Manche Striche wurden dafür miteinander verbunden, andere weggelassen.

Während der Tang-Zeit (618-907), als die chinesische Kultur eine Blütezeit erlebte, vervollkommnete sich die Kalligraphie. Viele unterschiedliche Stile bildeten sich heraus, was vor allem durch den Kaiserhof unterstützt wurde.

Kalligraphen

Zu den bedeutendsten Kalligraphen zählen: *Lu Ji* (266-313) aus dem Reich der Westlichen Jin (265-420). Von ihm stammt die älteste erhalten gebliebene Kalligraphie; *Wang Xizhi* (307-365), von dem die Chinesen sagen, sein Schreibstil sei so leicht wie treibende Wölkchen und so kraftvoll wie ein aufspringender Drache. Ein großer Kalligraph der Tang-Zeit war *Yan Zhengqing* (709-785). Der Mönch *Huaisu* (um 725) war einer der größten Stilisten der Konzeptschrift. Er soll nur im betrunkenen Zustand geschrieben haben. Die großen Meister der Song-Dynastie (960-1279) waren *Cai Xiang* (1012-1067), *Su Shi* (1036-1101), *Huang Tingjian* (1045-1105) und *Mi Fu* (1051-1107). Als große Meister der Kalligraphie sind schließlich noch *Zhao Mengfu* (1257-1302), *Wen Zhengming* (1470-1559), *Dong Qichang* (1555-1636) und *Zhang Zhao* (1691-1745) zu erwähnen. Noch heute werden ihre Werke von Schülern Strich für Strich kopiert, um sich eine solide Basis für einen eigenen Stil zu schaffen.

Bedeutung der Kalligraphie

Einem Europäer fällt es meistens schwer, die ***Schönheit und den Wert einer Kalligraphie*** nachzuvollziehen. Die Ästhetik jedes einzelnen Zeichens, ihre Raumaufteilung innerhalb der Konzeption, der Sinngehalt und der Charakter lassen sie zu einem vollkommenen Kunstwerk werden. Der Kalligraph drückt seine Gefühle, Ideale und die Essenz seiner Gedanken in der Kalligraphie aus, so dass dem Betrachter nicht nur die Schönheit der Zeichen vermittelt werden, sondern auch die Inspiration und der Charakter des Künstlers. Ein chinesisches Sprichwort sagt: Ein gutes Herz führt einen guten Pinsel.

Die Zeichen sollen ***Stärke und Lebendigkeit*** vermitteln. Die Ausführung jedes Striches, der Aufbau des Zeichens, die Abstände und die Freiräume zueinander müssen in der Gesamtkomposition ausgeglichen sein. Eine gute Kalligraphie spiegelt ⇗ Yin und Yang wieder, denn sie muss gleichzeitig Stille und Bewegung, Mannigfaltigkeit und Einfachheit, Lebendigkeit und Ruhe vermitteln. Der Kalligraph betrachtet die Natur als Quelle seiner Inspiration, denn in China gilt: Nur was natürlich ist, ist auch schön.

Kunsthandwerk

Massenware, Einzelstücke

Wer sich während eines längeren Chinaaufenthaltes in den diversen großen und kleinen ***Geschäften für Kunsthandwerk*** umsieht, gewinnt schnell den Eindruck einer relativen Eintönigkeit im kommerziellen Kunstsektor, da in allen Läden offenbar immer die gleichen Produkte angeboten werden. Aber der Schein trügt, und ein näherer Blick aufs Detail lohnt sich.

Immer wiederkehrende ***Verkaufsschlager*** sind Jadeprodukte aller Art und Größe, Cloissoné-Arbeiten (Emaille-Einlegearbeiten), Lackwaren, Fächer, Stickereien, Seidendrucke, Porzellan, Teekannen aus Ton, Siegelsteine, Papierdrachen, Miniaturbildchen auf Elfenbein oder Knochen, die nur mit der Lupe zu sehen

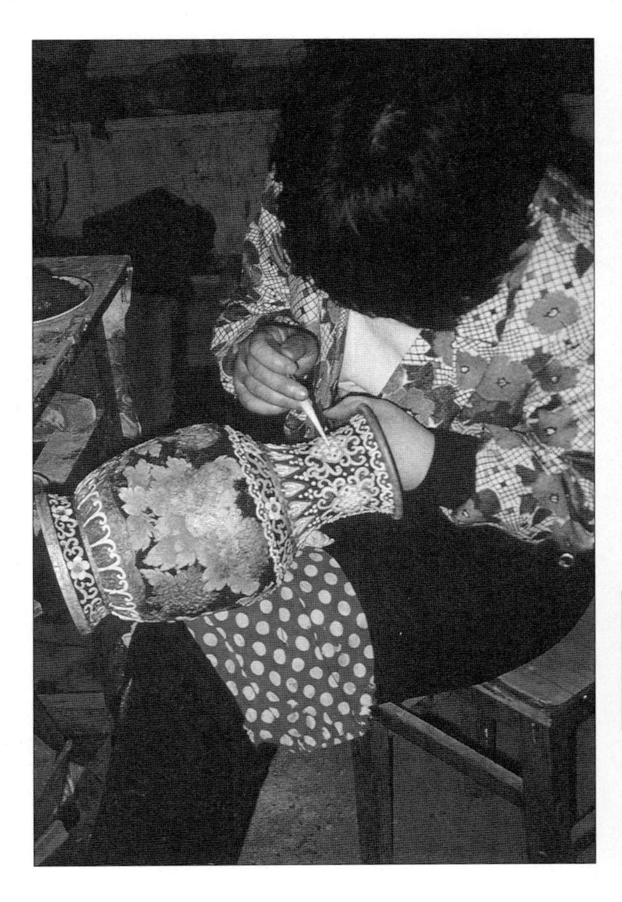

Eine Fabrikarbeiterin bei der Herstellung einer Emaillevase

sind, und so fort. Auf den ersten Blick steht da ein einförmiges, oft kitschiges Sammelsurium, ein anscheinend industriell hergestelltes Sortiment von Souvenirs. „Das soll das vielgelobte Kunsthandwerk Chinas sein?", lautet da oftmals der Kommentar enttäuschter Chinatouristen.

Der Blick hinter die Kulissen belehrt die Zweifler schnell eines Besseren. Fast alles, was man in den Läden sieht, wird ***in mühsamer Handarbeit*** nach alter Tradition hergestellt, nur haben modernere Arbeitswerkzeuge die alten abgelöst. In wochenlan-

Seide

„Es gibt in ihrem Lande ein kleines Tier, das die Griechen Ser nennen, von den Serern selbst wird es aber irgendwie anders und nicht Ser genannt. Seine Größe ist etwa doppelt so groß wie der größte Skarabäus, im übrigen gleicht es den Spinnen, die unter den Bäumen leben, und hat auch acht Beine ebenso wie die Spinnen. Das Erzeugnis der Tiere findet sich als feines Gespinnst um ihre Beine gewickelt."

Ursprungslegenden

So streng wurde das Geheimnis der Seide von den Chinesen gehütet, das auch nach gut zweihundert Jahren Ost-West-Handels im Ausland so gut wie nichts über die Seide und ihre Herstellung bekannt war. Genauso phantasievoll wie der griechische Schriftsteller *Pausanias* sich das Geheimnis der Seide vorstellte, sind allerdings auch ihre chinesischen Entstehungsgeschichten. Man schrieb das Jahr 2698 v. Chr., der Gelbe Kaiser regierte noch das Land, als seine Frau *Xiling* (auch *Lei Zu* genannt) durch die kaiserlichen Gärten spazierte. Plötzlich gewahrte sie eine giftige Schlange und floh vor ihr auf einen Maulbeerbaum. Während sie auf das Verschwinden der Schlange wartete, fiel ihr eine Raupe auf, die gerade dabei war, sich einzuspinnen. Nachdem sie den Vorgang eine Weile beobachtet hatte, kam ihr die Idee, den Faden des Kokons wieder abzuwickeln um ihn zu Stoff zu verarbeiten. Die Seide war geboren, und *Xiling* wurde „Ahnfrau des Seidenfadens".

Etwas dramatischer geht es in einem chinesischen Volksmärchen zu, das die Geschichte eines schönen Mädchens erzählt, das zusammen mit ihrer Mutter vom Vater für lange Jahre verlassen worden war. Die daheimgebliebene Frau empfand schließlich soviel Sehnsucht nach ihrem geliebten Mann, das sie demjenigen, der ihn zurückbringen konnte, ihre Tochter zur Gemahlin versprach. Das Pferd der Familie hörte dieses Versprechen und machte sich sofort auf die Suche, und siehe da, es brachte den vermißten Ehemann zurück. Die glücklich vereinten Eheleute aber dachten nun nicht daran, ihre Tochter ausgerechnet einem Pferd zu geben und töteten es. Dann zogen sie ihm das Fell ab und legten es zum Trocknen aus. Als das erleichterte Mädchen über das Fell sprang, wickelte sich das Fell auf einmal um den Leib des Mädchens und flog zu einem Baum. Dort verwandelte sich das Mädchen im Pferdefell zur Seidenraupengöttin, die in China auf dem Land bis heute verehrt wird.

Seidenherstellung

Nachdem die Seide einmal bekannt war, wurde das Geheimnis ihrer Herstellung strengstens gehütet, und die Ausfuhr der Seidenraupeneier war unter Todesstrafe verboten. Auf diese Weise behielt das Reich der Mitte fast zweieinhalbtausend Jahre lang das Monopol in der Technik der Seidenherstellung. Und in der Landwirtschaft gibt es wohl kaum etwas Aufwendigeres als die Seidenproduktion. Lässt man die Seidenraupe in Frieden, durchläuft sie im Kreislauf des Lebens sechs

ger Kleinarbeit werden die Jadeartikel geschliffen, selbst das monotonste Design jeweils ein Einzelstück, da von Hand gefertigt. Monate und Jahre sitzen Stickerinnen an ihren feinen Seidenstoffen, um sie beidseitig zu besticken – jeder Stich daneben

Stationen. Eier - Ausschlüpfen der Raupe - Wachstum und Fressen von Maulbeerbaumblättern - Einspinnen im Kokon - Ausschlüpfen des Falters - Paarung und schließlich erneutes Eierlegen. Um Seidenfäden herzustellen, müssen vom Kokonlieferanten zunächst frisch geschlüpfte Seidenraupen auf dem Markt erworben werden. Sie sind noch so klein, dass 30.000-40.000 Stück in eine kleine Zigarrenkiste passen. Die Raupen werden anschließend auf flachen, großen, runden und geflochtenen Bambustellern verteilt, auf denen bereits Maulbeerbaumblätter, die Nahrung der Raupen, liegen. Einen Monat lang fressen diese Raupen nun ohne Unterlass insgesamt 1 t Blätter und wachsen zu fast fingerlanger Größe heran. Sobald sie genügend weiße Masse aus Seidenbrei und Klebstoff im Körper gespeichert haben, klettern die Raupen auf ein Stroh- oder mittlerweile auch Plastikgerüst, suchen einen Platz zum Einspinnen und beginnen drei Tage und Nächte lang pausenlos zu spinnen. Schließlich hat jede Raupe rund 1.000 m Faden abgespult und fest um sich gewickelt. An dieser Stelle wird der natürliche Kreislauf unterbrochen und die Seidenraupe durch Überbrühen getötet. Beim Kochen des Kokons wird der Seidenfaden weich, und die Hasplerinnen können den Anfang des Fadens finden, ein Verfahren, das heutzutage allerdings maschinell abläuft. Das Ende des Fadens wird an den Anfang eines neuen Fadens geklebt, die Klebewirkung des Seidenleims macht das möglich, und der Faden auf große Spulen aufgerollt und getrocknet. Zu guter Letzt werden sie von den Spulen genommen, zu Zöpfen gedreht und versandfertig gemacht. Die Rohseide ist fertig.

Verbreitung nach Westen

Eigentlich ist das Verfahren zur Herstellung der Seide also enttäuschend einfach, und gerade deshalb wurde sein Geheimnis wohl auch so streng gehütet, denn überall, wo man Maulbeerbäume anpflanzen konnte und im Besitz der Seidenraupeneier war, konnte auch Seide hergestellt werden. Ins Tarim-Becken gelangten die ersten Seidenraupen und Maulbeerbäume etwa im 5. Jh., auch wenn die Legende den Zeitpunkt auf das 7. Jh. verlegt. Da nämlich kam dem König von Yutian eine Idee, wie er die strengen chinesischen Kontrollen umgehen konnte. Sie war genauso einfach wie die Seidenherstellung selbst. Er bot dem Kaiser an, Tribut zu zahlen und wollte als Garantie seiner Loyalität eine chinesische Prinzessin heiraten. Das Angebot wurde vom Kaiser akzeptiert und eine Prinzessin ausgewählt. Der Gesandte von Yutian, der sie abholen sollte, bekam den geheimen Auftrag, der Prinzessin zu sagen, dass sie Seidenraupeneier und Maulbeerbaumsamen mitbringen sollte, wenn sie an seinem Hofe Seidenkleider tragen wolle. Die Prinzessin tat, wie ihr geheißen, und versteckte die Samen und Eier unter ihrem Hut, der einzige Ort, der an den Kontrollstellen nicht auseinandergenommen wurde. Von nun an konnte sich das Geheimnis der Seidenherstellung immer weiter nach Westen und Süden verbreiten.

würde das Bild verhunzen. In filigraner Arbeit werden die Cloisonné-Produkte mit millimetergroßen Kupferstückchen beklebt, die entstehenden Vertiefungen mit dem bunten, feuchten Emaillesand gefüllt und gebrannt, ein falscher Tupfer - und die

Seidenproduktion

Farben sind dahin. Bei den berühmten Sandelholzfächern wird jedes Muster einzeln handgesägt, die beliebten roten Lackwaren werden einzeln von Hand gestochen. Eine unglaubliche Arbeit, aus der allerdings hauptsächlich kitschige Katzenmotive, Goldfische, Vasen usw. hervorgehen. Aber das ist nur die eine, die lukrative Seite, denn diese ***kitschigen Gegenstände*** sind es, die sich am besten verkaufen.

Wer einen Blick in die Museen der Kunstindustrie - und eine Industrie ist es - wirft, stößt auf die faszinierendsten Schöpfungen. Hier haben sich Künstler ausgetobt und ***Kunstwerke von höch-***

ster Qualität geschaffen, der Beweis, dass die handarbeitliche Massenproduktion nur der kommerzielle Teil einer alten künstlerischen Tradition ist, die auch vor den allerfeinsten Übungen handwerklicher Fertigkeit nicht kapituliert. Übrigens sind die meisten dieser den Fabriken angeschlossenen Museen auch Verkaufsausstellungen, aber eine Kreditkarte und ein satt gefülltes Konto sollte man schon haben, denn wie überall hat auch in China echte Kunst ihren Preis.

Lackkunst

Ein näherer Blick soll hier auf die uralte Technik der Lackkunst geworfen werden, da sie mit die schönsten Erzeugnisse des chinesischen Kunsthandwerks hervorbringt. Ursprünglich diente der ***Lacksaft des mittel- und südchinesischen Lackbaums*** zum Schutz von ⇗Bambus- und Holzgegenständen vor Feuchtigkeit, Kratzern und Stößen. Bereits in vorchristlicher Zeit fand man heraus, dass man die Lacksubstanz färben und die getrocknete Oberfläche schleifen konnte – der Anfang einer Jahrtausende währenden Kunstrichtung war gemacht. Holz, ⇗Bambus, Papier, Pappe, Metall, Stoffe, alles lässt sich mit Lackhäuten überziehen und zu Vasen, Tellern, Dosen, Tabletts, Behältern, Stellschirmen bis hin zu aufwendig gestalteten Möbeln verarbeiten.

Die Brillanz der Lackgegenstände ist das Ergebnis einer langwierigen, in Einzelfällen ***bis zu fünf Jahre währenden, mühevollen Arbeit.*** Zunächst muss auf das Kernmaterial eine Grundierung, meist minderwertiger Lack, aufgebracht werden. Dann wird Schicht für Schicht feinster, hauchdünner Lack aufgetragen, manchmal bis zu 200, ja 300 Lagen. Jede einzelne muss in feuchter, staubfreier Luft abgeschliffen und poliert werden, wobei der letzten Schicht besondere Aufmerksamkeit gewidmet wird.

Um Lackprodukte phantasievoll zu ***dekorieren,*** gab es eine Reihe aufwendiger Techniken. Zum Beispiel wurden Gold- oder Silberbleche hauchfein gewalzt und in Ornamente oder figürliche Motive geschnitten, die dann in die noch feuchten und weichen Lackschichten eingepasst wurden. Beliebt waren darüber hinaus hochfeine Perlmutteinlagen.

Andere Methoden wurden mit der ***Schnitzlacktechnik*** entwickelt, die erstmals in der Tang-Zeit aufkam. Auch hier werden auf einen meist hölzernen oder zinnernen Kern mindestens 35, oft aber auch 200 und mehr Lackschichten aufgetragen. Kompliziert wird es dabei, weil keine Schicht vollständig austrocknen darf. Ist die letzte Lage Lack aufgetragen, beginnt der Künstler mit einem Schnitzmesser seine feine Arbeit. Das von ihm herausgeschnitzte Dekor hebt sich als Hochrelief vom Grund ab und schafft eine beeindruckende Raum- und Tiefenwirkung. Das Verfahren ist im modernen China immer noch dasselbe, und man kann es z.B. in den Beijinger Lackfabriken beobachten. Auch der rote Schnitzlack hat an Beliebtheit nichts eingebüsst und wird noch immer bevorzugt verwendet.

Musik

Oper und Theater

Die chinesische Oper ist in unserem Sinne eigentlich keine Oper, doch hat sich dieser Begriff bei uns so weitgehend durchgesetzt, dass wir ihn hier ebenfalls verwenden wollen. Im weiteren Sinne umschließt die Oper sowohl das Drama, das Sprechtheater wie auch das mit Gesang untermalte Theater, also alle wichtigen Theaterrichtungen.

Die ***Wurzeln*** der chinesischen Oper reichen wahrscheinlich bis zu den rituellen Tänzen und Gesängen der Zhou-Dynastie (ca. 1122-221 v. Chr.) zurück. Bis zur Yuan-Zeit (1271-1368) galt diese Form des chinesischen Theaters unter den Gelehrten jedoch als verpönt. In dieser ersten Blütezeit des chinesischen Schauspiels erhielten die Dramen eine durchgehende Handlung. Während der Ming- (1368-1644) und Qing-Zeit (1644-1911) entstanden verschiedene regionale Stile der Oper.

Peking-Oper

Die Peking-Oper, die wohl bekannteste Form, bildete sich durch die Verschmelzung der Stile aus Anhui und Hubei Ende des 18. Jh. in Beijing heraus. Ihre ***Inhalte*** gehen auf Volksmärchen, Sagen, Legenden oder klassische Literatur zurück, wie z.B. *„Der Traum der roten Kammer"*. Geschichtliche Begebenheiten, gesellschaftliche Missstände, Helden-, Liebes- oder phantastische Geschichten werden thematisiert und dienen gleichzeitig einem erzieherischen Zweck im konfuzianischen Sinn. Die Stücke sind einfach konstruiert, die Handlungen jedermann bekannt.

Das ***Bühnenbild*** besteht meist nur aus Tisch und Stuhl, deren Bedeutung sich mit dem Thema und der Szene ändert. Stuhl auf dem Tisch kann z.B. den Kaiserthron symbolisieren. Die Opern wurden früher auf Straßen, Märkten, Tempeln, einfachen Bühnen und in Teehäusern durch eine Wandertheatertruppe aufgeführt, was auch die einfache Kulisse erklärt.

Die vier Teilaspekte der Peking-Oper sind ***Gesang, Dialog, Pantomime*** und ***Akrobatik,*** wobei Dialog und Gesang am wichtigsten sind. Der Kenner sieht sich die Oper nicht an, sondern er hört sie sich an.

Xiao sheng

Das ***Orchester*** besteht aus der zweisaitigen *Erhu* (Streichinstrument), der *Huqin* (etwas tiefer im Ton als die *Erhu*), der *Sheng* (Mundorgel aus ⇗ Bambus), der *Yueqin* (Mondgitarre), *Pipa* (chin. Laute), Trommeln, verschiedenen Flöten, Gongs, Becken und der *Bao* (Kastagnetten).

Bei den ***Gesangsdarbietungen*** unterscheidet man zwischen orchesterbegleitetem Gesang, rhythmischem und melodischem Sprechgesang (Dialoge) sowie dem musikalischen Rufen, Lachen, Seufzen und Husten. Die Melodien werden je nach Situation und Aussage variiert und interpretiert. Je schöpferischer ein Darsteller ist, um so mehr variiert er in seinen Gesangsdarbietungen die Melodietypen.

Die ***Charaktere und Rollen*** sind stark stilisiert und standardisiert. Es gibt vier Haupttypen: *Sheng* (die männlichen Rollen), *Dan* (die weiblichen Rollen), *Jing* (die angemalten Gesichter) und *Chou* (die Clowns). Diese Haupttypen sind durch jeweils genau festgelegte Einzeltypen charakterisiert, an denen man genau ihre Funktion in der Oper sehen kann. Zu ihnen gehören z.B. auch die so beliebten *Wu Sheng,* die Soldaten, die gleichzeitg auch die artistischen Einlagen bieten.

Die ***Farben und Masken*** bei den Jing-Rollen zeigen den Charakter und die moralische Haltung der dargestellten Person oder Rolle an. ⇗Rot kennzeichnet einen loyalen, aufrechten und tapferen Menschen. Schwarz bedeutet eine gute, kraftvolle, etwas grobe und schroffe Natur. Blau charakterisiert Wildheit und Unerschrockenheit, aber auch Arroganz. ⇗Gelb zeigt die gleichen negativen Eigenschaften, aber auch ein kluger Kopf, der seine Gedanken verbirgt, wird durch eine gelbe Maske dargestellt. Mit Grün wird ein unbeständiger Charakter, wie z.B. der Teufel, dargestellt. Orange und Grau verweisen auf das Alter, Gold auf Götter. Gute Charaktere sind normalerweise relativ einfach geschminkt, feindliche Heerführer und andere schlechte Charaktere sind dagegen durch komplizierte Masken und viel Farbe gekennzeichnet. Daneben gibt es noch verschiedene Arten von Bärten, Kopfbedeckungen, Frisuren und Haarschmuck, um die verschiedenen Charaktertypen zu identifizieren.

Lao sheng

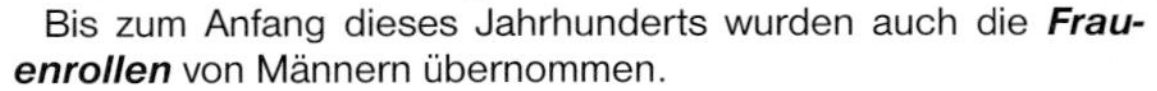

Bis zum Anfang dieses Jahrhunderts wurden auch die ***Frauenrollen*** von Männern übernommen.

Traditionelle Musik

Geschichte

Erfinder der Musik ist laut der chinesischen Mythologie der mystische Urkaiser ⇗*Fuxi.* Sie wurde vom ⇗Gelben Kaiser weiterentwickelt und schließlich auch schriftlich niedergelegt. Bei den großen Bücherverbrennungen unter Chinas erstem Kaiser *Qin Shi* gingen leider alle diese gesammelten und von ⇗*Konfuzius* bereits erwähnten Schriftzeugnisse der alten Musikkultur verloren. Die traditionelle Musik in der Form, wie sie auch heute noch gespielt wird, geht meist auf die ***Tang-Dynastie*** zurück und wurde stark von westlichen Einflüssen – vor allem der Qiuci-Musik (siehe Exkurs) – beeinflusst, die über die Seidenstraße nach China gelangten.

Bedeutung

Grundziel der alten Musik war ganz im konfuzianischen Sinne die „Harmonisierung" der Gesellschaft. Musik, Lyrik und Tanz bildeten dabei eine untrennbare Einheit, die schon von ⇗Konfuzius beschworen wurde: „Durch die Lieder wird der Geist beflügelt, durch die Riten gefestigt und durch die Musik zur Vollkommenheit gebracht." Für das westlich geprägte Ohr sind diese den Geist beflügelnden Klänge allerdings meist ***sehr gewöhnungsbedürftig.*** Da nämlich in China im Rahmen einer ganzheitlichen Zusammenhangsmagie alles auf eine Fünfer-Reihe gebracht wird, wurde in der Musik die pentatonische Grundreihe c-d-e-g-a gewissermaßen zum Maßstab der Komposition. Das Ergebnis sind entweder für uns ohrenzerreißende, disharmonisch klingende oder aber ausgesprochen langweilige, ja einschläfernd wirkende Musikstücke.

Aber es gab auch den ***„westlichen" Einfluss,*** und so gibt es ein großes Repertoire an wunderschöner in unserem Sinne harmonischer Musik, mit der auch wir keine Schwierigkeiten haben.

Musikinstrumente

Pipa

Groß war auch die Auswahl der zur Verfügung stehenden Instrumente - über 300 an der Zahl. Sie teilen sich in die Gruppe der Streichinstrumente wie die *Huqin, Erhu* oder *Banhu,* Zupfinstrumente, zu denen die chinesischer Zither *(Zheng),* die siebensaitige *Guqin* und die fünfsaitige *Pipa* gehören, Schlaginstrumente mit Gongs und Trommeln und in die Blasinstrumente, die zum Beispiel die Mundorgel *(Sheng)* und Querflöte *(Dizi)* umfassen, auf. Wer sich auf Marktplätzen, vor Tempeln, in Parks oder auch mal in traditionellen Theatern aufhält, stellt schnell fest, dass viele dieser Instrumente auch heute noch im Gebrauch sind.

Moderne Musik

Neben der in China ausgesprochen beliebten ***Klassischen Musik*** von Beethoven über Mozart bis hin auch zu westlichen Opern hat sich vor allem die Pop- und Schlagermusik bei den jüngeren Leuten durchgesetzt.

Popmusik

Wurden mangels fähiger eigener Gruppen anfangs die Idole aus Hongkong und Taiwan angehimmelt, haben mittlerweile eine Reihe landesweit bekannter eigener Gruppen die Herzen der Zuhörer erobert. Einer der ersten war der 1961 geborene *Cui Jian,* der die Gemüter der Chinesen weltweit mit seinen schmalzigen Liedern rührte.

Und Schmalz ist in. In unzähligen ***Karaoke-Bars*** und -Restaurants werden die Schnulzen in höchstmöglicher Lautstärke von den Karaoke-versessenen Massen geplärrt. Offensichtlich drängen immer die Sänger mit den aufdringlichsten oder unmusikalischen Stimmen ans Mikrofon, das sie stundenlang bearbeiten können. Neben dem Essen und der Fotografie ist Karaoke bis ins letzte Dorf hinein eine der beliebtesten Freizeitbeschäftigungen geworden.

Kleinkunst

Quyi

Eine populäre Form chinesischer Kleinkunst ist das *Quyi* (wörtl.: Gesangskunst), das sich ausschließlich akustischer Ausdrucksmittel in Form von ***Sprache und Musik*** bedient. Quyi ist echte Alltags- und Volkskultur. Man begegnet Quyi-Solisten oder -Gruppen sowohl in Parks, auf großen Plätzen, vor belebten Tempeln, auf Märkten, also überall dort, wo sich viele Menschen tummeln, als auch in Theatern, wo professionelle Quyi-Ensembles spielen. Hier treffen sich vor allem viele alte Menschen, trinken Tee, schlafen und lauschen den dargebotenen Geschichten. In China existieren über 300 Quyi-Traditionen. So ziemlich jeder Ort hat eigene Quyi-Formen. Meist werden Geschichten erzählt und mit Liedern oder Musikstücken untermalt. Das geschieht entweder in Dialogform oder bei Einzeldarstellern in Monologform, wobei der Akteur die verschiedenen Charaktere in verschiedenen Tonlagen darstellt.

Xiangsheng

Die wohl beliebteste Form der Kleinkunst ist das komödiantische *Xiangsheng* (wörtl.: Wechselstimmen). Hierbei handelt es sich um ***Dialoge zweier Possenreißer,*** die ihre Charaktere in einem näselnd-singenden Sprechgesang karikieren. Es gibt allerdings auch hier Solisten, die den Dialog in einer „Solo-Wechselstimme" imitieren. Da diese überzeichneten Dialoge sehr giftig und kritisch werden können, werden Xiangsheng-Künstler besonders argwöhnisch überwacht. Die Inhalte sind daher auch meist unpolitischer Art. Man trifft auf solche Xiangsheng-Darbietungen meist auf längeren Überland-Busfahrten, wo sie über den Kassettenrecorder in größtmöglicher Lautstärke auf alle Businsassen niedergehen.

Bildungswesen

Geschichte

Wie kaum ein anderer Sektor unterlag das Bildungswesen seit Gründung der VR China 1949 den Schwankungen der verschiedenen ideologischen und politischen Strömungen, die vor allem in der Zeit der ⇗Kulturrevolution 1966-76 das Bildungswesen nahezu lahmlegten. Das Erziehungssystem hatte zwar in allen Verfassungen der Volksrepublik Vorrang, aber es gab weder eine allgemeine Schulpflicht noch ein einklagbares Recht auf Bildung.

Schulpflicht

Am 27. Mai 1985 fasste das Zentralkomitee einen Reformbeschluss, der das Bildungssystem auf eine neue gesetzliche Grundlage stellte. Die wichtigste Neuerung war die schrittweise Einführung der Schulpflicht und eine neunjährige, statt bisher achtjährige ***Standardschuldauer.*** Nach dem dreijährigen Besuch eines Kindergartens, der gesetzlich jedoch kaum geregelt ist, sollten die Kinder sechs Jahre lang die Grundschule besuchen und anschließend drei Jahre lang die Mittelschule.

In den gut entwickelten Zentren der Großstädte und Küstenregionen sollte diese Regelung ab 1990, in weniger gut entwickelten Gegenden wie Kleinstädten und Dörfern ab 1995 und in unterentwickelten Teilen des Landes irgendwann im 21. Jh. in Kraft treten. Am 12. April 1986 wurde die ***allgemeine Schulpflicht*** per Erlass des nationalen Volkskongresses für das ganze Land obligatorisch, egal ob nach altem oder neuem Muster. Damit war in China erstmals in seiner langen Geschichte der Schulbesuch obligatorisch.

Nach der Schule

Für Schüler der städtischen Schulen wurden 1979 vier Entwicklungswege nach dem Schulbesuch beschlossen: Die Fortsetzung der Ausbildung z.B. durch den Besuch der ***Oberen Mittelschule*** (3 Jahre) mit anschließendem Besuch der ***Universität,*** die ***Niederlassung auf dem Land,*** die ***Entsendung in Grenzgebiete,*** um in Produktions- und Aufbaucorps mitzuarbeiten, oder aber die Ergreifung eines ***städtischen Berufs.***

Beruf

Ein Recht auf freie ***Wahl des Berufs*** existiert nicht, obwohl es Regelungen gibt, die Schulabgänger der Städte auch in diesen Städten soweit wie möglich zu beschäftigen. Sicherlich spielen da die Proteste von etwa 17 Millionen seit der ⇗ Kulturrevolution bis 1979 auf das Land verschickter Jugendlicher eine große Rolle.

Allerdings besteht mittlerweile die Möglichkeit, ***Jobs in der Privatwirtschaft*** anzunehmen. Man verzichtet dann aber auf jegliche Vorteile, die die Staatsangestellten genießen und ist jederzeit kündbar, was viele Menschen noch abschreckt.

Um Fachkräfte für den Aufbau des Landes auszubilden, wurde besonders die Sekundarschulebene gestärkt, indem neben den allgemeinbildenden Mittelschulen auch ***berufsbildende Mittelschulen*** eingerichtet wurden.

Erwachsenenbildung

Ein weiterer wichtiger Bereich, auf den die Regierung setzt, ist die Erwachsenenbildung, um die sich eine Vielzahl von Einrichtungen bemühen. Hier springen vor allem die seit 1982 wieder existierenden ***Privatschulen*** in die Bresche. Sie werden von allen möglichen gesellschaftlichen Einrichtungen, aber auch von Einzelpersonen unterhalten. Der Vorteil für den Staat dabei ist, dass sie ihn nichts kosten, aber von ihm kontrolliert werden.

Höhere Bildung

Zuletzt gibt es noch die für den größten Teil der Bevölkerung unerreichbaren ***Hochschulen***, von denen es in China acht verschiedene Typen gibt.

So begehrt ein Studienplatz ist – es gibt nur knapp 1,9 Millionen Studenten – so problematisch ist die ***Situation der***

Kleine Pioniere in ihren „Uniformen“

Intellektuellen, die im kommunistischen China nach dem Motto „Zuckerbrot und Peitsche“ bei politischen Kehrtwendungen immer am unmittelbarsten zu leiden hatten.

Die Reform von 1985 sollte das gesamte ***Bildungssystem*** auf eine funktionsfähige Grundlage stellen, bestimmt werden die Inhalte jedoch immer noch von der Verbindung ideologischer Schulung und körperlicher Arbeit, z.B. Verschickung auf die Dörfer in festgelegten Zeiträumen, mit Militärtraining.

Lehrer

Die Ziele sind hoch gesteckt, doch die Hürden scheinen unüberwindbar. Wohl kaum ein Beruf ist in China so unbeliebt wie der des Lehrers, sowohl was gesellschaftliches Ansehen als auch was die miserable Bezahlung angeht. Akuter Lehrermangel, schlecht ausgebildete Lehrer oder mangelnde Schulqualität und finanzielle Engpässe verhindern eine effektive Erfüllung der Reformpläne vor allem in den ländlichen Gegenden, wo immer noch der Großteil der Bevölkerung lebt.

Bildungsstand

Erschreckend hoch ist auch die Zahl der Schüler, die trotz Schulpflicht die ***Schule vorzeitig verlassen.*** So schließen laut UNICEF nur 80 % der Kinder die fünfjährige Grundschule ab. 19 % der 6-14jährigen besuchen überhaupt keine Schule. Seit 1994 wird nun jeder bestraft, der seine Kinder nicht in die Schule schickt. Wieweit diese Drohung fruchtet, bleibt abzuwarten.

In der Volkszählung von 1990 lag die Quote der über 15jährigen ***Analphabeten*** bei 26,7 % (Analphabetenrate bei Männern 15,9 % und 38,2 % bei Frauen) aller Einwohner. Eine schwere Hypothek für ein Land, das die Industrialisierung bis Ende 2000 auf seine Fahnen geschrieben hat.

Konfuzius mit Schülern beim Studieren des I-ching

Ein erster Schritt, um Kindern, deren Elten zu arm sind, den Schulbesuch zu ermöglichen, war kurz nach der Volkszählung die Gründung der ***Bewegung „Einer für einen".*** Jeder der arbeitet und eine bestimmte Mindestsumme im Monat verdient, soll monatlich 10-20 Yuan an ein Sonderkonto des Staates überweisen. Man kann sich freiwillig dafür in eine Liste eintragen; tut man das aber nicht, wird das Geld direkt vom Gehalt abgezogen. Mit diesem Geld unterstützt man in Form einer Patenschaft monatlich ein Schulkind und bekommt regelmäßig die Zeugniskopien sowie Berichte über die Fortschritte des Kindes zugesandt.

Gesundheitswesen

Aufbau des Gesundheitswesens

Die enormen Verbesserungen im Gesundheitswesen sind eine der großen ***Leistungen der kommunistischen Führung*** seit 1949. Ärzte und Krankenschwestern standen vorher nur in den Städten und dann auch meist nur der wohlhabenderen Bevölkerung zur Verfügung.

Seit 1949 folgte die Gesundheitspolitik ***vier Prinzipien:*** Orientierung an den Bedürfnissen der Arbeiter, Bauern und Soldaten (d.h. „Medizin auf's Dorf"); Vorbeugung an erster Stelle; Verbindung von traditioneller mit westlicher Medizin sowie Verbindung der Gesundheitspflege mit Massenbewegungen.

Im Zuge dieser ***Massenbewegungen*** wurden Hygienekampagnen, Propagierung der Gesundheitspflege für Frauen (Menstruation, Schwangerschaft, Entbindung usw.) und Kinder, aber auch Kampagnen gegen das Rauchen (1979, mit wenig Erfolg, wie man sich selbst überzeugen kann) gestartet. Die meisten dieser Kampagnen waren außerordentlich erfolgreich. Seuchen wie die Pocken, Cholera oder Typhus, aber auch die Billharziose (Hakenwurmkrankheit) konnten ausgerottet und andere Krankheiten wie die Lepra und Malaria unter Kontrolle gebracht werden.

Eine Schlüsselrolle in der Gesundheitspolitik spielt das ***Trinkwasser,*** und in den neunziger Jahren hofft man, bis zu 80 % (zur Zeit sind es laut UNICEF 74%) der ländlichen Bevölkerung mit „sicherem Trinkwasser" versorgen zu können.

Medizinische Versorgung

Die Oberaufsicht über das Gesundheitswesen hat das ***Gesundheitsministerium,*** dessen Ämter bis in die Kreisebene reichen. Eines seiner Aufgaben ist z.B. auch die Verbindung von Umweltschutz und Medizin.

Um die medizinische Versorgung auf dem Land zu sichern, wurden bereits während der ↗ Kulturrevolution die sogenannten dörflichen ***Medizinalgenossenschaften*** eingerichtet, die auf dem Gedanken der freiwilligen, gegenseitigen und autarken Versorgung beruhen. Ihre Aufgaben sind z.B. die Unterhaltung von Sanitätsstationen, Hygienekontrolle, Impfungen, Heilungen, Beratung und Schulung der Bauern im Umgang mit Chemikalien, Pharmazeutika und Giften. Die Höhe der Beiträge der einzelnen Individuen und der Kollektive werden nach langer Diskussion gemeinsam festgelegt.

Ein Teil des medizinischen Personals waren die ***Barfußärzte*** gewesen, die neben einer medizinischen Schnellausbildung u.a. barfuß wie alle anderen mit den Bauern auf den Feldern Reis pflanzten - daher der Name. Die vornehmlich in traditioneller Medizin instruierten Barfußärzte sollten die wichtigsten Krankheiten behandeln, wobei ihnen Sanitäter und Hebammen zur Seite standen. Allerdings wurden auch gestandene Ärzte zur Umerziehung als Barfußärzte auf's Land geschickt.

Neben der allgemeinen Verbesserung der medizinischen Betreuung - es gibt ca 1,6 Millionen ***Ärzte*** westlicher Schulrichtung und rund 300.000 Ärzte der traditionellen Medizin, d.h. auf einen Arzt kommen 654 Einwohner - konnten auch die ***medizinischen Einrichtungen*** stark erweitert und verbessert werden. Ziel ist es, dass jede Klinik mindestens drei Disziplinen, nämlich Innere Medizin, Gynäkologie und Chirurgie, umfasst. Dazu wird verstärkt auch mit ausländischen Joint-Ventures gearbeitet.

Krankenversicherung

In Chinas Verfassung ist der generelle ***Anspruch auf soziale Sicherung*** im Alter, bei Krankheit und körperlicher Behinderung sowie eine ausreichende medizinische Versorgung festgeschrieben. Eine enorme Belastung für den Staatshaushalt. Es gibt zwar verschiedene Krankenversicherungen, aber Wahlmöglichkeiten bestehen nicht.

Während Privatunternehmen in der Regel ihre Gesundheitskosten selber tragen müssen, gibt es mittlerweile Bestrebungen, auch die restlichen Patienten an den Kosten zu beteiligen. In Beijing liegt die ***Selbstbeteiligung*** bei 20 % bis zu einer Höhe von 60 Yuan. Den Rest trägt die Stadt. Ähnliche Modelle werden mittlerweile in allen Kommunen eingeführt.

Beijing
北京

Überblick

Beijing ist seit mehr als 700 Jahren fast ununterbrochen die ***Hauptstadt Chinas*** und mit heute über 12,5 Millionen Einwohnern eine der vieri zentral verwalteten Stadtregionen des Landes.

Die Gesamtfläche der Stadt von 16.800 km² verteilt sich auf die zehn ***Stadtbezirke*** Dongcheng, Xicheng, Chongwen, Xuanwu, Haidian, Chaoyang, Fengtai, Mentougou, Shijingshan und Fangshan sowie die acht umliegenden ***Kreise*** Tongzhen, Pinggu, Shunyi, Huairou, Miyun, Yanqing, Changping und Daxing. In diesen Kreisen werden Obst, Gemüse, Reis und Mais angebaut; allerdings ist Beijing auf Getreideimporte aus den Provinzen angewiesen.

Neben einigen Bodenschätzen im Südwesten wie Kohle, Nickel, Mangan und Blei bzw. Zink spielt für die Stadt vor allem die ***Leichtindustrie*** eine große Rolle. Nach Shanghai ist Beijing zweitwichtigster Produzent von ***Konsumgütern.*** Hergestellt werden u.a. Sportartikel, Verkehrs- und Transporteinrichtungen, Futtermittel, Lebensmittel, Elektronikartikel u.v.m.

Beijings Wetter wird von einem gemäßigten ***kontinentalen Monsunklima*** mit sehr heißen, regnerischen Sommern und kalten, trockenen Wintern, in denen das Thermometer auf - 22 °C fallen kann, geprägt.

Geschichte

Die Geschichte Beijings beginnt 1180 v. Chr. in der Shang-Dynastie (ca. 1600-1100 v. Chr.). ***Ji,*** so nannte man die erste Siedlung, lag etwa dort, wo heute die Marco-Polo-Brücke steht. Der erste Kaiser von China, *Qin Shi Huangdi* (reg. 221-210 v. Chr.), nahm Ji 221 v. Chr. ein und baute es zu einer Militärbastion gegen die Völker des Norden aus.

Das Volk der Kitan, das ab 917 n. Chr. den Norden eroberte und die Liao-Dynastie (947-1125) begründete, baute Beijing zur zweitgrößten Stadt Chinas neben seiner Hauptstadt Kaifeng aus. Die Stadtmauern mit ihren acht Stadttoren hatten in dieser Zeit bereits eine Höhe von 10 m und eine Länge von 20 km.

Doch die Befestigungen nutzten nicht viel: Die Dschurdschen aus dem Norden eroberten die Stadt, die sie 1125 in ***Zhong Du*** (Mittlere Hauptstadt) umtauften. Ihre Herrscher der Jin-Dynastie (1115-1234) ließen die Stadt ausbauen und durch prunkvolle Paläste erweitern.

Da Zhong Du bei der Eroberung durch die ***Mongolen*** (1215) völlig zerstört wurde, ließ es *Dschingis Khans* Enkel *Kublai Khan* (reg. 1260-1294) im Gebiet des heutigen Beihai-Parks wieder aufbauen, nannte die Stadt ***Dadu*** (Große Hauptstadt) und machte sie zur Hauptstadt des Mongolenreiches. Unter dem Großkhan erlebte Dadu einen ungeheuren Aufschwung. ↗ *Marco Polo* wusste von der Stadt nur das Großartigste zu berichten und wurde deshalb als Lügner beschimpft.

Als 1368 die ***Ming-Dynastie*** etabliert wurde, wählte ihr Begründer, *Zhu Yuanzhang,* Nanjing zur Hauptstadt. Doch schon der dritte Kaiser der Dynastie, *Zhu Di,* (Yongle-Kaiser, reg. 1402-1424) erhob Dadu wieder zur Hauptstadt und gab ihr ihren heutigen Namen Beijing (Nördliche Hauptstadt).

Seitdem wurde Beijing stetig ausgebaut. Nur während des ***chinesischen Bürgerkriegs*** verlor Beijing bis 1949 noch einmal den Status als Hauptstadt. Die nationalistische ⇗ Guomindang erkor Nanjing zu ihrer Hauptstadt und nannte Beijing in Beiping (nördlicher Friede) um. In Taiwan spricht man auch heute noch von Beiping.

Während der Kriegs- und Bürgerkriegswirren und während der ⇗ ***Kulturrevolution*** wurde vieles zerstört. Der größte Zerstörer aber scheint der Fortschritt mit seinen Einheitsbetonbauten zu sein. Dennoch blieb in Beijing genug an historischer Bausubstanz erhalten, so dass es sich lohnt, einige Tage in der Stadt zu verweilen.

Praktische Tipps

Ankunft

Flughafen

- Von 8.00 bis 21.30 Uhr fahren alle 20-30 Min. ***CAAC-Busse*** (Linie A) via Hauptbahnhof im Zentrum zum Hauptsitz der CAAC an der U-Bahnstation Xidan. Der Bus hält u.a. am Hilton, am Lufthansa-Zentrum, an der U-Bahn-Station Dongzhimen, am Swisshotel und schließlich am Bahnhof. Die Busse der Linie B fahren über den dritten Ring bis zum Xinxing-Hotel nahe der U-Bahn-Station Gongzhufen. Dieser Bus verkehrt alle 20-30 Minuten von 8.10 bis 21.00 Uhr. Die Busse fahren gleich gegenüber vom Hauptausgang ab.

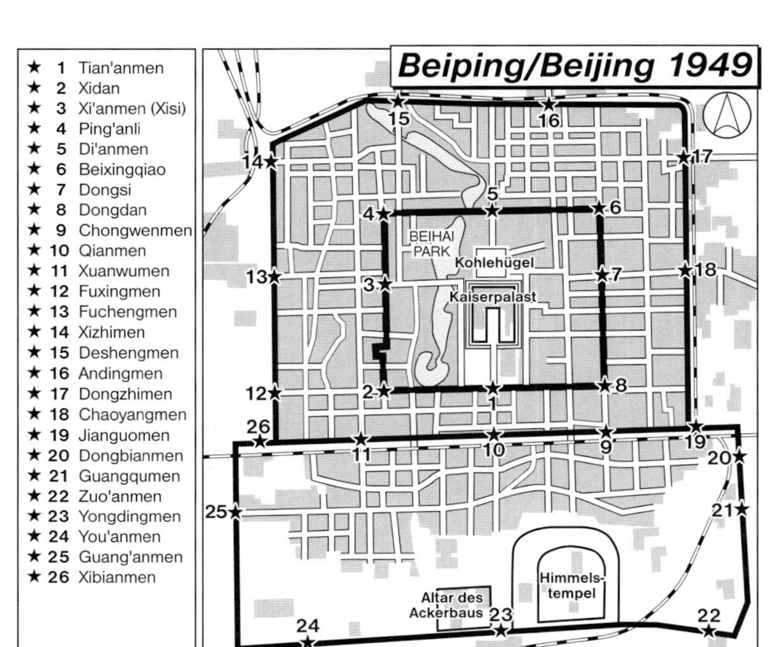

首都机场站

●Der ***Stadtbus*** 359 fährt von 5.45-21.00 Uhr bis zur Endhaltestelle Dongzhimen. Die Haltestelle am Flughafen (ⓒShǒudū Jīchǎng Zhàn) ist nicht ganz leicht zu finden. Man muss vom Hauptgebäude geradeaus gehen, links um den Kreisel, hinter dem Kreisverkehr in die Straße nach links abbiegen, nächste Möglichkeit nach rechts, wo man auf die Straße neben der Autobahn kommt. Hinter der Brücke links die Treppen hoch und den Feldweg in Fahrtrichtung der Straße weiterlaufen. Wo sich der Weg gabelt, nach links, bis man zu einem verlassen daliegenden Platz kommt. Mit zügigem Schritt braucht man 10 Min. (Letzter Bus 21.00 Uhr. Danach bleibt nur noch das Taxi.) Von der Endhaltestelle Dongzhimen läuft man ein kurzes Stück runter bis auf die Dongzhimenwai Dajie. Vom Bushof kommend, biegt man nach rechts in diese Straße und muss noch ca. 200 Meter nach Westen zur U-Bahn-Station Dongzhimen laufen.

●***Taxis*** in die Stadt kosten 80-120 Yuan, je nach Entfernung zum Hotel. Die Taxifahrer am Flughafen versuchen gerne zu betrügen. Auf keinen Fall sollte man mit ihnen den Preis aushandeln, sondern auf der Einschaltung des Taxameters bestehen.

Hauptbahnhof
(Běijīng Zhàn)

北京站

●Die Weiterfahrt ist kein Problem. Viele wichtige ***Buslinien*** und die ***U-Bahn*** laufen hier zusammen.

Es ist nicht immer ganz einfach, die ***Haltestellen*** zu finden, da sie ständig verlegt werden. Die wichtigsten Haltestellen befinden sich aus dem Bahnhof kommend links (Busse 103, 104 und Ausflugbus You 2 nach Badaling und zu den Ming-Gräbern) und nach rechts ein ganzes Stück die Beijing Zhan Dongjie hinunter (Busse 10, 20, 54, 63, 203 und 204). Taxis stehen auf der gegenüberliegenden Straßenseite beim Henderson Center.

Wer vom Bahnhof zum Lihua-Hotel möchte, muss mit Bus 20 oder 54 bis Yongdingmen (Südbahnhof) fahren und in Bus 14, 343 oder 381 umsteigen. Zum Jinghua-Hotel und Sea Star-Hotel mit der U-Bahn bis Qianmen und weiter mit Bus 2 oder 17 nach Süden oder mit denselben Bussen wie zum Lihua Hotel. Zum Westbahnhof fahren zahlreiche Minibusse.

Südbahnhof
(Běijīng Nánzhàn)

北京南站

●Wer zum Hauptbahnhof weiter muss, nehme Bus 20, 54 oder 203. Zum Jinghua- und Lihua-Hotel fahren die Busse 14, 343 und 381. An der Station Yangqiao muss man aussteigen. Taxis stehen am Bahnhofsvorplatz.

Westbahnhof
(Běijīng Xīzhàn)

北京西站

Zum Lihua- und Jinghua-Hotel fährt Bus 324. Um zu diesem zu gelangen, muss man vom Bahnhof nach links bis zur 3. Ringstraße (Xisanhuan Zhonglu) und den Bus in Fahrtrichtung Süden nehmen. An der Station Yangqiao aussteigen. Von dort sind es jeweils nur noch wenige Minuten zu Fuß. Wer zum Hauptbahnhof muss, kann in einen der zahlreichen, wartenden Minibusse steigen. Die Taxis stehen innerhalb des Bahnhofsgebäudes. Pfeile führen zum Taxistand.

Orientierung

Die Orientierung in Beijing ist ziemlich einfach, weil die Stadt ***schachbrettförmig*** angelegt ist. Man unterschätzt dabei jedoch leicht die großen Entfernungen, und wenn man nicht vorhat, ziellos durch die Straßen zu irren, lohnt es sich, ein Fahrrad zu mieten und vor allem einen ***Stadtplan*** mit eingezeichneten Buslinien zu kaufen. Man kann sich bereits in Deutschland oder Hongkong mit Plänen eindecken oder sie in den Kiosken am Hauptbahnhof kaufen.

Immer öfter sieht man bettelnde Kinder

Ringstraßen

Die Stadt dehnt sich innerhalb von vier Ringstraßen aus. Der dritte und vierte Ring sind reine Entlastungsstraßen. Der ***innerste Ring*** umläuft den Bereich des Kaiserpalastes. Seine wichtigsten Punkte sind (im Uhrzeigersinn, beginnend am Tian'anmen): Tor des Himmlischen Friedens, Xidan, Xisi, Di'anmen (Tor des Irdischen Friedens), Dongsi und Dongdan.

Der ***zweite Ring*** besteht aus einem nördlichen und einem südlichen Ring, wobei der nördliche Teil die ehemalige Tartarenstadt und der südliche Teil die Chinesenstadt markieren. Die wichtigsten Punkte sind hier die Namen der ***früheren Stadttore*** (*men*). Wichtige Tore im nördlichen Teil des Rings (beginnend am Bahnhof im Uhrzeigersinn): Chongwenmen, Qianmen, Xuanwumen (diese drei Tore bildeten den Übergang zur Chinesenstadt), Fuxingmen, Fuchengmen, Xizhimen, Deshengmen, Andingmen, Dongzhimen, Chaoyangmen und Jianguomen. Wichtige Tore des südlichen, die Chinesenstadt umgebenden Rings (ebenfalls im Uhrzeigersinn ab Hauptbahnhof): Dongbianmen, Guangqumen, Zuo'anmen, Yongdingmen, You'anmen, Guang'anmen und Xibianmen (hier stößt die Chinesenstadt im Nordwesten wieder an die Tartarenstadt).

Durchzogen wird die Stadt von der mächtigen ***Ost-West-Straße,*** die im Osten als Jianguomen Dajie beginnt, in die Dong Chang'an und Xi Chang'an Jie übergeht und den zweiten Ring als Fuxingmen Dajie nach Westen verlässt.

Straßenbezeichnung

Entscheidend für die Bezeichnung der Straßen ist, ob man sich innerhalb oder außerhalb des zweiten Rings befindet. Innerhalb des nördlichen und südlichen Teils bekommen die Straßen an der früheren Stadtgrenze in Ost-West- und Nord-Süd-Richtung *nei* (innen) angehängt, außerhalb des zweiten Ringes bleibt der Straßenname gleich, bekommt aber *wai* (außen) angehängt, zum Beispiel: Jianguomennei Dajie und Jianguomenwai Dajie. Die gleiche Regelung gilt in Nord-Süd-Richtung an der ehemaligen Scheidelinie Tartarenstadt und Chinesenstadt, zum Beispiel: Chongwenmennei Dajie und Chongwenmenwai Dajie. Ansonsten bezeichnet ein angehängtes *nan* den südlichen Abschnitt und ein angehängtes *bei* den nördlichen Abschnitt einer Straße.

Informationen

Wer etwas länger in Beijing bleibt, sollte sich auf jeden Fall eine der folgenden Informationsbroschüren und Zeitschriften besorgen: *„**Beijing Scene**“* ist eine Zeitschrift, die auf Englisch über alle möglichen Veranstaltungen in Beijing informiert (Konzerte, Kino, Aktivitäten etc.). Sie erscheint jeden ersten und dritten Dienstag im Monat und ist kostenlos in den meisten Hotels zu haben. In den guten Hotels liegt ebenfalls ***„This Month Beijing“*** aus, eine Infozeitschrift der lokalen Tourismusbehörde mit zahllosen Tipps zu Veranstaltungen, Kneipen, Ausflügen etc. Weiterhin erscheint monatlich die Zeitschrift ***„Welcome to China – Beijing“*** mit Infos und Adressen, die man an den Rezeptionen erhält.

Verkehrsmittel

Stadtbusse

Es lohnt sich, einen Stadtplan mit eingezeichneten Buslinien zu kaufen, z.B. an den Bahnhöfen. Bei den ***blauen Linien*** handelt es sich um Oberleitungsbusse und bei den ***roten Linien*** um normale Busse. Die Fahrzeuge sind in den entsprechenden Farben angemalt. Der ***Fahrpreis*** beträgt 5 Jiao für die ersten sechs Stopps und steigt um 3 Jiao für weitere 6 Stopps.

Viele Linien werden auch von ***Minibussen*** bedient, die 2-5 Yuan pro Fahrt kosten. Diese Busse halten an denselben Stationen oder dazwischen, und der Schaffner versucht, die Wartenden zu überzeugen, in den Minibus zu steigen. Hier bekommt man für sein Geld fast immer einen Sitzplatz.

Die wichtigsten Buslinien:

- ***1*** von Westen nach Osten die Chang'an Jie entlang
- ***2*** Guang'anmen (Bezirk Xuanwu im Südosten)/Niujie-Moschee/Qianmen-Hotel/Zhushikou Xilu/Qianmen Lu/Kaiserpalast (Tian'anmen)/China-Kunstgalerie/Überseechinesen-Hotel (Huaqiao Dasha)/Andingmennei Lu/Andingmen (nahe Lamatempel)/Ditan-Park/Jianzhaikou
- ***3*** Di'anmen/Guangqumen
- ***4*** von Ost nach West ab Militärmuseum. Der Bus biegt hinter dem Freundschaftsladen rechts ab.
- ***5*** von Deshengmen (nordwestlich der Stadt) in Richtung Süden entlang der Westseite des Kaiserpalastes, Tian'anmen nach Qianmen
- ***6*** Tiyuguan (Sporthalle)/Himmelstempel/Youyi-Krankenhaus/Xinhua Nanlu/Niujie-Moschee/Lianhuachi
- ***7*** Dongwuyuan (Zoo)/Qianmen
- ***10*** Hauptbahnhof/Wangfujing/Tian'anmen/Xidan/Niujie-Moschee/Nancaiyuan
- ***15*** Zoo/Ausstellungshalle/Xidan/Liulichang/Freundschafts-Hospital/Tianqiao-Markt
- ***20*** Yongdingmen/Bahnhof (Beijing Nanzhan) zum Tian'anmen, Beijing Fandian bis Hauptbahnhof (Beijing Zhan)
- ***44*** Zirkelroute entlang Qianmen West
- ***54*** Hauptbahnhof zum Yongdingmen-Bahnhof (nähe Qiaoyuan-Hotel)
- ***103*** Hauptbahnhof (Beijing Zhan) zum Zoo via China Art Gallery
- ***106*** Station Yongdingmen zum Himmelstempel, Chongwenmen, dann hoch zur Dongzhimennei Dajie (nordöstlich der Stadt)
- ***116*** Himmelstempel/Lamatempel via Qianmen und Dongdan
- ***309*** Tianning Tempel/Marco-Polo-Brücke/Erqi Ting
- ***318*** Pingguo Yuan/Xiang Shan (Duftberge)

- ***332*** Zoo/Universität/Sommerpalast
- ***333*** Sommerpalast/Duftberge
- ***347*** Zoo/Badachu
- ***360*** Zoo/Xiang Shan (Duftberge)

Wichtige Fahrziele:
- ***Lamatempel*** (Yonghe-Tempel): Busse 13, 116
- ***Botschaft der BRD, Schweiz:*** Busse 106, 107 (blaue Linien)
- ***Botschaftsviertel/Freundschaftsladen:*** Busse 1, 4, 9, 28, 29, 48, 57
- ***Himmelstempel:*** Busse 5, 6, 17, 35, 36, 39, 110, 116, 203
- ***Xidan-Markt:*** Busse 10, 14, 22, 102, 105, 109
- ***Qianmen:*** Busse 2, 5, 7, 20, 22, 201, 203
- ***Hauptbahnhof:*** blaue Linie Nr. 103, 104; rote Linie Nr. 9, 10, 20, 48, 203, 204.

U-Bahn

Es gibt zwei Linien, eine ***Ost-West-Linie*** und eine ***Ringlinie.*** Mit der Ost-West-Linie gelangt man zum Kaiserpalast, Freundschaftsladen (Kaufhaus), Büros der Fluggesellschaften, Botschaften. Die Ringlinie ermöglicht es, schnell und in weniger vollen Wagen als in den Bussen zu verschiedenen im Norden gelegenen Sehenswürdigkeiten zu gelangen, z.B. zum Lamatempel, Konfuziustempel, zur Song-Qingling-Residenz, zum Vogelmarkt, Zoo und Lu-Xun-Museum.

Die ***Umsteigestation*** von der Ost-West-Linie auf die Ringlinie heißt Fuxingmen, bzw. Jianguomen. Man braucht, wenn man umsteigt, nicht neu zu bezahlen. Alle Schilder auf den Bahnhöfen und die Stationsdurchsagen in der U-Bahn sind auch ***auf Englisch.*** Bezahlt wird immer gegenüber der Treppe, die zum Bahnsteig hinabführt (2 Yuan für eine Fahrt). An der Treppe gibt man den ***Fahrschein*** ab, bevor man zum Bahnsteig geht.

Taxi

Taxis stehen vor allen großen ***Hotels*** und fahren darüberhinaus zu Tausenden überall herum. Viele Fahrer sind oft nicht bereit, den Taxameter einzuschalten, so dass man entweder handeln muss oder besser ein anderes Taxi anhält. Wenn Fahrer das angegebene Ziel nicht kennen oder den Weg dorthin nicht wissen, lehnen sie die Fahrt in der Regel ab. Auch dann muss man sein Glück erneut versuchen.

Gezahlt wird nach gefahrenen Kilometern, wobei der Taxameter bei der Abfahrt auf 6-14 Yuan abhängig von der Taxigröße gestellt wird. Die kleinen gelben Minibusse kosten 1, die Daihatsu-Taxen 1,6 und die großen Taxen vor den Hotels 2 Yuan pro Kilometer. Ab 15 Kilometern kommt eine Pauschale von 50 % auf den Fahrpreis hinzu. Die ***Kilometerpauschale*** steht bei allen Taxen auf einem roten Aufkleber am hinteren Seitenfenster.

An die folgenden ***Taxi-Gesellschaften*** kann man sich wenden, wenn man vorhat, mit dem Taxi Ausflüge in die Beijinger Umgebung zu machen (ca. 400 Yuan pro Tag). In der Regel spricht jemand englisch. Falls nicht, kann man die Rezeption seines Hotels bitten, den Anruf zu erledigen. Oft haben die Hotels auch Kontrakte mit eigenen Taxigesellschaften und vermitteln einem auf Wunsch ein Fahrzeug.
- ***Capital Taxi Co.,*** Tel. 65138893 (24 Std.)
- ***Beijing Taxi Co.,*** Tel. 68312288
- ***Beijing Tourist Taxi Co.,*** Tel. 64363452

Fahrradverleih und -kauf

Für jemanden mit schmalem Geldbeutel ist das Fahrrad die beste Möglichkeit, die Stadt zu erkunden. Auch sonst ist es nicht die schlechteste Wahl, da man mit dem Rad meist erheblich schneller ist als mit dem Taxi und sich die rammelvollen Busse erspart. Für die Fahrradmiete ist eine Kaution zwischen 100 und 200 Yuan erforderlich. Die Preise liegen bei 20-80 Yuan pro Tag. Mieten kann man die Räder in den meisten ***großen Hotels,*** z. B. Beijing Fandian, Rainbow Hotel, Peace Hotel, Taiwan Hotel, Beijing-Toronto, Qianmen Hotel, Qiaoyuan Hotel.

前门自行车商店

●Wer ein ein Rad kaufen möchte, findet eine große Auswahl im 中***Qianmen Bicycle Store,*** 97 Qianmen Dajie, Chongwenmen Distrikt. Hier bekommt man auch Fahhradzubehör und -kleidung.

西单自行车商店

●中***Xidan Bicycle Store,*** 153 Xidan Beidajie, Xicheng Distrikt. Gute Auswahl an importierten und lokalen Rädern.

北新桥自行车信托商店

●中***Beixin Qiao Bicycle Store,*** rund 500 m südlich des Lamatempels gleich nördlich der Kreuzung Dongzhimennei Dajie/Dongsi Beidajie auf der Westseite der Straße nahe der Busstation Beixin Qiao. Hier gibt es neue und gebrauchte Räder zu vernünftigen Preisen. Allerdings wird man nie wissen, ob es sich bei den gebrauchten Rädern, die man vor dem Laden angeboten bekommt, um gestohlene Velos handelt.

●Wer auf Qualität wert legt, kann zur Giant-Verkaufsausstellung gehen und braucht dann wenigstens keine Angst vor Fälschungen haben.

东城区交道口东大街７７号

中***Giant Cycle Land,*** 77 Jiaodaokou Dongdajie, Dongcheng Distrikt, nicht weit vom Beixin Qiao-Fahrradladen.

Hotels

Wer sich bereits in China aufhält, kann versuchen, über die örtlichen ***CITS-*** oder andere ***Büros*** ein Zimmer in Beijing zu buchen. Man spart dadurch leicht 100 Yuan und mehr pro Zimmer. Mit Vorausbuchung bekommt man in einigen Dreisternehotels schon ab 350 Yuan ein DZ.

Fast alle teuren wie preiswerten Hotels sind im ***Stadtplan „Beijing, the latest tourist map"*** (Xinminchu Publishing Co., Hongkong) eingezeichnet und über einen Index schnell zu finden. Die Karte gibt es in den Hotelshops und im Freundschaftsladen (s. Einkaufen: Kaufhäuser).

Zu den ***Hotelkategorien**** siehe „Praktische Reisetipps: Hotels".

zentral, preiswert

中央美术学院

中***Central Institute of Fine Arts*** (Zhōngyāng Měishù Xuéyuàn)*, 5 Xiaowei Hutong. Dies ist die einzige preiswerte Möglichkeit nahe der Wangfujing, bzw. überhaupt zentral unterzukommen. Um hinzukommen biegt man die Wangfujing hochlaufend in den zweiten Hutong nach rechts ab und läuft bis zum Ende. Der Campus liegt auf der linken Seite. Dormitories befinden sich im 8. Stock. Allerdings sind die Zimmer fast immer voll und man hat nur morgens eine Chance auf ein Bett.

zentral, mittelteuer

建国门饭店

中***Jiànguómén Fàndiàn**,*** 12 Jianhua Nanlu, Tel. 65005577, Fax 65022707. Das etwas heruntergekommene Hotel liegt überaus günstig in der Straße, die ggü. vom Freundschaftsladen nach Süden abgeht (5 Min. vom Freundschaftsladen). Hin kommt man am schnellsten mit der U-Bahn bis Station Jianguomen.

光华饭店

中***Guānghuá Fàndiàn**,*** 38 Dongsanhuan Zhonglu, Chaoyang Distrikt, Tel. 65018866, Fax 65016516. Im Osten der Stadt nicht weit vom China World Trade Centre. Vom Bahnhof: Bus 9 und 48 in Richtung Osten.

惠中饭店

中***Huìzhōng Fàndiàn**,*** 120 Zhushikou Xidajie, Tel. 63012255. Gut gelegenes Hotel, Nähe Himmelstempel. Bus 204 vom Hauptbahnhof oder mit der U-Bahn bis Qianmen und weiter mit Bus 53.

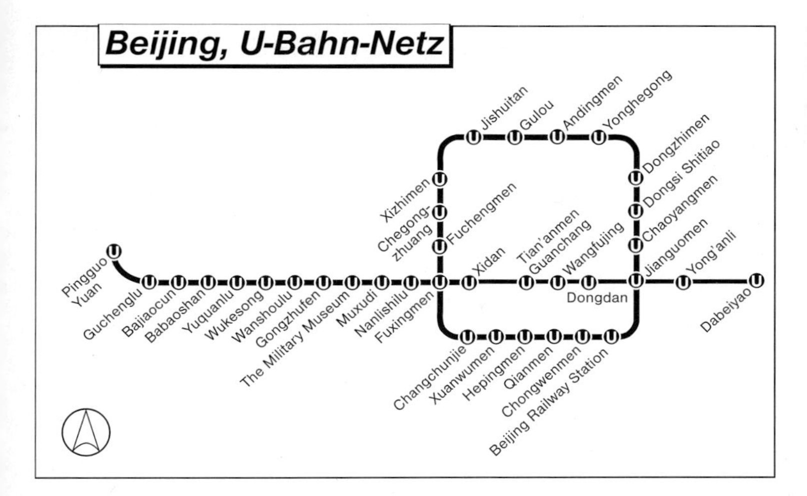

侣松园宾馆 **ф*Lǚsōngyuán Bīnguǎn***,** 22 Banchang Xiang, Tel. 64017550, Fax 64030418. Nördlich der China-Kunstgalerie, beim 2. Hutong (2. Gasse) nördlich des Di'anmen (Tor des Irdischen Friedens) bzw. der Di'anmen Dong Dajie links ab. Ab Bahnhof blaue Linie 104 oder Bus 2 ab Qianmen.

哈德门饭店 **ф*Hādémén Fàndiàn***,** 2a Chongwenmenwai Dajie, Tel. 67112244, Fax 67116865. Nicht weit westlich vom Hauptbahnhof gelegen. Mit der U-Bahn bis Station Chongwenmen. Von dort muss man noch wenige Meter nach Süden laufen.

护国寺宾馆 **ф*Hùguósì Bīnguǎn***,** Xicheng Distrikt, 123 Huguosi Jie, Tel. 66181113, Fax 66180142. Zentral und ruhig gelegen. Mit der U-Bahn bis Bahnhof Xuanwumen. Von dort mit Bus der blauen Linie 105 oder rote Linie 22 oder 47 sieben oder acht Stationen nach Norden. Die Straße liegt genau zwischen beiden Bushaltestellen.

南华饭店 **ф*Nánhuà Fàndiàn***,** 11 Nanhua Xilu/Hufang Lu im Xuanwu-Bezirk, Tel. 63022221. Das Hotel liegt ruhig und zentral in einer kleinen Gasse in der Nähe des Qianmen-Hotels und des Freundschaftshospitals. Vom Bahnhof mit der U-Bahn nach Westen zur Station Hepingmen und mit Bus 15, 25 oder 45 zwei Stationen nach Süden.

天坛体育宾馆 **ф*Tiāntán Tǐyù Bīnguǎn*** *(Sport-Hotel)*,** 10 Tiyuguan Lu, Tel. 67113388, Fax 67115388. Das Hotel liegt nicht weit vom Himmelstempel ist aber nur bei Buchung über ein Reisebüro günstig.

越秀饭店 **ф*Yuèxiù Fàndiàn***,** 24 Xuanwumen Dongdajie, Tel. 63014499, Fax 63014609. An der U-Bahn. Fünfte Station vom Bahnhof Richtung Westen.

日坛饭店 **ф*Rìtán Fàndiàn****,** 1 Ritan Lu, Tel. 65125588, Fax 65128671. Nahe CITIC-Gebäude und Freundschaftsladen. Das Ritan Hotel hat bereits die 60 US$-Preisgrenze erreicht, obwohl es im Vergleich zu Hotels derselben Preisklasse wie Taiwan oder Qianmen Hotel weit schlechter ist.

国泰饭店

ΦGuótaì Fàndiàn**, 12 Yongan Xilu, Tel. 65013366, Fax 65013926. Östlich des Freundschaftsladens in einer parallel zur Jianguomenwai Dajie verlaufenden Gasse. Hier scheint ein echter Stützpunkt der Russen zu sein. Außerdem ist es bekannt für seine exzellente Peking-Ente.

zentral, teuer

Es gibt über 70 ***Luxushotels*** in Beijing, und es werden immer noch mehr. Zugute kommt das vor allem den Geschäftsleuten und Tourgruppen, da sich die Hotels gegenseitig mit ihren Preisen unterbieten, um wenigstens einige Betten zu belegen. Dadurch bekommt man gute Hotels vergleichsweise günstig. Teuer genug für einen mageren Geldbeutel bleiben sie dennoch.

国际饭店

Φ***Guójì Fàndiàn**** (International Hotel),*** 9 Jianguomenwai Dajie, in Bahnhofsnähe, Tel. 65126688, Fax 65129972, 65129961.

京伦饭店

Φ***Jīnglún Fàndiàn**** (Hotel Beijing-Toronto),*** 3 Jianguomenwai Dajie, Tel. 65002266, Fax 65002022, Internet: www.jinglunhotel.com.

竹园宾馆

Φ***Zhǔyuǎn Bīnguǎn (Bamboo Garden Hotel)***,*** 24 Xiaoshiqiao Jiugulou Dajie, Tel. 64032229, Fax 64012633. Beherbergt ein gutes Sichuan- und Guangdong-Restaurant. Untergebracht ist es in einer schönen Gartenanlage des ehemaligen Geheimdienstchefs von *Mao*.

王府饭店

Φ***Palace Hotel (Wángfǔ Fàndiàn)****,*** 8 Jinyu Hutong, Dongdan Beidajie, Tel. 65128899, Fax 65129050, E-Mail: tph@peninsula.com. Eines der besten Hotels der Stadt.

台湾饭店

Φ***Taiwan Hotel (Táiwān Fàndiàn)***,*** 5 Jinyu Hutong, Wangfujing, Tel. 65136688, Fax 65136896. Beste Lage und preislich sehr günstig. Mit Vorausbuchung oder Verhandlungsgeschick bekommt man ein Zimmer schon für 55-60 US$.

华侨大厦

Φ***Huáqiáo Dàshà (Prime Hotel)***,*** 2 Wangfujing Dajie, Tel. 65136666, Fax 65134248, E-Mail: sales@phb.com.cn. und rsvn@phb.com.cn.

前门饭店

Φ***Qiánmén Fàndiàn***,*** 175 Yong'an Lu, Tel. 63016688, Fax 63013883. Gute Lage. Hier gibt es ein Peking-Opern-Theater.

赛特饭店

Φ***Scitech Hotel (Sàitè Fàndiàn)***,*** 22 Jianguomenwai Dajie, Tel. 65123388, Fax 65123542. Gleich gegenüber vom Freundschaftsladen.

国际艺苑皇冠假日饭店

Φ***Holiday Inn Crowne Plaza (Guójì Yìyuàn Huángguān Jiàrì Fàndiàn)****,*** 48 Wangfujing Dajie, Tel. 65133388, Fax 65132513. Spitzenhotel in zentraler Lage.

松鹤大酒店

Φ***Novotel (Sōnghè Dàjiǔdiàn)****,*** 88 Dengshikou, Tel. 65138822, Fax 65139088. Gleich um die Ecke vom Crowne Plaza.

和平宾馆

Φ***Peace Hotel (Hépíng Bīnguǎn)****,*** 3 Jinyu Hutong, Wangfujing. Tel. 65128833, Fax 65126863. Vier-Sternehotel gleich neben dem Taiwan Hotel.

北京饭店

Φ***Běijīng Fàndiàn****,*** 33 Dongchang'an Jie, Tel. 65137766, Fax 65137307, E-Mail: business@chinabeijinghotel.com.cn. Dem einstigen Hotelflaggschiff der Stadt will es einfach nicht mehr gelingen, an seinen ehemaligen Ruf anzuknüpfen. Unter den Luxushotels ist es mit Abstand das schlechteste und unfreundlichste.

nicht zentral, preiswert

桥园饭店

Φ***Qiáoyuán Fàndiàn*,*** Dong Binhe Lu, Youanmenwai, Tel. 63038861 (Frontgebäude), 63012244 (hinteres Gebäude). Bus 20 oder 54 bis Endhaltestelle, von dort 10 Min. zu Fuß den Kanal entlang (englischer Wegweiser) oder ab U-Bahn Chongwenmen Bus 106 bis Endhaltestelle. Zum Yongdingmen (Yongding-Tor) am Südbahnhof fahren auch Minibusse, und zwar gegenüber der Haltestelle von Bus 20.

蓟门饭店 ⌽*Jìmén Fandiàn**, 1 Xitucheng Lu/Huangtingzi, Tel. 62012211, Fax 62015355. Einfaches Hotel im Nordwesten der Stadt, nahe dem Tempel der Großen Glocke. Mit der U-Bahn-Ringlinie bis Station Xizhimen. Von dort mit Bus 375 oder 902 fünf Stopps nach Norden.

万寿宾馆 ⌽***Wànshòu Bīnguǎn*/*****, 12a Wanshou Lu, Tel. 68214433, Fax 68216290. Vom Bahnhof mit der U-Bahn bis Fuxingmen, umsteigen in die Ost-West-Linie und nach Westen bis Station Wanshou Lu. Von hier läuft man ca. 10 bis 15 Min. nach Norden die Wanshou Lu hinauf.

交通饭店 ⌽***Traffic Hotel (Jiāotōng Fàndiàn)****, 35 Dongsi Kuaiyu Nanjie, Chaoyang Distrikt, Tel. 67011114. Südlich vom Tiantan Tiyu Binguan (Sporthallen-Hotel). Man folgt dem Hinweisschild auf der Tiantan Donglu. Bus 41 fährt vorbei. Vom Standard her ähnelt es dem Jingtai Hotel, ist aber etwas teurer. Busse 6, 35, 41 und 60 bis Tiyu-Hotel, von dort zu Fuß weiter.

景泰宾馆 ⌽***Jǐngtài Bīnguǎn****, 65 Jingtai Xili, Yongwai, Chongwen Distrikt, Tel. 67224675, Fax 67212476-036. Vom Bahnhof nimmt man Bus 39 bis zur Haltestelle ⌽Puhuangyu, dem ersten Stopp hinter dem breiten Kanal im Süden der Stadt. Von dort muss man etwa 10 Minuten weiter nach Westen die Anlelin Lu entlang laufen. Man überquert die größere Jingtai Lu und biegt danach in den zweiten Hutong hinter der Kreuzung links ein. Etwas näher dran kommt man mit Bus 25 oder 45 ab U-Bahn-Station Hepingmen an der Ringlinie.

蒲黄榆

永定门饭店 ⌽***Yǒngdìngmén Fàndiàn****, 77 Anlelin Lu, Tel. 67212125. Das Hotel liegt ganz in der Nähe des Jingtai Hotel. Bus 39 ab Bahnhof fährt in der Nähe vorbei (s.o.). (Der Name der Bushaltestelle ist ⌽Puhuangyu. Von hier 10 Minuten nach Westen zu Fuß.) Ab U-Bahn-Station Hepingmen (Ringlinie) fahren Busse 25 und 45, die am Hotel direkt vorbeifahren.

蒲黄榆

丽华饭店 ⌽***Lìhuá Fàndiàn****, 71 Yangqiaozhong, Yongdingmenwai, Fengtai Distrikt. Bus 343 und 14 fahren vorbei. Vom Westbahnhof Bus 6 oder 50 bis Hufang Lu, dort umsteigen in Bus 14 oder 381 bis ⌽Yangqiaozhong oder mit der U-Bahn bis Hepingmen und dort in Bus 14 umsteigen. Bei Einzelreisenden beliebtes Hotel.

洋桥中

京华饭店 ⌽***Jīnghuá Fàndiàn****, Nansanhuan Donglu, Tel. 67222211. Mit der U-Bahn bis Hepingmen und dort umsteigen in Bus 14 bis Yangqiao. Von dort muss man noch ein Stück die Nansanhuan Donglu nach Osten laufen.

海星大酒店 ⌽***Sea Star Hotel (Hǎixīng Dàjiǔdiàn)****, 166 Haihutun, Yongwai, Fengtai Distrikt, Tel. 67218855, Fax 67227915. Das Hotel befindet sich ein Stück östlich des Jinghua Hotel. Es hat schönere Zimmer.

nicht zentral, mittelteuer und teuer

上园饭店 ⌽***Shàng Yuán Fàndiàn*****, 40 Gaoliangqiao Xiejie, Xizhimenwai, Tel. 62251166, Fax 62255643. Mit der U-Bahn bis Xizhimen. Dort umsteigen in Bus 16, 3 Stopps. Gutes Preis-Leistungs-Verhältnis, aber oft voll.

西直门饭店 ⌽***Xīzhímén Fàndiàn*/*****, 2 Gaoliangqiao Xiejie, Xizhimenwai, Tel. 62257766, Fax 62255224. Gleich in der Nähe des Shang Yuan. Anfahrt wie beim Shang Yuan Hotel.

德胜饭店 ⌽***Déshèng Fàndiàn*****, 14 Beisanhuan Zhonglu, Tel. 62024477, Fax 62014363. Mit der U-Bahn bis Jishuitan und weiter mit Bus 344 oder 345 bis zur Kreuzung Beisanhuan Zhonglu/Changping Lu. Gut gelegen für Ausflüge nach Norden und in die Westberge.

乐游饭店 ⌽***Lèyóu Fàndiàn*****, 13 Dongsanhuan Nanlu, Tel. 67712266, Fax 67711 636. Südöstlich im Bezirk Chaoyang. Bus 28 ab Yong'anli (ggü. vom Jianguo Hotel an der Jianguomenwai Dajie).

西苑饭店 ⊕***Lóngtán Fàndiàn*****, gegenüber Longtan-Park, 15 Panjiayuan Nanli, Chaoyang-Distrikt, Tel. 67712244, Fax 67714028. Busse 51 und 63 fahren in der Nähe vorbei.

西苑饭店 ⊕***Xīyuàn Fàndiàn******, 1 Sanlihe Lu, Xijiao, Tel. 68313388, 68315682, Fax 68314577, E-Mail: xyhotel@public3.bta.net.cn. Das Hotel befindet sich gleich südlich vom Zoo.

长城饭店 ⊕***Chángchéng Fàndiàn**** (Great Wall Sheraton),*** 10 Dongsanhuan Beilu, Tel. 65905566, Fax 65905938, E-Mail: business@greatwall.linkexcel.co.cn

丽都假日饭店 ⊕***Lido Holiday Inn (Lìdū Jiàrì Fàndiàn)****,*** Jiangtai Lu, Tel. 64376688, Fax 64376237, E-Mail: lida@ht.rol.cn.net. Schwimmbad, Bowling, Disco usw.

国都（茂盛宾）大饭店 ⊕***Beijing Mövenpick Hotel (Běijīng Guódū Dàfàndiàn)****,*** Xiao Tianzhu Lu, Shunyi Xian, Tel. 64565588, Fax 64565678, E-Mail: bjmphtlc@iuol.cn.net. Das Hotel liegt zwar in Flughafennähe, ansonsten aber weit von allen wichtigen Punkten entfernt.

香格里拉饭店 ⊕***Shangrila Hotel (Xiānggé Lǐlā Fàndiàn)****,*** 29 Zizhuyuan Lu, Haidian Distrikt, Tel. 68412211, Fax 68418006. Schwimmbad.

香山饭店 ⊕***Xiāngshān Fàndiàn (Fragrant Hill Hotel)****,*** 30 km westlich von Beijing in einem wunderschönen Park gelegen, Tel. 62591166. Schwimmbad, Disco etc.

希尔顿酒店 ⊕***Beijing Hilton (Xī´ěrdùn Jiǔdiàn)****,*** 1 Dongfang Lu/Dongsanhuan Beilu, Tel. 64662288, Fax 64653052. Das Hotel liegt nicht weit vom Lufthansa Center.

燕莎中心凯宾斯基饭店 ⊕***Kempinski Hotel Beijing Lufthansa Center (Yànsuō Zhōngxīn, Kǎibīnsījī Fàndiàn)****,*** 50 Liangmaqiao Lu, Chaoyang Distrikt, Tel. 64653388, Fax 64653366.

皇家大饭店 ⊕***Radisson SAS Hotel (Huángjiā Dàfàndiàn)****,*** 6a Dongsanhuan Donglu, Chaoyang Distrikt, Tel. 64653183, Fax 64653186. Stilvolles Hotel mit originell eingerichteten Zimmern.

港澳中心瑞士酒店 ⊕***Swissotel Hongkong-Macao Center (Gāngào Zhōngxīn Ruìshī Jiǔdiàn)****,*** Dongsi Shitiao, Lijiaoqiao, Tel. 65012288, Fax 65012501, E-Mail: hotel@swissbjs.mail.att.net

Restaurants

北京烤鸭 火锅

Lokale Spezialitäten des Nordens, die man probieren sollte, sind vor allem Peking-Ente (⊕Běijīng kǎo yā) und mongolischer Feuertopf (⊕Huǒguō).

Die ***interessantesten Restaurants*** befinden sich u.a. in der Gegend um das Dong'an-Shopping Center/Wangfujing, im Chaoyang-Bezirk im Umfeld der Dongsanhuan Donglu und in der Sanlitun Lu, Qianmen und Xidan. Der Vorteil dieser Gegenden ist, dass man schnell auf andere Restaurants ausweichen kann, wenn mal eins voll ist. Insgesamt gibt es in der Stadt allerdings so viele Restaurants, dass es unmöglich ist, zu verhungern, egal, wo man sich gerade befindet. Wer des chinesischen Essens überdrüssig ist oder einfach mal etwas anderes braucht, sollte sich in der Sanlitun Lu und der Dongzhimenwai Dajie umsehen. Hier reihen sich dank der vielen Botschaften Restaurants aller Herren Länder auf.

Restaurants im Freien

- Gegenüber vom mächtigen Palace Hotel (Wangfu Fandian) im Jinyu Hutong führt ein runder Torbogen in einen ***Innenhof,*** wo man im Sommer preiswert und gut in diversen Restaurants im Freien essen kann. Hier hat auch niemand was dagegen, wenn man einfach nur draußen sitzen und ein Bier trinken will.

● Abends ab etwa 19.00 Uhr wird auf der Dong'anmen Dajie, der Verlängerung des Jinyu Hutong in Richtung Kaiserpalast, ein großer ***Essensmarkt*** aufgebaut, der bis 22.00 Uhr geöffnet hat. Die Restaurants auf der gegenüberliegenden Straßenseite bauen abends draußen auf dem Bürgersteig ihre Tische auf. Hier kann man billig essen und Bier trinken.

日坛饭庄
ф ***Rìtán Fànzhuāng,*** Ritan-Park. In altem Tempelgebäude, geöffnet 11.30-13.30 und 17.00-20.00 Uhr. Sichuan und Beijing-Küche. Im Sommer kann man im urgemütlichen Innenhof draußen essen.

Beijing Küche

北京烤鸭店
ф ***Běijīng Kǎoyā Diàn,*** Xinhua Nanlu. Der Platz, um Peking-Ente zu essen!

前门烤鸭店
ф ***Qiánmén Kǎoyā Diàn,*** 32 Qianmen Dajie. Spezialität: Peking-Ente. Geöffnet 10.30-13.30 und 17.00 bis 20.30 Uhr.

功德林素菜馆
ф ***Gōngdélín Sùcàiguǎn,*** 158 Qianmen Nan Dajie, vegetarisches Restaurant. Geöffnet 10.30-20.30 Uhr im ersten Stock und 10.30-13.30 sowie 16.30-20.30 Uhr im zweiten und dritten Stock.

北京素菜餐厅
ф ***Běijīng Sùcài Cāntīng,*** 74 Xuanwumennei. Vegetarisches Essen, gut und reichhaltig.

便宜坊
ф ***Biànyífāng,*** 2 Chongwenmenwai Dajie. Spezialität: Peking-Ente. Geöffnet 10.30-14.15 und 16.00-20.15 Uhr.

全聚德烤鸭店
ф ***Quánjùdé Kǎoyā Diàn - Qiánmén*** (Old Duck), 32 Qianmen Dajie. Berühmte Restaurantkette für Peking-Ente. Geöffnet 11.00-13.30 und von 16.30-20.30 Uhr.

全聚德（和平门）
ф ***Hépíngmén*** (Big Duck), Hepingmen. Weiterer Ableger der berühmten Quanjude-Kette. Geöffnet 10.30-14.00 und 16.30-21.00 Uhr.

仿山饭庄
ф ***Fǎngshān Fànzhuāng,*** im Beihai-Park. Beijing-Küche (kaiserliche). Geöffnet 11.00-13.30 und 17.00-19.30 Uhr.

厉家菜
ф ***Lì Jiā Cài,*** Gerichte der Familie Li, 11 Yangfang Hutong, Deshengmennei Dajie. Nur abends geöffnet. Spezialität ist die kaiserliche Küche. Reservierung erforderlich, Tel. 66011915.

庚午餐厅
ф ***Gēngwǔ Cāntīng,*** Taiyangguan Lu/Dongxing Lu, Chaoyang Distrikt. Traditionelles Restaurant mit schwerer Küche, die besonders im Winter gut passt. Gemütliches Ambiente.

忆苦思甜大杂院饭庄
ф ***Yìkǔsītián Dàzáyuàn Fànzhuāng,*** 17 Picai Hutong, Xicheng Distrikt. Hinter dem ironischen Namen verbirgt sich ein ebenso originelles Restaurant. Übersetzt heißt der Name etwa „Sich in einem enteigneten Wohnhof am bitteren Gestern das süße Heute bewusst machen-Restaurant". Hier gibt's Gerichte, die in Beijing vor 1949 beliebt waren.

黑土地酒家
ф ***Hēitǔdì Jiǔjiā,*** 9 Hepingli Dongdajie, westlich vom Ditan-Park. Hier serviert man kulturrevolutionäres Essen, bzw. Gerichte, die die Rotgardisten bevorzugt haben. Das Essen ist okay und die Atmosphäre interessant.

Shanghai-Küche

老正兴
ф ***Lǎozhèngxīng,*** 46 Qianmen. Bekannte Kette für Shanghai-Küche. Geöffnet 10.30-21.00 Uhr im ersten Stockwerk und 10.30-13.30 sowie 16.30-20.00 Uhr im zweiten Stockwerk.

昆仑饭店（上海餐厅）
ф ***Shanghai Cuisine (Shànghǎi Cāntīng),*** im ф Kunlun Hotel, 2 Xinyuan Nanlu, Chaoyang Distrikt. Eines der besten Restaurants für Shanghai-Küche in Beijing.

Auf Wunsch werden für eine größere Runde Tisch und Stühle rausgestellt

淮阴餐厅

ΦHuáiyáng Cāntīng, im China World Trade Center, Office Building West Wing, 1 Jianguomenwai Dajie. Hier gibt's die der Shanghai-Küche verwandte Huaiyang-Küche.

Shandong-Küche

丰泽园

ΦFēngzéyuán, 83 Zhushikou Xidajie.

孔府酒家

ΦKǒngfǔ Jiǔjiā, 26 Guozijian. Das Restaurant liegt gleich gegenüber vom Konfuziustempel und serviert Gerichte aus der Heimat des Konfuzius.

萃华楼

ΦCuìhuáloú Fànzhuāng, Andingmen Dongdajie, nicht weit vom Lamatempel nahe der gleichnamigen U-Bahn-Station.

Guangdong-Küche

轿子胡调北路 48号，东城区

ΦAh Jing, 48 Jiaozi Hutong Beilu, Dongcheng Distrikt. Berühmtes und beliebtes Restaurant, das auch eine englische Speisekarte hat. Es liegt gut versteckt in einem schmalen Hutong und war lange Zeit ein echter Geheimtipp.

大三元酒家

ΦDàsānyuán Jiǔjiā, 50 Jingshan Xijie/Ecke Jingshan Qianjie westlich des Kohlehügels. Nicht ganz billiges, aber hervorragendes Restaurant mit original kantonesischer Küche.

金鼎酒楼

ΦJīn Dǐng Jiǔlóu, 39 Dongzhimennei Dajie, Chaoyang Distrikt, ganz in der Nähe der U-Bahn-Station Dongzhimen. Das Restaurant ist wegen der original Guangzhouer Atmosphäre und der Live-Musik bei den Einheimischen überaus populär.

Sichuan-Küche

蜀香斋餐厅

ΦShǔxiāngzhāi Cāntīng, 15 Dongsanhuan Beilu. Eines der besten Restaurants für scharfe Sichuan-Küche.

三峡酒楼

ΦSānxiá Jiǔlóu, 76 Xirongxian Hutong, ca. 1,4 km westlich der Großen Halle des Volkes. Das „Drei-Schluchten-Restaurant" bietet vorzügliche Sichuan-Gerichte.

羲和雅居餐厅

ΦXīhéyájū Cāntīng, beliebtes Sichuan-Restaurant gleich an der Nordostecke des Ritan-Parks.

四川饭店

ΦSìchuān Fàndiàn, Liuyin Jie, gleich neben dem Eingang zur Residenz des Prinzen Gong (Gongwangfu). Hier kann man hervorragend vor der Peking-Oper speisen, die allabendlich in der Residenz stattfindet. Es gibt sogar eine englische Speisekarte.

Sonstige Restaurants

晋阳饭庄
ɸ ***Jìnyáng Fànzhuāng,*** 241 Zhushikou Xidajie. Shanxi-Küche.

鸿宾楼饭庄
ɸ ***Hóngbīnlóu Fànzhuāng,*** 82 Chang'an Xi Dajie. Moslemische Küche.

成吉思汗酒家
ɸ ***Chéngjísīhàn Jiǔjiā*** (Dschinghis-Khan-Restaurant), Anjialu/Liangmaqiao Lu. Mongolische Küche. 8.00-14.00 und 16.00-23.00 Uhr.

潮京城
ɸ ***Cháojīng Chéng,*** 24 Xuanwumen Dong Dajie. Küche aus Chaozhou. Geöffnet 7.00-11.30 und 17.30-21.30 Uhr.

曲园湖南酒楼
ɸ ***Qǔyuán Húnán Jiǔlóu,*** 133 Xidan Beidajie. Exotische Gerichte aus der Provinz Hunan werden hier in noch exotischerer Umgebung serviert. Nichts für schwache Nerven.

傣家村大酒店
ɸ ***Dǎijiācūn Dàjiǔdiàn,*** Guandongdian Nanjie, Chaoyang Distrikt, gut 1 km östlich des Ritan-Parks. Hier gibt es Yunnan-Küche vom allerfeinsten in einer dem Dai-Stil nachempfundenen Umgebung. Während des Essens wird Live-Musik aus Yunnan gespielt.

Deutsche Küche

● Wer mal wieder Heißhunger auf was Deftiges hat, geht am besten in die ***Bauernstube,*** Holiday Inn Lido Beijing, Jichang Lu/Jingtai Lu, in die ***Bavaria-Bierstube*** im Palace Hotel, Wangfujing, oder ins ***Brauhaus,*** China World Trade Center, 1 Jianguomenwai Dajie. Kneipe und Restaurant in einem ist das leider nicht ganz billige ***Paulaner Bräuhaus*** im Lufthansa Center.

Fast Food

In fast allen wichtigen Einkaufsstraßen und in den großen Einkaufszentren findet man mittlerweile die gängigen Fast-Food-Ketten, angefangen bei Mc Donalds über Kentucky Fried Chicken bis hin zu Pizza Hut.

国际快餐城
ɸ ***Beijing International Fast Food Center,*** 20 Jin Yu Xiang, Nordteil der Wangfujing. Bietet Schnelles.

麦当劳
ɸ ***Mc Donald's,*** z.B. im Dong'an-Einkaufszentrum, Wangfujing, Xidan, und Dutzende weiterer Ableger in der ganzen Stadt.

必胜客
ɸ ***Pizza Hut,*** z.B. 27 Dongzhimenwai Dajie, Xidan (gleich an der U-Bahn-Station), oder auch 33 Zhushikou Xijie, Bezirk Xuanwu. Hier kann man endlich wieder Pizza essen.

Kleine Garküche

肯德基

ф***Kentucky Fried Chicken,*** Zhengyang-Markt, Qianmen Xi Dajie, und viele weitere Filialen. Hähnchen auf amerikanisch.

Nützliche Adressen A–Z

Ärzte

中日友谊医院

ф***Zhōngrì Youyì Yīyuàn*** (Chinesisch-Japanisches Freundschaftshospital), Hepingli Dongjie/Yinghuayuan Dongjie (Chaoyang-Bezirk), Tel. 64221122 , tägl. 8.00-11.30 und 13.00-16.30 Uhr. Notdienst vorhanden. Mit modernsten Geräten ausgestattet.

友谊医院

ф***Yōuyì Yīyuàn*** (Freundschaftshospital), 95 Yong'an Lu, Tianqiao, an der nordöstlichen Front des Himmelstempels, Tel. 63014411, 63038671. Das Krankenhaus hat eine Ambulanz für Ausländer.

中德诊所

ф***Zhōngdé Zhěnsuǒ*** (Sino-German Policlinic), Landmark Tower, Erdgeschoss, 8 Dong Sanhuanlu, Tel. 65011983. Hier gibt es einen 24-Stunden-Notdienst und eine kleine chirurgische Abteilung.

协和医院

ф***Xiéhé Yīyuàn*** (Beijing Union Medical College Hospital), 24 Dongdan Beidajie, Tel. 65127733. 24-Stunden-Notdienst und eine große Klinik für Ausländer.

心急救中心

ф***SOS Emergency Health Service,*** Kunlun Hotel (Kūnlún Fàndiàn), Rm 438, 21 Liangmaqiao, Chaoyang-Bezirk, Tel. 65003419. 24-Stunden-Notdienst.

Akrobatenshows

朝阳剧场

ф***Cháoyáng Jùchǎng*** (Chaoyang-Theater), 36 Dongsanhuan Beilu, Tel. 65072421. Tägl. von 19.15-20.40 Uhr Vorstellung.

中国木偶剧院

ф***China Puppet Theater*** (Zhōngguó Mù´ǒu Jùyuàn), A1 Anhuaxili, Chaoyang Distrikt. Tägl. von 18.30-20.30 Uhr Vorstellung.

天地剧场

ф***Universal Theater*** (Tiāndì Jùchǎng), 10 Dongzhimen Nandajie, Chaoyang, Distrikt. Vorstellungen von 19.15 bis 20.40 Uhr.

万胜剧场

ф***Wansheng Theater*** (Wànshèng Jùchǎng), 95 Tianqiao Shichang, Xuanwu Distrikt. Jeden Abend ab 19.00 Uhr Vorstellung der Beijinger Akrobaten.

保利大厦国际剧院

ф***International Theater of Poly Plaza*** (Bǎolì Dàsha Guójì Jùyuàn), Dongsishitiao, Lijiaoqiao. Jeden Abend ab 19.15 Uhr Vorstellung des China Acrobatic Circus.

Ausländerpolizei

●85 Bei Chizi Dajie, Tel. 65252729; Bürozeiten: Mo-Fr 8.00-11.30 und 13.30-17.00 Uhr, Sa 8.00-11.30 Uhr, Notdienst: Sa 13.30-17.00 Uhr. Für Visaverlängerungen muss man zur Foreigner's Police in der 2 Andingmen Dong Dajie gleich nördlich vom Lamatempel, Tel. 84015292. Geöffnet von 8.00-12.00 und 13.30-16.00 Uhr. Die Verlängerung bekommt man in der Regel innerhalb von drei Tagen. Für diese Zeit ohne Pass unbedingt vorher Geld tauschen, denn ohne Pass kein Umtausch!

Banken

●***Bank of China*** (China-Zentrale), 410 Fuchengmennei Dajie und (Beijing-Zentrale) 8 Yabao Lu, Chaoyang Distrikt. Öffnungszeiten: Mo-Sa 9.00-12.00 und 13.30-17.00 Uhr. Wer Bardollars braucht, z.B. für Russland und die Mongolei, muss zur The Commercial Bank im CITIC-Gebäude links vom Freundschaftsladen (19 Jianguomenwai Dajie) gehen. Wer am Wochenende Geld braucht kann bei den Wechselschaltern im Freundschaftsladen Geld wechseln.

●***American Express,*** Shopping Arcade im China World Tower, Room 2101, 1 Jianguomenwai Dajie.

Botschaften

- ***Deutschland:*** 5 Dongzhimenwai Dajie, Sanlitun, Tel. 65322161-5, Fax 65325336. Sprechzeiten: Mo-Do 8.00-17.00 Uhr.
  Außenhandelsstelle und Konsulatsabteilung: 3 Dongsi Jie, Sanlitun, Tel. 65325556-9, Fax 65325335.
- ***Österreich:*** 5 Xiushui Nanjie, Jianguomenwai; Tel. 65322061/62/63, Fax 65321505. Sprechzeiten: Mo-Fr 9.00-17.00 Uhr.
- ***Schweiz:*** 3 Dongwu Jie, Sanlitun, Tel. 65322736-8, Fax 65324353.
- ***Mongolei:*** 2 Xiushui Beijie, Jianguomenwai, Tel. 65321203, Fax 65325045. Öffnungszeiten: Mo, Di, Fr 8.30-10.30 Uhr.
- ***Russland:*** 4 Dongzhimenbei Zhongjie, Tel. 65322051, Fax 65324853 Konsularabteilung Tel. 65321267.
- ***Kasachstan:*** 9 Dongliu Jie, Sanlitun, Tel. 65326182/3
- ***Kyrgystan:*** 2-4-1 Ta Yuan Diplomatic Office Bldg., Sanlitun, Tel. 65326458.
- ***Usbekistan:*** 2-1-92, Ta Yuan Diplomatic Office Bldg., Tel. 65326854.
- ***Pakistan:*** 1 Dongzhimenwai Dajie, Sanlitun, Tel. 65222504
- ***Nepal:*** 1 Xiliu Jie, Sanlitun, Tel. 65321795.
- ***Myanmar:*** 6 Dongzhimenwai Dajie, Chaoyang Qu, Tel. 65321584, 65321425, Fax 65321344. Mo-Fr 9.00-11.00 Uhr.
- ***Vietnam:*** 32 Guanghua Lu, Jianguomenwai, Tel. 65321155, Fax 65325720.
- ***Laos:*** 11 Dongsi Jie, Sanlitun, Tel. 65321224, Fax 65326748.

Discotheken und Bars

Dutzende von originellen Kneipen, Discos und Jazzclubs wetteifern um die Gunst des nächtlichen Publikums. Die größte Auswahl an guten Bars findet man in der Sanlitun Lu und der unmittelbaren Umgebung. Die aktuellsten Tipps stehen in der Zeitschrift „Beijing Scene". Hier eine kleine Auswahl:

海淀区
科学院南路31号

ф ***Shadow Cafe,*** 31 Kexueyuan Lu, Haidian. Gute Indie- und Punk-Musik inmitten der studentischen Kneipenszene von Haidian.

莱特曼迪斯科广场

ф ***Nightman Disco,*** 2 Xibahenanli, Chaoyang Distrikt, ggü. Westtor des Internationalen Ausstellungszentrums. In-Disco mit Live-Musik. Beste Zeit ab 23.00 Uhr. Eintritt 35 Yuan, Wochenende 50 Yuan.

万龙酒吧

ф ***Frank's Place,*** Gongren Tiyuchang Donglu (Gongti Donglu), gegenüber vom neuen Arbeiter-Sportstadion. Die erste amerikanische Joint-Venture-Bar Chinas unter der Leitung von *Frank Siegel* und seiner Frau. Nette Atmosphäre und interessante Leute. Geöffnet 12.00-14.00 und 17.00-0.30 Uhr. Tel. 65072617.

In der Gegend um Frank's Place gibt es noch einige andere Pubs. U.a. ***Carella Cafe/Carwash,*** Gongti Donglu; ***Downtown Cafe,*** 7 Gongti Donglu; ***Here and Now,*** Gongti Beilu; ***Redwood Bar,*** Gongti Beilu, gegenüber vom Zhaolong Hotel und ***Shanghai Nights,*** 4 Gongti Beilu, wo es Shanghaier Jazz der 30er Jahre live zu hören gibt.

硬石餐厅

ф ***Hard Rock Cafe,*** Landmark Tower, 8 Dongsanhuan Beilu, Chaoyang-Distrikt. Ab 22.00 Uhr Eintritt 100 Yuan.

- ***Angel's Cafe,*** 1 Wudaokou, Haidian Distrikt. Gute Musik und bezahlbare Getränke zeichnen diesen Pub aus. Geöffnet von 18.00 Uhr bis 2.00 Uhr morgens.
- ***Ted's Cafe,*** 56 Guandong Nanjie. Gemütliche Kneipe östlich des Ritan-Parks.
- ***Minder Cafe,*** Dongdaqiao Xiejie, Chaoyang Distrikt. Gut besuchte Kneipe, die vor allem bei Ausländern beliebt ist. Abends ab 20.30 Uhr gibt es Live-Musik.

Einkaufen

公艺美术服务部

●***Andenken:*** Arts and Crafts Service Center (фGōngyì Měishù Fúwùbù) 200 Wangfujing Dajie, am Anfang der Wangfujing. Das größte Kunsthandwerks-Kaufhaus in Beijing. Hier gibt es auf mehreren Etagen so ziemlich alles, was der chinesische Kunstgewerbemarkt hergibt.

北京公艺品工厂

Beijing Arts and Crafts Factory (фBěijīng Gōngyìpǐn Gōngchǎng), 5 Xinkang Jie, Xinjiekouwai Dajie, Xicheng Distrikt.

琉璃厂

●***Antiquitäten:*** Rollbilder, Malereizubehör: In der Beijinger Antiquitätenstraße фLiúlichǎng, in der Nähe des Yuexiu-Hotels, im Freundschaftsladen in der Jianguomenwai Dajie und gegenüber vom Kempinski auf dem Liangmahe-Markt, 49 Liangmaqiao Lu.

●***Briefmarken*** verkaufen die meisten Rezeptionen, allerdings nur für Postkarten, da sie keine Briefe abwiegen können. Ansonsten gibt es das Internationale Postamt und Hauptpostamt (s.u.), wo man auch Marken zum Sammeln bekommt. Einen überdachten Briefmarken-Markt gibt es entlang der Westseite des Yuetan-Parks, Zugang über den Park.

外文书店

●***Bücher/Musikkassetten:*** фWàiwén Shūdiàn (Foreign Language Bookstore), 210 Wangfujing Dajie, tägl. 9.00-19.30 Uhr.

同仁堂药店

●***Chinesische Medikamente und Heilkräuter:*** 136 Wangfujing Dajie; 42 Dongdan Beidajie, auf der Seite des Dongdan-Marktes, 7.30-19.30 Uhr. фTóngréntáng Yaòdiàn, Dazhalan Jie, eine kleine Nebenstraße der Qianmen Dajie.

●***Chinesische Stempel:*** Stempelmacher gibt es um die meisten Hotels herum.

●***Einkaufsstraßen:*** Wangfujing Dajie (hier wurden sämtliche Gebäude ab Ex-Mc Donald's bis zum Taiwan Hotel abgerissen und durch moderne Kaufhäuser ersetzt); Qianmen Dajie; Xidan; Dongdan. Das Schicksal des Abrisses wird in den kommenden Monaten und Jahren auch diesen Einkaufs- und Wohnvierteln blühen.

●***Fotozubehör/Fotoreparatur:*** Wangfujing, Ecke Dongdan Ertiao, schräg gegenüber vom Beijing Fandian.

●***Fotosofortentwicklung:*** im mittleren Teil des Beijing Fandian; im Freundschaftsladen und in vielen Kaufhäusern.

北京百货大楼
东安市场
西单百货商场
友谊商店
燕莎友谊商城

●***Kaufhäuser:*** Es gibt unzählige große Einkaufszentren über die ganze Stadt verteilt. Hier daher nur eine kleine Auswahl: фBěijīng Báihuò Dàloú, 225 Wangfujing Dajie, das einst größte Kaufhaus der Stadt; фDōng'ān Shìcháng, Wangfujing
фXīdān Báihuò Shàngcháng, 120 Xidan Beidajie; Freundschaftsladen (Friendship Store, фYǒuyì Shàngdiàn), 17 Jianguomenwai Dajie, modernes Kaufhaus mit Souvenirs, Kunstgegenständen u.a.;
фLufthansa Friendship Shopping Center, Dongsanhuan Beilu.

●***Delikatessen:*** Die beste Auswahl an westlichen Spezialitäten inkl. Brot und Kuchen gibt es im Lido Delicatessen, Holiday Inn Lido Hotel.

●***Drogerie:*** Am besten ausgestattet ist Watson's Drogeriemarkt im Holiday Inn Lido, Jiangtai Lu/Jichang Lu.

●***Kunsthandwerk:*** 55 Tiantan Lu (am Himmelstempel), hier gibt es auch Seide und Teppiche.

东单菜商场

●***Lebensmittelmärkte:*** Dongdan-Markt (фDōngdān Cài Shìcháng), Dongdan Beidajie, Ecke Chang'an Jie; Parksons, 101 Fuxingmennei Dajie, Xicheng-Distrikt, mit Garküchenmeile; Wellcome Supermarket im China World Tower (B1), 1 Jianguomenwai Dajie; Park'n Shop im Zhongliang Guangchang gleich neben dem riesigen Henderson Center in der Nähe des Bahnhofs; Henderson Supermarket im Henderson Center.

●***Märkte*** befinden sich u.a. am anderen Ende der Qianmen Dajie, westlich der Zhushikou Lu und in der Tianqiao-Gegend. In einem Hutong (Gas-

Hier wird alles repariert

se) nahe dem alten CAAC-Gebäude liegt der Dongsi-Markt. Einen Fisch- und Vogelmarkt gibt es jeden Samstag an der U-Bahn-Station Chegongzhuang, einen weiteren Vogelmarkt im Longtan-Park.

百鸟园

Einen großen Vogelpark (ΦBáiniăo Yuán) findet man im Chaoyang-Bezirk, Anzhen Xili (Eintritt 15 Yuan, tägl. 8.00-17.30 Uhr geöffnet). Busse 302, 367, 380 und 407 fahren vorbei, an der Station Anzhen Xili muss man aussteigen. Der Xiushui-Kleidermarkt geht von der Jianguomen Dajie zwischen Freundschaftsladen und Jianguo Hotel ab und endet beim Yabaolu-Markt gleich nördlich des Ritan-Parks, wo es Möbel und Andenken gibt.

● ***Nachtmärkte:*** Xuanwumennei Dajie, gegenüber vom Yuexiu-Hotel; Wangfujing, erste Kreuzung links in der Dong'an men Dajie; entlang Qianmen südlich des Tian'anmen in Richtung Tiantan Lu am nördlichen Ende des Himmelstempels; Dongdan Lu; Xidan, nördlich und südlich der Changan Lu. Von April bis Oktober gibt es einen großen Nacht- und Essensmarkt auf dem Platz zwischen Chang-Cheng-Hotel (Hotel Große Mauer) und Landmark Tower.

国际大厦

- ***Passfotos:*** ⊕Guóji Dàshà (International Building CITIC); Friendship Store (Freundschaftsladen); Lufthansa Center (4. Stock, s. Kaufhäuser).
- ***Porzellan:*** Im Freundschaftsladen, 21 Jianguomen Dajie und Hunan Pottery and Porcelain Shop, 99 Qianmen Dajie.

Fluggesellschaften

Flugtickets für alle Airlines werden in zahllosen Büros der einzelnen Airlines, bei Air China (s.u.), im ***CITS Ticket Center*** im China World Trade Center, 1 Jianguomenwai Dajie, Tel. 65053775, 65052288, ext. 8110, Fax 65053105 oder z.B. bei der Foreign Airlines Service Corp., Kelun Bldg., 12A Guanghua Lu, Bezirk Chaoyang, Tel. 65933045, Fax 65933040 verkauft. Für internationale Tickets unbedingt Preise vergleichen und die englischen Stadtmagazine checken.

- ***Aeroflot:*** Hotel Beijing-Toronto, 3 Jianguomenwai Dajie. Tel. 65002412, Fax 65959390. Flughafen: Tel. 64564466, ext. 5488.
- ***Air France:*** Rm 512-515 Full Link Plaza, 18 Chaoyangmenwai Dajie. Tel. 65881388, Fax 65881359.
- ***Air China (CAAC), Hauptbüro:*** 15 Xi Chang'an Jie, Tel. nationale Flüge: 66013336, internationale Flüge: 66016667, Info:66017755. 8.00-21.00 Uhr.
- ***Air China (CAAC), Filiale:*** 117 Dongsi Xidajie, Auslandsflüge: Tel. 64012221, National: Tel. 64014441. Weitere Verkaufsstellen befinden sich im Beijing-Hotel, Wangfujing, Tel. 65007766, im Lido Holiday Inn, Tel. 65001904, und in weiteren Hotels (siehe unter CITS). Schalterstunden bei Air China: 8.00-17.00 Uhr.
- ***Air Macao:*** CVIK-Building, 22 Jianguomenwai Dajie, 8. Stock, Tel. 65158988, Fax 65159979.
- ***British Airways:*** Scitech-Tower, 22 Jianguomenwai Dajie gegenüber Freundschaftsladen, Raum 210, 2. Stock, Tel. 65124070, 65124080, Fax 65123637. Flughafen: Tel. 64564466/5470.
- ***Dragonair HKG:*** Rm 1710, Tower 1, Henderson Center, 18 Jianguomennei Dajie. Tel. 65182533, Fax 65183455.
- ***Finnair:*** Room 204, Scitech-Tower, 22 Jianguomenwai Dajie, Tel. 65127180, Fax 65127182. Flughafen: Tel. 64564466, ext. 5280.
- ***KLM:*** Rm 2432, China World Trade Ctr., 1 Jianguomenwai Dajie, Tel. 65053505, Fax 65054836.
- ***Lufthansa:*** Lufthansa Centre, Room S101, 50 Liangmaqiao Lu, Tel. 64654488, 64653400, Fax 64653223.
- ***MIAT Mongolian Airlines:*** China Golden Bridge Building, East Gate, A1 Jianguomenwai Dajie. Tel. 65079297, Fax 65077397.
- ***Pakistan Airlines:*** China World Trade Center, Jianguomenwai Dajie, Tel. 65051681. Flughafen: Tel. 64564466, ext. 5458, 5459.
- ***Polish Airlines (LOT):*** China World Trade Center, 106A, 1. Stock, Jianguomenwai Dajie, Tel. 65050136.
- ***SAS:*** 1403 Office Tower, Henderson Center, 18 Jianguomennei Dajie, Tel. 65183738, Fax 65183736.
- ***Singapore Airlines:*** L109 Shopping Arcade, China World Trade Center, 1 Jianguomenwai Dajie. Tel. 65052233, Fax 65051178; Flughafen Tel. 64562054, 64562056.
- ***Swissair:*** CVIK-Tower, Raum 201, 2. Stock, 22 Jianguomenwai Dajie, Tel. 65123555/6, Fax 65127481, E-Mail: cclswithzer@public3.bta.net.cn

●***Thai International:*** S102B, Beijing Lufthansa Center, 50 Liangmaqiao Lu, Tel. 64608899, Fax 64606990.

Galerien

红门画廊

ф***Hóngmén Hualang*** (Red Gate Gallery), Level 3, China World Trade Center, 1 Jianguomenwai Dajie. Zeitgenössische chinesische Kunst. Di-Sa 9.00-16.00 Uhr.

假日饭店 艺苑美术馆

ф***Guójì Yìyuàn Měishùguǎn*** (Holiday Inn Crowne Plaza Gallery), 48 Wangfujing. Zeitgenössische Kunst. Tägl. 10.00-20.00 Uhr.

中国美术馆

ф***China Arts Gallery*** (Zhōngguó Měishùguǎn), Wusi Dajie, Dongcheng-Distrikt. Tägl. 9.00-16.30 Uhr.

炎黄艺术馆

ф***Yan Huang Art Museum,*** 9 Huizhong Lu, Asian Games Village. Tägl. 9.00-16.00 Uhr. Erstes Privatmuseum für zeitgenössische Kunst in China. Monatlich wechselnde Ausstellungen. Die Busse 328, 358 und 387 halten in der Nähe.

Goethe-Institut

●Auf dem Gelände des 1. Fremdspracheninstituts in Haidian, 2 Xisanhuan Lu (westlich der dritten Ringstraße), zwischen Youyi-Hotel (Freundschaftshotel) und Shangrila-Hotel, Tel. 68417891. Hier gibt es u.a. eine Bibliothek, die Di-Sa 13.00-17.00 Uhr zugänglich ist.

Kino

北京星光电影院

ф***Beijing Star Theater*** (Běijīng Xīngguāng Diànyǐng Yuàn), 537 Dongsi Beidajie, Dongcheng Distrikt. Filme auf englisch.

Kirchen

●***Katholische Kirche:*** 141 Qianmen Xidajie (U-Bahn Xuanwumen), Gottesdienst jeden So 9.30 Uhr.

●***Protestantische Kirche:*** Dongdan Beidajie (östlich des Beijing Fandian), Gottesdienst jeden So 9.30 Uhr.

Moschee

●13 Dongsinan Dajie (südlich der Kreuzung Dongsi Beidajie/Chaoyangmen Dajie, nördlich des Beijing Fandian.

Musik

北京音乐厅

ф***Běijīng Yīnyuè Tīng*** (Beijing Concert Hall), Bei Xinhua Jie, Tel. 66018092.

保利大厦，东直门南大街１４号

ф***Poly Plaza International Theater,*** ф14 Dongzhimen Nandajie, Theater für internationale Opern-, Ballett-, Musik-Ensembles.

Peking-Oper und Varieté

Theaterkarten und Karten für die Peking-Oper sowie Infos und Programme erhält man bei CITS, CTS usw. Karten bekommt man aber meist auch an der Abendkasse. Eine weitere Vorverkaufsstelle ist das Ticketcenter der CNCAC (China National Culture & Art Corporation). Telefonische Buchungen und Informationen unter Tel. 64951005.

恭王府花园大戏楼

ф***Residenz des Prinzen Gong,*** 14 Liuyin Jie, Tel. 66186628 (engl.). Jeden Abend ab 19.30 im Theater der alten Residenz. Dauer ca. 1½ Std.

梨园剧场

ф***Líyuán-Jùchǎng,*** Qianmen Hotel, Yong'an Lu, Tel. 63016688. Für Touristen aufgearbeitetes, aber sehr gutes Programm.

老舍茶馆

ф***Lao-She-Teehaus,*** 3 Qianmen Xidajie, 3. Stock, Tel. 63036830. Ein echtes Muss für jeden Liebhaber von Peking-Oper, Varieté, Zauberei und Musik in urchinesischer Atmosphäre. Vorbestellung der Tische für die Abendvorstellungen ist obligatorisch.

Peking-Oper

正乙祠戏楼

Zhengyici Theater (Zhèngyǐcí Xìlóu), 220 Xiheyan Dajie, südlich der Kreuzung und U-Bahn-Station Hepingmen. Chinas ältestes Peking-Opernhaus, das auch ohne Besuch einer (verkürzten) Peking-Oper sehenswert ist. Vorstellungen täglich 19.30-21.30 Uhr.

三味书屋

Sanwei Bookstore (Sānwèi Shūwū), gegenüber vom Minzu-Hotel, Fuxingmennei Dajie (von der U-Bahn-Station Xidan ca. 400 m nach Westen.) Freitags von 21.00-23.00 Uhr gibts Jazz live und samstags von 20.30-22.30 Uhr chinesische Folklore.

Post und Telekommunikation

● ***Internationales Postamt:*** Jianguomen Bei Dajie, Ecke Jianguomenwai Dajie, tägl. 8.00-19.00 Uhr. Briefe und Pakete ins Ausland, Postlager-Service. Pakete dürfen erst nach der Zollinspektion verschlossen werden. Verpackungsmaterial und Pakete diverser Größen gibt es im Postamt zu kaufen. Das ***Hauptpostamt*** befindet sich in einem modernen Glasgebäude in der Jianguomennei Dajie gegenüber vom Henderson Center. ***Weitere Postämter:*** in der Wangfujing, Dongsi Lu, Dongdan Beidajie.
● ***DHL Worldwide Express China Office:*** Xiao Liangmaqiao, Liangmaqiao Lu, Tel. 64662211, beim Lufthansa-Zentrum im Nordosten der Stadt.
● ***Telekom:*** im Hauptpostamt, internationalen Postamt und 97 Fuxingmennei Dajie.
● ***Internetcafés:*** Sparkice Internet Café, Tel. 68335335. Dieses Internetcafé hat drei Filialen. Eine befindet sich im Westflügel des Capital Gymnasium westlich des Zoos, eine im Vantone Shopping Center, Erdgeschoss, 2-8 Fuchengmenwai Dajie, und eine im World Trade Center, 1 Jianguomenwai Dajie.
● ***Telefonvorwahl Beijing:*** 010

Reisebüros

● ***CITS Hauptbüro:*** 103 Fuxingmennei Dajie, Kooperationsbüro mit American Express Tel. 66011122, 66013089, Fax 66012013.
● ***CITS Hauptbüro, Abteilung Beijing:*** Beijing Tourism Building, 28 Jianguomenwai Dajie, Tel. 65158570, Fax 65158603. Zuständig für alle Aktivitäten im Raum Beijing.
● ***Weitere Filialen des CITS*** gibt es außerdem im Hotel Beijing-Toronto (Jinglun Fandian), 3 Jianguomenwai Dajie, Tel. 65002266 ext. 2041, Huadu Hotel (Huadu Fandian), 8 Xinyuan Nanlu, Tel. 65001166 ext. 2204, und im Great Wall Sheraton (Chang Cheng Fandian), Donghuan Beilu, Tel. 6513566 ext. 2269.
● ***CTS (China Travel Service):*** Hauptbüro: 8 Dongjiaomin Xiang, Tel. 65129933, Fax 65129008. War früher nur für Überseechinesen zuständig und konkurriert heute mit CITS und CYTS.
● ***CYTS (China Youth Travel Service):*** Hauptbüro: 23b Dongjiaomin Xiang, Tel. 65127770, Fax 65138691, 65120571. Der frühere Jugendreisedienst konkurriert ebenfalls um die Gunst ausländischer Besucher und bietet verschiedene Touren durch ganz China an.
● ***CWTS (China Women Travel Service):*** Hauptbüro: 103 Dongsi Nandajie. Tel. 65136211.
● ***Thomas Cook Travel Services (China):*** Beijing China Travel Services (BCTS), Beijing Tourism Building, 8. St., Rm 804, 28 Jianguomenwai Dajie, Tel. 65158193, Fax 65158560.

Zahnärzte

北京香港国际
医务诊所
海生齿科诊所

ф ***Hongkong International Medical Clinic:*** Swisshotel, 3.St., Donsishitiao. 24-Stunden-Dienst, Tel. 65012288 ext. 2346.
ф ***Haisheng Dental Clinic:*** 133 Di'anmenwai Dajie, Xicheng Distrikt. Mo-Fr 8.30-12.00 und 13.00-17.00 Uhr.

Feste

In Beijing finden das ganze Jahr über Festivitäten statt. Die interessantesten sind hier aufgelistet.
● ***Eislaternen-Fest:*** Das Fest findet im Januar/Februar in der Longqing-Schlucht statt. Aus Eisblöcken werden große Skulpturen gemeißelt und

von innen beleuchtet. Busse fahren vom Deshengmen Überland-Busbahnhof am Beijiao-Markt, oder man nimmt Touristenbus You 8 ab Andingmen nahe der Haltestelle von Bus Nr. 328.

● ***Frühlingsfest im Tempel:*** Dieses Fest ist durch eine breite Palette von Aktivitäten gekennzeichnet: volkstümliche Gesangsveranstaltungen, Akrobatikdarbietungen, Zaubervorstellungen, Peking-Oper, Essensmärkte und eine große Zeremonie, in der in original Qing-zeitlichen Kostümen das Erdgebetsritual nachgestellt wird, das der Kaiser früher vollzog, um eine reiche Ernte zu bewirken. Das Fest findet im Januar/Februar u.a. im Tempel der Großen Glocke (2.-6. Tag des 1. Mondes), Tempel der Weißen Wolke (29. Tag des 12. Mondes bis 5. Tag des 1. Mondes), Ditan-Park (1.-5. Tag des 1. Mondes) und im Longtan-Park (28. Tag des 12. Mondes bis 8. Tag des 1. Mondes) statt.

● ***Versammlung zum Dank und Gebet an Buddha:*** Das Fest findet vom 26. Februar bis 4. März im Lamatempel (Yonghe Gong) statt. Es ist das größte Fest dieses Tempels, dessen Höhepunkt am 3. März mit der „Vertreibung des Bösen“ und dem „Willkommenheißen des Guten“ erreicht wird.

● ***Internationales Drachenflugfestival:*** Vom 12. bis 17. April finden im Mentougou-Sportzentrum (Mentougou Tiyu Zhongxin; Bus 326 ab U-Bahn-Station Pingguoyuan) Drachenflugwettbewerbe statt, bei denen man aufwendig gearbeitete Papierdrachen bewundern kann.

● ***Große-Mauer-Kampfsport-Festival:*** Vom 15. April bis 15. Mai und vom 15. September bis 15. Oktober erinnern Aufführungen an der Großen Mauer an die Ming-Zeit (1368-1644). In alten Kostümen werden historische Szenen nachgestellt.

● ***Wassermelonen-Fest:*** Dieses originelle Fest findet vom 28. Juni bis 2. Juli im Kreis Daxing statt (Vorortbus 366 ab dem großen Kreisverkehr Nanshahuan Zhonglu/Yongdingmenwai Dajie südwestlich vom Beijing-Südbahnhof). Es gibt eine Melonenstraße, eine Essensstraße, eine Kunststraße und eine Straße für landwirtschaftliche Erzeugnisse. Außerdem finden Straßenveranstaltungen statt.

● ***Konfuzius-Gedenktanz:*** Am 28./29. September findet im Konfuzius-Tempel dieses große Fest statt, wobei verschiedene konfuzianische Riten durchgeführt werden.

Weiterreise

Züge

北京站

● Von Beijing aus fahren Züge in nahezu alle ans Eisenbahnnetz angeschlossenen Orte Chinas. Vom ***Hauptbahnhof*** (中 Běijīng Zhàn) fahren die Züge nach Changchun, Chengde, Fuzhou, Hangzhou, Harbin, Hefei, Nanjing, Qingdao, Shanhaiguan, Shanghai, Shenyang, Suzhou, Taiyuan, Tianjin, Transsib und Yantai.

北京西站

Vom ***Westbahnhof*** (中 Běijīng Xīzhàn) fahren Züge nach Changsha, Chengdu, Chongqing, Guangzhou, Guiyang, Hanoi, Kunming, Lanzhou, Luoyang, Nanchang, Nanning, Shijiazhuang, Taiyuan, Ürümqi, Wuchang, Xi'an, Xining, Yichang, Zhanjiang und Zhengzhou.

北京南站

Vom ***Südbahnhof*** (中 Běijīng Nánzhàn) fahren hauptsächlich Bummelzüge nach Datong, Shijiazhuang, Lianyungang, Chengde, aber auch schnellere Züge nach Xi'an, Taiyuan und Changchun.

● An den ***Fahrkartenschaltern für Ausländer*** am Hauptbahnhof sind alle Züge inkl. Preise für Hardseater und Sleeper auf Englisch aufgelistet. Um zum Warteraum und Ticketschalter für Ausländer im Hauptbahnhof zu gelangen, muss man durch die Ticketkontrolle (Haupteingang) gehen und sich hinten links halten. Im Gebäude sind englische Hinweisschilder angebracht. Öffnungszeiten: 5.50-7.30, 8.00-11.30, 13.00-17.30 und 19.00-0.30 Uhr. Die Tickets (für Hauptbahnhof und Westbahnhof) kann man 5 Tage im voraus buchen. Ticketschalter für Ausländer im Westbahnhof 1. Etage, linke Seite neben der „No 1 Soft Seat Waiting Lounge". An den Schaltern vom Hauptbahnhof kann man auch Fahrscheine für den Westbahnhof und umgekehrt erstehen. Bei ***CITS, Amexco*** u.a. kann man die Tickets 6-10 Tage im voraus buchen, zahlt aber Kommission. Wer Beijing im Sleeperabteil verlassen will, sollte auf jeden Fall so früh wie möglich buchen.

- ***Transsib:*** Reservierungen tätigt man am besten im International Train Reservation Office im Guoji Fandian (International Hotel), 9 Jianguomenwai Dajie. Öffnungszeiten: Mo-Sa 8.00-11.00 und 14.00-16.30 Uhr, So 9.00-11.00 und 14.00-16.30 Uhr. Hier bekommt man, nachdem man 100 Yuan Deposit gezahlt hat, eine Reservierungsbestätigung mit der man die notwendigen Visa beantragen kann. Eine Woche sollte man für die Prozeduren mindestens einplanen.

Wer vorhat, mit der Transsibirischen Eisenbahn zurückzufahren, sollte sich gleich am Anfang der Reise darum bemühen. Ein bis drei Monate sind die Züge immer im voraus ausgebucht. Reservierungen kann man am sichersten bereits vom Heimatort aus tätigen. Zahlreiche Reisebüros bieten die Tickets zu vernünftigen Preisen an. Das ist zwar teurer, aber man erspart sich die Schlacht um die wenigen Plätze. Etwas weniger problematisch ist die Buchung außerhalb der Sommersaison.

Einen Komplettservice inkl. Visabeschaffung gegen Aufpreis bietet Monkey Business (ein Ableger des Hongkonger Büros) im Beijing Commercial Business Building, Rm 406, Youanmenwai, rund 1,5 km westlich vom Qiaoyuan Hotel, Tel. 63292244 ext. 2532.

Eine weitere Adresse für Transsibbuchungen und für internationale Züge ist CITS im Beijing Tourism Tower/Erdgeschoss gleich hinter dem New Otani Hotel an der 28 Jianguomenwai Dajie.

Es gibt einen chinesischen Zug, der via Ulaanbataar durch die Mongolei und einen russischen Zug, der über die Mandschurei nach Moskau fährt. Da die meisten Reisenden mit dem chinesischen Zug fahren wollen, ist dieser immer lange im voraus ausgebucht (bis zu 6 Monate und länger). In beiden Zügen gibt es drei Klassen: De Luxe (Zwei-Bett-Abteil), 1. Klasse (Vier-Bett-Abteil mit weichen Betten) und 2. Klasse (Vier-Bett-Abteil mit weniger weichen Betten). Man kann in Beijing Fahrkarten nur bis Moskau kaufen. In Moskau ist es überaus schwierig, kurzfristig Tickets für die Weiterreise zu bekommen, so dass man Gefahr läuft, das nur drei Tage gültige Transitvisum zu überziehen (was viel Ärger und Kosten verursacht). Diesen Part muss man also unbedingt schon von zuhause aus im voraus buchen.

- Weitere Infos siehe im Kapitel Praktische Reisetipps unter „Anreise" und „Verkehrsmittel".

Überlandbusse

Interessant sind die Busverbindungen nur für den ***Großraum Beijing.*** Fernziele erreicht man einfacher, sicherer und schneller mit dem Zug. Als Faustregel kann gelten, dass die Busbahnhöfe in der Regel Ziele bedienen, in deren Richtung sie liegen. Bei den unten genannten Busstationen kann man auch preiswerte Touristentouren zur Großen Mauer und anderen Ausflugszielen buchen. Die für das jeweilige Ziel zuständigen Bahnhöfe sind im Kapitel „Ausflüge in die Umgebung von Beijing" angegeben.

东直门 ф ***Dōngzhímén*** (im Nordosten)

广渠门 ф ***Guǎngqúmén*** (im Südosten)

天桥 ⊕ ***Tiānqiáo*** (nahe Theater des Himmelstempels)

永定门汽车站 ⊕ ***Chángtú Qìchē Yǒngdìngmén Zhōngxīn Zhàn*** (nahe Yongdingmen-Bahnhof)

甘家口汽车站 ⊕ ***Gānjiākǒu*** (südlich des Zoos)

德胜门外大街 ⊕ ***Déshèngménwài Dàjiē***

● Wer in einem der Hotels im Süden der Stadt wohnt und einen Tagesausflug nach ***Tianjin*** plant, fährt am schnellsten und günstigsten mit den klimatisierten Expressbussen (30 Yuan) über die Autobahn. Diese starten alle halbe Stunde von der Busstation Zhaogongkou, die sich am Ende der Ding'an Lu, südlich vom Himmelstempel, befindet. Bus 17 fährt von der U-Bahn-Station Qianmen am Busbahnhof vorbei. Auch nach ***Chengde*** gelangt man schneller und flexibler mit Expressminibussen (Fahrzeit 3½ Stunden, 40 Yuan), da die Busse den ganzen Tag über fahren. Der Vorteil ist, dass man zunächst bis zur Großen Mauer nach ***Jinshanling*** (20 Yuan) fahren und dort dann in einen weiteren Minibus nach Chengde (20 Yuan) an der Straße einsteigen kann. Es gibt zwei Abfahrtspunkte: Xizhimen-Busbahnhof (nahe der U-Bahn-Station) und Deshengmen. Zwischen 7.00 und 17.00 Uhr fährt alle 40 Minuten ein Iveco-Minibus, und zwar zeitlich so versetzt, dass, steht man beispielsweise in Jinshanling, alle 20 Minuten ein Bus kommt.

Flüge

● ***Flugtickets*** für alle Ziele werden u.a. im Büro von Air China und den CITS-Ticketbüros verkauft. Die Adressen stehen unter der Rubrik „Fluggesellschaften". Die Preise für innerchinesische Flüge sind fix. Wer ein internationales Ticket kauft, sollte Preise vergleichen.

首都机场 ● Alle Flüge starten vom ***Flughafen*** (⊕ Shǒudū Jīcháng) am nordöstlichen Stadtrand. Taxis dorthin kosten je nach Entfernung 80-120 Yuan. Vom Hauptsitz der CAAC an der U-Bahnstation Xidan fahren zwischen 6.30 und 18.30 Uhr alle 20-30 Minuten CAAC-Airportbusse der Linie A zum Flughafen.

新兴宾馆 ● ***Busse*** der Linie B fahren ab ⊕ Xinxing Hotel (U-Bahn Gongzhufen) ab 6.30 Uhr alle 20-30 Minuten bis 18.30 Uhr.

Vom Busbahnhof Dongzhimen (nahe der U-Bahn-Station Dongzhimen/Ringlinie) fährt Bus 359. Von der Endhaltestelle des Busses den Pfad nordöstlich des Platzes entlanglaufen, bis man zur Autobahnzufahrt des Flughafens gelangt. Ein Gehweg führt an der Autobahn entlang zum Flughafen (10 Min. zu Fuß).

Mit dem ***Auto*** muss man tagsüber mindestens eine Stunde Fahrzeit zum Flughafen einplanen. Ab Stadtmitte benötigt man nach 8.00 Uhr morgens in der Regel 1½ Stunden.

Sehenswertes

Rund um den Tian'anmen-Platz

Platz des Himmlischen Friedens
(Tiān'ānmén Guǎngchǎng)
天安门广场

Der Tian'anmen-Platz wurde während der Qing-Dynastie (1644-1911) 1651 in wesentlich kleinerem Umfang angelegt. 1958 wurde er auf seine heutige Größe von 40 ha erweitert und ist somit ***der größte Platz der Welt.***

Der Tian'anmen-Platz war im 20. Jahrhundert Schauplatz einer ganzen Reihe wichtiger Ereignisse in der Entwicklung Chinas: am ***4. Mai 1919*** die Demonstration patriotischer Studenten gegen die Bestimmungen, die China im Versailler Vertrag auferlegt wurden (Anfang der 4.-Mai-Bewegung), am ***1. Oktober 1949*** die Ausrufung der Volksrepublik durch *Mao Zedong,* die Aufmärsche der Roten Garden während der ⇗ ***Kulturrevolution,*** im ***April 1976*** die Massenproteste gegen die ⇗Viererbande, die beim Gedenken an den Todestag *Zhou Enlais* blutig eskalierten, und nicht zuletzt das Massaker am ***4. Juni 1989*** an Tausenden friedlicher Demonstranten.

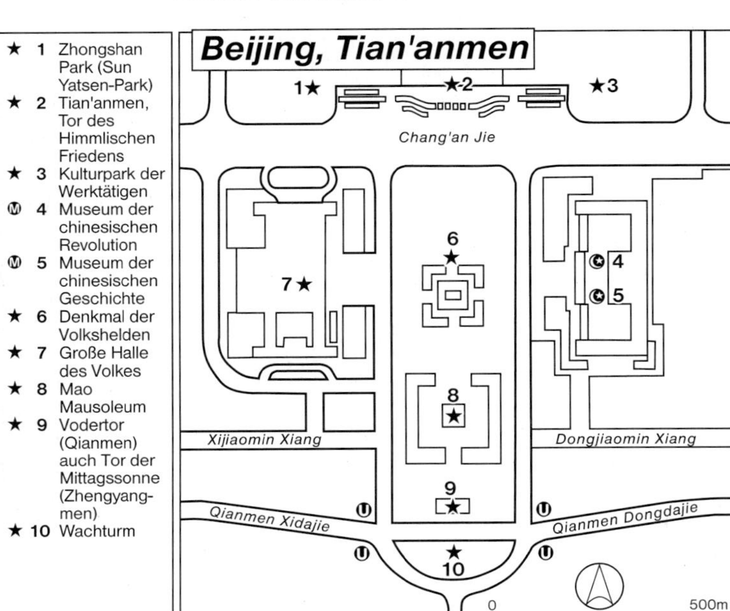

Mao-Zedong-Gedenkhalle
(Máo Zhǔxí Jìniàntáng)
毛主席纪念堂

Im Mausoleum auf dem Tian'anmen-Platz ist der ***Leichnam Maos,*** der am 9.9.1976 starb, seit dem 9.9.1977 aufgebahrt. Der 33 m hohe Bau wird von 44 Granitsäulen getragen und hat eine Grundfläche von 20.000 m². Öffnungszeiten: Mo-Sa 8.30-11.30 Uhr. Taschen und Fotoapparate müssen an einer der vielen Gepäckablagen abgegeben werden.

Denkmal der Volkshelden
(Rénmín Yīngxióng Jìniànbēi)
人民英雄纪念碑

Im Zentrum des Tian'anmen-Platzes erhebt sich das Denkmal der Volkshelden, dessen Grundstein bereits 1949 gelegt worden ist und das am 1. Mai 1958 eingeweiht wurde. Der 38 m hohe ***Obelisk*** besteht aus 17.000 Granit- und Marmorblöcken. Auf der Südseite ist ein Gedicht des ehemaligen Ministerpräsidenten *Zhou*

Am Nationalfeiertag stehen die jungen Pioniere am Denkmal der Volkshelden Ehrenwache

Enlai (1898-1976) kalligraphiert, die Nordseite wird von der Widmung „Ewiger Ruhm den Helden des Volkes“ in den Schriftzeichen *Maos* geziert. Die Reliefs zeigen in 170 Figuren die wichtigsten Ereignisse der chinesischen Geschichte seit 1840. Die Szenenfolge beginnt auf der Ostseite und endet auf der Nordseite.

Das im Norden des nach ihm benannten Platzes gelegene Tor des Himmlischen Friedens wurde 1417 erbaut und bildete den ***Haupteingang zur ehemaligen Verbotenen Stadt.*** Ursprünglich hieß es Cheng Tian Men, wurde aber, nachdem es 1651 neu aufgebaut worden war, in Tian'anmen umbenannt. Am 34 m hohen Tor hängt heute das Staatswappen; über dem Hauptportal befindet sich ein Bild *Mao Zedongs.* Links daneben sieht man die Schriftzeichen für „Lang lebe die Volksrepublik China“ und rechts daneben „Lang lebe die große Einheit der Völker der Welt“.

Sun-Yat-Sen-Park
(Zhōngshān Gōngyuán)
中山公园

Der Park an der Nordwestseite des Tian'anmen-Platzes trägt seit 1928 den Namen *Sun Yat-sens,* der nach seinem Tode 1925 hier aufgebahrt wurde. Zu sehen gibt es den ***Altar der Erdgötter und der Fruchtbarkeit*** (She Ji Tan) und die mehr als 550 Jahre alte ***Halle des Gebets*** (Zhongshan Tang) nördlich des Altars. Sie gilt als die älteste gut erhaltene Holzkonstruktion der Stadt.

Kulturpark der Werktätigen
(Rénmín Wénhuàgōng)
人民文化宫

Der Park an der Nordostseite des Tian'anmen hieß ursprünglich Park des Ahnentempels. 1950 wurde er zum Kulturpark der Werktätigen. Die drei ehemaligen Haupthallen des Tempels und die weiteren Gebäude werden heute zu Freizeitzwecken genutzt.

Historische Museen
中国历史博物馆

Beide Museen liegen auf der Ostseite des Tian'anmen-Platzes. Das ***Museum der chinesischen Geschichte*** (中Zhōngguó Lìshǐ Bówùguǎn) im Südflügel dokumentiert die Geschichte entsprechend der chinesischen marxistischen Konzeption und zwar bis zum revolutionären Aufbruch von 1919. Im Nordflügel zeigt das

中国革命博物馆

Museum der chinesischen Revolution (中Zhōngguó Gémìng Bówùguǎn) die wichtigsten Stationen der Revolutionsgeschichte ab 1919, jedoch ohne die ⇗Kulturrevolution, und die Geschichte der KPCh ab 1921. Öffnungsz.: tägl. (außer Mo) 8.30-17.00 Uhr.

Große Halle des Volkes
(Rénmín Dàhuìtáng)
人民大会堂

Die Große Halle des Volkes gegenüber dem Museum auf der Westseite des Tian'anmen-Platzes wurde 1959 in nur 10 Monaten Bauzeit fertiggestellt. Die Frontseite ist 310 m lang. Das Gebäude beherbergt 30 Säle, wobei der Hauptsaal 10.000 Menschen fasst und 7000 m² misst. Hier finden u.a. die Sitzungen des Nationalen Volkskongresses, Parteikongresse und Empfänge statt. Öffnungszeiten: An Tagen, in denen keine offiziellen Besuche stattfinden, kann die Haupthalle 8.30-11.00 und 13.00-16.30 Uhr besichtigt werden. Tickets gibt es vor dem Haupteingang.

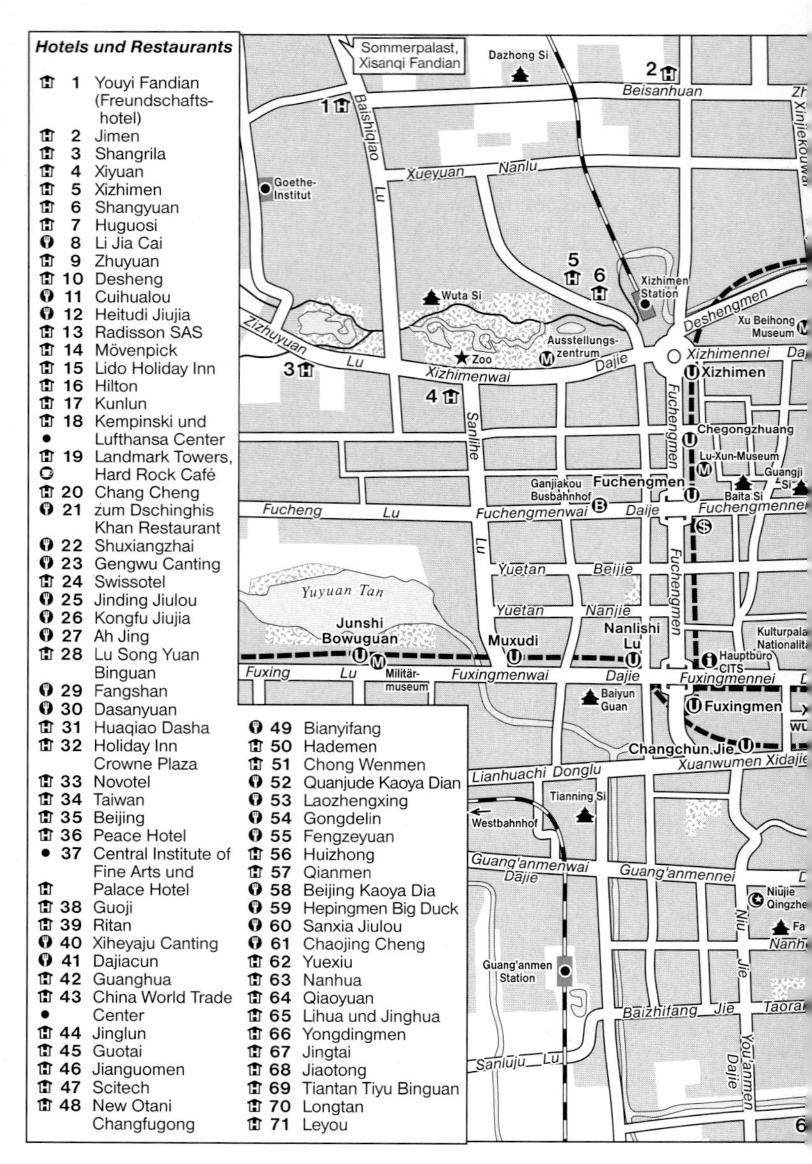
Hotels und Restaurants
1 Youyi Fandian (Freundschafts-hotel)
2 Jimen
3 Shangrila
4 Xiyuan
5 Xizhimen
6 Shangyuan
7 Huguosi
8 Li Jia Cai
9 Zhuyuan
10 Desheng
11 Cuihualou
12 Heitudi Jiujia
13 Radisson SAS
14 Mövenpick
15 Lido Holiday Inn
16 Hilton
17 Kunlun
18 Kempinski und Lufthansa Center
19 Landmark Towers, Hard Rock Café
20 Chang Cheng
21 zum Dschinghis Khan Restaurant
22 Shuxiangzhai
23 Gengwu Canting
24 Swissotel
25 Jinding Jiulou
26 Kongfu Jiujia
27 Ah Jing
28 Lu Song Yuan Binguan
29 Fangshan
30 Dasanyuan
31 Huaqiao Dasha
32 Holiday Inn Crowne Plaza
33 Novotel
34 Taiwan
35 Beijing
36 Peace Hotel
37 Central Institute of Fine Arts und Palace Hotel
38 Guoji
39 Ritan
40 Xiheyaju Canting
41 Dajiacun
42 Guanghua
43 China World Trade Center
44 Jinglun
45 Guotai
46 Jianguomen
47 Scitech
48 New Otani Changfugong
49 Bianyifang
50 Hademen
51 Chong Wenmen
52 Quanjude Kaoya Dian
53 Laozhengxing
54 Gongdelin
55 Fengzeyuan
56 Huizhong
57 Qianmen
58 Beijing Kaoya Dia
59 Hepingmen Big Duck
60 Sanxia Jiulou
61 Chaojing Cheng
62 Yuexiu
63 Nanhua
64 Qiaoyuan
65 Lihua und Jinghua
66 Yongdingmen
67 Jingtai
68 Jiaotong
69 Tiantan Tiyu Binguan
70 Longtan
71 Leyou
Sommerpalast, Xisanqi Fandian
Dazhong Si
Beisanhuan
Baishiqiao Lu
Xueyuan Nanlu
Goethe-Institut
Xizhimen Station
Deshengmen
Xu Beihong Museum
Wuta Si
Zizhuyuan Lu
Zoo
Ausstellungs-zentrum
Xizhimenwai Dajie
Xizhimennei
Xizhimen
Sanlihe Lu
Fuchengmen
Chegongzhuang
Lu-Xun-Museum
Guangji Si
Baita Si
Ganjiakou Busbahnhof
Fucheng Lu
Fuchengmenwai Dajie
Fuchengmennei
Yuetan Beijie
Yuetan Nanjie
Yuyuan Tan
Junshi Bowuguan
Muxudi
Nanlishi Lu
Kulturpalast Nationalitäten
Hauptbüro CITS
Fuxing Lu
Militär-museum
Fuxingmenwai Dajie
Fuxingmennei
Baiyun Guan
Fuxingmen
Changchun Jie
Xuanwumen Xidajie
Lianhuachi Donglu
Tianning Si
Westbahnhof
Guang'anmenwai Dajie
Guang'anmennei
Niujie Qingzhen
Niu Jie
Guang'anmen Station
Baizhifang Jie
You'anmen Dajie
Sanluju Lu

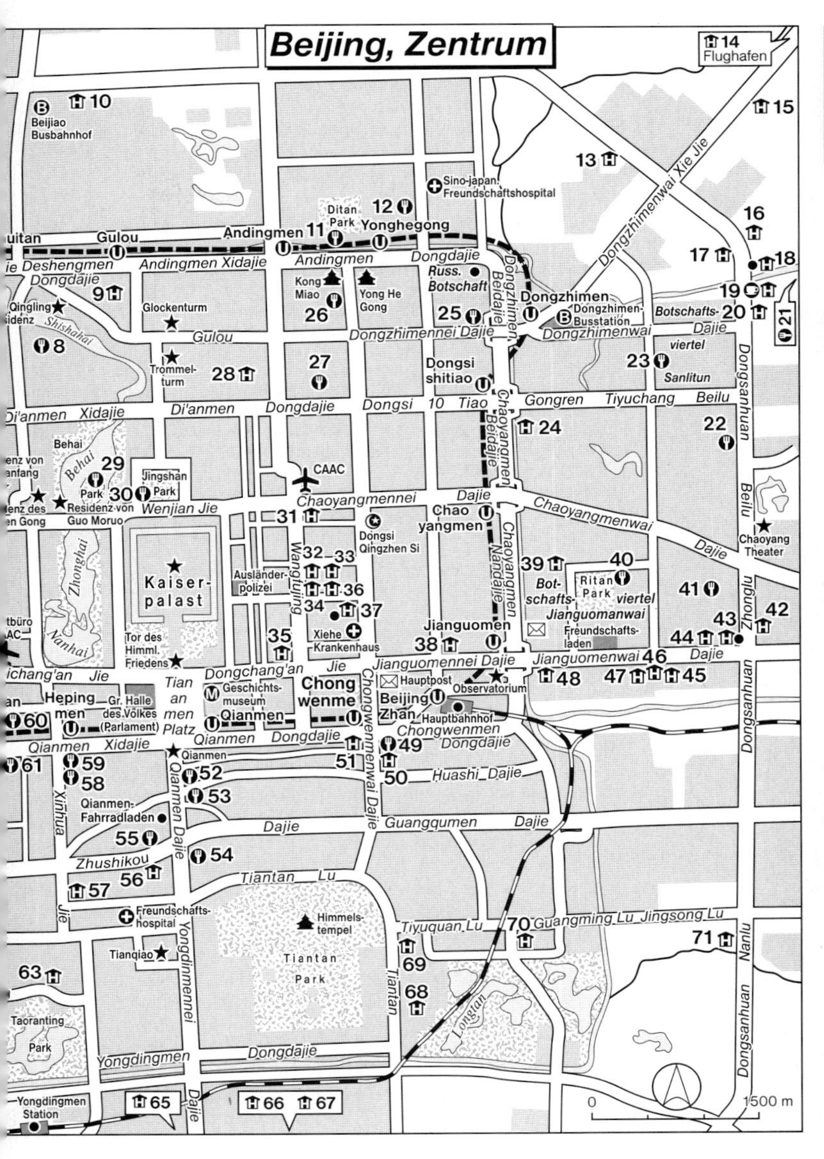
Beijing, Zentrum
14 Flughafen
Beijiao Busbahnhof
Gulou
Andingmen
Yonghegong
Ditan Park
Sino-japan. Freundschaftshospital
Andingmen Xidajie
Deshengmen Dongdajie
Andingmen Dongdajie
Kong Miao
Yong He Gong
Russ. Botschaft
Dongzhimen Beidajie
Dongzhimen
Dongzhimen-Busstation
Dongzhimenwai Xie Jie
Botschafts-viertel Sanlitun
Glockenturm
Trommel-turm
Shishahai
Dongzhimennei Dajie
Dongzhimenwai Dajie
Dongsi shitiao
Di'anmen Xidajie
Di'anmen Dongdajie
Dongsi 10 Tiao
Chaoyangmen Beidajie
Gongren Tiyuchang Beilu
Dongsanhuan Beilu
Behai
Behai Park
Jingshan Park
CAAC
Residenz von Guo Moruo
Wenjian Jie
Chaoyangmennei Dajie
Chao yangmen
Chaoyangmenwai Dajie
Chaoyang Theater
Dongsi Qingzhen Si
Zhonghai
Nanhai
Kaiserpalast
Ausländer-polizei
Wangfujing
Chaoyangmen Nandajie
Botschafts-viertel Jianguomanwai
Ritan Park
Freundschafts-laden
Zhonglu
Xiehe Krankenhaus
Jianguomen
Tor des Himml. Friedens
Jianguomennei Dajie
Jianguomenwai Dajie
Tian an men Platz
Dongchang'an Jie
Hauptpost
Observatorium
Heping men
Gr. Halle des Volkes (Parlament)
Geschichts-museum
Qianmen
Chong wenmen
Beijing Zhan
Hauptbahnhof
Qianmen Xidajie
Qianmen Dongdajie
Chongwenmen Dongdajie
Chongwenmenwai Dajie
Huashi Dajie
Qianmen Dajie
Xinhua Jie
Qianmen-Fahrradladen
Guangqumen Dajie
Zhushikou
Tiantan Lu
Freundschafts-hospital
Himmels-tempel
Tiantan Park
Tiyuquan Lu
Guangming Lu
Jingsong Lu
Dongsanhuan Nanlu
Tianqiao
Yongdinmennei Dajie
Tiantan
Longtan
Taoranting Park
Yongdingmen Dongdajie
Yongdingmen Station
0
500 m
8 9 10 11 12 13 15 16 17 18 19 20 21 22 23 24 25 26 27 28 29 30 31 32 33 34 35 36 37 38 39 40 41 42 43 44 45 46 47 48 49 50 51 52 53 54 55 56 57 58 59 60 61 63 65 66 67 68 69 70 71

Vordertor
(Qiánmén)
前门

Das Vordertor an der Südseite des Tian'anmen-Platzes hieß früher offiziell ***Tor der Mittagssonne*** (Zheng Yang Men). Es gehört zu den wenigen noch erhaltenen Stadttoren Beijings, von denen es einstmals neun gab. Mit seinem Bau war 1421 begonnen worden. Unter den Ming und Qing war es eines der Hauptverbindungstore zwischen Nord- und Südstadt.

故宫

Der Kaiserpalast (Gùgōng)

Geschichte

Der Kaiserpalast, auch ***Verbotene Stadt*** genannt, zählt zu den wichtigsten Sehenswürdigkeiten Chinas. Er wurde 1421 nach 17jähriger Bauzeit fertiggestellt. Gegründet wurde die Anlage jedoch bereits im 13. Jh. während der mongolischen Yuan-Dynastie (1271-1368), die in Beijing ihre Hauptstadt errichtete. Die Anlage umfasst ein Areal von 720.000 m² mit rund 9.900 Räumen. Den Namen „Verbotene Stadt" erhielt der Palast, weil kein gewöhnlicher Sterblicher das ***Mittagstor*** (Wumen) im Süden oder das ***Shen-Wu-Tor*** im Norden passieren durfte. Bewohnt wurde die Anlage, die von einem 50 m breiten Wassergraben und einer 10 m hohen Mauer umgeben ist, von den Kaisern der Ming- (1368-1644) und der Qing-Dynastie (1644-1911), die hier residierten. Darüber hinaus lebten hier ca. 15.000 Menschen, überwiegend Bedienstete der 15 Palastämter.

Die Verbotene Stadt galt als irdisches Spiegelbild der im Kosmos waltenden Ordnung. Alle Gebäude richten sich an der Nord-Süd-Achse (und ihren östlichen und westlichen Parallelen) aus, die weit über den Kaiserpalast hinaus am Südtor, dem ***Tor der Immerwährenden Regelung*** (Yongdingmen), beginnt und im Norden am Trommel- und Glockenturm endet.

Man betritt den Kaiserpalast durch das 8 m hohe ***Mittagstor*** oder ***Fünf-Phönix-Tor*** (Wumen), das 1420 erbaut wurde. Von Süd nach Nord gliedert sich der Palast in zwei Teile: den ***Außenhof*** (Wai Chao) und die ***Inneren Gemächer*** (Neiting).

Außenhof

Der Außenhof war im wesentlichen für Ministerempfänge und Zeremonien reserviert. Hinter dem Mittagstor überschreitet man die ***Fünf Goldwasserbrücken*** (Jinshuiqiao), Symbole für die fünf Tugenden, und passiert danach das ***Tor der Höchsten Harmonie*** (Tai He Men), das den Abschluss des äußeren Hofes bildet und von zwei bronzenen ↗ Löwen flankiert wird, die die kaiserliche Machtfülle repräsentieren. Auf dem großen Platz versammelten sich einst die 20.000 Würdenträger und Beamten zum Kotau vor dem Kaiser.

Am Ende des Platzes erhebt sich das erste von drei Gebäuden, die das Zentrum des öffentlich-zeremoniellen Bereichs bilden: die 27 m hohe und 63 m breite ***Halle der Höchsten Harmonie*** (Tai He Dian). Die Halle wurde 1420 erbaut und unter dem Kangxi-Kaiser 1695 erneuert. Sie diente als Thronsaal. Überall begegnen einem Symbole der chinesischen Mythologie, die in der Architektur umgesetzt wurden: So stehen die 24 Säulen für die 24

Stunden des Tages, die 18 Weihrauchbecken für die 18 kaiserlichen Provinzen, die bronzenen ⇗ Schildkröten und Reiher für ein langes Leben, und der ⇗ Drache schließlich symbolisiert das Kaisertum.

Das nächste Gebäude ist die ***Halle der Mittleren Harmonie*** oder ***Vollkommenen Harmonie*** (Zhong He Dian). In dieser Halle überprüfte der Kaiser einmal im Jahr das Saatgetreide, was eine gute Ernte garantieren sollte.

Ebenfalls 1420 fertiggestellt wurde die sich anschließende ***Halle zur Erhaltung der Harmonie*** (Bao He Dian). Hier fand alljährlich zum Laternenfest, das den Abschluss der Neujahrsfeierlichkeiten bildete, der pompöse Empfang der Prinzen, Fürsten und Minister statt. Im späten 18. Jh. wurden hier die kaiserlichen Examina abgehalten. Diese drei Hallen versinnbildlichen Himmel und Erde, während die Seitengebäude, wie die ***Halle der Literarischen Blüte*** (Wenhua Dian) im Osten und die ***Halle der Militärischen Tapferkeit*** (Wu Ying Dian), Symbole der wichtigsten Gestirne sind. Die Farbe Purpur symbolisiert den Polarstern.

Innere Gemächer

Nun verlässt man durch das ***Tor der Himmlischen Reinheit*** (Qian Qing Men) den Außenhof und gelangt in die Inneren Gemächer (Neiting). Zu diesen Gemächern hatten nur die adligen unter den ca. 5.000 Palastdamen, die dem Kaiser oder der Kaiserin als Geschenk überbracht worden waren, und die hohen Chargen unter den 10.000 Eunuchen Zutritt. In Ausnahmefällen, wie dem kaiserlichen Geburtstag oder dem Neujahrsfest, durften auch Minister und Gesandte diesen verbotensten Teil der Verbotenen Stadt betreten. Zunächst gelangt man zum ***Palast der Himmlischen Reinheit*** (Qian Qing Gong, 1420 erbaut). Er diente zuerst als Schlafgemach und später (ab 1622) dem Empfang in- und ausländischer Würdenträger. In der ***Halle der***

Die Dächer der verbotenen Stadt

- ★ 1 Mittagstor
- ★ 2 Goldwasserbrücken
- ★ 3 Tor d. Höchsten Harmonie
- ★ 4 Halle der Militärischen Tapferkeit
- ★ 5 Halle der Literarischen Blüte
- ★ 6 Halle der Höchsten Harmonie
- ★ 7 Halle der Vollkommenen Harmonie
- ★ 8 Halle zur Erhaltung der Harmonie
- ★ 9 Palast der Barmherzigen Ruhe
- ★ 10 Palast der Herzensbildung
- ★ 11 Tor der Himmlischen Reinheit
- Ⓜ 12 Palast des Fastens
- Ⓜ 13 Palast der Ahnenverehrung
- Ⓜ 14 Palast der Ruhe u. Langlebigkeit
- ★ 15 Neun-Drachenwand
- ★ 16 Palast des Immerwährenden Frühlings
- Ⓜ 17 Palast der Konzentrierten Eleganz
- ★ 18 Halle der Berührung von Himmel u. Erde
- ★ 19 Palast der Himmlischen Reinheit
- ★ 20 Kaiserlicher Garten
- ★ 21 Tor der Irdischen Ruhe
- ★ 22 Palast der Irdischen Ruhe
- ★ 23 Halle d. Kaiserlichen Friedens
- ★ 24 Shenwumen (Tor der göttlichen Tapferkeit)

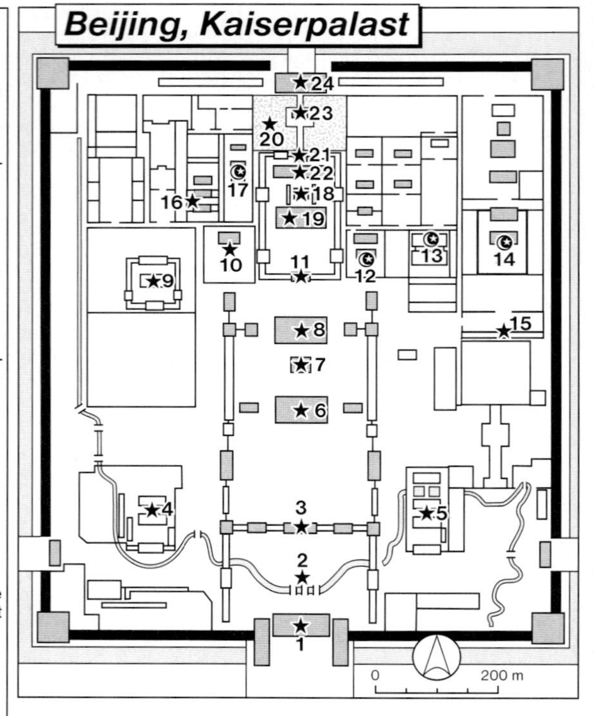

Berührung von Himmel und Erde (Jiao Tai Dian) residierten die Ming-Kaiserinnen. In der Qing-Zeit wurden hier die kaiserlichen Siegel aufbewahrt. Heute werden hier u.a. eine alte Uhr aus der Palastwerkstatt des 18. Jh. und ein 2.500 Jahre altes weiteres Instrument zur Zeitmessung ausgestellt.

Der östliche Flügel des ***Palastes der Irdischen Ruhe*** (Kun Ning Gong) diente den kaiserlichen Paaren der Qing-Zeit in der Hochzeitsnacht als Schlafgemach.

Vorbei an der ***Halle des Kaiserlichen Friedens*** gelangt man durch das ***Shen-Wu-Tor*** in die sich nördlich anschließende Stadt.

Es lohnt sich aber noch, einen Abstecher zu den Seitenflächen des Palastes zu unternehmen. So befindet sich im Westteil der ***Palast der Herzensbildung*** (Yang Xin Dian), das Privatquartier der letzten drei Qing-Kaiser (*Pu Yi* lebte hier zwischen 1912 und 1924). Der ***Palast des Immerwährenden Frühlings*** (Chang

Chun Gong) und der ***Palast der Konzentrierten Eleganz*** (Chu Xiu Gong) dienten beide den Nebenfrauen als Wohnquartiere.

Im Ostteil findet man beispielsweise den ***Palast des Fastens*** (Zhai Gong) und die ***Halle der Ahnenverehrung*** (Feng Xian Dian), die heute in erster Linie als Ausstellungsräume für das ***Palastmuseum*** dienen. Der größere und wertvollere Teil der Kunstsammlung wurde von der ⇗Guomindang bei der Flucht 1949 vor der kommunistischen Machtübernahme nach Taiwan verschifft und ist heute im Nationalmuseum in Taipei zu sehen.

Wem sich der Kopf vor lauter Palästen noch nicht dreht, kann sich noch den 1668 errichteten ***Palast der Ruhe und Langlebigkeit*** (Ning Shou Gong) ansehen. Diese „Vorstadt" gruppiert sich um eine zweite äußere Nord-Süd-Achse, hat eine Ausdehnung von 4.600 m² und wird von einer eigenen Mauer umfaßt. Man erreicht die Vorstadt, wenn man vor dem Tor der Himmlischen Reinheit nach rechts durch das Jingyun-Tor und das Xi-Qing-Tor, vorbei an der ***Neun-Drachen-Wand*** (Jiu Long Bi) läuft. Das westliche Pendant zur Oststadt ist der ***Palast der Barmherzigen Ruhe*** (Ci Ning Gong).

Öffnungszeiten

- Tägl. 8.30-16.00 Uhr. Einlass bis eine Stunde vor Ende der Besichtigungszeit.

Nordwestlich vom Kaiserpalast

Jingshan-Park
(Jǐngshān Gōngyuán)
景山公园

Wenn man dem Steinlabyrinth des Kaiserpalastes durch das Nordtor (Shen Wu Men) entkommen ist und über die Jingshan Qianjie läuft, kann man auf die fünf mit ⇗Kiefern und Zypressen bewachsenen Hügel des Jingshan-Parks steigen, die während der Ming-Zeit (1368-1644) aufgeschüttet wurden. Hier lagerte die Kohle für die Beheizung der Palasthallen und der Küche. Daher stammt auch der Name „Kohlehügel" (Mei Shan). Vom dreistöckigen ***Pavillon des Ewigen Frühlings*** (Wan Chun Ting) auf dem höchsten Hügel bietet sich eine großartige Aussicht auf die Verbotene Stadt und Beijing.

- ***Öffnungszeiten:*** Tägl. 6.00-21.00 Uhr.

Nordsee-Park
(Běihǎi Gōngyuán)
北海公园

Gleich westlich vom Kohlehügel, zwischen Wenjin Jie und Di'anmen Jie, befindet sich der 680.000 m² große Beihai- oder Nordseepark. Auf dem Gelände des jetzigen Parks bezogen im 10. Jh. die Kaiser der Liao-Dynastie (947-1125) ihre Sommerresidenz. Die Kaiser der Jin-Dynastie (1125-1234) erkoren das heutige Beijing zu ihrer Hauptstadt und ließen den 390.000 m² großen ***See der Westlichen Blume*** (Xihuatan) mit der ***Insel der verlassenen Jade*** (Qinghua Dao) ausheben.

In der Mitte steht die 36 m hohe Pagode ***Baita,*** auch ***Weiße Dagoba,*** genannt, die im tibetischen Stil 1651 unter den Qing erbaut wurde, als der 5. Dalai Lama zu Besuch in Beijing weilte.

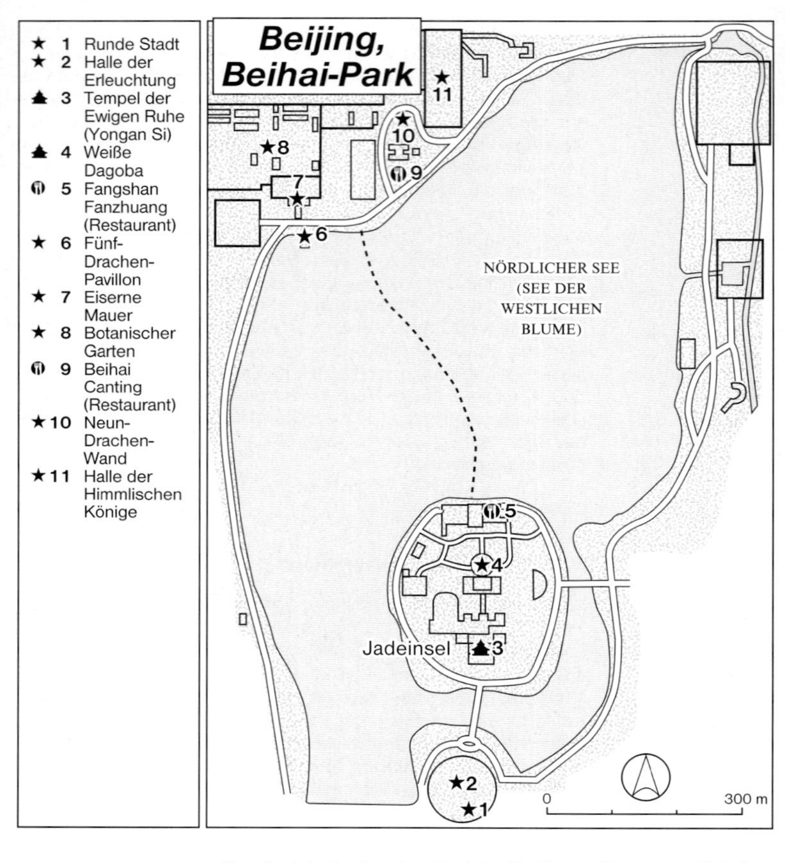

Der Park beherbergt zahlreiche Pavillons, Terrassen, Brücken und Wandelgänge. Im Nordteil des Parks steht die 27 m lange und 5 m hohe ***Neun-Drachen-Wand*** (Jiu Long Bi) aus dem Jahre 1417. Der Park ist ein typisches Beispiel für chinesische Gartenbaukunst und ein beliebtes Ausflugsziel.

● ***Öffnungszeiten:*** Sommer 6.00-21.00 Uhr, Winter 6.00-20.00 Uhr.

Die runde Stadt
(Tuán Chéng)
团城

Westlich vom Kaiserpalast am Haupteingang in den Beihai-Park liegt hinter einer ca. 5 m hohen Ringmauer aus dem Jahr 1417 die 4.500 m² große Runde Stadt. Die Gebäude der Runden Stadt selbst wurden 1746 erbaut. Wichtigste Sehenswürdigkeit ist die ***Halle der Erleuchtung*** (Cheng Guang Dian) mit reich bemaltem Gebälk. In der Halle sitzt ein 1,5 m hoher, aus einem einzigen Stück weißer Jade gefertigter ⇗ Buddha. Er soll in der Zeit zwischen 1875 und 1908 von Burma nach China gebracht worden sein.

Im ***Pavillon des Jadegefäßes*** (Yu Weng Ting) wird ein aus schwarzer Jade hergestelltes, 60 cm hohes Jadegefäß mit 1,5 m Durchmesser aufbewahrt. Es stammt aus dem Jahr 1265 und soll *Kublai Khan* als Vorratsbehälter für Wein gedient haben.

● ***Öffnungszeiten:*** tägl. 8.30-16.30 Uhr.

Mittlerer und Südlicher See
(Zhōngnánhǎi)
中海，南海

Der Park um den Mittleren und Südlichen See westlich des Kaiserpalastes ist für die Öffentlichkeit bis heute nicht zugänglich. Hier lebten so bedeutende Führer wie *Mao Zedong, Zhou Enlai, Liu Shaoqi, Zhu De* und *Deng Xiaoping*. Heute befindet sich hier der Sitz des Staatsrats und des Zentralkomitees der KP China.

Residenzen

Der Besuch der seit einigen Jahren für die Öffentlichkeit zugänglichen Residenzen berühmter chinesischer Persönlichkeiten bietet eine erfrischende Alternative zu den meist überlaufenen Hauptsehenswürdigkeiten der Stadt und gibt einen hervorragenden Einblick in das Leben dieser Menschen und die Wohnkultur des Chinas des ausgehenden 19. Jahrhunderts, aber auch der kommunistischen Ära. Auch wenn man nur wenig Zeit in Beijing hat, lohnt der Besuch von ein oder zwei Residenzen, von denen wir hier einige vorstellen.

Mei-Lanfang-Residenz
(Méi Lánfāng Jìniànguǎn)
梅兰芳纪念馆

Mei Lanfang (1894-1961) war der berühmteste Peking-Opern-Sänger des 20. Jh. Kritiker und Experten bescheinigten ihm, dass sein schüchternes, kokettes Auftreten, seine Gestik und sein Ausdruck sowie seine zarte, aber überzeugende Stimme junge Frauen perfekter darstellen konnte (in der Peking-Oper werden auch Frauenrollen von Männern gesungen), als es Frauen selbst möglich war. Bis heute wird jeder Opernsänger an *Mei Lanfang* gemessen.

Seine ehemalige Residenz (9 Huguosi Jie), die sich in einer Wohnanlage in traditionell chinesischem Stil befindet, beherbergt eine Ausstellung zum Leben des Künstlers und Videoaufzeichnungen von seinem Schaffen.

● ***Öffnungszeiten:*** tägl. (außer Mo) 9.00-16.00 Uhr.

Guo-Moruo-Residenz
(Guō Mòruò Gùjù)
郭沫若故居

Unmittelbar nördlich in der Gasse gegenüber dem Hinterausgang des Beihai-Parks befindet sich in herrlicher, ruhiger Lage die ehemalige Residenz des berühmten Schriftstellers, Historikers, Literaturkritikers und Archäologen *Guo Moruo* (1892-1978), der nach der Gründung der Volksrepublik auch wichtige politische Posten bekleidet hat.

Die Guo-Moruo-Residenz

Die wunderschöne Anlage liegt in völliger Ruhe und Abgeschiedenheit inmitten einiger der berühmtesten und überlaufensten Sehenswürdigkeiten Chinas. Nach dem Besuch des Kaiserpalastes kann man hier wunderbar entspannen.

● ***Öffnungszeiten:*** tägl. (außer Mo) 9.00-16.30 Uhr.

Residenz von Prinz Gong
(Gōngwángfǔ)
恭王府

Ein Stück weiter, in der 17 Qianhai Xijie, befindet sich mit der ehemaligen Wohnanlage des Prinzen *Gong* eine der am besten erhaltenen adligen Wohnanlagen der Stadt. *Gong* war der jüngere Bruder des Xianfeng-Kaisers (reg. 1851-1861). Nach dem Tod des Kaisers fungierte er zusammen mit der Kaiserinwitwe *Cixi* als Regent des minderjährigen Tongzhi-Kaisers. Er spielte eine Schlüsselrolle bei allen wichtigen politischen Ereignissen des späten 19. Jh. Jeden Abend finden im restaurierten Theater der Residenz Peking-Opern statt, die überaus sehenswert sind.

● ***Öffnungszeiten:*** tägl. (außer Mo) 9.00-16.00 Uhr.

Song-Qingling-Residenz
(Sòng Qīnglíng Gu-
宋庆龄故居

46 Beiheyan, am Nordufer des Houhai (Hou-Sees). *Song Qingling* (1892-1981) war eine der drei Schwestern aus der schillernden Song-Familie, die die Geschicke Chinas maßgeblich mitbestimmt haben. *Song Qingling* war die Ehefrau *Sun Yat-sens*, ihre Schwester *Mailing* heiratete den späteren Diktator und Generalissimo *Chiang Kai-schek*, und die dritte Schwester, *Ailing*, heiratete den Finanzmagnaten und *Chiangs* Finanzminister *H. H. Kung*, dessen finanzielle Machenschaften das Land ausbluteten und ihn und *Chiang Kai-schek* unermesslich reich machten. Beide Schwestern nahmen es *Qingling* ihr Leben lang übel, dass sie den Revolutionär *Sun Yat-sen* geheiratet hatte und sich später den Kommunisten anschloss.

● ***Geöffnet*** ist die prächtige Residenz tägl. (außer Mo und Mi) 9.00-11.00 und 13.00-16.30 Uhr.

Die runde Stadt

Xu-Beihong-Museum
(Xú Bēihóng Jìniànguǎn)
徐悲鸿纪念馆

53 Xinjiekou Beidajie. Etwa 15 Min. zu Fuß von der Song-Residenz (U-Bahn-Station Jishuitan) nach Westen. *Xu Beihong* (1895-1953) war einer der großen Maler Chinas des 20. Jh. und der erste chinesische Künstler, der auch westliche Stilelemente in seinen Werken verarbeitete. Berühmt wurde er vor allem mit seinen unnachahmlichen Pferdedarstellungen. Ein Muss für jeden Kunstliebhaber.

● ***Öffnungszeiten:*** tägl. (außer Mo) 9.00-11.30 und 13.00-17.00 Uhr.

Tempel der Allgemeinen Nächstenliebe
(Guǎngjì Sì)
广济寺

Der Tempel der Allgemeinen Nächstenliebe befindet sich nahe Fuchengmennei Dajie/Xisi Beidajie. Er wurde während der Jin-Dynastie (1127-1234) erbaut. Bekannt ist die Bibliothek. Hier werden seltene, handgeschriebene Sutras aus der Tang-Dynastie (618-907) aufbewahrt. Heute ist der Tempel Sitz der Chinesischen Buddhistischen Vereinigung.

Tempel der Weißen Pagode
(Báitǎ Sì)
白塔寺

Der Tempel der Weißen Pagode in der Fuchengmennei Dajie wurde um 1096 während der Liao-Dynastie (907-1125) gegründet. Unter *Kublai Khan* wurde der Tempel nach 1270 im tibetischen Stil restauriert und beeindruckt noch heute durch seine tibetische Atmosphäre. Die ⇗Pagode ist 50 m hoch.

Lu-Xun-Museum
(Lǔ Xùn Bówùguǎn)
鲁迅博物馆

Nicht weit von dem Baita Si entfernt, 21 Xisantiao Hutong (Seitenstraße der Fuchengmennei Dajie), steht das Museum, das dem wohl größten chinesischen Literaten des 20. Jahrhunderts, *Lu Xun* (1881-1936), gewidmet ist. *Lu Xun* prägte die Entwicklung des modernen chinesischen Romans ganz entscheidend. Neben dem Museum befindet sich sein Wohnhaus in traditioneller Architektur, wo der Dichter 1924-1926 lebte.

● ***Öffnungszeiten:*** tägl. (außer Mo) 8.30-11.00 und 11.30-16.00 Uhr.

Tempel der großen Glocke

Zoo
(Dòngwùyuán)
动物园

Wer nicht immer nur Tempel besichtigen will, kann zur Abwechslung die Pandabären im Zoo an der Xizhimenwai Dajie besuchen.

● ***Öffnungszeiten:*** Sommer tägl. 7.30-17.30 Uhr; Winter tägl. 7.30-17.00 Uhr. Fütterung der Pandabären tägl. 9.30 und 16.00 Uhr.

Tempel der Fünf Pagoden
(Wǔtǎ Sì)
五塔寺

Der Tempel der Fünf Pagoden steht nördlich des Zoos. Vom ursprünglichen Tempel aus der Ming-Zeit ist nichts mehr erhalten. Stehen geblieben ist jedoch der ***Vajra-Stupa*** mit den fünf Türmen.

Tempel der Großen Glocke
(Dàzhōng Sì)
大钟寺

Noch weiter nördlich des Zoos in der Beisanhuan Xilu kann man im Da-Zhong-Tempel eine der größten Glocken der Welt bewundern. Das um 1406/07 gegossene Prachtstück ist 6,75 m hoch, hat am unteren Bord einen Durchmesser von 3,67 m und wiegt 46,5 Tonnen. Außenmantel und Innenseite werden von über 200.000 Schriftzeichen geziert.

Im alten China wurden Glocken als der „Klang des Frühlings" bezeichnet. Das Wörtchen *zhong* bedeutet im Chinesischen auch

„reif", und so waren Glocken im alten China ein Symbol der Erntezeit. Da China ein reiner Agrarstaat war, gehörten Glocken dementsprechend zu den wichtigen Symbolen.

Benutzt wurden sie, um die Ernte einzuläuten und um böse Geister auszutreiben. Der Klang der Glocke steht für Aufrichtigkeit, Tapferkeit und Glück, also für durchweg positive Eigenschaften. Die große Glocke wurde nur geläutet, wenn der Kaiser für die Ernte opferte oder um Regen für eine erfolgreiche Ernte betete. Heute läutet die Glocke das chinesische Neue Jahr ein.

● ***Anfahrt:*** U-Bahn (Ringlinie) bis Jishuitan, umsteigen in Bus 22, 38 oder 47 jeweils bis Endstation und noch drei Stationen mit Bus 367 oder 379 nach Westen.

Nordöstlich vom Kaiserpalast

Trommelturm
(Gŭlóu)
鼓楼

Läuft man vom Kohlehügel die Di'anmenwei Dajie nach Norden, gelangt man zum Trommelturm aus dem Jahre 1420. Das Schlagen der Trommel zeigte den Wechsel der Nachtwachen an.

Glockenturm
(Zhōnglóu)
钟楼

Hinter dem Trommelturm steht der Glockenturm, dessen Glocken einst den Einwohnern der Stadt den Tag ankündigten. Rechter Hand von beiden Türmen befindet sich ein gemütlicher Markt, der sich in die Hutong hineinzieht.

Lamatempel
(Yōng Hé Gōng)
雍和宫

Unweit der U-Bahn-Station Yonghegong Dajie befindet sich der sehr gut erhaltene ***Palast der Harmonie und des Friedens,*** ein sehenswerter Lamatempel. 1694 wurde er als Wohnhaus für den kaiserlichen Thronfolger des Kangxi-Kaisers erbaut. Nach seiner Thronbesteigung 1723 ließ der Kaiser einen Teil seines alten Palasts als Vorstadtschloss bestehen. Die andere Hälfte überließ er der lamaistischen Gelbmützen-Schule als Tempel. Zwei Jahre später brannte das Vorstadtschloss ab und wurde auch nicht wieder aufgebaut. Die Lamas residierten nun allein in den ihnen zugewiesenen Hallen, und die ganze Anlage wurde in Yonghegong umbenannt. Nach dem Tod des Yongzheng-Kaisers, 1735, wurden dessen sterbliche Überreste bis zur Überführung ins eigentliche Grab hier aufgebahrt. Zu diesem Zweck bekam der Yonghegong gelbe (kaiserliche) Dachziegel. Erst 1744 wurde der Palast schließlich offiziell zu einer Kloster- und Tempelanlage des tibetischen Buddhismus umgebaut.

Der Komplex besteht aus fünf hintereinanderliegenden Höfen, die links und rechts von den Gebäuden der verschiedenen lamaistischen Fakultäten und kleineren Gebetsräumen flankiert werden. Man passiert zunächst die ***Halle der Himmelskönige*** mit den vier Wächtergottheiten an den Seiten und Buddha Maitreya in der Mitte. Auf der Rückseite Maitreyas steht *Weituo (Skanda),* der Beschützer der buddhistischen Lehre.

Dachkonstruktion des Lamatempels

Im Hof dahinter steht der ***Kaiserpinsel-Pavillon*** *(Yubi Ting),* in dem auf einer Stele in vier Sprachen (mongolisch, andschurisch, tibetisch und chinesisch) die Herkunft des Lamaismus erzählt wird. Gleich dahinter findet sich der bronzene Weltenberg Sumeru, der die buddhistische Welt symbolisiert.

Das nächste große Bauwerk ist die ***Halle der Harmonie und des Friedens*** *(Yonghe Dian),* die dem Kronpinzen als Empfangshalle gedient hatte. Nach der Umwidmung in einen Tempel wurde dies die Haupthalle mit den drei Buddhas - der Vergangenheit, Gegenwart und Zukunft - sowie den 18 Arhats. In der ***Halle des Ewigen Schutzes*** *(Yongyou Dian)* gleich dahinter werden die drei Transzendenten Buddhas, Amithaba, Simhanada und Bhaisajyaguru, verehrt.

Vorletztes Gebäude ist die ***Halle des Buddhistischen Rades (Falun Dian).*** Hier versammeln sich die Mönche zur gemeinsamen Rezitation der Sutren. In der Mitte steht eine Skulptur des Gründers der Gelbmützen-Schule, *Tsongkhapa.* Auf dessen Rückseite findet sich eine große hölzerne Schnitzerei, die einen Berg mit 500 Arhats darstellt.

Den Höhepunkt des Tempels bildet die letzte Halle, der ***Pavillon des Zehntausendfachen Glücks*** *(Wanfuge).* Die Bezeichnung *Pavillon* ist eine echte Verniedlichung, ist sie doch das größte und vor allem höchste Bauwerk des Yonghegong. In ihr steht eine gewaltige hölzerne Skulptur des Maitreya, aus einem einzigen Sandelholz-Baumstamm geschnitzt. Von diesem Stamm befinden sich acht Meter unter der Erde zur Verankerung und 18 Meter darüber. Der Umfang beträgt acht Meter. Diese Figur ist die größte aus einem Stück Holz gefertigte Skulptur der Welt und war ein Geschenk des 7. Dalai Lama an den Qianlong-Kaiser. Drei Jahre dauerte es, bis der Stamm von Sichuan nach Beijing geschafft werden konnte.

● ***Öffnungszeiten:*** tägl. 8.30-17.00 Uhr.

Konfuzius-Tempel
(Kǒng Miào)

孔庙

Gegenüber vom Eingang des Lamatempels, eine kleine Gasse entlang, kommt man zum Konfuzius-Tempel aus der Yuan-Zeit (1271-1368). Hier werden ⇗Stelen aufbewahrt, auf denen die Namen der erfolgreichsten Kandidaten der staatlichen Prüfungen vermerkt sind. Im Schatten der Kiefern kann man fern der Touristenströme herrlich entspannen.

Gleich gegenüber vom Eingang befindet sich das noble ***Konfuziusrestaurant,*** wo man zu zivilen Preisen sehr gute Shandong-Küche aus der Heimat des ⇗Konfuzius bekommt.

Dongsi- Moschee
(Dōngsī Qīngzhēn Sì)
东四清真寺

Die ersten Gebäude dieser Moschee entstanden bereits in der Yuan-Zeit (1271-1368). Interessant ist neben der Gebetshalle die Bibliothek mit alten islamischen Schriften, u.a. aus Ägypten, Indien und Pakistan.

Der ***Islam*** fand seinen Weg nach China in der Tang-Zeit (618-907), als das chinesische Reich westwärts in Richtung des islamischen Kulturkreises expandierte. Arabische Händler kamen nach China, Missionen wurden ausgetauscht, aber auch kriegerische Auseinandersetzungen fanden statt. Verbreitung fand der Islam dann vor allem in der Zeit der Mongolenherrschaft (1271-1368), die den verschiedenen Religionen tolerant gegenüberstand.

Südöstlich des Kaiserpalastes

Altes Observatorium
(Gù Guānxiàngtái)
故观象台

Bevor man nun zum Himmelstempel eilt, lohnen sich zwei Abstecher. Der erste führt zum alten Observatorium an der Jianguomennei Dajie, U-Bahn-Station Jianguomen. Die Sternenwarte war über mehrere Jahrhunderte das Zentrum der chinesischen Astronomie und ist heute ein Museum.

Himmelstempel
(Tiāntán)

天坛

Der Himmelstempel (eigentlich Himmelsaltar) wurde 1420 erbaut. Er steht in einem 273 ha großen Park; dieser ist über den Nordeingang von der Tiantan Lu her zu betreten.

Der quadratische südliche Teil des Parks symbolisiert die Erde, der halbkreisförmige nördliche Teil den Himmel. Der Himmelstempel diente den Ming- und Qing-Kaisern als Gebets- und Opferstätte. Drei Tage vor der Wintersonnenwende zog der Kaiser in einer prunkvollen Prozession von über 1000 Menschen durch das Qianmen hierher.

Nach dem Einzug meditierte der Kaiser zunächst in der ***Halle des Himmelsgewölbes,*** die 1530 errichtet wurde und von der ***Echomauer*** (Hui Yin Bi) umgeben wird. Die Innenmauer ist so glatt und so raffiniert gewölbt, dass auch schwache Schallwellen an ihr entlanglaufen und man selbst ein Flüstern noch in größerer Entfernung hören kann. Am Aufgang zum Himmelsgewölbe lie-

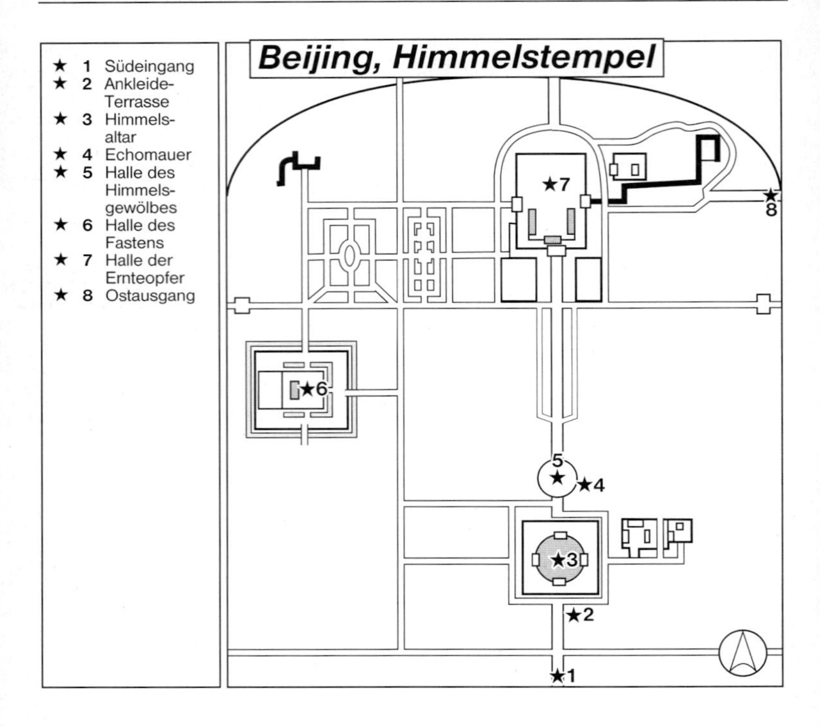

gen die ***Echosteinplatten.*** Ihr Abstand zur Mauer ist so bemessen, dass dies einen besonderen Effekt hervorruft. Klatscht man auf dem ersten Stein in die Hände, ertönt ein einfaches Echo, auf dem zweiten Stein echot es zweimal und auf dem dritten dreimal. Aufgrund der Besuchermassen hört man allerdings meist nur einen undifferenzierten Lärm.

Bis zur Sonnenwende blieb der Kaiser fastend in der ***Halle des Fastens*** (Zhai Gong). Frühmorgens bestieg er den ***Himmelsaltar*** (Tiantan), um für eine reiche Ernte zu beten und Speiseopfer darzubringen. Die Architektur des Altars wird von der magischen Zahl 9 bestimmt, die als besonders heilig galt. Die Steinringe, die die Altarstufen decken, setzen sich von der Mitte her aus 9, 18, 27 usw. bis 243 Segmenten am äußeren Rand zusammen. Erbaut wurde der Altar 1530, im neunten Jahr der Regierungsperiode von Kaiser *Zhu Houzong.*

Am 15. Tag des ersten Mondes hielt der Kaiser in der ***Halle des Ernteopfers*** (Qi Nian Dian) Zwiesprache mit dem Himmel. Die 1420 erbaute Halle ist 38 m hoch und hat einen Durchmesser von 30 m. Für das Dach wurden 50.000 blau glasierte Ziegel verwendet, und für das ganze Gebäude brauchte man keinen einzigen Nagel. Auch in dieser Konstruktion findet sich reiche Symbolik. Das Spitzdach beispielsweise ruht auf 28 Säulen. Die vier mittleren, fast 20 m hohen Säulen stellen die vier Jahreszeiten dar, zwei weitere Reihen von jeweils 12 Säulen symbolisieren die 12 Monate und die 12 zweistündigen Abschnitte des Tages.

● Öffnungszeiten: tägl. 8.30-17.00 Uhr.

Die Hútòng
(Gassen)
胡同

Auf keinen Fall sollte man einen Bummel durch die traditionellen Viertel Beijings, die Hutong (Gassen) östlich des Qianmen, auslassen. Sie sind das traditionelle Einkaufs- und Wohngebiet, voll mit kleinen Läden. Ein guter Einstieg ist die Dazhalan Lu, die beidseitig von der Qianmen Dajie abgeht. Je weiter man sich treiben lässt, desto ruhiger und dörflicher wird es in den engen, verwinkelten Gassen. Nur die grauen Betonklötze in der Ferne verweisen auf das Schicksal, das auch diesem Stück Original-Beijing bevorsteht.

Südwestlich des Kaiserpalastes

Taoranting-Park
(Táorántíng Gōngyuán)
陶然亭公园

Nach den vielen kulturellen Eindrücken kann man sich im Taoranting-Park westlich des Himmelstempels ausruhen und entspannen.

Tempel der Quelle des Gesetzes
(Fǎyuàn Sì)
法院寺

Nicht weit nordwestlich vom Taoranting-Park, in der Nähe der Taoranting Lu, trifft man auf den Tempel der Quelle des Gesetzes. Der Tang-Kaiser ↗ *Taizong* (reg. 626-649) gab im Jahr 645 den Befehl zum Bau dieses Tempels, der erst 696 beendet wurde. Er war den Gefallenen eines misslungenen Korea-Feldzuges gewidmet. Heute ist er der älteste noch erhaltene buddhistische Tempel der Stadt und Sitz des „Theoretischen Institutes der chinesischen Buddhisten“. Die Anlage besteht aus sechs Höfen. Hier kann man mit viel Muße umherschlendern, da der Tempel auch nur von wenigen chinesischen Touristen angesteuert wird.

● ***Öffnungszeiten:*** tägl. (außer Mi) 8.30-12.00 und 13.30-16.00 Uhr.

Niujie-Moschee
(Niújiē Qīngzhēn Sì)
牛街清真寺

Unweit vom Fayuan Si steht die Niujie-Moschee in einem interessanten von Moslems bewohnten Stadtteil.

Kulturpalast der Nationalitäten
(Mínzú Wénhuà Gōng)
民族文化宫

Neben dem Minzu-Hotel in der Fuxingmennei Dajie wurde 1959 der Kulturpalast der Nationalitäten eingeweiht. Es gibt zahlreiche Ausstellungshallen, in denen man auch Produkte der Nationalen Minderheiten kaufen kann.

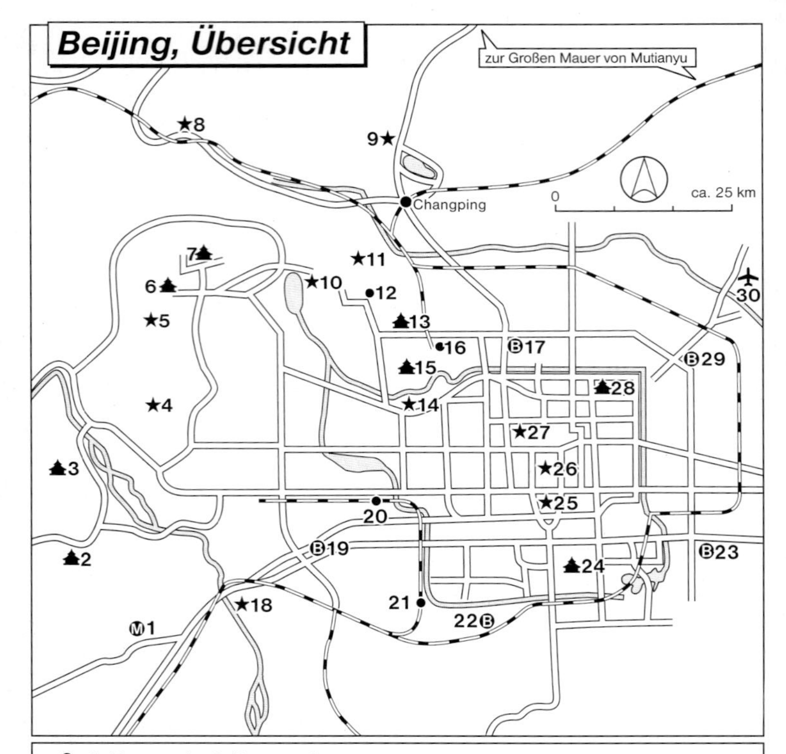

- Ⓜ 1 Museum des Pekingmenschen
- ▲ 2 Jietai-Tempel
- ▲ 3 Tanzhe-Tempel
- ★ 4 Acht Große Sehenswürdigkeiten (Badachu)
- ★ 5 Xiangshan-Park
- ▲ 6 Tempel der Azurblauen Wolke (Biyun Si)
- ▲ 7 Tempel des Schlafenden Buddha (Wofo Si)
- ★ 8 Große Mauer bei Badaling
- ★ 9 Ming-Gräber
- ★ 10 Sommerpalast
- ★ 11 Alter Sommerpalast
- • 12 Beijing Daxue (Universität)
- ▲ 13 Tempel der Großen Glocke
- ★ 14 Zoo
- ▲ 15 Fünf-Pagoden-Tempel
- • 16 Xizhimen Bahnhof
- Ⓑ 17 Deshengmen Busbahnhof
- ★ 18 Marco-Polo-Brücke
- Ⓑ 19 Lianhuachi Busbahnhof
- • 20 Westbahnhof
- • 21 Guang'anmen Bahnhof
- Ⓑ 22 Yongdingmen Busbahnhof und Bahnhof
- Ⓑ 23 Guangqumen Busbahnhof
- ▲ 24 Himmelstempel
- ★ 25 Tian'anmen-Platz (Platz des Himmlischen Friedens)
- ★ 26 Kaiserpalast
- ★ 27 Beihai-Park
- ▲ 28 Lamatempel
- Ⓑ 29 Dongzhimen Busbahnhof
- ✈ 30 Flughafen

Tempel der Weißen Wolke
(Báiyún Guàn)
白云观

Diese schöne, touristisch kaum frequentierte Tempelanlage gehört zu den wichtigsten daoistischen Tempeln Chinas. Bereits im 8. Jh. standen hier erste Tempelbauten. Seine Blütezeit erlebte der Baiyun Guan um 1230, während der Mongolenherrschaft. In den Jahren der ⇗Kulturrevolution wurde die Anlage stark beschädigt. Heute leben im restaurierten Tempel, dem ein Kloster angeschlossen ist, wieder 100 Mönche. Gleichzeitig ist der Baiyun Guan Sitz der Chinesischen Daoistischen Gesellschaft. Beim Spaziergang durch die weitläufige Anlage kann man fast vergessen, dass man sich in einer Großstadt befindet.

- ***Öffnungszeiten:*** tägl. (außer Mo) 8.30-16.00 Uhr.

Ausflüge in die Umgebung

Anfahrt

Man kann alle Ausflugsziele in der Umgebung von Beijing problemlos mit ***öffentlichen Bussen*** erreichen. Je nach Lage des Hotels, in dem man wohnt, dauert jedoch die Anfahrt zum Vorort-Busbahnhof recht lange, und die Busfahrt zu den Sehenswürdigkeiten nimmt ebenfalls eine ganze Weile in Anspruch. Man sollte sich also immer so früh wie möglich auf den Weg machen. Mehr und mehr werden zwischen April und Oktober zu allen wichtigen Zielen in der Umgebung ***Ausflugsbusse*** (Youche, abgekürzt You) eingesetzt, die frühmorgens starten und nachmittags zurückfahren. Sie sind die bequemste und preiswerteste Art, zum Ziel zu kommen. Die Abfahrtspunkte sind bei den jeweiligen Sehenswürdigkeiten genannt. Man sollte sich am Vortag nach den Abfahrtszeiten erkundigen.

Beijing-Universität
(Běi Dà)
北大

Auf dem Weg zum Sommerpalast kann man an der berühmten Bei Da (Abkürzung für Beijing Daxue: Beijing-Universität) einen Zwischenstopp einlegen. Das Gelände ist recht sehenswert, die Gebäude sind es weniger. 1966 fegte von hier aus die ⇗Kulturrevolution über das ganze Land. 1989 nahm hier die Demokratiebewegung ihren Ausgang.

Alter Sommerpalast
(Yuánmíngyuán)
圆明园

Etwa eine halbe Stunde zu Fuß nördlich von der Bei Da und 500 m vom Sommerpalast entfernt befinden sich die Überreste des ***Gartens der Vollkommenheit und des Lichtes.*** Begonnen wurde mit dem Bau der Anlage unter dem Kangxi-Kaiser im frühen 18. Jh. 150 Jahre lang wurde sie immer wieder erweitert, bis sie sich auf ein Areal von 340 ha erstreckte. Über 140 Gebäude befanden sich schließlich in den Parkanlagen. Nur 10 Tage benötigten im Jahr 1860 alliierte französische und englische Truppen für die Zerstörung, um es in einem Rachefeldzug

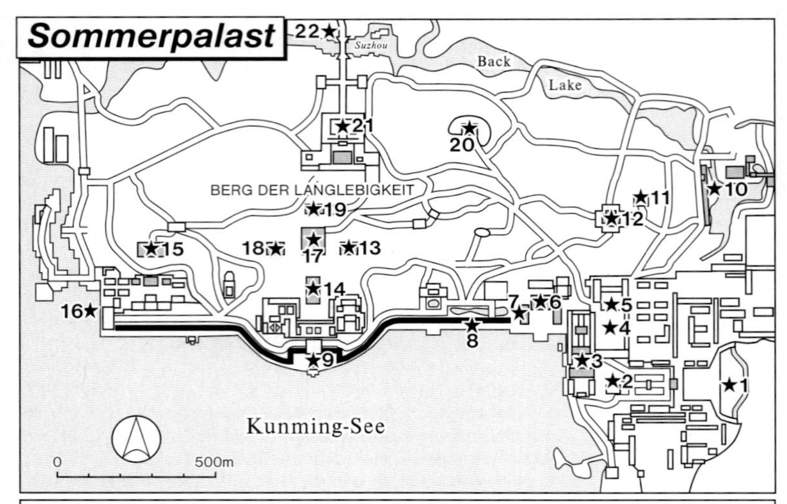

★ 1 Osttor
★ 2 Halle des Wohlwollens und der Langlebigkeit
★ 3 Halle der Jadewellen
★ 4 Garten der Tugend und der Harmonie
★ 5 Halle der Erheiterung
★ 6 Halle der Freude und der Langlebigkeit
★ 7 Den Mond einladendes Tor
★ 8 Wandelgang
★ 9 Schmucktor
★ 10 Garten der Harmonie und des Vergnügens
★ 11 Pavillon der Freude und der Landwirtschaft
★ 12 Pavillon der Großen Freude
★ 13 Drehbares Lager
★ 14 Halle zum Zerstreuen der Wolken
★ 15 Haus "Höre die Pirole"
★ 16 Marmorschiff
★ 17 Pavillon des Wohlgeruchs Buddhas
★ 18 Pavillon der Kostbaren Wolken
★ 19 Meer der Weisheit
★ 20 Pagode
★ 21 Reste des Sumeru-Tempels
★ 22 Alte Suzhou-Straße

während der Nachwehen des ☞ Opiumkrieges (1856-1858) den Chinesen „zu zeigen". Beim Boxeraufstand (1900) wurde dann der Rest von den Alliierten zerstört. Heute sieht man nur noch vereinzelt stehende Ruinen.

●***Anfahrt:*** Mit der U-Bahn bis Station Xizhimen und weiter mit Minibus 375 bis Yuanmingyuan. Der Bus fährt ein Stück die Straße von der Qinghua Universität runter ab. Oder man fährt bis U-Bahnhof Jishuitan und steigt dort in Bus 331, der zum Garten fährt.

Sommerpalast
(Yíhéyuán)
颐和园

Der ***Garten der Harmonischen Einheit*** ist der größte und am besten erhaltene Garten Chinas. Im Jahre 1153 während der Jin-Dynastie (1125-1234) wurde mit dem Bau begonnen. Über die Zeit der Yuan- (1271-1368), der Ming- (1368-1644) und der Qing-Dynastie (1644-1911) hinweg wurden die Arbeiten fortgesetzt, bis sie schließlich 1764 ihren Abschluss fanden. Der Park war mittlerweile auf 240 ha angewachsen und wurde nun vom Kaiserhof als Sommerresidenz genutzt.

Um den Kaiserhof zu demütigen, wurde die Anlage 1860 - zusammen mit allen anderen Parkanlagen in den Westbergen - von englischen und französischen Truppen zerstört. 28 Jahre später veranlasste die Kaiserinwitwe *Cixi* (1835-1908) den Wiederaufbau, indem sie Gelder umleitete, die eigentlich dem Wiederaufbau der kaiserlichen Flotte dienen sollten. Während des Boxeraufstands wurde die Anlange von den Interventionstruppen erneut zerstört, 1903 aber wieder aufgebaut.

Die vielen Hallen und Paläste haben über 3000 Räume, die bestimmte Funktionen zu erfüllen hatten. Der Komplex am ***Osttor*** (Dong Gong Men) diente der Erledigung von Staatsgeschäften. Ab 1903 wurden hier ausländische Staatsgäste empfangen.

Das Hauptgebäude ist die ***Halle des Wohlwollens und der Langlebigkeit*** (Ren Shou Dian). Im Innenhof stehen u.a bronzene ⇗Drachen und Phönixe als Seelenwächter. Auf dem Thron empfing der Guangxu-Kaiser seine Mandarine und ausländische Gäste. Hinter dem Wandschirm mit dem Schriftzeichen für langes Leben (Shou) lauschte *Cixi* den Audienzen.

Hinter dem Ren Shou Dian in Richtung See gelangt man zunächst zur ***Halle der Jadewellen*** (Yulan Tang) mit den Privatgemächern des Guangxu-Kaisers und dann zur ***Halle der Freude und Langlebigkeit*** (Le Shou Tang) am Nordufer. Sie beherbergte *Cixis* Privaträume. Der westliche Raum diente als Schlafgemach, der östliche als Umkleidezimmer.

Östlich der Wohnhallen liegt der ***Garten der Tugend und Harmonie*** (De He Yuan) mit dem 21 m hohen ***Da Xi Lou,*** das als ***Theater*** diente. Die drei offenen, übereinander liegendens Bühnen sind mit Falltüren untereinander verbunden. *Cixi* konnte den Vorführungen von der gegenüberliegenden ***Halle der Erheiterung*** (Yi Le Dian) aus zusehen.

Privatgemächer im Sommerpalast

Durch das ***den Mond einladende Tor*** (Yao Yue Men) gelangt man auf den 730 m langen ***Wandelgang.*** Sein Dach wird von 273 Säulenpaaren getragen und von 8.000 historischen und mythologischen Bildern sowie Landschaftsszenen geschmückt. Das ***Schmucktor*** (Pailou) unterbricht den Gang auf halber Länge.

Von hier aus kann man durch verschiedene Gebäude den ***Berg der Langlebigkeit*** (Wan Shou Shan) erklimmen, von dessen Gipfeln man den besten Ausblick über die Palastanlage hat.

Läuft man nicht den Berg nach Norden hinunter, sondern weiter nach Westen, kommt man zum ***Höre-die-Pirole-Haus*** (Ting Li Guan), ein ehemaliges Theater, heute ein Luxusrestaurant.

Am Ende des Wandelganges trifft man auf das ***Marmorschiff Shi Feng*** (Qing Yan Fang). Aus Marmor ist allerdings nur der Sockel. Das Schiff wurde aus Geldern gebaut, die für die Modernisierung der Reichsmarine bestimmt waren. Von hier kann man mit dem Schiff zur ***Südsee-Insel*** (Nanhai Dao) fahren.

Über die ***Siebzehn-Bogen-Brücke*** (Shiqi Kong Qiao) mit ihren 500 verzierten Stützen der Balustrade gelangt man von der Insel wieder ans westliche Ufer und kann dort einen bronzenen Ochsen aus dem Jahr 1755 bewundern. Er sollte den Palast des Qianlong-Kaisers (1735-1796) vor dem Wasserdämon schützen.

Sehenswert ist außerdem noch der ***Garten der Harmonie und des Vergnügens*** (Xie Qu Yuan) im Nordosten des Parks.

● ***Anfahrt:*** Bus 102 ab Südbahnhof (Nähe Qiaoyuan-Hotel) oder 103 ab Wangfujing bzw. Beijing-Hotel bis Zoo, dort umsteigen in Bus 332 (Endstation Sommerpalast). Minibusse fahren gegenüber dem Hauptbahnhof, am Qianmen und am Nordausgang des Kaiserpalasts ab. Weitere Busse zum Palast: 333 von den Duftbergen und 904 von der U-Bahn-Station Xizhimen.

Duftberge
(Xiāngshān Gōngyuán)
香山公园

Der Park ist 20 km von Beijing entfernt und liegt westlich des Sommerpalastes im Haidian-Bezirk. Mit 557 m ist der Xiang Shan (Duftberg) die höchste Erhebung der ***Westberge*** (Xi Shan). Einst war der Park kaiserliches Jagdrevier der Jin-, Yuan- und Ming-Kaiser. Zu sehen gibt es diverse Pavillons, die Reste eines tibetischen Tempels und viel Natur. Der Park ist ein schönes Ziel, um der Hektik Beijings zu entfliehen. Wer nicht wandern möchte, kann mit der Seilbahn auf den Gipfel fahren.

● ***Öffnungszeiten:*** Tägl. 6.00-19.00 Uhr
● ***Anfahrt:*** Hin kommt man mit dem Bus 360 ab Zoo oder 333 ab Sommerpalast. Außerdem Bus 318 ab Pingguoyuan (Westende der U-Bahn).

Tempel der Azurblauen Wolke
(Bìyún Sì)
碧云寺

Östlich des Xiangshan-Parks trifft man nach einem längeren Spaziergang auf den Biyun Si, der 1366 in der Yuan-Zeit gegründet wurde. Zu sehen gibt es in dieser schönen Anlage vor allem den 35 m hohen ***Vajra-Stupa*** (Jiangang Baozuo Ta) und die ***Halle der 500 ↗Arhats*** (Luohan Tang) mit 508 vergoldeten Figuren.

Tempel des Schlafenden Buddha
(Wòfó Sì)
卧佛寺

Nordöstlich des Tempels der Azurblauen Wolke erreicht man zu Fuß den Wofo Si mit der 5,2 m langen Figur eines schlafenden, ins Nirvana eingehenden ⇗Buddha. Er ist der größte kupferne Buddha Chinas.

Acht große Sehenswürdigkeiten
(Bādàchù)
八大处

Westlich von Beijing im Shijing-Shan-Bezirk, südlich der Westberge, befinden sich die Berge Cuiwei, Lushi und Pingbo, die für ihre acht ehemaligen Klöster und Tempel bekannt sind.

Beginnt man mit der Wanderung beim ***Tempel des Ewigen Friedens*** (Cháng'ān Sì), erbaut 1502 am Hang des Cuiwei Shan, kommt man an folgenden Klöstern und Tempeln vorbei: ***Tempel des Heiligen Lichts*** (Ling Guang Si), Ursprung in der Liao-Dynastie (947-1125); ***Kloster der Drei Berge*** (San Shan An); ***Tempel des Großen Mitleids*** (Da Bei Si), erbaut 1550; ***Halle des Drachenkönigs*** (Longwang Tang), Qing-Zeit (1644-1911); ***Tempel der Duftenden Welt*** (Xiang Jie Si), Tang-Zeit (618-907); ***Höhle der Wertvollen Perlen*** (Bao Zhu Dong) und ***Tempel der Buddhaschaft*** (Zhen Guo Si), Tang-Zeit.

● ***Busse:*** Bus 347 ab Zoo. Dieser Bus kreuzt die Route von Bus 318 Richtung Xiangshan-Park. Mit der U-Bahn bis Yuquanlu. Nach dem Verlassen der U-Bahn der Hauptstraße einige Meter nach Westen folgen, bis zur Endhaltestelle von Bus 389, der an Badachu vorbeifährt.

Große Mauer
(Wànlǐ Chángchéng)
万里长城

Die ***Ursprünge*** der Großen Mauer reichen bis in die Frühlings- und Herbst-Periode (770-476 v. Chr.) zurück, als das Königreich Chu um 656 v. Chr. einen Wall zum Schutz gegen die Angriffe des Staates Qi errichtete. Andere Staaten übernahmen diese Art von Verteidigungslinien, und nachdem Chinas erster Kaiser *Qinshi* das chinesische Reich geeint hatte, ließ er die Wehrmauern der Staaten Yan, Zhao und Yin zu einer „großen Mauer" verbinden.

Unter dem General *Meng Qian* schufteten bis zu 800.000 Zwangsarbeiter und Soldaten zehn Jahre lang für die Errichtung der 5.000 km langen Mauer, die man sich als einen Wall aus Lehm, Geröll und Holz vorstellen muss, der in regelmäßigen Abständen von hölzernen Wachtürmen unterbrochen wurde.

Wegen der Bedrohung und der Angriffe der Xiong Nu (Hunnen) aus dem Norden wurde in der ***Han-Zeit*** (206 v. Chr. - 220 n. Chr.) zunächst die alte Mauer aus der vorherigen Dynastie ausgebessert, später aber durch eine weiter nördlich liegende Mauer ersetzt, die mit Zurückweichen der Xiong Nu nach Westen verlängert wurde und im Jahr 101 v. Chr. bereits mit einer Gesamtlänge von 11.500 Li (1 Li = 0,5 km) bis Dunhuang (Gansu) reichte. Bis zum Ende der Han-Zeit wuchs die Länge der Mauer schließlich auf 20.000 Li, also gut 10.000 km.

In den folgenden Dynastien wurde die Große Mauer zwar weiter verstärkt, verlor aber seit Ende der ***Tang-Zeit*** (618-907) ihre

Funktion, da sich die Mauer bis zum Beginn der Ming-Dynastie 1368 meist durch das Territorium einer Dynastie zog und daher keine Grenzbefestigung mehr darstellte.

Unter dem ersten ***Ming-Kaiser*** *Zhu Yuanzhang* (Hongwu, 1368-1398) wurde die mittlerweile verwahrloste und verfallene Mauer vollständig instandgesetzt. Sie sollte das Reich vor den Angriffen mongolischer Truppen schützen, die sich nach dem Sturz der mongolischen Yuan-Dynastie in Gebiete außerhalb der Großen Mauer geflüchtet hatten. Die Arbeiten zogen sich bis in das Jahr 1500 hin, und noch bis ins 16. Jh. hinein wurde die Mauer immer wieder restauriert.

In ihrer ***„Blütezeit“*** reichte die Große Mauer von Jiayuguan im Westen bis zum Yalu-Fluss im Osten; der Teil von Shanhaiguan bis zum Yalu-Fluss war aus Lehm und Holz errichtet worden und ist heute nahezu vollständig verfallen. Der größte Teil der Mauer wurde jedoch mit Steinplatten und Ziegelsteinen ummantelt und erhielt die heutige imposante Form. Die Länge der Mauer bis Shanhaiguan betrug 12.000 Li, etwa 6.350 km. An der Basis maß sie durchschnittlich 7 m, oben 6 m. Ihre Höhe betrug 7-9 m und erreichte teilweise sogar 16 m. Die Pässe wurden zu Festungen ausgebaut und die gesamte Länge der Mauer in neun Militärkommandanturen gegliedert, die direkt dem Kaiser unterstellt waren. Sie hatten die Verteidigungsbereitschaft der Mauerregion aufrechtzuerhalten.

Mit dem ***Ende der Ming-Dynastie*** verlor die Große Mauer endgültig an Bedeutung und verfiel. Hauptfunktion dieses gewaltigen Bauwerks, das angeblich vom Mond aus sichtbar sein soll, war zwar die Bildung einer Verteidigungslinie; daneben aber erfüllte sie auch eine Reihe anderer Funktionen, vor allem der Kommunikation und auch des (Truppen-) Transportes durch die unwegsamen Gebirgsgegenden. Aussichts- und Wachtürme in

Die Große Mauer

regelmäßigen Abständen gewährleisteten eine zügige Nachrichtenübermittlung mittels Rauch, Licht, Feuer und Spiegelsignalen.

1957 wurde ein erstes Teilstück bei ***Badaling*** in der Nähe von Beijing restauriert. Mit Shanhaiguan und Jiayuguan folgten weitere Teilstücke.

Touren

Vom Qianmen (Westseite des Pfeilturms) Bus You 1. Vom Hauptbahnhof (von dort kommend am linken Busbahnhof) Bus You 2. Vom Geschichtsmuseum (Westeingang) Bus You 2z, Dongdaqiao (an der Endhaltestelle von Bus 28) Bus You 3. Nur zur Großen Mauer bei Badaling fährt Bus You 3z vom Qianmen (Haltestelle von Bus 9). Vom Zoo fährt You 4 ab Endhaltestelle von Stadtbus 27. Von der Qianmen Xidajie fährt You 5 am Taxistand los und You 5z (nur bis Badaling) vor dem Teekontor etwa 100 Meter westlich vom Qianmen.

Die Abfahrtszeiten sollte man jeweils schon am Vortag checken. Die Busse fahren nur am Morgen, z.T. um 6.00 Uhr in der Früh. Die Touren schließen die Ming-Gräber mit ein. Busse mit einem „z" fahren nur zur Mauer. Aufenthalt an der Mauer ca. 1½-2 Std., an den Ming-Gräbern 1-1½ Std., Rückkehr zwischen 17.30 und 18.00 Uhr. Kosten: 20-30 Yuan. Fast jedes Hotel bietet eigene Touren an, die allerdings bis über 300 Yuan kosten können.

●***Minibusse*** fahren vom Qianmen zwischen 7.00 und 9.30 Uhr. Wer nur zur Mauer will, steigt in Bus 919.

●Man kann auch mit einem der lokalen ***Züge*** (873, 877, 879, Fahrzeit 2 Stunden) vom Bahnhof Xizhimen (Beijing Bei Zhan) nach Badaling fahren.

Mutianyu
(Mùtiányù Chángchéng)
慕田峪长城

Wenn man die Große Mauer nicht in Badaling sehen will, kann man auch nach Mutianyu etwa 70 km ab Dongzhimen im Norden Beijings fahren. Dort ist es noch lange nicht so überlaufen wie in Badaling, wo sich täglich Tausende von Besuchern auf die Füße treten.

怀柔

●***Anfahrt:*** Bus 916 ab Dongzhimen im Nordosten nach ⊕Huáiróu. Von hier muss man mit einem der seltenen Minibusse oder mit dem Taxi die letzten 20 Kilometer zur Mauer nach Mutianyu fahren. Man kann sich auch einer Tour anschließen, die den Yansai-See und Hongluo-Tempel mit einschließt. Bus You 6 fährt jeden Morgen vor der Kirche an der U-Bahn-Station Xuanwumen dorthin. Ein weiterer Zustiegspunkt liegt nahe der U-Bahn-Station Dongsishitiao an der Endstation von Bus 42.

Simatai und Jinshanling
司马台，
金山岭长城

Eine gute Alternative, die von einigen Hotels angeboten wird, ist auch eine Tour zur ***Großen Mauer bei Simatai*** oder etwas weiter entfernt bei ***Jinshanling,*** da der Touristenrummel dort noch nicht Einzug gehalten hat.

●***Anfahrt:*** Wer auf eigene Faust nach Simatai will, muss einen Frühbus von der Busstation Dongzhimen nach Miyun nehmen. Vom Busbahnhof in Miyun gibt es Minibusse zur Mauer. Eine Alternative ist auch hier wieder der Ausflugsbus. Bus You 12 fährt von den U-Bahn-Stationen Xuanwumen (vor der Kirche) und Donsishitiao (Endhaltestelle von Bus 42) nach Simatai und zum Teich des Weißen Drachen (Bailong Tan).

Nach Jinshanling zu kommen, ist am einfachsten. Man kann von der Xizhimen- oder Deshengmen-Busstation einen der regelmäßig ab 7.00 Uhr morgens verkehrenden Minibusse nach Chengde nehmen und direkt beim Mauerabschnitt aussteigen (Fahrpreis 20 Yuan). Für die Rückfahrt stellt man sich an die Straße und wartet auf die Minibusse nach Beijing, die bis etwa 17.30 Uhr alle 20 Minuten vorbeikommen.

Ming-Gräber
(Shísānlíng)
十三陵

Rund 50 km nördlich von Beijing liegen die Gräber (Ling) von 13 der 15 Kaiser der Ming-Dynastie (1368-1644). Auch die Kaiserinnen und Nebenfrauen wurden hier bestattet. Die gesamte Anlage ist fast 40 km² groß und wurde mit Hilfe von ↗Geomanten (Erdwahrsager), die eine große Ortsbestimmungszeremonie durchführten, im fünften Jahr der Herrschaft des Yongle-Kaisers (1407) ausgesucht. Restauriert wurden bisher das Chang Ling (Grab des Yongle-Kaisers, reg. 1402-1424) und Ding Ling (Grab des Wanli-Kaisers, reg. 1572-1620).

Man betritt die Chang-Ling-Anlage durch das 29 m breite, auf sechs Säulen ruhende marmorne ***Ehrentor*** (Shi Paifang), hinter dem der 1540 angelegte ***Weg der Seelen*** (Shen Dao), der zum Chang-Grab führt, beginnt. 800 m weiter durchquert man das ***Große Rote Tor*** (Da Hong Men), dessen mittlerer Durchgang einst nur für die kaiserliche Bestattungszeremonie geöffnet wurde.

Nach weiteren 500 m gelangt man zum ***Stelenpavillon*** (Bei Ting) aus dem Jahre 1426. Hier erhebt sich auf einer steinernen ↗Schildkröte eine 6,5 m hohe ↗Stele, deren zwei Inschriften von Kaiser *Zhu Guozhi* (*Hongxi-Kaiser*, reg. 1425-1426) und dem Qing-Kaiser *Hongli* (*Qianlong*, reg. 1735-1796) stammen. Hinter dem Stelenpavillon beginnt die ***Allee der steinernen Statuen*** (Shi Xiang Shen Dao) mit zwölf Tier- und sechs Menschenpaaren aus dem Jahr 1435, die den Weg säumen.

Hinter dem ***Drachen- und Phönixtor*** sieht man in der Entfernung das Grab des 3. Ming-Kaisers *Zhu Di* (*Yongle*) **Chang Ling.** Die oberirdische Anlage besteht aus drei hintereinander gelegenen Höfen, die von einer Mauer umfasst werden. Der erste Hof, in dem ein qingzeitlicher Stelenpavillon steht, beherbergt Vorrats- und Zubereitungsstätten für Opfergaben. Im nächsten Hof steht die ***Halle der Gnade*** (Ling En Dian) mit 9 Räumen und 32 gigantischen Sandelholzsäulen aus der Provinz Yunan. Die unterirdische Grabstätte ist bisher noch nicht freigelegt worden.

Am ***Ding Ling,*** dem Grab des 13. Ming-Kaisers *Zhu Yijun (Wanli),* arbeiteten 30.000 Arbeiter 6 Jahre lang. Der oberirdische Teil ist nahezu identisch mit dem Chang-Grab. In einigen Seitenhallen des dritten Hofes sind heute Museen untergebracht. 1956 wurde das Grab geöffnet. Die Gruft liegt 27 m unter der Erde und hat eine Gesamtfläche von 1.195 m². Durch ein erst später erbautes Treppenhaus gelangt man in die unterirdische, aus fünf Sälen bestehende Grabanlage. Die drei hintereinander liegenden Räume im Mittelteil waren bei der Freilegung durch 4 t schwere Marmortüren verschlossen gewesen. Im zwei-

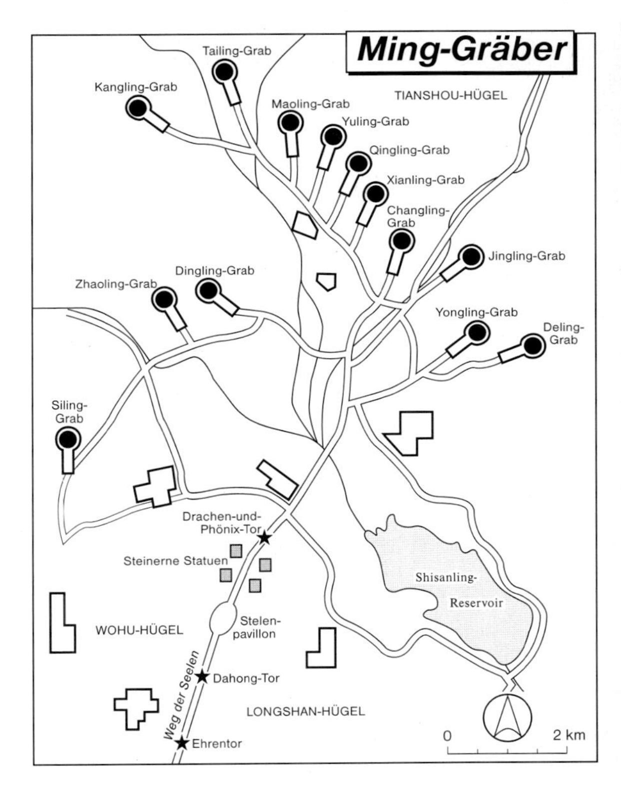

ten Saal stehen drei 3,3 m breite und 1,7 m hohe Marmorthrone, die von mehreren Altären, Leuchtern und Weihrauchbehältern umgeben sind. Im letzten Raum stehen drei Särge. Im mittleren Sarg befand sich der Leichnam des Kaisers, im linken der der Kaiserin und im rechten der der ersten Nebenfrau. In 26 Holztruhen wurden die Grabbeilagen verstaut.

- ***Tour:*** kombinierte Tour zur Großen Mauer (s.o.).
- ***Busse:*** Mit der U-Bahna nach Deshengmen (zwischen U-Bahnstation Gulou und Jishuitan), dort in den Bus 345 nach ф Changping umsteigen. Von dort weiter mit Bus 314 oder 357 nach Shisanling.
- ***Öffnungszeiten:*** Sommer tägl. 8.30-17.30, Winter tägl. 8.30-16.30 Uhr.

昌平

Tanzhe-Tempel
(Tánzhè Sì)
潭柘寺

Am Tanzhe Shan (Berg) im Mentougou-Bezirk, 40 km westlich von Beijing, liegt die ausgesprochen schöne und weitläufige Anlage des Tanzhe-Klosters. Der Grundstein für diesen Komplex wurde zur Zeit der Westlichen Jin (265-316) gelegt. Die heutigen Gebäude stammen aus der Ming- und Qing-Zeit. Sehr angenehm sowohl bei diesem als auch beim Jietai-Tempel ist, dass sich hier kaum Besucher einfinden und man die riesigen, weitläufigen Anlagen nahezu für sich allein hat.

河滩站

●***Bus:*** 307 ab Qianmen bis ⊕Hétān-Terminal. Von dort fahren (nicht numerierte) Busse zum Tempel. Oder U-Bahn bis Pingguoyuan, dann Bus 336 bis Hetan. Auch hierher kann man mit einem der regulären Ausflugsbusse fahren. Jeden Morgen fährt Bus You 7 vom Qianmen (Ostseite des Pfeilturms) zuerst zum Tánzhè Sì und dann zum Jiètái Sì. Ein weiterer Abfahrtspunkt ist an der U-Bahn-Station Fuchengmen (an der Endhaltestelle von Bus 335).

Tempel des Weihealtars
(Jiètái Sì)
戒台寺

8 km vor dem Tanzhe-Kloster bzw. 32 km südwestlich von Beijing liegt dieser Tempel aus dem Jahr 622, der mit den Hügeln des Ma'an Shan im Hintergrund eher wie ein Fort anmutet. Bekannt ist er für seinen kunstvoll gearbeiteten Marmoraltar.

●***Anfahrt:*** wie beim Tanzhe-Kloster.

Marco-Polo-Brücke
(Lúgōu Qiáo)
卢沟桥

15 km südwestlich vom Zentrum liegt diese 1189 erbaute Brücke, die den Yongding-Fluss überspannt. ⇗*Marco Polo,* der die Brücke 1290 überschritt, schrieb so begeistert von ihr, dass sie in Europa als Marco-Polo-Brücke bekannt wurde. Die Brücke ist 235 m lang, 8 m breit und wird von 11 Bögen getragen. Die zwei Brückengeländer bestehen aus je 140 kleinen Säulen, die von ⇗Löwen verziert werden. Am 7. Juli 1937 provozierten die Japaner, die die Mandschurei seit 1931 besetzt hielten, einen Schusswechsel an der Brücke und lösten damit den Chinesisch-Japanischen Krieg aus (1937-1945). Vor der Brücke kann man ein Dorf besuchen, das noch von einer vollständig erhaltenen Stadtmauer umgeben ist. Für 2 Yuan kann man auf der Mauer um das Dorf herumlaufen.

Tanzhe-Tempel

六里桥

●***Anfahrt:*** Bus 6, 50 oder 201 nach ⊕Liùlǐqiáo (Guanganmen) hinter dem Westbahnhof und von dort Bus 339. Oder Bus 309 ab Xibianmen (U-Bahn-Station Changchunjie auf der Ringlinie).

Peking-Mensch
(Zhōukǒudiàn)
周口店
北京猿人遗址

Knochenfunde gab es in dieser Gegend schon während der Ming-Zeit, nur dass man sie damals für Drachenknochen hielt und die Gegend um Zhoukoudian kurzerhand Longgu Shan (Drachenknochen-Berg) nannte. Nach weiteren Knochen- und Zahnfunden Ende des 19. Jahrhunderts begann sich die Wissenschaft für dieses Areal zu interessieren, und 1927 wurde mit systematischen Ausgrabungen begonnen, die 1929 durch den sensationellen Schädelfund des ***Peking-Menschen*** gekrönt wurden. Der Peking-Mensch, dessen schöner wissenschaftlicher Name Sinanthropus Pekinensis lautet, hat vor ca. 500.000 Jahren hier gelebt und kannte sogar bereits den Umgang mit Feuer. In den Wirren des Chinesisch-Japanischen Krieges ging der Schädel des Peking-Menschen, der in die USA gebracht werden sollte, verloren.

Im Laufe der Ausgrabungen wurden bis 1937 40 weitere Überreste von Männern und Frauen sowie Werkzeuge und Knochenreste von Tieren entdeckt. In jüngeren Schichten des Longgu Shan, einem Kalksteinberg, fand man in den vierziger Jahren Überreste des sogenannten ***Obere-Höhlen-Mannes,*** der bereits zum Homo sapiens gezählt wird.

Leider ist in der ***Ausstellung*** fast alles auf chinesisch beschriftet, so dass es sich lohnt, mit einer CITS-Tour herzukommen.

●***Zug:*** Vorortzug ab Station Yongdingmen. Vom Bahnhof muss man ein Taxi zum Museum nehmen.
●***Bus:*** Bus 917 ab Tianqiao-Busstation (Westseite des Himmelstempels).

Auf der Marco-Polo-Brücke

Der Himmelstempel

Von Beijing zur Seidenstraße

Überblick

Von Beijing aus gibt es zahlreiche interessante Möglichkeiten, nach Xi'an oder zu anderen Orten entlang der Seidenstraße zu gelangen. Eigentlich sind alle diese Varianten eigene Reisen wert, sie erfordern bei ausführlicher Besichtigung zwei bis vier Wochen Zeit, man kann aber auch Schwerpunkte setzen und die Reisezeiten entsprechend verkürzen, was aber dafür lange Zugfahrten zur Folge hat. Denkbar wären so umfangreiche Routen wie die über *Konfuzius'* Geburtsort Qufu nach Shanghai und von dort immer nach Westen zur Seidenstraße. Eine faszinierende Streckenführung führt durch die Innere Mongolei und das Autonome Gebiet Ningxia via Hohhot, das Dschinghis-Khan Mausoleum, Baotou und Yinchuan nach Lanzhou und und und. Eine Beschreibung aller Varianten würde den Rahmen dieses Buches sprengen, und so haben wir uns für zwei Routen entschieden, die ohne großen Zeitverlust nach Xi'an, dem Ausgangspunkt der Seidenstraße, führen. Kulturell interessant sind beide Strecken. Wer es ganz eilig hat, nach Xi'an zu kommen, und dennoch ein paar der berühmten Sehenswürdigkeiten wie das Shaolin-Kloster oder die Longmen-Grotten besichtigen möchte, sollte in jedem Falle über Zhengzhou und Luoyang fahren, wer ein bisschen mehr Zeit hat, könnte die Strecke über Datong und Taiyuan wählen, die landschaftlich sehr viel schöner ist und unterwegs auch mehr an Sehenswürdigkeiten zu bieten hat. Eine Woche sollte man für diese Strecke mindestens einplanen. Unsere ganz persönliche Empfehlung aber lautet: Wer sich entschieden hat, die Seidenstraße zu besuchen, sollte auch seine Zeit entlang der Seidenstraße verbringen. Es gibt so viel zu sehen, dass die Zeit wahrscheinlich ohnehin knapp wird.

安阳

Anyang

(Ãnyáng)

Gegen Ende des 19. Jh. fand man etwa 2 km nordwestlich von Anyang einige Orakelknochen und Schildkrötenpanzer aus der Shang-Zeit (ca. 1600-1122 v. Chr.). Grabungen in den zwanziger Jahren bestätigten schließlich, dass es sich bei den auf dem gleichen Gelände gefundenen Mauerresten, die auf einer Fläche von 24 km² freigelegt worden waren, um ***Überreste der Stadt Yin*** handelte, eine der Hauptstädte der Shang-Dynastie. Yin war bereits von dem berühmten chinesischen Historiker ⇗ *Sima Qian* im 1. Jh. n. Chr. erwähnt worden. Nach der traditionellen Überlieferung residierten die Herrscher der Shang-Dynastie seit dem Ende des 14. Jh. v. Chr. 243 Jahre lang in Yin.

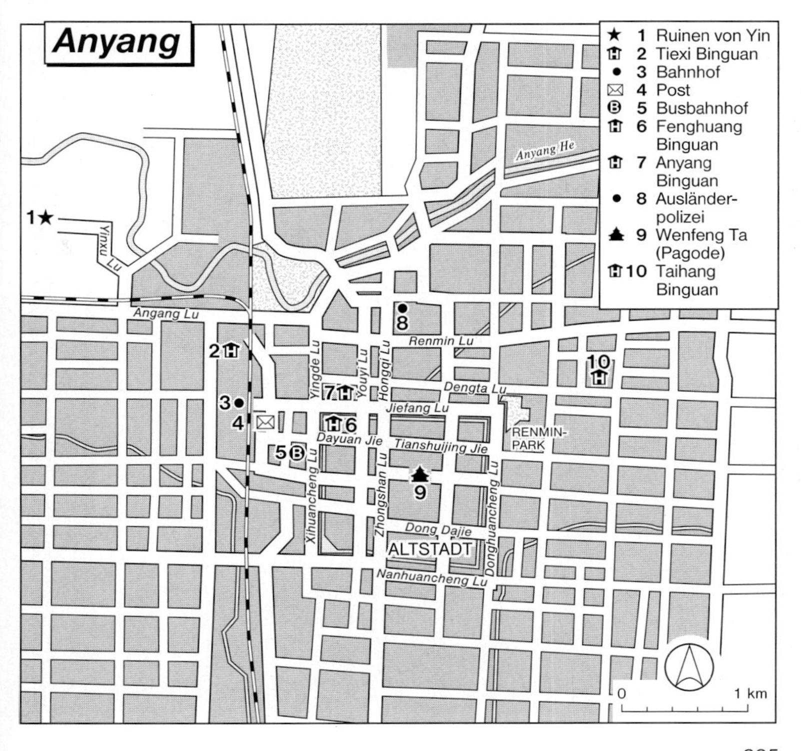

Zur Seidenstraße

Das Anyang des einundzwanzigsten Jahrhunderts ist eine ***moderne Stadt*** mit einer halben Million Einwohner und einer schönen Altstadt.

Hotels

安阳宾馆 ф***Ānyáng Bīnguǎn*/*****, 1 Youyi Lu, Tel. 5922219.
太行宾馆 ф***Tàiháng Bīnguǎn*****, 3 Dengta Lu, Tel. 5922038.
凤凰宾馆 ф***Fēnghuáng Bīnguǎn****, Jiefang Lu/Kreuzung Xihuancheng Lu., Tel. 5937207

Restaurants

- In der Jiefang Lu und in der Altstadt.
- Im Taihang-Hotel gibt es westliches Essen.

湘州酒楼 Empfehlenswert ist das ф***Xiāngzhōu Jiǔlóu*** in der Xihuancheng Lu, Spezialität ist hier Hähnchen ohne Knochen.

Überall gibt es leckeren, süßen Yogurt

Sonstiges

- ***Telefonvorwahl:*** 0372.
- ***CITS:*** Bldg. 2, Chanzhou Hotel, 121 Renmin Dadao, Tel. 4925650.
- ***Fahrradverleih:*** Vor dem Fenghuang Binguan.

Weiterreise

- ***Züge:*** u.a. nach ***Beijing*** (500 km, 7 Std., Zug 546, und 554 bis Beijing Süd), ***Zhengzhou*** (190 km, 2,5 Std., Zug 601, 611). Für weitere Züge nach Norden und nach Süden siehe „Weiterreise Zhengzhou".
- ***Busse:*** Es gibt u.a. Verbindungen nach ***Zhengzhou*** (4,5 Std.), ***Luoyang*** und ***Taiyuan*** (10 Std.). Alle halbe Stunde fahren Minibusse nach ***Linxian.***

Sehenswertes

Ruinen von Yin
(Yīnxū Bówùguǎn)
殷墟博物馆

2 km nordwestlich von Anyang. Die Stadt Yin war in vier Bereiche unterteilt: königliche Palastanlage, Königsgräber, Handwerksstätten und Wohnviertel. Bei den Ausgrabungen wurden Keramikgefäße, Bronzen, Elfenbein, Jade, Werkzeuge und Unmengen von Orakelknochen gefunden. Die meisten der Funde sind im Geschichtsmuseum von Beijing ausgestellt.

- ***Anfahrt:*** Mit dem Bus 1 bis zur Kreuzung Angang Lu/Yinxu Lu.

Tempel der Himmlischen Ruhe
(Wénfēng Tǎ, auch: Tiānníng Sì)
文峰塔

In den Straßen der Altstadt sieht man den oberen Teil der ca. 39 m hohen Steinpagode aus dem Jahr 925, der Zeit der Fünf Dynastien (907-960). Der Eingang zur ↗Pagode befindet sich links neben einer Schule hinter der Xida Jie. Man muss allerdings klingeln und wird dann vielleicht reingelassen.

Altstadt

Beeindruckend ist ein Spaziergang durch die Altstadt innerhalb des Wassergrabens. Hier kann man in allerlei Handwerksbetrieben bei der Arbeit zusehen.

Ausflüge in die Umgebung

Rote-Fahne-Kanal
(Hóng Qí Qú)
红旗渠

Während ein Großteil Henans oft unter den Fluten des Gelben Flusses versank, litt die Landwirtschaft des Kreises Lin (Linxian) immer unter der Dürre. 1960 wurde ein gigantisches Kanalbauprojekt in Angriff genommen. Zehn Jahre lang arbeiteten 30.000 Menschen aus Mangel an technischem Gerät mit ihrer Muskelkraft an dem Projekt. Ein 70 km langer Hauptkanal wurde durch die bergige Landschaft bis zum Zhang-Fluss in Shanxi gebaut. Zahllose Nebenkanäle mit einer Gesamtlänge von mehr als 1.500 km verteilen das über den Hauptkanal herangeführte Wasser auf den Kreis. 1.250 Bergkuppen mussten abgetragen, 134 Tunnel und 150 Aquädukte gebaut werden.

Im Hotel in ***Linxian*** kann man eine Fahrt mit Jeep und Fahrer arrangieren. Für einen halben bis einen Tag bekommt man wichtige Abschnitte des imponierenden Kanalbauwerks in einer eindrucksvollen Landschaft zu sehen. In den siebziger Jahren war der Rote-Fahne-Kanal ein Vorzeigeprojekt, zu dem offizielle Besucher geführt wurden und dessen Besichtigung für Studenten und junge Kader nahezu obligatorisch war. Heute verirren sich nur noch recht wenige Besucher dorthin.

● ***Anfahrt:*** Mit einem Bummelzug von Anyang (Zug 951 um 9.30 Uhr) oder mit dem Bus (Minibusse fahren alle halbe Stunde) nach Linxian. Busse fahren auch ab Zhengzhou, was aber eine lange mühevolle Fahrt bedeutet.

林县饭店

● ***Hotel:*** An der Hauptstraße in Linxian befindet sich das preiswerte ф***Línxiàn Fàndiàn*.***

● ***Ausländerpolizei:*** Gleich gegenüber vom Hotel.

郑州

Zhengzhou

(Zhèngzhōu)

Die Hauptstadt Henans ist ein wichtiger ***Verkehrsknotenpunkt*** und ein bedeutendes Wirtschafts- und Industriezentrum. Wenn man in Zentralchina reist, lässt sich ein Zwischenstopp in Zhengzhou kaum vermeiden.

Es gibt jedoch auch einiges zu entdecken, wie quirlige Altstadtviertel und Märkte, und wer dennoch der Meinung ist, dass Zhengzhou grau und trostlos sei, der kann einen Ausflug zum ***Shaolin-Kloster*** machen. Kommt man morgens an, nicht später als 7.00 Uhr, und will abends weiter, lässt sich der Besuch dieses berühmten Kung-Fu-Tempels bequem einschieben. Die Tickets für die Weiterfahrt sollte man aber schon vorher besorgen (ausführlich siehe Kapitel Song Shan).

Hotels

中原大厦

ф***Zhōngyuán Dàshà*/**,*** gleich gegenüber vom Bahnhof, im hohen weißen Gebäude. Tel. 6966172. Hier gibt es auch Dormitories, aber insgesamt ist es sehr laut.

中州宾馆

ф***Zhōngzhōu Bīnguǎn***,*** 115 Jinshui Dadao, Tel. 5950055. Bus 2 ab Bhf.

河南宾馆

ф***Hénán Bīnguǎn**,*** 26 Jinshui Lu, Tel. 3945522. Das Hotel liegt gegenüber vom Renmin-Park.

郑州饭店

ф***Zhèngzhōu Fàndiàn*/**,*** 8 Xinglong Jie, Tel. 6966172.

国际饭店

ф***Guójì Fàndiàn (Novotel)***,*** 114 Jinshui Lu/Ecke Huayuan Lu, Tel. 5956600, Fax 5950161.

友谊宾馆

ф***Yǒuyì Bīnguǎn*/**,*** 97 Jinshui Lu/Ecke Erqi Lu, Tel. 6228807.

二七宾馆

ф***Èrqī Bīnguǎn*/***,*** Jiefang Xilu, Tel. 6961041. Bus 2 ab Bhf. bis zum Denkmal des Siebten Februar (Erqi).

紫荆山饭店

ф***Zǐjīngshān Fàndiàn**,*** Renmin Lu, Tel. 5952851.

Restaurants

- In der Jiefang Lu/Erqi Lu gibt es viele ***moslemische Essensbuden.***

水上餐厅 ⌽ ***Shui Shàng Cāntīng*** (Überwasserrestaurant) und
广州酒家 ⌽ ***Guǎngzhōu Jiǔjiā*** befinden sich beide in der Nähe des Renmin-Parks.
大同饭舍 ⌽ Empfehlenswert sind auch das ***Dàtóng Fànshè*** in der Datong Lu,
紫荆山饭店 ⌽ ***Zijīngshān Fàndiàn*** in der Renmin Lu und das
烤鸭店 ⌽ ***Kǎo Yā Diàn*** ebenfalls in der Renmin Lu, wo es gute Peking-Ente gibt.
国泰大酒店 ⌽ Im ***Guótài Dàjiǔdiàn*** gibt es gute kantonesische Küche.

Sonstiges

- ***Telefonvorwahl:*** 0371.
- ***CITS:*** 15 Jinshui Dadao, Tel. 5922072, und im Guoji Fandian.
- ***CTS:*** Jinshui Lu, Tel. 5952191.
- ***Ausländerpolizei:*** In der Jinshui Lu schräg gegenüber vom Guotai-Restaurant.
- ***Bank:*** 40 Huayuan Lu.
- ***Post:*** Neben dem Platz vor dem Hauptbahnhof und ein Schalter im Guoji Fandian.
- ***CAAC:*** In der 51 Yima Lu, nicht weit vom Bahnhof. Tel. 6964789.

Weiterreise

Züge

Mit einem * markierte Zugnummern starten in Zhengzhou.

- ***Zugtickets:*** In der 193 Erqi Lu befindet sich ein Ticketvorverkauf.
- ***Beijing*** (700 km, 9 Std.) über ***Anyang*** (190 km, 2,5 Std. Zug Nr. 180*, 506*, 554*), ***Taiyuan*** (646 km, 12 Std., Zug 502-503*, ***Xi'an*** (500 km, 10 Std.) über ***Luoyang*** (120 km, 2,5 Std., Zug 197*, Y201*, 503*, 695*, 697* und unzählige weitere Züge, die durch Zhengzhou durchkommen, aber meist schon voll sind). Wer vorher zum heiligen Berg ***Hua Shan*** möchte, muss mit Zug 503* fahren, der am Bahnhof Huashan hält. ***Lanzhou*** via Luoyang, Xi'an, Tianshui (1.176 km, 22 Std., Zug 197*, 503*), ***Xining*** (1.392 km, 27 Std., Zug 115, 172-173, 375, 503*), ***Ürümqi*** (3.068 km, 64 Std., Zug 197*).

Busse

- Klima- und normale Busse fahren nach ***Luoyang*** (3 Std.) und ***Anyang*** (4,5 Std.). Schlafbusse fahren über Nacht nach ***Beijing*** und ***Xi'an.*** Am Bahnhofsvorplatz fahren Minibusse zum ***Shaolin-Kloster,*** sobald sie voll sind. Viele von ihnen sind kleine Tourbusse, die einen Rundtrip anbieten. Eine gute Lösung, wenn man abends mit dem Zug weiter will.

Flüge

- gibt es in alle wichtigen Städte des Landes, u.a. nach ***Beijing, Xi'an, Lanzhou, Ürümqi, Taiyuan***. Charterflüge gibt es nach ***Hongkong.***

Sehenswertes

Historisches Museum

(Lìshǐ Bówùguǎn)
历史博物馆

Das Museum in der Jinshui Lu stellt sehenswerte Funde aus dem Neolithikum, den frühen Dynastien und den Perioden bis zur Qing-Zeit aus.

- ***Öffnungszeiten:*** tägl. (außer Mo) 9.00-17.00 Uhr.

Zhengzhou
Nanyang Lu
Huanghe Lu
Huayuan Lu
Jinshui Lu
Renmin Lu
RENMIN
PARK
Erqi Lu
Jianshe Lu
Jiefang Lu
Shangcheng Lu
Dong Dajie
Zhangyuan Lu
Xiangyang Lu
Zijingshan Lu
Daxue Lu
Ma Lu
Longhai Xilu
Longhai Donglu
Dengfeng
Songshan
0
1 km

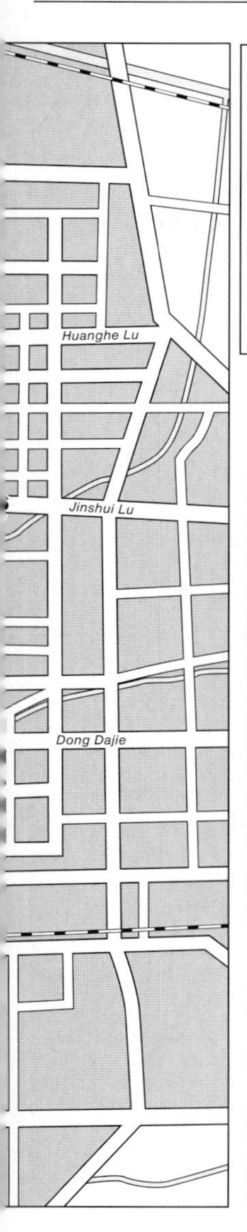

• 1	West-Bahnhof	15	Guoji Fandian und CTS
• 2	Zugticketvorverkauf	16	Zhongzhou Binguan
3	Huanghe-Museum	★ 17	CAAC
4	Henan Binguan	★ 18	7.-Februar-Gedenkpagode
5	Shui Shang Canting	19	Erqi Binguan
6	Youyi Binguan	✉ 20	Post
7	Bank	21	Zhengzhou Fandian
8	Provinzhospital	22	Busbahnhof
★ 9	CITS	23	Zhongyuan Dasha
10	Historisches Museum	• 24	Bahnhof
• 11	Ausländerpolizei	25	Datong Fanshe
12	Zijingshan Fandian	★ 26	Shang-Ruinen
13	Kao Ya Dian	27	Stadtgottempel
14	Guotai Fandian		

Huang-He-Museum
(Huáng Hé Bówùguǎn)
黄河博物馆

Die Ausstellung zeigt die Bedeutung des Gelben Flusses (Huang He) für die gesamte Region, der seinen Lauf immmerhin mehr als zwanzigmal geändert hat.

Rénmín Gōngyuǎn

Im Volkspark gibt es Restaurants, Pavillons und viele Menschen.

Dahecun
(Dàhécūn)
大河村遗址

Bus 5 ab Hauptbahnhof. Ausgrabungen förderten in Dahecun, einem Vorort ca. 12 km nordöstlich von Zhengzhou, ein 5.000 Jahre altes neolithisches Dorf zutage. Die Funde umfassen fünf- bis sechstausend Jahre alte Fundamente von Häusern sowie Keramikgefäße und Gräber.

Ruinen aus der Shang-Zeit
(Shāngdài Yízhǐ)
商代遗址

Im östlichen Teil Zhengzhous wurden bei Ausgrabungen Teile einer Siedlung aus der Shang-Zeit gefunden und freigelegt. Gefunden wurden Gräber, Teile einer Stadtmauer, Fundamente und viele Hinweise auf die Struktur von Städten in dieser Zeit. Bus 8 ab Bahnhof und Bus 3 oder 8 ab der Endhaltestelle an der Kreuzung Jinshui Lu/Nanyang Lu fahren vorbei. An der Haltestelle
东门口
中Dōngménkǒu muss man aussteigen.

7.-Februar-Gedenkpagode
(Èrqī Jàniàn Tǎ)
二七纪念塔

Das Monument erinnert an den Streik der Eisenbahner im Jahr 1923, der mit brutaler Gewalt niedergeschlagen wurde.

嵩山

Song Shan

(Sōng Shān)

Der Song Shan, 20 km nordwestlich von Dengfeng, ist einer der ***fünf mythischen Berge*** Chinas. (Tai Shan im Osten, Hua Shan im Westen sowie der nördliche und südliche Heng Shan sind die anderen). Der Gebirgskomplex birgt interessante Kulturdenkmäler.

Anfahrt

- ***ab Zhengzhou:*** Organisierte Bustouren, die die zwei restaurierten Gräber der Han-Zeit in Mixian, den Zhongyue-Tempel und das Shaolin-Kloster mit einschließen, kann man am Bahnhofsvorplatz (z.B. gleich neben dem Ausgang) oder im Bus selbst buchen. Die Busse fahren zwischen 8.00 und 10.00 Uhr los und sind gegen 17.00-18.00 Uhr wieder zurück. Es gibt auch Busse zum Kloster, die die Strecke nicht als Ausflug abfahren. Eine andere Möglichkeit besteht darin, mit einem Bus ab Busbahnhof nach Dengfeng zu fahren und dort zu übernachten, falls man mehr von der Umgebung sehen will. Von Dengfeng fahren Busse zu den Sehenswürdigkeiten, oder man chartert ein Taxi.
- ***ab Luoyang:*** Auch von hier gibt es organisierte Touren, und zwar mit Bussen ab Busbahnhof oder vom Bahnhofsvorplatz. Ansonsten gilt das gleiche wie für Zhengzhou.

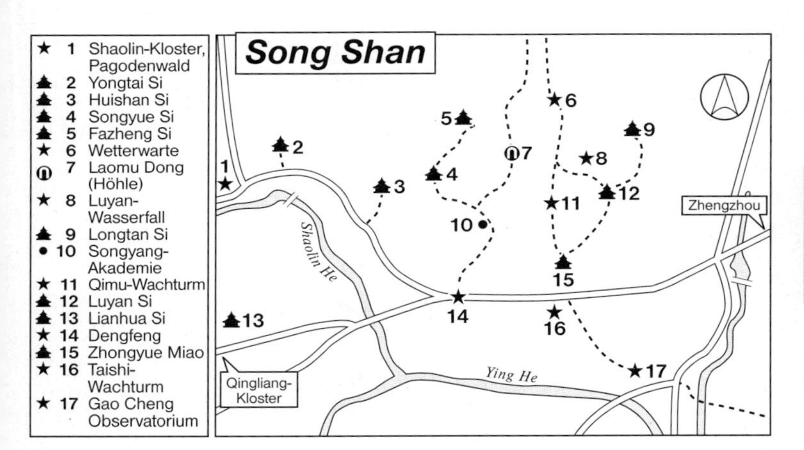

Hotel

嵩山宾馆

Songshan Binguan: ⊕***Sōngshān Bīnguǎn****, am Shaolin-Tempel.

Restaurants

● Auf dem Weg vom Parkplatz zum Tempel gibt es zahlreiche mäßige, aber teure Restaurants.

Weiterreise

● Wer nicht mit dem Ausflugsbus gekommen ist, kann mit einem öffentlichen Bus nach ***Luoyang, Zhengzhou*** oder ***Gongxian*** fahren.

Sehenswertes

Shaolin-Kloster

(Shǎolín Sì)
少林寺

Der erste Eindruck, den man von Chinas wohl berühmtestem Kloster bekommt, ist ein riesiger Parkplatz mit dicht an dicht stehenden Bussen und dahinter eine Souvenirmeile mit Touristennepp pur. Der Grund für diese Popularität ist einfach: An dieser Stelle befand sich das Zentrum des ↗Chan-Buddhismus (jap. Zen) und des Kung Fu (chin.: Gongfu).

Das Kloster wurde 495 n. Chr. eingeweiht. Um 552 begründete der indische Mönch ↗*Bodhidharma* (chin. *Damo*) hier die Schule des ↗***Chan-Buddhismus*** und entwickelte Trainingstechniken, die sich später zum ***Kung Fu*** (Gong Fu) weiterentwickelten. Seine Blütezeit erlebte Shaolin in der Tang-Zeit (618-907), während der sich bis zu tausend Mönche im Kloster aufhielten.

千佛殿

Sehenswert ist innerhalb der Anlage vor allem die ⊕***Qiān Fó Diàn (Tausend-Buddha-Halle)*** mit Malereien aus der Ming-Zeit (1368-1644), die auch Kung-Fu-Szenen zeigen.

Pagodenwald
(Gāo Sēng Tǎ Lín)
高僧塔林

Links vom Kloster nach einem kurzen Fußweg beginnt der Pagodenwald. Mehr als 200 berühmte Äbte und Mönche wurden hier in einem Zeitraum von tausend Jahren beigesetzt. An den ⇗Pagoden lassen sich die Stilwandlungen der einzelnen Epochen auch für den Laien leicht ablesen. Nördlich des Pagodenwaldes steht zu Ehren des ersten Patriarchen, *Damo*, der 中 ***Chū Zǔ Ān (Tempel des Ersten Patriarchen).*** Im Süden des Pagodenwaldes steht der 中 ***Èr Zǔ Ān (Tempel des Zweiten Patriarchen),*** in dem man *Damos* Nachfolger verehrt.

初祖庵

二祖庵

Im Shaolin-Kloster

Qingliang-Kloster
(Qīngliáng Sì)
清凉寺

In der Höhle im Berghang nördlich des Shaolin-Klosters soll *Damo* neun Jahre lang meditiert haben.

Song-Yue-Tempel
(Sōngyuè Sì Tǎ)
嵩岳寺塔

5 km nordwestlich von Dengfeng. Die Pagode des Tempels aus dem Jahr 520 gilt als die älteste erhaltene ***Ziegelpagode*** Chinas.

Songyang-Akademie
(Sōngyáng Shūyuàn)
嵩阳书院

Unmittelbar nördlich von Dengfeng. Gegründet wurde die Akademie 484. Sie war eine der großen Schulen der Song-Dynastie und eine der ältesten Akademien des Landes. Heute noch kann man erkennen, wie eine Akademie jener Zeit aufgebaut war. Bei einem Besuch in der ruhigen tempelähnlichen Anlage kann man gut den Rummel am Shaolin-Kloster vergessen.

Gao-Cheng-Observatorium
(Gāochéng Guànxīng Tái)
高城观星台

15 km südöstlich von Dengfeng. Das älteste vollständig erhalten gebliebene Observatorium Chinas stammt aus dem Jahr 1276, aus der Zeit der Yuan-Dynastie (1271-1368). Der Astronom und Mathematiker *Guo Shoujing* (1231-1316) errechnete mit Daten dieses und anderer Observatorien die fast exakte (er irrte nur um 26 Sekunden) Umlaufbahn der Erde um die Sonne. Sein Kalender war einer der genauesten seiner Zeit.

Zhongyue-Tempel
(Zhōngyuè Miào)
中岳庙

4 km östlich von Dengfeng. Der größte und wohl auch überlaufenste Tempel der Provinz Henan wurde in der Zeit des Ersten Kaisers von China, ⇗ *Huang Di*, 220 v. Chr. gegründet. Ihr heutiges Aussehen erhielt die schöne Anlage in der Qing-Zeit (1644-1911).

洛阳

Luoyang

(Luòyáng)

Schon vor 6.000 Jahren existierten in der Umgebung von Luoyang bäuerliche Gemeinschaften. Die besonders günstigen geographischen und klimatischen Bedingungen prädestinierten Luoyang dazu, den militärischen, wirtschaftlichen und kulturellen ***Mittelpunkt des Reichs*** zu bilden, eine Rolle, die die Stadt nahezu 1.000 Jahre lang ausfüllte. Von 770 v. Chr. (Zhou-Dynastie) an diente Luoyang insgesamt 934 Jahre lang neun Dynastien als Hauptstadt.

Ihre ***Blütezeit*** erlebte die Stadt unter der Sui-Dynastie (581-618), während der Luoyang von fast einer Million Menschen bevölkert wurde, unter ihnen viele Händler, Gelehrte und Künstler. Mit dem Sturz der Tang-Dynastie 907 begann der Abstieg Luoyangs in die Bedeutungslosigkeit. Die Hauptstadt wurde nach

Kaifeng verlegt und unter den Mongolen nach Beijing. 1920 lebten hier nur noch 20.000 Menschen.

Als mit dem ersten Fünfjahresplan der VR China die ***Industrialisierung*** Luoyangs in Angriff genommen wurde, erlebte die Stadt wieder einen Aufschwung. Heute leben wieder eine Million Menschen hier. Vom einstigen Glanz ist jedoch nichts mehr zu sehen.

Hotels

新友谊大酒店

Xin Yǒuyì Dàjiǔdiàn*,** 6 Xiyuan Lu, Tel. 4911445, Fax 4912328. Bus 2 ab Bahnhof, bis man den großen Freundschaftsladen sieht. Am nächsten Stopp aussteigen und noch 15 Min. zu Fuß die Straße weiterlaufen. Das Hotel liegt auf der rechten Seite.

洛阳宾馆

Luòyáng Bīnguǎn*,** Renmin Jie, Tel. 3951821. Bus 5 ab Bahnhof. Das Hotel liegt am Rand der Altstadt.

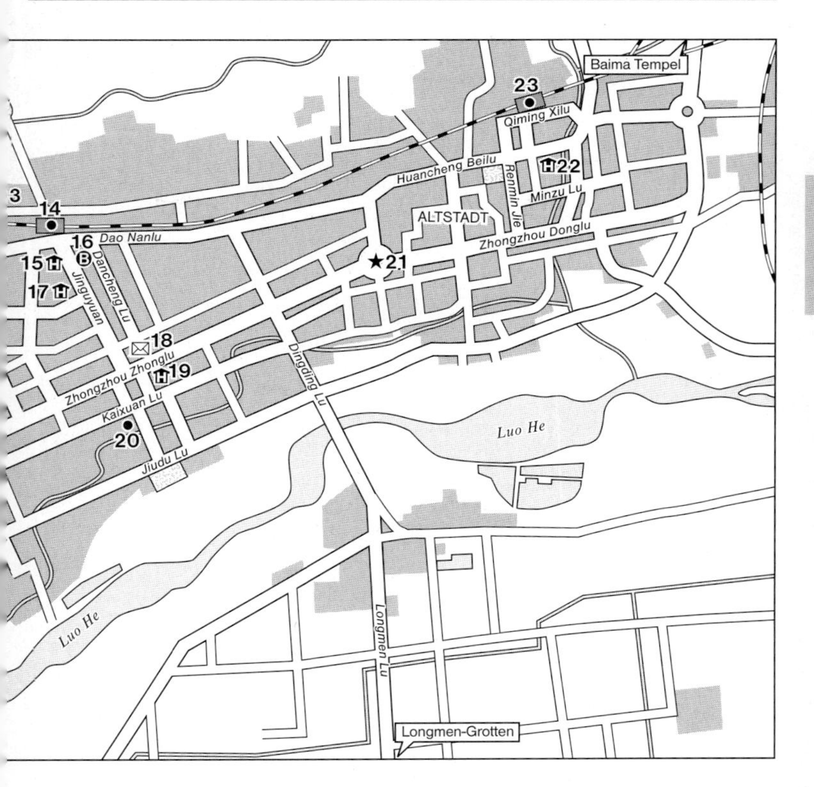

★ 1 Mudan-Park
Ⓤ 2 Bus 60 zu d. Longmen- Grotten
Ⓑ 3 Bus 9 zur Altstadt und Bus 2 zum Bahnhof
✚ 4 Hospital Nr. 3
🍴 5 Guangzhou Jiujia
🏨 6 Youyi Dajiudian
🏨 7 Huayuan Jiudian
$ 8 Bank
🏨 9 Huacheng Fandian
🏨 10 Mudan Dajiudian
★ 11 Wangcheng-Park
Ⓜ 12 Museum
★ 13 CAAC
• 14 Bahnhof
🏨 15 Luoyang Lushe
Ⓑ 16 Busbahnhof
🏨 17 Tianxiang Lushe
✉ 18 Post
🏨 19 Xuangong Dasha
• 20 Ausländerpolizei
★ 21 Xiguan (Westtor)
🏨 22 Luoyang Binguan
• 23 Ostbahnhof

洛阳旅社 ⌽***Luòyáng Lǔshè*,*** billiges, aber muffiges Hotel gegenüber vom Bahnhof.

花城宾馆 ⌽***Huāchéng Fàndiàn*,*** 49 Zhongzhou Zhonglu, Tel. 4913400. Hin kommt man mit Bus Nr. 2, 4 und 11.

天香旅社 ⌽***Tiānxiāng Lǔshè*/**,*** Jinguyuan Lu, Tel. 3937846. Nicht weit vom Bahnhof in der Nähe des Luoyang Lüshe.

旋宫大厦 ⌽***Xuángōng Dàshà**,*** Zhongzhou Lu/Kreuzung Jinguyuan Lu.

牡丹大酒店 ⌽***Mǔdan Dàjiǔdiàn****,*** 15 Zhongzhou Xilu, Tel. 4913699.

偃师宾馆 ⌽***Yǎnshī Bīnguǎn*,*** Tel. 7911154.

花园宾馆 ⌽***Huāyuán Jiǔdiàn*,*** Nanchang Lu, Tel. 2921681.

Restaurants

●Die besten Restaurants findet man in der Altstadt, in der Zhongzhou Zhonglu, Dong Dajie und Xidajie. Auch in der Straße hinter dem Neubau vom Youyi-Hotel gibt es Lokale. Empfehlenswert ist hier das ⌽***Guǎngzhōu Jiǔjiā*** in der Jinghua Lu.

广州酒家

Sonstiges

●***Telefonvorwahl:*** 0379.
●***CITS:*** Changjiang Lu, Gegenüber vom Xiyuan-Park, Tel. 4325061
●***Ausländerpolizei:*** 1 Kaixuan Xilu/Ecke Tiyuchang Lu, Mo-Sa 8.00-12.00 und 14.00-18.00 Uhr.
●***Bank:*** Qilihe, Yan'an Lu,
●***Post:*** Zhongzhou Zhong Lu/Kreuzung Jinguyuan Lu.
●***CAAC:*** Am 20 km entfernten Flughafen und in einem Büro in der Dao Bei Lu hinter dem Bahnhof, Tel. 3935301, sowie in den Hotels.

Weiterreise

●***Züge:*** Züge u.a. nach ***Beijing*** (819 km, 13 Std., Zug 532* ist der einzige Zug nach Beijing, der hier auch startet, ansonsten viele durchkommende, aber volle Züge), ***Xi'an*** (387 km, 8 Std., es gibt sehr viele durchkommende Züge, aber keinen, der hier beginnt. Man muss für Sleepertickets viel Glück mitbringen oder gleich bei CITS reservieren), ***Zhengzhou*** (124 km, 2 Std., zahlreiche durchkommende Züge, die zu jeder Tages- und Nachtzeit fahren.) Für alle weiteren Verbindungen siehe Weiterreise Zhengzhou.
●***Busse:*** Nach ***Xian*** (10 Std.), ***Zhengzhou*** (3 Std.), ***Anyang, Ruicheng, Gongxian*** und zum ***Song Shan.***
●***Flüge:*** gibt es u.a. nach ***Xi'an, Beijing*** und ***Hongkong.***

Sehenswertes

Museum
(Bówùguǎn)
博物馆

Das Stadtmuseum beherbergt eine Sammlung sehenswerter archäologischer Funde aus der Umgebung Luoyangs.

●***Öffnungszeiten:*** tägl. 8.30-17.30 Uhr.

Altstadt

Sehr schön ist die Altstadt im östlichen Teil der Stadt, die heute noch so aussieht wie zu Zeiten der letzten drei Dynastien Yuan, Ming und Qing. An Sonntagen findet in den mittelalterlichen Gassen ein Markt statt.

Blumenfest
(Mǔdan Huāhuì)
牡丹花会

王城公园

Vom 15.-25. April findet im Stadtzentrum das Päonien-Fest statt. In den Straßen und Parks gleicht die Stadt dann einer Kirmes. Viel los ist vor allem im ***Wāngchéng Gōngyuán*** (Wangcheng-Park), wo seit Hunderten von Jahren mehr als 150 Arten ↗Päonien blühen. In den ersten Frühlingswochen prägen die Blumen das Bild der Stadt. Im Wangcheng-Park befinden sich darüber hinaus zwei ***Gräber*** aus der Han-Zeit.

Ausflüge in die Umgebung

Guanlin Miao
(Guānlín Miào)
关林庙

Im Tempel befindet sich das Grab des berühmten Generals ↗*Guan Yu*, eines Helden aus der Zeit der Drei Reiche (220-280) und loyalen Generals von König *Liu Bei* von Shu. Er wurde von *Sun Quan*, dem König von Wu, gefangengenommen und hingerichtet. Seinen Kopf schickte *Sun Quan* dem König von Wei, *Cao Cao,* in der Hoffnung, dass sich die Rache *Liu Beis* auf *Cao Cao* richten möge. Dieser ließ den Kopf jedoch ehrenvoll begraben und hinterging damit *Sun Quans* Pläne.

●***Anfahrt:*** Zum 7 km südlich von Luoyang gelegenen Tempel fährt Bus 60 ab Xin Youyi Dajiudian, Bus 81 fährt ab Bahnhof und Bus 53 vom Kreisverkehr Xiguan (Westtor).

Longmen-Grotten
(Lóngmén Shíkū)
龙门石窟

Beidseitig des Yi-Flusses befinden sich die Longmen-Grotten, eine der berühmtesten und wichtigsten buddhistischen Kultstätten Chinas. Seit dem Jahr 494, als die Nördliche Wei-Dynastie (386-543) herrschte, wurden in den Felswänden am Flussufer in über 400 Jahren 1.352 Grotten, 750 Nischen, über 40 buddhistische ↗Pagoden, 3.608 Inschriften und fast 100.000 Statuen geschaffen.

Die meisten der Grotten befinden sich auf einem ca. 800 m langen Abschnitt entlang dem Westufer. Vieles wurde jedoch wäh-

Longmen-Grotten

rend der ersten buddhistischen Verfolgungen im 9. Jh. und in der Folge durch Vandalismus und Witterungseinflüsse zerstört. Im 19. und 20. Jh. waren sich westliche Souvenirjäger nicht zu schade, die Grotten zu plündern, und zuletzt legten die Roten Garden während der ⇗Kulturrevolution Hand an dieses Kulturdenkmal.

古阳窟

Die älteste der Grotten ist die ⊕***Gŭyáng Kū*** (Guyang-Grotte) aus dem Jahr 494. Die Höhlenwände werden von zahllosen Malereien und ⇗Kalligraphien geschmückt, die zu den schönsten der Anlage zählen.

宾阳三洞

Eine andere wichtige Höhle ist die ⊕***Bīnyáng Dòng*** (Binyang-Höhle), an der zwischen 500 und 523 gearbeitet wurde. Sie gliedert sich in drei Sektionen. Die Zentralfigur im mittleren Bereich stellt den Buddha ⇗Sakyamuni dar.

万佛洞

In der ⊕***Wànfó Dòng*** (10.000-Buddha-Höhle) schmücken 15.000 Buddhafiguren die Wände.

奉先寺

Weithin sichtbar ist der ***Fèng Xiān Sì*** (Feng-Xian-Tempel) in der größten der Grotten. Der hier in der Mitte sitzende ⇗Buddha ist 17 m hoch.

药方洞

莲花洞

Erwähnenswert ist noch die ⊕***Yàofāng Dòng*** (Rezeptgrotte) mit über 100 eingravierten medizinischen Anweisungen und die ⊕***Liánhuā Dòng*** (Lotos-Höhle) mit einer großen ⇗Lotosblüte an der Decke.

白居易墓

Überquert man am Ende der Grottenanlage den Fluss auf der langen Brücke, gelangt man u.a. zum ⊕***Bái Jūyì Mù***, Grab des *Bai Jüyi*, eines berühmten Dichters aus der Tang-Zeit.

● ***Anfahrt:*** Mit Bus 60 ab Nähe Xin Youyi Dajiudian, Bus 53 ab Xiguan (Westtor) und Bus 81 ab Bahnhof.

● ***Öffnungszeiten:*** Im Sommer tägl. 6.30-18.30, im Winter tägl. 6.30-17.30 Uhr.

Grotte mit Wächter-Figuren

Tempel des Weißen Pferdes
(Báimǎ Sì)
白马寺

10 km östlich von Luoyang. Der Tempel wurde 68 n. Chr. erbaut und gilt als der älteste buddhistische Tempel Chinas. Die heutigen Gebäude stammen aus der Ming-Zeit (1368-1644). Der Name rührt von zwei weißen Pferden her, auf denen zwei indische Mönche die ersten buddhistischen Sutren nach China brachten. An den Seitenmauern im Hof hinter dem Eingang befinden sich die Gräber der beiden Mönche, die die Sutren auch ins Chinesische übersetzten. 1634 wurden für sie Gedenksteine errichtet.

Interessant ist die Halle der 18 ⇗Luohan oder ⇗Arhats, der Schüler ⇗Buddhas (eigentlich sind es 500), die jeweils andere Posen einnehmen und unterschiedliche Gesichtsausdrücke aufweisen.

● ***Anfahrt:*** Bus 56 vom Xiguan (Westtor).

Wolkenkratzer-Pagode
(Qíyún Tǎ)
齐云塔

Gleich in Sichtweite des Baima Si steht diese alte Lehmziegelpagode aus der Tang-Zeit (618-907).

Shaolin-Kloster

Shaolin-Kloster am Song Shan und Zhongyue-Tempel siehe unter Song Shan.

芮城 *Ruicheng*

(Ruìchéng)

永乐宫

Drei Kilometer nördlich der Kreisstadt Ruicheng steht das sehenswerte ⊕ ***Yǒnglè Gōng*** (Kloster Yongle). Es war ursprünglich das Wohnhaus des daoistischen Meisters *Lü Dongbin* (8. Jahrhundert), der als einer der ⇗Acht Unsterblichen verehrt wird. Nach seinem Tod wurde es zu einer Klosteranlage erweitert. Zwischen 1247 und 1262 entstand die Anlage nach einem Brand neu. Die jüngsten Gebäude wurden 1368 hinzugefügt.

Die vier Haupthallen gruppieren sich entlang einer Nord-Süd-Achse. In der ***Long Hu Dian*** (Drachen- und Tigerhalle) werden Gottheiten, Gelehrte, Krieger und Beamte auf den Wandmalereien abgebildet.

Die dahinterliegende ***San Qing Dian*** (Halle der Drei Reinen) ist den drei höchsten daoistischen Gottheiten geweiht. Auf den Wandbildern (1325-1358) ist die Zusammenkunft der ⇗Acht Unsterblichen zu Ehren Yu Qings, dem höchsten der drei Reinen, dargestellt. Szenen aus dem Leben *Lü Dongbins* sind auf Malereien der Chun-Yang-Halle abgebildet.

Zum Gedenken an *Wang Chongyang*, den Begründer einer einflussreichen daoistischen Schule im 12. Jahrhundert, wurde die ***Chongyang Dian*** erbaut und dort in 49 Bildern sein Leben dargestellt.

Anfahrt

云城
解县

● Mit der Bahn von Taiyuan bis ⊕Yúnchéng (412 km, 8 Std.). Von Yuncheng und ⊕Jièxiàn gibt es Busse nach Ruicheng. Direktbusse gibt es auch ab Luoyang.

Hotel

永乐饭店

● Es gibt das einfache ***Yǒnglè Fàndiàn**** im Ort.

Weiterreise

● Nach ***Beijing*** gibt es eine Direktverbindung von Yuncheng mit dem Zug 204*. ***Busse*** fahren nach ***Luoyang und Xi'an.***

华山

Hua Shan

(Huà Shān)

Rund 120 km östlich von Xi'an im Kreis Huayin erhebt sich mit dem Hua Shan einer der fünf mythischen Berge Chinas. Er wurde im Altertum von einem Kaiser zusammen mit vier weiteren Bergen, dem Tai Shan, Heng Shan, Heng Shan (Shanxi) und Song Shan ausgewählt, um auf ihnen den Berggöttern zu opfern. Das Opfer auf den Bergen entsprach der Naturverehrung des chinesischen Altertums. Seit der Han-Zeit wurden die Opferzeremonien Bestandteil des Staatskults und die fünf Berge zu einem Symbol der Einheit des Reiches, dessen klassisches Territorium sie inzwischen umschlossen. In der Folgezeit waren diese Berge Anziehungspunkte sowohl für Daoisten als auch Buddhisten, die hier Klöster und Einsiedeleien errichteten.

Der höchste Gipfel ist 2.100 m hoch und über einen 15 km langen abenteuerlichen Pfad zu erreichen. Die Strecke führt durch eine landschaftlich überaus reizvolle Gegend mit steilen Felsklippen.

Der Aufstieg

Etwa 8 km vom Bahnhof entfernt beginnt der Wanderweg, für den man bis zum Nordgipfel 4-5 Std., für die komplette Rundwanderungen ca. 8 Std. einplanen sollte. Die Wege sind nicht ungefährlich, nach einem Regen meist rutschig, und oft geht es entlang der Strecke steil bergab, so dass man schwindelfrei sein sollte. Gutes Schuhwerk ist sicherlich von Vorteil.

玉泉院

云门

北峰
东峰

Am Anfang des Weges befindet sich die ***Jadequelle*** (⊕Yùquán Yuàn). Anfangs steigt der Weg nur mäßig an und führt zunächst zum ***Wolkentor*** (⊕Yún Mén), von dem aus man einen schönen Blick über die landschaftlichen Schönheiten des Hua Shan hat. Ab hier wird der Weg steil und führt über den 1.520 m hohen ***Nordgipfel*** (⊕Běifēng bzw. Yúntái Fēng). Nun wandert man südliche Richtung weiter zum ***Jin-Suo-Pass*** (⊕Jīn Suǒ Guān), wo sich der Weg teilt. Einer führt zum ***Ostgipfel*** (Dōng Fēng), wo es

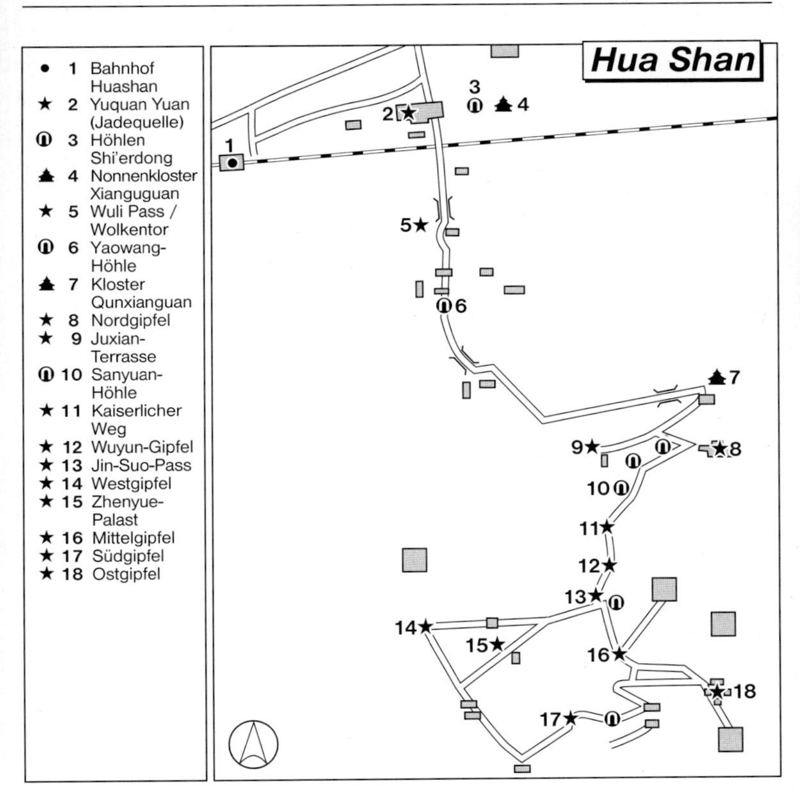

西峰

viele daoistische Pilger hinzieht, und der anderezum ***Westgipfel*** (中Xī Fēng). Der Pfad verbindet über den Südgipfel beide Berge als Rundwanderweg.

Anfahrt

● ***Direktbusse*** fahren von den Langstreckenbusbahnhöfen in Xi'an, Minibusse vom Busparkplatz am Bahnhof in Xi'an.

● Man kann aber auch mit der ***Bahn*** bis zur Bahnstation Hua Shan fahren (115 km, 3 Std., Zug 204, 520*, 552*, regelmäßig Minibusse).

Hotels

十二洞旅社
华山宾馆

中 ***Shíèr Dòng Lǔshè**** (Zwölf-Höhlen-Gasthaus) und

中 ***Huàshān Bīnguǎn*****, Jianshe Lu nahe Busbahnhof, befinden sich am Fuß des Berges.

● Viele weitere preiswerte Hotels findet man im Ort Huashan, außerdem auf halbem Wege, und drei Gasthäuser befinden sich auf den Gipfeln. Sie sind in alten Klöstern untergebracht. Das beste unter ihnen ist das 中 ***Dōngfēng Fàndiàn****.

东风饭店

Restaurants

- Lokale gibt es an der Hauptstraße und entlang des Wanderweges.

Weiterreise

- ***Züge:*** wie ab Xi'an. Allerdings halten nicht alle Züge in Huashan. Besser ist es für weite Strecken, nach Xi'an zurückzufahren, weil viele der Züge hier beginnen und man zumindest Sitzplätze bekommt. Für die Weiterfahrt in Richtung Nordosten, also nach ***Wanrong, Ruicheng*** und ***Hongdong*** in der Provinz Shanxi (s. d.), lohnt die Rückfahrt nach Xi'an allerdings nicht.
- ***Busse:*** fahren in 2,5 Std. zurück nach ***Xi'an.***

大同

Datong

(Dàtóng)

Die knapp eine Million Einwohner zählende Industriestadt Datong liegt auf einem Lößplateau in ca. 1.200 m Höhe nahe der Grenze zur Inneren Mongolei.

Als zu Anfang des 4. Jahrhunderts die Reichseinheit durch innere Unruhen und Einfälle von Grenzvölkern aus dem Norden zerbrach, wurde China in nicht weniger als 20 Kleinstaaten zersplittert. Im Jahre 440 hatten die Toba, ein Volk aus Zentralasien, den ganzen Norden von Shanxi unter ihre Kontrolle gebracht. Sie gründeten die ***Nördliche Wei-Dynastie*** (386-534) und machten Datong zu ihrer Hauptstadt. Zwischen Datong und der Mongolei entstand ein reger Handel, wodurch die Stadt wirtschaftlich schnell an Bedeutung gewann. Doch als die Wei den Kaiserhof nach Luoyang verlegten, geriet Datong in Vergessenheit, bis die ***Liao*** (907-1125) und die ***Jin*** (1115-1234), ebenfalls beides Fremddynastien, Datong zu ihrer zweiten Hauptstadt machten. Aus dieser Zeit stammt auch der Name Datong – große Einheit.

Wegen ihrer strategisch günstigen Lage ließen die Ming-Kaiser (1368-1644) die Stadt zu einer ***Garnison*** im Rücken der Großen Mauer ausbauen.

- 1 Alter Busbahnhof
- 2 Bahnhof und Tielu Fandian (Hotel)
- 3 Neuer Busbahnhof
- 4 Bank
- 5 Krankenhaus Nr. 2
- 6 Zum Busbahnhof Xinkaili, Guanyin Tang (Tempel), Yungang-Grotten
- 7 Ausländerpolizei
- 8 Hauptpost
- 9 Huayan Si (Tempel)
- 10 Huayan Fandian (Restaurant)
- 11 Fenglinge (Restaurant)
- 12 Trommelturm
- 13 Neun-Drachen-Wand
- 14 Shan Hua Si (Tempel)
- 15 Krankenhaus Nr. 3
- 16 Datong Binguan (Hotel)
- 17 CAAC (Fluggesellschaft)
- 18 Yungang Binguan (Hotel)
- 19 Hongqi Jiudian (Restaurant)

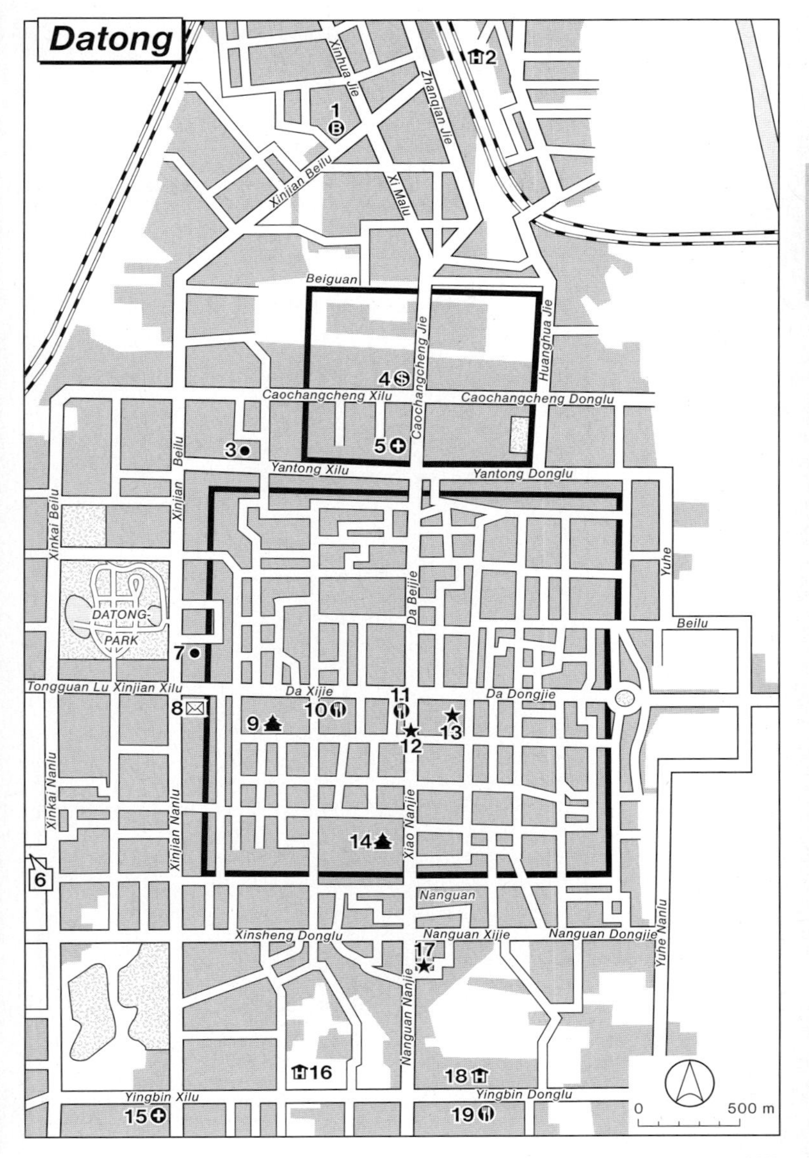
Datong
Xinhua Jie
Zhanqian Jie
Xinjian Beilu
Xi Malu
Beiguan
Caochangcheng Jie
Huanghua Jie
Caochangcheng Xilu
Caochangcheng Donglu
Xinjian Beilu
Yantong Xilu
Yantong Donglu
Xinkai Beilu
Yuhe
Da Beijie
DATONG-PARK
Beilu
Tongguan Lu Xinjian Xilu
Da Xijie
Da Dongjie
Xinkai Nanlu
Xinjian Nanlu
Xiao Nanjie
Nanguan
Yuhe Nanlu
Xinsheng Donglu
Nanguan Xijie
Nanguan Dongjie
Nanguan Nanjie
Yingbin Xilu
Yingbin Donglu
0
500 m

Neben seiner schönen Altstadt ist Datong vor allem wegen der in der Nähe gelegenen ***Yun-Gang-Grotten*** (Yun Gang Shiku) für Besucher interessant.

Hotels

大同宾馆
中 ***Dàtóng Bīnguǎn/***,*** Yingbin Xilu, Bus 15 vom Bhf., Tel. 2032476.

云冈宾馆
中 ***Yúngāng Bīnguǎn*/***,*** 21 Yingbin Donglu, Tel. 5021601. Bus 15. Auf dem Gelände des Yungang Binguan befindet sich ein CITS-Hotel* mit preiswerten Dorms und Doppelzimmern. Man muss direkt dorthin gehen.

铁路饭店
中 ***Tiělù Fàndiàn*,*** das Eisenbahnhotel befindet sich gleich am Bahnhof.

火车宾馆
中 ***Huǒchē Bīnguǎn*** (Eisenbahn-Hotel)*, Tel. 5101326. Das CITS geführte Hotel befindet sich 750 m nördlich vom Bahnhof.

In China sind die Wohnungen so eng, dass man sich für einen kleinen Schwatz lieber auf der Straße trifft

Restaurants

华严饭店 ⌽In der Da Xijie lohnt das ***Huáyán Fàndiàn*** einen Besuch.

风临阁 ⌽Gleiches gilt für das ***Fēnglíngé*** in der Xiao Nanjie.

云冈饭店 ⌽Empfehlenswert ist auch noch das ***Yúngāng Fàndiàn*** auf der Da Xijie.

红旗大酒店 ⌽Gegenüber vom Yungang/CITS Hotel befindet sich das Restaurant ***Hóngqí Dàjiǔdiàn.***

Sonstiges

- ***CITS:*** Yungang-Hotel, rechtes Gebäude, Tel. 5022265. Außerdem gibt es das für Einzelreisende nützliche Büro im Bahnhof, Tel. 5101326
- ***Ausländerpolizei:*** Xinjian Beilu nördlich des Kaufhauses, Bus 2. Öffnungszeiten: Mo-Sa 8.30-12.00 und 14.30-18.30 Uhr.
- ***Bank:*** in den genannten Hotels, in der Caochangcheng Jie und in der Xinjian Lu nahe der Endhaltestelle vom Bus Nr. 6.
- ***Post:*** Post und Telefonamt befinden sich in der Nähe des Glockenturms in der Da Xijie.
- ***CAAC:*** 1 Nanguan Nanjie, Tel. 5025357.
- ***Fahrradverleih:*** bei CITS.

Weiterreise

- ***Züge:*** nach ***Taiyuan*** (355 km, 8 Std., Zug 663, 673, 767), ***Beijing*** (382 km, 7 Std., Zug 206, 631-634, 638-635, 758 nach Beijing-Süd), ***Lanzhou*** (1.429 km, 21 Std., Zug K43. Der Zug kommt aus Beijing. Um für diesen Zug Sleeper-Tickets zu bekommen, muss man die Fahrkarten rechtzeitig bei CITS bestellen. Das geht auch schon in Beijing),
- ***Busse:*** Es gibt normale Busse und Schlafbusse nach ***Taiyuan.*** Täglich fährt ein Bus über Yuanping und ein weiterer über Shahe zum ***Wutaishan*** (über Yuanping 13 Std., über Shahe 9,5 Std.) Die Strecke über Shahe ist nicht nur kürzer, sondern auch schöner.

Sehenswertes

Altstadt

Datong hat einen sehr schönen alten Stadtkern, der von einer Mauer umgeben ist. Sie wurde 1372 in der Mingzeit (1368-1644) angelegt.

Neun-Drachen-Wand
(Jiǔ Lóng Bì)
九龙壁

Die 8 m hohe und 45,5 m lange Wand in der Altstadt entstand im Jahr 1392. Sie diente als Sichtblende am Eingang des Palastes von Prinz *Zhu Gui*, dreizehnter Sohn des ersten Mingkaisers, *Zhu Yuanzhang* (*Taizu*, reg. 1368-1398). Es gibt in China nur noch zwei andere Mauern dieser Art. Sie stehen beide in Beijing. Die aus farbigen Keramikziegeln zu einem Mosaik zusammengesetzten ⇗Drachen erzeugen beim Spiel mit der Perle Regen.

Shan-Hua-Kloster
(Shàn Huá Sì)
善化寺

Das Kloster im Süden der Altstadt wurde schon im 8. Jahrhundert gegründet, aber während der Invasion der Jin-Truppen (937-946) zerstört und erst im 12. Jahrhundert wieder aufgebaut. Einige Gebäude aus der Jin- und Liao-Dynastie (937-1125) sind bis heute erhalten geblieben. Das Bergtor (Shan Men), der südliche Eingang und die Halle der Drei Heiligen (San Shan Dian) stam-

Kleiner Laden in der Altstadt

men aus der Jin-Dynastie. Die Haupthalle, Kostbare Halle des Großen Helden (Da Xiong Bao Dian), wurde zwischen 1123 und 1149 errichtet. In ihr werden fünf große vergoldete ↗Buddha-Figuren und 24 Götterstatuen aufbewahrt. Die Wandgemälde in der Halle stammen aus der Qing-Dynastie (1644-1911), sind aber dem Stil der Yuan-Zeit (1271-1368) nachempfunden.

● ***Öffnungszeiten:*** tägl. 9.00-18.00 Uhr.

Kloster Huayan
(Huáyán Sì)
化严寺

Das Kloster befindet sich im Südwesten der Altstadt, in der 15 Xiasipo Jie, der ersten Parallelstraße zur Da Xijie. Es entstand im 11. Jahrhundert unter der Liao-Dynastie. Huayan ist der Name einer buddhistischen Schule, die während der Tang-Dynastie (618-907) gegründet worden war und zur Entstehungszeit der Anlage einen großen Einfluss hatte. Sie wurde im Laufe der Jahrhunderte zweimal zerstört: am Ende der Liao-Dynastie 1122 und zu Beginn der Qing-Zeit (1644-1911). Während der Ming-Dynastie wurde der Komplex in einen oberen und einen unteren Teil umgebaut. Beide Klosteranlagen sind nicht wie üblich entlang einer Nord-Süd-Achse, sondern in Ost-West-Richtung ausgerichtet. Diese besondere Konstruktion erklärt sich wahrscheinlich aus dem Sonnenkult der Kitan, der Gründer der Liao-Herrschaft.

Die ***Haupthalle*** (Da Xiong Dian) wurde nach ihrer Zerstörung 1140 wieder aufgebaut. Sie gehört mit einer Fläche von 1.560 m² zu den größten noch erhaltenen buddhistischen Tempelhallen Chinas. In ihrem Inneren befinden sich fünf vergoldete ↗Buddha-Statuen und 20 kleinere Götterskulpturen, die alle im 15. Jh. entstanden sind. Die Wandmalereien aus der Qing-Zeit stellen Szenen aus dem Leben des Gautama-↗Buddhas dar.

In der ***ältesten Halle*** der Anlage aus dem Jahre 1038 wurden zur Zeit der Liao, über zwei Etagen verteilt, 579 Bände buddhistischer Sutren aufbewahrt. Der größte Teil der Bibliothek ging leider verloren. In der Ming-Dynastie (1368-1644) diente die Halle zeitweilig als Getreidespeicher. Die drei Buddhastatuen im Inneren, die von mehreren sehr anmutigen ⇗Buddhas, ⇗Bodhisattvas, ⇗Luohans und Heiligen aus Ton umgeben sind, stammen fast alle noch aus der Jin- und Liao-Zeit.

• ***Öffnungszeiten:*** tägl. 8.00-17.00 Uhr.

Guanyin Halle
(Guānyīn Táng)
观音堂

Der kleine Tempel befindet sich auf halbem Weg zu den 16 km westlich von Datong liegenden Yun-Gang-Grotten. Er entstand während der Liao-Dynastie (937-1125), wurde 1651 zum ersten Mal restauriert und nach der Zerstörung in der ⇗Kulturrevolution ein zweites Mal instandgesetzt. Er ist der Göttin der Barmherzigkeit geweiht.

• ***Anfahrt:*** Bus 3 oder 10 ab Ximen (Westtor). Der Tempel steht direkt an der Straße.

Ausflüge in die Umgebung

Wolkengrat-Grotten
(Yúngāng Shíkū)
云冈石窟

Die in den Südhang der Wuzhou-Berge gehauenen Grotten sind die Hauptattraktion Datongs. Sie gehören neben den Grotten bei Luoyang und Dunhuang zu den bedeutendsten buddhistischen Kultstätten Chinas.

Die insgesamt ***53 Höhlen*** sind in Sandstein gehauen und verteilen sich über eine Länge von 1000 m. Die meisten Grotten entstanden zwischen 453 und 495 zur Zeit der Nördlichen Wei-Dynastie. Die ersten fünf Abschnitte (Grotten Nr. 16-20) sind zu Lebzeiten von Kaiser *Toba Jun* (*Gaozhong*, reg. 452-465) unter der Leitung des buddhistischen Mönchs *Tanyao* angelegt worden. Die übrigen Grotten wurden bis auf wenige Ausnahmen alle bis 495 fertiggestellt.

Nicht weniger als ***51.000 Statuen und Reliefs*** sind bis heute erhalten geblieben. Es sollen sogar einst doppelt so viele gewesen sein. Durch Witterungseinflüsse und zahlreiche Kunstdiebstähle (1400 Figuren wurden abgeschlagen und ins Ausland gebracht) wurden die Grotten und Statuen teilweise stark beschädigt.

Mittlere Höhlengruppe

In ***Höhle Nr. 5*** erhebt sich mit 17 m die größte Statue der Anlage. Der Buddha ⇗Sakyamuni ist von Nischen umgeben, in denen ein Buddha unter einem Bodhi-Baum sitzt. Sakyamuni soll unter einem Feigenbaum die Erleuchtung (*bodhi*) erlangt haben und somit zum ⇗Buddha geworden sein. ⇗Apsaras, schöne weibliche Himmelsgeister, Tänzerinnen und Musikantinnen, umschweben Buddhas Haupt. Die viergeschossige Holzhalle vor der Höhle wurde 1651 erbaut.

Ein 16 m hoher Pagodenpfeiler beherrscht die ***Höhle Nr. 6.*** Auf den unteren Teilen der Säule sowie in den Wänden der Grot-

Die Wolkengrat-Grotten

te sind Reliefs mit Szenen aus dem Leben ⇗Buddhas in Stein gemeißelt. 33 Devas, Gottheiten aus der vorbuddhistischen indischen Religion, schmücken die Decke.

Die ***Höhle Nr. 7*** besteht aus zwei Teilen. In der hinteren Halle ruhen zwei ⇗Löwen vor einer ⇗Buddhastatue. Auf dem Relief über der Verbindungstür sind betende ⇗Bodhisattvas zu sehen.

In ***Höhle Nr. 8*** sind auf den Reliefs die indischen Gottheiten Vishnu und Shiva dargestellt, was den Einfluss indischer Kunst auf die Wei dokumentiert. Die Figuren sind durch Witterungseinflüsse beschädigt.

Die ***Höhle Nr. 9*** besteht ebenfalls aus zwei Hallen. Die Pfeiler am Eingang sind mit Pflanzenmotiven verziert.

Am Eingang von ***Höhle Nr. 10*** sieht man Wächterfiguren, die Flügelhelme tragen. Es könnte sich dabei möglicherweise sogar um hellenistische Einflüsse handeln.

Auch in ***Höhle Nr. 11*** steht ein Pagodenpfeiler. Durch eine Inschrift konnte die Entstehung der Grotte auf das Jahr 483 datiert werden. Die Wände sind mit unzähligen ⇗Buddhas (1000-Buddha-Wände), Kultbildern und ⇗Bodhisattvas geschmückt.

In ***Höhle Nr. 12*** stehen niedere Gottheiten, die ihre Musikinstrumente tragen.

Höhle Nr. 13 zeigt eine einzigartige Figur in den Yungang-Grotten. Der rechte Arm eines sitzenden 14 m hohen ⇗Maitreya-Buddha wird von einem stehenden vierarmigen Vajra-⇗Bodhisattva gestützt.

Östliche Höhlengruppe

Diese Grotten sind wesentlich weniger gut erhalten als die anderen.

In den ***Höhlen Nr. 1 und Nr. 2*** stehen fast identische Pagodenpfeiler wie in Nr. 6 und Nr. 11. Sie sind mit Reliefs verziert, die verschiedene Szenen aus dem Leben ⇗Buddhas darstellen.

Höhle Nr. 3 ist die höchste in Yungang. Sie misst 25 m in der Höhe. Die rechteckigen Pfostenlöcher an den Wänden belegen, dass die Grotte einst von einem Tempel umgeben war. Die Hauptkultfiguren – ein ⇗Buddha und zwei ⇗Bodhisattvas – gehören stilmäßig in die Sui- (581-618) und Tang-Zeit (618-907).

In ***Höhle Nr. 4*** steht wieder ein Pagodenpfeiler. Aber von den schmückenden Reliefs ist nur noch die Skulptur des ⇗Maitreya-Buddha gut erhalten geblieben.

Westliche Höhlengruppe

Die Wände der ***15. Höhle*** sind mit über 10.000 ⇗Bodhisattvas bedeckt.

Höhle Nr. 16 gehört zu den ältesten in Yungang. In der Raummitte steht eine ⇗Buddhastatue, umgeben von 1000-Buddha-Wänden.

Höhle Nr. 18: Das Mönchsgewand (Kashaya), das Buddha ⇗Sakyamuni hier trägt, ist mit vielen kleinen ⇗Bodhisattvas besetzt.

In ***Höhle Nr. 19*** sitzt der 17 m hohe Buddha Sakyamuni. Die Wände sind mit Nischen, in denen Bodhisattvas meditieren, bedeckt.

In ***Höhle Nr. 20*** steht eine 14 m hohe ⇗Buddhastatue. Sie wurde einst durch einen Vorbau geschützt.

Höhle Nr. 21 wird von einer fünfstöckigen Pagodensäule beherrscht, die an der Decke in einer ⇗Lotosblume endet.

Die ***Höhlen 22*** und ***23*** wurden nach 495 aus dem Sandstein herausgearbeitet und sind weniger interessant.

新开里站

●***Anfahrt:*** Vom Xinkaili-Busbahnhof mit Bus 3 oder Bus 10 (17 km). Vom Bahnhof nimmt man Bus 2, vom Datong Binguan Bus 17 zur Station ⊕Xīnkāilǐ.
●***Öffnungszeiten:*** im Winter tägl. 9.00-17.00 Uhr, im Sommer 8.30-17.00 Uhr.

Yingxian
(Yìngxiàn)
应县
应县木塔

60 km südlich von Datong; in der Lößebene westlich vom Heng Shan liegt die kleine Stadt Yingxian. In der Stadtmitte steht die 67 m hohe ⊕***Yìngxiàn Mùtǎ*** aus der Liao-Dynastie (1056). Die achteckige ⇗Pagode gilt als die älteste Holzpagode in ganz China.

浑源

●***Anfahrt:*** Vom Busbahnhof fahren Busse nach Yingxian. Von Yingxian kann man einen weiteren Bus nach ⊕Húnyuán (ca. 46 km), zum Hängenden Kloster (s. u.), nehmen. Eine schöne Alternative, wenn man ein wenig Zeit hat.
●***Öffnungszeiten:*** tägl. 9.00-17.00 Uhr im Sommer bzw. -18.00 Uhr im Winter.

Hängendes Kloster
(Xuán Kōng Sì)
悬空寺

5 km außerhalb von Hunyuan. Dieses wunderschöne Beispiel chinesischer Architektur sollte man sich nicht entgehen lassen.

Das Hängende Kloster schmiegt sich in eine Felswand gegenüber dem heiligen Berg Heng (Heng Shan). Es wurde im 6. Jahrhundert unter der Nördlichen Wei-Dynastie (386-534) erbaut und umfasst zehn kleine Räume, deren hintere Felswände ausgehöhlt wurden, um für die 80 Statuen aus Bronze, Eisen, Stein und Ton Platz zu schaffen. Die einzelnen Gebäudeteile sind mit Treppen, Brücken und Leitern miteinander verbunden. Lange Balken stützen die Anlage gegen den Felsen nach unten ab, was der ganzen Holzkonstruktion einen hängenden Ausdruck verleiht. Bis 11.00 Uhr vormittags liegt das Kloster im Sonnenlicht, danach wirft der Heng Shan Schatten darüber.

Eines der schönsten Klöster Chinas: Das Hängende Kloster am Heng Shan

Heng Shan
(Héng Shān)
恒山

Der Heng Shan liegt ca. 74 km in südöstlicher Richtung nahe der Kreisstadt Hunyuan. Er gehört zu den fünf daoistischen ⇗Heiligen Bergen der chinesischen Mythologie. Wanderlustige können den Gipfel in zwei Stunden über eine lange Steintreppe erklimmen. Besondere Sehenswürdigkeiten gibt es nicht, aber man läuft durch schöne Landschaft mit markanten, einzelnen ⇗Kiefern.

●***Anfahrt:*** Vom Busbahnhof in Datong fahren mehrmals täglich öffentliche Busse zum Heng Shan. Dort kann man auch eine preiswerte Tour zum Heng Shan mit zweistündigem Aufenthalt zur Besteigung des Berges und inklusive eines Besuchs des Hängenden Klosters buchen. CITS bietet die Tagestour für 100 Yuan.

浑源宾馆 ⌽***Hotel: Húnyuán Bīnguǎn*,*** am Fuße des Heng Shan.

恒山宾馆
政府招待所
●In Hunyuan gibt es die Hotels ***Héngshān Bīnguǎn**** und ***Zhèngfǔ Zhāodàisuǒ*.***

五台山 Wutai Shan

(Wǔtái Shān)

Der Wutai Shan (Fünf-Terrassen-Gebirge), benannt nach den fünf Erhebungen seines Hauptgipfels, dessen höchster Punkt 3.058 m misst, liegt in einer landschaftlich wunderschönen Hochebene. Er ist einer der vier buddhistischen heiligen Berge Chinas. Das erste Kloster wurde hier bereits unter der Regierung des Kaisers *Mingdi* (reg. 57-75, spätere Han-Zeit) gegründet.

Bedeutung erlangte der Wutai Shan aber erst während der Tang-Dynastie (618-907). Buddhistische Gläubige aus Japan, Indonesien, Nepal und Zentralasien pilgerten zu den mittlerweile zahlreichen Tempel- und Klosteranlagen. Während der Ming- (1368-1644) und Qing-Dynastie (1644-1911) gab es 103 Anlagen, von denen heute noch 47 übrig sind.

Anfahrt

台怀
●Busse von Datong (über Shahe 9 bzw. über Yuanping 13 Std.) und Taiyuan (240 km, 6-8 Std.) nach ⌽Táihuái, von wo man die Wanderung beginnt.

Hotels

七相阁宾馆 ⌽***Qīxiāng Gé Bīnguǎn***,*** in Taihuai/Kreis Wutai. Im Stil eines Klosters.

友谊宾馆 ⌽***Yǒuyì Bīnguǎn**/***,*** zwei km südlich von Taihuai, Tel. 6542678. Eines der überteuerten offizielen Hotels für Ausländer.

云峰宾馆 ⌽***Yúnfēng Bīnguǎn**,*** ebenfalls rund 2 km südlich von Taihuai, Tel. 6542566 und eines der schmucklosen Ausländerhotels mit einem CITS-Büro.

汽运公司跃进招待所 ⌽***Yuèjìn Zhāodàisuǒ*,*** 32 Yingfang Beijie, ganz in der Nähe des Busbahnhofs für Busse nach Datong.

工艺美术招待所 ⌽***Gōngyì Měishù Zhāodàisuǒ*,*** 25 Taiping Jie, eine Straße nördlich vom Guangren Tempel.

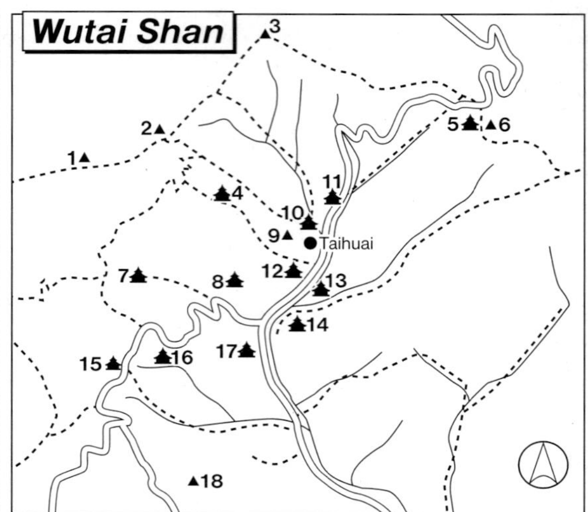

Sehenswertes

Die wichtigsten Heiligtümer des Wutai Shan:

Tempel der Smaragdgrünen Berge
(Bì Shān Sì)
碧山寺

Diese Anlage aus der Ming-Dynastie ist eine der größten und diente zum Empfang der von weither kommenden Pilger. Der Tempel beherbergt einen weißen Jadebuddha (1,5 m hoch) aus Burma, 18 ⇗Luohan-Figuren und historisch bedeutende Steininschriften.

Guangzong-Tempel
(Guǎngzōng Sì)
广宗寺

Die kleine, streng gegliederte Tempelanlage stammt aus dem Jahr 1506 und wurde während der Qing-Dynastie restauriert.

Bodhisattva-Spitze
(Púsà Dǐng)
菩萨顶

Der Tempel, der über 108 Steintreppen erreichbar ist, steht auf dem Ling-Jin-Gipfel. Zwischen 1403 und 1425 wurde er zu einem Lama-Tempel umgebaut, dessen architektonische Gestaltung neben späteren qingzeitlichen Einflüssen bis heute erhalten blieb. Der Legende nach soll an diesem Ort der Bodhisattva ⇗Manjusri (chin. *Wenshu Pusa*), der auf dem Wutai Shan gelebt und gelehrt hat, erschienen sein.

Xian-Tong-Tempel
(Xiǎn Tōng Sì)
显通寺

Dieses Heiligtum ist eine der ältesten buddhistischen Tempelanlagen Chinas überhaupt, denn der Komplex soll bereits in der Östlichen Han-Dynastie (25-220 n. Chr.) existiert haben. Der heutige Bau mit 12 Höfen und über 400 Gebäuden stammt aus der Ming- und Qing-Zeit. Der Tempel wurde erst 1982 restauriert und steht unter Denkmalschutz.

Tempel des Bambuswaldes
(Zhúlín Sì)
竹林寺

Der Tempel stammt aus der Tang-Zeit (618-907) und soll eine Aufenthaltsstätte für japanische Pilger gewesen sein.

Tempel des Manjusri-Abbildes
(Shūxiàng Sì)
殊像寺

Der Shuxiang-Tempel gehört zu den großen Anlagen am Wutai Shan. Wegen eines Brandes (1487) musste der Tempel, der ursprünglich aus der Tang-Zeit (618-907) stammt, neu aufgebaut werden. Besonders sehenswert ist die 9,5 m hohe Statue des ↗Manjusri und die ↗Luohan-Gruppe im Wenshu-Pavillon.

Tempel des Südberges
(Nán Shān Sì)
南山寺

Das Gebäude, erbaut zwischen 1271 und 1368, zeigt den typischen Architekturstil der ausklingenden Mongolen- und beginnenden Ming-Herrschaft. Der Tempel wird von einem klassischen Garten umgeben.

Tempel der Drachenquelle
(Lóngquán Sì)
龙泉寺

Der Longquan Si aus der Song-Dynastie (960-1279) hat einen auffälligen Bogengang aus Marmor mit buddhistischen Figuren, ↗Drachen und Fabelwesen.

Tempel der Flutbezwingung
(Zhèn Hǎi Sì)
镇海寺

Zu dem 1.600 m hoch gelegenen Bergkloster gelangt man über einen gewundenen Weg.

Tempel der Goldenen Halle
(Jīngē Sì)
金阁寺

In diesem Tempel (627 gegründet) befindet sich eine ↗Guanyin-Statue, die mit 17,5 m Höhe die größte Skulptur des Wutai Shan überhaupt ist.

Tempel des Buddhaglanzes
(Fóguāng Sì)
佛光寺

25 km südwestlich des Wutai Shan liegt der bedeutendste Tempel in der Nähe des Wutai Shan. Die schöne Anlage aus der zweiten Hälfte des 5. Jahrhunderts wurde während der Buddhistenverfolgung 845 zerstört, aber bereits 857 wieder aufgebaut.

五台

● ***Anreise:*** Wer die drei außerhalb der fünf Gipfel des Wutai Shan gelegenen Tempel besuchen will, muss mit dem Bus zum kleinen Ort ⊕Wǔtái weiterfahren. Dort gibt es Minibusse zu den Sehenswürdigkeiten und außerdem ein einfaches Hotel.

Tempel der Umfassenden Hilfe
(Guǎngjì Sì)
广济寺

Der Tempel nahe der Kreisstadt Wutai entstand in der mongolischen Zhizeng-Ära (1341-1368). Allerdings wurde er 1778 von Grund auf renoviert.

●***Anreise:*** siehe Foguang Si.

Tempel der Südlichen Meditation
(Nánchán Sì)
南禅寺

Der Tempel steht etwa 10 km südlich des Guangji Si, in den Ausläufern des Wutai-Gebirges. Seine Gründung lässt sich auf das 4. oder 5. Jahrhundert zurückdatieren. 1974/75 wurde er restauriert und zum Kulturdenkmal erklärt.

●***Anreise:*** siehe Foguang Si.

太原 *Taiyuan*

(Tàiyuán)

Die über zwei Millionen Einwohner zählende Hauptstadt der Provinz Shanxi blickt auf eine lange ***Geschichte*** zurück. Taiyuan wurde während der Westlichen Zhou-Dynastie (1122-771 v. Chr.) gegründet. Wegen ihrer strategisch günstigen Lage wurde die Stadt mehrfach von Nomadenvölkern aus dem Norden erobert, um die fruchtbaren Täler des Huang He (Gelber Fluss) besser kontrollieren zu können. *Li Yuan* (566-635) beteiligte sich von hier aus mit treu ergebenen Truppen an einem Bürgerkrieg, stürzte den letzten Sui-Kaiser und begründete die Tang-Dynastie (618-907), deren erster Herrscher er wurde. Während der Ming-Dynastie (1368-1644) hatte der Vizekönig von Shanxi seinen Sitz in Taiyuan.

Heute ist Taiyuan eine der ***großen Industriestädte*** Chinas. Dennoch hat es beschauliche alte Gassen und einige sehenswerte Stätten zu bieten.

- 1 Sanqiao Dasha (Hotel)
- 2 Zoo
- 3 Zhongxin Yiyuan (Krankenhaus)
- 4 Shipin Jie (Essensstraße)
- 5 Chongshan Si (Tempel)
- 6 Bank
- 7 Krankenhaus Nr. 1
- 8 Tangming Fandian (Restaurant)
- 9 Qingzhen Gu Si (Moschee)
- 10 Yingze Binguan (Hotel)
- 11 CTS
- 12 CAAC
- 13 Bingzhou Fandian (Hotel)
- 14 Provinzmuseum
- 15 Ausländerpolizei
- 16 Yunshan Fandian (Restaurant)
- 17 Konfuzius-Tempel
- 18 Sanjiang Dasha (Hotel)
- 19 Busbahnhof
- 20 Post
- 21 Tielu Fandian (Hotel)
- 22 Bahnhof
- 23 Doppelpagoden

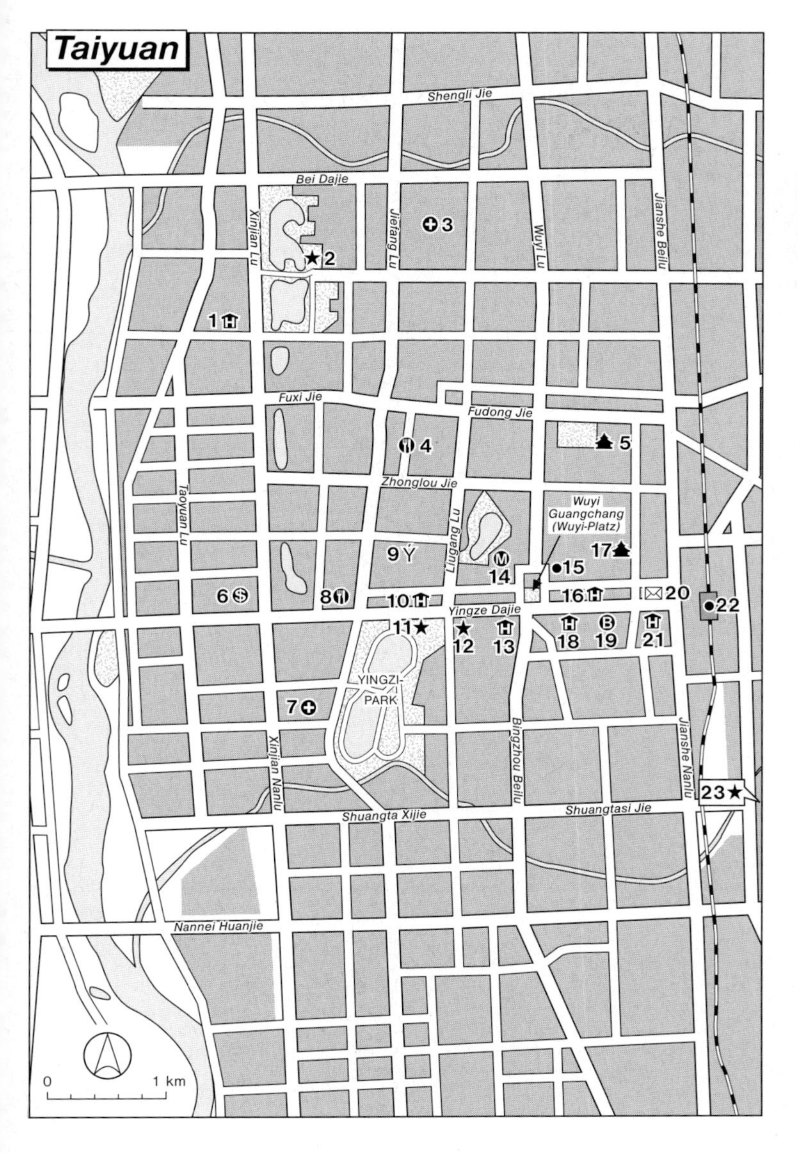

Zur Seidenstraße

Hotels

并州饭店 ◆**Bìngzhōu Fàndiàn**/*****, 32 Yingze Dajie, Tel. 4042111, vom Bahnhof Bus 2, 7, 14.

迎泽宾馆 ◆***Yíngzé Bīnguǎn*****, 51 Yingze Dajie, Tel. 4043211, vom Bahnhof Bus 2, 7, 14.

三晋大厦 ◆***Sānjīn Dàshà*****, 310 Yingze Dajie, Tel. 4042551, ein heruntergekommener Neubau.

三桥大厦 ◆***Sānqiáo Dàshà*****, 4 Hanxiguan Lu, Tel. 4040885.

铁路宾馆 ◆***Tiělù Bīnguǎn****, Yingze Lu nahe am Bahnhof, Tel. 4043847.

电信大酒店 ◆***Diànxìn Dàjiǔdiàn****, Jiefang Lu/Ecke Houtie Jiangxiang (eine kleine Parallelstraße zur Yingze Dajie).

云山饭店 ◆***Yúnshān Fàndiàn****, 99 Yingze Dajie, Tel. 4043211. Dieses Hotel ist das zur Zeit preisgünstigste für Ausländer.

Restaurants

湖滨饭店
唐明饭店，云山饭店
晋阳饭店

◆Eine Reihe guter Lokale findet man auf der Yingze Dajie, z.B. das ***Húbīn Fàndiàn, Tángmíng Fàndiàn*** und das ***Yúnshān Fàndiàn.***

◆In der Nähe des Sanjin-Hotels befindet sich das ***Jìnyáng Fàndiàn,*** Wuyi Guangchang (Wuyi-Platz).

食品街

●In einer Parallelstraße zurJiefang Lu, abzweigend von der Zhonglou Jie, befindet sich die ***Essenstraße (Shípin Jiē)*** mit über 30 Restaurants aller Preisklassen.

Sonstiges

●***CITS:*** 38 Pingyang Lu. Tel. 7232188.

●***CTS:*** 8 Xinjian Nanlu, in einem Hinterhof gegenüber vom noblen Shanxi Grand Hotel. Tel. 4043377.

●***CYTS:*** 34 Qingnian Lu, Tel. 4047106.

●***Ausländerpolizei:*** 9 Houjia Xiang, eine kleine Parallelstraße zur Yingze Dajie, die von der Wuyi Lu abgeht.

●***Bank:*** 67 Yingze Dajie

●***CAAC:*** 158 Yingze Dajie, Tel. 4042903, tägl. 8.00-12.00 und 14.30-18.00 Uhr. Shanxi Airlines hat ein Büro in der 136 Yingze Dajie, Tel. 3091847.

Weiterreise

●***Züge:*** Im Bahnhof bekommt man nur Tickets für denselben und den nächsten Tag (im oberen Stock im Gebäude, wenn man aus dem Bahnhof kommt links). Länger im Voraus kann man in der Vorverkaufsstelle, 138 Yingze Dajie buchen.

Nach ***Beijing*** (568 km, 12 Std., Zug Y220, 660 nach Beijing-Süd), ***Shijiazhuang*** (231 km, 6 Std., Zug 474-471, 578-575, 684), ***Luoyang*** (14 Std., Zug 581-584), ***Zhengzhou*** (577 km, 12,5 Std.,Zug 501-504, 595-598), ***Datong*** (355 km, 8 Std., Zug 662, 664, 768), ***Xi'an*** (651 km, 13,5 Std., Zug 485, 535), ***Hongdong*** (251 km, 5 Std., Zug 535, 581-584, 783), ***Chengdu*** (Zug 485), ***Shanghai*** (Zug 474-471)

●***Busse:*** Zum ***Wutai Shan*** (9 Std.). Der Busbahnhof ist in der Yingze Dajie. Schlafbusse fahren nach ***Datong, Luoyang, Zhengzhou, Beijing.*** Abfahrt am Bahnhofsvorplatz. Hier fahren auch Minibusse nach ***Datong*** ab.

●***Flüge:*** Baotou, Beijing, Changsha, Changshi, Chengdu, Chongqing, Dalian, Guangzhou, Hefei, Hohhot, Lanzhou, Nanjing, Shanghai, Shenyang, Tianjin, Xi'an, Yanan, Wuhan, Zhengzhou.

Sehenswertes

Konfuzius-Tempel/ Museum
(Wén Miào Bówùguǎn)
文庙博物馆

In einem schönen alten Konfuziustempel sind 3.000 Ausstellungsstücke zu sehen. Die Ausstellung unterteilt sich in die Bereiche alte und moderne Geschichte sowie die Geschichte der chinesischen Revolution. Die Ausstellung selbst ist etwas verstaubt, aber der Spaziergang durch die Gassen zum Museum und die Anlage selbst lohnen einen Besuch.

- ***Öffnungszeiten:*** tägl. (außer So) 8.30-17.00 Uhr.

Schöne Steinstatuen mit vertauschten Köpfen im ehemaligen Konfuziustempel

Provinzmuseum
(Shěng Bówùguǎn)
省博物馆

Funde aus dem Neolithikum, Keramik, Bronzen, Lackwaren, Malereien, Stickereien, ⇗Stelen und Steinarbeiten aus der Zeit der verschiedenen Dynastien sind in den Räumen und Gärten des Chun-Yang-Palastes, eines ehemaligen daoistischen Tempels, ausgestellt. Sowohl die Ausstellungsstücke als auch die Anlage lohnen einen Besuch.

● ***Öffnungszeiten:*** tägl. (außer So) 8.30-17.00 Uhr.

Chong-Shan-Tempel
(Chóng Shàn Sì)
崇善寺

1381 ließ *Zhu Gang*, Sohn des ersten Ming-Kaisers *Hongwu* (reg. 1368-1398), die Anlage aus der Sui-Dynastie (581-618) zu Ehren der verstorbenen Kaiserinmutter in einen buddhistischen Tempel umbauen. In der Halle des großen Mitleids (Da Bei Dian) steht eine 8,5 m hohe ⇗Bodhisattva-Statue. Die mittlere Figur stellt die Göttin der Barmherzigkeit (⇗Guanyin) dar.

Moschee
(Qīngzhēn Gǔ Sì)
清真寺

Die heute noch erhaltenen Gebäude stammen fast alle aus der Ming-Dynastie (1368-1644) und sind im chinesischen Stil erbaut. Aber an dieser Stelle soll schon während der Tang-Dynastie (618-907) eine Moschee gestanden haben.

Ausflüge in die Umgebung

Doppelpagoden
双塔

Im Dorf Haozhuang, 4 km südöstlich der Stadt. Die beiden 54 m hohen ⇗Pagoden gelten heute als das Wahrzeichen der Stadt. Man kann sie auf einer Wendeltreppe besteigen. Wie in der Tang-Zeit (618-907) versuchten die Erbauer auch hier, durch die Ziegelbauweise eine Holzkonstruktion zu imitieren. Das gleiche gilt für die dazugehörigen Tempelbauten (Shuang Ta Si), die Kaiser *Zhu Yijun* (*Wanli*, reg. 1572-1620) zu Ehren seiner Mutter errichten ließ.

Jin-Tempel
(Jìn Cí)
晋祠

25 km südlich von Taiyuan, am Fuße des Xuanweng-Berges. Der Tempelkomplex besteht heute aus fast 100 Gebäuden. Schon während der Nördlichen Wei-Dynastie (386-534) haben hier Mönche gebetet. Der Überlieferung nach entstand die Anlage jedoch erst im 11. Jahrhundert v. Chr. zu Ehren des Prinzen *Shuyin* und wurde seitdem mehrfach erweitert und renoviert.

Der Eingang liegt im Süden nahe dem ***Tor der Klaren Aussicht*** (Jing Qing Men). Die wichtigsten Gebäude sind die Oberhalle, die 1168 erbaut wurde und das älteste gusseiserne Löwenpaar (1118) in China beherbergt, und der ***Tempel der Heiligen Mutter*** (Sheng Mu Dian), der *Shuyus* Mutter *Yi Jian* gewidmet ist. Er stammt aus dem Jahr 1102 und ist damit die älteste Halle der Anlage. In der Mittelnische der Halle sitzt die „Heilige Mutter", umgeben von 42 lebensgroßen Hofdamen aus Ton. Die anmutigen Plastiken stammen alle aus der Song-Dynastie (960-1279) und gelten als herausragende Meisterwerke jener Zeit.

Der Tempel ist über die ***Fliegende Brücke*** (Fei Liang = fliegender Balken) zu erreichen.

- ***Anreise:*** Bus 8 von der Yingze Dajie/Ecke Wuyi Lu (nahe CAAC).

Drachenberg
(Lóng Shān)
龙山

Der Long Shan befindet sich 20 km südwestlich von Taiyuan und ca. 5 km westlich des Jin-Tempels in der Nähe des Dorfes Xizhen. Hier soll einst das ***Kloster Tóngzi*** (Knabentempel) aus der Nördlichen Qi-Dynastie (550-577) gestanden haben. Heute sind jedoch nur noch die 4 m hohen Steinlaternen, die zu beiden Seiten des Eingangs standen, zu bestaunen. Von der 57 m hohen Buddhastatue, die in den Felsen gehauen wurde, ist auch nur noch die Position erkennbar.

Hölzerne Drachen schlängeln sich um die Säulen des Tempels der heiligen Mutter

浩天观

Einen Kilometer südlich des ehemaligen Tongzi-Klosters liegt jedoch das noch bis heute erhalten gebliebene ⌽***Kloster Hào Tiān Guàn*** (Kloster der Unendlichen Himmelsweite) aus der Zeit der Mongolenherrschaft 1295.

龙山石窟

Die ⌽***Lóng Shān Shíkū*** (Long-Shan-Grotten) beherbergen über 40 Skulpturen von Göttern und Heiligen sowie Drachen- und Phönixreliefs aus der Yuan-Dynastie (1271-1368).

Tianlong-Shan-Grotten
(Tiānlóng Shān Shíkū)
天龙山石窟

An den Hängen des Tianlong Shan, des „Berges des Himmlischen Drachens“, 40 km südwestlich von Taiyuan, existieren 24 Höhlen mit buddhistischen Skulpturen aus mehreren Jahrhunderten (Östliche Wei, Nördliche Qi, Sui und Tang, d.h. 534-907).

天龙寺

Im Tal zwischen den beiden Gipfeln des Tianlong Shan steht der ⌽***Tiānlóng Sì*** (Tempel des Himmlischen Drachens), der aus dem Jahre 560 stammt.

清徐

●***Anreise:*** Mit Bus 30 ab Yingze Dajie nach ⌽Qīngxú. Von dort fahren Minibusse zum Berg.

Orakelberg
(Guà Shān)
卦山

Der Berg, 60 km südwestlich von Taiyuan, bei der Kleinstadt Jiaocheng, erhielt seinen Namen wegen der Ähnlichkeit mit den acht Diagrammen, die zum Wahrsagen benutzt werden.

天宁寺

Die Hauptsehenswürdigkeit des Orakelberges ist der ⌽***Tiānníng Sì*** (Tempel der Himmlischen Ruhe) aus dem 7. Jahrhundert. In der Kostbaren Halle der Großen ⇗Buddhas (Dafo ⇗Bao Dian), die sich im mittleren Hof befindet, stehen drei Buddhastatuen und Wächtergottheiten aus Ton.

石佛殿

Bergaufwärts befinden sich Hallen, die dem Kriegsgott *Guandi* und der Himmlischen Mutter *Shengmu* geweiht sind. Die ⌽***Shífó Diàn*** (Halle der steinernen ⇗Buddhas) ist über 1400 Jahre alt.

Der Tempel ist 3 km von Jiaocheng entfernt. Auf dem Weg dorthin kommt man durch ein Wäldchen mit bizarr geformten Zypressen und zu der 72stufigen Steintreppe, die zum Tempel führt.

交城

●***Anreise:*** Ab Busbahnhof mit einem Bus nach ⌽Jiāochéng. Von dort kann man die 3 km laufen oder mit dem Minibus fahren.

Steinmauer-Kloster
(Xuánzhōng Sì oder Shí Bì Sì)
玄中寺

70 km südwestlich von Taiyuan, 4 km südwestlich von Jiaocheng. Das Kloster wurde 472 gegründet und war seit der Tang-Dynastie (618-907) ein buddhistisches Zentrum in Nordchina. Die Halle der ⇗Himmelskönige (Tianwang Dian) aus dem Jahre 1605 mit Glocken- und Trommelturm ist das älteste erhaltene Gebäude. In der Haupthalle stehen neben einer Buddhafigur 16 ⇗Luohans. Vom Tausend-Buddha-Pavillon (Qian Fo Ge) blickt man auf die gesamte Anlage und die angrenzenden Berge. Weiter östlich erhebt sich auf einem Hügel die Weiße Pagode (Qiu Rong Ta) aus der Song-Zeit (960-1279).

交城

●***Anreise:*** Busse ab Busbh. nach ⌽Jiaocheng und weiter mit Minibus.

Píngyáo
平遥

100 km südwestlich von Taiyuan liegt Pingyao, ein Ort, der 1999 von der UNESCO zum ***Weltkulturerbe*** erklärt wurde. Zurecht, denn es handelt sich bei der Stadt um eine der wenigen fast vollständig erhaltenen Städte aus der Ming- und Qing-Zeit. Umgeben wird Pingyao von einer vollständig erhaltenen, 6 km langen, mächtigen Stadtmauer aus der Ming-Zeit, in deren Schatten sich verzweigt über kleine Gassen, zweistöckige alte Häuser ducken. Merkwürdigerweise wurde dieser außergewöhnliche Ort vom Tourismus bis heute eher links liegen gelassen.

- ***Anreise:*** Bahnlinie Taiyuan nach Jiexian, Yuncheng oder mit dem Bus (s. Weiterreise Taiyuan). Wer gemütlich reist, kann hier auf dem Weg nach Xi'an über Hongdong, Linfen, Hukou-Wasserfall usw. ebenfalls einen schönen Stopp einlegen.

云锦成民风宾馆

ф ***Yúnjǐnchéng Mínfēng Bīnguǎn****, 62 Nan Dajie, Tel. (0354) 5625318. Das Hotel liegt mitten im Zentrum Pingyaos in der Nähe des Glockenturms.

中部宾馆

ф ***Zhōngdū Bīnguǎn****, gleich gegenüber vom Bahnhof, Tel. 5625318.

洪洞

Hongdong

(Hóngdòng)

Die Kreisstadt Hongdong liegt im Süden der Provinz Shanxi im Tal des Fen He auf halbem Weg zwischen Taiyuan und Luoyang. Touristische Bedeutung erlangt sie aufgrund des Guang-Sheng-Tempels in der Umgebung der Stadt.

Anfahrt

- Mit den Zügen Nr. 535, 581-584 ab Taiyuan (251 km, 5,5 Std.).

Ausflug in die Umgebung

Guang-Sheng-Tempel
(Guǎng Shèng Sì)
广胜寺

17 km von Hongdong am Südhang des Huǒ Shān (Berg Huo). Die Tempelanlage stammt zwar ursprünglich aus dem Jahr 147, aber die erhalten gebliebenen Gebäudekomplexe sind aus der Yuan- (1271-1368), Ming- (1368-1644) und Qing-Zeit (1644-1911). Sie umfasst heute einen ***unteren*** (Guang Sheng Xia Si) und einen ***oberen*** (Guang Sheng Shang Si) ***buddhistischen Tempel*** sowie den daoistischen ***Tempel der Wassergottheit*** (Shui Shen Miao). Die Haupthalle wurde 1314 erbaut. Die Wandgemälde im Inneren geben Theateraufführungen, Spiele und religiöse Zeremonien wider.

Das ***Bergtor*** (Shan Men) und die ***Hintere Halle*** (Hou Dian) des Guang Sheng Xia Si stammen beide aus dem Jahr 1309. In der Hou Dian stehen die Statuen der ⇗ Bodhisattvas Samantabhadra und ⇗ Manjusri sowie der ⇗ Buddha der Drei Welten. Die Wandmalereien wurden 1928 abgetragen und sind heute im Museum von Kansas City (USA) zu bewundern.

Im Tempelhof erhebt sich die ***Pagode des Fliegenden Regenbogens*** (Fei Hong Ta, 1527). Die gelb-, blau- und grünglasierten Ziegel des 47 m hohen rechteckigen Bauwerks leuchten in der Sonne wie die Farben eines Regenbogens. Die drei unteren Stockwerke sind mit ⇗Buddha-, ⇗Bodhisattva- und Wächterskulpturen umstellt. Sie gilt als älteste noch erhaltene ⇗Pagode dieses Typs.

In der ***Amitabha-Halle*** (Mituo Dian), die genau hinter der Pagode steht, werden ⇗Amitabha, ⇗Guanyin (⇗Avalokiteshvara) und Mahasthamaprapta verehrt. Drei weitere Buddhastatuen (Vairocana, Akshobya, Amitabha) stehen in der ***Vairocana-Halle*** (Pilu Dian).

Hukou-Wasserfälle
(Húkǒu Pùbù)
壶口瀑布

Die Wasserfälle liegen bei der Ortschaft Ji Xian an der Grenze zu Shaanxi. Der Gelbe Fluss stürzt hier auf einer Breite von 3.000 m ca. 50 m in die Tiefe. Jedes Jahr vom 18. September bis 18. Oktober findet hier das ***Internationale Rafting Festival*** statt. Vom Hukou Rafting-Dock kann man dann ein etwa 50 km langes Stück den Gelben Fluss bis zum Ort Longmen hinabsausen. Buchen kann man den Spaß bei CITS-Linfen in der 53 Jiefang Xilu, Tel. (0357) 215406, Fax: 212797.

临汾

●***Anfahrt:*** Mit der Bahn nach ⊕Línfén (s. Weiterreise mit der Bahn von Taiyuan nach Jiexian und Yuncheng) und von dort weiter mit dem Minibus. Busse gibt es auch ab Hongdong und Yuncheng. Im Sommer fahren vor dem Bahnhof von Linfen Ausflugsbusse zu den Wasserfällen.

Die Seidenstraße von Xi'an bis Lanzhou

西安

Xi'an

(Xī'ān)

Xi'an (Westlicher Friede) gehört zu den bedeutendsten Kaiserstädten Chinas und war rund 1080 Jahre lang die ***Hauptstadt für elf Dynastien*** (bzw. 12, zählt man die Dynastie Xin des Usurpators *Wang Mang* hinzu). Schon die Zhou (ca. 1100-221 v.Chr.) hatten hier nicht zuletzt wegen der günstigen klimatischen Bedingungen und Bodenverhältnisse an den Ufern des Wei-Flusses vor 3.000 Jahren ihren Sitz.

Hauptstadt Fenggao

Damals hieß die Stadt Fenggao und erwuchs aus den beiden Orten Fengjing und Gaojing etwa 16 km südwestlich vom heutigen Zentrum. Die Stadt war bereits schachbrettförmig angelegt und soll von 18 Haupt-

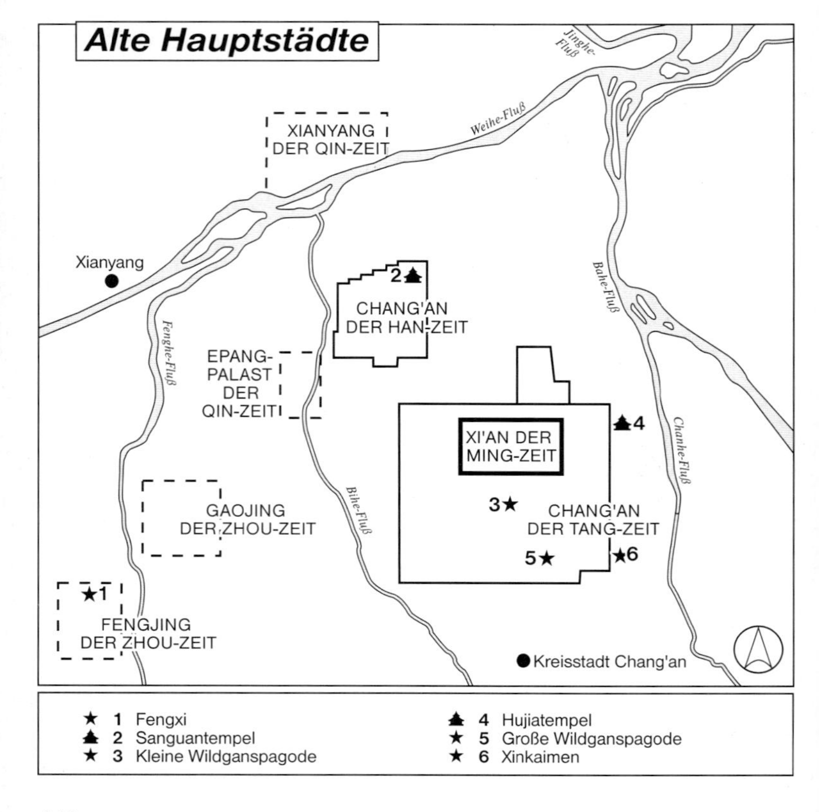

straßen durchzogen gewesen sein, die so breit waren, dass 9 Karren nebeneinander fahren konnten.

Hauptstadt Xianyang

Nach einem Zwischenspiel der Zhou-Könige in Luoyang erkor der erste Kaiser von China, *Qin Shi Huangdi*, Gründer der Qin-Dynastie (221-206 v.Chr.) den Ort Xianyang etwa 20 km nordwestlich vom heutigen Zentrum zu seiner neuen Hauptstadt.

Hauptstadt Chang'an

Nachdem der Rebellenführer und ehemalige Qin-Beamte *Liu Bang* die Qin-Dynastie gestürzt und die ***Han-Dynastie*** (206 v.Chr. - 220 n.Chr.) gegründet hatte, die schließlich zur am längsten regierenden kaiserlichen Dynastie in der Geschichte des Landes wurde, verlegte er seine Hauptstadt aus strategischen Gründen etwas nach Westen und gründete die Stadt Chang'an, die heute ein Vorort im Nordwesten Xi'ans ist. Nun begann die erste Blütezeit der chinesischen Hauptstadt. Der Weiyang-Palastkomplex wurde gebaut und von seinen Nachfolgern permanent erweitert. Schließlich wurde auch die endgültige Stadtmauer mit einer Gesamtlänge von 22 km fertiggestellt. Über diese Mauer schrieb der Dichter ↗ *Ban Gu* (32-92) aus der Östlichen Han-Dynastie: „Hoch und fest ist die Stadtmauer, tief und breit ist ihr Wallgraben; zwölf Tore stehen an vier Seiten, jedes verbindet drei Straßen ...". 8 Hauptstraßen und 160 Straßen durchzogen Chang'an, während sich außerhalb der Mauer das Stadtgebiet ebenfalls weiter ausbreitete und sich Künstler-, Händler-, Handwerks- und Marktviertel entwickelten. „Trotz seiner unvorstellbaren Dimensionen und der breiten Straßen", schrieb *Ban Gu* in seinem „Loblied auf die zwei Hauptstädte", „konnte man sich im Gedränge nicht umdrehen und der Wagen nicht wenden."

Verlust der Hauptstadtfunktion

Das vorläufige Ende von Chang'ans Bedeutung begann mit der Usurpation des Kaiserthrons durch *Wang Mang*, der die kurzlebige ***Dynastie Xin*** (9-23) ausrief. Im Verlauf der Restaurationsversuche durch die Han, die von einer Rebellenbewegung namens „Rote Augenbrauen" betrieben wurden, konnte das Interregnum des *Wang Mang* beendet werden. Unterstützt wurde die Bewegung vor allem von den Familien der Großgrundbesitzer der nordchinesischen Tiefebene im Westen Shaanxis und in Henan. Die Macht der neuen Kaiser stützte sich in erster Linie auf diese neue Grundbesitzerklientel, und so wurde die neue Hauptstadt nach Luoyang in der Provinz Henan verlegt.

Chang'ans Blütezeit

Erst mit der dritten Reichseinigung durch die kurzlebige ***Sui-Dynastie*** (581-618) und die sie ablösende ***Tang-Dynastie*** (618-907), die beide Chang'an zur Hauptstadt wählten, konnte die einstige Weltstadt wieder an ihren alten Glanz anknüpfen und erlebte ein zweite Blütezeit, in der Chang'an zu den größten Metropolen der Welt zählte und etwa zwei Millionen Einwohner hatte.

Die ***Planung der neuen Hauptstadt*** erfolgte nach den Regeln der traditionellen chinesischen Stadtplanung, nach denen die Stadt, die Palastanlagen, der Wohnbau und selbst das kleinste Haus die Ordnung des Universums widerspiegeln sollten. Dabei dominierte das Viereck, die vermeintliche Gestalt der Erde. Die Nord-Süd-Achse maß 8,4 km, die Ost-West-Achse 9,7 km. Das 81,48 km^2 große Stadtgebiet wurde von einer 36 km langen Stadtmauer umschlossen. Die Hauptstraße Zhuque hatte eine Breite von 155 m und war damit die breiteste Straße der Welt. Roms und Athens breiteste Straßen brachten es auf gerade mal 12 bzw. 5 m.

Doch Chang'an hatte noch eine weitere Besonderheit. In ihren Mauern war sie in 110 ***Kleinstädte,*** sogenannte Fang, unterteilt, die jede für sich von einer eigenen Mauer umgeben waren. Ertönte die Nachttrommel, wurden nicht nur die Tore der eigentlichen Stadtmauer geschlossen, sondern auch die der „Kleinstädte".

Vom tang-zeitlichen Westtor, dem Kaiyuanmen, aus nahmen die großen Handelswege in Richtung Westen ihren Anfang, so auch die ***Seidenstraße***. Über diesen berühmtesten Handelsweg gelangten Kaufleute, Mönche, Diplomaten, Künstler und Studenten aus Persien, Syrien, Indien nach Chang'an. Vom Kaiyuanmen an wurden die Meilensteine (Hou genannt) westwärts bis zur Präfektur Anxi (das heutige Kuqa) im heutigen Xinjiang angebracht. Ein Kanalsystem, das die Stadt an den ⇗Kaiserkanal im Osten anschloss, und Straßen verbanden die Stadt darüber hinaus mit allen Teilen des Reiches.

Die Metropole war nicht nur ein internationales Handelszentrum, sondern auch ein ***Schmelztiegel der Religionen*** der Welt. Moslems, Buddhisten, Daoisten, nestorianische Christen und Anhänger der Zarathustra-Sekte bauten hier ihre Tempel und Gotteshäuser und hinterließen Zeugnisse ihres Wirkens.

Das Xi'an der Ming-Zeit

Mit dem Sturz der Tang-Dynastie im Jahre 907 begann der ***Niedergang,*** und schon in der Ming-Zeit (1368-1644) breitete sich die nun Xi'an genannte Stadt nur noch über einem Sechstel ihrer ursprünglichen Fläche aus. Heute bilden das Areal der damaligen Kaiserstadt und ihr Palastbezirk mit der gut erhaltenen Stadtmauer aus der Ming-Zeit das Zentrum der modernen Stadt.

Xi'an im 20. Jh.

Erneut in den Blickpunkt diesmal der internationalen Öffentlichkeit geriet Xi'an während des ***chinesisch-japanischen Krieges.*** Am 12. Dezember 1936 war Chinas unumschränkter Diktator Generalissimo *Chiang Kai-shek* von zwei seiner Generäle in seinem Hauptquartier bei den heißen Quellen von Huaqing (siehe auch dort) festgenommen worden, um ihn zu einer Einheitsfront mit den Kommunisten im Kampf gegen Japan zu zwingen. Den Kommunisten, die nach fünf Vernichtungsfeldzügen der ⇗GMD nahezu am Ende waren, hat diese für sie völlig überraschende Wendung wahrscheinlich das politische Überleben ermöglicht. Die KPCh-Führung in Yan'an (Provinz Shaanxi) begriff sofort, was für ein ungeheurer Trumpf ihnen durch die Meuterei von Teilen der ⇗Guomindang-Truppen in die Hände gespielt wurde. Sie nutzten die Beendigung des zehnjährigen Bürgerkriegs, um ihre territoriale und militärische Stärke wiederzugewinnen. Nach den acht Jahren des Krieges gegen Japan kontrollierte die kommunistische Guerilla 19 Stützpunktgebiete mit 95,5 Millionen Einwohnern und konnte eine 919.000 Soldaten starke Armee aufbieten, mit der sie – nicht zuletzt dank des „Zwischenfalls von Xi'an" – ihre Revolution 1949 schließlich erfolgreich durchführte.

Tourismus

Die vielen Zeugnisse aus der Vergangenheit haben Xi'an zu einer Drehscheibe des Tourismus in China gemacht. Die Palette der ***Sehenswürdigkeiten*** reicht vom neolithischen Banpo-Dorf aus dem fünften Jahrtausend vor Christus über die weltberühmt gewordene Terrakotta-Armee des chinesischen Reichseinigers *Qin Shi Huangdi* bis zur schönen Altstadt und Resten aus der Zeit der Han- und Tang-Kaiser.

Wirtschaft

Neben seiner Funktion als Tourismuszentrum konnte Xi'an seit dem Bau der Eisenbahnlinie nach Zhengzhou im Jahr 1930 seine Bedeutung als Produzent von Textilien, Maschinen, Elektronik- und Fernmeldeeinrichtungen, Verkehrs- und Transporteinrichtungen sowie von Elektromaschinen- und geräten ausbauen. Weitere wichtige Industrien Xi'ans sind die Schwer- und rohstoffverarbeitende Industrie. Die Umweltbelastungen durch den hohen Anteil der Industrieanlagen in der Stadt bereitet der Regierung einiges Kopfzerbrechen, aber innerhalb der Stadtmauern hat sich Xi'an noch ein erstaunlich gemächliches, von breiten Promenaden und kleinen verwinkelten Gassen geprägtes Stadtbild erhalten, das nun leider auch von der wilden Bauwut der östlichen Küstenstädte erfasst worden ist.

Hotels

金花饭店 — ф***Jīnhuā Fàndiàn (Golden Flower Hotel)*****,** 8 Changle Xilu, Tel. 3232981, Fax 3235477. Bus 11, sechs Stationen. Eines der besten Hotels der Stadt unter schwedischem Management, das zur Shangri-La Gruppe gehört.

唐城饭店 — ф***Tángchéng Fàndiàn****,** 7 Lingyuan Nanlu, Tel. 5265711, Fax 5261041. Bus 3 ab Bahnhof, drei Stopps. Ein durchschnittliches Mittelklassehotel ohne viel Atmosphäre.

人民大厦公寓 — ф***Rénmín Dàshà Gōngyù (Flats of Renmin Dasha)**,** 9 Fenghe Lu, Bus Nr. 9 sechs Stationen ab Bahnhof. Bislang eine recht gute preiswerte Adresse. Am Bahnhof wird man oft schon angesprochen, ob man dort absteigen will. Ist aber etwas ungünstig gelegen aber sehr beliebt bei Einzelreisennden.

人民大厦 — ф***Rénmín Dàshà****,** 319 Dongxin Jie, Tel. 7212538, Fax 7218152. Altes Hotel im sozialistischen Stil.

解放饭店 — ф***Jiěfàng Fàndiàn***,** gegenüber vom Bahnhof. Tel. 7212229, Fax 7212617. Das Hotel war in den achtziger Jahren die wichtigste Absteige für Einzelreisende. Heute ist es renoviert und bezüglich Lage und Preis-Leistungs-Verhältnis noch immer eines der günstigsten Hotels in der Stadt.

朱雀饭店 — ф***Zhūquè Fàndiàn****,** 26 Xiaozhai Xilu, Tel. 5261590, Bus 3, 11 Stationen. Günstig in der Nähe des neuen historischen Museums gelegen aber sonst ohne Charakter.

钟楼饭店 — ф***Zhōnglóu Fàndiàn****** (Holiday Inn Belltower Hotel), am Glockenturm, zentral gelegen. Tel. 7279200, Fax 7218767. Bus 3, 5 Stopps. Toplage und gutes Preis-Leistungs-Verhältnis.

城市宾馆 — ф***Chengshi Binguan (City Hotel)***,** 5 Nan Dajie, Tel. 7219988, Fax 7216688. Das Hotel liegt nur wenige Meter etwas unscheinbar hinter dem Belltower Hotel und ist für seine Lage und Ausstattung wirklich günstig.

夏威夷饭店 — ф***Hawaii Hotel (Xiàwēiyí Jiǔdiàn)***,** 54 Youyi Donglu, Tel. 5262888. Sino-amerikanisches Joint-venture Hotel.

榆兰酒店 — ф***Yúlán Jiǔdiàn***,** 40 Changle Zhonglu, Tel. 3235519. Kleineres chinesisches Hotel fünf Minuten westlich vom Golden Flower Hotel.

胜利饭店 — ф***Shènglì Fàndiàn**,** Yanta Lu/Hepingmen, Tel. 7212244. Mit Bus 5 ab Bahnhof vier Stationen. Zur Zeit dürfte dieses Hotel noch das günstigste in der Stadt sein. Viele Rucksackreisende steigen hier ab.

五一饭店 — ф***Wǔyī Fàndiàn (Hotel des 1. Mai)***,** 351 Dong Dajie, Tel. 7213329. Bei Rucksackreisenden beliebt, weil das Personal freundlich ist.

Ein Xi'an-Zwischenfall der anderen Art

15. April 1989 *Hu Yaobang,* ehemaliger Generalsekretär der KPCh, der von *Deng Xiaoping* 1987 gezwungen worden war, wegen zu liberaler Ansichten zurückzutreten, stirbt. Unmittelbar nach Bekanntwerden seines Todes beginnen Studenten verschiedener Universitäten Xi'ans, sich zu versammeln und Wandzeitungen aufzuhängen.

18. April Erste Gruppen von Studenten beginnen, in den Straßen zu demonstrieren und den über Jahre hinweg aufgestauten Groll gegen die Machenschaften der obersten Politführung zu artikulieren.

19. April Mehr und mehr Studenten schließen sich den spontanen Demonstrationen an.

20. April Kurz nachdem in Beijing eine Gruppe von Studenten versucht hatte, in den Regierungssitz Zhongnanhai einzudringen, schwellen nun auch in Xi'an die Demonstrationen zu beachtlicher Größe an. Im Laufe des Tages versuchen einige tausend Studenten, den Zugang zum Gelände der Provinzregierung zu erzwingen. Einige der Studentenvertreter werden hineingelassen und übergeben ihre Forderungen, in denen sie eine Verbesserung der Studiensituation für die Studenten der Provinz Shaanxi verlangen und restlose Aufklärung für die Gründe, die zum Rücktritt *Hu Yaobangs* geführt hatten, fordern. Auf dem Vorplatz werden inzwischen heftige Reden gegen die Regierungskorruption und das Misslingen der Reform geschwungen. Am Nachmittag verlässt ein Studentenvertreter der Nordwest-Universität das Gebäude der Provinzregierung und verließt das Ergebnis der Konsultationen: Die Studenten sollten unverzüglich in die Universitäten zurückkehren, eine Verbesserung ihrer Situation würde von der Regierung ins Auge gefasst werden, und zum Tod *Hu Yaobangs* gäbe es bereits eine offizielle Stellungnahme. Er wird niedergeschrien, und die Demonstrationen gehen weiter.

21. April Studenten der Nordwest-Universität bringen einen großen Gedenkkranz zum Neustadt-Platz (Xincheng Guangchang) vor dem Regierungsgebäude in Xi'an. Die Tore vor dem Regierungsgelände werden geschlossen und von einer dichten Reihe aus Polizisten bewacht. Am Abend wird der Gedenkkranz von drei jungen Männern an ein Lastenfahrrad gebunden, und unter der Beteiligung von gut hundert Menschen wird eine Demonstration durch die Stadt durchgeführt, in deren Verlauf es zu Vandalismus und Plünderungen kommt. Mehrere Busse werden mit Steinen beworfen, zwei Taxis werden umgeworfen, und am Bahnhof werden mehrere Verkaufsstände geplündert. Die Studenten auf dem Hauptplatz distanzieren sich von Anfang an von der Aktion und betonen, dass keine Studenten an dieser Demonstration beteiligt gewesen seien.

体育宾馆 ф ***Tĭyù Bīnguǎn** (Sporthotel),*** Chang'an Beilu, Tel. 5253339. Das Hotel befindet sich innerhalb des Shaanxi-Sportzentrums. Bus 3, neun Stationen.

西安宾馆 ф ***Xī'ān Bīnguǎn***,*** 26 Chang'an Beilu, Tel. 5261351, Fax 5261796. Bus 3, acht Stationen.

华清宾馆 ф ***Huáqīng Bīnguǎn** (Hot Spring Hotel),*** 20 km nordwestlich von Xi'an im Kreis Lintong, bei den Thermalquellen.

● Weiterhin ist von Sheraton bis Novotel so ziemlich jede Hotelkette mit einem ***Luxushotel*** vertreten.

唐华饭店 ф ***Xi'an Garden Hotel (Tánghuá Fàndiàn)****,*** 4 Dongyanyin Lu, Dayan Ta. Tel. 5261111, Fax 5261998.(Östlich der großen Wildganspagode).

22. April

Ab 10.00 Uhr vormittags werden die Begräbnisfeierlichkeiten für *Hu Yaobang* im Fernsehen übertragen. In Xi'an versammeln sich zwischen 10.00 und 14.00 Uhr über 40.000 Studenten und Zuschauer. Mehrere tausend Militärpolizisten, oft junge unerfahrene Männer vom Land, werden in Xi'an zusammengezogen. Neben den vielen Reden ist das Hauptanliegen der Studentenführer, einen Kranz für die offizielle Zeremonie im Regierungsgebäude niederzulegen. Sie werden aber nicht auf das Gelände gelassen und von der Polizei gewaltsam abgedrängt. Bei dem allgemeinen Hin- und hergeschiebe fängt auf einmal in der Menge jemand an, Steine auf die Polizei zu werfen. Nun fahren zwei LKWs vor, und einige der Polizisten verschanzen sich auf der Ladefläche, als plötzlich die Plane von einem der LKWs heruntergezogen und in Brand gesteckt wird. Ein Feuerwehrwagen, der vor dem Gebäude der Provinzregierung steht, rührt sich jedoch nicht. Die Polizei zieht sich zurück, und die Menge kommt zur Ruhe. Gegen 14.30 Uhr werden die Studenten und Zuschauer über Lautsprecher aufgefordert, den Platz zu verlassen. Nichts passiert. Um 15.00 Uhr geht auf einmal das Wachgebäude vor dem Gelände der Regierung in Flammen auf. Die Polizei hält sich zurück, aber der Feuerwehrwagen kommt zum Löschen, als er auf einmal Wasserwerfer gegen die Menschenmenge einsetzt. Dann werden die zwei Laster wieder vorgefahren, die prompt ebenfalls in Flammen aufgehen. Vermutlich wurden sie bewusst dorthin gefahren, um die Brandstiftung zu provozieren. Sie werden nicht gelöscht, so dass sich der beißende Rauch über den ganzen Platz verteilen kann. Dennoch kommen immer mehr Leute. Um 16.00 Uhr wird auf einmal über Lautsprecher bekanntgegeben, dass nunmehr über die Eingaben der Studenten beraten wird. Einige tausend Studenten ziehen daraufhin von dannen, ebensoviele verbleiben aber auf dem Platz. Plötzlich marschieren bewaffnete Anti-Terror-Einheiten und Militärpolizisten auf und fangen an, systematisch auf die vebliebene Menge einzuprügeln. Die Stimmung wird immer aufgeheizter, und gegen 17.00 Uhr ist die Situation zu einer riesigen Straßenschlacht eskaliert. Ein Touristenbus mit Taiwanesen wird gestürmt und völlig zerstört. Gegen 19.00 Uhr wird das Gebäude der Staatsanwaltschaft von der aufgebrachten Menge gestürmt, verwüstet, und die davor stehenden Autos werden in Brand gesetzt, ohne das die Polizei eingreift. (Wie sich später herausstellte, hat sich die Staatsanwaltschaft gegen den Einsatz von Gewalt seitens des Militärs ausgesprochen.) Um 20.00 Uhr wird der Platz von den bewaffneten Einheiten eingekesselt, und die Demonstranten werden mit großer Gewalt auseinandergetrieben. Die Bilanz dieses schwarzen Apriltages: mindestens 13 Tote und Hunderte von Verletzten. Xi'an hatte einen neuen „Zwischenfall".

古都宾馆

ȹ***Grand New World Hotel (Gǔdū Bīnguǎn)****,*** 48 Lianhu Lu, Tel. 7216868, Fax 7219754. Zentral im Westteil der Innenstadt gelegenes Hotel mit einem großen Theater.

阿房宫凯悦饭店

ȹ***Hyatt Hotel (Āfánggōng Kǎi Yuè Fàndiàn)****,*** 158 Dong Dajie. Tel. 7231234, Zentral im Ostteil der Innenstadt gelegen.

ȹ***Sheraton Xi'an Hotel (Xīlaídēng Jiǔdiàn)****,*** 12 Fenghao Lu, Tel. 4261888, Fax 4262983

Restaurants

Entsprechend Xi'ans langer Geschichte als kaiserliche Hauptstadt verfügt seine Back- und Kochkultur über eine eigenständige Tradition. Während

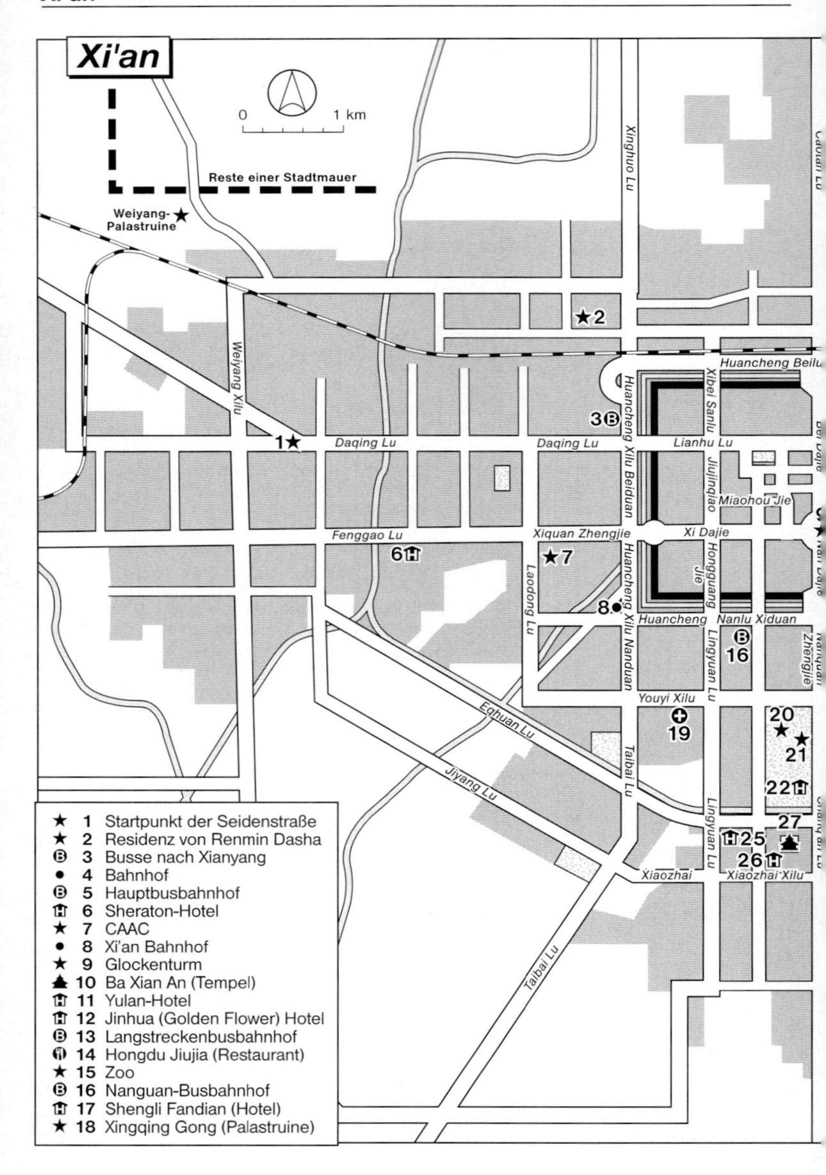
Xi'an
0 1 km
Reste einer Stadtmauer
Weiyang-Palastruine
Xinghuo Lu
Weiyang Xilu
Daqing Lu
Daqing Lu
Lianhu Lu
Huancheng Beilu
Xibei Sanlu
Huancheng Xilu Beiduan
Jiujinqiao
Miaohou Jie
Fenggao Lu
Xiquan Zhengjie
Xi Dajie
Laodong Lu
Huancheng Xilu Nanduan
Hongguang Jie
Huancheng Nanlu Xiduan
Lingyuan Lu
Youyi Xilu
Eqhuan Lu
Jiyang Lu
Taibai Lu
Xiaozhai
Xiaozhai Xilu
Taibai Lu
★ 1 Startpunkt der Seidenstraße
★ 2 Residenz von Renmin Dasha
3 Busse nach Xianyang
• 4 Bahnhof
5 Hauptbusbahnhof
6 Sheraton-Hotel
★ 7 CAAC
• 8 Xi'an Bahnhof
★ 9 Glockenturm
10 Ba Xian An (Tempel)
11 Yulan-Hotel
12 Jinhua (Golden Flower) Hotel
13 Langstreckenbusbahnhof
14 Hongdu Jiujia (Restaurant)
★ 15 Zoo
16 Nanguan-Busbahnhof
17 Shengli Fandian (Hotel)
★ 18 Xingqing Gong (Palastruine)

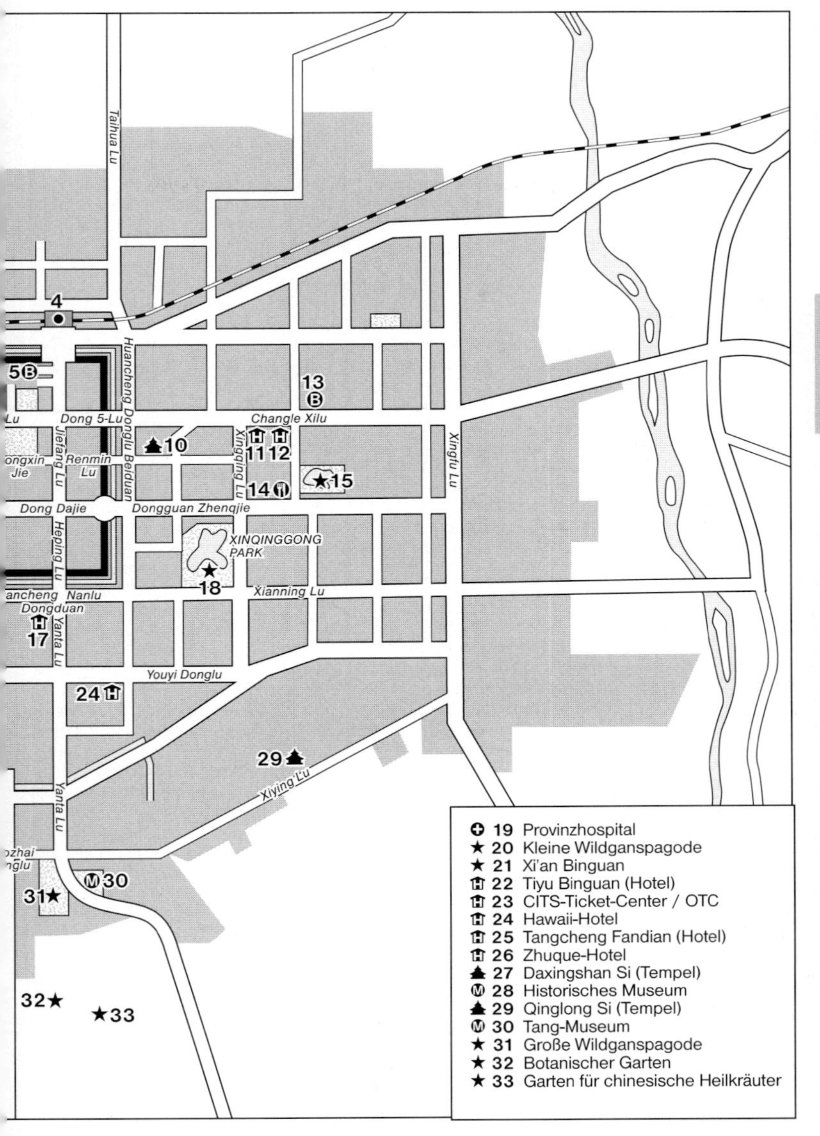
Taihua Lu
4
5
13
Lu
Dong 5-Lu
Changle Xilu
Jiefang Lu
Huancheng Donglu Beiduan
Xingqing Lu
Xingfu Lu
10
11 12
ongxin Jie
Renmin Lu
14
15
Dong Dajie
Dongguan Zhengjie
Heping Lu
XINQINGGONG PARK
18
ancheng Nanlu Dongduan
Xianning Lu
17
Yanta Lu
Youyi Donglu
24
29
Xiying Lu
ozhai nglu
30
31
32
33
19 Provinzhospital
20 Kleine Wildganspagode
21 Xi'an Binguan
22 Tiyu Binguan (Hotel)
23 CITS-Ticket-Center / OTC
24 Hawaii-Hotel
25 Tangcheng Fandian (Hotel)
26 Zhuque-Hotel
27 Daxingshan Si (Tempel)
28 Historisches Museum
29 Qinglong Si (Tempel)
30 Tang-Museum
31 Große Wildganspagode
32 Botanischer Garten
33 Garten für chinesische Heilkräuter

der Tang-Zeit gab es in der Stadt unzählige Bäckereien, Restaurants und Schnapsstuben. Die Rezepte wurden von Generation zu Generation als mündliches Geheimnis weitergegeben. Typische ***Gerichte*** Xi'ans sind:

腊之肉

中***Làzhiroù*** sind gepökelte Rippchen, die mit einer zähflüssigen, leicht süßlichen, dunkelroten Soße aus Sternanis, chinesischem Blütenpfeffer, Flieder, Caoguo-Pflanze, Kardamon, Ingwer und Wasserkastanie serviert werden. Das Rezept stammt von der Familie Fan aus dem Ort Zhuba. Meister Fan, der während der Qing-Dynstie lebte, soll das Pökelsoßenrezept einem Straßenhändler abgekauft haben.

腊味羊肉

●***Gepökeltes Hammelfleisch*** (中Làweii Yángròu) der alten Familie Tong aus Nianzhipo. Das knusprige Fleischgericht bekommt man vor allem in den Restaurants, die in der Umgebung der Straßenkreuzung Guangji Lu liegen.

水晶饼

中***Shuǐjngbǐng*** ist eine Art mürbes Gebäck, das mit vielen Kandisstücken und Schweinefett gefüllt ist. Dem Mehl werden eingezuckerte Blüten des Duftblütenstrauches beigemischt, wodurch die Shijingbing einen angenehmen Duft ausströmen. Die echten Shijingbing erhält man in dem Laden Demaogong am Ende der Gasse Nanguangji in der Xidajie. Sie werden dort seit über 100 Jahren hergestellt.

馒头

中***Mántóu in Rind- oder Hammelfleischtunke*** von der Familie *Wang* in Nanyuanmen. Mantous sind geschmacksneutrale Hefeklößchen, die in Xi'an deshalb gern mit einer würzig schmeckenden Fleischbrühe aufgekocht werden. Es gibt diese Spezialitäten in den meisten Restaurants, die Shaanxi-Küche zubereiten. (s.u.).

寸金

中***Cùnjīn*** ist ein knuspriges, aus Mehl, Sesamsamen und Zucker hergestelltes Backwerk, das die Form eines kleinen Zylinders hat, an dessen Enden man die Füllung - in Zucker eingelegte Rosenblätter - sehen kann.

鞘子面

中***Shaozimian*** ist eine Nudelspezialität, die vor allem zu festlichen Gelegenheiten gegessen wird. Wegen der Länge der Nudeln isst man sie bevorzugt zu Geburtstagen, weil sie dann langes Leben symbolisieren. Hergestellt werden sie von Hand aus langen Nudelteigzöpfen, die mehrfach kraftvoll ineinander verdreht und in die Länge gezogen werden, bis auf einmal die fertigen Spaghetti entstehen. In einer dicken Suppe aus Fleischstücken, Taglilienblüten, Judasohr, Sojabohnen und frischem Gemüse.

西安饭店

中***Xī'ān Fàndiàn,*** Dong Dajie, ein riesiges Restaurant mit 1.800 Plätzen auf mehreren Etagen und exzellentem Essen im Shaanxi-Stil. Wer mehrere Leute zusammenbekommt, kann hier leckere Menüs, die aus lokalen Snacks zusammengestellt sind, bestellen. Geöffnet 8.00-20.00 Uhr.

东亚饭店

中***Dōngyà Fàndiàn,*** 46 Luomashi, eine Seitenstraße der Dong Dajie, mit Shanghaier Küche oder genauer Suzhou-Wuxi-Küche, aber das schmecken wohl nur Leute aus der Gegend.

西安饭庄

中***Xī'ān Fànzhuāng (ehemaliges Heping Fandian)*** in der 88 Heping Lu, Spezialität: Schweinefleischschüssel. Shaanxi-Küche.

五一饭店

中***Wǔyī Fàndiàn,*** Dong Dajie. Beliebtes und stets volles Lokal mit englischer Speisekarte. Im Westflügel der ersten Etage gibt es Kuchen und Brot. Geöffnet 8.00-20.00 Uhr.

百花香甜食店

中***Bǎi Huā Xiāng Táng Shídiàn,*** Jiefang Lu. Ein Lokal, das einer Konditorei in unserem Begriff nahekommt.

德发长饺子馆

中***Défācháng Jiǎozi Guǎn,*** Zhonglou Pandao (am Glockenturm). Ein 1936 eröffnetes Lokal, dass sich auf Jiaozi spezialisiert hat. Man kann nur Jiaozi-Menüs bestellen, die zwischen 80, 90 und 150 Yuan pro Person kosten. Geöffnet 9.00-20.00 Uhr. (Zur Zeit wg. Neubaus geschlossen).

白云章饺子馆

中Nahe beim Glockenturm befindet sich das ***Báiyúnzhuāng Jiǎozi Guǎn,*** wo die Spezialität gefüllte Teigtaschen (*Jiaozi*) sind. Geöffnet 10.00-20.00 Uhr.

健康饭店
ФJiànkāng (Gesundheitsrestaurant), Duanliumen, eine Seitenstraße der Dong Dajie.

四川饭店
ФSichuan-Küche gibt es im ***Sìchuān Fàndiàn,*** 151 Jiefang Lu.

清雅斋饭庄
Ф***Qīngyǎzhāi Fànzhuāng,*** 384 Dong Dajie. Moslemische und vegetarische Küche.

同顺楼
竹林酒家
雍兰居酒家
Ф***Tóngshùn Lóu,*** Tanshi Jie. Weitere Filialen dieses traditionsreichen Restaurants befinden sich in der Nanxin Jie unter dem Namen ***Zhulin Jiujia*** und in der Xiwulu unter dem Namen ***Yonglanju Jiujia.***

小寨饭店
Ф***Xiǎozhāi Fàndiàn,*** Chang'an Lu.

曲江春
ФTeuer und gut ist das ***Qǔjiāngchūn,*** in dem Tang-Küche in alten Kostümen serviert wird. Es befindet sich in der 192 Jiefang Lu unweit vom Bhf.

同盛祥泡馍馆
Ф***Tóngshèngxiáng Pàomó Guǎn,*** 33 Xi Dajie. Eines der besten Restaurants für mongolischen Feuertopf und Paomo-Fondue. Beim Paomo-Fondue werden kleine, trockene Brotstücke in einen schmackhaften Lammsud getunkt. Geöffnet 9.00-19.00 Uhr.

红都酒家
ФWer mal wieder Lust auf Fastfood hat, sollte ins ***Hóngdū Jiǔjiā*** in der 3 Jinhua Lu gehen.

●Ein weiteres gutes Fastfood-Lokal ist ***Bob und Betty's*** in der Dong Dajie, schräg gegenüber vom Royal Hotel. Im etwas angestaubt wirkenden Fünfziger-Jahre-Ambiente gibt's von Hamburgern, Pizza, Dumplings, gebratenem Reis über Kuchen und vielerlei Süßspeisen alles, worauf man im Laufe des Tages Hunger haben könnte.

●Im Moslem-Viertel rund um die Moschee gibt es außerdem noch zahlreiche ***Garküchen.***

Sonstiges

●***Telefonvorwahl:*** 029.

●***Ausflüge:*** Wer sich nicht den langsamen öffentlichen Verkehrsmitteln anvertrauen will oder nur wenig Zeit für die Besichtigungen in Xi'an hat, sollte sich überlegen, ob er sich entweder mit mehreren Leuten ein Taxi mietet (ca. 350-400 Yuan für einen Tag) oder sich die Ausflüge in die Umgebung Xi'ans organisieren lässt. Die Preise sind normalerweise nach Anzahl der mitfahrenden Personen gestaffelt. Am teuersten wird es, wenn man allein fährt. Ansonsten wird unterschieden in Grüppchen von 2-5, 6-9 und ab 10 Personen. Es lohnt also stets zu versuchen, Leute zu finden, um den Preis der nächstbesseren Kategorie zu bekommen. Den reinen Fahrpreis exklusive Eintrittsgelder zahlt man bei den Touren des Shengli-Hotels, die vor allem von alleinreisenden Chinesen gebucht werden. Verlässliche Büros sind ansonsten:

●***CITS:*** Das ***Hauptbüro*** befindet sich in der 32 Chang'an Lu Beiduan. Tel. 5262066, Fax 5261558. Im Jiefang und im Bell Tower Hotel befinden sich ***Filialen*** von CITS.

●***CTS:*** 45 Xingqing Lu, 4th fl. Empress Hotel, Tel. 3241908.

●***CYTS:*** 90 Hongying Lu, Tel. 7218160.

●***Comfort Travel Service:*** Lingyuan Lu, Tel. 5261658.

●***Domestic Tourism Service:*** Dong Dajie, Tel. 7213062.

●***Overseas Tourism Corp. Shaanxi:*** 32 Chang'an Lu Beiduan, Tel. 5261516.

●***Overseas Tourism Gen. Corp, Xi'an:*** 158 Youyi Donglu, Tel. 5264355.

●Die meisten Hotels bieten ebenfalls Ausflüge an, die sie in Zusammenarbeit mit einer der oben angegebenen Reisegesellschaften oder aber mit eigenen Fahrzeugen durchführen.

●***Stadtpläne:*** Bei den Händlern am Hauptbahnhof und in den meisten Hotelläden. Der ungewohnte Maßstab lässt die Stadt allerdings sehr viel kleiner erscheinen, als sie ist.

- ***Ausländerpolizei:*** 138 Xi Dajie, 10 Minuten nach Westen vom Glockenturm. Tägl. (außer Sonntag) von 8.00 bis 12.00 und von 14.30 bis 18.00 Uhr geöffnet.
- ***Bank:*** 233 Jiefang Lu, in der Xi Dajie und in der Dong Dajie. Nahezu alle Hotels haben einen Wechselschalter. Oft wollen diese aber die Traveller Cheques nicht wechseln, wenn man dort nicht wohnt. Wir haben allerdings nie erlebt, dass unsere fiktiven Zimmernummern je kontrolliert worden sind. Auch in den staatlichen Souvenirgeschäften kann man oft wechseln.
- ***Post:*** In der Bei Dajie in Höhe des Kreisels zur Dong Dajie. Ein weiteres gut gelegenes Post- und Telefonamt befindet sich gleich am Bahnhof an der Bei Dajie/Ecke Xixin Jie.
- ***Telefonieren:*** kann man vom Telefonamt in der Xixin Jie/Ecke Bei Dajie.
- ***CAAC:*** 3A Laodong Nanlu, 1,5 km vom Westtor, Tel. 4299971
- ***Krankenhaus:*** Provinzhospital in der Youyi Xilu. Die CITS-Filiale des Renmin-Hotels hat ebenfalls Ärzte angestellt.
- ***Fahrradverleih:*** Beim Renmin-, Tangcheng-, Shengli-Hotel und vielen anderen Hotels kann man Räder mieten und erspart sich so die vollen Busse. So ziemlich alle Sehenswürdigkeiten in und um Xi'an sind mit dem Rad am schnellsten und problemlosesten zu erreichen.

Einkaufen

西安文物商店
集宝斋工艺品商店
友谊商店

- ***Antiquitäten/Kunstgewerbe:*** Xī'ān Wénwù Shāngdiàn, 375 Dong Dajie; Jíbǎozhāi Gōngyìpin Shāngdiàn, 14 Nanxin Jie, und gleich in der Nähe der Freundschaftsladen (Yǒuyì Shāngdiàn) 1 Nanxin Jie. Neben der Moschee verläuft eine Straße, Huajue Xiang, in der man zahlreiche kleine Kunstgewerbeläden findet.

外文书店

- ***Bücher:*** Foreign Language Bookstore (Waiwén Shūdiàn), 349 Dong Dajie.

唐城百货大厦
民生百货大楼

- ***Kaufhäuser:*** Tángchéng Baíhuò Dàshà, Dong Dajie; Mínshēng Baíhuò Dàshà, 103 Jiefang Lu, und der Freundschaftsladen.

Nachtleben

- ***Discos*** gibt es nur in den großen Hotels. Sie sind meist leer und teuer. Wer auf Karaoke steht, kann in die Karaoke-Bars gehen, die sich meist auch nur als Restaurant mit Karaokemöglichkeit entpuppen.
- ***Theater:*** Wer Lust auf ***Peking-Oper*** hat, vielleicht wird ja eine Oper aus dem großen Reigen der Geschichte „Die Reise in den Westen" gespielt. Das Theater befindet sich in der 7 Wenyi Lu.

Im modernen Theater des Grand New World Hotel, 48 Lianhu Lu gibt es ***Opern-, Ballet-, Akrobatik-*** und ***Filmvorführungen,*** aber auch ***klassische Konzerte.***

Für die lokale ***Qin-Oper,*** die aus der Volksmusik der Provinzen Shaanxi, Shanxi und Gansu hervorgegangen ist, gibt es die Qin-Operntruppe in der 61 Dongmutoushi.

Feste und Ereignisse

- ***Gesundheitswochen:*** Vom 1. bis 15. Mai jeden Jahres werden spezielle Touren nach Xianyang und zum Qianling-Mausoleum angeboten, während der man alles mögliche über die traditionelle Medizin erfährt und einen tieferen Einblick in die Zusammenhänge der alten Medizintechniken mit den chinesischen Kampfsportarten erhält.
- ***Famen-Tempelfest:*** Vom 10. bis 20. Mai jeden Jahres wird hier die Entdeckung von ⇗ *Sakyamunis* Fingerknochen, einer der wichtigsten buddhistischen Reliquien des Landes, gefeiert. Im Tempel werden bei der Gelegenheit vegetarische und regionale Gerichte angeboten.

● ***Hua-Shan-Schachfestival:*** Vielleicht ist der Hua Shan ein etwas ungewöhnlicher Ort zum Schachspielen, aber in den daoistischen Klöstern kann man zwischen dem 19. und 24. August auch an verschiedenen Zeremonien teilnehmen.

● ***Granatapfelfest:*** Extra für Touristen wird zwischen dem 1. und 14. September im Örtchen Lintong nahe den Thermalquellen ein Kulturfest veranstaltet, das die Kultur der Qin-Dynastie nahebringen soll. Bei der Gelegheit darf jeder einen Granatapfelbaum pflanzen.

● ***Xi'an-Kultur-und-Kunstwoche:*** Vom 9. bis 15. September finden an verschiedenen Stellen interessante kulturelle Veranstaltungen statt, die den Tourismus und das Verständnis für die chinesische Kultur fördern sollen.

●Genaue Informationen zu den Terminen und Veranstaltungsorten bekommt man aktuell jeweils bei CITS.

Weiterreise

Ticketkauf

●Dass Xi'an eine Tourismushochburg ist, macht sich auch am Bahnhof bemerkbar. Für Züge, die entlang der Seidenstraße in Richtung Ürümqi fahren, bekommt man kurzfristig kaum Tickets. In östlicher Richtung ist die Situation weniger dramatisch, aber auch hier gilt: Karten früh kaufen! Die Schalter für Ausländer befinden sich im 2. Stock des Bahnhofs.
●Ein ***Ticketvorverkauf*** befindet sich in der Lianhu Lu/Nähe Bei Dajie, am Jiefang-Hotel, im Shengli-Hotel (gleich am Eingang) und im CITS Ticket Center in der 19 Chang'an Lu.

Züge

Züge mit einem * starten in Xi'an.
●***Richtung Westen:*** Die Züge nach Westen fahren alle über ***Baoji*** (173 km, 3 Std., zus. Zug Nr. K797*, K799*, 1707, 2261, 2535, 4701, 7537*, 4759) und über Tianshui (328 km, 6,5 Std., ***Xining*** (892 km, 17 Std., Zug K115, 1377, 2009), ***Lanzhou*** (676 km, 13 Std., Zug T75, T117, K119*, K173, K227, 2009), ***Ürümqi*** (2.568 km, 54 Std.) via Wuwei (979 km, 20,5 Std.), Zhangye (1.223 km, 26 Std.) Jiuquan (1.424 km, 31 Std.), Jiayuguan (1.446 km, 31,5 Std.), Yumen (1.478 km, 32 Std.), Liuyuan/Dunhuang (1.743 km, 37,5 Std.) und Turfan (2.425 km, 50,5 Std., Zug T53, T69, T189, T193, T197, 1043*), ***Korla*** (Strecke bis Turfan wie bei Ürümqi, 2.882 km, 61 Std., Zug 1067*).
●***Richtung Norden: Yan'an*** (352 km, 8 Std., Zug 4762*, 7552*).
●***Richtung Nordosten: Linfen/Hukou-Wasserfall*** (377 km, 6,5 Std.) neben den Zügen nach Taiyuan fährt noch Zug 2024*, für den es problemlos Tickets gibt.) ***Taiyuan*** (651 km, 13 Std.) via Linfen/Hukou-Wasserfall, Hongdong (400 km, 7 Std., K126*, 1486, 1676*, 2536), ***Datong*** (1006 km, 20,5 Std., Zug 1676*), ***Beijing*** (1.165 km, 17 Std.) via Luoyang und Zhengzhou, Zug T42, über Taiyuan und Shijiazhuang fährt Zug K126* nach Beijing Süd. ***Tianjin*** via Taiyuan und Shijiazhuang (1.300 km, 25,5 Std., Zug 2562*).
●***Richtung Osten: Huashan*** (115 km, 3 Std.), ***Luoyang*** (387 km, 6,5 Std., alle Züge nach Osten zus. Zug 7516*, der 10 Std. braucht) und ***Zhengzhou*** (511 km, 8,5 Std., Zug K84*, K242*, K762*, K774*,). ***Shanghai*** via Zhengzhou, Kaifeng, Xuzhou, Nanjing usw. (1.511 km, 24 Std., Zug T140*, 1708).
●***Richtung Süden: Guangzhou*** (2.129 km, 39 Std.) via Zhengzhou, Wuchang, Changsha (1.403 km, 23 Std.) und Shaoguan (1.909 km, 33 Std., Zug K84*), ***Kunming*** (K166*).

Busse

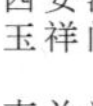

Es gibt in Xi'an mehrere ***Busbahnhöfe.*** Man sollte also zunächst einmal den Busbahnhof aufsuchen, der dem jeweiligen Hotel am nächsten liegt. ¢Xī'ān Qìchēzhàn am Hbhf., ¢Yùxiángmén Qìchēzhàn in der Huancheng Xilu/Ecke Lianhu Lu gleich hinter dem Yuyang-Tor, Xi'an Qichezhan in der Fengqing Lu (westliche Verlängerung der Huancheng Nanlu) und ¢Nánguān Qìchēzhàn in der Huancheng Nanlu gegenüber vom Nanguan-Tor.
●in Richtung ***Yan'an*** über ***Huangling,*** nach ***Lanzhou*** (2 Tage), ***Luoyang*** (8 Std.), ***Tianshui.*** Eine weitere Möglichkeit ist der Abstecher über das Örtchen Fufeng und dem in der Nähe liegenden Famen-Tempel nach ***Baoji.*** (Näheres unter Ausflüge in die Umgebung/Famen-Tempel.) Weitere Orte sind in den Kapiteln Ausflüge in die Umgebung aufgeführt.

Flüge

- Flüge gibt es in alle Provinzhauptstädte und wirtschaftlich bedeutenden Orte im Land. Internationale Flüge gehen nach Hiroshima, Hongkong, Nagoya, Macao. Der Flughafen liegt über 40 km nördlich von Xi´an. Vom CAAC-Hauptbüro fahren regelmäßig Busse dorthin.

Sehenswertes innerhalb der Stadtmauern

Glockenturm
(Zhōnglóu)
钟楼

Im Zentrum der Stadt steht der 1582 hierher versetzte Glockenturm, der ursprünglich in der Ming-Zeit 1384 weiter westlich an der heutigen Kreuzung Xi Dajie/Guangji Jie erbaut worden war. An seinem neuen Standort zeigten die Seitenfronten des Turms zu den vier wichtigsten Stadttoren im Süden, Westen, Norden und Osten.

Das ***Wahrzeichen Xi'ans*** ist an jeder Seite 35,5 m breit und steht auf einer 8,6 m hohen Ziegelsteinplattform. Der Turm selbst ist aus Holz und besteht aus drei leicht geschwungenen Dachvorsprüngen, deren Architektur beispielhaft für die komplizierten Dachbalkenkonstruktionen der Ming- und Qing-Zeit ist.

Die Glocke wurde im Morgengrauen angeschlagen und war u.a. das Signal dafür, die Stadttore wieder zu öffnen. Die Originalglocke existiert zwar nicht mehr, aber ersatzweise wird hier eine kleinere ming-zeitliche Glocke ausgestellt.

- ***Öffnungszeiten:*** Täglich 9.00-17.30 Uhr.

Trommelturm
(Gŭlóu)
鼓楼

Läuft man die Xi Dajie ein Stück weiter nach Westen, gelangt man zum Trommelturm. Er ähnelt dem Glockenturm, ist jedoch rechteckig und wurde 1370 errichtet. Der Unterbau aus Ziegelsteinen ist 52,6 m lang, 38 m breit und 7,7 m hoch. Der hölzerne Turmbau ist weitere 25,3 m hoch. Die Trommel wurde zu Beginn der Dämmerung geschlagen und war das Signal, die Stadttore

Der mächtige Glockenturm ist Wahrzeichen Xi'ans

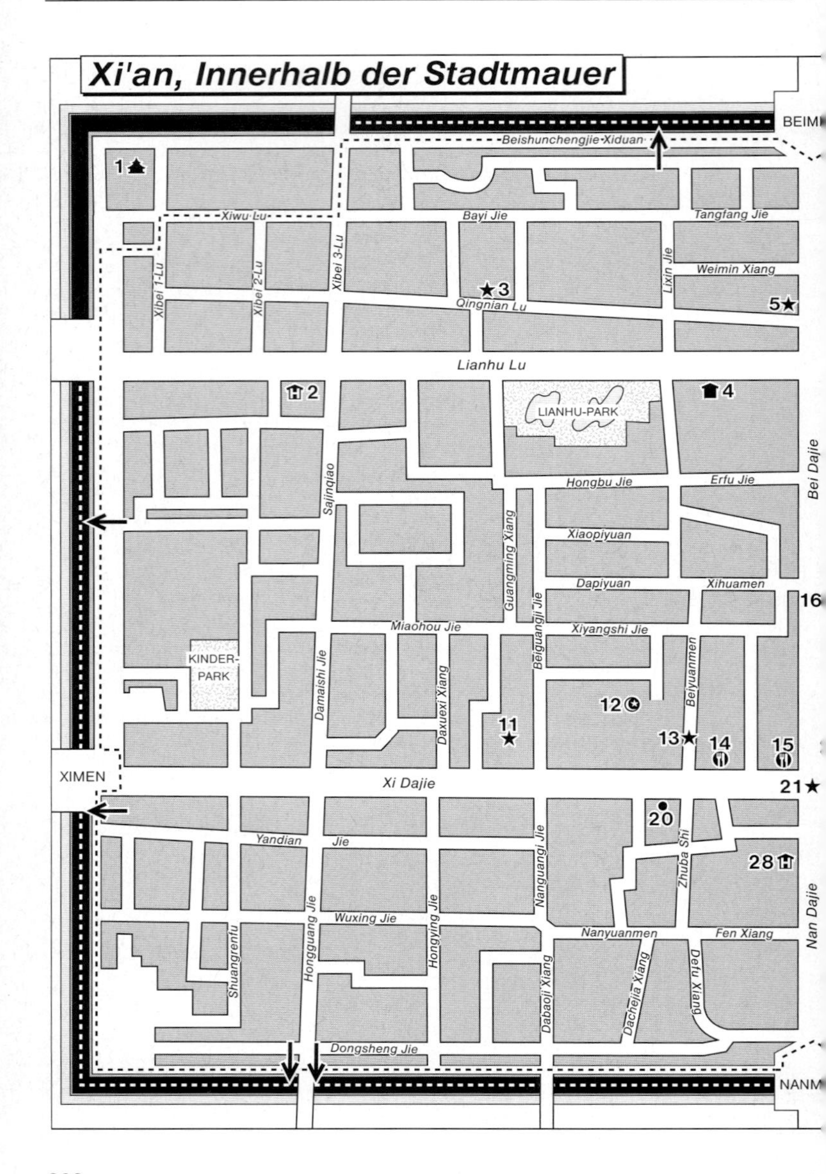
Xi'an, Innerhalb der Stadtmauer
BEIM
Beishunchengjie Xiduan
1
Xiwu Lu
Bayi Jie
Tangfang Jie
Xibei 1-Lu
Xibei 2-Lu
Xibei 3-Lu
3
Qingnian Lu
Lixin Jie
Weimin Xiang
5
Lianhu Lu
2
4
LIANHU-PARK
Sajinqiao
Hongbu Jie
Erfu Jie
Bei Dajie
Guangming Xiang
Xiaopiyuan
Dapiyuan
Xihuamen
16
Beiguangji Jie
Miaohou Jie
Xiyangshi Jie
KINDER-PARK
Damaishi Jie
Daxuexi Xiang
Beiyuanmen
12
11
13
14
15
XIMEN
Xi Dajie
21
20
Yandian Jie
Nanguangji Jie
Zhuba Shi
28
Hongguang Jie
Wuxing Jie
Hongying Jie
Shuangrenfu
Nanyuanmen
Fen Xiang
Nan Dajie
Dabaoji Xiang
Dachejia Xiang
Defu Xiang
Dongsheng Jie
NANM

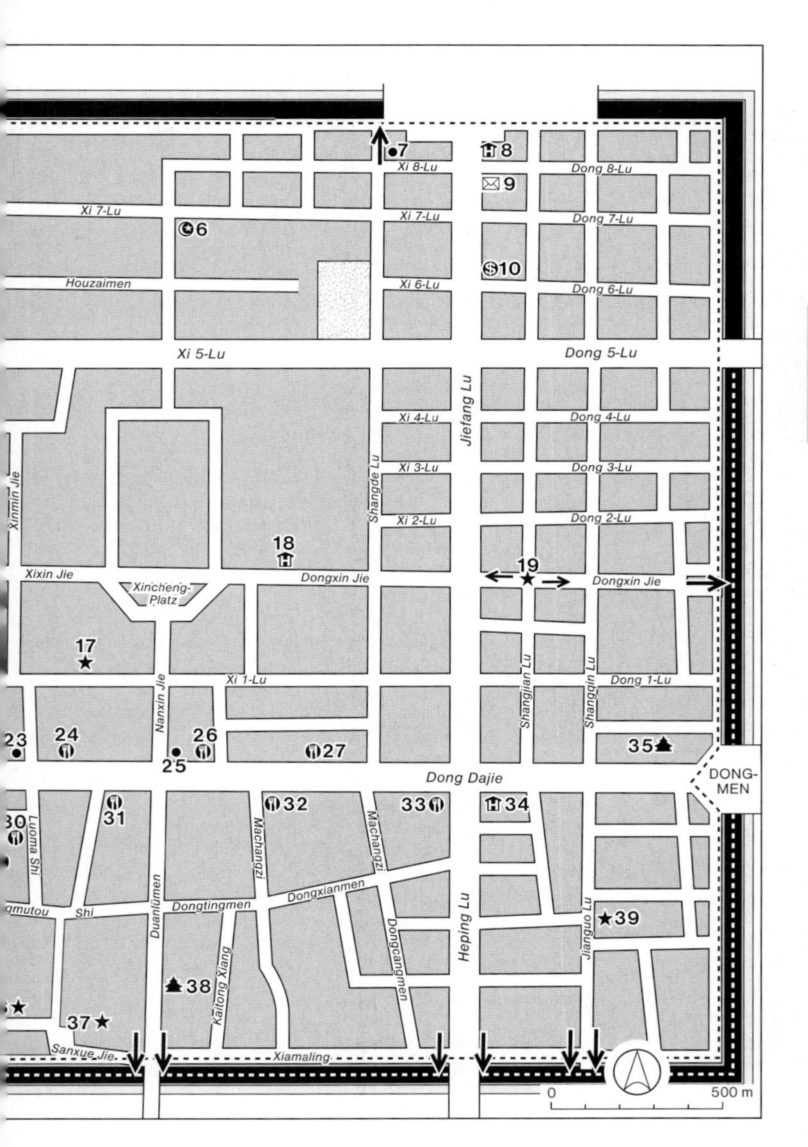
Xi 8-Lu
Dong 8-Lu
Xi 7-Lu
Xi 7-Lu
Dong 7-Lu
Houzaimen
Xi 6-Lu
Dong 6-Lu
Xi 5-Lu
Dong 5-Lu
Jiefang Lu
Xi 4-Lu
Dong 4-Lu
Xi 3-Lu
Dong 3-Lu
Shangde Lu
Xinmin Jie
Xi 2-Lu
Dong 2-Lu
Xixin Jie
Dongxin Jie
Dongxin Jie
Xincheng-Platz
Xi 1-Lu
Dong 1-Lu
Shangjian Lu
Shangqin Lu
Nanxin Jie
Dong Dajie
DONG-MEN
Luoma Shi
Machangzi
Machangzi
Dongxianmen
Dongtingmen
Shi
Duanlümen
Kaitong Xiang
Dongcangmen
Heping Lu
Jianguo Lu
Sanxue Jie
Xiamaling
0
500 m

sowohl der Hauptmauer als auch der Stadtteilmauern zu schließen. Der Turm markiert die Grenze zum Muslimviertel, auf dessen graue Dächer man von oben blicken kann.

● ***Öffnungszeiten:*** Tägl. 8.30-17.30 Uhr.

Moschee
(Qīngzhēn Sì)
清真寺

Auf dem Weg durchs Muslimviertel sollte man, vom Trommelturm aus nach Norden gehend, zunächst in das nächste Sträßchen nach links abbiegen. Dank der Souvenirstände findet man hier problemlos zu einer weiteren bekannten Sehenswürdigkeit Xi'ans, der Moschee. Rund 100 Jahre, nachdem die ersten Muslime nach China gekommen waren, wurde hier um 742 in der Regierungszeit des Tang-Kaisers *Tianbao* (742-756) die erste Moschee gebaut. Die heutigen Gebäude stammen aus der frühen Ming-Zeit und geben der weitläufigen, wunderschön gestalteten, beschaulichen Anlage das Aussehen chinesischer Tempel, ein Indiz für die Integrationsfähigkeit der chinesischen Kultur.

Das muslimische Gotteshaus hat eine Grundfläche von nahezu 12.000 m² und ist in ***vier Höfe*** aufgeteilt. Im ersten Hof kann man einen neun Meter hohen hölzernen Torbogen bewundern, der zu den schönsten Beispielen ming-zeitlicher Torarchitektur gehört. Im zweiten Hof stehen ein steinerner Ehrenbogen mit zwei freistehenden ⇗Stelen, auf denen sich je eine ⇗Kalligraphie des berühmten Kalligraphen *Mi Fu* (1051-1107) und von *Dong Qichang* (1555-1636) aus der späten Ming-Zeit befinden. Am Eingang zum dritten Hof kommt man in die Chixiu-Halle, in der ⇗Stelen aus der Ming- und Qing-Zeit, die auf chinesisch, arabisch und persisch beschriftet sind, ausgestellt werden. Berühmt ist die Mondtafel, in der ein Imam 1733 eine Tabelle zur exakten Zeitberechnung des islamischen Kalenders auf arabisch eingraviert hat. In der Mitte des dritten Hofes steht das Minarett, ein achteckiger, pavillonartiger Turm mit drei Stockwerken. Die Hauptgebäude der Moschee gruppieren sich um den vierten Hof. Hinter dem Doppelflügel-Phönix-Pavillon in der Mitte des Hofes gelangt man in die Gebetshalle, die zu den größten Chinas gehört und mehr als tausend Gläubigen Platz bietet.

Die Moschee steht in einem vor allem ***von Hui*** (Muslimminderheit) ***bewohnten Stadtteil*** Xi'ans nur wenige Minuten zu Fuß vom Trommelturm. Nach der Besichtigung der Anlage sollte man sich genügend Zeit lassen, um durch die lebhaften und interessanten Gassen des Viertels zu bummeln. Insgesamt leben etwa 30.000 Muslime in Xi'an.

● ***Öffnungszeiten:*** 8.00-17.00 Uhr.

Tempel des Stadtgottes
(Chénghuáng Miào)
城隍庙

Läuft man von der Moschee aus durch die Sträßchen weiter nach Westen, erreicht man nach einigen Minuten den ehemaligen Stadtgott-Tempel. Einfacher zu finden ist er allerdings, wenn man auf die Xi Dajie zurückgeht und weiter nach Westen bis kurz hin-

- ★ 1 Guangren Si (Tempel)
- 2 Grand New World Hotel
- ★ 3 Residenz von Yang Hucheng
- 4 Zugticketvorverkauf
- ★ 5 Anyuan Fanguan
- 6 Museum der Achten Route Armee
- • 7 Busbahnhof
- 8 Jiefang Fandian (Hotel)
- 9 Post
- 10 Bank
- ★ 11 Stadtgottempel / Markt
- 12 Große Moschee
- ★ 13 Trommelturm
- 14 Tongshengxiang Paomo Guan (Restaurant)
- 15 Defachang (Restaurant)
- 16 Hauptpost
- ★ 17 Jadeschleiferei
- 18 Renmin Dasha (Hotel)
- ★ 19 Nachtmarkt
- • 20 Ausländerpolizei
- ★ 21 Glockenturm
- 22 Telekom
- • 23 Tangcheng Kaufhaus
- 24 Wuyi Fandian (Hotel/Restaurant)
- • 25 Freundschaftsladen
- 26 Bob and Betty´s (Restaurant)
- 27 Baiyunzhuan Jiaoziguan (Restaurant)
- 28 Chengshi Binguan (Hotel)
- ★ 29 Jiefang-Markt
- 30 Dongya Fandian (Restaurant)
- 31 Qingyazhai (Restaurant)
- 32 Xi'an Fandian (Restaurant)
- 33 Xi'an (Heping) Fandian (Restaurant)
- 34 Hyatt-Hotel
- 35 Tempel des Ostbergs
- ★ 36 Tanghua Ta (Pagode) und Shuyuanmen
- ★ 37 Stelenwald
- 38 Tempel des Ruhenden Drachen
- ★ 39 Residenz von Zhang Xueliang

- - - - Radweg innerhalb der Stadtmauer
Radweg auf der Stadtmauer

ter die Guangji Jie läuft. Von einem kleinen Vorplatz führt dort ein überdachter Markt in nördlicher Richtung zum Tempel.

Der Stadtgott ist eine daoistische Gottheit, und der ihm zu Ehren errichtete Tempel - ***heute als Markt genutzt*** - wurde im Jahr 1432 gegründet. Die Haupthalle stammt aus dem Jahr 1723. Besichtigen kann man die maroden Hallen nicht, aber ein Besuch der äußeren Anlage lohnt schon wegen des eigenartigen Flairs aus Markt, Orient und Tempelatmosphäre, die einen in eine urchinesische Welt versetzt. In den nächsten Jahren soll der Tempel restauriert werden, um ihn als Sehenswürdigkeit zugänglich zu machen.

Die ***Erdgottheiten,*** Vorläufer der späteren Stadtgötter, waren in vorkaiserlicher Zeit von zentraler Bedeutung für die Gründung einer fürstlichen Stadt. Nach dem Bau des Befestigungswalls für die neue Stadt wurden zunächst der Erdaltar und der Ahnentempel errichtet. Der Erdaltar bestand in der Regel aus einer rechteckigen Plattform aus gestampftem Lehm. Der Ahnentempel wurde aus dem Holz einer geweihten, bewaldeten Anhöhe, die idealerweise das Zentrum der neuen Stadt bildete, errichtet. Erst wenn die der Stadt ihren heiligen Charakter verleihenden Bauten fertiggestellt waren, wurden die Paläste und Wohnhäuser gebaut.

Aus den Erdgöttern entwickelten sich in den folgenden Jahrhunderten die ***Stadtgötter.*** Sie beschützten die Stadt und den Verwaltungsbezirk, in dem ihre Tempel standen, die nun nicht mehr bloße, aus gestampfter Erde gearbeitete Konstruktionen waren, sondern z.T. prächtige Tempelanlagen. Die jeweiligen

Einstmals einer der wichtigsten Tempel der Stadt, ist der Stadtgottempel heute in Vergessenheit geraten und wird als Markt genutzt

Stadtgottheiten sollten Frieden, Wohlstand, Glück und eine gute Ernte für alle Einwohner garantieren. Entsprechend der daoistischen Vorstellung eines durch und durch hierarchisch organisierten Götterpantheons, der eher eine Entsprechung des reellen konfuzianischen Bürokratie- und Hierarchiesystems darstellte, konnten Stadtgötter verschiedene Rangstufen bekleiden, aufsteigen und degradiert werden. Zum Stadtgott wurden meist die Seelen verdienter Generale, Mandarine oder bekannter Helden erwählt, die irgendwann einmal aufgrund ihrer Taten in den Götterpantheon aufgenommen worden waren. Sie konnten diese Funktion aber auch verlieren und durch andere Götter ersetzt werden, wenn sie ihre Aufgabe nicht mehr erwartungsgemäß erfüllten. Entsprechend der Wichtigkeit der Stadtgötter war das Fest zu ihren Ehren stets eine der bedeutendsten Feierlichkeiten im Verlauf des Jahres.

Südtor und Westtor
(Nánmén und Xīmén)
南门，西门

Süd- und Westtor sind Teile einer ***Stadtmauer,*** die auf Mauerresten der ehemaligen Kaiserstadt 1374-1378 errichtet worden ist. Hier gibt es Ausstellungen, die über die Stadtgeschichte und über die Ausgrabungen in der Umgebung informieren. Von den Toren oben hat man eine schöne Aussicht, falls der Himmel nicht gerade mal wieder staubverhangen ist. Man kann fast die gesamte Altstadt auf der Stadtmauer umrunden und darüber hinaus gegen eine Gebühr von 1 Yuan sogar sein Fahrrad mit hinaufnehmen. Die Mauer ist sehr breit und eignet sich hervorragend für Touren zu den Sehenswürdigkeiten. Man muss allerdings jedesmal neu zahlen, wenn man die Mauer verlässt und dann wieder rauf will.

Noch vor Erdaltar und Ahnentempel war die ***Befestigungsanlage der heiligste Teil der Stadt,*** in der ihre göttliche Kraft ruhte. Eine echte Stadt durfte sich erst dann Du (=Hauptstadt) nennen, wenn sie eine gemauerte Festungsanlage besaß. Das führte dazu, dass Orte wie z.B. Foshan in der Nähe von Guangzhou/ Provinz Guangdong vor 500 Jahren zwar eine Million Einwohner haben konnten, aber dennoch als Dorf galten, weil sie von keiner Befestigungsanlage geschützt und geheiligt wurden. Aus diesem Grunde ist auch das chinesische Wort für Stadt und für Mauer identisch. Beide heißen cheng und haben auch dasselbe Schriftzeichen.

Besonders heilig und wichtig waren die ***Stadttore.*** Neben der ihnen innewohnenden Heiligkeit verdankten sie ihre besondere Weihe den Köpfen der besiegten Feinde, die unter dem Tor begraben wurden. Köpfe von Verrätern hingegen wurden an den Türmen des Stadttors zur Schau gestellt, während die Leichen der getöteten Feinde an den Zinnen der Mauer zur Schau gestellt wurden. Gelang es auf der anderen Seite dem Gegner, seine Fahne auf der Mauer einer belagerten Stadt zu hissen, galt diese als gefallen.

Tempel des Großen Wohlwollens
(Guǎngrén Sì)
广仁寺

Der aus dem Jahr 1705 stammende Tempel in der Xibei Yi Lu im äußersten Nordwesten der Innenstadt gleich an der Stadtmauer ist eine ***Sakralanlage der lamaistischen Gelbmützensekte*** (Gelugpa). Es gibt außerdem nur noch drei weitere Tempel dieser Sekte außerhalb Tibets: den Lama-Tempel in Beijing, Kloster Labrang in Gansu und das Kloster Kumbum nahe von Xining. Zu Ehren des Gründers der Sekte, *Tsongkhapa*, findet am 24. und 25. Tag des 10. Mondes (im November bzw. Dezember) ein Fest statt.

Ein kleiner Platz am Heping-Tor wird für Tanzübungen genutzt

Das Büro der Achten Marscharmee

(Bā Bàn Jìniànguǎn)
八办纪念馆

In der Nr. 1 Qixiangzhuang, gleich nordwestlich vom Revolutionspark und über die Beixin Jie zugänglich, steht das ehemalige Koordinierungsbüro der Achten Marscharmee. Die Achte Marscharmee (bzw. Route Armee) war ein Ergebnis des berühmten Xi'an-Zwischenfalls, der zu einer Einheitsfront der KPCh mit der ⇗Guomindang gegen die japanischen Agressoren führte. Am 22.8.1937 wurde zu diesem Zweck die Rote Armee als Achte Marscharmee in die ⇗GMD-Truppen eingeordnet. In Xi'an wurde ein Büro eröffnet, das die Aufgabe hatte, den Rebellenstützpunkt Yan'an, in dem sich *Mao Zedongs* Hauptquartier befand, mit der Außenwelt zu verbinden und die militärischen Aktionen in der Einheitsfront zu koordinieren. Das Büro arbeitete bis 1947 und wurde als Museum in seinem damaligen Zustand belassen. Es gibt eine hochinteressante Fotoausstellung und die Räume *Zhou Enlais* und *Deng Xiaopings*, eines der drei Politkomissare der Marscharmee, zu sehen, aber auch die Anlage selbst ist interessant und überraschend schön. Kernstück ist ein alter Chevrolet aus dem Jahr 1939, der für dringende Missionen nach Yan'an benutzt wurde.

● ***Öffnungszeiten:*** Tägl. 9.00-17.00 Uhr.

Tempel des Ostbergs

(Dōngyuè Miào)
东岳庙

50 m von der Nordwestecke des Dongmen (Osttor) im Südosten Xi'ans führt ein Gässchen zum ehemaligen Ostberg-Tempel, der sich dem unerwünschten Besucher trotz seiner Zweckentfremdung durch seine blauglasierten Dachziegel verrät. Der Name des ursprünglich 1116 gegründeten ***daoistischen Tempels*** erinnert an den heiligen Berg Tai Shan in der Provinz Shandong. Im modernen Xi'an ist allerdings die Tempelfunktion verlorengegangen, und unter dem Schutz des ⇗Jadekaisers befindet sich nun eine für den Besucher nicht zugängliche Grundschule.

Residenz von Zhang Xueliang
(Xī'ān Shìbiàn Jiùzhi Zhāng Xuéliáng Gōngguǎn)
西安事变旧址

Wer sich für die ***Geschichte des chinesisch-japanischen Krieges*** und den parallel laufenden Bürgerkrieg der Kommunisten gegen die ⇗Guomindang-Truppen interessiert, kann vom Osttor aus ein Stück nach Westen zurücklaufen und nach links in die Jianguo Lu abbiegen. Nach einigen Metern kommt man gleich neben dem Harmony Village Hotel zur Residenz des Generals *Zhang Xueliang,* der einige Berühmtheit erlangte, als er zusammen mit seinem Kollegen *Yang Hucheng* den Generalissimo *Chiang Kai-shek* festsetzte, um ihn zur Aufnahme des Kampfes gegen die Japaner in einer Einheitsfront gemeinsam mit den Kommunisten zu zwingen. Weiteres dazu bei den Huaqing-Thermalquellen.

Die einstige ***Residenz von Yang Hucheng*** liegt genau am anderen Stadtende in der 77 Qingnian Lu. Hin kommt man mit einem Bus, der die breite Lianhu Lu nach Westen fährt.

- ***Öffnungszeiten:*** Tägl. 8.30-17.30 Uhr.

Stelenwald-Museum
(Beilin Bówùguǎn)
碑林博物馆

Hochinteressant ist die Ausstellung des in einem 1321 erbauten Konfuziustempel untergebrachten Museums. Wer sich schon in Stimmung bringen will, sollte über die ***Gasse des Shuyuanmen*** (Schultor) dorthin bummeln. Man erreicht die hübsche, im qingzeitlichen Stil restaurierte Straße vom Südtor. Zu erkennen ist sie am linker Hand vom Stadtor gelegenen prunkvollen Tor und der kleinen Ziegelpagode.

Insgesamt gibt es zehn Abteilungen mit Exponaten aus der Zhou-, Qin-, Han-, Sui-, Tang- bis hin zur Qing-Zeit. Herzstück der Ausstellung ist die größte und vollständigste ⇗Stelensammlung Chinas, die als ***Stelenwald*** (Beilin) bekannt ist, 2.300 Steintafeln umfasst und seit dem Jahr 1090 der Song-Dynastie zusammengetragen wurde. Auf 114 Tafeln wurden beispielsweise im Jahr 837 in der Tang-Dynastie bedeutende klassische Schriften eingemeißelt, unter anderem das „Buch der Wandlungen" (Yi Jing), das „Buch der Lieder", das „Buch der Riten" und das „Buch der Geschichte". Eine andere ⇗Stele aus dem Jahr 781 berichtet von der Gründung einer der frühesten christlichen Gemeinden in China (635). Der aramäische Text erzählt von der Ankunft eines Nestorianers und der Verbreitung seiner Lehre. Am oberen Ende des Textes sieht man ein kleines Kreuz.

Amtliche Dokumente, wichtige Bekanntmachungen und Aussprüche wurden schon seit alters her in Steinplatten graviert, um sie entweder der Öffentlichkeit zugänglich zu machen oder um sie für alle Zeit aufzubewahren. Da bis in die Tang-Zeit hinein der Buchdruck unbekannt war und sich in die handschriftlichen Übertragungen oft Fehler einschlichen, war es die Funktion vieler dieser Schriftstelen, den verbindlichen Text der konfuzianischen Klassiker von Dokumenten und anderen prüfungsrelevanten Texten für Studium und Lehre wiederzugeben. Auch nach der Erfindung des Buchdrucks wurde diese Tradition beibehalten, was auch die erstaunlich große Zahl der hier gesammelten Stelen erklärt.

● ***Öffnungszeiten:*** Tägl. 8.30-18.00 Uhr, Ticketverkauf bis 17.00 Uhr.

Tempel des ruhenden Drachen
(Wòlóng Sì)
卧龙寺

Gegründet wurde die Anlage, die sich nur wenig östlich vom Stelenwald befindet, vermutlich in der Sui-Zeit. Seine Blüte erlebte der Tempel in der Ming-Zeit, als hier über 300 Mönche residierten. Ihre schwärzeste Stunde erlebte die Anlage in der ⇗Kulturrevolution, als die kunstvoll gestalteten Gebäude fast vollständig geschleift wurden. Bis Ende der achtziger Jahre diente das Gelände dann einer Fabrik, bis es 1985 wieder an die ehemalige Tempelverwaltung zurückgegeben wurde. 48 Mönche wurden dem Wolong Si zugeordnet, und der Wiederaufbau konnte beginnen. Seit Ende 1999 sind die Bauarbeiten abgeschlossen und die Anlage ist der Öffentlichkeit wieder zugänglich.

Sehenswertes außerhalb der Stadtmauern

Startpunkt der Seidenstraße
(Sīchóu Zhīlù Qidiǎn)
丝绸之路起点

Wäre er nicht auf allen Stadtplänen eingezeichnet, würde man ihn wohl zwischen den Kaufhäusern und Fabriken gar nicht vermuten, den Beginn der berühmtesten antiken Straße der Welt. Zu erkennen ist er an einem mächtigen Denkmal, das die Karawane *Zhang Qians* darstellt, dessen Reise nach Westen den Beginn des Seidenstraßenhandels markierte.

In der Tang-Zeit befand sich an der hässlichen Kreuzung DaqingLu/Zaoyuan Lu das ***Kaiyuanmen,*** Chang'ans berühmtes Westtor. Durch dieses Tor verließen Mönche und Händler ihre Heimat, um gen Westen aufzubrechen. Vom Kaiyuanmen an wurden Meilensteine (Hou) aufgestellt, die bis in die Präfektur Anxi

Vor dem Tempel des ruhenden Drachen werden Opferutensilien verkauft

(das heutige Kuqa) in der Provinz Xinjiang reichen, eine Strecke von offiziell 9.900 Li (etwa 4.950 km). Tatsächlich war die Strecke aber weit über 5.000 km lang.

Weiyang-Palastruine
(Weìyānggōng Yízhǐ)
未央宫遗址

Im Nordwesten der Stadt. Bus 234 ab Daqing Lu/Ecke Hancheng Beilu. Hier befand sich die ***Hauptstadt Chang'an der Han-Dynastie.*** Anhand der Reste, die hier zu sehen sind, kann sich aber vermutlich nur noch ein Archäologe vorstellen, wie prächtig die Anlagen einmal gewesen sein müssen. Neben der 101 m langen Plattform des ehemaligen Palastes kann man in der Nähe noch Reste der alten Stadtmauer sehen. 192-190 v. Chr. boten die Herrscher der neuen Han-Dynastie 150.000 Bauern und Bäuerinnen aus dem Wei-Tal auf, um die neue Stadtmauer von Chang'an zu errichten. Damit leiteten sie eine Periode der großen Bauarbeiten ein, in deren Folge oft Hunderttausende Menschen an den verschiedenen gleichzeitg in Angriff genommenen Großprojekten arbeiten mussten.

Tempel der Acht Unsterblichen
(Bā Xiān Ān)
八仙庵

Im Osten der Stadt. Mit dem Bus fährt man bis zur zweiten Station auf der Changle Lu hinter dem Wangchun-Tor. Von hier läuft man in Fahrtrichtung bis zu einer Marktstraße, die rechter Hand hinter einem hässlichen grauen, rechteckigen Torbogen beginnt. Man läuft durch den Markt nach Süden bis zum Ende. Dort folgt man dem Schlenker der Straße nach rechts und geht gleich weiter nach links wieder in Richtung Süden. Der Eingang befindet sich in der nächsten Gasse, die nach rechts abgeht. Der Ba Xian An war einst Xi'ans größter ***daoistischer Tempelkomplex*** mit rund 100 Mönchen. Während der ⇗ Kulturrevolution beherbergte er eine Maschinenfabrik und wurde teilweise zerstört. Heute finden in dem ruhigen, langgeezogenen Tempel wieder Zeremonien statt, die Gebäude sind restauriert worden, und an die Anlage ist ein Ausbildungszentrum für daoistische Mönche angegliedert.

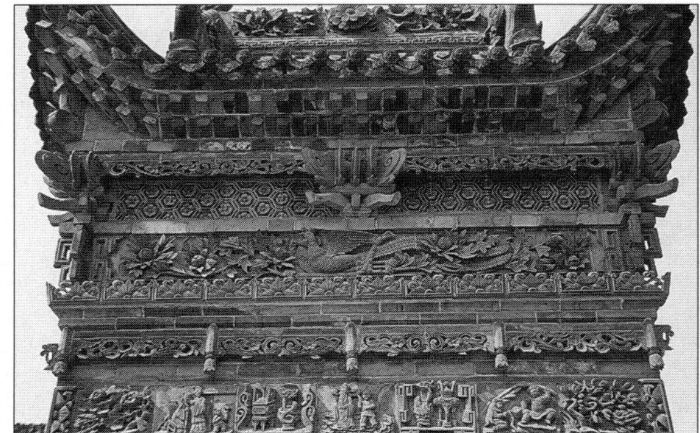

Aufwendige Steinschnitzereien bezeugen den einstigen Reichtum des Tempels der Acht Unsterblichen

Wie man unschwer erkennen kann, sind auch die 30 hier lebenden Mönche vom Fieber des allgemeinen wirtschaftlichen Aufschwungs ergriffen und vermieten vor dem Eingang des Tempels Läden an Souvenirhändler, betreiben eine Kultur-Einkaufsstraße und ein Hotel.

Park des Xingqing-Palasts
(Xìngqìnggōng Gōngyuán)
兴庆宫公园

Südöstlich vom Osttor (Dongmen) befindet sich das Areal eines ehemaligen Palastes aus der Tang-Zeit (618-907). Hier lebten die Söhne des Tang-Kaisers *Ruizong* (reg. 684-690 und 710-712). Kaiser ⇗*Xuanzong*, der 712 den Thron bestieg, hielt sich hier bevorzugt mit seiner berühmt gewordenen Konkubine *Yang Guifei* auf. Unter *Xuanzongs* Regierungszeit (712-756) erreichte die Kultur der Tang ihre höchste Blüte, aber auch ihren tiefsten Fall.

Mit dem Ende der Tang-Zeit verfiel die Anlage, die 1958 in nur 120 Tagen, dank des fanatischen Eifers vieler tausend Bürger, zu einem 50 ha großen Park umgewandelt wurde.

An Wochentagen kann man hier herrlich dem Stadtlärm entfliehen und spazierengehen. Im Frühjahr finden hier ***Blumenschauen*** statt, dann verdreifacht sich der Eintrittspreis.

Zu sehen gibt es einige Gebäude, die dem Stil der Tang-Zeit nachempfunden sind, und das ***Denkmal für Abe no Nakamaro*** (701-770), eine 3,6 m hohe Marmorsäule. *Nakamaro* stammte aus Nara in Japan und wurde zusammen mit anderen Japanern ausgewählt, im Jahre 716 zum Studium nach Chang'an zu reisen. *Nakamaro* war so erfolgreich, dass er die Gunst des Tang-Kaisers ⇗*Xuanzong* erwarb und ein Amt im Kaiserpalast bekam. 753 wollte er nach Japan zurückkehren, geriet aber in einen Sturm, der ihn bis an die Küste Vietnams verschlug. *Nakamaro*, der den chinesischen Namen *Chao Heng* angenommen hatte, kehrte daraufhin nach Chang'an zurück, wo er bis zu seinem Tod blieb. Berühmt wurde das Gedicht von *Li Bai* „Weint um Herrn Chao", das *Li* im Glauben daran, dass *Chao Heng* im Sturm den Tod gefunden habe, gedichtet hatte. Seit 1974 sind Nara und Xi'an Partnerstädte.

Tempel des Schwarzen Drachen
(Qīnglóng Sì)
青龙寺

Etwa 3,5 km südöstlich in der Xiying Lu. Bus Nr. 19 ab Große Wildganspagode, vier Stationen bis zur Station Qinglongsi Zhan. Gegenüber der Haltestelle führt eine schmale Straße bis zu einer kleinen T-Kreuzung. Man folgt der Straße, die nach links den Berg hinaufführt, bis man zur Umfassungsmauer des Tempels kommt. Dort geht man den Weg nach links entlang bis zum Eingang.

Neben dem Daxingshan-Tempel weiter westlich war der 582 gegründete Qinglong-Tempel eines der Zentren der ***Esoterischen Sekte*** (Mizong-Sekte). Diese Richtung des Buddhismus gehörte zu einer der beliebtesten in China, und so wurden auch viele Schüler aus dem Ausland zu Anhängern. Viele der Mönche kamen aus Japan, Indonesien und Korea. Einer der berühmtesten „Gast"-Mönche war der Japaner *Kukai* (774-835), auch bekannt als *Kobo daishi,* der den Abt *Huiguo* zum Lehrer wählte und nach seiner Rückkehr in Japan die Shingon-Sekte, die japanische Form des esoterischen Buddhismus, gründete. Auch heute noch verehren die japanischen esoterischen Buddhisten den Qinglong-Tempel als das Geburtsheiligtum ihrer Sekte. Auf japanische Initiative wurde 1981 ein Denkmal zu Ehren *Kukais* errichtet, der bedeutend dazu beigetragen hat, die chinesische Kultur in Japan zu verbreiten. Die Anlage selbst gehört zu den wenigen Bauwerken, die noch ganz im schlichten und höchst eleganten Stil der Tang-Zeit gehalten sind. Der Garten ist im Stil eines japanischen Gartens angelegt, so dass man sich hier eigentlich eher in einen japanischen Tempel versetzt fühlt.

Große Wildganspagode
(Dà Yàn Tă)
大雁塔

Die 64 m hohe ⇗Pagode stammt aus dem Jahr 652. Sie diente zur Aufbewahrung von buddhistischen Schriften, die der Mönch *Xuanzang* (602-664) 645 von seiner Pilgerreise nach Indien mitgebracht hatte und die er hier zusammen mit seinen Mitarbeitern übersetzte. Ihren Namen erhielt die ⇗Pagode von *Xuanzang* in Anlehnung an eine indische Legende, die erzählt, dass es einst ein Kloster gab, in dem es den Mönchen erlaubt gewesen war, Kalb-, Hirsch- und Wildgansfleisch zu essen. Eines Tages flog eine Schar Wildgänse über den Tempel hinweg und ermahnte die Mönche, das Fleischessen aufzugeben, um gemäß der Lehre des ⇗Mahayana-Buddhismus zu leben. Zur Warnung opferte sich eine der Gänse und ließ sich vor die Füße eines Mönchs fallen. Dort begrub man die Gans und errichtete ihr eine ⇗Pagode. *Xuanzang,* der angeblich eine Zeitlang in dem besagten Tempel gelebt haben soll, bat Kaiser ⇗*Gaozong* darum, ihm diese Pagode im indischen Stil zu errichten, um die über 600 Schriften, die er von seiner Reise mitgebracht hatte, aufzubewahren.

大慈恩寺

Die Pagode steht innerhalb des Tempelkomplexes ⊕***Da Ci En Si*** (Tempel der Großen Gnade und Güte), die besterhaltene buddhistische Tempelanlage der Stadt. Mit ihr wollte Kaiser *Li Zhi* (*Gaozong*, reg. 649-684) seine Mutter ehren.

Einstmals gehörte der Komplex zu den größten Tempelanlagen Xi'ans und beherbergte mehr als 300 Mönche, u.a. aus Japan und Indien. Der Ci-En-Tempel war das wichtigste ***Zentrum der Faxiang-Sekte*** (Anhänger der ⇗Dharma-Theorie), die auch als Yoga-Sekte bekannt war. Während der großen Buddhistenverfolgungen in den Jahren 841-845 wurden große Teile des Tempels zerstört. Von den einst 13 Höfen und 1.897 Räumen sind im Laufe der Jahrhunderte nur noch einige Nebengebäude, die Haupthalle sowie Glocken- und Trommelturm erhalten geblieben.

Da der Tempelkomplex eine der Hauptsehenswürdigkeiten der Stadt ist, herrscht hier stets ein ziemlicher Rummel. Vor allen an Wochenenden kommt man an der Wildganspagode kaum voran.

- ***Anfahrt:*** mit Bus 5.
- ***Öffnungszeiten:*** 8.30-18.00 Uhr.

Museum für tangzeitliche Kunst
(Tángdaì Yìshùguǎn)
唐代艺术馆

Im Schatten der Großen Wildganspagode und gleich neben dem noblen Garden Hotel befindet sich das kleine interessante Museum für die Kunst der Tang-Zeit. In den vier Ausstellungsräumen kann man Modelle von Palästen der damaligen Kaiserstadt, Vergleichskarten mit Rom und Alexandria am anderen Ende der Seidenstraße, Moden der Tang-Zeit, Kunst und Antiquitäten sehen. Das Museum wird von den Besucherströmen offensichtlich vergessen, so dass man hier in Ruhe schauen kann.

- ***Öffnungszeiten:*** 9.00-17.30 Uhr.

Kleine Wildganspagode
(Xiǎo Yàn Tǎ)
小雁塔

Die zwischen 707 und 709 errichtete Kleine Wildganspagode war einst Bestandteil des weitläufigen ***Da Jianfu*** ⇗ ***Si*** (Tempel des Opfers für den Erfolg), ein Tempel, den Kaiserin *Wu* (624-705) 684 zu Ehren ihres verstorbenen Gatten ⇗ *Gaozong* bauen ließ. Diese Anlage war vor allem mit dem Namen des Indien-Pilgers ⇗ *Yijing* (635-713) verbunden, der 671 mit dem Schiff von Guangzhou nach Indien aufgebrochen war. 695 kehrte er zurück und brachte über 400 Manuskripte aus den buddhistischen Zentren Südostasiens und Indiens mit. Einige dieser Werke übersetzte *Yijing* im Jianfu-Tempel.

Die ⇗ Pagode wurde zu Ehren des Marionettenkaisers und Sohns von Kaiserin *Wu*, *Zhongzong*, gebaut und war ursprünglich 15 Stockwerke hoch, von denen die obersten zwei Etagen durch ein ***Erdbeben*** 1555 zerstört wurden. Neuere Untersuchungen haben ergeben, dass die Pagode auf halbkugelförmig gestampfter Erde ruht, so dass sich Erdbebenschwingungen gleichmäßig über das Bauwerk verteilen können, und dadurch besonders stabil ist. Immerhin überstand die Wildganspagode 70 Erdbeben, davon eins mit der Stärke 6,25 auf der Richter-Skala im Jahre 1487, das zu einem langen großen Riss in der Pagode führte, und 1555 ein Beben der Stärke 8, das den Riss wieder schloss, aber auch die beiden obersten Stockwerke kostete.

- ***Anfahrt:*** mit Bus 3.

Historisches Museum Shaanxi
(Shǎnxī Lìshǐ Bówùguǎn)
陕西历史博物馆

Einen Besuch des Museums westlich der Großen Wildganspagode sollten kulturgeschichtlich Interessierte nicht auslassen. Nach dem Beijinger Geschichtsmuseum ist es das zweitgrößte Chinas und darüber hinaus das modernste. Das im tangzeitlichen Stil erbaute Gebäude beherbergt über 115.000 Ausstellungsstücke aus allen Epochen der chinesischen Geschichte. Ein Besuch lohnt vor allem auch dann, wenn man keine Zeit hat, die in der Umgebung von Xi'an gelegenen Gräber aus der Han- und Tang-Zeit zu besuchen, da einige der schönsten und interessantesten Funde aus den Gräbern in den gut aufgemachten Ausstellungsräumen gezeigt werden.

- ***Öffnungszeiten:*** 8.30-18.00 Uhr, Ticketverkauf bis 17.00 Uhr.

Daxingshan-Tempel
(Dàxìngshān Sì)
大兴善寺

2,5 km südlich des Stadtzentrums. Die Gründung des Tempels fand in der Jin-Dynastie (265-420) statt. Während der Tang-Zeit bildete sich hier ein bedeutendes buddhistisches ***Zentrum der Esoterischen Sekte*** (Mizong-Schule), in dem selbst Mönche aus Japan und Indien lehrten und studierten. Die berühmtesten indischen Mönche, die hier lehrten, waren *Subhakarasimha* (637-735), *Vajrabodhi* (669-741) und *Amoghavajra* (705-774). Es war vor allem *Amoghavajra*, der die Esoterische Schule am Kaiserhof populär machte. Er gewann so viel Vertrauen, dass er im Palast ein- und ausgehen durfte. Die religiöse Inbrunst griff schließlich derart um sich, dass die konfuzianische Beamtenschaft den Bestand des Reiches gefährdet sah. Der Reichtum und überragende Einfluss der buddhistischen Klöster führte schließlich zu den großen Buddhistenverfolgungen in den Jahren 841-845 unter Kaiser *Wuzong,* in deren Verlauf auch der Daxingshan-Tempel fast völlig zerstört wurde. Danach konnte der Buddhismus bis heute nicht mehr an seine einstmalige Bedeutung anknüpfen.

Der heutige Tempelkomplex wurde während der Ming- und Qing-Zeit neu errichtet. Um die Tempelhallen herum befindet sich heute ein hübscher, ruhiger Park.

- ***Anfahrt:*** Bus 3 oder 5.

Ausflüge in die Umgebung

Neolithisches Dorf Banpo
(Bànpō)
半坡村

An dieser Stelle wurde eine der ältesten neolithischen Siedlungen Chinas und der Welt, das Banpo-Dorf, entdeckt, das etwa aus dem fünften Jahrtausend vor unserer Zeitrechnung stammt und der Yangshao-Kultur zuzuordnen ist, die sich im Gebiet der heutigen Provinzen Gansu, Shanxi, Shaanxi und Henan ausgebildet hatte. In den fünfziger Jahren wurden auf einer Fläche von 5 ha Wohnbereiche, Brennöfen, Vorratsgruben und ein Gräberfeld freigelegt. Aufgrund der Funde vermutet man, dass hier ein matriarchalischer Stamm mit etwa 500 bis 600 Mitgliedern lebte, der sich durch Ackerbau, Viehzucht, Fischfang und Jagd ernährte. Freigelegt wurden 45 Wohnhäuser, die in den Lößboden eingetieft sind und sich um ein zentrales, großes Gebäude gruppieren. Ein etwa 6 m breiter Graben schützte das Dorf.

Außerhalb der eigentlichen Siedlung befanden sich Gräber und Brennöfen. Die dort gebrannten Keramikgegenstände werden zusammen mit weiteren Funden, wie Werkzeugen, Waffen und Schmuck, im angeschlossenen Museum gezeigt.

Die außergewöhnlich gut erhaltenen Reste und deren Vielgestaltigkeit trugen neben der Terrakotta-Armee zu Xi'ans Bedeutung als Tourismusmetropole bei.

- ***Anfahrt:*** Bus 307 ab Bahnhof fährt auf dem Rückweg von der Terrakottaarmee zur ca. 6 km östlich von Xi´an gelegenen Siedlung.
- ***Öffnungszeiten:*** Tägl. 9.00-17.30 Uhr.

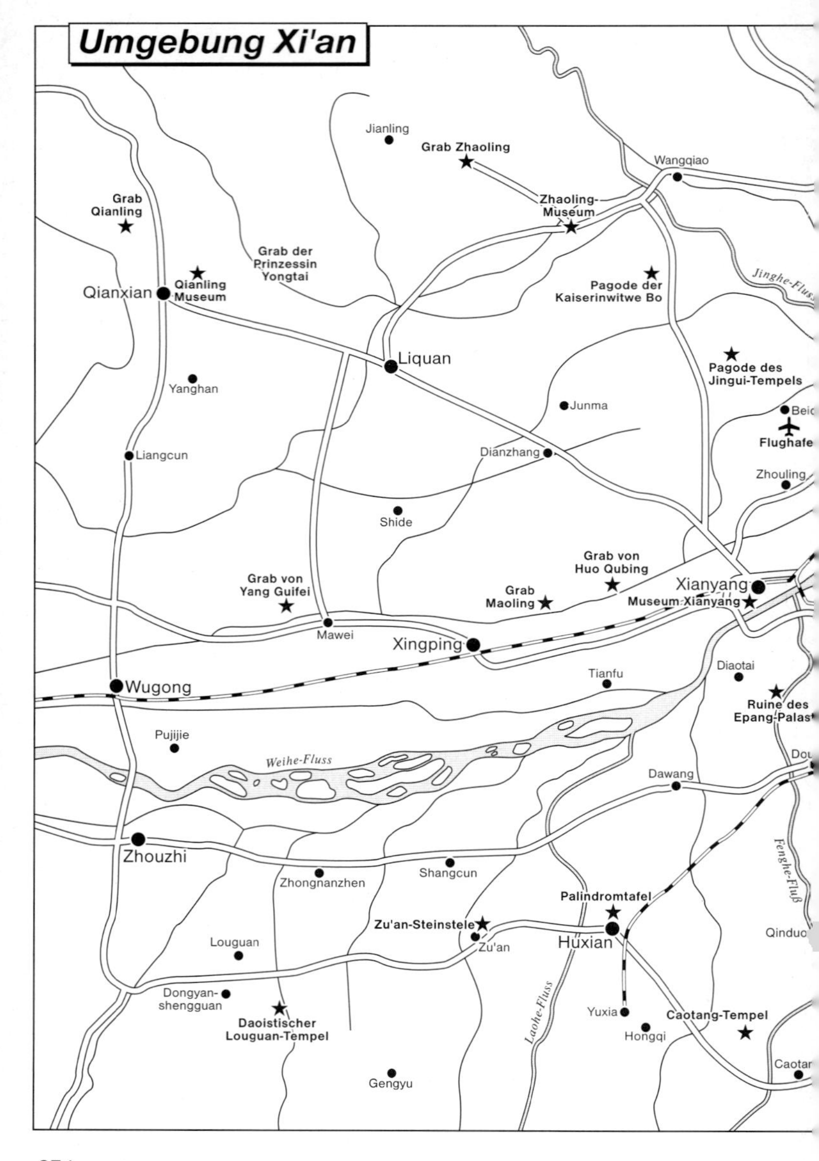
Umgebung Xi'an
Jianling
Grab Zhaoling
Wangqiao
Grab Qianling
Zhaoling-Museum
Grab der Prinzessin Yongtai
Qianxian
Qianling Museum
Pagode der Kaiserinwitwe Bo
Liquan
Pagode des Jingui-Tempels
Yanghan
Junma
Liangcun
Dianzhang
Zhouling
Shide
Grab von Huo Qubing
Grab von Yang Guifei
Grab Maoling
Xianyang
Museum Xianyang
Mawei
Xingping
Diaotai
Tianfu
Wugong
Pujijie
Weihe-Fluss
Dawang
Zhouzhi
Shangcun
Zhongnanzhen
Fenghe-Fluß
Palindromtafel
Zu'an-Steinstele
Zu'an
Huxian
Louguan
Laohe-Fluss
Dongyan-shengguan
Daoistischer Louguan-Tempel
Yuxia
Hongqi
Caotang-Tempel
Gengyu

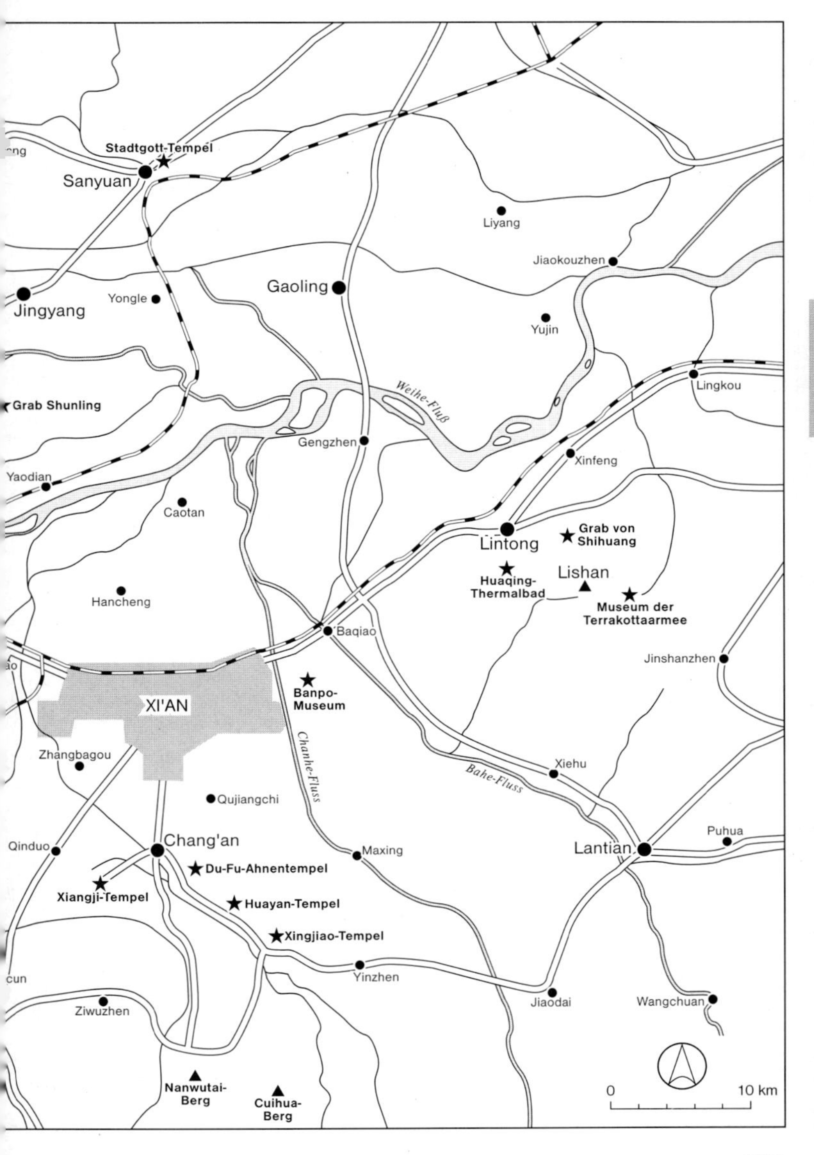
Stadtgott-Tempel
Sanyuan
Liyang
Jiaokouzhen
Gaoling
Jingyang
Yongle
Yujin
Weihe-Fluß
Lingkou
Grab Shunling
Gengzhen
Xinfeng
Yaodian
Caotan
Lintong
Grab von Shihuang
Lishan
Huaqing-Thermalbad
Museum der Terrakottaarmee
Hancheng
Baqiao
Jinshanzhen
Banpo-Museum
XI'AN
Chanhe-Fluss
Zhangbagou
Xiehu
Bahe-Fluss
Qujiangchi
Puhua
Qinduo
Chang'an
Maxing
Lantian
Du-Fu-Ahnentempel
Xiangji-Tempel
Huayan-Tempel
Xingjiao-Tempel
Yinzhen
Jiaodai
Wangchuan
Ziwuzhen
Nanwutai-Berg
Cuihua-Berg
0
10 km

Terrakotta-Armee
(Bīng Mǎyǒng Bówùguǎn)
兵马俑博物馆

Die Tonkriegerarmee etwa 30 km östlich ist der eigentliche Grund für Xi'ans Bedeutung als Tourismusmetropole. 1974 entdeckten Bauern beim Bohren eines Brunnens die unterirdische Anlage, die zu den bedeutendsten archäologischen Funden unserer Zeit zählt. An sich war es den chinesischen Archäologen bekannt gewesen, dass in der Umgebung von Xi'an ein Grab des Reichseinigers *Qin Shi Huangdi* existieren musste, aber wie seinerzeit Troja für eine Legende gehalten wurde, hielt man auch die Schilderungen der Pracht des Ersten Kaisers für übertrieben. Heute weiß man, dass man auch in diesem Falle irrte.

Das eigentliche ***Grab des Kaisers*** liegt unter einem 46 m hohen, künstlich aufgeschütteten Hügel und ist bisher noch nicht geöffnet worden. Damals noch König des Staates Qin, gab der noch unter seinem Namen *Zheng* regierende König das Grab um 247 v.Chr. in Auftrag. 700.000 Zwangsarbeiter, Künstler und Architekten sollten ihm einen unterirdischen Prachtpalast bauen. Der Aufbau der Anlage entsprach den damaligen kosmischen und geomantischen Vorstellungen. Ausstattung und Größe des Grabes demonstrierten die Größe und Macht des ersten Kaisers von China, der Zeit seines Lebens nach der Unsterblichkeit suchte und sich diese zumindest für seinen Nachruhm gesichert hat.

Die Archäologen legten einen inneren und einen äußeren Bereich der Grabanlage frei. In den bisher freigelegten drei Sektoren (zwei wurden wieder verschlossen) etwa 1,5 km östlich des Grabhügels wurden über 6.000 lebensgroße Figuren aus Ton gefunden, die eine komplette ***Armee*** mit Kriegern, Kommandeuren, Pferden und Streitwagen darstellen und von denen man etwa 1.000 unter dem Dach einer Ausstellungshalle bewundern kann. Insgesamt werden rund 7.600 solcher Figuren vermutet. Sie sind in der Schlachtordnung der damaligen Zeit formiert,

Wer die Tonkrieger besichtigen will, muss durch ein Spalier von Ständen

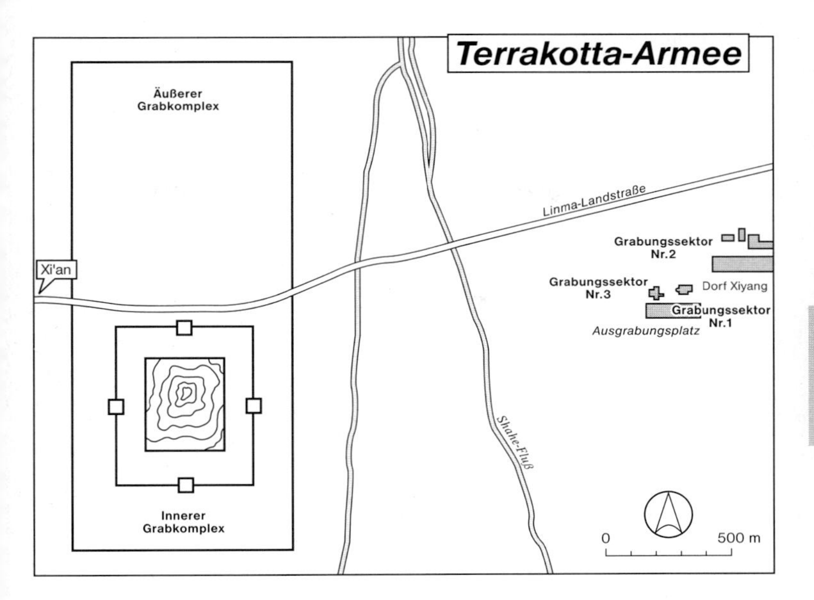

nach Osten ausgerichtet und sollten über die Totenruhe des Kaisers wachen.

Nach dem Sturz der Qin-Dynastie, der Sohn des Kaisers hielt sich noch vier Jahre bis 206 v.Chr. an der Macht, wurde die Grabanlage niedergebrannt und verwüstet. Viele der Waffen gingen verloren, und unter zusammenstürzenden Decken zerbrachen zahlreiche Figuren.

Der Ausstellungshalle ist noch ein ***Museum*** angeschlossen, in dem besonders schöne Fundstücke ausgestellt sind.

●***Öffnungszeiten:*** Tägl. 8.30-18.30 Uhr. Es gilt ein streng überwachtes Fotografierverbot.

●***Anfahrt:*** Touren werden von den meisten Hotels angeboten und beinhalten außerdem das Banpo-Dorf und die Huaqing-Quellen. Nicht weit vom Bahnhof (siehe Stadtplan) fahren auch öffentliche Busse hierher. Der Vorteil ist, dass man zurückfahren kann, wann man will. Die vermutlich günstigste Tour wird vom Shengli Hotel angeboten. Hier zahlt man 40 Yuan (30 Yuan für Studenten) für den Tagestrip, wobei die Eintrittspreise im Preis nicht enthalten sind. Wer alles allein machen will, kann mit Bus 306 ab Bahnhof zur Armee fahren. Er hält auf dem Hinweg an den Thermalquellen und als Bus 307 auf dem Rückweg in Banpo.

骊山饭店

●***Hotel:*** Wer Lust hat, kann in der Nähe im ⊕***Líshān Fàndiàn***** übernachten.

Thermalquellen
(Huáqīng Chí)
华清池

Kreis Lintong, 26 km östlich von Xi'an. Nicht weit vom Grab des *Qin Shi Huangdi* befinden sich die legendenumrankten Thermalquellen, die bereits vor 3000 Jahren bekannt und beliebt waren. Im 8. Jh. ließ der Tang-Kaiser *Li Shen (⇗Xuanzong)* einen Teich, Pavillons, Terrassen und Hallen anlegen. Für seine Konkubine *Yang Yuhuan*, die er später *Yang Guifei*, Kaiserliche Nebenfrau des Höchsten Ranges, nannte, ließ er darüber hinaus ein Bad bauen.

Das Verhältnis zwischen ***Yang Guifei und ⇗Xuanzong*** gehört sicher zu den großen Liebesdramen der Geschichte. Auf seiner Suche nach der schönsten Frau Chinas erblickte *Xuanzong* eines Tages bei einem Aufenthalt an den Thermalquellen die 18jährige Tochter eines hohen Beamten, die allerdings bereits die Konkubine eines seiner vielen Söhne war. Trotz der Proteste dieses Sohnes erkor *Xuanzong Yang Guifei* zu seiner eigenen Konkubine. Ihr zuliebe ließ er den Park um die Thermalquellen verschönern und eigene Badehäuser für sie anlegen. *Yang Guifeis* Einfluss auf *Xuanzong* wuchs in einem Maße, dass der Kaiser sogar anfing, seine Staatsgeschäfte zu vernachlässigen, um seine Zeit mit *Yang* zu verbringen. Sie hingegen nutzte ihren neugewonnenen Einfluss, um möglichst viele Familienangehörige in wichtige Ämter zu hieven. Als sie schließlich versuchte, ihren Vetter *Yang Guozhong* in das Amt des Kanzlers zu bringen, kam es zum offenen Konflikt mit dem mongolisch-türkischstämmigen General *⇗An Lushan,* der ebenfalls Ansprüche auf diesen Posten erhob und angeblich ein heimlicher Liebhaber *Yang Guifeis* war.

Die tiefgreifende wirtschaftliche und politische Krise, in der sich China in der Mitte des 8. Jh. befand, und die komplizierten Vorgänge am Hof führten Ende 755 zu einer großen Militärrebellion unter General *An Lushan. Xuanzong* und *Yang Guifei* mussten

Thermalquellen (The Beijing Slide Studio)

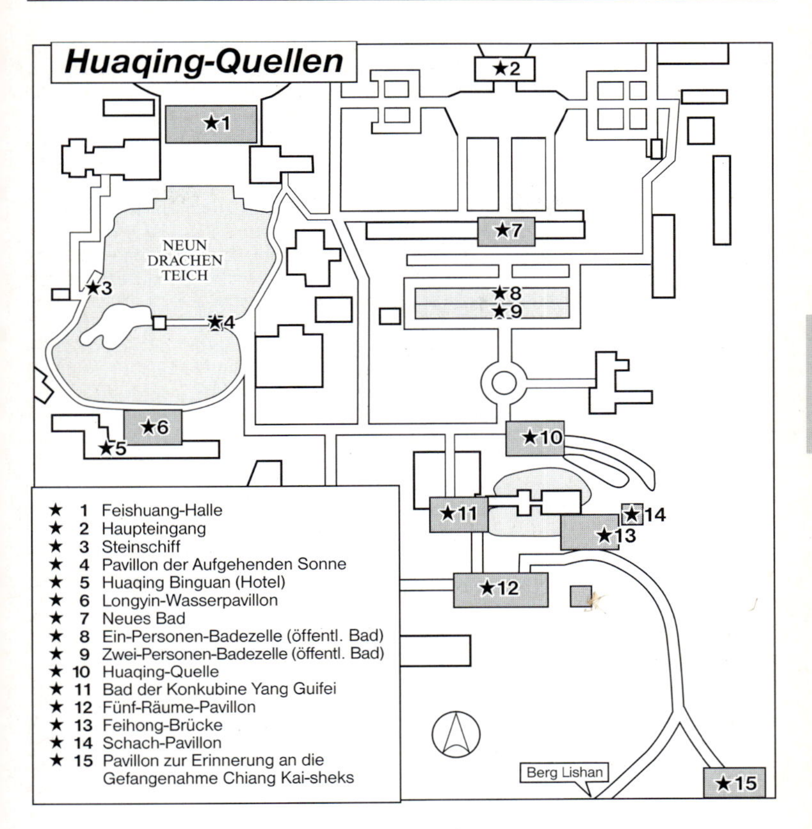

fliehen, aber die demoralisierten Soldaten des Kaisers meuterten auf der Flucht und forderten von ihrem Kaiser die Hinrichtung seiner geliebten Konkubine. Um sein Leben und den Thron zu retten, ließ er *Yang Guifei* im Hof eines kleinen buddhistischen Tempels im Kreis Xingping westlich der Hauptstadt Selbstmord begehen, obwohl er ihr vorher noch ewige Treue versprochen hatte. Danach floh er nach Sichuan. Der für China verheerende, fast sieben Jahre währende Aufstand konnte nach verlustreichen Kämpfen zwar niedergeschlagen werden, führte aber zu tiefgreifenden politischen, sozialen und wirtschaftlichen Veränderungen und beendete die kulturelle Blüte der Tang-Dynastie.

Weltweit bekannt wurde der Park schließlich durch den sogenannten ***Xi'an-Zwischenfall.*** An dieser Stelle wurde *Chiang Kaishek* 1936 von seinen beiden Generälen *Zhang Xueliang* und *Yang Hucheng* gefangengesetzt. Sie waren die Befehlshaber der Nordarmee und wollten *Chiang* mit diesem Schritt zwingen, endlich den Kampf gegen die Japaner entschiedener zu führen und dafür den Kampf gegen die Kommunisten vorübergehend einzustellen, um sie für eine Zusammenarbeit zu gewinnen. Nachdem er sich schließlich einverstanden erklärt hatte und Verhandlungen mit *Zhou Enlai* zu einer Einheitsfront von ⇗Guomindang und KPCh führten, wurde er wieder freigelassen. *Yang* bezahlte den Coup später mit seinem Leben, wohl nicht zuletzt deshalb, weil er sich dafür eingesetzt hatte, *Chiang* den Prozess zu machen. Er wurde im Gefängnis von Chongqing ermordet, während *Zhang* für den Rest seines Lebens (auch nach der Flucht der Regierung nach Taiwan) unter Hausarrest gestellt wurde.

● ***Anfahrt:*** Bus 306 vom Bahnhof. In den Touren sind sie stets mit drin.

Cuihua Berg
(Cuìhuá Shān)
翠华山

Ein beliebtes Ausflugsziel ist der Cuihua-Berg, ein Gipfel des Zhongnan-Berggebiets etwa 40 km südlich von Xi'an. Wer Kultur und Natur verbinden will, findet hier eine schöne Aussicht auf bizarre Berggipfel und kann sich zwischen Seen, Bächen und Höhlen vom Stadtlärm erholen. Neben einigen Tempeln, zu denen man hinwandern kann, ist vor allem der schön gelegene Shuiqiu-Teich zu erwähnen.

Hua Shan

Siehe Kapitel „Von Beijing zur Seidenstraße".

Tempel um Xi'an

Entsprechend seiner Bedeutung als Kaiserstadt, entstanden in der näheren und weiteren Umgebung Xi'ans zahllose Tempelanlagen. Da die Tang-Zeit auch die Blütezeit des Buddhismus in China war, handelte es sich bei vielen dieser Tempel und Klöster um ausgesprochen prachtvolle Komplexe. Viele von ihnen wurden zwischen 841 und 845 und in den nachfolgenden Jahrhunderten zerstört. Nach und nach werden die wichtigsten Anlagen jedoch wieder restauriert. Ein Besuch aller dieser unzähligen Tempel kann wohl nur einem in Xi'an studierenden oder arbeitenden Tempelfreak empfohlen werden. Aber der Besuch einer oder zweier Anlagen lohnt allemal, vor allem, weil in ihnen oft kaum Besuchsverkehr herrscht und man die Tempel in ungestörter Ruhe genießen kann. Es ist diese unglaubliche Stille und Friedlichkeit, die erahnen lässt, weshalb sich die Mönche hier voll und ganz der Meditation und Kontemplation hingeben konnten.

Die im Süden Xi'ans gelegenen Tempel kann man im Rahmen einer ***Radtour*** kombinieren. Sobald man den Vorort Chang'an hinter sich hat, erwarten einen schöne Landschaft und wenig Verkehr.

Huayan-Tempel
(Huáyán Sì)
华俨寺

Auf dem Weg zum Xingjiao-Tempel kommt man zunächst am Huayan-Tempel etwa 20 km südlich von Xi'an vorbei, der vom ersten Patriarchen der buddhistischen Huayan-Sekte *Dushan* (557-640) gegründet worden war. In der Tang-Zeit gehörte die Anlage zu den acht größten dieser Region. Von der einstigen Pracht konnten sich allerdings nur zwei Ziegelsteinpagoden ins einundzwanzigste Jahrhundert retten.

● ***Anfahrt:*** Bus 215 ab Nanmen (Südtor).

Tempel der gedeihenden Lehre
(Xìngjiào Sì)
兴教寺

Die Tempelanlage wurde im Jahr 669 zur Zeit der Tang-Dynastie erbaut. Hier ruht auch der berühmte Mönch *Xuan Zang* der 629-645 auf seine große Indientour ging.
Der Xingjiao ⇗ Si war einer der ersten Tempel der Faxiang (Dharma-) Sekte. Der Großteil der Anlage wurde im 19. Jh zerstört und

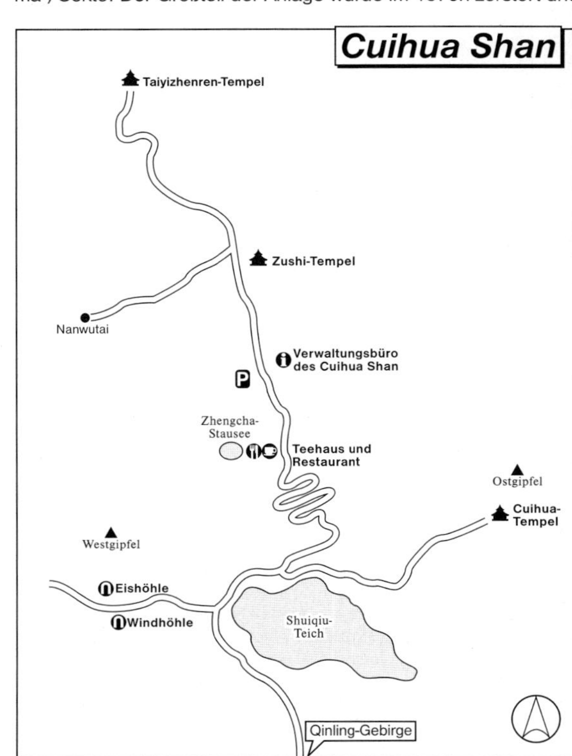

Ein Besuch im Tempel

Geht ein Chinese in den Tempel, so sind seine Motive ausgesprochen nüchtern. Nicht Innerlichkeit, Melancholie, verzweifelte Sinnsuche oder Verzückung treiben ihn, nein eine ganz profane Diesseitigkeit oder noch konkreter ausgedrückt, ein ganz bestimmter Wunsch. Götter sind für ihn persönliche Wesen, die man zwar durchaus verehrt und denen man opfert, aber bitteschön nur mit einer konkreten Gegenleistung. Kommt diese Leistung nicht zustande, hat es sich der Gott meist verscherzt, und der schmählich im Stich Gelassene sucht sich eben einen anderen Gott. Auch viele Chinesen, die sich selbst als Atheisten bezeichnen, beten bei einem Tempelbesuch. In der Theorie mag es die Götter zwar nicht geben, aber wer weiß, ob das auch für die Praxis gilt. Aus diesem Grunde sind viele Chinesen auch irritiert, wenn sie von westlichen Besuchern gefragt werden, ob sie Buddhisten oder Daoisten seien, da sie doch im Tempel beten würden. Für sie hat das eine mit dem anderen nichts zu tun, und mit dem Brustton der Überzeugung werden sie sich als Atheisten bezeichnen.

Familie Wang wünscht sich ein Kind

Aber besuchen wir doch einmal mit Mutter und Tochter *Wang,* die sich sehnlichst ein Kind wünscht, den nahe gelegenen Ortstempel. Frau *Wang* hat bereits einen Picknick-Korb mit verschiedenen Fleisch- und Gemüsegerichten, Reis, Obst, Wein und Tee gepackt, die sie am Altar der Göttin der Barmherzigkeit opfern wollen. Schließlich soll Guanyin noch keinen Kinderwunsch ausgeschlagen haben. Dann bepacken beide ihr Fahrrad und radeln in freudiger Erwartung zum Tempel. Am großen Eingangstor erwerben sie von einer alten Frau, die allerlei Devotionalien verkauft, zwei Packungen mit Weihrauch, zwei Kerzen und eine Packung Göttergeld. Viel ist heute nicht los, so dass die beiden schnell durch die Halle der Himmelskönige zur Haupthalle gelangen. Zu bestimmten Anlässen beten und opfern hier so viele Menschen, dass man die Opfergaben dicht gedrängt auf dem Vorplatz der Haupthalle aufstellen muss. Ehrfurchtsvoll blicken sie sich um, verneigen sich vor dem Buddha und gehen dann auf die Rückseite, wo die Guanyin-Statue inmitten zahlreicher Sagengestalten steht. Während Tochter *Wang* Guanyin

zwischen 1922 und 1939 wieder aufgebaut. In der Hauptpagode ist die Asche *Xuan Zangs* beigesetzt. In den beiden kleineren ⇗Pagoden wird die Asche seiner Assistenten, die ihm bei der Übersetzung der indischen Quellen geholfen hatten, aufbewahrt.

● ***Anfahrt:*** Zum 24 km südlich gelegenen Tempel fahren alle 30 Minuten die Busse Nr. 215 ab Nanmen-Busbahnhof (Südtor).

Tempel für den Gedanken des Wohlgeruchs
(Xiāngjī Sì)
香积寺

Dieser Komplex ist dem Andenken des zweiten Patriarchen des ***Jingtuzong-Buddhismus*** (Buddhismus des Reinen Landes) *Shandao* (613-681) gewidmet. Diese Glaubensrichtung postulierte die Erlösung durch Glauben anstelle von Meditation. Sie erforderte kein grundlegendes Verständnis des Buddhismus. Wichtig für die Erlösung war allein der Glaube und das Gebet zu ⇗Buddha.

auf einmal viel ehrfurchtsvoller wahrnimmt als bei früheren Besuchen, packt die Oma in spe die Opfergaben aus. Sie kennt das Ritual, das ihr eine Tochter beschert hatte, noch sehr gut aus der alten Zeit. Nun zündet sie die Kerzen an. In dem Moment, wo sie zu brennen beginnen, ist die Gottheit da. Nun konzentriert sich auch Tochter *Wang*. Sie soll auf Geheiß ihrer Mutter drei Tassen Tee eingießen, die Guanyin angeboten werden. Mutter *Wang* zündet Räucherstäbchen an, die als Geruchsopfer gebracht werden. Nach dem Weihrauch bieten beide der Göttin drei Gläser Wein an, schließlich sagt ein alte chinesische Weisheit: „Falls du keinen Wein anbietest, gibt dir die Gottheit auch keine Antwort." Nun beginnt der spannendste Teil der Zeremonie. Hat die Göttin das Opfer angenommen oder nicht? Zwei bananenförmige, auf einer Seite gewölbte und auf der anderen Seite flache Hölzchen werden auf den Boden geworfen. Zeigen die beiden flachen Seiten nach oben, ist die Göttin gesprächsbereit und hat das Opfer angenommen. Wenn nicht, muss man die Hölzer solange werfen, bis diese beiden Seiten nach oben zu liegen kommen. Tochter *Wang* hat Glück, es klappt schon beim zweiten Mal. Als Dank opfert sie noch einen Wein, und nun kann die Befragung des Götterwillens beginnen. „Werde ich ein Kind bekommen?", fragt sie, ohne laut zu sprechen. Dann wirft sie die beiden Hölzchen auf den Boden. Hier gilt die gleiche Regel: Zeigen die beiden flachen Seiten nach oben, wird der Wunsch erfüllt. Ohne Manipulation geht es aber auch diesmal nicht, Tochter *Wang* braucht vier Versuche. Die Mutter tröstet sie und beteuert, dass die Anzahl der Versuche auf die Erfüllung der Wünsche keinen Einfluss habe. Nun gehen die beiden auf den Vorplatz zurück, wo ein schöner gusseiserner Ofen steht. In ihm bringen sie Guanyin das Geldopfer dar. Als Dank müssten sie jetzt eigentlich noch Feuerwerkskörper hineinschmeißen, aber das ist in diesem Tempel verboten. Seis drum, sie gehen noch ein letztes Mal zum Altar zurück, opfern Guanyin zum drittenmal Wein und gießen die geopferte Weinmenge ebenfalls in den Ofen. Die anderen Opfergaben, die Guanyin übriggelassen hat, werden wieder sorgfältig in den Korb gepackt und zu Hause zusammen mit dem Ehemann, der von diesem ganzen Schnickschnack nichts hält, aber dennoch ganz gerne ein Kind haben möchte, verzehrt.

Nach seiner Ausbildung zum buddhistischen Mönch, zog *Shandao* als Exeget von Tempel zu Tempel und führte die Schule des Reinen Landes zu großer Popularität während der Tang-Zeit. Unter seiner Anleitung entstanden u.a. wichtige Buddhaskulpturen in den Longmen-Grotten von Luoyang und zahllose Schriften, deren Verbreitung bis weit in den Westen Chinas nachgewiesen werden konnte. Nach seinem Tod 681 errichtete ein Anhänger names *Jingye* im Jahre 706 diesen Tempel und ließ eine elfstöckige ⇗ Pagode für die Asche *Shandaos* bauen.

Die letzte Renovierung wurde am 14. Mai 1980 abgeschlossen, dem nach chinesischer Rechnung 1.300. Geburtstag *Shandaos*. Eine japanische Delegation von Buddhisten des Reinen Landes spendete eine ***Statue Shandaos,*** die zusammen mit einer Figur des Buddha ⇗ Amitabha in der Haupthalle zu sehen ist.

●***Anfahrt:*** Der Xiangji ⇗Si liegt etwa 20 km südlich von Xi'an. Mit öffentlichen Verkehrsmitteln ist er nur umständlich zu erreichen. Man kann mit Bus 215 ab Nanmen bis zur Endstation fahren. Von dort fährt ein sehr unregelmäßig verkehrender Bus am Tempel vorbei. Man kann auch ein Tricycle chartern, oder man läuft die 6,5 verbleibenden Kilometer zu Fuß. Wegen der schönen Landschaft lohnt sich hier hinaus auch eine Radtour.

Tempel der Strohhütte
(Cǎotáng Sì)
草堂寺

Inmitten von ⇗Kiefern- und Bambusgehölzen am Fuße der Berge befindet sich die hübsche Anlage des tang-zeitlichen Tempels der Strohhütte, die in erster Linie mit dem Namen des berühmten ⇗*Kumarajiva* (344-413) verbunden ist.

Kumarajiva stammte aus Kuqa und war Sohn eines Inders und einer Frau aus Kuqa. Er studierte in Kashmir zunächst den ⇗Hinayana-Buddhismus und die Praktiken des buddhistischen Yoga, wurde aber später in Kashgar Anhänger des ⇗Mahayana-Buddhismus. Nach einem wechselvollen Leben holte ihn der tibetische Herrscher der Späteren Qin *Yao Xing* nach Chang'an, wo *Kumarajiva* in einem Palast, der sich auf der Stelle des heutigen Caotang-Tempels befand, ein Übersetzerteam leitete, das Schriften aus allen Bereichen des ⇗Mahayana-Buddhismus übersetzte. Wurde der Buddhismus bislang nicht selten als die barbarische Variante des Daoismus betrachtet, so leiteten *Kumarajiva* und ein weiterer berühmter chinesischer Mönch *Huiyuan* (334-417) einen der entscheidenden Wendepunkte in der Geschichte des chinesischen Buddhismus ein, in dessen Verlauf er völlige Autonomie erlangte, sich ein organisierter Klerus bildete und immer mehr Reisen nach Indien unternommen wurden, um die Originalquellen zu studieren.

Nach *Kumarajivas* Tod blieb die Legendenbildung natürlich nicht aus, und so wird erzählt, dass er noch vor seinem Tode gesagt haben soll: „Wenn meine Übersetzungen der Wahrheit des Originals entsprechen, wird nach meinem Tod meine Zunge im Feuer nicht verbrennen." Während der übrige Körper zu Asche zerfiel, blieb *Kumarajivas* Zunge nach seiner Verbrennung tatsächlich unversehrt. Seine Asche wurde in der 2,33 m hohen zwölfstöckigen Marmorpagode beigesetzt, die bis in die heutige Zeit erhalten geblieben ist. Seine unversehrte Zunge soll in der Rajiva-⇗Pagode (Luoshen Ta) von Wuwei (s.d.) aufgebahrt sein.

●***Anfahrt:*** Öffentliche Busse fahren nicht zum Tempel, der etwa 55 km südwestlich von Xi'an liegt. Einzige Möglichkeit ist ein Überlandbus in diese Richtung bis zum Ort ⊕Hùxiàn. Dort muss man ein Tricycle chartern. Unabhängiger ist man mit dem Taxi ab Xi'an.

户县

Chongyang-Tempel
(Chóngyáng Ān)
重阳庵

Etwa 32 km in südwestlicher Richtung stößt man im Ort Huxian auf einen der drei wichtigsten Tempel der daoistischen ***Quanzhen-Sekte*** (Verwirklichung der Integrität), die auch als Nördliche Sekte bekannt ist. Sie wurde von *Wang Chongyang* (1113-1170) gegründet und unterschied sich von der anderen großen Hauptsekte Zhengyi (Das Wahre Eine) oder Sekte der Himmlischen Meister darin, dass die Mitglieder den Zölibat befolgen, strikte Vegetarier sind und ihre Familie verlassen. Die Tempelanlage wurde über dem Grab *Wang Chongyangs* errichtet und beherbergt einige hochwertige Steininschriften.

Der Hauptsitz der Quanzhen-Sekte ist der Tempel der Weißen Wolke in Beijing, wo sich auch der Sitz der Chinesischen Daoistischen Vereinigung befindet.

● ***Anfahrt:*** wie zum Caotang-Tempel.

Louguan Tai und Grab des Laozi
(Lóuguān Tái, Lǎozi Mù)
楼观台
老子墓

Weitere 30 km westlich vom Chongyang-Tempel kommen die Anhänger des Daoismus im Zhongnan-Gebirge voll auf ihre Kosten, befindet sich hier doch das Grab des *Laozi* oder zumindest das, was man dafür hält. An diesem ehrwürdigen Ort steht auch der vermutlich älteste daoistische Tempel Chinas, der ***Louguan-Tempel.*** Über die Jahrhunderte wurde der Komplex immer wieder erweitert, zerstört und neu aufgebaut. Sehen kann man 70 ↗Stelen mit Inschriften daoistischer Berühmtheiten. Im Tempel steht eine kunstvolle Statue des *Laozi*, der eine Scheibe mit den acht Trigrammen hält. Außerdem steht auf dem Tempelgelände eine uralte Zypresse, an der der große Philosoph seinen Ochsen angebunden haben soll. Nicht weit vom Baum befindet sich die tangzeitliche Skulptur seines Ochsen. Wer der chinesischen Sprache mächtig ist, findet in der Tempelbibliothek wichtige Quellen zum Daoismus.

● ***Anfahrt:*** Zum Chongyang-Tempel und Louguan Tai fahren keine öffentlichen Busse. Man muss sich also ein Fahrzeug mieten. Fährt man früh los, kann man den Caotang-Tempel in die Rundfahrt mit einbeziehen.

Famen-Tempel
(Fǎmén Sì)
法门寺

Für den chinesischen Buddhismus ist diese Anlage von ganz besonderer Bedeutung, gehörte sie doch zu den auserwählten Tempeln, die vom großen Förderer des Buddhismus, dem indischen König ↗*Ashoka,* einen Körperteil des ↗*Sakyamuni,* des Begründers der buddhistischen Lehre, als Reliquie zugesprochen bekamen.

Die Ursprünge des zu jener Zeit noch ↗Ashoka genannten Tempels datieren in die Regierungsperioden der beiden Kaiser *Huan Di* und *Ling Di* (147-188) der Östlichen Han-Dynastie zurück. Zentraler Bestandteil des mehrfach umbenannten Tempels war stets die Reliquien-↗Stupa, die einen Finger *Sakyamunis* in sich bergen soll. Ursprünglich war die Stupa aus Holz konstruiert, wurde aber nach ihrer Zerstörung in der Ming-Zeit aus Ziegelsteinen neu errichtet.

1981 brach ein Teil der ↗Stupa ein. Der entstandene Schaden sollte sich allerdings schnell als ein ***archäologischer Glücksfall*** erweisen. Bei den Renovierungsarbeiten wurde 1987 eine 31,48 m² große Krypta direkt unter der Stupa entdeckt. Neben über 2.400 Gegenständen aus Porzellan, Glas, Gold und Kupfer sowie über 7.000 Seidenstoffen wurden vier Fingerknochenreliquien gefunden, von denen eine der echte Fingerknochen sein soll. Weiterhin wurden verschiedene Sutrentexte aus der Song- und Yuan-Zeit entdeckt. Die Funde der nach der Entdeckung der Terrakottaarmee aufsehenerregendsten Ausgrabungsstätte der letzten Jahre in Xi'an sind in einem Museum zu bestaunen.

Die renovierte ⇗Stupa wurde am 9. November 1989 unter der Teilnahme von 50.000 Buddhisten aus Japan, Singapur, Hongkong und Australien feierlich eingeweiht. In den kommenden Jahren wird der Famen-Tempel zu einem großen ***Pilgerziel*** ausgebaut, die Bauarbeiten sind schon im vollen Gange.

扶风

佛门宾馆

●***Anfahrt:*** Der Famen-Tempel liegt rund 120 km westlich von Xi'an an der Strecke der alten Seidenstraße. Wer langsam reist und Zeit hat, kann sich zunächst die Tang-Gräber um Xianyang ansehen und nach einer Übernachtung dort einen Frühbus in Richtung Baoji bis zum Dörfchen ⌽Fufeng nehmen. Von hier kann man mit einen Minibus zum Tempel fahren. Nach der Besichtigung kann man nach Baoji weiterfahren oder nach Xi'an zurückkehren. Es gibt am Tempel auch ein Hotel, das ⌽***Fómén Bīnguǎn**** (nicht zu verwechseln mit dem Famen Si Binguan), in dem man unterkommen kann, wenn man keinen Bus für die Weiterfahrt mehr erwischt. Das Hotel befindet sich nur wenige Meter südlich vom Tempel.

●Eine weitere Möglichkeit ist, sich die Fahrt organisieren zu lassen oder ein Taxi zu chartern. Einige der angebotenen Ausflüge zu den Tang-Gräbern haben den Famen-Tempel ebenfalls im Programm, so z.B. die Tour des Shengli-Hotels. In diesem Falle werden das Zhao- und Mao-Grab nicht besucht.

咸阳

Xianyang

(Xiányáng)

Im Areal des heutigen Xianyang, ca. 60 km von Xi'an entfernt, hatte einst *Qin Shi Huangdi* am Wei-Fluss seine Hauptstadt. Von den Palästen und seiner legendären Residenz sind allerdings nur noch Spuren erhalten geblieben.

Museum
咸阳博物馆

Seit 1962 gibt es in einem ehemaligen Konfuziustempel ein ⌽Museum in der Zhongshan Jie, in dem die Funde aus der Umgebung aus der Zeit vom 4. Jh. v.Chr. bis zur Zeit der Westlichen Han ausgestellt sind. Interessant ist vor allem die ***kleine Terrakottaarmee*** eines Han-Generals, die ca. 3.000 Figuren mit einer Höhe von 50 cm umfasst. Diese Figuren sind jedoch lange nicht so kunstvoll gestaltet wie die des Ersten Kaisers, aber sie zeigen, wie die Begräbnisriten sich an die Qin-Zeit anlehnten.

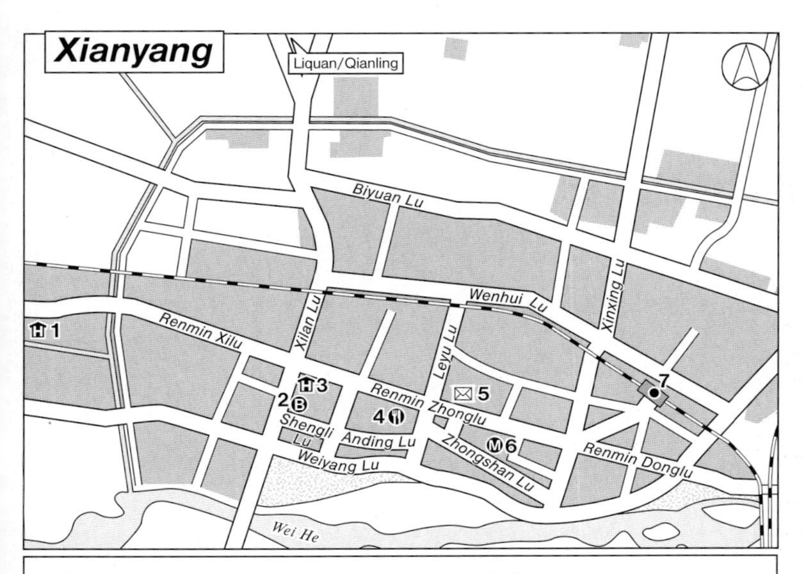

Das kleine Museum von Xianyang ist in einem Konfuziustempel untergebracht

Tang-Gräber

Xianyang ist außerdem ein idealer Ausgangspunkt für die in der Umgebung verstreut liegenden Tang-Gräber, in denen 18 der 19 Herrscher der Tang, ihre Familien sowie Mitglieder des Hofstaats begraben liegen. Die größten Anlagen sind Zhaoling und Qianling. Zwei weitere wichtige Grabanlagen aus der Han-Zeit sind ebenfalls in der Umgebung zu finden: das Maoling, wo Kaiser *Wu Di*, der „Initiator der Seidenstraße", bestattet liegt und das Grab *Huo Qubings*, eines Generals *Wu Dis*, der mit seinen Soldaten entscheidend dazu beigetragen hatte, die westlichen Gebiete zu erobern und zu sichern.

Anfahrt

Am einfachsten erreicht man die Gräber mit organisierten Touren, wie sie z.B. vom Jiefang-Hotel oder billiger vom Shengli-Hotel in Xi'an angeboten werden. Sie schließen das Qianling, Zhaoling, Maoling, Xianyang-Museum, das Grab des Prinzen *Zhanghuai* und das Grab der Prinzessin *Yongtai* ein (Kosten um die 30-40 Yuan plus noch mal ca. 100 Yuan für Eintritte). Einige der Touren schließen auch den Famen-Tempel mit ein, dann allerdings werden das Zhaoling und Maoling nicht besucht. Als Alternative dazu kann man mit der Bahn, mit Minibussen ab der Station an der Südwestecke der Stadtmauer, was am schnellsten und bequemsten ist, oder dem Bus 59 von der Hancheng Lu/Ecke Daqing Lu nach Xianyang fahren, dort evt. übernachten und mit weiteren Bussen zu den Sehenswürdigkeiten fahren. Die Minibusse fahren allerdings nur sehr sporadisch und setzen einen an den Zufahrten zu den Gräbern aus, so dass man oft noch 3-4 km oder mehr laufen muss. Bei dieser Variante spart man im übrigen kein Geld, da man das letzte Stück zu den Gräbern mit Dreiradtaxis zurücklegen muss. Die Preise, die dabei zustandekommen, entsprechen meist dem, was man für die Tour bezahlt.

Hotels

秦都饭店

⊕ ***Qíndū Fàndiàn*,*** 5 Shengli Lu/Ecke Anding Lu. Von hier sind es knapp zwei Kilometer zum Museum.

彩虹宾馆

⊕ ***Cǎihóng Bīnguǎn*,*** Caihong Lu.

Gräber in der Umgebung

Zhao-Grab
(Zhāolíng)
昭陵

Nahe der Kreisstadt Liquan liegt der zweite Kaiser der Tang-Dynastie, ⇗ *Li Shimin* (*Taizong*, reg. 626-649), begraben. Die Nekropole, an der dreizehn Jahre lang gebaut wurde, ist eine der größten ihrer Art in China. Auf dem 20.000 ha großen Gelände wurden 167 Gräber von Mitgliedern der Familie, von hohen Beamten und Generälen entdeckt. Die Grabfunde kann man im Zhaoling-Museum beim Grab besichtigen. Die organisierten Touren führen in der Regel nur zum Museum, nicht zu den Gräbern selbst.

⇗ *Taizong* war der eigentliche ***Begründer der Tang-Dynastie.*** Er und sein Vater *Li Yuan* (der erste Tang-Kaiser *Gaozu*) waren Militärbeamte des Sui-Kaisers *Yang Di*. Als überall im Lande Aufstände gegen den grausamen Herrscher losbrachen, drängte ⇗ *Li Shimin* seinen Vater, sich mit den ihm unterstellten Truppen ebenfalls gegen den Kaiser zu stellen. Sie nahmen daraufhin erfolgreich Chang'an ein und konnten die Herrschaft an sich reißen. Die zwar politisch erfolgreichen, aber grausamen und ungerechten Herrschaftspraktiken des letzten Sui-Kaisers hatten *Li Shimin* gelehrt, wie wichtig Zustimmung und Ablehnung seitens des Volkes für seine Regierung waren. Die Reformmaßnahmen, die er nach der Abdankung seines Vaters – die er in Form eines Staatsstreichs und nach der Ermordung einiger seiner Brüder erzwang – einleitete, führten das Reich der Mitte zu seiner bislang größten Ausdehnung und legten den Grundstein für die beispiellose kulturelle Blüte der Tang-Zeit.

Anders als in den vorangegangenen Dynastien üblich, ließ ⇗ *Taizong* sein Grab nicht unter einem künstlich aufgeschütteten Hügel anlegen. Er wählte den 1.180 m hohen Hang des Jiuzong-Berges. Dieser ***natürliche Grabberg*** sollte eine imposantere Wirkung hervorrufen – ein Usus, der später zur Tradition wurde.

Auch die Anlage sogenannter ***Nebengräber*** fand in dieser Zeit allgemeine Verbreitung. In ihnen wurden Angehörige des Kaiserhauses und hohe Beamte, die beim Kaiser in besonderer Gunst standen, begraben. Die 167 Nebengräber des Zhaoling geben einen Hinweis darauf, dass ⇗ *Taizong* es verstanden hatte, sich mit fähigen und klugen Beratern zu umgeben.

Der wohl wichtigste Grabfund waren die ***Bas-Reliefs von sechs Rossen,*** die ⇗ *Taizong* während seiner Schlachten geritten hatte. Sie sind aus sechs 1,7 m hohen und zwei Meter breiten Steinplatten herausgearbeitet und zierten die Ost- und Westkammern des Opferraums. 1914 wurden zwei der Reliefs von Amerikanern in die USA geschafft, wo sie heute im Museum der Universität von Philadelphia zu sehen sind. Die anderen vier Kunstwerke wurden 1918 in mehrere Stücke gebrochen, vermutlich, um sie leichter außer Landes schaffen zu können. Der Abtransport wurde aber verhindert, und heute sind die Stücke im Provinzmuseum von Shaanxi zu sehen.

礼泉

●***Anfahrt:*** Von Xianyang nimmt man einen Bus nach ⊕Lǐquán. Dort muss man ein Tricycle für die Fahrt zum Grab chartern.

Qian-Grab
(Qiánlíng)
乾陵

Ca. 85 km nordwestlich von Xi'an befindet sich eine der eindrucksvollsten Anlagen, das Grab des dritten Kaisers der Tang-Dynastie, *Li Zhi* (*Gaozong*, reg. 649-684). Hier ruht auch seine Konkubine und spätere Kaiserin, ⇗ *Wu Zetian* (reg. 690-705), die einzige Frau, die je auf dem chinesischen Kaiserthron gesessen hat. Ringsum liegen 17 Gräber von Prinzen, Prinzessin und hohen Beamten.

124 Steinskulpturen säumen den Grabweg zum Qianling

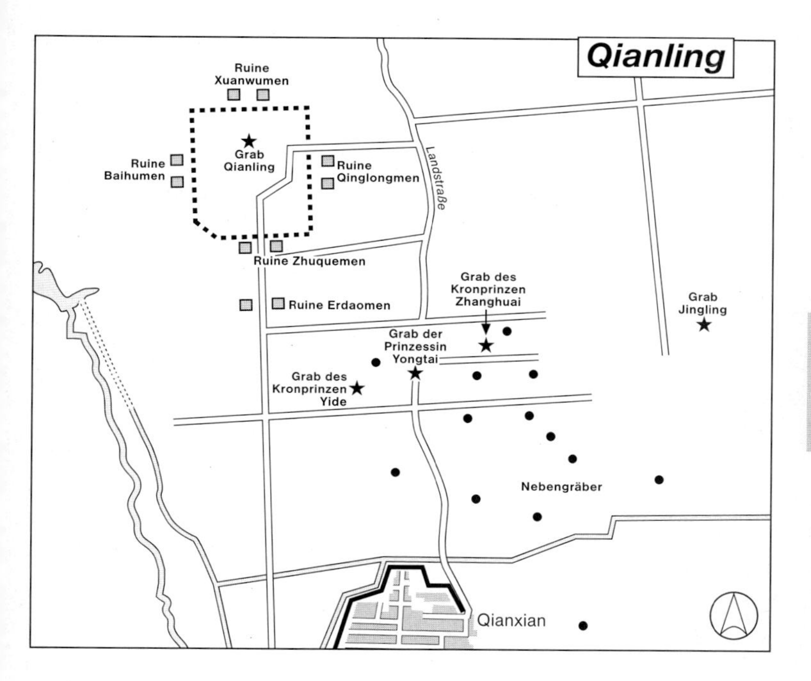

Das Grab befindet sich am 1.047 m hohen Liang Shan und wurde als wohl einziges Grab von den Verwüstungen der Grabräuber verschont. Der Gesamtkomplex erstreckte sich über 218 ha, von den ursprünglichen oberirdischen Bauten ist jedoch nichts erhalten geblieben. Untersuchungen haben ergeben, dass von Süden her eine 63 m lange und 4 m breite Rampe, der sogenannte Grabweg, schräg in den Berg hineinführt. Sie endet vor dem Steintor zum Schlafpalast, dessen Wände aus 39 übereinandergeschichteten, mit Eisenblechen belegten Steinplatten bestehen, die mit flüssigem Eisen verfugt wurden.

Der Hauptweg zum Grab wird von 124 großen ***Steinskulpturen*** gesäumt. Darunter befinden sich 61 Statuen von Häuptlingen der nationalen Minderheiten und von ausländischen Gesandten, die an der Beerdigung ⇗ *Gaozongs* teilgenommen hatten. Zwar wurden fast allen Figuren die Köpfe abgeschlagen, aber auf ihrem Rücken wurde ihre Staatsangehörigkeit, ihr Name und der Beamtenrang eingemeißelt, so dass man auch heute noch weiß, wer an den Feierlichkeiten teilgenommen hat. Bei den beiden vollständigen Skulpturen handelt es sich um den König von Persien und einen seiner Generäle. Läuft man den ganzen Grabweg von Süden her hoch, muss man zwischen zwei Hügeln mit je einem Turm auf der Spitze durch. Aus der Ferne ähneln sie weiblichen Brüsten, und die Geschichtsschreibung will wissen, dass *Gaozong* damit die Schönheit seiner Gattin ehren wollte.

Links vom südlichen Zhuque-Tor hinter den steinernen Wächterfiguren befindet sich die aus sieben Steinplatten zusammengesetzte ***Gedenktafel*** des Kaisers *Gaozong*, der im übrigen ein inkompetenter, geistig wirrer und völlig unter Kontrolle seiner Frau stehender Mann gewesen sein soll. Die Tafel ist 6,3 m hoch und wiegt fast 62 Tonnen. Der 8.000 Schriftzeichen umfassende Text, der von *Gaozongs* politischen und militärischen Erfolgen kündet, wurde von *Wu Zetian* verfasst und ihrem Sohn, dem zeitweilig von ihr als Marionettenkaiser eingesetzten *Zhongzong,* niedergeschrieben. Rechts vom Zhuque-Tor steht die noch höhere und schwerere Gedenktafel für die Kaiserin *Wu*, die „Tafel ohne Text". Die Implikation war wohl, dass die Kaiserin jenseits aller Lobpreisungen stand. *Wu Zetian* selbst ordnete an, dass ihre Verdienste erst von kommenden Generationen an aufgeschrieben werden sollten. Der Text stammt entsprechend erst aus dem 13. Jh.

乾县

●***Anfahrt:*** Von Xianyang nimmt man einen Bus nach ⊕Qiánxiàn. In Qianxian muss man ein Tricycle zum Grab chartern.

Grab des Prinzen Zhanghuai
(Zhānghuái Mù)
章怀墓

Etwa 3 km südöstlich vom Qianling liegt *Zhanghuai*, der zweite Sohn von ↗ *Gaozong* und ↗ *Wu Zetian* , begraben.

Das es nicht ungefährlich war, *Wu Zetians* Sohn zu sein, zeigt die traurige Geschichte dieses Sohnes, des Kronprinzen der Jahre 675-680, der auch ***Li Xian*** genannt wurde. Er war außerordentlich begabt und gewann die Zuneigung des Kaisers, der ihm wichtige Ämter anvertraute. *Wu Zetian* passte diese Begünstigung nicht, die sicher auch ihren eigenen Machtgelüsten zuwiderlief, und so nahm sie die Ermordung ihres Lieblingsmagiers und vermutlich auch Liebhabers *Nagaspa* zum Anlass, den Mord *Li Xian* anzulasten. Zusätzlich zur Mordanklage wurde der Prinz auch verdächtigt, einen Staatsstreich vorbereitet zu haben. Verdachtsmomente hatten sich nach der Durchsuchung der prinzlichen Gemächer ergeben, in denen haufenweise Waffen und Kettenpanzer gefunden worden waren. *Li Xian* wurde zum Mann des einfachen Volkes degradiert und nach Sichuan verbannt. Dort zwang ihn ein Beauftragter der Kaiserin zum Selbstmord.

Vielleicht von später Reue übermannt, veranstaltete *Wu Zetian* in der Hauptstadt eine Trauerfeier für ihren Sohn – übrigens nicht der einzige, den sie ermorden ließ – und verlieh ihm posthum den Titel des Kronprinzen. Diese Rehabilitierung ermöglichte die Beisetzung beim Qianling.

Das Grab des Kronprinzen wurde freigelegt und ist für den Besuchsverkehr zugänglich. Die großen ***Wandmalereien*** im Grab zeigen Szenen aus dem höfischen und militärischen Alltag. Insgesamt bedecken die fünfzig Malereien eine Fläche von 400 m². Bemerkenswert ist sicherlich das Bild an der westlichen Zugangsrampe. Es heißt „Polospiel" und zeigt die Spieler in „Sportbekleidung" mitten in einem Match. Das Polospiel war während der Tang-Zeit aus Persien nach China gekommen und fand in der Oberschicht weite Verbreitung. Die Beamten, die nach der Ablegung der kaiserlichen Staatsprüfung den akademischen Titel des *Jinshi* verliehen bekamen, mussten stets zum Polospiel antreten, an dem auch der Kaiser selbst - oft als bester Spieler - teilnahm.

Die Mode des Polospiels verebbte erst während der Qing-Dynastie. Die im Zhanghuai Mu gefundenen Grabbeilagen befinden sich im Historischen Museum von Xi'an. Die meisten wurden allerdings geraubt.

Grab der Prinzessin Yongtai
(Yǒngtaì Gōngzhǔ Mù)
永泰墓

Das Grab liegt etwas südlich des Zhanghuai Mu. *Yongtai* war die Enkelin von Kaiser *Li Zhi* und siebte Tochter des Kaisers *Zhongzong*. Auch ihre Geschichte zeigt, dass ↗ *Wu Zetian* mit ihrer Verwandtschaft nicht zimperlich umging. Ausgesprochen treffend wird ihre Einstellung dazu in dem spannenden Roman „Die eiserne Kaiserin" von *Eleanor Cooney* und *Daniel Altieri* wiedergegeben: „Verwandte sind lästig", sagte Frau Yang (ihre Mutter). „Man kann sie sich nicht aussuchen und muss sich dennoch mit ihnen abgeben. Sie sind eine Plage - unglückselige Launen des Schicksals." Nachdem der Kaiserin zu Ohren gekommen war, dass *Yongtai* und ihr Gatte das ausschweifende Privatleben der Kaiserin äußerst widerwärtig fanden, ließ Kaiserin *Wu* sie 701 ermorden. Nach seiner erneuten Thronbesteigung 705 rehabilitierte *Zhongzong* seine Tochter posthum.

Das Yongtai Mu ist das bisher ***größte freigelegte Grab*** und sicher auch das beeindruckendste. Bei der Öffnung des Grabes machten die Archäologen eine schaurige Entdeckung. Sie fanden das Skelett eines Grabräubers, der hier vermutlich von seinen Komplizen umgebracht worden war.

Auch in *Yongtais* Grab gibt es ***Wandmalereien*** zu sehen, die u.a. das höfische Leben und den Alltag der Hofdamen und ihrer Dienerinnen zeigen. Die Grabbeilagen, die hier gefunden wurden, befinden sich ebenfalls im Historischen Museum von Xi'an.

Nicht weit von hier befindet sich das ***Grab des Prinzen Yide,*** eines Halbbruders *Yongtais,* der mit 19 Jahren aus denselben Gründen wie seine Halbschwester ermordet wurde. Auch sein Grab kann besucht werden.

- ***Anfahrt:*** Die Anfahrt entspricht der zum Qian-Grab. Wenn man das Tricycle chartert, sollte man gleich abmachen, dass man auch zum Qian-Grab möchte.

乾陵宾馆

- ***Hotel:*** Am Grab des Prinzen Yide gibt es das ***Qianling Binguan*,*** in dem man übernachten kann, wenn man mehr Zeit haben will.

Grab des Kaisers Wu
(Maò Líng)
茂陵

Dieses Grab, 40 km westlich von Xi'an, ist das schönste Grab eines Kaisers der Westlichen Han-Zeit (206 v.Chr. – 8 n.Chr.). Hier liegt der 87 v.Chr. verstorbene Kaiser *Wu*. In der Umgebung befinden sich noch mehr als 20 weitere Gräber, u.a. das Grab der Konkubine *Yang Guifei*, das Grab ⇗*Xuanzongs* und das des Strategen ⇗*Huo Qubing*, die man von einem kleinen Hügel aus sehen kann.

Wu Di (156-87 v.Chr.) war der fünfte Kaiser der Westlichen Han-Dynastie und gehörte zu den großen Herrschergestalten Chinas. In seine Regierungszeit fielen die großen Expansionsfeldzüge, die dem Reich der Mitte zu seiner bislang größten Ausdehnung verhalfen. Diese ungeheure Ausweitung des Machtbereichs konnte erst unter dem Tang-Kaiser ⇗*Taizong* (598-649), den Mongolen und schließlich den ersten Kaisern der Qing-Dynastie wiederholt und übertroffen werden.

Doch *Wu Di* war nicht nur ein großer Politiker, sondern auch ein ***Liebhaber von Pomp und Gigantomanie.*** Leider hatte er eine Schwäche – er war sterblich. Schon zwei Jahre nach seiner Thronbesteigung gab er den Bau seines Mausoleums in Auftrag, dessen Fertigstellung 53 Jahre in Anspruch nahm – fünf lange Jahrzehnte, in denen *Wu* alles tat, um die Begräbnisfeierlichkeiten hinfällig werden zu lassen und unsterblich zu werden. So ließ er die Bronzestatue eines Unsterblichen mit einem Kelch auf einem Turm aufstellen und trank den aufgefangenen Morgentau mit pulverisierter Jade. Eine andere fixe Idee war die Einfuhr von „Himmelspferden" aus Sogdiana (ein antiker Staat in der Region um Samarkand), von denen er sich ebenfalls Unsterblichkeit er-

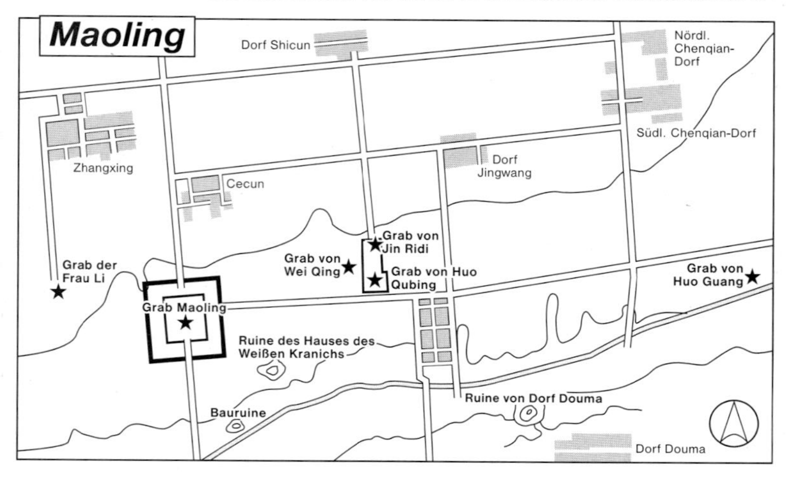

Eine lange unterirdische Rampe führt auch in des kleine Grab des Prinzen Yide

hoffte (s.a. bei Wuwei). Es half alles nichts, die von *Wu* angeordnete Begräbnisfeier fand statt und wurde zu einem pompösen Ereignis. Es gab offensichtlich dermaßen viele Grabbeigaben, dass sie nicht alle in die unterirdischen Palastgemächer hineinpassten. Neben klassischen Werken der konfuzianischen Schule, Jadekästen und Jadezeptern wurden auch lebende Tiere mit begraben, vor allem solche, denen man Unsterblichkeitswirkung zutraute, also Pferde, ⇗ Fische, ⇗ Schildkröten, aber auch Tiger und Leoparden. Anders als der erste Kaiser von China, der ebenfalls verzweifelt die Unsterblichkeit zu erlangen suchte und der sein Andenken in der Terrakottaarmee verewigte, erlangte Kaiser *Wu* als „Initiator der Seidenstraße" bleibenden Ruhm.

Grab Huo Qubings
(Huò Qùbìng Mù)
霍去病墓

Etwa einen Kilometer vom Grab des Kaisers *Wu* liegt das Grab seines Generals ⇗ *Huo Qubing,* den *Wu* besonders schätzte und wohl auch liebte. Bereits im zarten Alter von 18 Jahren befehligte *Huo Qubing*, ein uneheliches Kind der Schwägerin des Kaisers, eine Armee. Mit 20 wurde er zum Großgeneral befördert. Die steile und erfolgversprechende Karriere endete abrupt, als er in seinem 24. Lebensjahr an einer Krankheit starb.

In den sechs Jahren seines militärischen Wirkens hat *Huo Qubing* entscheidend dazu beigetragen, die Gebiete entlang der Seidenstraße zu befrieden und 121 v.Chr. den Hexi-Korridor zu erobern. Im Laufe seiner ***Eroberungen*** wurden die Präfekturen Wuwei, Jiuquan, Zhangye und Dunhuang gegründet, die zusammen „die vier Präfekturen westlich des Huang He" genannt wurden. Sie bildeten eine Art chinesischen „Limes", eine imponierend durchdachte Kette von Stützpunkten gegen die Überfälle der Nomaden. Bei seinen Soldaten war der General, glaubt man den „Historischen Aufzeichnungen" des berühmten Historikers und Zeitgenossen ⇗ *Sima Qian,* nicht sonderlich gut gelitten. *Si-*

ma Qian warf ⇗ *Huo Qubing* vor, sich nicht um seine Soldaten zu kümmern. Unbestritten ist, dass er sich selbst ebenfalls nicht schonte.

Nach seinem frühen Tod ließ Kaiser *Wu* ihn in der Nähe des Maoling begraben. Das Grab sollte so aussehen wie das Qilian-Gebirge, in dem ⇗ *Huo Qubing* so erfolgreich gekämpft hatte. Schaut man sich als ahnungsloser Tourist hier um, erinnert jedoch zunächst nur wenig an das schroffe Gebirge, das den Hexi-Korridor entlang seiner südwestlich verlaufenden Flanke begrenzt und eine natürliche Grenze nach Qinghai bildet. Die Steinmetze griffen für ihren Auftrag zu einem künstlerischen Trick. Vor dem Grab wurden 16 ***Steinskulpturen*** aufgestellt, die als Rundplastiken gearbeitet sind und ihre natürliche Form weitgehend behielten. So scheint es, als habe man es mit von der Natur geformten Steingebilden zu tun. Zusammen mit den vielen sonderbaren Steinen auf dem Grabhügel erinnern sie an die bizarren Felsen des Qilian Shan. Die 16 Steinskulpturen sind die älteste gut erhaltene Steinkunstgruppe der chinesischen Kunstgeschichte.

天水

Tianshui

(Tiānshuǐ)

Tianshui ist der Ausgangspunkt für einen Besuch der ***Maijishan-Grotten (Màijīshān Shíkū).*** Tianshui selbst ist eine recht hässliche Industriestadt mit 195.000 Einwohnern. In den hiesigen Fabriken werden hauptsächlich Maschinen und elektronische Geräte produziert.

Biegt man jedoch in die zentral gelegene ***Jiefang Lu*** ein, wirkt das Stadtbild plötzlich recht dörflich. Pittoreske Märkte und kleine Straßengarküchen beleben die Straßen, die Häuser zeigen noch die traditionelle Bauweise (lehmverputzt und mit Schindeln gedeckte Dächer) und in den Seitengassen sieht man versteckte kleine Tempel. Ein näherer Blick auch auf die Innenstadt lohnt sich daher allemal.

Das heutige Tianshui, nunmehr die zweitgrößte Stadt der Provinz Gansu, liegt noch an der gleichen Stelle, an der auch das alte Tianshui lag, als hier die Kamelkarawanen, mit Seide beladen, durchzogen. Damals hieß die Stadt jedoch noch ***Qinzhou,*** benannt nach den Vorfahren des Qin-Kaisers *Shi Huangdi*, die in dieser Gegend den Qin-Staat gründeten. Im Altertum war Tianshui ein Schlüsselort zu Chinas südwestlichen Gebieten. In der Zeit der Drei Reiche (220-280), die in dem berühmten Roman „Die Drei Reiche" verewigt worden ist, standen sich bei Tianshui die Heere des *Zhuge Liang* (181-234), Kanzler des Shu-Reiches, und des Wei-Generals *Sima Yi* (179-251) gegenüber.

Blick auf die Dächer der Altstadt vom Jadequellentempel

Im östlichen Vorort von Tianshui gibt es eine Erdanhöhe, auf der *Zhuge Liang* einst seine Gefechtsstellung gehabt haben soll. Auch der Tang-Mönch *Xuan Zang* kam auf seiner Reise nach Indien durch Tianshui und verbrachte hier eine Nacht.

Ankunft

北道
秦城
宾馆站

Der Bahnhof von Tianshui befindet sich im Stadtteil ⊕Běidào 20 km von der eigentlichen Stadt Tianshui (Stadtteil ⊕Qínchéng) entfernt. Vor dem Bahnhof stehen Minibusse, die, wenn sie voll sind, nach Tianshui fahren. Zum Tianshui Binguan ist jedoch der Stadtbus Nr. 1, der ebenfalls vor dem Bahnhof hält, günstiger (Bushaltestelle: ⊕Bīnguǎn Zhàn). Zum Jianxin Fandian muss man am Ortsanfang von Tianshui in den Bus Nr. 2 umsteigen.

Hotels

建新饭店
天水宾馆
地区招待所
铁路饭店
陇林饭店

⊕***Jiànxīn Fàndiàn**,** 91 Xinhua Lu, Tel. 8213977.

⊕***Tiānshuǐ Bīnguǎn***/***,** 5 Yingbin Lu, Tel. 8212611, Fax 8212823. Das Hotel verfügt über ein gutes Restaurant und über eigene Fahrzeuge, die man samt zuverlässigem Fahrer mieten kann.

⊕***Dìqù Zhāodàisuǒ (Aihua Lüshe)**,** rechts vom Bahnhof. Es scheint allerdings im Winter geschlossen zu sein, wohl weil dann keine Touristen erwartet werden. Wer spät ankommt, braucht, falls dieses Hotel geschlossen sein sollte, viel Überzeugungskraft und Beharrungsvermögen sowie das Versprechen, am nächsten Morgen zu verschwinden, um im linker Hand des Bahnhofs gelegenen

⊕***Tiělù Fàndiàn (Eisenbahnhotel)**** unterzukommen.

⊕***Lónglín Fàndiàn**/**,** südlich vom Bahnhof an der Kreuzung Weihe Nanlu/Huaniu Lu, wo die Straßen nach Tianshui und zum Maijishan abzweigen. Tel. 8235594. Gute Lage um die Grotten zu besichtigen will.

Restaurants

天府酒家
山城火锅
长城饭店
穆斯林餐厅

⊕***Tiānfǔ Jiǔjiā,*** Erma Lu, gleich in der Nähe des Bahnhofs.

⊕***Shānchéng Huǒguō,*** Erma Lu, schräg gegenüber vom Tianfu-Restaurant. Spezialität hier ist Hot Pot, eine Art Fondue mit Lammfleisch.

⊕***Chángchéng Fàndiàn,*** Minzhu Donglu.

⊕***Mùsīlín Cāntīng,*** Dazhong Lu. Hier wird muslimische Küche serviert, wie der Name schon andeutet. Leicht zu erkennen an seiner imitierten arabischen Architektur.

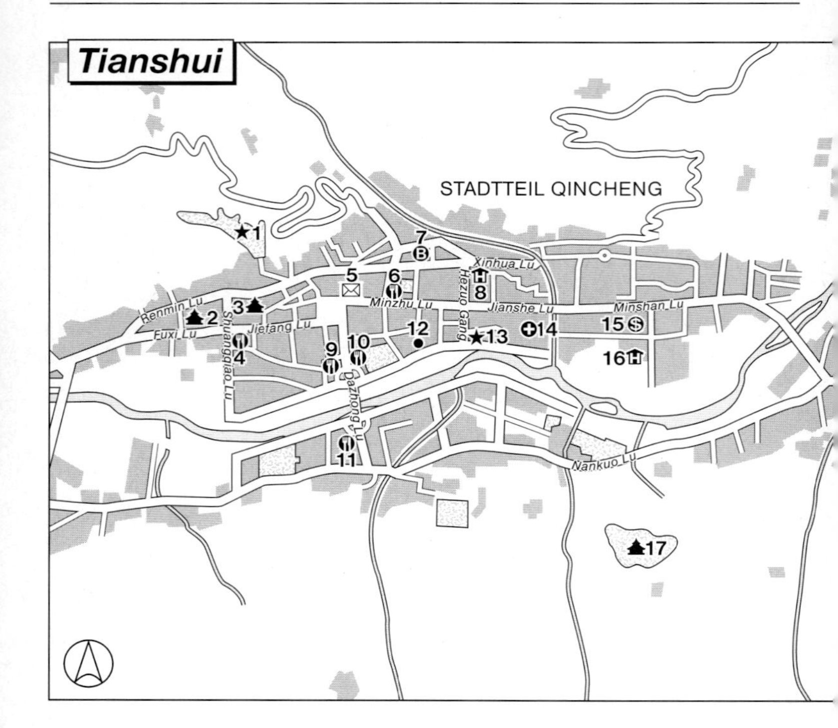

都乐酒吧

中 ***Dūlè Jiǔbā*** (Vergnügungsbar), gleich gegenüber. Hier kann man zwar nichts essen, aber zu Karaoke und Tanz was trinken.

邀月樽酒家

中 ***Yāoyuèzūn Jiǔjiā,*** Jiefang Lu.

西苑蛇餐厅

中 ***Xīyuànshé Cāntīng,*** südlicher Abschnitt der Dazhong Lu. Spezialität des Hauses ist Schlange.

Sonstiges

- ***Telefonvorwahl:*** 0938
- ***CITS:*** 1 Huancheng Donglu, Tel. 8214463. Das Büro befindet sich im dritten Stock. Eine Filiale von CITS befindet sich im Tianshui Hotel.
- ***Ausländerpolizei:*** Ein Stück von CITS aus die Huancheng Lu weiter nach Westen, gegenüber der Fußgängerbrücke über den Fluss.
- ***Bank:*** Gleich neben dem Tianshui-Hotel. Südlich des Bahnhofs auf der linken Seite noch vor der Brücke gibt es ebenfalls eine Filiale der Bank of China.
- ***Post:*** Im Stadtteil Qincheng am Ende der Hauptstraße Minzhu Xilu.

Feste

- Das ***Fuxi-Tempelfest*** findet am 16. Februar statt, wenn es hier noch bitterkalt ist. Zu Ehren des ersten mystischen Kaisers ⇨ *Fuxi*, der als Erfinder von Jagd und Schrift gilt, werden hier verschiedene Zeremonien, die typisch für die Region sind, durchgeführt.

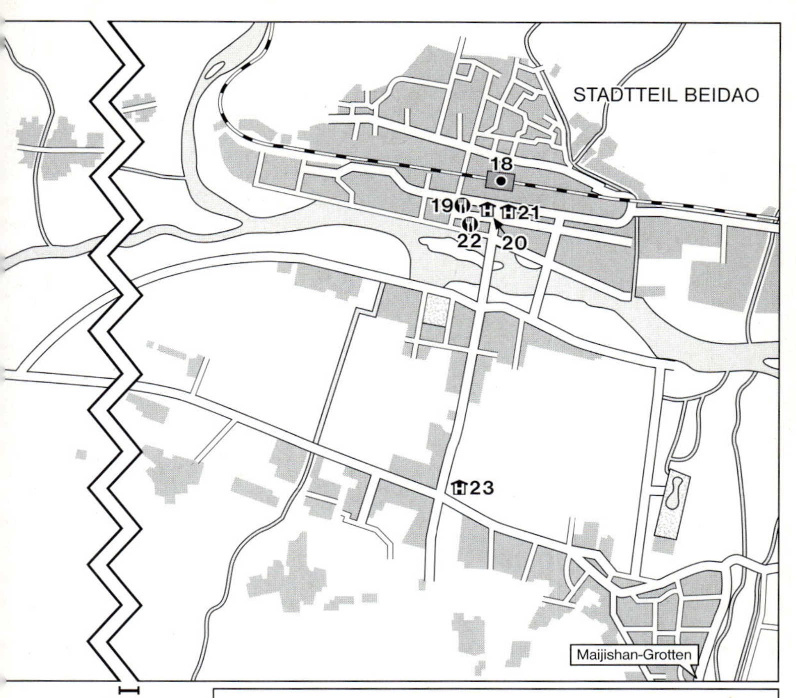

- ★ 1 Yuquan Guan Park
- 2 Fuxi Miao (Tempel)
- 3 Yuquan Guan (Tempel)
- 4 Yaoyuezun Jiujia (Restaurant)
- 5 Post
- 6 Changcheng Fandian (Restaurant)
- 7 Busbahnhof
- 8 Jianxin Fandian (Hotel)
- 9 Musilin Canting (Restaurant)
- 10 Dule Jiuba (Restaurant)
- 11 Xiyuanshe Canting (Restaurant)
- • 12 Ausländerpolizei
- ★ 13 CITS
- 14 Krankenhaus Nr. 1
- 15 Bank
- 16 Tianshui Binguan (Hotel)
- 17 Nankuo Tempel
- • 18 Bahnhof
- 19 Tianfu Jiujia (Restaurant)
- 20 Tielu Fandian (Hotel)
- 21 Diqu Zhaodaisuo (Hotel)
- 22 Shancheng Huoguo (Restaurant)
- 23 Longlin Fandian (Hotel)

Spezialitäten/ Kunsthandwerk

Eine lokale Spezialität ist der um Tianshui herum geerntete ***Huaniu-Apfel,*** eine saftige rote Apfelsorte.

In der Umgebung von Tianshui wachsen sogenannte ***Lackbäume,*** aus denen die Grundlage eines guten Lacks gewonnen wird. Aus diesem Grunde wurde 1916 ein Verfahren für Lackarbeiten in Tianshui eingeführt, dass den Ort nach der Provinz Fujian zum wichtigsten Lackarbeitenhersteller des Landes machte. Außer touristischem Schnickschnack gibt es schön gearbeitete Tische, Lackschirme u.v.m.

Weiterreise

Züge

- Wie ab Lanzhou oder Xi'an. Es gibt nur ***durchkommende Züge,*** das bedeutet, keine Sitzplätze. Man sollte es sich daher gut überlegen, ob man von hier aus Mammutfahrten beginnen will.

Busse

- Vom Busbahnhof im Stadtteil Qincheng fahren Busse nach ***Lanzhou, Gangu*** und ins gut 300 km nördlich von Tianshui gelegene ***Guyuan*** in der Autonomen Provinz Ningxia, ein interessanter Ort an der nördlichen Seiden-Route von Xi'an nach Zhangye, in dessen Nähe man ebenfalls buddhistische Höhlengrotten besichtigen kann.
- Vom Busbahnhof am Bahnhof fahren Minibusse zum ***Maiji Shan*** und Busse nach ***Lanzhou*** und ***Pingliang.*** Ansonsten gibt es von hier noch Verbindungen in die Orte der näheren Umgebung, z.B. nach ***Shetang.***

Sehenswertes

Jadequellen-Tempel
(Yùquán Guàn)
玉泉观

Biegt man von der Hauptverkehrsstraße Renmin Xilu, etwa auf der Höhe der Zufahrt zum entgegengesetzt im Norden liegenden Jadequellen-Park, nach Süden in eine Nebengasse ab, stößt man schon nach kurzer Zeit auf den Jadequellen-Tempel, dessen Gebäude sich an einen kleinen Berg schmiegen. Die kleine, hübsche Anlage wird von alten Mönchen und Nonnen bewirtschaftet.

Aufstieg zum Jadequellentempel

龙睛茶，八宝茶

Vor dem Haupteingangstor kann man sich zu einer Tasse ***Drachenaugentee*** (ⓒLóngjīng Chá oder auch Bābǎo Chá) niederlassen. Dieser ↗Tee wird zusammen mit kleinen Früchten, den Drachenaugen, die in einer Schale stecken und von einem Kern abgelutscht werden können, aufgebrüht; geben dem ↗Tee zusammen mit dem ebenfalls servierten Kandiszucker ein angenehmes Aroma, das im Winter wärmt und im Sommer erfrischt.

Das Jadequellen-Kloster ist ein beliebtes ***Ausflugsziel*** für Familien. Sonntags lassen hier die Kinder bzw. meist ihre Väter Drachen steigen.

Fuxi-Tempel
(Fúxī Miào)
伏羲庙

Der Fuxi-Tempel im Westen der Altstadt ist dem mythischen ersten Kaiser von China gewidmet, der 2852-2738 v.Chr. gelebt haben soll. In der chinesischen Mythologie wird ihm die Erfindung von Jagd, Fischerei, Nutztierhaltung, Schrift und den ↗Acht Trigrammen, die im Yi Jing zur Anwendung kommen, zugeschrieben. Glaubt man der Legende, hat ↗*Fuxi* die Trigramme auf einem Schildkrötenpanzer entdeckt. Die Trigramme, die vor allem im Zusammenhang mit dem Yin-Yang-Symbol bekannt sind, stehen vornehmlich für die aktiven und passiven Aspekte der Natur. Zusammen repräsentieren sie das gesamte Universum.

Einmal im Jahr am 16. Februar gibt es *Fuxi* zu Ehren ein ***Tempelfest*** (s.o.).

Nankuo-Tempel
(Nánkuò Sì)
南廓寺

Von der gleichnamigen Hauptstraße Nankuo Lu, auf der die Busse der Linien 4 und 6 entlangfahren, im Süden des Stadtteils Qincheng führt ein Serpentinenweg hoch zum Kloster. Von der Straße aus läuft man etwa 30 Minuten. Oben angelangt, hat man einen tollen Blick auf Tianshui. Der Klosterhof wird von einem (angeblich) 1.700 Jahre alten Baum geziert.

Ausflüge in die Umgebung

Maiji-Shan-Grotten
(Maìjī Shān Shíkū)
麦积山石窟

Die Grotten liegen etwa 35 km südöstlich von Tianshui. Schon von weitem sieht man die beeindruckende 142 m hohe Felsfront des Maiji Shan (Weizenlager-Berg) mit der großen Buddhafiguren-Gruppe. Diese Formation besteht aus einem stehenden 15 m hohen Buddha ↗*Maitreya* und zwei ihn flankierenden Bodhisattvas. Entstanden ist diese Gruppe in der Sui-Zeit (581-618).

Mit dem Bau der Maiji-Shan-Grotten wurde in den Jahren 384-417 in der Nördlichen-Wei-Zeit (386-534) begonnen. 734 zerstörte ein Erdbeben einen Teil der Grotten. Erhalten geblieben sind die ***östlichen und westlichen Höhlen,*** die sich in einer senkrecht aufsteigenden Felswand befinden und über eine mehrstöckige Holzgalerie zu erreichen sind. Zu sehen gibt es Wandmalereien, ↗Buddhas, ↗Bodhisattvas und Schutzgottheiten aus ↗Stein oder Ton. Anders als die sonst in der Regel stilisierten Gesichter, haben die Figuren des Maiji Shan menschliche Ge-

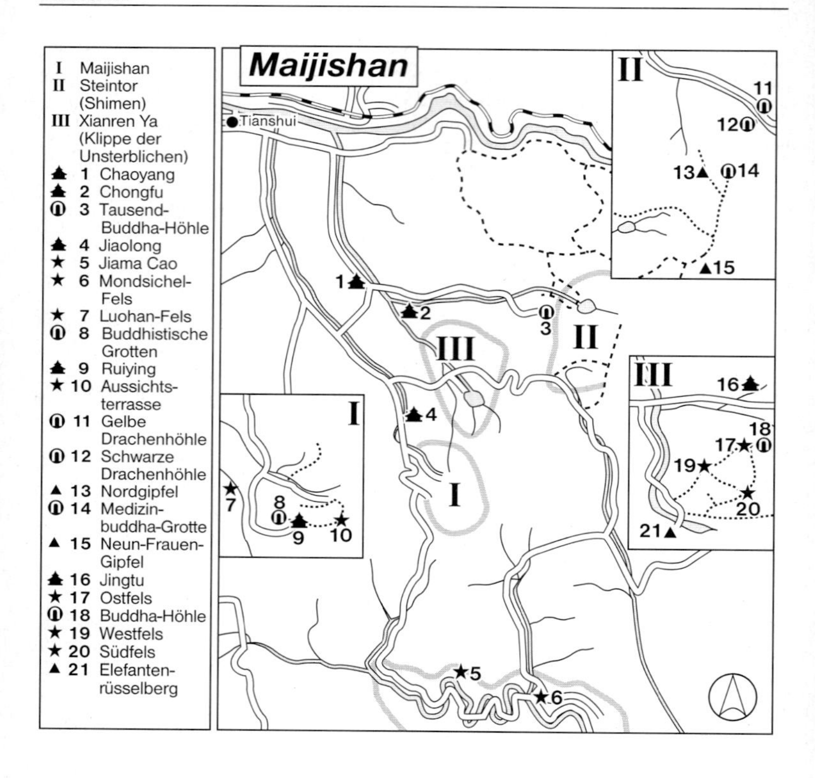

sichtsausdrücke, die voller Gefühle von Freude, Glück, Trauer und Zorn sind.

Da der Maiji Shan aus weichem Sandstein besteht, ist er beständig durch Witterungseinflüsse, Erdbeben, aber auch durch den Tourismus bedroht. Die touristische Lösung des Problems war die schwindelerregende ***Galeriekonstruktion,*** während der Berg selbst mit Zementspritzen gesichert wurde.

Die meisten der Höhlen sind allerdings verschlossen, wer aber einen Führer von CITS engagiert, was auch noch bei den Grotten selbst geht, bekommt einige der Türen aufgeschlossen. Ansonsten bleibt einem nur eine Taschenlampe, um durch die Türritzen zu linsen und die Höhlen auszuleuchten.

●***Anfahrt:*** Mit dem öffentlichen Bus (Nr. 5), der gegenüber vom großen Postgebäude in der Minzhu Xilu abfährt, oder mit privaten Minibussen, die morgens vom Bahnhof aus losfahren, sobald sie voll sind.

Um zu den einzelnen Grotten zu gelangen, wurde eine filigrane Treppenkonstruktion um den Berg gebaut

Klippe der Unsterblichen
(Xiānrén Yá)
仙人崖

In der Nachbarschaft des Maiji Shan gibt es noch mehr zu sehen. Biegt man von der Busendhaltestelle des Fünferbusses in die Straße nach links ein, kommt man zu einer massiven Felswand, die im unteren Teil einen mächtigen Überhang hat. Kletterer hätten hier sicher ihre Freude, die chinesischen Daoisten allerdings hatten anderes im Sinn und bauten einen Tempel, der sich unter den Überhang duckt.

●***Anfahrt:*** Zum Laufen ist das Stück zu weit. Am besten mietet man sich ein Taxi oder ein Fahrzeug vom Tianshui-Hotel und fährt die hier aufgeführten drei Sehenswürdigkeiten Maiji Shan, Klippe und Steintor ab.

Steintor
(Shímén Fēngguāng)
石门风光

Wie auch schon bei den beiden obigen Ausflugzielen steht hier ein Berg im Mittelpunkt, den man über einen Wanderweg, vorbei an kleinen Tempeln, erklimmen kann. Von oben hat man einen schönen Blick über das Qingling-Gebirge. Es gibt Pläne, das gesamte Gebiet unter Naturschutz zu stellen, um den reichen Baumbestand an Huashan-Kiefern, Weißrindenkiefern, Zedern, Zypressen, Tuna-Bäumen, Fichten u.a. zu schützen.

Großer Buddha-Berg von Gangu
(Gāngǔ Dà Xiàng Shān Shíkū)
甘谷大像山石窟

Etwa 70 km westlich von Tianshui sitzt ein 23 m hoher ⇗Buddha auf einem Berg und blickt über das Tal des Wei-Flusses. Man erreicht die Figur, die durch ihren merkwürdigen gezwirbelten Schnurrbart vom Aussehen her irgendwo zwischen chinesischem Heiligen und französischem Dandy anzusiedeln ist, über einen Pfad, der an mehreren Tempelchen vorbeiführt. Von der Plattform unterhalb des ⇗Buddhas hat man eine tolle Aussicht auf die umliegenden Berge und Täler.

●***Anfahrt:*** Mit dem Bus ab Tianshui oder mit Zug 8763. Man kann Gangu leicht als Tagesausflug durchführen.

南岭宾馆

●***Hotel:*** Wer länger bleiben will, kann im ⌽***Nánlǐng Bīnguǎn**** gleich in der Nähe vom Busbahnhof übernachten.

Beeindruckend erhebt sich der Maiji-Shan aus der Landschaft

Wushan
(Wŭshān)
武山
拉稍寺
水帘洞

Nicht weniger interessant ist die 40 km weiter westlich von Gangu gelegene Region um Wushan. Die wichtigsten Sehenswürdigkeiten hier sind der Lashao-Tempel (ⴲLāshāo Sì) und die Wasservorhang-Höhle (ⴲShuilián Dòng). Für beides muss man ein Fahrzeug mieten, um hinzukommen.

Zentrum des ***Lashao-Tempels*** ist eine Felswand, in die, ähnlich der Gruppe am Maiji Shan, ein 31 m hoher Buddha ⇗*Sakyamuni* mit zwei ⇗Bodhisattvas an seiner Seite eingraviert ist. Quasi an *Sakyamunis* Rockzipfel befindet sich eine Empore mit einem weiteren ⇗Buddha sowie in ⇗Stein gehauenen Elefanten, Pferden und Hirschen.

Die ***Shuilian-Höhle*** befindet sich in einer Schlucht und ist über eine Art Fluss-Straße zu erreichen, die nur befahrbar ist, wenn der Fluss kein Wasser führt.

洛门
政府招待所

- ***Anfahrt:*** Mit dem Bus von Gangu oder Tianshui oder Zug 8763, der sowohl in ⴲLuomen als auch in Wushan hält.
- ***Hotel:*** ⴲ***Zhèngfŭ Zhāodàisuŏ**** in der Ortschaft Luomen.

平凉

Pingliang

(Píngliàng)

Die Stadt Pingliang liegt an einer Variante der alten Seidenstraße, die Lanzhou nördlich umging und von Xi’an über Binxian, Pingliang, das Liupan-Gebirge, Guyuan (in der Autonomen Provinz Ningxia) zur Hongshan-Schlucht führte, wo der Gelbe Fluss mit einer Fähre und zeitweise über Brücken, die meist schnell wieder durch die Fluten zerstört wurden, überquert werden konnte. Über Wuwei führte die Strecke dann weiter nach Zhangye, wo sie sich mit der südlichen, über Xining im heutigen Qinghai verlau-

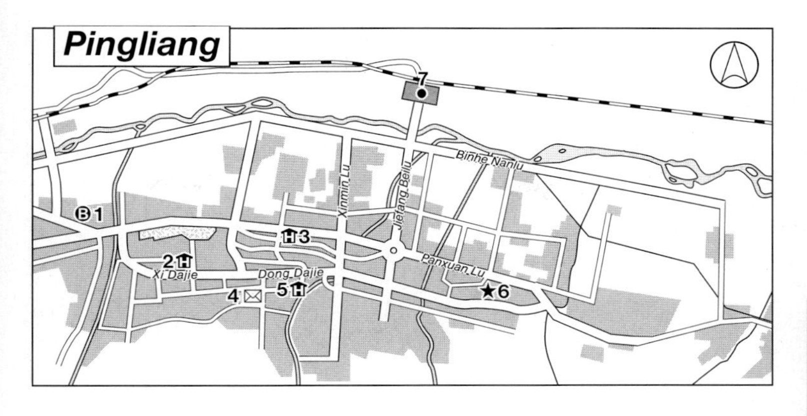

Ⓑ	1	Busbahnhof
🏨	2	Pingliang Binguan
🏨	3	Hongbinlou Fandian
✉	4	Post
🏨	5	Kongtong Binguan
★	6	Lingkong-Pagode
•	7	Bahnhof

fenden Route wieder vereinte. Diese Strecke war die kürzeste, um in den Hexi-Korridor zu gelangen, und war seit alters her schon eine Poststraße.

Von den Anstrengungen, die noch Mitte der dreißiger Jahre auf der Strecke Xi'an-Pingliang-Lanzhou an den Kräften zehrten, weiß der Journalist und Abenteurer ***Peter Fleming*** in seinem berühmten Reisebericht „News from Tartary“ zu berichten. Seine Begleiterin *Kini* und er brauchten, eingezwängt auf einem LKW, acht qualvolle Tage, voller Zweifel, ob sie überhaupt je ankommen würden. Für die landschaftlich fesselnde Strecke, die man heute bequem aus dem Busfenster genießen kann, hatten die beiden daher auch wenig Sinn.

Anfahrt

Busse fahren von beiden Busbahnhöfen in Tianshui. Die Fahrstrecke beträgt über 250 km. Für den gesamten Trip muss man mindestens 3 Tage einplanen, um hier noch genügend Zeit für Besichtigungen zu haben. Wer nach Pingliang, aber nicht nach Tianshui möchte, kann von Xi'an auch einen direkten Bus oder einen Zug (2587) nehmen.

Hotels

崆峒宾馆
平凉宾馆
鸿宾楼宾馆

ф ***Kōngtóng Bīnguǎn*,*** Chuanlun Jie.
ф ***Píngliàng Bīnguǎn**,*** Xi Dajie.
ф ***Hóngbīnlóu Bīnguǎn*,*** Xilu (die beiden letzteren vom Busbahnhof mit Bus 1 oder 2 zu erreichen).

Informationen

Es gibt ein CITS-Büro in der 84 Xi Dajie.

Weiterfahrt

Man muss nicht nach ***Tianshui*** zurück, wenn man weiter nach Westen will, sondern kann mit dem Bus ins gut 410 km entfernte ***Lanzhou*** fahren oder noch einen Abstecher ins 100 km entfernte ***Guyuan*** machen, das ebenfalls eine Station der alten Seidenstraße war, und von dort nach Lanzhou weiterfahren. Züge fahren nach Xi´an, Guyuan und Yinchuan.

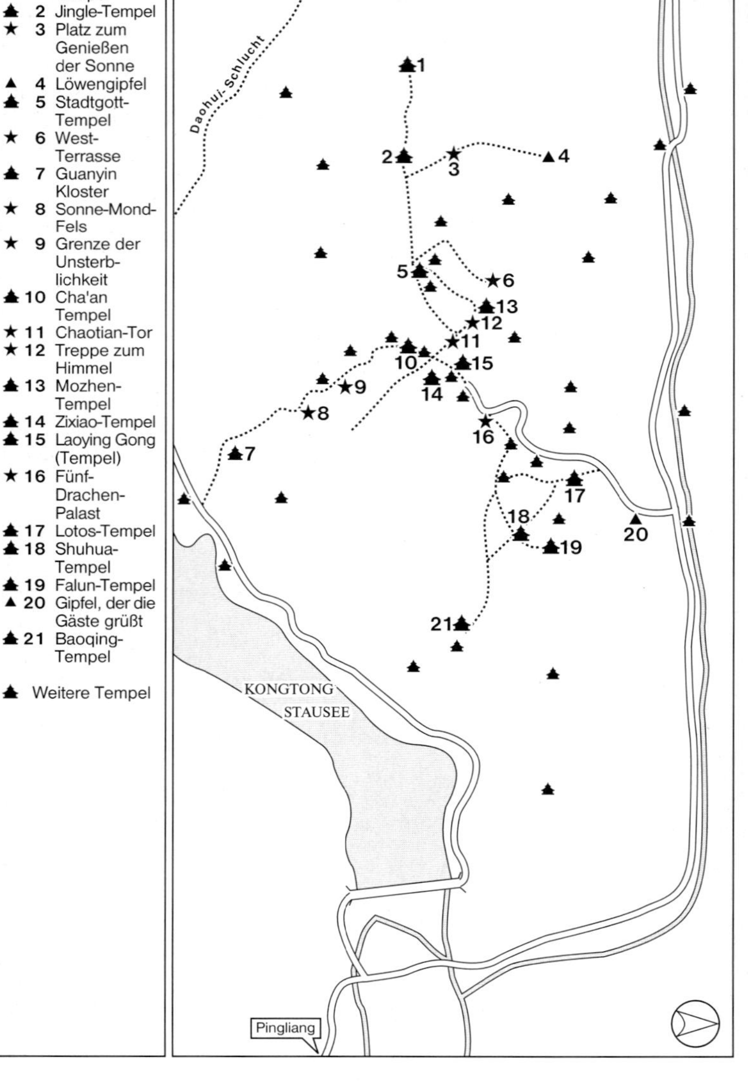
1 Duft-Berg-Tempel
2 Jingle-Tempel
3 Platz zum Genießen der Sonne
4 Löwengipfel
5 Stadtgott-Tempel
6 West-Terrasse
7 Guanyin Kloster
8 Sonne-Mond-Fels
9 Grenze der Unsterblichkeit
10 Cha'an Tempel
11 Chaotian-Tor
12 Treppe zum Himmel
13 Mozhen-Tempel
14 Zixiao-Tempel
15 Laoying Gong (Tempel)
16 Fünf-Drachen-Palast
17 Lotos-Tempel
18 Shuhua-Tempel
19 Falun-Tempel
20 Gipfel, der die Gäste grüßt
21 Baoqing-Tempel
Weitere Tempel
Kongtong Shan
Daohui-Schlucht
KONGTONG
STAUSEE
Pingliang

Kongtong-Berg
(Kōngtóng Shān)
崆峒山

Sehenswertes

15 km westlich von Pingliang erhebt sich vor einem Stausee der daoistische heilige Berg Kongtong mit einer Höhe von 2.123 m, der erst 1994 in die Liste der nationalen Sehenswürdigkeiten aufgenommen wurde. Im Laufe seiner langen Geschichte soll bereits der ⇗Gelbe Kaiser den Berg zu Fuß bestiegen haben und nicht, wie sonst üblich, in einer Sänfte. Nach umfangreichen Restaurierungsarbeiten kann man über verschiedene Wanderwege vom Endpunkt der Straße aus über 42 buddhistische und daoistische Tempel, Klöster und umbaute Innenhöfe besuchen.

Der Kontong Shan ist zum ***Naturschutzgebiet*** erklärt worden, und man kann hier den ganzen Tag herumwandern und die Landschaft genießen.

● ***Anfahrt:*** Vom Busbahnhof fahren Busse zum Berg.

固原 Guyuan

(Gùyuán)

博物馆

Im ⌖***Stadtmuseum (Bówùguǎn)*** von Guyuan bekommt man eine Übersicht über Guyuans Bedeutung als Handelsposten entlang der Seidenstraße und kann die Eindrücke, die man bei den Xumi-Shan-Grotten bekommt, ideal ergänzen.

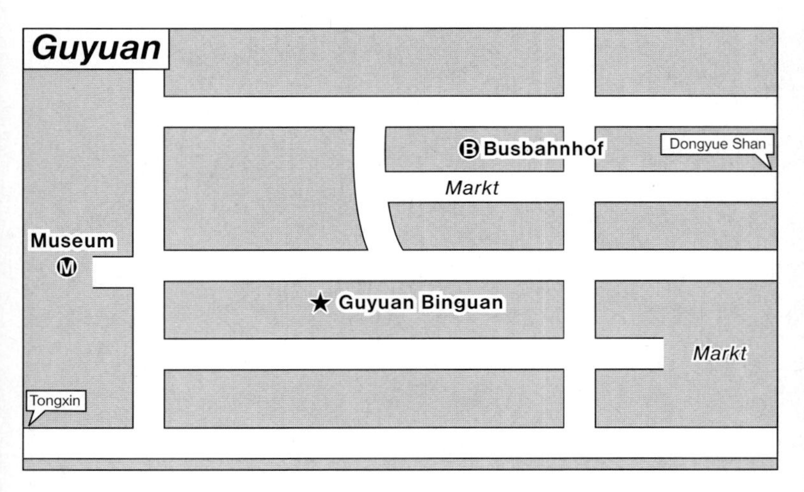

东岳

Ein lohnenswerter Spaziergang führt zu guter Letzt noch zum ***Ostberg* (中*Dōng Yuè*),** der nach etwa 30 Minuten Fußweg zu erreichen ist. Hier gibts Natur und einige daoistische Tempel zu sehen, was bei soviel Buddhismus ja auch eine Abwechslung sein kann.

Hotels

固原宾馆
交通饭店

中***Gùyuán Bīnguǎn**,** Zhengfu Jie, südlich der Busstation.
中***Jiāotōng Fàndiàn**,** gleich im Gebäude des Busbahnhofes.

Weiterreise

● Busse nach ***Lanzhou*** (11 Std.), ***Xi'an*** (11 Std.) und nach ***Tianshui*** (8 Std.). Züge fahren nach Xi´an, Pingliang und Yinchuan.

Sehenswertes

Xumi-Shan-Grotten
(Xūmíshān Shíkū)
须弥山石窟

Hauptsehenswürdigkeit von Guyuan sind die Xumi-Shan-Grotten etwa 55 km nordwestlich der Stadt. *Xumi* ist die lautmalerische Wiedergabe der chinesischen Sprache für das Sanskritwort *Sumeru,* das „Schatzberg" bedeutet. An fünf aneinanderliegenden Hügeln wurde bereits vor 1.400 Jahren in der Nördlichen-Wei-

- 1 Jinjingzou Huoguocheng (Restaurant)
- 2 Haomen Dajiujia (Restaurant)
- 3 Westbahnhof
- 4 West-Busbahnhof
- 5 Berg der Weißen Pagode
- 6 Ost-Busbahnhof
- 7 Fünf-Quellen-Park
- 8 Lanshan Park
- 9 Bahnhof

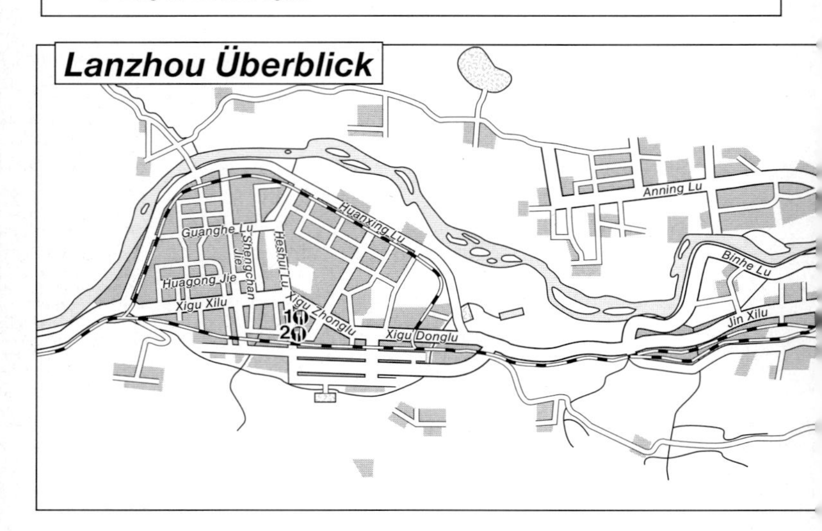

Zeit (386-534) angefangen, hier buddhistische Höhlengrotten in die Felsen zu meißeln. Bis in die Tang-Zeit hinein wurden immer wieder neue Grotten hinzugefügt, bis es am Ende 118 Grotten mit über 300 Buddhafiguren waren. Markanteste Figur der Anlage ist ein 19 m hoher ⇗ Maitreya-Buddha in Höhle Nr. 5. Bei den Höhlen Nr. 40-50 steht das Tempelkloster Yuanguang Si.

三营

●***Anfahrt:*** Um zu den Höhlen zu kommen, muss man zunächst mit dem Bus ins 40 km entfernte ⊕Sānyíng fahren. Von dort kann man einen kleinen Traktor zu den ca. 15 km entfernten Höhlen mieten. Öffentliche Busse fahren von Sanying aus jeweils um 7.00 und 15.00 Uhr zu den Grotten, von denen sie eine Stunde später wieder zurückfahren. Wer länger bleiben will, kann bei den Xumi-Shan-Grotten in einem ***Gasthaus (Zhāodàisuǒ)**** übernachten.

兰州

Lanzhou

(Lánzhōu)

Die Industriestadt Lanzhou mit ihren zwei Millionen Einwohnern gehört zu den wenigen ***wirtschaftlichen Zentren*** im Westen Chinas und ist die Hauptstadt der Provinz Gansu. Seit alters her war die Stadt ein Kreuzungspunkt für die Handelsrouten nach Lhasa, Sibirien, Indien und Zentralchina. Aber erst seit 1949 entwickelte sie sich zu einem wichtigen Eisenbahn- und Verkehrsknotenpunkt des modernen China. Nach der Gründung der VR China 1949 bestand gerade einmal ein 50 km langes Teilstück

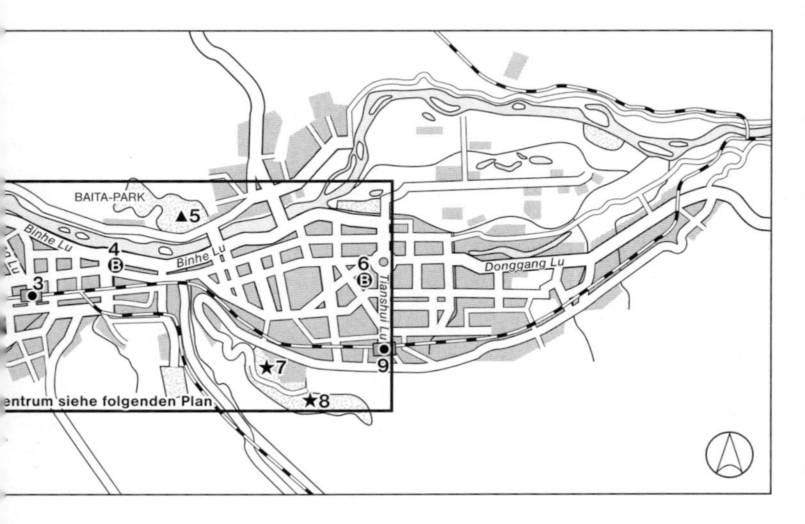

Abenddämmerung am Gelben Fluss in Lanzhou

der geplanten Eisenbahnstrecke in die Küstenstadt Lianyungang. Lanzhou war dadurch buchstäblich isoliert und wirtschaftlich bedeutungslos. 1953 wurde die Verbindung nach Tianshui feierlich eröffnet, und in den Folgejahren entstand in der Provinz ein Schienennetz von über 2.300 km Länge. Heute ist Lanzhou, dessen Stadtfläche von bescheidenen 16 km² im Jahre 1953 auf nunmehr fast 2.000 km² Fläche angewachsen ist, ein Standort von Maschinenbau- und Textilindustrie sowie von petrochemischen Anlagen.

Ob Lanzhou nun tatsächlich ein wichtiger Kreuzungspunkt an der alten Seidenstraße war oder überhaupt von den Handelsrouten berührt wurde, darüber hat die (vor allem westliche) Wissenschaft viel gestritten. Die Reisenden nutzten jedenfalls den Weg über Lanzhou ebenso wie die Routen über Guyuan im Norden oder Linxia und Xining im Süden. So beschreibt Chinas berühmtester Pilger *Xuan Zang*, wie er über Lanzhou gen Westen reiste. Auch ein Dichter der Tang-Zeit ⇗ *Cen Shen* (um 710 bis 770) fühlte sich berufen, ein Gedicht über Lanzhou zu verfassen: *„Die alte Festung liegt strategisch günstig; Hohe Bauten ragen in den kühlen Wind empor; Am Bergfluß schlängelt sich die Poststraße; Und der Strom brandet gegen die Stadtmauer."*

Die „Stadt der Melonen und Früchte", so der Beiname Lanzhous, ist eine ***angenehme Zwischenstation*** auf dem langen Weg nach Westen. Breite Boulevards und viel Grün sind zwar keine touristischen Highlights, bieten aber genügend Muße, um sich von den langen Zug- oder Busfahrten zu erholen. Weiterhin ist die Stadt ein guter Ausgangspunkt für interessante Ausflüge.

Hotels

金城宾馆

ф ***Jīnchéng Bīnguǎn*/****,** 363 Tianshui Lu, Tel. 8416638, Alt- und Neubau. Dormitory-Betten bekommt man in einem Altbauflügel hinter dem Hauptgebäude. Man kann direkt dorthin gehen.

兰州饭店

ф ***Lánzhōu Fàndiàn**/***,*** 434 Donggang Xilu, Tel. 8416321, zwei Haltestellen mit Bus 1 und 7 ab Bahnhof oder 20 Minuten zu Fuß. Das Lanzhou-Hotel ist eines der alten, im stalinistischen Stil erbauten Hotels. Es gibt preiswerte Doppelzimmer ohne eigenes Bad.

华谊饭店
中***Huáyì Fàndiàn (ehemaliges Youyi Fandian)*****, 14 Xijin Xilu, Tel. 8233305. Eines der ältesten Hotels Lanzhous im sowjetischen Stil. Das Hotel wurde komplett renoviert und ist von innen nicht schlecht. Die Dormitories befinden sich im rückwärtigen Gebäude, zu dem man direkt hingehen kann. Bus 1 und 6 oder Trolleybus 31 ab Bahnhof. Für etwas mehr Geld fahren auch Minibusse die Strecke ab.

胜利饭店
中***Shènglì Fàndiàn***** (Victory Hotel), 127 Zhongshan Lu, Tel. 8465221. Im Ostflügel gibts die etwas teureren Dreibettzimmer-Betten. Im Westflügel die ganz billigen Schlafsaal-Betten, die aber meist nur an Chinesen vergeben werden.

迎宾饭店
中***Yíngbīn Fàndiàn****, in der Tianshui Lu, ca. 500 m vom Bahnhof. Hier gibt es preiswerte Doppelzimmer.

兰州大厦
中***Lánzhōu Dàshà*****, gleich links, wenn man aus dem Bahnhof kommt, im Hochhaus. Tel. 8417210, Fax 8417177.

兰山宾馆
中***Lánshān Bīnguǎn*/*****, am Bahnhofsplatz gegenüber vom Bahnhof. Tel. 8827211.

宁卧庄宾馆
中***Níngwòzhuāng Bīnguǎn*******, 238 Tianshui Lu, Tel. 8416221, Fax 8417639. Wer ein wenig dem Luxus frönen will, kann hier in einer wunderschönen Kombination aus Garten und Hotel entspannen.

和平饭店
中***Hépíng Fàndiàn****, Tianshui Lu. Preiswert, aber das Personal spricht kein Englisch.

Restaurants

悦宾楼
中***Yuèbīn Lóu,*** Jiuquan Lu. Hier gibt es Beijinger Küche.

兰州餐厅
中***Lánzhōu Cāntīng,*** Jiuquan Lu. Ein dreistöckiges Restaurant, in dem exzellentes muslimisches und chinesisches Essen serviert wird.

景扬楼
中***Jīngyáng Lóu,*** ebenfalls sehr gutes Essen auf drei Etagen.

成都酒家
中***Chéngdū Jiǔjiā,*** Xianfeng Lu. Der Schwerpunkt des Restaurants liegt auf scharfer Sichuan-Küche.

敦煌海鲜大酒楼
中***Dūnhuáng Hǎixiān Dàjiǔlóu,*** Zhongyang Platz. Was Dunhuang mit Meerestieren zu tun hat, muss wohl unbeantwortet bleiben, aber Fisch und Meerestiere sind die Spezialitäten des Hauses.

豪门大酒家
中***Háomén Dàjiǔjiā,*** 41 Xigu Nanjie.

晶晶座火锅城
中***Jīngjīngzuò Huǒguōchéng (Hotpot Restaurant),*** Xiqu, Heshui Lu. Spezialität des Hauses ist Feuertopf.

● ***Weitere Restaurants*** befinden sich in den Hotels, wo das Essen aber über das Prädikat „genießbar" nicht hinauskommt, und auf dem Weg zum Bahnhof. Hier gibt es eine Reihe von Lokalen, in denen frisch gezapftes Bier ausgeschenkt wird, zu dem man kalte Wurstplatten bestellen kann. Man zeigt dazu einfach auf die gewünschten Teller.

南关什字
肉夹饼
● Im Marktzentrum 中Nánguān Shízì befinden sich viele ***muslimische Essensstände.*** Hier bekommt man so leckere Dinge wie 中Ròujiābǐng, ein Snack aus Lammfleisch, das mit Zwiebeln gebraten und mit Pfeffer und Paprika gewürzt in einer Teigtasche serviert wird.

Sonstiges

● ***Telefonvorwahl:*** 0931

● ***CITS:*** 361 Tianshui Lu. Das Büro befindet sich in der Gasse hinter dem Jincheng-Hotel. Tel. 88226181.

● ***CYTS:*** Minzhu Xilu, Tel. 8466723.

● ***CTS:*** Donggang Lu im Bailan Zhaodaisuo. Tel. 8410110, Fax 8413758.

● ***Silk Road Travel Service (Sīlù Lǚxíngshè):*** 361 Tianshui Lu, Tel. 8827098.

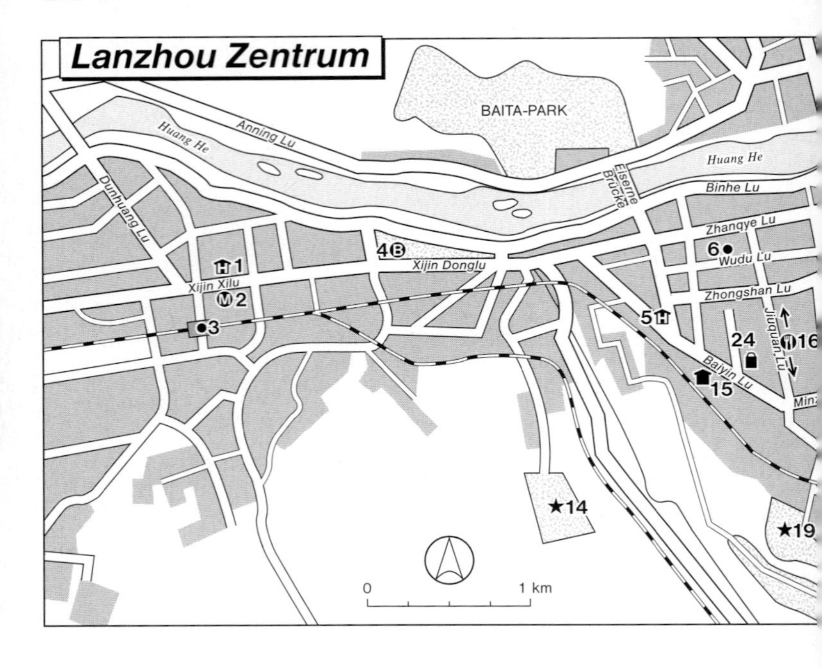

● ***Stadtpläne:*** Am Bahnhof und in den Hotels gibt es Stadtpläne mit eingezeichneten Buslinien.

● ***Ausländerpolizei:*** 132 Wudu Lu, tägl. 8.00-11.30 und 14.30-17.00 Uhr. Ein weiteres Büro befindet sich in der 38 Qingyang Lu. Das Ausländerbüro ist im linken Seitengebäude im dritten Stock untergebracht.

● ***Bank:*** Pingliang Lu am nördlichen Ende des Dongfanghong-Platzes. Kreditkarten: Amexco, Diners, Federal, JCB, Master und Million.

● ***Post:*** Tianshui Lu, schräg gegenüber vom Lanzhou Fandian auf der anderen Seite des Kreisverkehrs. Die Hauptpost befindet sich in der Minzhu Lu/Ecke Pinliang Lu. Da man hier Pakete packen lassen kann, eignet sich diese Post gut dazu, übeflüssiges Reisegepäck nach Hause zu schicken. Briefmarken bekommt man auch in den meisten Hotels.

● ***Telefon:*** Wer die Service Charge der Hotels sparen will, kann im Telefonamt an der Ecke Qingyang Lu/Jinchang Lu günstig telefonieren.

● ***CAAC:*** 258 Donggang Xilu, Tel. 8823421, tägl. 8.00-11.30 und 14.30-18.00 Uhr. China Northwest Airlines, 520 Donggang Xilu, Tel. 8821874.

● ***Fahrradverleih:*** Im Shengli Fandian und in anderen Hotels.

Weiterreise

In Lanzhou muss man sich entscheiden, ob man der Eisenbahnlinie in Richtung Wuwei, Zhangye und Jiayuguan folgt oder aber entlang eines

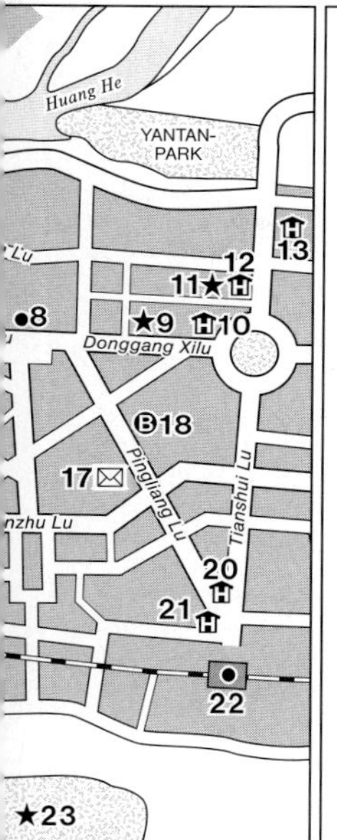

- 1 Huayi Fandian (Hotel)
- 2 Provinzmuseum
- 3 West-Bahnhof
- 4 West-Busbahnhof
- 5 Shengli Fandian (Hotel)
- 6 Ausländerpolizei (Städtische Angelegenheiten)
- 7 Telekom
- 8 Ausländerpolizei (Provinzangelegenheiten)
- 9 CAAC (Fluggesellschaft)
- 10 Lanzhou Fandian (Hotel)
- 11 CITS
- 12 Jincheng Binguan (Hotel)
- 13 Ningwozhuang Binguan (Hotel)
- 14 Märtyrer-Park
- 15 Bahnticketvorverkauf
- 16 Restaurants in der Jiuquan Lu
- 17 Post
- 18 Ost-Busbahnhof
- 19 Wuquan-Park
- 20 Yingbin Fandian (Hotel)
- 21 Lanzhou Dasha (Hotel)
- 22 Bahnhof
- 23 Lanshan-Park
- 24 Nanguang Shizi (Markt)

Zweiges der Seidenstraße reist, der über Xiahe, Xining, vorbei am Qinghai-See nach Qaidam und Dunhuang führte. Wer genügend Zeit mitbringt, sollte beide Strecken miteinander kombinieren und kann sich in diesem Falle auf eine landschaftlich und kulturell faszinierende Rundreise freuen. Aber auch mit etwas weniger Zeit kann man den Abstecher über Xining machen und von dort über Zhangye wieder auf die Hauptroute an der Eisenbahn stoßen.

Mit dem Zug

● ***Tickets:*** Am Bahnhof hat man keine Chance Sleepertickets zu erstehen. Am besten kauft man sie über die Hotels und Reisebüros. Auf dem Schwarzmarkt bekommt man die Tickets gegen Kommission und spart sich die Wartezeit. Allerdings sollte man von einem Chinesen prüfen lassen, ob der Fahrschein echt ist.

● ***Züge:*** u.a. nach ***Beijing*** via Yinchuan, Baotou, Hohhot, Datong (Zug K44*) oder via Xi'an (Zug T70, T76* und K116), ***Jiayuguan*** (770 km, 19 Std., Zug T53, T69, T189, T193, T197, K437*, ***Liuyuan,*** Weiterfahrt nach ***Dunhuang*** (1.067 km, 23 Std., Züge wie nach Jiayuguan), ***Tianshui*** (348 km, 6,5 Std., Zug T54, T70, T76*, T118*, K166*, K228*, 1448), ***Ürümqi*** (1.892 km, 41 Std., Zug T53, T69, T189, T192, T197, 1012, 1043, 1067, 2022*, 2198*, ***Xi'an*** (676 km, 12 Std., Züge wie Tianshui), ***Xining*** (216 km, 4,5 Std., Zug K115, K173, K421*, K423, K427*, 2009, 8765*), ***Yinchuan*** (468 km, 12 Std., Zug K44*, dieser Zug fährt weiter nach Baotou und Hohhot, K424, 2004*), ***Pingliang*** via Zhongwei (K432).

Mit dem Bus
汽车西站
汽车东站

• ***Busbahnhof:*** Qìchē Xīzhàn (Westbusbahnhof), Xijin Xilu nahe Westbahnhof und Qìchē Dōngzhàn (Ostbusbahnhof), Pingliang Lu nahe Hauptbahnhof.

• Zum Ticketkauf nach Xiahe benötigt man einen ***Versicherungsschein,*** der während der Fahrt auch mehrfach kontrolliert wird. Zum Teil wird die Police auch für die anderen Ziele benötigt. Wer vorhat, mit dem Bus weiterzufahren, sollte sie sich in jedem Fall besorgen. Man bekommt sie beim Silk Road International Travel Service 25 Yuan. Auch CITS und die meisten Hotels verkaufen die Police. Grund für diese Maßnahme ist der Tod eines Japaners bei einem Busunfall und der erfolgreiche Prozess seiner Eltern gegen die zuständige Behörde.

• Eine weitere Besonderheit ist, dass man in Lanzhou für Busfahrten ***Ausländerpreise*** zahlt. Diskutieren ist da zwecklos.

• Vom ***Westbusbahnhof*** fahren Busse nach ***Linxia*** (mehrere am Tag, 3,5 Std.), ***Xiahe*** (einmal täglich, 8 Std.), ***Wuwei*** (7 Std.), ***Zhangye*** (11 Std.), ***Jiayuguan*** (15 Std.), und abends fährt ein Schlafbus (Wopuche) über Wuwei und Zhangye nach ***Jiuquan.*** Wer keinen Fahrschein nach Xiahe mehr bekommt, kann nach Linxia fahren und dort in einen Bus nach Xiahe umsteigen.

• Vom ***Ostbusbahnhof*** fahren Busse nach ***Guyuan, Pingliang*** und ***Xi'an.***

• Wer als nächstes Ziel Linxia oder Xiahe besuchen will und vorhat, die ***Bingling-Si-Grotten*** auf eigene Faust anzusteuern, muss nicht nach Lanzhou zurückkehren. Von Yongjing, dem Ausgangsort führ die Schiffahrt zu den Grotten, fahren ebenfalls Busse direkt nach Linxia.

Flüge
中川机场

中川宾馆

• Der ***Flughafen*** liegt 75 km nördlich der Stadt in ⊕Zhōngchuān. Vom CAAC-Büro fahren regelmäßig Busse dorthin. Sonst bleibt nur das Taxi für rd. 150 Yuan. Wer früh fliegt, muss in einem Hotel, z.B. ⊕***Zhongchuan Binguan**,*** am Flughafen übernachten. Der CAAC-Bus wartet umgekehrt auf das letzte ankommende Flugzeug.

Flüge u.a. nach ***Beijing, Dunhuang, Jiayuguan, Ürümqi*** und ***Xi'an.***

Sehenswertes

Eiserne Brücke
(Huánghé Tiěqiáo)
黄河铁桥

Die 230 m lange Brücke über den Gelben Fluss (Huang He) wurde 1907 von einem deutschen Unternehmen gebaut.

Berg der Weißen Pagode
(Báitǎ Shān Gōngyuán)
白塔山公园

Auf der anderen (nördlichen) Seite der Brücke gelangt man zum Berg der Weißen ⇗Pagode mit einer 17 m hohen weißen Pagode aus der Yuan-Zeit (1271-1368). Im Park kann man gemütlich in einem Teegarten Drachenaugentee schlürfen. Schön ist der Ausblick vom Berg am Abend, wenn Smog und Hitzeflimmern nachgelassen haben.

Park der Fünf Quellen
(Wǔquán Gōngyuán)
五泉公园

Der Park liegt im Süden der Stadt am Fuße des 1.600 m hohen Lan Shan. Auf dem Parkgelände steht der Chong Qing ⇗Si, ein buddhistischer Tempel mit einer im Jahr 1202 gegossenen 3 m hohen und 5 t schweren Eisenglocke. Hinter dem Park fährt ein Sessellift auf den angrenzenden Lan Shan, auf dessen Gipfel sich der Santai Pavillon und ein Vergnügungspark befinden. Über

Der Berg der Weißen Pagode ist ein beliebtes Naherholungsziel

einen Pfad kann man den Berg wieder runterlaufen und gelangt dann wieder in den unteren Park.

Hier begegnen wir auch dem jungen General und Eroberer des Hexi-Korridors ↗ *Huo Qubing* wieder (s. Xianyang, Huo-Qubing-Grab). Wie bei einer so erfolgreichen Persönlichkeit nicht zu vermeiden, rankten sich schon früh die ersten Legenden um seine Person. So soll er auf seinem Feldzug gegen die Hunnen über den Lan Shan gezogen sein, als seine Soldaten vor Durst nicht mehr weiterkonnten. ↗ *Huo Qubing* schlug daraufhin mit seiner Peitsche fünfmal gegen den Berg, woraufhin sich fünf klare Quellen aus dem Berg ergossen – daher der Name.

Provinzmuseum
(Gānsū Shěng Bówùguǎn)
省博物馆

Neben geschnitzten Schriftbrettern und in Steinplatten gemeißelten ⇗Kalligraphien steht hier ein Abguss der berühmten, in Wuwei (300 km nordwestlich von Lanzhou) gefundenen Bronzeskulptur „Fliegendes Pferd von Gansu“, ein Grabfund aus der Östlichen-Han-Zeit (25-220).

● ***Öffnungszeiten:*** 9.00-11.30 und 14.30-17.00 Uhr. So geschlossen.

Ausflüge in die Umgebung

Grotten des 1000-Buddha-Tempels
(Bǐnglíng Sì Shíkū)
炳灵寺石窟

Die Buddhafiguren des Bingling-Tempels sind hoch in die Wände der Jishi-Schlucht am Oberlauf des Huang He gemeißelt und überblickten die auf der Seidenstraße vorbeiziehenden Karawanen, die an dieser Stelle des südlichen Streckenabschnitts nach Zhangye den Huang He überqueren mussten. Die alten Pfade wurden durch den riesigen Stausee des 1974 erbauten Liujiaxia-Wasserkraftwerks überflutet. Heute fährt man mit Touristenschiffen über den See bis zu den beiden „Schwesterngipfeln“, die das Tor des Bingling-Tempels bilden. Hier ist auch die Einfahrt in die schmale Felsenschlucht.

In vier Reihen auf einer Länge von 2 km wurden hier seit Ende des 4. Jh. 183 Höhlen und Nischen in die steile Felswand geschlagen. In ihnen kann man Wandmalereien und Skulpturen mit noch stark indisch geprägten Stilelementen sehen. Viele der kleineren ⇗Bodhisattvareliefs lassen in ihrer Anmut an indische Tänze denken. Anders als z.B. in den Maiji-Shan-Grotten haben etliche Buddhafiguren auch keine Nischen, sondern nur Pagodenreliefs indischen Stils.

Die Anlage wurde erst im Jahr 1952 wiederentdeckt. Dabei fand man auch die Stelle, an der die Karawanen im Altertum den Huang He überquert hatten. 33 cm hohe Schriftzeichen an der Felswand neben der Schlucht wiesen mit der Inschrift „Die erste Brücke der Welt“ auf die Stelle hin. Diese Brücke war in der Zeit der Östlichen Jin-Dynastie (317-420) konstruiert worden. Die Schriftzeichen und Brückenbefestigungen sind allerdings überflutet worden und nur im Winter sichtbar, wenn der Ausflug wegen zu niedrigen Wasserstandes nicht stattfinden kann.

● ***Anfahrt:*** Organisierte Touren kann man bei CITS und anderen Reisebüros und in den Hotels buchen. Reservierung am Vortag, Karten für die Bus- und Schiffsfahrt kosten ca. 130 Y. Abfahrt meist um 7.00 Uhr vor den Hotels, in denen man gebucht hat. Rückkehr gegen 19.00 Uhr. Man kann die Anfahrt auch selbst organisieren, indem man morgens mit dem ersten Überlandbus vom West-Busbahnhof (Xizhan) bis zum 70 km entfernten Staudamm Liujiaxia in Yongjing fährt. Von dort weiter mit dem Schiff.

永靖
力点宾馆
黄河宾馆

● ***Unterkunft:*** Wer die Tour auf eigene Faust macht, muss in ⌽Yǒngjìng übernachten (⌽***Lìdiǎn Bīnguǎn**** oder ⌽***Huánghé Bīnguǎn**** sind die Optionen). Von November bis Mai fällt diese Tour aus, weil der Stausee zu dieser Jahreszeit nicht genug Wasser für die Ausflugsschiffe führt.

● Wer nach Linxia weiterfahren will, muss nicht nach Lanzhou zurück, sondern kann von Yongjing aus nach Linxia fahren.

Dschinghis-Khan-Grab
(Xīnglóng Shān)
兴隆山

In Vergessenheit geraten ist das ehemalige ***Dschinghis-Khan-Grab*** in der Nähe der Stadt. Auf einem Hang des nahe gelegenen Xinglong Shan stehen die restaurierten Reste der Grabanlage, die von hier zeitweise nach Xining ins Kloster Kumbum und 1954 schließlich an seinen heutigen Standort nahe Dongsheng in der Inneren Mongolei transferiert wurde. Überraschend sind die grünen Wälder in der Umgebung und die alpine Landschaft, die man im wüstenähnlichen Umfeld Lanzhous gar nicht vermutet. Wer vorhat, weiter nach Westen zu fahren, kann hier während eines Spaziergangs noch einmal Grün tanken.

● ***Anfahrt:*** Mit einem öffentlichen Bus ab Ost-Busbahnhof oder als gebuchten Tagesausflug bei einem Reisebüro (ca. 100 Yuan).

Steile Wege sind für eine rationelle Landwirtschaft ein besonderes Problem

Die Handelsroute durch Qinghai

Überblick

Der Weg entlang des Koko Nor (Qinghai-See) wurde von den großen Handelskarawanen nicht benutzt. Die Bewohner der tibetischen Provinz Amdo (etwa das heutige Qinghai) waren misstrauisch und Fremden gegenüber feindlich gesinnt. Dazu kam ein extrem unwirtliches Klima mit klirrender Kälte während der meisten Zeit des Jahres. So war diese heute über eine asphaltierte Straße zu befahrende Strecke vor allem für tibetische Händler oder einzelne Abenteurer wie *Peter Fleming* interessant, die möglichst unbemerkt nach Westchina gelangen wollten. Im modernen China kann man die faszinierende Strecke problemlos mit öffentlichen Bussen befahren und dabei einen fesselnden Eindruck tibetischer Kultur und Landschaften bekommen.

临夏

Linxia

(Línxià)

Linxia war früher eine wichtige Stadt an der Seidenstraße. Auch heute noch ist der Ort ein quirliger, an den Orient erinnernder Marktflecken, der wegen des Grabes des ersten arabischen Missionars in dieser Region, *Hamuzeli (Han Zeling),* der hier vor 1.300 Jahren wirkte, auch gern als Klein-Mekka bezeichnet wird und von zahlreichen zentralasiatischen Minderheiten bewohnt wird. Unter ihnen die Dongxiang, die ein Stück weiter nördlich ihren eigenen autonomen Kreis haben und etwa 190.000 Menschen zählen, und die Uiguren.

Die ***Dongxiang*** sind vermutlich die Nachfahren der mongolischen Soldaten Dschinghis Khans, die im nahe gelegenen Hezuo stationiert waren. Ihre Sprache ist eine Mischung aus Altaisch-Mongolisch, Chinesisch und Türkisch. In der Ming-Zeit wurden sie amnestiert, arbeiteten als Ackerbauern und Teppichweber und konvertierten zum Islam. Bereits im 18. Jh. entwickelte sich Linxia zu einem wichtigen islamischen Zentrum, von dem aus immer wieder muslimische Unruhen ausgingen. Die wachsende Schwäche der Qing-Regierung nutzend, probten die Muslime 1871 erneut erfolgreich den Aufstand, in dessen Verlauf sie

- 1 Wanshou-Tempel
- 2 West-Busbahnhof
- 3 Hauptpost
- 4 Linxia Fandian (Hotel)
- 5 Dongleqiao Canting (Restaurant)
- 6 Renmin-Krankenhaus
- 7 Ausländerpolizei
- 8 Post
- 9 Haixia Binguan (Hotel)
- 10 Shuiquan Binguan (Hotel)
- 11 Südlicher Busbahnhof
- 12 Viehmarkt

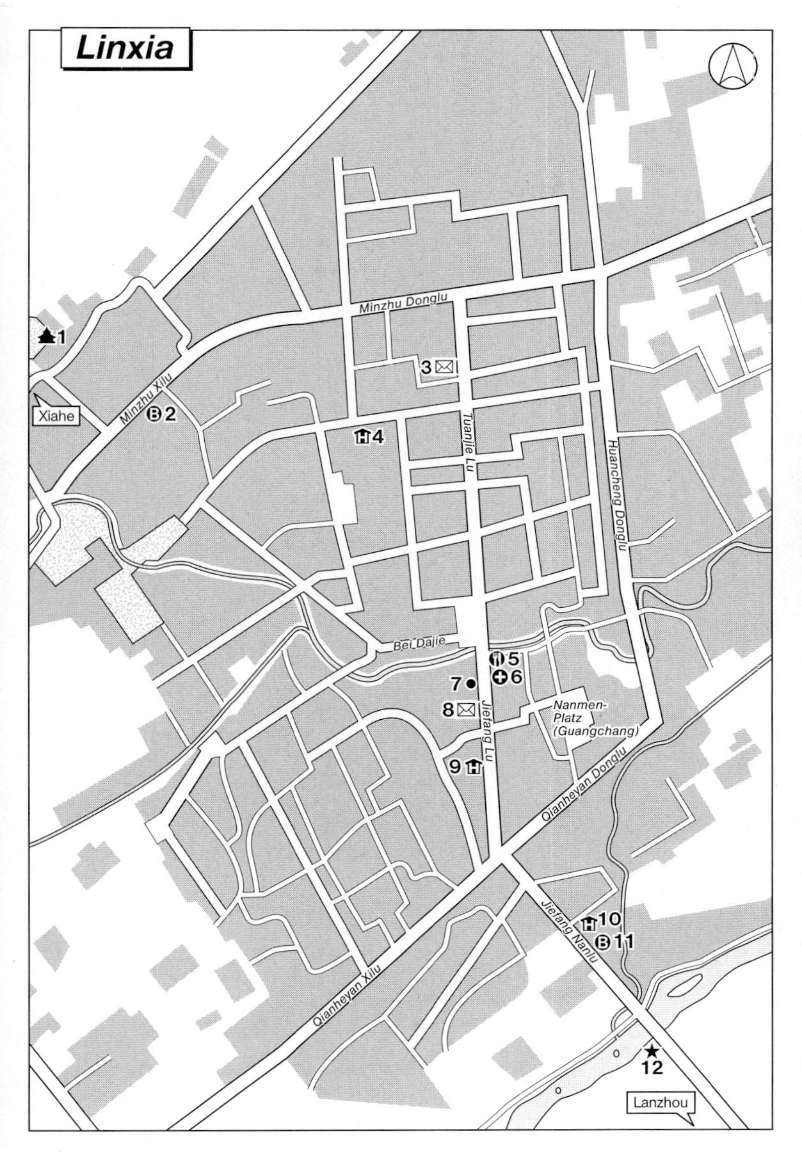
Linxia
1
Xiahe
Minzhu Xilu
2
Minzhu Donglu
3
4
Tuanjie Lu
Huancheng Donglu
Bei Dajie
5
6
7
8
Jiefang Lu
Nanmen-
Platz
(Guangchang)
9
Qianheyan Donglu
Qianheyan Xilu
Jiefang Nanlu
10
11
12
Lanzhou

Als ausländischer Besucher ist man vor allem bei Kindern die große Attraktion

dank ihrer Stärke mit dem General *Zuo Zongtang* (s. Geschichte) verhandeln konnten und mit 4.000 Pferden und 10.000 Feuerwaffen entschädigt wurden. Linxia ist auch Geburtsort des muslimischen Rebellenführers und Warlords *Ma Zhongying,* der in den dreißiger Jahren des 20. Jahrhunderts große Teile Südxinjiangs kontrollierte und 1933 die kurzlebige Republik ⇗Ostturkestan ausrief.

Die wenigsten Reisenden machen hier einen Stopp und rauschen so schnell wie möglich nach Xiahe durch. Linxia bietet zwar keine spektakulären Sehenswürdigkeiten, dafür aber die einzigartige Gelegenheit, sich etwa an der Moschee im Zentrum niederzulassen und das Treiben zu beobachten. Ein Erlebnis ist es, die markanten, stolzen, oft wettergegerbten Gesichter der hier lebenden Menschen zu betrachten. Nicht selten allerdings wird man selber zum Gegenstand der Kontemplation, wenn einen die grünblauen Augen der Dongxiang oder die freundlichen Augen der Uiguren mustern. Auf der südlichen Seite der Brücke an der Ortseinfahrt, nahe des Shuiquan-Hotels, findet vormittags ein großer ⊕ ***Vieh- und Holzmarkt*** statt. Die interessanteste Umgebung findet man um die ***Bei Dajie*** herum. Wer Lust auf einen daoistischen Tempel hat, kann zum ***Tempel des Langen Lebens (⊕ Wànshòu Guàn)*** wandern. Die Anlage liegt auf dem Berg gleich hinter der Westbusstation. Man gelangt zu Fuß oder mit dem Sessellift nach oben.

农贸市场

万寿观

Anfahrt

- Bis ca. 16.00 Uhr fahren stündlich Busse vom Westbahnhof in Lanzhou in 3,5 Std. nach Linxia.

Hotels

水泉宾馆

- Wenn man der Straße vor der südlichen Busstation nach Nordwesten folgt, kommt man nach etwa 50 m zum ⊕ ***Shuǐquán Bīnguǎn*,*** das preiswerte Dormitory-Betten und Doppelzimmer hat.

临夏饭店

⊕ ***Línxià Fàndiàn*,*** 9 Hongyuan Lu. Bestes Hotel am Ort mit einem muslimischen und einem chinesischen Restaurant.

海峡饭店

⊕ ***Hǎixiá Fàndiàn*,*** Jiefang Nanlu. Sehr einfaches Hotel mit öffentlichen Toiletten und ohne Duschen.

Restaurant

东乐桥餐厅

⊕ ***Dōnglè Qiáo Cāntīng,*** man läuft die Straße vom Hotel Shuiquan weiter, bis man linker Hand an einer Moschee vorbeikommt, dann über eine Brücke bis zu dem Platz, wo sich dieses außergewöhnliche mehrstöckige Restaurant und Teehaus befindet.

Weiterreise

- ***Busse:*** fahren von hier nach ***Xiahe*** (4 Std.), ***Xining*** (8 Std.), ***Lanzhou*** (3 Std.) und ***Hezuo.***

夏河 *Xiahe (Labrang)*

(Xiàhé)

Xiahe liegt auf einer Höhe von 2.920 m und erstreckt sich über mehrere Kilometer entlang des Daxia-Flusses. Ziemlich in der Mitte des Ganzen liegt das Kloster Labrang, das den östlichen, von Hui und Han bewohnten Teil vom überwiegend von Tibetern bewohnten westlichen Teil Xiahes trennt. Wer nicht vorhat, nach Tibet zu fahren, liegt mit einem Besuch des Klosters goldrichtig. Da es ein zentraler Pilgerort ist, strömen viele tibetische Pilger nach Xiahe und schaffen durch ihre Anwesenheit ein unverwechselbares tibetisches Flair im Ort, der daher auch den Beinamen

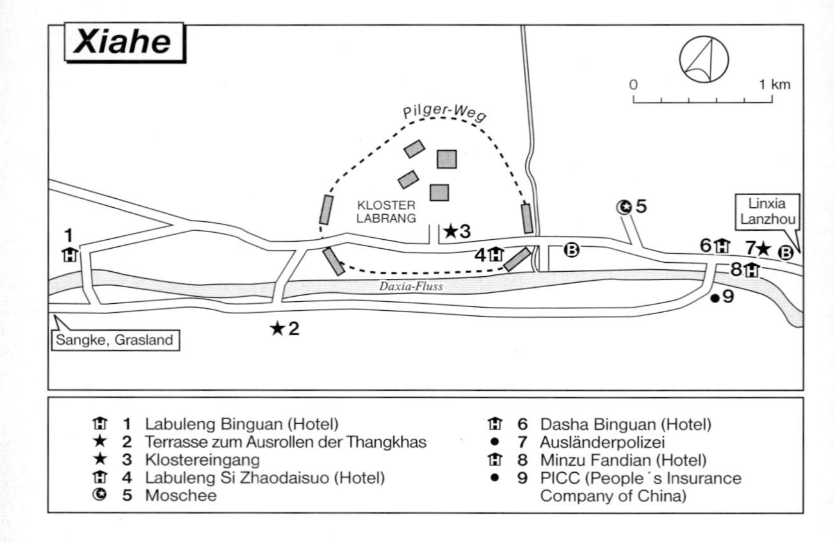

„Klein-Tibet" trägt. Anders als beim Kloster Kumbum in Xining herrscht hier noch nicht dieser ausufernde Tourismus, der sich meist schon mit langen Souvenirmeilen entlang der Zufahrtsstraßen ankündigt.

拉卜楞寺

Das ***Lābǔlèng Sì*** (***Kloster Labrang***) ist eines der größten tibetischen Klöster außerhalb Tibets und neben dem Kloster Kumbum (in Xining, Prov. Qinghai) das bedeutendste monastische Zentrum an der nordöstlichen Grenze des tibetischen Kulturraums. Labrang beherbergt sechs wichtige Fakultäten, in denen die angehenden Mönche studieren. Das vielleicht wichtigste ist das Institut für tibetische Medizin. Weitere Institute lehren Esoterik, Astronomie, Theologie und das Rad der Zeit. Besonders interessant ist die Schule für Tanz. Wenn die Mönche draußen üben, kann man zusehen, wie sie die Cham-Masken-Tänze oder andere kultische Tänze üben.

Die Klosteranlage wurde 1708 vom Lebenden Buddha (Jiamuyang) *E'angzongzhe* gegründet und bis 1949 stetig ausgebaut. Einst lebten hier 4.000 Mönche, 1980 waren es nur noch 10, doch heute ist ihre Zahl wieder auf etwa 1.700 Mönche angewachsen. Geleitet wird Labrang von der Inkarnation des 6. Jiamuyang, dessen Rang gleich hinter dem *Dalai ⇗Lama* und Panchen Lama angesiedelt ist. Um das Kloster herum führt ein Pilgerpfad, den man im Uhrzeigersinn begeht. Es gibt Gebetsmühlen, buddhistische Schreine und eine fremde Welt zu erleben, wenn man morgens die oft von weither gekommenen Pilger in religiöser Freude oder tiefer Versenkung das Kloster umwandern sieht. Sehr schön ist auch die restaurierte Gongtang-Pagode, die in neuem Glanz erstrahlt. Man sieht sie auf dem Weg zum Labuleng Binguan. Besichtigen darf man das Kloster nur im Rahmen einer (englischsprachigen) Führung (ca. 21 Yuan).

Feste

- ***Monlam-Festival.*** Drei Tage nach dem tibetischen Neujahr (Ende Februar, Anfang März). Am 13. bis 16. Tag dieses Monats gibt es einige Zeremonien. So werden z.B. am 13. Tag riesige *Thangkas* (heilige, auf Leinen oder Seide gemalte Bilder) aufgerollt. Am 14. Tag werden Maskentänze aufgeführt, und am 16. Tag findet eine Prozession statt.
- Ein weiteres ***Fest,*** an dem Dämonen vertrieben werden sollen, gibt es am 7. und 8. Tag des zweiten Monats (März oder Anfang April). Beim Festumzug werden auch die Schätze des Tempels gezeigt.
- Ein ***buddhistisches Festival*** wird im 7. Mondmonat (ungefähr August) gefeiert. Während die Mönche buddhistische Schriften rezitieren, vergnügt sich das Volk beim Pferdereiten und ähnlichen Spielen. Abends finden Parties auf dem Grasland statt.

Anfahrt

- Mit dem täglichen ***Bus*** ab Westbusbahnhof in Lanzhou, 7-8 Std.
- Mit einem der täglich acht Busse ab Linxia, 4 Std.

Hotels

拉卜楞宾馆

ф ***Lābǔlèng Bīnguǎn*/***,*** Jiamuyuan Gongyuan, Tel. (0941) 7121593, ein angenehmes Hotel mit freundlicher Atmosphäre, ca. 45 Min. zu Fuß ab Busstation nach Westen, sehr schön gelegen. Die Zimmer befinden sich in jurtenförmigen Gebäuden.

拉卜楞寺招待所

ф ***Lābǔlèng Sì Zhāodàisuǒ*,*** gegenüber vom Kloster. Hier gibts preiswerte Betten, freundliche Mönche – aber keine Duschen.

Um das Stroh besser trocknen zu können, wird es auf große Holzgerüste gepackt

Durch Qinghai

民族饭店 ⌽**Mínzú Fàndiàn (Nation Hotel)*,** nahe der Brücke im Stadtzentrum an der unteren Busstation.

新华招待所 ⌽**Xīnhuá Zhāodàisuǒ*,** an der Brücke im Westen Xiahes. Spartanisch eingerichtet, keine Duschen und nur eine Toilette!

大厦宾馆 ⌽**Dàshà Bīnguǎn*,** gegenüber vom Xinhua Hotel, preiswert und okay.

Restaurants

- Zahlreiche kleine Restaurants findet man entlang der Hauptstraße.
- Gutes Essen und englische Speisekarten findet man im Restaurant des Labuleng Binguan und Dasha Binguan.

藏餐厅 ⌽**Zàng Cāntīng (Tibet Restaurant),** ein Stück nach rechts vom Dasha Binguan die Straße runter im zweiten Stock eines langgezogenen Gebäudes. Eine Spezialität ist hier Yakmilch-Joghurt mit Honig.

- Im gleichen Gebäude befinden sich das ***Yak Restaurant, Labuleng Restaurant*** und etwas weiter Richtung Kloster kann man im
- ***Silk Road Restaurant*** essen.

Sonstiges

- ***CITS:*** Befindet sich im Labuleng Binguan.
- ***Ausländerpolizei:*** Gegenüber vom Minzu Fandian.
- ***Bank:*** Mehrere Banken befinden sich an der Hauptstraße, sie wechseln aber alle nur Bargeld und keine TC-Schecks.
- ***Post:*** Ein kleines Postamt befindet sich gleich in der Nähe vom Minzu Fandian.
- ***Fahrradverleih:*** Im Labuleng Binguan; ziemlich teuer.

Weiterfahrt

- Wer noch keinen ***Versicherungsschein*** (näheres dazu unter Lanzhou/Weiterreise) hat, kann ihn sich im PICC-Büro (People's Insurance Company of China), gleich wenn man die erste Brücke überquert, besorgen.
- ***Busse:*** nach ***Lanzhou*** (8 Std.) oder ***Linxia*** (4 Std.). In Linxia kann man am folgenden Tag in einen Bus nach ***Xining*** umsteigen. Von Juni bis September regnet es viel, so dass man mit Erdrutschen rechnen muss. In diesem Falle gibt es keine Direktverbindung von Linxia nach Xining.

Für das jährlich stattfindende Monlam-Festival wird im Freien geübt

西宁 Xining

(Xīníng)

Das 2.200 m hoch gelegene Xining ist sicherlich kein sonderlich vielversprechender Einstieg in das „mythische" Qinghai-Tibet-Gebiet. Der erste Eindruck ist der einer typisch grauen chinesischen Stadt in Einheitsbauweise, nur dass das Grau hier zusätzlich von braunem Staub überlagert wird.

Schon vor 2.000 Jahren in der Han-Dynastie (206 v.Chr. - 220 n.Chr.) wurde hier im Jahr 121 v.Chr. die Garnison Xipingting gegründet. Seit Jahrhunderten ist der Ort ***Nahtstelle dreier Kulturen***, nämlich der tibetisch-lamaistischen, konfuzianisch-daoistischen sowie der muslimischen. Bei näherem Hinsehen findet man auch heute noch viele Zeugnisse dieser Kulturen.

Hotels

西宁宾馆 — ΦXīníng Bīnguǎn**, 215 Qiyi Lu, Tel. 8238798. Vom Bahnhof geradeaus über die Brücke auf der rechten Seite fährt Bus 9 (5 Stationen) zum Hotel.

西宁大厦 — Φ***Xīníng Dàshà****, 93 Jianguo Lu, Bus 1, zwei Stopps.

永福宾馆 — Φ***Yǒngfú Bīnguǎn****, freundliches Hotel gleich gegenüber vom Bahnhof auf der anderen Flussseite an der Jianguo Lu.

青海宾馆 — ΦQīnghǎi Bīnguǎn***, 20 Huanghe Lu. Tel. 6144888. Wer nach langen Entbehrungen im Westen mal wieder etwas Luxus braucht, bekommt ihn hier für einen vernünftigen Preis. Leider ist das Hotel aber fast 10 km vom Bahnhof entfernt.

Yóuzhèng Gōngyù Bīnguǎn*, preiswertes Hotel gleich östlich vom Bahnhof in der 138 Huzhu Lu.

Restaurants

天鹅饭店 — ●Geht man vom Kreisel die Xi Dajie hinunter, kommt man rechter Hand gleich hinter der Marktstraße zum Φ***Tiān É*** (Schwanen-Restaurant). Hier gibt es erstklassiges Essen in der zweiten Etage.

火车站饭店 — ●Gut ist auch das Φ***Bahnhofsrestaurant*** (Huǒchēzhàn Fàndiàn), das allerdings oft sehr voll ist.

西宁饭店 — ●Empfehlenswert ist außerdem das Φ***Xīníng Fàndiàn*** in der 60 Bei Dajie.

和平饭店 — ΦDas ***Hépíng Fàndiàn*** in der Xi Dajie serviert ebenfalls gute chinesische Küche.

●Ansonsten gibt es noch eine große Anzahl ***Nudelshops*** entlang der Hauptstraßen, z.B. an der Dongguan Dajie.

Sonstiges

Telefonvorwahl: 0971

●***Information: CITS*** in der Xi Dajie, Tel. 6142721. Eine Filiale befindet sich im Hotel Xining Binguan (s.o.) Tel. 6145901 ext. 1109. Im Qinghai Binguan gibt es die Φ***Qinghai Tourist Corporation.*** (青海旅游总公司)

●***CTS*** befindet sich auf der Xi Dajie, Tel. 6143711.

●***CYTS*** in der Qi Yi Lu, Tel. 6144247, ist eine weitere Adresse für gebuchte Touren und Permits.

●***Stadtpläne:*** Wer den Kauf am Bahnhof verpasst hat, bekommt Pläne im Φ***Xinhua-Buchladen*** (新华书店) auf der Dong Dajie oder bei CITS.

●***Ausländerpolizei:*** Bei Dajie.

●***Bank:*** Beixiao Jie.

●***CAAC:*** 74 Dong Dajie, Tel. 6148434 und im Qinghai Binguan.

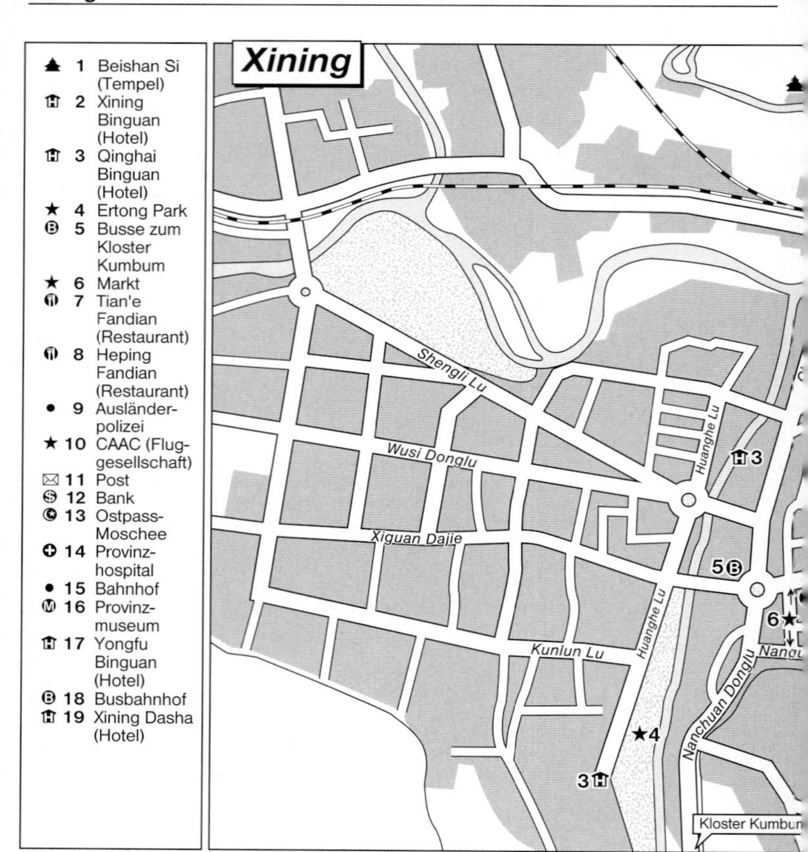

Weiterreise

- ***Züge:*** nach ***Golmud*** (814 km, 21 Std., Zug K427, 5702 und 8759). ***Lanzhou*** (216 km, 5 Std., Zug, K116, K174, K422, K424, 1378, 2010), ***Xi'an*** (892 km, 20 Std., Zug K116, K174, 1378 und 2010), ***Tianshui*** (alle Züge nach Xi'an, ***Qingdao*** via Zhengzhou, Kaifeng, Xuzhou (K174), ***Beijing*** via Zhengzhou, Shijiazhuang (K116), ***Shanghai*** via Zhengzhou, Xuzhou, Nanjing, Suzhou (1378).
- ***Busse:*** nach ***Golmud*** (1,5 Tage mit Übernachtung), ***Zhangye, Lanzhou***, ***Tongren*** (hier kann man nach Xiahe umsteigen), ***Daotanghe*** und ***Heimahe*** am Südufer des Qinghai Hu sowie via Heimahe nach Chaka, dem Ausgangspunkt zum großen, vollkommen versalzten Chaka-Salzsee.
- ***Flüge:*** nach ***Beijing, Chengdu, Guangzhou, Ürümqi, Xi'an.***

Sehenswertes

Markt
(Shichǎng)
市场

Auf dem quirligen Markt hat man die Chance, auch Qinghai-Tibeter zu sehen, die sich in der Stadt sonst recht rar machen. Bei den Muslimen kann man gutes Brot kaufen, und in den Nudelshops bekommt man frische, selbstgemachte Spaghetti.

Ostpass-Moschee
(Dōngguān
东关清真寺

31 Dongguan Dajie. Die Geschichte der Moschee lässt sich bis ins 14. Jh. zurückverfolgen. Sie ist die größte in Xining. Man kann sie im Rahmen einer Führung besichtigen.

Nordberg-Kloster
(Běishān Sì)
北山寺

Im Felshang des Nordberges (Beishan) befindet sich ein daoistisches Kloster. Schöne Aussicht und ein gemütliches Teehaus erwarten den Besucher nach den Strapazen des Aufstiegs.

Ausflüge in die Umgebung

Qutan-Kloster
(Qútán Sì)
瞿昙寺

20 km südöstlich in Ledu. Das neu restaurierte tibetische Kloster wurde zur Zeit der Ming-Dynastie gebaut und ist ein bedeutendes buddhistisches Kloster.

乐都

● ***Anfahrt:*** Entweder man fährt die drei Stationen bis ф Lèdū mit der Bahn oder mit einem Bus. Bus 9 fährt ab Hotel Xining Binguan bis zur Abfahrtsstelle des Busses nach Ledu (3 Stopps).

Wufeng-Tempel
(Wǔfēng Sì)
五峰寺

Etwa 40 km nordöstlich von Xining nahe des Örtchens ф Hùzhù steht ein weiterer Tempel, der vor allem zur Zeit des ***Gaotai-Festivals*** (3.-7. März) einen Besuch wert ist. Auf diesem Fest der tibetischen, der Hui- und der Tu-Nationalität, von denen 130.000 Angehörige in Qinghai leben, finden Darbietungen lokaler Wechselgesänge *(Gaotai),* Dramen und Tanzvorführungen statt. Infos unter Tel. (0971) 42931 ext. 964.

互助

● ***Anfahrt:*** Nach ф Hùzhù fahren alle 60 Minuten Busse vom Busbahnhof ab.

Qinghai-See
(Qīnghǎi Hú)
青海湖

Chinas größter Salzwassersee (tib.: ***Koko Nor***) kann am einfachsten im Rahmen einer CITS-Tour (bzw. billiger mit einem gecharterten Jeep, ca. 500-600 Yuan/Tag besichtigt werden. Es gibt Zwei- und Dreitage-Trips, die meistens die Vogelinsel, ca. 360 km von Xining entfernt, und den gewaltigen, völlig versalzenen Salzsee von Chaka zum Ziel haben. Der Qinghai-See liegt rund 3.300 m hoch und ist Brutplatz vieler seltener Vögel. Nachts wird

Wie ein weites Meer breitet sich der Koko Nor auf dem Hochland von Qinghai aus

es sehr kalt. Warme Sachen sind unbedingt erforderlich. Wer ein Zelt dabei hat oder zum Trekken ausgerüstet ist, findet hier herrliche Wandermöglichkeiten auch außerhalb der CITS-Touren. Von Xining kann man mit dem Bus nach Golmud entlang des Sees fahren und passiert dabei ebenfalls den Chaka Salzsee.

鸟岛

黑马河

政府招待所

石乃亥

Die wohl interessanteste Option ist der Besuch der ⊕Vogelinsel, die auch von den Reisediensten angesteuert wird. Wer die Tour auf eigene Faust machen will, muss einen Bus nach ⊕Hēimǎhé nehmen, das etwa 50 km vom See entfernt liegt, und dort im ⊕***Zhèngfǔ Zhāodàisuǒ**** übernachten. Am nächsten Morgen muss man versuchen, einen der seltenen Busse ins 40 km entfernte ⊕Shínǎihài zu bekommen. Von dort muss man die restlichen 13 km zum Bird Island Hotel in der Nähe des Reservats laufen. (Auch am Ufer des Sees selbst, gibt es preiswerte Jurten-Hotels.) Am besten ist es allerdings, sich mit mehreren Leuten ein Fahrzeug mit Fahrer zu mieten, was bei den o.g. Adressen in Xining möglich ist. Eintritt in das Reservat: 60 Yuan.

Taer-Kloster (Kumbum)
(Tǎ'ěr Sì)
塔尔寺

Etwa 35 km südwestlich bei Huangzhong. Das Kloster Kumbum aus der Ming-Zeit gehört zu den sechs größten Klosteranlagen Chinas und ist das wichtigste lamaistische Zentrum außerhalb Tibets. Es lohnt vor allem dann einen Besuch, wenn man keine Gelegenheit hat, nach Tibet zu fahren. Man muss sich allerdings auf einen exzessiven Touristenrummel gefasst machen, der schon im Dorf Lusha'er beginnt. Die lange Straße zum Kloster hinauf wird von einer endlosen Reihe von Souvenirläden gesäumt. Etwas mehr Ruhe hat man, wenn man im Kloster übernachtet.

Kumbum wurde zu Ehren des Begründers der Gelbmützensekte *(Gelugpa), Tsongkhapa* (1357-1419), der hier auch geboren worden sein soll, errichtet. Mit dem Bau wurde 1560 begonnen. Nach 17 Jahren war die erste Anlage fertig, die in den folgenden Jahrhunderten immer weiter ausgebaut wurde. Zu seinen Glanzzeiten umfasste Kumbum 52 Hallen mit 9.300 Gebets- und Meditationsräumen sowie 3.600 Mönchszellen. Noch 1950 lebten hier 3.000 Mönche. Heute sind es immerhin schon wieder ungefähr 500. Der Abt des Klosters wird als lebender ⇗Buddha verehrt. 21 Jahre seines Lebens verbrachte er im Gefängnis.

如意宝塔

Man betritt die Anlage bei den ⇗acht ⇗**Tschörten** (⊕*Rú Yì Dagoba)* aus dem Jahre 1776, die acht entscheidende Stationen aus dem Leben ⇗Buddhas symbolisieren. Auf dem Weg zur vielleicht schönsten Halle des Klosters, der ⊕***Dàjīng Táng*** (Große Sutrahalle oder auch Große Halle der Meditation), kommt man unter anderem an der ***Dharmapala-Halle*** *(Gongkhang* bzw. ⊕*Xiǎo Jīn Wǎ* = Kleiner Goldziegeltempel) aus dem Jahr 1631, der ***Friedensstupa*** (⊕*Tàipáng Tǎ),* die von Gläubigen gestiftet wurde, nachdem das Kloster heftige Bombenangriffe der Japaner unbeschadet überstanden hatte, und am ***Blumentempel*** (⊕*Huā Sì)* aus dem Jahr 1717 vorbei.

Durch Qinghai

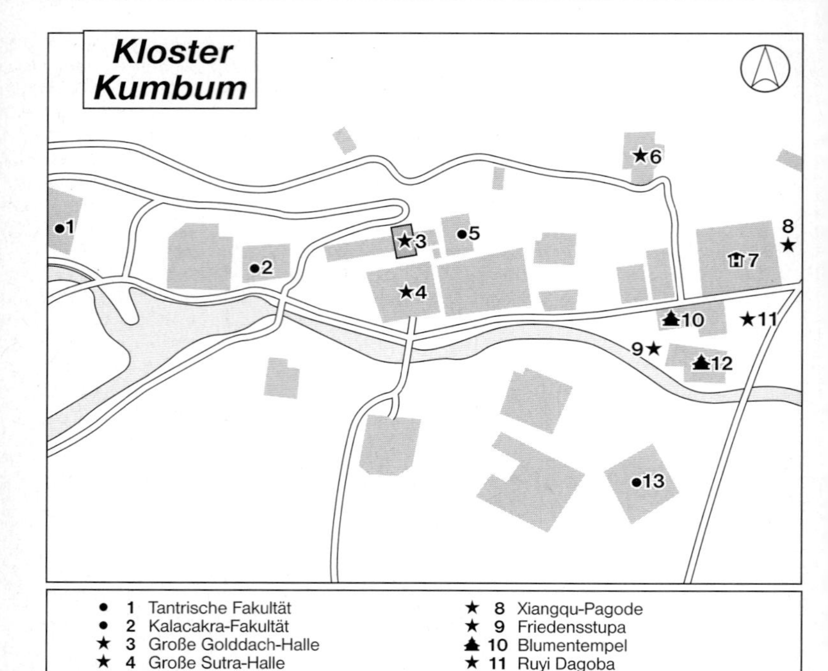

Die ***Große Sutrahalle*** wurde 1606 errichtet und wird von 108 Säulen getragen, die für die 108 Bände des *Kanjur* (Wort des Meisters), der kanonischen Schrift des tibetischen Buddhismus, stehen. Die beiden gelben Throne sind dem *Dalai ↗ Lama* und dem (mittlerweile verstorbenen) *Panchen Lama* vorbehalten. Angeschlossen an die Meditationshalle ist ein Lehrinstitut für Religion, Esoterik, Astronomie und Medizin. Gegenüber der Meditationshalle befindet sich das zentrale Gebäude des Klosters, die große ***Golddachhalle*** (中 *Dà Jīn Wǎ Diàn).* Sie erinnert an einen chinesischen Palast und soll über der Stelle stehen, an der *Tsongkhapa* geboren wurde. Bei der Geburt sickerte Blut seiner Mutter in den Boden, und später wuchs hier der Legende nach ein Bodhi-Baum (Baum der Erleuchtung), der in seinem Stamm und auf den Blättern unzählige Buddhabildnisse trug.

大金瓦殿

Am 15. Tag des 1., 4. und 8. Mondes sowie vom 23. bis 27. Tag des 6. Mondes finden im Kloster besondere ***Feierlichkei-***

ten statt. Zu diesen Anlässen werden bunte Kunstwerke aus Yakbutter gefertigt, rituelle Cham-Tänze (Maskentänze) aufgeführt, verschiedene buddhistische Zeremonien durchgeführt und ein riesiger Thangka ausgerollt („Sonnenbaden der ⇗Buddhas").

Die ***Woche der Künste*** bietet als zentrales Ereignis traditionelle Wechselgesänge von Balladen *(Huà'ěr)* der Tu, Hui, Sala und Tibeter. Außerdem werden typische Wettkämpfe dieser Volksgruppen dargeboten. Die Festwoche findet jeweils im sechsten Mondmonat statt.

Gesichter Qinghais

湟中

●***Anfahrt:*** Täglich zwischen 7.00 und 18.00 Uhr fahren alle 10 Minuten Busse vom Busbahnhof Ximen in den kleinen Ort ⊕Huángzhōng (35 km, 1 Std.). Vom dortigen Busbahnhof kann man laufen (10 Min.) oder mit Bus 1 zum Kloster hochfahren. Man kann den Besuch auch mit dem Ausflug zum Qinghai-See kombinieren, muss das aber schon vor Abfahrt mit dem Fahrer abklären.

金塔宾馆

⊕***Ta'er Hotel*.*** Das Hotel befindet sich gleich gegenüber von der medizinischen Fakultät. Wer hier übernachtet, kann morgens um 5.00 Uhr und abends zwischen 19.00 und 20.00 Uhr die Gebetszeremonien der Mönche verfolgen.

Amnye-Machhen-Gebirge
(Ānímǎqīng Shān)
阿尼玛卿山

500 km südlich von Xining liegt der 6.228 m hohe Machhen (Maqen Gangri), ein heiliger Berg der Golog-Nomaden im Nordosten des tibetischen Kulturkreises. Die Fahrt endet am 3.660 m hoch gelegenen Lager Snow Mountain Commune. Das Trekking zum 4.300 m hohen Basislager dauert zwei Tage. Für Permits muss man bei der Ausländerpolizei und nach Touren bei CITS in Xining fragen.

格尔木 *Golmud*

(Gé'ěrmù)

Es gibt eigentlich nur zwei Gründe, den 2.800 m hoch gelegenen Wüstenstützpunkt zu besuchen. Entweder weil man über Land nach Lhasa will oder weil man, von Xining kommend, nach Dunhuang weiter möchte. Aus diesem Grunde sollte man sich gleich nach der Ankunft in Golmud um seine Weiterfahrt kümmern, denn die Busse sind immer schnell ausgebucht und die Sleepertickets nach Xining vergriffen. Von Lhasa kommend, erwischt man meist noch den Nachtzug nach Xining. Auch wenn man von Xining kommt, hat man oft die Möglichkeit, Golmud gleich wieder zu verlassen.

Mit einem Lenkradtraktor fahren diese Mönche zum Kloster zurück

- Ⓑ 1 Tibet-Busbahnhof
- ★ 2 Markt
- 🍴 3 Restaurant
- 🏨 4 Ge'ermu Binguan (Hotel), Ausländerpolizei, CITS
- 🍴 5 Best Cafe (Restaurant)
- $ 6 Bank
- ✉ 7 Post
- Ⓑ 8 Busbahnhof
- ● 9 Bahnhof

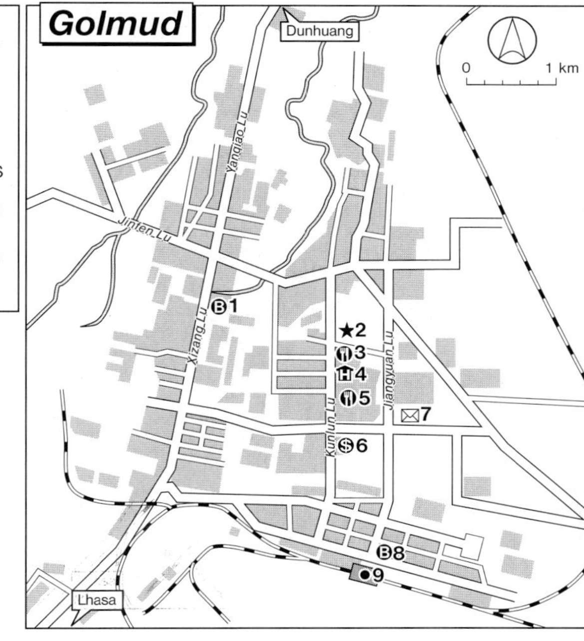

Hotels

格尔木宾馆

ф ***Gé'ěrmù Bīnguǎn*****. Vom Bahnhof aus fährt ein Bus dorthin.

Sonstiges

- ***CITS:*** im Golmud Hotel, echte Wegelagerer, was das Tibet-Permit angeht. Leider führt meist kein Weg um CITS in Golmud herum.
- ***Ausländerpolizei:*** im Golmud Hotel.
- ***Fahrradverleih:*** im Golmud-Hotel (s.o.).
- ***Busbahnhöfe:***

甘肃车站
西藏车站

ф ***Gānsū Chēzhàn***,
ф ***Xīzàng Chēzhàn***, hier gibt es einen eigenen Schalter für Ausländer, an dem man seinen Wunsch, nach Lhasa zu fahren, anmelden muss.

Weiterreise

Nach Lhasa

Vor der Abreise muss man sich erkundigen, ob Tibet für ausländische Touristen offen ist. Bisher war es als Grüppchenreise (drei Personen) kein Problem, eine ***Einreiseerlaubnis*** zu bekommen. In diesem Fall bucht man die Anfahrt bei CITS in Golmud oder Xining. Oft werden auch zwei Personen als Gruppe akzeptiert. Die Prozedur in Golmud ist reine Geldschinderei. Man meldet sich für die Reise nach Tibet bei CITS an und zahlt dafür 100 Yuan oder mehr. Mit der Anmeldung kann man dann im Tibet-

Busbahnhof oder bei CITS ein völlig überteuertes Busticket kaufen. Einige Reisende sind direkt zum Tibet-Busbahnhof gegangen und haben sich dort für erheblich weniger Geld angemeldet. Andere wiederum wurden auf der Straße direkt von den Busfahrern angesprochen und brauchten nur 500-600 Yuan für die Fahrt zu bezahlen. Die Fahrradfahrer, die wir getroffen haben, wurden überhaupt nicht nach irgendwelchen Permits gefragt.

Lassen die politischen Verhältnisse es zu, gibt es zwei Möglichkeiten, wobei die Tickets mittlerweile generell über 1.000 Yuan kosten und eine kleines Besichtigungsprogramm in Lhasa enthalten, das man zwar bezahlen aber nicht unbedingt mitmachen muss: Mit dem halbwegs komfortablen Sleeperbus (1.380 Yuan inkl. Permit) oder einem auseinanderfallenden chinesischen Bus (1.150 Yuan inkl. Permit). In beiden Fällen braucht man unbedingt warme Kleidung. Nachts sinkt die Temperatur unter den Gefrierpunkt, und in den Lodges wird nicht geheizt. Entfernung 1.166 km.

● ***Schlafbus:*** ca. 30 Plätze, Abfahrt der Busse vom Tibet-Busbahnhof, wenn sie voll sind. Fahrzeit bis zu 48 Std. und mehr, je nach Zustand der Busse.

● ***Sitz-Bus:*** Unterwegs wird nicht übernachtet, und der Fahrer wechselt auch nicht. Fahrzeit zwischen 26 und 30 Stunden mit einer (!) Essenspause. Abfahrt der Busse, wenn sie voll sind.

● ***LKW:*** Lange Zeit eine echte Alternative, ist das Mitfahren in LKWs inzwischen verboten. Wer es dennoch versuchen will, die Fahrer lassen sich das Risiko der Mitnahme teuer bezahlen – wer erwischt wird, verliert seine Lizenz.

Andere Richtungen

● ***Busse:*** nach ***Dunhuang*** (305 km, tägl. ein Bus, Dauer 10 Std., ab Busbahnhof Gansu Chezhan), ***Xining*** (814 km, tägl. ein Bus ab Gansu Chezhan, Dauer 1,5 Tage mit einer Übernachtung). Beide Strecken mit LKW gegen hohes Entgelt möglich.

● ***Züge:*** nach ***Xining*** (814 km, tägl. 18.18 Uhr, Zug 5702, 21 Std. und tägl. 13.52 Uhr, Zug K428, 18 Std. und 21.40 Uhr Zug 8760, 24 Std. Lanzhou (Zug K428)

● Die ***Busfahrt*** von Lhasa nach Golmud kostet 250 Yuan.

Die Handelsroute durch den Hexi-Korridor, die Wüste Gobi und weiter über Yining nach Kasachstan

Überblick

Hexi-Korridor

Zwischen dem von Südosten nach Nordwesten verlaufenden Qilian-Gebirgszug – auch Südberge genannt – mit einer durchschnittlichen Höhe von 4000 m, der östlich von Lanzhou beginnt, und dem Beishan-Bergland (Nordberge), das im Osten in die beiden unwirtlichen Wüsten Tengger und Badain Jaran übergeht und Höhen von 1500 bis 2500 m erreicht, zieht sich der über 1000 km lange und bis zu 100 km breite Hexi-Korridor (Korridor westlich des Huang He) nach Westen. Seine Fruchtbarkeit zieht der Hexi- oder auch Gansu-Korridor aus den Schmelzwassern von über 3000 Gletschern des Qilian-Gebirges. Dieser schnee- und eisüberzogene wilde Gebirgszug verhindert das Eindringen feuchter Luft vom Indischen Ozean und nimmt den Niederschlag von jährlich 300 bis 600 mm selbst auf. Auf diese Weise entstanden die vielen Gletscher, die die drei wichtigsten Flüsse des Korridors Shiyang, Heihe und Shule speisen. Das bisschen Regen, das seinen Weg bis in den Hexi-Korridor findet, verdunstet in der Regel gleich wieder.

So hat die Natur zwischen den unüberwindlichen Bergen und mörderischen Wüsten der Seidenstraße einen relativ ***komfortablen Durchlass*** geschaffen, der den Karawanen den langwierigen und gefährlichen Weg am Koko Nor entlang ersparte. Heute reist man die Strecke bequem mit dem Zug und hat genügend Muße, die Landschaft zu genießen.

Durch die Wüste Gobi

Von Dunhuang am Ende des Hexi-Korridors führt die heutige Route durch die westlichen Ausläufer der Wüste Gobi vorbei an den Oasenstädten Hami und Turfan nach Ürümqi.

Nach Kasachstan

Der Weg nach Kasachstan über Yining im Ili-Tal ist lang und eher langweilig und empfiehlt sich in erster Linie für diejenigen, die vorhaben, nach Kasachstan auszureisen. Es gibt allerdings auch im Ili-Tal einige schöne Landschaften zu sehen.

Die 700 km von Ürümqi nach Yining waren zur Han-Zeit ein wüstes, ödes und unbesiedeltes Gebiet, was diese Strecke als Handelsroute uninteressant machte. Dieses für den Handel erst in der Tang-Zeit erschlossene Gebiet ist die geographisch und kulturgeschichtlich bisher am wenigsten untersuchte Region der Seidenstraße.

Die Erschließung der Strecke nach Yining begann im 7. Jh. mit der Errichtung von autarken Militärstützpunkten, sogenannten Shouzhuo. Ihre Namen sind jedoch nur aus Aufzeichnungen bekannt. Ruinen konnten bisher nicht gefunden werden. Die Shouzhuo basierten auf den Erfahrungen, die die kaiserlichen Armeen bereits in der Han-Zeit gemacht hatten, nämlich der Erkenntnis, dass die Versorgung in solch entlegenen Gebieten nahezu unmöglich war. Um ihre Verwaltung zu gewährleisten, wur-

Langsam fährt die dampfgetriebene Eisenbahn in den Hexi-Korridor ein

de Beamten, die freiwillig hierherkamen, eine schnellere Beförderung in Aussicht gestellt. Soldaten und Wehrbauern wurden, nicht immer freiwillig, zur Urbarmachung des Landes abgestellt. Auch im modernen China sind solche sich selbst versorgenden Einheiten in abgelegenen Regionen etwa Tibets und Xinjiangs für den Straßenbau zuständig und halten dort die Infrastruktur intakt.

Sowohl die Erschließung des Landes zwischen dem 7. und 10. Jh. als auch die umtriebigen Aktivitäten der Händlervölker im skythischen Mittelasien führten zu einer Belebung auch dieser Route, die unter anderem auch von Pilgern wie *Xuanzang, Xuan Zhao* und *Xuan Tai* (alle im 7. Jh.) auf ihrem Weg nach Samarkand zumindest teilweise begangen wurde.

Die beiden letzten neugegründeten Städte an dieser Strecke sind Shihezi und Kuytun, die 1950 von der Volksbefreiungsarmee aus der Wüste gestampft wurden, um die Urbarmachung dieses Landesteils zu forcieren. Sie dürften wohl zu den unattraktivsten und uninteressantesten Städten Chinas zählen.

武威 Wuwei

(Wǔwēi)

Wuwei bietet sich nach dem Besuch Lanzhous als nächster Stopp entlang der Eisenbahnlinie an. Einen guten Grund, hier aus der Bahn auszusteigen, konnten wir allerdings nicht ausmachen, stellt sich Wuwei doch als eine recht hässliche Stadt dar, die trotz ihrer großen Vergangenheit nur wenig Atmosphäre ausstrahlt.

Für die Geschichte der Seidenstraße war Wuwei dennoch von einiger Bedeutung. Bevor Chinas erster Kaiser *Qin Shi Huangdi* die einzelnen Lehnsstaaten zu einem Zentralstaat einigen konn-

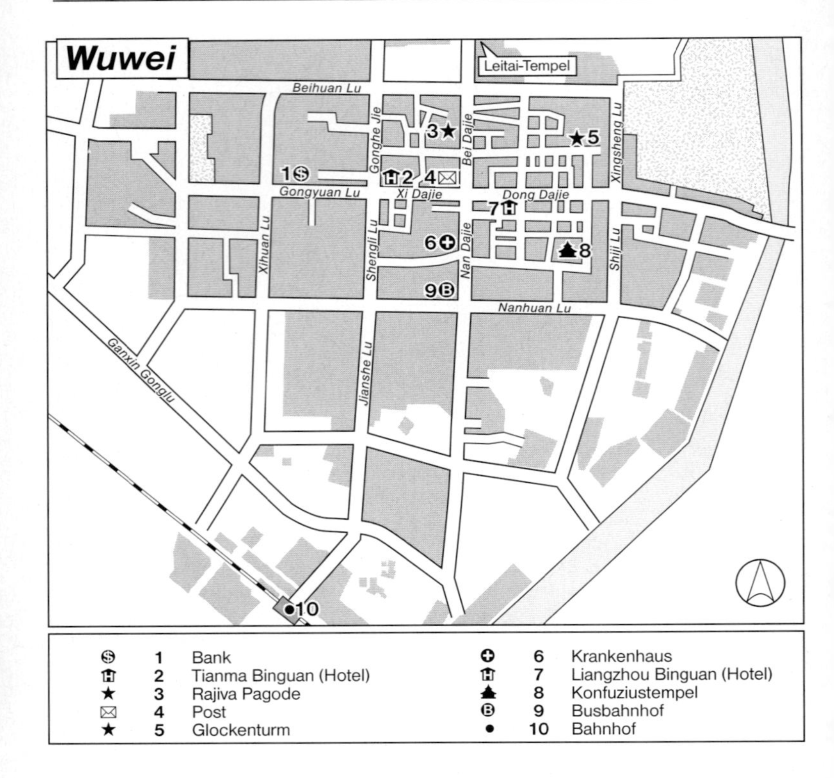

te, lebten hier Nomaden wie die Shiqiang, Hunnen, ⇗Yuezhi und Wusun, die hier auch ihre Weideplätze hatten. Deren Vertreibung und die Öffnung des Hexi-Korridors für die Handelswege führten in der Frühzeit der Westlichen-Han-Dynastie (206 v. Chr. – 8 n. Chr.) zur Gründung der Stadt Guzang, dem heutigen Wuwei, der vermutlich ersten chinesischen Stadt westlich des Gelben Flusses.

Aus dieser Zeit stammt auch der berühmte Bronzeguss „Galoppierendes Pferd und Fliegende Schwalbe", ein seltsames Kunstwerk, das ein Pferd mit drei Beinen in der Luft und einem Bein auf einer Schwalbe darstellt. Gefunden wurde es 1969 mit über 200 weiteren Bronzestücken in einem Grab des ***Donnergott-Tempels*** ⊕(Léitái Sì) aus der Östlichen-Han-Zeit (25-220) im Norden von Wuwei. Die Skulptur ist mittlerweile im Beijinger Geschichtsmuseum ausgestellt. Mit den Pferden hatte es vor allem

雷台寺

in der Regierungszeit von Kaiser *Wu* (reg. 140-87 v. Chr.) eine besondere Bewandtnis. In den Jahren 104 und 101 v. Chr. schickte er Expeditionen nach Sogdien, um dort u.a. vorderasiatische „Himmlische Pferde" zu erwerben. Anlass war der etwas skurrile Glaube des Kaisers, dass diese Pferde aus dem Westen ein Mittel zur Gewinnung der Unsterblichkeit seien.

罗什塔

Wandert man vom Donnergott-Tempel nach Wuwei zurück, lohnt sich ein Abstecher zur ***Rajiva-*** ⇗ ***Pagode*** (中Luōshén Tǎ), die nach dem berühmten Mönch ⇗ *Kumarajiva* (344-413) benannt wurde. Bereits mit sieben Jahren wurde *Kumarajiva* (zu seiner Person s. Xi'an/Caotang Si) Mönch und mit zwölf Jahren ging er auf Wanderschaft. Schon früh machte er sich durch seine fundierten buddhistischen Kenntnisse einen Namen und wurde schließlich im Jahr 384 nach Liangzhou, wie das alte Guzang mittlerweile hieß, berufen. 17 Jahre blieb *Kumarajiva* in der Stadt und lernte Chinesisch, das er als Sohn eines Inders und einer Fürstentochter aus Qiuci (heute Kuqa) nicht beherrschte. 402 ging er schließlich als Übersetzer nach Chang'an, wo er dem Buddhismus mit seinen Übersetzungen sein eigenes chinesisches Gepräge gab. Seine Zunge, die nach seiner Verbrennung unversehrt geblieben sein soll, ist angeblich in der Rajiva- ⇗ Pagode beigesetzt worden.

钟楼

Wenn man gut einen Kilometer von der Pagode nach Osten geht, kommt man zum alten ***Glockenturm*** (中Zhōnglóu), in dem eine massive große Eisenglocke hängt.

文庙

Läuft man von hier weiter nach Süden, stößt man auf einen alten ***Konfuziustempel*** (中Wénmiào), in dem ein ***Museum*** untergebracht ist. Zu sehen gibt es Funde aus der Umgebung.

In Wuwei gibt es keine Stadtbusse, man muss also alle Besichtigungen zu Fuß machen oder sich einer der unzähligen Motorradrikschas anvertrauen. Der Ort ist allerdings nicht sehr groß, und man kann sich bei den Spaziergängen gut die Beine vertreten, bevor man sie wieder den harten Zug- oder Bussitzen anvertraut.

Hotels

天马宾馆
中***Tiānmǎ Bīnguǎn******, 2 Xi Dajie, Tel. (0935) 2215170.

凉州宾馆
中***Liángzhōu Bīnguǎn*/*****, 68 Dong Dajie, Tel. 2212450.

Restaurants

- In der ersten Seitengasse der Dong Dajie befindet sich eine ***Marktstraße,*** in der es einige gute und preiswerte Restaurants gibt. Ein Nachtmarkt befindet sich auf der Xi Dajie gegenüber vom Stadtpark.

Sonstiges

- ***CITS/Bank:*** Im Tianma-Hotel.

Weiterreise

- ***Züge:*** nach Osten siehe Weiterreise Jiayuguan und nach Westen siehe Weiterreise Lanzhou. Von Wuwei existiert eine Bahnverbindung nach ***Zhongwei*** (257 km, 6,5 Std. Zug 8774) von wo aus man nach ***Yinchuan*** weiterfahren kann und sich den viele hundert Kilometer langen Umweg über Lanzhou spart. Der Zug 8752 fährt nach Lanzhou, Zug 8753 fährt nach Jiayuguan.

● ***Busse:*** fahren nach ***Zhangye*** (5 Std.), ***Jiayuguan*** (10 Std.), ***Lanzhou*** (7,5 Std.) und nach ***Zhongwei*** in der Autonomen Provinz Ningxia (6 Std.).

● Für die Busfahrten werden die im Kapitel Weiterreise Lanzhou beschriebenen ***Versicherungspolicen*** benötigt.

张掖

Zhangye

(Zhāngyè)

In der Stadt an der Bahnlinie nach Ürümqi 450 km westlich von Lanzhou hatte einst ein Abschnittskommando der Großen Mauer seinen Sitz. Man kann hier gut einen Zwischenstopp einlegen, um lange Zugfahrten zu unterbrechen.

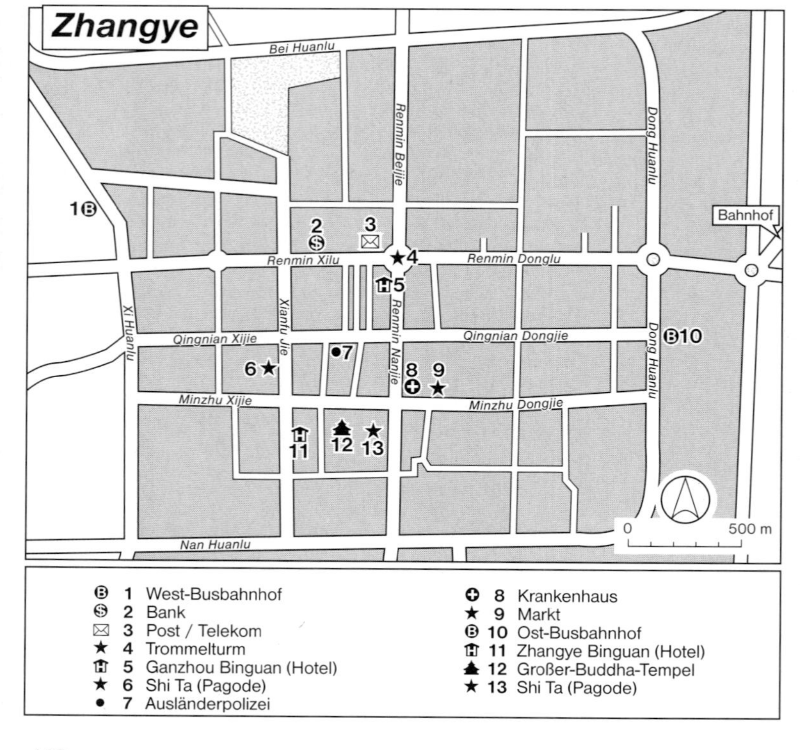

In Zhangye vereinten sich die verschiedenen Stränge der von Xi'an kommenden Seidenstraßen, um nun bis Dunhuang einen gemeinsamen Verlauf zu nehmen. Die Strecke über Golmud ist relativ modern und für den heutigen Reisenden als Alternative interessant. Noch in den dreißiger Jahren verlief hier ein nur wenig genutzter Handelsweg durch eine lebensfeindliche Umwelt, die durch eisige Kälte, schroffe Pässe und Stein- bzw. Gebirgswüsten die potentiellen Reisenden abschreckte. Wer heutzutage die Busfahrt von Xining nach Golmud oder Zhangye auf sich nimmt, erahnt, welche Mühsal diese Strecken den Reisenden einst bereitet haben müssen (siehe Kapitel „Die Handelsroute durch Qinghai").

鼓楼

Ein guter Startpunkt für eine Besichtigung der Stadt ist der ⌽***Gŭlóu*** (Trommelturm) im Zentrum der Stadt etwas nördlich vom Ganzhou-Hotel, der im Jahre 1507 errichtet wurde.

大佛寺

Von hier kann man die Renmin Nanjie nach Süden laufen und nach etwa 500 m rechts in die Minzhu Xijie einbiegen. Bereits nach wenigen Metern steht man vor dem Eingangstor des ⌽***Dà Fó Sì*** (Großer-Buddha-Tempel), der im Jahr 1098 gegründet wurde und eine der größten Statuen eines liegenden, ins Nirvana eingehenden ⇗Sakyamuni-Buddhas in China beherbergt. Die 34 m lange Figur ist aus Ton gearbeitet und wurde in der Zeit der Westlichen Xia (1032-1227) gefertigt, einer tangutischen Fremddynastie im Nordwesten Chinas, unter der der Buddhismus eine besondere Förderung erfuhr. Der nächste und wohl auch schon letzte Besichtigungspunkt liegt ein paar Schritte nordwestlich in der Xianfu Nanjie, wo mit der ⌽***Zhāngyè Mùtă*** (Holzturm) eine 50 m hohe ⇗Pagode aus Ziegeln und Holz die Umgebung verschönert.

张掖木塔

Hotels

张掖宾馆

⌽***Zhāngyè Bīnguăn*,*** 65 Xianfu Jie, Tel. 8214018. Hier befindet sich auch das ***CITS-Büro***.

甘州宾馆

⌽***Gānzhōu Bīnguăn*,*** Nan Jie, Tel. (0936) 8411001.

Sonstiges

- ***CITS:*** Die Filiale befindet sich im Zhangye Binguan.
- ***Ausländerpolizei:*** Qingnian Xijie.
- ***Post:*** Xi Jie, nahe dem Trommelturm.

Weiterreise

- ***Züge:*** wie ab Lanzhou in Richtung Westen oder Jiayuguan in Richtung Osten.
- ***Busse:*** u.a. nach ***Wuwei, Jiayuguan*** und nach ***Xining.***

Ausflüge in die Umgebung

Pferdehuf-Grotten
(Mătí Sì Shíkū)
马蹄寺石窟

60 km südlich. Die Grotten wurden seit der Wei-Zeit (386-535) von buddhistischen Mönchen geschaffen. Wichtigster Teil ist die Sanshisan Tian (Grotte der 33 Himmel) mit 19 Höhlen auf 5 Ebenen, die sich den Berghang hinaufziehen und über einen faszi-

nierenden Pfad zu erreichen sind. Die noch erhaltenen Skulpturen entstanden erst nach der Tang-Zeit.

马蹄

● ***Anfahrt:*** Einmal täglich um 15.00 Uhr fährt ein Bus in 3,5 Std. nach ⊕Mati. Die Grotten befinden sich gleich außerhalb des Ortes und sind über einen schönen Pfad zu erreichen.

● Für den Besuch braucht man ein ***Permit,*** das man in Zhangye bekommt. In Mati muss man in einer der Unterkünfte übernachten, da nur ein Bus am frühen Vormittag zurückfährt.

1000-Buddha-Höhlen
(Qiān Fó Dòng)
千佛洞

Einige Kilometer nordöstlich der Pferdehuf-Grotten kann diese etwas kleinere Anlage besucht werden.

Yanzhi-Gebirge
(Yānzhi Shān)
胭脂山

Das Yanzhi-Gebirge, ein 70 km langer von Süden nach Norden verlaufender Gebirgszug, dessen höchster Gipfel 3.978 m hoch ist, ist im engeren Sinne keine Sehenswürdigkeit, aber er lag an der Handelsroute, die von Xining nach Zhangye führte und stand mehrmals im Blickpunkt der chinesischen Expansionsgeschichte. Auf der Busfahrt nach Qinghai sieht man ihn im Osten als fernen Eisberg vom 4.000 m hoch gelegenen Pass Biandukou.

In der „Geschichte der Han-Dynastie" wurde vermerkt, dass der uns ja aus Xi'an und Lanzhou bereits bekannte junge Feldherr ⇗ ***Huo Qubing,*** dessen Garnison unweit des heutigen Ortes Minle, der letzten Ortschaft vor dem Biandukou-Pass, lag, bei der Eroberung des Hexi-Korridors die Hunnen bis über den Yanzhi Shan verfolgte. Dieser Sieg war von großem psychologischem Wert, da die Hunnen glaubten, dass sich die Herden vermehren würden, wenn man den Qilian-Berg unter Kontrolle habe, und wenn man den Yanzhi Shan unter Kontrolle bekäme, die Frauen schöner werden würden. Der Verlust dieser Region musste die Hunnen daher sehr schmerzen.

Auch ***Kaiser Yangdi,*** der zweite Kaiser der Sui-Dynastie, knüpfte an diese Symbolik an und ließ am Yanzhi Shan den König von Gaochang, *Qu Boya* (s. Turfan), und Abgesandte aus 27 Ländern der Westlichen Gebiete bei seiner Inspektionsreise in den Westen Spalier stehen. Mit diesem unglaublichen Aufwand wollte der Kaiser die „Allmacht des Reichs der Mitte" demonstrieren und die Westlichen Gebiete für intensivere Handelskontakte gewinnen. Mit seinem Auftritt verbunden war eine Renaissance der Seidenstraße, die ihre Fortsetzung und ihren Höhepunkt in der nachfolgenden Tang-Dynastie fand.

Die Bauern und Hirten, die am Fuß des Berges leben, nennen den Yanzhi Shan auch ***Rhabarber-Berg,*** weil in den Bergen wilder Rhabarber wächst, der als Heilkraut verwendet wird. Auch heute noch befinden sich in der Region des Yanzhi Shan ausgedehnte, üppige Weideflächen. Während der Sui-Zeit weideten hier bis zu 100.000 Pferde. Sie waren in Herden zu 120 Pferden zusammengefasst, und jeweils 40 Herden wurden von einem Inspekteur verwaltet. Wenn auch nur ein Pferd fehlte, sie alle waren genau gekennzeichnet, wurde der Inspekteur oder Herdenverwalter mit mindestens 30 Stockhieben bestraft.

1948 wurde in Shandan eine ***neolithische Siedlung*** entdeckt, die Shandan-Siwa-Kultur. Sie hat die Yangshao-Kultur in Gansu abgelöst und bestand zwischen dem 11. Jh bis etwa zum 8. Jh. v. Chr.

山丹

●***Anfahrt:*** Der etwa 50 km von Zhangye entfernte Ort ⊕Shandan liegt nicht weit vom Fuß des Yanzhi Shan entfernt und ist mit Bussen ab Zhangye zu erreichen. Wer direkt beim Berg auf den Spuren der Geschichte wandeln will, muss sich in Zhangye ein geländegängiges Fahrzeug mieten.

酒泉

Jiuquan

(Jiǔquán)

Diese kleine, westlich von Jiayuguan gelegene Stadt war eine weitere wichtige Station auf der alten Handelsroute Richtung Kashgar und eine der vier Präfekturen der Westliche-Han-Dynastie (206 v. Chr. - 8 n. Chr.) im Hexi-Korridor. In der ***Zeit der großen Handelskarawanen*** befand sich hier ein Sammelplatz für Kaufleute aus den Westlichen Gebieten. In Zentralasien war Jiuquan unter dem Namen Suzhou bekannt. ⇗*Marco Polo* erwähnte den Ort in seinem Reisebericht, und auch ein Portugiese namens *Benedict de Góis* (1562-1607) beschrieb Suzhou ausführlich in seinem Reisetagebuch, in dem er festhielt, was auch heute noch überall in Minderheitenregionen beobachtet werden kann, nämlich dass Chinesen und Moslems (bzw. die in der entsprechenden Region vorherrschende Bevölkerungsgruppe) jeweils eigene Stadtviertel bewohnen, in die sie nachts zurückkehren. Für *de Góis* bedeutete Suzhou allerdings das Ende seiner langen Reise nach Beijing. Er verstarb hier an einer schweren Krankheit.

Nach der russischen Revolution verschlug es eine Reihe von Weißrussen hierher, die sich den Aufbau einer neuen Existenz erhofften. Sie gerieten vom Regen in die Traufe. Nach dem Zusammenbruch der Sowjetunion ist erneut eine ***russische Immigration*** zu beobachten. Man braucht nur in Beijing ins Guotai-Hotel zu schauen, dass mittlerweile fast als Enklave Reichtum suchender Russen bezeichnet werden kann.

Heute ist Jiuquan oder, wie es übersetzt heißt, „Weinquelle" ein wichtiges ***regionales Wirtschaftszentrum.***

Hotel

酒泉宾馆

⊕***Jiǔquán Bīnguǎn*,*** 2 Cangmen Lu, Tel. (0937) 2612641, mit CITS: Tel. 2612560.

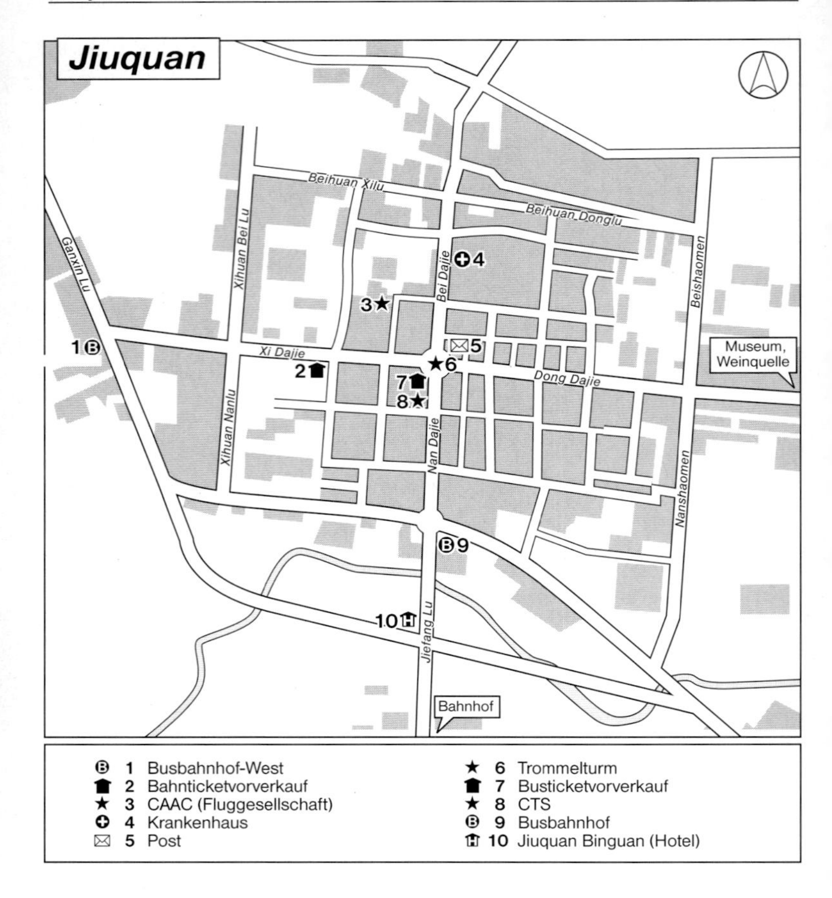

Weiterreise

- ***Verbindungen*** wie ab Jiayuguan.
- Der ***Bahnhof*** von Jiuquan liegt gut 15 km außerhalb der Stadt und ist mit lokalen Bussen erreichbar.

Sehenswertes

Trommelturm
(Gǔlóu)
鼓楼

Viel zu sehen gibt es in dieser Stadt nicht, aber wer einen kurzen Abstecher machen will, kann sich zumindest den Trommelturm (Gǔlóu) im Zentrum ansehen. Der Turm ist das Wahrzeichen der

Stadt. An dieser Stelle stand zur Zeit der Gründung Jiuquans im Jahre 343 das Osttor der Stadt. Der schlichte dreistöckige Holzturm hat vier Tore, die für Fahrzeuge und Fußgänger passierbar sind. Über jedem Tor ist ein Schild angebracht: „Nordwärts in die Wüste", „Begrüßung der östlichen Berggipfel", „Südlicher Ausblick auf den Qilian" und „Westwärts nach Yiwu" (heute Hami). Wer es schafft, frühmorgens hierher zu kommen, um die Aussicht in die vier Himmelsrichtungen zu genießen, noch bevor der Verkehrslärm die Romantik trübt, kann sich vielleicht vorstellen, wie reizvoll dieser Standort einst gewesen sein muss.

Weinquelle
酒泉公园

Vor dem Osttor befindet sich ein Park mit einem kleinen See, der von einer mit Marmor ausgebauten Quelle gespeist wird. Sie heißt „Weinquelle aus der Westlichen-Han-Zeit" und gab Jiuquan (Weinquelle) seinen Namen. Der Wein kam, glaubt man der Legende, auf ganz profane Weise in die Quelle: Als der Feldherr ⇗ *Huo Qubing* einmal eine große Menge Weines vom Han-Kaiser *Wu Di* geschenkt bekam, schüttete er ihn in diese Quelle, um den Wein zusammen mit seinen Offizieren und Soldaten zu genießen. Der Wein wurde ausgetrunken, der Name blieb.

Jadeschleiferei
玉雕工厂

Gegen Ende der Qing-Dynastie wurde in der Nähe eines 5.564 m hohen Gipfels des Qilian-Gebirges nahe von Jiuquan Jade gefunden und wenig später abgebaut. Ein Teil der Jade wird in der Jadeschleiferei in der Hauptstraße verarbeitet. Bekannt sind vor allem die feinen Weingläser aus Weiß- oder Schwarzjade. Man kann die Jadeschleiferei besuchen und den Arbeitern und Arbeiterinnen bei ihrer filigranen Schleifarbeit über die Schulter sehen.

Dingjia-Zha-Grab
(Dīngjiā Zhá Bìhuà Mù)
丁家闸壁画墓

Wer es nicht eilig hat, kann etwa 3 km westlich von Jiuquan das Dingjia-Zha-Grab besuchen. Es wurde 1977 entdeckt und stammt aus der Zeit der 16 Reiche (304-581). In der Gruft sind kunstvolle Fresken zu sehen, die einen Ausschnitt aus dem Alltagsleben dieser Zeit zeigen.

Ausflüge in die Umgebung

Buddhistische Grotten vom Wenshu-Berg
(Wénshū Shān)
文殊山

15 km südwestlich von Jiuquan. Während der Herrschaft der Nördlichen Wei, Sui und Tang (spätes 4. bis frühes 10. Jh.) waren die Höhlen in diesem heiligen Berg ein bedeutendes religiöses Zentrum. Am besten sind die Höhlen Qian Fo Dong (Tausend-Buddha-Grotte) und Wan Fo Dong (Zehntausend-Buddha-Grotte) erhalten. Auf dem vorderen Berg konzentrieren sich buddhistische und auf dem hinteren Berg daoistische Grotten.

● ***Anfahrt:*** Mit dem Taxi.

嘉峪关

Jiayuguan

(Jiāyùguǎn)

Jiayuguan markierte die traditionelle Grenze des Han-Reiches im Westen. Hier endet auch die ↗Große Mauer der Ming-Zeit. 1372 wurde mit der Errichtung einer großen Festung begonnen, die während langer Perioden den letzten ***Außenposten des chinesischen Reiches*** bildete. Sie erhielt den Beinamen „Der erste große Pass unter dem Himmel". Mit dem Begriff Pass waren allerdings keine Gebirgspässe gemeint, sondern Burgen oder Festungen, die man auf seinem Weg passieren musste. In Jiayu-

Heute dienen Kamele nur noch als Fotomotiv

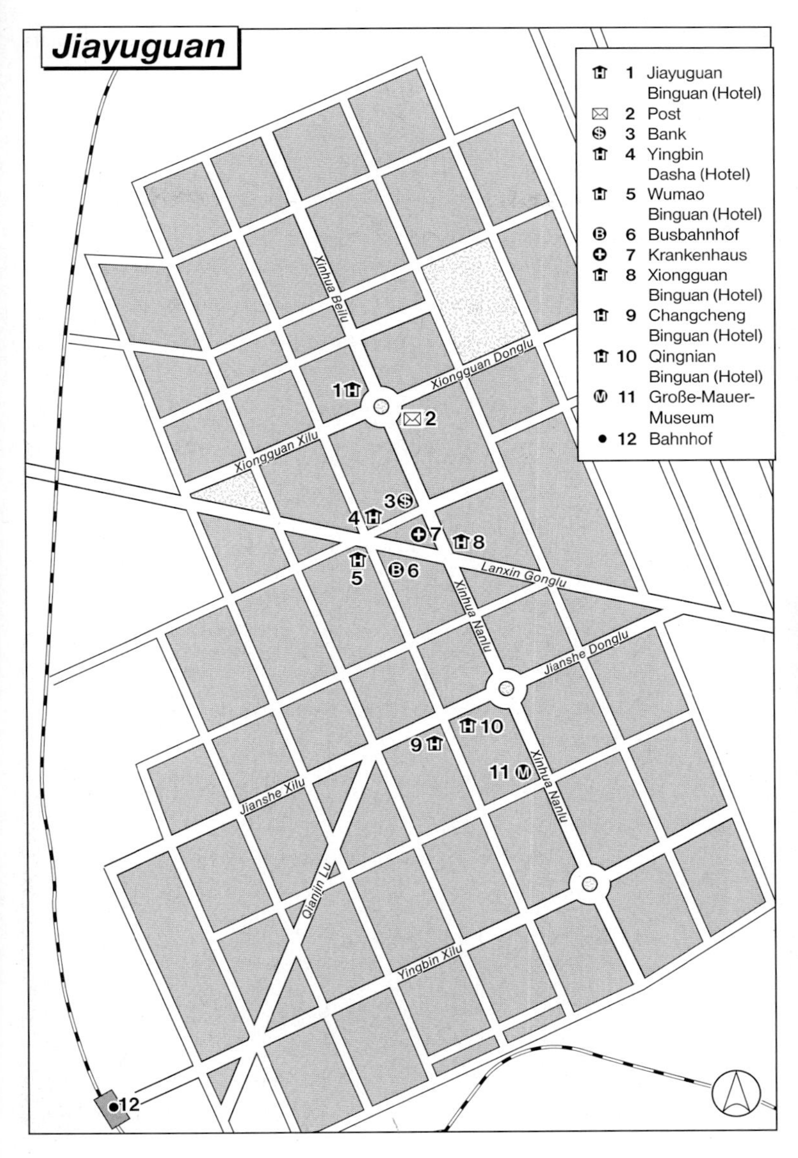

Jiayuguan
1 Jiayuguan Binguan (Hotel)
2 Post
3 Bank
4 Yingbin Dasha (Hotel)
5 Wumao Binguan (Hotel)
6 Busbahnhof
7 Krankenhaus
8 Xiongguan Binguan (Hotel)
9 Changcheng Binguan (Hotel)
10 Qingnian Binguan (Hotel)
11 Große-Mauer-Museum
12 Bahnhof
Xinhua Beilu
Xiongguan Donglu
Xiongguan Xilu
Lanxin Gonglu
Xinhua Nanlu
Jianshe Donglu
Jianshe Xilu
Qianjin Lu
Yingbin Xilu

guan bekamen durchreisende Händler die Einreiseerlaubnis ins Reich der Mitte und konnten anschließend nach Jiuquan weiterreisen.

Im modernen Jiayuguan leben rund 100.000 Einwohner einschließlich der Angehörigen von vierzehn Nationalitäten wie den Hui, Uiguren, Mongolen, Dongxiang u.a., die von der Arbeit in der nicht zu übersehenden Stahlhütte und in anderen Industrien wie dem Maschinenbau und der Chemieindustrie leben.

Hotels

嘉峪关宾馆

ф***Jiāyùguān Bīnguǎn*/*****, 1 Xinhua Beilu, Tel. 6226983. Es gibt u.a. Vierbettzimmer. Vom Bahnhof fährt ein Bus in die Stadt zum Hotel. Zum Laufen ist es etwas zu weit.

长城宾馆

ф***Chángchéng Bīnguǎn******, 6 Jianshe Xilu, Tel. 6225266. Luxushotel mit allen Serviceeinrichtungen.

青年宾馆

ф***Qīngnián Bīnguǎn (Jugendhotel)****, Jianshe Xilu, nicht weit vom Changcheng-Hotel. Tel. 6224671. Das neue Hotel bietet das beste Preis-Leistungs-Verhältnis.

雄关宾馆

ф***Xióngguān Bīnguǎn*/*****, Xinhua Lu. Nicht besonders gut, aber zentraler als das Changcheng- und Qingnian-Hotel gelegen.

物资宾馆
迎宾大厦

Gegenüber vom Busbahnhof befinden sich das ***Wùmào Bīnguǎn**** und das ***Yíngbīn Dàshà*/**.***

Sonstiges

- ***Telefonvorwahl:*** 0937.
- ***CITS:*** In der Lobby des Jiayuguan-Hotels, Tel. 6226598. Außerhalb der Saison ist das Büro zeitweise geschlossen.
- ***Ausländerpolizei:*** ca. 5 Minuten vom Changcheng-Hotel. Tel. 622 6571. Wichtig für Permits in die Sperrgebiete der Umgebung.
- ***Bank:*** Xinhua Lu etwa 500 m südlich vom Jiayuguan-Hotel.
- ***Post:*** Gegenüber vom Jiayuguan-Hotel am Kreisverkehr.
- ***CAAC:*** 2 Xinhua Nanlu, Tel. 6226237. Zum Flugplatz sind es 13 km.
- ***Krankenhaus:*** Xinhua Beilu.
- ***Fahrräder:*** Räder kann man im Qingnian und Jiayuguan Binguan mieten.

Schon von weitem kündigten die geschwungenen Dächer der Wachtürme die traditionelle Grenze des chinesischen Reichs an

Weiterreise

- ***Züge:*** nach ***Korla*** (Zug 1067), ***Lanzhou*** (770 km, 17 Std., Zug T54, T70, T190, T194, T198, K438*, 2021, 2197), ***Liuyuan,*** von dort weiter nach ***Dunhuang*** (297 km, 6 Std., Zug T53, T69, T189, T193, T197, 1012, 1043, 2022, 2198), ***Turfan*** (569 km, 11 Std.) und ***Ürümqi*** (1.122 km, 22 Std., Zug Nr. T53, T69, T189, T193, T197, 1012, 1043,2021, 2197).Vom Kreisverkehr fahren regelmäßig Busse zum Bahnhof (15 Min.)
- ***Busse:*** u.a. nach ***Dunhuang*** (385 km, 7 Std.), ***Jiuquan*** (alle 15 Min, 0,5 Std.), ***Yumen Zhen*** (126 km, 2,5 Std.), ***Zhangye***. ***Sleeper-Busse*** fahren nach ***Ürümqi*** und nach ***Lanzhou***. Die Strecke zwischen Jiuquan und Zhangye darf von Ausländern offiziell nicht mit dem Bus zurückgelegt werden, weil man militärisches Sperrgebiet passiert. Versuchen kann man es dennoch.
- ***Flüge:*** Der Flughafen liegt etwa 13 km nordwestlich der Stadt. Kommen Flüge an, wartet ein CAAC-Bus auf die Passagiere. Flüge gibt es nach ***Ürümqi, Dunhuang, Lanzhou*** und ***Xi'an.***

Sehenswertes

Das Fort
(Jiāyùguān)
嘉峪关

Die wunderschöne, weitläufige Anlage wird von einer 10 m hohen und 730 m langen Mauer umfasst. Innen besteht das Fort aus einer Vielzahl von weiteren Wällen und Wachtürmen, Truppenquartieren und anderen Gebäuden. Einst waren hier bis zu 30.000 Soldaten stationiert. Feindliche Angriffe konnten binnen kürzester Zeit – innerhalb eines einzigen Tages – bis Beijing gemeldet werden. Heute ist das Fort restauriert, und man kann sehen, wie sich die Überreste der Mauer im Sand der Wüste verlieren.

Im Ausstellungsraum der Anlage wird ein ***Ziegelstein*** aufbewahrt, der der Legende zufolge nach dem Bau des Forts übriggeblieben war, so genau war die Anzahl der benötigten Steine berechnet worden.

Die ***Reste der hier auslaufenden Mauer*** entstanden zum Teil schon während der Han-Zeit. Ihr Inneres besteht aus Lehm und übereinandergeschichteten Sträuchern und Zweigen, was im Zusammenspiel mit Wasser und Salz zu einem Festkörper wurde, der 2.000 Jahre lang Wind und Wetter trotzte.

- ***Anfahrt:*** Gegenüber vom Jiayuguan-Hotel fahren Minibusse zum Fort. Flexibler ist man mit einem gemieteten Fahrrad. Ein Taxi sollte inkl. Wartezeit nicht mehr als 50 Yuan kosten.
- ***Öffnungszeiten:*** Tägl. von 8.00-18.00 Uhr.

Ausflüge in die Umgebung

Gräber aus der Wei- und Jin-Zeit
(Wèi Jìn Bìhuà Mù
魏晋壁画墓

Die Gräber aus der Wei- (220-265) und Jin-Zeit (265-420) befinden sich 20 km nordöstlich der Stadt. Acht Gräber wurden 1972 geöffnet. Sie enthalten sehr gut erhaltene Wandmalereien mit Szenen aus dem Leben der damaligen Zeit. Die Gräber sind auch unter dem Namen Xincheng-Untergrund-Galerie (Xincheng

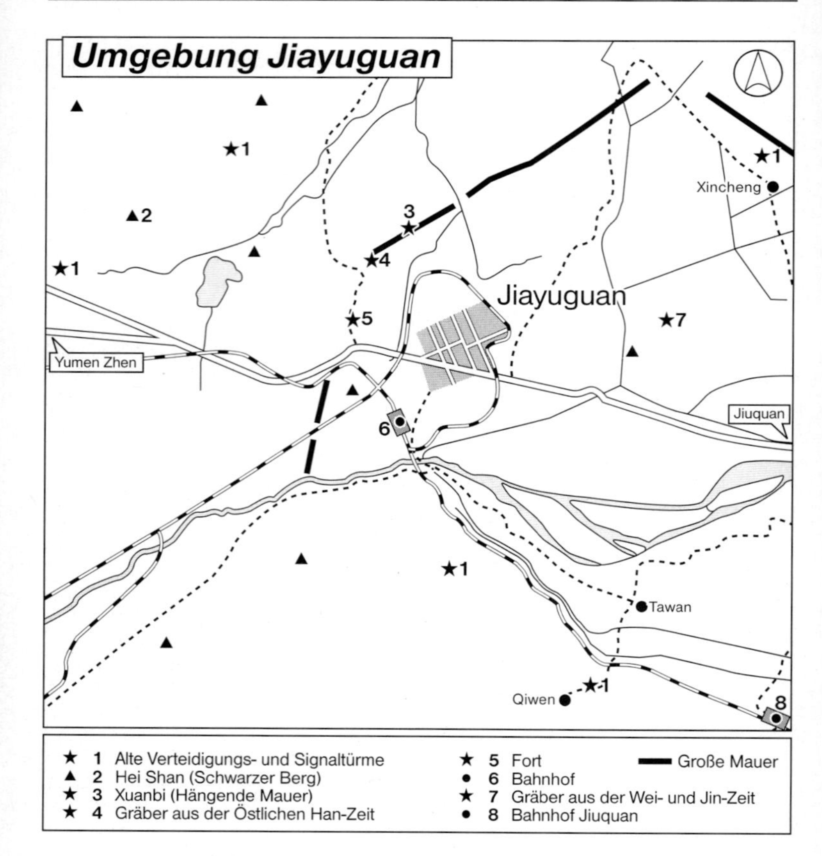

Dixia Hualang) bekannt und zwischen 9.00 und 18.00 Uhr geöffnet. Die Führung ist leider nur auf Chinesisch.

●***Anfahrt:*** Nur mit gechartertem Fahrzeug.

Hängende Mauer
(Xuánbì)
悬臂

7 km nordwestlich von Jiayuguan kann man ein ca. 500 m langes Stück der ***Großen Mauer*** besuchen. Es wurde vermutlich um 1540 gebaut und verband das Fort mit dem Hēi Shān (Schwarzer Berg). 1987 wurde das Mauerteilstück restauriert und kann nun besucht werden. Von der Mauer, die sich einen kargen Berg hochzieht, hat man einen guten Ausblick auf Jiayuguan.

●***Anfahrt:*** Am einfachsten mit dem Fahrrad. Vom Fort aus sind es noch 6 km. Eine andere Möglichkeit ist wieder das Taxi.

1.-Juli-Gletscher
(Qīyī Bīngchuān)
七一冰川

120 km südwestlich von Jiayuguan ragt die herrliche, einsame und bizarre Gletscherwelt des Qilian Shan in den Wüstenhimmel und bildet eine natürliche, unüberwindbare Mauer nach Süden. Ein ca. 5 km langer Wanderweg führt am Gletscher des 1. Juli vorbei, und bei klarer Sicht hat man eine grandiose Aussicht auf die Schneegipfel des Qilian-Gebirges und in den Hexi-Korridor. Wer lange Zeit nur die Stein- und Sandwüsten Xinjiangs gesehen hat, bekommt hier endlich mal eine farbliche Abwechslung geboten. Der Gletscher des 1. Juli liegt auf einer Höhe von 4.300 m,

Die Große Mauer

und es ist natürlich das ganze Jahr über sehr kalt, so dass man unbedingt warme Sachen mitnehmen muss.

●***Anfahrt:*** Öffentliche Verkehrsmittel gibt es nicht. Am besten, man versucht mit mehreren Leuten einen Minibus zu chartern oder die Tour bei CITS zu buchen. Der Ausflug ist gut als Tagesausflug durchführbar.

玉门镇 Yumen Zhen

(Yùmén Zhèn)

Chang-Ma-Grotten (Chāngmǎ Shíkū) 昌马石窟

126 km von Jiayuguan liegt die Stadt Yumen Zhen. Von hier kann man die 72 km westlich von Yumen gelegenen buddhistischen Grotten von Chang Ma aus dem 10.-11. Jh. besichtigen. Wie in den Grotten von Dunhuang sind auch hier die Wandmalereien besonders schön.

●***Anfahrt:*** Vor dem Busbahnhof fahren morgens Minibusse zu den Grotten.

玉门宾馆

●***Hotel:*** ⌖ ***Yùmén Bīnguǎn****, gegenüber vom Busbahnhof. Vom Hotel aus gesehen, nach links die Straße runter gibt es ein Restaurant.

●***Weiterreise:*** Der letzte Bus nach Jiayuguan fährt um 15.00 Uhr. Für einen Tagestrip von Jiayuguan ist die Strecke zu weit. Man muss also in jedem Falle in Yumen übernachten.

敦煌 Dunhuang

(Dūnhuáng)

Die ***Oasenstadt*** Dunhuang liegt ganz im Westen der Provinz Gansu. Noch weiter westlich beginnen bereits die Ausläufer der Taklamakan-Wüste. Damit waren auch schon alle Voraussetzungen gegeben, Dunhuang zum wichtigsten Sprungbrett in den wilden Westen Zentralasiens werden zu lassen.

Frühzeit

Schon bevor die Region um Dunhuang dem Reich der Mitte einverleibt wurde, lebten hier mindestens seit dem 11. Jh. v. Chr. verschiedene Volksstämme. Sie wurden in der Folge von den Qiangrong, ⇗Yuezhi und den ***Hunnen*** verdrängt, die im Zuge ihrer Wanderungen – alle diese Völker waren Nomaden – Besitz von Dunhuang ergriffen. Unter dem Xiongnu-Führer

🏨	1	Xuanquan Binguan (Hotel)
$	2	Bank
●	3	Ausländerpolizei
✉	4	Post/Telekom
Ⓜ	5	Museum
★	6	CAAC (Fluggesellschaft)
✚	7	Krankenhaus
🏨	8	Dunhuang Binguan (Hotel)
🏨	9	Yangguan Binguan (Hotel)
🏨	10	Mingshan Binguan (Hotel)
🏨	11	Dunhuang Fandian (Hotel)
🏨	12	Feitian Binguan (Hotel)
Ⓑ	13	Busbahnhof
🏨	14	Xiyu Binguan (Hotel)
★	15	CITS und
🏨		Guoji Dajiudian (Hotel)

↗ *Maodun* (209-174 v. Chr.) konnten die Yuezhi aus Gansu verdrängt werden, und die Föderation der Nomadenstämme unter der Führung der Hunnen (↗ Xiongnu) wurde gegründet. Ihr Einflussbereich reichte vom Balhaš-See im heutigen Kasachstan bis zum Baikalsee im Osten und nach Süden etwa bis zum 40. Breitengrad (heutige Innere Mongolei und Xinjiang). Damit wurden die Hunnen zur mächtigsten Bedrohung des expandierenden Han-Reichs. In dieser Zeit wurde die ↗ Große Mauer der Qin-Zeit bis nach Dunhuang verlängert und erreichte damit ihre größte Länge.

Lange Zeit versuchten die Chinesen, den Frieden mit den Hunnen durch eine Beschwichtigungspolitik *(Heqin)* zu erhalten. Der einzige Effekt war, dass die Hunnen dadurch immer reicher, mächtiger und dreister wurden. Ihre vielen Übergriffe, die sich die Hunnen trotz der wertvollen Geschenke erlaubten, brachten das Fass zum Überlaufen. Im Jahr 139 v. Chr. wurde schließlich auf Befehl des seit 141 regierenden Kaisers *Wu Di* der General *Zhang Qian* losgeschickt, um die nach Westen bis Baktrien abgedrängten ↗ Yuezhi und andere ehemals feindliche Stämme als Verbündete zu gewinnen. Die ***diplomatische Mission*** hatte Erfolg, und *Zhang Qian* kehrte

mit der Erkenntnis zurück, dass in den westlichen Gebieten ein großer Bedarf an chinesischen Produkten, vor allem Seide, bestand.

Der diplomatischen folgten die militärischen Missionen. Zwischen 124 und 119 v. Chr. fanden drei Großoffensiven mit Expeditionskorps von über 100.000 Reiter- und Fußsoldaten gegen die Hunnen statt. Das Ergebnis der Offensiven im Westen war die ***Einrichtung der Kommandaturen Wuwei, Zhangye, Jiuquan und*** als westlichster Ort zur Sicherung der Nordwestgrenze des Chinesischen Reichs ***Dunhuang.*** Wie schwer das Leben hier gewesen sein musste, davon zeugt das Gedicht eines anonymen Zeitgenossen: *„Bitterer Kummer ist es, an der Grenze zu wohnen. Drei meiner Söhne gingen nach Dunhuang, ein weiterer wurde nach Longhai geschickt, der fünfte weiter nach Westen; ihre fünf Frauen sind schwanger."*

Um in diesen Gebieten dauerhaft Fuß zu fassen, wurden Hunderttausende sogenannte ***Wehrbauern*** – darunter viele deportierte Verbrecher – in die eroberten Gebiete umgesiedelt, die die Aufgabe hatten, das Land urbar zu machen und außerdem die Verteidigung der westlichen Grenzen zu gewährleisten.

Blütezeit

Die Sicherung der Westgebiete und der Frieden mit den neuen Verbündeten, die das mächtige ⇗Kushan-Reich zwischen Pamir und Ostiran und von Afghanistan bis Nordwestindien gegründet hatten und sich nun als vierte Macht zwischen China, das ⇗Parther-Reich und Rom schoben, schufen die Voraussetzung für die ***Öffnung der Handelsrouten nach Westen.*** Die Seidenstraße war geboren.

Seit dieser Zeit galt Dunhuang als Grenze des Reichs. Die Gebiete westlich davon wurden „Westliche Gebiete" (Xiyu) genannt. Dunhuang ist die älteste bekannte Stadtgründung, die auf den Seidenhandel und die eigens dafür geschaffenen Transportwege zurückzuführen ist. In ihrer Blütezeit entwickelte sich die Oase zu ***einer der reichsten Städte Asiens*** mit weit über 100.000 Einwohnern. In den Jahrhunderten, die die Seidenstraße „lebte", sollte Dunhuang nie seine überragende Bedeutung als Handelsplatz verlieren, unabhängig davon, ob die Gebiete westlich davon (Xinjiang) zu China gehörten oder nicht.

Neuzeit

Nachdem spätestens seit der Ming-Zeit der Handel über den sichereren Seeweg abgewickelt wurde, übernahm die Wüste das Regiment über den Ort, der zu einem vergessenen winzigen Oasenflecken am Ende der Welt verkam. Einem Mönch namens *Wang Yuanlu* oblag es, Dunhuang 1899 für die Welt wiederzuentdecken, als er in den ***Mogao-Grotten*** aufsehenerregende Dokumentenfunde machte. Eine so sensationelle Entdeckung konnte den Zentralasienforschern, allen voran *Aurel ⇗Stein* 1907, nicht verborgen bleiben. 1943 wurden die Grotten unter Denkmalschutz gestellt, und seit der Öffnung für den Tourismus 1981 steht Dunhuang wieder da, wo es jahrhundertelang gestanden hatte: Ganz oben auf der Skala der wichtigsten Orte entlang der Seidenstraße, und zwar für den Tourismus, der den alten Seidenhandel abgelöst hat.

Anfahrt

- ***Mit dem Zug*** von Lanzhou oder Ürümqi nach Liuyuan, einem weltvergessenen Außenposten. Von hier verkehren zahlreiche Busse am Tag, die für die 130 km nach Dunhuang 2,5 bis 3 Std. benötigen. Wer abends in Liuyuan ankommt und keinenBus mehr erwischt, kann im ⌽***Liǔyuǎn Bīnguǎn**** an der Hauptstraße neben dem Busbahnhof absteigen.

柳园

- Von Golmud, Jiayuguan, Jiuquan und Anxi kann man auch direkt ***mit dem Bus*** nach Dunhuang fahren.

Hotels

敦煌宾馆 ⊕***Dūnhuáng Bīnguǎn***,*** 1 Dong Dajie, Tel. 8822415, Fax 8822195. Alt- und Neubau, Dormitory, CITS, Fahrradvermietung und Fahrkartenreservierungsschalter.

敦煌饭店 ⊕***Dūnhuáng Fàndiàn*,*** Dingzi Lu. Etwas heruntergekommen, aber okay.

飞天宾馆 ⊕***Fēitiān Bīnguǎn*/**,*** in der Dingzi Lu, gegenüber vom Busbahnhof. Tel. 8822337. Angenehmes Ambiente und ein netter Garten zeichnen dieses Hotel aus.

鸣山宾馆 ⊕***Míngshān Bīnguǎn*,*** oberes Ende der Dingzi Lu, Tel. 8822130 Ein altes Hotel, das sicher schon bessere Tage gesehen hat.

西域宾馆 ⊕***Xīyù Bīnguǎn*,*** Dingzi Lu, etwas südlich der Busstation. Das zur Zeit beliebteste Hotel bei Einzelreisenden. Tel. 8823017.

悬泉宾馆 ⊕***Xuánquán Bīnguǎn*,*** Tel. 8823251, nettes Hotel auf der Xi Dajie.

阳关宾馆 ⊕***Yángguān Bīnguǎn*,*** Tel. 8822459, freundliches Hotel nahe dem Mingshan Binguan

国际大酒店 ⊕***Guójì Dàjiǔdiàn (International Hotel)******, 28 Mingshashan Lu, bestes Hotel vor Ort, Tel. 8828638. Fax 8821821.

●***Five Rings Hotel*,*** Mingshan Lu, Tel. 8822620. Gleich nördlich der Busstation gibt es hier in 15-Bett Dormitories die billigsten Betten.

Restaurants

●Auf dem ***Markt*** und in der zum Markt führenden Gasse gibt es eine Vielzahl kleiner Privatrestaurants.

●Auf der ***Dingzi Lu*** reihen sich zahlreiche Restaurants aneinander, die mittlerweile auch englische Speisekarten haben.

●Ein weiterer guter Ort für Restaurants ist die ***Dong Dajie,*** wo man preiswert essen kann.

●Eine gute Atmosphäre herrscht in Charlie Johng's Cafe gleich nördlich vom Feitian Hotel. Genauso gut ist das Shirley's Cafe beim Xiyu Binguan.

Sonstiges

●***Telefonvorwahl:*** 0937.

●***CITS:*** Auf der Ostseite des International Hotels. Das Hauptbüro befindet sich am südlichen Ende der Dingzi Lu im zweiten Stock des Gebäudes.

●***CAAC:*** Dong Dajie, Tel. 8822389. Flugtickets bekommt man auch im Dunhuang Binguan und bei CITS im International Hotel.

●***Stadtpläne:*** Im Dunhuang Binguan erhältlich. Allerlei Broschüren gibt es in den diversen umliegenden Läden.

●***Ausländerpolizei:*** Xi Dajie, Mo-Sa 8.00-12.00 und 15.00-19.00 Uhr.

●***Bank:*** ebenfalls auf der Xi Dajie neben der Polizei. Mo-Sa 9.30-19.00 Uhr, So 10.00-14.00 Uhr.

●***Post:*** Zhongxin Lu, am Kreisverkehr.

●***Krankenhaus:*** Dong Dajie.

●***Fahrradverleih:*** Am Eingang zum Neubau des Dunhuang Binguan und im Feitian-Hotel.

Weiterreise

●***Züge:*** Die Züge fahren vom ***Bahnhof Liuyuan,*** 130 km von Dunhuang, ab. Es gibt zahlreiche Busse am Tag, die zwischen 7.30 und 18.00 Uhr fahren sowie zahlreiche Minibusse. Wer mit dem Zug weiterreisen will und bereits mit dem Zug gekommen ist, ist gut beraten, sich die Fahrkarten für die Weiterfahrt schon vor dem Besuch Dunhuangs in Liuyuan zu besorgen. ***Korla*** (1.139 km, 22 Std., Zug 1067), ***Lanzhou*** via Yumen, Jiayuguan, Jiuquan, Zhangye und Wuwei (1.067 km, 25 Std., Zug T54 nach Shanghai, T70 nach Beijing, T190 nach Jinan, T194 nach Wuhan, T198 nach Zhengzhou, 314-311 nach Chengdu, 344, 368 nach Xi'an, 508 nach Lanzhou), ***Ürümqi*** via Turfan (825 km, 17 Std., Zug nach Zhengzhou, K246*, 1014 nach Chengdu, 1044 und 1068 nach Xi'an, 2198 und 2022 nach Lanzhou), ***Ürümqi*** via Turfan (825 km, 17 Std., Zug T53, T69, T190, T194, T197, 1012, 1043. Zug K889* wird in Liuyuan eingesetzt!). Die Züge T54, T70, T190, T194 und T198 fahren via ***Tianshui, Xi'an, Luoyang, Zhengzhou.***

● ***Busse:*** nach ***Anxi*** (117 km, 2,5 Std. täglich ein Bus am Morgen), ***Golmud*** (530 km, 14 Std. einmal täglich frühmorgens). Auf der Fahrt nach Golmud wird ein Pass überquert, und es wird sehr kalt. Also warme Sachen in den Bus mitnehmen! ***Jiayuguan*** (385 km, täglich sechs Busse, 7 Std.), ***Jiuquan*** (409 km, gleiche Busse wie nach Jiayuguan), ***Lanzhou*** (1.141 km, 2 Tage, Abfahrt einmal täglich), ***Liuyuan*** (130 km, 3 Std., acht Busse am Tag fahren zur Bahnstation), ***Yumen*** (334 km). ***Turfan*** (2 Tage mit einer Übernachtung in Hami im Busbahnhofshotel) Nach Jiayuguan fahren auch Minibusse. Sie fahren los, wenn sie genügend Passagiere haben.

● ***Flüge:*** Der Flughafen liegt 13 km östlich von Dunhuang. Flüge gibts nach ***Jiayuguan, Lanzhou, Ürümqi*** und ***Xi'an.***

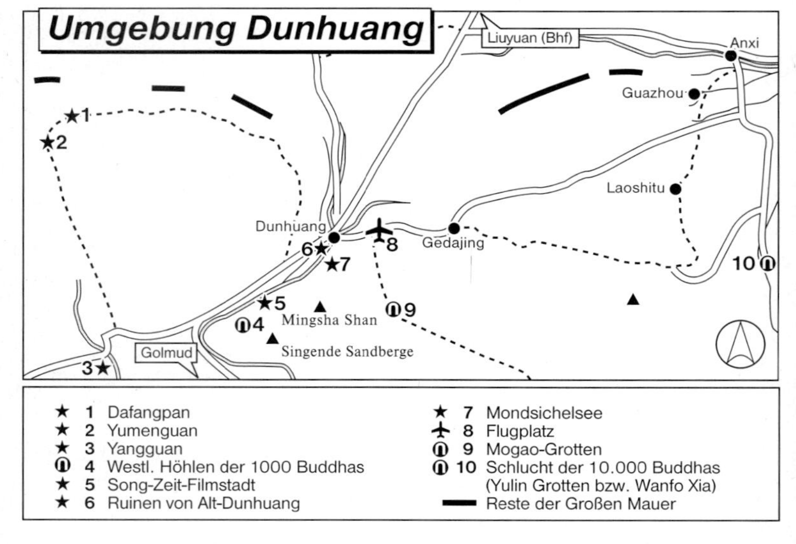

Sehenswertes

Kreismuseum
(Dūnhuáng Xiàn Bówùguǎn)
敦煌县博物馆

Das Museum hat drei Abteilungen mit chinesischen und tibetischen Schriften aus der Höhle Nr. 17 der Mogao-Grotten in der ersten, mit Funden aus der Han- und Tang-Zeit in der zweiten und Funden von Yumenguan und Yangguan in der dritten Abteilung. Hier bekommt man einen guten ersten Eindruck von der kulturellen Bedeutung Dunhuangs.

Ausflüge in die Umgebung

Mogao-Grotten
(Mògāo Kū)
莫高窟

Die Mogao-Grotten 25 km südöstlich von Dunhuang, auch bekannt als 1000-Buddha-Höhlen, gelten als eines der bedeutsamsten Zentren des Buddhismus in China. Die erste Höhle wurde laut einer Inschrift in den Grotten (Höhle Nr. 392) bereits im Jahre 366 angelegt. In der gleichen Inschrift wird berichtet, dass 698 bereits 1000 Nischen und Höhlen existierten. 492 davon haben den Zahn der Zeit überstanden, und 4.500 m² Wandfläche sind von den Wandmalereien bedeckt.

Die unterschiedlich großen Grotten sind meist rechteckig oder quadratisch angelegt und bergen eine Fülle von ***Malereien und Buddhastatuen.*** Neben den in Stein gemeißelten Statuen sind vor allem die farbenfrohen Wandmalereien mit Szenen aus dem Leben ⇗Buddhas und Alltagsszenen aus dem Leben Dunhuangs zu bewundern. Viele der Grotten dienten als Kultstätten, einige aber auch als Mönchsbehausungen. Die Höhlen ziehen sich auf dem Sandsteinfelsen wie Waben in fünf Ebenen hin und waren einst über hölzerne Gänge und Treppen untereinander verbunden.

Über die Jahrhunderte gerieten die Höhlen langsam in Vergessenheit, bis sie 1899 vom daoistischen Wandermönch *Wang Yuanlu*, der seine Heimat Hebei wegen einer Hungersnot verlassen hatte, ***wiederentdeckt*** wurden. Der Mönch begriff sogleich die Bedeutung seiner Entdeckung und widmete fortan sein Leben

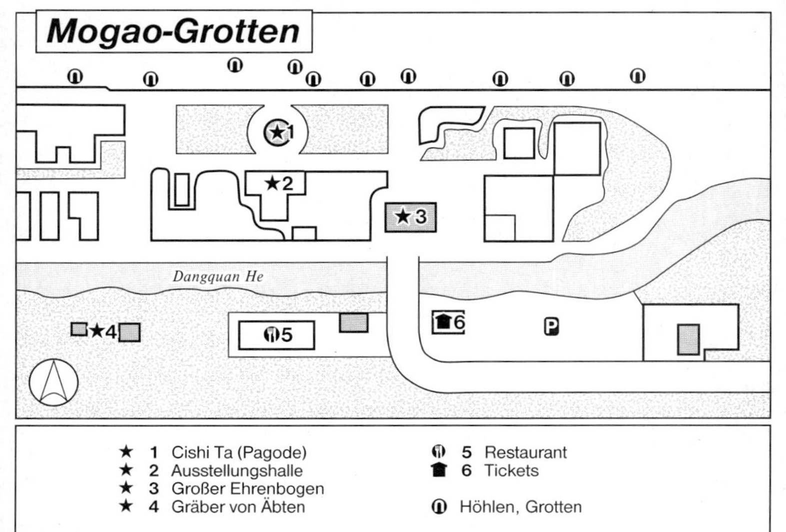

★ 1 Cishi Ta (Pagode)
★ 2 Ausstellungshalle
★ 3 Großer Ehrenbogen
★ 4 Gräber von Äbten
5 Restaurant
6 Tickets
Höhlen, Grotten

Wächterfigur in den Mogao-Grotten

der Restaurierung der Grotten. Dabei stieß er auf eine zugemauerte Bibliothek, die um das Jahr 1036 in Erwartung der Eroberung des Gebiets durch die Tanguten versiegelt worden war und über 50.000 Dokumente und Kulturzeugnisse aus der Zeit des 4.-10. Jh. in ihrem Inneren barg.

Die ersten ***ausländischen Forscher*** ließen nicht lange auf sich warten, nachdem erste Gerüchte über den Fund in der Forschungswelt kursierten. 1907 erschien der in britischen Diensten stehende ungarische Archäologe *Aurel Stein,* der bis 1930 viermal wiederkehrte und Tausende von Dokumenten erwarb, 1908 der französische Sinologe *Pelliot*, dem die erste Teilnumerierung der ursprünglich fast tausend Grotten zu verdanken ist und der die Grotten systematisch fotografierte, sowie später noch Russen, Deutsche, Amerikaner und Japaner, die *Wang* erfolgreich beschwatzten und entlohnten, um die Dokumente gleich kistenweise nach Hause schleppen zu können. Die Herzstücke der Sammlung kann man sich nun im Britischen Museum, im Louvre oder auch im Fogg-Museum in Cambridge (Mass.) und in der Nelson Gallery in Kansas City (Miss.) anschauen.

Erst 1943 machten die chinesischen Behörden dem Ausverkauf an Dokumenten ein Ende, und 1949 begann man mit der Restaurierung des einzigartigen Kulturdenkmals. Den heutigen Besucher erwartet ein Höhlen-Bilderbuch, das ***achthundert Jahre chinesischer und zentralasiatischer Kunstentwicklung*** zeigt, wie man es sich großartiger nicht vorstellen kann. Doch nicht nur das Innere der Höhlen fasziniert, auch die Lage an einer Klippe vor dem Fluss der kleinen Oase inmitten von Sanddünen und felsigem Gebirge ist traumhaft schön.

Die Höhlen des 4. bis 6. Jahrhunderts

Nach dem Zusammenbruch der Han-Dynastie teilten sich in rascher Folge verschiedene Staaten und Dynastien die Herrschaft über das chinesische Territorium. Zwischen dem 4. und 5. Jh. zerfiel das Land in die Östliche-Jin-Dynastie Südchinas (317-420) und in die 16 Reiche Nordchinas, die das Land zwischen 304-439 spalteten. Den Toba (Tuoba bzw. Tabgac), einem Türkisch sprechenden Volksstamm, gelang schließlich im Jahr 439 die Einigung des Nordens unter der ***Herrschaft der Nördlichen Wei*** (386-534). Die Toba erwiesen sich zunächst als große Förderer des Buddhismus, und so ist es nicht verwunderlich, dass die Grotten aus dieser Zeit mit zu den interessantesten zählen.

Die erste Grotte entstand 366 durch den Mönch ***Le Zun.*** Entsprechend einer Legende kam er aus Zentralchina in den Westen, wo es ihn bis zum Fuß des Shaming Shan in der Nähe von Dunhuang verschlug. Der Zufall wollte, dass er, als die Sonne gerade unterging, den Sanwei-Berg in der Abendsonne golden glänzen sah und ihm war, als ob tausend ⇗ Buddhas in goldenen Strahlen erschienen. *Le Zun* glaubte, einen heiligen Ort erreicht zu haben, und beschloss, am Fels des Shaming Shan eine Grotte zu bauen, um sich hier durch Meditation zu vervollkommnen.

Etwas später kam ein weiterer Mönch, ***Fa Liang,*** an diesen heiligen Ort und baute eine zweite Grotte. Die Namen der weiteren Baumeister verlieren sich in der Geschichte der folgenden Jahrhunderte, in der bis zum 14. Jh. tausend Grotten entstanden.

Die ***Höhlen der beiden ersten Jahrhunderte*** weisen noch deutlich den Einfluss der indischen und der hellenistisch geprägten Gandhara-Kunst auf und lassen sich in zwei unterschiedliche Typen einteilen: Der erste Typ ist von den indischen Wohn- und Predigtgrotten beeinflusst. Diese hatten an den vier Wänden Nischen, die für die einzelnen Mönche bestimmt waren. In den Mogao-Grotten entwickelten sich daraus quadratische Vorräume, in deren Wände kleine Reihen von Buddha-Nischen eingemeißelt wurden. Der zweite Typ wurde von den indischen Höhlentempeln beeinflusst und barg in einem Rundraum eine ⇗Sarira-Stupa, um die herum die Gläubigen beten konnten. Eine Variante aus der Zeit der Nördlichen Wei zeigt schon den eindeutig chinesischen Einfluss. Hier steht in einem quadratischen Raum eine quadratische Säule, die durch eine typisch chinesische Satteldachform abgeschlossen wird und eine neue Form der Sarira-Stupa darstellte.

Die ***Kunst der ersten Periode*** unter der Herrschaft der Nördlichen Wei (386-534), der Westlichen Wei (535-557) und der Nördlichen Zhou (557-581) zeichnet sich durch den Versuch aus, die Spiritualität jener darzustellen, die die Erleuchtung erlangt hatten, indem sie die materielle Welt durch ihr Asketentum überwanden. Die Folge war, dass die Skulpturen dieser Zeit durch schmale, schlanke, fast schwerelos wirkende Erscheinungen charakterisiert waren, deren schmale Gesichtszüge fein herausgearbeitet wurden. In den Höhlen Nr. 248, 257 und 259 findet man schöne Beispiele dafür.

Nicht weniger ausdrucksstark sind die ***Wandbilder der Wei- und Zhou-Dynastien.*** Obwohl sie sich durch eine fast schon simple, formelhafte archaische Strichführung auszeichnen, sind die Wandbilder ausgesprochen dicht und detailliert komponiert, und unverkennbar ist der indische Einfluss bei den figürlichen Darstellungen. Doch auch der Konfuzianismus, der die rationalistische, auf den Menschen gerichtete Seite des chinesischen Denkens verkörpert, fand seinen Eingang in die Malerei. Bilder erbaulichen Inhalts hatten für die Konfuzianer eine sittliche Funktion, denn sie veredeln den Geist und erhöhen die Sittlichkeit. Am meisten geschätzt wurden in diesem Rahmen Bildnisse großer Persönlichkeiten der Vergangenheit und Illustrationen historischer Anekdoten oder klassischer Texte. So zeigen die Wandmalereien Szenen aus dem Leben ⇗Buddhas, aber auch aus dem Alltagsleben und den Legenden der Zeit. Bemerkenswert ist auch, dass zunehmend Mäzene einen Platz in den Abbildungen finden. Das Mäzenatentum reicher Bürger aus Dunhuang oder auch durchziehender Kaufleute spielte eine wichtige Rolle bei der Entstehung der Grotten. Den Spendern ging es dabei weniger um die Unterstützung künstlerischer Aktivitäten, als vielmehr um religiöse Verdienste. Man erhoffte sich durch seine Unterstützung eine bessere Wiedergeburt, die vielleicht zu einem Dasein als Gott im „Westlichen Paradies des ewigen Lebens" führte, das auf zahlreichen der Malereien thematisiert wird. Schöne Beispiele dazu finden sich in den Grotten Nr. 246, 254, 290 und 299.

Die Höhlen des 7. bis 10. Jahrhunderts

Die besten und auch kulturgeschichtlich ergiebigsten Arbeiten stammen aus der Tang-Zeit (618-907). Bereits während der kurzlebigen ***Sui-Dynastie*** (581-618), die den Übergang von der Wei- zur Tang-Dynastie markierte und das Land nach 360 Jahren der Zersplitterung wieder zum Reich der Mitte einte, begann sich ein Stilwandel abzuzeichnen. Nicht die feine Linienführung, sondern die Starrheit der Skulpturen, die nun steif und unbeweglich wirken, fällt jetzt ins Auge. Die Zierlichkeit der indisch beeinflussten Darstellungen wird abgelöst durch chinesisch gekleidete Figuren mit langgezogenen Körpern und überdimensionierten Köpfen. Schwerpunkt der Darstellungen sind Szenen aus dem Leben ⇗Buddhas, die traditionell ikonographisch genau festgelegt waren und dem Künstler nur einen sehr geringen Gestaltungsspielraum boten. Der Buddhismus wollte mit seinen Bildern niemals Kunst schaffen, sondern nur der religiösen Verehrung bildhafte Zeichen geben. Dazu gehörte aber trotzdem, dass man etwa durch Monumentalität oder künstlerische Schönheit beeindrucken wollte. Nördlich der Grotten der vorangegangenen Jahrhunderte kann man einige Sui-Grotten sehen, so z.B. die Nr. 204, 244, 302, 419 zund 427.

Der extravaganten, grausamen und ungerechten Herrschaft des Sui-Kaisers *Yang Di* wurde durch dessen Ermordung ein ebenso gewalttätiges Ende bereitet. Ein General namens *Li Yuan* (565-635) führte die Rebellion an (näheres unter Xianyang/Zhaoling) und gründete nach seinem Einmarsch in Chang'an die ***Tang-Dynastie.*** Es folgte eine Zeit der Konsolidierung und Befriedung des Landes bis 628. Zwischen 626 und 683 begann auf der Grundlage der neugewonnenen innenpolitischen Stabilität eine der größten militärischen Expansionen in der chinesischen Geschichte. Nach Westen hin kontrollierten die Chinesen schließlich die Gebiete bis in Tarim-Becken, Ili-Tal, ja anfangs selbst die Regionen jenseits des Pamir bis hin nach Samarkand und Taschkent und damit auch die Oasenstraßen. Zahllose Staaten erkannten Chinas Oberhoheit an und schufen damit die Voraussetzung für die beispiellose Blüte der Tang-Kultur.

Die Blüte machte vor dem Buddhismus nicht halt, nachdem sich China zum glanzvollsten Zentrum dieser für die meisten asiatischen Völker nun wichtigsten Religion entwickelt hatte. Dunhuang profitierte als Sprungbrett und Nadelöhr in den Westen ganz besonders davon. Die Grottenkunst Dunhuangs überwindet nun religiöse Tabus und wendet sich einem ***farbenprächtigen, künstlerischen Realismus*** zu. Dem kommt zugute, dass die formelhafte archaische Linie mit ihrem Zwang, sich in ungebrochenen Schwüngen fortzusetzen, abgelöst und durch kurze gewandte Striche ersetzt wird, was einen viel intensiveren, kraftvolleren Ausdruck ermöglicht. Dargestellt werden Szenen aus dem täglichen Volksleben, Bauern, Kaufleute, Handwerker - selbst Metzger bei der Arbeit - die unterschiedlichsten Menschentypen jener Zeit in ihrer bunten Vielfalt, ihren Trachten; nichts wird ausgelassen. Einflüsse iranischer und indischer Kunst geben den

Wandbildern und Skulpturen wieder die typische Weichheit und die feinen Gesichtszüge. Auch Macht und Reichtum werden unverhohlen dargestellt. Mäzene sind sich nicht zu schade, sich zusammen mit Buddha darstellen zu lassen. Der Reichtum drückt sich auch in der 30 m hohen Buddhastatue in Höhle 96 aus. Weitere bemerkenswerte Kunstwerke findet man in den Höhlen 45, 57, 98, 103, 112, 130, 156, 158, 196, 217, 220, 320, 321, 328 und 329.

Ein besonderes Augenmerk sollte man auch auf das Gemälde in ***Höhle 323*** richten. Es erinnert an *Zhang Qians* historische Verdienste um die Erschließung der Seidenstraße und zeigt Kaiser *Wu* zu Pferd, umgeben von Ministern, und wie *Wu* vom auf dem Boden kniendenden *Zhang Qian* Abschied nimmt, bevor dieser auf seine abenteuerliche Reise in den Westen aufbricht.

Die späten Höhlen des 11.-14. Jahrhunderts

Mit dem Zerfall des Tang-Imperiums wurde auch das Ende dieser überbordenden Kunst eingeleitet. Die Maltechniken werden einfacher, den Figuren fehlen die plastischen Züge. Einzig die ***Landschaftsmalerei*** erlebt in der Zeit der Nördlichen Song (960-1127) einen Entwicklungsschub. Landschaft wird auf einmal nicht mehr als bloßer Hintergrund verstanden, sondern als eigene Gattung entdeckt. Zu sehen ist das in Höhle 61 und 55.

Spätere Höhlen sind schließlich noch die Nr. 346 aus der Zeit der Fünf Dynastien (907-960) und die Nr. 3 aus der mongolischen Yuan-Dynastie (1271-1368). Im 14. Jh. wurde die Höhlentempelanlage von Mogao ***durch einen Sandsturm zugeschüttet*** und für lange Zeit aus dem Gedächtnis der Gläubigen getilgt.

Die ***Gedenkstupas,*** die überall in der Umgebung der Grotten herumstehen, erinnern an bedeutende Äbte, die im Laufe der Jahrhunderte hier gewirkt haben und von denen einige auch heute noch als große Lehrer verehrt werden.

- ***Anfahrt:*** Mit einem ***Taxi*** (25 Min.) oder mit dem öffentlichen ***Bus,*** der zwei Blocks nördlich der Busstation abfährt. Abfahrtszeiten vorher erfragen. In der Regel fährt der Vormittagsbus um 8.00 Uhr los und um 12.00 Uhr zurück und der Nachmittagsbus um 13.30 Uhr los und um 16.00 Uhr zurück. Am einfachsten ist es, einen der ***Minibusse*** zu nehmen, die ständig in der Straße herumkreisen, in der das Feitian Binguan liegt. Wenn sie voll sind, fahren sie los.Der Minibusstand selbst liegt gegenüber vom Dunhuang Fandian.
- ***Öffnungszeiten:*** 8.30-11.30 und 14.00-16.00 Uhr.
- ***Führung:*** Man muss an einer Führung teilnehmen, die in der Regel auf Chinesisch abläuft. Besser ist es, wenn man sich einer der Reisegruppen anschließt. Es gibt zwei Sorten Tickets. Das billigere Ticket für 10 Höhlen und das empfehlenswerte teurere Ticket (80 Yuan) für etwa 30 Höhlen. Nimmt man die teurere Variante, empfiehlt es sich, den ganzen Tag bei den Grotten zu verbringen und während der Mittagspause bei den Grotten was zu essen oder spazierenzugehen.
- ***Fotografieren:*** In den Höhlen herrscht absolutes Fotografierverbot. Kameras müssen am Eingang abgegeben werden. Es lohnt sich, eine Taschenlampe mitzunehmen.

Die Taklamakan ist eine der wasserärmsten Wüsten der Welt

Klingender Sandberg
(Míngshā Shān)
鸣沙山

Der bizarre Mingsha Shan entstand aus Treibsand und erstreckt sich auf einer Fläche von 40 x 20 km. Zwischen den Dünen befindet sich der ***Yuèyáquán*** (***Mondsichelsee***), den man bei dem Ausflug ebenfalls zu sehen bekommt. Das Ganze ist mittlerweile eine Art Wüstenrummelplatz mit Kamelritten und der Möglichkeit zum Paragliding.

● ***Anfahrt:*** Minibusse fahren ab 17.00 Uhr ab Minibusbahnhof zu den 7 km entfernten Dünen. Rückfahrt ca. 20.00 Uhr. Am flexiebelsten ist man mit einem gemieteten Fahrrad.

Westliche Höhlen der 1.000 Buddhas
(Xī Qián Fó Dòng)
西千佛洞

Die Grotten ca. 30 km südwestlich von Dunhuang befinden sich in einem schlechten Zustand. Es sind aber noch Malereien zu sehen. Nur sieben Höhlen werden Touristen gezeigt. Der Besuch selbst muss angemeldet werden, und zwar am Eingang der Mogao-Grotten. Dort steigt dann jemand mit dem Schlüssel zu.

电影古城

Nach etwa 22 Kilometern kommt man an einem ***Song-Fort*** (ф Diànying Gǔchéng) vorbei, das hier als Filmkulisse aufgebaut worden ist. Man kann es besuchen und sich ein wenig der doch etwas surrealistischen Atmosphäre hingeben.

● ***Anfahrt:*** Minibusse fahren von der Seitenstraße einen Block nördlich der Busstation los bis zum Fort. Wer zu den Höhlen will, muss einen Minibus oder ein Taxi chartern.

Weißes-Pferd-Dagoba
(Báimǎ Tǎ)
白马塔

Etwa 4 km westlich von Dunhuang kann man mit dem Fahrrad zu einem Rest der alten Stadtmauer und einer weißen ⇗ Pagode fahren. Sie ähnelt ein wenig der weißen Pagode im Beihai-Park von Beijing. Laut einer Überlieferung kam der Mönch *Kumarajiva* (s. Wuwei und Xi'an) auf seinem Weg von Kuqa nach Wuwei an Dunhuang vorbei. An dieser Stelle starb sein Schimmel, und um das Pferd zu bestatten, ließ er die weiße Pagode errichten.

Schlucht der 10.000 Buddhas

(Yulin-Grotten)
(Wànfó Xià)
万佛峡，榆林窟

70 km südlich der Kreisstadt Anxi, die früher den Namen Guazhou (Melonenstadt) trug, da sie wegen ihrer Wassermelonen, Süßmelonen und Bailan-Melonen bekannt war, befinden sich weitere buddhistische Grotten aus der Sui- und Tang-Dynastie (581-908). Heute gibt es noch 41 Höhlen mit zum Teil farbigen Wandmalereien. Die weite Anfahrt lohnt allerdings nur für besondere Kunstliebhaber oder für Leute, die die fixe Idee haben, sämtliche Höhlentempel entlang der Seidenstraße zu besichtigen.

● ***Anfahrt:*** Mit dem Bus ab Dunhuang oder Liuyuan nach Anxi (117 km). Von dort muss man mit dem Minibus noch 70 km nach Süden fahren.

Ruinenorte

Auf Jeeptrips kann man die Ruinenorte Shouchang, Yangguan, Yumenguan und Dafangpan besichtigen. Die Fahrt geht quer durch die Wüste und sollte wegen der schwierigen Orientierung nicht als Fahrradtour gemacht werden. In den heißen Sommermonaten sind die Fahrer meist nicht bereit, die komplette Tour an einem Tag zu fahren, was wegen der flirrenden Hitze und der ungenügenden Sicht auch nicht zu empfehlen ist.

Dafangpan

(Dàfāngpán)
大方盘

Verlässt man Dunhuang zunächst in Richtung Nordosten, sieht man während der Fahrt vereinzelte Ruinen der Großen Mauer aus der trostlosen Einöde ragen, die in der Han-Zeit bis hierher reichte. Nach etwa 60 km fährt man am einstigen Ort Dafangpan vorbei, der in der Han-Zeit ein großer Getreidespeicher war. Von hier aus wurden die Grenzsoldaten und Gesandten mit Getreide versorgt. Heute sind nur noch ein paar Reste der Speichermauer zu sehen.

Lebensfeindliche Wüste erwartet den, der das schützende Grün Dunhuangs verlässt

Yumenguan
(Yùménguān)
玉门关

20 km weiter ragt eine mächtige Ruine in den flirrenden Wüstenhimmel: Yumenguan. Die Burg hat 10 m hohe Mauern und misst auf ihrem quadratischen Grundriss 633 m². An dieser Stelle befand sich das eigentliche Tor zum Westen. Wer diesen Ort im Altertum passierte, betrat eine unbekannte, weite und oft feindliche Welt. Da aus dem unbekannten Westen sehr viel Jade nach China transportiert wurde, erhielt er den Namen ***Jadetorpass*** (Yumenguan). Über den traurigen Abschied am Jadetorpass wurde viel gedichtet, und eines der bekanntesten Gedichte floss aus der Feder des tang-zeitlichen Poeten *Wang Zhihuan* (688-742): *„Der Huanghe berührt in der Ferne die weißen Wolken, Eine einsame Stadt mitten unter hohen Bergen; Die Flöten sollten über Pappeln und Weiden trauern, Denn der Frühlingswind kommt nicht nach Yumenguan."*

Vorbei an einem ***Signalturm*** kann man von hier aus nach Yangguan weiterfahren. Diese Signaltürme stehen entlang der ganzen Seidenstraße immer im Abstand von wenigen Kilometern. Schon in der Han-Zeit standen auf diesen Türmen Gerüste, an denen Käfige mit Heu und Brennholz hingen. Im Falle von Gefahr wurde das Heu in Brand gesetzt. Tagsüber wurde es angefeuchtet, und die Signale wurden über Rauch weitergegeben.

Yangguan
(Yángguān)
阳关

Nach 50 weiteren Kilometern erreicht man Yangguan, das einstige Tor zur südlichen Seidenstraße. Erhalten sind aber nur noch einige wenige Fundamente.

Shouchang
(Shòuchāng)
寿昌

Auf der Rückfahrt nach Dunhuang kann man die Reste des von einem Schutzwaldgürtel umgebenen Shouchang (= Blühende Langlebigkeit), einer Kreisstadt der Präfektur Dunhuang, besichtigen. Das meiste wurde bereits von Wanderdünen verschluckt.

●***Anfahrt:*** Die Sehenswürdigkeiten sind nur mit einem Jeep oder Minibus von CITS oder vom Minibusstand erreichbar. Je mehr Leute sich zusammenfinden, desto billiger wird es. Alle hier genannten Orte an einem Tag zu sehen ist zu anstrengend. Normalerweise werden Dafangpan und Yumenguan sowie Shouchang und Yangguan kombiniert. Wer nur eine Tour machen will, sollte sich für das interessantere Yumenguan entscheiden.

哈密 *Hami*

(Hāmì)

Verschiedene Routen

Die frühen Reisenden und Handelskarawanen um die Zeitwende konnten von Dunhuang zwischen drei Routen wählen, die sie weiter nach Westen führten. Alle drei durchquerten die mörderischen Westausläufer der Wüste Gobi: die Südroute vom Yangguan über Miran (Milan), Qiemo, Niya (Minfeng), Hotan (Hetian) und

Yarkand; die mittlere über das blühende, aber stets zwischen den Fronten der Han-Chinesen und Hunnen stehende Königreich Loulan nach Korla, Kuqa und weiter nach Kashgar und die nördliche Strecke vom Yumenguan nach Hami und Turfan.

Nachdem Loulan im Laufe des 4. Jh. unterging – wie *Sven Hedin* auf einer Expedition 1900 zufällig herausfand, weil der heutzutage versandete ***Lop Nor*** ein wandernder See war und dem Königreich das Wasser buchstäblich wegwanderte – führte die nächste Etappe meist nach Hami.

Der berühmte ***Pilger Xuanzang*** konnte ein Lied von den Strapazen dieser Strecke singen. Einzig 5 Signaltürme im Abstand von 50 km und die Wüste Gobi mit ihrer nicht enden wollenden, unerträglichen Weite und Einsamkeit erwarteten ihn. Doch um die Qual zu vervollkommnen, war sein junger Führer auch noch darauf aus, *Xuanzang* zu ermorden. In der Nacht der geplanten Tat wachte der Mönch jedoch auf und betete angesichts seines erahnten Schicksals wortlos, was seinen verräterischen Führer zutiefst beeindruckte. Er bereute und beichtete seine verbrecherische Absicht und riet davon ab, weiterzuziehen. *Xuanzang* ließ sich nicht beirren und zog allein los. Tagelang irrte er durch die Wüste, die Wasservorräte gingen zur Neige, und die sengende Hitze brachte ihn fast um den Verstand, als ihn sein Pferd plötzlich zu einem Stück Weide mit einem Teich zog. Der Pilger war gerettet, hatte wieder etwas für seinen Mythos getan und gezeigt, dass er den Strapazen, die noch vor ihm lagen, gewachsen war.

Das heutige Hami

Als moderner Reisender fährt man vielleicht durstig, aber bequem mit dem Zug in den Bahnhof von Hami, dem ersten wichtigen Ort der Autonomen Provinz Xinjiang, ein und wird, zumindest im Sommer, gleich mit den massenhaft angebotenen ***Hami-Melonen*** *(中 Hāmì Guā)* konfrontiert, die hervorragende und unglaublich schmackhafte Durstlöscher sind. Interessanterweise stammt die Hami-Melone nicht aus Hami, sondern aus dem Kreis Shanshan etwas östlich von Turfan. Ihren Namen verdankt sie der Notlüge eines kaiserlichen Ministers, der 1401, von seinem Kaiser gefragt, wie diese köstliche Melonenart denn hieße, in arge Verlegenheit geriet. Das einzige, was der bedrängte Mandarin wusste, war, dass sie von Hami als Tributlieferung an den kaiserlichen Hof gelangt war, und so nannte er sie einfach Hami-Melone.

哈密瓜

Hami selbst ist eine Oasenstadt mit wenig Industrie und ohne antike Bauten. Besichtigen kann man aber eine 10 m hohe prächtige ***islamische Grabanlage*** *(中 Hāmì Wángmù)* ca. 2 km südlich der Stadt nahe der Moschee *(中 Qīngzhēn Sì),* in dem insgesamt neun uigurischen Könige von Hami mit Namen *Bochir* samt seinen Frauen begraben liegt.

哈密王墓
清真寺

In der selben Anlage kann man auch das heilige ***Grab Gai Sis*** (中 Gàisī Mù) sehen, der im 7. Jh. als muslimischer Missionar nach China gekommen war. Die Hami-Könige hatten ihm an dieser

盖斯墓

Stelle ein Denkmal errichtet, das 1939 zerstört wurde. 1945 sammelten lokale islamische Honoratioren Geld, um das heilige Grab (Mazar, chin. Mazha) wieder aufzubauen.

Hotels

东迎招待所

政府招待所

● Übernachten kann man im ***Hotel* des Bushofs*** (Dōngyíng Zhāodaisuǒ), einer einfachen Unterkunft gegenüber vom Busbhf. oder im besseren ● 中 ***Hāmì Zhèngfǔ Zhāodaìsuǒ*,*** in der Jianguo Nanlu, etwa 15 Minuten zu Fuß von der Busstation entfernt. Hier gibt es Restaurants, einen Travel Service, und man kann Fahrräder mieten.

Essen

● Essen kann man auch auf dem großen ***Nachtmarkt*** hinter dem Bushof.

Weiterreise

Von Hami aus gab es für die Karawanen zwei Möglichkeiten weiterzuziehen, wenn sie in Richtung Westen - Ürümqi existierte noch gar nicht - wollten. Im Sommer wurde meist die an Oasen reichere Strecke über den ***Barkol-See,*** Mori und Jimsar nach Westen gewählt. Entlang dieser Strecke hatten die Chinesen während der Tang-Zeit die Präfektur Beiting eingerichtet, die für die Gebiete nördlich des Tian Shan bis zum Aralsee zuständig war, um dort die Karawanenstraßen effektiver vor den Hunneneinfällen schützen zu können. Sie verlief nördlich der Vorberge des Gebirges Tian Shan. Heutzutage führt die Straße nur bis zum Barkol-See, ein gut 30 km² großer Salzsee, in dem weder Fische noch Pflanzen leben und der ausschließlich für die Salzgewinnung genutzt wird. Drumherum gibt es Pferdezuchtfarmen und Weideplätze, auf denen schon im Altertum die Herden der Hunnen, Tujue (Türken), Huihu und Mongolen weideten.

Der moderne Abzweig nach Mori und Jimsar beginnt weiter westlich beim Ort ***Qijiaojing.*** Für Ausländer ist diese Strecke allerdings nicht geöffnet. Kulturhistorisch interessanter ist denn auch die Strecke über Turfan.

吐鲁番 *Turfan*

(Tǔlǔfàn)

50 °C im Schatten, flirrende Hitze, vielleicht die eine oder andere Fata Morgana und nahezu undurchdringlicher Dunst erwarten den Reisenden, der es im Hochsommer bis zum zweittiefsten Ort der Erde, der Turfan-Senke, geschafft hat, eisige Kälte dagegen die Hartgesottenen, die sich im Winter hierher wagen. Eigentlich alles Gründe, Turfan lieber links liegenzulassen. Dennoch ist die Oase neben Dunhuang ein Besuchermagnet, der alljährlich viele tausend Besucher anzieht. Das hat einige gute Gründe.

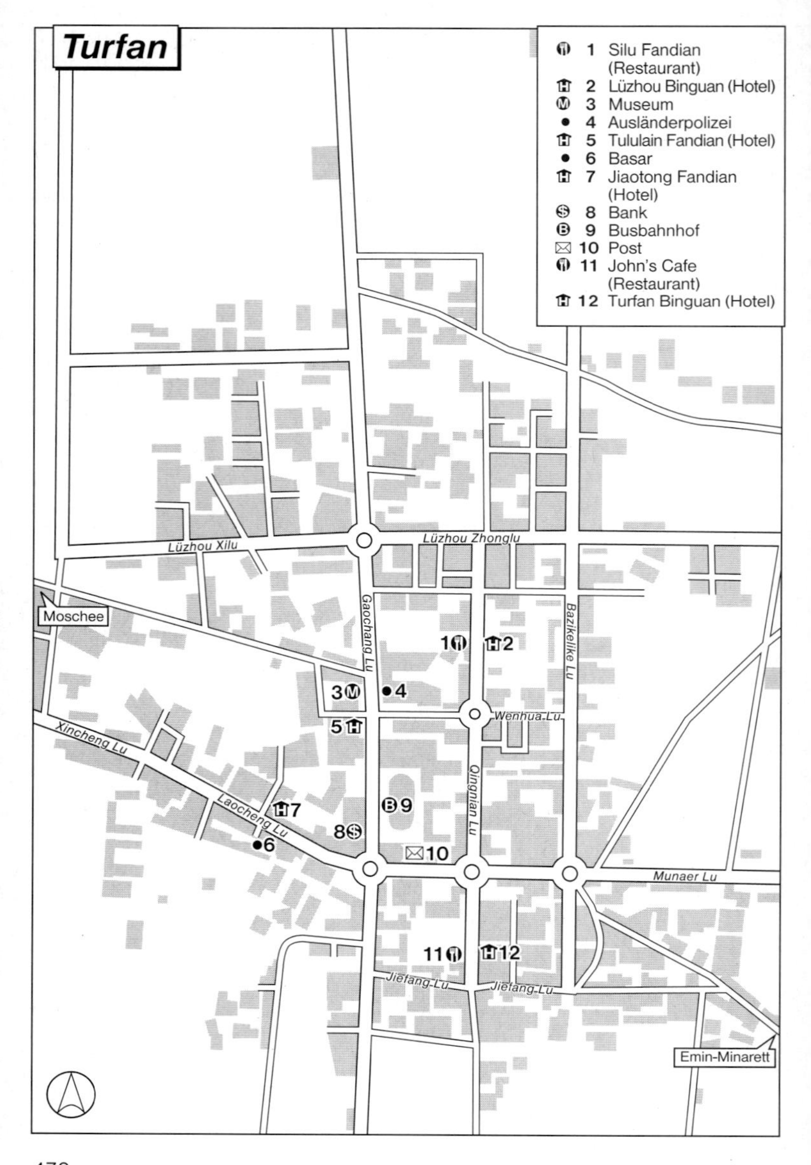
Turfan
1 Silu Fandian (Restaurant)
2 Lüzhou Binguan (Hotel)
3 Museum
4 Ausländerpolizei
5 Tululain Fandian (Hotel)
6 Basar
7 Jiaotong Fandian (Hotel)
8 Bank
9 Busbahnhof
10 Post
11 John's Cafe (Restaurant)
12 Turfan Binguan (Hotel)
Lüzhou Xilu
Lüzhou Zhonglu
Moschee
Gaochang Lu
Bazikelike Lu
Wenhua Lu
Xincheng Lu
Laocheng Lu
Qingnian Lu
Munaer Lu
Jiefang Lu
Jiefang Lu
Emin-Minarett

Das Leben in der Oase Turfan verläuft sehr gemächlich

Turfan war ebenfalls eine wichtige Station auf der alten Seidenstraße und vor allem das erste weiträumige, fruchtbare Territorium, das man erreicht, wenn man von Dunhuang aus in nordwestlicher Richtung die Südwestausläufer der Wüste Gobi durchquert. Als ***Durchgangsstation verschiedener Kulturen*** nahm die Oasenstadt chinesische, indische und persische Elemente auf. Es wurde ein Zentrum des ⇗Hinayana-Buddhismus und beherbergte Kommunen von ⇗Manichäern, die einer Mischlehre von griechischem, christlichem, buddhistischem und anderem Gedankengut anhingen, sowie nestorianische Christen. Mit der Dominanz der Uiguren über das Tarim-Becken, hielt ab dem 9. Jh. auch der Islam Einzug und blieb bis heute vorherrschende Religion. Die Uiguren bilden mit ca. 120.000 Menschen auch die Mehrheit der rund 170.000 Bewohner des Kreises.

Lage und Klima

Das ***Turfan-Becken*** liegt im Schnitt 150 m unter dem Meeresspiegel, und der 152 km² große Aydingkol-See ist mit 154 m unter NN der zweittiefst gelegene See der Welt nach dem Toten Meer. Betrachtet man die Senke auf einer Landkarte oder aus dem Flugzeug, fällt die Ähnlichkeit mit einem Maulbeerbaumblatt, dem Hauptnahrungsmittel der Seidenraupen, auf.

Das Klima ist im Sommer ***extrem heiß und trocken*** (40°C und mehr). Willkommene Folge der extrem trockenen Luft sind gut erhaltene Ruinen, Artefakte und Dokumente.

Doch noch ein anderes Phänomen tritt häufiger auf: ***Orkane*** mit Windstärken 12 (32,6 m/sec) und mehr. Die Turfan-Senke ist ein sogenannter Windspeicher. Durch Luftdruckunterschiede zwischen dem Becken und dem Hochdruckgebiet außerhalb entstehen heftige Luftströme, die durch eine Spalte des Tian Shan im Nordwesten in das Turfan-Becken eindringen. An 30-40 Tagen im Jahr herrschen hier deshalb Stürme mit Stärke 8 und

Der Manichäismus

Entwicklung der Religion

Mani wurde um 216 bei Ktesiphon in der damals zu Persien gehörenden Provinz Babylonien geboren. Sein Vater enstammte einer angesehenen persischen Familie aus Hamadan und seine Mutter einer reichen parthischen Familie, die angeblich ein Nebenzweig der königlichen Familie war. *Manis* Vater war ausgesprochen schwärmerisch veranlagt und befasste sich viel mit den Kulten und Anschauungen verschiedener Sekten, was *Manis* Mutter vielleicht dazu verleitete, in ihrem Sohn einen zukünftigen Propheten zu sehen. Die Folge war, dass der kleine *Mani* schon seit frühester Kindheit mit den verschiedensten religiösen Strömungen in Berührung kam und vermutlich bereits im zwölften Lebensjahr die später von ihm verkündete Lehre in ihren Grundzügen entwickelt hatte. Allerdings sollten noch zwölf weitere Jahre vergehen, bis ihm eines Tages ein Engel erschien und ihn aufforderte, seine nunmehr ausgereifte Lehre öffentlich zu verkünden. *Mani* wählte den Krönungstag des Sassanidenkaisers *Schapur I.* (240) und verkündete auf dem Marktplatz von Ktesiphon die später als Manichäismus bekannt gewordene Lehre. Offensichtlich hörten nicht allzuviele Leute zu, aber *Mani* ließ sich nicht entmutigen und begann eine fast vierzig Jahre währende Wanderschaft, in deren Verlauf er auch Turkestan aufsuchte. Seine Worte fanden mehr und mehr Bewunderer und Anhänger, so dass er schließlich an allen von ihm besuchten Orten einen Vertreter zurücklassen konnte. Als er nunmehr im betagten Alter nach Ktesiphon zurückkehrte, hatte er einen nach damaligen Verhältnissen schon fast weltweiten guten Ruf, der ihm nun auch das Tor zum Herrscherhaus öffnete. *Mani* bekehrte den Bruder des Kaisers, *Peroz,* und bekam vom Kaiser die offizielle Genehmigung, seine Lehre zu verbreiten. Womit er allerdings nicht gerechnet hatte, war die ergrimmte zoroastrische Priesterschaft, die in *Mani* einen Häretiker sah und alles dransetzte, ihn zu vernichten. Unter *Schapurs* Nachfolger *Bahram I.* hatten sie endlich den gewünschten Erfolg. *Mani* wurde verhaftet und um 276 gekreuzigt. Seine Leiche wurde in zwei Teile geschnitten, mit Stroh ausgestopft und an den Toren der Residenzstadt Gundeshapur aufgehängt. Offensichtlich fruchtete diese Abschreckung nur wenig, denn *Manis* Lehre breitete sich in den folgenden Jahrhunderten bis ins Römische Reich und weit nach Zentralasien hinein aus, wo u.a. die Uiguren große Förderer dieser Religion waren.

mehr. Am 19. Mai 1977 tobte hier sogar ein Orkan mit Windstärken von 50 m/sec. Um die Oase vor den verheerenden Orkanen zu schützen, wurde seit 1949 ein Windschutzgürtel mit 30 Millionen Bäumen angelegt.

Bewässerung und Anbau

Die gut 10.300 km² große Oase Turfan wird über ein 2.000 Jahre altes ***Kanalsystem*** bewässert, das bis zum heutigen Tag eine Gesamtlänge von 2.000 km erreicht hat. 1.300 km dieses auch Karez- oder Foggara-System genannten Gesamtkunstwerks aus Brunnen, die mit Kanälen untereinander verbunden werden, leiten Schmelz- und Quellwasser vom Fuße des Tian-Shan in die Oase.

Inhalte

Der Manichäismus war eine seltsame Mischung christlicher, in Turkestan auch buddhistischer Anschauungen, auf der Basis des mit unerbittlicher Konsequenz durchgeführten iranischen Dualismus. Durchsetzt war diese Lehre dann noch mit gnostischen, zoroastrischen und griechischen Elementen sowie Anschauungen der alten babylonischen Volksreligion. Dennoch war die Lehre *Manis* eine eigenständige Religion.

Grundzug der Lehre ist der Kampf des guten Prinzips, des Lichts, mit dem Bösen, der Finsternis. Es entbrennt ein Kampf, in dem das Licht unterliegt und die Finsternis sich einiger Lichtteile bemächtigt, mit denen es sich vermischt. Die Finsternis wird mit Materie gleichgesetzt. Zur Errettung der Lichtteile, die sich die Finsternis einverleibt hatte, entbrennt ein neuer Kampf, in dem diesmal die Finsternis unterliegt. Aus den mit der Finsternis vermischten Lichtelementen werden Himmel und Erde sowie das erste Menschenpaar. Die Finsternis gibt sich allerdings nicht geschlagen. Um die Erettung der mit der Finsternis vermischten Lichtteile zu verhindern, erweckt sie die Sinneslust der Menschen. Durch die immer von neuem, bei jeder Geburt, sich vollziehende Zerteilung der in jedem Menschen vorhandenen Lichtteile in den Kindern soll schließlich so wenig Licht in deren Körpern übrigbleiben, dass es nicht mehr von der Materie geschieden werden kann.

Die Folgen für die praktische Religion waren klar. Der Manichäismus war eine streng asketische Religion, die den Geschlechtsverkehr, den Genuss von Fleisch und Wein, kurzum alle Sinnesfreuden, verbot, weil diese den Menschen an die vom Ursprung her böse Welt fesselten. *Manis* Gemeinde teilte sich in die Zuhörer (auditores), gewissermaßen die Laienbrüder, die die zehn an das Christentum angelehnten Verbote und Fastenvorschriften einhalten mussten, und die Vollkommenen (electi), die sich strengen Regeln unterwarfen und als Missionare die Lehre verbreiteten. Über ihnen standen noch die „presbyteroi", „episcopi" und über allen die „magistri". Das Haupt der Manichäer war der „princeps", der seinen Wohnsitz in Babel haben sollte, in Zeiten der Verfolgung aber oft in Samarkand residierte. In Europa entwickelten sich manichäische Sekten mit den Paulicianern, Bogomilen, Katharern und Albigensern, alle aufs schauerlichste verfolgt und schließlich vernichtet. In China hielt sich der Manichäismus am längsten in der Provinz Fujian, wo er im 16. Jh. unterging.

Dadurch war Turfan schon in früher Zeit das ausgedehnteste landwirtschaftliche Anbaugebiet des Tarim-Beckens. Man erkennt das Karez-System an den vielen Kieshaufen, die überall in der Landschaft herumstehen. Sie bilden den Aushub für die Wasserspeicher, die unter der Erde angelegt werden, um einen gleichmäßigen Fluss des Wassers und die Ventilation zu gewährleisten.

Hauptanbauprodukt sind die ***Weintrauben,*** die hier in zahllosen Sorten angebaut werden. Die Weinreben bedecken eine Fläche von 50.000 Mu und erwirtschaften 25 Millionen kg Trauben pro Jahr. Das hindert die Angestellten des Lüzhou-Hotels im übrigen nicht, einem eine Strafe von 30 Yuan aufzubrummen, wenn man eine der Trauben am Eingang pflückt. Überall in der Oase sieht man Lehmhütten mit fensterartigen Löchern. Hier trocknen die Weintrauben zu Rosinen.

Ruinenstädte

Hauptgrund für einen Besuch Turfans sind aber nicht die Weintrauben oder unterirdischen Kanäle, sondern die beiden gut erhaltenen Ruinenstädte Gaochang und Jiaohe.

Ankunft

大河沿

● ***Mit dem Zug*** landet man zwar im Turfan-Zhan (Bahnhof), befindet sich allerdings im 46 km von Turfan entfernten ф Daheyan. Vom Bahnhof fahren mehrmals täglich Busse nach Turfan, die jedoch hoffnungslos überfüllt sind. Es verkehren auch Minibusse, deren Fahrer aber systematisch versuchen, Ausländern weit überhöhte Preise abzuknöpfen. Wer zum Busbahnhof will, läuft vom Bahnhof die Straße hinunter bis zur ersten Kreuzung, biegt dort rechts ab und kommt nach einigen Minuten linker Hand zum Busbahnhof.

● Wer ***mit dem Bus*** aus Ürümqi anreist, kommt direkt in Turfan an.

Hotels

吐鲁番宾馆

ф ***(Tǔlǔfàn) Turfan Bīnguǎn*/***,** Tel. 8522301. Ein Hotel, wie man es sich in der flirrenden Wüstenhitze wünscht. Weinüberrankte Wege und kalte Getränke lassen vergessen, in was für einer unwirtlichen Gegend man sich befindet. Es gibt einen neugebauten modernen Flügel und die atmosphärevolleren Gebäude des alten Traktes.

绿洲宾馆

ф ***Lùzhōu Bīnguǎn***,*** in der gleichen Straße - Qingnian Lu - wie das Turfan-Hotel gelegen, kommen hier vor allem Tourgruppen unter. Preiswerte Dormitory-Betten machen es allerdings auch für Einzelreisende mit kleinem Geldbeutel interessant. Tel. 8522491, Fax 852478.

交通饭店

ф ***Jiāotōng Fàndiàn*,*** ein sehr lautes Hotel an der Busstation.

吐鲁番饭店

ф ***Tǔlǔfàn Fàndiàn*,*** Gaochang Lu, mäßige Absteige und nicht zu verwechseln mit dem Turfan Binguan.

Restaurants

● Recht gutes Essen bekommt man im ***Turfan-Hotel.*** Dort gibt es am Abend auch Tanzveranstaltungen.

● Ein Menü mit regionalen Spezialitäten kann man ab sechs Personen im ***Lüzhou-Hotel*** bestellen.

● In den ***Imbissbuden*** am Markt bekommt man leckeres Fladenbrot und selbstgemachte Spaghetti.

咖啡馆

ф ***John's Cafe*** ist ein Lokal gegenüber vom Turfan Binguan. Netter Platz, um Leute zu treffen. Im Winter hat es allerdings geschlossen.

丝路饭店

ф ***Sīlù Fàndiàn:*** Das Seidenstraßen-Restaurant bietet chinesisches Essen gegenüber vom Lüzhou Binguan.

Sonstiges

● ***CITS:*** Im Lüzhou Binguan, Tel. 8523215. In der Hauptsaison gibt es im Turfan Binguan ebenfalls eine Filiale von CITS.

● ***Ausländerpolizei:*** In der Gaochang Lu, schräg gegenüber vom Tulufan Fandian.

● ***Bank:*** Im Lüzhou Binguan oder in der Bank of China, Gaochang Lu, südliches Ende am Kreisverkehr.

● ***Post:*** Im Turfan Binguan, Lüzhou Binguan oder in der Mu'er Lu.

Weiterreise

● ***Züge:*** siehe auch Weiterreise Ürümqi. Es gibt mehrere Züge nach ***Korla*** (Nr. K882, K886, 1067, 5806, 8871*), die allerdings länger unterwegs sind als der Bus. Eisenbahnfans werden aber auf ihre Kosten kommen, weil die Eisenbahn einen Höhenunterschied von 2.500 m überwinden muss. Der höchste Punkt der Strecke liegt auf 3.000 m. Allein die technische Lösung dieser komplizierten Strecke, die 1984 fertiggestellt wurde, ist die Bahnfahrt wert. Da die Steigung der Bahnlinie einen bestimmten Prozentsatz nicht übersteigen darf, winden sich die Gleise in Serpentinen den Tian Shan hoch. Ein beeindruckendes Schauspiel. Nach Kashgar (1589 km, 24 Std.) fahren Zug Nr. K882 und 5806.

● ***Busse:*** Das Abfahrtssystem ist etwas chaotisch. Man sollte immer 1 Std. vor Abfahrt am Busbahnhof sein, da die Organisation des Einsteigens oft kompliziert ist. Die meisten Ziele werden übrigens auch von Bussen ab Busbahnhof in Daheyan (Turfan Zhan) bedient. Man muss in diesem Falle am Vorabend von Turfan dorthin, Tickets besorgen und dort auch übernachten. Es gibt kleinere Herbergen. ***Kashgar*** (1.359 km, es gibt Sleeperbusse, die die Strecke in zwei Tagen fahren.) ***Korla*** (357 km, 1 Tag), ***Kuqa*** (638 km, 1,5 Tage), ***Aksu*** (895 km, 2 Tage). Die Busse fahren täglich. Nach ***Ürümqi*** fahren Busse und Minibusse ab Busbahnhof Turfan (187 km, 4 Std.).

Sehenswertes

Emin-Minarett
(Sūgōng Tǎ oder Émǐn Tǎ)
苏公塔，
额敏塔

Das Minarett liegt ca. 20 Minuten zu Fuß vom Turfan-Hotel entfernt. Auf dem Weg dorthin kann man gemütliches Oasenleben beobachten. Vom Hotel aus geht man nach links und an der nächsten Kreuzung wieder nach links. Dann einfach dem langen, teilweise schön schattigen Weg folgen. Das Emin-Minarett ist eines der wenigen kulturgeschichtlich bedeutsamen Bauwerke Turfans. 1776-1779 ließ es *Suleiman* im schlichten afghanischen Stil erbauen, um seinen Vater, *Emin Khoja*, zu ehren. 44 m ist das Minarett hoch, das sich flaschenförmig nach oben verjüngt.

Schlichte afghanische Eleganz zeichnet das Emin-Minarett aus

Museum
(Bówùguǎn)
博物馆

Hier sind allerlei interessante Funde aus vorislamischer Zeit ausgestellt, darunter Mumien aus den Gräbern von Astana in der Umgebung von Turfan. Das Museum befindet sich einige Meter nördlich vom Tulufan Fandian in der Gaochang Lu.

Die Turfan-Sammlung des Museums für Indische Kunst in den Dahlemer Museen Berlins gehört übrigens zu den bedeutendsten Ausstellungen zentralasiatischer Kunst überhaupt und bietet eigentlich die beste Ergänzung zu einem Besuch Turfans.

Basar
(Nóngmaò Shìcháng)
农贸市场

Der Ort Turfan ist nicht sehr groß, und enge Gassen, orientalisches Leben und Märkte laden zum Bummeln ein. Es gibt zwei Teile, die Chinesenstadt im Osten und die Uigurenstadt im Westen. Der quirlige und nach Kashgars Basar wohl schönste Markt liegt ziemlich im Zentrum, aber in Turfan sind sowie alle Wege kurz.

Ausflüge in die Umgebung

Anfahrt

● Zu den Ausflügen sollte man immer eine ***Wasserflasche,*** am besten mit heißem Tee gefüllt, mitnehmen. ***Sonnenhut, Sonnenschutzmittel*** und eine gute ***Sonnenbrille*** sind ebenfalls ein Muss, will man nicht bei lebendigem Leibe gebraten werden – die Oberflächentemperaturen können bis zu 80°C erreichen, genug, um Spiegeleier zu braten. Bei Fahrten auf Eselskarren ist ein aufblasbares ***Sitzkissen*** von unschätzbarem Wert.

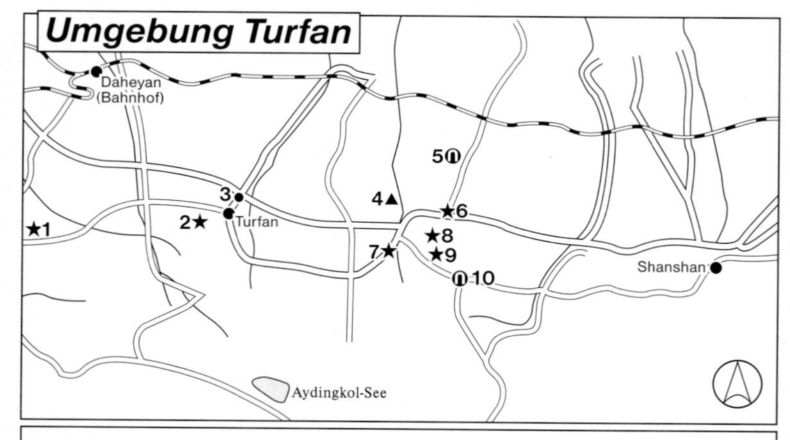

★ 1 Toksun
★ 2 Jiaohe
● 3 Staatlicher Weintraubenankauf
▲ 4 Flammenberge
Ⓣ 5 Bezeklik-Grotten
★ 6 Shengjin
★ 7 Sanbao
★ 8 Astana Gräber
★ 9 Gaochang
Ⓣ 10 Tausend-Buddha-Grotten von Tuyugou

Nur noch ein Ruinenfeld ist von der einstigen natürlichen Festung Jiaohe übriggeblieben

- ***Nach Jiaohe:*** Mit Taxi oder Eselskarren (ca. 1,5 Std. pro Strecke).
- ***Nach Gaochang, Astana-Gräber und Bezeklik:*** Entweder mit dem Taxi oder mit mehreren Leuten einen Jeep oder Minibus chartern. Wer 6 Leute zusammenbekommt, kann am Hotel einen Minibus mieten. Außerdem werden Touren angeboten, die Gaochang, Astana-Gräber und Bezeklik einschließen. Die Minibusfahrer, die die Strecken abfahren, sprechen einen überall an. Wer sich unbedingt durch die Wüste schlagen will, fährt mit einem Überlandbus bis zum Abzweig nach Gaochang/Astana-Gräber. Dort kann man nur hoffen, dass ein Eselskarren vorbeikommt, ansonsten muss man die 10 km zu Fuß laufen.
- Bei CITS gibt es Touren für 100 Yuan, die alle der Sehenswürdigkeiten (inkl. Emin-Minarett und Moschee) einschließen.

Jiaohe (Yarkhoto)
(Jiāohé Gǔchéng)

10 km westlich von Turfan liegt 30 m über einem Flusstal die ehemalige Hauptstadt des zentralasiatischen Königreichs Cheshi, Jiaohe (Yarkhoto = Stadt auf dem Yar), die den Chinesen ab der Han-Zeit als Garnisonsstadt diente. Im 13. Jh. wurde die Stadt von den Mongolenheeren *Dschinghis Khans* vollständig zerstört. Zu sehen gibt es ein großes Ruinenfeld, das die Struktur der Stadt noch gut erahnen lässt. Jiaohe liegt auf einem schmalen, hohen, weidenblattförmigen Felsplateau, das sich wie eine ***natürliche Festung*** mit senkrechten, bis zu 50 m abfallenden Steilwänden zwischen zwei Flusstälern erhebt. Diese natürliche „Insel" hat eine Gesamtlänge von 1.600 m und misst 300 m an der breitesten Stelle. 50 Jahre lang bissen sich die Chinesen die Zähne an der Festung aus, die von den Cheshi, die zum Herrschaftsbereich der Hunnen gehörten, beherrscht wurde, bis es ihnen im Jahre 60 v. Chr. gelang, die gesamte Turfan-Oase, bis dato ein unabhängiges Fürstentum, unter ihre Herrschaft zu bringen. Der eigentliche Ausbau zu der jetzt noch zu sehenden Größe fand aber vermutlich erst im 5. Jh. satt, als sich Zentralchina in zwei Machtblöcke - die Südlichen und Nördlichen Dynastien (420-589) - teilte.

Die Hauptstraße Jiaohes verläuft von Norden nach Süden und teilte die Stadt in zwei Verwaltungs- und Wohnquartiere. Jeder Quadratmeter Fläche wurde genutzt, und so reichen die ***Gebäude*** schwindelerregend nah an die Abgründe heran. Die Straße führt direkt auf die rechteckigen Ruinen eines großangelegten Tempels zu. Deutlich erkennbar sind die Fundamente der Haupthalle, der Seitentrakte und der ⇗Pagode. Übriggeblieben ist auch die große Buddha-Pagode hinter dem Tempel, um die herum sich die Fundamente eines ganzen Pagodenwaldes gruppieren.

Die Bewohner Jiaohes mussten, um Wasser zu holen, nicht den langen Weg ins Flusstal auf sich nehmen, ein bei den Temperaturen sicher schweißtreibendes Unterfangen. Wer in den Stadtruinen herumspaziert, findet früher oder später auch den einen oder anderen ***Brunnen,*** der die Bevölkerung mit Wasser versorgte.

Gaochang (Khocho, Karakhoja)
(Gāochāng Gǔchéng)
高昌故城

Ca. 40 km südöstlich. Gaochang wurde vermutlich unter dem Han-Kaiser *Wu Di* (reg. 141-87 v. Chr.) gegründet und dem Vorbild der Hauptstadt Chang'an nachempfunden. Anfangs waren hier wahrscheinlich Truppen stationiert, später wurde eine Kommandantur für die Urbarmachung angeschlossen, die für die Erschließung des Landes Truppen einsetzte. Die ***Blütezeit*** der Stadt, die aus Stampflehm und Lehmziegeln errichtet und von einer 6 km langen Mauer umschlossen wurde, lag zwischen dem 7. und 9. Jh. Das erste Königreich Gaochang (442-446) wurde von den Juqu, den Nachkommen der Hunnen, gegründet. Es umfasste unter anderem die Orte Turfan und Jiaohe. Im Anschluss daran bemächtigten sich verschiedene Herrscher des kleinen Königreichs. Sie alle waren Han-Chinesen. Den größten Einfluss hatte die Familie *Qu*, die zwischen 499 und 640 insgesamt 10 Könige stellte. Sie kamen den Nomadenstämmen poli-

Uigurische Jungen finden in den Ruinen von Gaochang ein herrliches Areal zum Spielen

tisch entgegen und zahlten gleichzeitig Tribut an die chinesische Zentralmacht, wodurch sie dem Kleinstaat lange Zeit den Frieden sicherten. Einer der Herrscher, *Qu Boya,* dem wir schon am Yanzhi Shan (Wuwei) begegnet sind, reiste sogar drei Jahre lang durch das Reich der Mitte. Mitte des 9. Jh. machten die Huihe, die Vorfahren der heutigen Uiguren, Gaochang zur Hauptstadt ihres Reichs Khocho. Anfangs waren sie noch Anhänger der manichäischen Religion (etwa 7. und 8. Jh.), später wurde bis ins 13. Jh. der Buddhismus vorherrschend.

Das bekam auch der berühmte buddhistische Indienpilger ***Xuanzang*** zu spüren. Auf Einladung des Königs von Gaochang, *Qu Wentai*, dem Nachfolger *Qu Boyas*, einem gläubigen Buddhisten, änderte er seine Reiseroute und reiste statt wie geplant über Jimsar nach Gaochang weiter. Der König umschmeichelte ihn und erzählte *Xuanzang*, dass er schon immer eine Begegnung mit dem berühmten Mönch gewünscht hätte. Dann bot er ihm an, für immer auf Kosten des Königreiches in Gaochang zu bleiben. *Xuanzang* lehnte dankend ab, da ihm seine Indienreise wichtiger war. Daraufhin wurde *Qu Wentai* böse und drohte dem Mönch damit, ihn gewaltsam in den Osten zurückzubringen. *Xuanzang* trat daraufhin in einen dreitägigen Hungerstreik, bei dem er auch nichts trank. Das beschämte den König zutiefst, und er gab *Xuanzang* frei. Reichlich beschenkt durfte er schließlich weiter gen Westen ziehen.

Der ***Untergang der Stadt*** begann, nachdem im 17. Jh. bei kriegerischen Auseinandersetzungen ein Großteil der Bewässerungsanlagen zerstört worden war. Grausige Funde früherer Gewalttaten machte *Albert von ↗ Le Coq* bei seinen Grabungen in einem Komplex von vier Kuppelräumen. Bei der Öffnung der Gewölbe stieß er auf Hunderte von aufgetürmten Leichen erschlagener Mönche, die in der trockenen Wüstenluft mumifiziert worden waren. Eine Katastrophe, die vermutlich auf das 9. Jh. mit seinen Buddhistenverfolgungen zurückging.

Zwischen 1902 und 1915 war Gaochang stets ein ***Ziel der Berliner Ost-Turkestan-Expeditionen*** gewesen. Den Forschungen der beiden Zentralasienforscher *Albert Grünwedel* und *Albert von ↗ Le Coq* verdanken wir heute viele der Kenntnisse über die Geschichte des Tarim-Beckens. Oft in letzter Minute zeichneten sie vor der Zerstörung stehende Skulpturen und Freskenreste und erhielten sie damit zumindest als Skizzen für die Nachwelt. Die Bauern der Umgebung glaubten, dass die alten Farben eine besonders gute Düngewirkung hätten. Sie zerkleinerten unzählige Tempelwände und verteilten den Schutt auf die oft ebenfalls innerhalb der Ruinen angelegten Felder. Liest man die Expeditionsberichte und schaut sich die heutigen Ruinen an, kann man ermessen, wieviel aus purer Unwissenheit zerstört und wieviele Dokumente vernichtet wurden.

Die buddhistischen Grotten

Bezeklik
(Bózīkèlǐ Qiānfó Dòng)

柏孜克里千佛洞

Die ***buddhistischen Grotten*** von Bezeklik, 10 km nördlich von Gaochang, sind vor allem wegen ihrer Wandmalereien berühmt, die aus der Tang-Zeit (618-907) stammen. Leider sind sie nicht gut erhalten. Es wurde viel von den Moslems zerstört, anderes verrichteten Archäologen wie *Albert Grünwedel* und *Albert von ⇗ Le Coq,* die Kultfiguren entfernten oder einfach nur die Köpfe absäbelten. Weitere Zerstörung leistete die ⇗ Kulturrevolution.

Dennoch lohnen die Höhlen einen Besuch, nicht zuletzt wegen ihrer ausgesprochen schönen Lage. Zu sehen gibt es buddhistische und manichäische ***Malereien*** sowie uigurische und chinesische Inschriften, aber auch Steine mit Inschriften in Sanskrit oder der Brahmi-Schrift. Wie auch bei den Mogao-Grotten bei Dunhuang verdanken viele der Grotten ihre Existenz großzügigen Spendern, oft reichen Kaufleuten, die sich dadurch eine bessere Wiedergeburt erhofften. Vielleicht nicht zufällig wurde den Grotten daher der Name Bezeklik gegeben, was im Uigurischen soviel wie „vornehm eingerichtete Häuser“ bedeutet.

Der faszinierende ***Synkretismus*** (Religionsvermischung) Bezekliks und Gaochangs lieferte den Zentralasienforschern Indizien dafür, dass Buddhismus, persischer Manichäismus, Zoroasmus und nestorianisches Christentum zwar von Westen und Süden her nach China einsickerten, umgekehrt aber ließen sich religiöse Kulte und Vorstellungen der Chinesen westlich ihrer traditionellen Grenzen kaum nachweisen. So wird vermutet, dass die Seidenstraße in West-Ost Richtung nicht nur eine merkantile Funktion hatte, sondern als Missionsstraße ebenso wichtig war, während von chinesischer Seite der Handelsaspekt vorherrschte.

Seine Eindrücke von Gaochang und Bezeklik kann man nach dem Urlaub im ***Dahlemer Musem*** in Berlin vervollständigen, wohin viele der abgesägten Köpfe gebracht wurden.

Astana-Gräber
(Āsītǎnà Gǔmùqū)
阿斯塔娜古墓区

Etwa 3 km vor Gaochang befand sich einst der Begräbnisplatz der Stadt. 400 Gräber aus der Zeit zwischen 265 und 288 wurden lokalisiert. Drei sind zur Besichtigung freigegeben. Sie enthalten sehenswerte Wandmalereien, und in einer Höhle liegen die Mumien eines Ehepaares. Die Grabbeigaben sind in einem nahe gelegenen Museum, aber auch in den Museen von Turfan und Ürümqi ausgestellt.

Dass doch der eine oder andere Kult Chinas seinen Weg in den fernen Westen gefunden hat – und sei es auch nur in Form von Abbildungen – zeigt vielleicht ein in den Astana-Gräbern gefundenens Seidentuch, das heute im Museum von Ürümqi zu sehen ist. Es wird ***Fuxi-Nüwa-Bild*** genannt und zeigt den ersten mythischen Kaiser Chinas und seine Schwester mit Menschenköpfen und Schlangenkörpern, die sich umschlungen halten. Beide tragen die typische Han-Tracht. ⇗ *Fuxi*, dem wir bereits im gleichnamigen Tempel in Tianshui begegnet sind, hält auf dem Bild ein Winkelmaß in der Hand, das Symbol des Bauens, aber auch der heiligenden und magischen Kräfte. *Nüwa* (oder auch *Nügua*) war die Schwester *Fuxis* und – entgegen aller chinesischen Moralvorstellungen – auch seine Frau. Sie gilt als Schöpferin der Menschen, die sie einer Überlieferung nach aus Tonfiguren modellierte und in einem Brennofen brannte, wobei die zu heiß gebrannten die Schwarzen, die zu wenig gebrannten die Weißen wurden. Berühmt war *Nüwa* auch dafür, dass sie alles schmelzen konnte, eine Eigenschaft, die dereinst die Erde rettete, nachdem bei einem Kampf der Götter einer der vier Pfeiler, die die Erde hielten, zerbrach. *Nüwa* schmolz Steine zusammen und reparierte die Säule, die allerdings etwas kleiner als die anderen geriet. Seitdem fließen alle Flüsse Chinas nach Südosten ab. In ihrer Hand hält sie einen Zirkel, der zusammen mit ⇗ *Fuxis* Winkelmaß die „guten Sitten" symbolisiert.

Flammenberge
(Huǒyàn Shān)
火焰山

Nördlich von Gaochang ziehen sich über 100 km die Flammenberge hin. Auf der Fahrt nach Gaochang kommt man an ihnen vorbei. Sie leuchten abends in der Sonne in flammendem Rot und bilden eine hübsche Kulisse für die abendliche Rückfahrt nach Turfan.

Die Flammenberge sind auch Thema einer spannenden Passage aus *Wu Chengen's* (1506-1582) berühmtem ***Roman „Die Reise in den Westen"*** (Xiyu Ji), in dem die Pilgerfahrt *Xuanzangs*, der im Roman *Tang Seng* (Mönch aus der Tang-Zeit) heißt, auf phantastische Weise beschrieben wird. *„Auf 800 Li dehnten sich die Flammen des Huoyan Shan aus, so daß es kein Weiterkommen mehr gab. Tang Seng befahl dem Affenkönig ⇗ Sun Wukong, sich von der Prinzessin mit dem eisernen Fächer den wundersamen Palmblattfächer zum Löschen der Flammen auszuleihen. Diesem Fächer wurde nachgesagt, daß er die Flammen beim ersten Fächeln erstickte, beim*

Die Flammenberge

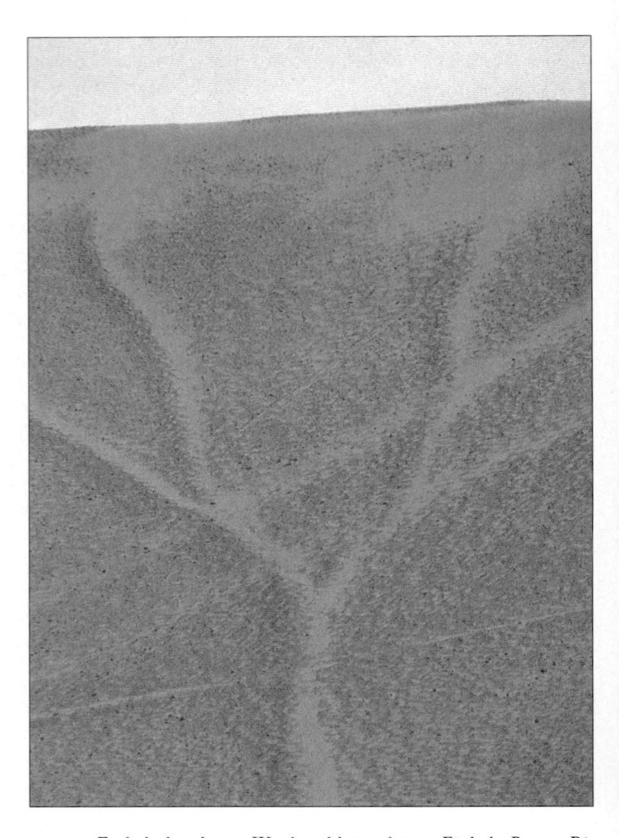

zweiten Fächeln brachte er Wind und beim dritten Fächeln Regen. Die Prinzessin aber blieb stur und gab den Fächer nicht her. Daraufhin verwandelte sich Sun Wukong in ein kleines Würmchen und schlich sich in den Leib der Prinzessin, wo er sie derart quälte, daß sie den Fächer herausrückte. Allerdings war es der Falsche, und beim Fächeln loderten die Flammen nur noch höher. Erst nach zweimaligem Umtausch rückte sie den richtigen Fächer heraus, und Tang Seng und seine Gefährten konnten die Reise fortsetzen." Diese Episode wurde übrigens auch zu einer Pekingoper (Huoyanshan) verarbeitet und wird sporadisch in den entsprechenden Pekingopernhäusern (z.B. in Beijing im Liyuan-Theater des Qianmen-Hotels) aufgeführt, ein Spektakel, dass man sich nicht entgehen lassen sollte, falls es auf dem Spielplan steht.

乌鲁木齐 *Ürümqi*

(Wūlǔmùqí)

Die Hauptstadt des autonomen Gebiets Xinjiang ist sicherlich keine Perle des Orients und kann zudem für sich den traurigen Rekord verbuchen, die Stadt zu sein, die am weitesten von irgendwelchen bedeutenden Wasserressourcen entfernt liegt. Dank der Eisenbahn, die Urümqi mit allen wichtigen Ballungszentren des Landes verbindet, sowie zahreicher internationaler Flugverbindungen in die Nachbarländer, ist die Stadt allerdings lange nicht so isoliert wie etwa Kashgar. Zu den Zeiten des Seidenstraßenhandels befanden sich hier nur menschenleere Steppen- und Weidegebiete, und so bedeutet der Name Ürümqi, der aus dem Mongolischen kommt, „anmutige Weide".

Im 18. Jh. begann die Qing-Regierung mit dem Kasernenbau, um die nun fest dem Kaiserreich einverleibten Westgebiete von einer strategisch günstigen Stelle besser unter Kontrolle halten zu können. Die Retortenstadt erhielt den bezeichnenden Namen *Dihua,* was wörlich übersetzt „Gefügigmachung" bedeutete. Die Kaserne wuchs schnell zur Stadt und wurde eine Enklave der Han-Chinesen zwischen all den moslemischen Städten Xinjiangs.

In den dreißiger Jahren gehörte die Stadt nach Kashgar zu den wohl ***am schwersten zu erreichenden Städten der Welt.*** Einzig die Eurasia Airline hielt bis 1933 eine halbwegs schnelle Verbindung nach Ürümqi aufrecht, bis ihr deutscher Manager 1933 in den Strudel der Bürgerkriegsereignisse geriet, willkürlich verhaftet wurde und den Flugbetrieb einstellen musste. Danach gelang es nur noch wenigen Ausländern, nach Xinjiang vorzudringen. Wer es dennoch versuchte, verschwand nicht selten auf Nimmerwiedersehen. Nur wenigen Unentwegten wie *Owen Lattimore, Sir Eric Teichmann* und *Peter Fleming* mit seiner Begleiterin *Kini* gelang die Durchquerung dieser entlegenen und von marodierenden Banden beherrschten Regionen. Selbst in den fünfziger Jahren des 20. Jahrhunderts war Ürümqi noch eine Stadt am Ende der Welt und nur mit klapprigen Propellermaschinen, vielleicht sogar Überbleibseln der Eurasia Airline, oder zurückgelassenen russischen Maschinen halbwegs zügig zu erreichen. Mit der Fertigstellung der Eisenbahnlinie von Lanzhou nach Ürümqi, die zwischen 1954 und 1962 verlegt worden war, wurde der wirtschaftliche Dornröschenschlaf langsam beendet.

Heute ist Ürümqi eine prosperierende ***Industriestadt*** mit Stahl-, Kohle- (Ürümqi liegt auf einem riesigen Kohleflöz), Erdöl-, Chemie-, Maschinenbau- und baumwollverarbeitender Industrie. Das klingt für den Besucher nicht sonderlich vielversprechend, aber dennoch herrscht in der Stadt eine ureigene interessante ***orientalische Atmosphäre.***

Von den rund 1 Mio. Einwohnern bilden die Han-Chinesen mit zwei Dritteln der Bevölkerung die größte Gruppe.

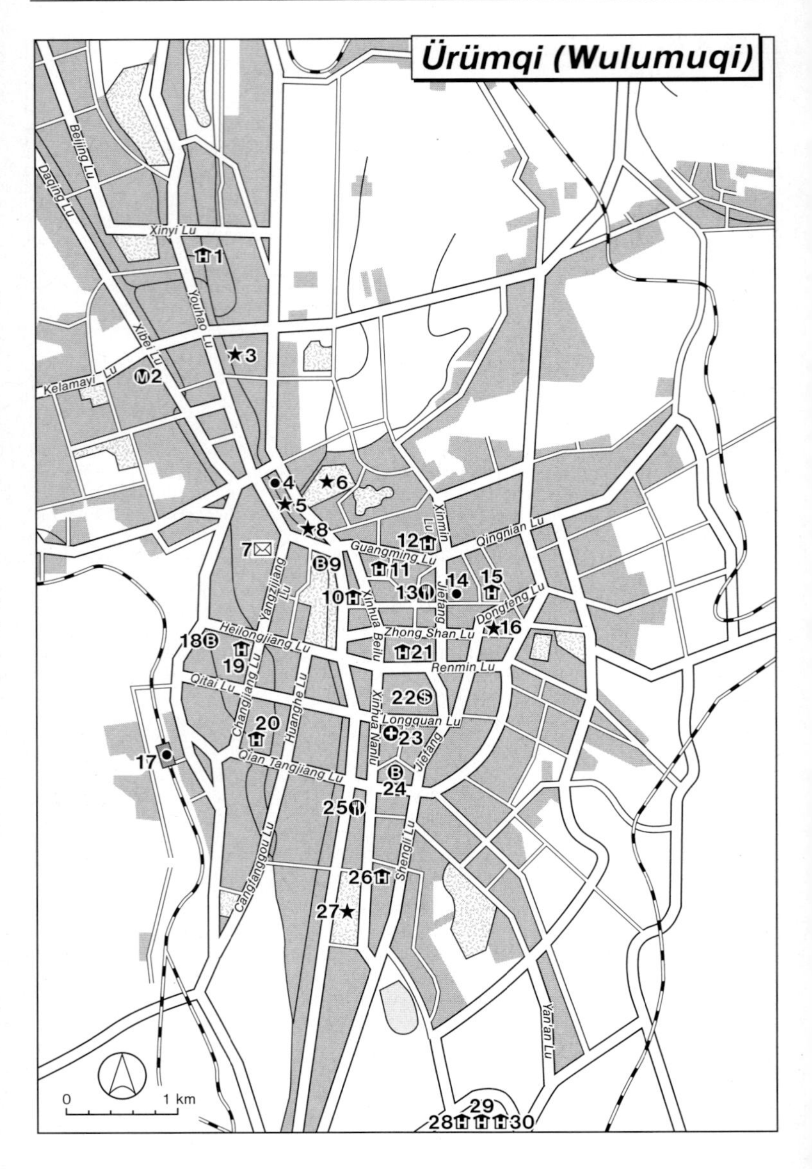

Ürümqi (Wulumuqi)
Beijing Lu
Daqing Lu
Xinyi Lu
1
Youhao Lu
Xibei Lu
3
Kelamayi Lu
2
4
6
5
8
7
12
Guangming Lu
Xinmin Lu
Qingnian Lu
9
11
13
14
15
Yangzijiang Lu
10
Xinhua Beilu
Jiefang
Dongfeng Lu
16
Zhong Shan Lu
18
Heilongjiang Lu
19
21
Renmin Lu
Qitai Lu
Changjiang Lu
Huanghe Lu
22
Xinhua Nanlu
Longquan Lu
20
23
Jiefang
17
Qian Tangjiang Lu
24
25
Cangfanggou Lu
Shengli Lu
26
27
Yan'an Lu
0
1 km
29
28
30

1	Kunlun Binguan (Hotel)	16	CITS
2	Museum	17	Bahnhof
3	Youhao-Markt	18	Busbahnhof
4	Freundschaftsladen	19	Yangzijiang Fandian (Hotel)
5	CAAC (Fluggesellschaft)	20	Xinjiang Fandian (Hotel)
6	Hongshan-Park / Roter Berg	21	Baihuacun (Hotel/Restaurant)
7	Post	22	Bank
8	Hongshan-Markt	23	Krankenhaus Nr.2
9	Busse zum Himmelssee/Baiyanggou	24	Erdaoqiao Markt (Busse nach Turfan)
10	Holiday Inn	25	Xinguangdong Jiujia (Restaurant)
11	Hongshan Binguan (Hotel)	26	Huaqiao Binguan (Hotel)
12	Bogeda Binguan (Hotel)	27	Zoo
13	Hongchunyuan (Restaurant)	28	Youyi Binguan (Hotel)
14	Ausländerpolizei	29	Ying Binguan (Hotel)
15	Tianshan Dasha (Hotel)	30	Yan'an Biguan (Hotel)

Hotels

昆仑宾馆 — ***Kūnlún Bīnguǎn*/**,*** 38 Youhao Beilu, Tel. 4840411, Bus 2 oder 26 ab Bahnhof. In den Dormitories gibt es keine Waschmöglichkeit.

华侨宾馆 — ***Huáqiáo Bīnguǎn**/***,*** 51 Xinhua Nanlu, Tel. 2860845, Bus 10 ab Bahnhof, vier Stationen und Laufen oder noch eine Station mit Bus 7. Arg renovierungsbedürftig und daher zu teuer.

友谊宾馆 — ***Yǒuyì Bīnguǎn**,*** 62 Yan'an Lu, Tel. 2864222, ein CITS-Hotel etwa 14 km östlich des Zentrums.

红山宾馆 — ***Hóngshān Bīnguǎn*,*** 108 Xinhua Beilu, Tel. 2824761. Bus 2, fünf Stationen. Nach dem Aussteigen nächste Straße rechts rein, danach links und gleich wieder rechts durch eine S-Kurve bis zu einem kleinen Platz. Das Hotel ist gegenüber. Zentrale Lage und beliebt bei Einzelreisenden.

新疆饭店 — ***Xīnjiāng Fàndiàn*/**,*** 107 Changjiang Lu/Nankou, Tel. 5852511. In der Nähe des Bahnhofs und gute Lage für alle Aktivitäten.

扬子江饭店 — ***Yángzǐjiāng Fàndiàn**,*** 33 Heilongjiang Lu, Tel. 5812631. Gleich in der Nähe des Busbahnhofs.

延安宾馆 — ***Yán'ān Bīnguǎn**,*** gleich in der Nähe des Youyi-Hotels.

博格达宾馆 — ***Bógédá Bīnguǎn*/*,*** Guangming Lu, Tel. 2823910.

新疆天山大厦 — ***Xīnjiāng Tiānshān Dàshà*,*** Dongfeng Lu nahe Renmin-Platz. Tel. 2822481, 2823010.

白花村饭店 — ***Báihuācūn Fàndiàn*,*** 173 Zhongshan Lu, Tel. 2822016, 2822058, Bus 8, drei Stationen.

迎宾馆 — ***Yíng Bīnguǎn***,*** Yan'an Lu, Tel. 2822233.

假日大酒店 — ***Holiday Inn (Jiàrì Dàjiǔdiàn)****,*** 168 Xinhua Beilu, Tel. 2818788, Fax 2817422, E-Mail: holiday@public.wl.xj.cn.

Restaurants

鸿春园饭店 — ***Hóngchūnyuán Fàndiàn,*** gegenüber der Ausländerpolizei. Es gibt einen Trakt für chinesisches Essen und einen für westliche Küche (Xī Fàn).

白花村饭店 — ***Báihuācūn,*** Zhongshan Lu.

铁路饭店 — ***Bahnhofsrestaurant (Tiělù Fàndiàn),*** am Bahnhof. Das Restaurant ist besser, als man es solchen Lokalen gemeinhin zutraut, und ein guter Platz, um vor Abfahrt des Zuges etwas zu essen.

新广东酒家 — ***Xīnguǎngdōng Jiǔjiā,*** Renmin Lu. Ein gutes kantonesisches Restaurant, das morgens Dim Sum zum Frühstück serviert.

- Am Hongshan-Markt gegenüber dem Hongshan-Hotel gibt es eine Filiale von John's Cafe etwas weiter links befindet sich das teurere Tom's Cafe.
- Weitere Restaurants findet man im Zentrum an der ***Jiefang Lu.***

Sonstiges

●*CITS:* 51 Xinhua Beilu, Tel. 2821427, gleich neben dem Holiday Inn.

新疆大自然旅行社

ⓒ*Xīnjiāng Dàzìrán Lǚxíngshè (Xinjiang Nature Travel Service)* 9 Donghou Jie, Tel. 2616843, Fax 2617174. Dieses Reisebüro organisiert Treks in die Gebirgs- und Wüstenregionen der Provinz.

●*CTTS:* Eine Filiale befindet sich im Hongshan-Hotel. Hier kann man u.a. Zugtickets bekommen und zuverlässig Ausflüge buchen.

●*Ausländerpolizei:* Jiefang Lu westlich des Renmin-Platzes.

●*Bank:* 343 Jiefang Beilu. Kreditkarten: American Express, Federal, Master und Visa.

●*Post:* Zhongshan Lu. Packdienst und Zoll für Übersee-Pakete.

●*CAAC:* 62 Youhao Lu, Tel. 4843762.

●*Krankenhäuser:* Krankenhaus Nr. 2, Qidaowan, Tel. 4641585 und Xinjiang Medical College, 1 Liyushan Lu, Tel. 4824669.

●*Oper:* In Urümqi hat man die Möglichkeit, Opern der hier lebenden nationalen Minderheiten zu hören. Karten über CITS.

Einkaufen

●Wer in Ürümqi gezielt einkaufen möchte, sollte ***direkt zu den Fabriken*** gehen, in denen die regional typischen Produkte - zumeist in Handarbeit - hergestellt werden. Man kann sie ohne Voranmeldung während der Arbeitszeiten besichtigen und dann in den firmeneigenen Geschäften einkaufen.

新疆玉雕厂

●Jadeprodukte bekommt man in der ⓒ***Xinjianger Jadeschleiferei*** (Xīnjiāng Yùdiāo Chǎng), 7 Renmin Lu.

乌市民族乐器厂

●Instrumente der hiesigen Minderheiten bekommt man in der ***Fabrik für Musikinstrumente der Minoritäten*** (ⓒWūshì Mínzú Lèqì Chǎng), 245 Jiefang Lu.

乌市民族綉品厂

●Seidenstickereien werden in der ***Seidenstickerei der Minoritäten*** (ⓒWūshì Mínzú Xiùpǐn Chǎng), 116 Xinhua Nanlu, hergestellt.

皮革毛皮工业公司

●***Lederwaren*** bekommt man in der ⓒXīnjiāng Pígé Máopí Gōngyè Gōngsī, Kadziwan.

友谊商店
友好商场
民族特许用品商场
红山商场

●***Kaufhäuser: Freundschaftsladen*** (ⓒYǒuyì Shāngdiàn), 108 Youhao Nanlu. ***Youhao Einkaufszentrum*** (ⓒYǒuhǎo Shāngchǎng), 14 Youhao Nanlu. ***Einkaufszentrum der Minoritäten*** (ⓒMínzú Tèxū Yòngpǐn Shàngchǎng), 31 Jiefang Nanlu. ***Hongshan Einkaufszentrum*** (ⓒHóngshān Shāngchǎng), 30 Youhao Nanlu.

区文物商店

●***Antiquitäten und Souvenirs:*** Im Antiquitätenladen (ⓒQū Wénwù Shāngdiàn) in der 325 Jiefang Nanlu.

Weiterreise

Züge

●Alle Züge ***nach Osten*** fahren via ***Turfan*** (143 km, 3 Std.), ***Liuyuan/Dunhuang*** (825 km, 16,5 Std., zusätzlich Zug K890), ***Yumen*** (1.089 km, 22 Std.), ***Jiayuguan*** (1.122 km, 23 Std.), ***Jiuquan*** (1.144 km, 23,5 Std.) und ***Lanzhou*** (1892 km, 40,5 Std.): ***Shanghai*** (Zug T54), ***Beijing*** (T70), ***Lanzhou*** (zus. Zug 2022, 2198), ***Xi'an*** (T54, T70, T190, T194, T198, 1044, 1068), ***Zhengzhou*** (Züge wie Xi'an, aber nicht Zug 1044), ***Chengdu*** (1014). Nach ***Hami*** fährt zus. Zug 8862, ***Korla*** (600 km, 18 Std., Zug K882, K886, 1067, 5806), Kashgar (1589 km, 24 Std., Zug K886, 5806).

●***Nach Westen*** fähren Züge nach ***Kuytun*** (221 km, 5,5 Std., Zug Nr. K891, K893, K895, 5801). Zum chinesischen Grenzbahnhof nach Kasachstan, ***Alashankou,*** fahren zwei Züge (458 km, 10 Std., Zug K895, 5801). Hier kann man die Grenzformalitäten erledigen und auf kasachischer Seite mit einem Zug nach Alma Ata weiterfahren. Wer die nötigen Visa für Kasachstan, Usbekistan und Russland hat, dazu viel Energie aufbringt, um sich die entsprechenden Zugtickets zu besorgen, der kann den internationalen Expresszug nach ***Alma Ata*** nehmen. Der Zug fährt zur Zeit jeden Montag und Samstag und kommt Mittwoch bzw. Montag morgens in Alma Ata (1374 km, Zug Nr. K895).

Busse

- Nach ***Kashgar,*** via Kuqa und Aksu (2 Tage) gibt es Schlaf-Busse.
- Weiterhin gibt es Busse nach ***Turfan*** (4 Std.), ***Yining*** (Gulja, 2 Tage), ***Hotan*** (2 Tage, über die neue Transtaklamakan-Straße) sowie in viele andere Städte der Provinz.
- Es gibt einen Bus nach ***Alma Ata*** (48 US$), der die 1.052 km in 24 Std. inkl. Essensstopps fährt. Das Visum muss man bereits im Pass haben. Vor der Reise dorthin sollte man sich aber erkundigen, wie die aktuelle Sicherheitslage in Kasachstan aussieht (Tel. Auswärtiges Amt: 0228-170)
- ***Flüge:*** Aksu, Alma Ata, Altay, Beijing, Bishkek, Changsha, Chengdu, Chongqing, Dalian, Guangzhou, Guilin, Hangzhou, Harbin, Khotan, Islamabad, Istanbul, Karamay, Kashgar, Korla, Kuqa, Lanzhou, Qiemo, Shanghai, Sharjah, Shenyang, Shenzhen, Xiamen, Xi'an, Yining u.a.

Sehenswertes

Xinjiang-Museum
(Xīnjiāng Shěng Bówùguǎn)
省博物馆

Historischer Materialismus, angewandt auf die Geschichte Xinjiangs, wird in diesem Museum im Nordwesten des Stadtzentrums geboten. Interessante Ausstellungsgegenstände wie Mumien, Kunstobjekte, Alltagsgegenstände, Kultobjekte und Dokumente machen dem erstaunten Besucher den Übergang von der Sklaverei zum Feudalismus und über den Kapitalismus zum Sozialismus deutlich. Trotzdem ein empfehlenswertes Museum.

Roter Berg
(Hóng Shān)
红山

Der Berg ist das Wahrzeichen Ürümqis, 150 m über der Stadt, wird er oben von einer 1788 errichteten ⇗Pagode geschmückt.

Hauptquartier der 8.-Route-Armee
(Bālùjūn Bànshìchù Jìniànguǎn)
八路军办事处纪念馆

Während der dreißiger und vierziger Jahre war Urümqi ein Hauptquartier der kommunistischen Truppen. *Maos* Bruder, *Mao Zemin*, war hier politisch tätig und wurde 1943 zusammen mit anderen Genossen von dem örtlichen Militärbefehlshaber *Sheng Shicai* hingerichtet, nachdem dieser sich aus opportunistischen Gründen von Moskau, das an der Westfront in großen Schwierigkeiten steckte, losgesagt hatte und sich der Guomindang *Chiang Kai-sheks* angeschlossen hatte.

Ausflüge in die Umgebung

Anfahrt

- Busse in die Umgebung fahren ab Hongshan-Park.

Himmelssee
(Tiānchí)
天池

120 km nordöstlich von Ürümqi. Der wunderschöne See liegt 1.980 m hoch im Tian Shan (Himmelsgebirge) am Fuße des 5.445 m hohen Bogda Shan (mong.: Göttlicher Berg). Würde

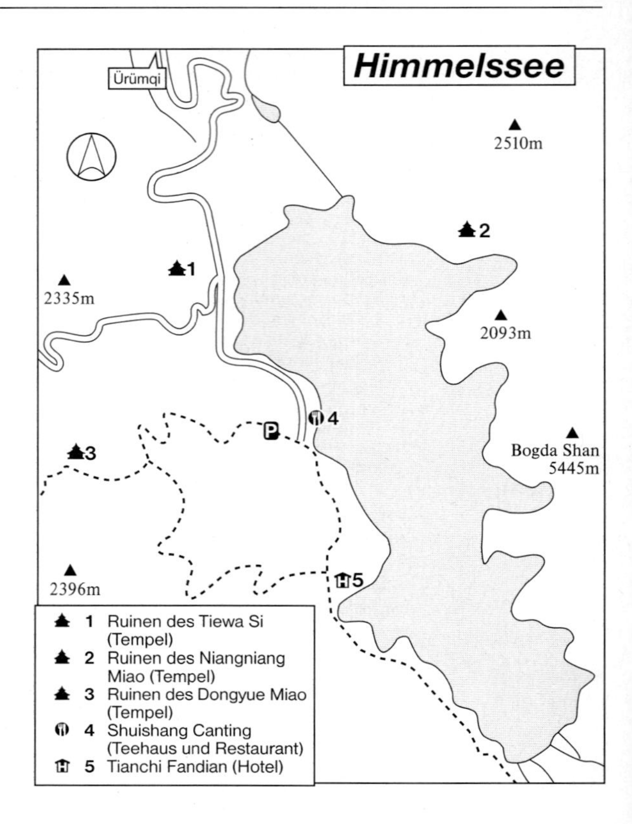

man die Kuhglocken läuten hören, der Eindruck einer Schweizer Alm wäre perfekt. Die durchschnittliche Tiefe des Sees beträgt 40 m, seine größte Tiefe 105 m. Hier im Grünen vergisst man sehr schnell, wie nah die Steppen und Wüsten sind. Vor allem kann man hier ein wenig Grün tanken, bevor man die weite Reise nach Kashgar antritt. Es gibt eine Reihe von Möglichkeiten für Trecks, die man zu Fuß oder auf dem Pferderücken machen kann. Die Pferdetrecks dauern ca. 10 Stunden und führen bis zur Schneegrenze. Zugänglich ist der See aber nur im Sommer.

● ***Anfahrt: Tickets*** gibt es an einem Schalter (steht Taxi-Service dran) nördlich und südlich vom Renmin-Platz. Am besten schon am Vortag kaufen. ***Busse*** fahren täglich gegen 8.00 Uhr. Auch vom Bahnhof und vom Hongshan Hotel fährt um 8.00 Uhr ein Bus. Die Busse brauchen für die knapp 120 km 3 Stunden. Es gibt unterschiedliche Preise, abhängig davon, ob man für einen Tag fährt oder länger bleiben möchte (sehr zu empfehlen). Wenn man einen Tagestrip macht, muss man bis 16.00 Uhr wieder am Bus sein, der dann nach Ürümqi zurückfährt. Nachts wird es kalt. Also ***warme Kleidung*** mitnehmen! ***Touren*** werden auch von CITS angeboten.

●***Hotels:*** Unterkunft findet man in diversen Jurten am See, die über einen Wanderweg rechts um den See herum zu erreichen sind. Die schönsten liegen auf halbem Wege um den See.

●Wer mit ***Zelt*** reist, hat in der Region um den See eine der seltenen Gelegenheiten, in China zu campen.

Ski laufen in Ostturkestan

Ski fahren an der Seidenstraße? Das klingt wie Badeurlaub in Grönland. Man stelle sich vor: Skipisten, Lifte, Tagespässe und schmucke Hütten für das Apres Ski, dazu in der Saison Jumboladungen mit einem skibegeisterten internationalen Publikum in Ürümqi, der Drehscheibe für die Skigebiete. Doch so fern diese Vision vielleicht angesiedelt ist, Ski fahren ist in Zentralasien schon seit Hunderten von Jahren bekannt und war Bestandteil des alltäglichen Lebens. Sachlich und trocken wie stets, wissen die chinesischen Annalen der Tang-Zeit zum Beispiel von einem Stamm der Tölös zu berichten, *„der sich Holz an die Beine bindet und auf dem Eis die Hirsche jagt."* Bewundernd wird von den frühmongolischen Shiwei erzählt, dass sie sich, auf Holz reitend, im Schnee fortbewegten, und auch die Kirgisen und die türkischstämmigen Basmyl wurden als Volk von Skifahrern registriert. Ein türkisches Volk bekam von den Chronisten gar den Namen „Holzpferd-Türken" (Muma Tujue), weil sie Skier benutzten. Aufwendig war die Konstruktion der Skier. Ähnlich unseren Tourenski waren die Bretter der alten Zentralasiaten unten mit Pferdefell bespannt, dessen Haare nach hinten wiesen. So hatten die Ski im Schnee Halt und konnten dennoch glatt nach vorne gleiten.

Auch Schlitten werden etwa seit dem 13. Jh. erwähnt und tauchen vor allem seit dem 14. Jh. in chinesischen Quellen regelmäßig auf. Bestätigt wurden die Beobachtungen von *Marco Polo,* der davon zu berichten wusste, dass die Schlitten auch von Hunden gezogen wurden. Allerdings wurden natürlich weder Skier noch Schlitten als Sportgeräte genutzt, sondern zur Jagd und zum Transport.

Südlicher Berg

(Nánshān Báyánggōu)
南山，
白扬沟

Man hat die Möglichkeit, Kommunen der kasachischen Nomaden zu sehen, die hier in der weiten Grassteppe ihre Sommerlager aufschlagen, um ihre Herden zu weiden. Wer keine Möglichkeit hat, die herrlichen Landschaften des Bayingoleng zu besuchen, bekommt hier zumindest einen Eindruck von den immensen Weiten dieser Region.

●***Anfahrt:*** In den Hotels oder dort, wo auch die Tickets zum Himmelssee verkauft werden, kann man Touren buchen. Sie schließen in der Regel den Geltscher Nr. 1 mit ein. Man muss warme Sachen mitnehmen, da der Gletscher über 3.500 m hoch liegt.

Shihezi

石河子

(Shíhézi)

Vor 50 Jahren noch war Shihezi ein mückenverseuchter Schilfsumpf, in dem ganze drei Familien ihr Leben fristeten. 1950 wurde beschlossen, den Sitz der Urbarmachungszentrale des Xinjianger Produktions- und Aufbaukorps hierher zu legen. Ohne technisches Gerät und unter menschenunwürdigen Bedingungen wurden in den folgenden Jahren rund 5 Millionen Mu Land von Soldaten urbar gemacht, und der Schilfsumpf wurde trockengelegt. Um die Bewässerung zu gewährleisten, wurde am Manas-Fluss ein Staudamm gebaut, von dem die „Pappel-Stadt" Shihezi, sowohl was die Elektrizität als auch die Wasserversorgung betrifft, auch heute noch abhängt.

Hotel, Weiterreise

石河子宾馆

Shíhézi Bīnguǎn*/,** Donghuang Lu.

● ***Weiterreise:*** Busse nach ***Ürümqi, Kuytun*** und ***Yining. Züge*** nach ***Ürümqi*** (Zug Nr. K892, K894, 5802), nach ***Kuytun*** und ***Alashankou*** an der Grenze zu Kasachstan (Zug K895, 5801).

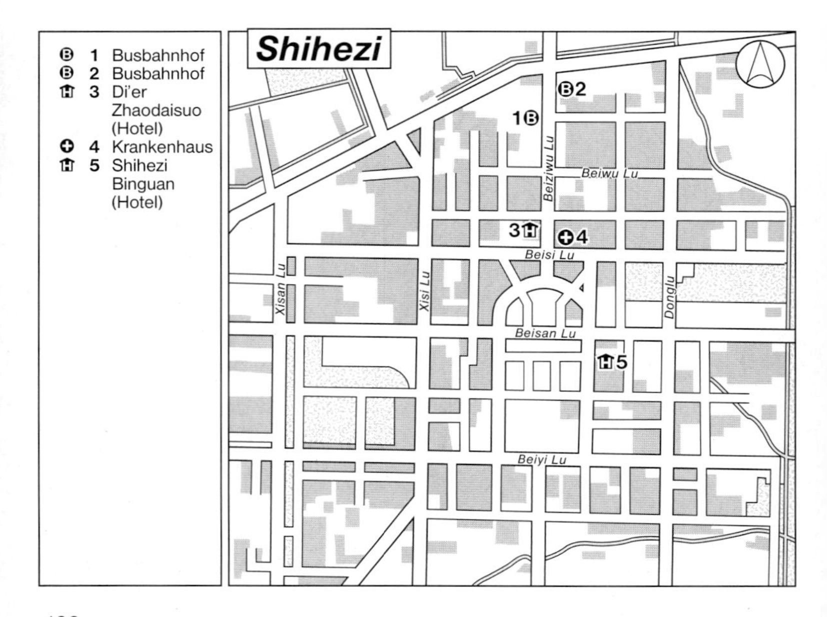

伊宁

Yining (Gulja)

(Yīníng)

Yining ist das politische und wirtschaftliche Zentrum des Ili-Tals und des autonomen kasachischen Distrikts Ili, der fruchtbarsten Gegend Xinjiangs. Die „Obstgartenstadt“ macht einen überraschend angenehmen Eindruck auf den Besucher. Viele der Häuser liegen in Obstgärten, in denen Apfel-, Aprikosen-, ⇗Pfirsich- und Birnbäume wachsen. Die gut ausgebaute und stark befahrene Landstraße von Ürümqi sorgt dafür, dass Yining kaum den Eindruck einer abgelegenen, isolierten Stadt macht.

Schon früh war das Ili-Tal ein bedeutender Handelsplatz auf dem weiten Weg am Balhaš-See vorbei zum Kaspischen Meer. Noch bevor in der Tang-Zeit die Strecke über das heutige Ürümqi, Shihezi und Kuytun erschlossen wurde, bestand ein Zugang über Qiuci (Kuqa), der rege genutzt wurde.

Wegen seiner leichten Zugänglichkeit bot das Ili-Tal, Zentrum ⇗Turkestans, eine gute Angriffsfläche. *Dschinghis Khans* zweitältester Sohn *Chaghatai* machte 1227 den Ort Almalik nahe dem

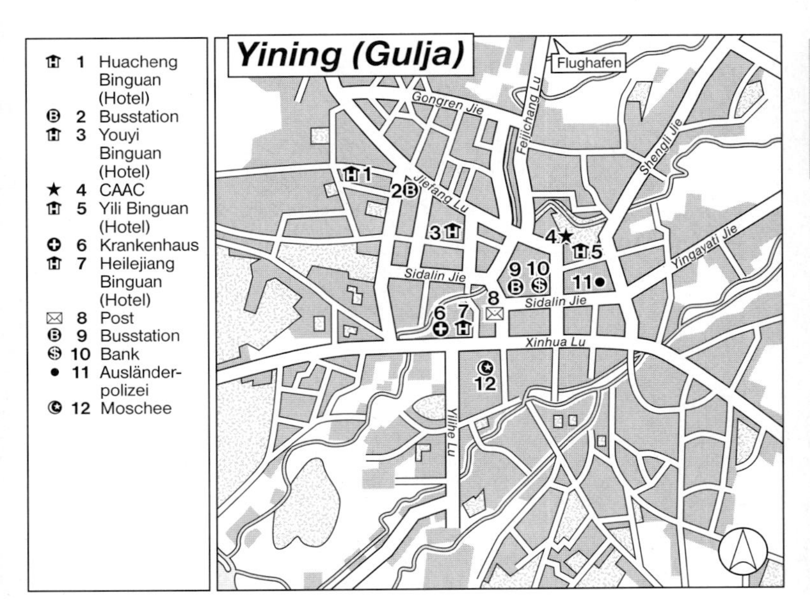

heutigen Yining zum Zentrum seines Machtbereichs in Turkestan. Später versuchte das zaristische Russland, sich das Ili-Tal unter den Nagel zu reißen. Bis weit in die achtziger Jahre des 20. Jh. blieb diese Region ein Zankapfel zwischen China und Russland.

Seitdem es eine direkte Busverbindung nach Alma Ata bzw. den Zug gibt, wird Yining von Reisenden links liegengelassen. Sicher zu Unrecht, denn es gibt wunderschöne Landschaften und einige für die Geschichte der Seidenstraße interessante Orte zu sehen.

Hotels

伊犁宾馆

ф ***Yīlí Bīnguǎn****, Jiefang Lu, nahe der Busstation. Tel. 8023126. Es gibt Dormitories in der freundlichen Anlage.

友谊宾馆

ф ***Yǒuyì Bīnguǎn****, in einer Seitenstraße, die Jiefang Lu und Sidalin Lu verbindet. Tel. 8024631. Um hinzufinden, muss man sich die chinesischen Schriftzeichen einprägen oder jemanden fragen.

花城宾馆

ф ***Huāchéng Bīnguǎn*****, Ahemaitijiang Qi Gang, Tel. 8125050. Das „modernste" Hotel der Stadt.

黑勒江宾馆

ф ***Hēilèjiāng Bīnguǎn****, Xinhua Lu. Neben dem Krankenhaus am Hauptkreisverkehr gelegen. Das Hotel ist recht laut, hat aber ein gutes Restaurant moslimischer Küche.

华侨宾馆

ф ***Huáqiáo Bīnguǎn*****, 7 Sidalin Jie, Tel. 8024904. Das neuste Hotel am Ort.

Restaurants

- Essen kann man in den ***Hotels.***
- Um die Hotels herum gibt es einige kleine ***Privatrestaurants,*** die billigeres und besseres Essen haben.
- Etwas südöstlich vom Busbahnhof in der Xinhua Donglu nahe dem Renmin Yingyuan (Volkskino) gibt es einen ***Essensmarkt.***

Sonstiges

- ***Telefonvorwahl:*** 0999.
- ***CITS:*** 49 Sidalin Jie, 6 Gang (Gasse 6), Tel. 8020298. Wer hier größere Ausflüge vorhat, sollte sich besser schon in Ürümqi darum kümmern. In Yining scheint das Personal gar nicht zu wissen, was man sich in der Umgebung alles ansehen kann. ***Yili Travel Service,*** Jiefang Lu, Tel. 8022595.
- ***Stadtpläne:*** bekommt man in den Hotelläden.
- ***Ausländerpolizei:*** Sidalin Jie, nahe einem Radio-Turm.
- ***Bank:*** Sidalin Jie, ein Block südlich vom Ili-Hotel.
- ***Post***: Am großen Kreisverkehr der Sidalin Jie im Zentrum.
- ***CAAC:*** Am Kreisel 114 Jiefang Lu/Feijichang Lu. Tel. 8022752.

Weiterreise

- ***Busse*** fahren in zwei Tagen nach ***Ürümqi*** und in drei Tagen via ***Korla, Kuqa*** und ***Aksu*** nach ***Kashgar***. Es gibt eine Busverbindung nach ***Panfilov*** in Kasachstan, wo man in einen Bus nach ***Alma Ata*** umsteigen kann, was insgesamt etwa 60 US$ kostet. Der Bus von Ürümqi direkt nach Alma Ata kostet merkwürdigerweise nur 48 US$. Visa für Kasachstan muss man bereits im Pass haben. Probleme kann es in den Wintermonaten geben, weil dann die Busse nicht regelmäßig fahren. Wer vorhat, nach Kasachstan zu fahren, sollte sich vorher unbedingt über die aktuelle Sicherheitslage informieren.
- ***Flüge:*** Pro Tag gibt es einen Flug nach ***Ürümqi.***

Sayram-See
(Sàilimù Hú)
赛里木湖

Ausflüge in die Umgebung

Der kristallklare Sayram-See bietet alles, was man sich nach langen Tagen in der trostlosen Wüste wünschen kann. Auf einer Höhe von 2.078 m über dem Meeresspiegel, hat der See einen Umfang von 100 km. Umgeben ist er von saftig-grünem Grasland, das, soweit das Auge reicht, von den weißen Yurten der kasachischen Hirten gesprenkelt ist. Umgeben wird der See in der Ferne von z.T. schneebedeckten Bergen. Wer gut ausgerüstet ist, findet hier herrliche Wandermöglichkeiten. Am See kann man Pferde mieten, sollte aber kräftig um den Preis feilschen, bevor man sich in den Sattel schwingt. Für eine vollständige Umrundung des Sees braucht man mindestens zwei Tage.

Um die Entstehung des Sayram-Sees rankt sich eine ***dramatische Liebeslegende:*** Einst lebte auf der saftigen Sayram-Weide ein frischvermähltes Ehepaar, das seinen kümmerlichen Besitz in Form zweier Schafe dank harter Arbeit zu einer ganzen Herde erweitern konnte. Angelockt vom Erfolg der beiden, erschien eines Tages ein Großherdenbesitzer, der sich die Weide, die Schafherde und die Frau des Hirten mit Gewalt aneignen wollte. Bei ihrer gemeinsamen Flucht wurde der Hirte getötet. Die arme Frau versuchte, sich mit einem Stein zu wehren, aber dieser ließ sich nicht aufheben, so sehr sie auch an ihm zog. Sie wurde verschleppt und bat voller Trauer und Wut den Himmel um Hilfe, als unter dem von ihr losgerüttelten Stein auf einmal eine

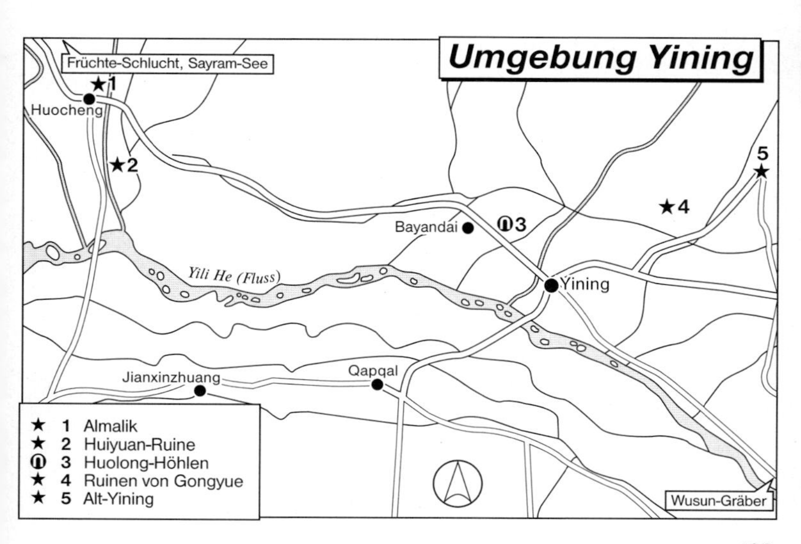

Quelle hervorsprudelte, die im Nu zu einer strarken Flutwelle anschwoll. Der grausame Großherdenbesitzer und seine Schergen ertranken qualvoll, während die Frau des Hirten weinend in den Himmel aufstieg. Auf diese Weise entstand der Sayram-See.

Einmal im Jahr findet im Juni im Örtchen Songshutou am östlichen Ufer des Sees ein großer ***Jahrmarkt mit Pferderennen*** und Marktständen statt.

Da der See zwischen dem mongolischen autonomen Bezirk Bortala und dem kasachischen autonomen Bezirk Ili liegt, findet hier alljährlich im August auch das ***mongolische Nadom-Fest*** statt.

● ***Anfahrt:*** Mit dem Bus von Yining (3 Std.). Wer von Ürümqi kommt, kann hier ebenfalls aussteigen, da der Bus hier hält.

果子沟招待所
赛里木招待所

● ***Hotels:*** ⌱ ***Gŭozigōu Zhāodàisuŏ****
und das schäbige ⌱ ***Saìlimù Zhāodàisuŏ**** bieten einfache Unterkünfte.

Früchte-Schlucht
(Gŭozigōu)
果子沟

Auf dem Weg vom oder zum Sayram-See muss man die wilde und außergewöhnlich schöne 30 km lange „Früchte-Schlucht" (Guozi Gou oder auch Taleqi Gou) durchqueren. Dieser Durchgang vom Ili-Tal ins mongolische Junggar-Becken im Norden und nach Qiuci (Kuqa) im Süden war von außerordentlicher strategischer Bedeutung, und schon *Dschinghis Khans* zweitältester Sohn *Chaghatai* gründete im nahe gelegenen Almalik seine Hauptstadt für ⇗Turkestan.

Die Früchte-Schlucht ist Gegenstand zahlreicher Reiseberichte. Einer der bekanntesten Reisenden war ***Lin Zexu*** (1785-1850), ein kaiserlicher Beamter der Qing-Dynastie, der auf seinem Weg in die Verbannung die Schlucht durchquerte. *Lin Zexu* war es gewesen, der den Engländern Paroli geboten hatte und in Kanton 20.000 Kisten Opium beschlagnahmen und vernichten ließ. Die Briten rächten sich mit dem ⇗Opiumkrieg, in dessen Folge China faktisch ein halbkolonialer Status aufgezwungen wurde. *Lin*, ursprünglich vom Kaiser beauftragt, wurde daraufhin ins Ili-Tal verbannt. Er führte über diese Zeit Tagebuch, und die Beschreibung der Schlucht gehört zu den wenigen Landschaftsbildern, die er in seinem Kummer wahrnahm: *„... Man fühlt sich hier wie in einem märchenhaften Tal, von zehntausend Blütenpflanzen umgeben. (...) Das Gebirge bietet mit seinen Kiefernwäldern einen sehr malerischen Anblick. Bergpfade winden sich lang dahin, und Quellen rieseln kühl. Bei jedem Schritt ist die Strecke fesselnd, ein ständig wechselndes Bild."*

Ruinen von Gongyue
(Gōngyuè Chéng Yízhĭ)
弓月城遗址

25 km nordöstlich von Yining-Stadt liegen die Ruinen der alten Stadt Gongyue. Mit der Erschließung der Seidenstraße von Ürümqi nach Westen während der Tang-Dynastie erlangte Gongyue einige Bedeutung als Handelsstadt. Von hier verzweigten Stränge der Seidenstraße in östlicher Richtung nach Jimsar, eine Ortschaft östlich des heutigen Ürümqi und damaliger Sitz der

Beiting-Präfektur, westwärts führte der Weg ins heute kirgisische Tokmak, nahe von Frunze, und südwärts ging es nach Qiuci, dem heutigen Kuqa.

Nach seinem Verfall erhielt Gongyue irgendwann einmal den Namen „Großgoldstätte“ und „Kleingoldstätte“. Das verführte einen gierigen Gouverneur 1936 dazu, einen Graben durch die Ruinen zu legen und fluten zu lassen, um das Gold freizulegen. Das einzige Ergebnis war die nahezu vollständige Zerstörung der Überreste.

● ***Anfahrt:*** Gongyue liegt bei einem Dorf namens Turpan-Weizi. Man kann mit Minibussen direkt hinfahren, oder man lässt sich dort absetzen, wenn man in einem Bus nach Alt-Yining sitzt.

Wusun-Gräber
(Wūsūn Língmù)
乌孙陵墓

Wer von Yining aus die Gelegenheit hat, ostwärts entlang der Ili-Zuflüsse Kax und Künes zu fahren, wird schnell auf die vielen Hügel entlang der Straße aufmerksam werden. Hierbei handelt es sich um Gräber des uralten ***Nomadenvolkes der Wusun,*** die schon bei Herodot unter dem Namen „Issedonen“ erwähnt werden. Einige der Gräber haben Höhen von bis zu 10 m und einen Umfang von 200 m. Die Wusun zogen ursprünglich in der Gegend um Dunhuang umher. Später wanderten sie ins Ili-Tal ab und begründeten dort ein Königreich, das in ständiger Auseinandersetzung mit den Hunnen lag. Der kaiserliche Gesandte *Wu Dis*, *Zhang Qian*, versuchte zweimal, die Wusun zu einem Bündnis mit dem Han-Reich zu bewegen, mit dem Ziel, die Hunnen endgültig zu besiegen. Zu seinen Lebzeiten war *Zhang Qian* kein Erfolg beschieden, aber seine Bündnispolitik wurde fortgesetzt, u.a. durch politische Heiraten, und 50 Jahre später konnten die Hunnen im Verbund mit den Wusun in einer Schlacht entscheidend geschwächt werden.

Doch die Wusun waren noch von anderer wichtiger Bedeutung für den Han-Kaiser *Wu Di* (156-87 v. Chr.). Sie besaßen erstklassige Pferde, denen nachgesagt wurde, dass sie aus einer Kreuzung zwischen einer Stute und einem ↗Drachen hervorgegangen seien. Als *Wu Di* vom König der Wusun 1000 dieser Pferde im Rahmen eines Heiratsantrags für eine Han-Prinzessin erhielt, war er so begeistert von ihnen, dass er sie ***„Himmelspferde“*** nannte. Mit der Eroberung von Sogdiana (Dayuan) in der Region des heutigen Samarkand bekamen die dortigen Pferde der ↗Yuezhi, die angeblich Blut schwitzten, den Titel „Himmelspferde“. Die Wusun-Pferde wurden nun „Xiji-Pferde“ genannt. Die Umbenennung hing vermutlich mit der Vorstellung *Wu Dis* zusammen, dass die Himmelspferde ihn unsterblich machen könnten (s.a. Wuwei und Xi'an/Mao Ling).

Die Wusun-Gräber liegen übrigens im autonomen kasachischen Gebiet Ili, und die Kasachen sind wiederum Nachfahren jenes Nomadenvolkes der Wusun.

Huiyuan
(Huìyuǎn)
惠远

38 km westlich von Yining liegt die alte Stadt Huiyuan, die während der Qing-Dynastie (1644-1911) politisches und militärisches Zentrum von ganz Xinjiang war. In dieser Zeit wurde die Ortschaft sogar „Klein Beijing" genannt.

Erhalten geblieben sind der ***Trommelturm,*** von dem aus man einen guten Überblick über die Ruinen hat, Teile der ***Stadtmauer*** und die ***ehemalige Residenz des Militärgouverneurs.***

Huiyuan war auch der Ort, an dem der kaiserliche Sonderkommissar *Lin Zexu* (1785-1850) die Jahre seiner Verbannung verbrachte. Trotz des ihm angetanen Unrechts (s.o.) im Zusammenhang mit der Zerschlagung des britischen Opiumhandels resignierte er nicht, sondern half aktiv beim Aufbau und der Urbarmachung dieser unterentwickelten Region. *Lin Zexu* war auch ein scharfer politischer Beobachter und warnte als einer der ersten vor den Gefahren, die von den ***Expansionsgelüsten Russlands*** ausgingen. 1871 sollten seine Prognosen schließlich Wirklichkeit werden. Der Gouverneur von Russisch-⇗Turkestan *K. P. von Kaufmann* nutzte die Schwierigkeiten, die China im Tarim-Becken hatte, und die Abspaltung ⇗Ostturkestans unter *Yakub Beg* dazu, das Ili-Becken bis Yining zu annektieren. Russland hielt diese Gebiete bis 1881 besetzt und diktierte China schließlich die Bedingungen zur Rückgabe eines Teils der annektierten Gebiete. Ein größerer Rest verblieb beim zaristischen Russland.

霍城

● ***Anfahrt:*** Man kann mit dem Bus in Richtung ⊕Huocheng fahren und in Huiyuan aussteigen. Vom neuen Ort Huiyuan sind es 4 km zu den Ruinen.

Rund um die Taklamakan: die Nordroute und die Südroute

Überblick

Wege nach Korla

War die Handelsroute westwärts über Yining erst ab der Tang-Dynastie von Bedeutung, so stellte sich den Reisenden bis dahin die Frage, welcher Weg von Turfan aus über den Tian Shan in Richtung Südwesten gewählt werden sollte. Es gab eine südliche Möglichkeit, die über Toksun südwärts durch die 100 km lange „Trockene Schlucht" führte und in Yanqi endete. Für Karawanen war dies der einfachere Weg, aber entlang der gesamten Strecke gab es keinen Tropfen Wasser.

Karg und einsam sind die Straßen, die um die Taklamakan herumführen

Eine zweite Möglichkeit bot die Route westwärts entlang des Alagou-Flusses durch die ***Vier-Jahreszeiten-Schlucht*** in den Tian Shan. Der Weg wand sich bis zu Quelle des Flusses auf 3000 m Höhe und führte dann den Wulastai-Fluss entlang südwärts nach Yanqi. Den Namen Vier-Jahreszeiten-Schlucht erhielt die Alagou-Schlucht, weil man beim Aufstieg praktisch vier Klimazonen durchmisst. Diese Strecke war zwar schwieriger zu begehen, bot aber genügend Gras und Wasser für die Tiere. Aus diesem Grunde war es auch die am meisten genutzte Route.

Heute hat man ebenfalls die Wahl zwischen beiden Strecken. Die 1984 fertiggestellt Bahnlinie nach Korla verläuft über eine abenteuerliche Streckenführung vom 520 m über dem Meeresspiegel gelegenen Bahnhof von Turfan den Alagou entlang auf 3000 m und entlang des Wulastai abwärts nach Yanqi. Um die zulässige Steigung von 22 % nicht zu überschreiten, musste ein filigranes Geflecht aus Brücken, Kurven und Tunneln entwickelt werden, die es der Bahn problemlos ermöglichen, den Pass zu überwinden. Die Bahnfahrt dauert zwar erheblich länger als die Busfahrt durch die Trockene Schlucht, ist aber landschaftlich weitaus reizvoller.

Die Nordroute

Ab Korla erwarten den Reisenden nicht nur die faszinierendsten Landschaftseindrücke, sondern auch einige der interessantesten kulturgeschichtlichen Stätten der Seidenstraße. Die Strecke führt über die Oasenstädte Kuqa und Aksu nach Kashgar nördlich der Wüste Taklamakan (daher die Bezeichnung Nordroute) und südlich des Tian Shan.

Die Südroute

Wenn man vorhat, von Kashgar aus über Land nach Ostchina zurückzufahren, ist es durchaus eine Überlegung wert, entlang der alten Südroute der Seidenstraße zu reisen. Touristisch ist diese Region echtes Neuland, die Infrastruktur ist lange nicht so ausgebaut wie die der Nordrouten, und interessante Kulturdenkmäler machen sich auf dieser Strecke rar. Wer allerdings ein wenig Geld investieren kann, um die Route mit einem gecharterten Fahrzeug zu befahren, und mit Zelt, Schlafsack etc. ausgerüstet ist, der kann unvergessliche Ausflüge in die mächtigen ⇗ Kunlun- oder Altun-Gebirge machen.

Prinzipiell kann man die Strecke von Kashgar bis Dunhuang bzw. Korla mit öffentlichen Verkehrsmitteln fahren, aber ab Hotan sind die Straßen oft sehr schlecht, und die Strecke von Minfeng nach Qiemo wird gerne als „Höllenstrecke" bezeichnet, weil die Straße oft im Sand der Taklamakan versinkt und der Verlauf kaum mehr zu erahnen ist. Es gibt nur relativ selten Busverbindungen, und man muss wegen der oft schwierigen Streckenverhältnisse mit vielen außerplanmäßigen Stopps rechnen, die die Fahrzeiten nicht unerheblich verlängern. Versinkt die Straße mal wieder im Sand, gibt es oft tagelang keine Verbindungen. Offiziell darf man diese Strecke wegen ihrer Gefährlichkeit bisher nur im Rahmen einer Gruppenreise befahren. Mit Fertigstellung der neuen Trans-taklamakan-Straße kann man nun aber zumindest problemlos von Hotan in Richtung Ürümqi oder Turfan reisen und muss nicht mehr die ganze Taklamakan umrunden.

库尔勒

Korla

(Kùěrlè)

Die Geschichte der Oase Korla ist kurz und uninteressant. Bis 1928 unterstand Korla der Verwaltung von Yanqi und wurde 1929 zur Kreisstadt aufgewertet. Dank der guten Straßenanbindung nach 1949 und der Fertigstellung der Eisenbahnlinie, die

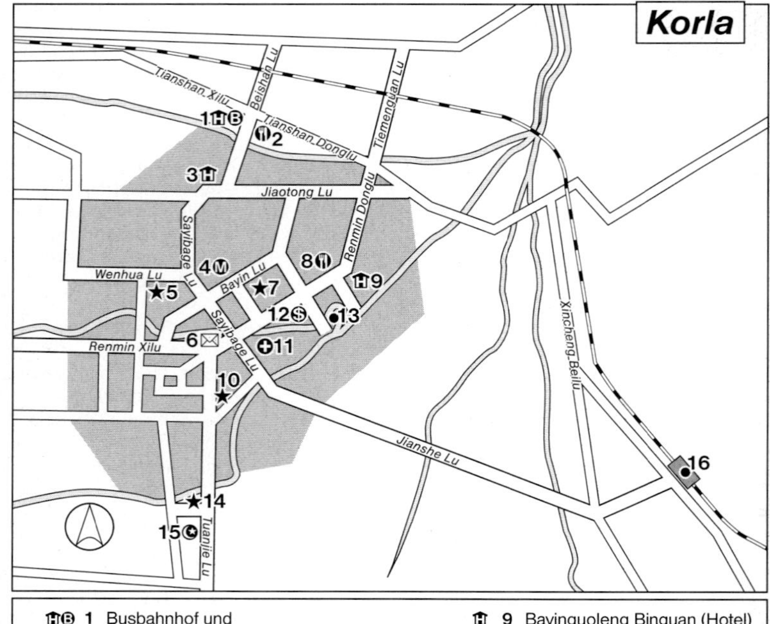

- 1 Busbahnhof und Qiehezhan Zhaodaisuo (Hotel)
- 2 Tianshan Fanzhuang (Restaurant)
- 3 Dongfanghong Fandian (Hotel)
- 4 Museum
- 5 Markt
- 6 Post
- 7 CITS
- 8 Luohan Jiujia (Restaurant)
- 9 Bayinguoleng Binguan (Hotel)
- 10 Markt
- 11 Krankenhaus
- 12 Bank
- 13 Schwimmbad
- 14 Markt
- 15 Moschee
- 16 Bahnhof

bis Kashgar verlängert werden soll, entwickelte sich die bis dato unbedeutende Stadt schnell zur Handelsstadt. Heute ist Korla die Hauptstadt des autonomen mongolischen Distrikts Bayingoleng (s. Exkurs). Bekannt ist die Ortschaft für ihre Früchte, von denen man im Sommer bis in den Herbst hinein eine reichhaltige Auswahl an Maulbeeren, Aprikosen, Kirschen, ⇗Pflaumen, Pfirsichen, Melonen, Weintrauben, Äpfeln und Feigen auf den Märkten findet.

Korla-Duftbirne

Die bekannteste Frucht ist die Korla-Duftbirne, die einer uigurischen Überlieferung nach auf recht tragische Weise in Korla Einzug hielt: Ursprünglich gab es in dieser Gegend keine Birnen. Eines Tages aber, verzaubert vom Geschmack der Birnen, die ein Obsthändler auf dem Markt feilbot, kam ein junges, hübsches Mädchen namens *Ailiman* auf den Gedanken, Birnbäume einzuführen. Sie wanderte nach Osten, überquerte 99 Berge, durchquerte 99 Städte und ritt 99 Esel zuschanden. Dennoch gelang es *Ailiman,* 99 Birnbaumsorten in ihre Heimat zurückzubringen. Trotz aller Mühen überlebte nur eine einzige Sorte und davon auch nur ein Baum. Die reifen Früchte allerdings verbreiteten in der ganzen Umgebung ihren Duft, so dass man sie Duftbirnen nannte. Das erweckte den Neid eines Großgrundbesitzers, der den Baum selber haben wollte. Nachdem *Ailiman* jeglichen Handel mit ihm abgelehnt hatte, versuchte der Grundbesitzer, den Baum zu fällen. Beim Versuch, ihren Baum zu schützen, wurde *Ailiman* erschlagen. Ihr Blut aber nährte die Wurzeln des gefällten Baumes, der im folgenden Jahr zahlreiche neue Triebe bekam. Die Bewohner schnitten sie heimlich ab, und dank sorgfältiger Pflege wuchsen die Duftbirnenbäume bald in ganz Korla.

Hotels

汽车站招待所

⊕***Qìchēzhàn Zhaōdàisuǒ*,*** schäbige, aber preiswerte Unterkunft am Busbahnhof. Tel. 2076561

东方红饭店

⊕***Dōngfānghóng Fàndiàn*/**,*** Jiaotong Xilu/Ecke Beishan Lu. Tel. 2022715. Vom Busbahnhof läuft man ein kleines Stück nach Süden. Das Hotel befindet sich auf derselben Seite gleich auf der Ecke.

巴音郭楞宾馆

⊕***Bāyīnguōléng Bīnguǎn**/***,*** Renmin Donglu. Bus 1 vom Bahnhof fährt dort hin. Tel. 2022248. Der Bus hält vor dem Hotel.

Restaurants

罗汉酒家

⊕***Luóhàn Jiǔjiā,*** Renmin Donglu, etwas südlich vom Bayinguoleng-Hotel. Hier gibt es mongolischen Feuertopf.

天山饭庄

Weitere Lokale findet man entlang der Renmin Donglu und in der Beishan Lu auf dem Weg zum Busbahnhof und gegenüber vom Busbahnhof z.B. das ⊕***Tiānshān Fànzhuāng.*** Gegenüber der Post wird abends ein großer Essensmarkt aufgebaut.

Sonstiges

- ***CITS:*** Bayin Lu.
- ***Bank:*** Renmin Donglu und im Bayinguoleng-Hotel.
- ***Post:*** An der Kreuzung Renmin Xilu/Jietuan Lu. Bus 1 vom Bayinguoleng Hotel fährt hin.
- ***Krankenhaus:*** Zhōu Yīyuàn, Renmin Donglu/Ecke Jianshe Lu.

巴音郭楞

Bayingoleng
(Bāyīnguōléng)

Ein Sprichwort Bayingolengs in eigener Sache heißt: „Jeder Berg enthält Gold und jedes Becken Kohle und Öl". Im Mongolischen bedeutet Bayingoleng soviel wie „Reiche Wasserquelle". Und reich ist er, der autonome mongolische Distrikt Bayingoleng, jedoch nicht nur an Bodenschätzen und Wasser, sondern auch an unvorstellbar schönen Landschaften, die von der reinen Sandwüste der Taklamakan über weite Gras- und Weideländer, fruchtbare Flussläufe, riesige Wälder bis zu alpinen Hochgebirgsregionen reichen. Im ganzen Land bekannt sind die „Fünf Goldenen Blumen Bayingolengs": Duftbirnen aus Korla, Pferde aus Yanqi, Jade aus Qiemo, Weiße Schwäne und die bläuliche Luobuma-Pflanze, eine Hundsgift-Art aus dem Tarim-Becken.

Die Bewohner Bayingolengs vergleichen ihre Heimat gerne mit einer sanften, liebenden Mutter, die ihre Milch – den Tarim-Fluss, den reißenden Kaidu-Fluss und den klaren Pfauen-Fluss – nutzt, um das Land zu befruchten. Die Oasenbewohner danken es ihr mit Bergen an Weizen und Baumwolle, mit saftigen Früchten und wohlgenährten Tieren. Vielleicht klingt das alles arg übertrieben, aber wenn man die feindlichen Lebensumstände der umgebenden Wüsten- und Bergregionen betrachtet, fühlt man sich in den großen Oasen tatsächlich ins Paradies versetzt.

Aufgeteilt ist Bayingoleng in die acht Kreise Yanqi, Bagrax (Bohu), Hejing, Hoxud (Heshuo), Bugur (Luntai), Lopnur (Yuli), Qarkilik (Ruoqiang) und Qarqan (Qiemo). Hauptstadt des Distrikts ist Korla. Besiedelt wird diese Region, die immerhin größer ist als Deutschland, Österreich und die Schweiz zusammen, von ganzen 800.000 Menschen, darunter Mongolen, Uiguren, Tibeter, Kasachen, Hui und natürlich Han.

Beherrscht wir das Landschaftsbild von Extremen. Im Norden der reizvolle Bosten-See und im Süden der wegen seiner Form so genannte Jinyu Hu (Wal-See), welche wie zwei Spiegel das Boudoir eines jungen Mädchens begrenzen – so zumindest sehen es die Bewohner. Im Norden wird Bayingoleng vom mächtigen Tian-Gebirge, dessen ewige Schneegipfel zwischen 3000 und 5000 m hoch sind, begrenzt. Im Süden von den rauhen Gebirgslandschaften des Altun-Gebirges und des ↗ Kunlun-Gebirges, dessen Gipfel Höhen bis zu 7.719 m erreichen. Im Westen beherrscht die furchtbare Einöde der Taklamakan im Tarim-Becken das Bild und im Nordwesten das immergrüne, vor Leben strotzende Yanqi-Becken mit dem Bayan-Bulag Naturschutzgebiet für Schwäne.

- ★ **1** Bayan-Bulag-Naturschutzgebiet
- ★ **2** Quellen von Arxan
- ★ **3** Baluntay
- ★ **4** Hejing
- ★ **5** Heshuo
- ★ **6** Luntai
- ★ **7** Huyanglin-Naturschutzgebiet
- ★ **8** Yuli
- ★ **9** Lop Nur
- ★ **10** Ruinen der Großen Mauer aus der Han-Zeit
- ★ **11** Altun-Nationalpark

★ Alte Wachtürme bzw. Signaltürme

Hätten die Handelsreisenden entlang der Seidenstraße die Wahl des Weges nach den landschaftlichen Höhepunkten ausgesucht, die Wahl wäre ihnen schwer gefallen. Sowohl der nördliche über Yanqi, Korla und Luntai als auch der südliche über Loulan, Milan, Ruoqiang und Qiemo verlaufende Strang passierten Bayingoleng, und gefährlich waren beide Routen sowieso. Wer heute reist, hat es einfacher, aber wer alles sehen will, kann leicht vier Wochen in Bayingoleng verbringen. Dank der Flugverbindung von Korla nach Qiemo kann auch der südliche Teil problemlos erreicht werden. Allerdings können nur kleine Bereiche mit öffentlichen Verkehrsmitteln angesteuert werden. Wer genaue Vorstellungen hat, kann sich die Tour am besten in Ürümqi oder Korla bei einem der Reisebüros zusammenstellen und auch organisieren lassen.

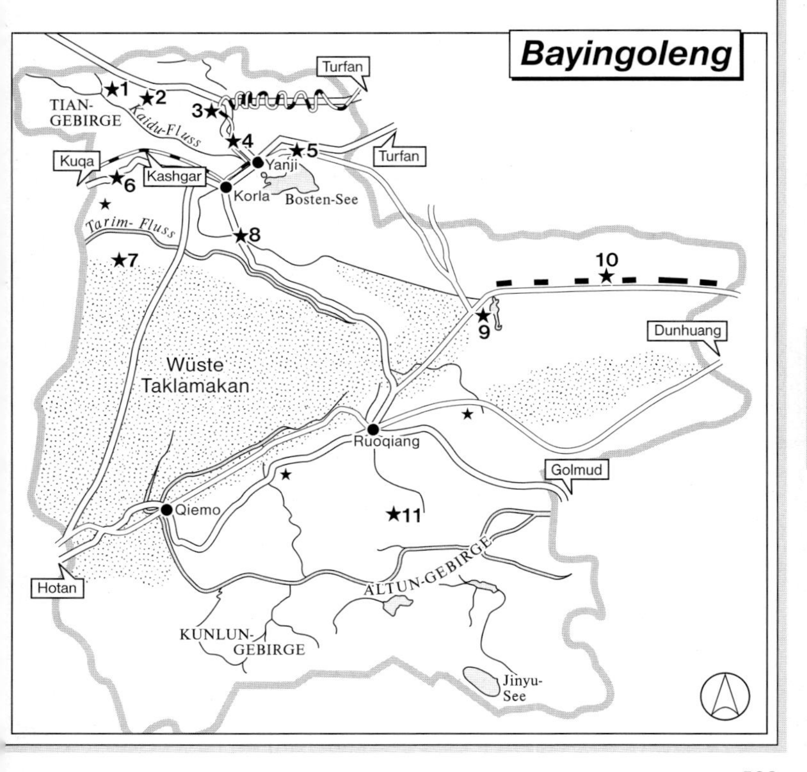

Taklamakan

Weiterreise

- ***Züge:*** Nach Ürümqi via Turfan (600 km, 11 Std., Zug Nr. K884, K888, 5808, nach Turfan außerdem Zug 1068, der bis Xi'an fährt), Kashgar via Kuqa und Aksu (911 km, 13 Std., Zug K886, 5806).
- ***Busse:*** Normale Busse und Schlafbusse fahren nach Ürümqi, Turfan, Kuqa, Aksu, Kashgar und Hotan.

Sehenswertes

Museum
(Bówùguǎn)
博物馆

Die Ausstellungsräume des Museums befinden sich im vierten und fünften Stock des Gebäudes. Zu sehen gibt es Funde aus der antiken Stadt Loulan, Gegenstände aus der lamaistisch geprägten mongolischen Yuan-Zeit (1271-1368), außerdem Funde aus Milan und zwei Mumien.

Moschee und Markt
(Qīngzhēn Sì/Shìchǎng)
清真寺，
市场

Mit Bus 1 gelangt man zur modernen Moschee. Sie scheint der einzige Farbtupfer im ansonsten trostlosen Erscheinungsbild Korlas zu sein. Bunter geht es auf dem Markt der Minderheiten zu, der sich rechts von der Moschee befindet. Hierher kommen viele Pakistanis über Kashgar, um einzukaufen.

Ausflüge in die Umgebung

Perlen des nördlichen Bayingoleng

Wer keine Gelegenheit hat, die südlichen Gebiete und Naturparadiese des Distrikts Bayingoleng zu besuchen, sollte zumindest nicht versäumen, sich die faszinierenden Landschaften Bayingolengs um Korla herum anzusehen. Wer viel sehen will, sollte von Korla aus starten und kann so der Reihe nach Eisentor-Pass, Bosten-See, Gelben Tempel von Balguntay, die heißen Quellen von Arxan und das weitläufige Naturschutzgebiet Bayan Bulag besuchen. Die Reise könnte man dann in Kuqa beenden oder als Rundreise über die Ruinen von Luntai in Korla abschließen.

Bosten-See und Gelber Tempel lassen sich mit öffentlichen Verkehrsmitteln erreichen. Am wenigsten Stress und die meisten Eindrücke bekommt man aber, wenn man sich die Tour von Ürümqi oder Korla aus mit Landrovern organisieren lässt. Wer schon zu Hause weiß, dass er die Tour fahren will, kann alles auch schon von hier aus organisieren lassen, was oft nur unwesentlich mehr kostet als vor Ort.

Eisentor-Pass
(Tiěmén Guān)
铁门关

7 km nördlich von Korla auf der Straße nach Yanqi liegt der Eisentor-Pass. An dieser Stelle steht seit 700 Jahren ein Kontrolltor der alten Seidenstraße. Eine Bastion sicherten das Tor, das sich dem Besucher wieder in restaurierter Form präsentiert.

Vom Pass sieht man einen schönen Berggipfel, der im Volksmund ***Prinzessinen-Gipfel*** genannt wird. Mit ihm ist, wie so oft in China, eine tragische Liebesgeschichte verbunden: Die Tochter des Königs von Yanqi, *Rouhna,* und der Kanzlersohn *Tayier*

Vor 700 Jahren wurde am Eisentor-Pass ein Kontrolltor der alten Seidenstraße errichtet

waren schon in ihrer Kindheit unzertrennlich. Als sie erwachsen waren, beschlossen die beiden zu heiraten und bekamen auch das Einverständnis des Königs. Noch bevor die Hochzeit allerdings stattfinden konnte, fiel der Kanzler und damit auch seine Familie in Ungnade. Der Kanzler und seine Angehörigen wurden getötet, aber *Tayier* trieb, in einer Holzkiste eingezimmert, auf dem Kongqi-Fluss dahin, bis er von der Prinzessin eines Nachbarlandes entdeckt wurde. Sie verliebte sich unsterblich in ihn, aber *Tayier* hielt seiner *Rouhna* die Treue. *Rouhna* aber war gezwungen worden, einer Heirat mit dem Sohn eines korrupten Beamten zuzustimmen. *Tayier,* der davon Kunde erhielt, gelang es dank einer List, in den königlichen Palast einzudringen. Dort forderte er den Bräutigam zum Duell auf und tötete ihn. Das Ende der tragischen Geschichte war, dass *Rouhna* und *Tayier* auf der Stelle ermordet wurden. Die Bewohner des Nachbarlandes, die *Tayier* auch ins Königreich Yanqi geschmuggelt hatten, bestatteten die beiden Toten daraufhin am Gipfel beim Eisentor-Pass, wo sie für immer in ihr Heimatland blicken konnten.

Bosten-See
(Bósīténg Hú)
博斯腾湖

Der Bosten-See ist der größte Frischwassersee Xinjiangs. Er liegt 1.048 m hoch und hat eine Gesamtfläche von 1.019 km². Sein tiefster Punkt misst gerade einmal 15,7 m. 1966 wurde am See eine Fischzuchtfarm errichtet, und heute ist der See das wichtigste ***Fischzuchtzentrum Xinjiangs,*** in dem über 13 Fischarten gezüchtet und in der ganzen Region verkauft werden. Neben seiner Bedeutung als Fischfarm liefert der See jährlich 300.000 Tonnen Schilf, das als Rohstoff zur Papier- und Viskoseherstellung dient. Seit 30 Jahren allerdings, bedingt durch den Anstieg an Mineralien und Chemikalien, erhöht sich langsam sein Salzgehalt.

Der Bosten-See ist sicher nicht so idyllisch gelegen wie der Himmels-See bei Ürümqi, das vehindert schon seine immense Größe, aber er ist eine erfrischende Abwechslung zur staubigen Wüstenluft. Bei klarem Wetter leuchten in der Ferne die Schneegipfel des Tian Shan.

Natürlich gibt es auch für den Bosten-See eine ***Entstehungslegende.*** Vor langer langer Zeit war die Ebene des heutigen Sees ein fruchtbares Weidegebiet. Hier lebte *Bosten* mit seiner wunderschönen Frau *Ga Ya.* Eines Tages entdeckte der Regengott die Reize *Ga Yas,* als diese bei ihrer Arbeit mit ihrer lieblichen Stimme sang. Bezaubert von der Anmut der Frau, gab er sich ihr zu erkennen und bat sie, seine Frau zu werden. *Ga Ya* wies ihn ab, worauf der Regengott erzürnt verschwand. Zur Strafe ließ er keinen Regen mehr über das Weideland fallen, und nach und nach starben alle Tiere. Voller Verzweiflung bat *Ga Ya* jeden Tag den Himmel mit ihren schönsten Liedern zu Hilfe, aber der Himmel rührte sich nicht. Verärgert schoss *Bosten* daraufhin einen Pfeil zum Himmel, um ihn zu bestrafen. Dies erzürnte nun den Himmel selbst, der dem Gott des Donners auftrug, *Bosten* zu bestrafen. Um das Drama zu vollenden, tötete der Donnergott *Bosten* auf dem Gipfel des Berges Kurutag. *Ga Ya* fiel in tiefe Trauer, und ihr Schmerz weckte das Mitleid einer Göttin, die den Regenbehälter des Regengottes, als dieser eines Tages betrunken eingeschlafen war, auskippte, so dass es drei Tage ohne Unterlass regnete. Die Wassermassen füllten das Yanqi-Becken mit Wasser. Vor lauter Freude wollten die Bewohner der Region den neu entstandenen See Ga-Ya-See nennen, aber die so geehrte schüttelte den Kopf und bat die Bewohner, ihn zum Andenken an ihren Geliebten Bosten-See zu nennen.

Seine reale Existenz verdankt der Bosten-See allerdings dem Kaidu-Fluss, dessen Wassermassen den See füllen.

博湖

● ***Anfahrt:*** Von Korla oder Yanqi kann man mit Bussen bis zu einem Ort namens ф Bohu (Bagrax) fahren. Bohu liegt allerdings noch 20 km vom See entfernt. In Bohu kann man Dreiradtaxen organisieren, die einen zum See fahren. Um wieder zurück nach Bohu zu kommen muss man mit den Fahrern einen Abholtermin ausmachen.

Gelber Tempel von Baluntay
(Bālúntái Huáng Miào)
巴仑台黄庙

Der Gelbe Tempel von Baluntay ist ein kleiner, hübscher Lamatempel am Rande der Ortschaft Baluntai. Seine Lage an einem Geröllhang gibt der ganzen Umgebung fast schon tibetisches Flair. Hier lohnt ein kurzer Stopp auf dem Weg nach Arxan.

Heiße Quellen von Arxan
(Ā'ěrxiān Wēnquán)
阿尔先温泉

Bevor man zum Bayan-Bulag-Naturschutzgebiet weiterfährt, lohnt sich ein Abstecher zu den heißen Quellen von Arxan. Inmitten einer wunderschön alpinen, grünen Landschaft liegen die für ihre Heilwirkung bekannten Quellen. Sie befinden sich im Freien, und um sie besser zugänglich zu machen, sind Badebecken gebaut worden, in denen man liegen und die Landschaft genießen kann, während man sich gleichzeitig von der langen Fahrt erholt.

● ***Übernachten*** kann man hier zur Zeit nur im eigenen Zelt.

Bayan-Bulag-Naturschutzgebiet für Schwäne
(Bāyīn Bùlǔkè Tiān'é Bǎohùqū)
巴音布鲁克
天鹅保护区

Schon kurz nachdem man Arxan hinter sich gelassen hat, verzaubert einen die dicht bewaldete Berg- und Hügelregion von Kunas, ein wichtiges Holzzentrum Xinjiangs. Einige Kilometer hinter Kunas (Gongnaisi Linchang) zweigt eine Straße nach Süden in Richtung Kuqa ab - die andere führt nach Yining - und - verläuft von nun an am Rande des Bayan Bulag, einer weiten, schier endlosen grünen Grasebene, die von unzähligen Flussläufen des Kaidu-Flusses durchzogen wird. Wichtigster Punkt ist der Schwanen-See (Tian'e Hu), ein Brut- und Nistplatz unzähliger Schwäne. Eingerahmt wird diese einmalige Szenerie aus Gras- und Flussland, Schaf- und Yakherden und Yurten von den Schneegipfeln des Tian Shan. Hier kann man noch einmal so richtig Grün tanken, bevor man sich wieder auf der staubigen Straße in Richtung Kashgar aufmacht.

库车

Kuqa

(Kùchē)

Zusammen mit Dunhuang gehört Kuqa mit seinem alten Stadtkern und den vielen Sehenswürdigkeiten im Umland sicher zu den schönsten Orten entlang der Seidenstraße. Ähnlich wie Hotan im Süden und Gaochang (Khocho) im Osten war auch Kuqa über Jahrhunderte eine große Produktions- und Handelsstadt - ein Platz des Geldverdienens und der höchsten Kultur.

Geschichte

Wohl kaum das Schicksal einer anderen Stadt war so eng mit der Seidenstraße verknüpft wie Aufstieg, Blüte und Verfall Kuqas, das erstmals in den chinesischen Annalen des zweiten vorchristlichen Jahrhunderts Erwähnung findet. Zu jener Zeit lebte hier ein bunt zusammengewürfeltes Völkergemisch aus ⇗Sogdiern, Indern, Tibetern und Syrern, das von einer tocharischen Führungsschicht beherrscht wurde. In der langen Periode der Han-Dynastie wechselte das ***Verhältnis Kuqas zu China*** zwischen Feindschaft, Freundschaft und völliger Abhängigkeit. Als wichtiger Umschlagplatz des chinesischen Handels - Seide gegen Pferde - geriet die Stadt zudem schnell zum Zankapfel zwischen Hunnen, ⇗Yuezhi und Han.

Im politischen Ränkespiel hatten die Han zunächst die größeren Erfolge. Dank seines Reichtums und des Geschicks seiner Könige konnte sich Kuqa allerdings meist eine ziemlich unabhängige und auch einflussreiche Position sichern, ein schwieriges Unterfangen, war der Staat Qiuci doch nur einer von 35 weiteren in den Westlichen Gebieten (Xiyu) bzw. von über 50 Staaten Zentralasiens. In richtiger Einschätzung der Macht Chinas, die vor allem durch die Expeditionen *Zhang Qians,* der um 116 v. Chr. hier weilte, gefördert worden war, schickte Kuqa um 109 v. Chr. eine erste Geisel an den Kaiserhof nach Chang'an. Einer der nachfolgenden Könige, *Jiang Bin*, besuchte mit seiner Frau im Jahre 65 v. Chr. Chang'an. Sie bekam

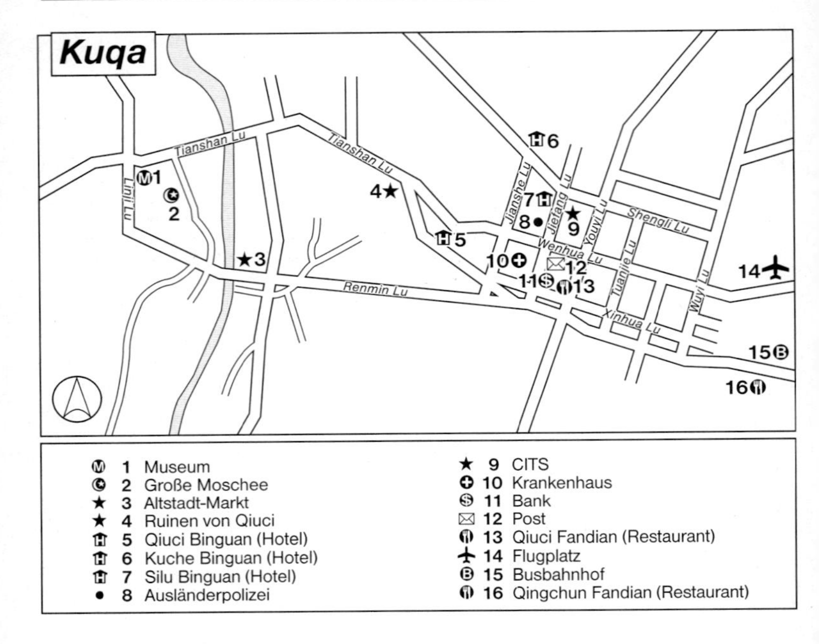

den Titel „Han-Prinzessin“ verliehen. Nach ihrer Rückkehr nach Kuqa gestalteten sie das Hofleben ganz nach chinesischem Vorbild. Das sorgte zwar für Spott, aber das ***Königreich Qiuci*** war zu jener Zeit dank des Seidenhandels der reichste Staat des Westens. Nach dem Tode *Jiang Bins* bekam sein Sohn und Thronfolger den Titel „Enkel der Han“ verliehen.

Die Periode der Unabhängigkeit und Freundschaft zu China sollte nicht lange währen. Die Chinesen nutzten die Angriffe der Hunnen zu Strafexpeditionen unter der Führung des Statthalters von Lopnur, ↗ *Zheng Ji* (?-49 v. Chr.). Dank der Hilfe Qiucis konnte ↗ *Zheng Ji* die Hunnen zwar schlagen, nutzte aber die Gelegenheit, sich das Königreich gleich mit einzuverleiben. Auf dem Hoheitsgebiet Qiucis errichtete er seine Residenz Wulei – in der Nähe des heutigen Örtchens Qedir, ca. 60 km östlich von Luntai. Von hier aus konnte ↗ *Zheng Ji* Kuqa direkt kontrollieren. Mit dem endgültigen Sieg über die Hunnen wurde schließlich die ***Präfektur Xiyu*** eingerichtet. ↗ *Zheng Ji* wurde zum Generalgouverneur ernannt und kontrollierte für den Kaiserhof das Wusun-Reich, das südöstlich vom Balhaš-See lag, im Westen das Reich Dayuan, das westlich des Pamir lag, und nach Süden hin eine Region, die bis an die Königreiche nördlich des ↗ Kunlun-Gebirges reichte. Ein Gebiet also, das erheblich größer als das heutige Xinjiang war.

Im ersten nachchristlichen Jahrhundert wechselten Perioden der Abhängigkeit und mächtiger Unabhängigkeit ab. Erst die zentralasiatischen Feldzüge des Generals ↗ *Ban Chao* (31-102), die dieser zum Teil eigenmächtig unternahm, konnten die Oasen der Westgebiete wieder unter

Kontrolle Chinas bringen. 91 zog *Ban Chao* in Kuqa ein und machte die stolze Stadt zu seiner Residenz. Der abgesetzte König wurde als Geisel an den Kaiserhof geschickt.

Diese erneute Zeit der Kontrolle über die Xiyu (Westlande) waren eine Zeit der Blüte für die Seidenstraße, und Städte wie Kuqa häuften große Reichtümer an. Mit dem Eindringen des Buddhismus nach China flossen viele Gelder in den Bau von Klöstern und buddhistischen Höhlengrotten. Nicht zuletzt war Kuqa die Heimatstadt ↗ *Kumarajivas* (344-413), eines der bedeutendsten buddhistischen Mönche seiner Zeit, dem wir bereits in Wuwei und Xi'an begegnet sind. In dieser Zeit wechselnder Allianzen, Abhängigkeiten und Unruhen blieben ***Handel und Buddhismus*** Konstanten, die das Leben bestimmten, trotz des Chaos' sich bekämpfender Völker und Reiche. Mit der erneuten Eroberung Kuqas 648 durch die Heere der jungen Tang-Dynastie und der Umwandlung der Stadt zum Sitz des chinesischen Gouverneurs der Präfektur Anxi begann der Anfang vom Ende früherer Unabhängigkeit. Bis hierher reichten nun auch die Meilensteine, die vom Kaiyuanmen in Chang'an (s. Xi'an, Startpunkt der Seidenstraße) über eine Strecke von 9.900 Li (ca. 4.950 km) ihren Ausgang nahmen. 658 verlor Kuqa seine politische Unabhängigkeit schließlich endgültig.

Das ***moderne Kuqa*** ist ein ruhiges Städtchen, dem man seine bewegte Vergangenheit nicht mehr ansieht, und das heute von weitläufigen Straßen, ländlichem Flair, Moslemmärkten und vielen Mulikarren geprägt ist.

Hotels

龟兹宾馆
中 ***Qiūcí Bīnguǎn**,*** Tian Shan Lu, Tel. 7122005. Mit dem Stadtbus vom Busbahnhof bis zur Endhaltestelle und weiter ca. 10 Minuten zu Fuß. Bestes Hotel am Ort.

库车宾馆
中 ***Kùchē Bīnguǎn*,*** Shengli Lu, Tel. 7122844. Nettes, kleines Hotel mit sonnigem Innenhof. Mit dem Bus vom Busbahnhof bis Endhaltestelle und weiter noch ca. 10 Minuten zu Fuß.

丝路宾馆
中 ***Sīlù Bīnguǎn*,*** Jiefang Lu. Einfache Zimmer. Im Hotel gibt es Mieträder.

中 ***Tongda Fandian*,*** rechts gegenbüber vom Busbahnhof. Einfaches Hotel aber für ein, zwei Nächte ok. Mit eigenem Reisebüro.

Restaurants

龟兹饭店
青春饭店

中 ***Qiūcí Fàndiàn,*** Youyi Lu.
中 ***Qīngchūn Fàndiàn,*** Renmin Lu.
● ***Garküchen*** für kleinere Snacks gibt es auf dem Markt bei der Moschee.

Sonstiges

政府大楼

● ***CITS:*** Jiefang Lu, gegenüber vom Silu Binguan. Das Büro befindet sich im dritten Stock des Regierungsgebäudes (中 Zhèngfǔ Dàlóu). Ein Büro für die Fahrt zu den Kizil-Grotten befindet sich im Tongda Fandian.
● ***Fahrradverleih:*** Im Silu Binguan in der Jiefang Lu.
● ***Ausländerpolizei:*** Jiefang Lu, südlich vom Silu Binguan.
● ***Bank:*** Jiefang Lu.
● ***Post:*** Wenhua Lu.
● ***CAAC:*** Am Flugplatz, Tel. 7022501.
● ***Krankenhaus:*** Xiàn Yīyuàn (Kreiskrankenhaus) in der Jiefang Lu.

Weiterreise

● ***Busse*** fahren in 1,5 Tagen nach ***Ürümqi*** und in 1,5 Tagen über ***Aksu*** nach ***Kashgar.*** Eine weitere Busverbindung besteht nach ***Yining.***
● ***Flüge*** gibt es je einmal wöchentlich nach ***Ürümqi*** und ***Korla.***
● ***Züge*** fahren nach Korla, Turfan, Ürümqi (Nr. K888 und 5808) und Richtung Kashgar (Zug K886 und 5806).

Qiuci-Musik, Exportschlager der Seidenstraße

Westimporte in Sachen Kultur gibt es nicht erst seit dem elektronischen Medienzeitalter. So kannten die alten Chinesen dieses Phänomen schon vor über tausend Jahren, und der Westen waren die hochentwickelten Kulturen Zentralasiens. Von dem zentralasiatischen Königreich Qiuci, dem heutigen Kuqa, nahm die berühmte und vor allem lange Geschichte der Qiuci-Musik ihren Lauf nach Osten, der sie bis zu allerhöchsten Weihen als offizieller Hofmusik der Tang-Kaiser führte.

Die Wurzeln der Qiuci-Musik liegen irgendwo in der Zeit der Westlichen-Han-Dynastie (206 v. Chr. - 8 n. Chr.). Im folgenden Jahrtausend reifte sie bis zur Vollendung, um dann im Laufe der Song-Zeit (960-1279) sang- und klanglos aus dem Bewusstsein der Menschen zu verschwinden.

Glaubt man den historischen Aufzeichnungen, erreichte die Qiuci-Musik bereits während der Zeit der Nördlichen und Südlichen Dynastien (420-581) ein überaus hohes künstlerisches Niveau und entwickelte mehrere Stilrichtungen. Da gab es die rein instrumentale Musik, Gesang, Tanz und Tanzmusik. Die Orchester waren bereits bestens ausgestattet und verwendeten mehr als zwanzig verschiedene Musikinstrumente, die aus Zentralchina, Indien, Persien, aber auch aus Qiuci selbst stammten. Die Tanzensembles beherrschten sowohl höchst artistische Tanzformen als auch den Gruppen-, Paar- und Solotanz. Berühmt waren sie darüber hinaus für die Einbeziehung unzähliger Requisiten in ihre Darbietungen. Natürlich gab es auch eine Art „Hitliste" bei den Zuschauern, bei denen die Sing- und Tanzdramen sowie religiös inspirierten Tänze und Opern in der Gunst ganz oben standen. Der hohe musikalische Standard wurde jeweils zum Jahresbeginn bei großen Gesangs- und Tanzwettbewerben, die über mehrere Tage hinweg ausgetragen wurden, bestätigt. Wo soviel Ehre und Können sich häuften, konnte auch *Xuan Zang*, der notorische Chronist und Mönch mit seinem Kommentar nicht hintern Berg halten und lobte die Musik als unübertreffbar in ihrer Qualität und Schönheit.

Aber was wäre der Ruf der Qiuci-Musik ohne ihre Verbreitung. Das kleine Königreich, Bindeglied des Seidenstraßenhandels, exportierte seine Musik in alle Himmelsrichtungen. Nicht immer freiwillig allerdings. Der mächtige General *Lü Guang,* Herrscher eines Reichs unter der Dynastie Qin, brachte 384 von seinen ausgedehnten Feldzügen in den Westen Musiker und Sänger aus Qiuci in seine Hauptstadt Liangzhou (heute Wuwei), wo er auch einen der Wegbereiter des „modernen" chinesischen Buddhismus, *Kumarajiva,* 17 Jahre lang festhielt.

Als im Jahre 568 Kaiser *Wu* der Nördlichen Zhou (557-581) die türkische Prinzessin *Asna* heiratete, kam die Crème der Musiker aus Qiuci an seinen Hof.

Während der Tang-Zeit gelangte die Musik schließlich zu ihrer höchsten Blüte. Sie fand ihren Weg auf die Bühnen des Kaiserhofs und wurde nun zur offiziellen Hofmusik *(Yanyue)* neben einer anderen Richtung, der Xiliang-Musik, die beide einen großen Einfluss auf die Stilentwicklungen anderer Gattungen in China hatten. Der Tang-Poet *Yuan Zhen* schrieb: *„Die Xiliang-Musik hallt wieder, wo immer man wandert. Die Qiuci-Musik in all ihren Nuancen donnert ohne Ende."*

Mit dem wachsenden Einfluss der Tang-Kultur über ihre traditionellen Grenzen hinaus fand die Qiuci-Musik nun auch ihren Weg nach Japan und Südostasien, wo sie ebenfalls einen großen Einfluss auf lokale Stile ausübte.

Der Untergang der Tang-Dynastie bedeutete für die Qiuci-Musik ein langsames Sterben. Ihr Stern sank, und niemand wusste eigentlich so recht weshalb. Spätestens seit der Song-Zeit (960-1279) war diese einst so gefeierte Musik nur noch ein Relikt der Musikgeschichte, das man heute noch in Form farbenprächtiger Wandgemälde in Kuqas Höhlen bewundern kann. Einiges wurde auch von den Uiguren übernommen, die es bis ins einundzwanzigste Jahrhundert hinüber retteten. Die Gründung des Xinjianger Sing- und Tanz-Ensembles schließlich setzte sich die Aufgabe, die alten Traditionen wieder aufleben zu lassen und der Nachwelt in lebendiger Form zu erhalten.

Die extremen Witterungsbedingungen sorgen dafür, dass in Kuqa kein Platz für Hektik ist

Sehenswertes

Moschee
(Qīngzhēn Sì)
清真寺

Interessant ist die Gegend um die Moschee. Gegen Eintritt wird die Tür zum Turm aufgeschlossen. Von oben hat man einen schönen Ausblick auf das Moslemviertel. Am meisten Freude macht man vermutlich den herumlungernden Kids, denn die dürfen mit hoch, wenn das Tor aufgeht.

Museum
(Bówùguǎn)
博物馆

Gleich in der Nähe der Moschee befindet sich in der Linji Lu das Museum, in dem Funde aus den umliegenden versunkenen Wüstenorten ausgestellt werden.

Ruinen von Qiuci
(Qiūcí Gǔchéng)
龟兹古城

Um aus den Überresten an der Tianshan Lu den alten Glanz Kuqa herauszulesen, bedarf es schon einer ausgeprägten Phantasie. Da man aber auf dem Weg zur Moschee hier vorbeikommt, kann man zumindest einmal einen Blick auf die Reste der alten Stadtmauer werfen.

Ausflüge in die Umgebung

● ***Anfahrt:*** Die Ausflüge können nicht mit öffentlichen Verkehrsmitteln gemacht werden. Man muss dafür bei CITS oder im Reisebüro des Tongda-Hotels einen Jeep chartern (ca. 300-400 Yuan plus Eintritt).

Tausend-Buddha-Grotten von Kizil
(Kèzīěr Qiānfó Dòng)
克孜尔千佛洞

Etwa 75 km nordwestlich von Kuqa liegen die berühmten Kizil-Grotten, die in einen etwa 1 km langen Steilhang entlang des Muzati-Flusstals (Muzaerte He) gehauen sind. Von den einst zahlreichen Plastiken sind keine mehr erhalten, aber es sind noch einige sehr schöne Wandmalereien zu sehen.

Die ersten Grotten an dieser Stelle entstanden bereits im 3. Jh. unserer Zeitrechnung und sind damit noch vor den Mogao-Grot-

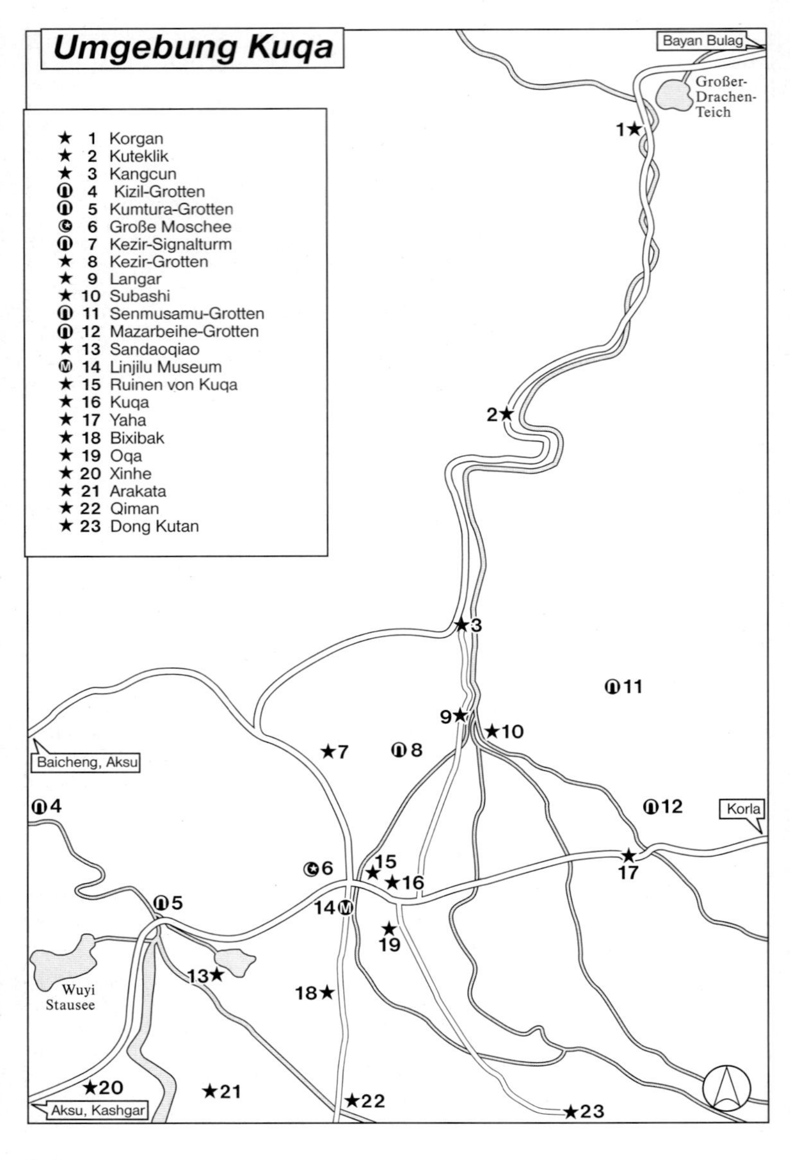

Umgebung Kuqa
★ 1 Korgan
★ 2 Kuteklik
★ 3 Kangcun
4 Kizil-Grotten
5 Kumtura-Grotten
6 Große Moschee
7 Kezir-Signalturm
★ 8 Kezir-Grotten
★ 9 Langar
★ 10 Subashi
11 Senmusamu-Grotten
12 Mazarbeihe-Grotten
★ 13 Sandaoqiao
14 Linjilu Museum
★ 15 Ruinen von Kuqa
★ 16 Kuqa
★ 17 Yaha
★ 18 Bixibak
★ 19 Oqa
★ 20 Xinhe
★ 21 Arakata
★ 22 Qiman
★ 23 Dong Kutan
Bayan Bulag
Großer-Drachen-Teich
Baicheng, Aksu
Korla
Wuyi Stausee
Aksu, Kashgar

ten bei Dunhuang die ***ältesten*** und am weitesten westlich gelegenen buddhistischen ***Höhlengrotten Chinas.*** Anders als in Dunhuang prägen westliche und südwestliche Stilrichtungen, d.h. vor allem indisches und sassanidisches (persisches) Formengut, die buddhistische Kunst Kizils. Die Malereien jener Zeit enthalten keine Darstellungen der Askese, sondern zeigen eine enge Verbindung von weltlichem und geistlichem Leben, das dichte Beieinander von Adel und Klerus. Wie im harten Wüstenalltag nicht anders zu erwarten, findet man auch tröstende und beruhigende Darstellungen der buddhistischen Lehre, die wohl all jene ansprechen sollten, die am nächsten Tag wieder von der Wirklichkeit des Karawanenalltags eingeholt wurden. Weiter findet man Bilder von religiösen, höfischen und auch städtischen Festlichkeiten mit himmlischen Orchestern und Tänzergruppen.

Hauptsächlich findet man bei den ***Grottentempeln*** zwei Bauformen. Die häufigste besteht aus einer Vorhalle, hinter der das Heiligtum, die quadratische oder rechteckige Cella, sich öffnet.

Die Rückwand der Cella trägt das Kultbild, die in Ton geformte Statue eines ⇗ Buddhas oder ⇗ Bodhisattvas. Das Dach besteht meist aus einem Tonnengewölbe. Rechts und links von dem Kultbild gehen Korridore hinein, die hinten durch einen dritten Korridor vebunden sind. Auf diese Weise wird eine Prozession um das Kultbild im Uhrzeigersinn ermöglicht. Bei der zweiten Form hat der Tempel einen größeren Vorraum und eine sich anschließende kleine Kammer mit dem Kultbild, vor dem man beten, das man aber nicht umwandeln kann.

Bisher wurden in Kizil etwa 236 Grotten gezählt, wovon 75 recht gut erhalten geblieben sind. Eine der ältesten, vermutlich bereits im 3. Jh. angelegten Grotten findet man hinter der Tür Nr. 17. Sie besteht aus zwei Kammern und ist über eine Holztreppe zu

Auf dem Weg zu den Kizil-Grotten

Die bizarren Felsgebirge eignen sich besonders für die buddhistische Grottenkunst

erreichen. Während die Buddhaskulptur in der Nische der Vorkammer fehlt, kann man mit einer Taschenlampe noch einige ***Wandmalereien*** erkennen, die sich in Rautenmustern die Wände und Decken entlangziehen. Dargestellt werden Geschichten des Buddha ⇗ *Sakyamuni*, der das Böse bekämpft und andere selbstlos rettet. Interessant ist, dass man in den Höhlen von Kizil über 70 verschiedene Geschichten *Sakyamunis* in Rautenbildern rekonstruieren kann, während in den Mogao- und Longmen-Grotten nur 30 Geschichten dargestellt werden. Ein weiteres Bild zeigt einen ⇗ Bodhisattva, der in der Nacht zwei Kaufleuten mit einer Lampe den Weg weist. Die Kleidung sowohl des Bodhisattva als auch der beiden Kaufleute zeigt ihre westasiatische Herkunft.

Eine weitere ebenfalls bereits aus dem 3. Jh. stammende Grotte ist die Nr. 48. An ihrer Wand sind drei fliegende Apsaras (weibliche Himmelsgeister), Tänzerinnen und Musikantinnen mit Glorienscheinen um den Kopf dargestellt. Sie sind noch wesentlich kräftiger gezeichnet als die anmutigen ⇗Apsaras in Dunhuang.

Einen starken indischen Einfluss findet man bei einer Bodhisattva-Darstellung in Grotte 38. Der Oberkörper des predigenden Bodhisattva ist nackt, und die zarte Linienführung gibt der anmutigen Gestalt fast einen weiblichen und tänzerischen Ausdruck.

Ein Merkmal der Rautenbilder von Kizil wird bei der Darstellung „Der Affenkönig rettet seine Affen" in Grotte Nr. 69 deutlich: Das Motiv wird meist durch eine bewegte Szene ausgedrückt. In diesem Fall zielt ein Jäger gerade mit seinem Bogen auf eine Affenherde. Im selben Augenblick springt der Affenkönig über ein Bächlein, ergreift mit beiden Händen einen Baum am anderen Ufer und hält mit seinen Hinterpfoten den Baum am diesseitigen Ufer fest. So bildet er eine Brücke, über die die Affen fliehen können.

Erwähnenswert ist noch die Grotte 153, in der die Gewölbebilder in einer Form dargestellt werden, wie man sie anderswo nicht findet. Wie ein Speichenrad ist das Gewölbe in zehn Segmente eingeteilt. In jedes dieser spitzen, speichenförmigen Dreiecke ist ein ⇗Bodhisattva gemalt, der einen individuellen und höchst lebendigen Gesichtsausdruck hat und musiziert oder tanzt.

Die besten Malereien stammen aus einer Zeit zweier Großereignisse: dem Zusammenbruch des ⇗Sassanidenreiches im Jahre 628 und der nahezu parallel einhergehenden völligen Unterwerfung Kuqas unter die Herrschaft der Tang (648), die dem Sassanidenherrscher *Piruz* militärisch zur Hilfe kamen und ihm schließlich Asyl gewährten. In einer großen Fluchtwelle trieb es zahlreiche persische Künstler nach Kuqa, die mit ihrem Stil die Malereien prägten. Den tangzeitlichen Einfluss erkennt man erst viel später in anderen Grotten der Umgebung, z.B. in Kumtura, was wohl damit zusammenhing, dass die Kunst der Tang noch in der Entwicklung begriffen war und im Gefolge der chinesischen Heere zunächst keine Künstler auftraten.

Grotten von Kumtura
(Kùmùtǔlǎ Qiānfó Dòng)
库木吐喇千佛洞

Etwa 30 km südwestlich von Kuqa am Stausee des Wasserkraftwerks am Muzati-Fluss liegen die von der Berliner Ostturkestan-Expedition erforschten Kumtura-Grotten. Hier sind noch 72 Grotten erhalten, aber von den Überresten der Wandmalereien ist nur noch wenig zu erkennen. Die Expeditionsteilnehmer, u.a. *Albert von ⇗Le Coq,* beschrieben jedoch einige Gemälde mit bereits deutlich erkennbarem tang-zeitlichem Einfluss auf die Menschen- und Gewanddarstellungen. Außerdem fanden sie erstmals Darstellungen von Damen und Rittern in europäisch anmutender Kleidung. Im Museum von Kuqa werden einige schöne Plastiken aus diesen Höhlen ausgestellt. Der Besuch der Kumtura-Grotten selbst lohnt sich allerdings wohl nur für echte Grottenenthusiasten. Wer dennoch nicht genug von buddhistischen Höhlengrotten bekommen kann, der hat noch zahlreiche weitere Stätten zur Auswahl, z.B. die ***Teiteier-Grotten*** (中Táitáiěr Qiānfó Dòng), ***Mazarbaihe-Grotten*** (中Mǎzhābáihā Qiānfó Dòng) und die rund 300 ***Kezir-Grotten*** (中Kèzīěrgǎhā Qiānfó Dòng) nahe der Ortschaft Kezir (中Kèzīěr) mit ihren berühmten Fresken, die schön restauriert worden sind.

台台尔千佛洞
玛札伯哈千佛洞
克孜尔尕哈千佛洞
克孜尔

Subashi
(Sūbāshí Gǔchéng)
苏巴什古城

Etwa 18 km nördlich von Kuqa liegt die antike Klosterstadt Subashi. Vermutlich befand sich hier die große Klosteranlage Zhaohuli, von der bereits *Xuan Zang* in seinen Aufzeichnungen berichtet hatte. Wie zwei Lungenflügel schmiegen sich die 200.000 m² der Ruinenanlage an den Kuqa-Fluss. Auf jeder Flussseite befinden sich drei ⇗Pagoden, die zueinander symmetrisch stehen, und um jede der Pagoden gruppieren sich Tempel und Buddhagrotten. In der Südwestecke der Anlage befindet sich ein großer Pagodenrumpf, unter dem ein Grab aus der Wei- und Jin-Zeit (3.-5. Jh.) entdeckt und freigelegt wurde. Die Funde aus dem Grab kann man im Museum von Kuqa besichtigen. Bemerkenswert waren vor allem die Veformungen der Totenschädel. Ähnlich wie die Maya in Mexiko praktizierten die Bewohner von Qiuci die Sitte, ihren Söhnen die Köpfe mit Holzbrettern zu fixieren, um einen flachen Schädel zu erzeugen – das damalige Schönheitsideal des sogenannten Sule-Volkes, ein den ⇗Yuezhi verwandter Volksstamm, der blaue Augen hatte und sich tätowierte, wie die Annalen der späteren Han trocken auflisten. Selbst der Mönch *Xuan Zang* berichtet noch von diesem Brauch.

Großer Drachenteich
(Dà Lóng Chí)
大龙池

Wer mal wieder ein wenig ins Güne möchte oder muss, kann einen Ausflug in den Tian Shan zum Großen Drachenteich machen. Etwa 100 km nördlich immer am Kuqa-Fluss entlang auf der Straße zum Bayan-Bulag-Naturschutzgebiet erreicht man über eine Serpentinenstrecke zunächst den See Xiaolaba und nach weiteren fünf Kilometern den Dalong- oder auch Dalaoba-Teich. Inmitten bewaldeter Berghänge liegt hier ein grün schimmernder See, in dem der Legende nach einst ⇗Drachen lebten. Die Drachen konnten sich in Menschengestalten verwandeln und nahmen die Wasserträgerinnen, die hier zum Wasserholen kamen, zu ihren Frauen. Ihre Kinder wurden starke Männer, die so schnell wie Pferde laufen konnten und als „Drachenrasse" bekannt waren. Da sie sich dem König von Qiuci nicht unterordnen wollten, ließ dieser sie mit Hilfe der Tujue (Türken) niedermetzeln und ausrotten. Heute geht es hier ungleich friedlicher zu, und wenn sich die Berge im klaren Wasser spiegeln, vergisst man, dass die Wüste nicht fern ist.

Kezir-Signalturm
(Kèzīěrgǎhā Fēnghuǒtái)
克孜尔尕哈烽火台

Etwa nach 9 km auf dem Weg nach Nordwesten nahe der Straße zur Kreisstadt Baicheng passiert man einen alten Signalturm aus der Zeit der Westlichen-Han-Dynastie (206 v. Chr. - 8 n. Chr.). Der gewaltige Turm aus Stampflehm ist 18 m hoch und stand strategisch günstig zwischen dem Bergpass Baichen und der Ebene von Kuqa. Am Fuß des Turms ist ein Schild auf Uigurisch angebracht mit der Aufschrift „Bleib, meine Tocher!". Einer uigurischen Legende nach herrschte hier einst ein grausamer Herrscher, den sein Volk hasste. Er hatte aber eine Tochter, die er sehr liebte. Eines Tages kam ein Hexenmeister aus dem fernen Westen vorbei und prophezeite dem König, dass seine Tochter in den kommenden hundert Tagen in Lebensgefahr schwebe. Um der Gefahr zu entgehen, müsse sich seine Tochter auf dem Signalturm verbergen. Der Tyrann glaubte dem Hexenmeister und schickte seine Tochter auf den Turm, wo er sie die nächsten 99 Tage versorgen ließ, ohne dass etwas geschah. Am letzten Tag aber ließ er ihr einen Apfel bringen. Als die Tochter hineinbiss, kroch ein giftiger Skorpion heraus und tötete die Tochter mit seinem Stich. Der Tyrann warf sich daraufhin verzweifelt gegen den Turm und weinte unaufhörlich: „Bleib, meine Tochter!" Aber obwohl er sonst immer das Schicksal anderer lenken konnte, diesmal musste er sich ihm beugen.

阿克苏

Aksu

(Ākèsū)

Aksu ist eine uninteressante, aber angenehme Stadt, die bar jedweder Sehenswürdigkeiten ist.

In der Han-Dynastie gehörte Aksu zu einem Land namens Gumo und in der Tang-Zeit zum Königreich Balujia. Damals hieß die Stadt noch Bohuan und hatte immerhin 24.500 Einwohner, soviel wie auch heute noch.

Aksu bedeutet im Uigurischen „Sprudelndes Wasser", und das umschreibt auch schon ganz gut das Wesen der Stadt mit seinen Wasserresourcen sowie seinem milden Klima. Die Fruchtbarkeit Aksus wird gerne mit der des Yangzi-Beckens verglichen, was sicher übertrieben ist, aber die Vielfalt der landwirtschaftlichen Produkte ist doch enorm.

An Aksu vorbei fließt der mit 2.179 km längste abflusslose Fluss der Welt, der ***Tarim,*** nimmt man den Yarkant-Fluss als eigentlichen Quellfluss. Gespeist wird der Tarim außerdem durch den 419 km langen Aksu-Fluss, der seinen Ursprung in Kirgistan hat, und den 1.090 km langen Hotan-Fluss, dessen Quelle im ⇗ Kunlun-Gebirge liegt. Südlich von Aksu fließen alle drei Flüsse zusammen und bilden von nun an den Tarim. Nach weiteren 1.100 km

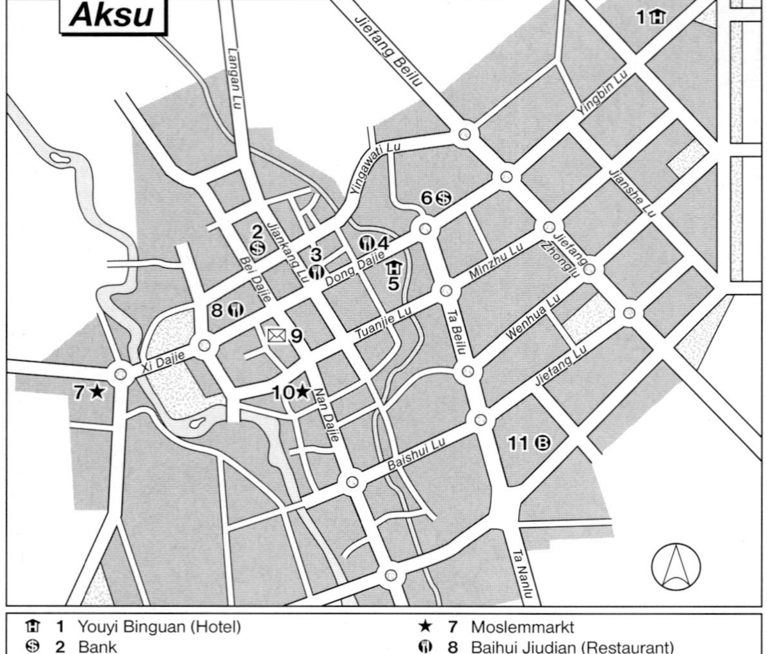

1	Youyi Binguan (Hotel)	7	Moslemmarkt
2	Bank	8	Baihui Jiudian (Restaurant)
3	Weiyuange Jiudian (Restaurant)	9	Post
4	Tiannan Fandian (Restaurant)	10	CAAC (Fluggesellschaft)
5	Yinhua Binguan (Hotel)	11	Busbahnhof
6	Bank		

immer am Nordrand der Taklamakan entlang fließt der Tarim in den Taitema-See und verschwindet von der Landkarte.

Spezialität von Aksu sind **Walnüsse.** Der Gesandte *Zhang Qian* brachte sie von seinen Reisen in den Westen erstmals nach Ostchina mit. Aber auch eine reichhaltige Auswahl an Obstsorten sorgt für Vielfalt.

Hotels

友谊宾馆

Yǒuyì Bīnguǎn,** Yingbin Lu. Der Überlandbus von Kuqa fährt hier vorbei, und man sollte dem Fahrer rechtzeitig Bescheid sagen, dass man aussteigen will. Ansonsten muss man vom Busbahnhof mit Bus 2 oder 3 bis zur Hauptstraße Xi Dajie fahren und dort in die Nr. 1 umsteigen.

银花宾馆

Yínhuā Bīnguǎn*/,** Dong Dajie. Zentraler und preiswerter. Anfahrt wie zum Youyi Binguan aber es scheint nicht immer Ausländer aufzunehmen.

Restaurants

味源阁酒店 ⌽ ***Weìyuángé Jiǔdiàn,*** Dong Dajie. Gutes und reichhaltiges Essen.

天南饭店 ⌽ ***Tiānnán Fàndiàn,*** Dong Dajie. Gutes Restaurant, aufmerksamer Service und preislich okay.

锦江饭店
百惠酒店

⌽ Entlang der Hauptstraßen Xi Dajie, Dong Dajie und Yingbin Lu gibt es noch zahlreiche weitere Restaurants, die es sich auszuprobieren lohnt, so das ***Jīnjiāng Fàndiàn*** und ***Báihuì Jiǔdiàn.***

Sonstiges

- ***Bank:*** Yingbin Lu.
- ***CAAC:*** 79 Nan Dajie, Tel. 2123592.

Die Produktions- und Aufbaukorps in Xinjiang

Mitte der 50er Jahre gab es große Werbekampangen für Xinjiang. Gesucht wurden junge, freiwillige, enthusiastische „Pioniere“, die beim wirtschaftlichen Aufbau der rückständigen Region helfen wollten. Die Popaganda gaukelte die Möglichkeit eines raschen Wirtschaftsaufschwungs vor. Die Jugendlichen wurden in sogenannten Produktions- und Aufbaukorps (PAK's) organisiert und auf den PAK-Gütern untergebracht. Aksu war Mittelpunkt der ersten aller PAK's in Xinjiang, das der damalige Provinzchef *Wang Zhen* 1954 eingerichtet hatte, um dort seien demobilisierten Guomindang-Soldaten unterzubringen. 1964 lief die Landverschickungskampagne an, die während der Kulturrevolution systematisch ausgebaut wurde. Insgesamt wurden über 100.000 Jugendliche aus den Millionenstädten Chinas im Laufe der Jahre in den fernen Westen gebracht. Die Mehrheit, ca. 60.000, stammte aus Shanghai.

Die Neuankömmlinge wurden jedoch kaum auf ihre neue Umgebung und Lage vorbereitet: Die Lebensbedingungen in der Wüste waren extrem hart, besonders für „Stadtkinder“. Die einheimische Bevölkerung verhielt sich ihnen gegenüber feindselig. Zum einen bedeutete die massive Zuwanderung von Han-Chinesen eine Bedrohung ihrer eigenen Kultur, zum anderen hatten die Turkvölker besonders während der Kulturrevolution so sehr unter der chinesischen Herrschaft gelitten, dass sich unversöhnliche Fronten gebildet hatten. Ab 1975 wurden in ganz China die PAK's aufgelöst und die Jugendlichen in ihre Heimat entlassen. Nur in Xinjiang blieben sie bestehen und wurden sogar 1982 ausdrücklich neu organisiert. Zurückkehren konnten nur Kranke oder diejenigen, die am Heimatort einen Arbeitsplatz nachweisen konnten. Stattdessen mussten die meisten hinnehmen, dass die zum Arbeitseinsatz auf den PAK's verurteilten Kriminellen nach Abbüßung ihrer Haftstrafe nach Hause zurück durften. Nach der Reformbewegung 1983, als die PAK's aufgeteilt, privatisiert (z.T. in Strafbattallione umgewandelt) und auch militarisiert wurden, gerieten die meisten in finanzielle Not, weil sie den Sprung in die Privatwirtschaft nicht schafften.

Im Winter 1980 gab es die ersten massiven Rückkehrforderungen von 100.000 Unzufriedenen. Nachdem die Regierung den Heimkehrwilligen in keiner Weise entgegenkam, eskalierte die Situation. Allein in Aksu, wo immer noch die meisten Umsiedler leben, demonstrierten 70.000 Menschen gegen ihr Schicksal und besetzten faktisch die ganze Stadt mitsamt den Behörden. Die Demonstrationen, die sich auf die ganze Provinz ausbreiteten, wurden mit Waffengewalt vom chinesischen Militär niedergeschlagen, wobei es mindestens zehn Tote gab.

Nach der Niederschlagung der Demokratiebewegung 1989 kündigte *Wang Zhen,* mittlerweile Vizepräsident der VR China, die Verschickung von 400.000 Demonstranten zur „Umerziehung“ nach Xinjiang an. Die ohnehin schon ungeliebten Zuwanderer setzten sich in den Augen der Minderheiten auch noch aus der „Negativauslese“ der Han-Nation zusammen.

So gibt es auf beiden Seiten viele Gründe zu Unzufriedenheit und Spannungen, die sich immer wieder in gewaltsamen Ausschreitungen entladen.

Weiterreise

- ***Busse*** fahren nach ***Kuqa, Korla, Turfan, Ürümqi*** und in Richtung ***Kashgar.***
- ***Züge*** fahren nach Kashgar (Zug K886 und 5806) Kuqa, Korla, Turfan und Ürümqi (Zug K884 und 5808).
- ***Flüge*** gibt es nach ***Ürümqi*** und nach ***Hotan.***

喀什

Kashgar

(Kāshí)

Kashgar, die ***größte Oase Chinas,*** die von der Taklamakan-Wüste im Osten, dem Tian Shan im Norden und dem Pamir-Gebirge im Westen umgeben ist, hat bei China-Reisenden einen fast ebenso magischen Klang wie Lhasa, die Hauptstadt Tibets, und zieht Touristen ebenso an: zu Recht. Mehr als 2000 Jahre bewegter Geschichte haben das Antlitz Kashgars geprägt, und wer sich in das orientalische, mittelalterlich anmutende Gewimmel der Altstadt stürzt, erlebt hautnah, dass Geschichte nicht nur musealen Charakter haben muss.

Im Jahre 76 v. Chr. wurde die zu jener Zeit noch Shule genannte Stadt von den Truppen des Han-Kaisers eingenommen. Als Verkehrsknotenpunkt der Seidenstraße – hier trafen Nord- und Südroute zusammen, die China mit Persien und den Mittelmeerkulturen, aber auch mit Indien verbanden, entwickelte sich Shule zu einer ***Drehscheibe der Kulturen.***

Shule war auch der Ausgangspunkt einer für die Öffnung der Seidenstraßen wichtigen Persönlichkeit, des Generals ↗*Ban Chao* (31-102). Er war ein gewiefter Soldat, der seine Leute mit hoher Moral und großer Autorität zusammenhalten konnte und das bürgerkriegsähnliche Chaos, das dem Interregnum von *Wang Mang* folgte, in Zentralasien z.T. auf eigene Faust aufräumte. Mit seinem Heer drang er bis zu den Zwiebelbergen (Pamir) vor und sicherte den Westen Chinas und damit auch seine Handelsrouten.

Seit dem 19. Jh. warfen auch die ***Mächte aus dem fernen Westen*** ein Auge auf diese Stadt und seine widerspenstigen, antichinesisch eingestellten Bewohner. 1882 nahm ein russischer Konsul seine Amtsgeschäfte in Kashgar auf, und zehn Jahre später folgte ein britischer Konsul, der im Chini Bagh residierte und gegen die Russen, die einen großen Einfluss auf Xinjiang ausübten, konspirierte. Berühmte Forscher wie *Sven Hedin, Aurel Stein,* die Gebrüder *Roosevelt* sowie der Journalist und Abenteurer *Peter Fleming* gaben sich hier die Klinke in die Hand. In den dreißiger Jahren des 20. Jahrhunderts reihte sich noch Japan in den Kreis der Interessenten ein, die hier ihren Vorteil suchten.

- 1 Seman Binguan (Hotel)
- 2 John's Cafe
- 3 Krankenhaus
- 4 Ausländerpolizei
- 5 Chini Bagh/CITS (Hotel)
- 6 Bank
- 7 Post
- 8 Idakh-Moschee
- 9 CAAC
- 10 Tiannan Fandian (Hotel)
- 11 Mao-Statue
- 12 Busbahnhof
- 13 Sonntagsmarkt
- 14 Kashgar Binguan (Hotel)
- 15 Museum der Seidenstraße
- 16 Abakh Hoja-Grab

Die Zeit der Verschwörungen scheint seit 1949 vorbei zu sein, aber wachsender ***Fundamentalismus*** und Separatismus machen auch um diese Region keinen Bogen.

Heute ist Kashgar bemüht, ***den Anschluss an die moderne Zeit*** zu finden. Es ist wirtschaftliches, politisches und kulturelles Zentrum Süd-Xinjiangs. *Kasch* bedeutet im Uigurischen soviel wie „glasierter Ziegel" und *Nigar* soviel wie „Relief". Mit diesem Namen wird auf die permanenten Neubauten angespielt, die nach

Die Gebrüder Schlagintweit

Ähnlich dem etwas später einsetzenden „Great Game", in dem England und Russland in Zentralasien und insbesondere Ostturkestan ihre Einflusssphären zu erweitern suchten, kam es seit Mitte des 19. Jh. zum „Gilgit Game", in dessen Verlauf namhafte Geographen versuchten, sich den Rang abzulaufen, um jeweils als erste die Bergregionen des Hindukush, Pamir, Karakorum und Kunlun zu erforschen. Das im Norden Kaschmirs gelegene Gilgit war häufig der Ausgangspunkt dieser Forschungsreisen, die stets über Teile der alten Seidenstraße führten. Neben den englischen Geographen *George Hayward, John Biddulph* und *Nev Elias* machten sich auch drei deutsche Forscher einen Namen bei der Erschließung der letzten weißen Flecken Zentralasiens, die Gebrüder *Schlagintweit.* Als Geographen hatten sie bereits wichtige Forschungen in den Alpen durchgeführt und waren entsprechend hochgebirgserfahren, als *Alexander von Humboldt,* der die Expedition wegen seines hohen Alters nicht mehr selbst durchführen konnte, die drei Brüder *Adolf, Herrmann* und *Robert* für eine Forschungsexpedition nach Hochasien vorschlug und sie bei den Briten einführte. Zwischen 1854 und 1857 erforschte das Trio nicht weniger als 63 Gletscher sowie den Verlauf verschiedener Gebirge. Dabei entdeckten sie, dass der Kaukasus nicht das höchste Gebirge der Welt war, so wie es bis dato die landläufige Auffassung war und sich auch nicht endlos bis nach Osten ausdehnte, sondern fanden eine Aufeinanderfolge der der drei Gebirge Himalaya, Karakorum und Kunlun. Ihre Forschungsergebnisse und das daraus resultierende Kartenmaterial dienten den Briten später als Grundlage bei der Erschließung Hochasiens.

Nach Beendigung ihrer Forschungsreise in Rawalpindi trennten sich die drei Brüder, da sie auf verschiedenen Wegen nach Europa zurückkehren wollten. *Adolf Schlagintweit* wählte die Route über Turkestan und wollte von dort über Sibirien weiter nach Europa reisen, eine Strecke, die auch von den Mitgliedern der Berliner Ostturkestan-Expeditionen Ende des 19. Jahrhunderts benutzt werden sollte. Im August 1857 wurde er von marodierenden Soldaten des Rebellenführers *Valik Khan,* der wieder einmal den Aufstand gegen die Chinesen probte, gefangengenommen und vor den Rebellenführer geschleppt. *Valik Khan* entschied, dass *Adolf Schlagintweit* ein für China arbeitender Spion sei und ließ den gerade 28jährigen am 26. August 1857 enthaupten. Einzig seine Aufzeichnungen in Form von Skizzen, Fotos und Texten konnten gerettet werden. Die Chinesen errichteten ihm in der Nähe von Kashgar ein gut zehn Meter hohes Denkmal, das aber einer Überschwemmung zum Opfer gefallen sein soll.

zahlreichen Überschwemmungen, Dürren und Kriegen notwendig geworden waren und in deren Verlauf die glasierten Ziegel für Moscheen und vornehme Villen über rund 200 Kilometer Entfernung heranzutransportieren waren.

Hotels

喀什宾馆

ф ***Kāshígě'ěr (Kashgar) Bīnguăn**,*** Tahuwuzi Lu, Tel. 2612362, Fax 2824679. Ziemlich weit außerhalb. Man läuft etwa 30-45 Min. zu Fuß. Wer Gepäck dabei hat, kann auch mit einem Taxi fahren.

色满宾馆
ф***Sèmăn Bīnguăn*,*** Seman Lu, Tel. 2822129, Fax 2822861. Hier befand sich einst das russische Konsulat. Mittlerweile tummeln sich hier zahlreiche russische Gäste. Beliebt bei Einzelreisenden.

其尼巴合宾馆
ф***Chini Bagh (Qíníbāhé) Bīnguăn*,*** Laoxiamalibage Lu, Tel. 2825929, Fax 2823087. Im ehemaligen britischen Konsulat trifft man heutzutage viele Pakistani, die als Händler nach China kommen.

天南饭店
ф***Tiānnán Fàndiàn*,*** Renmin Donglu. In der Nähe des Busbahnhofs.

友谊饭店
ф***Yǒuyì Fàndiàn***,*** Seman Lu. Sehr einfaches Hotel.

Restaurants

- Essen kann man ganz gut im ***Kashgar-Hotel*** oder im ***Seman-Restaurant***, neben dem gleichnamigen Hotel.
- Ansonsten gibt es viele ***Imbissbuden,*** die sich im Zentrum um die Moschee und außerhalb des Zentrums um die Mao-Statue konzentrieren. In jedem Falle sollte man darauf achten, dass das Fleisch gut durchgebraten ist. In Kashgar scheint so ziemlich jeder magenkrank zu werden.
- ***John's Cafe,*** gegenüber vom Seman-Hotel. Hier bekommt man die besten Infos zur Weiterreise nach Pakistan, gutes Essen und kann zu vernünftigen Preisen Landrover für Ausflüge in die Umgebung mieten. Der Besitzer *John* führte früher das Seman-Restaurant, bis sein Vertrag vom Seman-Hotel gekündigt wurde und ist eine wandelnde Informationsquelle.
- In der Jiefang Lu gibt es zahlreiche ***Privatrestaurants,*** zu erkennen an den dunklen Scheiben, wo man vorzüglich essen kann.

Sonstiges

- ***CITS:*** Im Chini-Bagh-Hotel, Tel. 2825576.
- ***Stadtpläne:*** In den Hotels oder am Busbahnhof.
- ***Ausländerpolizei:*** Yunmulake Lu (manchmal auch Shengli Lu genannt).
- ***Bank:*** Renmin Xilu. Wer nach Pakistan ausreist und zu viele Renminbi übrighat, kann das Geld hier gegen Vorlage einer Umtauschquittung und des Pakistanvisums umtauschen.
- ***Post:*** Renmin Xilu, schräg gegenüber der Bank.
- ***CAAC:*** 106 Jiefang Beilu, Tel. 2822113.
- ***Krankenhaus:*** Di Yi Yiyuan (Krankenhaus Nr. 1), Jiefang Beilu.
- ***Fahrradverleih:*** Fahrräder sind das beste Verkehrsmittel für die Stadt. Neben dem Seman-Restaurant und links der Mao-Statue im Hof des großen gelben Gebäudes kann man Räder mieten.

Weiterreise

- Wie im ganzen übrigen China auch gilt in Kashgar offiziell die ***Beijing-Zeit.*** Geht in der Hauptstadt die Sonne auf, ist es hier noch stockfinster. Der Lebensrhythmus verläuft deshalb nach ***Kasghar-Zeit,*** was aber nicht unbedingt für die Fahrpläne der Busse und Flugzeuge zutrifft. Man sollte sich genau erkundigen, ob die Beijing-Zeit für die Abfahrten gilt.
- Ein weiteres Ärgernis ist, dass man als Ausländer auch für Busfahrten über das Doppelte des Normalpreises zahlt. Es hilft aber wenig, sich deswegen zu streiten.

- ***Züge:*** Im Jahr 2000 wurde nun endlich die umstrittene Eisenbahnlinie nach Ürümqi in Betrieb genommen. Gegner sind vor allem die Uiguren, die befürchten, dass sie nun noch stärker wirtschaftlich von den Chinesen benachteiligt werden. Es gibt zwei Züge die via Aksu (463 km, 6 Std.), Kuqa (706 km, 9 Std.), Korla (989 km, 13 Std.), und Turfan (1446 km, 21 Std.) nach Ürümqi fahren (1589 km, 24 Std.).

Busse

●***Innerhalb Chinas*** fahren Busse nach ***Ürümqi*** (1.474 km. Nach Ürümqi fahren Schlafbusse in 2 Tagen durch, ***Daheyan/Turfan*** (1.370 km, 2 Tage, täglich ein Schlafbus), ***Korla*** (1.004 km, 2 Tage, tägl.), ***Aksu*** (468 km, tägl.), ***Kuqa*** (750 km, 1,5 Tage, tägl.), ***Hotan*** (550 km, 1 Tag, tägl.). Außerdem fahren Busse nach ***Yarkand*** und ***Kargilik.***

●***Nach Pakistan:*** Das ***Visum*** muss man sich bereits in Beijing, Hongkong oder zu Hause besorgt haben. Die Strecke ist von Mai bis Oktober geöffnet, wenn nicht ein Schneesturm den Pass oder ein Erdrutsch den Karakorum Highway unpassierbar machen.

Ab Busbahnhof fahren täglich Busse zum Grenzkontrollpunkt in ***Tashkorgan,*** wo man übernachten muss (z.B. im Ice Mountain Hotel* vis a vis vom Busbahnhof). Am nächsten Tag wird man zum Grenzkontrolle gefahren, wo man den Bus wechselt und nach Sust weiterfährt (Kashgar-Tashkurgan 295 km, Tashkurgan-Sust 7 Std.).

Unterwegs überwindet man den großartigen Khunjerab-Pass. Sust ist eigentlich nur der Grenze wegen existent und besteht vorwiegend aus Hotels, Restaurants und kleinen Läden.

Von Sust steigt man dann in Busse oder Minibusse in Richtung ***Gilgit*** um.

Vom Chini-Bagh-Hotel fährt im Sommer ***täglich ein Bus*** (11.30 Uhr) über Tashkurgan nach Sust. Auf dem Khunjerab-Pass wird es lausig kalt, also warme Sachen mitnehmenWeiterreise ab Khunjerab-Pass siehe Kapitel Anreise via Pakistan.

●Eine erst seit kurzer Zeit mögliche Ausreise führt von Kashgar nach ***Bishkek in Kirgistan.*** Die Busse fahren im Sommer drei bis viermal im Monat (36 Std. mit einer Übernachtung) nach Bishkek, wenn sich genügend Fahrgäste gefunden haben. In den übrigen Jahreszeiten fährt der Bus wesentlich seltener. Das Visum muss man sich auf alle Fälle schon in Beijing besorgt haben. Die Strecke ist natürlich auch umgekehrt befahrbar, aber man sollte sich auf jeden Fall das Visum für China bereits zu Hause besorgen. In Kirgistan ist die Visumbeschaffung mit einem erheblichen bürokratischen Aufwand verbunden. Die Tickets für den Bus bekommt man im Wuzi Binguan, einen halben Block südlich der Post, sie kosten rund 100 US$.

Flüge

●Nach ***Ürümqi*** (Nonstop) In der Saison sind die Flüge fast immer ausgebucht. Man muss seinen Flug also frühzeitig buchen.

Sehenswertes

Id-Kah-Moschee

(Aìtígǎěr Qīngzhēn Sì)
艾提尕清真寺

Die Id-Kah-Moschee in der Altstadt ist die ***größte Moschee Chinas*** und fasst bis zu 8.000 Gläubige. Gegründet wurde sie im 9. Jh., und ihre Ausmaße lassen ahnen, dass Kashgar schon früh ein wichtiges islamisches Zentrum der Westlichen Gebiete war und auch heute wieder ist. Das Gebäude ist über 500 Jahre alt und im arabischen Stil mit uigurischen Einflüssen gebaut. Neben dieser gibt es in Kashgar noch 90 weitere Moscheen.

Altstadt

Das Zentrum Kashgars rund um die Moschee gehört wohl zu den Hauptgründen, weshalb Touristen in die Stadt kommen. Teehäuser, Basare, Handwerksbetriebe und orientalisches Leben in verwinkelten Gassen sollte man mit entsprechender orientalischer Gelassenheit und Zeit auf sich wirken lassen.

Verkehr hat in den verwinkelten Altstadtgassen keinen Platz

Basar
(Shìchǎng/Jíshì)
市场，集市

Der Basar ist Teil der Altstadt und befindet sich östlich der Id-Kah-Moschee. Die ganze Umgebung ist ein Dorado für Foto- und Marktfreunde.

Sonntagsmarkt
(Dà Shìchǎng/ Jiàrì Jíshì)
大市场，假日集市

Das Geschehen auf dem Marktgelände nordöstlich der Stadt ist das Ereignis schlechthin. Auf einem riesigen Areal kann man von der Nähnadel bis zum Kamel wirklich alles erstehen, was man zum (Wüsten-) Leben braucht. Von überallher kommen die Händler auf ihren Pferden, Pferde- oder Eselskarren und verstopfen die Zufahrtsstraßen. Wohl nirgendwo sonst wird man die Gelegenheit haben, einmal einen reinen Pferde- oder Eselskarrenstau mitzuerleben.

Ausflüge in die Umgebung

Abakh-Hoja-Grabmal
(Ãbākèhùjiā Mù/ Xiāngfēi Mù)
阿巴和加麻扎，香妃墓

Ca. 5 km nordöstlich der Stadt. *Abakh Hoja* regierte 1678-1680 und 1682-1693 in Kashgar. Das Grab ließ er für seinen Vater *Manut Yusup* bauen. Fünf Generationen seiner Nachfahren wurden hier bestattet. Auf dem Gelände liegen außerdem Nachkommen des islamischen Missionars *Muhatum Ajam* begraben.

Fünf Generationen der Nachfahren Abakh Hojas wurden in dem aufwendigen Grab bestattet

Die Hojas (oder Khojas) waren weltlich-religiöse Oberhäupter, die bis 1759 die Herrschaft in den Westgebieten ausübten und von der Qing-Regierung schließlich vertrieben wurden. Sie wurden durch sogenannte ⇗Begs, lokale muslimische Honoratioren, ersetzt. Aus ihrem Exil in Khokand im ⇗Ferghana-Becken zettelten sie zwischen 1760 und 1864 über elf Aufstände an, die schließlich zur Gründung Kashgariens durch *Yakub Beg* im Jahre 1873 führten. Ironischerweise war es ein ⇗Beg, der von den Qing eigentlich als Marionette gedacht war, der den Chinesen die Stirn bot.

Berühmter als *Abakh Hoja* allerdings ist *Xiang Fei* (1734-1788), die hier ebenfalls bestattet sein soll. Die Chinesen nennen diesen Ort denn auch ***Xiang Fei-Grab.*** Die bekannteste der zahlreichen ***Legenden*** um *Xiang Fei* ist die von der wunderschönen Konkubine *Mamrisim* (Maimuru Aizimu), die als *Xiang Fei* (Duftende Konkubine) in die Familie des Qing-Kaisers aufgenommen wurde. Sie war die Ururenkelin *Manut Yusups* und die Tochter *Alikh Hojas*, eines gegen den mandschurischen Kaiser kämpfenden Fürsten, und wurde am Hofe des Kaisers zum Selbstmord getrieben, weil sie seinen Gunstbezeugungen widerstand. Seither ist sie der Inbegriff der Standhaftigkeit gegen die Chinesen. Neuere Forschungen haben allerdings ergeben, dass ihre Familie nicht gegen den Kaiser gekämpft hat, sondern sogar aktiv an der Niederschlagung des Aufstandes 1759 beteiligt war. *Xiang Fei* konnte als die kaiserliche Konkubine höheren Grades *Rong Fei* identifiziert werden. Diese starb auch nicht mit 29 Jahren auf Betreiben der Kaiserinmutter, sondern elf Jahre nach deren Tod im Alter von 55 Jahren. Ihr richtiges Grab wurde bei den Östlichen-Qing-Gräbern nahe von Beijing gefunden. Sie wurde also nicht, wie die Legende berichtet, mit großem Pomp nach Kashgar überführt.

● ***Anfahrt:*** Mit Taxi oder Fahrrad, sonst ca. 1 Std. zu Fuß ab Kashgar-Hotel.

Hano-I
(Hànnuòyī Gǔchéng)
罕诺依古城

29 km nordöstlich. Nur wenige Reste existieren vom alten Shule (Kashgar) und den umliegenden Orten. Das meiste von der einst blühenden Handelsstadt Hano-I in der Nachbarschaft Shules, die ihre Glanzzeit in der Tang- und Song-Zeit (7.-13. Jh.) hatte, ist zerstört. Unter den Lehmhügeln, die hier zu sehen sind, lässt sich zumindest ein Minarett erahnen.

Hano-I bedeutet Kaiserpalast und war vermutlich der Sitz der Könige von Kalahan, ein Königreich der Tujue (Türken) und Uiguren (Huihu) im 10. Jh. Der Machtbereich Kalahans erstreckte sich bis zum Balhaš-See. Bemerkenswert ist, dass die Könige sich den Titel „Taohuashi-Khan“ gaben, was China-Khan bedeutete. Damit unterstrichen sie nicht zuletzt ihre Bindung an das chinesische Reich. Kalahan war das erste Reich, das die Einführung des Islam durchführte, nachdem es zunächst stark vom Buddhismus und ⇗Manichäismus beeinflusst war.

● ***Anfahrt:*** Mit einem Jeep von CITS oder mit dem Fahrrad (sehr mühsam).

Höhlen der Drei Unsterblichen
(Sān Xiān Dòng)
三仙洞

Ca. 20 km nördlich auf einem Felsen an der Südbank des Qiakmakh-Flusses sind in den drei Höhlen noch einige buddhistische Wandmalereien zu sehen. Die sehr mühsame Anreise lohnt sich nur, wenn man alle anderen Sehenswürdigkeiten schon gesehen hat oder den Weg verfolgen will, den der Buddhismus auf seinem Weg nach China genommen hat.

Jede der drei Grotten besteht aus zwei Kammern, wobei die vordere Kammer etwa 4 m² misst und ein Deckengewölbe hat. Ursprünglich waren die drei Grotten nicht miteinander verbunden, aber irgendwann hat jemand einen Durchgang geschaffen. Zu sehen gibt es über 70 Buddha-Bilder. Interessanterweise werden auf den Wandgemälden keine buddhistischen Geschichten erzählt und auch keine Stifter dargestellt. Entstanden sind diese Grotten vermutlich schon vor den ersten Kizil-Grotten in der Nähe von Kuqa, also etwa im 3. Jh. Die Nähe zum Pamir lässt den Schluss zu, dass der Buddhismus diesen Weg genommen haben könnte.

Irritierend ist sicher der Name der Grotten, die ja mit dem Daoismus nichts zu tun haben, aber er rührt vielleicht daher, dass die Unsterblichen der Daoisten stets in unerreichbaren Gefilden wohnen, und genau das ist hier auch das Problem, liegen die Höhlen doch 13 m hoch in einer Felswand und sind nur mit einer Leiter zu erreichen.

● ***Anfahrt:*** Nur mit dem gemieteten Jeep möglich.

和田

Hetian (Hotan)

(Hétián)

Wer nach dem langen Weg nach Kashgar noch immer nicht die Nase voll hat von Wüste, Trockenheit und staubiger Luft, der kann sich zum Südrand der Taklamakan-Wüste aufmachen. Über Hotan führte die Südroute der Seidenstraße, und entsprechend bedeutend war die Stadt nach den langen Wüstenetappen in der Antike.

Geschichte

In jener Zeit war die Oase Hauptstadt des mächtigen Königreichs Yutian (nicht zu verwechseln mit der weiter östlich gelegenen Oase Yutian), dessen Einflussbereich sich von Shache (Yarkand) weiter westlich bis nach Minfeng im Osten erstreckte. Vor seiner Eroberung durch den General ↗ *Ban Chao* war es eines der 36 Königreiche in den Westlichen Gebieten. Nach der Eroberung des Tarim-Beckens in der Han-Dynastie wurde Hotan eine Zeitlang ein politisches Zentrum Chinas im heutigen Süd-Xinjiang. Um das Königreich zu erobern, musste sich *Ban Chao* mit einem

Sicherheitshinweise für die Fahrt entlang der Südroute

Wer vorhat, eine der Varianten entlang der südlichen Seidenstraße mit Bussen oder LKWs zu reisen, muss sich gründlich darauf vorbereiten:

- In allen Ortschaften gibt es Restaurants und einfache Hotels, die von Lkw- und Busfahrern auch angefahren werden. Außerhalb der Oasen gibt es keinerlei Versorgungsmöglichkeiten. Da es wegen der Sandverwehungen zu stunden- oder sogar tagelangen Wartezeiten kommen kann, muss man sich für jede Teiletappe mit ***ausreichend Verpflegung und Getränken*** eindecken. Wichtig ist vor allem eine ausreichende Versorgung mit Flüssigkeit. Die Luft ist extrem trocken und heiß.
- Nachts kann es sehr kalt werden, man muss also auch ***warme Sachen*** mitnehmen. Für Notlagen ist stets ein warmer Schlafsack empfehlenswert. Das gilt vor allem dann, wenn man auf der Ladefläche eines LKW mitfahren will oder muss.
- Wegen der ***extremen Klimabedingungen*** braucht man eine gute Feuchtigkeitscreme, Augentropfen, Lutschtabletten gegen trockenen Rachen und guten Sonnenschutz. Im Falle von Sandstürmen sind Schutzbrillen und Staubmasken unerlässlich.
- Wer einen ***Fotoapparat*** mitnimmt, braucht eine Verpackung, die den allgegenwärtigen Sand fernhält.
- Im Falle von Krankheiten oder Unfällen darf man nicht unbedingt auf Hilfe hoffen. In diesen entlegenen Regionen ist jeder mit seinen eigenen Problemen ausgelastet und wird sich nicht unbedingt noch einen womöglich Schwierigkeiten verursachenden Ausländer aufhalsen. Aus diesem Grunde sollte man für diese Strecke nicht nur körperlich topfit sein, sondern ***nur in Begleitung wenigstens einer weiteren Person reisen***.
- Beste ***Reisezeit*** für die Südroute ist der Herbst oder frühe Winter. In dieser Zeit haben sich die Luftdruckverhältnisse weitestgehend beruhigt, es gibt kaum noch Stürme, und die Luft wird relativ klar. Wer in dieser Zeit reist, braucht warme Winterkleidung, da die Temperaturen unter den Gefrierpunkt fallen können.
- Wer sich nicht vollständig der Willkür eines unsicheren Transportes aussetzen will, kann sich die Tour in Ürümqi organisieren lassen. Die Ausrüstung wie Zelte oder Schlafsäcke sollte man aber schon aus Deutschland mitbringen. Man kann so eine Tour auch schon von zu Hause aus organisieren, was den Vorteil hat, dass die Verantwortlichkeiten auf chinesischer Seite klar sind und der Preis feststeht. Vor Ort kann es Schwierigkeiten geben, weil man dieses oder jenes nicht mitgebucht hat, weil angeblich Extrakilometer anfallen, und bevor es weitergeht, wird jeweils erst mal zur Kasse gebeten. Auch muss man bedenken, dass solche ***organisierten Expeditionen*** aus Sicherheitsgründen nur mit mehreren Fahrzeugen durchgeführt werden, d.h. mit mindestens 3 Jeeps. Man sollte für sein Vorhaben also wenigstens 4 oder besser 6 Leute zusammenbekommen.

lokalen Schamanen auseinandersetzen, der den König von Yutian stark beeinflusste. Beide planten eine Verschwörung gegen *Ban Chao,* in deren Verlauf er zunächst erniedrigt und dann ermordet werden sollte. Bevor sie sich dem General ergeben wollten, verlangten sie als Gegenleistung sein Schlachtross, dass sie den Göttern opfern wollten. *Ban Chao* willigte ein unter der Bedingung, dass der Schamane das Pferd selbst abholen sollte. Dieser erschien und wurde prompt gefangengenommen und geköpft. Den Kopf ließ *Ban Chao* an den König schicken, der sich sofort ergab.

Im 2. Jh. fiel Hotan unter den Herrschaftsbereich der indoskytischen ⇗Kushan. Deren wichtigster Herrscher *Kanischka I.* (reg.

128-151) war ein großer Förderer des Buddhismus, und in der Folgezeit entwickelte sich Hotan zu einem wichtigen Zentrum des ↗Mahayana-Buddhismus. Bedeutende Pilger wie *Faxian* (399) und *Xuan Zang* machten hier Station und berichteten von großen Klosteranlagen. Die Bewohner des Königreichs blieben bis zum 10. Jh. Buddhisten, bevor sie in der Mehrzahl zum Islam konvertierten. Nachdem die südliche Seidenstraße weitgehend an Bedeutung verloren hatte, blieb Hotan dem chinesischen Kaiserhof dennoch tributpflichtig. Es erlebte unruhige Zeiten, als der Islam eingeführt wurde, die Mongolen zerstörten die Oase, weil die Einwohner Widerstand geleistet hatten, so dass ↗*Marco Polo,* der 1274 in Hotan ankam, nicht viel über das Oasenreich zu berichten wusste. Im 19. Jh. geriet Hotan erneut in den Strudel der Politik, als es zum Reich Kasgharien des *Yakub Beg* gehörte. Im Ausland wurde die Stadt zuerst durch *Sven Hedin* bekannt, der 1895 seine ersten Forschungen hier betrieb. Später kamen *Sir Aurel* ↗*Stein* und andere Forscher, die die archäologischen Stätten erkundeten.

Geheimnis der Seide

Bekannt wurde Yutian vor allem im Zusammenhang mit der Seide. Ein König, der eine Han-Prinzessin geheiratet hatte, konnte diese dazu überreden, Seidenraupen ins Königreich zu schmuggeln. Damals stand darauf nicht weniger als die Todesstrafe. Das Verbrechen gelang ihr, und das über zwei Jahrtausende von den Chinesen so streng gehütete Geheimnis der Seidenproduktion war gelüftet.

Eine interessante Beschreibung Hotans und des Weges von hier nach Kashgar bzw. vom Osten über die Südroute kommend gibt *Peter Fleming* in seinem Reisebericht „News from Tartary“. Außer dass man die Reise von *Fleming* nachempfinden kann, bietet die Oase selbst allerdings nicht viel zu sehen.

Hotels

和田宾馆
地区第一招待所

ф***Hétián Ying Bīnguǎn*/**.*** Hier gibt es preiswerte Vierbett-Zimmer.
ф***Hétiān Dìqū Dìyī Zhāodàisuǒ*,*** Nuerwake Lu. Hier gibt es auch ein Foreign Affairs Office (FAO), wo man sich über verschiedene Ausflüge vor Ort erkundigen kann oder Infos über die Möglichkeit einer Weiterreise nach Osten bekommt.

Weiterreise

- Man muss nicht den ganzen Weg nach ***Korla, Ürümqi*** oder ***Turfan*** mit dem Bus via Kashgar zurücklegen. Es besteht eine Busverbindung (Sleeperbus) über die Transtaklamakan, eine der wohl faszinierendsten Fahrten in China, mitten durch die einsame Taklamakan. Flugverbindung nach ***Ürümqi*** und ***Aksu.*** Darüber hinaus kann man entweder nach ***Yarkand*** und ***Kashgar*** oder in östlicher Richtung nach ***Yutian*** und ***Minfeng (Niya)*** fahren. Da nur wenig Menschen auf diesen Strecken unterwegs sind, sollte man sich vorher bei der Ausländerpolizei oder bei CITS über den aktuellen Stand der Reisebedingungen erkundigen.

Jade aus Hotan

Hotan-Jade wird nach seinen Farben eingestuft. Es gibt weißen Jade, gelben Jade, Jaspis, schwarzen Jade, roten Jade, violetten Jade, grünen Jade u.a. Am wertvollsten ist weißer Jade. Sein Weiß erinnert an Hammelfett, und er ist glatt, fein, halb durchsichtig und hat keine Einschlüsse. Da weißer Jade sehr hart ist, kann man ihn mit einem normalen Messer nicht ritzen. Noch kostbarer, weil überaus selten, ist gelber Jade. Dieser wertvolle Stein kommt von den Gipfeln des Kunlun-Gebirges und wird von den winterlichen Wassermassen des Yurungkax in die Niederungen mitgerissen. Wenn die Fluten des Flusses im September zurückgehen und das Wasser klar wird, steigen die Leute in den Fluss, um die Jadestücke zu sammeln. Dazu bilden die Suchenden eine Reihe und schreiten den Fluss Hand in Hand ab. Wenn man mit dem Fuß ein Jadestück berührt, wird es aufgehoben. Allerdings werden nur selten wirklich große Stücke gefunden. Zuletzt fanden 1977 zwei Hirten ein 168 Kilo schweres Stück. Andere Methoden der Jadesuche sind das Graben in trockenen Flussbetten und „das Betreten von Jade auf dem Berg". Bei dieser Methode reitet man auf Yaks kreuz und quer an den Stellen durch das Kunlun-Gebirge, wo es Jadevorkommen gibt. Lugten Jadestücke aus dem Boden, ließ man sie von den Hufen der Yaks betreten. Alle drei Verfahren sind jedoch nicht ergiebiger als die traditionelle Goldsuche, bei der der Flusssand von Hand ausgewaschen wird, so dass für die moderne Produktion Jade in Bergwerken abgebaut wird.

In China ist mindestens seit der Zeit der Streitenden Reiche (481-221 v. Chr.) bekannt, dass es im Kunlun Jade gibt. Da die alten Chinesen im Kunlun-Gebirge das Zentrum der Erde und den Sitz des Gelben Kaisers sahen, der auch als Gott des Kunlun verehrt wurde, ist es wahrscheinlich, dass man schon sehr viel früher wusste, das hier Jade vorkam. Die schönsten, z. T. sehr großen Stücke kann man im Palastmuseum von Beijing und vor allem im Nationalmuseum von Taipei auf Taiwan bewundern. Bearbeitet wurden die Steine allerdings nicht in Hotan, sondern in den Werkstätten von Yangzhou in der Provinz Jiangsu, wo lange das Künstlerzentrum Chinas war.

Jade (chinesisch: *Yu)* hatte in China nicht nur als Schmuck Bedeutung. Seine reinen Eigenschaften wurden zum Symbol für das konfuzianische Ideal eines Edlen *(Junzi)*. Die Daoisten sahen in dem kostbaren Stein mehr die magischen Elemente und erhofften sich die Unsterblichkeit, nachdem sie ihn, pulverisiert und zu Elixier verarbeitet, zu sich genommen hatten. Auch Toten legte man gerne ein kleines Stück Jade in den Mund, weil man glaubte, damit die Fäulnis verhindern zu können. Dank seiner glatten, kühlen Oberfläche, die man mit der Haut einer schönen Frau verglich, wurde der Begriff Jade schon früh mit sexuellen Dingen in Verbindung gebracht, und viele berühmte Romane wie zum Beispiel das *Djin Ping Meh* (Schlehenblüten in goldener Vase), umschreiben die vielen Anzüglichkeiten mit Begriffen, die sich um den Jade ranken. So spielt man mit dem Wort Jade (nong yu = Beischlaf), es gibt Jadetüren, Jadebeine und Jadesaft.

Sehenswertes

Die Sehenswürdigkeiten Hotans liegen um die Oase verstreut und können nicht mit öffentlichen Verkehrsmitteln, aber mit dem Fahrrad oder gemieteten Fahrzeugen erreicht werden.

Malikurwatur
(Málikèwǎtè Gǔchéng)
玛利克瓦特古城

Etwa 25 km südlich der Stadt am Ufer des Yurungkax-Flusses liegt die alte Hauptstadt des Königreichs Yutian Malikurwatur. Das große Ruinenfeld besteht aus zahlreichen noch sichtbaren Fundamenten, unter ihnen auch Reste von Brennöfen, in denen Keramik gebrannt wurde.

Yurturgan
(Yuètègān Yízhǐ)
约特干遗址

10 km westlich von Hotan liegt eine weitere Ruinenstadt. *Aurel ↗Stein* vertrat die Auffassung, dass Yurturgan die Hauptstadt Yutians gewesen sei.

Jiyaxiang
(Jíyǎxiāng)
吉牙乡

Wer sehen will, was seit dem Schmuggel der Seidenraupen nach Yutian aus der ***Seide*** geworden ist, muss nach Jiyaxiang 11 km nordöstlich von Khotan fahren. Hier werden von vielen Haushalten noch Teppiche gewebt, außerdem gibt es eine Teppichfabrik.

Doch Hotan ist nicht nur bekannt für seine Seide, sondern in erster Linie für seinen ***Jade,*** der zum qualitativ hochwertigsten Chinas zählt. Abgebaut wurde er traditionell in den Flüssen Yurungkax und Karakax, zwei Flüsse die aus dem ↗Kunlun-Gebirge kommen und östlich und westlich an der Oase vorbeifließen. Der Yurungkax hat den Beinamen „Fluß des weißen Jade", weil vor allem nach Hochwassern weißer Jade aus dem Kunlun mitgeschwemmt wird und sich im Flussbett ablagert. Der Karakax trägt den Beinamen „Fluß des schwarzen Jade", weil hier das gleiche Phänomen mit dunklem und dunkelgrünem Jade auftritt.

Von Hetian nach Korla

Yutian
(Keriya)
于田

160 km westlich von Hotan liegt das ehemalige Königreich Jumi, das heute in scheinbarer Verdrehung der Namen Yutian heißt, während das ehemalige Yutian heute der Kreis Hotan ist. Yutian ist eine beschauliche Oase, und der Weg dorthin ist von Ackerland, Sümpfen und Oasen geprägt. Die Straße ist asphaltiert, und wenn man sich über den relativ guten Zustand der Wege wundert, sollte man zusätzlich bedenken, dass der Teer aus dem 3000 km entfernten Karamay kommt.

Bekannt ist Yutian hauptsächlich für seine ***Weintrauben.*** Ansonsten gibt es nichts zu sehen.

Minfeng
(Niya)
民丰

Weitere 120 km von Yutian entfernt, erreicht man die Oase Minfeng. Gerade einmal 23.000 Menschen leben in diesem Kreis, der in der Zeit der Westlichen Han zum Reich Jingjue und während der Östlichen-Han-Zeit zum Königreich Shanshan gehörte. Das alte Niya lag allerdings 150 km weiter nördlich am Unterlauf des ausgetrockneten Niya-Flusses. Heute sind die Ruinenreste fast vollständig vom Sand bedeckt. Es wurden im Laufe von verschiedenen Ausgrabungen allerdings eine Reihe von Funden gemacht, die Aufschluss über die damalige Zeit gaben. So fand man z.B. Reisepässe aus der Zeit der Han- und Jin-Dynastie, mit Angaben über das Alter und Aussehen der Träger. Von Minfeng kann man über die neue Transtaklamakan mitten durch die einsame Sandwüste nach Korla fahren (800 km), oder dem Lauf weiter nach Osten folgen.

Qiemo
(Qarqan)
且末

1960 wurde die asphaltierte Straße nach Qiemo fertiggestellt, die das Zeitalter der Kamelkarawanen beendete. Aufgrund der vielen Stürme ist die Straße allerdings an rd. 150 Tagen im Jahr vom Wüstensand verschluckt. Sollte man tatsächlich einen Bus bis hierher erwischt haben, kann man vom 1979 erbauten Flugplatz nach Korla und Ürümqi fliegen.

Ruoqiang
(Qarkilik)
若羌

Wer sich mit Fahrzeugen weiterbewegen will, hat weitere 340 km Wüste bis Ruoqiang vor sich. Von hier führt dann eine Straße weiter nach Norden in Richtung Korla, und eine weitere Straße verläuft in östlicher Richtung nach Dunhuang.

Das Atomtestgelände Lop Nor

Dort, wo in alten Zeiten große Kamelkarawanen nach tagelangen Märschen durch eine lebensfeindliche Wüste auf das stolze, aber stets in Bedrohung lebende Königreich Loulan trafen, beherrschte ab dem vierten Jahrhundert die erbarmungslose Sandwüste das Geschehen und machte jedes Leben dort unmöglich.

Rund eineinhalbtausend Jahre später wurde die Region um den Lop Nor zu neuem, unheimlichem Leben erweckt. Ein etwa 100.000 km^2 großes Gebiet wurde zur militärischen Sperrzone erklärt, ein 2.200 km langes Straßennetz mitten durch die Wüsten gelegt und Kommando-, Kontroll- sowie Telekommunikationszentralen errichtet. 1964 offenbarte sich der Grund für die plötzliche Geschäftigkeit, die Loulan nach so langer Zeit wieder zum Leben erweckt hatte. China zündete zwar seine ersten Atombomben im Hochland von Qinghai auf jenem bis zu seiner Stillegung 1987 so geheimnisumwitterten Versuchsgelände der sogenannten Fabrik 221, unternahm aber in der Folge bis 1995 43 weitere Atomtests, die unterirdischen davon bis heute in Lop Nor.

Wie in der Argumentation aller anderen Atomteststaaten auch, ist angeblich niemand durch radioaktiven Fallout zu Schaden gekommen. Dennoch wurden 1989 erstmals „einige wenige Todesfälle“ als Folge der Tests zugegeben. Nach der Zündung einer unterirdischen Bombe im Juni 1994 konnte eine Expedition, die in 1.000 km Entfernung campierte, die vierfache Strahlenbelastung messen. Turkestanische Oppositionelle hatten schon 1987 von einer Fülle an „nichtidentifizierbaren Krankheiten“, die rund 800 Menschen bis nach Hotan heimgesucht hatten, berichtet. Auch hier hatte es kurz zuvor einen Atomversuch gegeben. Glaubt man der chinesischen Presse, hat man das Problem der Entsorgung des atomaren Mülls im Griff. Wahrscheinlicher ist wohl, dass Lop Nor in ungewisser und vielleicht nicht allzu ferner Zukunft wieder einen Todesschlaf antreten wird, diesmal als radioaktiv verseuchte Wüste .

Den Verlauf der alten Südroute verlässt man in beiden Fällen, da sie über ***Miran*** in nordöstlicher Richtung zum ***Lop Nor*** führte und dann quer durch die Gobi nach Osten zum Yumenguan und Yangguan bei Dunhuang.

Entlang des Karakorum Highway durch Pakistan

Überblick

Reisende, die das Gebiet der Seidenstraße über Pakistan erreichen wollen oder China auf diesem Wege verlassen möchten, sollten sich über Ein- und Ausreisebedingungen und Organisation dieses Reiseabschnitts im ersten Teil dieses Buches im Kapitel ***Anreise via Pakistan*** informieren.

Im Rahmen dieses Reiseführers können aus Platzgründen im folgenden Text nur die Orte und Sehenswürdigkeiten unmittelbar entlang des eigentlichen Karakorum Highway, also von Rawalpindi im Norden Pakistans bis zum Khunjerab-Pass an der Grenze zu China, behandelt werden. Wer auch Abstecher in die zahlreichen, oft wunderschönen Seitentäler (Chitral, Swat-Tal, Kaghan-Tal usw.) machen möchte, sollte sich einen guten Pakistan-Reiseführer zulegen, in dem diese Routen ebenfalls beschrieben sind. Wer nur den Karakorum Highway selbst entlangreisen will, wird alle erforderlichen Informationen zum selbständigen Reisen sowie ausführliche Hintergrundinfos in diesem Kapitel finden.

Hotelkategorien

Für die Unterkünfte in Pakistan haben wir eigene Kategorien eingeführt, denen Ausstattungsqualität und Preis der Hotels zugrunde liegen. Diese Einteilung nach Kategorien ist natürlich subjektiv, vermittelt aber doch einen Eindruck von den Preisen und bietet Vergleichsmöglichkeiten.

- ***Preiswert:*** Schlafsaalbetten zwischen 25 und 40 pRs, DZ zwischen 40 und 150 pRs. Meist haben erst die Zimmer ab 80 pRs eine eigene Dusche.
- ***Mittelteuer:*** DZ zwischen 150 und 350 pRs. Normalerweise ordentliche Zimmer mit Dusche. In touristisch stark frequentierten Orten wie Murree gelten allerdings bereits DZ in der Preislage um 100-150 pRs als billig.
- ***Teuer:*** DZ ab 350 bis über 1.000 pRs in den Nobelhotels.

Rawalpindi

„Pindi", wie es von seinen Bewohnern genannt wird, ist ein idealer Einstieg in die farbenprächtige orientalische Welt, die einen entlang der ganzen Seidenstraße gefangenhält. Vollgestopfte, verwinkelte Basare, enge Straßen, die von Menschen wimmeln, und die überall in der Luft schwebende Mischung aus Autoabgasen, Gewürzen, Tee, Händlergefeilsche und Gefluche der Marktzulieferer, die mit ihren Eselskarren im Dauerstau von Rikschas und Dreiradtaxen festsitzen, sorgen in den ersten Tagen für einen gehörigen Kulturschock.

Geschichte

Die ***vorbritische Geschichte*** Rawalpindis ist schnell erzählt. *Rawal,* ein Stammesfürst der Ghakkar, dem mächtigsten Stamm des Potwar-Plateaus, das sich südöstlich von Rawalpindi erstreckt, soll der Stadt als Na-

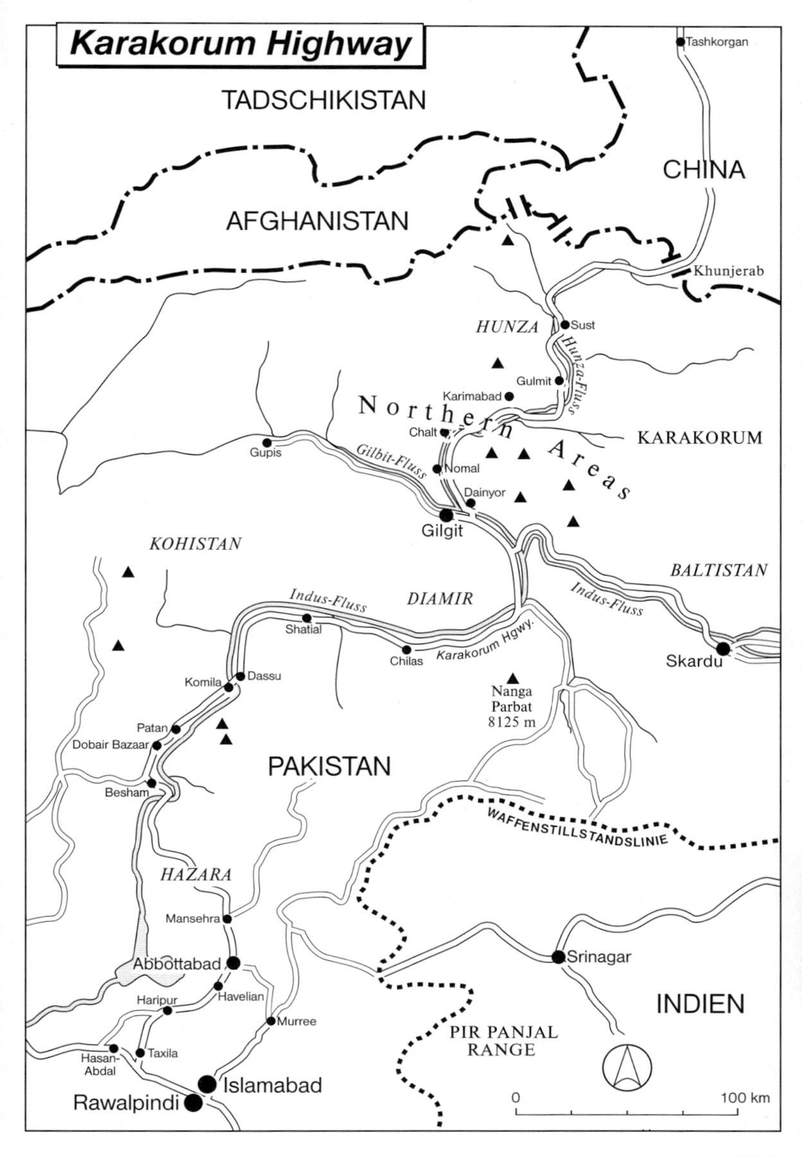
Karakorum Highway
TADSCHIKISTAN
AFGHANISTAN
CHINA
Tashkorgan
Khunjerab
Sust
HUNZA
Hunza-Fluss
Gulmit
Karimabad
Northern Areas
KARAKORUM
Chalt
Gupis
Gilbit-Fluss
Nomal
Dainyor
Gilgit
KOHISTAN
BALTISTAN
Indus-Fluss
DIAMIR
Indus-Fluss
Shatial
Chilas
Karakorum Hgwy.
Skardu
Komila
Dassu
Nanga
Parbat
8125 m
Patan
Dobair Bazaar
PAKISTAN
Besham
WAFFENSTILLSTANDSLINIE
HAZARA
Mansehra
Abbottabad
Srinagar
Haripur
Havelian
INDIEN
Murree
PIR PANJAL
RANGE
Hasan-
Abdal
Taxila
Islamabad
Rawalpindi
0
100 km

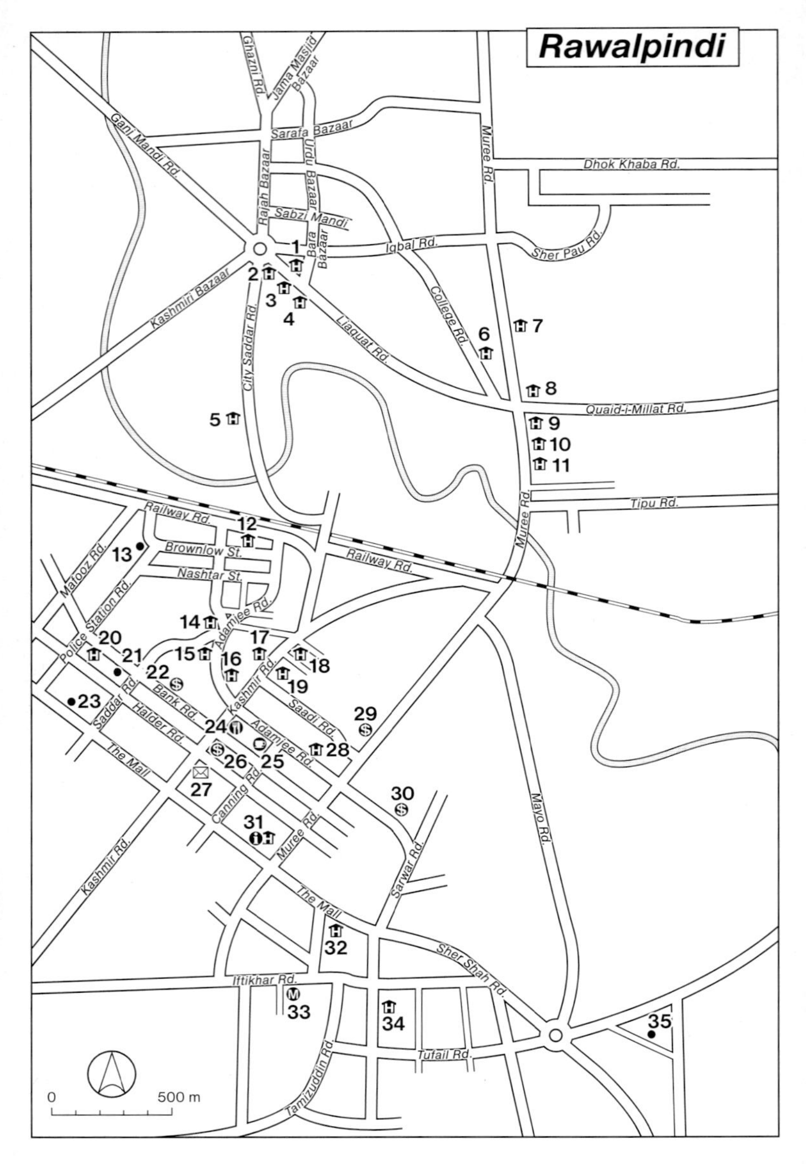
Rawalpindi
Ghazni Rd.
Jama Masjid Bazaar
Gani Mandi Rd.
Sarafa Bazaar
Urdu Bazaar
Rajah Bazaar
Muree Rd.
Dhok Khaba Rd.
Sabzi Mandi
Bara Bazaar
Iqbal Rd.
Sher Pau Rd.
Kashmiri Bazaar
City Saddar Rd.
College Rd.
Liaquat Rd.
Quaid-i-Millat Rd.
Tipu Rd.
Railway Rd.
Brownlow St.
Nashtar St.
Mafooz Rd.
Police Station Rd.
Adamjee Rd.
Kashmir Rd.
Saadi Rd.
Bank Rd.
Saddar Rd.
Halder Rd.
The Mall
Canning Rd.
Muree Rd.
Sarwar Rd.
Mayo Rd.
Kashmir Rd.
Sher Shah Rd.
Iftikhar Rd.
Tufail Rd.
Tamizuddin Rd.
0
500 m
1
2
3
4
5
6
7
8
9
10
11
12
13
14
15
16
17
18
19
20
21
22
23
24
25
26
27
28
29
30
31
32
33
34
35

- 1 Palace Hotel
- 2 Al-Falah Hotel
- 3 Evergreen Hotel
- 4 Seven Brothers Hotel
- 5 Mashriq Hotel
- 6 City Hotel
- 7 Citizen Hotel
- 8 Al-Hayat Hotel
- 9 Park Hotel
- 10 National City Hotel
- 11 Faisal Hotel
- 12 Bolan Hotel
- 13 Polizei
- 14 Al-Azam Hotel
- 15 Venus Hotel
- 16 Lalazar Hotel
- 17 Khyaban Hotel
- 18 Kamran Hotel
- 19 New Kamran Hotel
- 20 Hotel Pakland International
- 21 36 Flavours Ice Cream
- 22 National Bank
- 23 PIA Büro
- 24 Burger Express
- 25 Kamran Café
- 26 Habib Bank
- 27 Hauptpost
- 28 Paradise Inn
- 29 American Express
- 30 Citibank
- 31 PTDC Touristeninformation und Flashmann's Hotel
- 32 Pearl Continental Hotel
- 33 Army Museum
- 34 Hotel Holiday
- 35 Ausländerbehörde

mensgeber gedient haben. Im 16. Jh. ließen die Moguln die „Kaiserstraße" von Kabul nach Dehli anlegen und wiesen Rawalpindi erstmals eine gewisse strategische Bedeutung zu. Anfang des 19. Jh. nahmen die Sikhs unter der Herrschaft *Ranjit Singhs* Rawalpindi ein und bauten die Stadt zu einem Handelszentrum aus.

1849 fiel die Stadt in britische Hände und wurde sogleich zu einer wichtigen ***Garnisonsstadt des Empire*** ausgebaut. Mussten die britischen Truppen zuvor mehrwöchige Gewaltmärsche unternehmen, um in die krisenanfälligen westlichen Gebiete des Vizekönigreichs zu gelangen, konnten nun große Truppenverbände vor Ort stationiert werden. Die damals angelegte Struktur prägt auch heute noch das Stadtbild. Aus zunächst baulichen, hygienischen und klimatischen Erwägungen bauten die Engländer ihre Siedlung südlich der alten Stadt auf. Diese Trennung in eine „weiße" britische und eine „schwarze" indische Stadt führte in der Folge zu offener Diskriminierung der einheimischen Bevölkerung, für die restriktive Nutzungs- und Niederlassungsrechte erlassen wurden.

Auch im ***modernen Rawalpindi*** blieb der Gegensatz zwischen der überbevölkerten, engen Altstadt und den großzügigen Anlagen der „weißen" Stadt, in der heute die hohen pakistanischen Militärs und der Staatspräsident residieren, bestehen.

Ankunft

- Vom ***Flughafen Islamabad*** fährt ein Stadtbus in das nahe gelegene ***Rawalpindi.*** Man kann auch mit Dreiradtaxen oder mit normalen Taxen (100 pRs) in die Stadt fahren. Die 100 pRs zahlt man am Taxistand im internationalen Terminal. Man bekommt dann eine Quittung und ein Taxi zugeteilt, was ohne Betrügereien funktioniert. Man sollte davon absehen, ein Hotel in Islamabad zu suchen, denn sie sind teurer, und man verliert sich doch recht hoffnungslos in den endlosen Weiten der gesichtslosen Retortenstadt. Rawalpindi dagegen ist sehr viel interessanter.

Hotels

Rund um Saddar Bazaar

- ***Venus Hotel,*** Adamjee Rd./Ecke Saddar Rd., Tel. 566501. Preiswert und gut.
- ***Lalazar Hotel,*** Adamjee Rd. Preiswert und ok.
- ***Kamran Hotel,*** Kashmir Rd., Tel. 582040. Preiswerter alter Flügel.

●***Bolan Hotel,*** Railway Rd., Tel. 563416.
●***Al-Azam Hotel,*** Adamjee Rd., Tel. 565901. Freundlich und preiswert.
●***New Kamran Hotel,*** Kashmir Rd., Tel. 582040.
Sauber, freundlich und guter Service. Mittlere Preislage.
●***Khyaban Hotel,*** gegenüber vom New Kamran und ähnlicher Service. Mittlere Preislage.
●***Paradise Inn,*** Adamjee Rd., Tel. 568594.
Gehobene Preislage, aber gutes und angenehmes Hotel.
●***Hotel Pakland International,*** Bank Rd., Tel. 566080.
Vielleicht das beste Hotel der Gegend. Gehobene Preislage.

Rund um Rajah Bazaar
●***Al-Falah Hotel,*** Fowara Chowk, auf der Höhe, wo die City Saddar Rd. vom Kreisel nach Süden läuft. Tel. 580799. Gut und preiswert.
●***Evergreen Hotel,*** Liaquat Rd. Preiswert und ok.
●***Mashriq Hotel,*** City Saddar Rd., etwa 500 m südlich vom Fowara Chowk. Tel. 556161. Gutes Hotel der mittleren Preislage.
●***Palace Hotel,*** Liaquat Rd., Freundlich und gut. Mittlere Preislage.
●***Seven Brothers Hotel,*** gegenüber vom Palace Hotel.
Gleiche Preislage und ebenfalls sehr freundlich.

Rund um Liaquat Chowk
●***City Hotel,*** College Rd., Tel. 73503. Nettes, mittelteures Hotel.
●***Faisal Hotel,*** Murree Rd., Tel. 73210. Mittlere Preislage.
●***Al-Hayat Hotel,*** Muree Rd., Tel. 70979. Mittlere Preislage.
●***National City Hotel,*** Murree Rd., Tel. 71411. Mittlere Preislage.
●***Park Hotel,*** Murree Rd., Tel. 70594. Mittlere Preislage.
●***Citizen Hotel,*** Murree Rd., Mittlere Preislage.

Im Rawalpindi Cantonment
●***Hotel Holiday,*** Iftikhar Rd., Tel. 568068. Gutes, mittelteures Hotel. Leider dröhnt die Klimaanlage durch das ganze Haus.
●***Flashman's Hotel,*** The Mall, Tel. 581480.
Teures Hotel, das seine besten Tage schon lange hinter sich hat.
●***Pearl Continental,*** The Mall, Tel. 566011. Bestes Hotel in Rawalpindi. Zum Wohnen sicher sehr teuer, aber die Restaurants sind exzellent und überraschend preiswert.

In Islamabad
Wer in Islamabad übernachten will oder muss, kann im preiswerten
●***Pakistan Youth Hostel,*** Garden Rd., Tel. 826899, übernachten.
●Das ***Shehrazad Hotel,*** am großen Supermarkt,
Tel. 822295, ist mittelteuer und nicht sonderlich gut.

Restaurants

●***Kashmirwala's Hotel,*** The Mall. Im Restaurant des Hotels gibt es gute pakistanische Küche zu vernünftigen Preisen.
●Das ***Blue Lagoon*** in einer Seitenstraße von der Mall gegenüber vom Pearl Continental Hotel serviert ebenfalls exzellente pakistanische Küche zu moderaten Preisen.
●Weitere Restaurants befinden sich entlang ***The Mall.*** Alle oben angegebenen Hotels verfügen ebenfalls über mäßige bis gute Restaurants.
●Preiswerte Lokale sind vor allem in der Gegend um
Saddar Bazaar und ***Rajah Bazaar*** zu finden.
●***Pizza Hut,*** The Mall. Wer mal wieder Sehnsucht nach Pizza verspürt, ist hier richtig aufgehoben.

Garküchen bieten auch in Rawalpindi eine preiswerte Möglichkeit, zu essen

- ***Burger Express,*** Kashmir Rd. Wer noch tiefer in die Fast-Food-Welt eintauchen möchte, sollte hierher kommen.
- ***Kamran Cafe,*** Bank Rd. Kleines, sauberes Lokal.
- ***36 Flavours,*** Bank Rd. Wer meint, dass sein Magen mitspielt, bekommt hier gutes Eis.

Fluggesellschaften

- ***Lufthansa,*** in Rawalpindi Tel. (051) 566011, in Islamabad Tel. (051) 820621.
- ***British Airways,*** in Rawalpindi Tel. (051) 566791, 565413. Das Büro befindet sich im Pearl Continental Hotel.
- ***KLM,*** in Islamabad Tel. (051) 829685-8.
- ***Philippine Airlines,*** in Islamabad Tel. (051) 821567-8.
- ***Singapore Airlines,*** in Islamabad Tel. (051) 522548
- ***PIA,*** in Rawalpindi The Mall, Tel. (051) 567011, 568071. Das Buchungsbüro für Flüge nach Gilgit und Skardu befindet rechts vom PIA-Büro im Seiteneingang des Gebäudes. In Islamabad Tel. (051) 815041.

Botschaften und Konsulate

Weitere Angaben im Kapitel Vor der Reise.

- ***Afghanistan,*** House 14, St. 83, G-6/4 Tel. 822566.
- ***Bundesrepublik Deutschland,*** Diplomatic Enclave, Tel. 822151.
- ***Indien,*** Diplomatic Enclave, Tel. 814371.
- ***Österreich,*** House 13, St. 1, F-6/3.
- ***Russland und GUS-Staaten,*** Diplomatic Enclave, Tel. 824604.
- ***Schweiz,*** House 11, St. 84, G-6/4.
- ***VR China,*** Diplomatic Enclave, Tel. 821114 (Visa-Abteilung).

Empfehlenswerte Reisebüros

Für organisierte Reisen und vor allem für die Buchung von internationalen Flügen empfiehlt es sich, die renommierten Büros zu konsultieren.

- ***American Express Travel Service,*** Rawalpindi Office, Murree Rd., im Rahim Plaza, Tel. 582864, 565766.
- ***Rohtas Travel Consultans,*** 60 Canning Rd., Saddar Rawalpindi, Tel. 563224, 566434.
- ***Shakil Express,*** Haider Rd., Saddar Rawalpindi.

Sonstiges

● ***Informationen:*** Die Tourismus-Büros sind nur von mäßigem Nutzen, wer es dennoch versuchen will, kann zum ***PTDC-Büro*** (Pakistan Tourism Development Corporation) im Flashman's Hotel, The Mall, Tel. 581480, gehen. Öffnungszeiten: Tägl. (außer Freitag) 9.00-13.00 und 14.00-16.00 Uhr. Wer nach Islamabad muss, kann sein Glück beim ***Ministry of Tourism,*** Jinnah Market, Tel. 816932, versuchen.

Hier muss man auch hin, wenn man ***Trekking-Permits*** braucht.

● ***Ausländermeldebehörde:*** Das Foreigners Registration Office befindet sich schwer auffindbar in der Rashid Minhas Rd, Civil Lines. Tel. 63866.

● ***Visaverlängerung:*** Khayaban-i-Suhrawardy im Aabpara-Markt über der National Bank in Islamabad. Öffnungszeiten tägl. (außer Freitag) 8.30-14.30 Uhr im Sommer und 9.00-14.00 Uhr im Winter. Siehe Kapitel Einreise.

Ein dubioses Wundermittel verspricht Kraft für Jung und Alt

• ***Bank:*** Habib Bank, Haider Rd./Ecke Kashmir Rd.
National Bank, Saddar Bazaar, Bank Rd.
Citibank, Adamjee Rd. Der Weg hierher lohnt nur, wenn man Citicorp-Reiseschecks hat.
American Express, Murree Rd.
• ***Post und Telefon:*** Das General Post Office befindet sich in der Kashmir Rd. Im rückwärtigen Gebäude befindet sich der Poste-restante-Schalter. Etwas weiter südlich in der Kashmir Rd., noch über die Mall rüber, befindet sich das internationale Telegrafenamt.
• ***Polizei:*** Im Falle von Diebstählen u.ä. kann man sich an den Polizeiposten, Saddar Bazaar Police Station in der Police Station Rd., wenden. Eine weitere Station befindet sich am Busbahnhof Pir Wadhai.
• ***Krankenhaus:***
Rawalpindi General Hospital, Murree Rd./Ashgar Mall Rd.
Cantonment General Hospital, Saddar Rd.
In Islamabad kann man sich an das Capital Hospital, in der Ramna 6 nahe des General Post Office, wenden.

Weiterreise

Busse

Es gibt zwei empfehlenswerte Möglichkeiten, um nach Abbottabad, dem nächsten großen Ort auf dem Weg nach Norden, zu kommen. Die landschaftlich schönste Route führt über Murree nach Abbottabad (ca. 4 Std. reine Fahrzeit). Die kulturell interessanteste, landschaftlich aber ebenfalls reizvolle Strecke führt über Taxila nach Abbottabad (2,5 Std. Fahrzeit). Wer bis Gilgit durchgebucht hat, wird noch eine dritte Route bis Abbottabad (2 Std.) fahren.
• ***Nach Murree*** fahren jeden Tag zahllose Busse und Minibusse z.B. vom Wagon Stop Saddar Road oder dem Pir Wadhai Central Bus Stand. TDCP (Tourism Development Corporation of Punjab) setzt komfortable Busse von der Ecke Kashmir Rd./The Mall ein.
• Wer über ***Taxila*** fahren will, besteigt am Coach Service, Murree Rd. gleich gegenüber vom Shangri-La-Hotel am Leh-Fluss, oder am Wagon Stop, Motimahal Cinema, Tipu Rd., zunächst einen Bus nach Peshawar und fährt bis zum Ort Taxila. Von dort kann man mit Dreiradtaxen oder Minibussen zum Taxila-Museum (3 km) weiterfahren. Nach den Besichtigungen kann man entweder mit Minibussen nach Haripur und von dort nach Abbottabad weiterfahren, oder man fährt zurück nach Taxila/Ort und steigt in einen der (allerdings meist vollen) Direktbusse um. Direktbusse nach Taxila fahren auch ab Ecke Haider Rd. auf der Höhe zur Kashmir Rd.
• ***Busstationen:***
Wagon Stop, Saddar Road
Wagon Stop, Ecke Haider Road/Kashmir Road
Sargan Wagon Service, Rajah Basar
Hamee Travel Service ab Mashriq Hotel
TDCP-Busstand, Kashmir Road/Ecke The Mall
Pir Wadhai Central Bus Station, Busse in alle Richtungen.
Coach Service, Murree Road
Wagon Stop, Motimahal Cinema/Tipu Road

Flüge

Der einstündige Flug am Nanga Parbat vorbei gehört sicherlich mit zu den spektakulärsten Flugstrecken, die man fliegen kann. Dennoch handelt es sich hier nur um eine Alternative für Leute mit sehr viel Zeit und Geduld. Der Flug findet nur bei optimalen Wetterbedingungen statt, und die sind in den Bergen selten. Tatsache ist, dass sicherlich rd. 70 % aller Flüge gestrichen werden.

Der ***Buchungscounter für Flüge nach Skardu und Gilgit*** befindet sich in einem Raum, den man über einen Durchgang rechts vom PIA-Haupteingang erreicht. Hier wird man zunächst auf eine Warteliste gesetzt. Von nun an heißt es, jeden Tag nachfragen, ob es klappt. Bekommt man einen Platz, heißt das noch lange nicht, dass man auch in die Luft geht. Ändern sich die Wetterverhältnisse, kehrt der Flieger wieder um. Fällt der Flug aus, bekommt man sein Geld zurück oder kann sich erneut auf die Warteliste setzen lassen. Man rutscht nicht automatisch auf einen anderen Flug, sondern fängt wieder ganz von hinten an.

- ***PIA Hauptbüro,*** Rawalpindi, The Mall, Tel. 567011, 568071.
- ***PIA Filiale,*** Pearl Continental, The Mall.

Sehenswertes

Basare

Sehenswürdigkeiten im engeren Sinne hat Rawalpindi nicht zu bieten, aber die Atmosphäre in den verwinkelten Basaren der Altstadt ist unvergleichlich und durchaus zwei oder mehr Tage Aufenthalt wert. Der berühmteste Markt ist der ***Rajah-Basar,*** der sich aus unzähligen Einzelbasaren zusammensetzt. Bester Ausgangspunkt für Spaziergänge ist der Fowara Chowk, ein runder, mit Taxen, Bussen und Marktkarren verstopfter Platz an der Kreuzung Liaquat Rd. und City Saddar Rd. im Südwesten des Rajah-Basars. Von hier kann man z.B. durch den Gemüsemarkt zum ***Kalan-Basar,*** wo Schuhe, Strümpfe und Stoffe verkauft werden, und von dort weiter zum ***Sarafa-Basar,*** dem Schmuckmarkt, schlendern. Vom Sarafa-Basar gelangt man zum ***Bohr-Basar,*** wo Apotheker ihre Medikamente zusammenmixen. Wer aufmerksam schaut, wird über einem schmalen Gang das Schild ***Moti Bazaar*** entdecken. Hier befindet sich der Zugang zum Frauenbasar, wo es Make Up, Kleidung und Plastikschmuck für Frauen gibt. Am Ende der verwirrend engen Gässchen stößt man auf den ***Trunk-Basar,*** das Zentrum für Koffer und Kisten. Über den ***Bara-Basar*** bzw. Schmuggler-Basar, auf dem in erster Linie Elektronik-Geräte verkauft werden, kann man das Gassenlabyrinth wieder verlassen und stößt auf die Liaquat Rd.

Das Cantonment

Den Weg zu den ehemaligen Quartieren der weißen Kolonialoffiziere legt man am besten mit einem der kleinen Suzuki-Sammeltaxen zurück. Der Weg zu Fuß über die Murree Rd. ist lang, heiß und unattraktiv.

Eine interessante Variante ist die Fahrt mit einer Pferdedroschke vom oben beschriebenen Fowara Chowk südwestlich des Rajah-Basars die City Saddar Rd. runter bis zur Brücke über die Eisenbahnanlagen, die damals auch die Grenze zwischen Altstadt und Cantonment markierten. Auf der Brücke haben sich ambulante Zahnärzte niedergelassen, die mit archaischen Bohrern im Mund ihrer Patienten herumbohren. Gleich hinter der Brücke beginnt der im Vergleich zum Rajah-Basar sehr viel noble-

Hölzerne Erker sind eines der Merkmale des Rajah-Basars

re ***Saddar-Basar.*** Zentrale Ader vom Saddar-Basar ist die Kashmir Rd., die in ihrem Verlauf nach Südwesten die ***Mall,*** Rawalpindis Nobeleinkaufsmeile, kreuzt. Hier befinden sich Banken, viele Restaurants, Fluggesellschaften und Hotels. Einen Vergleich mit anderen berühmten Einkaufsstraßen hält die Mall allerdings nicht stand. Eher präsentiert sie sich staubig, schattenlos und verkehrsreich. Allerdings ist sie der ideale Ort, um Souvenirs einzukaufen.

Wandert man die Mall bzw. Great Trunk Rd. nach Osten, so passsiert man die ehemaligen Offiziersmessen und -unterkünfte sowie einige Mittelklassehotels. Pause kann man im Nobelhotel ***Pearl Continental*** machen, wo man hervorragend und für erstaunlich wenig Geld essen kann.

Wer Zeit übrig hat, kann vielleicht noch ins ***Armee-Museum*** in der Ifthikar Rd. südlich des Pearl-Continental-Hotels gehen. Zu sehen gibt es hier pakistanische Militärgeschichte in Form von Waffen, Uniformen und Bildern. Öffnungszeiten im Winter: 9.00-15.00 Uhr, Sommer: 8.00-12.00 und 17.30-19.00 Uhr.

Islamabad

15 km nördlich von Rawalpindi liegt die auf dem Reisbrett griechischer Architekten konstruierte Retortenstadt Islamabad. Die Entscheidung, an dieser Stelle eine ***neue Hauptstadt Pakistans*** zu errichten, fiel 1958 unter dem damaligen Machthaber Präsident *Ayub Khan*. Die Gründe, Karachi als Hauptstadt aufzugeben, waren politischer, militärischer (in Rawalpindi befand sich das militärische Hauptquartier) und klimatischer Natur.

1961 wurde mit dem Aufbau begonnen, und 1963 zogen die ersten Bewohner nach Islamabad. Da wichtige Regierungsteile ihren Sitz in Dacca in Ostpakistan hatten, wurde Islamabad erst mit der Unabhängigkeit Bangladeshs 1971 zur vollwertigen Hauptstadt Pakistans.

Anfahrt von Rawalpindi

Von der Murree Rd. fahren laufend ***Busse und Sammeltaxen*** nach Islamabad. Endstation der meisten Stadtbusse ist die Shah-Faisal-Moschee.

Wer mehrere Leute zusammenbekommt, sollte ein ***Taxi*** mieten. Das öffentliche Transportwesen in Islamabad ist bescheiden, und so hat man auch gleich schon ein Fahrzeug für die Rückfahrt.

Sehenswertes

Shah-Faisal-Moschee

Islamabad ist im wahrsten Sinne des Wortes eine Vorzeigestadt. Überall sind weite Grünflächen angelegt, der Verkehr wird streng reglementiert, Hupen ist verboten, Gedränge und Geschiebe gibt es kaum, und ein irgendwie geartetes Zentrum kann man auch nicht ausmachen. Damit dürfte Islamabad zu den langweiligsten Städten des indischen Subkontinents gehören.

Ändern kann das auch nicht die gewaltige Shah-Faisal-Moschee, die insgesamt 100.000 Gläubigen, 15.000 im Inneren und 85.000 auf dem Vorhof, Platz bietet. Vier 90 m hohe Betonminarette schließen das zeltähnliche Dach ein. Bezahlt wurde das rund 25 Millionen Dollar teure Bauwerk hauptsächlich von Saudi-Arabien.

Frauen müssen für die Besichtigung ein Kopftuch umlegen. Die Schuhe muss jeder Besucher am Eingang abgeben. Das Fotografieren in den Außenanlagen ist erlaubt.

Zia-ul-Hak-Mausoleum

Vor dem Eingang der Moschee befindet sich das ständig von Pilgern umlagerte Mausoleum des Ex-Diktators *Zia ul-Hak*, der 1988 bei einem Flugzeugabsturz ums Leben kam. Kritische Äußerungen zum Diktator sollte man an diesem Ort unterlassen.

Aussichtspunkt Daman e-Koh

Einen schönen Blick auf Islamabad hat man von den Margalla-Hügeln nördlich der Stadt. Man kann entweder zu Fuß hinlaufen (45 Minuten vom Zoo) oder mit dem Taxi hochfahren.

Lok Virsa

Das Folklore-Museum (Lok Virsa Institute of Folk and Traditional Heritage) befindet sich im Süden der Stadt im Shakarparian-Park. Es gibt eine Freilichtausstellung und ein Museum mit Musikinstrumenten, Handwerk und Trachten aus den verschiedenen Regionen des Landes.

Murree

Das 2240 m hoch gelegene Murree ist die Sommerfrische der beiden nur eine Fahrtstunde entfernten Städte Rawalpindi und Islamabad. Entsprechend viele Menschen tummeln sich hier in den Sommermonaten, in denen hier relativ kühle Temperaturen herrschen. Im Winter liegt bisweilen viel Schnee.

Angelegt wurde der beständig wachsende Ort 1851 von den Engländern, denen Rawalpindi 1849 übergeben worden war. Nach der Unabhängigkeit verlegte der Gouverneur des Punjab seine Sommerresidenz in den Gebirgsort, und seit dem Einzug in die neue Hauptstadt Islamabad 1962 begann Murree zu boomen.

Hotels

Es gibt zahllose Hotels in Murree, die trotz der großen Konkurrenz im Sommer nahezu alle überteuert sind.

- ***Cecil,*** Mount View Rd. Ein PTDC-Hotel (Pakistan Tourism and Developement Comission) in einem schönen, alten Gebäude mit toller Aussicht, aber leider sehr teuer.
- ***Marhaba,*** Jinnah Rd. Zentral gelegen, gehobene Preisklasse.
- ***Gulberg,*** Cart Rd. Mittelteures Hotel. Auf dem Weg zum Hotel Gulberg kommt man an weiteren Hotels ähnlicher Preislage vorbei, z.B. den Hotels
- ***Al Nadeem, Tanveer, Chambers, Murree International*** und ***Blue Pine.***
- Zahllose weitere und preislich gemäßigte Hotels reihen sich entlang der Straße auf, die von der Post nach rechts abgeht.
- Gute Straßen für Hotels sind außerdem noch die Jinnah Rd., Imtiaz Shaheed Rd. und Abid Shaheed Rd.

Restaurants

- Die meisten Restaurants findet man an der ***Mall.*** Sie servieren Fastfood, Pakistanisches und Chinesisches und alles, was die Phantasie der Köche so hervorbringt.

Informationen

●Im Büro der ***Tourism Corporation of Punjab (TDCP)*** unterhalb des Blue-Pines-Hotels an der Cart Rd. bekommt man Infos über Wandermöglichkeiten in der Umgebung.

Weiterreise

Die Weiterreise nach Abbottabad führt durch eine traumhaft schöne Bergwelt, die bei klarer Sicht Ausblicke auf den Nanga Parbat oder das Pir-Panjal-Gebirge im indischen Kashmir freigibt, und durch einige beliebte Höhenorte, Gali genannt (Dialekt = Pass), in denen man ebenfalls übernachten kann. In den meisten Galis, z.B. Khaira Gali, Changla Gali (von wo aus man mit einem Lift in den Ayubia-Nationalpark fahren kann), Dunga Gali oder Nathia Gali, kann man Maultiere für Wanderungen mit Gepäck mieten.

Die Minibusse, die Murree mit Abbottabad verbinden, halten in den Orten entlang der Strecke. Fahrtzeit etwa 5 Stunden.

Sehenswertes

Viel zu besichtigen gibt es eigentlich nicht. Die über den Bergrücken von Nordosten nach Südwesten verlaufende ***Hauptstraße The Mall*** endet an ihrem östlichen Punkt im ***Kashmir Point,*** von dem aus man schöne Ausblicke in das Tal des Jhelum-Flusses und nach Kashmir hat. Das südwestliche Ende erreicht den ***Pindi Point,*** von wo aus man nach Rawalpindi blicken kann.

Am interessantesten ist die Mall am späten Nachmittag, wenn die ganzen Urlauber hier entlangpromenieren. Ausruhen kann man sich auf den Terrassen zahlreicher ***Teehäuser*** entlang der Mall.

Wer mehr Zeit zur Verfügung hat, kann zahlreiche ***Wanderungen*** in die umliegenden Berge unternehmen.

Taxila

Für Kulturinteressierte sollte der Weg über Taxila die erste Wahl sein. Landschaftlich ist die Strecke zwar weniger reizvoll als der Weg über Murree, aber die nächsten Fahrtage entschädigen einen, was Panoramen angeht, voll und ganz.

Auf dem Weg nach Taxila kommt man nach 28 km zunächst über den ***Margalla-Pass,*** der laut dem britischen Historiker *Sir Olaf Caroe* die eigentliche Scheidelinie zwischen indischem Subkontinent und Zentralasien markiert. Stünde am Pass nicht der große granitene Obelisk zum Gedenken an „den Löwen von Punjab", *John Nicholson*, der das Sinnbild des tapferen, aufrichtigen und rechtschaffenen britischen Soldaten verkörperte, man würde dank der Autobahn einfach vorrüberrauschen. Dabei lohnt sich ein kurzer Stopp, führte doch die alte, unter Kaiser *Sher Sha* im 16. Jhd. erbaute kaiserliche Straße von Kabul nach Dehli hier entlang. Am Fuße des Hügels mit dem 1868 errichteten Obelisken kann man ein Stück entlang eines restaurierten Teilstückes der alten Straße spazieren.

Einige Minuten Fahrt später erreicht man den Ort Taxila. Von hier aus fährt man zunächst am besten zum Taxila-Museum. Man kann die 3 km mit einem Suzuki oder, wenn es nicht gar zu heiß ist, auch zu Fuß zurücklegen.

Geschichte Ghandaras und Taxilas

Die Geschichte Ghandaras und Taxilas ist eine Geschichte der Invasionen, aber auch des Buddhismus' und der buddhistischen Kunst. Das antike Gandhara entsprach in seiner Ausdehnung in etwa der heutigen ***Peshawar-Ebene,*** die im Osten bis zum Indus reichte.

Ursprünglich ein eigenständiges Königreich, wurde Ghandara im Jahre 516 v. Chr. von den persischstämmigen ***Achämeniden*** erobert. Das an der Stelle der heutigen Ausgrabungsstätte Bhir Mound gelegene Taksashila, das die antiken griechischen Historiker sprachlich zu Taxila umwandelten, wurde zur neuen Hauptstadt der östlichsten persischen Provinz. Für Taxila begann eine rund tausend Jahre währende wechselvolle Geschichte. Bereits gegen Ende des 5. Jh. v. Chr. besaß die Stadt eine bedeutende Universität, in der Mathematik, Astronomie, Militärtaktik, Recht, Geschichte und vieles mehr gelehrt wurde.

326 v. Chr. kam ***Alexander der Große*** auf seinem Feldzug nach Taxila. Seine Nachfolger mussten Ghandara aber schon wenig später an die indische Mauria-Dynastie abtreten.

⇗***Ashoka,*** der dritte König der Mauria-Dynastie, regierte Gandhara bis zu seiner Inthronisierung als Vizekönig und wurde nach seiner Konversion zum Buddhismus einer der wichtigsten Förderer dieser Religion. So wurde die Dharmarajika-⇗Stupa vermutlich auf Anweisung *Ashokas* erbaut, um dort Originalasche ⇗Buddhas aufzubahren. Damit wurde Taxila zu einem Zentrum des Buddhismus, von wo aus sich diese Religion bis Zentralasien und weiter nach China und Tibet verbreitete.

Gegen 185 v. Chr. besetzten ***baktrische Griechen*** Ghandara und bauten ihre neue Hauptstadt an der Stelle der heutigen Ausgrabungsstätte Sirkap. Ihre Herrschaft währte nur rund hundert Jahre. Sie wurden von den ***Saken*** abgelöst, einem ostskytischen Volk von Reiternomaden, das nördlich des Aralsees lebte.

Im Jahre 20 n. Chr. griffen die ⇗***Parther,*** ein den Saken verwandtes iranisches Reitervolk, das ebenfalls aus dem Gebiet um den Aralsee stammte, nach Gandhara, doch schon vierzig Jahre später wurden sie von dem aus dem Nordosten stammenden Nomadenvolk der ⇗***Kushan*** (chin.: ⇗Yuezhi) verdrängt. Die Kushan errichteten in dem Gebiet der ehemals hellenistischen Königtümer ein Großreich, das sich nun als zweite Macht neben den Parthern zwischen Rom und China schob. Damit wurde das Abenteuer des Alexanderfeldzugs und damit die hellenistische Präsenz im zentralasiatischen und im nordwestindischen Raum endgültig zu den geschichtlichen Akten gelegt.

An der heutigen Ausgrabungsstätte Sirsukh legten die Kushan ihre neue Hauptstadt an, die zum Zentrum des ⇗Mahayana-Buddhismus und zur Geburtsstätte der Gandhara-Kunst wurde.

Erst mit der Zerstörung durch die Hunnen 455 wurde diese Zeit beendet und Taxila fiel in eine Bedeutungslosigkeit, aus der sich die Stadt nie wieder erholen sollte.

Taxila und die Seidenstraße

Alle diese Höhen und Tiefen, so scheint es, dürften für die Seidenstraße als Handelsweg nur von untergeordneter Bedeutung gewesen sein. Den Händlern konnte es schließlich egal sein, wer gerade welche Region regierte, solange nur der Umsatz stimmte. Dennoch war das so nicht der Fall.

Im Laufe der Jahrhunderte war aus der Seidenstraße nämlich ein wichtiger Religions- und Kulturträger geworden, und jeder, der heute die Strecke bereist, kann nachvollziehen, dass hier nicht nur Händler ihres Weges zogen, sondern auch eine Unzahl an Mönchen, Künstlern, Architekten und Bildhauern unterwegs gewesen sein musste. Posten, die ihre Existenz als einsame Karawansereien oder Warenlager begannen, wuchsen zu großen Oasenstädten mit weitläufigen, großen Tempelanlagen, die an Luxus der Hauptstadt Chang'an in nichts nachstanden.

Eine der wichtigsten Strecken des ***Religionstransfers*** von Indien ins Tarim-Becken und weiter ins chinesische Reich war der Weg von Taxila über den heutigen Karakorum Highway nach Kashgar.

Hotels

Wer hier länger bleiben will, kann in verschiedenen Hotels unterkommen.
- ***Pakistan Youth Hostel,*** gleich in der Nähe des Museums.
- ***PTDC Motel,*** gegenüber vom Museum. Preise um 250 Rs.
- ***Museumshotel,*** auf dem Museumsgelände in der früheren Residenz von *Sir John Marshall* kann man für wenig Geld stilvoll wohnen. Ca. 160 Rs.
- ***Nikra Bungalow,*** am Abzweig nach Jaulian. Preise um 160 Rs. Buchen kann man das Hotel übers Museum.

Weiterreise

- Nach den Besichtigungen kann man mit Dreiradtaxen oder Suzukis weiter nach Norden bis zum Örtchen ***Haripur*** fahren und dort in einen Bus nach ***Abbottabad*** umsteigen.
- Wer direkt nach ***Gilgit*** will, muss nach Taxila-Ort zur Great Trunk Road zurück. Die Busse sind in aller Regel aber schon voll. Bei dieser Variante lohnt es daher eher, Taxila als Tagestour zu besuchen, nach Rawalpindi zurückzufahren und von dort einen Bus nach Gilgit zu nehmen.

Sehenswertes

- ***Anfahrt:*** Zu den einzelnen Ausgrabungsstätten kann man mit Motorrädern oder Suzukis fahren, deren Fahrer vor dem Museum herumlungern.

Taxila-Museum

Der erste Weg sollte einen zunächst ins Museum von Taxila führen, das sich in einem englischen Kolonialgebäude inmitten eines schönen, grünen Parks befindet. Es beherbergt die vielleicht beste Sammlung von Kunstwerken der Gandhara-Zeit in Pakistan, und man kann an der hübsch präsentierten Sammlung sehr schön die Mischkultur aus griechischen, römischen, indischen und iranischen Einflüssen nachvollziehen.

- ***Öffnungszeiten:*** 8.30-12.30 Uhr und 14.30-17.30 Uhr.

Bhir Mound

Bhir Mound ist die älteste der freigelegten Stadtgründungen und stammt aus dem 6. bis 2. Jh. v. Chr. Das Museum befindet sich im Nordzipfel der ehemaligen Stadt. Viel zu sehen gibt es nicht, aber wer über das Ausgrabungsfeld südlich vom Museum spaziert, kann zumindest erkennen, dass Bhir Mound anders als die anderen beiden Stadtgründungen unregelmäßig und willkürlich angelegt wurde. Der große Achämenidenherrscher *Dareios der Große* (522-486 v.Ch.) hielt 518 seinen Einzug in die Stadt, *Alexander der Große* weilte hier, und der indische Vizekönig der Mauria, ⇗ *Ashoka,* regierte in Taxila, wo er sich auch zum Buddhismus bekannte.

Dharmarajika

Etwa 3 km östlich vom Museum steht die mächtige, 15 m hohe Dharmarajika-Stupa, deren Kuppel einen Durchmesser von 50 Metern hat. Ursprünglich von *Ashoka* in kleinerem Umfang gebaut, diente sie als Reliquienschrein für die Asche ⇗ Buddhas. In den folgenden Jahrhunderten wurde sie erweitert, ein Kloster wurde angeschlossen, und man errichtete Votivstupas drumherum. Vom Kloster selbst sind nur noch die Grundmauern erhalten.

Anlagen wie diese dienten in Taxila als Lehr- und auch als Gedenkstätten der alten Universitätsstadt.

Sirkap

Als die baktrischen Griechen im zweiten vorchristlichen Jahrhundert nach Taxila kamen, bauten sie sich einen eigenen, ummauerten Stadtteil, der auf dem „Reißbrett“ entworfen und durch eine von Norden nach Süden verlaufende Hauptstraße gekennzeichnet war. Auch die später kommenden Skythen und ⇗ Parther sowie die ersten Kushan-Herrscher regierten hier, aber das meiste, was zu sehen ist, zeigt den Einfluss der Parther.

In den verschiedenen Straßenblocks sind die Fundamente von Wohnhäusern, Läden, ⇗ Stupas und Tempeln zu sehen. Fast am Ende der Hauptstraße befindet sich linker Hand das Fundament des Königspalastes.

Läuft man vom Palast weiter nach Süden, erreicht man auf einem Hügel die ***Kunala-Stupa,*** die nach dem Sohn von König ⇗ *Ashoka* benannt wurde. *Kunala* hatte so schöne Augen, dass seine Stiefmutter sich in ihn verliebte und ihm Avancen machte. Als er ihre Liebe nicht erwiderte, überzeugte sie *Ashoka, Kunala* als Vizekönig nach Taxila zu schicken. Fern vom Hof bekam der Vizekönig nicht mit, dass seine Stiefmutter gegen ihn intrigierte und eine gefälschte Anklageschrift mit dem Siegel des Königs nach Taxila sandte, die den Befehl enthielt, ihm die Augen auszustechen. *Kunala* war allerdings sehr beliebt, und seine Minister verweigerten die Ausführung dieses Befehl. *Kunala* selbst befahl ihnen schließlich, der Anweisung seines Vaters Folge zu leisten, und so wurde er an der Stupa geblendet. Als *Ashoka* diese Geschichte zu Ohren kam, ließ er seine Frau hinrichten. Seit dieser Zeit ist die Kunala-Stupa ein wichtiger Wallfahrtsort für Blinde und Taxila auch heute noch der Standort der wichtigsten Augenklinik des Landes.

Die Dharmaraijka-Stupa gehörte zu den Heiligtümern, in denen die Asche Buddhas aufbewahrt wurde

Jandial

Etwa 400 m nördlich von Sirkap stehen die Überreste eines klassischen griechischen Tempels. Er ist der einzige rein griechische Bau im gesamten Ghandara-Gebiet. Die Hinterhalle wird von einem großen Mauerblock eingeengt. Dieses Fundament eines Turmes, der einzige nichtgriechische Bestandteil des Tempels, deutet auf die Nutzung im Rahmen des zoroastrischen Feuerkults hin – das Feuer war Symbol des universalen, göttlichen Lichts und der absoluten Reinheit –, ein Überbleibsel aus der persischen Zeit Gandharas.

Sirsukh

Anfang des 2. Jh. ordnete *Wima Kadphises*, der zweite und einer der bedeutendsten Herrscher der ⇗Kushan, den Stadtwechsel nach Sirsukh an. Für diese Anordnung gab es mehrere Gründe. *Kadphises* hatte das Kushan-Reich weit nach Osten hin ausgedehnt und wollte der gewachsenen Bedeutung des Reichs auch mit der neuen Hauptstadt Ausdruck verleihen. Zwar hätte er auch Sirkap ausbauen können, aber die Kushan kamen mit der griechischen Stadtplanung nicht zurecht und fanden es schwierig, eine hügelige, von einer Stadtmauer umgebene Stadt zu verteidigen, und zu guter Letzt war die Hälfte der Bevölkerung Sirkaps durch eine Pestepidemie hinweggerafft worden, was einem Neuanfang ebenfalls Vorschub leistete.

Allzuviel konnte bisher allerdings noch nicht freigelegt werden, da große Teile der Stadt unter privatem Ackerland liegen.

Mohra Moradu

Das buddhistische Kloster und die exzellent erhaltene Votiv-Stupa, die hinter einem Holzverschlag bei einer Mönchszelle geschützt wird, stammen aus dem 3.-5. Jh. Im Museum gibt es eine exakte Kopie der ⇗Stupa, die zum Gedenken an einen heiligen Mönch in der Zelle errichtet worden war.

Von Mohra Moradu führt ein Weg entlang des Bewässerungskanals nach Jaulian. Man spart sich so den Rückweg zur Straße.

Jaulian

Auch wer nur wenig Zeit hat, sollte sich das alte, auf einem Hügel gelegene Kloster Jaulian ansehen, das noch recht gut erhalten ist. Zu sehen gibt es einen großen Hof mit einer Hauptpagode, die von zahlreichen kleinen ⇗Pagoden und Devotionalien-Nischen umgeben ist, ein Karee mit den Mönchszellen sowie Versammlungs- und Betriebsräume. Die ganze Anlage folgt dem klassischen Klostergrundriss, wie ihn ⇗Buddha selbst empfohlen hatte.

Haripur

Bis zum Aufbau Abbottabads um 1850 war Haripur ein strategisch wichtiger Ort im Bezirk Hazara. Von hier aus wurde die wichtige Route von Kashmir nach Tarbela, das etwa 20 km westlich von Haripur am Indus liegt, kontrolliert. Bewohnt wurde diese Region von wilden, aufrührerischen Stämmen. Einer lokalen Legende zufolge leitet sich das Wort Hazara aus dem persischen Wort für Tausend, hazar, ab und steht für eine Kolonie aus rund tausend Mongolen und Türken, die *Dschinghis Khan* hier zurückgelassen haben soll.

Haripur erhielt seinen Namen nach *Hari Singh*, dem wichtigsten General und Vertrauten *Ranjit Singhs*. Nachdem Kashmir von den Sikhs erobert worden war, wurde *Hari Singh* als Gouverneur nach Haripur geschickt, um die hier ansässigen Stämme zu unterwerfen und zu bestrafen. Bis zu seiner Versetzung nach Peshawar 1834 gelang es *Hari Singh*, einen relativ stabilen Frieden aufrechtzuerhalten.

Das heutige Haripur besteht vor allem aus einer geschäftigen Hauptstraße, bietet ansonsten aber keine Sehenswürdigkeiten.

Havelian

20 km weiter auf halbem Wege nach Abbottabad passiert man den kleinen Ort Havelian, wo der Karakorum Highway offiziell beginnt. Von hier aus trennen einen noch 795 Kilometer von der chinesischen Grenze am Khunjerab-Pass.

Abbottabad

In Abbottabad treffen die verschiedenen Routen von Rawalpindi über Murree, Taxila und Hasan Abdal schließlich zusammen, um sich von hier aus als Karakorum Highway in Richtung Indus und schließlich am Indus entlang noch Norden zu winden.

Fruchtbare Reisfeldlandschaften prägen das Bild auf dem Weg zum Indus-Tal

Die ***größte Stadt Hazaras*** wurde 1850 als britische Garnisonsstadt gegründet und später nach *James Abbott* benannt. Wie auch *John Nicholson,* der „Löwe von Punjab", gehörte er dem Stab von *Sir Henry Lawrence* an und diente seit 1846 in Hazara. Im zweiten Sikh-Krieg 1848 sah er sich auf einmal von der Armee des Sikh-Generals *Chattar Singh* eingekesselt und schaffte es dennoch, mit seinen verbündeten Soldaten zum Margalla-Pass durchzubrechen und entscheidend dazu beizutragen, dass sich die Sikhs nahe Rawalpindi 1849 ergaben.

Abbottabad liegt 1.220 m hoch und hat durch seine Lage ein recht angenehmes Klima. Der historische Kern der Stadt ist das Cantonment mit seiner ***europäischen Architektur,*** den sauber angelegten Straßenzügen und dem notorischen Paradegrund.

Viel zu sehen gibt es ansonsten nicht, aber wer hier bleiben möchte, kann zum ***Shimla-Gipfel*** (Shimla Pahari) wandern, der Abbottabad im Nordwesten begrenzt. Der Zugang ist auch über den Sarban-Park möglich. Der Weg nach oben ist etwa 3 km lang. Von der oberen Hälfte der Pine View Rd. fahren auch Suzukis zum Gipfel.

Hotels

- ***Pakistan Youth Hostel,*** 5 km entlang der Straße in Richtung Mansehra, nahe der Ortschaft Mandian am gleichnamigen Busstop. Preiswert.
- ***Bolan Hotel,*** The Mall, Tel. 4623.
Praktisch in der Nähe des Busbahnhofs gelegen.
- ***Pine View,*** Jinnah Rd. Tel. 2729.
- ***Kohisar Hotel,*** Jinnah Rd., Tel. 4924.
- ***Marhaba Hotel,*** Id Gah Rd. Billig und nette Atmosphäre.
- ***Asia Hotel,*** Id Gah Rd. Preiswert.
- ***Mount View Hotel,*** Id Gah Rd. Preiswert.
- ***Springfield Hotel,*** The Mall, Tel. 4834, 4770.
Eines der besten Hotels am Ort. Gehobene Preislage.
- ***Sarban Hotel,*** The Mall, Tel. 4876-8. Ebenfalls sehr gut und teuer.
- ***Zarbat Hotel,*** The Mall, Tel. 5508, 2608. Sauberes mittelteures Hotel.
- ***New Palm Hotel,*** The Mall, etwas muffig und mittelteuer.

Restaurants

- Zahlreiche Restaurants findet man in der Jinnah Rd., z.B. das New Friends Cafe oder das Rainbow Café.

Sonstiges

- ***Information:*** Das PTDC-Büro befindet sich gegenüber vom Cantonment Public Park an der Jinnah Rd. Tel. 4946.
- ***Bank:*** National Bank of Pakistan, im Süden der Stadt nahe den Gerichtsgebäuden. United Bank, Pine View Rd.
- ***Post:*** In der Club Rd. und Central Rd. befinden sich Postämter.

Weiterreise

- Es gibt die ***GTS-Busstation*** in der Jinnah Rd. und den ***General Bus Stand*** an der Havelian Rd. etwas südlich vom Fowara Chowk.
- Nach ***Besham*** fahren morgens Busse ab GTS-Busstation. Fahrzeit 5 Stunden.
- ***Mansehra*** wird von beiden Stationen den ganzen Tag über angefahren.
- Nach ***Murree/Galis*** fahren vormittags stündlich Busse ab General Bus Stand. Fahrzeit 5 Std.
- Verbindungen nach ***Rawalpindi,*** Pir Wadhai gibt es den ganzen Tag über von beiden Stationen. Die Fahrt dauert 3 Stunden.

Ausflug in die Umgebung

Thandiani

Für viele ist diese Bergstation östlich von Abbottabad die schönste der sogenannten Galis. Die Station liegt 2.692 m hoch auf der abgeflachten Kuppel eines Berges mit herrlichem Rundumblick auf den schneebedeckten Pir-Panjal-Gebirgszug in Kashmir. Nach Norden und Nordosten blickt man auf die Berge Kohistans und Kaghans, und bei sehr klarem Wetter sieht man sogar die Spitze des Nanga Parbat. Wer nicht nur die Aussicht genießen will, hat mehrere Möglichkeiten zu wandern.

- ***Anfahrt:*** Man kann einen Suzuki chartern oder einen der regelmäßig fahrenden Busse ab Regional Bus Yard in der Id Gah Rd. nehmen. Fahrzeit 1 Stunde.
- ***Unterkunft:*** Man kann den Trip als Tagesausflug machen. Wer hier übernachten will, sollte sicherheitshalber einen Schlafsack dabeihaben, falls die wenigen Zimmer voll sind. Buchen kann man das ***C&W Guesthouse*** bereits in Peshawar beim NWFP Minister for Construction & Works, Tel. (0521) 70455. Das ***Forestry Resthouse*** kann beim Conservator of Forests, Tel. 2728, in Abbottbad gebucht werden. Das Büro befindet sich auf dem gleichen Gelände wie PTDC.

Mansehra

Bereits 24 km von Abbottabad entfernt, bietet sich mit Mansehra der nächste interessante Stopp an. Bekannt ist der Basar-Ort für seine berühmten ***Ashoka-Felsen,*** auf denen König ⇗*Ashoka* vor 2.200 Jahren Edikte hat einmeißeln lassen. Mansehra ist nicht sonderlich groß und hat zwei lebhafte Basare zu bieten, auf denen Pashtunen, Kashmiris, Punjabis und Afghanen ihren Geschäften nachgehen.

Hotels

- ***Zam Zam Hotel,*** Shinkiari Rd. Tel. 2521. Preiswert und gut.
- ***Errum Hotel,*** Shinkiari Rd. Tel. 2809. Angenehmes, freundliches Hotel. Mittlere Preislage.
- ***Parbat Hotel,*** Kashmir Rd. beim alten Fort. Mittlere Preislage.

Restaurants

- Preiswerte Lokale befinden sich entlang der ***Abbottabad Rd.*** um die Busstationen herum.

Weiterreise

- Vom GTS und General Bus Stand fahren laufend Busse zurück nach ***Abbottabad.***
- Nach ***Rawalpindi*** (Saddar Basar General Bus Stand und Pir Wadhai GTS) fahren laufend Busse (3,5 Std.).
- Regelmäßige Verbindungen ab General Bus Stand gibt es nach ***Besham***. Fahrzeit 4 Stunden.

Sehenswertes

Ashoka-Felsen

Die Hauptattraktion Mansehras steht im Norden des Ortes. Die Inschriften datieren aus dem 3. Jh. v. Chr. und sind die ***ältesten historisch relevanten Inschriften*** auf dem indischen Subkontinent. Kaiser *Ashoka,* der um 272 v. Chr. den Mauria-Thron bestieg, ließ im ganzen Land seine in Fels gemeißelten Inschriften ausführen. Zwei davon befinden sich im heutigen Pakistan, in Mansehra und in Shabaz Garhi in der heutigen Northwest Frontier Province. Als Schrift wurde Kharoshti, die lokale Ghandara-Schrift, verwendet. Anderswo, z.B. in Kandahar in Afghanistan, wurden auch Griechisch und Aramäisch benutzt.

In seinen Inschriften und Edikten spricht *Ashoka* von den diplomatischen Beziehungen zu westlichen Herrschern, wobei er namentlich den König von Ägypten, *Ptolemaios Philadelphos*, den Herrscher von Syrien und Westanatolien, *Antiochos Theos*, den König von Makedonien, *Antigonos Gonatas,* und den König von Kyrene, *Magas*, erwähnt. An diesem nach Süden abzweigenden Strang der Seidenstraße befand sich also eine ***Schnittstelle zwischen Westen und Osten,*** über die der kulturelle Austausch schließlich auch ins Tarim-Becken getragen wurde.

Die in Mansehra zu sehenden Inschriften beschreiben allerdings eher säkulare Ereignisse im Lichte seiner buddhistischen Einstellung. So verspricht er, dass er in Zukunft nur noch nach den Prinzipien von „Rechtschaffenheit und ↗Dharma" Eroberungen durchführen will. Er fordert die Untertanen auf, die Eltern und Verwandten zu ehren, den Priestern und Armen Almosen zu geben und nicht extravagant zu sein. In anderen Edikten fordert

Ashoka seine Untertanen auf, Krankenstationen für Menschen und Tiere zu errichten, keine Tiere zu schlachten und auf Pilgerschaft zu gehen. Toleranz, Selbstkontrolle, Respekt und Freizügigkeit sind weitere Forderungen an sein Volk.

Leider sind die Inschriften schon arg verwittert, aber dass sie einen so langen Zeitraum überstanden haben, macht sie allein schon einen Besuch wert.

Besham

94 km hinter Mansehra windet sich die Straße endlich ins Industal hinunter und führt zunächst zur Thakot-Brücke etwa 29 km weiter. Hier sieht man zum ersten Mal den chinesischen Einschlag beim Bau des Karakorum Highway. Als eleganter weißer Bogen schwingt sich die Brücke über den Strom, und die Balustraden sind mit den typisch chinesischen ⇗ Löwen geschmückt. Für die folgenden 310 km verläuft der Karakorum Highway nun immer am Indus entlang durch Kohistan (Land der Berge), einem der wildesten, unwirtlichsten und geologisch instabilsten Abschnitte des Karakorum Highway.

Es ist genau dieser Abschnitt, auf dem die indische und die asiatische Platte aufeinandertreffen, verkompliziert noch durch eine zwischen beiden Platten eingezwängte Inselplatte, auf der sich Kohistan befindet. Die ständig aneinander mahlenden Platten erzeugen häufige ***Erdbeben,*** und entsprechend gibt es permanent irgendwelche großen ***Erdrutsche.*** Daß in einer geologisch so aktiven Region die Straße überhaupt relativ befahrbar bleibt, ist der unermüdlichen Arbeit der hier stationierten Armee-Einheiten zu verdanken.

Ein aufwendig gestalteter Kilometerstein zeigt die Entfernung bis Beijing an

Der Lohn der Mühe einer Fahrt über diese oft unglaublich heiße Strecke, von der schon der berühmte chinesische Mönch ⇗ *Fa Xian* 403 ein Lied zu singen wusste, sind unbeschreiblich schöne Landschaften, schneebedeckte Sieben- und Achttausender und geheimnisvolle Seitentäler.

● ***Achtung:*** Die Seitentäler in Kohistan sollten nur in Begleitung einheimischer Führer besucht werden. Sicherheitshalber sollten die örtlichen Polizeistationen informiert werden, wo man sich hinbegeben möchte. Die Bewohner Kohistans sind Fremden und vor allem Ausländern gegenüber sehr feindlich eingestellt. Mit dazu beigetragen haben vor allem rücksichtslose Radfahrer in ihren knallbunten, eng anliegenden und kurzen Biking-Klamotten, die jeder lokalen Moralvorstellung spotten.

Besham selbst ist ein kleiner Ort, bestehend aus einer Straße, und kann gut als Übernachtungsstop auf dem langen Weg nach Gilgit eingeschoben werden. Das erspart einem die sonst endlos werdende Fahrt in einem vollen, engen Bus, und man sieht mehr von der Landschaft.

Hotels

● ***PTDC Motel,*** das beste Hotel am Ort mit einem schönen Blick auf den Indus liegt etwa 1 km unterhalb Beshams und ist vor allem für Selbstfahrer gut zu erreichen. Wer keine Reservierung hat, tut gut daran, schon früh aufzukreuzen, denn die Zimmer sind immer sehr schnell vergeben. Reservierung über PTDC Rawalpindi, Tel. 581480.
● ***Prince Hotel,*** klein, laut und billig.
● ***International Hotel,*** preiswertes und akzeptables Hotel.
● ***Azam Hotel,*** klein, preiswert und laut.
● ***Al-Safina Hotel,*** preiswert und ok.
● ***C&W Resthouse,*** komfortabel, ruhig und nicht so teuer wie das PTDC Motel. Es befindet sich die Straße gegenüber der Polizeistation runter. Buchen kann man es im C&W-SDO-Büro am Abzweig zum Hotel.

Restaurants

● Genießbares Essen gibt es in den Hotels.
● Gutes Essen (Buffet) bekommt man im PTDC Motel.

Weiterreise

● ***Gilgit,*** Busse der Gesellschaften Natco und Mashabrum Tours stoppen in der Nähe des Swat Hotels, sind aber meistens schon voll, wenn sie von Rawalpindi kommen. Vom Prince Hotel fahren dreimal täglich Minibusse los, wenn sie voll sind. Fahrtzeit ca. 10 Std.
● ***Pattan, Dasu,*** an der Straßenkreuzung, wo sich die Straße in Richtung Swat-Tal und Gilgit gabelt, fahren Suzukis und Kleinbusse in beide Orte.
● ***Mansehra*** wird mehrmals täglich von Minibussen ab Swat Hotel angefahren.
● Nach ***Rawalpindi*** gibt es ebenfalls das Problem voller Busse. Sie treffen am frühen Nachmittag aus Gilgit ein, und man muss sehen, wie man einen Platz bekommt. Fahrzeit ca. 8-10 Stunden.

Dobair Bazaar

Dieses Örtchen ist vor allem für geologisch Interessierte von Bedeutung. 5 km nördlich von Dobair gleich außerhalb des Örtchens Jujial, das man kaum wahrnimmt, verlässt man die indische geologische Platte mit ihren weißen und grauen Gesteinsformationen, die unmittelbar von den grünlichen Gesteinsformen einer alten Vulkankette abgelöst werden, die man sonst auf der ozeanischen Platte in 30 km Tiefe findet.

Pattan

Diese kleine Ortschaft nicht weit von Dobair Bazaar erlangte 1974 durch ein heftiges Erdbeben traurige Bekanntheit. In Pattan befand sich das Epizentrum des Bebens, das riesige Erdrutsche verursachte, durch die über 5.000 Menschen zu Tode kamen und mehr als 15.000 verletzt wurden. Dank der weltweit einsetzenden Hilfe konnte das Tal wieder bewohnbar gemacht werden.

Komila und Dasu

Mit diesen beiden Orten, die dank der Indusbrücke zu einem Ort verschmolzen sind, kommt man eigentlich nur in Berührung, weil die meisten Busse hier eine Rast machen. Bis zum nächsten größeren Ort, Chilas, fährt man nun durch eine wilde Fels- und Gebirgslandschaft, durch enge Schluchten und direkt über dem Indus. Dies war einer der schwierigsten Streckenabschnitte für die Bauarbeiter und Ingenieure, von denen viele hier ums Leben kamen.

Chilas

Wenn man, von Dasu kommend, ins weitläufige Indus-Tal bei Chilas einfährt, hat die tägliche Hitze meist ihren Höhepunkt erreicht. Dumpf vor sich hinschwitzend, würde man vermutlich an Chilas vorbeifahren, ohne es überhaupt zu registrieren. Dennoch lohnt es sich, hier einen wenigstens kurzen Stopp zu machen.

Felszeichnungen

Seit der Ortschaft Shatial nämlich finden sich entlang der Straße die berühmten Felszeichnungen (Petroglyphen), die ein einzigartiges Sammelsurium von Darstellungen aus verschiedenen Epochen bilden und fast wie ein Gästebuch von Reisenden der Seidenstraße anmuten. Das nordöstliche Pakistan führte in der Wis-

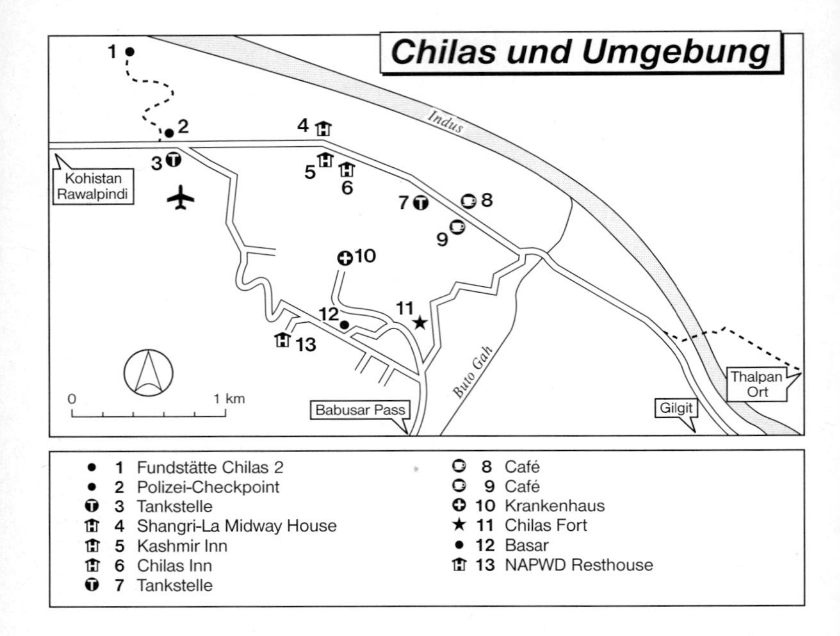

senschaft lange Zeit ein nur marginales Dasein und fand erst durch die Entdeckungen der Felszeichnungen durch *Aurel ⇗Stein* seinen Weg in die Studierstuben. Die nun einsetzende Forschung entdeckte, dass hier schon mindestens seit dem 3., wenn nicht gar seit dem 5. vorchristlichen Jahrtausend Menschen lebten, die sich in den Felsen künstlerisch verewigten. Anfangs finden sich noch steinzeitliche Tier- und Menschendarstellungen, die später durch skythische Leoparden- und Antilopenabbildungen aus dem 1. Jh. v. Chr. abgelöst werden. Die ⇗Parther setzten sich, mit Kriegern auf dem Rücken ihrer Pferde sitzend, ein Denkmal, aber eine wahre Bilderflut setzte ein, nachdem die ⇗Kushan ihr großes Reich gegründet hatten, dessen Blütezeit zwischen den Jahren 50 und 250 liegt.

Die Anfänge des ***Kushan-Reichs,*** ein Reich der Indoskythen, das sich aus den einst von den Hunnen unterdrückten ⇗Yuezhi Gansus und den ⇗Tocharern konstituierte, liegen im Dunkeln. Ihr Reich, dessen Hauptstadt bei Peshawar lag, kontrollierte Nordwestindien, Kashmir, das heutige Westpakistan, Afghanistan, Teile Irans und die Oasen des Amu-darja-Beckens sowie des westlichen Tarim-Beckens. Mit anderen Worten: In ihre Herrschaftszeit fiel die Ausbreitung des Buddhismus nach China, obwohl die Kushan selbst keine Buddhisten waren. Interessanterweise waren die ersten Übersetzer von buddhistischen Werken ins Chinesische keine Chinesen, sondern Inder, ⇗Parther, ⇗Sogdier und Indoskythen. Wohl nirgendwo sonst zeigt sich deutlicher, wie eng Handel und Religion auf diesen Karawanenwegen Hand in Hand gingen. Darüber hinaus aber lässt sich anhand der Felsbilder belegen, dass es hier schon Karawanenwege ins Tarim-Becken gab, bevor Kaiser *Wu Di* dank der Vorarbeit seines Gesandten *Zhang Qian* das „Ereignis" Seidenstrasse einläutete. Doch nicht nur Tausende buddhistische Abbildungen schmücken die Felsen, auch Hinduismus und Islam haben sich hier z.T in Darstellungen kriegerischer Auseinandersetzungen verewigt. Tibeter erzählen von ihrer Vorherrschaft über diese Region im 8. Jh., und Pilger hinterließen in ihren Inschriften ein Zeugnis, dass sie hier vorbeigekommen sind. Nicht zu Unrecht hat man das Gefühl, zwischen Shatial und Chilas durch ein authentisches Bilderbuch der Geschichte zu reisen.

Fundstätten

Die meisten Orte, an denen Inschriften und Felszeichnungen gefunden wurden, sind ausgeschildert und gut zu finden. Die Fundstätte ***Chilas 1*** befindet sich knapp einen Kilometer hinter der zweiten Zufahrt nach Chilas flussaufwärts, dort, wo sich eine Brücke über den Indus spannt. Auf der anderen Seite des Indus stehen die Felsen. Die Fundstätte ***Chilas 2*** liegt am Ende eines Pfades, der sich am police checkpoint kurz vor der ersten Auffahrt nach Chilas zum Indus runterschlängelt.

Hotels

Chilas liegt auf einem Plateau etwas oberhalb des Karakorum Highway. Wer in einem Fernbus sitzt, sollte am Polizeiposten aussteigen. Von hier kann man die restlichen 3 km mit einem Pickup zum Basar fahren.

- ***Kashmir Inn,*** das Hotel liegt gleich am Highway unten und ist mittelteuer. Vor allem hat es kalte Duschen.

Felszeichnung

●***Chilas Inn,*** gleich nebenan befindet sich das teurere Chilas Inn mit heißen Duschen.
●***Shangri La Midway House,*** ebenfalls am Highway, das schönste Hotel am Ort.
●***Hamalaya, Khanjrab und Deluxe Hotel*** sind preiswerte und mäßige Hotels in Chilas an der Hospital Rd.

Restaurants

●Eine kleine Auswahl guter Gerichte gibt es im ***Golden Peak Cafe*** im Basar.

Weiterreise

●Vom kleinen Bushof beim Basar fahren täglich mehrere Busse nach ***Gilgit.*** Eine andere Möglichkeit ist es, einen Bus unten am Highway anzuhalten.
●Nach ***Shatial*** fahren ebenfalls in unregelmäßigen Abständen Pickups vom Bushof. In Shatial kann man dann in Busse nach ***Besham,*** die in Shatial in regelmäßigen Abständen losfahren, umsteigen.

Gilgit

Britischer Außenposten

Der Basarort Gilgit war bis zur Eröffnung des Karakorum Highway 1978 ein nur wenigen Insidern bekannter Ort und bis 1947 der wohl weltvergessenste Außenposten des britischen Empire. In ständiger Angst vor einem russischen Vordringen nach Kashmir richteten die Briten hier 1877 den ersten Stützpunkt ein. Da er die meiste Zeit des Jahres von der Außenwelt abgeschnitten und personell so gering besetzt war, dass die Briten kaum zur Kenntnis genommen wurden, scheiterte diese Mission bereits vier Jahre später, als der Posten beinahe von Kohistanis überrannt worden wäre. Mit der Verbesserung der Straßenverbindung nach Srinagar wurde 1889 erneut ein Außenposten eingerichtet und personell besser bestückt. Die Briten erreichten mit ihrer kleinen Ordnungsmacht immerhin eine relative Befriedung der Region. 1935 wurde der Flughafen gebaut und Gilgit der Außenwelt ein Stückchen näher gebracht. Dennoch blieb es auch weiterhin sehr entlegen.

Ältere Geschichte

Trotz seiner isolierten Lage wurde Gilgit in seiner Geschichte stets von den verschiedenen Eroberungswellen berührt. Arische Einwanderer aus Persien drückten der Region ihren Stempel genauso auf, wie die Chinesen, die vor allem während der Han-Zeit ein vitales Interesse an dieser Sektion der Seidenstraße hatten. Vom 1. bis 3. Jh. war Gilgit Teil des ⇗Kushan-Reiches, und in jener Zeit wurde der Buddhismus zur vorherrschenden Religion. Vom 3. bis 11. Jh. wurde Gilgit Teil des buddhistischen Reiches Bolor, das mit mit dem Erstarken der chinesischen Tang-Dynastie erneut unter chinesische und im 8. Jh. unter tibetische Oberhoheit geriet. Mit dem Zusammenbruch des tibetischen Großreichs konnte sich Gilgit aus der fremden Umklammerung lösen und im 11. Jh. zum mächtigen Königreich Dardistan werden. In jener Zeit wurde der Buddhismus vom Islam abgelöst, und sunnitische, schiitische und ismailitische Strömungen bemühten sich darum, die religiöse Vorherrschaft zu erringen. Bis ins 20. Jahrhundert hinein lagen die hiesigen Königreiche in permanenten Kleinkriegen untereinander, und schon ⇗ *Marco Polo* beschrieb im 13. Jh. die Vielzahl der sich bekämpfenden Königreiche in den heute so genannten „Northern Areas".

Heutige Situation

Auch im modernen Pakistan ist diese sensible Region bislang nicht zur Ruhe gekommen. Man denke nur an den ***Kaschmir-Konflikt*** und an die Nähe zum bürgerkriegsgeschüttelten Afghanistan. Zusätzlichen Zündstoff bieten die ständigen Konflikte zwischen Sunniten und Schiiten, die sich gerade an religiösen Feiertagen oft gewaltsam entladen, und die Konflikte zwischen den einzelnen Volksgruppen, die sich vor allem wirtschafts- und sozialpolitisch von Islamabad im Stich gelassen fühlen.

In der Zeit zwischen 1972 und 1974 wurden die bis dato faktisch unabhängigen Königreiche Pakistan eingegliedert und verwaltungstechnisch in die Bezirke Diamer, mit dem Hauptort Chilas, Baltistan, mit dem Hauptort Skardu, und Gilgit selbst als Verwaltungshauptort für die Northern Areas gegliedert.

Anders als im indischen Teil Kashmirs braucht man auf der pakistanischen Seite nicht um seine ***Sicherheit*** zu bangen, solange man nicht vorhat, in die sensiblen Grenzregionen vorzustoßen. Dort wachen im übrigen UNO-Soldaten darüber, dass der Konflikt nicht eskaliert. Trotzdem sollte man natürlich die politische Situation zwischen Indien und Pakistan, die sich ja auch wieder ändern kann, im Auge behalten; schließlich fährt man auf dem Karakorum Highway durch von Indien beanspruchtes Gebiet.

Wer trekken möchte, sollte sich in jedem Falle einem Veranstalter anvertrauen. Konflikte gibt es hier nämlich weniger zwischen den Kriegsparteien, als vielmehr zwischen den einzelnen Volksstämmen. Hier braucht man Führer, die einen guten Draht zu allen Parteien haben.

Zu bieten hat das moderne Gilgit nur wenig, aber es ist ein guter Standort, um weitere Reisen zu organisieren, vor allem wenn man vorhat, z.B. am Nanga Parbat zu trekken, oder in andere Täler reisen möchte.

Hotels

- ***Tourist Cottage,*** Jutial, Quaid-i-Azam Rd. Tel. 2376. Das preiswerte Hotel liegt an der Einfallstraße nach Gilgit.
- ***Golden Peak Inn,*** Jutial, Quaid-i-Azam Rd. Tel. 3538. Hier gibts preiswerte Schlafsaalbetten, aber auch Doppel- und Dreibettzimmer.
- ***Madina Guesthouse,*** auf einem Verlängerungsstück der Airport Rd. hinter einer Tankstelle kurz vor der NLI-Kaserne. Einfaches, kleines und preiswertes Hotel.
- ***Hunza Inn,*** Abdul Nishtar Rd., Chinar Bagh Tel 2814. Lange Zeit eines der beliebtesten Hotels bei Rucksacktouristen. Preiswerte Schlafsaalbetten und mittelteure Doppelzimmer.
- ***Mount Balore Motel,*** Airport Rd. gleich im Zentrum, Tel. 2709. Mittelteures, angenehmes Hotel mit Garten. Günstig gelegen.

●***JSR Hotel,*** Airport Rd., Cinema Bazaar Tel. 3971. In der Nähe des PIA-Büros gelegenes mittelteures und freundliches Hotel.
●***Skyways Hotel,*** Airport Rd., Cinema Bazaar. In der Nähe des JSR und gleiche Preise.
●***North Inn,*** Quaid-i-Azam Rd. Tel. 2887. An der Einfallstraße nach Gilgit. Nettes Hotel mit Garten und gutem Restaurant. Oft von Gruppen belegt.
●***Hunza Tourist House,*** Babar Rd., gegenüber vom Gefängnis. Tel. 2338. Freundliches Hotel mit großem Garten und mittelteuer.
●***Park Hotel,*** Airport Rd., Tel. 2379. Großes Hotel mit Garten und einem guten Restaurant. Viele Gruppen.
●***Serena Lodge,*** Jutial, Tel. 2330, 2331. Von hier hat man eine tolle Sicht auf den Rakaposhi, es gibt ein sehr gutes Restaurant, und wer sich ein wenig Luxus gönnen will, ist hier sicher an der richtigen Adresse. Leider weit draußen.
●***Chinar Inn, PTDC,*** Abdul Rab Nishtar Rd., Tel. 2562. Außer dass sich hier das Info-Büro von PTDC befindet, gibt es keinen Grund, hier soviel Geld für seine Unterkunft auszugeben. Viele Tourgruppen.

Restaurants

●***Baig's Restaurant,*** Airport Rd. gegenüber vom JSR Hotel. Etwas düster, aber gutes pakistanisches Essen.

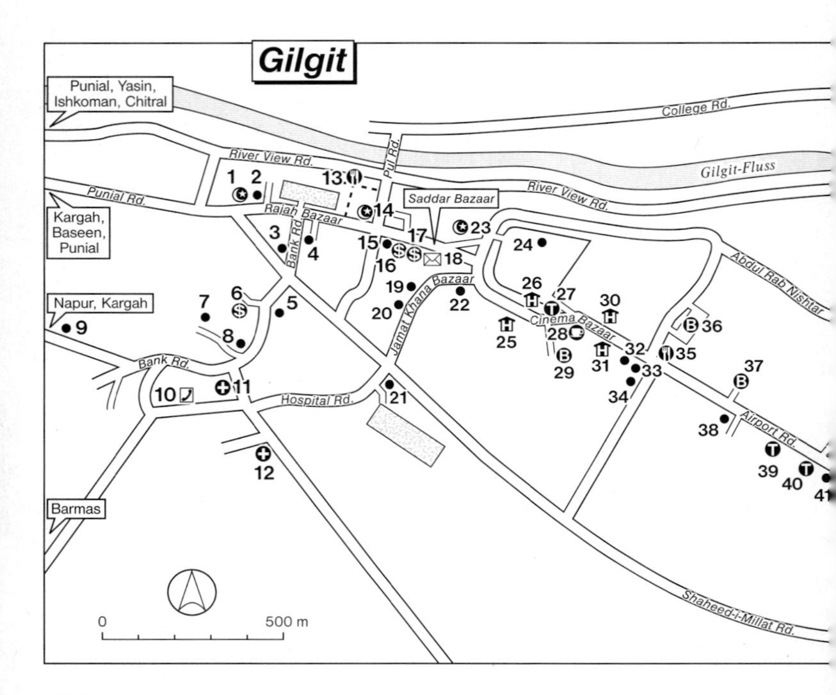

● ***Pathan Hotel,*** Cinema Bazaar. Von Sauberkeit hat man hier noch nichts gehört, aber es gibt leckere pashtunische Gerichte.
● ***Madina Cafe,*** Cinema Bazaar. Einfaches und preiswertes Essen.
● Wer sich in diesen Lokalen nicht so wohl fühlt, dem seien die diversen Hotelrestaurants empfohlen, die meist anständiges Essen servieren. Besonders gut ist das Essen im ***North Inn*** und in der ***Serena Lodge.***

Sonstiges

● ***Information:*** Das PTDC-Büro befindet sich im Chinar Inn auf der Babar Rd. Hier kann man auch Touren in die Umgebung buchen. Um die Gasthäuser des NAPWD (Northern Areas Public Works Department) in Hunza, Nagar und Gojal zu buchen, muss man zum NAPWD-Büro an der Bank Rd. Tel. 3375, gegenüber der National Bank.
● ***Bank:*** Habib Bank und Allied Bank befinden sich neben der Post im Saddar Bazaar. Die National Bank befindet in einem kleinen Sträßchen, das von der Bank Rd. abgeht.
● ***Post:*** Saddar Bazaar. Auf der Rückseite des Gebäudes befindet sich der Poste-Restante-Schalter.
● ***Pakistan Airlines (PIA):*** JSR Plaza, Cinema Bazaar. Für die Flüge nach Islamabad gilt das bereits im dortigen Kapitel Geschriebene. Die Flüge fallen häufig aus, und man sollte sie nur als Zusatzoption einplanen. Wenn es

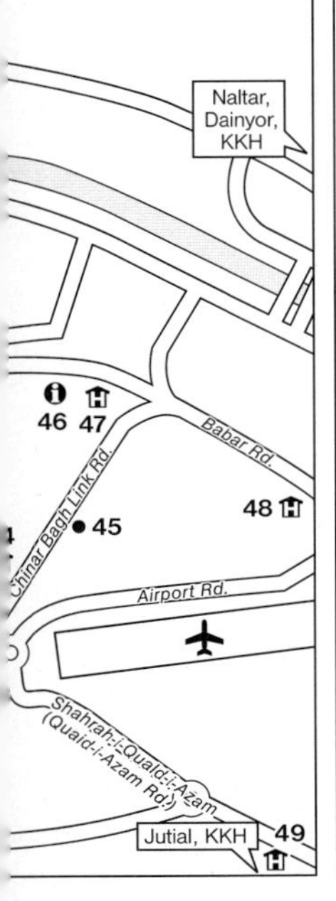

1 Moschee	27 Tankstelle
2 Mr. Pakistani's Shop	28 Madina Café
3 Haidry Tea Shop	29 Mashabrum-Tours-Bushof
4 Britischer Friedhof	30 Pathan Hotel
5 NAPWD-Büro	31 Skyways Hotel
6 National Bank	32 Kino
7 Bücherei	33 Pamir Tours
8 Gilgit Book Centre	34 PIA-Büro
9 Fischerei-Büro	35 Baig's Restaurant
10 Telefon	36 Hauptbusbahnhof
11 Distrikt-Krankenhaus	37 Natco-Bushof
12 Frauenkrankenhaus	38 Hunza-Gojal Transport
13 Yoghurt-Imbiß	39 Tankstelle
14 Jama-Moschee	40 Tankstelle
15 Ausländerregistrierung	41 Xama Shop
16 Allied Bank	42 Mountain Movers
17 Habib Bank	43 Hunza-Kunsthandwerk
18 Post	44 Park Hotel
19 Hunza Geschenkgeschäft	45 Himalaya Nature Tours
20 Hunza Fotostudio	46 PTDC-Information
21 Kino	47 Hunza Inn
22 Buchhandlung Mohammed	48 Hunza Tourist House
23 Moti-Moschee	49 Golden Peak Inn
24 Kino	
25 Mt. Balore Motel	
26 Madina Guesthouse	

klappt, hat man einen tollen Flug, wenn der Flug ausfällt, sollte man aber noch genügend Zeitreserven haben, um mit dem Bus weiterzufahren.
- ***Telefon:*** In der Hospital Rd. befindet sich das Telefonamt, von dem aus man nach Übersee anrufen kann.
- ***Ausländerregistrierung:*** Saddar Bazaar Police Post. Wer aus China kommt und in Sust noch kein „Temporary Certificate of Registration (Form C)" erhalten hat oder wer mehr als einen Monat in Pakistan bleiben will, sollte spätestens hier die nötigen Papiere besorgen.
- ***Krankenhaus:*** Das Distrikt-Krankenhaus befindet sich in der Hospital Rd. Nicht weit von hier in einer Seitenstraße befindet sich das Krankenhaus für Frauen.

Weiterreise

- Nach ***Karimabad*** (Hunsa) fahren morgens direkte Busse ab Jamat Khana Bazaar.
- Direktverbindungen nach ***Chalt*** und ***Nagar*** gibt es morgens ab dem unteren Teil der Bank Rd.
- Für alle weiteren Verbindungen nach Hunza und Nagar muss man einen Bus nach ***Sust*** nehmen und auf der Strecke aussteigen. Es gibt NATCO (Northern Areas Transport Company)-Busse, die vom NATCO-Busstand im Hauptbasar, Airport Rd., losfahren, und Busse der Hunza-Gojal-Transportgesellschaft, die morgens und mittags ab Airport Rd. fahren, sowie Busse vom Sargin Wagon Service, die ab JSR Hotel losfahren.
- Nach ***Rawalpindi*** fahren u.a. NATCO und Mashabrum Tours, die komfortablere Busse als NATCO ab Cinema Bazaar einsetzen. Beide Gesellschaften fahren Pir Wadhai an. Wer zentraler ankommen will, kann mit Sargin Wagon Service zum Rajah Bazaar in Rawalpindi fahren. Alle Gesellschaften haben morgens, mittags und abends Abfahrtstermine. Für die Gesamtstrecke benötigen die Busse zwischen 16 und 18 Stunden.

Ausflüge in die Umgebung

Kargah-Buddha

10 km westlich von Gilgit befindet sich mit diesem großen, in einen Felshang gehauenen ⇗Buddha eine der wenigen Sehenswürdigkeiten Gilgits. Der Buddha wurde im 7. Jh. in den Stein gemeißelt. 400 m weiter stromaufwärts wurden im Jahr 1931 ein Kloster und drei ⇗Stupas freigelegt. Im Kloster fand man aufschlussreiche Handschriften, die sogenannten „Gilgit-Manuskripte", in Sanskrit und z.T. Griechisch mit buddhistischen Inhalten, aber auch mit detaillierten Angaben über Namen und Daten wichtiger lokaler Herrscher und über Pilger, die diese Region durchquert hatten. Weitere Manuskripte wurden in den Jahren 1939 und 1959 gefunden. Sie werden in den Museen von London, Rom, Karachi und Neu Dehli ausgestellt.

Über den Buddha selbst gibt es eine lokale Legende. Einst wurde das kleine Dorf an dieser Stelle von einer menschenfressenden Riesin namens *Yakshini* tyrannisiert. Als eines Tages ein Heiliger durch das Dorf kam, wandten sich die Bewohner hilfesuchend an ihn, mit der Bitte, das Dorf vom Fluch der *Yakshini* zu befreien. Dem Heiligen gelang es, die Riesin an einen Felsen zu nageln, und er erzählte den Dorfbewohnern, dass *Yakshini*, solange er leben würde, nicht mehr freikommen könne. Nach seinem Tode aber sollten sie seinen Körper am Fuße des Felsens begraben, womit *Yakshini* für alle Zeiten gebannt wäre. Daraufhin töteten die Dörfler den Heiligen unverzüglich und begruben ihn am Fuß des Felsens. Seitdem haben sie Ruhe vor der Riesin, die heute noch auf die Besucher schaut.

●***Anfahrt:*** Von der Punial Rd. nimmt man einen Suzuki in Richtung Baseen. Nach etwa 5 km erreicht man Kargah, wo man aussteigt. Von hier führt eine Piste links am Kargah Nala hoch. Nach 10 Minuten sieht man die 3 m hohe Statue oben im Felsen. Um hinzukommen, läuft man auf der linken (östlichen) Seite des Flusses weiter bis zum Bewässerungskanal. Am Kanal entlang kommt man bis zum Fuß des Felsens.

Von Gilgit nach Hunza

Die Strecke von Gilgit durch die ehemaligen Königreiche Nagar, Hunza und Gojal zum Khunjerab-Pass ist für viele Reisende der eigentliche Höhepunkt des Karakorum Highway. Die Straße windet sich durch enge Schluchten und herrliche Bergpanoramen, und man hat eine phantastische Aussicht auf die jeweils über 7.700 m hohen Bergriesen Rakaposhi, Distaghil und Ultar und vorbei an idyllischen Oasendörfern. Hinter jeder Biegung warten neue spektakuläre Aussichten, und man sollte es sich ernsthaft überlegen, für die gesamte Strecke einen Jeep zu chartern, um alles in Ruhe und vor allem mit selbstgewählten Stopps genießen zu können. Für die Bauarbeiter der Straße gehörte dieser Abschnitt sicher zu den schwersten. Die vielen Gedenksteine für die während des Baus getöteten Arbeiter legen ein trauriges Zeugnis davon ab.

Dainyor

Ein erster kleiner Stopp bietet sich hinter der langen Brücke über den Fluss etwa 15 km hinter Gilgit im Dörfchen Dainyor an. In einem privaten Garten befinden sich hier ***Felsen mit Inschriften*** aus dem Jahr 731, die u.a. die Namen der Könige enthalten, die Gilgit zu jener Zeit regiert hatten.

In Dainyor befindet sich auch der große ***chinesische Friedhof*** für die beim Bau des KKH ums Leben gekommenen chinesischen Bauarbeiter. Allerdings hat die chinesische Regierung die genaue Zahl ihrer Toten stets geheimgehalten.

Nomal

Auf der Höhe des Örtchens Nomal, das auf der anderen Seite des Flusses liegt, befindet sich die erste ***Gedenkstätte für die beim Bau getöteten Arbeiter.*** Bei dem Monument handelt es sich um einen speziellen Bohrer, mit dem die Löcher für die Sprengsätze in den Berg gebohrt wurden.

Chalt

Einige Kilometer weiter hinter Nomal fährt man in eine erste lange ***Schlucht*** ein.

Nach der Durchquerung sieht man auf der gegenüberliegenden Seite den Ort Chalt, der vor allem für Geologen interessant ist. Hier ist nämlich eine ***tektonische Grenze,*** die Stelle, wo die indische Platte und die zentralasiatische Platte aufeinandertreffen und eine schmale Inselplatte (s. Jujial) zwischen sich zermahlen. Die Folge ist, dass hier etwa alle drei Minuten kaum spürbare Erdbeben stattfinden, die das Antlitz der Region Stück für Stück verändern. Die oft gewaltigen Erdrutsche entlang der Straße lassen allerdings auch ahnen, welche Gewalten von diesen Beben ausgehen können. Wer achtgibt, wird das kleine, auf der rechten Straßenseite etwas erhöht an einer Felswand angebrachte Schild „Here the continents collided“ nicht übersehen.

Hinter Chalt führt die Straße nach Osten zum nächsten interessanten Punkt, zu erkennen an den vielen bunten Sonnenschirmen etwas oberhalb der Straße und einem etwas missglückten Hinweis „Please Rakaposhi on your right“, der vorbeifahrende Besucher in die Getränkestände locken soll. Von dieser Stelle hat man einen atemberaubenden Ausblick auf den 7.788 m hohen ***Rakaposhi,*** der sich an dieser Stelle unmittelbar vor einem in den Himmel schiebt.

Hunza und Nagar

Hinter dem Rakaposhi Viewpoint verlässt man die Gilgit-Region und fährt die folgenden 20 km zunächst durch das einstige Königreich Nagar, das sich südlich des Hunza-Flusses erstreckt, während sich Hunza am Nordufer entlangzieht. Beide Staaten gehörten bis ins 15. Jh. zusammen. Nachdem zwei Thronerben und Brüder sich erbittert um die Nachfolge befehdeten, zerfiel Hunza in die ***Königreiche Hunza und Nagar.*** Die Trennung ging soweit, das die Hunzakuts ismailitische Moslems wurden, während die Bewohner Nagars sich zum Schiitentum bekannten. Seine Abgeschiedenheit brachte den Hunzakuts den Ruf ein, ein Volk voller Geheimnisse zu sein. Unter anderem gelten sie als ein Volk der Methusaleme, dank der reinen Luft, der getrockneten Aprikosen, dem klaren mineralhaltigen Gletscherwasser und ihrem sauren Brot.

Kurz hinter ***Hasanabad*** schließlich kommt man an eine kleine unscheinbare Kreuzung mit einem Checkpoint. Von hier führt eine schmale Straße hinauf nach Karimabad.

Karimabad

Karimabad ist ein herrlicher Ort, um für ein oder zwei Tage auszuspannen, die Landschaft des weitläufigen Tals zu Füßen des Ultar zu genießen und kleinere Wanderungen zu machen.

Das 500 Jahre alte Fort von Altit

Auffallend ist die Freundlichkeit der Bewohner und ihre farbenfrohe Kleidung. Kaum zu glauben, dass die Hunzakuts einst vom Sklavenhandel und von Überfällen auf vorbeiziehende Karawanen lebten. Erst 1974 wurde Hunza ein Teil Pakistans und damit der Verwaltung der Northern Areas unterstellt. Bis dahin wurde das kleine Königreich faktisch seit dem 11. Jh. durchgängig von einer Familie beherrscht. Für das einstige Selbstbewusstsein steht noch heute das mächtige, gut 400 Jahre alte ***Baltit Fort,*** das bis 1960 als Residenz der Mire von Hunza gedient hatte. Die heutige Residenz der Familie des Mir liegt etwas oberhalb der Straße mit den Hotels. Ein schöner Fußweg, der bei der neuen Residenz beginnt, führt ins nahe gelegene ***Altit*** (ca. 45 Min.), wo ein nicht minder eindrucksvolles, über 500 Jahre altes Fort die Landschaft beherrscht. Es steht auf einem mächtigen, zum Hunza-Fluss hin 300 m abfallenden Fels. Am eindrucksvollsten kann man die Lage tief unten vom Karakorum Highway aus genießen.

Hotels

Es gibt nur eine lange Straße, entlang der sich alle Hotels aufreihen. Das macht es einfach, sich eine passende Unterkunft zu suchen.

- ***Park Hotel,*** Tel. 45, teuer.
- ***Serena Lodge,*** zu buchen über Karachi Tel. 537506-9, teuer.
- ***Hilltop Hotel,*** Tel. 10, gut gelegen und teuer.
- ***Rakaposhi View Hotel,*** Tel. 12. Das große Hotel gehört dem Mir von Hunza. Teuer.
- ***Mountain View Hotel,*** Tel. 17, teuer.
- ***Hunza Lodge,*** Tel. 61, teuer.
- ***Silver Jubilee Hotel,*** Tel. 62, mittelteuer und sehr gute Aussicht.
- ***Karakurum Hotel,*** mittelteuer.
- ***New Hunza Tourist Hotel,*** preiswert und gut.
- ***Hunza Inn,*** preiswert und sehr beliebt bei Individualreisenden.
- ***Karim Hotel,*** preiswert, einige Zimmer sind im Hunza-Stil eingerichtet.
- ***Karimabad Hotel,*** preiswert.
- ***Rainbow Hotel,*** Tel. 49, preiswert.

Weiterreise

Karimabad ist verkehrsmäßig eine Art Sackgasse.

- Direktbusse nach ***Gilgit,*** fahren in der Nähe der Hunza Lodge ab.
- Wer direkt nach Sust will, muss entweder in den Hotels ein Fahrzeug chartern oder sich auf den Weg nach ***Ganesh,*** 6 km weiter unten am Karakorum Highway, machen. Dazu muss man entweder laufen oder mit einem Suzuki via Aliabad fahren. Von Ganesh aus fahren dann Busse und Minibusse, die aus Gilgit kommen, im Laufe des Vormittags nach ***Sust.***

Ganesh

In der Regel wird man nur nach Ganesh kommen, wenn man von Karimabad aus weiterfahren will. Ein näherer Blick lohnt sich dennoch, befinden sich hier doch die ***heiligen Felsen von Ganesh***, die wiederum eine Art Gästebuch der Seidenstraße darstellen. In Kharoshthi, Brahmi, Gupta, Sogdianisch und Tibetisch haben sich hier die durchreisenden Händler, Gesandtschaften und Missionen in Wort und Bild verewigt. Die Inschriften-Felsen befinden sich zum einen direkt am KKH und haben das Dynamit der Chinesischen Straßenbauer wohl nur zufällig überstanden, zum anderen zwischen Straße und Fluss und etwa 1,5 km weiter östlich an einer Stelle namens Haldekish.

Gulmit

Gulmit ist der letzte beschauliche Ort entlang der Strecke nach Sust, der einen Aufenthalt lohnt. Man kann hier herrliche Wanderungen in die Berge unternehmen oder in 5 Stunden. über den

Im beschaulichen Gulmit kann man Dorfleben pur erleben

Ghulkin-Gletscher zum Borit-See trekken. Der Weg über den Gletscher wird einem von den Kindern, die hier ständig herumlungern, gezeigt. Sie erwarten für ihre Mühe eine kleine Entlohnung.

Neben den Wandermöglichkeiten gibt es noch den alten Palast des Mir, der hier einige Monate im Jahr residierte, und ein hübsches Museum zu sehen.

Hotels

- ***Village Inn,*** mittelteures, wunderschön gelegenes Hotel. Es gehört einem der Ex-Generäle des Mir und liegt in einem Aprikosengarten am Ende des Polo-Feldes. Die Zimmer sind alle im traditionellen Stil gehalten. Leider oft von Trekking-Gruppen belegt.
- ***Evershine Hotel,*** preiswertes Hotel am KKH.
- ***Tourist Cottage,*** preiswertes Hotel am KKH.

Weiterreise

Man muss unten an der Hauptstraße auf vorbeikommende Busse nach Sust oder Gilgit warten. Morgens fährt von Gulmit direkt ein Bus nach Gilgit.

Sust

Durch eine atemberaubende Landschaft, vorbei an den mächtigen Ghulkin- und Batura-Gletschern, die den KKH zum Hunza-Fluss schieben, gelangt man endlich zum offiziellen ***Grenzposten der pakistanischen Seite.*** Sust selbst ist ein trostloser Einstraßenort und lebt augenscheinlich nur von den vorbeikommenden Touristen. Entsprechend gibt es hier in bunter Abwechslung Hotels und Läden.

Hotels

- ***Shangrila Hotel,*** das vielleicht teuerste Hotel am Ort.
- ***Tourist Lodge,*** teuer und viele Gruppen.
- ***Hunza Dreamland Hotel,*** mittelteuer und 2 km außerhalb von Sust.
- ***Mountain Refugee Hotel,*** mittelteures Hotel mit gutem Restaurant und sehr beliebt bei Einzelreisenden.
- ***Khunjerab View Hotel,*** mittelteuer.
- ***Hazarah,*** preiswert und laut.
- ***Karwan Hotel,*** preiswert, laut, aber nahe beim Zoll.
- ***Al Zaman,*** preiswert und gleich nebenan.
- ***Pak-China Inn***, ***Sarklin, Carawan, Shaheen*** und ***National Hotel*** sind weitere Unterkunftsmöglichkeiten entlang der Straße.

Weiterreise, Aus- und Einreise

- Zu den ***Grenzformalitäten*** siehe im Kapitel An- und Einreise den Abschnitt Einreise via Pakistan.
- Morgens fahren Busse von NATCO und private Minibusse in vier bis fünf Stunden nach ***Gilgit.*** Wer mit mehreren Leuten reist und nach ***Karimabad*** will, kann sich in den Hotels nach Jeeps erkundigen. Die Preise liegen bei 600 Rs.

● Der Weg nach ***China*** ist einfach und unkompliziert. Man verlässt Sust gegen 11.00 Uhr mit einem Bus, die Station befindet sich gleich neben dem Zoll, zum chinesischen Grenzposten in ***Tashkorgan*** (ca. 7 Std.) und steigt dort am nächsten Tag in den Bus nach ***Kashgar*** (insgesamt also 2 Fahrtage mit der Übernachtung in Tashkorgan) um. Am Grenzkontrollpunkt wird man von einem chinesischen Bus abgeholt, der einen auch ins Hotel bringt. Man muss aber bedenken, dass die Strecke für den öffentlichen Verkehr nur vom 1. Mai bis 31. Oktober (je nach Schneeverhältnissen auch nur bis Mitte Oktober) geöffnet ist. Für den Pass braucht man warme Sachen. Es wird sehr kalt oben.

Die ***Zeitdifferenz*** zwischen Pakistan und China beträgt 3 Stunden, so dass man meist erst gegen 20.00 Uhr in Tashkorgan eintrifft. Der Posten in Sust ist für den Verkehr nach China bis 11.00 Uhr geöffnet. Bis dahin sind meist die Grenzformalitäten erledigt, und der Bus verlässt Sust in Richtung China.

Die ***Übernachtung in Tashkorgan*** findet meist im Jiaotong Fandian oder im Pamir Hotel statt. Beide kosten zwischen 10 und 15 Yuan pro Nacht. Warme Sachen und was man sonst noch so braucht sollte im Bus haben. Sinnvoll ist es auch, sich Getränke und Knabbereien in den Bus zu nehmen. Es wird nur ein Essensstop am Mittag gemacht.

Khunjerab-Pass

Hat man die Zollformalitäten erledigt, beginnt die Fahrt durch eine dramatische Landschaft auf den 4.700 m hohen Khunjerab-Pass. Die Passstrecke wurde 1982 eingeweiht und 1986 für den Tourismus freigegeben. Etwa 30 km hinter Sust beginnt der ***Khunjerab-Nationalpark,*** und von nun an windet sich die Straße in Serpentinen hoch zum Pass. Beide Straßenseiten werden von schneebedeckten Bergen gesäumt, und wenn man schließlich oben angekommen ist, befindet man sich in einer völlig anderen Welt. Nicht mehr die engen, felsigen und lebensfeindlichen Schluchten des Karakorum bestimmen das Bild, sondern eine weite, von Bergen gesäumte Weidelandschaft, deren Hochebenen an Tibet erinnern, prägen die Landschaft.

Auf dem Pass steht ein ***Grenzstein,*** an dem sich meist zwei pakistanische Grenzer rumlümmeln, die bei den aus China kommenden Reisenden den Alkohol konfiszieren - die Einfuhr von Alkohol nach Pakistan ist streng verboten - und die Flaschen dann gewinnbringend an ausländische Besuchergruppen, die den Pass im Rahmen einer Tagestour von Pakistan aus besuchen, verkaufen.

Von nun an herrscht wieder Rechtsverkehr, und vorbei an Yak-Herden, Schafen und Ziegen geht es weiter nach ***Tashkorgan,*** wo man in den chinesischen Bus umsteigt, wenn man nicht ein privates Fahrzeug gechartert hat.

Gesundheitstipps für Fernreisen

Das folgende Kapitel des Autors Dr. med. Christian Jäck
ist dem „Anhang für Fernreisende" im Reise Know-How Sachbuch
„Wo es keinen Arzt gibt" entnommen.
Es wird darauf hingewiesen, dass es sich um allgemeine Informationen für Fernreisen
handelt und nicht alle hier behandelten Krankheiten und Vorsichtsmaßnahmen
speziell nur für **China** gelten.

Wichtiges vor Reiseantritt

Vor jeder Reise sollten Sie sich über einige medizinische Dinge Gedanken machen. So sollten Sie klären, wie Ihr ***Versicherungsschutz*** im Ausland aussieht und, wenn nötig, eine ***Zusatzversicherung*** abschließen. Außerdem ist ein Gang zum ***Zahnarzt*** empfehlenswert, damit beginnende Schäden entdeckt und behoben werden können; eine zahnärztliche Behandlung in den Tropen ist meist beschwerlicher.

Auch wenn Sie „rundum gesund" sind, sollten Sie mit Ihrem ***Hausarzt*** über Ihr Reisevorhaben sprechen, bei Impfungen und Zusammenstellung der Reiseapotheke kann er Sie beraten.

Unerlässlich ist ein Arztbesuch, falls Sie ungeklärte Befindlichkeitsstörungen oder Krankheitssymptome aufweisen. Insbesondere Personen mit ***chronischen Krankheiten*** (z.B. Asthma, Diabetes, Bluthochdruck) müssen entsprechende Vorsichtsmaßnahmen kennen, um sich nicht unnötig zu gefährden.

Impfungen und Prophylaxe

Eine sinnvolle ***Impfplanung*** ist ein wichtiger Bestandteil der Reisevorbereitungen. Unser Körper kann auf verschiedene Art vor (manchen) Krankheiten geschützt werden:

Aktive Impfung

Hier werden dem Körper lebendige oder abgetötete Krankheitserreger oder von den Erregern gebildete Giftstoffe (Toxoide) zugeführt. Sie sind nicht vermehrungsfähig und lösen keine Erkrankung aus. Diese Form der Impfung ermöglicht es dem Immunsystem, innerhalb einiger Tage oder Wochen Abwehrstoffe und ein ***langanhaltendes „Abwehrgedächtnis"*** gegen die Krankheit zu bilden.

Passive Impfung

Hier werden dem Körper Abwehrstoffe in Form einer Injektion zugeführt; bei Aufnahme über den Mund würden die Eiweißmoleküle einfach verdaut und damit unwirksam. Das körpereigene Immunsystem wird durch die Impfung nicht beeinflusst; zur Krankheitsbekämpfung stehen nur die gespritzten Immunglobuline zur Verfügung, diese werden innerhalb der nächsten Wochen abgebaut, Impfschutz besteht ***kaum länger als 3 Monate.***

Chemoprophylaxe

Dies ist keine Impfung, sondern eine Behandlung mit einem ***Antibiotikum in niedriger Dosis,*** solange man sich in Infektionsgebieten befindet und eine Zeit als Schutzfrist darüber hinaus. Kommt nur bei Malaria in Frage.

Schwangerschaft und Impfungen

Wie bei jedem Medikament sollte in der Schwangerschaft besonders zurückhaltend vorgegangen werden, und Impfungen sollten möglichst in die Zeit davor oder danach verschoben werden.

Folgende Impfungen können als ***unbedenklich*** gelten: Hepatitis B, Polio, Tetanus. ***Nicht zu empfehlen*** sind Diphtherie, FSME, Hepatitis A, Japanische Encephalitis, Meningokokken-Meningitis, Tollwut (außer bei Kontakt mit tollwütigem / tollwutverdächtigem Tier) und Typhus Impfungen. ***Nicht geimpft werden*** darf eine Schwangere gegen Masern, Röteln und TB.

Impfungen für Kinder

Bei Kindern sollte auf den altersgemäßen Impfschutz für die im folgenden empfohlenen Impfungen geachtet werden. Besonders wichtig: Tetanus, Diphtherie, Polio (jeweils ab dem 3. Lebensmonat) und Masern (normalerweise ab dem 15. Lebensmonat, vor Reisen ab 7. Lebensmonat möglich.

Zusätzliche Impfungen für Kinder sind Tuberkulose (kann schon in der ersten Lebenswoche geimpft werden und empfiehlt sich bei Langzeitaufenthalten von Kindern in tropischen Ländern); Keuchhusten = Pertussis (zusammen mit Tetanus/Diphtherie); HIB = *Hämophilus Influenzae B* (dies ist ein bakterieller Erreger, der mit Kehlkopfentzündungen und Pseudokruppanfällen bei Kleinkindern in Verbindung gebracht wird, die Impfung erfolgt gleichzeitig mit Tetanus/Diphtherie) sowie Mumps und Röteln (üblich in Kombination mit der Masernimpfung).

Bei entsprechender Risikosituation gelten folgende Impfungen für Kinder als unbedenklich: FSME (nicht unter 1 Jahr), Hepatitis B, Japanische Encephalitis (ab 4. Lebensmonat), Meningokokken-Meningitis, Tollwut und Typhus (ab 4. Lebensmonat). Cholera und Gelbfieber dürfen ab dem 7. Lebensmonat geimpft werden.

Reiseunabhängige Impfungen

Nicht nur für Traveller, sondern für jeden, der verantwortungsbewusst mit sich umgeht, sind einige Impfungen unerlässlich.

Vor einer reisebezogenen Impfplanung sollte deshalb dieser ***„Basisimpfschutz"*** überprüft und erforderlichenfalls ergänzt werden. Alle folgenden Impfungen sind zur Krankheitsvorbeugung im Inland vom Bundesgesundheitsamt empfohlen, die Impfkosten werden von den Krankenkassen gezahlt.

● ***Tetanus (Wundstarrkrampf):*** Dies ist eine aktive Impfung (Toxoid); ausreichender Impfschutz besteht nach der zweiten von drei Spritzen, die innerhalb eines Jahres als Grundimmunisierung verabreicht werden. Danach muss nur noch ***alle 10 Jahre*** mit einer Dosis ***aufgefrischt*** werden, im Verletzungsfalle frischt man sicherheitshalber bereits nach 5 Jahren auf. Die Grundimmunisierung wird meist bei Kleinkindern durchgeführt, oftmals wird es jedoch versäumt, den Schutz aufzufrischen.

Die Impfung ist sehr gut verträglich, ein Zeitabstand zu anderen Impfungen ist nicht erforderlich. Eine einmalige Auffrischung genügt auch dann, wenn die letzte Impfung länger als 10 Jahre zurückliegt.

● ***Polio (Poliomyelitis, Kinderlähmung):*** Bekannt ist die Schluckimpfung gegen Kinderlähmung. Sie wird seit kurzem nicht mehr empfohlen, statt dessen wird ein Totimpfstoff zur Injektion verwendet, der bald auch als Kombinationspräparat mit Tetanus und Diphtherie auf den Markt kommen soll. Der zeitliche Ablauf des Impfschemas ist derselbe wie bei der Tetanusimpfung, auch hier genügen Auffrischungen alle 10 Jahre. Wegen des irreführenden Begriffes „Kinderlähmung" werden die Auffrischungen im Erwachsenenalter meist versäumt, es handelt sich jedoch um keine Kinderkrankheit! Auch in Deutschland erkranken jedes Jahr einige Dutzend Menschen an Polio. In südlichen Ländern ist das Risiko wesentlich höher, weltweit sind es etwa 300.000 Neuerkrankungen jährlich. Eine kausale Behandlung für die bereits ausgebrochene Polio gibt es nicht, es bleiben meist Schäden an Muskulatur und Nervensystem zurück. Der Impfstoff ist gut verträglich, er kann mit vielen anderen Impfungen gleichzeitig verabreicht werden.

● ***Diphtherie:*** Eine fast vergessene Krankheit, die durch konsequente Impfung in den 50er Jahren schon fast ausgerottet schien, inzwischen jedoch wegen zunehmender Impfmüdigkeit ***wieder auf dem Vormarsch*** ist. In den Ländern der ehemaligen Sowietunion erkranken jährlich Zehntausende. Aufgrund der geöffneten Grenzen könnte eine Epidemie auch auf Deutschland übergreifen.

Die Erkrankung wird durch Ausscheidungsprodukte (Toxine) des Erregers *Corynebacterium diphtheriae* hervorgerufen, sie beginnt mit einer Entzündung im Rachen und kann deshalb anfangs für eine Mandelentzündung gehalten werden. Im Verlauf kann eine Schädigung von Herz und Nervensystem auftreten, dann ist die Behandlung schwierig. Der Impfstoff ist ein Toxoid und schützt nicht vor dem Erreger, sondern nur vor dessen Toxin.

Kinder werden meist kombiniert gegen Tetanus und Diphtherie geimpft, auch für Erwachsene gibt es einen Kombinationsimpfstoff für diese beiden Krankheiten, in diesem ist eine geringere Menge Diphtherietoxoid als im Kinderimpfstoff. Am besten sollte man die Tetanusauffrischung alle 10 Jahre mit dem ***Kombinationsimpfstoff Tetanus/Diphtherie*** durchführen. Auch wenn seit der letzten Diphtherieimpfung mehr als 10 Jahre vergangen sind, genügt eine Auffrischung.

● ***Röteln:*** Jede Frau im gebärfähigen Alter sollte über einen Schutz vor Röteln verfügen, dieser kann aus der durchgemachten Erkrankung oder von einer Impfung stammen. ***Röteln in der Schwangerschaft*** können zu schweren Missbildungen des Embryos führen. Im Zweifelsfall kann durch eine Blutentnahme geprüft werden, ob eine Frau über ausreichend Antikörper verfügt und gegebenenfalls nachgeimpft werden muss.

Es handelt sich um einen Lebendimpfstoff aus abgeschwächten Rötelnviren, zu einigen anderen Impfungen muss ein Zeitabstand eingehalten werden. Eine Schwangerschaft soll 2 Monate vor bis 3 Monate nach der Impfung sicher verhütet werden. Um die Krankheit insgesamt einzudämmen, wird die Impfung auch für Jungen empfohlen.

Impfungen für Fernreisende

Für den Fernreisenden kommen eine Reihe weiterer Impfungen in Betracht, dies sind zum einen Pflichtimpfungen, die von den Einreisebehörden bestimmter Länder gefordert werden, zum anderen Schutzimpfungen, deren Durchführung ins eigene Ermessen gestellt ist. Zur Zeit werden die Kosten für reisebedingte Impfungen nicht von der gesetzlichen Krankenversicherung übernommen, d.h. der Impfstoff und evtl. die Arztkosten für die Durchführung der Injektion müssen aus eigener Tasche bezahlt werden.

Pflichtimpfungen im Reiseverkehr gab es früher für Pocken, Cholera und Gelbfieber. Die Impfpflicht für ***Pocken*** wurde abgeschafft, da die Krankheit als ausgerottet gilt.

Es gibt Impfungen gegen eine Reihe weiterer Infektionskrankheiten. Hierzu muss jeder sein individuelles Risiko selbst abschätzen.

- ***Cholera*** ist eine Darminfektion, die zu starken Durchfällen führt. Durch schlechte hygienische Bedingungen (Flüchtlingslager, Naturkatastrophen) wird die Ausbreitung begünstigt. Zu Beginn der 90er Jahre hat die Krankheitshäufigkeit stark zugenommen, damals traten die meisten Fälle in Südamerika auf. Inzwischen geht die Zahl an Erkrankten zwar zurück, der Anteil der tödlichen Verläufe ist jedoch steigend. Die Hauptverbreitungsgebiete liegen jetzt in Afrika (80% aller weltweit gemeldeten Fälle), Lateinamerika und Asien.

Der Impfstoff enthält inaktivierte Erreger der Bakterienart Vibrio cholerae, ein Zeitabstand zu anderen Impfungen ist nicht erforderlich. Während der Schwangerschaft darf keine Impfung erfolgen. Normalerweise werden 2 Injektionen im Abstand von 2 Wochen geimpft. Der Impfschutz soll 6 Monate anhalten. Leider hat sich gezeigt, dass die Impfung weder zuverlässig vor Ansteckung schützt, noch die Weitergabe der Erreger eindämmt. Daher hat die Weltgesundheitsorganisation (WHO) den nationalen Gesundheitsbehörden empfohlen, auf eine Impfpflicht für Cholera zu verzichten. Derzeit gibt es in keinem Staat eine offizielle Choleraimpfpflicht. In der Praxis sieht es jedoch manchmal anders aus: Einige afrikanische Staaten (z.B. Angola, Nigeria, Sudan) fordern die Impfung entgegen den offiziellen Bestimmungen von jedem Einreisenden, andere Länder (z.B. Kuweit) nur von Reisenden, die aus einem Infektionsgebiet kommen, in Indien wird gelegentlich auch von Inlandsreisenden mit Aufenthalt in einem lokalen Epidemiegebiet eine Impfung verlangt. Zur Eindämmung von Choleraepidemien wären allerdings hygienische Maßnahmen, insbesondere Trinkwasserhygiene, von größerem Nutzen. Wer Länder bereisen will, die möglicherweise die Impfung verlangen, sollte sich bereits hier impfen lassen. Zur Impfbescheinigung genügt eine Injektion, die vollständige Impfung besteht aus 2 Injektionen im Abstand von 1-4 Wochen, Kosten ca. 20 DM pro Ampulle.

Neue orale Impfstoffe sind in Erprobung und können bei Reisen in ein Epidemiegebiet sinnvoll sein (z.B. Orochol®, Schluckimpfung in Einmalgabe, in der Schweiz eingeführt und über internationale Apotheken zu beziehen, Kosten rund 40 DM). Keine Impfung darf jedoch dazu verführen, Hygienemaßnahmen zu vernachlässigen. (Siehe auch Kapitel Durchfall.)

- ***Tollwut (Rabies):*** Für diese Viruserkrankung, die durch infizierte, also erkrankte Tiere übertragen wird, gibt es keine kausale Behandlung. Beim Betroffenen kommt es zu verschiedenen Lähmungserscheinungen, wobei Schluckstörungen und die Lähmung der Atemmuskulatur normalerweise tödlich verlaufen. Die Krankheit kommt nahezu weltweit vor, prinzipiell können alle Säugetierarten befallen werden, meist geschieht die Übertragung durch Biss- oder Kratzwunden von Hunden, Katzen oder Wildtieren (z.B. Füchsen, Mardern, Fledermäusen).

Die WHO empfiehlt die Tollwut-Impfung, bestehend aus drei Injektionen, vor Fernreisen, die in besonders tollwutgefährdete Gebiete führen, insbesondere wenn keine Gesundheitsstation in der Nähe ist. Die Tollwut-Impfung kann auch nach der erfolgten Übertragung, evtl. in Kombination mit einem passiven Impfstoff, erfolgreich angewendet werden. Auch der gegen Tollwut Geimpfte muss bei Kontakt mit einem tollwütigen/tollwutverdächtigen Tier nachgeimpft werden, jedoch vereinfacht sich das Impfschema.

- ***Hepatitis A:*** Die sogenannte ***infektiöse Gelbsucht.*** Gegen diese Virusinfektion gab es lange nur die passive Impfung mit Immunglobulinen. Inzwischen sind gute Erfahrungen mit der aktiven Totimpfung (Handelsname: *Havrix®*) gemacht worden. Es wird 3 mal geimpft, Abstand zwischen 1. und 2. Impfung 2-4 Wochen, dann nach 6-12 Monaten. Ab der 2. Impfung besteht Schutz für 1 Jahr, nach der 3. für ca. 10 Jahre. Ein Zeitabstand zu anderen Impfungen ist nicht erforderlich. Bei dem neuen Präparat *Havrix®* 1440 besteht schon kurz nach der ersten Injektion Impfschutz; die Auffrischung soll nach 6-12 Monaten erfolgen, dann alle 10 Jahre. Preis: etwa DM 120 pro Spritze.
- ***Hepatitis B:*** Die sogenannte ***Serum- oder Transfusionshepatitis.*** Mehrere Totimpfstoffpräparate sind seit Jahren im Einsatz und gut verträglich. Die Grundimmunisierung besteht (je nach verwendetem Präparat) aus drei bis vier Impfungen innerhalb eines Jahres, Auffrischungen alle 5 Jahre oder nach Blutkontrolle. Es ist kein Zeitabstand zu anderen Impfungen notwendig. Eine Impfdosis kostet um 120 DM.
- ***Typhus:*** Für diese bakterielle Darminfektion, die durch eine Salmonellenart hervorgerufen wird, steht eine Schluckimpfung mit nicht krankmachenden lebenden Bakterien zur Verfügung. Bei Reisen in Länder mit niedrigem Hygienestandard sollte man besser diese Impfung erwägen.

Es müssen je eine Kapsel unzerkaut an den Tagen 1, 3 und 5 eingenommen werden. Zur Polio-Schluckimpfung ist ein Abstand von 2 Wochen nötig. Die Impfung sollte mindestens 1 Woche vor Reiseantritt abgeschlossen sein und schützt etwa 1 Jahr; drei Kapseln vom Präparat *Typhoral L®* kosten ca. 35 DM. Während der Impfung dürfen keine Antibiotika oder Malariamittel genommen werden, d.h. die Typhusimpfung muss vor Beginn der Malariaprophylaxe abgeschlossen sein. Mit der Malariaprophylaxe kann 3 Tage nach Einnahme der letzten Kapsel begonnen werden.

- ***Japanische Encephalitis:*** Diese durch Viren ausgelöste Form der Hirn- und Hirnhautentzündung wird in SO-Asien und im Westpazifik, besonders während der Sommermonsunzeit, durch nachtaktive Stechmücken übertragen. Mindestens 50.000 Neuerkrankungen treten jedes Jahr auf. Symptome sind hohes Fieber, Kopfschmerzen, Nackensteifigkeit und Lähmungserscheinungen. Ein Drittel der Erkrankten erliegt diesem Leiden.

Bei längerem Aufenthalt in ländlichen Gebieten der Endemie-Regionen ist die aktive Impfung zu empfehlen. Der Impfstoff ist in Deutschland nicht zugelassen, aber über internationale Apotheken importierbar. Erforderlich sind zwei Impfungen im Abstand von 2 Wochen, der Impfschutz beginnt allerdings erst 1 Monat nach der zweiten Impfung. Bei Bedarf nach einem Jahr auffrischen. Abstand zu anderen Impfungen ist nicht erforderlich.

Weitere Impfungen

Weitere Impfungen gibt es gegen ***Masern*** (wichtig für Kleinkinder), ***Tuberkulose*** (BCG-Impfstoff; daran erkranken Fernreisende nur selten, obwohl die Krankheit in vielen Ländern weit verbreitet ist). Die Impfung gegen ***Meningokokken-Meningitis*** – eine Hirnhautentzündung, die von bestimmten Bakterien (Meningokokken) verursacht wird – (Endemiegebiete: trop. Afrika, Indien, Nepal, Golfstaaten) wird von manchen Staaten bei Einreise aus einem Infektionsgebiet verlangt. Außerdem existiert eine Impfung gegen die von Zecken übertragene ***FSME,*** die insbesondere in Süddeutschland und Osteuropa auftritt.

Die bisher oft empfohlene passive ***Immunisierung mit Gammaglobulinen*** (z.B. *Beriglobin® S*), die insbesondere zum Schutz vor einer Hepatitis A durchgeführt wurde, dürfte an Bedeutung verlieren, nachdem jetzt eine aktive Impfung gegen diese Lebererkrankung möglich ist (s. oben). Natürlich enthalten die Gammaglobulin-Präparate noch eine Reihe anderer Antikörper gegen verschiedene weitere Infektionskrankheiten, so dass man in der Abwehr mancher Infekte besser gerüstet ist. Jedoch ist nur ein kurzandauernder Effekt für etwa 3 Monate zu erwarten, und die unkritische Anwendung dieser Medikamente kann auch Gefahren mit sich bringen: Eine allergische Reaktion auf das menschliche Eiweiß ist möglich, die Wahrscheinlichkeit dazu steigt mit jeder Auffrischungsimpfung.

Wer sich trotzdem dazu entschließt, muss mit Kosten um 50 DM rechnen. Die Injektion sollte man erst 2 Wochen nach Abschluss aller anderen Impfungen kurz vor Reiseantritt durchführen lassen.

Zeitplan für Impfungen

Alle Impfungen sollte man im internationalen gelben Impfausweis dokumentieren lassen! Er ist erhältlich über den Hausarzt oder bei Reisebüros. Zuerst überlegen, welche Impfungen man durchführen will, je nach Reiseland oder -kontinent kann die Entscheidung unterschiedlich ausfallen. Ein Zeitplan für Erwachsene könnte so aussehen:

- ***2 Monate vor Reiseantritt:***
Auffrischimpfungen für Tetanus/Diphtherie und Polio, falls erforderlich.
- ***6 Wochen vor Reiseantritt:***
Hepatitis A und B, aktiv; 1. Impfdosis.
- ***1 Monat vor Reiseantritt:***
Gelbfieber, falls erforderlich oder bei geplantem Aufenthalt in Endemiegebieten Afrikas oder Südamerikas.
- ***3 Wochen vorher:***
Typhusschluckimpfung, falls gewünscht, drei Kapseln.
- ***2 Wochen vor Reiseantritt:***
Hepatitis A und B, aktiv; 2. Impfdosis.
- ***1 Woche vor Reiseantritt:***
Malariaprophylaxe beginnen.

Wer ***zusätzlichen Schutz*** gegen FSME oder Japanische Encephalitis wünscht, sollte diese Impfungen vor dem oben genannten Programm durchführen lassen. Falls eine orale Choleraimpfung geplant ist, sollte diese 1 Woche nach der Typhusimpfung und 1 Woche vor Beginn der Malariaprophylaxe erfolgen.

Impfvorschriften

Naher und Mittlerer Osten	G, M
Indien/Nepal	G, M
Sri Lanka	G, M
Malediven	G
China	G, M
Hongkong/Taiwan	–
Thailand/Malaysia	G, M
Singapur	G
Indonesien	G, M
Philippinen	G, M

G: Gelbfieberimpfung nicht notwendig, aber vorgeschrieben bei Einreise aus einem Gelbfieberendemiegebiet
M: Malariaimpfung nicht vorgeschrieben, vor der Abreise ist jedoch die individuelle Beratung durch einen Arzt erforderlich

Malaria und ihre Verhütung

Die Beschäftigung mit dieser Krankheit sollte bereits im Stadium der Reisevorbereitung erfolgen, da je nach Reiseziel verschiedene Prophylaxemaßnahmen sinnvoll sind. Heute erscheint uns die Malaria als die ***Tropenkrankheit schlechthin,*** sie hatte jedoch früher ein wesentlich größeres Verbreitungsgebiet, das um 1500 noch Deutschland und England einschloss. Mit der Erschließung der Landschaft und dem Trockenlegen von Sümpfen hat die geographische Ausbreitung abgenommen, so dass sich ihr Vorkommen heute weitgehend auf die tropischen Regionen beschränkt. Dennoch hat die Krankheit nichts an Gefährlichkeit eingebüßt, derzeit leben rund 2 Milliarden Menschen in ihrem Expositionsbereich, und bisher bewährte Malariamittel verlieren als Vorbeugung und Behandlung an Wirksamkeit. Jedes Jahr treten mehrere hundert Millionen Neuerkrankungen auf, von denen etwa 1 % tödlich verläuft.

Erreger der Krankheit sind Protozoen, einzellige tierische Kleinlebewesen der Gattung Plasmodium; für den Menschen sind vier Arten von Bedeutung: *Plasmodium vivax, Pl. ovale, Pl. malariae und Pl. falciparum.*

Die 5-8 mm großen Weibchen der Fiebermücke (engl. mosquito) Anopheles übertragen beim Stich die Plasmodien und bringen sie in den menschlichen Körper, wo sie sich in einem komplizierten Zyklus in Blut und Leber vermehren und dann, nach einer Inkubationszeit von meist 10 bis 35 Tagen die ersten Krankheitszeichen hervorrufen. Anfangs sind das ***vieldeutige Symptome,*** meist Schüttelfrost, unregelmäßiges Fieber, Kopf- und Gliederschmerzen; gerade in diesem Anfangsstadium ist es wichtig, eine Malariaerkrankung in Betracht zu ziehen, um die richtige Behandlung zu beginnen. Im weiteren Verlauf kommt es dann zu den für die jeweilige Art typischen ***Fieberschüben.***

- *Plasmodium vivax* kommt weltweit vor und ruft die ***Malaria tertiana*** („Dreitagesfieber") hervor, die Bezeichnung ist missverständlich gewählt: erster Tag Fieber, zweiter Tag fieberfrei, dritter Tag erneuter Fieberschub.
- *Plasmodium ovale* ist in tropischen Gebieten Afrikas und Asiens heimisch und eben-

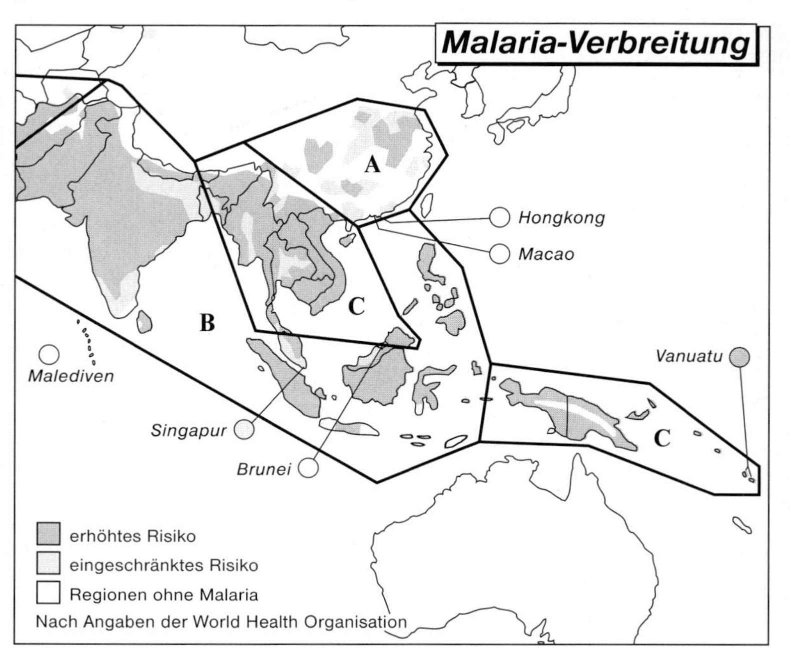

falls ein Erreger der ***Malaria tertiana.*** Die beiden Tertianaformen verlaufen nicht lebensbedrohlich, es kann jedoch zu späteren Rückfällen, auch noch nach Jahren, kommen. Behandelt wird mit *Chloroquin.*

- *Plasmodium malariae* ist weltweit in dauerwarmen Gebieten vertreten und verursacht die ***Malaria quartana*** (ein Tag Fieber, zwei Tage fieberfrei, am 4. Tag wieder Fieberanstieg). Dieser Erkrankungstyp ist selten, sein Verlauf ebenfalls nicht lebensbedrohend.
- Am gefährlichsten ist *Plasmodium falciparum*, der Erreger der ***Malaria tropica,*** der weltweit in tropischen und subtropischen Gegenden vorkommt. Dies ist ein deutscher Ausdruck, im Ausland wird man besser verstanden, wenn man von *Falciparum-Malaria* spricht. Bei dieser Form kann es auch zu Dauerfieber oder schnellem körperlichem Verfall ohne Fieber (durch Zerfall der lebenswichtigen roten Blutkörperchen) kommen. Bei Gehirnbeteiligung kommen Schock und Koma dazu. Gerade bei dieser Malariaform, die unbehandelt bei jedem Fünften zum Tode führt, trat in den letzten Jahren eine ***bedrohliche Resistenzentwicklung*** ein, d.h., dass die Erreger auf bisher wirksame Medikamente nicht mehr ansprechen und neuere Präparate oder Kombinationen mehrerer Mittel eingenommen werden müssen.

Die ***Fieberkurven*** verlaufen nicht immer so streng nach Zeitplan, wie es die Theorie beschreibt, durch Abwehrvorgänge können die Erreger aus ihrem Zeittakt gebracht werden, bei zeitversetzter Mehrfachinfektion treten überlagerte Fieberrhythmen auf. Wegen des langen Vorstadiums (Inkubationszeit) kann eine Malaria auch noch ***Wochen nach der Heimkehr*** ausbrechen. Daher müssen die Prophylaxemittel bis 4 Wochen nach Verlassen des Malariagebietes eingenommen werden. Eine Malaria tropica ist danach nicht mehr zu erwarten; die anderen, nicht so bedrohlichen Formen, können in der Leber „überwintern" und auf ihre Chance warten, bei einer Schwäche des Abwehrsystems noch nach Jahren eine Malaria zu verursachen.

Im Erkrankungsfall ist eine sichere Klassifizierung des vorliegenden Erregertyps nur durch die mikroskopische Untersuchung eines Blutausstriches möglich. Die Ärzte in Malariagebieten kennen aber meist „ihre" Plasmodien. Im Zweifelsfall muss immer so behandelt werden, als sei es Tropica.

Daten zur Resistenzsituation werden von der Weltgesundheitsorganisation WHO ständig gesammelt, und aufgrund der neuesten Erkenntnisse jährlich überarbeitete Empfehlungen zur Malariaprophylaxe herausgegeben. Die Malariagebiete werden dabei in 3 Zonen eingeteilt (siehe Karte):

- ***Zone A:*** mit geringem Malariarisiko, *Pl. falciparum* tritt nicht auf oder spricht auf *Chloroquin* an.
- ***Zone B:*** mit geringem Malariarisiko, teilweise Chloroquinresistenzen.
- ***Zone C:*** mit hohem Malariarisiko und verbreiteten Resistenzen gegen *Chloroquin*, oft auch gegen *Fansidar®.*
- ***Grenzgebiet Thailand/Kambodscha und Thailand/Myanmar:*** Resistenzen gegen *Mefloquin* nehmen zu. Eine eigene Bezeichnung für dieses Gebiet existiert bisher nicht.

Auch eine den Empfehlungen entsprechende gewissenhaft durchgeführte Prophylaxe kann den Ausbruch der Krankheit nicht hundertprozentig verhindern – der Grund kann darin liegen, dass bei einer massiven Infektion die niedrigdosierte Prophylaxe in ihrer Wirkung nicht ausreicht, oder auch in der Ausbildung einer neuen Resistenz – aber zumindest wird die Schwere des Verlaufs abgemildert. Nötig ist dann die Behandlung mit einem anderen Medikament in entsprechend höherer Dosierung.

Malaria-Medikamente

- ***Chinin*** (engl. *Quinine*): Das älteste Malariamittel. Für die Prophylaxe nicht geeignet, wird aber wieder zunehmend ***zur Therapie*** eingesetzt. Darf auch in der Schwangerschaft zur Behandlung eingenommen werden und ist in dieser Situation für den Fötus weniger riskant als *Mefloquin* oder *Halofantrin.* Als häufige Nebenwirkungen sind Magen-Darm-Störungen wie Übelkeit, Erbrechen und Durchfall zu nennen.

●***Chloroquin*** (z.B. *Resochin®*): Zur Prophylaxe und Therapie in ***Zone-A-Gebieten.*** Auch während der Schwangerschaft und Stillzeit anwendbar. Vorsicht bei Schuppenflechte, Nieren- und Lebererkrankungen. Häufige Nebenwirkungen sind Appetitlosigkeit, Magenschmerzen, Übelkeit, Erbrechen, Durchfall, gelegentlich kommen Schlafstörungen, Schwindel, Kopfschmerzen und Sehstörungen vor. Chloroquin-Einnahme nicht auf nüchternen Magen, darf aber zum Essen genommen werden.

●***Proguanil*** (*Paludrine®*): Zur Prophylaxe nur in Kombination mit *Chloroquin* in ***Zone B, evtl. Zone C.*** Anwendung in der Schwangerschaft und Stillzeit möglich. Nicht zur Therapie geeignet. Selten treten Verdauungsstörungen, Juckreiz und Hautausschläge auf. *Proguanil*-Einnahme nicht auf nüchternen Magen.

●***Sulfadoxin+Pyrimethamin*** *(Fansidar®):* Wegen möglicher schwerer Nebenwirkungen nicht mehr zur Prophylaxe zugelassen. Kann zur Behandlung noch eingesetzt werden, jedoch wegen häufiger Resistenzen ***nur in Afrika*** empfehlenswert. Für Schwangere, Stillende und Kinder unter einem Jahr kommt das Mittel nicht in Frage. Unter der Einnahme kann es zu Übelkeit, Erbrechen, Kopfschmerzen und Hauterscheinungen kommen.

●***Sulfalen+Pyrimethamin*** *(Metakelfin®):* Nicht zur Prophylaxe, zur Behandlung ***nur in Afrika*** empfehlenswert. Die möglichen Nebenwirkungen entsprechen denen von *Sulfadoxin+Pyrimethamin.* Das Mittel ist nicht für Schwangere, Stillende und Säuglinge geeignet.

●***Mefloquin*** (z.B. *Lariam®):* Derzeit das Standardprophylaxemittel in ***Zone-C-Gebieten,*** kann auch zur Therapie eingesetzt werden. Zur Prophylaxe in der Schwangerschaft und Stillzeit nicht geeignet, da Schädigung des Fötus/Kindes nicht auszuschließen ist. Die Behandlung einer nachgewiesenen Malaria tropica ist auch während der Schwangerschaft und Stillzeit unter Abwägung des Risikos erlaubt. Nicht für Kleinkinder unter 15 kg. Vorsicht bei Herz-, Nieren- und Lebererkrankungen. Als häufige Nebenwirkungen gelten: Schwindel und Konzentrationsschwäche, hin und wieder kommen Kopf- und Gliederschmerzen, Herzklopfen, Übelkeit und Erbrechen vor. Selten kommt es zu Sehstörungen, Durchfall, Hautausschlägen.

●***Halofantrin*** *(Halfan®):* Ein hochwirksames neues Mittel, das nur zur Therapie in ***Hochresistenzgebieten*** verwendet werden sollte, um die Resistenzsituation nicht weiter zu verschlimmern. Nicht in Schwangerschaft und Stillzeit nehmen. Gelegentliche Nebenwirkungen sind Übelkeit, Leibschmerzen, Durchfall, Schwindel und Kopfschmerzen, selten sind Hauterscheinungen. Da bei der Anwendung Herzrhythmusstörungen auftreten können, sollte das Präparat, außer im Notfall, nur unter ärztlicher Aufsicht und Kontrolle eingenommen werden. Die Einnahme soll nicht in zeitlicher Nähe zum Essen stehen: 1 Std. vor bis 3 Std. nach Medikation nicht essen.

●***Doxycyclin*** (z.B. *Vibramycin®):* Ein Antibiotikum, das bisher vielfach bei Atemwegsinfekten verwendet wurde, hat sich auch als geeignet für die Malariaprohylaxe in ***Zone-C-Gebieten*** erwiesen. In der Schwangerschaft, Stillzeit und für Kinder unter 8 Jahren ist es jedoch nicht erlaubt. Mögliche Nebenwirkungen sind Hautreaktionen und zunehmende Lichtempfindlichkeit der Haut, die mit Rötung, Schwellung und Blasenbildung einhergeht. Daher auf verstärkten (Sonnen-) Lichtschutz achten. Am Morgen mit viel Flüssigkeit einnehmen.

●Neue Präparate auf ***Artemisinin***-Basis werden derzeit in den Resistenzgebieten in Südostasien erprobt. Sie eignen sich nicht zur Prophylaxe und können zur Selbstbehandlung z. Z. nicht empfohlen werden.

Für alle Prophylaxen gilt: Eine Woche vor Abreise (bzw. vor Erreichen des Malariagebietes) mit der ersten Dosis beginnen, fortführen bis 4 Wochen nach Verlassen des Malariagebietes.

Die im folgenden angegebenen Behandlungs- und Dosisrichtlinien gelten für eine eigenverantwortliche ***Notfallselbstbehandlung,*** wenn ärztliche Hilfe nicht zur

Verfügung steht. Es ist dringend anzuraten, danach einen Arzt aufzusuchen, auch wenn durch die Behandlung eine Besserung eintrat.

Prophylaxe und Selbstbehandlung in Zone A

Für die Prophylaxe in Zone-A-Gebieten sollte ***ausschließlich Chloroquin*** verwendet werden. Dosierung 2 Tbl. (bei Körpergewicht über 75kg 3 Tbl.) à 150 mg Base. Vorsicht: Im Beipackzettel ist meist zusätzlich eine höhere Zahl, 250 mg *Chloroquinphosphat* oder *Chloroquin-bis* (*dihydrogenphosphat*) genannt, der wirksame Anteil ist jedoch nur 150 mg Base (Gefahr der Unterdosierung!); unzerkaut nach dem Essen, einmal wöchentlich, immer am gleichen Wochentag.

Dieses Mittel ist während Schwangerschaft, Stillzeit und für Kinder unbedenklich. Zur altersabhängigen Dosierung bei Kindern gibt es Saft. Bei Aufenthalt lediglich in Städten oder großen Höhen kann auf Prophylaxe verzichtet werden. Bei verdächtigen Symptomen Sofortbehandlung mit Chloroquin: 600 mg Base sofort, nach 6 Stunden 300 mg, am 2. und 3. Tag je 300 mg.

Prophylaxe und Selbstbehandlung in Zone B

In Zone-B-Gebieten wird ***zusätzlich zu Chloroquin*** (Dosierung wie oben) ***Proguanil*** zur Prophylaxe eingenommen. Dosierung 1 x tgl. 2 Tbl. à 100 mg oder 2 x tgl. 1 Tbl. jeweils nach dem Essen. Auch für Schwangere, Stillende und Kinder geeignet. Sofortbehandlung, falls trotzdem Malariaverdacht besteht: Mefloquin (4 Tbl. à 250 mg initial, nach 6-8 Std. weitere 2 Tbl.). Geeignet wären auch *Chinin* (besonders für Schwangere, Dosierung siehe unten), *Sulfadoxin+Pyrimethamin* oder *Sulfalene+Pyrimetamin* (diese beiden in Afrika).

Prophylaxe und Selbstbehandlung in Zone C

Bei ***Kurzzeitaufenthalten*** (bis 3 Monate) in Zone-C-Gebieten wird ***Mefloquin*** zur Prophylaxe empfohlen. Studien zur Langzeitprophylaxe mit *Mefloquin* zeigen bisher gute Verträglichkeit und ausgezeichnete Wirksamkeit des Präparates, prinzipiell ist jedoch zu befürchten, dass bei flächendeckender Langzeitprophylaxe in diesen Hochrisikogebieten bald Resistenzen entstehen. Die Dosierung ist 1 Tbl. à 250 mg einmal pro Woche. Dieses Medikament ist während Schwangerschaft und Stillzeit sowie für Kinder unter 15 kg nicht zugelassen. Schwangere, Stillende und Kinder sollten die unter Zone B genannten Medikamente einnehmen. Wer Mefloquin nicht verträgt, kann ebenfalls auf die Zone-B-Präparate ausweichen, in Süd-Ost-Asiens Zone C ist diese Kombination jedoch wirkungslos.

Für ***Langzeitaufenthalte*** kommt außerdem als ***Alternative Doxycyclin,*** tgl. 1 Kps. à 100 mg, in Betracht, nicht jedoch während Schwangerschaft und Stillzeit, nicht für Kinder unter 8 Jahren. Eine trotzdem auftretende Malaria sollte mit Chinin, 3 x tgl. 500 mg für 7 Tage, behandelt werden. In den Gebieten mit Mefloquin-Resistenz wird zur Prophylaxe Doxycyclin empfohlen.

Der beste Malariaschutz ist, wenn die Mücke nicht sticht

Ein sinnvoller Malariaschutz beginnt bereits mit der gezielten Vermeidung von Mückenstichen. Die Anophelesmücken sind nachtaktive Tiere, daher gelten die Schutzmaßnahmen besonders zwischen Abend- und Morgendämmerung:

- Möglichst in mückengeschützten Räumen aufhalten.
- Langärmelige Kleidung, lange Hosen.
- Meiden dunkler Kleidung, diese zieht Stechmücken an.
- Eventuelles Auftragen von Repellents (insektenabwehrende Mittel) auf unbedeckte Hautstellen, geeignet sind *N,N-Diethyl-m-toluamid (DEET),* Handelsname *Autan®*, und *Dimethylphthalat*, Handelsname *Garantol®,* im Ausland unter den chemischen Bezeichnungen erhältlich. Wirkdauer um 2 Stunden.
- Im Handel sind auch mit *DEET* imprägnierte Baumwollarmbänder, als Arm- und Knöchelband zu tragen, Preis um 30 DM, verschreibungspflichtig.
- Schlafen nur in mückenfreien Räumen. Engmaschige Gitter oder Vorhänge an Türen

und Fenster, diese auf Löcher und undichte Stellen untersuchen. Ansonsten Türen und Fenster geschlossen halten. Vor dem Schlafen den Raum auf Mücken untersuchen – z.B. Fliegenklatsche verwenden.

- Unter Moskitonetz schlafen, falls der Schlafraum nicht mückenfrei zu bekommen ist.
- Insektizide sind in verschiedener Form im Handel wie Sprays, Elektroverdampfer, Räucherspiralen (mosquito-coils) und Lösungen zum Imprägnieren von Kleidung und Moskitonetz. Sie sollten nur eingesetzt werden, wenn mit den anderen Methoden keine ausreichende Wirkung erzielt wird, da die gesundheitliche Unbedenklichkeit dieser Substanzen nicht erwiesen ist.

Ausrüstung und Reiseapotheke

Denken Sie bei Reisen in heiße Länder an eine schattenspendende Kopfbedeckung, und bevorzugen Sie auch bei intensiver Sonneneinstrahlung langärmlige Kleidung aus Baumwolle oder Leinen. Jeder Sonnenbrand schädigt die Haut und macht anfälliger für die verschiedenen Hautkrebsformen. Sonnenschutzmittel mit hohem Lichtschutzfaktor wählen.

Feste Schuhe schützen vor allerlei Kleintieren am Boden wie etwa Sandflöhen. Leichte schnürbare Stoffturnschuhe bewähren sich beim Schwimmen in unbekannten Gewässern. Ein Moskitonetz kann manchen lausigen Schlafplatz in eine stechmückenfreie Insel verwandeln. Überlegen Sie, ob Sie einen Wasserfilter oder Tabletten zur Wasserdesinfektion mitnehmen wollen.

Eine Reiseapotheke muss selbstverständlich alle Medikamente enthalten, die ohnehin regelmäßig eingenommen werden müssen. Je nach Reiseziel und -dauer sowie verfügbarem Gepäckumfang und -gewicht muss dann eine ***Notfallapotheke*** zusammengestellt werden, die bei kleineren Beschwerden oder Verletzungen eine ***überbrückende Behandlung*** ermöglicht. Die nachfolgenden Angaben sind Vorschläge für verschiedene Situationen und beziehen sich auf eine Reisedauer von 3 Monaten pro Person, für kürzere Reisen wird man jedoch nicht viel weniger einpacken können, da oft gerade zu Beginn einer Reise vielerlei Beschwerden auftreten. Die genannten Präparate sind Beispiele, meist sind mehrere ähnliche Mittel auf dem Markt, zum Teil mit erheblichen Preisunterschieden. ***In Deutschland rezeptpflichtige Medikamente tragen einen *Stern.*** Die Mitnahme von Einmalspritzen und Kanülen ist an sich empfehlenswert, kann aber bei Grenzkontrollen dazu führen, dass man als Drogenkonsument verdächtigt wird.

Minimalausrüstung

Für Rucksackreisende, die um jedes Gramm feilschen müssen:

Malaria: je nach bereistem Gebiet, s.o.
Mückenschutz: z.B. *Autan®*
Schmerz/Fieber: *Aspirin®* oder ähnl. (z.B. *Godamed®*) 20 Tbl., *Paracetamol* (z.B. *Ben-U-Ron®*) 20 Tbl.
Durchfall: **Loperamid* (z.B. *Imodium®*) 20 Tbl., *Perenterol®* 20 Kps.
Übelkeit, Erbrechen: **Metoclopramid* (z.B. MCP®) Tropfen 30 ml oder 20 Tbl.
Allergie, Juckreiz: *Dimetinden* (z.B. *Fenistil®*) 20 Tbl.
Antibiotika: **Doxycyclin* (z.B. *Vibramycin®*) 8 Tbl., **Cotrimoxazol* (z.B. *Cotrim® forte*) 20 Tbl., **Penicillin* (z.B. *Isocillin®*) 1,2 Mega, 20 Tbl.
Wundsalbe: *Bepanthen®* Salbe 50 g
antibiotische Salbe: **Fucidine®* 10 g
Stiche, Juckreiz: *Fenistil®* oder *Soventol®* Gel 50 g
Augentropfen: *Berberil®* 10 ml
Desinfektionsmittel: **Mercuchrom®* Lösung 15 ml oder *Betaisodona®* Lösung 30 ml
Sonstiges: je 3 Mullbinden 6 und 8 cm, Heftpflaster 1 Rolle, Wundpflaster, 2 elastische Binden 8 cm, 5 Einmalspritzen 5 ml (steril), 5 Einmalkanülen Nr. 2 (steril) Alkoholtupfer, steril verpackt, Sicherheitsnadeln, Pinzette, möglichst steril verpackt, Fieberthermometer

Ergänzung zur Minimalausrüstung

Wer etwas mehr Sicherheit haben möchte und das zusätzliche Gewicht nicht scheut, z.B. Autofahrer.

Grippe/Erkältung: *Tempil® N* oder *Ilvico® N*, 20 Tbl.
Hustenlöser: *Ambroxol* (z.B. *Mucosolvan®)* 20 Tbl.
Hustenblocker: **Codipront®* 10 Kps.
Kreislaufschwäche: **Effortil® plus* Lösung 25 ml
Kreuz- und Gelenkschmerzen: **Diclofenac* 50 mg (z.B. *Voltaren®)* 20 Drag.
Verstauchung, Prellung: **Dolobene®* Gel 50 g
Koliken, Bauchkrämpfe: *Buscopan® plus* 20 Tbl.
Reisekrankheit: *Rodavan®* 20 Tbl.
Sodbrennen: *Gelusil-Lac®* 20 Tbl.
Verstopfung: *Laxoberal®* Tropfen 15 ml
Amöbeninfektion: **Metronidazol* (z.B. *Clont®)* 20 Tbl.
Zugsalbe: *Ichtholan® 20 %* Salbe 30 g
Hautpilz: *Clotrimazol* Creme 20 g (z.B. *Canestien®*)
Cortisonsalbe: **Ultralan®* Salbe 15 g
Desinfektionsmittel: *Rivanol®* 0,1 g Tbl. (20 Tbl.)
Abschwellende Nasentropfen: z.B. *Nasivin®* Spray oder Tropfen 10 ml
Sonstiges: Schere, möglichst steril verpackt, Klammerpflaster, 2 Paar Gummihandschuhe, evtl. steril

Weitere Ergänzung

Wer im Reisegepäck noch Platz hat:

Herpes, Fieberbläschen: **Zovirax®* Creme 2 g oder *Lomaherpan®* Creme 5 g
Ohrentropfen: *Otalgan®* Tropfen 6 g
Dehydrationstrunk bei Durchfall: *Elotrans®* für Erwachsene, *Oralpädon®* für Kinder
Sonstiges: Verbandfolie (*Metalline®),* Alu-Wärmefolie, Sprayverband (z.B. *Nobecutan®),* Provisorische Zahnfüllung, (z.B. *Dental-Notfall-Set*)

Tipps für Unterwegs

Reisekrankheit

Rhythmische, schlingernde oder ruckartige Bewegungen können durch ***Reizung des Gleichgewichtsorganes*** Schwindel, Übelkeit und Erbrechen auslösen. Dafür anfällige Personen sollten sich im Flugzeug einen Platz zwischen den Tragflächen und im Reisebus einen der vorderen Sitze aussuchen. Auf dem Schiff gelten Plätze in der Mitte und auf den oberen Decks als günstig. Alkohol und fettes, üppiges Essen sollten vermieden werden, kleinere Knabbereien oder Mahlzeiten zwischendurch können jedoch Linderung bringen. Das langsame Kauen eines Apfels oder einer Ingwerwurzel können ebenfalls empfohlen werden. Oft hilft frische Luft und das Betrachten eines ruhenden Punktes in der Ferne oder am Horizont.

Die angebotenen Medikamente können unangenehme Nebenwirkungen verursachen und verfehlen dabei oft noch den erwünschten Effekt. Das „Reisepflaster" *Scopoderm® TTS* (hinter das Ohr zu kleben) kommt für Schwangere, Stillende und Kinder nicht in Frage, es kann z.B. Herzrasen auslösen. Es ist wie *Meclozin* und *Cinnarizin* verschreibungspflichtig. Als unbedenklich können die homoöpathischen Mittel *Cocculus D12* (stündlich 1 Tbl. oder 5 Tropfen, soll auch bei Zeitverschiebung, dem ***Jet Lag,*** helfen) und *Vertigoheel®* gelten.

Sonne und Wärme

Auch hierzulande wird die Sonneneinstrahlung wegen Klimaverschiebung und Ozonloch immer stärker, so dass Sonnenschutzmaßnahmen auch zu Hause befolgt werden sollten. Die Wirkung tropischer Sonne, deren Strahlen eher senkrecht einfallen und damit von der Atmosphäre weniger gefiltert werden, ist jedoch noch weitaus intensiver.

Der ***Sonnenbrand*** ist eine Form der Verbrennung, oberflächliche Hautschichten werden dabei gereizt oder zerstört. Je nach Hauttypus ist man dafür mehr oder weniger anfällig. Sonnenbrände lassen die Haut vorzeitig altern und welken, und mit jedem durchgemachten Sonnenbrand erhöht sich das Hautkrebs-Risiko.

Daher gilt: ***Vorbeugen*** und vermeiden! Am besten im Schatten aufhalten, Kopfbedeckung mit Krempe tragen. Langsam an die Sonne gewöhnen, anfangs nur wenige Minuten, täglich etwas steigern. Notorischen Sonnenanbetern sei Schutzcreme mit hohem Lichtschutzfaktor empfohlen. ***Besondere Vorsicht*** ist am Wasser geboten, da hier stärkere Strahlung durch Reflektion herrscht, bei Wind, hier wird die Verbrennung wegen der Abkühlung nicht bemerkt, und im Gebirge, wo eine stärkere Strahlung auftritt, da hier die dünnere Atmosphäre weniger stark filtert.

Wichtigste Maßnahme zur ***Behandlung*** ist der Schutz vor weiterer Sonneneinstrahlung. Im leichten Stadium mit Rötung und Brennen der Haut kann *Dexpanthenol-Salbe* dünn aufgetragen werden. Blasenbildung zeigt ein schwereres Stadium an, kühlende Umschläge mit feuchten Kompressen bringen Linderung, zusätzlich kann eine cortisonhaltige Salbe verwendet werden. Wenn Fieber und Schüttelfrost hinzukommen, ist Bettruhe in einem kühlen, schattigen Raum anzuraten und auf ausreichende Flüssigkeitszufuhr zu achten. Blasen nicht aufstechen, da sich die Wunden infizieren können.

Unter ***„Sonnenallergie“*** (Polymorphe Lichtdermatose und Mallorca-Akne) versteht man das Auftreten von juckenden Flecken, Knötchen oder Bläschen an Hautstellen, die der Sonne ausgesetzt waren, oft schon nach wenigen Minuten. Sie tritt meist auf, wenn noch keine Gewöhnung an kräftige Sonneneinstrahlung stattgefunden hat, also in der ersten Frühlingssonne oder bei Aufenthalt in Gegenden mit hoher Strahlungsintensität. Manche Inhaltsstoffe von Cremes, Parfüms, Deodorants oder Medikamente können die Hautreaktion begünstigen. Sonnenschutz ist zur Vorbeugung sinnvoll, Calciumtabletten und eine Antihistaminsalbe können die allergische Reaktion mildern. Am nächsten Tag sollte man die Haut kurz der Sonne aussetzen und die Zeit täglich langsam steigern.

Der ***Sonnenstich*** entsteht durch direkte Einstrahlung auf den unbedeckten Kopf. Er äußert sich wie der ***Hitzschlag.*** Darunter versteht man eine Überwärmung des gesamten Organismus mit Fieber, Kopfschmerz, Übelkeit und Erbrechen, trockene Haut, kein Schweiß. Im Extremfall kann es zu Benommenheit und Bewusstlosigkeit kommen, dann sollte ärztliche Hilfe gesucht werden, denn es besteht Lebensgefahr! Wichtig ist die Lagerung an einem schattigen Ort, Anbieten von kühlen (nicht jedoch eiskalten) Getränken (natürlich nicht, wenn bereits Bewusstlosigkeit eingetreten ist), Kühlung durch feucht-kalte Umschläge.

Schweißfrieseln und ***Hitzepocken*** entstehen auf anfälliger Haut, an Stellen, die durch enganliegende Kleidung am Atmen gehindert werden. Hier kann dünne, lockere Baumwollkleidung und Talcum-Puder Linderung bringen.

Beim Aufenthalt in warmen Gegenden entsteht ein erhöhter ***Verlust an Flüssigkeit,*** der durch Trinken ausgeglichen werden muss. Je nach Temperatur können dabei Mengen bis zu 10 Litern erforderlich werden; wer es nicht auf mindestens drei Blasenentleerungen pro Tag mit hellgelbem Urin bringt, hat zu wenig getrunken. An Salz und Gewürzen sollte man nicht sparen, um die beim Schwitzen verlorenen Mineralstoffe zu ersetzen.

Höhenkrankheit

Bei Bergtouren muss der ***abnehmende Luftdruck*** bedacht werden, da mit diesem auch das Sauerstoffangebot sinkt. Näherungsweise verringert sich der Luftdruck pro 1000 Höhenmeter um 10 %. Gedankenlosigkeit und Selbstüberschätzung können hierbei große Gefahren heraufbeschwören, auch körperliche Fitness und Klettererfahrung schützen nicht vor der Höhenkrankheit. Daher sollte man sich langsam an die atmosphärischen Verhältnisse gewöhnen: Für den Aufstieg von Meereshöhe auf 2500 m zwei Tage einplanen, danach für je 500 m Höhenunterschied einen Tag, Höhen von 5000 m sollte der Untrainierte nicht überschreiten.

Zeichen der Höhenkrankheit können bereits ab 2000 m auftreten, ab 3000 m sind sie häufig: Kopfschmerz, Müdigkeit, Übelkeit, Atemnot, Schlafstörung, schneller Pulsschlag. Diese Warnzeichen können fälschlich auf Anstrengung beim Aufstieg zurückgeführt und deshalb nicht beachtet werden. Dann droht eine schwere Lungenstörung, die mit Husten und Atemnot bis zum Ersticken führen kann, sowie eine Hirnschwellung, die sich anfangs durch Bewegungsstörungen (z.B. unsicheres Gangbild) und Verwirrtheit äußert und bis zur Bewusstlosigkeit führt.

Vorbeugende Maßnahmen

- Behutsame Anpassung an die Höhe: keine Gewalttouren. Ausreichender Schlaf, Ruhephasen einlegen.
- Schlafplatz 200 bis 500 m unterhalb der größten erreichten Höhe wählen.
- Ausgleich des Flüssigkeitsverlustes (hervorgerufen durch trockene Luft und vermehrte Abatmung): ausreichend trinken, pro 1000 m Höhe 1,5 Liter zusätzliche Trinkmenge.
- Alkohol unbedingt meiden.
- Häufige, kleine Mahlzeiten aus leicht verwertbaren Kohlehydraten wie Obst, Marmelade, Haferflocken.
- Vor der Einnahme von Medikamenten, die der Vorbeugung dienen sollen, muss hier gewarnt werden, da sie die Anfangssymptome verdecken und damit zu weiterem Anstieg mit größeren Risiken verleiten.

Behandlung

- Bei den ersten Anzeichen: ausruhen, evtl. hinlegen, zusätzlich trinken, leichtes Schmerzmittel (z.B. *Aspirin®*).
- Wenn nach einer Stunde keine Besserung eintritt, ist der Abstieg - oder besser Abtransport - um einige hundert Meter erforderlich.

Reise- und Tropenkrankheiten

Bei mehr als der Hälfte aller Tropenreisenden treten gesundheitliche Störungen auf, dabei handelt es sich jedoch meist um harmlose Anpassungs- und Infektionskrankheiten.

Durchfallerkrankungen

Durchfall oder „Diarrhoe" ist die weitaus ***häufigste Gesundheitsstörung auf Reisen,*** mindestens jeder dritte Auslandsreisende leidet zumindest kurzzeitig daran. Die Ursachen sind vielfältig, allein eine Klimaumstellung kann Durchfall auslösen; in manchen Gegenden (Nordafrika, Asien) wirken mit Ricin „gestoppte" Rotweine wie Abführmittel; in heißen Gegenden muss öfter mit verdorbenen Lebensmitteln gerechnet werden.

Eine Darminfektion nimmt mit der Nahrung ihren Anfang; mit jeder Mahlzeit werden eine Vielzahl von Keimen aufgenommen, die teils durch die Magensäure abgetötet werden, teils sich im Verdauungstrakt ansiedeln. Von verschiedenen Bakterienarten, hauptsächlich aus der Gruppe *Escherichia coli* leben normalerweise Milliarden in unserem Darm. Auf diese Bakterien der gewohnten Umgebung hat sich unser Körper eingestellt, es findet ein „friedliches Zusammenleben" statt. Die Colibakterien in anderen Ländern unterscheiden sich aber leicht von unseren. Auf diese „fremden" Bakterien und Keime des Urlaubslandes reagiert unser Darm dann empfindlich, obwohl sie bei der einheimischen Bevölkerung keinerlei Beschwerden hervorrufen. Meist ist die Sache nach vier bis fünf Tagen ausgestanden, es genügt, auf ausreichende Flüssigkeits- und Mineralstoffzufuhr zu achten.

Gelegentlich rufen aber auch solche banalen Keime hartnäckige Durchfallerkrankungen hervor, die eine medikamentöse Behandlung erforderlich machen, oder es sind Krankheitserreger wie Salmonellen oder Amöben im Spiel. Die gefürchteten Krankheiten Cholera, Typhus und Ruhr sind selten.

Vorbeugung

Trinkwasser

Größte Sorgfalt muss auf das Trinkwasser verwendet werden. Empfehlenswerte Methoden der Trinkwasserdesinfektion sind:

- ***Abkochen:*** Mindestens fünf Minuten sprudelnd kochen lassen ist ein ziemlich sicheres Verfahren, um auch stark verschmutztes Wasser gesundheitlich unbedenklich zu machen (auch wenn trübes Wasser trüb bleibt).
- ***Filtern:*** Keramikfilter (z.B. *Katadyn*) halten in einem engen Porensystem Bakterien und Schwebstoffe zurück, es entsteht keimfreies und klares Wasser. Im Handel sind Aufgussfilter und Handpumpensysteme in verschiedenen Größen. Die Filterkerze muss regelmäßig gereinigt werden.
- ***Chemische Entkeimung:*** Nicht so sicher wie die beiden anderen Methoden, aber gerade für den Rucksackreisenden oft die einzig praktikable Lösung. In Frage kommen Chlortabletten (z.B. *Chlorina®*), die dem Wasser einen ausgeprägten Chlorgeschmack verleihen oder Silbersalze (z.B. *Micropur®)*. Mit den Silbersalzpräparaten lässt sich nur klares Wasser entkeimen, da Schwebeteilchen die Ionen binden und die Keimabtötung verhindern. Beide Verfahren sind wirkungsvoll gegen Bakterien, jedoch werden Zysten (widerstandsfähige Dauerformen von Amöben und Lamblien) nicht angegriffen.

Getränke

Unbedenklich sind in der Regel die Getränke internationaler Limonadenhersteller, aber nicht mit Eiswürfeln servieren lassen! Bei der Kaffee- und Teezubereitung kocht das Wasser nicht ausreichend lang, um Keimfreiheit zu bewirken, immerhin wird aber eine gewisse Keimverminderung erreicht.

Alle Getränke (und Eiswürfel) sind nur so sicher, wie das zu ihrer Zubereitung verwendete Wasser.

Der Alkoholgehalt von Cocktails o.ä. hat keine desinfizierende Wirkung. Zum Zähneputzen nur Trinkwasser verwenden.

Lebensmittel

Auch bei der Auswahl des ***Essens*** sollte man Umsicht walten lassen. Rohe oder halbrohe Fleisch- und Fischgerichte sind besonders gefährlich, da sich Eiweißzersetzung und Keimwachstum in der Wärme schneller vollziehen, außerdem können diese Lebensmittel noch eine Reihe wirklich gefährlicher Parasiten wie Fischbandwurm oder Leberegel enthalten. Ciguatera, eine häufige Form der Fischvergiftung, kann auch durch gekochte und gebratene Meerestiere verursacht werden. Rohes Gemüse (Salat) ist oft mit Fäkalien gedüngt und sollte daher ebenfalls gemieden werden.

Tiefgefrorenes bietet keine Garantie auf Keimfreiheit, Eisspeisen, Milch, eier- oder mayonnaisehaltige Lebensmittel stellen gute Bakteriennährböden dar. Ebenfalls bedenklich sind vorgekochte Gerichte, wie sie z.B. an Straßenständen angeboten werden. Am sichersten sind gerade zubereitete, gut gekochte Speisen und schälbares Obst. Soweit Obst und Gemüse nicht gekocht oder geschält werden können, empfiehlt sich zumindest das kurze Einlegen in kochendes Wasser und anschließendes Abspülen mit sauberem Wasser. Tomaten lassen sich nach dieser Maßnahme außerdem leicht schälen.

Konservendosen vor und beim Öffnen genau überprüfen: Aufgetriebene Deckel oder Zischen beim Öffnen weisen auf gasbildende Bakterien hin, die eine gefährliche Nervenkrankheit, den Botulismus, verursachen können. Konserven mit eingedelltem Deckel sind unbrauchbar, weil die innere Schutzschicht zwischen Blech und Doseninhalt beschädigt ist.

In der Praxis ist es nicht immer möglich, alle Sicherheitsmaßnahmen einzuhalten. Nicht jeder Geldbeutel erlaubt eine Mahlzeit in einem besseren Lokal, wer den Kontakt mit Einheimischen sucht, wird ihn eher dort finden, wo es nach unseren Maßstäben nicht so hygienisch zugeht. Gerade bei Einladungen müssen aus Taktgefühl Kompromisse geschlossen werden. Halten Sie die Augen offen und nehmen Sie von bedenklichen Speisen und Getränken nur kleine Mengen zu sich. Bei längeren Tropenaufenthalten gewöhnt sich der Körper an die dort vorkommenden Umgebungskeime und gewinnt an Widerstandskraft. Dies sollte jedoch nicht dazu verleiten, alle Vorsichtsmaßnahmen zu ignorieren, da sich das Risiko, eine ernsthafte Infektion (z.B. Amöben oder Typhus) zu erwerben, nicht verringert.

Selbsthilfe

Wenn trotz aller Vorsicht Durchfall auftritt:

- Zunächst muss der erhöhte Flüssigkeits- und Mineralverlust ausgeglichen werden, hier helfen Rehydrationsgetränke (siehe „Reiseapotheke"). Zur Geschmacksverbesserung kann Fruchtsaft beigemischt werden.
- Nahrungspause. Für mindestens 6 Stunden nichts essen. Danach, wenn möglich, Getreideschleimsuppe, Zwieback o.ä.
- Bei gleichzeitigem Erbrechen und/oder fieberhaftem Verlauf kann es sich auch um die Erstsymptome einer Malaria handeln. (Prophylaxe konsequent durchgeführt? Resistenzgebiet?)
- Ohne schädliche Nebenwirkungen kann eine Therapie mit *Perenterol*® begonnen werden, diese medizinische Hefe hilft, wieder eine normale Darmflora aufzubauen. Kohlekompretten sind meist nicht so wirkungsvoll.
- Durchfall mit Blutbeimengung weist auf eine Infektion mit Geschwüren im Dickdarm hin: Ruhr, ausgelöst durch Shigellen oder Amöben. Arzt aufsuchen.
- Falls nach 3 Tagen keine Besserung eintritt und/oder noch Fieber besteht, ist ebenfalls ärztlicher Rat einzuholen - eine banale Reisediarrhoe sollte sich schon gebessert haben. Wenn dann kein Arzt aufgesucht werden kann, empfiehlt sich antibiotische Behandlung für 3 Tage mit *Cotrimoxazol* (z.B. *Bactrim forte*® 2 x 1 Tbl.).
- *Loperamid*, ein Medikament, das die Darmbewegung hemmt, bessert zwar den Durchfall, jedoch werden die ihn verursachenden Krankheitserreger oder Giftstoffe schlechter ausgeschieden. Es sollte daher schweren Verläufen vorbehalten bleiben. Bei fieberhaftem Verlauf oder Blutbeimengung im Stuhl darf es nicht eingenommen werden.

Erreger, die hartnäckige Durchfälle verursachen

Salmonellen

Eine Bakteriengruppe, die Durchfallerkrankungen verschiedener Schweregrade, z.T. begleitet von Erbrechen und Fieber, bewirkt. Die Diagnose lässt sich nur über eine Stuhluntersuchung sichern. Die leichteren Formen sind mit den o.g. Maßnahmen zu behandeln, schwere Fälle erfordern eine antibiotische Behandlung unter ärztlicher Kontrolle (z.B. 4 x 1 g *Ampicillin*) je nach Verlauf für 1 bis 2 Wochen.

Typhus

Auch Typhus (engl. typhoid fever) wird von Salmonellen (der Art *Salmonella typhi)* verursacht. Die Inkubationszeit (Zeitraum von der Ansteckung bis zum Auftreten von Krankheitszeichen) ist mit 8-14 Tagen relativ lang. Hier stehen anfangs hohes Fieber, Kopf- und Gelenkschmerzen und ein Hautausschlag im Vordergrund, der Durchfall kann mit Verstopfung abwechseln. Bei Typhusverdacht sollte man sich in ärztliche Hände begeben, da Komplikationen wie Gallenblasenentzündung oder Darmperforation (Durchbruch) möglich sind. In Ländern der 3. Welt wird oft mit *Chloramphenicol* (3 x 1 g für 14 Tage) behandelt, wegen gefährlicher Nebenwirkungen und hoher Resistenzrate ist jedoch *Amoxicillin* (3 x 2 g) oder *Ceftriaxon* (2 x 1 g, nur als iv. Spritze verfügbar) vorzuziehen.

Bakterielle Ruhr

Bei dieser Ruhr (engl. Bacillary dysentery), hervorgerufen durch Shigellen, steht ebenfalls die Übertragung durch mit Fäkalien verunreinigtes Wasser und Nahrungsmittel im Vordergrund. Nach 1 bis 4 Tagen plötzliches Auftreten von hohem Fieber, Bauchschmerzen, Erbrechen und Durchfall, oft mit Blutbeimengung. Die Behandlung besteht aus *Cotrimoxazol* über 5 Tage.

Amöben

Auch Amöben können eine Form der Ruhr (Amöbenruhr, engl. Amebic dysentery) auslösen. Diese Einzeller (Protozoen der Art *Entamoeba histolytica)* sind weltweit verbreitet, jedoch besonders in tropischen und subtropischen Regionen. Auch sie gelangen mit verunreinigtem Wasser oder Nahrungsmitteln in den Darm, wo sie nicht unbedingt Beschwerden hervorrufen müssen; in diesem Fall besteht eine asymptomatischer Infekt. In manchen tropischen Gegenden sind 30% der Bevölkerung Amöbenträger.

Die milde Form eines symptomatischen Infektes besteht in Leibschmerzen, Blähungen, Übelkeit und Durchfall und ist damit im Erscheinungsbild nicht von einfachen Durchfallerkrankungen zu unterscheiden, Klärung kann hier nur eine Stuhluntersuchung bringen. Aus unbekannten Gründen, möglicherweise wenn der Darm durch andere Infektionen oder Reize bereits vorgeschädigt ist, dringen die Erreger in die Darmwand ein und verursachen Entzündungserscheinungen und Geschwüre. Diese Variante nennt man invasive Verlaufsform. Dann kommt es zu den charakteristischen Symptomen mit halbflüssigem oder flüssigem Stuhlgang, der mit Schleim und Blut durchsetzt ist; beschwerdefreie Phasen zwischendurch sind möglich.

Eine schwerwiegende Komplikation ist der ***Leberabszess:*** Amöben sind über den Blutweg in die Leber gelangt und verursachen dort Gewebszerstörung und Eiterbildung. Solche Abszesshöhlen können bis zu 10 cm groß werden. Dieser Vorgang ist von Fieber und starken Schmerzen im rechten Oberbauch, die bis in die Schulter ausstrahlen können, begleitet.

Auch asymptomatische, von Beschwerden freie Amöbenträger scheiden die Protozoen (in einer widerstandsfähigen abgekapselten Form, den Zysten) aus und tragen deshalb zur Weiterverbreitung bei. Bei Abwehrschwäche, z.B. ausgelöst durch eine andere Erkrankung, kann sich aus einem asymptomatischen Infekt ein symptomatischer entwickeln. Daher sollte bei Amöbennachweis im Stuhl grundsätzlich behandelt werden.

Ein gesunder Ausscheider von Zysten kann sich überlegen, ob er die Behandlung zurückstellt, bis er wieder daheim ist, ein besonders geeignetes Mittel für diesen Fall ist *Paromomycin* (z.B. 3 x 2 *Humatin®* Kps. für 7 Tage). Dieses Medikament wirkt aber nur im Darm und wird vom Körper nicht aufgenommen. Es kann auch bei der milden Verlaufsform eingesetzt werden, jedoch ist hier wie bei der invasiven und der Abszessform *Metronidazol* (3 x 750-800 mg für 10 Tage) vorzuziehen; da dieses Mittel über die Blutbahn aufgenommen wird, kann es auch auf Erreger in Schleimhaut und Leber wirken. Auf andere Medikamente darf nur nach eingehender Untersuchung ausgewichen werden, da sie z.T. erhebliche Nebenwirkungen haben oder nicht für alle Krankheitsvarianten geeignet sind.

Lamblien

Lamblien (*Giardia lamblia*) sind wie Amöben weitverbreitete einzellige Darmparasiten, deren Träger nicht unbedingt Beschwerden verspüren. Auch der Ansteckungsweg ist der gleiche. Falls Symptome auftreten, sind dies meist Blähungen, Übelkeit, Bauchkrämpfe und Durchfall. Die Diagnose lässt sich über eine Stuhluntersuchung stellen. Eine Behandlung ist nur bei Krankheitszeichen erforderlich und besteht aus *Metronidazol* (3 x 250 mg für 5 Tage) oder *Quinacrin* (3 x 100 mg für 5 Tage).

Würmer

Eine Reihe von Wurmarten wie Spulwürmer, Madenwürmer (Oxyuren), Peitschenwürmer, Trichinen und Bandwürmer werden ebenfalls über die Nahrung aufgenommen, Hakenwürmer leben im Boden, ihre Larven dringen über Verletzungen oder nackte Füße in den Körper ein.

Die Diagnose lässt sich über den Nachweis von Würmern oder deren Eier im Stuhl stellen, die Behandlung richtet sich nach der Art: *Mebendazol* für Spul-, Haken-, Peitschen- und Madenwürmer, *Tiabendazol* gegen Trichinen, *Praziquantel* oder *Niclosamid* gegen Bandwürmer. Einige Würmer können gefährliche Komplikationen auslösen, darum sollte man sich unbedingt ärztlich untersuchen lassen. Nach der Behandlung ist eine erneute Stuhluntersuchung sinnvoll, um festzustellen, ob Würmer überlebt haben.

Verschiedene Formen der Hepatitis

Unter dem Begriff der Hepatitis sind verschiedene durch Viren bedingte Leberentzündungen zusammengefasst, deren Krankheitsverläufe ähnlich sind und die in der Regel mit einer Gelbsucht einhergehen. Bisher konnten ***6 verschiedene Erreger*** nachgewiesen werden, weitere werden vermutet.

Hepatitis A

Die Hepatitis A, früher auch infektiöse oder ***epidemische Gelbsucht*** genannt, wird hauptsächlich über Lebensmittel übertragen, die mit Fäkalien in Berührung kamen, etwa durch Düngung oder durch Abwassereinleitung in Flüsse, aus denen Trinkwasser gewonnen wird. Als häufigste Infektionsquelle gelten Austern, Muscheln und rohe Salate. In Shanghai trat 1988 eine Epidemie auf, bei der binnen kurzem 300.000 Personen nach Verzehr ungenügend gekochter Flusskrebse erkrankten. Die Viren waren auf dem Abwasserweg in den Fluss gelangt. Möglich ist auch die Übertragung durch andere Körpersekrete und Blut, diese spielt aber eine untergeordnete Rolle.

Die Erkrankung beginnt rund 4 Wochen nach der Ansteckung mit uncharakteristischen Zeichen wie Übelkeit, Erbrechen, Fieber, Appetitverlust, Mattigkeit und Gelenkschmerzen; nach einer weiteren Woche kann die Gelbsucht (Gelbfärbung der Bindehaut am Auge und der Haut) hinzukommen, dabei wird der Urin dunkel und der Stuhlgang hell, gelblich bis weiß. Innerhalb von zwei bis vier weiteren Wochen klingt die Erkrankung ab. Das ganze Krankheitsgeschehen kann auch mild und abgeschwächt verlaufen, so dass sich die Diagnose manchmal nur im Nachhinein über eine Blutuntersuchung stellen lässt, vereinzelt gibt es aber auch Fälle, die zum Tode führen.

Wer diese Leberentzündung durchgemacht hat, erwirbt eine wahrscheinlich lebenslange Immunität. Chronische Verläufe mit dauerhafter Leberschädigung kommen nicht vor. Eine spezifische Behandlung gibt es nicht, um so wichtiger ist daher die Vermeidung. Bereits 2 Wochen vor dem Auftreten von Krankheitszeichen scheidet der Infizierte mit Stuhl und Speichel die Erreger aus und kann damit weitere Personen anstecken. Auf Hygieneregeln, Trinkwasserqualität und Zubereitung von Speisen ist deshalb zu achten (s. auch Kapitel Durchfall). Vor längeren oder häufigen Tropenaufenthalten ist die aktive Impfung gegen Hepatitis A zu empfehlen (s.o.). Zuvor sollte man jedoch einen Test auf Hepatitis-A-Antikörper im örtlichen Hygieneinstitut machen lassen (ca. 30 DM). Gegebenenfalls erspart man sich so die teure Impfung.

Hepatitis B

Die Hepatitis B wurde früher auch ***Serum- oder Transfusionshepatitis*** genannt, da sie sich überwiegend durch Bluttransfusionen und infiziertes Spritzenmaterial überträgt. Der Ansteckungsweg über Stuhlgang, Sperma und Speichel ist aber ebenfalls möglich. Besondere Gefährdung, eine B-Hepatitis zu erwerben, besteht deshalb für Drogenabhängige und Personen, die mit infizierten Spritzen oder Instrumenten (Impfungen, Akupunkturnadeln, Tätowieren, Ohrlochstechen) behandelt wurden, außerdem ist die sexuelle Übertragung häufig, insbesondere im Bereich der Prostitution.

Diese Form hat eine längere Inkubationszeit (2 bis 6 Monate), die Symptome sind ähnlich wie bei der Hepatitis A, der Verlauf aber meist schwerer und langwieriger, bis zu einem halben Jahr. Nach Abklingen der akuten Krankheit ist man entweder geheilt und immun, in 10% der Fälle geht die Entzündung jedoch in ein chronisches Stadium über, das mit schweren Störungen der Leberfunktion einhergeht, manchmal entwickelt sich nach Jahren sogar ein Leberkrebs. Auch für die Hepatitis B gibt es keine wirksame Behandlung, es gilt, die Ansteckung unter Beachtung des Übertragungsweges zu vermeiden. Für gefährdete Personen kommt die aktive Impfung mit Hepatitis-B-Impfstoff in Frage.

Weitere Hepatitisformen

Die folgenden Hepatitisformen werden manchmal auch ***Non-A/Non-B-Hepatitis*** genannt, weil sie nicht von den am längsten bekannten Typen A und B verursacht werden.

- Dabei ist die ***Hepatitis C*** eine Variante, die in Übertragungsweg und Verlauf der B-Form ähnelt, Übergang in eine chronische Form ist häufig, es steht aber kein Impfstoff zur Verfügung, so dass nur die Vermeidung der Ansteckung angestrebt werden kann.
- Die ***Hepatitis D*** befällt nur Personen, die den Hepatitis-B-Virus (bei akuter Erkrankung oder in chronischer Verlaufsform) im Körper haben, dann entsteht ein dramatisches, nicht selten tödliches Krankheitsbild, das meist nicht ausheilt, sondern in ein chronisches Stadium mit dauerhafter Leberschädigung übergeht. Impfschutz gegen Hepatitis B bedeutet auch Schutz vor der Hepatitis-D-Infektion.
- Die ***Hepatitis E*** wird wie die Hepatitis A hauptsächlich durch Nahrungsmittel übertragen, sie ähnelt ihr auch im Verlauf und darin, dass sie nach der akuten Phase ausheilt. Sie kommt vor allem in Afrika, Asien und Zentralamerika vor. Ein Impfstoff ist noch nicht entwickelt worden.
- Bei der ***Hepatitis G*** ist bisher nur der Übertragungsweg mittels Blutkontakt nachgewiesen. Erkenntnisse über den langfristigen Verlauf und mögliche Spätfolgen liegen noch nicht vor.

Behandlung von Hepatitis

Für keine dieser Viruserkrankungen gibt es eine kausale medikamentöse Behandlung. Folgende Allgemeinmaßnahmen sind hilfreich: Ruhe, viel Liegen, bis die Gelbsucht abgeklungen ist. Keinesfalls Alkohol trinken, mindestens bis 6 Monate nach Abklingen der Krankheitszeichen. Vitaminreiche Kost ist sinnvoll, jedoch vermehrt auf Hygiene der Nahrungsmittel achten. Medikamente nur wenn unbedingt nötig und kurzfristig einnehmen, da diese die erkrankte Leber zusätzlich belasten, in Frage kommen Fiebermittel (*ASS* oder *Paracetamol)* oder Mittel gegen Erbrechen (*Metoclopramid*). Nach der Heimkehr sollte man den Arzt aufsuchen, damit durch eine Blutuntersuchung festgestellt werden kann, welche Hepatitisform vorgelegen hat und ob ein Anhaltspunkt für einen chronischen Verlauf besteht.

Bilharziose

Unter *Bilharziose* oder ***Schistosomiasis*** versteht man chronische Infektionskrankheiten durch den Befall mit Eingeweideparasiten der Gattung Schistosoma oder Pärchenegel. Diese Wurmart ist in Afrika und Nahost *(Schistosoma haematobium)*, Afrika, Südamerika und Karibik *(Sch. mansoni)* sowie Asien (*Sch. japonicum)* verbreitet.

Der ***Entwicklungszyklus*** dieser drei Arten ist gleich: In Wasserschnecken reifen die Eier, die geschlüpften Larven (Zerkarien) dringen beim Baden durch die Haut ein und wandeln sich im menschlichen Körper zum erwachsenen Wurm. In Stuhl und Urin werden wieder Eier ausgeschieden, der Kreis schließt sich, wenn die Ausscheidungen in ein Gewässer gelangen und von Wasserschnecken aufgenommen werden. Aufgrund fehlender Hygienemaßnahmen ist in manchen Gegenden die Hälfte der Bevölkerung von diesen Parasiten befallen, weltweit schätzt man ca. 300 Millionen Erkrankte!

Wenn die Larven die Haut durchbohren, kann das mit Juckreiz und Rötung einhergehen, die ersten Krankheitszeichen treten frühestens einen Monat später auf, können aber auch Jahre auf sich warten lassen. Durch Darmbefall *(Sch. mansoni* und *japonicum)* kommt es zu blutigem Stuhlgang und Durchfall, bei weiterem Fortschreiten können sich die Würmer in der Leber und anderen Organen ausbreiten. *Sch. haematobium* bevorzugt Blase und Harntrakt, so dass Zeichen einer Blasenentzündung und blutiger Urin auffallen. Langfristig kommt es bei allen Formen zu Blutarmut.

Eine direkte Übertragung von Mensch zu Mensch ist nicht möglich. Um sich vor einer Infektion zu schützen, sollte man Baden in stehenden oder langsam fließenden Gewässern der Verbreitungsgebiete unterlassen. Auch klares Wasser kann die Larven enthalten; die Übertragungsquelle mit den larvenausscheidenden Schnecken kann in einem Bach etliche Kilometer entfernt liegen. Bereits kurzer Kontakt mit dem Wasser (Waschen, Trinken) kann genügen. Besonders gefährlich ist das Waten in Reisfeldern. Für die Schwere der Erkrankung ist die Anzahl der eingedrungenen Zerkarien ausschlaggebend.

Behandlung von Bilharziose

Das beste Medikament gegen Bilharziose ist *Praziquantel*, das in hoher Dosierung genommen werden muss. Der Behandlung sollte jedoch eine Untersuchung z.B. mittels Bluttest oder Nachweis der Wurmeier vorausgehen. Bei konsequenter Behandlung – und diese ist für Reisende einfacher durchführbar, als für die einheimische Bevölkerung, die den Erregern ständig ausgesetzt ist – kann die Erkrankung geheilt werden. Nach 3 und 6 Monaten ist dann noch eine erneute Untersuchung auf Wurmeier notwendig.

Gift- und Stacheltiere

Bei sämtlichen Verletzungen ist der ***Tetanusimpfschutz*** unbedingt erforderlich.

Schlangen

Schlangenbisse sind erfreulicherweise seltene Ereignisse, auch Giftschlangen greifen meist nur als Abwehrreaktion an. Das Tragen von festem Schuhwerk, auch als Schutz gegen Blutegel, Insekten und Skorpione ist grundsätzlich zu empfehlen. Schuhe und Kleidung müssen vor dem Anziehen überprüft und ausgeschüttelt werden, da Schlangen und Skorpione gerne in ihnen übernachten. Gegen viele Schlangengifte gibt es ein Antiserum, im Notfall steht es aber nicht unbedingt zur Verfügung, da diese Substanzen recht teuer sind und gekühlt aufbewahrt werden müssen. Um das richtige Serum auswählen zu können, ist eine genaue Beschreibung der Schlange sehr hilfreich. Für den absoluten Notfall sollte man in Gefährdungsgebieten immer eine leicht unterzubringende Rasierklinge bei sich haben.

Hilfe im Notfall

- Das Körperteil mit der Bissstelle soll möglichst überhaupt nicht mehr bewegt werden, bei Biss am Bein keinesfalls mehr laufen.
- Falls innerhalb einer halben Stunde ein gut ausgerüstetes Krankenhaus erreicht werden kann, sollte das verletzte Körperteil in Tieflage ruhiggestellt und warmgehalten werden, anschließend rascher Transport.
- In allen anderen Fällen muss vor Ort eine Notbehandlung beginnen: innerhalb der ersten 5 Minuten je einen geraden Schnitt durch jede Bisswunde (z.B. mit einer Rasierklinge), 1 cm lang und 5 mm tief, die Wunden ausbluten lassen; besser wäre das Absaugen mit einem speziellen Absauggerät „Extraktor", das einer Spritze ähnelt und für rund 40 DM erworben werden kann. Keinesfalls sollte mit dem Mund abgesaugt werden.
- Körperteil 15 cm ***oberhalb*** der Bissstelle abbinden (mit Gürtel, Binde oder Damenstrumpf, keinesfalls Schnur, Draht o.ä. verwenden), um den Rückstrom vergifteten Blutes zu verhindern. Es muss jedoch noch Blut hineinfließen können, daher Puls am Handgelenk oder Fußrücken tasten und Binde ggf. lockern.
- Der Gebissene soll viel trinken, jedoch keinen Alkohol.
- Als Schmerzmittel ist *Paracetamol* erlaubt.
- Die früher empfohlene Kühlung oder Eisbehandlung hat sich als ungünstig erwiesen und sollte nicht mehr durchgeführt werden!
- Jeder von einer Schlange Gebissene gehört so schnell wie möglich in ein Krankenhaus!

Skorpione

Skorpione kommen in allen subtropischen und tropischen Gegenden und im Mittelmeerraum vor. Sie sind nachtaktive Tiere, die sich tagsüber zwischen Steinen, Blättern oder im Sand aufhalten. Die meisten Arten verursachen ungefährliche Stiche, die ähnliche Beschwerden wie Bienen- oder Wespenstiche hervorrufen, bei den giftigeren Arten kommt es zu starkem Schmerz, Taubheit des betreffenden Körperteils, in seltenen Fällen kommen Muskelkrämpfe, Atembeschwerden und Herzrasen hinzu.

Die Unterscheidung hinsichtlich der Gefährlichkeit ist für einen Laien nicht möglich, so dass nach jedem Stich Vorsicht geboten ist. Besonders gefährlich können Skorpionstiche für Kinder unter 5 Jahren sein. Für manche giftige Arten existiert ein Antiserum (Gegengift). Die Stiche mancher Skorpionarten können noch nach Monaten Gefühlsstörungen hervorrufen.

Behandlung von Skorpionstichen

- Ruhigstellen des gebissenen Körperteils.
- Einstichstelle kühlen, evtl. mit Eis.
- Antihistamintabletten (z.B. 3 Tbl. *Tavegil®*) und evtl. Schmerzmittel geben.
- In ärztliche Behandlung begeben, dabei möglichst Beschreibung des Skorpions hinsichtlich Größe und Farbe.

Spinnen

Fast alle Spinnenarten sind giftig, jedoch besitzen die meisten zu kurze oder weiche Beißwerkzeuge, um menschliche Haut zu durchdringen. Gefährlich können besonders ***Vogelspinnen-, Bananenspinnen-, Tarantel-*** und ***Schwarze-Witwen-Arten*** werden. Für die Behandlung gelten dieselben Regeln wie beim Skorpionstich; auch wenn ein tödlicher Ausgang selten ist, sollte möglichst ein Krankenhaus aufgesucht werden. Für die hochgiftigen Spinnenarten gibt es Antiseren, die Verfügbarkeit im Bedarfsfall hängt jedoch von der medizinischen Infrastruktur ab.

Seeigel

In allen Meeren heimisch sind Seeigel, deren Bekanntschaft man bereits in Strandnähe machen kann. Ihre mit Widerhaken bewehrten Stacheln dringen tief in die Haut ein, sind schwierig herauszuziehen und brechen leicht ab. Trotzdem sollte man versuchen, sie unverzüglich zu entfernen, da die Wunden dazu neigen, sich zu entzünden. Oberflächliche Stacheln lassen sich mit Essig auflösen, da sie aus Kalk bestehen: Wunde mehrfach mit Essig benetzen oder eine essiggetränkte Kompresse auflegen. Eine andere Methode, Stacheln zu entfernen, ist das Aufkleben und vorsichtige Wiederabziehen von Pflaster. Einen gewissen Schutz bieten beim Strandlaufen, Baden oder Schnorcheln Badesandalen.

Nesseltiere

Bei Kontakt mit Nesseltieren, besonders Quallen, können Tentakeln und Nesselschleim an der Haut haften bleiben. Sie sollten abgewischt werden, dabei Handschuh, Lappen o.ä. verwenden. Dann Essig- oder Alkoholauflagen, besonders wirkungsvoll soll der Saft der Papaya sein. Abspülen mit Wasser verstärkt die Schmerzen! Großflächiges Aufbringen einer Antihistaminsalbe und Antihistamintabletten lindern Schmerz und können Blasen- und Quaddelbildung eindämmen.

Giftfische

Verletzungen durch Giftfische werden meist durch Stechrochen und Petermännchen verursacht, da beide Arten auch in Strandnähe leben. Die Tiere können tiefe Wunden hinterlassen, in denen Stachelscheiden verbleiben. Vorbeugende Maßnahmen sind das Tragen von Badeschuhen und ein schlurfender Gang, der die Fische aufscheucht und weniger Gefahr birgt, auf einen zu treten.

Behandlung bei Stichen durch Giftfische

- Desinfektionsmittel anwenden.
- Stachelreste entfernen, evtl. muss die Wunde ausgeschnitten werden.
- Fischgifte werden durch Hitze inaktiviert, deshalb heißes Wasser bis zur Erträglichkeitsgrenze in die Wunde geben, trockenheiße Kompressen auflegen oder mit brennender Zigarette so nahe wie möglich herangehen.
- Gegen den Schmerz können Lokalanästhetika verwendet werden.
- Je nach Gift kann Schockbekämpfung erforderlich werden.
- Wegen der Infektionsneigung muss ein Antibiotikum gegeben werden.

Sexuell Übertragbares

Unter ***Geschlechtskrankheiten*** versteht man eine Reihe von Erkrankungen, die überwiegend oder ausschließlich durch sexuelle Kontakte übertragen werden. Dazu gehören:

- die „klassischen" Geschlechtskrankheiten Syphilis, Gonorrhoe und weicher Schanker,
- die Viruserkrankungen Genital-Herpes und Feigwarzen,
- Pilz- (Candida-), Chlamydien-, Trichomonaden- und unspezifische Infektionen der Geschlechtsorgane,
- AIDS.

Eine Reihe weiterer Infektionen wie ***Hepatitis, Amöben*** oder ***Giardia*** werden gelegentlich bei Sexualkontakten erworben. Weltweit treten jährlich 250 Mio. Neuerkrankungen dieser Art auf, und zu der Verbreitung leisten Touristen einen wesentlichen Beitrag. Auf das unbekümmerte Verhalten mancher Männer ist es auch zurückzuführen, dass Syphilis- und Gonorrhoe-Erreger resistent (widerstandsfähig) gegen die bisherigen Medikamente geworden sind, so dass z.T. erheblich höhere Dosen oder andere Mittel erforderlich sind. Bei richtiger Behandlung können diese Krankheiten aber weiterhin geheilt werden.

Die Zahl der weltweit mit ***AIDS*** Infizierten wird auf über 30 Millionen geschätzt. Für den Reisenden sind insbesondere folgende Übertragungswege von Bedeutung:

- Sexueller Kontakt (homo- oder heterosexuell; anal, vaginal oder oral) mit einer HIV-infizierten Person.
- Benutzen von Gegenständen, die die Haut verletzen oder durchdringen, z.B. Spritzen, Akupunkturnadeln, Piercing-Instrumente, wenn diese nicht sterilisiert wurden.
- Bluttransfusionen und Medikamente, die aus Blut gewonnen werden.

Die zuverlässigste Maßnahme, um die Infektion mit dem AIDS-Virus (wie jeder anderen sexuell übertragbaren Krankheit) zu verhindern, ist das Meiden sexueller Kontakte mit unbekannten Partnern. Auch völlig gesund wirkende Personen können infiziert sein und das Virus weitergeben. Als zweitbeste Methode ist die Benutzung von Kondomen einzustufen.

Medizinische Behandlung in einem Drittweltland erfolgt oft nicht unter den von uns gewohnten hygienischen Bedingungen. Durch unsaubere Instrumente kann daher bei Arzt oder Zahnarzt das HIV-Virus übertragen werden. Für unvermeidliche Behandlungen und Notfälle gilt:

- Spritzen und Kanülen, die in einer Einmalverpackung aufbewahrt wurden, sind sicher. Am besten hat man selbst welche im Reisegepäck. (Ist eine Spritzenbehandlung auch unbedingt notwendig? Viele Medikamente sind in Tablettenform genauso wirksam. Impfungen zu Hause durchführen lassen!)
- Glas- oder Metallinstrumente müssen vor Gebrauch sterilisiert worden sein.
- Wenn man nicht sicher sein kann, ob die Instrumente steril sind, sollte man sich wenigstens vom Vorhandensein eines Sterilisationsgerätes überzeugen. (Steht es verstaubt in der Ecke oder zeigt es Gebrauchsspuren?)
- Blutübertragungen und Behandlungen mit Medikamenten, die aus Blut hergestellt werden, nur bei Lebensgefahr zustimmen.
- Besondere Vorsicht bei Tätowierungen, Akupunktur und Piercing.

Wieder daheim

Nach der Rückkehr können sich ***Akklimatisationsprobleme*** ergeben, die sich in 1 bis 2 Wochen wieder verlieren. Gut beraten ist derjenige, der noch einige freie Tage zur Verfügung hat. Auch die Gewöhnung an die heimische Küche sollte allmählich erfolgen, da tierisches Fett und Eiweiß die Verdauungsorgane vor schwere Aufgaben stellen.

Zu bedenken ist ferner, dass die ***Malariaprophylaxe*** für 4 Wochen fortgeführt werden muss; dies wird als lästige Pflicht häufig übersehen und damit ein Ausbruch des Tropenfiebers riskiert.

Nach einem kurzen Tropenaufenthalt, der ohne gesundheitliche Probleme oder mit nur leichten Beschwerden (z.B. kurzzeitigem Durchfall) verlief, ist eine ärztliche Untersuchung nicht unbedingt notwendig. Sie ist jedoch anzuraten nach einer längeren Reise, da manche Erkrankungen erst nach einiger Zeit in Erscheinung treten.

Beim Auftreten von folgenden Anzeichen - egal ob während oder nach der Reise - ist unbedingt ein Arzt aufzusuchen und darüber zu informieren, welche Gebiet bereist wurden:

- ***Fieberschübe.*** Auch 6 Wochen nach Verlassen eines Malariagebietes besteht noch die Möglichkeit einer *Malaria tropica,* andere Malariaformen können noch nach Jahren ausbrechen. Eine Reihe weiterer Tropenkrankheiten kann mit Fieber einhergehen.
- ***Durchfall oder Blutbeimengungen*** im Stuhl oder Urin. Untersuchung auf Ruhr, Typhus, Darmparasiten (z.B. Amöben), Bilharziose.
- ***Gelbsucht.*** Über eine Blutuntersuchung lassen sich Typ und Aktivität klären.
- ***Ausschlag oder Geschwüre*** an Haut oder Genitalien. Hier kommen verschiedene Parasiten und Geschlechtskrankheiten in Betracht.
- Jegliche ***unklaren Beschwerden.***

Tropeninstitute in Deutschland

- ***Berlin:*** Institut für Tropenmedizin, 14050 Berlin, Spandauer Damm 130, Tel. 030/30116 6, Fax 030/30116 888 Impfauskunft für Asien: Tel. 19723
- ***Bonn:*** Institut für medizinische Parasitologie der Universität, 53127 Bonn, Sigmund-Freud-Str. 25, Tel. 0228/287 5672, Fax 0228/287 4330
- ***Dresden:*** Städtisches Klinikum Dresden-Friedrichstadt, Referenzzentrum für Reisemedizin, 01067 Dresden, Friedrichstr. 39, Tel. 0351/48038 01 oder 48038 05, Fax 0351/48038 09
- ***Hamburg:*** Bernhard-Nocht-Institut, 20359 Hamburg 36, Bernhard-Nocht-Str. 74, Tel. 040/42818 0, Fax 040/42818 400 (bei schriftlichen Anfragen einen frankierten Rückumschlag beilegen, Reiseziele und als Betreff „Reiseprophylaxe" angeben). www.bni.uni-hamburg.de
- ***Heidelberg:*** Inst. für Tropenhygiene am Ostasieninstitut der Uni, 69120 Heidelberg, Im Neuenheimer Feld 324, Tel. 06221/56 2905 oder 56 2999, Fax 06221/56 5948
- ***Koblenz:*** Zentrales Institut des Sanitätsdienstes der Bundeswehr, Ernst-Rodenwald-Institut für Wehrmedizin und Hygiene, 56068 Koblenz, Viktoriastr. 13, Tel. 0261/9143862
- ***München:*** Institut für Infektions- und Tropenmedizin der Universität und Landesimpfanstalt, 80802 München, Leopoldstr. 5, Tel. 089/333322 (AB) Impfauskünfte (durchgehend), für Afrika: Tel. 336744, für Asien: Tel. 336755, für Mittel- und Südamerika: Tel. 333369 „Impfsprechstunde" (persönliche Impfberatung und Impfungen), Leopoldstr. 5/Ecke Georgenstr., Mo.-Fr. 11-12 Uhr, Mi, Do 16.30-18 Uhr www.tropinst.med.uni-muenchen.de
- ***Tübingen:*** Institut für Tropenmedizin, 72074 Tübingen, Wilhelmstr. 27, Tel. 07071/29 2365, Fax 07071/29 6021
- ***Würzburg:*** Missionsärztliche Klinik, Tropenmedizinische Abt. 97074 Würzburg, Salvatorstr. 7 Tel. 0931/791 0, autom. Telefonansage 0931/791 2825

In der Medikamentenliste auf der folgenden Seite werden zur Anwendung jeweils die Wirkstoffe (Freinamen) der Medikamente genannt, da diese in verschiedenen Ländern unter verschiedenen Markennamen (Handelsnamen) angeboten werden. Die Liste ist nach Wirkstoffen sortiert, dazu werden Handelsnamen des deutschsprachigen Raumes angegeben. Die Aufzählung der Handelsnamen kann nur beispielhaft sein, da für die meisten Substanzen eine Vielzahl von Arzneimitteln auf dem Markt sind.

Medikamentenliste (Erläuterung s. Vorseite, unten)

Freiname	Handelsname (Beispiel)
Ambroxol (INN) (Schleimlöser)	MUCOSOLVAN® (A,CH,D)
Amoxicillin (INN) (Antibiotikum)	CLAMOXYL® (A,CH,D)
Ampicillin (INN) (Antibiotikum)	AMBLOSIN® (A,D), BINOTAL® (A,D), AMFIPHEN® (CH)
Benzylbenzoat (gegen Krätze)	ANTISCABIOSUM® (D)
Cephtriaxon (INN) (Antibiotikum)	ROCEPHIN® (A,CH,D)
Chinin (Malariamittel)	CHININUM SULFURIKUM®
Chloramphenicol (INN) (Antibiotikum)	PARAXIN® (A,D), LEUKOMYCIN® AMPHEMYCIN® (CH)
Chloroquin (INN) (Malariamittel)	RESOCHIN® (D,CH), ARTHROCHIN® (A)
Cinnarizin (INN) (gegen Schwindel)	STUTGERON® (A,CH,D)
Clotrimazol (INN) (Antimykotikum)	CANESTEN® (A,CH,D)
Cotrimoxazol (=Trimethoprim+Sulfamethoxazol)	BACTRIM® (A,CH,D), EUSAPRIM®
Dexpanthenol (INN) (Vitamin d. B-Gruppe, zur Wundbehandlung)	BEPANTHEN® (A,CH,D), PANTHENOL ®
Diclofenac (INN) (Rheuma-, Schmerzmittel)	VOLTAREN® (A,CH,D)
Dimetinden (INN) (Antihistaminikum)	FENISTIL® (A,CH,D)
Doxycyclin (INN) (Antibiotikum)	VIBRAMYCIN® (A,CH,D), VIBRAVENÖS® (A,CH,D)
Erythromycin (INN) (Antibiotikum)	ERYTHROCIN® (A,CH,D), ERYCINUM® (A,D), MYAMBUTOL® (A,CH,D)
Etofenamat (INN) (Rheuma-, Schmerzmittel)	RHEUMON GEL®
Halofantrin (INN) (Malariamittel)	HALFAN® (A,CH,D)
Lindan (INN) (Insektizid)	JACUTIN®
Loperamid (INN) (gegen Durchfall)	IMODIUM® (D,CH)
Mebendazol (INN) (Wurmmittel)	VERMOX® (CH,D), PANTELMIN® (A)
Meclozin (INN) (Reisekrankheit, Erbrechen)	BONAMINE®
Mefloquin (INN) (Malariamittel)	LARIAM® (A,CH,D)
Metoclopramid (INN) (gegen Erbrechen)	PASPERTIN® (A,D), PRIMPERAN®, MCP®
Metronidazol (INN) (Antibiotikum)	CLONT® (CH,D), FLAGYL® (CH,D), TRICHEX® (A)
Niclosamid (INN) (Wurmmittel)	YOMESAN® (A,CH,D)
Paracetamol (INN) (Fieber-, Schmerzmittel)	BEN-U-RON® (D), TYLENOL® (A), ACETALGIN® (CH)
Paromomycin (INN) (Antibiotikum)	HUMATIN®
Praziquantel (INN) (Wurmmittel)	BILTRICIDE®, CESOL®
Proguanil (INN) (Malariamittel)	PALUDRINE® (A,CH,D)
Tetracyclin (INN) (Antibiotikum)	HOSTACYCLIN® (A,D,CH)
Tiabendazol (INN) (Wurmmittel)	MINZOLUM® (D), MINTEZOL® (CH)

(INN) = Freiname ist international anerkannt, (A)= Handelsname in Österreich, (CH)= Handelsname in der Schweiz, (D) = Handelsname in Deutschland.

Anhang

Literaturempfehlungen

In diesem Reiseführer können wir wichtige Themen jeweils nur kurz anreißen und vielleicht ein wenig Interesse wecken. Es lohnt sich allemal, das eine oder andere Werk vor der Reise zu lesen oder die Bücher zu Themen, die einen interessieren, mitzu-nehmen. Wir haben die Erfahrung gemacht, scheinbar trockene Werke (z.B. Geschichtsbücher) in China auf einmal sehr lebendig und voller Bezüge zum täglich Gesehenen und Erlebten waren. Aus der schier endlosen Menge an Chinaliteratur haben wir eine kleine Auswahl an Büchern getroffen, die wir weiterempfehlen können. Gerade die Literatur zur Seidenstraße ist allerdings oft schon sehr alt und in der Regel nur über gut ausgestattete Bibliotheken zu bekommen. Auch viele der Literaturempfehlungen neueren Datums werden zur Zeit nicht mehr aufgelegt. Oft hat man aber in Antiquariaten oder an den Buchständen vor den Universitäten Glück, wo gerade Taschenbücher als sogenannte „Mängelexemplare" noch verbilligt zu haben sind. Ansonsten hilft auch hier meist nur der Gang zur Bibliothek.

Belletristik

- ***Djing Ping Meh. Schlehenblüte in goldener Vase,*** 5 Bde., Frankfurt/Berlin 1987. Ein berühmter Klassiker aus der Ming-Zeit (1368-1644). Die Handlung ist in die zu Ende gehende Song-Zeit (960-1279) gelegt und gibt einen tiefen Einblick in das Leben der reichen Familie eines korrupten Lebemannes, Kaufmannes und Mandarin, dessen verkommene Moral stellvertretend für den Niedergang seiner Zeit steht. Mit dem Kommentarband lernt man nebenbei viel über chinesischen Alltag in kaiserlicher Zeit.
- ***Die drei Reiche,*** Frankfurt 1981 (Insel TB). Spielt in der Zeit der untergehenden Han-Dynastie und erzählt von Helden und Bösewichten. Schönes Werk für die Yangzi-Kreuzfahrt, während der man immer wieder an Orten der Handlung vorbeifährt.
- *Ba Jin:* ***Die Familie,*** Berlin 1980 (Suhrkamp). Eines der großen Werke moderner chinesischer Literatur. Das Buch wurde zum begeisternden Leitbild der chinesischen Jugend im Kampf gegen die konfuzianische Tradition. Geschildert wird die bedrückende, alles einschnürende Enge einer konfuzianischen Großfamilie.
- *Wolfgang Kubin* (Hrsg.): ***Nachrichten von der Hauptstadt der Sonne.*** Moderne chinesische Lyrik 1919-1984, Frankfurt 1985. Ein Querschnitt durch das lyrische Werk von 16 bedeutenden Dichtern Chinas.
- ***Die Räuber vom Liang Shan Moor,*** (Insel TB). Berühmter Abenteuerroman aus der Ming-Zeit.
- *Zhang Jie:* ***Schwere Flügel,*** Wien 1985 (dtv). Dichte, atmosphärische Schilderung der Stimmungslage einiger Intellektueller zwischen Pflichterfüllung und Zweifel am System. Neu in der chin. Literatur sind die inneren Monologe, die einen guten Einblick in die Entscheidungsfindung chinesischer Kader und Intellektueller geben. Unbedingt lesenswert.
- ***Der Traum der Roten Kammer,*** 1977 (Insel TB). Wunderbar zu lesender Klassiker über das Leben am Hofe eines Mandarins. Ein daoistisch inspiriertes Werk voller Intrigen, Eifersucht und Liebe.
- *Eleanor Cooney, Daniel Atieri:* ***Die eiserne Kaiserin,*** München 1994. Höchst spannender Roman um die einzige chinesische Kaiserin Wu und den Richter Di.

Gesamtdarstellungen

- *Brunhild Staiger (Hrsg.):* **Länderbericht China,** Geschichte, Politik, Wirtschaft, Gesellschaft, Kultur, (Primus Verlag, 2000). Der Länderbericht China gibt zuverlässige und aktuelle Informationen zu allen wesentlichen Aspekten dieser unbekannten Großmacht.
- *Birgit Zinzius:* **Das kleine China-Lexikon,** China und die Chinesen von A-Z (Primus Verlag 1999). Gut für einen ersten Überblick, hilfreich vor allem bei jeder China-Lektüre und auch als handliche Kurzinfo auf Reisen gut geeignet.
- *Oskar Weggel:* **China,** München, 4. Aufl. 1994. Der China-Band der Beck'schen Länderreihe informiert umfassend und kenntnissreich über Wirtschaft, Politik, Kultur und Alltag Chinas.

Geschichte, Politik, Gesellschaft

- *Yue Daiyun:* **Als hundert Blumen blühen sollten.** Die Odysse einer modernen Chinesin vom Langen Marsch bis heute, München/Wien 1986.
- ***Harry Wu with George Vecsey*, Troublemaker,** One man's crusade against China's cruelty, London 1996. Informatives und engagiert geschriebenes Buch über Chinas Arbeitslager. Harry Wu setzt sich auch ausführlich mit den Aufbau- und Produktionskorps in Xinjiang auseinander.
- *Herbert Franke, Rolf Trauzettel:* **Das chinesische Kaiserreich,** Frankfurt 1968.
- *Lucien Bianco* (Hrsg.): **Das moderne Asien,** Frankfurt 1969. Die Bände 19 und 33 der Fischer Weltgeschichte bieten eine faktische, übersichtliche und leicht lesbare Einführung in die chinesische Geschichte.
- *Gavin Hambly* (Hrsg.): **Zentralasien,** Frankfurt, Auflage 1991. Fundierte Einführung in die Geschichte der zentralasiatischen Steppenstaaten entlang der Seidenstraßen.
- *Jaques Gernet:* **Die chinesische Welt,** Frankfurt 1979. Eine Universalgeschichte Chinas von den Anfängen bis zur Gegenwart.
- *Patricia B. Ebrey:* **Chinese Civilization, A Sourcebook,** New York 1993, 2. Aufl., leider nur auf Englisch erhältlich. Quellentexte aus allen Lebensbereichen, die eineneinblick in die chinesische Welt geben.
- ***Die Exekution des Landrats Yin und andere Stories aus der Kulturrevolution,*** Hamburg 1979. Acht kritische Erzählungen, die ein gutes Stimmungsbild der kulturrevolutionären Zeit zeichnen.
- *W. Bauer* (Hrsg): **China und die Fremden,** München 1980.
- *Oskar Weggel:* **Geschichte im 20. Jahrhundert,** Stuttgart 1989. Fundierte Darstellung der modernen Geschichte und eine wichtige Quelle zum Verständnis der Vorgänge im heutigen China.
- *Hans Wilhelm Haussig:* **Die Geschichte Zentralasiens und der Seidenstraße in islamischer Zeit,** Darmstadt 1994. Akribische Darstellung des Wirtschafts- und Kulturaustauschs entland der Seidenstraße zwischen dem 7. und 13. Jh.
- *Jean Lévi:* **Der große Kaiser und seine Automaten,** München 1986. Spannend und gut geschriebener Roman, der sich eng an historische Tatsachen hält, über Chinas Reichseiniger Qin Shi Huangdi.
- ***Ich war der Kaiser von China.*** Vom Himmelssohn zum neuen Menschen. Die Autobiographie des letzten Kaisers, München, 4. erw. Auflage 1987. Für alle, die den Film *Pu Yi* nicht gesehen haben, und für alle anderen ein großes Stück Zeitgeschichte.
- *Edgar Snow:* **Roter Stern über China,** Frankfurt 1971. Wer es noch nicht gelesen hat, sollte es spätestens vor der Chinareise tun. Das Standardwerk über die frühen Jahre der kommunistischen Bewegung in China, dargestellt von einem amerikanischen Journalisten und Augenzeugen.

- *Jonathan Spence:* **Das Tor des himmlischen Friedens.** Die Chinesen und ihre Revolution 1885-1980, München 1985. Anhand der Lebensläufe von zehn Intellektuellen wird die Geschichte der chinesischen Revolution geschildert.
- *Herrison E. Salisbury:* **13 Tage im Juni.** Tiananmen-Tagebuch. Als Augenzeuge in China, Frankfurt 1989. Bericht eines amerikanischen Journalisten, der das Massaker am 4. Juni 1989 miterlebte.
- *Karl Grobe-Hage/F.-J. Krücker* (Hrsg.): **Der kurze Frühling in Peking.** Die chinesische Demokratiebewegung und der Machtkampf der Partei, Frankfurt 1990. Darstellungen und Analysen von 11 Sinologen und Journalisten über die Demokratiebewegung.
- *Thomas Heberer:* **Korruption in China.** Analyse eines politischen, ökonomischen und sozialen Problems, Opladen 1991.

Geografie Minderheiten

- *Thomas Hoppe:* **Die ethnischen Gruppen Xinjiangs,** Kulturunterschiede und interethnische Beziehungen, Hamburg 1998 (2. Aufl.). Systematische Beschreibung der 13 in Xinjiang lebenden Minderheiten.
- *Monika Schädler:* **Provinzportraits der VR China,** Hamburg 1998 (2. Aufl.). Umfangreiche Dokumentation zu Wirtschaft und Geographie aller chinesischen Provinzen.
- *Albert Herrmann:* **Die alten Seidenstraßen zwischen China und Syrien, Beiträge zur alten Geographie Asiens,** Berlin 1910. Knochentrockene, aber auch heute noch gültige Analyse zum Verlauf der Seidenstraßen.

Reisebücher

- *Renè Grousset:* **Die Reise nach Westen, oder wie Hsüan-tsang den Buddhismus nach China holte.**, München 1986. Ein schöner Band aus Diederichs Gelber Reihe, in dem die Reise Xuanzangs nacherzählt und analysiert wird.
- *Jan Myrdal:* **Die Seidenstraße,** Wiesbaden 1981. Kompetent und kenntnisreich geschriebener Bericht des bekannten Schweden über alle möglichen Aspekte der Seidenstraße.
- *Peter Hopkirk:* **The Great Game,** On Secret Service in High Asia, Oxford University Press 1991. Rasant geschriebene Geschichte über die Entdecker und Entdeckung Zentralasiens sowie den Kampf um Englands und Russlands Vorherrschaft. Ein Muss, wenn man auf der Seidenstraße reist.
- *Georg Adolf Narciß* (Hrsg.): **Im fernen Osten.** Forscher und Entdecker in Tibet, China, Japan und Korea, Tübingen 1978. Spannende Kurzberichte von Forschern und Abenteurern aus den Jahren 1689-1911.
- **Nagel's China.** Encyclopedia Guide (engl.), Genf 1968, 1984. Reiseführer für China aus dem Jahr 1965. Informiert umfassend über alle Themen wie Kunst, Geschichte, Religion usw. Interessant ist es, den Reiseteil mit den heutigen Gegebenheiten zu vergleichen.
- *Hans-Joachim Klimkeit:* **Die Seidenstraße.** Handelsweg und Kulturbrücke zwischen Morgen- und Abendland, Köln 1988 (DuMont). Informativer Textband über die alte Seidenstraße.

Wirtschaft

- *Willem van Kemenade:* **China AG,** Maos Utopie und die Macht des Marktes, München 1997. Hervorragende Analyse der aktuellen politischen und wirtschaftlichen Entwicklung Chinas, die auch Taiwan und Hongkong mit einschließt. Sehr gut zur Reisevorbereitung.
- *Bert Becker u.a.* (Hrsg): **Hongkong und China auf dem Weg in das Pazifische Jahrhundert.** Hamburg 1998. Aktuelle Bestandsaufnahmen zur politischen, gesellschaftlichen und wirtschaftlichen Entwicklung.

Kunst und Kultur

- ***Kunst des Buddhismus entlang der Seidenstraße.*** Staatliches Museum für Völkerkunde München, München 1992.
- *H. G. Franz:* ***Kunst und Kultur entlang der Seidenstraße.*** Graz 1986.
- *D. Kuhn* (Hrsg.): ***Chinas goldenes Zeitalter. Die Tang-Dynastie (618-907 n.Chr.) und das kulturelle Erbe der Seidenstraße,*** Heidelberg 1983.
- *V. Arnold-Döben:* ***Die Bildersprache des Manichäismus.*** Köln 1978. Bekanntlich waren die ⇗ Manichäer und insbesondere Mani selbst begnadete Künstler. Dieser Band gibt einen schönen Einblick in ihre Kunst.
- ***Handbuch der Formen und Stilkunde.*** Asien, Stuttgart 1980. Übersichtlich gegliedertes Nachschlagewerk mit Skizzen der wichtigsten Formen südost- und ostasiatischer Kunst.
- ***Trachten und Schmuck chinesischer Nationalitäten.*** Hongkong. Prachtvoller Bildband
- ***Akrobatik in China.*** Verlag für fremdsprachliche Literatur Beijing.
- ***Chinese Painting and Calligraphy.*** Beijing. Großformatiger Bildband mit erläuternden Texten.
- *Anita Rolf:* ***Kleine Geschichte der chinesischen Kunst.*** Köln 1985. Von Bronzekunst bis Architektur wird alles aus kunsthistorischem Blickwinkel betrachtet.
- *James Cahill* (Hrsg. *Albert Skiva):* ***Die chinesische Malerei.*** Stuttgart 1979. Einführung in die chinesische Malerei vom 2. bis zum 18. Jh.
- *A. De Silva:* ***Chinesische Landschaftsmalerei am Beispiel der Höhlen von Tun-Huang.*** Baden Baden 1965. Bild- und Textband aus der Reihe Kunst der Welt.

Philosophie, Religion und Mythologie

- *Lily Abegg:* ***Ostasien denkt anders.*** Zürich 1949. Älteres Werk, das sich dennoch höchst aktuell mit dem ostasiatischen Denken auseinandersetzt.
- ***Die Söhne des Drachen.*** Chinas Weg vom Konfuzianismus zum Kommunismus, München 1974. In Einzelportraits werden 13 wichtige chinesische Autoren gesellschaftspolitischer Entwürfe von der Taiping-Rebellion bis *Mao* vorgestellt.
- *Marcel Granet:* ***Das chinesische Denken.*** Inhalt, Form, Charakter, München 1963. Ein Muss für jeden, der sich mit chinesischer Philosophie und politischem Denken befassen will.
- *Wolfgang Bauer:* ***China und die Hoffnung auf Glück.*** München 1971. Geistesgeschichte von der Frühzeit bis *Mao*.
- *Wolfram Eberhard:* ***Lexikon chinesischer Symbole.*** Köln 1983. Ein gutes Nachschlagewerk
- *Henri Maspero:* ***Taoism and Chinese Religion.*** University of Massachusetts Press 1981. Ein Standardwerk. Bei der Lektüre lernt man so ziemlich alle der 36 000 daoistischen Gottheiten kennen. Interessant für jeden, der sich in China auf einen Tempeltrip begeben möchte.
- *John Blofeld:* ***Der Taoismus oder die Suche nach Unsterblichkeit.*** Köln 1986. Leicht verständliche Einführung in das Wesen des Daoismus.
- *Hans Wolfgang Schuhmann:* ***Buddhismus.*** Stifter, Schulen und Systeme, Olten 1976. Umfassende Einführung in den Buddhismus.
- *Kenneth Chen:* ***Buddhism in China.*** Historical Survey, Princeton N.Jersey.
- *Robert Malek,* ***Das Tao des Himmels.*** Die religiöse Tradition Chinas, Freiburg 1996. Eine gute Einführung in das religiöse Denken der Chinesen.

Alltag in China

- *Zhang Xinxin/Sang Ye* (Hrsg. Helmut Martin): ***Pekingmenschen.*** München 1986. Näher ist man kaum am chinesischen Alltag dran. 36 Lebensläufe und -abschnitte geben einen tiefen Einblick in alle Bereiche des chinesischen Alltags.

- *Hanne Chen:* ***KulturSchock China.*** Reise Know-How.

Zeitschriften

- ***Beijing Rundschau,*** politische und theoretische Wochenzeitschrift. Beiträge zu Politik, Wirtschaft und Kultur, Abdruck von wichtigen Dokumenten.
- ***China im Aufbau,*** Monatszeitschrift für den sozialistischen Aufbau Chinas. Artikel zu Politik, Wirtschaft, Erziehung usw.
- ***China im Bild,*** zweimonatlich, Themen zu allen China betreffenden Bereichen.
- ***China Aktuell,*** Fachzeitschrift mit Analysen chinesischer Zeitungsartikel und Artikeln zu Politik, Wirtschaft und Kultur Chinas, Hongkongs, Macaos und Taiwans.
- ***China Tourism,*** ein monatlich erscheinendes Reisemagazin aus Hongkong mit erstklassigen Fotos, vielen neuen und außergewöhnlichen Reisezielen, eine Zeitschrift, die wirklich Lust aufs Reisen in China macht. (Hongkong China Tourism Press, Hongkong Tel 25618001).

Glossar

Acht

Wie alle anderen geraden Zahlen auch, ist die heilige Zahl acht eine Yin-Zahl, die vor allem im Bereich des Daoismus große Bedeutung erlangte. Als Summe aus den beiden ebenso wichtigen ungeraden Yang-Zahlen 3 und 5 hat sie einen großen Einfluss auf die Entwicklung des Yang und damit des Mannes, der mit 8 Monaten die Milchzähne bekommt, sie mit 8 Jahren wieder verliert, mit 2 mal 8 Jahren mannbar wird und mit 8 mal 8 Jahren zeugungsunfähig wird. Ihren Niederschlag findet die Acht beispielsweise in den acht Trigrammen, acht Unsterblichen, acht Pfeilern des Himmels uvm. Sehr häufig findet man in China Restaurants mit dem Namen 888, eine Anlehnung an die Zigarettenmarke 555, die in China besonders gut verkauft wird. Am 8.8.1988 wurde übrigens die Shanghaier Börse gegründet.

Acht Unsterbliche

Unsterblich wurden diese acht daoistischen Heiligen aus verschiedenen Gründen, und um alle acht ranken sich natürlich einzelne oder mehrere Legenden. Die Acht Unsterblichen, darunter eine Frau, leben auf der Insel der Seligen und symbolisieren Glück und langes Leben. Jeder der acht repräsentiert einen anderen Lebenszustand, nämlich Armut, Reichtum, Wohlstand, Adel, gemeines Volk, Alter, Jugend, Männlichkeit und Weiblichkeit. Sie tragen verschiedene ***Symbole,*** an denen sie zu erkennen sind:

- ***Li Tie Kuai:*** eiserne Krücke, Flaschenkürbis, aus dem eine Fledermaus entweicht;
- ***Zhong Liquan:*** Fächer oder Staubwedel;
- ***Lan Caihe:*** Frucht- oder Blumenkorb, manchmal eine Flöte, wird sowohl männlich als auch weiblich dargestellt;
- ***Zhang Guolao:*** meist auf einem Maultier sitzend, lange Bambusröhre, Phönixfeder oder Pfirsich;
- ***He Xiangu*** (weiblich): Lotus, manchmal mit Mundorgel und weintrinkend;
- ***Lü Dongbin*** ist der wichtigste der acht: Schwert;
- ***Han Xiangzi:*** Flöte;
- ***Cao Guojin:*** Kastagnetten, Hofkleidung, Zepter.

Achtzehn Luohan

Die achtzehn Schüler des Buddha *Sakyamuni* sind eine Art Pendant zu den acht daoistischen Unsterblichen. Diese Heiligen (auch Arhats genannt) haben den achtfachen Weg der Leidensaufhebung vollendet, sind erleuchtet worden und für alle Ewigkeit gerettet. Sie können nun selbst einmal Buddhas werden. Sie repräsentieren das Ideal, das zu erreichen jeder Mensch trachten soll. Insgesamt gibt es 500 Luohans, aber achtzehn von ihnen haben eine besondere Bedeutung. Sechzehn davon sind hinduistischen und nur zwei chinesischen Ursprungs. So findet man manchmal auch nur Darstellungen von sechzehn Luohan.

Amitabha, Amida

„Von unermeßlichem Blau". Buddha des unermeßlichen Lichts. Einer der beliebtesten transzendenten Buddhas. Er ist nur spirituell erfassbar und damit nur dem fortgeschrittenen Bodhisattva sichtbar. Er ist Herr über das westliche Zwischenparadies Sukhavati (chin.: Jingtu = Reines Land). Man sieht ihn oft im Kopfschmuck des Bodhisattva *Avalokiteshvara* dargestellt.

An

Kleiner buddhistischer Tempel, Nonnenkloster.

An Lushan
(693-757)

Bedeutender Militärgouverneur und General der Tang-Zeit aus türkisch/sogdischem Hause. Er führte dem Kaiser *Xuanzong* die berühmt berüchtigte Konkubine *Yang Guifei* zu und fachte 755 eine Militärrebellion an, die in ihrem Verlauf zu einer der größten Krisen in der Geschichte Chinas wurde.

Apfel

Der Apfel symbolisiert Frieden (beide Wort werden „ping" ausgesprochen), die Apfelblüte die weibliche Schönheit. Als Geschenk wünscht man dem Beschenkten mit dem Apfel Frieden.

Apsaras

Himmelsfeen in Hinduismus und Buddhismus, die als Tänzerinnen und Musikantinnen auftreten.

Arhat

Siehe Achtzehn Luohan.

Ashoka

Indischer Herrscher (273-232 v.Chr.) der Mauria-Dynastie. Nach grausamen Eroberungsfeldzügen wandte er sich der Lehre Buddhas zu und wurde zum großen Förderer des Buddhismus. In seinen Edikten, die in Stein gemeißelt und an vielen Orten des Reichs in verschiedenen Sprachen aufgestellt wurden, legte er seinen Untertanen die buddhistische Moral nahe.

Avalokiteshvara

Bodhisattva, der Herr, der gnädig herabblickt. Hervorstechendstes Merkmal *Avalokiteshvaras* ist sein grenzenloses Mitleid. Angerufen wird er durch das berühmte Mantra „Om Mani padme hum". Er ist der Schirmherr des tibetischen Buddhismus und wird in China als die weibliche Gottheit *Guanyin* verehrt. Beide haben elf Köpfe und tausend Arme. Spiritueller Vater ist Buddha *Amitabha,* den man manchmal im Kopfschmuck *Avalokiteshvaras* dargestellt sieht.

Awaren

Ein zentralasiatisches Volk, das mit den mongolischen Ruanruan bzw. Rouran verwandt oder identisch ist.

Ball

Der Ball gilt als Symbol der Fruchtbarkeit. Die beiden mit einem Ball oder einer Perle spielenden Drachen, die man auf Bildern sehr häufig sehen kann, sollen die regenbringenden Wolken des Frühjahrs, die neue Fruchtbarkeitsperiode nach dem Winter, darstellen. Palast- und Tempeltore werden meist von einem Löwenpaar als Dämonenwächter bewacht. Der eine rollt einen Ball unter seiner Tatze, wodurch das Ausschlüpfen des darin befindlichen Löwenbabys herbeigeführt werden soll. Bei Verlobungs-, Hochzeits- und Fruchtbarkeitsfesten war ein meist rot gestickter Ball ein wichtiges Symbol.

Bambus

Der Bambus ist ein Leitmotiv auf chinesischen Kalligraphien und ein Universalmaterial altchinesischer Technik. Bambus kann Bescheidenheit, wenn er seine Blätter hängen lässt, Langlebigkeit, weil er immergrün ist und Fröhlichkeit symolisieren, wenn er sich im Wind vor Lachen biegt. Auch als Dämonenwächter schätzte man ihn und umwickelte Feuerwerkskörper mit Bambus, die zu Neujahr und anderen Festen gezündet wurden, um die bösen Geister zu vertreiben. Kinder, die auf Bildern Bambusraketen anzünden, versinnbildlichen den Wunsch nach Frieden. In der Sprache wird dieses Bild durch ein Wortspiel ausgedrückt, denn die Worte für wünschen und Bambus (*zhu*) und explodieren und verkünden (*bao*) sind gleichklingend. Manchmal kommt in einem dritten Vers noch das Wort Vase zur Verdeutlichung hinzu, weil Vase und Frieden beide *ping* ausgesprochen werden. Zu guter Letzt ist der Bambus auch noch das Symbol der Unbeugsamkeit und des Pragmatismus.

Ban Chao

Chinesischer General (31-102), der zwischen 73 und 94 die dem chinesischen Einfluss entglittenen zentralasiatischen Oasen in mehreren Feldzügen zurückeroberte, nachdem die Han-Dynastie nach dem Interregnum des *Wang Mang* im Jahre 25 restauriert werden konnte. Er verbrachte 31 Jahre in Zentralasien und wurde einer der berühmtesten Generäle in der Geschichte des Landes.

Ban Gu

Historiker (32-92), der das berühmte „Fu (lange lyrische Beschreibungen des höfischen Lebens im rhythmischen Stil) der beiden Hauptstädte" und die „Geschichte der Han-Dynastie" ***(Hanshu)*** schrieb.

Beg

Muslimische Honoratioren und Mittelsleute, die Steuereintreibungs-, Richter- und Landwirtschaftsfunktionen bekleideten. Nach der Eroberung Ost-Turkestans durch die Mandschus wurden die früheren Herrscher, die Khojas, vertrieben und die Begs eingesetzt, um die Westlichen Gebiete zu kontrollieren.

Blumen

Allgemein symbolisieren Blumen die weltliche Schönheit, so Blumen häufig in Mädchennamen vorkommen. Jeder der ***Jahreszeiten*** wird eine Blumenart zugeordnet: Magnolie dem Frühling, Päonie (Pfingstrose) und Lotos dem Sommer, Chrysantheme dem Herbst, Pflaume und Bambus dem Winter. Auch jedem ***Monat*** ist eine Blume zubestimmt. Allerdings kommt es hier zu Variationen. So wird die Aprikose dem 2. Monat, der Pfirsich dem 3. Monat, der Lotos dem 6. Monat, die Zimtblüte dem 8. Monat und die Chrysantheme dem 9. Monat zugewiesen. Hinter den verschiedenen Ausdrücken, die mit Blumennamen kombiniert werden, verbergen sich oft Anspielungen auf Kurtisanen, Prostituierte oder ***weibliche Attribute*** überhaupt.

Bodhidharma

Der indische Mönch (480-528) wird in China *Damo* genannt und begründete um 520 den Chan-Buddhismus (jap.: Zen) in China (s. Religionen, Buddhismus).

Bodhisattva

Jemand, der bereits erleuchtet wurde, sein Eingehen ins Parinirvana (das nachtotliche Nirvana) aber aufschiebt, bis alle Wesen erlöst sind. Sein Verhalten ist von Barmherzigkeit und Mitleid gelenkt und dem Wunsch, ohne Eigennutz andere glücklich zu machen.

Brunnenfeld-system

Das Brunnenfeldsystem wurde von *Menzius* (372-289) entworfen und verdankt seinen Namen der Form des chinesischen Schriftzeichens *jing* = Brunnen. Es diente als Schlüssel zur gerechten Verteilung der Güter zwischen Volk und Herrscher. Hauptgedanke dabei ist, das Reich netzartig in Landeinheiten aufzuteilen, die aus je neun Feldern bestehen, von denen jeweils acht von einer Familiengruppe für den privaten Bedarf, das neunte, in der Mitte liegende, für Herrscher und Staat bebaut werden.

Buddha

„Der Erleuchtete". Buddha kann werden, wer durch eigene Erkenntnis zur Erlösung gelangt, den Kreislauf des Leidens und der Wiedergeburten durchbrochen hat und damit ins Nirvana eingeht. Zusammen mit Kindern dargestellt, symbolisiert Buddha das vom Himmel kommende Glück.

Spricht man von Buddha, so ist meistens der ***historische Buddha*** und Begründer des Buddhismus, *Siddharta Gautama* (563-483 v.Chr.), gemeint.

Oft werden die acht ***Symbole*** des Buddhismus mit der Buddhastatue zusammen dargestellt: der Baldachin, der alle Lebewesen schützt, die Muschel, die zur Predigt ruft, das Rad, das die Predigt versinnbildlicht, der Lotos als Symbol der Reinheit, die Vase als Zeichen vollkommener Weisheit, der Schirm, der die Heilkräuter überdacht, die Goldfische für Erlösung und der Knoten für ewiges Leben (s. auch Religionen, Buddhismus).

Cen Shen

Chinesischer Dichter (714-770) der Tang-Zeit, der durch seine Gedichte über die Westlichen Gebiete bekannt geworden war. Er war Beamter der Präfektur Beiting und schrieb daher auch eine Reihe von Gedichten über Beiting und das der Präfektur unterstellte Luntai.

Chan-Buddhismus

Ein von *Bodhidharma (Damo)* um 520 begründeter Meditationsbuddhismus (jap.: Zen). In einer Reihe von Chan-Formen wird die Möglichkeit einer blitzartigen Erleuchtung postuliert, die auf eine mehr oder weniger lange Vorbereitungszeit folgt. Der Chan-Meister bedient sich dabei eines sogenannten ***Koan,*** das er seinem Schüler als Aufgabe oder Meditationsgrundlage gibt. In der Regel handelt es sich um einen nicht auflösbaren Rätselspruch, einen unverständlichen Dialog oder andere für solche Zwecke geeigneten Aussagen. Auch Schläge konnten zu einer unmittelbaren und blitzartigen Erleuchtung (jap.: *Satori*, chin.: *Wu*) führen. Ziel ist es, jeweils von der anfänglichen Unwissenheit über das Infragestellen der Dinge zur Erkenntnis ihres So-Seins zu gelangen (s. auch Religionen, Buddhismus).

Chrysantheme

Die Chrysantheme, die man sehr oft in chinesischen Darstellungen findet, symbolisiert den Herbst und steht für den 9. Monat des Mondkalenders. Den in China sehr beliebten ***Chrysanthementee*** trinkt man daher am besten am 9. Tag des 9. Monats.

Sie ist in erster Linie ein ***Sinnbild für langes Leben*** und tritt oft kombiniert mit anderen Symbolen auf wie Kiefer (= langes Leben) oder Heuschrecke, was in diesem Fall bedeutet, das der Beschenkte möglichst lange den höchsten Beamtenrang innehaben möge.

Danwei

Unterste Kontrollebene des Parteiapparats der KPCh. In der Danwei (Einheit) sind alle Bürger und Bürgerinnen der VR China in der einen oder anderen Form integriert, sei es in der Form von Nachbarschafts-, Fabrik-, Universitäts- oder Schuleinheiten oder in Dorfgemeinschaften.

Dao De Jing

Das „Buch vom Weg und der Tugend". Grundlegendes Werk des Daoismus, das von *Laozi* verfasst worden sein soll (siehe Religionen, Daoismus).

Dharma

1. Lehre des Buddhismus. 2. Die elementarsten Bausteine der physischen und geistigen Welt im Buddhismus (s. auch Religionen, Buddhismus).

Dian

Halle, Tempelhalle.

Dickbauchbuddha

Siehe Maitreya.

Drache

Eines der am häufigsten in der chinesischen Kunst dargestellten Symbole ist der Drache. Als gutartiges Tier ist er Sinnbild der männlichen, zeugenden Naturkraft (Yang) und zugleich ***Symbol des Kaisers*** seit der Han-Zeit (206 v. Chr.-220 n. Chr.).

In der chinesischen Mythologie stellt man sich den Drachen im Osten lebend als eines der vier Tiere der Himmelsrichtungen vor. In dieser Verbindung galt er auch als ***Regenmacher,*** in der Kunst dargestellt durch zwei Drachen, die mit einem Ball oder einer Perle (= Donner) spielen, was Regen verursacht. Den gleichen Hintergrund hat der ***Drachentanz,*** den man in Taiwan noch oft aufführt. Auch er soll Regen bringen.

Die verschiedenen Drachenvorstellungen haben sich vor allem im Buddhismus und Daoismus weiterentwickelt. Im ***Buddhismus*** sprach man dem Drachen die Eigenschaft zu, sich groß und klein, sichtbar und unsichtbar machen und zwischen Himmel und Erde auf- und absteigen zu können. Im ***Daoismus*** gab es vier Drachenkönige für die vier Meere: Im Ostmeer wohnte der Drache der Tugend, im Südmeer der Drache der Güte, im Westmeer der Drache der Gunst, im Nordmeer der Drache der Großzügigkeit.

Gern wird der Drache mit der ***Zahl neun*** in Verbindung gesetzt, weil neun die potenzierte männliche Kraft (3 x 3) symbolisiert. Beispielsweise werden auf der Drachenwand in Beijing und Datong neun Drachen dargestellt. Der Hongkonger Stadtteil Kowloon bedeutet „Neun Drachen".

Weibliches Gegenstück zum Drachen ist der ***Phönix,*** der auch Symbol für die Kaiserin ist.

Dsungarei (Jungarei)

Region zwischen Altay- und Tian-Gebirge, auch Junggar-Becken genannt.

Dsungaren (Jungaren)

Ein Bund von vier westmongolischen Stämmen, die unter Führung von *Galdan* in den Jahren 1678-79 ganz West-Xinjiang eroberten und den islamischen Oasen-Fürstentümern ein Ende setzten. Im Jahre 1717/18 besetzten sie Tibet.

Einheit

Siehe Danwei.

Electi

Sogenannte „Auserwählte" im Manichäismus, die durch ihre asketische Lebensweise und ihr Wissen die Vorraussetzung zur Erlösung schaffen (s. Exkurs Manichäismus).

Fa Xian

Berühmter chinesischer, buddhistischer Pilger, der 399 im Alter von 60 Jahren zu seiner großen Pilgerreise aufbrach. Er besuchte Kuqa, Hotan, Kashgar, Kaschmir, Kabul, Taxila und schiffte sich am Golf von Bengalen in Richtung Ceylon und Sumatra ein, bevor er 414 zurückkehrte und viele der mitgebrachten Manuskripte übersetzte. Sein Reisebericht *„Foguoji"* (Bericht über die buddhistischen Länder) ist eine der wertvollsten Quellen über die Reiche seiner Zeit.

Ferghana

Mittelasiatische Beckenlandschaft im heutigen Usbekistan. In der Antike gehörte das Ferghana-Tal zur Sogdiana, durch die auch die Seidenstraße führte.

Fisch

Der Fisch, im Chinesischen gleichklingend mit Überfluss (*Yu*), ist ein ***Symbol des Reichtums*** und des Überflusses. Zusammen mit anderen Symbolen drückt es den Wunsch nach Prosperität aus. Zwei Goldfische in einem Glas bedeuten z.B., dass sich das Haus des Beschenkten mit Gold und Edelsteinen füllen möge. Zusammen mit Lotosblüten wünscht man jemandem, viele Jahre im Überfluss leben zu können. Große Fischschwärme in Flüssen wurden als Zeichen einer bevorstehenden reichen Ernte gedeutet.

Flaschenkürbis

Die urige Form des Flaschenkürbis findet man, bemalt und unbemalt, überall in China vor allem in Souvenirläden. Es ist ein typisches Objekt der Magier und Daoisten. Den Guten verhilft der Flachenkürbis in Schlachten und Kämpfen zum Sieg. Außerdem versinnbildlicht er Himmel und Erde, die in ihm vereint sind. Öffnet man diesen Mikrokosmos, entweicht eine Wolke, mit der man Dämonen einfangen kann.

Fo

Chinesische Bezeichnung für Buddha.

Fünf

Die magische Fünf ist eine der wichtigsten Zahlen in China, aber auch in Asien. Sie bildet das Zentrum im berühmten, Jahrtausende alten „Brunnenfeldsystem" (siehe dort), in dem die jeweils drei Zahlen stets 15 ergeben, egal ob man sie waagerecht, diagonal oder senkrecht addiert. Nach diesem System sind alle chinesischen Städte gebaut. In der Mitte steht daher immer der Kaiserpalast bzw. das Amtsgebäude.

Fünf Menschliche Beziehungen

Siehe Kranich.

Fuxi

Erster mythischer Kaiser. Er setzte dem Chaos und der Verwirrung am Anfang der Zeit ein Ende. Zusammen mit seiner Schwester und Frau *Nügua* steht er für Yang und Yin.

Gandhara

Landschaft im heutigen Pakistan, der nördliche Teil des flachen Indus-Tals zwischen den Vorbergen des Himalaya und dem westafghanischen Gebirge.

Gaozong

Dritter Kaiser der Tang-Dynastie. *Gaozong* (626-683) regierte von 649 bis 683. Unter seiner Herrschaft dehnte sich das chinesische Reich noch weiter aus. Allerdings litt *Gaozong* unter einer Nerven-Krankheit, die ihn ab 654 schließlich völlig von seiner Konkubine *Wu* abhängig machte, die 655 zur ersten Gattin des Kaisers aufstieg und die Fäden am Hofe in der Hand hatte.

Ge

Chinesisch für Studio, Pavillon.

Gelb

Gelb war die Stammfarbe der Qing-Dynastie und verkörperte dreihundert Jahre lang die Kaiserwürde. Da die Wiege des chinesischen Reichs am Gelben Fluss im Lößgebiet der „gelben Erde" lag, symbolisiert die Farbe Gelb die Erde, den Nachsommer und die Mitte. Gelb steht für das Mitgefühl und in der Regierung für das Besinnen. Allerdings werden in neuerer Zeit auch viele negative Attribute mit dieser Farbe in Verbindung gebracht. So steht Gelb für eine konservative, innovationsfeindliche Haltung und in einem anderen Zusammenhang auch für frivol, unsittlich und sexuell abartig, was sich im Terminus „Gelbe Literatur" (= Pornographie) niederschlägt.

Gelber Kaiser

Erster der Fünf Urkaiser, der von 2674 bis 2575 v.Ch. regiert haben soll. Er ist Gott des Berges Kunlun und des Zentrums der Erde. Ihm wird die Erfindung von Booten, Waffen, Weberei, Wohnungsbau, Schrift und Musikinstrumenten zugeschrieben. Die Daoisten schreiben ihm die Gründung ihrer Lehre zu.

Geomantik

Die Wissenschaft von Wind und Wasser (*Fengshui*). Diese Wissenschaft war für jeden Chinesen ungeheuer wichtig. Bevor ein Haus gebaut, ein Grab angelegt, Baumgruppen angeordnet oder Brücken, Mauern usw. gebaut wurden, machte ein Erdwahrsager (Geomant) einen glückbringen Ort für das Projekt aus. Dazu mussten die Einflüsse des Universums und der Natur möglichst günstig gestaltet werden, um schließlich zur Harmonie zu gelangen.

De Goes, Benedict

Benedict de Goes (1562-1607) war ein Laienbruder der Jesuiten auf den Azoren. 1602 wurde er von seinem Orden dazu auserwählt, in *Marco Polos* Fußstapfen zu treten, und herauszufinden, was es mit dem geheimnisvollen Cathay auf sich hatte und ob es mit dem chinesischen Reich identisch war. Von Indien aus trat er seine Reise entlang der Seidenstraße an, indem er sich als armenischer Kaufmann verkleidete und so mit den moslemischen Handelskarawanen mitziehen konnte, in ständiger Angst, entlarvt zu werden. 1603 erreichte er Shache (Yarkand). Unterwegs hörte er von einer erfolgreichen Jesuitenmission in Beijing am Hofe des Kaisers und war nunmehr überzeugt, das Cathay und China identisch sein mussten. *De Goes* kam bis Jiuquan, wo er, von moslemischen Händlern um den letzten Pfennig gebracht, 1607 starb, während er auf die Erlaubnis wartete, weiterreisen zu dürfen.

Gong

Palast, daoistischer Tempel.

Große Mauer

Chinesisch: Wanli Chang Cheng. 10.000 Li (1 Li = 0,5 km) lange Befestigung im Norden Chinas (siehe Beijing, Ausflüge in die Umgebung).

Grün

Grün ist eine Farbe des Lebens und steht in der „Fünf-Elementen-Lehre" in Verbindung mit dem Frühling, dem Aufblühen, dem Wind, den Augen und der Erregung. Für die Regierung bedeutet Grün, sie Milde übt. Rot und Grün tauchen vor allem in der Kunst gerne kombiniert auf, da beide Farben des Lebens sind. Ausgerechnet die Rotgardisten in ihren grünen Uniformen wählten Rot und Grün zu ihren Farben. Obwohl sie alles Alte zerschlagen wollten, haben sie hier die Tradition pervertiert.

Guan

Pass, Fort. Mit einem anderen Schriftzeichen auch daoistischer Tempel.

Guanyin

Der Name *Guanyin* rührt vermutlich aus einer ***missverständlichen Übersetzung*** des Namens *Avalokiteshvara* her, als man aus dem Sanskritwort *isvara* = Herr, versehentlich ***svara*** = Laut, Klang machte, was zur chinesischen Übersetzung „derjenige, welcher auf die Laute (der Welt) hört" führte.

Guanyin ist die ***Göttin der Barmherzigkeit*** und eine Göttin, die Kinder bringt. Dass aus dem Bodhisattva *Avalokiteshvara* eine Göttin werden konnte, hängt wahrscheinlich mit seinen weichen Formen und leicht weiblichen Zügen, mit denen er in Indien dargestellt wurde, zusammen.

Guanyin und *Avalokiteshvara* werden oft mit unzähligen Armen und bis zu elf Köpfen dargestellt. Auch hierzu gibt es zahlreiche ***Legenden.*** Eine davon weiß zu berichten, *Guanyin* – zu Lebzeiten noch *Miao Zhuang* genannt – ihren undankbaren Vater von einer schweren Krankheit heilte und dieser nun voller Dankbarkeit ihr zu Ehren eine Statue schaffen ließ. Dabei missverstand der Bildhauer die Order, *Miao Zhuang* komplett mit Händen und Augen (*quanshou quanyan*) darzustellen als *qianshou qianyan* (mit tausend Händen und tausend Augen), und so wurde *Guanyin* als tausendarmige Göttin verewigt.

Guan Yu (Guan Di)

Ursprünglich war der als Kriegsgott verehrte *Guan Di* oder *Wu Di* der legendäre ***General der Drei Reiche,*** *Guan Yu*. Im berühmten Schwur vom Pfirsichgarten (im Roman „Die drei Reiche") schworen *Guan Yu*, *Zhang Fei* und *Liu Bei* ewige Treue. Trotz seiner militärischen Erfolge wurde *Guan Yu* letztendlich überlistet, gefangengenommen und hingerichtet. Er wurde zunächst ein Held der Soldaten und unter dem Ming-Kaiser *Shenzong* zum Gott ernannt. Damit wurde er zum Patron der Soldaten, aber auch der Literatur und des Reichtums. Guan-Yu-Tempel sind unter dem Namen *Wu Sheng Miao* bekannt, als Tempel des Kriegsgottes.

Guomindang (GMD)

Die „Nationale Volkspartei" ging 1912 aus einem Zusammenschluss der von *Dr. Sun Yat-sen* gegründeten Tongmenghui (= Revolutionsbund) mit anderen Parteien hervor. Vorsitzender wurde *Sun Yat-sen*, der mit seinen „Drei Grundlehren vom Volk" (Sanmin zhuyi), in denen der Nationalismus, die Rechte und die Lebensführung des Volkes definiert wurden, das politische Programm der GMD formulierte. Seit der Vertreibung der Nationalisten aus China 1949 ist die GMD auf Taiwan die Staatspartei.

Heilige Berge

- Die fünf ***mythischen Berge Chinas*** sind der: ***Heng Shan,*** Provinz Hunan, 1.290 m, ***Heng Shan,*** Provinz Shanxi, 2.017 m, ***Hua Shan,*** Provinz Shaanxi, 1.997 m, ***Song Shan,*** Provinz Henan, 1.440 m, ***Tai Shan,*** Provinz Shandong, 1.545 m. Diese fünf Berge waren seit alters her Opferstätten und liegen in allen fünf Himmelsrichtungen, also Norden, Osten, Süden, Westen und Mitte. Auf ihren Gipfeln stehen meist daoistische Tempel.
- ***Heilige Berge des Daoismus: Qingcheng Shan,*** Provinz Sichuan, ***Wudang Shan,*** Provinz Hubei, ***Kongtong Shan,*** Provinz Gansu.
- ***Heilige Berge des Buddhismus: Emei Shan,*** Provinz Sichuan, 3.099 m, ***Jiuhua Shan,*** Provinz Anhui, 1.341 m, ***Putuo Shan,*** Provinz Zhejiang, ***Wutai Shan,*** Provinz Shanxi, 3.058 m.
- Daneben gibt es noch einige ***lokale heilige Berge,*** die aus verschiedensten Gründen das Ziel von Pilgern waren und sind, so z.B. der ***Jizu Shan*** in der Provinz Yunan und der ***Huang Shan*** in der Provinz Anhui.

Himmelskönige

Die vier Himmelskönige ***(Si Da Tianwang)*** sind sowohl bei den Buddhisten wie bei den Daoisten zu finden, die die vier Himmelskönige vor allem seit der Ming-Zeit als ***Tempelwächter*** eingesetzt hatten. Man findet sie entweder als Statuen oder auf die Eingangstore gemalt an den Eingängen von Tempeln und Sakralbauten. In der buddhistischen und ursprünglichen Version gehören die vier Wächter zu einer Gruppe der Wächter des Universums (Lokapala) und werden die vier Jingang (sanskr.: *Vajrapani*) genannt.

Gleichzeitig symbolisieren die vier furchteinflößenden Gestalten die vier Jahreszeiten und kontrollieren die vier Elemente Feuer, Luft, Erde und Wasser. Bei den Daoisten werden die vier Li, Ma, Zhao und Wen genannt und tragen eine Pagode, eine Schwert, zwei Schwerter bzw. einen angespitzten Stab.

Hinayana

(Sanskrit: Kleines Fahrzeug) Die ältere und strengere buddhistische Lehre, die eine Eigenerlösung ohne äußere Hilfe postuliert. Das Ideal ist der Arhat, der sich ohne Hilfe selbst erlöst (s. auch Religionen, Buddhismus).

Huang Di

Siehe Gelber Kaiser.

Huo Qubing

(140-117 v. Ch.)Chinesischer General, dessen Feldzüge im Jahre 121 v.Ch. entscheidend dazu beitrugen, die Hunnen zu schlagen und den Hexi-Korridor, den Durchlass nach Westchina, zu öffnen.

Indoskythen

Nach ihrer Vertreibung aus Gansu im 2. Jh. in Baktrien seßhaft gewordene Yuezhi (s. dort), die bei den Griechen unter dem Namen Indoskythen bekannt waren.

Issedonen

Bei den alten Griechen die Bezeichnung für das Nomadenvolk der Wusun.

Jadekaiser

Höchste Gottheit der Volksreligion (s. auch Religion, Volksreligion).

Kaiserkanal

Mit 1.800 km Länge ist dieser Kanal der längste von Menschenhand geschaffene Wasserweg. Eine Million Fronarbeiter sollen an diesem Großprojekt geschuftet haben. Um die Reichseinheit zwischen dem alten Reichskern am Gelben Fluss (Huang He) und den später eroberten und eingegliederten Gebieten am Chang Jiang (Yangzi) zu festigen, begann der zweite Kaiser der Sui-Dynastie (581-618), *Yang Guang* (*Yangdi*, reg. 604-617), mit dem Bau des von Süden nach Norden verlaufenden Kaiserkanals, der, von Hangzhou ausgehend, die Flüsse Chang Jiang, Huai He und Hai He miteinander verband.

Der Kanal führte zunächst bis Tianjin und wurde Ende des 13. Jh. unter *Kublai Khan* bis Tongxian nahe Beijing verlängert. Der Große Kanal wurde nicht nur zu einem bedeutenden Transportweg für Agrarprodukte und Rohstoffe und damit zum Begründer des Reichtums vieler an seinem Lauf liegenden Städte, sondern auch zu einem Hauptwasserspender für die Landwirtschaft. Über weite Strecken ist der Kanal auch heute noch befahrbar, so zum Beispiel auf der beliebten Strecke von Hangzhou nach Suzhou.

Kalligraphie

Eigenständige Kunstform (griech.: Schönschrift), mit der man in China und Japan eine Schönschrift kreiert (s. Die Menschen, Kalligraphie).

Karez

Bewässerungssystem, das aus unterirdischen Kanälen besteht, die Wasser vom Fuße eines Gebirges in die Oasen leiten (s. Turfan).

Khoja

Religiös-weltliche Oberhäupter, die bis 1759 die Herrschaft über die Westgebiete ausgeübt hatten. Nach der Eroberung des Westens durch die Mandschus wurden sie vertrieben, aber von ihrem Exil aus zettelten sie über 11 große Moslemrebellionen im Tarim-Becken an.

Kiefer

Wohl kaum ein Baum taucht in der chinesischen Kunst so häufig auf wie die Kiefer. Da sie zu den immergrünen Pflanzen zählt und ihre Nadeln nicht verliert, gilt sie als ***Symbol des langen Lebens*** und der Beständigkeit. Zusammen mit dem Kranich symbolisiert die Kiefer die letzten Jahre eines langen Lebens. Dieses Sinnbild des Baumes an sich hat einen seiner berühmtesten Vertreter vielleicht in der „Kiefer, die die Gäste begrüßt" (*Yingke Song*) auf dem Huang Shan in der Provinz Anhui. Unzählige, oft kitschige Abbildungen lassen diese Kiefer nie in Vergessenheit geraten.

Konfuzius

Kong Qiu (551-479 v.Ch.) Begründer der als Konfuzianismus zur Staatsdoktrin erhobenen Morallehre (s. Religion, Konfuzianismus).

Kranich

Der Kranich ist eines der ***Symbole der Langlebigkeit.*** Er wird oft zusammen mit der Kiefer und dem Stein als dreifaches Sinnbild der Langlebigkeit oder mit einer Schildkröte, auch ein Symbol der Langlebigkeit, dargestellt.

Zusammen mit dem Phönix, der Mandarinente (Symbol für gute Ehe), dem Reiher und der Bachstelze symbolisiert diese Gruppe die für den Konfuzianismus so wichtigen ***fünf Beziehungen des Menschen:*** König und Untertan, Vater und Sohn, Mann und Frau, älterer und jüngerer Bruder sowie Freund und Freund.

Kulturrevolution

Machtkampf der reformorientierten Fraktion um *Liu Shaoqi* und der ultralinken Fraktion um *Mao Zedong* in den Jahren 1966-1976, bei dem die „Linken" die Oberhand gewannen und in einem beispiellosen Feldzug der Zerstörung und Vernichtung die sogenannten „Alten Vier", d.h. alte Ideen, Bräuche, Kultur und Gewohnheiten, ausmerzen wollten, um eine neue Gesellschaft zu schaffen (s. auch Geschichte).

Kumarajiva

Kumarajiva (344-413) studierte in Kaschmir die Lehre des Hinayana, um sich in Kashgar dann dem Mahayana-Buddhismus zuzuwenden. Zurück in seiner Heimat Kuqa, wurde er gefangengenommen und nach Liangzhou (Wuwei) gebracht, wo er 17 Jahre wirkte. 401 wurde *Kumarajiva* vom tibetischen Herrscher *Yao Xing* nach Chang'an gebracht, wo er ein Übersetzerteam für buddhistische Schriften leitete. Zusammen mit dem Mönchen *Huiyuan* leitete er einen Wendepunkt in der chinesischen Geschichte des Buddhismus ein.

Kunlun-Shan

Gebirge im Westen Chinas. Nach alter chinesischer Vorstellung befindet sich hier das Zentrum der Welt und Sitz des Gelben Kaisers. Für die Daoisten ist es der Sitz der Königinnenmutter des Westens (Xiwangmu), in deren Garten der Pfirsich der Unsterblichkeit wächst.

Kushan

Bei den Kushan handelt es sich um die von den Xiongnu aus Gansu vertriebenen Nomadenstämme der Yuezhi, die auch als Tocharer bekannt waren und das Kushan-Reich begründeten.

Lama

(tib.: Heilsfreund) Im Lamaismus ein Mönch höheren Ranges, der Schülern die Lehre Buddhas erläutert und als ihr Führer zur Erleuchtung fungiert.

Lamaismus

Tibetische Form des Buddhismus, die nach dem 13./14. Jh. auch in der Mongolei große Verbreitung fand (s. Religionen, Buddhismus).

Albert von Le Coq

Bis 1894 arbeitete *Albert von Le Coq* (1860-1930) in der Weinhandlung seines Vaters, dann beschloss er, orientalische Sprachwissenschaft zu studieren. 1902 trat er eine Anstellung in der Indienabteilung des Ethnologischen Museums in Berlin an, dessen Leiter *Albert Grünwedel* war, und ging 1904 auf die erste seiner Ostturkestan-Expeditionen. Nach Sir *Aurel Stein* war *von Le Coq* einer der erfolgreichsten Forscher auf diesem Gebiet und wurde von den Chinesen entsprechend als eine der Unpersonen eingestuft, die in China en masse Kunstschätze geraubt haben.

Li Shimin

Späterer Kaiser *Taizong* (598-649), der seinen Vater anstiftete, die Sui-Dynastie zu stürzen um die Tang-Dynastie zu gründen. Er entmachtete schließlich seinen Vater und machte sich selbst zum Kaiser (reg. 626-649).

Löwe

Da der Löwe kein in China beheimatetes Tier ist, lernten die Chinesen ihn erst kennen, nachdem westasiatische Gesandte Löwen als Geschenke mitbrachten. Als Motiv in der Kunst tritt der Löwe erst seit der Verbreitung des Buddhismus in China auf. Er ist das ***Reittier des Manjusri*** (siehe dort), des Bodhisattva der Weisheit, und wirkt als Beschützer des Gesetzes und als Schützer von Tempeln, Banken, Regierungsgebäuden usw. Dabei tritt der Löwe immer paarweise auf, und zwar der Löwe mit einem Ball (siehe dort) spielend und die Löwin mit einem Löwenjungen. Beide sollen böse Geister abschrecken.

Lotos

Der Lotos ist vor allem ein ***Symbol der Reinheit,*** da die Pflanze zwar im Morast wächst, aber dennoch nicht schmutzig ist. Einen Großteil ihrer Bedeutung verdankt diese heiligste Pflanze Chinas wohl dem Buddhismus, und so wird auch Buddha analog zum Lotos gesehen, da er zwar auf der Erde geboren worden ist, gleichzeitig aber über ihr steht. Im Buddhismus symbolisieren Frucht, Blüte und Stengel des Lotos Vergangenheit, Gegenwart und Zukunft. Der Kern der Bedeutungen des Lotos, der in unzähligen Variationen und Kombinationsmöglichkeiten auftritt, ist Reinheit, Perfektion und Einheit. Weiterhin ist der Lotos Sinnbild für den Sommer und wegen seiner vielen Samen pro Blüte auch ***Symbol für reiche Nachkommenschaft.***

Luohan

Siehe Achtzehn Luohan.

Mahayana

Das „Große Fahrzeug" ist ein reformierter Zweig des Buddhismus etwa aus dem 1. Jh. v.Chr. Anders als der Hinayana postuliert der Mahayana die Möglichkeit einer Erlösung aller Kreaturen von außen durch Buddhas oder Bodhisattvas (s. Religionen, Buddhismus).

Maitreya

Chinesisch: *Milefo* (übersetzt: der Gütige). Zur Zeit wartet *Maitreya* noch als Bodhisattva im Tusita-Himmel, um in 2.500 Jahren als Buddha der Zukunft auf der Erde ein leidensfreies Reich zu errichten und die bis dahin verunreinigte Lehre Buddhas wieder in ihren ursprünglichen Zustand zu versetzen. In einer kleinen Flasche trägt er das Elixier der Todlosigkeit (des Nirvana) mit sich herum. Maitreya wird stets als fetter, lachender Mann mit einem Sack dargestellt. Oft sieht man ihn auch von Kindern umgeben. (Siehe Religionen, Buddhismus)

Mandala

Kosmisches Schaubild im Buddhismus, das zu meditativen Zwecken verwendet wird. Die Darstellungen bestehen aus kreisförmigen Bildern, Symbolen von buddhistischen Heiligen und Buddhas in ihren geistigen und kosmischen Bezügen.

Mani, Manichäismus

Mani (216-276) begründete die nach ihm benannte Religion des Manichäismus, die auch in Zentralasien weite Verbreitung fand, unter anderem bei den Uiguren. Er wurde als Ketzer von der zoroastrischen Priesterschaft verfolgt und hingerichtet (s. Exkurs Manichäismus).

Manjusri, Manjushri

Dieser Bodhisattva (siehe dort) ist ***Herr der Weisheit*** und neben Maitreya einer der beiden Boddhisattvas der zehnten Vollendung, d.h., es für ihn nur noch des Existenzwechsels bedarf, um Buddha zu werden. Seine Aufgabe ist die Zerstörung der Unwissenheit und die Erweckung des Wissens. Die ***Symbole*** seines Wirkens sind ein flammendes Schwert und das Buch der transzendenten Wahrheit.

Maodun

Shanyu (Höchster Führer) der Hunnen (209-174 v.Ch.), der das Reich der Xiongnu begründete, das von 204 bis 43 v.Ch. bestand.

Marco Polo

Bereits um 1263 waren *Marcos* Vater und ein Onkel in China gewesen und von *Kublai Khan* aufgefordert worden, mit rd. 100 Männern wiederzukommen, die den Mongolen das Christentum erläutern sollten. *Marco Polo* (1254-1324) nahm (angeblich) an dieser erneuten Reise 1271 im Alter von 17 Jahren teil. Über die südliche Seidenstraße erreichten sie 1275 den Hof des Groß-Khans in Khan-balik, nahe des heutigen Beijing. Er soll sich das Vertrauen des Khans erworben haben und blieb bis 1292. 1295 schließlich kehrte er nach Venedig zurück.

Mazdaismus

Siehe Zoroastrismus.

Miao

Konfuzianischer Tempel.

Namen

Chinesische ***Nachnamen*** sind in der Regel einsilbig und werden den meist zweisilbigen Vornamen vorangestellt. Es gibt in China nur einige tausend Nachnamen, und nur etwa 500 davon werden häufiger gebraucht. Die Benutzung eines Telefonbuches wird für den Ungeübten damit zu einem hoffnungslosen Unterfangen.

Frauen behalten ihren ***Mädchennamen*** nach der Heirat bei, aber die Kinder werden nach dem Vater benannt. Der Nachname hatte vor allem im alten China eine wichtige Bedeutung, da sich die ***Verwandtschaftszugehörigkeit*** durch Namensidentität bestimmte und nicht etwa durch Blutsbande. Noch in der Zhou-Zeit (ca. ab 1122 bis 221 v.Chr.) leitete sich die Verwandtschaftsbeziehung aus dem gleichen Namen und der Zugehörigkeit zu einem gemeinsamen Territorium her. Damit waren z.B. Heiraten zwischen jungen Leuten im selben Dorf untersagt, aber auch die Heirat zwischen Männern und Frauen gleichen Namens, auch wenn keine Blutsverwandtschaft vorlag, war verboten.

Nestorianismus

Das nestorianische Christentum war eine Form des Christentums, die sich im persisch-sassanidischen Reich entwickelt hatte und auf Nestorius (381-451) zurückgeführt wurde. Die Religion der „Ostkirche" breitete sich bis nach China aus. Ihre Schrift war das Syrische.

Nügua

Auch *Nüwa* genannt. Schwester oder Gemahlin des ersten mystischen Urkaisers *Fuxi.* Sie gilt als Erschafferin der Menschen.

Oiraten

Westmongolische Völker, die im heutigen Xinjiang, in der Dsungarei und der Inneren Mongolei leben.

Opiumkrieg

Militärische Agression der Engländer, die mit diesem Krieg (1840-1842) den Kaiserhof zwingen wollten, den lukrativen Opiumhandel zu legalisieren. Ein Ergebnis des Krieges war die Abtretung Hongkongs an Großbritannien.

Ostturkestan

Der Name bezeichnet den östlichen Teil des Westtürkischen Reichs, das zwischen 552 und 657 bestand. Ostturkestan entspricht in etwa der heutigen Provinz Xinjiang. Der westliche Teil dieses ehemaligen Reiches wurde unter dem Namen Generalgouvernement Turkestan (russisch Turkestan) dem zaristischen Russland einverleibt.

Päonie

Die Päonie (Pfingstrose) gilt als die ***Königin der Blumen***. Meistens gilt die Verehrung der roten Päonie. Sie ist die Blume des Reichtums und der Vornehmheit. Weiße Päonien symbolisieren ein schönes, junges und kluges Mädchen. Zusammen mit dem Lotos, der Pflaume und der Chrysantheme ist sie eines der Symbole der vier Jahreszeiten - des Frühlings.

Pagode

Sie basiert auf dem indischen Stupa, ein auf die Hügelgrabform zurückgehender Reliquienbau. In China wurde dieser Stupa auf der Basis eines Pavillons zur mehrstöckigen Pagode weiterentwickelt. Wie der Stupa ist auch die Pagode ein Ort, an dem buddhistische Reliquien aufbewahrt werden. Sie kann aber auch einfach nur eine heilige Stelle markieren. Der ***Tschörten*** ist die tibetische Form des indischen Stupa.

Parther

Ostiranisches Volk nomadischer Herkunft, die um 247 v.Ch. das Partherreich gründeten (etwa im heutigen Nordwestiran), das erst Mitte des zweiten Jh. unserer Zeitrechnung von den Sassaniden abgelöst wurde. Parthien war neben dem Römischen Reich, dem Reich der Kushan und dem Chinesischen Reich eines der Großreiche jener Zeit.

Pfirsich

Der Pfirsich ist in erster Linie das ***Symbol der Unsterblichkeit*** und Langlebigkeit. Der Pfirsich der Unsterblichkeit braucht 1000 Jahre, um reif zu werden, und wächst im Garten der Königinnenmutter des Westens *(Xiwang Mu)* im sagenumwobenen Kunlun-Gebirge im Westen Chinas.

Im Volksmund hat der Pfirsich auch eine ***sexuelle Symbolik,*** bedeutet Pfirsichblütenquell doch Vagina oder Pfirsichblüte u.a. eine leichtfertige, leicht verführbare Frau.

Pflaume

Die Pflaume steht für den Winter und die Unberührtheit. Der Begriff Pflaumenblüte wurde in früheren Zeiten gerne für Zofen und Dienstmädchen - inkl. sexueller Freuden mit ihnen - benutzt.

Rot

Die mit Abstand beliebteste Farbe in China ist das Rot. Rot ist in der Fünf-Elementen-Lehre Äquivalent für Sommer, Mittag, Feuer, Herz, Freude und als Leitgedanke für eine Regierung das Äquivalent des Anfeuerns. Weiterhin ist Rot die Farbe der Feste und dient zur Abwehr des Bösen.

Ruanruan

Siehe Awaren.

Sakyamuni

Sanskrit: Heiliger von Sakya. Da der nordindische Fürstensohn *Gautama* Buddha vom Stamm der Sakya abstammte, nannte man ihn auch *Sakyamuni* (s.a. Buddha, Maitreya, Amitabha).

Sarira

Übersetzt: Reliquien.

Sassaniden

Persische Herrscher über den Iran und angrenzende Gebiete in der Zeit von 224 bis etwa 650.

Schildkröte

Sie ist aufgrund ihrer Langlebigkeit ein bevorzugtes ***Symbol des langen Lebens*** und außerdem ein Symbol für Stärke und vor allem Festigkeit. Aus diesem Grund werden oft Grabstelen mit einer Schildkröte gekrönt oder Stelen mit Inschriften alter Kaiser auf ihr plaziert.

Schon früh leitete man von der Schildkröte ***kosmische Bezüge*** ab. So galt ihr gewölbter Panzer als Versinnbildlichung des Himmelsgewölbes und ihre glatte Unterseite als die auf dem Wasser schwimmende Scheibe der Erde.

Si

Buddhistischer Tempel. Als Qingzhen Si bezeichnet es eine Moschee.

Sima Qian

Sima Qian (135-93 v.Ch.) war einer der größten Historiker Chinas. Sein Werk baut auf das Gesamtwissen der Zeit vor ihm auf und wurde zum Modell für eine lange Reihe von Dynastiegeschichten, deren Tradition bis in die Mandschu-Zeit (1644-1911) reicht. Mit seinen „Historischen Aufzeichnungen" (Shiji) setzte er das Werk seines Vater *Sima Tan* fort und schuf damit ein Meisterwerk politischer und ethischer Reflexion. An *Sima Qians* Werk knüpfte auch der zweite große Historiker der Han-Zeit *Ban Gu* (s.o.) an.

Sogdier

Ein zu den Yuezhi zählendes Volk, das in Mittelasien in der Sogdiana zwischen den beiden Strömen Amu-darja (Oxus) und Syr-darja (Jaxartes) siedelte.

Stein

Der Stein ist ein ***Symbol für Langlebigkeit,*** in verschiedenen Fällen auch der Fruchtbarkeit, und in einigen Regionen glaubte man, Steine Dämonen verscheuchen können. Aus diesem Grund wurden vor amtlichen Gebäuden gerne steinerne Löwen aufgestellt.

Stein, Aurel

Stein (1862-1943) wurde in Budapest geboren, studierte Sanskrit und Persisch in Deutschland, England und Österreich und wurde 1887 Beamter im britischen Indien. Nach Berichten *Sven Hedins* über außerordentliche Funde in Ostturkestan organsierte er eine erste Expedition nach Khotan. Im Laufe der Jahre wurde er einer der außergewöhnlichsten Forschergestalten seiner Generation, dessen Leistungen ihm in Oxford und Cambridge höchste Würden einbrachten und schließlich zu einem Adelstitel führten. Wurde *Stein* bei uns als Forscher, Entdecker, Archäologe und Geograph bewundert, ist er in den Augen der Chinesen einer der verabscheungswürdigsten Gestalten geblieben, der das Land um unzählige Kunstschätze erleichtert hat.

Stele

Aufrecht stehende Steinplatte mit Inschriften oder Bildreliefs, deren Inhalt sich meist auf ein wichtiges Ereignis, einen erinnerungswürdigen Moment oder eine bekannte Persönlichkeit bezieht.

Stupa

Siehe Pagode.

Sun Wukong

Affenkönig und Hauptfigur im berühmten Roman „Die Reise in den Westen" von *Wu Cheng'en*, in dem die Reise des buddhistischen Pilgers *Xuanzang* auf phantastische Weise geschildert wird.

Tai Ji Quan

Chinesischer Volks- und Kampfsport, der vor 300 Jahren aus einer Synthese von Meditations- und Atemübungen auf der einen und verschiedener Kampfkunstformen auf der anderen Seite entstand. Bei uns spricht man meist vom Schattenboxen.

Taiping-Rebellion

Mit einer Dauer von 15 Jahren und nahezu 20 Millionen Toten war die Taiping-Rebellion (1850-1864) eine der größten Erhebungen in der Geschichte und die einzige Rebellion Chinas mit einem, wenn auch diffusen, christlichen Hintergrund. Ihre Wurzeln fußten in der Verarmung und Verelendung einer breiten Bevölkerungsschicht, aber auch in der Unfähigkeit der Qing-Regierung, der inneren Zustände Herr zu werden und sich gegen den wachsenden Imperialismus u.a. der Engländer zur Wehr zu setzen.

Taizong

Siehe Li Shimin.

Tee

Tee ist in China etwa seit dem 3. Jh. n. Chr. bekannt und wurde seit dem 6. Jh als Getränk sehr beliebt. Unser Wort „Tee" ist eines der raren Wörter, die sich aus dem Chinesischen herleiten, nämlich von *ti* (Fujian-Dialekt). Der Tee wurde früh zu einem wichtigen Handelsartikel und war vor allem als grüner Tee, d.h. als nichtfermentierte, getrocknete Teeblätter, bekannt.

Tocharer

Indogermanisches Volk, das vermutlich mit den Yuezhi identisch ist und von den Hunnen im 2. Jh. vor Ch. aus seinem Siedlungsraum Gansu in Richtung Westen verdrängt wurde.

Tempelwächter

Siehe Himmelskönige.

Tschörten

Siehe Pagode.

Turkestan

Siehe Ostturkestan.

Unsterbliche

Siehe Acht Unsterbliche.

Viererbande

Die Viererbande war eine extrem linke Gruppierung innerhalb der Gruppe des ZK, die die Kulturrevolution organisierte. Ab 1973 versuchte sie, die Macht an sich zu reißen, und 1975-1976 war die Viererbande mit ihrem Kopf, *Jiang Qing*, der Frau von *Mao*, das bestimmende Element der chinesischen Innenpolitik. Ihre einzige Legitimation bezog sie aus dem direkten Zugang zu *Mao*, der zu diesem Zeitpunkt bereits schwerkrank war. Schon kurz nach *Maos'* Tod konnten die Mitglieder der Viererbande verhaftet werden.

Vierte-Mai-Bewegung

Die Vierte-Mai-Bewegung mit ihren Studentenunruhen in Beijing war Höhepunkt einer Entwicklung, in der Chinas Intellektuelle realisierten, der Konfuzianismus als Gesellschaftsgrundlage keine Antworten auf die Herausforderungen eines hochtechnisierten Zeitalters und seiner imperialistischen Bestrebungen mehr bot. Für die chinesischen Kommunisten beginnt die Geschichte des zeitgenössischen Chinas denn auch nicht mit der Revolution 1911, die zwar das Kaiserreich zu stürzen vermochte, nicht aber das Land geändert und umgeformt hatte, sondern mit dem Jahr 1919 und seinem zentralen Ereignis am 4. Mai.

Vihara

Klosterhof, den man vor allem in Taxila antrifft. Er besteht aus Mönchszellen, und Nischen für Kultobjekte, die sich um einen Hof gruppieren, in dem meist ebenfalls ein Kultobjekt, meist in Form einer Stupa, steht.

Weltenwächter

Siehe Himmelskönige.

Wu Di

Großer Kaiser der Han-Dynastie (156-87). Er regierte von 141 bis 87 v.Ch. und leitete in dieser Zeit die große Expansion Chinas nach Westen ein. Durch seine Gesandtschaften in den Westen entstanden die unter ihrem heutigen Namen Seidenstraße bekanntgewordenen Verbindungen.

Wu Zetian

Erste und einzige in China je regierende Kaiserin (624-705). Nach dem Tod ihres Mannes Kaiser *Gaozong* (reg. 649-683) schaltete sie alle potentiellen Thronfolger aus und gab sich 690 den Kaisertitel. Unter ihrer Herrschaft zwischen 690 und 705 wurde der Grundstein zum sogenannten goldenen Zeitalter der Tang-Dynastie, das von 710-755 währte, gelegt.

Xiongnu

Chinesische Bezeichnung für das Nomadenvolk, das vermutlich mit den Hunnen identisch ist und Chinas Grenzen jahrhundertelang bedrohte.

Xixia

Ein 1038 von den tibetischstämmigen Tanguten, einem Hirtenvolk aus dem Ordos-Gebiet, gegründetes Reich, das große Teile der westlichen Mongolei und Gansus umfaßte. 1227 wurde ihr Reich von den Truppen *Dschinghis-Khans* vernichtet.

Xuanzang

Der wohl berühmteste der chinesischen buddhistischen Pilger. *Xuanzang* (um 600-664) war zwischen 629 und 645 unterwegs und bereiste die nördliche und südliche Seidenstraße sowie fast den gesamten indischen Subkontinent. Er brachte unzählige Schriftrollen nach China zurück und übersetzte sie in Chang'an.

Xuanzong

In die Regierungszeit des Tang-Kaisers *Ming Huang (Xuanzong)*, der von 712-756 regierte, fiel das sogenannte goldene Zeitalter der Tang, das von Kaiserin *Wu* eingeleitet worden war. Das chinesische Reich erlangte seine bislang größte Ausdehnung. Berühmt wurde seine Liebe zur Konkubine *Yang Guifei,* in deren Verlauf China 755 infolge der Rebellion *An Lushans* in seine größte Krise schlitterte.

Yijing

Neben *Xuanzang* war *Yijing* (635-713) der berühmteste Indienpilger seiner Zeit. Er schiffte sich 671 auf einem persischen Handelsschiff nach Indien ein. Nach Aufenthalten auf Sumatra und in Indien kehrte er 695 auf dem Seeweg in seine Heimat zurück, wo er von Kaiserin *Wu Zetian* empfangen wurde.

Yin und Yang

Die polaren sich zugleich bedingenden Gegensätze, die in ihrer Wechselwirkung den steten Wandel alles Seienden symbolisieren. Yin steht für Norden, kalt, negativ, passiv, weiblich, dunkel, Mond und Erde. Yang steht für Süden, warm, positiv, aktiv, männlich, hell, Himmel und Sonne.

Yuezhi

Volksgruppe aus über 30 Völkern, die in drei große Untergruppen aufgeteilt sind: Hephtaliten, eigentliche Yuezhi und die sogdischen Völker. Andere für die Yuezhi verwendeten Namen sind Kushan, Tocharer und weiße Hunnen.

Zen-Buddhismus

Siehe Chan-Buddhismus.

Zhang Qian

Von *Wu Di* ausgesandter Wegbereiter einer „Reise- und Bündnisdiplomatie". Durch seine Erforschung der westlichen Länder zwischen 139 und 126 v.Ch. konnte die Seidenstraße als Handelsstraße erstmals systematisch genutzt werden.

Zheng Ji

Erster Präfekt der im Jahr 60 v.Ch. eingerichteten Präfektur der „Westlichen Länder" Xiyu. Er regierte damit ein Gebiet, noch erheblich größer als das heutige Xinjiang war. Nach *Zheng Ji* (?-49 v.Ch.) regierten noch 17 weitere Präfekten in der Präfektur Xiyu.

Zoroastrismus

Religion, die auf der Lehre des *Zarathustra* basiert, der um 1500 v.Ch gelebt haben soll. Er verschmolz die Naturreligion der Indo-Iraner (Arier) zu einer Religion mit einem Gott, den weisen Herr *(Ahura Mazda),* weswegen man seine Religion auch Mazdaismus nennt.

HILFE!

Dieses Reisehandbuch ist gespickt mit unzähligen Adressen, Preisen, Tipps und Infos. Nur vor Ort kann überprüft werden, was noch stimmt, was sich verändert hat, ob Preise gestiegen oder gefallen sind, ob ein Hotel, ein Restaurant immer noch empfehlenswert ist oder nicht mehr, ob ein Ziel noch oder jetzt erreichbar ist, ob es eine lohnende Alternative gibt usw.

Unsere Autoren sind zwar stetig unterwegs und versuchen, alle zwei Jahre eine komplette Aktualisierung zu erstellen, aber auf die Mithilfe von Reisenden können sie nicht verzichten.

Darum: Schreiben Sie uns, was sich geändert hat, was besser sein könnte, was gestrichen bzw. ergänzt werden soll. Nur so bleibt dieses Buch immer aktuell und zuverlässig. Wenn sich die Infos direkt auf das Buch beziehen, würde die Seitenangabe uns die Arbeit sehr erleichtern. Gut verwertbare Informationen belohnt der Verlag mit einem Sprechführer Ihrer Wahl aus der über 100 Bände umfassenden Reihe „Kauderwelsch". Bitte schreiben Sie an:

REISE KNOW-HOW Verlag Peter Rump GmbH,
Osnabrücker Str. 79, D-33649 Bielefeld,
oder per E-mail an: info@reise-know-how.de

Danke!

Know-How auf einen Blick

Rügen und
Hiddensee

Sächsische
Schweiz
Salzburger Land
San Francisco
Sansibar
Sardinien
Schottland
Schwarzwald
– Norden
Schwarzwald
– Süden
Simbabwe
Singapur
Sizilien
Skandinavien
– Norden
Sporaden,
Nördliche
Sri Lanka
St. Lucia,
St. Vincent,
Grenada
Südafrika
Südnorwegen,
Lofoten
Sylt
Syrien

Taiwan
Tansania, Sansibar
Thailand
Thailand – Tauch-
und Strandführer
Thailands Süden
Thüringer Wald
Tokyo
Toscana
Trinidad
und Tobago
Tschechien
Tunesien
Tunesiens Küste

Umbrien
USA/Canada
USA/Canada
BikeBuch
USA, Gastschüler
in den
USA – der Westen
USA – der
große Süden
USA – Südwesten,
Natur u. Wandern
Usedom

Venezuela
Vereinigte Arab.
Emirate
Vietnam

Welt im Sucher
Westafrika –
Sahelländer
Westafrika –
Küstenländer
Wien
Wo es keinen
Arzt gibt

Praxis

All Inclusive
Dschungelwandern
Essbare
Früchte Asiens
Fernreisen
auf eigene Faust
Fliegen ohne Angst
GPS Outdoor-
Navigation
Hinduismus erleben
Höhlen erkunden
Kanu-Handbuch
Küstensegeln
Orientierung
mit Kompass
und GPS
Reisefotografie
Reisen
und Schreiben
Richtig Kartenlesen
Schutz vor Gewalt
und Kriminalität
Sicherheit im und
auf dem Meer
Sonne, Wind
und Wetter
Survival-Handbuch,
Natur-
katastrophen
Tauchen in kalten
Gewässern
Tauchen in warmen
Gewässern
Trekking-Handbuch
Vulkane besteigen
Wildnis-Ausrüstung
Wildnis-Küche
Winterwandern

Edition RKH

Finca auf Mallorca,
Eine
Geschichten aus
dem anderen
Mallorca
Goldene
Insel, Die
Mallorquinische
Reise, Eine
Please wait
to be seated!
Salzkarawane, Die

KulturSchock

Ägypten
China
Indien
Iran
Islam
Japan
Marokko
Mexiko
Pakistan
Russland
Thailand
Türkei
Vietnam

Wo man unsere Reiseliteratur bekommt:

Jede Buchhandlung in der BRD, der Schweiz, Österreichs und in den Benelux-Staaten kann unsere Bücher beziehen.
Wer trotzdem keine findet, kann alle Bücher über unseren Internet-Shop unter **www.reise-know-how.de** bestellen.

Kleiner Sprachführer

In China unterwegs, wird man schnell zu schätzen wissen, wenn man sich mit einigen Redewendungen auf chinesisch verständlich machen kann. Deshalb haben wir im folgenden einige Standardsätze und häufig benötigte Wörter zusammengestellt. Da auch immer die chinesischen Zeichen angeführt sind, kann man auch einfach nur auf die betreffende Stelle zu zeigen, bzw. seinen Gesprächspartner zeigen lassen.

Die Seiten können auch kopiert werden, um z.B. beim Ticketkauf nicht mit dem ganzen Buch hantieren zu müssen. Entsprechend vergrößert, kann man sich aus den Tabellen auch Sprachkärtchen zum Vorzeigen schneiden.

Aussprache

In diesem Buch wird die international gebräuchliche Umschrift Hanyu Pinyin benutzt. Im folgenden sind nur diejenigen Buchstaben bzw. Buchstabenkombinationen aufgeführt, die sich wesentlich vom Deutschen unterscheiden.

Umschrift	ausgesprochen wie
c	*ts* Zischlaut wie in "ste*ts*"
e	reduziertes *e* wie am Wortende in z.B. "Schuh*e*"
h	*ch* wie in "Bu*ch*e"
j	*dj* wie in "Jeep"
q	*tsch* wie in "Ru*tsch*e"
r	*r* wie im Englischen "*r*ight"
s	stimmloses *s* wie in "da*s*"
u	nach j, q, x und y: wie *ü*
x	*ch* wie in "i*ch*"
y	*j* wie in "*j*ung"
z	*ds* wie in "Kin*ds*kopf"
ch	*tsch* wie in "*tsch*üß"
sh	*sch* wie in "*sch*arf"
zh	*dsch* wie in "*Dsch*ungel"

Tonhöhen

In der gesprochenen Umgangssprache unterscheidet man vier Tonhöhen und einen fünften Ton, der jedoch tonlos ist. In Kombination mit den Tönen ergeben sich aus den knapp 420 gesprochenen Silben ca. 1350 akustisch unterschiedliche Silben, die jeweils unterschiedliche Bedeutungen aufweisen. Ohne einen Sprachkurs absolviert zu haben, ist es jedoch kaum möglich, die Töne korrekt zu sprechen. Der Vollständigkeit halber sind sie jedoch angegeben.

¯	***1. Ton:*** hoher, gleichmäßiger Ton wie in "ihn"
´	***2. Ton:*** ansteigender Ton wie in Fragen, z.B. "Na?"
ˇ	***3. Ton:*** tief, wie wenn man "nănú" sagt
`	***4. Ton:*** fallender Ton, wie man nachdrücklich "nein" sagt

Allgemeine Fragen

wer?	*shuí?*	谁？
was?	*shénme?*	什么？
wann?	*shénme shí-hou?*	什么时候？
wo?	*zài nǎ-li?*	在哪里？
Wo ist / sind ...?	*Zài nǎ-li ...?*	...在哪里？
wieviel(e)?	*duōshao?*	多少？
wie?	*zěnme-yàng?*	怎么样？
wie lange?	*duō-cháng shí-jiān?*	多长时间？
welche?	*jǐ?*	几？

Fürwörter

ich	*wǒ* 我	wir	*wǒmen* 我们
du	*nǐ* 你	ihr	*nǐmen* 你们
er, sie, es	*tā* 他,她,它	sie	*tāmen* 他们

dies(-e/-er/-es)	*zhè-ge* 这个

Zeitangaben

jetzt	*xiàn-zài* 现在	Stunde	*xiǎo shí* 小时
heute	*jīn-tiān* 今天	Tag	*tiān* 天
morgen	*míng-tiān* 明天	1 Tag	*yì tiān* 一天
übermorgen	*hòu-tiān* 后天	2 Tage	*liǎng tiān* 两天
gestern	*zuó-tiān* 昨天	Woche	*xīngqī* 星期
vorgestern	*qián-tiān* 前天	Monat	*yuè* 月
täglich	*měi-tiān* 每天	Jahr	*nián* 年

Montag	*xīngqī-yī*	星期一	Freitag	*xīngqī-wǔ*	星期五
Dienstag	*xīngqī-èr*	星期二	Samstag	*xīngqī-liù*	星欺六
Mittwoch	*xīngqī-san*	星期三	Sonntag	*xīngqī-tiān*/	星期天
Donnerstag	*xīngqī-sì*	星期四		*xīngqī-rì*	星期日

Januar	*yī-yuè*	一月	Juli	*qī-yuè*	七月
Februar	*èr-yuè*	二月	August	*bā-yuè*	八月
März	*sān-yuè*	三月	September	*jiǔ-yuè*	九月
April	*sì-yuè*	四月	Oktober	*shí-yuè*	十月
Mai	*wǔ-yuè*	五月	November	*shí-yī-yuè*	十一月
Juni	*liù-yuè*	六月	Dezember	*shí-èr-yuè*	十二月

am 19. Januar 1993	在一九九三年一月十九号
zài yī-jiǔ-jiǔ-sān nián yī-yuè shí-jiǔ hào	
am 1-9-9-3 Jahr Januar 1-9 Nummer	

Zahlen

0	*líng*	零	20	*èr-shí*	二十
1	*yī*	一	21	*èr-shí-yī*	二十一
2	*èr / liǎng*	二	22	*èr-shí-èr*	二十二
3	*sān*	三			
4	*sì*	四	30	*sān-shí*	三十
5	*wǔ*	五	40	*sì-shí*	四十
6	*liù*	六			
7	*qī*	七	100	*yì-bǎi*	一百
8	*bā*	八	101	*yì-bǎi-líng-yī*	一百零一
9	*jiǔ*	九			
10	*shí*	十	200	*èr-bǎi*	二百
11	*shí-yī*	十一	1000	*yì-qiān*	一千
12	*shí-èr*	十二	2000	*liǎng-qiān*	两千
13	*shí-sān*	十三	1 Mio	*bǎi-wàn*	百万
14	*shí-sì*	十四	1 Mrd.	*shí-yì*	十亿

Essen

Siehe Kommunikationshilfe Seite 72

Allgemeine Konversation

Guten Tag!	*Nǐ hǎo!*	你好
Hallo!	*Wèi!*	喂！
Auf Wiedersehen!	*Zài-jiàn!*	再见！
Entschuldigung!	*Duì-bù-qǐ!*	对不起！
Warte einen Moment.	*Děng yí xià.*	等一下！
Wie heißen Sie?	*Nǐ jiào shénme míng-zi?*	你叫什么名字？
Ich heiße …	*Wǒ jiào ...*	我叫...
Ich spreche kein Chinesisch.	*Wǒ bú huì hàn-yǔ.*	我不会汉语
Würden Sie mir das bitte aufschreiben?	*Néng bu néng qǐng nǐ xiě gěi wǒ kàn yí kàn?*	能不能请您写给我看一看？
Ich habe kein(e) … (mehr).	*Wǒ méi yǒu ... (le).*	我没有...了
Wieviel kostet das?	*Zhè ge duōshao qián?*	这个多少钱？

ja	*shì* 是	nein	*bú* 不
danke	*xiè-xie* 谢谢	nein danke	*bú yòng xie* 不用谢
richtig	*duì-le* 对了	gut/in Ordung	*hǎode* 好得
Es gibt.	*Yǒu.* 有	Es gibt nicht.	*Mei yǒu.* 没有
Ja, es geht.	*Xíng-le.* 行了	Es geht nicht.	*Bù xíng.* 不行

Hotel

Haben Sie ein …?	*Nǐmen yǒu yí ge ... ma?*	你们有一个...吗？
Einzelzimmer	*dān-rén fáng-jiān*	单人房间
Doppelzimmer	*shuāng-rén fáng-jiān*	双人房间
Mehrbettzimmer	*sù-shè fáng-jiān*	宿舍房间

Wie teuer ist das billigste Zimmer?	*Zuì pián-yi de fáng-zi duōshao qián?*	最便宜的房间多少钱

… ist kaputt.	*... huài-le.*	...坏了	
Dusche *lín-yù*	淋浴	Toilette *cè-suǒ*	厕所

Ich brauche ...

Haben Sie ...?	*Nĭn yǒu ... ma?*	您有...吗？
Ich hätte gern ...	*Wǒ xiǎng yào ...*	我想要...
Bitte geben Sie mir ...	*Qǐng gěi wǒ ...*	请给我...
Bitte zeigen Sie mir ...	*Qǐng gěi wǒ kàn ...*	请给我看...

chines. Arznei	*zhōng yào* 中药	ein Glas ...	*yì bēi ...* 一杯
Batterie	*diàn-chí* 电池	Kerze	*là-zhú* 腊烛
Becher	*bei-zi* 杯子	Stadtplan	*dì-tú* 地图
Damenbinde	*yuè-jīng-dài* 月经带	Streichhölzer	*huǒ-chái* 火柴
eine Dose ...	*yí guàn ...* 一罐	Taschenlampe	*shǒu-diàn-tǒng* 手电筒
Fahrrad	*zì-xíng-chē* 自行车	Toilettenpapier	*wèi-shēng-zhǐ* 卫生纸
Fahrschein	*chē-piào* 车票	Waschpulver	*xǐ-yí-fen* 洗衣粉
eine Flasche ...	*yì píng ...* 一瓶	Zigaretten	*xiāng-yān* 香烟

Krankheiten

Krankheiten	*bìng* 病	Husten	*ké-sou* 咳嗽
Blähungen	*dù-zhàng* 肚胀	Kreislaufstörung	*xuè yè xún-huán zhàng ài* 血液循环障碍
Brechreiz	*ě-xīn* 恶心	Migräne	*piān-tóu-tòng* 偏头痛
Durchfall	*xìe-dù* 泻肚	Ruhr	*lì-ji* 痢疾
Erbrechen	*ǒu-tù* 呕吐	Schmerzen	*tòng* 痛
Erkältung	*gǎn-mào* 感冒	Sonnenbrand	*rì-jiǔ* 日灸
Entzündung	*fā-yán* 发炎	Schüttelfrost	*hán-zhàn* 寒颤
Fieber	*fā-shāo* 发烧	Tetanus	*pò-shāng-fēng* 破伤风
Gelbsucht	*huáng-dǎn* 黄胆	Verstopfung	*biàn-bì* 便秘
Halsschmerzen	*sǎng-zi-tòng* 嗓子痛	Wunde	*shāng-kǒu* 伤口

Transport

Wo geht es nach …? *Qù ... zěnme zǒu?*	去…怎么走？
Wo fährt … ab? *Zài nǎ-li kāi ... ?*	在哪里开？
Welche Buslinie fährt nach …? *Qù... yào chéng jǐ lù-qì-chē?*	去…要乘几路车？
Wieviele Haltestellen sind es? *Yí gòng yǒu jǐ zhàn?*	一共有几站？
Ist dies der Zug/Bus nach …? *Zhè shì qù ... de liè-chē/ qì-chē ma?*	这是去…的列车/汽车吗？
Von welchem Bahnsteig fährt der Zug nach … ab? *Kāi wǎng ... de liè-chē tíng zài jǐ zhàn tái?*	开往…的列车停在几站台？
Wo halten die Busse nach …? *Qù ... de gōng-gong qì-chē zài nǎ-li tíng?*	去…的公共汽车在哪里停？
Wann fährt der nächste Bus nach …? *Shénme shí-hou yōu xià yì bān qì-chē qù ...?*	什么时候有下一班汽车去…？
Wann fährt der letzte Bus nach …? *Shénme shí-hou yōu zuì hoù yì bān qì-chē qù ...?*	什么时候有最后一班汽车去…？
Muß ich nach … umsteigen? *Wǒ dào ... yào zhuǎn chē ma?*	我到…要转车吗？
Wo muß ich umsteigen? *Zài nǎ-li huàn chē?*	在哪里换车？
Wann werden wir in … ankommen? *Shénme shí-hou cái néng dào dá ...?*	什么时候才能到达…？
Wann fährt das (Fähr-)Schiff nach … ab? *Kāi wǎng ... de (dù-)chuán shénme shí-hou kāi?*	开往…的(渡)船什么时候开？
Fährt dieses Schiff nach? *Zhè tiáo chuán qù ... ma?*	这条船去…吗？
Bitte fahren Sie mich nach … (im Taxi) *Qǐng zài wǒ qù ...*	请载我去…
Dies ist mein Platz. *Zhè shì wǒ de wèi-zi.*	这是我的位子。

Ticketkauf

Dieses Musterblatt soll die Verständigung beim Ticketkauf erleichtern. In der nötigen Anzahl kopiert, kann es für den jeweiligen Fall neu ausgefüllt werden. Man kennzeichnet die gewünschte Option und trägt die weiteren Angaben ein bzw. läßt sie von einem Chinesen eintragen. Am Schalter wird das Blatt einfach überreicht. Der chinesische Gesprächspartner kann sich bei Bedarf mit Hilfe der Standardantworten auf der Gegenseite verständlich machen.

Ich möchte … kaufen.	*wǒ xiǎng mǎi …*	我想买
1 Ticket	*yì zhāng piào*	一张票
2 Tickets	*liǎng zhāng piào*	两张票
3 Tickets	*sān zhāng piào*	三张票
4 Tickets	*sì zhāng piào*	四张票

für heute	*jīn-tiān*	今天
falls für einen anderen Tag, die Ziffern des Datums einsetzen: Monat ………. *yuè* 月 Tag ………. *hào* 号		

Ortsnamen in chinesisch hier eintragen (lassen):
Ticket/s nach …………. *dào .... qù de piào.* 到 ....去的票

Zugnummer hier eintragen:
Zugnummer ………. *chē cì ....* 车次 ....

Hartsitz *yìng-zuò*	硬座	Weichsitz	*ruǎn-zuò* 软座
Hartbett *yìng-wò*	硬座	Weichbett	*ruǎn-wò* 软卧
unteres Bett	*xià pù* 下铺	oberes Bett	*shàng pù* 上铺
mittleres Bett	*zhōng pù* 中铺		

Rückfahrkarte *wǎng fǎn piào* 往返票	
Kinderkarte *ér-tóng-piào* 儿童票	Studentenkarte *xué-shēng-piào* 学生票

Der folgende Text erläutert auf chinesisch, daß man durch Draufzeigen auf die Kästen eine Antwort geben kann:
我不懂汉语。请在下列句子中找出你要表达的意思，并指给我看。

Gehen Sie zu einem anderen Schalter.	请你到另一个窗口。

Für diesen Zug werden noch keine Tickets verkauft.	这趟车票还没有开始出票。

Kommen Sie wieder:	请你在来：
morgen	明天
übermorgen	后天
in drei Tagen	三天后

Für diesen Zug gibt es keine Tickets mehr.	这趟车票已售完。

Für diesen Zug gibt es nur noch Tickets für:		这趟车只剩下.......票	
Hartsitz	硬座	Weichsitz	软座
Hartbett	硬卧	Weichbett	软卧
unteres Bett	下铺	oberes Bett	上铺
mittleres Bett	中铺		

Der nächste Zug in diese Richtung, für den es Tickets gibt, ist:	还有票的同方向下班车是：
Zug Nummer ...	车次........
Datum ...	日期........

Chinesisches Kursbuch, Musterseite des Inhaltsverzeichnisses

Zug Nr. | Zugtyp | Anfangs- und Endbahnhof | Seite

车 次	列车种类	运 行 区 段	编组辆数	编 组 主 要 内 容	页 数
		国 际 联 运			
3、4	特快	北京一乌兰巴托一莫斯科	10	软(高、包)、硬卧(包)、餐、邮、行	33
19、20	特快	北京一满洲里一莫斯科	13	软(高、包)、硬卧(包)、餐、邮、行	33
27/6、28/5	特快	北京一丹东一平壤	16	软(包)、硬卧(包)、餐、行	34
89、90	特快	北京一二连一乌兰巴托	16	软(包)、硬卧(包)、餐、邮、行	34
		直 达 特 别 快 车			
13、14	直达	北京一上海	20	软、硬卧、餐、硬座	35
21、22	直达	北京一上海	20	软、硬卧、餐、硬座	35
		特 别 快 车			
1、2	特快	北京一长沙	18	软、硬卧、餐、硬座、邮、行	80、90
5、6	特快	北京一南宁	19	软、硬卧、餐、硬座、邮、行	80、100
7、8	特快	北京一成都	16	软、硬卧、餐、硬座、邮、行	80、119
9、10	特快	北京一重庆(经襄渝)	16	软、硬卧、餐、硬座、邮、行	80、96
11、12	特快	北京一沈阳	16	软、硬座、餐、邮、行	36、40
15、16	特快	北京一广州	20	软、硬卧、餐、硬座、行	80、90
17、18	特快	北京一三棵树(经京秦)	19	软、硬卧、餐、硬座、行	36、42
25、26	特快	北京一青岛	15	软、硬卧、餐、硬座、邮	56、65
27、28	特快	北京一丹东	16	软、硬卧、餐、硬座、行	36、44
35、36	特快	北京一西安(经石太、南同蒲)	15	软、硬卧、餐、硬座	80、124
37、38	特快	北京一武昌	20	软、硬卧、餐、硬座、行	80、88
39、40	特快	北京一齐齐哈尔	16	软、硬卧、餐、硬座、邮、行	36、42
43、44	特快	北京一兰州(经京包)	15	软、硬卧、餐、硬座、行	126、127
45、46	特快	北京一福州(经上海)	17	软、硬卧、餐、硬座、邮、行	56、77
47、48	特快	北京一广州	20	软、硬卧、餐、硬座、邮、行	80、90
49、50	特快	上海一广州	16	软、硬卧、餐、硬座、邮、行	72、90
52/53、54/51	特快	上海一乌鲁木齐	17	软、硬卧、餐、硬座、邮、行	62、117
58/55、56/57	特快	三棵树一上海	18	软、硬卧、餐、硬座、邮、行	42、62
59、60	特快	北京一长春(经京秦)	18	软、硬卧、餐、硬座、邮、行	36、42
61、62	特快	北京一昆明(经湘黔)	16	软、硬卧、餐、硬座、邮、行	80、122
65、66	特快	北京一南京西	18	软、硬卧、餐、硬座、邮、行	56、62
69、70	特快	北京一乌鲁木齐	16	软、硬卧、餐、硬座、邮、行	80、116
71/74、73/72	特快	上海一重庆	16	软、硬卧、餐、硬座、行	72、122
77/76、78/75	特快	武昌一成都(经襄渝、成渝)	15	软、硬卧、餐、硬座、邮、行	97、121
79、80	特快	上海一昆明(经湘桂)	13	软、硬卧、餐、硬座、邮、行	72、102
81/84、82/83	特快	北京一大连(经京秦)	20	软、硬卧、餐、硬座、行	36、47
89、90	特快	北京一二连、呼和浩特	16	软、硬卧、餐、硬座、行	126

Anzahl der Wagen | Weichbett | Hartbett | Speisewagen | Hartsitz

Chinesisches Kursbuch, Muster einer Fahrplanseite

—164—

京 哈 线

沈 阳—四 平—长 春—哈尔滨、三棵树（一）

461	501	487	413	405	403	401	车	次	402	404	406	414	488	502	462	538
客	客	客	直客	直客	直客	直客	自起沈公阳里	列车种类	直客	直客	直客	直客	客	客	客	客
沈阳	沈阳	营口	大连	沈阳	沈阳	沈阳		始发站	牡丹江	龙镇	齐齐哈尔	三棵树	长春	长春	新台子	开原
新台子	长春	长春	三棵树	齐齐哈尔	龙镇	牡丹江		终到站	沈阳	沈阳	沈阳	大连	营口	沈阳	沈阳	沈阳
		由营口来 承147页	由大连来 承147页									去大连 接147页	去营口 接147页			
16.25	15.05	11.15 34	4.50 5.05	20.05	8.10	18.25	0	沈阳	10.20	17.55	18.33	31 1.14	15.10 14:55	13.40	19.30	10.46
38 40	18 20	47 49	18 20	18 20	23 25	38 40	13	文官屯	06 10.04	41 38	18 15	↑	↑	24 22	16 14	31 29
48 50	28 30	57 12.13	28 30	28 30	33 35	48 51	21	虎石台	56 54	↑	07 18.04	↑	35 33	14 12	06 19.03	21 19
17.01 04	41 43	↓	41 43	41 43	46 48	19.02 06	33	新城子	43 41	22 19	53 50	↑	22 20	13.01 58	52 49	08 10.06
17.15 —	54 56	30 32	54 56	54 56	59 9.01	17 20	45	新台子	30 12	08 17.06	39 37	↑	09 14.07	47 45	18.38	55 53
	16.06 17	44 55	6.06 17	21.06 17	11 22	30 41	52 62	乱石山 得胜台	9.04 53	58 32	29 18	↑ ↑	59 48	37 26		↑ ↑
	26 31	13.04 09	26 31	26 31	31 36	50 57	71	铁岭	41 36	20 15	06 17.01	17 0.12	36 31	14 12.09		↑
	43 55	21 33	43 55	44 ↓	49 10.01	20.09 21	82 93	平顶堡 中固	25 8.13	16.05 53	50 38	↑ ↑	20 13.08	58 46		↑ ↑
	17.07 10	44 48	7.07 10	22.03 08	13 17	35 39	106	开原	59 56	39 36	22 16.17	45 42	54 51	31 26		9.05
	22 35	59 14.12	22 35	20 48	29 42	51 21.04	116 126	金沟子 马仲河	46 35	26 14	↑ ↑	↑ ↑	41 29	16 11.04		
	46 49	23 26	46 49	59 23:02	53 57	15 18	136	昌图	24 21	15.02 57	53 50	18 23.13	17 14	52 47		
	18.01 11	38 48	8.00 10	14 24	11.09 19	30 40	143 150	满井 泉头	12 7.02	48 38	41 31	↑ ↑	12.05 55	38 10.10		
	23 25	15.00 02	22 24	36 38	31 33	52 54	161	双庙子	47 45	23 21	15.01 59	↑	40 38	55 53		
561 四德 客	34 43 49	↓ 15 ↓	↓ 38 ↓	↓ 52 ↓	1分 12.34 1分	↓ 22.08 ↓	※ 174 179	桓沟子 毛家店 虻牛哨	35 29 22	↑ 14.09 ↑	49 43 36	↑ 40 ↑	↑ 26 ↑	43 36 29	564 德四 客	
 4.05	19.03 11	30 38	53 9.01	0.07 28	54 13.04	23 31	189	四平	08 6.00	53 45	22 14.07	22.07 59	10 11.02	15 9.07	— 19.54	
17 29	21 33	↓ 55	↓ 18	去齐齐哈尔 接163页	14 26	↓ 48	196 205	杨木林 十家堡	51 40	36 25	由齐齐哈尔来 承163页	50 39	53 42	58 47	45 33	
40 42	43 45	16.05 07	28 30		36 39	58 23.00	216	郭家店	28 26	13 11		27 25	30 28	35 33	20 17	
56 58	↓	18 47	41 43		50 52	11 13	226	蔡家	5.15 53	13.00 58		21.14 55	17 15	22 20	04 19.02	
5.07 24	↓	56 58	52 54		14.01 03	21 23	235	大榆树	44 42	49 47		46 44	06 10.04	11 09	52 50	
34 37	20.09 12	17.08 11	10.04 07		13 18	33 38	243	公主岭	34 31	39 36		36 33	57 53	8.01 58	41 38	
52 6.05	↓ ↓	24 37	20 11.01		31 44	↓ ↓	254 264	刘房子 陶家屯	↑ 12	25 12		22 20.09	42 29	47 34	26 13	
16 19	38 40	47 50	13 15		54 57	0.04 07	275	范家屯	4.00 57	12.00 58		57 55	17 15	22 20	18.00 57	
30 33	↓	18.00 02	25 27		15.07 10	↓	285	大屯	↑	48 46		45 43	05 9.03	10 7.08	46 42	
44 47	↓	13 15	38 40		21 25	↓	296	孟家屯	40 38	36 34		33 31	53 51	58 56	31 28	
58 7.20	21.05 —	18.25 —	50 12.03		15.35 55	0.32 47	305	长春	27 3.14	23 11 10		20 19.05	8.40	6.45	15 17 00	

Zugnummer

Zugtyp

Anfangsbahnhof

Endbahnhof

Auf der angegebenen Seite stehen die Anfahrt- und Weiterfahrtroute des Zuges.

Ankunfts- und Abfahrtszeiten

Fahrstrecke in Kilometern

Bahnhöfe

Orientierung

Wo liegt/ist ...?	*Zài nǎ-li ...?*	...在哪里？
Wo geht es nach/zur ...?	*Qù ... zěnme zǒu?*	去...怎么走？

Apotheke *yào-fáng* 药房	Hafen *gǎng-kǒu* 港口
Ausländerpolizei *wài-guó-rén bàn-shì-chù* 外国人办事处	Haltestelle *tíng-chē-zhàn* 停车站
Bahnhof *huǒ-chē-zhàn* 火车站	Hotel *fàn-diàn* 饭店
Bushaltestelle *qì-chē-zhàn* 汽车站	Informationsschalter *wèn-xùn-chù* 问询处
Bank *yín-háng* 银行	Kai *mǎ-tóu* 码头
Botschaft *dá-shǐ-guǎn* 大使馆	Kaufhaus *bǎi-huò-gōng-sī* 百货公司
Buchhandlung *shū-diàn* 书店	Krankenhaus *yī-yuàn* 医院
CAAC *zhōng-guó mín-háng* 中国民航	Markt *shì-chǎng* 市场
CITS 中国国际L旅行社 *zhōng-guó guó-jì lüxíng-shè*	Polizei *jǐng-chá-jú* 警察局
Fahrradverleih *zì-xíng-chē chū-zū* 自行车出租	Post *yóu-zhèng-jú* 邮政局
Flugplatz *fēi-jī-chǎng* 飞机场	Reinigung *gān-xǐ-diàn* 干洗店
Freundschaftsladen *yǒu-yi-shāng-diàn* 友谊商店	Restaurant *cān-guǎn* 餐馆
Gepäck *xíng-li* 行李	Telefon *diàn-huà* 电话
Gepäckaufbewahrung *xíng-li bǎo-guǎn-chù* 行李保管处	Ticketschalter *shòu-piào-chù* 售票处

rechts *yòu-bian* 右边	Norden *běi(-fāng)* 北（方）
links *zuǒ-bian* 左边	Osten *dōng(-fāng)* 东（方）
an der Kreuzung *shí-zì lù-kǒu* 十字路口	Süden *nán(-fāng)* 南（方）
dorthin *dào nà-li* 到那里	Westen *xī(-fāng)* 西（方）
geradeaus *yì-zhí zǒu* 一直走	hier *zhè-lǐ* 这里
zurück *wàng huí zǒu* 往回走	**dort** ***nà-li*** 那里

Nothilfepaß

Kopiert und ausgefüllt kann man diese Seite immer bei sich führen und sich in Notsituationen schnell verständlich machen.

Ich heiße …	我叫...

Ich komme aus:	我从...来
Deutschland	德国
Schweiz	瑞士
Österreich	奥地利
Niederlande	荷兰

Bitte helfen Sie!	请帮忙

Holen Sie schnell … !	快叫....
Arzt	医生
Krankenwagen	医院
Polizist	警察

Bringen Sie mich bitte zur/zum …	请带我去...
Arzt	医生
Krankenhaus	医院
Polizei	警察局
Hotel	饭店

Holen Sie bitte jemanden, der Englisch spricht.	请叫一个会说英语的人

Bitte informieren Sie die Botschaft meines Landes in Beijing.	请通知我国驻京大使馆

Aufruf an Individualreisende

Aufruf an Individualreisende zur aktiven Vertretung ihrer eigenen Belange, auch gerichtet an Reisebuchverleger, Inhaber von Reise-WEB-Sites und Reisejournalisten.

1) Zweck des Aufrufs:

Es liegt in der Natur des Individualreisenden, dass er keine Organisation, Hausmacht oder andere Lobby hinter sich hat. Daraus folgt, dass seine Probleme, berechtigten Interessen oder Wünsche zumeist nicht wahrgenommen oder gar wirksam vertreten werden. Zweck dieses Aufrufes ist es, dem Individualreisenden Zugang zu den Informationen und Kontakten zu verschaffen, damit er seine eigenen und die Interessen Gleichgesinnter vertreten kann. Das Ziel soll ohne Verfolgung finanzieller Interessen, individuell, dezentral und durch die freiwillige Initiative von Individualreisenden, Reisebuchverlegern, Inhaber von Reise-WEB-Sites und Reisejournalisten angestrebt werden.

2) Die Erfahrung:

Nach fast 30 Jahren Erfahrung mit Individualreisen auf fünf Kontinenten in über 80 Ländern ist mir klar, dass Individualreisende keine Lobby haben. Gespräche mit offiziellen Repräsentanten nationaler Touristenverbände im Inland, örtlicher Tourismusvertretungen insbesondere in Ländern der 3. Welt, Tourismusministern und Botschaftern von Ländern der 3. Welt in Bonn zeigten ganz klar, dass diese keine Vorstellung von den Problemen und Wünschen der Individualreisenden haben. Sie wissen z.T. nicht einmal, welche Grenzstationen der Landgrenzen der von ihnen vertretenen Länder geöffnet oder geschlossen sind oder welche Probleme der Reisende dort hat. Ein finanzielles Interesse haben die Vertretung deshalb nicht, weil die Reisekasse der Individualreisenden nicht auf dem Konto der Nationalbank oder der Touristikunternehmen sichtbar wird. Dabei geben Individualreisende das Geld dort aus wo es hingehört, im kleinen Restaurant, dem kleinen Hotel oder der Privatunterkunft, der kleinen Werkstatt im Bazar, also beim Volk, nicht in den Touristikzentren, von welchen ein Großteil der Devisen wieder zurück in die Industriestaaten fließt.

3) Die Erde ist für die Menschen da.

Ich glaube, dass der Mensch ein natürliches Recht hat sich diese Erde anzusehen, auch wenn er keiner Partei, Verein oder Firma angehört und sich keiner Reiseorganisation anschließt. Er hat das Recht auch dann, wenn er zwar für seinen Unterhalt und Fortkommen aufkommen kann, aber weder in Luxusrestaurants speist noch in Luxushotels logiert.

4) Aufruf an die Profis:

- Recherchieren Sie die erforderlichen Dienstbezeichnungen, Ansprechpartner, Postadressen, Faxnummern (und e-mail-Adressen) der Institutionen in 6).
- Übermitteln Sie mir die Daten per e-mail an klaus. daerr@t-online.de, damit ich sie auf der WEB-Site www.klaus.daerr.de/Aufruf.htm der Allgemeinheit kostenlos zur Verfügung stellen kann.
- Die Reisebuchverleger sind aufgefordert, eine Seite ihres Werkes diesem Thema entsprechend meinem „Aufruf an die Individualreisenden" zu widmen, dem Leser die erforderlichen konkreten Vorschläge zum Handeln zu machen und die erforderlichen Dienstbezeichnungen, Ansprechpartner, Postadressen, Faxnummern (und e-mail-Adressen) zu nennen.
- Die Betreiber von WEB-Seiten sind aufgefordert, an geeigneter Stelle ein entsprechenden Aufruf zu veröffentlichen. Das kann durch einen eignen Text geschehen oder durch einen Link zu der WEB-Site:
www.klaus.daerr.de/Aufruf.htm.
- Reisejournalisten sind aufgefordert, am Ende von geeigneten Artikeln diesen Aufruf in Kurzform unterzubringen oder die WEB-Site zu benennen: www.klaus.daerr.de/Aufruf.htm.

5) Aufruf an die Individualreisenden:

Senden Sie ein gleichlautendes Schreiben in der Geschäftssprache des betreffenden Landes oder in Englisch, in dem Sie Ihr Thema darstellen. Schreiben Sie insbesondere dann, wenn es Ihnen Ihre Fremdsprachenkenntnisse erlauben, auch einen komplizierten Sachverhalt darzustellen.

- Wählen Sie die Geschäftssprache des Ziellandes oder Englisch für Ihren Brief, schreiben Sie sauber und so korrekt Sie können. Der Brief soll kein diplomatisches oder literarisches Meisterwerk sein, denn Sie schreiben ja als Privatperson.
- Wählen Sie eine höfliche, übliche Anrede, diplomatische Floskeln sind nicht erforderlich.

- Positiver Einstieg in Ihr Schreiben, z.B. warum Sie so gerne in dieses Land fahren wollten.
- Objektive, kurze, wahrheitsgemäße Darstellung des Problems oder Verbesserungsvorschlages mit Nennung von „Ross und Reiter", Ort und Zeit des Problems.
- Positiver Ausstieg aus dem Text, Sie schreiben Ihren Brief z.B., weil sie wieder in dieses Land reisen möchten und es in Zukunft als Reiseziel vorbehaltlos empfehlen möchten.
- Höflicher Schlusssatz.
- Unterschrift (keinesfalls anonym).
- Ergänzen Sie das Schreiben um einen „Verteiler", in dem Sie auflisten, an wen es gleichlautend geschickt wurde oder gestalten Sie den Kopf des Schreibens so, dass das schon dort ersichtlich wird.

6) Senden/Faxen Sie dieses Schreiben gleichlautend an:

- Den Außenminister des betreffenden Landes im Ausland, denn er ist der Vorgesetzte der Botschaft dieses Landes in Bonn/Berlin.
- Den Tourismusminister des betreffenden Landes im Ausland, denn er ist der Vorgesetzte des Tourismusbüros seines Landes in Deutschland. Er ist jedoch weniger einflussreich als der Außenminister.
- Das Tourismusbüro des betreffenden Landes in Deutschland.
- Den deutschen Außenminister in Berlin, der es gar nicht zu sehen bekommt, es aber bearbeiten lässt.
- Den Botschafter der betreffenden Landes in Berlin/Bonn, damit er authentisch erfährt, wie sein Land vom Individualtouristen erlebt wird.
- Die Deutsche Botschaft im betreffenden Land, damit sie an diesen Teil ihrer Aufgabe erinnert wird und ihre eigene Intervention untermauern kann.

7) Woher bekommen Sie die nötigen Adressen oder Fax-Nummern?

- Ich versuche eine entsprechende Datensammlung im Internet aufzubauen und unter www.klaus.daerr.de/Aufruf.htm zugänglich zu machen. Wenn Sie einen systematischen Weg zur Ermittlung der einen oder anderen Information kennen, so lassen Sie mich das bitte wissen. Wenn Sie erfolgreich Einzeldaten ermittelt haben, die in meinen WEB-Seiten noch nicht erscheinen oder falsch sind, so informieren Sie mich davon.
- Außenministerium des betreffenden Landes in dessen Hauptstadt.

  Schwierig zu ermitteln, dabei sind wir z.T. auf die Auskunft der Auswärtigen Amtes in Berlin oder der Deutschen Botschaft im betreffenden Land angewiesen. Das kann klemmen. Evtl. über das Internet zu ermitteln. Bitte mir unbedingt das Ergebnis mitteilen.
- Tourismusministerium des betreffenden Landes im Ausland.

  Kann beim Fremdenverkehrsbüro des betreffenden Landes oder einem Reisebüro in Deutschland erfragt werden, die über das „Länderbuch Auslandsreisen" genannt „Der Blaue Fink", also ein umfangreiches, passendes Nachschlagewerk verfügen.
- Fremdenverkehrsbüro des betreffenden Landes in Deutschland.

  Über die Telefonauskunft zu erfragen, die Büros sitzen zumeist in Frankfurt. Im Internet unter HG.SCHMITZ@gallileo.tng.oche.de zu finden oder in einem Reisebüro zu erfragen, die über „Der Blaue Fink" verfügen.
- Auswärtiges Amt in Bonn, Postf., D-11013 Berlin, Tel. 01888-17-0, Fax 01888-17-3402, e-mail: poststelle@auswaertiges-amt.de, Internet: www.auswaertiges-amt.de. Richten Sie Ihr Schreiben an die „Politische Abteilung LAND" (z.B. „Politische Abteilung Vatikanstaat").
- Botschafter des betreffenden Landes in Bonn/Berlin telefonisch oder über das Internet beim Auswärtigen Amt zu ermitteln.
- Deutsche Botschaft im betreffenden Land:

  Die Postadresse ist einheitlich: Deutsche Botschaft in „Land", Postfach 1500, D-53105 Bonn. Als Inlandsbrief frankieren, der Brief wird als Diplomatenpost weitergeleitet.

8) Verantwortungsvolles Handeln ist erforderlich.

Behalten Sie vor Augen, dass der Individualreisende auch unterwegs mehr Verantwortung trägt als der organisiert reisende Tourist. Sind unsere Wünsche, Aufforderungen, Verbesserungsvorschläge unrealistisch, überzogen, unberechtigt oder gar unsere Behauptungen falsch, so schaden wir der Sache enorm. Schreiben Sie im Selbstbewusstsein des mündigen Bürgers eines demokratischen Staates, zweifeln Sie aber nie die Integrität der angesprochenen Personen und Institutionen an.

Verantwortlich im Sinne des Presserechts: Klaus Därr, Im Grund 12, 83104 Hohenthann, klaus.daerr@t-online.de, www.klaus.daerr.de, Fax 08065-180850. Stand: 26.09.99

Register

Die mit ↗ Pfeil gekennzeichneten Einträge sind im Glossar erläutert.

Die Autoren

Oliver Fülling, Jahrgang 1960, studierte in Berlin und Taipeh Sinologie, Geschichte und Politologie. Seit 1981 ist er jedes Jahr mehrere Monate in Asien und vor allem in China unterwegs. Von 1990 bis 1998 organisierte er für einen großen Reiseveranstalter Expeditionen und Abenteuerreisen nach China und Japan. Zwischen 1996 und 1999 war Oliver Fülling fast ausschließlich in China, unter anderem um für mehrere Bücher zu recherchieren. Seit 1999 ist er Leiter eines Wissenschaftsverlages und Versandbuchhandels.

Andrea Fülling, Jahrgang 1964, verfiel dem asiatischen Kontinent 1986, nachdem ihr Sinologiestudium sie nach China verschlagen hatte, wo sich beide Autoren auch kennenlernten. Seitdem verbringt sie mehrere Monate im Jahr in China, wo sie als Reiseleiterin arbeitet oder Material für neue Bücher sammelt. Zusammen mit ihrem Mann ist sie Inhaberin eines Reiseveranstaltungsbüros, das Chinatouren für Individualreisende organisiert.

Kartenverzeichnis

€ 22,50

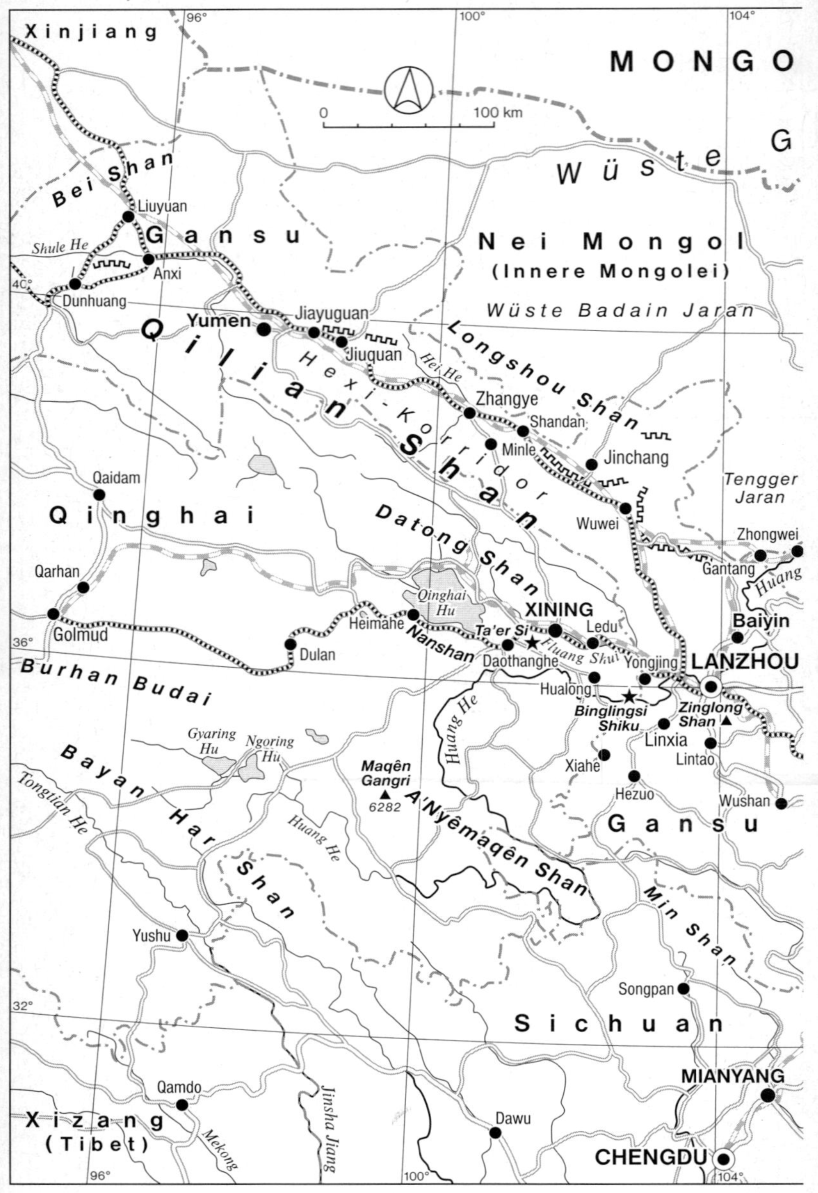

96°
100°
104°
Xinjiang
MONGO
0
100 km
Wüste G
Bei Shan
Liuyuan
Gansu
Shule He
Anxi
40°
Dunhuang
Nei Mongol
(Innere Mongolei)
Wüste Badain Jaran
Yumen
Jiayuguan
Jiuquan
Qilian Shan
Hexi-Korridor
Hei He
Longshou Shan
Zhangye
Shandan
Minle
Jinchang
Qaidam
Qinghai
Datong Shan
Wuwei
Tengger Jaran
Zhongwei
Gantang
Huang
Qarhan
Qinghai Hu
XINING
Heimahe
Golmud
Ta'er Si
Ledu
Baiyin
36°
Nanshan
Huang Shui
Dulan
Daothanghe
Yongjing
LANZHOU
Burhan Budai
Hualong
Binglingsi Shiku
Zinglong Shan
Linxia
Gyaring Hu
Ngoring Hu
Huang He
Lintao
Xiahe
Maqên Gangri
6282
Hezuo
Bayan Har Shan
Tongtian He
Huang He
A'Nyêmaqên Shan
Wushan
Gansu
Min Shan
Yushu
Songpan
32°
Sichuan
MIANYANG
Qamdo
Jinsha Jiang
Dawu
Xizang
(Tibet)
Mekong
CHENGDU